CB072855

LEGISLAÇÃO SOBRE
PROPRIEDADE INTELECTUAL

IDS-Instituto Dannemann Siemsen
de Estudos de Propriedade Intelectual
Maria Carmen de Souza Brito
Rafaela Borges Walter Carneiro
Rodrigo Borges Carneiro
Gert Egon Dannemann
Attilio José Ventura Gorini
Miriam Stern

LEGISLAÇÃO SOBRE PROPRIEDADE INTELECTUAL

RENOVAR

Rio de Janeiro • São Paulo • Recife

2004

Todos os direitos reservados à
LIVRARIA E EDITORA RENOVAR LTDA.
MATRIZ: Rua da Assembléia, 10/2.421 - Centro - RJ
CEP: 20011-901 - Tel.: (21) 2531-2205 - Fax: (21) 2531-2135
LIVRARIA CENTRO: Rua da Assembléia, 10 - loja E - Centro - RJ
CEP: 20011-901 - Tels.: (21) 2531-1316 / 2531-1338 - Fax: (21) 2531-1873
LIVRARIA IPANEMA: Rua Visconde de Pirajá, 273 - loja A - Ipanema - RJ
CEP: 22410-001 - Tel: (21) 2287-4080 - Fax: (21) 2287-4888
FILIAL RJ: Rua Antunes Maciel, 177 - São Cristóvão - RJ - CEP: 20940-010
Tels.: (21) 2589-1863 / 2580-8596 / 3860-6199 - Fax: (21) 2589-1962
FILIAL SP: Rua Santo Amaro, 257-A - Bela Vista - SP - CEP: 01315-001
Tel.: (11) 3104-9951 - Fax: (11) 3105-0359
FILIAL PE: Rua Gervásio Pires, 545 - Boa Vista - Recife - PE
Tel.: (81) 3223-4988 - Fax: (81) 3223-1176

www.editorarenovar.com.br   **renovar@editorarenovar.com.br**
SAC: 0800-221863

© 2004 by Livraria Editora Renovar Ltda.

Conselho Editorial:

Arnaldo Lopes Süssekind — Presidente
Carlos Alberto Menezes Direito
Caio Tácito
Luiz Emygdio F. da Rosa Jr.
Celso de Albuquerque Mello
Ricardo Pereira Lira
Ricardo Lobo Torres
Vicente de Paulo Barretto

01432

Revisão Tipográfica: Maria de Fátima Cavalcanti e Renato Pereira do Amaral

Capa: I Graficci

Editoração Eletrônica: TopTextos Edições Gráficas Ltda.

CIP-Brasil. Catalogação-na-fonte
Sindicato Nacional dos Editores de Livros, RJ.

L843	Maria Carmen de Souza Brito, Rafaela Borges Carneiro, Gert Egon Dannemann, Attilio José Ventura Gorini, Miriam Stern
	      Legislação sobre propriedade intelectual — Rio de Janeiro: Renovar, 2004.
	      1.028p. 23 cm
	
	      Inclui bibliografia.
	      ISBN 85-7147-435-4
	
	      1. Propriedade intelectual – Legislação. I. Título — Brasil.
	                                                              CDD 340.436

Proibida a reprodução (Lei 9.610/98)
Impresso no Brasil
Printed in Brazil

APRESENTAÇÃO

Trata-se de uma coletânea de toda a legislação de Propriedade Intelectual em vigor no Brasil, a começar pela Constituição Federal passando pelos Tratados Internacionais (Convenção de Paris para proteção da Propriedade Industrial, acordo TRIPS, acordo PCT e outros) passando pela Lei de Propriedade Intelectual de 1996 e demais leis pertinentes.

Essa coletânea destina-se principalmente aos especialistas de Propriedade Intelectual, estudantes e professores de universidades, juizes e empresários de maneira geral.

Através dela o usuário poderá em poucos minutos acessar toda a legislação de Propriedade Intelectual que porventura tiver que consultar.

SUMÁRIO

I — Propriedade Intelectual

I.a — Leis e decretos

Lei n° 5.648 de 11.12.1970 — Cria o Instituto Nacional da Propriedade Industrial e dá outras providências, 1

Decreto n° 68.104 de 22.01.1971 — Regulamenta a Lei 5.648, de 11 de dezembro de 1970, que criou o Instituto Nacional da Propriedade Industrial — INPI e dá outras providências, 3

Lei n° 9.279 de 14.05.1996 — Regula direitos e obrigações relativos a propriedade industrial, 9

Lei n° 9.609 de 19.02.1998 — Dispõe sobre a proteção da propriedade intelectual de programa de computador, sua comercialização no País, e dá outras providências, 55

Lei n° 9.610 de 19.02.1998 — Altera, atualiza e consolida a legislação sobre direitos autorais e dá outras providências, 61

Decreto n° 2.553, 16.04.1998 — Regulamenta os arts. 75 e 88 a 93 da Lei n. 9.279, de 14 de maio de 1996, que regula direitos e obrigações relativos a propriedade industrial, 83

Decreto n° 2.894 de 22.12.1998 — Regulamenta a emissão e o fornecimento de selo ou sinal de identificação dos fonogramas e das obras audiovisuais, previstos no art. 113 da Lei n. 9.610, de 19 de fevereiro de 1998, que altera, atualiza e consolida a legislação sobre direitos autorais e dá outras providências, 85

Decreto nº 3.201 de 06.10.1999 — Dispõe sobre a concessão, de ofício, de licença compulsória nos casos de emergência nacional e de interesse público de que trata o art. 71 da Lei n. 9.279, de 14 de maio de 1996, 87

Lei nº 10.196 de 14.02.2001 — Altera e acresce dispositivos a Lei n. 9.279, de 14 de maio de 1996, que regula direitos e obrigações relativos a propriedade industrial, e dá outras providências, 89

Decreto nº 4.062 de 21.12.2001 — Define as expressões "cachaça", "Brasil" e "cachaça do Brasil" como indicações geográficas e dá outras providências, 91

Decreto nº 4.533 de 19.12.2002 — Regulamenta o art. 113 da Lei n. 9.610, de 19 de fevereiro de 1998, no que se refere a fonogramas, e dá outras providências, 93

Lei nº 10.695 de 01.07.2003 — Altera e acresce parágrafo ao art. 184 e dá nova redação ao art. 186 do Decreto-Lei no 2.848, de 7 de dezembro de 1940 — Código Penal, alterado pelas Leis nos 6.895, de 17 de dezembro de 1980, e 8.635, de 16 de março de 1993, revoga o art. 185 do Decreto-Lei no 2.848, de 1940, e acrescenta dispositivos ao Decreto-Lei no 3.689, de 3 de outubro de 1941 — Código de Processo Penal, 95

I.b — Tratados e Acordos Internacionais

Decreto nº 26.675 de 18.05.1949 — Promulga a Convenção Interamericana sobre os Direitos de Autor em Obras Literárias, Científicas e Artísticas, firmada em Washington a 22 de junho de 1946, 99

Decreto nº 57.125 de 19.10.1965 — Promulga a Convenção Internacional para Proteção aos Artistas Intérpretes ou executantes, aos produtores de fonogramas e aos organismos de radiodifusão (Convenção de Roma), 107

Decreto nº 75.541 de 31.03.1975 — Promulga a Convenção que institui a Organização Mundial de Propriedade Intelectual, 119

Decreto nº 75.572, de 08.04.1975 — Promulga a Convenção de Paris para Proteção da Propriedade Industrial, 121

Decreto nº 75.699 de 06.05.1975 — Promulga a Convenção de Berna para a Proteção das Obras Literárias e Artísticas, de 9 de setembro de 1886, revista em Paris, a 24 de julho de 1971, 147

Decreto nº 76.472 de 17.10.1975 — Promulga o Acordo sobre a Classificação Internacional de Patentes (Acordo de Estrasburgo), 181

Decreto nº 76.905 de 24.12.1975 — Promulga a Convenção Universal sobre o Direito de Autor, Revisão de Paris, 1971, 183

Decreto nº 76.906 de 24.12.1975 — Promulga a Convenção para a Proteção de Produtores de Fonogramas contra a Reprodução não Autorizada de seus Fonogramas (Convenção de Genebra a 29 de outubro de 1971), 201

Decreto nº 81.742 de 31.05.1978 — Promulga o Tratado de Cooperação em Matéria de Patentes (PCT) Comentários da Dra Maria Carmen de Souza Brito, 207

Decreto nº 90.129, de 30.08.1984 — Promulga o Tratado de Nairóbi sobre a Proteção do Símbolo Olímpico, 333

Decreto nº 635, de 21.08.1992 — Promulga a Convenção de Paris para a proteção da Propriedade Industrial, revista em Estocolmo a 14 de julho de 1967, 339

Decreto nº 523 de 18.05.1992 — Dispõe sobre a execução das emendas ao Regulamento de Execução regido pelo Tratado de Cooperação em Matéria de Patentes (PCT), 341

Decreto nº 972, de 04.11.1993 — Promulga o Tratado sobre o Registro Internacional de Obras Audivisuais, concluído em Genebra, em 18 de abril de 1989, 343

Decreto nº 1.263, de 10.10.1994 — Ratifica a declaração de adesão aos artigos 1º a 12 e ao artigo 28 alínea 1, do texto da revisão de Estocolmo da CUP, 359

Decreto nº 1.355, de 30.12.1994 — Promulga a Ata Final que Incorpora os Resultados da Rodada Uruguai de Negociações Comerciais Multilaterais do GATT (Acordo sobre aspectos dos direitos de propriedade industrial relacionados ao comércio — TRIPS), 361

Decreto nº 3109, de 30.06.1999 — Promulga a Convenção Internacional para a Proteção das Obtenções Vegetais, de 2 de dezembro de 1961, revista em Genebra, em 10 de novembro de 1972 e 23 de outubro de 1978, 395

I.c — **Atos administrativos do INPI**

Ato Normativo INPI nº 126/96 de 15.05.1996 — Regulamenta o procedimento de depósito previsto nos arts. 230 e 231 da Lei nº 9.279/96, 415

Ato Normativo INPI nº 127/97 de 05.03.1997 — Dispõe sobre a aplicação da Lei de Propriedade Industrial em relação às patentes e certificados de adição de invenção, 419

Ato Normativo INPI nº 128/97 de 05.03.1997 — Dispõe sobre aplicação do Tratado de Cooperação em Matéria de Patentes, 447

Ato Normativo INPI n° 130/97 de 05.03.1997 — Dispõe sobre a instituição de formulários para apresentação de requerimentos e petições na área de patentes, certificados de adição de invenção e registro de desenho industrial, 457

Ato Normativo INPI n°135/97 de 15.04.1997 — Normaliza a averbação e o registro de contratos de transferência de tecnologia e franquia, 459

Ato Normativo INPI n° 137/97 de 30.04.1997 — Dispõe transitoriamente sobre procedimentos relativos a concessão de registros de expressões e de sinais de propaganda e sobre declaração de notoriedade, bem como suas prorrogações, 461

Ato Normativo INPI n° 141/98 de 06.04.1998 — Dispõe sobre a habilitação de procuradores junto ao Instituto Nacional da Propriedade Industrial — INPI, 463

Ato Normativo INPI n° 142/98 de 25.08.1998 — Promulga o Código de Conduta Profissional do Agente da Propriedade Industrial, 467

Ato Normativo INPI n° 150/99 de 09.09.1999 — Dispõe sobre a adoção da Classificação Internacional de Produtos e Serviços e dá outras providências, 471

Ato Normativo INPI n° 151/1999 de 09/09/1999 — Dispõe sobre a adoção da Classificação Internacional de Elementos Figurativos e dá outras providências, 473

Ato Normativo INPI n° 152/99 de 09.09.1999 — Dispõe sobre a apresentação de auxílio voluntário para o exame técnico, em relação a patentes e certificados de invenção, 475

Ato Normativo INPI n° 160/2001 de 14.12.2001 — Institui o Manual do Usuário da Diretoria de Marcas, que dispõe sobre o correto preenchimento dos formulários instituídos pelo Ato Normativo n. 159, de 14 de dezembro de 2001, 477

Ato Normativo INPI n° 161/2002 de 10.06.2002 — Dispõe sobre a aplicação da Lei de Propriedade Industrial em relação aos registros de desenho industrial, 479

Resolução INPI n° 051/97 de 23.04.1997 — Institui diretrizes provisórias de análise de marcas, 491

Resolução INPI n° 052/97 de 12.05.1997 — Dispõe sobre a redução de valores de retribuições de serviços prestados pelo INPI, nos casos que especifica, 493

Resolução INPI n° 058/1998 de 14.07.1998 — estabelece normas e procedimentos relativos ao registro de programas de computador, 495

Resolução INPI n° 075/2000 de 14.07.1998 — Estabelece as condições para o registro das indicações geográficas, 503

Resolução INPI n° 076/2000 de 15.12.2000 — Dispõe sobre a adoção da Classificação Internacional de Desenhos Industriais e dá outras providências, 509

Resolução INPI n° 077/2000 de 14.03.2001 — Dá nova redação ao item 2, da Resolução n° 076/2000, 511

Resolução INPI n° 082/2001 de 22.11.2001 — Dispõe sobre as condições para a habilitação de instituições como centros depositários de material biológico para fins de procedimentos em matéria de patentes e dá outras providências, 513

Resolução INPI n° 083/2001 de 14.12.2001 — Normaliza o processamento dos depósitos de pedidos de registro de marca, 521

Resolução INPI n° 094/2003 de 19.02.2003 — Dispõe sobre o prazo de análise da Diretoria de Transferência de Tecnologia, consoante o disposto nos artigos 211 e 244 da lei n° 9.279/96 e prazo para os efeitos legais, decorrentes do pedido de averbação do contrato, 535

Resolução INPI n° 110/2004 de 27.01.2004 — Normaliza os procedimentos para a aplicação do art. 125 da Lei n° 9.279, de 14 de maio de 1996, 537

II — Legislação correlata

II.a — Constituição Federal e Códigos

Constituição Federal de 1988 (art. 5 inc. XXVII a XXIX), 541

Decreto-lei n.° 2.848 de 07.12.1940 — Código Penal (arts.184 a 186), 543

Decreto-lei n.° 3.689 de 03.10.1941 — Código de Processo Penal (arts. 524 a 530), 545

II.b — Leis e decretos

Lei n° 4.131 de 03.09.1962 — Disciplina a aplicação do capital estrangeiro e as remessas de valores para o exterior, e dá outras providências, 619

Lei n° 6.360 de 23.09.1976 — Dispõe sobre a vigilância sanitária a que ficam sujeitos os medicamentos, as drogas, os insumos farmacêuticos e correlatos, cosméticos, saneantes e outros produtos, 631

Decreto n° 79.094 de 05.01.1977 — Regulamenta a Lei 6.360, de 23 de setembro de 1976, que submete a sistema de vigilância sanitária os medicamentos, insumos farmacêuticos, drogas, correlatos, cosméticos, produtos de higiene, saneantes e outros, 651

Lei nº 8.078 de 11.09.1990 — Dispõe sobre a proteção do consumidor e dá outras providências, 697

Lei nº 8.884 de 11.06.1994 — Transforma o Conselho Administrativo de Defesa Econômica — CADE em Autarquia, dispõe sobre a prevenção e a repressão as infrações contra a ordem econômica e dá outras providências, 723

Lei nº 8.918 de 14/07/1994 — Dispõe sobre a padronização, a classificação, o registro, a inspeção, a produção e a fiscalização de bebidas, autoriza a criação da Comissão Intersetorial de Bebidas e dá outras providências, 749

Lei nº 8.934 de 18.11.1994 — Dispõe sobre o Registro Público de Empresas Mercantis e Atividades Afins e dá outras providências, 753

Lei nº 8.955 de 15.12.1994 — Dispõe sobre o contrato de franquia empresarial (franchising) e dá outras providências, 765

Lei nº 8.974 de 05.01.1995 — Regulamenta os incisos II e V do § 1º do art. 225 da Constituição Federal, estabelece normas para o uso das técnicas de engenharia genética e liberação no meio ambiente de organismos geneticamente modificados, autoriza o Poder Executivo a criar, no âmbito da Presidência da República, a Comissão Técnica Nacional de Biossegurança, e dá outras providências, 765

Decreto nº 1.752 de 20.12.1995 — Regulamenta a Lei nº 8.974, de 5 de janeiro de 1995, dispõe sobre a vinculação, competência e composição da Comissão Técnica Nacional de Biossegurança — CTNBio, e dá outras providências, 777

Decreto nº 1.800 de 30.01.1996 — Regulamenta a Lei n. 8.934, de 18 de novembro de 1994, que dispõe sobre o Registro Público de Empresas Mercantis e Atividades Afins e dá outras providências, 785

Decreto nº 2.181 de 20.03.1997 — Dispõe sobre a organização do Sistema Nacional de Defesa do Consumidor — SNDC, estabelece as normas gerais de aplicação das sanções administrativas previstas na Lei nº 8.078, de 11/09/1990, revoga o Decreto 861, de 09.07.1993, e dá outras providências, 809

Lei nº 9.456 de 25.04.1997 — Institui a Lei de Proteção de Cultivares e dá outras providências, 827

Decreto nº 2.314 de 04.09.1997 — Regulamenta a Lei n. 8.918, de 14 de julho de 1994, que dispõe sobre a padronização, a classificação, o registro, a inspeção, a produção e a fiscalização de bebidas, 843

Decreto nº 2.366 de 05.11.1997 — Regulamenta a Lei n. 9.456, de 25 de abril de 1997, que institui a Proteção de Cultivares, dispõe sobre o Serviço Nacional de Proteção de Cultivares — SNPC, e dá outras providências, 891

Lei n° 9.615 de 24.03.1998 — Institui normas gerais sobre esporto e dá outras providências (alterada pela Lei n° 9.981, de 14.7.2000, e Lei n° 10.264, de 16.7.2001), 905

Lei n° 9.787 de 10.02.1999 — Altera a Lei n. 6.360, de 23 de setembro de 1976, que dispõe sobre a vigilância sanitária, estabelece o medicamento genérico, dispõe sobre a utilização de nomes genéricos em produtos farmacêuticos e dá outras providências, 931

Decreto n° 3.181 de 23.09.1999 — Regulamenta a Lei n. 9787, de 10 de fevereiro de 1999, que dispõe sobre a Vigilância Sanitária, estabelece o medicamento genérico, dispõe sobre a utilização de nomes genéricos em produtos famacêuticos e dá outras providências, 935

Decreto n° 3.344 de 26.01.2000 — Dispõe sobre a utilização de siglas em nomes comerciais, alterando o inciso VI do art. 53 do Decreto n. 1.800, de 30 de janeiro de 1996, 937

Decreto n° 3.551 de 04.08.2000 — Institui o registro de bens culturais de natureza imaterial que constituem patrimônio cultural brasileiro, cria o Programa Nacional do Patrimônio Imaterial e dá outras providências, 939

Decreto n° 3.675 de 28.11.2000 — Dispõe sobre medidas especiais, relacionadas com o registro de medicamentos genéricos de que trata o art. 4° da Lei n. 9.787, de 10 de fevereiro de 1999, 943

Lei n° 10.168 de 29.12.2000 — Institui contribuição de intervenção de domínio econômico destinada a financiar o Programa de Estímulo a Interação Universidade-Empresa para o Apoio à Inovação e dá outras providências, 947

Medida Provisória n° 2.186-16 de 23.08.2001 — Regulamenta o inciso II do § 1° e o § 4° do art. 225 da Constituição, os arts. 1, 8, alínea 'j', 10, alínea 'c', 15 e 16, alíneas 3 e 4 da Convenção sobre Diversidade Biológica, dispõe sobre o acesso ao patrimônio genético, a proteção e o acesso ao conhecimento tradicional associado, a repartição de benefícios e o acesso a tecnologia e a transferência de tecnologia para sua conservação e utilização, e dá outras providências, 951

Lei n° 10.332 de 19.12.2001 — Institui mecanismo de financiamento para o Programa de Ciência e Tecnologia para o Agronegócio, para o Programa de Fomento à Pesquisa em Saúde, para o Programa Biotecnologia e Recursos Genéticos — Genoma, para o Programa de Ciência e Tecnologia para o Setor Aeronáutico e para o Programa de Inovação para Competitividade, e dá outras providências, 965

Decreto n° 4.072 de 03.01.2002 — Dá nova redação aos arts. 81, 91 e 93 do Regulamento aprovado pelo Decreto n. 2.314, de 4 de setembro de 1997, que dispõe sobre a padronização, a classificação, o registro, a inspeção, a produção e a fiscalização de bebidas, 969

Decreto n° 4.154 de 7 de março de 2002 — Regulamenta a Lei nº 10.332, de 19 de dezembro de 2001, na parte que institui mecanismo de financiamento para o Programa de Biotecnologia e Recursos Genéticos — Genoma, e dá outras providências, 971

Decreto n° 4.195 de 11.04.2002 — Regulamenta a Lei n° 10.168, de 29 de dezembro de 2000, que institui contribuição de intervenção no domínio econômico destinada a financiar o Programa de Estímulo à Interação Universidade-Empresa para Apoio à Inovação, e a Lei n° 10.332, de 19 de dezembro de 2001, que institui mecanismos de financiamento para programas de ciência e tecnologia, e dá outras providências, 975

Decreto n° 4.204 de 23.04.2002 — Dá nova redação ao art. 1° do Decreto n° 3.675, de 28 de novembro de 2000, que dispõe sobre medidas especiais relacionadas com o registro de medicamentos genéricos, de que trata o art. 4° da Lei n° 9.787, de 10 de fevereiro de 1999, 981

Decreto n° 4.339 de 22.08.2002 — Institui princípios e diretrizes para a implementação da Política Nacional da Biodiversidade, 983

Decreto n° 4.543 de 26.12.2002 — Regulamenta a administração das atividades aduaneiras, e a fiscalização, o controle e a tributação das operações de comércio exterior (arts. 544 a 549), 1015

Lei n° 10.669 de 14.05.2003 — Altera a Lei n° 6.360, de 23 de setembro de 1976, que dispõe sobre a vigilância sanitária a que ficam sujeitos os medicamentos, as drogas, os insumos farmacêuticos e correlatos, cosméticos, saneantes e outros produtos, 1017

II.c — **Atos administrativos**

Portaria MF n° 436 de 30.12.1958 — Estabelece coeficientes percentuais máximos para as deduções de royalties pela exploração de marcas e patentes, 547

Resolução CG Internet do Brasil n° 1 de 15.04.1998 — Dispõe sobre o registro do nome de domínio, 551

Resolução CG Internet do Brasil n° 2 de 15.04.1998 — Delega competência à FAPESP para realizar as atividades de registro de nomes de domínio, distribuição de endereços IPs e sua manutenção na rede eletrônica INTERNET, 557

Portaria MCT n° 88 de 23.04.1998 — Dispõe sobre os ganhos econômicos resultantes da exploração de resultado de criação intelectual, protegida por direitos de propriedade intelectual, de servidor de órgão ou de entidade do Ministério da Ciência e Tecnologia, no exercício do cargo, 559

Provimento TRF/2ª Região nº 015 de 18.09.2000 — Distribuição de processos de Propriedade Industrial às Varas Previdenciárias [relação juízes], 561

Resolução CONFEA nº 453 de 15.12.2000 — Estabelece normas para o registro de obras intelectuais no Conselho Federal de Engenharia, Arquiteutra e Agronomia, 563

Instrução Normativa SRF nº 52 de 08.05.2001 — Estabelece procedimentos especiais de controle de mercadoria importada sob fundada suspeita de irregularidade punível com a pena de perdimento, 567

Portaria MF 100 de 22.04.2002 — Estabelece normas para destinação dos bens apreendidos abandonados ou disponíveis, administrados pela Secretaria da Receita Federal, 571

Portaria SRF 555, de 30.04.2002 — Estabelece procedimentos para destinação dos bens apreendidos, abandonados ou disponíveis, administrados pela Secretaria da Receita Federal, 575

Instrução Normativa SRF nº 206 de 25.09.2002 — Disciplina o despacho aduaneiro de importação, 585

LEI Nº 5.648, DE 11 DE DEZEMBRO DE 1970.

Cria o Instituto Nacional da Propriedade Industrial e dá outras providências.

O PRESIDENTE DA REPÚBLICA, faço saber que o CONGRESSO NACIONAL decreta e eu sanciono a seguinte Lei:

Art. 1º Fica criado o Instituto Nacional da Propriedade Industrial (INPI), autarquia federal, vinculada ao Ministério da Indústria e do Comércio, com sede e foro no Distrito Federal.

Parágrafo único. O Instituto gozará dos privilégios da União no que se refere ao patrimônio, à renda e aos serviços vinculados às suas finalidades essenciais ou delas decorrentes.

Art. 2º O Instituto tem por finalidade principal executar, no âmbito nacional, as normas que regulam a propriedade industrial tendo em vista a sua função social, econômica, jurídica e técnica.

Parágrafo único. Sem prejuízo de outras atribuições que lhe forem cometidas, o Instituto adotará, com vistas ao desenvolvimento econômico do País, medidas capazes de acelerar e regular a transferência de técnologia e de estabelecer melhores condições de negociação e utilização de patentes, cabendo-lhe ainda pronunciar-se quanto à conveniência da assinatura ratificação ou denúncia de convenções, tratados, convênio e acôrdos sôbre propriedade industrial.

Art. 3º O patrimônio do Instituto será constituído dos bens, direitos e valôres pertencentes à União e atualmente vinculados ao Departamento Nacional da Propriedade Industrial, ou sob sua responsabilidade, e transferidos àquele Instituto por esta lei, bem como da receita resultante da execução dos seus serviços e dos recursos orçamentários da União que lhe forem proporcionados.

Art. 4º Fica o Poder Executivo autorizado a abrir crédito especial em favor do Instituto, utilizando, como recursos, os saldos das dotações orçamentárias do Departamento Nacional da Propriedade Industrial.

Art. 5º O Presidente do Instituto, indicado pelo Ministro da Indústria e do Comércio, será de livre nomeação e exoneração do Presidente da República.

Art. 6º O Poder Executivo disporá sôbre a estruturação, atribuições e funcionamento dos diversos órgãos do Instituto, bem como sôbre regime de pessoal e contratação de serviços.

Art. 7º A extinção do Departamento Nacional da Propriedade Industrial será promovida pelo Poder Executivo, ficando extintos os cargos e funções à medida que forem aprovados os quadros ou tabelas próprios da autarquia criada por esta lei.

Parágrafo único. Extinto o Departamento Nacional da Propriedade Industrial as atribuições que lhe competiam passarão para o INPI.

Art. 8º O Poder Executivo promoverá as medidas para redistribuição do pessoal lotado no Departamento Nacional da Propriedade Industrial, podendo o Instituto permitir o ingresso, nos seus quadros, de servidores do extinto Departamento, desde que possuam as qualificações exigidas para ocupar cargo ou exercer funções constantes de seus quadros ou tabelas.

Art. 9º O Instituto manterá publicação própria, destinada a divulgar seus atos, despachos e decisões, bem como matéria relacionada com seus serviços.

Parágrafo único. O Regulamento desta Lei disporá quanto à transferência, para o periódico previsto neste artigo, das publicações atualmente feitas, nos termos e para os efeitos do Decreto-lei n.º 2.131, de 12 de abril de 1940, no Diário Oficial da União, Seção III.

Art. 10. Esta Lei entrará em vigor na data de sua publicação, revogadas as disposições em contrário.

Brasília, 11 de dezembro de 1970; 149º da Independência e 82º da República.

EMíLIO G. MéDICI
Antônio Delfim Netto
Marcus Vinícius Pratini de Moraes
João Paulo dos Reis Velloso

publicado no D.O.U. de 14.12.1970

DECRETO Nº 68.104, DE 22 DE JANEIRO DE 1971.

Regulamenta a Lei nº 5.648, de 11 de dezembro de 1970, que criou o Instituto Nacional da Propriedade Industrial — INPI e dá outras providências.

O PRESIDENTE DA REPÚBLICA, usando das atribuições que lhe confere o artigo 81, itens III e V, da Constituição,

DECRETA:
Art. 1º O Instituto Nacional da Propriedade Industrial — INPI, autarquia federal criada pela Lei número 5.648 de 11 de dezembro de 1970, com sede e fôro no Distrito Federal e vinculação ao Ministério da Indústria e do Comércio, reger-se-á pelo presente Decreto.

Art. 2º O INPI tem por finalidade principal executar no âmbito nacional as normas que regulam a propriedade industrial, tendo em vista a sua função social, econômica, jurídica e técnica.

Art. 3º Ao INPI, sem prejuízo de outras atribuições que lhe forem cometidas, tendo em vista o desenvolvimento econômico do país, compete:

I — Adotar medidas capazes de acelerar e regular a transferência de ciência e de tecnologia bem como estabelecer melhores condições de negociação e utilização de patentes;

II — Pronunciar-se quanto à conveniência de assinatura, ratificação ou denúncia de convenções, tratados, convênios e acôrdos sôbre propriedade industrial;

III — Criar melhores condições de absorção, adaptação ou desenvolvimento de ciência ou tecnologia, através do pleno aproveitamento das informações acumuladas e de ampla divulgação nos setores industriais ou de pesquisa.

Art. 4º O INPI compõe-se de:

ÓRGÃO DE DIREÇÃO SUPERIOR

I — Presidência
Órgãos de Direção Setorial
II — Secretaria de Marcas

III — Secretaria de Patentes
IV — Secretaria de Informação e Transferência de Tecnologia.
Órgãos de Atividades Auxiliares
V- Unidade de Pessoal
VI — Unidade de Administração Financeira
VII — Unidade de Comunicações
VIII — Unidade de Serviços Gerais
IX — Unidade de Informática.
Órgãos Regionais e Locais
X — Representações Regionais
XI — Agências

Art. 5º A Presidência terá organização e funcionamento estabelecidos pelo Presidente do INPI.

Parágrafo único. A Presidência do INPI contará, para atender aos encargos técnicos ou administrativos, com Consultores, Assessores, Assistentes, Secretários e Ajudantes, retribuídos mediante gratificação de gabinete, de acôrdo com tabelas aprovadas pelo Ministro da Indústria e do Comércio.

Art. 6º Junto à Presidência funcionarão uma Consultoria Técnica, uma Assessoria e uma Procuradoria.

Art. 7º O Presidente do INPI, consideradas as exigências do serviço, constituirá, através de ato próprio, Grupos-Tarefa para elaboração ou execução de projetos ou atividades relacionadas com atribuições específicas do INPI.

§ 1º Os Grupos-Tarefa poderão ser constituídos também, junto à Presidência, quando se tratar de estudo de matéria global, complexa ou peculiar, ou ainda, quando envolva atividades Inerentes a mais de uma Secretaria ou Unidade.

§ 2º Os Grupos-Tarefa terão duração temporária, extingüindo-se, automaticamente tão-logo concluam os encargos que lhe forem atribuídos.

Art. 8º Os Grupos-Tarefa serão integrados por pessoal técnico, especializado ou administrativo, recrutado de preferência, dentre servidores do próprio INPI, requisitado ou pôsto à sua disposição.

Parágrafo único. De acôrdo com o disposto neste artigo, a critério do Presidente do INPI, poderão ser recrutados, fora do Serviço Público, técnicos ou pessoal especializado, para Integrar as Assessorias e os Grupos-Tarefa.

Art. 9º Os Grupos-Tarefa serão confiados a Coordenadores, que terão suas atribuições e responsabilidades definidas em ato do Presidente do INPI podendo, ainda, contar com Sub-Coordenadores, que se encarregarão das diversas partes ou etapas em que se desdobrarem os projetos ou atividades.

Parágrafo único. De acôrdo com os programas de trabalho, sua natureza, vulto ou afinidade, um só Coordenador poderá ser incumbido de vários Grupos-Tarefa.

Art. 10. O pessoal previsto no artigo 8º e seu parágrafo único será retribuído em caráter eventual, mediante recibo, na forma da legislação vigente.

§ 1º Quando a designação de integrantes de Grupo-Tarefa recair em servidor submetido ao regime de dedicação exclusiva, suspender-se-á o pagamento da gratificação decorrente da aplicação dêsse regime durante o período de sua participação nos trabalhos do Grupo-Tarefa, salvo direito de opção.

§ 2º O ocupante de cargo em comissão, de função gratificada, ou quem exerça encargo de representação de Gabinete poderá integrar os Grupos-Tarefa, com os sem prejuízo das suas atribuições normais.

§ 3º As despesas decorrentes da execução de projetos ou atividades próprias serão atendidas com recursos orçamentários ou outros resultantes da receita proveniente de contribuições arrecadadas pelo INPI.

Art. 11. Os trabalhos de ajustamento dos órgãos à nova estrutura do INPI e o estudo das questões técnicas relativas a planejamento e orçamento ficarão a cargo de Grupos-Tarefa constituídos na Presidência.

Parágrafo único. O Grupo-Tarefa de que trata êste artigo estudará os aspectos funcionais das programações de trabalho e os de natureza jurídica, administrativa e financeira, inclusive problemas de relotação, redistribuição, transferência de pessoal e acervos.

Art. 12. O funcionamento de cada Grupo-Tarefa e as condições específicas de retribuição de seus integrantes serão estabelecidos no respectivo ato de constituição.

Art. 13. Para trabalhos especiais, o INPI poderá contratar serviços de terceiros, bem como técnicos, na forma da legislação trabalhista.

Art. 14. Ao Presidente do INPI compete, sem prejuízo de outras atribuições:

I — Cumprir e fazer cumprir as disposições da Lei nº 5.648, de 11 de dezembro de 1970;

II — Representar o INPI em juízo ou fora dêle;

III — Expedir normas para organização e execução dos serviços;

IV — Admitir, designar, promover, elogiar, punir, dispensar e requisitar servidores ou colocá-los à disposição de outros órgãos ou entidades de Administração Pública, direta ou indireta;

V — Arbitrar e conceder vantagens, honorários e retribuição por trabalho especial;

VI — Contratar, contrair obrigações, efetuar operações de crédito, adquirir e alienar bens móveis, fazer cauções, acôrdos e outras transações em que o INPI seja parte, no interêsse do serviço e observada a legislação aplicável;

VII — Abrir contas bancárias, movimentar fundos, provisões e reservas e autorizar pagamentos;

VIII — Emitir e endossar cheques, juntamente com o responsável pelo setor financeiro;

IX — Delegar competência.

Art. 15. Ao Vice-Presidente compete, sem prejuízo de outras atribuições:

I — Substituir o Presidente nos seus impedimentos;

II — Praticar os atos e executar as tarefas que lhe forem delegadas.

Art. 16. À Procuradoria compete, sem prejuízo de outras atribuições:

I — Emitir pareceres sôbre assuntos que envolvam matéria jurídica;
II — Representar o INPI em juízo ou fora dêle, por delegação ou mandato;
III — Cooperar, quando solicitado, na elaboração de anteprojetos de leis, decretos, regulamentos ou de outros atos de interêsse do INPI;
IV — Colaborar com os demais setores do INPI, no sentido de cumprir e fazer cumprir as disposições legais.

Art. 17. À Secretaria de Marcas compete, sem prejuízo de outras atribuições, examinar e decidir os pedidos de registro e de prorrogação de marca, expressão ou sinal de propaganda e outros previstos em lei.

Art. 18. À Secretaria de Patentes compete, sem prejuízo de outras atribuições, examinar e decidir os pedidos de privilégios.

Art. 19. À Secretaria de Informações Transferência de Tecnologia compete, sem prejuízo de outras atribuições, orientar, fiscalizar e fazer executar as atividades de:
I — Informação e transferência de tecnologia;
II — Divulgação;
III — Intercâmbio;
IV — Documentação e arquivo.

Art. 20. A receita do INPI será constituída de recursos provenientes de:
I — Contribuições;
II — Dotações consignadas no orçamento da União ou créditos adicionais;
III — Outras remunerações de serviços prestados;
IV — Juros sôbre depósitos;
V — Outras fontes.

Art. 21. O patrimônio do INPI será constituído de:
I — Bens e direitos pertencentes à União, vinculados ao Departamento Nacional de Propriedade Industrial ou sob a sua responsabilidade, transferidos ao INPI pela Lei nº 5.648, de 11 de dezembro de 1970, e outros que lhe venham a ser destinados;
II — Bens móveis e imóveis doados, legados ou adquiridos por qualquer forma.

Art. 22. O superavit financeiro apurado em balanço patrimonial constituirá recurso para aplicação no exercício seguinte, observadas as disposições legais.

Art. 23. O INPI gozará dos privilégios da União no que se refere ao patrimônio, à renda e aos serviços vinculados as suas finalidades essenciais ou delas decorrentes.

Art. 24. O INPI manterá publicação destinada a divulgar seus atos, despachos e decisões, bem como matéria relacionada com seus serviços administrativos.

§ 1º A divulgação dos atos do INPI, inclusive despachos e decisões valerá como notificação aos interessados para todos os efeitos legais.

§ 2º Enquanto não fôr implantado o periódico a que se refere êste artigo, as publicações continuarão a ser feitas no Diário Oficial da União.

Art. 25. O INPI manterá Boletim de Serviço para publicação dos atos internos, inclusive de pessoal.

Art. 26. Ficam criados no INPI os seguintes cargos em comissão:

1 Presidente 1-C
2 Vice-Presidente 1-C
3 Secretários 2-C
4 Superintendentes 3-C
5 Chefes de Unidade 4-C
1 Procurador-Geral

Parágrafo único. O Presidente receberá uma representação mensal correspondente a 30% (trinta por cento) dos seus vencimentos, ficando sujeito, como os demais ocupantes de cargo em comissão, ao regime de dedicação exclusiva.

Art. 27. Até que estejam instalados e implantados os órgãos previstos nos artigos 4º e 6º, ficam mantidos, com os respectivos quantitativos, os cargos em comissão e funções gratificadas do Departamento Nacional da Propriedade Industrial, não extintos ou transformados por êste Decreto.

Parágrafo único. Finda a implantação prevista neste artigo serão extintos os cargos em comissão e funções gratificadas atualmente existentes no Departamento Nacional da Propriedade Industrial, devendo a direção do órgão providenciar para que seja expedido ato executivo criando aqueles que, em face da nova estrutura, se tornem necessários.

Art. 28. Ficam extintos os cargos em comissão de Diretor-Geral do Departamento Nacional da Propriedade Industrial, Símbolo 2-C, Diretor da Divisão Jurídica, Símbolo 4-C, Diretor da Divisão de Marcas, Símbolo 4-C, Diretor da Divisão de Patentes, Símbolo 4-C, Diretor do Serviço de Orientação e Controle, Símbolo 5-C.

Art. 29. O Vice-Presidente do INPI será designado pelo Ministro da Indústria e do Comércio, mediante indicação do Presidente da entidade.

Parágrafo único. Os ocupantes dos demais cargos e funções serão designados por ato do Presidente do INPI.

Art. 30. Fica extinto, nesta data, o Departamento Nacional da Propriedade Industrial do Ministério da Indústria e do Comércio, passando as atribuições que lhe competiam a ser exercidas pelo INPI.

Art. 31. O presente Decreto entra em vigor na data de sua publicação, revogadas as disposições em contrário.

Brasília, 22 de janeiro de 1971; 150º da Independência e 83º da República.
EMÍLIO G. MéDICI
Marcus Vinicius Pratini de Moraes

publicado no D.O.U. de 25.1.1971

LEI Nº 9.279, DE 14 DE MAIO DE 1996.

Regula direitos e obrigações relativos à propriedade industrial.

O PRESIDENTE DA REPÚBLICA, Faço saber que o Congresso Nacional decreta e eu sanciono a seguinte Lei:

DISPOSIÇÕES PRELIMINARES

Art.. 1º Esta Lei regula direitos e obrigações relativos à propriedade industrial.

Art. 2º A proteção dos direitos relativos à propriedade industrial, considerado o seu interesse social e o desenvolvimento tecnológico e econômico do País, efetua-se mediante:
I — concessão de patentes de invenção e de modelo de utilidade;
II — concessão de registro de desenho industrial;
III — concessão de registro de marca;
IV — repressão às falsas indicações geográficas; e
V — repressão à concorrência desleal.

Art. 3º Aplica-se também o disposto nesta Lei:
I — ao pedido de patente ou de registro proveniente do exterior e depositado no País por quem tenha proteção assegurada por tratado ou convenção em vigor no Brasil; e
II — aos nacionais ou pessoas domiciliadas em país que assegure aos brasileiros ou pessoas domiciliadas no Brasil a reciprocidade de direitos iguais ou equivalentes.

Art. 4º As disposições dos tratados em vigor no Brasil são aplicáveis, em igualdade de condições, às pessoas físicas e jurídicas nacionais ou domiciliadas no País.

Art. 5º Consideram-se bens móveis, para os efeitos legais, os direitos de propriedade industrial.

TÍTULO I
DAS PATENTES

CAPÍTULO I
DA TITULARIDADE

Art. 6º Ao autor de invenção ou modelo de utilidade será assegurado o direito de obter a patente que lhe garanta a propriedade, nas condições estabelecidas nesta Lei.

§ 1º Salvo prova em contrário, presume-se o requerente legitimado a obter a patente.

§ 2º A patente poderá ser requerida em nome próprio, pelos herdeiros ou sucessores do autor, pelo cessionário ou por aquele a quem a lei ou o contrato de trabalho ou de prestação de serviços determinar que pertença a titularidade.

§ 3º Quando se tratar de invenção ou de modelo de utilidade realizado conjuntamente por duas ou mais pessoas, a patente poderá ser requerida por todas ou qualquer delas, mediante nomeação e qualificação das demais, para ressalva dos respectivos direitos.

§ 4º O inventor será nomeado e qualificado, podendo requerer a não divulgação de sua nomeação.

Art. 7º Se dois ou mais autores tiverem realizado a mesma invenção ou modelo de utilidade, de forma independente, o direito de obter patente será assegurado àquele que provar o depósito mais antigo, independentemente das datas de invenção ou criação.

Parágrafo único. A retirada de depósito anterior sem produção de qualquer efeito dará prioridade ao depósito imediatamente posterior.

CAPÍTULO II
DA PATENTEABILIDADE

Seção I
DAS INVENÇÕES E DOS MODELOS DE UTILIDADE PATENTEÁVEIS

Art. 8º É patenteável a invenção que atenda aos requisitos de novidade, atividade inventiva e aplicação industrial.

Art. 9º É patenteável como modelo de utilidade o objeto de uso prático, ou parte deste, suscetível de aplicação industrial, que apresente nova forma ou disposição, envolvendo ato inventivo, que resulte em melhoria funcional no seu uso ou em sua fabricação.

Art. 10. Não se considera invenção nem modelo de utilidade:

I — descobertas, teorias científicas e métodos matemáticos;

II — concepções puramente abstratas;

III — esquemas, planos, princípios ou métodos comerciais, contábeis, financeiros, educativos, publicitários, de sorteio e de fiscalização;

IV — as obras literárias, arquitetônicas, artísticas e científicas ou qualquer criação estética;
V — programas de computador em si;
VI — apresentação de informações;
VII — regras de jogo;
VIII — técnicas e métodos operatórios ou cirúrgicos, bem como métodos terapêuticos ou de diagnóstico, para aplicação no corpo humano ou animal; e
IX — o todo ou parte de seres vivos naturais e materiais biológicos encontrados na natureza, ou ainda que dela isolados, inclusive o genoma ou germoplasma de qualquer ser vivo natural e os processos biológicos naturais.

Art. 11. A invenção e o modelo de utilidade são considerados novos quando não compreendidos no estado da técnica.

§ 1º O estado da técnica é constituído por tudo aquilo tornado acessível ao público antes da data de depósito do pedido de patente, por descrição escrita ou oral, por uso ou qualquer outro meio, no Brasil ou no exterior, ressalvado o disposto nos arts. 12, 16 e 17.

§ 2º Para fins de aferição da novidade, o conteúdo completo de pedido depositado no Brasil, e ainda não publicado, será considerado estado da técnica a partir da data de depósito, ou da prioridade reivindicada, desde que venha a ser publicado, mesmo que subseqüentemente.

§ 3º O disposto no parágrafo anterior será aplicado ao pedido internacional de patente depositado segundo tratado ou convenção em vigor no Brasil, desde que haja processamento nacional.

Art. 12. Não será considerada como estado da técnica a divulgação de invenção ou modelo de utilidade, quando ocorrida durante os 12 (doze) meses que precederem a data de depósito ou a da prioridade do pedido de patente, se promovida:
I — pelo inventor;
II — pelo Instituto Nacional da Propriedade Industrial — INPI, através de publicação oficial do pedido de patente depositado sem o consentimento do inventor, baseado em informações deste obtidas ou em decorrência de atos por ele realizados; ou
III — por terceiros, com base em informações obtidas direta ou indiretamente do inventor ou em decorrência de atos por este realizados.

Parágrafo único. O INPI poderá exigir do inventor declaração relativa à divulgação, acompanhada ou não de provas, nas condições estabelecidas em regulamento.

Art. 13. A invenção é dotada de atividade inventiva sempre que, para um técnico no assunto, não decorra de maneira evidente ou óbvia do estado da técnica.

Art. 14. O modelo de utilidade é dotado de ato inventivo sempre que, para um técnico no assunto, não decorra de maneira comum ou vulgar do estado da técnica.

Art. 15. A invenção e o modelo de utilidade são considerados suscetíveis de aplicação industrial quando possam ser utilizados ou produzidos em qualquer tipo de indústria.

Seção II
Da Prioridade

Art. 16. Ao pedido de patente depositado em país que mantenha acordo com o Brasil, ou em organização internacional, que produza efeito de depósito nacional, será assegurado direito de prioridade, nos prazos estabelecidos no acordo, não sendo o depósito invalidado nem prejudicado por fatos ocorridos nesses prazos.

§ 1º A reivindicação de prioridade será feita no ato de depósito, podendo ser suplementada dentro de 60 (sessenta) dias por outras prioridades anteriores à data do depósito no Brasil.

§ 2º A reivindicação de prioridade será comprovada por documento hábil da origem, contendo número, data, título, relatório descritivo e, se for o caso, reivindicações e desenhos, acompanhado de tradução simples da certidão de depósito ou documento equivalente, contendo dados identificadores do pedido, cujo teor será de inteira responsabilidade do depositante.

§ 3º Se não efetuada por ocasião do depósito, a comprovação deverá ocorrer em até 180 (cento e oitenta) dias contados do depósito.

§ 4º Para os pedidos internacionais depositados em virtude de tratado em vigor no Brasil, a tradução prevista no § 2º deverá ser apresentada no prazo de 60 (sessenta) dias contados da data da entrada no processamento nacional.

§ 5º No caso de o pedido depositado no Brasil estar fielmente contido no documento da origem, será suficiente uma declaração do depositante a este respeito para substituir a tradução simples.

§ 6º Tratando-se de prioridade obtida por cessão, o documento correspondente deverá ser apresentado dentro de 180 (cento e oitenta) dias contados do depósito, ou, se for o caso, em até 60 (sessenta) dias da data da entrada no processamento nacional, dispensada a legalização consular no país de origem.

§ 7º A falta de comprovação nos prazos estabelecidos neste artigo acarretará a perda da prioridade.

§ 8º Em caso de pedido depositado com reivindicação de prioridade, o requerimento para antecipação de publicação deverá ser instruído com a comprovação da prioridade.

Art. 17. O pedido de patente de invenção ou de modelo de utilidade depositado originalmente no Brasil, sem reivindicação de prioridade e não publicado, assegurará o direito de prioridade ao pedido posterior sobre a mesma matéria depositado no Brasil pelo mesmo requerente ou sucessores, dentro do prazo de 1 (um) ano.

§ 1º A prioridade será admitida apenas para a matéria revelada no pedido anterior, não se estendendo a matéria nova introduzida.

§ 2º O pedido anterior ainda pendente será considerado definitivamente arquivado.

§ 3º O pedido de patente originário de divisão de pedido anterior não poderá servir de base a reivindicação de prioridade.

Seção III
Das Invenções e Dos Modelos de Utilidade Não Patenteáveis

Art. 18. Não são patenteáveis:
I — o que for contrário à moral, aos bons costumes e à segurança, à ordem e à saúde públicas;
II — as substâncias, matérias, misturas, elementos ou produtos de qualquer espécie, bem como a modificação de suas propriedades físico-químicas e os respectivos processos de obtenção ou modificação, quando resultantes de transformação do núcleo atômico; e
III — o todo ou parte dos seres vivos, exceto os microorganismos transgênicos que atendam aos três requisitos de patenteabilidade — novidade, atividade inventiva e aplicação industrial — previstos no art. 8º e que não sejam mera descoberta.
Parágrafo único. Para os fins desta Lei, microorganismos transgênicos são organismos, exceto o todo ou parte de plantas ou de animais, que expressem, mediante intervenção humana direta em sua composição genética, uma característica normalmente não alcançável pela espécie em condições naturais.

CAPÍTULO III
DO PEDIDO DE PATENTE

Seção I
Do Depósito do Pedido

Art. 19. O pedido de patente, nas condições estabelecidas pelo INPI, conterá:
I — requerimento;
II — relatório descritivo;
III — reivindicações;
IV — desenhos, se for o caso;
V — resumo; e
VI — comprovante do pagamento da retribuição relativa ao depósito.
Art. 20. Apresentado o pedido, será ele submetido a exame formal preliminar e, se devidamente instruído, será protocolizado, considerada a data de depósito a da sua apresentação.
Art. 21. O pedido que não atender formalmente ao disposto no art. 19, mas que contiver dados relativos ao objeto, ao depositante e ao inventor, poderá ser entregue, mediante recibo datado, ao INPI, que estabelecerá as exigências a serem cumpridas, no prazo de 30 (trinta) dias, sob pena de devolução ou arquivamento da documentação.
Parágrafo único. Cumpridas as exigências, o depósito será considerado como efetuado na data do recibo.

Seção II
Das Condições do Pedido

Art. 22. O pedido de patente de invenção terá de se referir a uma única invenção ou a um grupo de invenções inter-relacionadas de maneira a compreenderem um único conceito inventivo.

Art. 23. O pedido de patente de modelo de utilidade terá de se referir a um único modelo principal, que poderá incluir uma pluralidade de elementos distintos, adicionais ou variantes construtivas ou configurativas, desde que mantida a unidade técnico-funcional e corporal do objeto.

Art. 24. O relatório deverá descrever clara e suficientemente o objeto, de modo a possibilitar sua realização por técnico no assunto e indicar, quando for o caso, a melhor forma de execução.

Parágrafo único. No caso de material biológico essencial à realização prática do objeto do pedido, que não possa ser descrito na forma deste artigo e que não estiver acessível ao público, o relatório será suplementado por depósito do material em instituição autorizada pelo INPI ou indicada em acordo internacional.

Art. 25. As reivindicações deverão ser fundamentadas no relatório descritivo, caracterizando as particularidades do pedido e definindo, de modo claro e preciso, a matéria objeto da proteção.

Art. 26. O pedido de patente poderá ser dividido em dois ou mais, de ofício ou a requerimento do depositante, até o final do exame, desde que o pedido dividido:

I — faça referência específica ao pedido original; e

II — não exceda à matéria revelada constante do pedido original.

Parágrafo único. O requerimento de divisão em desacordo com o disposto neste artigo será arquivado.

Art. 27. Os pedidos divididos terão a data de depósito do pedido original e o benefício de prioridade deste, se for o caso.

Art. 28. Cada pedido dividido estará sujeito a pagamento das retribuições correspondentes.

Art. 29. O pedido de patente retirado ou abandonado será obrigatoriamente publicado.

§ 1º O pedido de retirada deverá ser apresentado em até 16 (dezesseis) meses, contados da data do depósito ou da prioridade mais antiga.

§ 2º A retirada de um depósito anterior sem produção de qualquer efeito dará prioridade ao depósito imediatamente posterior.

Seção III
Do Processo e do Exame do Pedido

Art. 30. O pedido de patente será mantido em sigilo durante 18 (dezoito) meses contados da data de depósito ou da prioridade mais antiga, quando houver, após o que será publicado, à exceção do caso previsto no art. 75.

§ 1º A publicação do pedido poderá ser antecipada a requerimento do depositante.

§ 2º Da publicação deverão constar dados identificadores do pedido de patente, ficando cópia do relatório descritivo, das reivindicações, do resumo e dos desenhos à disposição do público no INPI.

§ 3º No caso previsto no parágrafo único do art. 24, o material biológico tornar-se-á acessível ao público com a publicação de que trata este artigo.

Art. 31. Publicado o pedido de patente e até o final do exame, será facultada a apresentação, pelos interessados, de documentos e informações para subsidiarem o exame.

Parágrafo único. O exame não será iniciado antes de decorridos 60 (sessenta) dias da publicação do pedido.

Art. 32. Para melhor esclarecer ou definir o pedido de patente, o depositante poderá efetuar alterações até o requerimento do exame, desde que estas se limitem à matéria inicialmente revelada no pedido.

Art. 33. O exame do pedido de patente deverá ser requerido pelo depositante ou por qualquer interessado, no prazo de 36 (trinta e seis) meses contados da data do depósito, sob pena do arquivamento do pedido.

Parágrafo único. O pedido de patente poderá ser desarquivado, se o depositante assim o requerer, dentro de 60 (sessenta) dias contados do arquivamento, mediante pagamento de uma retribuição específica, sob pena de arquivamento definitivo.

Art. 34. Requerido o exame, deverão ser apresentados, no prazo de 60 (sessenta) dias, sempre que solicitado, sob pena de arquivamento do pedido:

I — objeções, buscas de anterioridade e resultados de exame para concessão de pedido correspondente em outros países, quando houver reivindicação de prioridade;

II — documentos necessários à regularização do processo e exame do pedido; e

III — tradução simples do documento hábil referido no § 2º do art. 16, caso esta tenha sido substituída pela declaração prevista no § 5º do mesmo artigo.

Art. 35. Por ocasião do exame técnico, será elaborado o relatório de busca e parecer relativo a:

I — patenteabilidade do pedido;

II — adaptação do pedido à natureza reivindicada;

III — reformulação do pedido ou divisão; ou

IV — exigências técnicas.

Art. 36. Quando o parecer for pela não patenteabilidade ou pelo não enquadramento do pedido na natureza reivindicada ou formular qualquer exigência, o depositante será intimado para manifestar-se no prazo de 90 (noventa) dias.

§ 1º Não respondida a exigência, o pedido será definitivamente arquivado.

§ 2º Respondida a exigência, ainda que não cumprida, ou contestada sua formulação, e havendo ou não manifestação sobre a patenteabilidade ou o enquadramento, dar-se-á prosseguimento ao exame.

Art. 37. Concluído o exame, será proferida decisão, deferindo ou indeferindo o pedido de patente.

CAPÍTULO IV
DA CONCESSÃO E DA VIGÊNCIA DA PATENTE

Seção I
Da Concessão da Patente

Art. 38. A patente será concedida depois de deferido o pedido, e comprovado o pagamento da retribuição correspondente, expedindo-se a respectiva carta-patente.

§ 1º O pagamento da retribuição e respectiva comprovação deverão ser efetuados no prazo de 60 (sessenta) dias contados do deferimento.

§ 2º A retribuição prevista neste artigo poderá ainda ser paga e comprovada dentro de 30 (trinta) dias após o prazo previsto no parágrafo anterior, independentemente de notificação, mediante pagamento de retribuição específica, sob pena de arquivamento definitivo do pedido.

§ 3º Reputa-se concedida a patente na data de publicação do respectivo ato.

Art. 39. Da carta-patente deverão constar o número, o título e a natureza respectivos, o nome do inventor, observado o disposto no § 4º do art. 6º, a qualificação e o domicílio do titular, o prazo de vigência, o relatório descritivo, as reivindicações e os desenhos, bem como os dados relativos à prioridade.

Seção II
Da Vigência da Patente

Art. 40. A patente de invenção vigorará pelo prazo de 20 (vinte) anos e a de modelo de utilidade pelo prazo 15 (quinze) anos contados da data de depósito.

Parágrafo único. O prazo de vigência não será inferior a 10 (dez) anos para a patente de invenção e a 7 (sete) anos para a patente de modelo de utilidade, a contar da data de concessão, ressalvada a hipótese de o INPI estar impedido de proceder ao exame de mérito do pedido, por pendência judicial comprovada ou por motivo de força maior.

CAPÍTULO V
DA PROTEÇÃO CONFERIDA PELA PATENTE

Seção I
Dos Direitos

Art. 41. A extensão da proteção conferida pela patente será determinada pelo teor das reivindicações, interpretado com base no relatório descritivo e nos desenhos.

Art. 42. A patente confere ao seu titular o direito de impedir terceiro, sem o seu consentimento, de produzir, usar, colocar à venda, vender ou importar com estes propósitos:

I — produto objeto de patente;

II — processo ou produto obtido diretamente por processo patenteado.

§ 1º Ao titular da patente é assegurado ainda o direito de impedir que terceiros contribuam para que outros pratiquem os atos referidos neste artigo.

§ 2º Ocorrerá violação de direito da patente de processo, a que se refere o inciso II, quando o possuidor ou proprietário não comprovar, mediante determinação judicial específica, que o seu produto foi obtido por processo de fabricação diverso daquele protegido pela patente.

Art. 43. O disposto no artigo anterior não se aplica:

I — aos atos praticados por terceiros não autorizados, em caráter privado e sem finalidade comercial, desde que não acarretem prejuízo ao interesse econômico do titular da patente;

II — aos atos praticados por terceiros não autorizados, com finalidade experimental, relacionados a estudos ou pesquisas científicas ou tecnológicas;

III — à preparação de medicamento de acordo com prescrição médica para casos individuais, executada por profissional habilitado, bem como ao medicamento assim preparado;

IV — a produto fabricado de acordo com patente de processo ou de produto que tiver sido colocado no mercado interno diretamente pelo titular da patente ou com seu consentimento;

V — a terceiros que, no caso de patentes relacionadas com matéria viva, utilizem, sem finalidade econômica, o produto patenteado como fonte inicial de variação ou propagação para obter outros produtos; e

VI — a terceiros que, no caso de patentes relacionadas com matéria viva, utilizem, ponham em circulação ou comercializem um produto patenteado que haja sido introduzido licitamente no comércio pelo detentor da patente ou por detentor de licença, desde que o produto patenteado não seja utilizado para multiplicação ou propagação comercial da matéria viva em causa.

VII — aos atos praticados por terceiros não autorizados, relacionados à invenção protegida por patente, destinados exclusivamente à produção de informações, dados e resultados de testes, visando à obtenção do registro de comercialização, no Brasil ou em outro país, para a exploração e comercialização do produto objeto da patente, após a expiração dos prazos estipulados no art. 40. (Incísio inclúido pela Lei nº 10.196, de 14.2.2001)

Art. 44. Ao titular da patente é assegurado o direito de obter indenização pela exploração indevida de seu objeto, inclusive em relação à exploração ocorrida entre a data da publicação do pedido e a da concessão da patente.

§ 1º Se o infrator obteve, por qualquer meio, conhecimento do conteúdo do pedido depositado, anteriormente à publicação, contar-se-á o período da exploração indevida para efeito da indenização a partir da data de início da exploração.

§ 2º Quando o objeto do pedido de patente se referir a material biológico, depositado na forma do parágrafo único do art. 24, o direito à indenização será somente conferido quando o material biológico se tiver tornado acessível ao público.

§ 3º O direito de obter indenização por exploração indevida, inclusive com relação ao período anterior à concessão da patente, está limitado ao conteúdo do seu objeto, na forma do art. 41.

Seção II
Do Usuário Anterior

Art. 45. À pessoa de boa fé que, antes da data de depósito ou de prioridade de pedido de patente, explorava seu objeto no País, será assegurado o direito de continuar a exploração, sem ônus, na forma e condição anteriores.

§ 1º O direito conferido na forma deste artigo só poderá ser cedido juntamente com o negócio ou empresa, ou parte desta que tenha direta relação com a exploração do objeto da patente, por alienação ou arrendamento.

§ 2º O direito de que trata este artigo não será assegurado a pessoa que tenha tido conhecimento do objeto da patente através de divulgação na forma do art. 12, desde que o pedido tenha sido depositado no prazo de 1 (um) ano, contado da divulgação.

CAPÍTULO VI
DA NULIDADE DA PATENTE

Seção I
Das Disposições Gerais

Art. 46. É nula a patente concedida contrariando as disposições desta Lei.

Art. 47. A nulidade poderá não incidir sobre todas as reivindicações, sendo condição para a nulidade parcial o fato de as reivindicações subsistentes constituírem matéria patenteável por si mesmas.

Art. 48. A nulidade da patente produzirá efeitos a partir da data do depósito do pedido.

Art. 49. No caso de inobservância do disposto no art. 6º, o inventor poderá, alternativamente, reivindicar, em ação judicial, a adjudicação da patente.

Seção II
Do Processo Administrativo de Nulidade

Art. 50. A nulidade da patente será declarada administrativamente quando:

I — não tiver sido atendido qualquer dos requisitos legais;

II — o relatório e as reivindicações não atenderem ao disposto nos arts. 24 e 25, respectivamente;

III — o objeto da patente se estenda além do conteúdo do pedido originalmente depositado; ou

IV — no seu processamento, tiver sido omitida qualquer das formalidades essenciais, indispensáveis à concessão.

Art. 51. O processo de nulidade poderá ser instaurado de ofício ou mediante requerimento de qualquer pessoa com legítimo interesse, no prazo de 6 (seis) meses contados da concessão da patente.

Parágrafo único. O processo de nulidade prosseguirá ainda que extinta a patente.

Art. 52. O titular será intimado para se manifestar no prazo de 60 (sessenta) dias.

Art. 53. Havendo ou não manifestação, decorrido o prazo fixado no artigo anterior, o INPI emitirá parecer, intimando o titular e o requerente para se manifestarem no prazo comum de 60 (sessenta) dias.

Art. 54. Decorrido o prazo fixado no artigo anterior, mesmo que não apresentadas as manifestações, o processo será decidido pelo Presidente do INPI, encerrando-se a instância administrativa.

Art. 55. Aplicam-se, no que couber, aos certificados de adição, as disposições desta Seção.

Seção III
Da Ação de Nulidade

Art. 56. A ação de nulidade poderá ser proposta a qualquer tempo da vigência da patente, pelo INPI ou por qualquer pessoa com legítimo interesse.

§ 1º A nulidade da patente poderá ser argüida, a qualquer tempo, como matéria de defesa.

§ 2º O juiz poderá, preventiva ou incidentalmente, determinar a suspensão dos efeitos da patente, atendidos os requisitos processuais próprios.

Art. 57. A ação de nulidade de patente será ajuizada no foro da Justiça Federal e o INPI, quando não for autor, intervirá no feito.

§ 1º O prazo para resposta do réu titular da patente será de 60 (sessenta) dias.

§ 2º Transitada em julgado a decisão da ação de nulidade, o INPI publicará anotação, para ciência de terceiros.

CAPÍTULO VII
DA CESSÃO E DAS ANOTAÇÕES

Art. 58. O pedido de patente ou a patente, ambos de conteúdo indivisível, poderão ser cedidos, total ou parcialmente.

Art. 59. O INPI fará as seguintes anotações:

I — da cessão, fazendo constar a qualificação completa do cessionário;

II — de qualquer limitação ou ônus que recaia sobre o pedido ou a patente; e

III — das alterações de nome, sede ou endereço do depositante ou titular.

Art. 60. As anotações produzirão efeito em relação a terceiros a partir da data de sua publicação.

CAPÍTULO VIII
DAS LICENÇAS

Seção I
Da Licença Voluntária

Art. 61. O titular de patente ou o depositante poderá celebrar contrato de licença para exploração.

Parágrafo único. O licenciado poderá ser investido pelo titular de todos os poderes para agir em defesa da patente.

Art. 62. O contrato de licença deverá ser averbado no INPI para que produza efeitos em relação a terceiros.

§ 1º A averbação produzirá efeitos em relação a terceiros a partir da data de sua publicação.

§ 2º Para efeito de validade de prova de uso, o contrato de licença não precisará estar averbado no INPI.

Art. 63. O aperfeiçoamento introduzido em patente licenciada pertence a quem o fizer, sendo assegurado à outra parte contratante o direito de preferência para seu licenciamento.

Seção II
Da Oferta de Licença

Art. 64. O titular da patente poderá solicitar ao INPI que a coloque em oferta para fins de exploração.

§ 1º O INPI promoverá a publicação da oferta.

§ 2º Nenhum contrato de licença voluntária de caráter exclusivo será averbado no INPI sem que o titular tenha desistido da oferta.

§ 3º A patente sob licença voluntária, com caráter de exclusividade, não poderá ser objeto de oferta.

§ 4º O titular poderá, a qualquer momento, antes da expressa aceitação de seus termos pelo interessado, desistir da oferta, não se aplicando o disposto no art. 66.

Art. 65. Na falta de acordo entre o titular e o licenciado, as partes poderão requerer ao INPI o arbitramento da remuneração.

§ 1º Para efeito deste artigo, o INPI observará o disposto no § 4º do art. 73.

§ 2º A remuneração poderá ser revista decorrido 1 (um) ano de sua fixação.

Art. 66. A patente em oferta terá sua anuidade reduzida à metade no período compreendido entre o oferecimento e a concessão da primeira licença, a qualquer título.

Art. 67. O titular da patente poderá requerer o cancelamento da licença se o licenciado não der início à exploração efetiva dentro de 1 (um) ano da concessão, interromper a exploração por prazo superior a 1 (um) ano, ou, ainda, se não forem obedecidas as condições para a exploração.

Seção III
Da Licença Compulsória

Art. 68. O titular ficará sujeito a ter a patente licenciada compulsoriamente se exercer os direitos dela decorrentes de forma abusiva, ou por meio dela praticar abuso de poder econômico, comprovado nos termos da lei, por decisão administrativa ou judicial.

§ 1º Ensejam, igualmente, licença compulsória:

I — a não exploração do objeto da patente no território brasileiro por falta de fabricação ou fabricação incompleta do produto, ou, ainda, a falta de uso integral do processo patenteado, ressalvados os casos de inviabilidade econômica, quando será admitida a importação; ou

II — a comercialização que não satisfizer às necessidades do mercado.

§ 2º A licença só poderá ser requerida por pessoa com legítimo interesse e que tenha capacidade técnica e econômica para realizar a exploração eficiente do objeto da patente, que deverá destinar-se, predominantemente, ao mercado interno, extinguindo-se nesse caso a excepcionalidade prevista no inciso I do parágrafo anterior.

§ 3º No caso de a licença compulsória ser concedida em razão de abuso de poder econômico, ao licenciado, que propõe fabricação local, será garantido um prazo, limitado ao estabelecido no art. 74, para proceder à importação do objeto da licença, desde que tenha sido colocado no mercado diretamente pelo titular ou com o seu consentimento.

§ 4º No caso de importação para exploração de patente e no caso da importação prevista no parágrafo anterior, será igualmente admitida a importação por terceiros de produto fabricado de acordo com patente de processo ou de produto, desde que tenha sido colocado no mercado diretamente pelo titular ou com o seu consentimento.

§ 5º A licença compulsória de que trata o § 1º somente será requerida após decorridos 3 (três) anos da concessão da patente.

Art. 69. A licença compulsória não será concedida se, à data do requerimento, o titular:

I — justificar o desuso por razões legítimas;

II — comprovar a realização de sérios e efetivos preparativos para a exploração; ou

III — justificar a falta de fabricação ou comercialização por obstáculo de ordem legal.

Art. 70. A licença compulsória será ainda concedida quando, cumulativamente, se verificarem as seguintes hipóteses:

I — ficar caracterizada situação de dependência de uma patente em relação a outra;

II — o objeto da patente dependente constituir substancial progresso técnico em relação à patente anterior; e

III — o titular não realizar acordo com o titular da patente dependente para exploração da patente anterior.

§ 1º Para os fins deste artigo considera-se patente dependente aquela cuja exploração depende obrigatoriamente da utilização do objeto de patente anterior.

§ 2º Para efeito deste artigo, uma patente de processo poderá ser considerada dependente de patente do produto respectivo, bem como uma patente de produto poderá ser dependente de patente de processo.

§ 3º O titular da patente licenciada na forma deste artigo terá direito a licença compulsória cruzada da patente dependente.

Art. 71. Nos casos de emergência nacional ou interesse público, declarados em ato do Poder Executivo Federal, desde que o titular da patente ou seu licenciado não atenda a essa necessidade, poderá ser concedida, de ofício, licença compulsória, temporária e não exclusiva, para a exploração da patente, sem prejuízo dos direitos do respectivo titular.

Parágrafo único. O ato de concessão da licença estabelecerá seu prazo de vigência e a possibilidade de prorrogação.

Art. 72. As licenças compulsórias serão sempre concedidas sem exclusividade, não se admitindo o sublicenciamento.

Art. 73. O pedido de licença compulsória deverá ser formulado mediante indicação das condições oferecidas ao titular da patente.

§ 1º Apresentado o pedido de licença, o titular será intimado para manifestar-se no prazo de 60 (sessenta) dias, findo o qual, sem manifestação do titular, será considerada aceita a proposta nas condições oferecidas.

§ 2º O requerente de licença que invocar abuso de direitos patentários ou abuso de poder econômico deverá juntar documentação que o comprove.

§ 3º No caso de a licença compulsória ser requerida com fundamento na falta de exploração, caberá ao titular da patente comprovar a exploração.

§ 4º Havendo contestação, o INPI poderá realizar as necessárias diligências, bem como designar comissão, que poderá incluir especialistas não integrantes dos quadros da autarquia, visando arbitrar a remuneração que será paga ao titular.

§ 5º Os órgãos e entidades da administração pública direta ou indireta, federal, estadual e municipal, prestarão ao INPI as informações solicitadas com o objetivo de subsidiar o arbitramento da remuneração.

§ 6º No arbitramento da remuneração, serão consideradas as circunstâncias de cada caso, levando-se em conta, obrigatoriamente, o valor econômico da licença concedida.

§ 7º Instruído o processo, o INPI decidirá sobre a concessão e condições da licença compulsória no prazo de 60 (sessenta) dias.

§ 8º O recurso da decisão que conceder a licença compulsória não terá efeito suspensivo.

Art. 74. Salvo razões legítimas, o licenciado deverá iniciar a exploração do objeto da patente no prazo de 1 (um) ano da concessão da licença, admitida a interrupção por igual prazo.

§ 1º O titular poderá requerer a cassação da licença quando não cumprido o disposto neste artigo.

§ 2º O licenciado ficará investido de todos os poderes para agir em defesa da patente.

§ 3º Após a concessão da licença compulsória, somente será admitida a sua cessão quando realizada conjuntamente com a cessão, alienação ou arrendamento da parte do empreendimento que a explore.

CAPÍTULO IX
DA PATENTE DE INTERESSE DA DEFESA NACIONAL

Art. 75. O pedido de patente originário do Brasil cujo objeto interesse à defesa nacional será processado em caráter sigiloso e não estará sujeito às publicações previstas nesta Lei.

§ 1º O INPI encaminhará o pedido, de imediato, ao órgão competente do Poder Executivo para, no prazo de 60 (sessenta) dias, manifestar-se sobre o caráter sigiloso. Decorrido o prazo sem a manifestação do órgão competente, o pedido será processado normalmente.

§ 2º É vedado o depósito no exterior de pedido de patente cujo objeto tenha sido considerado de interesse da defesa nacional, bem como qualquer divulgação do mesmo, salvo expressa autorização do órgão competente.

§ 3º A exploração e a cessão do pedido ou da patente de interesse da defesa nacional estão condicionadas à prévia autorização do órgão competente, assegurada indenização sempre que houver restrição dos direitos do depositante ou do titular.

CAPÍTULO X
DO CERTIFICADO DE ADIÇÃO DE INVENÇÃO

Art. 76. O depositante do pedido ou titular de patente de invenção poderá requerer, mediante pagamento de retribuição específica, certificado de adição para proteger aperfeiçoamento ou desenvolvimento introduzido no objeto da invenção, mesmo que destituído de atividade inventiva, desde que a matéria se inclua no mesmo conceito inventivo.

§ 1º Quando tiver ocorrido a publicação do pedido principal, o pedido de certificado de adição será imediatamente publicado.

§ 2º O exame do pedido de certificado de adição obedecerá ao disposto nos arts. 30 a 37, ressalvado o disposto no parágrafo anterior.

§ 3º O pedido de certificado de adição será indeferido se o seu objeto não apresentar o mesmo conceito inventivo.

§ 4º O depositante poderá, no prazo do recurso, requerer a transformação do pedido de certificado de adição em pedido de patente, beneficiando-se da data de depósito do pedido de certificado, mediante pagamento das retribuições cabíveis.

Art. 77. O certificado de adição é acessório da patente, tem a data final de vigência desta e acompanha-a para todos os efeitos legais.

Parágrafo único. No processo de nulidade, o titular poderá requerer que a matéria contida no certificado de adição seja analisada para se verificar a possibilidade de sua subsistência, sem prejuízo do prazo de vigência da patente.

CAPÍTULO XI
DA EXTINÇÃO DA PATENTE

Art. 78. A patente extingue-se:
I — pela expiração do prazo de vigência;
II — pela renúncia de seu titular, ressalvado o direito de terceiros;
III — pela caducidade;
IV — pela falta de pagamento da retribuição anual, nos prazos previstos no § 2º do art. 84 e no art. 87; e
V — pela inobservância do disposto no art. 217.
Parágrafo único. Extinta a patente, o seu objeto cai em domínio público.
Art. 79. A renúncia só será admitida se não prejudicar direitos de terceiros.
Art. 80. Caducará a patente, de ofício ou a requerimento de qualquer pessoa com legítimo interesse, se, decorridos 2 (dois) anos da concessão da primeira licença compulsória, esse prazo não tiver sido suficiente para prevenir ou sanar o abuso ou desuso, salvo motivos justificáveis.

§ 1º A patente caducará quando, na data do requerimento da caducidade ou da instauração de ofício do respectivo processo, não tiver sido iniciada a exploração.

§ 2º No processo de caducidade instaurado a requerimento, o INPI poderá prosseguir se houver desistência do requerente.

Art. 81. O titular será intimado mediante publicação para se manifestar, no prazo de 60 (sessenta) dias, cabendo-lhe o ônus da prova quanto à exploração.

Art. 82. A decisão será proferida dentro de 60 (sessenta) dias, contados do término do prazo mencionado no artigo anterior.

Art. 83. A decisão da caducidade produzirá efeitos a partir da data do requerimento ou da publicação da instauração de ofício do processo.

CAPÍTULO XII
DA RETRIBUIÇÃO ANUAL

Art. 84. O depositante do pedido e o titular da patente estão sujeitos ao pagamento de retribuição anual, a partir do início do terceiro ano da data do depósito.

§ 1º O pagamento antecipado da retribuição anual será regulado pelo INPI.

§ 2º O pagamento deverá ser efetuado dentro dos primeiros 3 (três) meses de cada período anual, podendo, ainda, ser feito, independente de notificação, dentro dos 6 (seis) meses subseqüentes, mediante pagamento de retribuição adicional.

Art. 85. O disposto no artigo anterior aplica-se aos pedidos internacionais depositados em virtude de tratado em vigor no Brasil, devendo o pagamento das retribuições anuais vencidas antes da data da entrada no processamento nacional ser efetuado no prazo de 3 (três) meses dessa data.

Art. 86. A falta de pagamento da retribuição anual, nos termos dos arts. 84 e 85, acarretará o arquivamento do pedido ou a extinção da patente.

Capítulo XIII
DA RESTAURAÇÃO

Art. 87. O pedido de patente e a patente poderão ser restaurados, se o depositante ou o titular assim o requerer, dentro de 3 (três) meses, contados da notificação do arquivamento do pedido ou da extinção da patente, mediante pagamento de retribuição específica.

CAPÍTULO XIV
DA INVENÇÃO E DO MODELO DE UTILIDADE
REALIZADO POR EMPREGADO OU PRESTADOR DE SERVIÇO

Art. 88. A invenção e o modelo de utilidade pertencem exclusivamente ao empregador quando decorrerem de contrato de trabalho cuja execução ocorra no Brasil e que tenha por objeto a pesquisa ou a atividade inventiva, ou resulte esta da natureza dos serviços para os quais foi o empregado contratado.

§ 1º Salvo expressa disposição contratual em contrário, a retribuição pelo trabalho a que se refere este artigo limita-se ao salário ajustado.

§ 2º Salvo prova em contrário, consideram-se desenvolvidos na vigência do contrato a invenção ou o modelo de utilidade, cuja patente seja requerida pelo empregado até 1 (um) ano após a extinção do vínculo empregatício.

Art. 89. O empregador, titular da patente, poderá conceder ao empregado, autor de invento ou aperfeiçoamento, participação nos ganhos econômicos resultantes da exploração da patente, mediante negociação com o interessado ou conforme disposto em norma da empresa.

Parágrafo único. A participação referida neste artigo não se incorpora, a qualquer título, ao salário do empregado.

Art. 90. Pertencerá exclusivamente ao empregado a invenção ou o modelo de utilidade por ele desenvolvido, desde que desvinculado do contrato de trabalho e não decorrente da utilização de recursos, meios, dados, materiais, instalações ou equipamentos do empregador.

Art. 91. A propriedade de invenção ou de modelo de utilidade será comum, em partes iguais, quando resultar da contribuição pessoal do empregado e de recursos, dados, meios, materiais, instalações ou equipamentos do empregador, ressalvada expressa disposição contratual em contrário.

§ 1º Sendo mais de um empregado, a parte que lhes couber será dividida igualmente entre todos, salvo ajuste em contrário.

§ 2º É garantido ao empregador o direito exclusivo de licença de exploração e assegurada ao empregado a justa remuneração.

§ 3º A exploração do objeto da patente, na falta de acordo, deverá ser iniciada pelo empregador dentro do prazo de 1 (um) ano, contado da data de sua concessão, sob pena de passar à exclusiva propriedade do empregado a titularidade da patente, ressalvadas as hipóteses de falta de exploração por razões legítimas.

§ 4º No caso de cessão, qualquer dos co-titulares, em igualdade de condições, poderá exercer o direito de preferência.

Art. 92. O disposto nos artigos anteriores aplica-se, no que couber, às relações entre o trabalhador autônomo ou o estagiário e a empresa contratante e entre empresas contratantes e contratadas.

Art. 93. Aplica-se o disposto neste Capítulo, no que couber, às entidades da Administração Pública, direta, indireta e fundacional, federal, estadual ou municipal.

Parágrafo único. Na hipótese do art. 88, será assegurada ao inventor, na forma e condições previstas no estatuto ou regimento interno da entidade a que se refere este artigo, premiação de parcela no valor das vantagens auferidas com o pedido ou com a patente, a título de incentivo.

TÍTULO II
DOS DESENHOS INDUSTRIAIS

CAPÍTULO I
DA TITULARIDADE

Art. 94. Ao autor será assegurado o direito de obter registro de desenho industrial que lhe confira a propriedade, nas condições estabelecidas nesta Lei.

Parágrafo único. Aplicam-se ao registro de desenho industrial, no que couber, as disposições dos arts. 6º e 7º.

CAPÍTULO II
DA REGISTRABILIDADE

Seção I
Dos Desenhos Industriais Registráveis

Art. 95. Considera-se desenho industrial a forma plástica ornamental de um objeto ou o conjunto ornamental de linhas e cores que possa ser aplicado a um produto, proporcionando resultado visual novo e original na sua configuração externa e que possa servir de tipo de fabricação industrial.

Art. 96. O desenho industrial é considerado novo quando não compreendido no estado da técnica.

§ 1º O estado da técnica é constituído por tudo aquilo tornado acessível ao público antes da data de depósito do pedido, no Brasil ou no exterior, por uso ou qualquer outro meio, ressalvado o disposto no § 3º deste artigo e no art. 99.

§ 2º Para aferição unicamente da novidade, o conteúdo completo de pedido de patente ou de registro depositado no Brasil, e ainda não publicado, será considerado como incluído no estado da técnica a partir da data de depósito, ou da prioridade reivindicada, desde que venha a ser publicado, mesmo que subseqüentemente.

§ 3º Não será considerado como incluído no estado da técnica o desenho industrial cuja divulgação tenha ocorrido durante os 180 (cento e oitenta) dias que precederem a data do depósito ou a da prioridade reivindicada, se promovida nas situações previstas nos incisos I a III do art. 12.

Art. 97. O desenho industrial é considerado original quando dele resulte uma configuração visual distintiva, em relação a outros objetos anteriores.

Parágrafo único. O resultado visual original poderá ser decorrente da combinação de elementos conhecidos.

Art. 98. Não se considera desenho industrial qualquer obra de caráter puramente artístico.

Seção II
Da Prioridade

Art. 99. Aplicam-se ao pedido de registro, no que couber, as disposições do art. 16, exceto o prazo previsto no seu § 3º, que será de 90 (noventa) dias.

Seção III
Dos Desenhos Industriais Não Registráveis

Art. 100. Não é registrável como desenho industrial:

I — o que for contrário à moral e aos bons costumes ou que ofenda a honra ou imagem de pessoas, ou atente contra liberdade de consciência, crença, culto religioso ou idéia e sentimentos dignos de respeito e veneração;

II — a forma necessária comum ou vulgar do objeto ou, ainda, aquela determinada essencialmente por considerações técnicas ou funcionais.

CAPÍTULO III
DO PEDIDO DE REGISTRO

Seção I
Do Depósito do Pedido

Art. 101. O pedido de registro, nas condições estabelecidas pelo INPI, conterá:

I — requerimento;
II — relatório descritivo, se for o caso;
III — reivindicações, se for o caso;
IV — desenhos ou fotografias;

V — campo de aplicação do objeto; e
VI — comprovante do pagamento da retribuição relativa ao depósito.
Parágrafo único. Os documentos que integram o pedido de registro deverão ser apresentados em língua portuguesa.

Art. 102. Apresentado o pedido, será ele submetido a exame formal preliminar e, se devidamente instruído, será protocolizado, considerada a data do depósito a da sua apresentação.

Art. 103. O pedido que não atender formalmente ao disposto no art. 101, mas que contiver dados suficientes relativos ao depositante, ao desenho industrial e ao autor, poderá ser entregue, mediante recibo datado, ao INPI, que estabelecerá as exigências a serem cumpridas, em 5 (cinco) dias, sob pena de ser considerado inexistente.

Parágrafo único. Cumpridas as exigências, o depósito será considerado como efetuado na data da apresentação do pedido.

Seção II
Das Condições do Pedido

Art. 104. O pedido de registro de desenho industrial terá que se referir a um único objeto, permitida uma pluralidade de variações, desde que se destinem ao mesmo propósito e guardem entre si a mesma característica distintiva preponderante, limitado cada pedido ao máximo de 20 (vinte) variações.

Parágrafo único. O desenho deverá representar clara e suficientemente o objeto e suas variações, se houver, de modo a possibilitar sua reprodução por técnico no assunto.

Art. 105. Se solicitado o sigilo na forma do § 1º do art. 106, poderá o pedido ser retirado em até 90 (noventa) dias contados da data do depósito.

Parágrafo único. A retirada de um depósito anterior sem produção de qualquer efeito dará prioridade ao depósito imediatamente posterior.

Seção III
Do Processo e do Exame do Pedido

Art. 106. Depositado o pedido de registro de desenho industrial e observado o disposto nos arts. 100, 101 e 104, será automaticamente publicado e simultaneamente concedido o registro, expedindo-se o respectivo certificado.

§ 1º A requerimento do depositante, por ocasião do depósito, poderá ser mantido em sigilo o pedido, pelo prazo de 180 (cento e oitenta) dias contados da data do depósito, após o que será processado.

§ 2º Se o depositante se beneficiar do disposto no art. 99, aguardar-se-á a apresentação do documento de prioridade para o processamento do pedido.

§ 3º Não atendido o disposto nos arts. 101 e 104, será formulada exigência, que deverá ser respondida em 60 (sessenta) dias, sob pena de arquivamento definitivo.

§ 4º Não atendido o disposto no art. 100, o pedido de registro será indeferido.

CAPÍTULO IV
DA CONCESSÃO E DA VIGÊNCIA DO REGISTRO

Art. 107. Do certificado deverão constar o número e o título, nome do autor — observado o disposto no § 4º do art. 6º, o nome, a nacionalidade e o domicílio do titular, o prazo de vigência, os desenhos, os dados relativos à prioridade estrangeira, e, quando houver, relatório descritivo e reivindicações.

Art. 108. O registro vigorará pelo prazo de 10 (dez) anos contados da data do depósito, prorrogável por 3 (três) períodos sucessivos de 5 (cinco) anos cada.

§ 1º O pedido de prorrogação deverá ser formulado durante o último ano de vigência do registro, instruído com o comprovante do pagamento da respectiva retribuição.

§ 2º Se o pedido de prorrogação não tiver sido formulado até o termo final da vigência do registro, o titular poderá fazê-lo nos 180 (cento e oitenta) dias subseqüentes, mediante o pagamento de retribuição adicional.

CAPÍTULO V
DA PROTEÇÃO CONFERIDA PELO REGISTRO

Art. 109. A propriedade do desenho industrial adquire-se pelo registro validamente concedido.

Parágrafo único. Aplicam-se ao registro do desenho industrial, no que couber, as disposições do art. 42 e dos incisos I, II e IV do art. 43.

Art. 110. À pessoa que, de boa fé, antes da data do depósito ou da prioridade do pedido de registro explorava seu objeto no País, será assegurado o direito de continuar a exploração, sem ônus, na forma e condição anteriores.

§ 1º O direito conferido na forma deste artigo só poderá ser cedido juntamente com o negócio ou empresa, ou parte deste, que tenha direta relação com a exploração do objeto do registro, por alienação ou arrendamento.

§ 2º O direito de que trata este artigo não será assegurado a pessoa que tenha tido conhecimento do objeto do registro através de divulgação nos termos do § 3º do art. 96, desde que o pedido tenha sido depositado no prazo de 6 (seis) meses contados da divulgação.

CAPÍTULO VI
DO EXAME DE MÉRITO

Art. 111. O titular do desenho industrial poderá requerer o exame do objeto do registro, a qualquer tempo da vigência, quanto aos aspectos de novidade e de originalidade.

Parágrafo único. O INPI emitirá parecer de mérito, que, se concluir pela ausência de pelo menos um dos requisitos definidos nos arts. 95 a 98, servirá de fundamento para instauração de ofício de processo de nulidade do registro.

CAPÍTULO VII
DA NULIDADE DO REGISTRO

Seção I
Das Disposições Gerais

Art. 112. É nulo o registro concedido em desacordo com as disposições desta Lei.

§ 1º A nulidade do registro produzirá efeitos a partir da data do depósito do pedido.

§ 2º No caso de inobservância do disposto no art. 94, o autor poderá, alternativamente, reivindicar a adjudicação do registro.

Seção II
Do Processo Administrativo de Nulidade

Art. 113. A nulidade do registro será declarada administrativamente quando tiver sido concedido com infringência dos arts. 94 a 98.

§ 1º O processo de nulidade poderá ser instaurado de ofício ou mediante requerimento de qualquer pessoa com legítimo interesse, no prazo de 5 (cinco) anos contados da concessão do registro, ressalvada a hipótese prevista no parágrafo único do art. 111.

§ 2º O requerimento ou a instauração de ofício suspenderá os efeitos da concessão do registro se apresentada ou publicada no prazo de 60 (sessenta) dias da concessão.

Art. 114. O titular será intimado para se manifestar no prazo de 60 (sessenta) dias contados da data da publicação.

Art. 115. Havendo ou não manifestação, decorrido o prazo fixado no artigo anterior, o INPI emitirá parecer, intimando o titular e o requerente para se manifestarem no prazo comum de 60 (sessenta) dias.

Art. 116. Decorrido o prazo fixado no artigo anterior, mesmo que não apresentadas as manifestações, o processo será decidido pelo Presidente do INPI, encerrando-se a instância administrativa.

Art. 117. O processo de nulidade prosseguirá, ainda que extinto o registro.

Seção III
Da Ação de Nulidade

Art. 118. Aplicam-se à ação de nulidade de registro de desenho industrial, no que couber, as disposições dos arts. 56 e 57.

CAPÍTULO VIII
DA EXTINÇÃO DO REGISTRO

Art. 119. O registro extingue-se:

I — pela expiração do prazo de vigência;
II — pela renúncia de seu titular, ressalvado o direito de terceiros;
III — pela falta de pagamento da retribuição prevista nos arts. 108 e 120; ou
IV — pela inobservância do disposto no art. 217.

CAPÍTULO IX
DA RETRIBUIÇÃO QÜINQÜENAL

Art. 120. O titular do registro está sujeito ao pagamento de retribuição qüinqüenal, a partir do segundo qüinqüênio da data do depósito.

§ 1º O pagamento do segundo qüinqüênio será feito durante o 5º (quinto) ano da vigência do registro.

§ 2º O pagamento dos demais qüinqüênios será apresentado junto com o pedido de prorrogação a que se refere o art. 108.

§ 3º O pagamento dos qüinqüênios poderá ainda ser efetuado dentro dos 6 (seis) meses subseqüentes ao prazo estabelecido no parágrafo anterior, mediante pagamento de retribuição adicional.

CAPÍTULO X
DAS DISPOSIÇÕES FINAIS

Art. 121. As disposições dos arts. 58 a 63 aplicam-se, no que couber, à matéria de que trata o presente Título, disciplinando-se o direito do empregado ou prestador de serviços pelas disposições dos arts. 88 a 93.

TÍTULO III
DAS MARCAS

CAPÍTULO I
DA REGISTRABILIDADE

Seção I
Dos Sinais Registráveis Como Marca

Art. 122. São suscetíveis de registro como marca os sinais distintivos visualmente perceptíveis, não compreendidos nas proibições legais.

Art. 123. Para os efeitos desta Lei, considera-se:

I — marca de produto ou serviço: aquela usada para distinguir produto ou serviço de outro idêntico, semelhante ou afim, de origem diversa;

II — marca de certificação: aquela usada para atestar a conformidade de um produto ou serviço com determinadas normas ou especificações técnicas, notadamente quanto à qualidade, natureza, material utilizado e metodologia empregada; e

III — marca coletiva: aquela usada para identificar produtos ou serviços provindos de membros de uma determinada entidade.

Seção II
Dos Sinais Não Registráveis Como Marca

Art. 124. Não so registráveis como marca:

I — brasão, armas, medalha, bandeira, emblema, distintivo e monumento oficiais, públicos, nacionais, estrangeiros ou internacionais, bem como a respectiva designação, figura ou imitação;

II — letra, algarismo e data, isoladamente, salvo quando revestidos de suficiente forma distintiva;

III — expressão, figura, desenho ou qualquer outro sinal contrário à moral e aos bons costumes ou que ofenda a honra ou imagem de pessoas ou atente contra liberdade de consciência, crença, culto religioso ou idéia e sentimento dignos de respeito e veneração;

IV — designação ou sigla de entidade ou órgão público, quando não requerido o registro pela própria entidade ou órgão público;

V — reprodução ou imitação de elemento característico ou diferenciador de título de estabelecimento ou nome de empresa de terceiros, suscetível de causar confusão ou associação com estes sinais distintivos;

VI — sinal de caráter genérico, necessário, comum, vulgar ou simplesmente descritivo, quando tiver relação com o produto ou serviço a distinguir, ou aquele empregado comumente para designar uma característica do produto ou serviço, quanto à natureza, nacionalidade, peso, valor, qualidade e época de produção ou de prestação do serviço, salvo quando revestidos de suficiente forma distintiva;

VII — sinal ou expressão empregada apenas como meio de propaganda;

VIII — cores e suas denominações, salvo se dispostas ou combinadas de modo peculiar e distintivo;

IX — indicação geográfica, sua imitação suscetível de causar confusão ou sinal que possa falsamente induzir indicação geográfica;

X — sinal que induza a falsa indicação quanto à origem, procedência, natureza, qualidade ou utilidade do produto ou serviço a que a marca se destina;

XI — reprodução ou imitação de cunho oficial, regularmente adotada para garantia de padrão de qualquer gênero ou natureza;

XII — reprodução ou imitação de sinal que tenha sido registrado como marca coletiva ou de certificação por terceiro, observado o disposto no art. 154;

XIII — nome, prêmio ou símbolo de evento esportivo, artístico, cultural, social, político, econômico ou técnico, oficial ou oficialmente reconhecido, bem como a imitação suscetível de criar confusão, salvo quando autorizados pela autoridade competente ou entidade promotora do evento;

XIV — reprodução ou imitação de título, apólice, moeda e cédula da União, dos Estados, do Distrito Federal, dos Territórios, dos Municípios, ou de país;

XV — nome civil ou sua assinatura, nome de família ou patronímico e imagem de terceiros, salvo com consentimento do titular, herdeiros ou sucessores;

XVI — pseudônimo ou apelido notoriamente conhecidos, nome artístico singular ou coletivo, salvo com consentimento do titular, herdeiros ou sucessores;

XVII — obra literária, artística ou científica, assim como os títulos que estejam protegidos pelo direito autoral e sejam suscetíveis de causar confusão ou associação, salvo com consentimento do autor ou titular;

XVIII — termo técnico usado na indústria, na ciência e na arte, que tenha relação com o produto ou serviço a distinguir;

XIX — reprodução ou imitação, no todo ou em parte, ainda que com acréscimo, de marca alheia registrada, para distinguir ou certificar produto ou serviço idêntico, semelhante ou afim, suscetível de causar confusão ou associação com marca alheia;

XX — dualidade de marcas de um só titular para o mesmo produto ou serviço, salvo quando, no caso de marcas de mesma natureza, se revestirem de suficiente forma distintiva;

XXI — a forma necessária, comum ou vulgar do produto ou de acondicionamento, ou, ainda, aquela que não possa ser dissociada de efeito técnico;

XXII — objeto que estiver protegido por registro de desenho industrial de terceiro; e

XXIII — sinal que imite ou reproduza, no todo ou em parte, marca que o requerente evidentemente não poderia desconhecer em razão de sua atividade, cujo titular seja sediado ou domiciliado em território nacional ou em país com o qual o Brasil mantenha acordo ou que assegure reciprocidade de tratamento, se a marca se destinar a distinguir produto ou serviço idêntico, semelhante ou afim, suscetível de causar confusão ou associação com aquela marca alheia.

Seção III
Marca de Alto Renome

Art. 125. À marca registrada no Brasil considerada de alto renome será assegurada proteção especial, em todos os ramos de atividade.

Seção IV
Marca Notoriamente Conhecida

Art. 126. A marca notoriamente conhecida em seu ramo de atividade nos termos do art. 6º *bis* (I), da Convenção da União de Paris para Proteção da Propriedade Industrial, goza de proteção especial, independentemente de estar previamente depositada ou registrada no Brasil.

§ 1º A proteção de que trata este artigo aplica-se também às marcas de serviço.

§ 2º O INPI poderá indeferir de ofício pedido de registro de marca que reproduza ou imite, no todo ou em parte, marca notoriamente conhecida.

CAPÍTULO II
PRIORIDADE

Art. 127. Ao pedido de registro de marca depositado em país que mantenha acordo com o Brasil ou em organização internacional, que produza efeito de depósito nacional, será assegurado direito de prioridade, nos prazos estabelecidos no acordo, não sendo o depósito invalidado nem prejudicado por fatos ocorridos nesses prazos.

§ 1º A reivindicação da prioridade será feita no ato de depósito, podendo ser suplementada dentro de 60 (sessenta) dias, por outras prioridades anteriores à data do depósito no Brasil.

§ 2º A reivindicação da prioridade será comprovada por documento hábil da origem, contendo o número, a data e a reprodução do pedido ou do registro, acompanhado de tradução simples, cujo teor será de inteira responsabilidade do depositante.

§ 3º Se não efetuada por ocasião do depósito, a comprovação deverá ocorrer em até 4 (quatro) meses, contados do depósito, sob pena de perda da prioridade.

§ 4º Tratando-se de prioridade obtida por cessão, o documento correspondente deverá ser apresentado junto com o próprio documento de prioridade.

CAPÍTULO III
DOS REQUERENTES DE REGISTRO

Art. 128. Podem requerer registro de marca as pessoas físicas ou jurídicas de direito público ou de direito privado.

§ 1º As pessoas de direito privado só podem requerer registro de marca relativo à atividade que exerçam efetiva e licitamente, de modo direto ou através de empresas que controlem direta ou indiretamente, declarando, no próprio requerimento, esta condição, sob as penas da lei.

§ 2º O registro de marca coletiva só poderá ser requerido por pessoa jurídica representativa de coletividade, a qual poderá exercer atividade distinta da de seus membros.

§ 3º O registro da marca de certificação só poderá ser requerido por pessoa sem interesse comercial ou industrial direto no produto ou serviço atestado.

§ 4º A reivindicação de prioridade não isenta o pedido da aplicação dos dispositivos constantes deste Título.

CAPÍTULO IV
DOS DIREITOS SOBRE A MARCA

Seção I
Aquisição

Art. 129. A propriedade da marca adquire-se pelo registro validamente expedido, conforme as disposições desta Lei, sendo assegurado ao titular seu uso exclusivo em todo o território nacional, observado quanto às marcas coletivas e de certificação o disposto nos arts. 147 e 148.

§ 1º Toda pessoa que, de boa fé, na data da prioridade ou depósito, usava no País, há pelo menos 6 (seis) meses, marca idêntica ou semelhante, para distinguir ou certificar produto ou serviço idêntico, semelhante ou afim, terá direito de precedência ao registro.

§ 2º O direito de precedência somente poderá ser cedido juntamente com o negócio da empresa, ou parte deste, que tenha direta relação com o uso da marca, por alienação ou arrendamento.

Seção II
Da Proteção Conferida Pelo Registro

Art. 130. Ao titular da marca ou ao depositante é ainda assegurado o direito de:
I — ceder seu registro ou pedido de registro;
II — licenciar seu uso;
III — zelar pela sua integridade material ou reputação.

Art. 131. A proteção de que trata esta Lei abrange o uso da marca em papéis, impressos, propaganda e documentos relativos à atividade do titular.

Art. 132. O titular da marca não poderá:
I — impedir que comerciantes ou distribuidores utilizem sinais distintivos que lhes são próprios, juntamente com a marca do produto, na sua promoção e comercialização;
II — impedir que fabricantes de acessórios utilizem a marca para indicar a destinação do produto, desde que obedecidas as práticas leais de concorrência;
III — impedir a livre circulação de produto colocado no mercado interno, por si ou por outrem com seu consentimento, ressalvado o disposto nos §§ 3º e 4º do art. 68; e
IV — impedir a citação da marca em discurso, obra científica ou literária ou qualquer outra publicação, desde que sem conotação comercial e sem prejuízo para seu caráter distintivo.

Capítulo V
DA VIGÊNCIA, DA CESSÃO E DAS ANOTAÇÕES

Seção I
Da Vigência

Art. 133. O registro da marca vigorará pelo prazo de 10 (dez) anos, contados da data da concessão do registro, prorrogável por períodos iguais e sucessivos.

§ 1º O pedido de prorrogação deverá ser formulado durante o último ano de vigência do registro, instruído com o comprovante do pagamento da respectiva retribuição.

§ 2º Se o pedido de prorrogação não tiver sido efetuado até o termo final da vigência do registro, o titular poderá fazê-lo nos 6 (seis) meses subseqüentes, mediante o pagamento de retribuição adicional.

§ 3º A prorrogação não será concedida se não atendido o disposto no art. 128.

Seção II
Da Cessão

Art. 134. O pedido de registro e o registro poderão ser cedidos, desde que o cessionário atenda aos requisitos legais para requerer tal registro.

Art. 135. A cessão deverá compreender todos os registros ou pedidos, em nome do cedente, de marcas iguais ou semelhantes, relativas a produto ou serviço idêntico, semelhante ou afim, sob pena de cancelamento dos registros ou arquivamento dos pedidos não cedidos.

Seção III
Das Anotações

Art. 136. O INPI fará as seguintes anotações:

I — da cessão, fazendo constar a qualificação completa do cessionário;

II — de qualquer limitação ou ônus que recaia sobre o pedido ou registro; e

III — das alterações de nome, sede ou endereço do depositante ou titular.

Art. 137. As anotações produzirão efeitos em relação a terceiros a partir da data de sua publicação.

Art. 138. Cabe recurso da decisão que:

I — indeferir anotação de cessão;

II — cancelar o registro ou arquivar o pedido, nos termos do art. 135.

Seção IV
Da Licença de Uso

Art. 139. O titular de registro ou o depositante de pedido de registro poderá celebrar contrato de licença para uso da marca, sem prejuízo de seu direito de exercer controle efetivo sobre as especificações, natureza e qualidade dos respectivos produtos ou serviços.

Parágrafo único. O licenciado poderá ser investido pelo titular de todos os poderes para agir em defesa da marca, sem prejuízo dos seus próprios direitos.

Art. 140. O contrato de licença deverá ser averbado no INPI para que produza efeitos em relação a terceiros.

§ 1º A averbação produzirá efeitos em relação a terceiros a partir da data de sua publicação.

§ 2º Para efeito de validade de prova de uso, o contrato de licença não precisará estar averbado no INPI.

Art. 141. Da decisão que indeferir a averbação do contrato de licença cabe recurso.

CAPÍTULO VI
DA PERDA DOS DIREITOS

Art. 142. O registro da marca extingue-se:
I — pela expiração do prazo de vigência;
II — pela renúncia, que poderá ser total ou parcial em relação aos produtos ou serviços assinalados pela marca;
III — pela caducidade; ou
IV — pela inobservância do disposto no art. 217.

Art. 143 — Caducará o registro, a requerimento de qualquer pessoa com legítimo interesse se, decorridos 5 (cinco) anos da sua concessão, na data do requerimento:
I — o uso da marca não tiver sido iniciado no Brasil; ou
II — o uso da marca tiver sido interrompido por mais de 5 (cinco) anos consecutivos, ou se, no mesmo prazo, a marca tiver sido usada com modificação que implique alteração de seu caráter distintivo original, tal como constante do certificado de registro.

§ 1º Não ocorrerá caducidade se o titular justificar o desuso da marca por razões legítimas.

§ 2º O titular será intimado para se manifestar no prazo de 60 (sessenta) dias, cabendo-lhe o ônus de provar o uso da marca ou justificar seu desuso por razões legítimas.

Art. 144. O uso da marca deverá compreender produtos ou serviços constantes do certificado, sob pena de caducar parcialmente o registro em relação aos não semelhantes ou afins daqueles para os quais a marca foi comprovadamente usada.

Art. 145. Não se conhecerá do requerimento de caducidade se o uso da marca tiver sido comprovado ou justificado seu desuso em processo anterior, requerido há menos de 5 (cinco) anos.

Art. 146. Da decisão que declarar ou denegar a caducidade caberá recurso.

CAPÍTULO VII
DAS MARCAS COLETIVAS E DE CERTIFICAÇÃO

Art. 147. O pedido de registro de marca coletiva conterá regulamento de utilização, dispondo sobre condições e proibições de uso da marca.

Parágrafo único. O regulamento de utilização, quando não acompanhar o pedido, deverá ser protocolizado no prazo de 60 (sessenta) dias do depósito, sob pena de arquivamento definitivo do pedido.

Art. 148. O pedido de registro da marca de certificação conterá:
I — as características do produto ou serviço objeto de certificação; e

II — as medidas de controle que serão adotadas pelo titular.

Parágrafo único. A documentação prevista nos incisos I e II deste artigo, quando não acompanhar o pedido, deverá ser protocolizada no prazo de 60 (sessenta) dias, sob pena de arquivamento definitivo do pedido.

Art. 149. Qualquer alteração no regulamento de utilização deverá ser comunicada ao INPI, mediante petição protocolizada, contendo todas as condições alteradas, sob pena de não ser considerada.

Art. 150. O uso da marca independe de licença, bastando sua autorização no regulamento de utilização.

Art. 151. Além das causas de extinção estabelecidas no art. 142, o registro da marca coletiva e de certificação extingue-se quando:

I — a entidade deixar de existir; ou

II — a marca for utilizada em condições outras que não aquelas previstas no regulamento de utilização.

Art. 152. Só será admitida a renúncia ao registro de marca coletiva quando requerida nos termos do contrato social ou estatuto da própria entidade, ou, ainda, conforme o regulamento de utilização.

Art. 153. A caducidade do registro será declarada se a marca coletiva não for usada por mais de uma pessoa autorizada, observado o disposto nos arts. 143 a 146.

Art. 154. A marca coletiva e a de certificação que já tenham sido usadas e cujos registros tenham sido extintos não poderão ser registradas em nome de terceiro, antes de expirado o prazo de 5 (cinco) anos, contados da extinção do registro.

CAPÍTULO VIII
DO DEPÓSITO

Art. 155. O pedido deverá referir-se a um único sinal distintivo e, nas condições estabelecidas pelo INPI, conterá:

I — requerimento;

II — etiquetas, quando for o caso; e

III — comprovante do pagamento da retribuição relativa ao depósito.

Parágrafo único. O requerimento e qualquer documento que o acompanhe deverão ser apresentados em língua portuguesa e, quando houver documento em língua estrangeira, sua tradução simples deverá ser apresentada no ato do depósito ou dentro dos 60 (sessenta) dias subseqüentes, sob pena de não ser considerado o documento.

Art. 156. Apresentado o pedido, será ele submetido a exame formal preliminar e, se devidamente instruído, será protocolizado, considerada a data de depósito a da sua apresentação.

Art. 157. O pedido que não atender formalmente ao disposto no art. 155, mas que contiver dados suficientes relativos ao depositante, sinal marcário e classe, poderá ser entregue, mediante recibo datado, ao INPI, que estabelecerá as exigências a serem cumpridas pelo depositante, em 5 (cinco) dias, sob pena de ser considerado inexistente.

Parágrafo único. Cumpridas as exigências, o depósito será considerado como efetuado na data da apresentação do pedido.

CAPÍTULO IX
DO EXAME

Art. 158. Protocolizado, o pedido será publicado para apresentação de oposição no prazo de 60 (sessenta) dias.

§ 1º O depositante será intimado da oposição, podendo se manifestar no prazo de 60 (sessenta) dias.

§ 2º Não se conhecerá da oposição, nulidade administrativa ou de ação de nulidade se, fundamentada no inciso XXIII do art. 124 ou no art. 126, não se comprovar, no prazo de 60 (sessenta) dias após a interposição, o depósito do pedido de registro da marca na forma desta Lei.

Art. 159. Decorrido o prazo de oposição ou, se interposta esta, findo o prazo de manifestação, será feito o exame, durante o qual poderão ser formuladas exigências, que deverão ser respondidas no prazo de 60 (sessenta) dias.

§ 1º Não respondida a exigência, o pedido será definitivamente arquivado.

§ 2º Respondida a exigência, ainda que não cumprida, ou contestada a sua formulação, dar-se-á prosseguimento ao exame.

Art. 160. Concluído o exame, será proferida decisão, deferindo ou indeferindo o pedido de registro.

CAPÍTULO X
DA EXPEDIÇÃO DO CERTIFICADO DE REGISTRO

Art. 161. O certificado de registro será concedido depois de deferido o pedido e comprovado o pagamento das retribuições correspondentes.

Art. 162. O pagamento das retribuições, e sua comprovação, relativas à expedição do certificado de registro e ao primeiro decênio de sua vigência, deverão ser efetuados no prazo de 60 (sessenta) dias contados do deferimento.

Parágrafo único. A retribuição poderá ainda ser paga e comprovada dentro de 30 (trinta) dias após o prazo previsto neste artigo, independentemente de notificação, mediante o pagamento de retribuição específica, sob pena de arquivamento definitivo do pedido.

Art. 163. Reputa-se concedido o certificado de registro na data da publicação do respectivo ato.

Art. 164. Do certificado deverão constar a marca, o número e data do registro, nome, nacionalidade e domicílio do titular, os produtos ou serviços, as características do registro e a prioridade estrangeira.

CAPÍTULO XI
DA NULIDADE DO REGISTRO

Seção I
Disposições Gerais

Art. 165. É nulo o registro que for concedido em desacordo com as disposições desta Lei.

Parágrafo único. A nulidade do registro poderá ser total ou parcial, sendo condição para a nulidade parcial o fato de a parte subsistente poder ser considerada registrável.

Art. 166. O titular de uma marca registrada em país signatário da Convenção da União de Paris para Proteção da Propriedade Industrial poderá, alternativamente, reivindicar, através de ação judicial, a adjudicação do registro, nos termos previstos no art. 6º *septies* (1) daquela Convenção.

Art. 167. A declaração de nulidade produzirá efeito a partir da data do depósito do pedido.

Seção II
Do Processo Administrativo de Nulidade

Art. 168. A nulidade do registro será declarada administrativamente quando tiver sido concedida com infringência do disposto nesta Lei.

Art. 169. O processo de nulidade poderá ser instaurado de ofício ou mediante requerimento de qualquer pessoa com legítimo interesse, no prazo de 180 (cento e oitenta) dias contados da data da expedição do certificado de registro.

Art. 170. O titular será intimado para se manifestar no prazo de 60 (sessenta) dias.

Art. 171. Decorrido o prazo fixado no artigo anterior, mesmo que não apresentada a manifestação, o processo será decidido pelo Presidente do INPI, encerrando-se a instância administrativa.

Art. 172. O processo de nulidade prosseguirá ainda que extinto o registro.

Seção III
Da Ação de Nulidade

Art. 173. A ação de nulidade poderá ser proposta pelo INPI ou por qualquer pessoa com legítimo interesse.

Parágrafo único. O juiz poderá, nos autos da ação de nulidade, determinar liminarmente a suspensão dos efeitos do registro e do uso da marca, atendidos os requisitos processuais próprios.

Art. 174. Prescreve em 5 (cinco) anos a ação para declarar a nulidade do registro, contados da data da sua concessão.

Art. 175. A ação de nulidade do registro será ajuizada no foro da justiça federal e o INPI, quando não for autor, intervirá no feito.

§ 1º O prazo para resposta do réu titular do registro será de 60 (sessenta) dias.

§ 2º Transitada em julgado a decisão da ação de nulidade, o INPI publicará anotação, para ciência de terceiros.

TÍTULO IV
DAS INDICAÇÕES GEOGRÁFICAS

Art. 176. Constitui indicação geográfica a indicação de procedência ou a denominação de origem.

Art. 177. Considera-se indicação de procedência o nome geográfico de país, cidade, região ou localidade de seu território, que se tenha tornado conhecido como centro de extração, produção ou fabricação de determinado produto ou de prestação de determinado serviço.

Art. 178. Considera-se denominação de origem o nome geográfico de país, cidade, região ou localidade de seu território, que designe produto ou serviço cujas qualidades ou características se devam exclusiva ou essencialmente ao meio geográfico, incluídos fatores naturais e humanos.

Art. 179. A proteção estender-se-á à representação gráfica ou figurativa da indicação geográfica, bem como à representação geográfica de país, cidade, região ou localidade de seu território cujo nome seja indicação geográfica.

Art. 180. Quando o nome geográfico se houver tornado de uso comum, designando produto ou serviço, não será considerado indicação geográfica.

Art. 181. O nome geográfico que não constitua indicação de procedência ou denominação de origem poderá servir de elemento característico de marca para produto ou serviço, desde que não induza falsa procedência.

Art. 182. O uso da indicação geográfica é restrito aos produtores e prestadores de serviço estabelecidos no local, exigindo-se, ainda, em relação às denominações de origem, o atendimento de requisitos de qualidade.

Parágrafo único. O INPI estabelecerá as condições de registro das indicações geográficas.

TÍTULO V
DOS CRIMES CONTRA A PROPRIEDADE INDUSTRIAL

CAPÍTULO I
DOS CRIMES CONTRA AS PATENTES

Art. 183. Comete crime contra patente de invenção ou de modelo de utilidade quem:

I — fabrica produto que seja objeto de patente de invenção ou de modelo de utilidade, sem autorização do titular; ou

II — usa meio ou processo que seja objeto de patente de invenção, sem autorização do titular.

Pena — detenção, de 3 (três) meses a 1 (um) ano, ou multa.

Art. 184. Comete crime contra patente de invenção ou de modelo de utilidade quem:

I — exporta, vende, expõe ou oferece à venda, tem em estoque, oculta ou recebe, para utilização com fins econômicos, produto fabricado com violação de patente de invenção ou de modelo de utilidade, ou obtido por meio ou processo patenteado; ou

II — importa produto que seja objeto de patente de invenção ou de modelo de utilidade ou obtido por meio ou processo patenteado no País, para os fins previstos no inciso anterior, e que não tenha sido colocado no mercado externo diretamente pelo titular da patente ou com seu consentimento.

Pena — detenção, de 1 (um) a 3 (três) meses, ou multa.

Art. 185. Fornecer componente de um produto patenteado, ou material ou equipamento para realizar um processo patenteado, desde que a aplicação final do componente, material ou equipamento induza, necessariamente, à exploração do objeto da patente.

Pena — detenção, de 1 (um) a 3 (três) meses, ou multa.

Art. 186. Os crimes deste Capítulo caracterizam-se ainda que a violação não atinja todas as reivindicações da patente ou se restrinja à utilização de meios equivalentes ao objeto da patente.

CAPÍTULO II
DOS CRIMES CONTRA OS DESENHOS INDUSTRIAIS

Art. 187. Fabricar, sem autorização do titular, produto que incorpore desenho industrial registrado, ou imitação substancial que possa induzir em erro ou confusão.

Pena — detenção, de 3 (três) meses a 1 (um) ano, ou multa.

Art. 188. Comete crime contra registro de desenho industrial quem:

I — exporta, vende, expõe ou oferece à venda, tem em estoque, oculta ou recebe, para utilização com fins econômicos, objeto que incorpore ilicitamente desenho industrial registrado, ou imitação substancial que possa induzir em erro ou confusão; ou

II — importa produto que incorpore desenho industrial registrado no País, ou imitação substancial que possa induzir em erro ou confusão, para os fins previstos no inciso anterior, e que não tenha sido colocado no mercado externo diretamente pelo titular ou com seu consentimento.

Pena — detenção, de 1 (um) a 3 (três) meses, ou multa.

CAPÍTULO III
DOS CRIMES CONTRA AS MARCAS

Art. 189. Comete crime contra registro de marca quem:

I — reproduz, sem autorização do titular, no todo ou em parte, marca registrada, ou imita-a de modo que possa induzir confusão; ou

II — altera marca registrada de outrem já aposta em produto colocado no mercado.

Pena — detenção, de 3 (três) meses a 1 (um) ano, ou multa.

Art. 190. Comete crime contra registro de marca quem importa, exporta, vende, oferece ou expõe à venda, oculta ou tem em estoque:

I — produto assinalado com marca ilicitamente reproduzida ou imitada, de outrem, no todo ou em parte; ou

II — produto de sua indústria ou comércio, contido em vasilhame, recipiente ou embalagem que contenha marca legítima de outrem.

Pena — detenção, de 1 (um) a 3 (três) meses, ou multa.

CAPÍTULO IV
DOS CRIMES COMETIDOS POR MEIO DE MARCA, TÍTULO DE ESTABELECIMENTO E SINAL DE PROPAGANDA

Art. 191. Reproduzir ou imitar, de modo que possa induzir em erro ou confusão, armas, brasões ou distintivos oficiais nacionais, estrangeiros ou internacionais, sem a necessária autorização, no todo ou em parte, em marca, título de estabelecimento, nome comercial, insígnia ou sinal de propaganda, ou usar essas reproduções ou imitações com fins econômicos.

Pena — detenção, de 1 (um) a 3 (três) meses, ou multa.

Parágrafo único. Incorre na mesma pena quem vende ou expõe ou oferece à venda produtos assinalados com essas marcas.

CAPÍTULO V
DOS CRIMES CONTRA INDICAÇÕES GEOGRÁFICAS E DEMAIS INDICAÇÕES

Art. 192. Fabricar, importar, exportar, vender, expor ou oferecer à venda ou ter em estoque produto que apresente falsa indicação geográfica.

Pena — detenção, de 1 (um) a 3 (três) meses, ou multa.

Art. 193. Usar, em produto, recipiente, invólucro, cinta, rótulo, fatura, circular, cartaz ou em outro meio de divulgação ou propaganda, termos retificativos, tais como "tipo", "espécie", "gênero", "sistema", "semelhante", "sucedâneo", "idêntico", ou equivalente, não ressalvando a verdadeira procedência do produto.

Pena — detenção, de 1 (um) a 3 (três) meses, ou multa.

Art. 194. Usar marca, nome comercial, título de estabelecimento, insígnia, expressão ou sinal de propaganda ou qualquer outra forma que indique procedência que não a verdadeira, ou vender ou expor à venda produto com esses sinais.

Pena — detenção, de 1 (um) a 3 (três) meses, ou multa.

CAPÍTULO VI
DOS CRIMES DE CONCORRÊNCIA DESLEAL

Art. 195. Comete crime de concorrência desleal quem:

I — publica, por qualquer meio, falsa afirmação, em detrimento de concorrente, com o fim de obter vantagem;

II — presta ou divulga, acerca de concorrente, falsa informação, com o fim de obter vantagem;

III — emprega meio fraudulento, para desviar, em proveito próprio ou alheio, clientela de outrem;

IV — usa expressão ou sinal de propaganda alheios, ou os imita, de modo a criar confusão entre os produtos ou estabelecimentos;

V — usa, indevidamente, nome comercial, título de estabelecimento ou insígnia alheios ou vende, expõe ou oferece à venda ou tem em estoque produto com essas referências;

VI — substitui, pelo seu próprio nome ou razão social, em produto de outrem, o nome ou razão social deste, sem o seu consentimento;

VII — atribui-se, como meio de propaganda, recompensa ou distinção que não obteve;

VIII — vende ou expõe ou oferece à venda, em recipiente ou invólucro de outrem, produto adulterado ou falsificado, ou dele se utiliza para negociar com produto da mesma espécie, embora não adulterado ou falsificado, se o fato não constitui crime mais grave;

IX — dá ou promete dinheiro ou outra utilidade a empregado de concorrente, para que o empregado, faltando ao dever do emprego, lhe proporcione vantagem;

X — recebe dinheiro ou outra utilidade, ou aceita promessa de paga ou recompensa, para, faltando ao dever de empregado, proporcionar vantagem a concorrente do empregador;

XI — divulga, explora ou utiliza-se, sem autorização, de conhecimentos, informações ou dados confidenciais, utilizáveis na indústria, comércio ou prestação de serviços, excluídos aqueles que sejam de conhecimento público ou que sejam evidentes para um técnico no assunto, a que teve acesso mediante relação contratual ou empregatícia, mesmo após o término do contrato;

XII — divulga, explora ou utiliza-se, sem autorização, de conhecimentos ou informações a que se refere o inciso anterior, obtidos por meios ilícitos ou a que teve acesso mediante fraude; ou

XIII — vende, expõe ou oferece à venda produto, declarando ser objeto de patente depositada, ou concedida, ou de desenho industrial registrado, que não o seja, ou menciona-o, em anúncio ou papel comercial, como depositado ou patenteado, ou registrado, sem o ser;

XIV — divulga, explora ou utiliza-se, sem autorização, de resultados de testes ou outros dados não divulgados, cuja elaboração envolva esforço considerável e que tenham sido apresentados a entidades governamentais como condição para aprovar a comercialização de produtos.

Pena — detenção, de 3 (três) meses a 1 (um) ano, ou multa.

§ 1º Inclui-se nas hipóteses a que se referem os incisos XI e XII o empregador, sócio ou administrador da empresa, que incorrer nas tipificações estabelecidas nos mencionados dispositivos.

§ 2º O disposto no inciso XIV não se aplica quanto à divulgação por órgão governamental competente para autorizar a comercialização de produto, quando necessário para proteger o público.

CAPÍTULO VII
DAS DISPOSIÇÕES GERAIS

Art. 196. As penas de detenção previstas nos Capítulos I, II e III deste Título serão aumentadas de um terço à metade se:

I — o agente é ou foi representante, mandatário, preposto, sócio ou empregado do titular da patente ou do registro, ou, ainda, do seu licenciado; ou

II — a marca alterada, reproduzida ou imitada for de alto renome, notoriamente conhecida, de certificação ou coletiva.

Art. 197. As penas de multa previstas neste Título serão fixadas, no mínimo, em 10 (dez) e, no máximo, em 360 (trezentos e sessenta) dias-multa, de acordo com a sistemática do Código Penal.

Parágrafo único. A multa poderá ser aumentada ou reduzida, em até 10 (dez) vezes, em face das condições pessoais do agente e da magnitude da vantagem auferida, independentemente da norma estabelecida no artigo anterior.

Art. 198. Poderão ser apreendidos, de ofício ou a requerimento do interessado, pelas autoridades alfandegárias, no ato de conferência, os produtos assinalados com marcas falsificadas, alteradas ou imitadas ou que apresentem falsa indicação de procedência.

Art. 199. Nos crimes previstos neste Título somente se procede mediante queixa, salvo quanto ao crime do art. 191, em que a ação penal será pública.

Art. 200. A ação penal e as diligências preliminares de busca e apreensão, nos crimes contra a propriedade industrial, regulam-se pelo disposto no Código de Processo Penal, com as modificações constantes dos artigos deste Capítulo.

Art. 201. Na diligência de busca e apreensão, em crime contra patente que tenha por objeto a invenção de processo, o oficial do juízo será acompanhado por perito, que verificará, preliminarmente, a existência do ilícito, podendo o juiz ordenar a apreensão de produtos obtidos pelo contrafator com o emprego do processo patenteado.

Art. 202. Além das diligências preliminares de busca e apreensão, o interessado poderá requerer:

I — apreensão de marca falsificada, alterada ou imitada onde for preparada ou onde quer que seja encontrada, antes de utilizada para fins criminosos; ou

II — destruição de marca falsificada nos volumes ou produtos que a contiverem, antes de serem distribuídos, ainda que fiquem destruídos os envoltórios ou os próprios produtos.

Art. 203. Tratando-se de estabelecimentos industriais ou comerciais legalmente organizados e que estejam funcionando publicamente, as diligências preliminares limitar-se-ão à vistoria e apreensão dos produtos, quando ordenadas pelo juiz, não podendo ser paralisada a sua atividade licitamente exercida.

Art. 204. Realizada a diligência de busca e apreensão, responderá por perdas e danos a parte que a tiver requerido de má-fé, por espírito de emulação, mero capricho ou erro grosseiro.

Art. 205. Poderá constituir matéria de defesa na ação penal a alegação de nulidade da patente ou registro em que a ação se fundar. A absolvição do réu, entretanto, não importará a nulidade da patente ou do registro, que só poderá ser demandada pela ação competente.

Art. 206. Na hipótese de serem reveladas, em juízo, para a defesa dos interesses de qualquer das partes, informações que se caracterizem como confidenciais, sejam segredo de indústria ou de comércio, deverá o juiz determinar que o processo prossiga em segredo de justiça, vedado o uso de tais informações também à outra parte para outras finalidades.

Art. 207. Independentemente da ação criminal, o prejudicado poderá intentar as ações cíveis que considerar cabíveis na forma do Código de Processo Civil.

Art. 208. A indenização será determinada pelos benefícios que o prejudicado teria auferido se a violação não tivesse ocorrido.

Art. 209. Fica ressalvado ao prejudicado o direito de haver perdas e danos em ressarcimento de prejuízos causados por atos de violação de direitos de propriedade industrial e atos de concorrência desleal não previstos nesta Lei, tendentes a prejudicar a reputação ou os negócios alheios, a criar confusão entre estabelecimentos comerciais, industriais ou prestadores de serviço, ou entre os produtos e serviços postos no comércio.

§ 1º Poderá o juiz, nos autos da própria ação, para evitar dano irreparável ou de difícil reparação, determinar liminarmente a sustação da violação ou de ato que a enseje, antes da citação do réu, mediante, caso julgue necessário, caução em dinheiro ou garantia fidejussória.

§ 2º Nos casos de reprodução ou de imitação flagrante de marca registrada, o juiz poderá determinar a apreensão de todas as mercadorias, produtos, objetos, embalagens, etiquetas e outros que contenham a marca falsificada ou imitada.

Art. 210. Os lucros cessantes serão determinados pelo critério mais favorável ao prejudicado, dentre os seguintes:

I — os benefícios que o prejudicado teria auferido se a violação não tivesse ocorrido; ou

II — os benefícios que foram auferidos pelo autor da violação do direito; ou

III — a remuneração que o autor da violação teria pago ao titular do direito violado pela concessão de uma licença que lhe permitisse legalmente explorar o bem.

TÍTULO VI
DA TRANSFERÊNCIA DE TECNOLOGIA E DA FRANQUIA

Art. 211. O INPI fará o registro dos contratos que impliquem transferência de tecnologia, contratos de franquia e similares para produzirem efeitos em relação a terceiros.

Parágrafo único. A decisão relativa aos pedidos de registro de contratos de que trata este artigo será proferida no prazo de 30 (trinta) dias, contados da data do pedido de registro.

TÍTULO VII
DAS DISPOSIÇÕES GERAIS

CAPÍTULO I
DOS RECURSOS

Art. 212. Salvo expressa disposição em contrário, das decisões de que trata esta Lei cabe recurso, que será interposto no prazo de 60 (sessenta) dias.

§ 1º Os recursos serão recebidos nos efeitos suspensivo e devolutivo pleno, aplicando-se todos os dispositivos pertinentes ao exame de primeira instância, no que couber.

§ 2º Não cabe recurso da decisão que determinar o arquivamento definitivo de pedido de patente ou de registro e da que deferir pedido de patente, de certificado de adição ou de registro de marca.

§ 3º Os recursos serão decididos pelo Presidente do INPI, encerrando-se a instância administrativa.

Art. 213. Os interessados serão intimados para, no prazo de 60 (sessenta) dias, oferecerem contra-razões ao recurso.

Art. 214. Para fins de complementação das razões oferecidas a título de recurso, o INPI poderá formular exigências, que deverão ser cumpridas no prazo de 60 (sessenta) dias.

Parágrafo único. Decorrido o prazo do *caput*, será decidido o recurso.

Art. 215. A decisão do recurso é final e irrecorrível na esfera administrativa.

CAPÍTULO II
DOS ATOS DAS PARTES

Art. 216. Os atos previstos nesta Lei serão praticados pelas partes ou por seus procuradores, devidamente qualificados.

§ 1º O instrumento de procuração, no original, traslado ou fotocópia autenticada, deverá ser em língua portuguesa, dispensados a legalização consular e o reconhecimento de firma.

§ 2º A procuração deverá ser apresentada em até 60 (sessenta) dias contados da prática do primeiro ato da parte no processo, independente de notificação ou exigência, sob pena de arquivamento, sendo definitivo o arquivamento do pedido de patente, do pedido de registro de desenho industrial e de registro de marca.

Art. 217. A pessoa domiciliada no exterior deverá constituir e manter procurador devidamente qualificado e domiciliado no País, com poderes para representá-la administrativa e judicialmente, inclusive para receber citações.

Art. 218. Não se conhecerá da petição:

I — se apresentada fora do prazo legal; ou

II — se desacompanhada do comprovante da respectiva retribuição no valor vigente à data de sua apresentação.

Art. 219. Não serão conhecidos a petição, a oposição e o recurso, quando:

I — apresentados fora do prazo previsto nesta Lei;

II — não contiverem fundamentação legal; ou

III — desacompanhados do comprovante do pagamento da retribuição correspondente.

Art. 220. O INPI aproveitará os atos das partes, sempre que possível, fazendo as exigências cabíveis.

CAPÍTULO III
DOS PRAZOS

Art. 221. Os prazos estabelecidos nesta Lei são contínuos, extinguindo-se automaticamente o direito de praticar o ato, após seu decurso, salvo se a parte provar que não o realizou por justa causa.

§ 1º Reputa-se justa causa o evento imprevisto, alheio à vontade da parte e que a impediu de praticar o ato.

§ 2º Reconhecida a justa causa, a parte praticará o ato no prazo que lhe for concedido pelo INPI.

Art. 222. No cômputo dos prazos, exclui-se o dia do começo e inclui-se o do vencimento.

Art. 223. Os prazos somente começam a correr a partir do primeiro dia útil após a intimação, que será feita mediante publicação no órgão oficial do INPI.

Art. 224. Não havendo expressa estipulação nesta Lei, o prazo para a prática do ato será de 60 (sessenta) dias.

CAPÍTULO IV
DA PRESCRIÇÃO

Art. 225. Prescreve em 5 (cinco) anos a ação para reparação de dano causado ao direito de propriedade industrial.

CAPÍTULO V
DOS ATOS DO INPI

Art. 226. Os atos do INPI nos processos administrativos referentes à propriedade industrial só produzem efeitos a partir da sua publicação no respectivo órgão oficial, ressalvados:

I — os que expressamente independerem de notificação ou publicação por força do disposto nesta Lei;

II — as decisões administrativas, quando feita notificação por via postal ou por ciência dada ao interessado no processo; e

III — os pareceres e despachos internos que não necessitem ser do conhecimento das partes.

CAPÍTULO VI
DAS CLASSIFICAÇÕES

Art. 227. As classificações relativas às matérias dos Títulos I, II e III desta Lei serão estabelecidas pelo INPI, quando não fixadas em tratado ou acordo internacional em vigor no Brasil.

CAPÍTULO VII
DA RETRIBUIÇÃO

Art. 228. Para os serviços previstos nesta Lei será cobrada retribuição, cujo valor e processo de recolhimento serão estabelecidos por ato do titular do órgão da administração pública federal a que estiver vinculado o INPI.

TÍTULO VIII
DAS DISPOSIÇÕES TRANSITÓRIAS E FINAIS

Art. 229. Aos pedidos em andamento serão aplicadas as disposições desta Lei, exceto quanto à patenteabilidade das substâncias, matérias ou produtos obtidos por meios ou processos químicos e as substâncias, matérias, misturas ou produtos alimentícios, químico-farmacêuticos e medicamentos de qualquer espécie, bem como os respectivos processos de obtenção ou modificação, que só serão privilegiáveis nas condições estabelecidas nos arts. 230 e 231.

Art. 229. Aos pedidos em andamento serão aplicadas as disposições desta Lei, exceto quanto à patenteabilidade dos pedidos depositados até 31 de dezembro de 1994, cujo objeto de proteção sejam substâncias, matérias ou produtos obtidos por meios ou processos químicos ou substâncias, matérias, misturas ou produtos alimentícios, químico-farmacêuticos e medicamentos de qualquer espécie, bem como os respectivos processos de obtenção ou modificação e cujos depositantes não tenham exercido a faculdade prevista nos arts. 230 e 231 desta Lei, os quais serão considerados indeferidos, para todos os efeitos, devendo o INPI publicar a comunicação dos aludidos indeferimentos.(Redação dada pela Lei nº 10.196, de 14.2.2001)

Parágrafo único. Aos pedidos relativos a produtos farmacêuticos e produtos químicos para a agricultura, que tenham sido depositados entre 1º de janeiro de

1995 e 14 de maio de 1997, aplicam-se os critérios de patenteabilidade desta Lei, na data efetiva do depósito do pedido no Brasil ou da prioridade, se houver, assegurando-se a proteção a partir da data da concessão da patente, pelo prazo remanescente a contar do dia do depósito no Brasil, limitado ao prazo previsto no caput do art. 40. (Parágrafo único inclúido pela Lei nº 10.196, de 14.2.2001)

Art. 229-A. Consideram-se indeferidos os pedidos de patentes de processo apresentados entre 1º de janeiro de 1995 e 14 de maio de 1997, aos quais o art. 9º, alínea "c", da Lei nº 5.772, de 21 de dezembro de 1971, não conferia proteção, devendo o INPI publicar a comunicação dos aludidos indeferimentos. (Artigo inclúido pela Lei nº 10.196, de 14.2.2001)

Art. 229-B. Os pedidos de patentes de produto apresentados entre 1º de janeiro de 1995 e 14 de maio de 1997, aos quais o art. 9º, alíneas "b" e "c", da Lei nº 5.772, de 1971, não conferia proteção e cujos depositantes não tenham exercido a faculdade prevista nos arts. 230 e 231, serão decididos até 31 de dezembro de 2004, em conformidade com esta Lei. (Artigo inclúido pela Lei nº 10.196, de 14.2.2001)

Art. 229-C. A concessão de patentes para produtos e processos farmacêuticos dependerá da prévia anuência da Agência Nacional de Vigilância Sanitária — ANVISA. (Artigo inclúido pela Lei nº 10.196, de 14.2.2001)

Art. 230. Poderá ser depositado pedido de patente relativo às substâncias, matérias ou produtos obtidos por meios ou processos químicos e as substâncias, matérias, misturas ou produtos alimentícios, químico-farmacêuticos e medicamentos de qualquer espécie, bem como os respectivos processos de obtenção ou modificação, por quem tenha proteção garantida em tratado ou convenção em vigor no Brasil, ficando assegurada a data do primeiro depósito no exterior, desde que seu objeto não tenha sido colocado em qualquer mercado, por iniciativa direta do titular ou por terceiro com seu consentimento, nem tenham sido realizados, por terceiros, no País, sérios e efetivos preparativos para a exploração do objeto do pedido ou da patente.

§ 1º O depósito deverá ser feito dentro do prazo de 1 (um) ano contado da publicação desta Lei, e deverá indicar a data do primeiro depósito no exterior.

§ 2º O pedido de patente depositado com base neste artigo será automaticamente publicado, sendo facultado a qualquer interessado manifestar-se, no prazo de 90 (noventa) dias, quanto ao atendimento do disposto no *caput* deste artigo.

§ 3º Respeitados os arts. 10 e 18 desta Lei, e uma vez atendidas as condições estabelecidas neste artigo e comprovada a concessão da patente no país onde foi depositado o primeiro pedido, será concedida a patente no Brasil, tal como concedida no país de origem.

§ 4º Fica assegurado à patente concedida com base neste artigo o prazo remanescente de proteção no país onde foi depositado o primeiro pedido, contado da data do depósito no Brasil e limitado ao prazo previsto no art. 40, não se aplicando o disposto no seu parágrafo único.

§ 5º O depositante que tiver pedido de patente em andamento, relativo às substâncias, matérias ou produtos obtidos por meios ou processos químicos e as substâncias, matérias, misturas ou produtos alimentícios, químico-farmacêuticos e medicamentos de qualquer espécie, bem como os respectivos processos de obtenção ou modificação, poderá apresentar novo pedido, no prazo e condições estabelecidos neste artigo, juntando prova de desistência do pedido em andamento.

§ 6º Aplicam-se as disposições desta Lei, no que couber, ao pedido depositado e à patente concedida com base neste artigo.

Art. 231. Poderá ser depositado pedido de patente relativo às matérias de que trata o artigo anterior, por nacional ou pessoa domiciliada no País, ficando assegurada a data de divulgação do invento, desde que seu objeto não tenha sido colocado em qualquer mercado, por iniciativa direta do titular ou por terceiro com seu consentimento, nem tenham sido realizados, por terceiros, no País, sérios e efetivos preparativos para a exploração do objeto do pedido.

§ 1º O depósito deverá ser feito dentro do prazo de 1 (um) ano contado da publicação desta Lei.

§ 2º O pedido de patente depositado com base neste artigo será processado nos termos desta Lei.

§ 3º Fica assegurado à patente concedida com base neste artigo o prazo remanescente de proteção de 20 (vinte) anos contado da data da divulgação do invento, a partir do depósito no Brasil.

§ 4º O depositante que tiver pedido de patente em andamento, relativo às matérias de que trata o artigo anterior, poderá apresentar novo pedido, no prazo e condições estabelecidos neste artigo, juntando prova de desistência do pedido em andamento.

Art. 232. A produção ou utilização, nos termos da legislação anterior, de substâncias, matérias ou produtos obtidos por meios ou processos químicos e as substâncias, matérias, misturas ou produtos alimentícios, químico-farmacêuticos e medicamentos de qualquer espécie, bem como os respectivos processos de obtenção ou modificação, mesmo que protegidos por patente de produto ou processo em outro país, de conformidade com tratado ou convenção em vigor no Brasil, poderão continuar, nas mesmas condições anteriores à aprovação desta Lei.

§ 1º Não será admitida qualquer cobrança retroativa ou futura, de qualquer valor, a qualquer título, relativa a produtos produzidos ou processos utilizados no Brasil em conformidade com este artigo.

§ 2º Não será igualmente admitida cobrança nos termos do parágrafo anterior, caso, no período anterior à entrada em vigência desta Lei, tenham sido realizados investimentos significativos para a exploração de produto ou de processo referidos neste artigo, mesmo que protegidos por patente de produto ou de processo em outro país.

Art. 233. Os pedidos de registro de expressão e sinal de propaganda e de declaração de notoriedade serão definitivamente arquivados e os registros e declaração permanecerão em vigor pelo prazo de vigência restante, não podendo ser prorrogados.

Art. 234. Fica assegurada ao depositante a garantia de prioridade de que trata o art. 7º da Lei nº 5.772, de 21 de dezembro de 1971, até o término do prazo em curso.

Art. 235. É assegurado o prazo em curso concedido na vigência da Lei nº 5.772, de 21 de dezembro de 1971.

Art. 236. O pedido de patente de modelo ou de desenho industrial depositado na vigência da Lei nº 5.772, de 21 de dezembro de 1971, será automaticamente denominado pedido de registro de desenho industrial, considerando-se, para todos os efeitos legais, a publicação já feita.

Parágrafo único. Nos pedidos adaptados serão considerados os pagamentos para efeito de cálculo de retribuição qüinqüenal devida.

Art. 237. Aos pedidos de patente de modelo ou de desenho industrial que tiverem sido objeto de exame na forma da Lei nº 5.772, de 21 de dezembro de 1971, não se aplicará o disposto no art. 111.

Art. 238. Os recursos interpostos na vigência da Lei nº 5.772, de 21 de dezembro de 1971, serão decididos na forma nela prevista.

Art. 239. Fica o Poder Executivo autorizado a promover as necessárias transformações no INPI, para assegurar à Autarquia autonomia financeira e administrativa, podendo esta:

I — contratar pessoal técnico e administrativo mediante concurso público;

II — fixar tabela de salários para os seus funcionários, sujeita à aprovação do Ministério a que estiver vinculado o INPI; e

III — dispor sobre a estrutura básica e regimento interno, que serão aprovados pelo Ministério a que estiver vinculado o INPI.

Parágrafo único. As despesas resultantes da aplicação deste artigo correrão por conta de recursos próprios do INPI.

Art. 240. O art. 2º da Lei nº 5.648, de 11 de dezembro de 1970, passa a ter a seguinte redação:

"Art. 2º O INPI tem por finalidade principal executar, no âmbito nacional, as normas que regulam a propriedade industrial, tendo em vista a sua função social, econômica, jurídica e técnica, bem como pronunciar-se quanto à conveniência de assinatura, ratificação e denúncia de convenções, tratados, convênios e acordos sobre propriedade industrial."

Art. 241. Fica o Poder Judiciário autorizado a criar juízos especiais para dirimir questões relativas à propriedade intelectual.

Art. 242. O Poder Executivo submeterá ao Congresso Nacional projeto de lei destinado a promover, sempre que necessário, a harmonização desta Lei com a política para propriedade industrial adotada pelos demais países integrantes do MERCOSUL.

Art. 243. Esta Lei entra em vigor na data de sua publicação quanto às matérias disciplinadas nos arts. 230, 231, 232 e 239, e 1 (um) ano após sua publicação quanto aos demais artigos.

Art. 244. Revogam-se a Lei nº 5.772, de 21 de dezembro de 1971, a Lei nº 6.348, de 7 de julho de 1976, os arts. 187 a 196 do Decreto-Lei nº 2.848, de 7 de dezembro de 1940, os arts. 169 a 189 do Decreto-Lei nº 7.903, de 27 de agosto de 1945, e as demais disposições em contrário.

Brasília, 14 de maio de 1996; 175º da Independência e 108º da República.

FERNANDO HENRIQUE CARDOSO

LEI Nº 9.609, DE 19 DE FEVEREIRO DE 1998.

Dispõe sobre a proteção da propriedade intelectual de programa de computador, sua comercialização no País, e dá outras providências.

O PRESIDENTE DA REPÚBLICA Faço saber que o Congresso Nacional decreta e eu sanciono a seguinte Lei:

CAPÍTULO I
DISPOSIÇÕES PRELIMINARES

Art. 1º Programa de computador é a expressão de um conjunto organizado de instruções em linguagem natural ou codificada, contida em suporte físico de qualquer natureza, de emprego necessário em máquinas automáticas de tratamento da informação, dispositivos, instrumentos ou equipamentos periféricos, baseados em técnica digital ou análoga, para fazê-los funcionar de modo e para fins determinados.

CAPÍTULO II
DA PROTEÇÃO AOS DIREITOS DE AUTOR E DO REGISTRO

Art. 2º O regime de proteção à propriedade intelectual de programa de computador é o conferido às obras literárias pela legislação de direitos autorais e conexos vigentes no País, observado o disposto nesta Lei.

§ 1º Não se aplicam ao programa de computador as disposições relativas aos direitos morais, ressalvado, a qualquer tempo, o direito do autor de reivindicar a paternidade do programa de computador e o direito do autor de opor-se a alterações não-autorizadas, quando estas impliquem deformação, mutilação ou outra modificação do programa de computador, que prejudiquem a sua honra ou a sua reputação.

§ 2º Fica assegurada a tutela dos direitos relativos a programa de computador pelo prazo de cinqüenta anos, contados a partir de 1º de janeiro do ano subseqüente ao da sua publicação ou, na ausência desta, da sua criação.

§ 3º A proteção aos direitos de que trata esta Lei independe de registro.

§ 4º Os direitos atribuídos por esta Lei ficam assegurados aos estrangeiros domiciliados no exterior, desde que o país de origem do programa conceda, aos brasileiros e estrangeiros domiciliados no Brasil, direitos equivalentes.

§ 5º Inclui-se dentre os direitos assegurados por esta Lei e pela legislação de direitos autorais e conexos vigentes no País aquele direito exclusivo de autorizar ou proibir o aluguel comercial, não sendo esse direito exaurível pela venda, licença ou outra forma de transferência da cópia do programa.

§ 6º O disposto no parágrafo anterior não se aplica aos casos em que o programa em si não seja objeto essencial do aluguel.

Art. 3º Os programas de computador poderão, a critério do titular, ser registrados em órgão ou entidade a ser designado por ato do Poder Executivo, por iniciativa do Ministério responsável pela política de ciência e tecnologia.

§ 1º O pedido de registro estabelecido neste artigo deverá conter, pelo menos, as seguintes informações:

I — os dados referentes ao autor do programa de computador e ao titular, se distinto do autor, sejam pessoas físicas ou jurídicas;

II — a identificação e descrição funcional do programa de computador; e

III — os trechos do programa e outros dados que se considerar suficientes para identificá-lo e caracterizar sua originalidade, ressalvando-se os direitos de terceiros e a responsabilidade do Governo.

§ 2º As informações referidas no inciso III do parágrafo anterior são de caráter sigiloso, não podendo ser reveladas, salvo por ordem judicial ou a requerimento do próprio titular.

Art. 4º Salvo estipulação em contrário, pertencerão exclusivamente ao empregador, contratante de serviços ou órgão público, os direitos relativos ao programa de computador, desenvolvido e elaborado durante a vigência de contrato ou de vínculo estatutário, expressamente destinado à pesquisa e desenvolvimento, ou em que a atividade do empregado, contratado de serviço ou servidor seja prevista, ou ainda, que decorra da própria natureza dos encargos concernentes a esses vínculos.

§ 1º Ressalvado ajuste em contrário, a compensação do trabalho ou serviço prestado limitar-se-á à remuneração ou ao salário convencionado.

§ 2º Pertencerão, com exclusividade, ao empregado, contratado de serviço ou servidor os direitos concernentes a programa de computador gerado sem relação com o contrato de trabalho, prestação de serviços ou vínculo estatutário, e sem a utilização de recursos, informações tecnológicas, segredos industriais e de negócios, materiais, instalações ou equipamentos do empregador, da empresa ou entidade com a qual o empregador mantenha contrato de prestação de serviços ou assemelhados, do contratante de serviços ou órgão público.

§ 3º O tratamento previsto neste artigo será aplicado nos casos em que o programa de computador for desenvolvido por bolsistas, estagiários e assemelhados.

Art. 5º Os direitos sobre as derivações autorizadas pelo titular dos direitos de programa de computador, inclusive sua exploração econômica, pertencerão à pessoa autorizada que as fizer, salvo estipulação contratual em contrário.

Art. 6º Não constituem ofensa aos direitos do titular de programa de computador:

I — a reprodução, em um só exemplar, de cópia legitimamente adquirida, desde que se destine à cópia de salvaguarda ou armazenamento eletrônico, hipótese em que o exemplar original servirá de salvaguarda;

II — a citação parcial do programa, para fins didáticos, desde que identificados o programa e o titular dos direitos respectivos;

III — a ocorrência de semelhança de programa a outro, preexistente, quando se der por força das características funcionais de sua aplicação, da observância de preceitos normativos e técnicos, ou de limitação de forma alternativa para a sua expressão;

IV — a integração de um programa, mantendo-se suas características essenciais, a um sistema aplicativo ou operacional, tecnicamente indispensável às necessidades do usuário, desde que para o uso exclusivo de quem a promoveu.

CAPÍTULO III
DAS GARANTIAS AOS USUÁRIOS DE PROGRAMA DE COMPUTADOR

Art. 7º O contrato de licença de uso de programa de computador, o documento fiscal correspondente, os suportes físicos do programa ou as respectivas embalagens deverão consignar, de forma facilmente legível pelo usuário, o prazo de validade técnica da versão comercializada.

Art. 8º Aquele que comercializar programa de computador, quer seja titular dos direitos do programa, quer seja titular dos direitos de comercialização, fica obrigado, no território nacional, durante o prazo de validade técnica da respectiva versão, a assegurar aos respectivos usuários a prestação de serviços técnicos complementares relativos ao adequado funcionamento do programa, consideradas as suas especificações.

Parágrafo único. A obrigação persistirá no caso de retirada de circulação comercial do programa de computador durante o prazo de validade, salvo justa indenização de eventuais prejuízos causados a terceiros.

CAPÍTULO IV
DOS CONTRATOS DE LICENÇA DE USO, DE COMERCIALIZAÇÃO E DE TRANSFERÊNCIA DE TECNOLOGIA

Art. 9º O uso de programa de computador no País será objeto de contrato de licença.

Parágrafo único. Na hipótese de eventual inexistência do contrato referido no *caput* deste artigo, o documento fiscal relativo à aquisição ou licenciamento de cópia servirá para comprovação da regularidade do seu uso.

Art. 10. Os atos e contratos de licença de direitos de comercialização referentes a programas de computador de origem externa deverão fixar, quanto aos tributos e encargos exigíveis, a responsabilidade pelos respectivos pagamentos e estabelecerão a remuneração do titular dos direitos de programa de computador residente ou domiciliado no exterior.

§ 1º Serão nulas as cláusulas que:

I — limitem a produção, a distribuição ou a comercialização, em violação às disposições normativas em vigor;

II — eximam qualquer dos contratantes das responsabilidades por eventuais ações de terceiros, decorrentes de vícios, defeitos ou violação de direitos de autor.

§ 2º O remetente do correspondente valor em moeda estrangeira, em pagamento da remuneração de que se trata, conservará em seu poder, pelo prazo de cinco anos, todos os documentos necessários à comprovação da licitude das remessas e da sua conformidade ao *caput* deste artigo.

Art. 11. Nos casos de transferência de tecnologia de programa de computador, o Instituto Nacional da Propriedade Industrial fará o registro dos respectivos contratos, para que produzam efeitos em relação a terceiros.

Parágrafo único. Para o registro de que trata este artigo, é obrigatória a entrega, por parte do fornecedor ao receptor de tecnologia, da documentação completa, em especial do código-fonte comentado, memorial descritivo, especificações funcionais internas, diagramas, fluxogramas e outros dados técnicos necessários à absorção da tecnologia.

CAPÍTULO V
DAS INFRAÇÕES E DAS PENALIDADES

Art. 12. Violar direitos de autor de programa de computador:

Pena — Detenção de seis meses a dois anos ou multa.

§ 1º Se a violação consistir na reprodução, por qualquer meio, de programa de computador, no todo ou em parte, para fins de comércio, sem autorização expressa do autor ou de quem o represente:

Pena — Reclusão de um a quatro anos e multa.

§ 2º Na mesma pena do parágrafo anterior incorre quem vende, expõe à venda, introduz no País, adquire, oculta ou tem em depósito, para fins de comércio, original ou cópia de programa de computador, produzido com violação de direito autoral.

§ 3º Nos crimes previstos neste artigo, somente se procede mediante queixa, salvo:

I — quando praticados em prejuízo de entidade de direito público, autarquia, empresa pública, sociedade de economia mista ou fundação instituída pelo poder público;

II — quando, em decorrência de ato delituoso, resultar sonegação fiscal, perda de arrecadação tributária ou prática de quaisquer dos crimes contra a ordem tributária ou contra as relações de consumo.

§ 4º No caso do inciso II do parágrafo anterior, a exigibilidade do tributo, ou contribuição social e qualquer acessório, processar-se-á independentemente de representação.

Art. 13. A ação penal e as diligências preliminares de busca e apreensão, nos casos de violação de direito de autor de programa de computador, serão precedidas de vistoria, podendo o juiz ordenar a apreensão das cópias produzidas ou comercializadas com violação de direito de autor, suas versões e derivações, em poder do infrator ou de quem as esteja expondo, mantendo em depósito, reproduzindo ou comercializando.

Art. 14. Independentemente da ação penal, o prejudicado poderá intentar ação para proibir ao infrator a prática do ato incriminado, com cominação de pena pecuniária para o caso de transgressão do preceito.

§ 1º A ação de abstenção de prática de ato poderá ser cumulada com a de perdas e danos pelos prejuízos decorrentes da infração.

§ 2º Independentemente de ação cautelar preparatória, o juiz poderá conceder medida liminar proibindo ao infrator a prática do ato incriminado, nos termos deste artigo.

§ 3º Nos procedimentos cíveis, as medidas cautelares de busca e apreensão observarão o disposto no artigo anterior.

§ 4º Na hipótese de serem apresentadas, em juízo, para a defesa dos interesses de qualquer das partes, informações que se caracterizem como confidenciais, deverá o juiz determinar que o processo prossiga em segredo de justiça, vedado o uso de tais informações também à outra parte para outras finalidades.

§ 5º Será responsabilizado por perdas e danos aquele que requerer e promover as medidas previstas neste e nos arts. 12 e 13, agindo de má-fé ou por espírito de emulação, capricho ou erro grosseiro, nos termos dos arts. 16, 17 e 18 do Código de Processo Civil.

CAPÍTULO VI
DISPOSIÇÕES FINAIS

Art. 15. Esta Lei entra em vigor na data de sua publicação.

Art. 16. Fica revogada a Lei nº 7.646, de 18 de dezembro de 1987.

Brasília, 19 de fevereiro de 1998; 177º da Independência e 110º da República.

FERNANDO HENRIQUE CARDOSO

publicado no D.O.U. de 20.2.1998 e retificado no D.O.U. de 25.2.1998

LEI Nº 9.610, DE 19 DE FEVEREIRO DE 1998.

Altera, atualiza e consolida a legislação sobre direitos autorais e dá outras providências.

O PRESIDENTE DA REPÚBLICA Faço saber que o Congresso Nacional decreta e eu sanciono a seguinte Lei:

Título I
Disposições Preliminares

Art. 1º Esta Lei regula os direitos autorais, entendendo-se sob esta denominação os direitos de autor e os que lhes são conexos.

Art. 2º Os estrangeiros domiciliados no exterior gozarão da proteção assegurada nos acordos, convenções e tratados em vigor no Brasil.

Parágrafo único. Aplica-se o disposto nesta Lei aos nacionais ou pessoas domiciliadas em país que assegure aos brasileiros ou pessoas domiciliadas no Brasil a reciprocidade na proteção aos direitos autorais ou equivalentes.

Art. 3º Os direitos autorais reputam-se, para os efeitos legais, bens móveis.

Art. 4º Interpretam-se restritivamente os negócios jurídicos sobre os direitos autorais.

Art. 5º Para os efeitos desta Lei, considera-se:

I — publicação — o oferecimento de obra literária, artística ou científica ao conhecimento do público, com o consentimento do autor, ou de qualquer outro titular de direito de autor, por qualquer forma ou processo;

II — transmissão ou emissão — a difusão de sons ou de sons e imagens, por meio de ondas radioelétricas; sinais de satélite; fio, cabo ou outro condutor; meios óticos ou qualquer outro processo eletromagnético;

III — retransmissão — a emissão simultânea da transmissão de uma empresa por outra;

IV — distribuição — a colocação à disposição do público do original ou cópia de obras literárias, artísticas ou científicas, interpretações ou execuções fixadas e fonogramas, mediante a venda, locação ou qualquer outra forma de transferência de propriedade ou posse;

V — comunicação ao público — ato mediante o qual a obra é colocada ao alcance do público, por qualquer meio ou procedimento e que não consista na distribuição de exemplares;

VI — reprodução — a cópia de um ou vários exemplares de uma obra literária, artística ou científica ou de um fonograma, de qualquer forma tangível, incluindo qualquer armazenamento permanente ou temporário por meios eletrônicos ou qualquer outro meio de fixação que venha a ser desenvolvido;

VII — contrafação — a reprodução não autorizada;

VIII — obra:

a) em co-autoria — quando é criada em comum, por dois ou mais autores;

b) anônima — quando não se indica o nome do autor, por sua vontade ou por ser desconhecido;

c) pseudônima — quando o autor se oculta sob nome suposto;

d) inédita — a que não haja sido objeto de publicação;

e) póstuma — a que se publique após a morte do autor;

f) originária — a criação primígena;

g) derivada — a que, constituindo criação intelectual nova, resulta da transformação de obra originária;

h) coletiva — a criada por iniciativa, organização e responsabilidade de uma pessoa física ou jurídica, que a publica sob seu nome ou marca e que é constituída pela participação de diferentes autores, cujas contribuições se fundem numa criação autônoma;

i) audiovisual — a que resulta da fixação de imagens com ou sem som, que tenha a finalidade de criar, por meio de sua reprodução, a impressão de movimento, independentemente dos processos de sua captação, do suporte usado inicial ou posteriormente para fixá-lo, bem como dos meios utilizados para sua veiculação;

IX — fonograma — toda fixação de sons de uma execução ou interpretação ou de outros sons, ou de uma representação de sons que não seja uma fixação incluída em uma obra audiovisual;

X — editor — a pessoa física ou jurídica à qual se atribui o direito exclusivo de reprodução da obra e o dever de divulgá-la, nos limites previstos no contrato de edição;

XI — produtor — a pessoa física ou jurídica que toma a iniciativa e tem a responsabilidade econômica da primeira fixação do fonograma ou da obra audiovisual, qualquer que seja a natureza do suporte utilizado;

XII — radiodifusão — a transmissão sem fio, inclusive por satélites, de sons ou imagens e sons ou das representações desses, para recepção ao público e a transmissão de sinais codificados, quando os meios de decodificação sejam oferecidos ao público pelo organismo de radiodifusão ou com seu consentimento;

XIII — artistas intérpretes ou executantes — todos os atores, cantores, músicos, bailarinos ou outras pessoas que representem um papel, cantem, recitem, declamem, interpretem ou executem em qualquer forma obras literárias ou artísticas ou expressões do folclore.

Art. 6º Não serão de domínio da União, dos Estados, do Distrito Federal ou dos Municípios as obras por eles simplesmente subvencionadas.

Título II
Das Obras Intelectuais

Capítulo I
Das Obras Protegidas

Art. 7º São obras intelectuais protegidas as criações do espírito, expressas por qualquer meio ou fixadas em qualquer suporte, tangível ou intangível, conhecido ou que se invente no futuro, tais como:

I — os textos de obras literárias, artísticas ou científicas;
II — as conferências, alocuções, sermões e outras obras da mesma natureza;
III — as obras dramáticas e dramático-musicais;
IV — as obras coreográficas e pantomímicas, cuja execução cênica se fixe por escrito ou por outra qualquer forma;
V — as composições musicais, tenham ou não letra;
VI — as obras audiovisuais, sonorizadas ou não, inclusive as cinematográficas;
VII — as obras fotográficas e as produzidas por qualquer processo análogo ao da fotografia;
VIII — as obras de desenho, pintura, gravura, escultura, litografia e arte cinética;
IX — as ilustrações, cartas geográficas e outras obras da mesma natureza;
X — os projetos, esboços e obras plásticas concernentes à geografia, engenharia, topografia, arquitetura, paisagismo, cenografia e ciência;
XI — as adaptações, traduções e outras transformações de obras originais, apresentadas como criação intelectual nova;
XII — os programas de computador;
XIII — as coletâneas ou compilações, antologias, enciclopédias, dicionários, bases de dados e outras obras, que, por sua seleção, organização ou disposição de seu conteúdo, constituam uma criação intelectual.

§ 1º Os programas de computador são objeto de legislação específica, observadas as disposições desta Lei que lhes sejam aplicáveis.

§ 2º A proteção concedida no inciso XIII não abarca os dados ou materiais em si mesmos e se entende sem prejuízo de quaisquer direitos autorais que subsistam a respeito dos dados ou materiais contidos nas obras.

§ 3º No domínio das ciências, a proteção recairá sobre a forma literária ou artística, não abrangendo o seu conteúdo científico ou técnico, sem prejuízo dos direitos que protegem os demais campos da propriedade imaterial.

Art. 8º Não são objeto de proteção como direitos autorais de que trata esta Lei:

I — as idéias, procedimentos normativos, sistemas, métodos, projetos ou conceitos matemáticos como tais;
II — os esquemas, planos ou regras para realizar atos mentais, jogos ou negócios;

III — os formulários em branco para serem preenchidos por qualquer tipo de informação, científica ou não, e suas instruções;

IV — os textos de tratados ou convenções, leis, decretos, regulamentos, decisões judiciais e demais atos oficiais;

V — as informações de uso comum tais como calendários, agendas, cadastros ou legendas;

VI — os nomes e títulos isolados;

VII — o aproveitamento industrial ou comercial das idéias contidas nas obras.

Art. 9º À cópia de obra de arte plástica feita pelo próprio autor é assegurada a mesma proteção de que goza o original.

Art. 10. A proteção à obra intelectual abrange o seu título, se original e inconfundível com o de obra do mesmo gênero, divulgada anteriormente por outro autor.

Parágrafo único. O título de publicações periódicas, inclusive jornais, é protegido até um ano após a saída do seu último número, salvo se forem anuais, caso em que esse prazo se elevará a dois anos.

Capítulo II
Da Autoria das Obras Intelectuais

Art. 11. Autor é a pessoa física criadora de obra literária, artística ou científica.

Parágrafo único. A proteção concedida ao autor poderá aplicar-se às pessoas jurídicas nos casos previstos nesta Lei.

Art. 12. Para se identificar como autor, poderá o criador da obra literária, artística ou científica usar de seu nome civil, completo ou abreviado até por suas iniciais, de pseudônimo ou qualquer outro sinal convencional.

Art. 13. Considera-se autor da obra intelectual, não havendo prova em contrário, aquele que, por uma das modalidades de identificação referidas no artigo anterior, tiver, em conformidade com o uso, indicada ou anunciada essa qualidade na sua utilização.

Art. 14. É titular de direitos de autor quem adapta, traduz, arranja ou orquestra obra caída no domínio público, não podendo opor-se a outra adaptação, arranjo, orquestração ou tradução, salvo se for cópia da sua.

Art. 15. A co-autoria da obra é atribuída àqueles em cujo nome, pseudônimo ou sinal convencional for utilizada.

§ 1º Não se considera co-autor quem simplesmente auxiliou o autor na produção da obra literária, artística ou científica, revendo-a, atualizando-a, bem como fiscalizando ou dirigindo sua edição ou apresentação por qualquer meio.

§ 2º Ao co-autor, cuja contribuição possa ser utilizada separadamente, são asseguradas todas as faculdades inerentes à sua criação como obra individual, vedada, porém, a utilização que possa acarretar prejuízo à exploração da obra comum.

Art. 16. São co-autores da obra audiovisual o autor do assunto ou argumento literário, musical ou lítero-musical e o diretor.

Parágrafo único. Consideram-se co-autores de desenhos animados os que criam os desenhos utilizados na obra audiovisual.

Art. 17. É assegurada a proteção às participações individuais em obras coletivas.

§ 1º Qualquer dos participantes, no exercício de seus direitos morais, poderá proibir que se indique ou anuncie seu nome na obra coletiva, sem prejuízo do direito de haver a remuneração contratada.

§ 2º Cabe ao organizador a titularidade dos direitos patrimoniais sobre o conjunto da obra coletiva.

§ 3º O contrato com o organizador especificará a contribuição do participante, o prazo para entrega ou realização, a remuneração e demais condições para sua execução.

Capítulo III
Do Registro das Obras Intelectuais

Art. 18. A proteção aos direitos de que trata esta Lei independe de registro.

Art. 19. É facultado ao autor registrar a sua obra no órgão público definido no *caput* e no § 1º do art. 17 da Lei nº 5.988, de 14 de dezembro de 1973.

Art. 20. Para os serviços de registro previstos nesta Lei será cobrada retribuição, cujo valor e processo de recolhimento serão estabelecidos por ato do titular do órgão da administração pública federal a que estiver vinculado o registro das obras intelectuais.

Art. 21. Os serviços de registro de que trata esta Lei serão organizados conforme preceitua o § 2º do art. 17 da Lei nº 5.988, de 14 de dezembro de 1973.

Título III
Dos Direitos do Autor

Capítulo I
Disposições Preliminares

Art. 22. Pertencem ao autor os direitos morais e patrimoniais sobre a obra que criou.

Art. 23. Os co-autores da obra intelectual exercerão, de comum acordo, os seus direitos, salvo convenção em contrário.

Capítulo II
Dos Direitos Morais do Autor

Art. 24. São direitos morais do autor:

I — o de reivindicar, a qualquer tempo, a autoria da obra;

II — o de ter seu nome, pseudônimo ou sinal convencional indicado ou anunciado, como sendo o do autor, na utilização de sua obra;

III — o de conservar a obra inédita;

IV — o de assegurar a integridade da obra, opondo-se a quaisquer modificações ou à prática de atos que, de qualquer forma, possam prejudicá-la ou atingi-lo, como autor, em sua reputação ou honra;

V — o de modificar a obra, antes ou depois de utilizada;

VI — o de retirar de circulação a obra ou de suspender qualquer forma de utilização já autorizada, quando a circulação ou utilização implicarem afronta à sua reputação e imagem;

VII — o de ter acesso a exemplar único e raro da obra, quando se encontre legitimamente em poder de outrem, para o fim de, por meio de processo fotográfico ou assemelhado, ou audiovisual, preservar sua memória, de forma que cause o menor inconveniente possível a seu detentor, que, em todo caso, será indenizado de qualquer dano ou prejuízo que lhe seja causado.

§ 1º Por morte do autor, transmitem-se a seus sucessores os direitos a que se referem os incisos I a IV.

§ 2º Compete ao Estado a defesa da integridade e autoria da obra caída em domínio público.

§ 3º Nos casos dos incisos V e VI, ressalvam-se as prévias indenizações a terceiros, quando couberem.

Art. 25. Cabe exclusivamente ao diretor o exercício dos direitos morais sobre a obra audiovisual.

Art. 26. O autor poderá repudiar a autoria de projeto arquitetônico alterado sem o seu consentimento durante a execução ou após a conclusão da construção.

Parágrafo único. O proprietário da construção responde pelos danos que causar ao autor sempre que, após o repúdio, der como sendo daquele a autoria do projeto repudiado.

Art. 27. Os direitos morais do autor são inalienáveis e irrenunciáveis.

Capítulo III
Dos Direitos Patrimoniais do Autor e de sua Duração

Art. 28. Cabe ao autor o direito exclusivo de utilizar, fruir e dispor da obra literária, artística ou científica.

Art. 29. Depende de autorização prévia e expressa do autor a utilização da obra, por quaisquer modalidades, tais como:

I — a reprodução parcial ou integral;

II — a edição;

III — a adaptação, o arranjo musical e quaisquer outras transformações;

IV — a tradução para qualquer idioma;

V — a inclusão em fonograma ou produção audiovisual;

VI — a distribuição, quando não intrínseca ao contrato firmado pelo autor com terceiros para uso ou exploração da obra;

VII — a distribuição para oferta de obras ou produções mediante cabo, fibra ótica, satélite, ondas ou qualquer outro sistema que permita ao usuário realizar a seleção da obra ou produção para percebê-la em um tempo e lugar previamente determinados por quem formula a demanda, e nos casos em que o acesso às obras ou produções se faça por qualquer sistema que importe em pagamento pelo usuário;

VIII — a utilização, direta ou indireta, da obra literária, artística ou científica, mediante:

a) representação, recitação ou declamação;
b) execução musical;
c) emprego de alto-falante ou de sistemas análogos;
d) radiodifusão sonora ou televisiva;
e) captação de transmissão de radiodifusão em locais de freqüência coletiva;
f) sonorização ambiental;
g) a exibição audiovisual, cinematográfica ou por processo assemelhado;
h) emprego de satélites artificiais;
i) emprego de sistemas óticos, fios telefônicos ou não, cabos de qualquer tipo e meios de comunicação similares que venham a ser adotados;
j) exposição de obras de artes plásticas e figurativas;

IX — a inclusão em base de dados, o armazenamento em computador, a microfilmagem e as demais formas de arquivamento do gênero;

X — quaisquer outras modalidades de utilização existentes ou que venham a ser inventadas.

Art. 30. No exercício do direito de reprodução, o titular dos direitos autorais poderá colocar à disposição do público a obra, na forma, local e pelo tempo que desejar, a título oneroso ou gratuito.

§ 1º O direito de exclusividade de reprodução não será aplicável quando ela for temporária e apenas tiver o propósito de tornar a obra, fonograma ou interpretação perceptível em meio eletrônico ou quando for de natureza transitória e incidental, desde que ocorra no curso do uso devidamente autorizado da obra, pelo titular.

§ 2º Em qualquer modalidade de reprodução, a quantidade de exemplares será informada e controlada, cabendo a quem reproduzir a obra a responsabilidade de manter os registros que permitam, ao autor, a fiscalização do aproveitamento econômico da exploração.

Art. 31. As diversas modalidades de utilização de obras literárias, artísticas ou científicas ou de fonogramas são independentes entre si, e a autorização concedida pelo autor, ou pelo produtor, respectivamente, não se estende a quaisquer das demais.

Art. 32. Quando uma obra feita em regime de co-autoria não for divisível, nenhum dos co-autores, sob pena de responder por perdas e danos, poderá, sem consentimento dos demais, publicá-la ou autorizar-lhe a publicação, salvo na coleção de suas obras completas.

§ 1º Havendo divergência, os co-autores decidirão por maioria.

§ 2º Ao co-autor dissidente é assegurado o direito de não contribuir para as despesas de publicação, renunciando a sua parte nos lucros, e o de vedar que se inscreva seu nome na obra.

§ 3º Cada co-autor pode, individualmente, sem aquiescência dos outros, registrar a obra e defender os próprios direitos contra terceiros.

Art. 33. Ninguém pode reproduzir obra que não pertença ao domínio público, a pretexto de anotá-la, comentá-la ou melhorá-la, sem permissão do autor.

Parágrafo único. Os comentários ou anotações poderão ser publicados separadamente.

Art. 34. As cartas missivas, cuja publicação está condicionada à permissão do autor, poderão ser juntadas como documento de prova em processos administrativos e judiciais.

Art. 35. Quando o autor, em virtude de revisão, tiver dado à obra versão definitiva, não poderão seus sucessores reproduzir versões anteriores.

Art. 36. O direito de utilização econômica dos escritos publicados pela imprensa, diária ou periódica, com exceção dos assinados ou que apresentem sinal de reserva, pertence ao editor, salvo convenção em contrário.

Parágrafo único. A autorização para utilização econômica de artigos assinados, para publicação em diários e periódicos, não produz efeito além do prazo da periodicidade acrescido de vinte dias, a contar de sua publicação, findo o qual recobra o autor o seu direito.

Art. 37. A aquisição do original de uma obra, ou de exemplar, não confere ao adquirente qualquer dos direitos patrimoniais do autor, salvo convenção em contrário entre as partes e os casos previstos nesta Lei.

Art. 38. O autor tem o direito, irrenunciável e inalienável, de perceber, no mínimo, cinco por cento sobre o aumento do preço eventualmente verificável em cada revenda de obra de arte ou manuscrito, sendo originais, que houver alienado.

Parágrafo único. Caso o autor não perceba o seu direito de seqüência no ato da revenda, o vendedor é considerado depositário da quantia a ele devida, salvo se a operação for realizada por leiloeiro, quando será este o depositário.

Art. 39. Os direitos patrimoniais do autor, excetuados os rendimentos resultantes de sua exploração, não se comunicam, salvo pacto antenupcial em contrário.

Art. 40. Tratando-se de obra anônima ou pseudônima, caberá a quem publicá-la o exercício dos direitos patrimoniais do autor.

Parágrafo único. O autor que se der a conhecer assumirá o exercício dos direitos patrimoniais, ressalvados os direitos adquiridos por terceiros.

Art. 41. Os direitos patrimoniais do autor perduram por setenta anos contados de 1 de janeiro do ano subseqüente ao de seu falecimento, obedecida a ordem sucessória da lei civil.

Parágrafo único. Aplica-se às obras póstumas o prazo de proteção a que alude o *caput* deste artigo.

Art. 42. Quando a obra literária, artística ou científica realizada em co-autoria for indivisível, o prazo previsto no artigo anterior será contado da morte do último dos co-autores sobreviventes.

Parágrafo único. Acrescer-se-ão aos dos sobreviventes os direitos do co-autor que falecer sem sucessores.

Art. 43. Será de setenta anos o prazo de proteção aos direitos patrimoniais sobre as obras anônimas ou pseudônimas, contado de 1 de janeiro do ano imediatamente posterior ao da primeira publicação.

Parágrafo único. Aplicar-se-á o disposto no art. 41 e seu parágrafo único, sempre que o autor se der a conhecer antes do termo do prazo previsto no *caput* deste artigo.

Art. 44. O prazo de proteção aos direitos patrimoniais sobre obras audiovisuais e fotográficas será de setenta anos, a contar de 1 de janeiro do ano subseqüente ao de sua divulgação.

Art. 45. Além das obras em relação às quais decorreu o prazo de proteção aos direitos patrimoniais, pertencem ao domínio público:

I — as de autores falecidos que não tenham deixado sucessores;

II — as de autor desconhecido, ressalvada a proteção legal aos conhecimentos étnicos e tradicionais.

Capítulo IV
Das Limitações aos Direitos Autorais

Art. 46. Não constitui ofensa aos direitos autorais:

I — a reprodução:

a) na imprensa diária ou periódica, de notícia ou de artigo informativo, publicado em diários ou periódicos, com a menção do nome do autor, se assinados, e da publicação de onde foram transcritos;

b) em diários ou periódicos, de discursos pronunciados em reuniões públicas de qualquer natureza;

c) de retratos, ou de outra forma de representação da imagem, feitos sob encomenda, quando realizada pelo proprietário do objeto encomendado, não havendo a oposição da pessoa neles representada ou de seus herdeiros;

d) de obras literárias, artísticas ou científicas, para uso exclusivo de deficientes visuais, sempre que a reprodução, sem fins comerciais, seja feita mediante o sistema Braille ou outro procedimento em qualquer suporte para esses destinatários;

II — a reprodução, em um só exemplar de pequenos trechos, para uso privado do copista, desde que feita por este, sem intuito de lucro;

III — a citação em livros, jornais, revistas ou qualquer outro meio de comunicação, de passagens de qualquer obra, para fins de estudo, crítica ou polêmica, na medida justificada para o fim a atingir, indicando-se o nome do autor e a origem da obra;

IV — o apanhado de lições em estabelecimentos de ensino por aqueles a quem elas se dirigem, vedada sua publicação, integral ou parcial, sem autorização prévia e expressa de quem as ministrou;

V — a utilização de obras literárias, artísticas ou científicas, fonogramas e transmissão de rádio e televisão em estabelecimentos comerciais, exclusivamente para demonstração à clientela, desde que esses estabelecimentos comercializem os suportes ou equipamentos que permitam a sua utilização;

VI — a representação teatral e a execução musical, quando realizadas no recesso familiar ou, para fins exclusivamente didáticos, nos estabelecimentos de ensino, não havendo em qualquer caso intuito de lucro;

VII — a utilização de obras literárias, artísticas ou científicas para produzir prova judiciária ou administrativa;

VIII — a reprodução, em quaisquer obras, de pequenos trechos de obras preexistentes, de qualquer natureza, ou de obra integral, quando de artes plásticas, sempre que a reprodução em si não seja o objetivo principal da obra nova e que não prejudique a exploração normal da obra reproduzida nem cause um prejuízo injustificado aos legítimos interesses dos autores.

Art. 47. São livres as paráfrases e paródias que não forem verdadeiras reproduções da obra originária nem lhe implicarem descrédito.

Art. 48. As obras situadas permanentemente em logradouros públicos podem ser representadas livremente, por meio de pinturas, desenhos, fotografias e procedimentos audiovisuais.

Capítulo V
Da Transferência dos Direitos de Autor

Art. 49. Os direitos de autor poderão ser total ou parcialmente transferidos a terceiros, por ele ou por seus sucessores, a título universal ou singular, pessoalmente ou por meio de representantes com poderes especiais, por meio de licenciamento, concessão, cessão ou por outros meios admitidos em Direito, obedecidas as seguintes limitações:

I — a transmissão total compreende todos os direitos de autor, salvo os de natureza moral e os expressamente excluídos por lei;

II — somente se admitirá transmissão total e definitiva dos direitos mediante estipulação contratual escrita;

III — na hipótese de não haver estipulação contratual escrita, o prazo máximo será de cinco anos;

IV — a cessão será válida unicamente para o país em que se firmou o contrato, salvo estipulação em contrário;

V — a cessão só se operará para modalidades de utilização já existentes à data do contrato;

VI — não havendo especificações quanto à modalidade de utilização, o contrato será interpretado restritivamente, entendendo-se como limitada apenas a uma que seja aquela indispensável ao cumprimento da finalidade do contrato.

Art. 50. A cessão total ou parcial dos direitos de autor, que se fará sempre por escrito, presume-se onerosa.

§ 1º Poderá a cessão ser averbada à margem do registro a que se refere o art. 19 desta Lei, ou, não estando a obra registrada, poderá o instrumento ser registrado em Cartório de Títulos e Documentos.

§ 2º Constarão do instrumento de cessão como elementos essenciais seu objeto e as condições de exercício do direito quanto a tempo, lugar e preço.

Art. 51. A cessão dos direitos de autor sobre obras futuras abrangerá, no máximo, o período de cinco anos.

Parágrafo único. O prazo será reduzido a cinco anos sempre que indeterminado ou superior, diminuindo-se, na devida proporção, o preço estipulado.

Art. 52. A omissão do nome do autor, ou de co-autor, na divulgação da obra não presume o anonimato ou a cessão de seus direitos.

Título IV
Da Utilização de Obras Intelectuais e dos Fonogramas

Capítulo I
Da Edição

Art. 53. Mediante contrato de edição, o editor, obrigando-se a reproduzir e a divulgar a obra literária, artística ou científica, fica autorizado, em caráter de exclusividade, a publicá-la e a explorá-la pelo prazo e nas condições pactuadas com o autor.

Parágrafo único. Em cada exemplar da obra o editor mencionará:

I — o título da obra e seu autor;
II — no caso de tradução, o título original e o nome do tradutor;
III — o ano de publicação;
IV — o seu nome ou marca que o identifique.

Art. 54. Pelo mesmo contrato pode o autor obrigar-se à feitura de obra literária, artística ou científica em cuja publicação e divulgação se empenha o editor.

Art. 55. Em caso de falecimento ou de impedimento do autor para concluir a obra, o editor poderá:

I — considerar resolvido o contrato, mesmo que tenha sido entregue parte considerável da obra;
II — editar a obra, sendo autônoma, mediante pagamento proporcional do preço;
III — mandar que outro a termine, desde que consintam os sucessores e seja o fato indicado na edição.

Parágrafo único. É vedada a publicação parcial, se o autor manifestou a vontade de só publicá-la por inteiro ou se assim o decidirem seus sucessores.

Art. 56. Entende-se que o contrato versa apenas sobre uma edição, se não houver cláusula expressa em contrário.

Parágrafo único. No silêncio do contrato, considera-se que cada edição se constitui de três mil exemplares.

Art. 57. O preço da retribuição será arbitrado, com base nos usos e costumes, sempre que no contrato não a tiver estipulado expressamente o autor.

Art. 58. Se os originais forem entregues em desacordo com o ajustado e o editor não os recusar nos trinta dias seguintes ao do recebimento, ter-se-ão por aceitas as alterações introduzidas pelo autor.

Art. 59. Quaisquer que sejam as condições do contrato, o editor é obrigado a facultar ao autor o exame da escrituração na parte que lhe corresponde, bem como a informá-lo sobre o estado da edição.

Art. 60. Ao editor compete fixar o preço da venda, sem, todavia, poder elevá-lo a ponto de embaraçar a circulação da obra.

Art. 61. O editor será obrigado a prestar contas mensais ao autor sempre que a retribuição deste estiver condicionada à venda da obra, salvo se prazo diferente houver sido convencionado.

Art. 62. A obra deverá ser editada em dois anos da celebração do contrato, salvo prazo diverso estipulado em convenção.

Parágrafo único. Não havendo edição da obra no prazo legal ou contratual, poderá ser rescindido o contrato, respondendo o editor por danos causados.

Art. 63. Enquanto não se esgotarem as edições a que tiver direito o editor, não poderá o autor dispor de sua obra, cabendo ao editor o ônus da prova.

§ 1º Na vigência do contrato de edição, assiste ao editor o direito de exigir que se retire de circulação edição da mesma obra feita por outrem.

§ 2º Considera-se esgotada a edição quando restarem em estoque, em poder do editor, exemplares em número inferior a dez por cento do total da edição.

Art. 64. Somente decorrido um ano de lançamento da edição, o editor poderá vender, como saldo, os exemplares restantes, desde que o autor seja notificado de que, no prazo de trinta dias, terá prioridade na aquisição dos referidos exemplares pelo preço de saldo.

Art. 65. Esgotada a edição, e o editor, com direito a outra, não a publicar, poderá o autor notificá-lo a que o faça em certo prazo, sob pena de perder aquele direito, além de responder por danos.

Art. 66. O autor tem o direito de fazer, nas edições sucessivas de suas obras, as emendas e alterações que bem lhe aprouver.

Parágrafo único. O editor poderá opor-se às alterações que lhe prejudiquem os interesses, ofendam sua reputação ou aumentem sua responsabilidade.

Art. 67. Se, em virtude de sua natureza, for imprescindível a atualização da obra em novas edições, o editor, negando-se o autor a fazê-la, dela poderá encarregar outrem, mencionando o fato na edição.

Capítulo II
Da Comunicação ao Público

Art. 68. Sem prévia e expressa autorização do autor ou titular, não poderão ser utilizadas obras teatrais, composições musicais ou lítero-musicais e fonogramas, em representações e execuções públicas.

§ 1º Considera-se representação pública a utilização de obras teatrais no gênero drama, tragédia, comédia, ópera, opereta, balé, pantomimas e assemelhadas, musicadas ou não, mediante a participação de artistas, remunerados ou não, em locais de freqüência coletiva ou pela radiodifusão, transmissão e exibição cinematográfica.

§ 2º Considera-se execução pública a utilização de composições musicais ou lítero-musicais, mediante a participação de artistas, remunerados ou não, ou a utilização de fonogramas e obras audiovisuais, em locais de freqüência coletiva, por quaisquer processos, inclusive a radiodifusão ou transmissão por qualquer modalidade, e a exibição cinematográfica.

§ 3º Consideram-se locais de freqüência coletiva os teatros, cinemas, salões de baile ou concertos, boates, bares, clubes ou associações de qualquer natureza, lojas, estabelecimentos comerciais e industriais, estádios, circos, feiras, restaurantes, hotéis, motéis, clínicas, hospitais, órgãos públicos da administração direta ou indireta, fundacionais e estatais, meios de transporte de passageiros terrestre, marítimo, fluvial ou aéreo, ou onde quer que se representem, executem ou transmitam obras literárias, artísticas ou científicas.

§ 4º Previamente à realização da execução pública, o empresário deverá apresentar ao escritório central, previsto no art. 99, a comprovação dos recolhimentos relativos aos direitos autorais.

§ 5º Quando a remuneração depender da freqüência do público, poderá o empresário, por convênio com o escritório central, pagar o preço após a realização da execução pública.

§ 6º O empresário entregará ao escritório central, imediatamente após a execução pública ou transmissão, relação completa das obras e fonogramas utilizados, indicando os nomes dos respectivos autores, artistas e produtores.

§ 7º As empresas cinematográficas e de radiodifusão manterão à imediata disposição dos interessados, cópia autêntica dos contratos, ajustes ou acordos, individuais ou coletivos, autorizando e disciplinando a remuneração por execução pública das obras musicais e fonogramas contidas em seus programas ou obras audiovisuais.

Art. 69. O autor, observados os usos locais, notificará o empresário do prazo para a representação ou execução, salvo prévia estipulação convencional.

Art. 70. Ao autor assiste o direito de opor-se à representação ou execução que não seja suficientemente ensaiada, bem como fiscalizá-la, tendo, para isso, livre acesso durante as representações ou execuções, no local onde se realizam.

Art. 71. O autor da obra não pode alterar-lhe a substância, sem acordo com o empresário que a faz representar.

Art. 72. O empresário, sem licença do autor, não pode entregar a obra a pessoa estranha à representação ou à execução.

Art. 73. Os principais intérpretes e os diretores de orquestras ou coro, escolhidos de comum acordo pelo autor e pelo produtor, não podem ser substituídos por ordem deste, sem que aquele consinta.

Art. 74. O autor de obra teatral, ao autorizar a sua tradução ou adaptação, poderá fixar prazo para utilização dela em representações públicas.

Parágrafo único. Após o decurso do prazo a que se refere este artigo, não poderá opor-se o tradutor ou adaptador à utilização de outra tradução ou adaptação autorizada, salvo se for cópia da sua.

Art. 75. Autorizada a representação de obra teatral feita em co-autoria, não poderá qualquer dos co-autores revogar a autorização dada, provocando a suspensão da temporada contratualmente ajustada.

Art. 76. É impenhorável a parte do produto dos espetáculos reservada ao autor e aos artistas.

Capítulo III
Da Utilização da Obra de Arte Plástica

Art. 77. Salvo convenção em contrário, o autor de obra de arte plástica, ao alienar o objeto em que ela se materializa, transmite o direito de expô-la, mas não transmite ao adquirente o direito de reproduzi-la.

Art. 78. A autorização para reproduzir obra de arte plástica, por qualquer processo, deve se fazer por escrito e se presume onerosa.

Capítulo IV
Da Utilização da Obra Fotográfica

Art. 79. O autor de obra fotográfica tem direito a reproduzi-la e colocá-la à venda, observadas as restrições à exposição, reprodução e venda de retratos, e sem prejuízo dos direitos de autor sobre a obra fotografada, se de artes plásticas protegidas.

§ 1º A fotografia, quando utilizada por terceiros, indicará de forma legível o nome do seu autor.

§ 2º É vedada a reprodução de obra fotográfica que não esteja em absoluta consonância com o original, salvo prévia autorização do autor.

Capítulo V
Da Utilização de Fonograma

Art. 80. Ao publicar o fonograma, o produtor mencionará em cada exemplar:
I — o título da obra incluída e seu autor;
II — o nome ou pseudônimo do intérprete;
III — o ano de publicação;
IV — o seu nome ou marca que o identifique.

Capítulo VI
Da Utilização da Obra Audiovisual

Art. 81. A autorização do autor e do intérprete de obra literária, artística ou científica para produção audiovisual implica, salvo disposição em contrário, consentimento para sua utilização econômica.

§ 1º A exclusividade da autorização depende de cláusula expressa e cessa dez anos após a celebração do contrato.

§ 2º Em cada cópia da obra audiovisual, mencionará o produtor:
I — o título da obra audiovisual;
II — os nomes ou pseudônimos do diretor e dos demais co-autores;
III — o título da obra adaptada e seu autor, se for o caso;
IV — os artistas intérpretes;
V — o ano de publicação;
VI — o seu nome ou marca que o identifique.

Art. 82. O contrato de produção audiovisual deve estabelecer:
I — a remuneração devida pelo produtor aos co-autores da obra e aos artistas intérpretes e executantes, bem como o tempo, lugar e forma de pagamento;
II — o prazo de conclusão da obra;
III — a responsabilidade do produtor para com os co-autores, artistas intérpretes ou executantes, no caso de co-produção.

Art. 83. O participante da produção da obra audiovisual que interromper, temporária ou definitivamente, sua atuação, não poderá opor-se a que esta seja utilizada na obra nem a que terceiro o substitua, resguardados os direitos que adquiriu quanto à parte já executada.

Art. 84. Caso a remuneração dos co-autores da obra audiovisual dependa dos rendimentos de sua utilização econômica, o produtor lhes prestará contas semestralmente, se outro prazo não houver sido pactuado.

Art. 85. Não havendo disposição em contrário, poderão os co-autores da obra audiovisual utilizar-se, em gênero diverso, da parte que constitua sua contribuição pessoal.

Parágrafo único. Se o produtor não concluir a obra audiovisual no prazo ajustado ou não iniciar sua exploração dentro de dois anos, a contar de sua conclusão, a utilização a que se refere este artigo será livre.

Art. 86. Os direitos autorais de execução musical relativos a obras musicais, lítero-musicais e fonogramas incluídos em obras audiovisuais serão devidos aos seus titulares pelos responsáveis dos locais ou estabelecimentos a que alude o § 3º do art. 68 desta Lei, que as exibirem, ou pelas emissoras de televisão que as transmitirem.

Capítulo VII
Da Utilização de Bases de Dados

Art. 87. O titular do direito patrimonial sobre uma base de dados terá o direito exclusivo, a respeito da forma de expressão da estrutura da referida base, de autorizar ou proibir:
I — sua reprodução total ou parcial, por qualquer meio ou processo;
II — sua tradução, adaptação, reordenação ou qualquer outra modificação;
III — a distribuição do original ou cópias da base de dados ou a sua comunicação ao público;
IV — a reprodução, distribuição ou comunicação ao público dos resultados das operações mencionadas no inciso II deste artigo.

Capítulo VIII
Da Utilização da Obra Coletiva

Art. 88. Ao publicar a obra coletiva, o organizador mencionará em cada exemplar:
I — o título da obra;
II — a relação de todos os participantes, em ordem alfabética, se outra não houver sido convencionada;
III — o ano de publicação;
IV — o seu nome ou marca que o identifique.
Parágrafo único. Para valer-se do disposto no § 1º do art. 17, deverá o participante notificar o organizador, por escrito, até a entrega de sua participação.

Título V
Dos Direitos Conexos

Capítulo I
Disposições Preliminares

Art. 89. As normas relativas aos direitos de autor aplicam-se, no que couber, aos direitos dos artistas intérpretes ou executantes, dos produtores fonográficos e das empresas de radiodifusão.
Parágrafo único. A proteção desta Lei aos direitos previstos neste artigo deixa intactas e não afeta as garantias asseguradas aos autores das obras literárias, artísticas ou científicas.

Capítulo II
Dos Direitos dos Artistas Intérpretes ou Executantes

Art. 90. Tem o artista intérprete ou executante o direito exclusivo de, a título oneroso ou gratuito, autorizar ou proibir:
I — a fixação de suas interpretações ou execuções;
II — a reprodução, a execução pública e a locação das suas interpretações ou execuções fixadas;
III — a radiodifusão das suas interpretações ou execuções, fixadas ou não;
IV — a colocação à disposição do público de suas interpretações ou execuções, de maneira que qualquer pessoa a elas possa ter acesso, no tempo e no lugar que individualmente escolherem;
V — qualquer outra modalidade de utilização de suas interpretações ou execuções.
§ 1º Quando na interpretação ou na execução participarem vários artistas, seus direitos serão exercidos pelo diretor do conjunto.
§ 2º A proteção aos artistas intérpretes ou executantes estende-se à reprodução da voz e imagem, quando associadas às suas atuações.

Art. 91. As empresas de radiodifusão poderão realizar fixações de interpretação ou execução de artistas que as tenham permitido para utilização em determinado número de emissões, facultada sua conservação em arquivo público.

Parágrafo único. A reutilização subseqüente da fixação, no País ou no exterior, somente será lícita mediante autorização escrita dos titulares de bens intelectuais incluídos no programa, devida uma remuneração adicional aos titulares para cada nova utilização.

Art. 92. Aos intérpretes cabem os direitos morais de integridade e paternidade de suas interpretações, inclusive depois da cessão dos direitos patrimoniais, sem prejuízo da redução, compactação, edição ou dublagem da obra de que tenham participado, sob a responsabilidade do produtor, que não poderá desfigurar a interpretação do artista.

Parágrafo único. O falecimento de qualquer participante de obra audiovisual, concluída ou não, não obsta sua exibição e aproveitamento econômico, nem exige autorização adicional, sendo a remuneração prevista para o falecido, nos termos do contrato e da lei, efetuada a favor do espólio ou dos sucessores.

Capítulo III
Dos Direitos dos Produtores Fonográficos

Art. 93. O produtor de fonogramas tem o direito exclusivo de, a título oneroso ou gratuito, autorizar-lhes ou proibir-lhes:

I — a reprodução direta ou indireta, total ou parcial;

II — a distribuição por meio da venda ou locação de exemplares da reprodução;

III — a comunicação ao público por meio da execução pública, inclusive pela radiodifusão;

IV — (VETADO)

V — quaisquer outras modalidades de utilização, existentes ou que venham a ser inventadas.

Art. 94. Cabe ao produtor fonográfico perceber dos usuários a que se refere o art. 68, e parágrafos, desta Lei os proventos pecuniários resultantes da execução pública dos fonogramas e reparti-los com os artistas, na forma convencionada entre eles ou suas associações.

Capítulo IV
Dos Direitos das Empresas de Radiodifusão

Art. 95. Cabe às empresas de radiodifusão o direito exclusivo de autorizar ou proibir a retransmissão, fixação e reprodução de suas emissões, bem como a comunicação ao público, pela televisão, em locais de freqüência coletiva, sem prejuízo dos direitos dos titulares de bens intelectuais incluídos na programação.

Capítulo V
Da Duração dos Direitos Conexos

Art. 96. É de setenta anos o prazo de proteção aos direitos conexos, contados a partir de 1º de janeiro do ano subseqüente à fixação, para os fonogramas; à transmissão, para as emissões das empresas de radiodifusão; e à execução e representação pública, para os demais casos.

Título VI
Das Associações de Titulares de Direitos de Autor e dos que lhes são Conexos

Art. 97. Para o exercício e defesa de seus direitos, podem os autores e os titulares de direitos conexos associar-se sem intuito de lucro.

§ 1º É vedado pertencer a mais de uma associação para a gestão coletiva de direitos da mesma natureza.

§ 2º Pode o titular transferir-se, a qualquer momento, para outra associação, devendo comunicar o fato, por escrito, à associação de origem.

§ 3º As associações com sede no exterior far-se-ão representar, no País, por associações nacionais constituídas na forma prevista nesta Lei.

Art. 98. Com o ato de filiação, as associações tornam-se mandatárias de seus associados para a prática de todos os atos necessários à defesa judicial ou extrajudicial de seus direitos autorais, bem como para sua cobrança.

Parágrafo único. Os titulares de direitos autorais poderão praticar, pessoalmente, os atos referidos neste artigo, mediante comunicação prévia à associação a que estiverem filiados.

Art. 99. As associações manterão um único escritório central para a arrecadação e distribuição, em comum, dos direitos relativos à execução pública das obras musicais e lítero-musicais e de fonogramas, inclusive por meio da radiodifusão e transmissão por qualquer modalidade, e da exibição de obras audiovisuais.

§ 1º O escritório central organizado na forma prevista neste artigo não terá finalidade de lucro e será dirigido e administrado pelas associações que o integrem.

§ 2º O escritório central e as associações a que se refere este Título atuarão em juízo e fora dele em seus próprios nomes como substitutos processuais dos titulares a eles vinculados.

§ 3º O recolhimento de quaisquer valores pelo escritório central somente se fará por depósito bancário.

§ 4º O escritório central poderá manter fiscais, aos quais é vedado receber do empresário numerário a qualquer título.

§ 5º A inobservância da norma do parágrafo anterior tornará o faltoso inabilitado à função de fiscal, sem prejuízo das sanções civis e penais cabíveis.

Art. 100. O sindicato ou associação profissional que congregue não menos de um terço dos filiados de uma associação autoral poderá, uma vez por ano, após notificação, com oito dias de antecedência, fiscalizar, por intermédio de auditor, a exatidão das contas prestadas a seus representados.

Título VII
Das Sanções às Violações dos Direitos Autorais

Capítulo I
Disposição Preliminar

Art. 101. As sanções civis de que trata este Capítulo aplicam-se sem prejuízo das penas cabíveis.

Capítulo II
Das Sanções Civis

Art. 102. O titular cuja obra seja fraudulentamente reproduzida, divulgada ou de qualquer forma utilizada, poderá requerer a apreensão dos exemplares reproduzidos ou a suspensão da divulgação, sem prejuízo da indenização cabível.

Art. 103. Quem editar obra literária, artística ou científica, sem autorização do titular, perderá para este os exemplares que se apreenderem e pagar-lhe-á o preço dos que tiver vendido.

Parágrafo único. Não se conhecendo o número de exemplares que constituem a edição fraudulenta, pagará o transgressor o valor de três mil exemplares, além dos apreendidos.

Art. 104. Quem vender, expuser a venda, ocultar, adquirir, distribuir, tiver em depósito ou utilizar obra ou fonograma reproduzidos com fraude, com a finalidade de vender, obter ganho, vantagem, proveito, lucro direto ou indireto, para si ou para outrem, será solidariamente responsável com o contrafator, nos termos dos artigos precedentes, respondendo como contrafatores o importador e o distribuidor em caso de reprodução no exterior.

Art. 105. A transmissão e a retransmissão, por qualquer meio ou processo, e a comunicação ao público de obras artísticas, literárias e científicas, de interpretações e de fonogramas, realizadas mediante violação aos direitos de seus titulares, deverão ser imediatamente suspensas ou interrompidas pela autoridade judicial competente, sem prejuízo da multa diária pelo descumprimento e das demais indenizações cabíveis, independentemente das sanções penais aplicáveis; caso se comprove que o infrator é reincidente na violação aos direitos dos titulares de direitos de autor e conexos, o valor da multa poderá ser aumentado até o dobro.

Art. 106. A sentença condenatória poderá determinar a destruição de todos os exemplares ilícitos, bem como as matrizes, moldes, negativos e demais elementos utilizados para praticar o ilícito civil, assim como a perda de máquinas, equipamentos e insumos destinados a tal fim ou, servindo eles unicamente para o fim ilícito, sua destruição.

Art. 107. Independentemente da perda dos equipamentos utilizados, responderá por perdas e danos, nunca inferiores ao valor que resultaria da aplicação do disposto no art. 103 e seu parágrafo único, quem:

I — alterar, suprimir, modificar ou inutilizar, de qualquer maneira, dispositivos técnicos introduzidos nos exemplares das obras e produções protegidas para evitar ou restringir sua cópia;

II — alterar, suprimir ou inutilizar, de qualquer maneira, os sinais codificados destinados a restringir a comunicação ao público de obras, produções ou emissões protegidas ou a evitar a sua cópia;

III — suprimir ou alterar, sem autorização, qualquer informação sobre a gestão de direitos;

IV — distribuir, importar para distribuição, emitir, comunicar ou puser à disposição do público, sem autorização, obras, interpretações ou execuções, exemplares de interpretações fixadas em fonogramas e emissões, sabendo que a informação sobre a gestão de direitos, sinais codificados e dispositivos técnicos foram suprimidos ou alterados sem autorização.

Art. 108. Quem, na utilização, por qualquer modalidade, de obra intelectual, deixar de indicar ou de anunciar, como tal, o nome, pseudônimo ou sinal convencional do autor e do intérprete, além de responder por danos morais, está obrigado a divulgar-lhes a identidade da seguinte forma:

I — tratando-se de empresa de radiodifusão, no mesmo horário em que tiver ocorrido a infração, por três dias consecutivos;

II — tratando-se de publicação gráfica ou fonográfica, mediante inclusão de errata nos exemplares ainda não distribuídos, sem prejuízo de comunicação, com destaque, por três vezes consecutivas em jornal de grande circulação, dos domicílios do autor, do intérprete e do editor ou produtor;

III — tratando-se de outra forma de utilização, por intermédio da imprensa, na forma a que se refere o inciso anterior.

Art. 109. A execução pública feita em desacordo com os arts. 68, 97, 98 e 99 desta Lei sujeitará os responsáveis a multa de vinte vezes o valor que deveria ser originariamente pago.

Art. 110. Pela violação de direitos autorais nos espetáculos e audições públicas, realizados nos locais ou estabelecimentos a que alude o art. 68, seus proprietários, diretores, gerentes, empresários e arrendatários respondem solidariamente com os organizadores dos espetáculos.

Capítulo III
Da Prescrição da Ação

Art. 111. (VETADO)

Título VIII
Disposições Finais e Transitórias

Art. 112. Se uma obra, em conseqüência de ter expirado o prazo de proteção que lhe era anteriormente reconhecido pelo § 2º do art. 42 da Lei nº. 5.988, de 14 de dezembro de 1973, caiu no domínio público, não terá o prazo de proteção dos direitos patrimoniais ampliado por força do art. 41 desta Lei.

Art. 113. Os fonogramas, os livros e as obras audiovisuais sujeitar-se-ão a selos ou sinais de identificação sob a responsabilidade do produtor, distribuidor ou importador, sem ônus para o consumidor, com o fim de atestar o cumprimento das normas legais vigentes, conforme dispuser o regulamento. (Regulamento)

Art. 114. Esta Lei entra em vigor cento e vinte dias após sua publicação.

Art. 115. Ficam revogados os arts. 649 a 673 e 1.346 a 1.362 do Código Civil e as Leis nºs 4.944, de 6 de abril de 1966; 5.988, de 14 de dezembro de 1973, excetuando-se o art. 17 e seus §§ 1º e 2º; 6.800, de 25 de junho de 1980; 7.123, de 12 de setembro de 1983; 9.045, de 18 de maio de 1995, e demais disposições em contrário, mantidos em vigor as Leis nºs 6.533, de 24 de maio de 1978 e 6.615, de 16 de dezembro de 1978.

Brasília, 19 de fevereiro de 1998; 177º da Independência e 110º da República.
FERNANDO HENRIQUE CARDOSO

publicado no D.O.U. de 20.2.1998

DECRETO Nº 2.553, DE 16 DE ABRIL DE 1998.

Regulamenta os arts. 75 e 88 a 93 da Lei nº 9.279, de 14 de maio de 1996, que regula direitos e obrigações relativos à propriedade industrial.

O PRESIDENTE DA REPÚBLICA, no uso da atribuição que lhe confere o art. 84, inciso IV da Constituição, e tendo em vista o disposto nos arts. 75 e 88 a 93 da Lei nº 9.279, de 14 de maio de 1996,
DECRETA:
Art. 1º A Secretaria de Assuntos Estratégicos da Presidência da República é o órgão competente do Poder Executivo para manifestar-se, por iniciativa própria ou a pedido do Instituto Nacional da Propriedade Industrial — INPI, sobre o caráter sigiloso dos processos de pedido de patente originários do Brasil, cujo objeto seja de interesse da defesa nacional.
§ 1º O caráter sigiloso do pedido de patente, cujo objeto seja de natureza militar, será decidido com base em parecer conclusivo emitido pelo Estado-Maior das Forças Armadas, podendo o exame técnico ser delegado aos Ministérios Militares.
§ 2º O caráter sigiloso do pedido de patente de interesse da defesa nacional, cujo objeto seja de natureza civil, será decidido, quando for o caso, com base em parecer conclusivo dos Ministérios a que a matéria esteja afeta.
§ 3º Da patente resultante do pedido a que se refere o *caput* deste artigo, bem como do certificado de adição dela decorrente, será enviada cópia ao Estado-Maior das Forças Armadas e à Secretaria de Assuntos Estratégicos da Presidência da República, onde será, também, conservado o sigilo de que se revestem tais documentos.
Art. 2º O depósito no exterior, a exploração e a cessão do pedido ou da patente, e sua divulgação, cujo objeto tenha sido considerado de interesse da defesa nacional, ficam condicionados à prévia autorização da Secretaria de Assuntos Estratégicos da Presidência da República.
Parágrafo único. Quando houver restrição aos direitos do depositante de pedido ou do titular da patente, considerados de interesse da defesa nacional, nos termos do art. 75, § 3º da Lei nº 9.279, de 1996, o depositante ou titular da parente será indenizado mediante comprovação dos benefícios que teria auferido pela exploração ou cessão.

Art. 3º Ao servidor da Administração Pública direta, indireta e fundacional, que desenvolver invenção, aperfeiçoamento ou modelo de utilidade e desenho industrial, será assegurada, a título de incentivo, durante toda a vigência da patente ou do registro, premiação de parcela do valor das vantagens auferidas pelo órgão ou entidade com a exploração da patente ou do registro.

§ 1º Os órgãos e as entidades da Administração Pública direta, indireta e fundacional promoverão a alteração de seus estatutos ou regimentos internos para inserir normas que definam a forma e as condições de pagamento da premiação de que trata este artigo, a qual vigorará após publicação no *Diário Oficial* da União, ficando convalidados os acordos firmados anteriormente.

§ 2º A premiação a que se refere o *caput* deste artigo não poderá exceder a um terço do valor das vantagens auferidas pelo órgão ou entidade com a exploração da patente ou do registro.

Art. 4º A premiação de que trata o artigo anterior não se incorpora, a qualquer título, aos salários dos empregados ou aos vencimentos dos servidores.

Art. 5º Na celebração de instrumentos contratuais de que trata o art. 92 da Lei nº 9.279, de 1996, serão estipuladas a titularidade das criações intelectuais e a participação dos criadores.

Art. 6º Este Decreto entra em vigor na data de sua publicação.

Brasília, 16 de abril de 1998; 177º da Independência e 110º da República.

FERNANDO HENRIQUE CARDOSO
Paulo Jobim Filho
Luiz Carlos Bresser Pereira
José Israel Vargas
Benedito Onofre Bezerra Leonel

DECRETO Nº 2.894, DE 22 DE DEZEMBRO DE 1998.

Regulamenta a emissão e o fornecimento de selo ou sinal de identificação dos fonogramas e das obras audiovisuais, previstos no art. 113 da Lei nº 9.610, de 19 de fevereiro de 1998, que altera, atualiza e consolida a legislação sobre direitos autorais e dá outras providências.

O PRESIDENTE DA REPÚBLICA, no uso da atribuição que lhe confere o art. 84, inciso IV, da Constituição, e tendo em vista o disposto no art. 113 da Lei nº 9.610, de 19 de fevereiro de 1998, no art. 46 da Lei nº 4.502, de 30 de novembro de 1964, e no art. 3º do Decreto-Lei nº 1.437, de 17 de dezembro de 1975,

DECRETA :

Art.1º A emissão e o fornecimento do selo de controle de fonogramas e das obras audiovisuais, previstos no art. 113 da Lei n° 9.610, de 19 de fevereiro de 1998, obedecerão às disposições deste Decreto.

Art.2º O selo de controle será confeccionado pela Casa da Moeda do Brasil, que se encarregará de sua distribuição às unidades da Secretaria da Receita Federal do Ministério da Fazenda.

Art.3º À Secretaria da Receita Federal compete o fornecimento do selo de controle a ser obrigatoriamente aposto nos fonogramas e nas obras audiovisuais.

§1º A obrigatoriedade de aposição do selo de controle aplica-se a partir de 1º de abril de 1999.

§2º Para as obras audiovisuais, a aquisição do selo de que trata este artigo será precedida, ainda, da comprovação do registro junto ao órgão competente, nos termos do art. 19 da Lei nº 8.401, de 8 de janeiro de 1992.

Art.4º O selo será numerado seqüencialmente, devendo ser afixado em cada exemplar.

Art.5º A Secretaria da Receita Federal fornecerá o selo de controle aos produtores e importadores, mediante ressarcimento de custos, segundo os critérios e condições que estabelecer.

Art.6º Os selos de controle de que trata este Decreto deverão atender às exigências previstas no Regulamento do Imposto sobre Produtos Industrializados, aprovado pelo Decreto nº 2.637, de 25 de junho de 1998, e às demais normas estabelecidas pela Secretaria da Receita Federal.

Art.7º A Secretaria da Receita Federal tornará disponível ao público as informações relativas à quantidade de selos de controle fornecida a cada solicitante, bem assim a respectiva identificação numérica seqüencial dos fonogramas e das obras audiovisuais a que se destinam tais selos.

Art.8º Os autores ou os titulares de direitos sobre os fonogramas e as obras audiovisuais poderão dispor de outros mecanismos de fiscalização do seu aproveitamento econômico.

Art.9º Os autores e os titulares de direitos sobre os livros poderão estabelecer mecanismos de fiscalização do seu aproveitamento econômico a serem pactuados em instrumentos firmados com os editores.

Art.10. A Secretaria da Receita Federal disciplinará os procedimentos necessários à execução deste Decreto.

Art.11. Este Decreto entra em vigor na data de sua publicação.

Brasília, 22 de dezembro de 1998; 177º da Independência e 110º da República.

FERNANDO HENRIQUE CARDOSO
Pedro Malan
Francisco Weffort
José Botafogo Gonçalves

Este texto não substitui o publicado no D.O.U. de 23.12.1998

DECRETO Nº 3.201, DE 6 DE OUTUBRO DE 1999.

Dispõe sobre a concessão, de ofício, de licença compulsória nos casos de emergência nacional e de interesse público de que trata o art. 71 da Lei nº 9.279, de 14 de maio de 1996.

O PRESIDENTE DA REPÚBLICA, no uso da atribuição que lhe confere o art. 84, inciso IV, da Constituição, e tendo em vista o disposto no art. 71 da Lei nº 9.279, de 14 de maio de 1996,
DECRETA:
Art. 1º A concessão, de ofício, de licença compulsória, para uso público não-comercial, nos casos de emergência nacional ou interesse público, de que trata o art. 71 da Lei nº 9.279, de 14 de maio de 1996, dar-se-á na forma deste Decreto.
Art. 2º Poderá ser concedida, de ofício, licença compulsória de patente, para uso público não-comercial, nos casos de emergência nacional ou interesse público, assim declarados pelo Poder Público, desde que constatado que o titular da patente ou seu licenciado não atende a essas necessidades.
§ 1º Entende-se por emergência nacional o iminente perigo público, ainda que apenas em parte do território nacional.
§ 2º Consideram-se de interesse público os fatos relacionados, dentre outros, à saúde pública, à nutrição, à defesa do meio ambiente, bem como aqueles de primordial importância para o desenvolvimento tecnológico ou sócio-econômico do País.
Art. 3º O ato do Poder Executivo Federal que declarar a emergência nacional ou o interesse público será praticado pelo Ministro de Estado responsável pela matéria em causa e deverá ser publicado no Diário Oficial da União.
Art. 4º Constatada a impossibilidade de o titular da patente ou o seu licenciado atender a situação de emergência nacional ou interesse público, o Poder Público concederá, de ofício, a licença compulsória, de caráter não-exclusivo, devendo o ato ser imediatamente publicado no Diário Oficial da União.
Art. 5º O ato de concessão da licença compulsória para o uso público não-comercial, estabelecerá, dentre outras, as seguintes condições:
I — o prazo de vigência da licença e a possibilidade de prorrogação;
II — aquelas oferecidas pela União, em especial a remuneração do titular;
III — a obrigação de o titular, se preciso, transmitir as informações necessá-

rias e suficientes à efetiva reprodução do objeto protegido, a supervisão de montagem e os demais aspectos técnicos e comerciais aplicáveis ao caso em espécie.

Parágrafo único. Na determinação da remuneração cabível ao titular, serão consideradas as circunstâncias econômicas e mercadológicas relevantes, o preço de produtos similares e o valor econômico da autorização.

Art. 6º A autoridade competente poderá requisitar informações necessárias para subsidiar a concessão da licença ou determinar a remuneração cabível ao titular da patente, assim como outras informações pertinentes, aos órgãos e às entidades da administração pública, direta e indireta, federal, estadual e municipal.

Art. 7º No caso de emergência nacional ou interesse público que caracterize extrema urgência, a licença compulsória de que trata este Decreto poderá ser implementada e efetivado o uso da patente, independentemente do atendimento prévio das condições estabelecidas nos arts. 4º e 5º deste Decreto.

Parágrafo único. Se a autoridade competente tiver conhecimento, sem proceder a busca, de que há patente em vigor, o titular deverá ser prontamente informado desse uso.

Art. 8º A exploração da patente compulsoriamente licenciada nos termos deste Decreto poderá ser iniciada independentemente de acordo sobre as condições contidas no art. 5º.

Art. 9º A exploração da patente licenciada nos termos deste Decreto poderá ser realizada diretamente pela União ou por terceiros devidamente contratados, ficando impedida a reprodução do seu objeto para outros fins, sob pena de ser considerado como ilícito.

Art. 10. Nos casos em que não seja possível o atendimento às situações de emergência nacional ou interesse público com o produto colocado no mercado interno, ou se mostre inviável a fabricação do objeto da patente por terceiro, ou pela União, poderá esta realizar a importação do produto objeto da patente, desde que tenha sido colocado no mercado diretamente pelo titular ou com seu consentimento

Art. 11. A contratação de terceiros para exploração da patente compulsoriamente licenciada será feita mediante licitação, cujo processo obedecerá aos princípios da Lei nº 8.666, de 21 de junho de 1993.

Art. 12. Atendida a emergência nacional ou o interesse público, a autoridade competente extinguirá a licença compulsória, respeitados os termos do contrato firmado com o licenciado.

Art. 13. A autoridade competente informará ao Instituto Nacional da Propriedade Industrial — INPI, para fins de anotação, as licenças para uso público não comercial, concedidas com fundamento no art. 71 da Lei nº 9.279, de 1996, bem como alterações e extinção de tais licenças.

Art. 14. Este Decreto entra em vigor na data de sua publicação.

Brasília, 6 de outubro de 1999; 178º da Independência e 111º da República.

FERNANDO HENRIQUE CARDOSO
José Serra
Alcides Lopes Tápias
publicado no D.O.U. de 22.12.1999

LEI Nº 10.196, DE 14 DE FEVEREIRO DE 2001.

Altera e acresce dispositivos à Lei nº 9.279, de 14 de maio de 1996, que regula direitos e obrigações relativos à propriedade industrial, e dá outras providências.

Faço saber que o Presidente da República adotou a Medida Provisória nº 2.105-15, de 2001, que o Congresso Nacional aprovou, e eu, Antonio Carlos Magalhães, Presidente, para os efeitos do disposto no parágrafo único do art. 62 da Constituição Federal, promulgo a seguinte Lei:

Art.1º A Lei nº 9.279, de 14 de maio de 1996, passa a vigorar com as seguintes alterações:

"Art.43. ....
....

VII-aos atos praticados por terceiros não autorizados, relacionados à invenção protegida por patente, destinados exclusivamente à produção de informações, dados e resultados de testes, visando à obtenção do registro de comercialização, no Brasil ou em outro país, para a exploração e comercialização do produto objeto da patente, após a expiração dos prazos estipulados no art. 40." (NR)

"Art.229. Aos pedidos em andamento serão aplicadas as disposições desta Lei, exceto quanto à patenteabilidade dos pedidos depositados até 31 de dezembro de 1994, cujo objeto de proteção sejam substâncias, matérias ou produtos obtidos por meios ou processos químicos ou substâncias, matérias, misturas ou produtos alimentícios, químico-farmacêuticos e medicamentos de qualquer espécie, bem como os respectivos processos de obtenção ou modificação e cujos depositantes não tenham exercido a faculdade prevista nos arts. 230 e 231 desta Lei, os quais serão considerados indeferidos, para todos os efeitos, devendo o INPI publicar a comunicação dos aludidos indeferimentos.

Parágrafo único. Aos pedidos relativos a produtos farmacêuticos e produtos químicos para a agricultura, que tenham sido depositados entre 1º de janeiro de 1995 e 14 de maio de 1997, aplicam-se os critérios de patenteabilidade desta Lei, na data efetiva do depósito do pedido no Brasil ou da prioridade, se houver, assegurando-se a proteção a partir da data da concessão da patente, pelo prazo remanescente a contar do dia do depósito no Brasil, limitado ao prazo previsto no caput do art. 40." (NR)

"Art.229-A. Consideram-se indeferidos os pedidos de patentes de processo apresentados entre 1º de janeiro de 1995 e 14 de maio de 1997, aos quais o art. 9º, alínea "c", da Lei nº 5.772, de 21 de dezembro de 1971, não conferia proteção, devendo o INPI publicar a comunicação dos aludidos indeferimentos." (NR)

"Art.229-B. Os pedidos de patentes de produto apresentados entre 1º de janeiro de 1995 e 14 de maio de 1997, aos quais o art. 9º, alíneas "b" e "c", da Lei nº 5.772, de 1971, não conferia proteção e cujos depositantes não tenham exercido a faculdade prevista nos arts. 230 e 231, serão decididos até 31 de dezembro de 2004, em conformidade com esta Lei." (NR)

"Art.229-C. A concessão de patentes para produtos e processos farmacêuticos dependerá da prévia anuência da Agência Nacional de Vigilância Sanitária — ANVISA." (NR)

Art.2º Ficam convalidados os atos praticados com base na Medida Provisória nº 2.105-14, de 27 de dezembro de 2000.

Art.3º Esta Lei entra em vigor na data de sua publicação.

Congresso Nacional, em 14 de fevereiro de 2001 180º da Independência e 113º da República

Senador Antonio Carlos Magalhães
Presidente
publicado no D.O.U. de 16.2.2001

DECRETO Nº 4.062, DE 21 DE DEZEMBRO DE 2001.

Define as expressões "cachaça", "Brasil" e "cachaça do Brasil" como indicações geográficas e dá outras providências.

O PRESIDENTE DA REPÚBLICA, no uso da atribuição que lhe confere o art. 84, inciso IV, da Constituição, e tendo em vista o disposto no art. 22 do Acordo sobre Aspectos dos Direitos de Propriedade Intelectual relacionados ao Comércio, aprovado, como parte integrante do Acordo de Marraqueche, pelo Decreto Legislativo nº 30, de 15 de dezembro de 1994, e promulgado pelo Decreto nº 1.355, de 30 de dezembro de 1994, e nos arts. 176 a 182 da Lei nº 9.279, de 14 de maio de 1996,

DECRETA:

Art.1º O nome "cachaça", vocábulo de origem e uso exclusivamente brasileiros, constitui indicação geográfica para os efeitos, no comércio internacional, do art. 22 do Acordo sobre Aspectos dos Direitos de Propriedade Intelectual relacionados ao Comércio, aprovado, como parte integrante do Acordo de Marraqueche, pelo Decreto Legislativo nº 30, de 15 de dezembro de 1994, e promulgado pelo Decreto nº 1.355, de 30 de dezembro de 1994.

Art.2º O nome geográfico "Brasil" constitui indicação geográfica para cachaça, para os efeitos da Lei nº 9.279, de 14 de maio de 1996, e para os efeitos, no comércio internacional, do art. 22 do Acordo a que se refere o art. 1º.

Parágrafo único. O nome geográfico "Brasil" poderá se constituir em indicação geográfica para outros produtos e serviços a serem definidos em ato do Poder Executivo.

Art.3º As expressões protegidas "cachaça", "Brasil" e "cachaça do Brasil" somente poderão ser usadas para indicar o produto que atenda às regras gerais estabelecidas na Lei nº 8.918, de 14 de julho de 1994, e no Decreto nº 2.314, de 4 de setembro de 1997, e nas demais normas específicas aplicáveis.

§1º O uso das expressões protegidas "cachaça", "Brasil" e "cachaça do Brasil" é restrito aos produtores estabelecidos no País.

§2º O produtor de cachaça que, por qualquer meio, usar as expressões protegidas por este Decreto em desacordo com este artigo perderá o direito de usá-la em seus produtos e em quaisquer meios de divulgação.

Art. 4º A Câmara de Comércio Exterior aprovará o Regulamento de Uso das Indicações Geográficas previstas neste Decreto de acordo com critérios técnicos definidos pelos Ministérios do Desenvolvimento, Indústria e Comércio Exterior e da Agricultura, Pecuária e Abastecimento, no âmbito de suas respectivas competências.

Art. 5º Este Decreto entra em vigor na data de sua publicação.

Brasília, 21 de dezembro de 2001; 180º da Independência e 113º da República.

FERNANDO HENRIQUE CARDOSO
Sérgio Silva do Amaral
Este texto não substitui o publicado no D.O.U. 26.12.2001

DECRETO Nº 4.533, DE 19 DE DEZEMBRO DE 2002.

Regulamenta o art. 113 da Lei nº 9.610, de 19 de fevereiro de 1998, no que se refere a fonogramas, e dá outras providências.

O PRESIDENTE DA REPÚBLICA, no uso da atribuição que lhe confere o art. 84, inciso IV, da Constituição, e tendo em vista o disposto no art. 113 da Lei nº 9.610, de 19 de fevereiro de 1998,
DECRETA:
Art.1º Em cada exemplar do suporte material que contenha fonograma deve constar, obrigatoriamente, os seguintes sinais de identificação:
I-na face do suporte material que permite a leitura ótica:
a) do número da matriz, em código de barras ou em código alfanumérico;
b) do nome da empresa responsável pelo processo industrial de reprodução, em código binário;
c) do número de catálogo do produto, em código binário;
II-na face do suporte material que não permite a leitura ótica:
a) do nome, marca registrada ou logomarca do responsável pelo processo industrial de reprodução que a identifique;
b) do nome, marca registrada, logomarca, ou número do CPF ou do CNPJ do produtor;
c) do número de catálogo do produto;
d) da identificação do lote e a respectiva quantidade de exemplares nele mandada reproduzir;
III-na lombada, capa ou encarte de envoltório do suporte material, a identificação do lote e a respectiva quantidade nele mandada reproduzir.
§1ºA aposição das informações em qualquer parte da embalagem não dispensa sua aposição no suporte material propriamente dito.
§2º O suporte material deve conter um código digital-*International Standard Recording Code*-onde se identifique o fonograma e os respectivos autores, artistas intérpretes ou executantes, de forma permanente e individualizada, segundo as informações fornecidas pelo produtor.
§3º A identificação do lote e a respectiva quantidade de exemplares nele mandada reproduzir, prevista na alínea "d", inciso II, e no inciso III, serão estam-

padas por meio de código alfanumérico, constante de duas letras que indiquem a ordem seqüencial das tiragens, além de numeral que indique a quantidade de exemplares da respectiva tiragem.

§4º O conjunto de duas letras que inicia o código alfanumérico será alterado a cada tiragem, seguindo a ordem do alfabeto, de forma que a primeira tiragem seja representada pelas letras AA, a segunda por AB, a terceira por AC e assim sucessivamente.

Art.2º Quando o fonograma for fixado em suporte distinto daquele previsto no art. 1º, os sinais de identificação estabelecidos neste Decreto serão consignados na capa dos exemplares, nos encartes ou nos próprios suportes.

Art.3º O responsável pelo processo industrial de reprodução deve informar ao produtor a quantidade de exemplares efetivamente fabricados em cada tiragem, devendo o responsável pelo processo industrial de reprodução e o produtor manter os registros dessas informações em seus arquivos por um período mínimo de cinco anos, viabilizando assim o controle do aproveitamento econômico da exploração pelo titular dos direitos autorais ou pela entidade representativa de classe.

Art.4º O produtor deverá manter em seu arquivo registro de exemplares devolvidos por qualquer razão.

Art.5º O autor e o artista intérprete ou executante, diretamente, ou por meio de sindicato ou de associação, terá acesso aos registros referidos nos arts. 3º e 4º.

Art.6º O produtor deverá comunicar ao autor e ao artista intérprete ou executante, bem assim ao sindicato ou à associação a que se refere o art. 5º, conforme estabelecido pelas partes interessadas, a destruição de exemplares, com a antecedência mínima de dez dias, possibilitando ao interessado, e a seu exclusivo juízo, enviar representante para presenciar o ato.

Art.7º Este Decreto aplica-se aos fonogramas, com ou sem imagens, assim entendidos os que não se enquadrem na definição de obra audiovisual de que trata a Lei nº 9.610, de 1998.

Art.8º As despesas necessárias para atender aos custos decorrentes da identificação, numeração e fiscalização previstas neste Decreto deverão ser objeto de instrumento particular a ser firmado entre as partes interessadas, sem ônus para o consumidor.

Art.9º Este Decreto entra em vigor em 22 de abril de 2003.

Art. 10. Fica revogado o Decreto nº 2.894, de 22 de dezembro de 1998.

Brasília, 19 de dezembro de 2002; 181º da Independência e 114º da República.

FERNANDO HENRIQUE CARDOSO
Sérgio Silva do Amaral
Francisco Weffort
José Bonifácio Borges de Andrada
Este texto não substitui o publicado no D.O.U. de 20.12.2002

LEI Nº 10.695, DE 1º DE JULHO DE 2003.

Altera e acresce parágrafo ao art. 184 e dá nova redação ao art. 186 do Decreto-Lei nº 2.848, de 7 de dezembro de 1940 — Código Penal, alterado pelas Leis nos 6.895, de 17 de dezembro de 1980, e 8.635, de 16 de março de 1993, revoga o art. 185 do Decreto-Lei nº 2.848, de 1940, e acrescenta dispositivos ao Decreto-Lei nº 3.689, de 3 de outubro de 1941 — Código de Processo Penal.

O PRESIDENTE DA REPÚBLICA Faço saber que o Congresso Nacional decreta e eu sanciono a seguinte Lei:

Art. 1º O art. 184 e seus §§ 1º, 2º e 3º do Decreto-Lei nº 2.848, de 7 de dezembro de 1940, passam a vigorar com a seguinte redação, acrescentando-se um § 4º:

"Art. 184. Violar direitos de autor e os que lhe são conexos:
Pena — detenção, de 3 (três) meses a 1 (um) ano, ou multa.

§ 1º Se a violação consistir em reprodução total ou parcial, com intuito de lucro direto ou indireto, por qualquer meio ou processo, de obra intelectual, interpretação, execução ou fonograma, sem autorização expressa do autor, do artista intérprete ou executante, do produtor, conforme o caso, ou de quem os represente:
Pena — reclusão, de 2 (dois) a 4 (quatro) anos, e multa.

§ 2º Na mesma pena do § 1º incorre quem, com o intuito de lucro direto ou indireto, distribui, vende, expõe à venda, aluga, introduz no País, adquire, oculta, tem em depósito, original ou cópia de obra intelectual ou fonograma reproduzido com violação do direito de autor, do direito de artista intérprete ou executante ou do direito do produtor de fonograma, ou, ainda, aluga original ou cópia de obra intelectual ou fonograma, sem a expressa autorização dos titulares dos direitos ou de quem os represente.

§ 3º Se a violação consistir no oferecimento ao público, mediante cabo, fibra ótica, satélite, ondas ou qualquer outro sistema que permita ao usuário realizar a seleção da obra ou produção para recebê-la em um tempo e lugar previamente determinados por quem formula a demanda, com intuito de lucro, direto ou

indireto, sem autorização expressa, conforme o caso, do autor, do artista intérprete ou executante, do produtor de fonograma, ou de quem os represente:
Pena — reclusão, de 2 (dois) a 4 (quatro) anos, e multa.
§ 4º O disposto nos §§ 1º, 2º e 3º não se aplica quando se tratar de exceção ou limitação ao direito de autor ou os que lhe são conexos, em conformidade com o previsto na Lei nº 9.610, de 19 de fevereiro de 1998, nem a cópia de obra intelectual ou fonograma, em um só exemplar, para uso privado do copista, sem intuito de lucro direto ou indireto." (NR)
Art. 2º O art. 186 do Decreto-Lei nº 2.848, de 1940, passa a vigorar com a seguinte redação:
"Art. 186. Procede-se mediante:
I — queixa, nos crimes previstos no **caput** do art. 184;
II — ação penal pública incondicionada, nos crimes previstos nos §§ 1º e 2º do art. 184;
III — ação penal pública incondicionada, nos crimes cometidos em desfavor de entidades de direito público, autarquia, empresa pública, sociedade de economia mista ou fundação instituída pelo Poder Público;
IV — ação penal pública condicionada à representação, nos crimes previstos no § 3º do art. 184." (NR)
Art. 3º O Capítulo IV do Título II do Livro II do Decreto-Lei nº 3.689, de 3 de outubro de 1941, passa a vigorar acrescido dos seguintes arts. 530-A, 530-B, 530-C, 530-D, 530-E, 530-F, 530-G, 530-H e 530-I:
"Art. 530-A. O disposto nos arts. 524 a 530 será aplicável aos crimes em que se proceda mediante queixa.
Art. 530-B. Nos casos das infrações previstas nos §§ 1º, 2º e 3º do art. 184 do Código Penal, a autoridade policial procederá à apreensão dos bens ilicitamente produzidos ou reproduzidos, em sua totalidade, juntamente com os equipamentos, suportes e materiais que possibilitaram a sua existência, desde que estes se destinem precipuamente à prática do ilícito.
Art. 530-C. Na ocasião da apreensão será lavrado termo, assinado por 2 (duas) ou mais testemunhas, com a descrição de todos os bens apreendidos e informações sobre suas origens, o qual deverá integrar o inquérito policial ou o processo.
Art. 530-D. Subseqüente à apreensão, será realizada, por perito oficial, ou, na falta deste, por pessoa tecnicamente habilitada, perícia sobre todos os bens apreendidos e elaborado o laudo que deverá integrar o inquérito policial ou o processo.
Art. 530-E. Os titulares de direito de autor e os que lhe são conexos serão os fiéis depositários de todos os bens apreendidos, devendo colocá-los à disposição do juiz quando do ajuizamento da ação.
Art. 530-F. Ressalvada a possibilidade de se preservar o corpo de delito, o juiz poderá determinar, a requerimento da vítima, a destruição da produção ou reprodução apreendida quando não houver impugnação quanto à sua ilicitude ou quando a ação penal não puder ser iniciada por falta de determinação de quem seja o autor do ilícito.

Art. 530-G. O juiz, ao prolatar a sentença condenatória, poderá determinar a destruição dos bens ilicitamente produzidos ou reproduzidos e o perdimento dos equipamentos apreendidos, desde que precipuamente destinados à produção e reprodução dos bens, em favor da Fazenda Nacional, que deverá destruí-los ou doá-los aos Estados, Municípios e Distrito Federal, a instituições públicas de ensino e pesquisa ou de assistência social, bem como incorporá-los, por economia ou interesse público, ao patrimônio da União, que não poderão retorná-los aos canais de comércio.

Art. 530-H. As associações de titulares de direitos de autor e os que lhes são conexos poderão, em seu próprio nome, funcionar como assistente da acusação nos crimes previstos no art. 184 do Código Penal, quando praticado em detrimento de qualquer de seus associados.

Art. 530-I. Nos crimes em que caiba ação penal pública incondicionada ou condicionada, observar-se-ão as normas constantes dos arts. 530-B, 530-C, 530-D, 530-E, 530-F, 530-G e 530-H."

Art. 4º É revogado o art. 185 do Decreto-Lei nº 2.848, de 7 de dezembro de 1940.

Art. 5º Esta Lei entra em vigor 30 (trinta) dias após a sua publicação.

Brasília, 1º de julho de 2003; 182º da Independência e 115º da República.
LUIZ INÁCIO LULA DA SILVA
Márcio Thomaz Bastos
publicado no D.O.U. de 2.7.2003

DECRETO Nº 26.675, DE 18 DE MAIO DE 1949

Promulga a Convenção Interamericana sobre os Direitos de Autor em Obras Literárias, Científicas e Artísticas, firmada em Washington, a 22 de junho de 1946.

CONVENÇÃO INTERAMERICANA SOBRE OS DIREITOS DE AUTOR EM OBRAS LITERÁRIAS, CIENTÍFICAS E ARTÍSTICAS.

Os Governos das Repúblicas Americanas,
Desejosos de aperfeiçoar a proteção recíproca interamericana dos direitos de autor em obras literárias, científicas e artísticas, e,
Desejosos de fomentar e facilitar o intercâmbio cultural interamericano,
Resolveram ajustar uma Convenção para efetivar os propósitos enunciados, e concordaram nos seguintes artigos:

Artigo I

Os Estados Contratantes se comprometem a reconhecer e a proteger o direito de autor sobre as obras literárias, científicas e artísticas, de conformidade com as estipulações da presente Convenção.

Artigo II

De acordo com a presente Convenção, o direito de autor compreende a faculdade exclusiva que tem o autor de uma obra literária, científica e artística: usar e autorizar seu uso, no todo ou em parte; dispor desse direito a qualquer título, total ou parcialmente, e transmiti-lo por sucessão. A utilização da obra poderá fazer-se, segundo sua natureza, por qualquer dos seguintes meios ou dos que no futuro se conhecerem:

    a. publicá-la, seja mediante impressão seja por qualquer outra forma;
    b. representá-la, recitá-la, expô-la ou executá-la publicamente;
    c. reproduzi-la, adaptá-la ou apresentá-la por meio da cinematografia;
    d. adaptá-la e autorizar adaptações gerais ou especiais a instrumentos que sirvam para reproduzi-la mecânica ou eletricamente, ou executá-la em público por meio de ditos instrumentos;

e. difundi-la por meio da fotografia, televisão, radiodifusão, ou por qualquer outro meio presentemente conhecido ou que venha a ser futuramente inventado e que sirva para a reprodução de símbolos, sons ou imagens;

f. traduzi-la, transpô-la, arranjá-la, instrumentá-la, dramatizá-la, adaptá-la, e, em geral, transformá-la de qualquer outra maneira;

g. reproduzi-la em qualquer forma, total ou parcialmente.

Artigo III

As obras literárias, científicas e artísticas protegidas pela presente Convenção, compreendem os livros, escritos e folhetos de todas as espécies, qualquer que seja sua extensão; as versões escritas ou gravadas de conferências, discursos, lições, sermões e outras obras da mesma natureza; as obras dramáticas ou dramático-musicais; as coreográficas e pantomímicas, cuja encenação tenha sido fixada por escrito ou por outra forma; as composições musicais com ou sem letra; os desenhos, as ilustrações, as pinturas, as esculturas, as gravuras, as litografias; as obras fotográficas e cinematográficas; as esferas astronômicas e geográficas; os mapas, as plantas, os croquis, os trabalhos plásticos referente à geografia, geologia, topografia, arquitetura ou qualquer ciência; e, enfim, toda produção literária, científica ou artística apta a ser publicada ou reproduzida.

Artigo IV

1. Cada um dos Estados Contratantes se comprometem a reconhecer e a proteger, dentro do seu território, o direito de autor sobre obras inéditas ou não publicadas. Nenhum dispositivo da presente Convenção será interpretado no sentido de anular ou limitar o direito do autor sobre sua obra inédita ou não publicada; nem no sentido de permitir, sem o seu consentimento, seja reproduzida, publicada ou usada; nem de anular ou limitar o direito de obter indenização por danos e prejuízos que lhe forem causados.

2. As obras de arte feitas principalmente para fins industriais serão protegidas reciprocamente entre os Estados Contratantes que no presente ou no futuro concedam proteção a tais obras.

3. O amparo conferido pela presente Convenção não compreende o aproveitamento industrial da idéia científica.

Artigo V

1. Serão protegidas como obras originais, sem prejuízo do direito de autor sobre a obra original, as traduções, adaptações, compilações, arranjos, compêndios, dramatizações ou outras versões de obras literárias, científicas e artísticas, inclusive as adaptações fotográficas e cinematográficas.

2. Quando as produções previstas no parágrafo anterior se referirem a obras de domínio público, serão protegidas como obras originais, mas tal proteção não acarretará nenhum direito exclusivo ao uso da obra original.

Artigo VI

1. As obras literárias, científicas e artísticas, que gozem de proteção, seja qual for sua matéria, publicadas em jornais ou revistas de qualquer um dos Estados Contratantes, não poderão ser reproduzidas sem autorização nos demais Estados Contratantes.
2. Os artigos de atualidade de jornais e revistas poderão se reproduzidos pela imprensa, a não ser que se proíba a sua reprodução mediante reserva especial ou geral constante dos mesmos; em todo caso, porém, dever-se-á citar de maneira inconfundível a fonte de onde tenham sido tirados. A simples assinatura do autor será equivalente à menção de reserva, nos países em que assim o considere a lei ou os costumes.
3. A proteção da presente Convenção não se aplicará ao conteúdo informativo das notícias do dia, publicadas pela imprensa.

Artigo VII

Considera-se autor de uma obra protegida, salvo prova em contrário, aquele cujo o nome, ou pseudônimo conhecido, nela figure; por conseguinte, será admitida nos tribunais dos Estados Contratantes a ação intentada contra os infratores pelo autor ou por quem represente seu direito. Relativamente às obras anônimas e às pseudônimas cujo autor não se tenha revelado, tal ação caberá ao editor.

Artigo VIII

O prazo de duração da proteção do direito de autor será determinado de acordo com o disposto na lei do Estado Contratante em que a proteção haja sido obtida originalmente, mas não excederá o fixado pela lei do Estado Contratante em que se reclame a proteção. Quando a legislação de qualquer Estado Contratante concede prazos sucessivos de proteção, o termo de duração da proteção, com relação a esse Estado, incluirá, para os efeitos da presente Convenção, ambos os prazos.

Artigo IX

Quando uma obra criada por um nacional de qualquer Estado Contratante, ou por um estrangeiro nele domiciliado, houver obtido o direito de autor do referido Estado, os demais Estados Contratantes conceder-lhe-ão proteção sem necessidade de registro, depósitos ou outras formalidades. Tal proteção será a que concede a presente Convenção e a que atualmente concedam e no futuro concederem os Estados Contratantes aos nacionais de acordo com suas leis.

Artigo X

A fim de facilitar a utilização das obras literárias, científicas e artísticas, os Estados Contratantes promoverão o emprego da expressão "Direitos Reservados", ou sua abreviação "D.R.", seguida do ano em que comece a proteção, do nome e endereço do titular do direito e lugar de origem da obra, no reverso do frontispício, caso se trate de obra escrita, ou em algum lugar apropriado, segundo a natureza da obra, como a margem, reverso, a base permanente, o pedestal ou material em que esteja montada. Não obstante, a indicação de reserva nesta ou em qualquer outra forma, não será interpretada como uma condição à proteção da obra, de acordo com os termos da presente Convenção.

Artigo XI

O autor de qualquer obra protegida, ao dispor do seu direito por venda, cessão ou de qualquer outro modo, conserva a faculdade de reclamar a paternidade da obra e a de opor-se a toda modificação ou utilização da mesma, prejudicial à sua reputação de autor, a não ser que, por seu consentimento anterior, simultâneo ou posterior a tal modificação, haja cedido esta faculdade ou renunciado à mesma, de acordo com as disposições da lei do Estado em que se celebre o contrato.

Artigo XII

1. Será lícito a reprodução de breves fragmentos de obras literárias, científicas e artísticas, em publicações com fins didáticos ou científicos, em crestomatias, ou para fins de crítica literária ou de investigação científica, sempre que se indique de maneira inconfundível a fonte de onde se tenha tirado e que os textos, reproduzidos não seja alterados.

2. Par os mesmos efeitos e com idênticas restrições poderão publicar-se breves fragmentos em tradução.

Artigo XIII

1. Todas as publicações ou reproduções ilícitas, serão seqüestradas, "ex-officio" ou a requerimento do titular do direito à obra, pela autoridade competente do Estado Contratante em que se verificar a infração, ou no qual a obra ilícita tenha sido importada.

2. Toda representação ou execução pública de peças teatrais ou composições musicais em violação dos direitos de autor será, a requerimento do seu titular lesado, interditada pela autoridade competente do Estado Contratante em que ocorrer a infração.

3. Tais medidas serão tomadas sem prejuízo das ações civis e criminais cabíveis.

Artigo XIV

O título da obra protegida que, pela notoriedade internacional da mesma, adquira um caráter tão distintivo que a identifique, não poderá ser reproduzido em outra obra sem o consentimento do autor. A proibição não se refere ao uso do título com respeito a obras que seja de índole tão diversa que excluam toda possibilidade de confusão.

Artigo XV

As estipulações da presente Convenção não prejudicarão de forma alguma o direito dos Estados Contratantes de vigiar, restringir ou proibir, de acordo com suas leis internas, a publicação, circulação, representação ou exposição das obras que se considerem contrárias à moral ou aos bons costumes.

Artigo XVI

1. Cada um dos Estados Contratantes transmitirá aos demais e à União Panamericana, em intervalos regulares, listas oficias, sob a forma de cartões ou de livros, das obras, das cessões dos direitos sobre as mesmas, e licenças para seu uso, que tenham sido registradas ou inscritas oficialmente em suas respectivas repartições por autores nacionais ou estrangeiros domiciliados. Tais listas não dependerão de legalizações ou certificações complementares.
2. Os regulamentos para o intercâmbio de tal informação serão formulados por representantes dos Estados Contratantes em reunião especial que será convocada pela União Panamericana.
3. Tais regulamentos serão comunicados aos respectivos Governos dos Estados Contratantes pela União Panamericana, e entrarão em vigor entre os Estados que os aprovem.
4. Nem as disposições precedentes deste Artigo, nem os regulamentos que se adotarem de acordo com o mesmo constituirão um requisito à proteção sob os termos da presente Convenção.
5. As certidões outorgadas pelas respectivas repartições, de conformidade com as listas anteriormente referidas, terão, nos Estados Contratantes, valor legal probatório relativamente aos fatos nelas consignados, salvo prova em contrário.

Artigo XVII

1. A presente Convenção substituirá entre os Estados Contratantes a Convenção sobre a Propriedade Literária e Artística, subscrita em Buenos Aires a 11 de agosto de 1910, e a Revisão da mesma Convenção, subscrita em Havana a 18 de fevereiro de 1928, bem como todas as convenções interamericanas anteriores sobre direito de autor, mas não afetará os direitos adquiridos de acordo com ditas convenções.
2. Não acarretará as responsabilidades previstas por esta Convenção o uso lícito que se tenha feito ou os atos que se tenham praticado em um Estado Contratante, relativamente a quaisquer obras literárias, científicas e artísticas,

antes da data em que tais obras obtiveram o direito à proteção nesse Estado de acordo com as disposições da presente Convenção; ou com respeito à continuação nesse Estado de qualquer utilização legalmente iniciada antes de tal data que implique gastos ou obrigações contratuais em relação à exploração, produção, reprodução, circulação ou execução de qualquer dessas obras.

Artigo XVIII

O original da presente Convenção nos idiomas português, espanhol, inglês e francês será depositado na União Panamericana e aberto à assinatura dos Governos dos Estados Americanos. A União Panamericana enviará cópias autênticas aos Governos para os fins de ratificação.

Artigo XIX

A presente Convenção será ratificada pelos Estados Signatários de acordo com os seus respectivos processos constitucionais. Os instrumentos de ratificação serão depositados na União Pananmaeicana, que notificará os Governos dos Estados Signatários desse depósito. Tal notificação valerá como permuta de ratificações.

Artigo XX

A presente Convenção entrará em vigor, com respeito aos Estados que tenham depositado seus respectivos instrumentos de ratificação, logo que dois Estados Signatários tenham efetuado dito depósito. A Convenção entrará em vigor com referência a cada um dos demais Estados Signatários na data do depósito de seus respectivo instrumento de ratificação.

Artigo XXI

A presente Convenção permanecerá em vigor indefinidamente, mas poderá ser denunciada por qualquer Estado Contratante mediante aviso prévio de um ano à União Panamericana, que transmitirá cópia do aviso a cada um dos demais Governos Signatários. Transcorridos este prazo de um ano, a Convenção cessará seus efeitos para o Governo denunciante, mas continuará em vigor para os demais Estados.

A denúncia da presente Convenção não afetará os direitos adquiridos de acordo com suas disposições antes da data em que a mesma expirar em relação ao Estado denunciante.

Em testemunho do que, os Plenopotenciários abaixo assinados, depois de haver depositado seus Plenos Poderes, que foram encontrados em boa e devida forma, assinam a presente Convenção em português, espanhol, inglês e francês, nas datas que figuram ao pé das suas respectivas assinaturas.

E havendo o Congresso Nacional aprovado a mesma Convenção, nos termos acima transcritos, pela presente a dou por firme e valiosa para produzir os seus efeitos, prometendo que será cumprida inviolavelmente.

Em firmeza do que, mandei passar esta Carta que assino e é selada com o selo das armas da República e subscrita pelo Ministro de Estado das Relações Exteriores.

Dada no Palácio da Presidência, no Rio de Janeiro, aos doze dias do mês de março de mil novecentos e quarenta e nove, 128º da Independência e 61º da República.

EURICO G. DUTRA
Raul Fernandes

DECRETO Nº 57.125, DE 19 DE OUTUBRO DE 1965.

Promulga a Convenção Internacional para proteção aos artistas intérpretes ou executantes, aos produtores de fonogramas e aos organismos de radiodifusão.

O PRESIDENTE DA REPÚBLICA,
Havendo o Congresso Nacional aprovado pelo Decreto Legislativo nº 26, de 1964, a Convenção Internacional para proteção aos artistas intérpretes ou executantes, aos produtores de fonogramas e aos organismos de radiodifusão, assinada em Roma, a 26 de outubro de 1961;
E havendo a referida Convenção entrado em vigor par o Brasil, de conformidade com seu art. 25, § 2, a 29 de setembro de 1965, três meses após o depósito do instrumento de ratificação junto ao Secretário Geral da Organização das Nações Unidas, efetuado a 29 de junho de 1965;
Decreta que a mesma, apensa por cópia ao presente decreto, seja executada e cumprida tão inteiramente como nela se contém.
Brasília, 19 de outubro de 1965; 144º da Independência e 77º da República.
H. CASTELLO BRANCO
Vasco da Cunha

CONVENÇÃO INTERNACIONAL PARA PROTEÇÃO AOS ARTISTAS INTÉRPRETES OU EXECUTANTES, AOS PRODUTORES DE FONOGRAMAS E AOS ORGANISMOS DE RADIODIFUSÃO

Os Estados contratantes, animados do desejo de proteger os direitos dos artistas intérpretes ou executantes, dos produtores de fonogramas e dos organismos de radiodifusão, acordaram no seguinte:

Artigo 1º

A proteção prevista pela presente Convenção deixa intacta e não afeta de qualquer modo, a proteção ao direito do autor sôbre as obras literárias e artísticas. Dêste modo, nenhuma disposição da presente Convenção poderá ser interpretada em prejuízo dessa proteção.

Artigo 2º

1. Para os fins da presente Convenção, entende-se por tratamento nacional e tratamento concedido pela legislação nacional do Estado contratante, onde a proteção é pedida:

a) aos artistas intérpretes ou executantes seus nacionais, para as execuções realizadas, fixadas pela primeira vez ou radiodifundidas no seu território;

b) aos produtores de fonogramas seus nacionais, para os fonogramas publicados ou fixados pela primeira vez no seu território;

c) aos organismos de radiodifusão cuja sede social esteja situada no seu território, para as emissões radiodifundidas pelos emissores situados nesse mesmo território.

2. O tratamento nacional será concedido nos têrmos da proteção expressamente garantida e das limitações expressamente previstas na presente Convenção.

Artigo 3º

Para os fins da presente Convenção, entende-se por:

a) "artistas intérpretes ou executantes", os atores, cantores, músicos, dançarinos e outras pessoas que representem, cantem, recitem, declamem, interpretem ou executem, por qualquer forma, obras literárias ou artísticas;

b) "fonograma", tôda a fixação exclusivamente sonora dos sons de uma execução ou de outros sons, num suporte material;

c) "produtor de fonogramas", a pessoa física ou jurídica que, pela primeira vez, fixa os sons de uma execução ou outros sons;

d) "publicação", o fato de pôr à disposição do público exemplares de um fonograma, em quantidade suficiente;

e) "reprodução", a realização da cópia ou de várias cópias de uma fixação;

f) "emissão de radiodifusão", a difusão de sons ou de imagens e sons, por meio de ondas radioelétricas, destinadas à recepção pelo público;

g) "retransmissão", a emissão simultânea da emissão de um organismo de radiodifusão, efetuada por outro organismo de radiodifusão.

Artigo 4º

Cada Estado contratante concederá o tratamento nacional aos artistas intérpretes ou executantes sempre que se verifique uma das seguintes condições:

a) se a execução se realizar num outro Estado contratante;

b) se a execução fôr fixada num fonograma protegido pelo art. 5º da presente Convenção;

c) se a execução, não fixada num fonograma, fôr radiodifundida através de uma emissão de radiodifusão protegida pelo artigo 6º da presente Convenção.

Artigo 5º

1. Cada Estado contratante concederá o tratamento nacional aos produtores de fonogramas sempre que se verifique uma das seguintes condições:
a) se o produtor do fonograma fôr nacional de outro Estado contratante (critério da nacionalidade);
b) se a primeira fixação de som fôr realizada num outro Estado contratante (critério da fixação);
c) se o fonograma fôr publicado pela primeira vez num outro Estado contratante (critério da publicação).

2. Se um fonograma fôr publicado pela primeira vez num Estado não contratante e, dentro dos trinta dias seguintes à primeira publicação, fôr também publicado num Estado contratante (publicação simultânea), considerar-se-á como tendo sido publicado pela primeira vez num Estado contratante.

3. Qualquer Estado contratante pode declarar, por uma notificação dirigida ao Secretário Geral da Organização da Nações Unidas, que não aplicará ou o critério da publicação ou o critério da fixação. Esta notificação poderá fazer-se no momento da ratificação, da aceitação ou da adesão ou, posteriormente, em qualquer outro momento; neste último caso, a declaração só terá efeito seis meses depois da data da notificação.

Artigo 6º

1. Cada Estado contratante concederá o tratamento nacional aos organismos de radiodifusão sempre que se verifique uma das seguinte condições:
a) se a sede social do organismo de radiodifusão estiver situada num outro Estado contratante;
b) se a emissão fôr transmitida por um emissor situado no território de ou outro Estado contratante.

2. Qualquer Estado contratante pode declarar, por uma notificação dirigida ao Secretário Geral da Organização das Nações Unidas, que só concederá a proteção às emissões, se a sede social do organismo de radiodifusão estiver situada num outro Estado contratante e a emissão fôr transmitida por um emissor situado no território do mesmo Estado contratante. Esta notificação poderá fazer-se no momento da ratificação, da aceitação ou da adesão ou, posteriormente, em qualquer outro momento; neste último caso, a declaração só terá efeito seis meses depois da notificação.

Artigo 7º

1. A proteção aos artistas intérpretes ou executantes prevista na presente Convenção, compreenderá a faculdade de impedir:
a) a radiodifusão e a comunicação ao público das suas execuções sem seu consentimento, exceto quando a execução utilizada para a radiodifusão ou para

a comunicação ao público já seja uma execução radiodifundida ou fixada num fonograma;

b) a fixação num suporte material sem seu consentimento, da sua execução não fixada;

c) a reprodução sem seu consentimento de uma fixação da sua execução;

I) se a primeira fixação foi feita sem seu consentimento;

II) se a reprodução fôr feita para fins diferentes daqueles para os quais foi dado o consentimento;

III) quando a primeira fixação, feita em virtude das disposições do artigo 15 da presente Convenção, fôr reproduzida para fins diferentes dos previstos nesse artigo.

2. (1) Compete à legislação nacional do Estado contratante onde a proteção fôr pedida, regular a proteção contra a retransmissão, a fixação para fins de radiodifusão e da reprodução dessa fixação para fins de radiodifusão, quando o artista intérprete ou executante tenha autorizado a radiodifusão da execução.

(2) As modalidades de utilização pelos organismos de radiodifusão das fixações feitas para fins de radiodifusão, serão reguladas pela legislação nacional do Estado contratante onde a proteção fôr pedida.

(3) Todavia, nos casos previstos nas alíneas (1) e (2) dêste parágrafo, a legislação nacional não poderá privar os artistas intérpretes ou executantes da faculdade de estabelecer relações contratuais com os organismos de radiodifusão.

Artigo 8º

Um Estado contratante pode determinar, na sua legislação nacional, o modo como serão representados no exercício dos seus direitos os artistas intérpretes ou executantes, quando vários artistas participem na mesma execução.

Artigo 9º

Qualquer Estado contratante, pela sua legislação nacional, pode tornar extensiva a proteção prevista na presente Convenção aos artistas que não executem obras literárias ou artísticas.

Artigo 10º

Os produtores de fonogramas gozam do direito de autorizar ou proibir a reprodução direta ou indireta dos seus fonogramas.

Artigo 11º

Quando na sua legislação nacional um Estado contratante exigir o cumprimento de formalidades como condição para a proteção dos direitos dos produtores de fonogramas, dos artistas intérpretes ou executantes ou de ambos, em relação aos fonogramas, estas considerar-se-ão satisfeitas se todos os exemplares ou invólucros dos fonogramas publicados e existentes no comércio contiverem uma indicação constituída pelo símbolo (P) e pelo ano da primeira publicação, colocada de modo a indicar claramente que existe o direito de reclamar a proteção. Se os exemplares ou os invólucros não permitirem identificar o produtor ou o titular da licença concedida pelo produtor (pelo nome, marca ou outra designação apropriada), a menção deverá igualmente compreender o nome do titular dos direitos do produtor do fonograma. Além disso, se os exemplares ou os invólucros não permitirem identificar os principais intérpretes ou executantes, a menção deverá compreender também o nome do titular dos direitos dos artistas, no país onde se realizou a fixação.

Artigo 12º

Quando um fonograma publicado com fins comerciais ou uma reprodução dêsse fonograma forem utilizados diretamente pela radiodifusão ou para qualquer comunicação ao público, o utilizador pagará uma remuneração equitativa e única aos artistas intérpretes ou executantes ou aos produtores de fonogramas ou aos dois. Na falta de acôrdo entre êles, a legislação nacional poderá determinar as condições de repartição desta remuneração.

Artigo 13º

Os organismos de radiodifusão gozam do direito de autorizar ou proibir:
a) a retransmissão das suas emissões;
b) a fixação das suas emissões num suporte material;
c) a reprodução.
I) das fixações das suas emissões, sem seu consentimento;
II) das fixações das suas emissões, feitas em virtude das disposições do art. 15 da presente Convenção, se forem reproduzidas para fins diferentes dos previstos neste artigo;
d) a comunicação ao público das emissões de televisão, quando se efetuem em lugares acessíveis ao público, mediante o pagamento de um direito de entrada; compete à legislação nacional do país onde a proteção dêste direito é pedida, determinar as condições do exercício do mesmo direito.

Artigo 14º

A duração da proteção a conceder pela presente Convenção não poderá ser inferior a um período de vinte anos:
a) para os fonogramas e para as execuções fixadas nestes fonogramas, a partir do fim do ano em que a fixação foi realizada;
b) para as execuções não fixadas em fonogramas, a partir do fim do ano em que se realizou a execução;

c) para as emissões de radiodifusão, a partir do fim do ano em que se realizou a emissão.

Artigo 15º

1. Qualquer Estado contratante pode estabelecer na sua legislação nacional exceções à proteção concedida pela presente Convenção no caso de:
a) utilização para uso privado;
b) curtos fragmentos em relatos de acontecimentos de atualidade;
c) fixação efêmera realizada por um organismo de radiodifusão, pelos seus próprios meios e para as suas próprias emissões;
d) utilização destinada exclusivamente ao ensino ou à investigação científica.
2. Sem prejuízo das disposições do parágrafo 1 dêste artigo, qualquer Estado contratante tem a faculdade de prever, na sua legislação nacional de proteção aos artistas intérpretes ou executantes, aos produtores de fonogramas e aos organismos de radiodifusão, limitações da mesma natureza das que também são previstas na sua legislação nacional de proteção ao direito do autor sôbre as obras literárias e artísticas. No entanto, não podem institui-se licenças ou autorizações obrigatórias, senão na medida em que forem compatíveis com as disposições da presente Convenção.

Artigo 16º

1. Um Estado, ao tornar-se parte da presente Convenção, sujeita-se a todas as obrigações e goza de todas as vantagens nela previstas. Todavia, cada Estado poderá declarar, em qualquer momento, por uma notificação dirigida ao Secretário geral da Organização das Nações Unidas:
a) em relação ao artigo 12:
I — que não aplicará nenhuma das disposições dos mesmo artigo 12º;
II — que não aplicará as disposições do artigo 12º, quando a determinadas utilizações;
III — que não aplicará as disposições do artigo 12º, quando aos fonogramas cujo produtor não seja nacional de um Estado contratante;
IV — que limitará a extensão e a duração da proteção prevista no artigo 12º, quanto aos fonogramas cujo produtor seja nacional de outro Estado contratante, na medida em que êste Estado contratante protege os fonogramas fixados pela primeira vez pelo nacional do Estado que fez a declaração; porém, se o Estado contratante de que é nacional o produtor não conceder a proteção ao mesmo ou aos mesmos beneficiários como concede o Estado contratante autor da declaração, não se considerará esta circunstância como constituindo uma diferença na extensão da proteção;
b) em relação ao artigo 13º, que não aplicará as disposições da alínea *d*) dêste artigo; se um Estado contratante fizer tal declaração, os outros Estados contratantes não ficam obrigados a conceder o direito previsto na alínea *d*) do

artigo 13°, aos organismos de radiodifusão que tenham a sede social situada no território daquele Estado.

2. A notificação prevista no parágrafo 1 do presente artigo, feita em data posterior à do depósito do instrumento de retificação, de aceitação ou de adesão, só terá efeito seis meses depois de recebida a notificação.

Artigo 17°

Qualquer Estado que, nos têrmos da sua legislação nacional em vigor em 26 de outubro de 1961, conceder uma proteção aos produtores de fonogramas apenas em função do critério da fixação, poderá declarar por uma notificação dirigida ao Secretário geral da Organização das Nações Unidas com o instrumento de ratificação, de aceitação ou de adesão, que aplicará unicamente o critério da fixação para o efeito do artigo 5° da presente Convenção e que aplicará o critério da fixação em vez do critério da nacionalidade do produtor, para os fins do parágrafo 1 da alínea *a*) III) e IV, do artigo 16 da presente Convenção.

Artigo 18°

O Estado contratante que tenha feito as declarações previstas no parágrafo 3 do artigo 5°, no parágrafo 2 do artigo 6°, no parágrafo 1 do artigo 16, ou no artigo 17, poderá limitá-las ou retirá-las mediante nova notificação dirigida ao Secretário geral da Organização das Nações Unidas.

Artigo 19°

Não obstante quaisquer outras disposições da presente Convenção, não será aplicável o artigo 7° quando um artista intérprete ou executante haja consentido na inclusão da sua execução numa fixação de imagens ou de imagens e sons.

Artigo 20°

1. A presente Convenção não prejudicará os direitos adquiridos em qualquer Estado contratante antes da entrada em vigor da Convenção nesse Estado.
2. Nenhum Estado contratante será obrigado a aplicar as disposições da presente Convenção às execuções ou às emissões de radiodifusão realizadas ou aos fonogramas gravados antes da entrada em vigor da presente Convenção nesse Estado.

Artigo 21°

A proteção concedida pela presente Convenção não poderá prejudicar qualquer outra proteção de que já beneficiem os artistas intérpretes ou executantes, os produtores de fonogramas e os organismos de radiodifusão.

Artigo 22º

Os Estados contratantes reservam-se o direito de estabelecer entre si acordos particulares, desde que tais acordos concedam aos artistas interpretes ou executantes, aos produtores de fonogramas ou aos organismos de radiodifusão direitos mais amplos dos que são concedidos pela presente Convenção ou contenham outras disposições que não sejam contrárias à mesma.

Artigo 23º

A presente Convenção será depositada em poder do Secretário geral da Organização das Nações Unidas. Até 30 de junho de 1962, ficará aberta à assinatura dos Estados convidados para a Conferência diplomática sôbre a proteção internacional aos artistas intérpretes ou executantes, aos produtores de fonogramas e aos organismos de radiodifusão, que sejam partes da Convenção universal sôbre o direito do autor ou membros da União Internacional para a proteção das obras literárias e artísticas.

Artigo 24º

1. A presente Convenção será submetida à ratificação ou à aceitação dos Estados signatários.
2. A presente Convenção ficará aberta à adesão dos Estados convidados para a Conferência designada no artigo 23º, assim como à adesão de todos os Estados membros da Organização das Nações Unidas, desde que o Estado aderente seja parte da Convenção universal sôbre o direito do autor ou membro da União internacional para a proteção das obras literárias e artísticas.
3. A ratificação, a aceitação ou a adesão far-se-ão pelo depósito de um instrumento bastante, entregue ao Secretário Geral da Organização das Nações Unidas.

Artigo 25º

1. A presente Convenção entrará em vigor três meses depois da data do depósito do sexto instrumento de ratificação, de aceitação ou de adesão.
2. Posteriormente, e em relação a cada Estado, a Convenção entrará em vigor três meses depois da data do depósito do respectivo instrumento de ratificação, de aceitação ou de adesão.

Artigo 26º

1. Cada Estado contratante obriga-se a tomar as medidas necessárias para assegurar a aplicação da presente Convenção, segundo às disposições da sua legislação constitucional.

2. No momento do depósito do instrumento de ratificação, de aceitação ou de adesão, cada Estado deve estar em condições de aplicar as disposições da presente Convenção, em conformidade com a sua legislação nacional.

Artigo 27º

1. Cada Estado poderá, no momento da ratificação, da aceitação ou da adesão ou posteriormente, declarar, por uma notificação dirigida ao Secretário geral da Organização das Nações Unidas, que a presente Convenção abrangerá o conjunto ou qualquer dos territórios por cujas relações internacionais seja responsável, com a condição de que seja aplicável a esses territórios a Convenção universal sôbre o direito do autor ou a Convenção Intencional, para a proteção das obras literárias e artísticas. Esta notificação entrará em vigor três meses após a data de seu recebimento.

2. As declarações e notificações referidas no parágrafo 3 do artigo 5º, no parágrafo 2 do artigo 6º, no parágrafo 1 do artigo 16º, no artigo 17º ou no artigo 18º, poderão abranger o conjunto ou qualquer dos territórios referidos no parágrafo anterior deste artigo.

Artigo 28º

1. Qualquer Estado contratante poderá denunciar a presente Convenção em nome próprio, ou em nome do conjunto ou de qualquer dos territórios referidos no artigo 27º da presente Convenção.

2. A denúncia será feita por uma notificação dirigida ao Secretário geral da Organização da Nações Unidas, e terá efeito doze meses depois da data em que fôr recebida a notificação.

3. A faculdade de denúncia prevista no presente artigo não poderá ser exercida por um Estado contratante antes de expirar um período de cinco anos, a partir da data em que a Convenção entrou em vigor no referido Estado.

4. Um Estado contratante deixará de ser parte da presente Convenção desde que deixe de ser parte da Convenção universal sôbre o direito do autor ou membro da União internacional para a proteção das obras literárias e artísticas.

5. A presente Convenção deixará de ser aplicável aos territórios referidos no artigo 27º, no momento em que também deixe de ser aplicável nestes territórios a Convenção universal sôbre o direito do autor ou a Convenção internacional para a proteção das obras literárias e artísticas.

Artigo 29º

1. Depois da presente Convenção estar em vigor durante cinco anos, qualquer Estado contratante poderá pedir a convocação de uma conferência com o fim de rever a Convenção, mediante notificação dirigida ao Secretário geral da Organização da Nações Unidas. O Secretário geral notificará do pedido todos os

Estados contratantes. Se num prazo de seis meses depois da notificação dirigida pelo Secretário geral da Organização das Nações Unidas pelo menos metade dos Estados contratantes concordarem com o pedido formulado, o Secretário geral informará do fato o Diretor-Geral da Repartição Internacional do Trabalho, o Diretor-Geral da Organização da Nações Unidas para a educação, ciência e cultura e o Diretor da Repartição da União Internacional para a proteção das obras literárias e artísticas, que convocarão uma conferência de revisão, em colaboração com a comissão intergovernamental prevista no artigo 32º da presente Convenção.

2. Tôdas as revisões da presente Convenção deverão ser adotadas pela maioria de dois terços dos Estados presentes à Conferência de revisão.

Esta maioria deve compreender dois terços dos Estados que, à data da Conferência de revisão, sejam partes da Convenção.

3. Se fôr aprovada uma nova Convenção que importe a revisão total ou parcial da presente Convenção e, se a nova Convenção não contiver disposições em contrário:

a) a presente Convenção deixará de estar aberta à ratificação, à aceitação ou a adesão, a partir da data da entrada em vigor da nova Convenção revista;

b) a presente Convenção continuará em vigor nas relações entre os Estados contratantes que não se tornarem partes da nova Convenção revista.

Artigo 30º

Tôdas as controvérsias entre dois ou mais Estados contratantes, referentes à interpretação ou à aplicação da presente Convenção e que não sejam resolvidos por meio de negociações, serão submetidos, a pedido de uma das partes no diferendo, à Côrte Internacional de Justiça, para êste se Pronunciar sôbre êles, salvo se os Estados em litígio acordarem em qualquer outra forma de solução.

Artigo 31º

Sem prejuízo do disposto no parágrafo 3º do artigo 5º, no parágrafo 2º do artigo 6º, no parágrafo 1º do artigo 16 e no artigo 17, não pode ser feita qualquer reserva à presente Convenção.

Artigo 32º

1. É instituída uma Comissão intergovernamental com o fim de:

a) examinar as questões relativas à aplicação e ao funcionamento da presente Convenção;

b) reunir as propostas e preparar a documentação para eventuais revisões da presente Convenção.

2. A Comissão de que trata êste artigo será composta por representação dos Estados contratantes, escolhidos segundo uma repartição geográfica equitativa.

O número dos membros da Comissão será de seis, se fôr de doze ou de menos de doze o número dos Estados contratantes; de nove, se o número dos Estados contratantes fôr de treze a dezoito; e de doze, se o número dos Estados contratantes fôr superior a dezoito.

3. A Comissão constituir-se-á doze meses depois da Convenção entrar em vigor por eleição entre os Estados contratantes que disporão de um voto cada um, eleição que será organizada pelo Diretor-Geral da Repartição Internacional do Trabalho, pelo Diretor-Geral da Organização das Nações Unidas para a educação, a ciência e a cultura, e pelo Diretor da Repartição da União internacional para a proteção das obras literárias e artísticas, de acôrdo com as regras que tiverem sido aprovadas prèviamente pela maioria absoluta dos Estados contratantes.

4. A Comissão elegerá um presidente e a mesa e estabelecerá o regulamento visando especialmente o funcionamento futuro e a forma de renovação dos seus membros, de modo a assegurar o respeito pelo princípio da rotação entre os diversos Estados contratantes.

5. A Secretaria da Comissão será composta por funcionários da Repartição Internacional do Trabalho, da Organização das Nações Unidas para a educação, a ciência e a cultura e da Repartição da União Internacional para a proteção das obras literárias e artísticas, designados respectivamente pelos Diretores gerais e pelo Diretor das três instituições referidas.

6. A Comissão será convocada sempre que a maioria dos seus membros o julgue necessário, devendo as reuniões celebrar-se sucessivamente nas sedes da Repartição Internacional do Trabalho, da Organização das Nações Unidas para à educação, a ciência e cultura e da Repartição da União internacional para a proteção das obras literárias e artísticas.

7. As despesas dos membros da Comissão ficarão a cargo dos respectivos governos.

Artigo 33º

1. Os textos da presente Convenção, redigidos em francês, em inglês e em espanhol, serão autênticos.

2. Além disso, serão redigidos textos oficiais da presente Convenção em alemão, em Italiano e em português.

Artigo 34º

1. O Secretário Geral da Organização das Nações Unidas notificará os Estados convidados para a Conferência designada no artigo 23 da presente Convenção, e todos os Estados membros da Organização das Nações Unidas e, bem assim, o Diretor-Geral da Repartição Internacional do Trabalho, o Diretor-Geral da Organização das Nações Unidas para a educação, a ciência e a cultura e o Diretor da Repartição da União internacional para a proteção das obras literárias e artísticas:

a) do depósito de cada instrumento de ratificação, de aceitação ou de adesão;
b) da data da entrada em vigor da presente Convenção;
c) de tôdas as notificações, declarações ou comunicações previstas na presente Convenção;
d) de qualquer das situações previstas nos parágrafos 4º e 5º do artigo 28 da presente Convenção.

2. O Secretário-Geral da Organização da Nações Unidas informará igualmente o Diretor-Geral da Repartição Internacional do Trabalho, o Diretor-Geral da Organização das Nações Unidas para a educação, a ciência e a cultura e o Diretor da Repartição da União internacional para a proteção das obras literárias e artísticas das petições que lhe forem notificadas nos têrmos do artigo 29 da presente Convenção, assim como de tôda a comunicação recebida dos Estados contratantes para a revisão da presente Convenção.

Em fé do que, os Plenipotenciários abaixo assinados firmaram a presente Convenção.

Feita em Roma, aos 26 de outubro de 1961, num só exemplar em francês, em inglês e em espanhol.

DECRETO Nº 75.541, DE 31 DE MARÇO DE 1975

Promulga a Convenção que Institui a Organização Mundial da Propriedade Intelectual.

O PRESIDENTE DA REPÚBLICA,
Havendo o CONGRESSO NACIONAL aprovado, pelo Decreto Legislativo nº 78, de 31 de outubro de 1974, a Convenção que Institui a Organização Mundial da Propriedade Intelectual (OMPI), concluída em Estocolmo, a 14 de julho de 1967; e
Havendo a referida Convenção entrado em vigor, para o Brasil, a 20 de março de 1975;
Decreta que a Convenção, apensa por cópia ao presente Decreto, seja executada e cumprida tão inteiramente como nela se contém.
Brasília, 31 de março de 1975; 154º da Independência e 87º da República.
ERNESTO GEISEL
Antônio Francisco Azeredo da Silveira
A Convenção mencionada no presente decreto foi publicada no D.O. de 2-4-75.

CONVENÇÃO DA UNIÃO DE PARIS ESTOCOLMO (1967)
DECRETO N. 75.572 de 8 de abril de 1975

Promulga a Convenção de Paris para proteção da Propriedade Industrial.

Revisão de Estocolmo, 1967
O Presidente da República,
Havendo o Congresso Nacional aprovado, pelo Decreto Legislativo n° 78, de 31 de outubro de 1974, a Convenção de Paris para Proteção da Propriedade Industrial, revista em Estocolmo a 14 de julho de 1967:
E havendo o instrumento brasileiro de adesão sido depositado junto à organização Mundial da Propriedade Intelectual (OMPI), a 20 de dezembro de 1974, com a declaração de que o Brasil não se considera vinculado pelo disposto na alínea 1, do Artigo 28 (conforme previsto na alínea 2, do mesmo Artigo), e de que a adesão do Brasil não é aplicável aos Artigos 1 a 12, conforme previsto no Artigo 20, continuando em vigor no Brasil a revisão de Haia, de 1925;
E havendo a referida Convenção entrado em vigor definitivamente para o Brasil, a 24 de março de 1975;
Decreta que a mesma, apenas por cópia ao presente Decreto, seja executada e cumprida tão inteiramente como nela se contém, mantida a declaração acima mencionada.
Brasília, 8 de abril de 1975;
154° da Independência e 87° da República.
Ernesto Geisel
Antonio Francisco Azeredo da Silveira

Art. 1

(1) Os países a que se aplica a presente Convenção constituem-se em União para a proteção da propriedade industrial.
(2) A proteção da propriedade industrial tem por objeto as patentes de invenção, os modelos de utilidade, os desenhos ou modelos industriais, as marcas

de serviço, o nome comercial e as indicações de procedência ou denominações de origem, bem como a repressão da concorrência desleal.

(3) A propriedade industrial entende-se na mais ampla acepção e aplica-se não só a indústria e ao comércio propriamente ditos, mas também às indústrias agrícolas e extrativas e a todos os produtos ou naturais, por exemplo: vinhos, cereais, tabaco em folha, frutas, animais, minérios, águas minerais, cervejas, flores, farinhas.

(4) Entre as patentes de invenção compreendem-se as diversas espécies de patentes industriais admitidas nas legislações dos países da união, tais como patentes de importação, patentes de aperfeiçoamento, patentes e certificados de adição, etc.

Art. 2

(1) Os nacionais de cada um dos países da União gozarão em todos os outros países da União, no que se refere à proteção da propriedade industrial, das vantagens que as leis respectivas concedem atualmente ou venham a conceder no futuro aos nacionais, sem prejuízo dos direitos especialmente previstos na presente Convenção. Em conseqüência, terão a mesma proteção que estes e os mesmos recursos legais contra qualquer atentado dos seus direitos, desde que observem as condições e formalidades impostas aos nacionais.

(2) Nenhuma condição de domicílio ou de estabelecimento no país em que a proteção é requerida pode, porém ser exigida dos nacionais de países da União para o gozo de qualquer dos direitos de propriedade industrial.

(3) Ressalvam-se expressamente as disposições da legislação de cada um dos países da União relativas ao processo judicial e administrativo e à competência, bem como à escolha de Domicílio ou à designação de mandatário, eventualmente exigidas pelas leis de propriedade industrial.

Art. 3

São equiparados aos nacionais dos países da União os nacionais dos países não participantes da União Domiciliados ou que possuam estabelecimentos industriais ou comerciais efetivos e reais no território de um dos países da União.

Art. 4

[*nota: As disposições do art. 4º da Revisão de Estocolmo se aplicam aos pedidos depositados sob o PCT, segundo o art. 8.2 (a), daquele tratado*]

A. — (1) Aquele que tiver devidamente apresentado pedido de patente de invenção, de depósito de modelo de utilidade, de desenho ou modelo industrial, de registro de marca de fábrica ou de comércio num dos países da União, ou o seu sucessor, gozará, para apresentar o pedido nos outros países, do direito de prioridade durante os prazos adiante fixados.

(2) Reconhece-se como dando origem ao direito de prioridade qualquer pedido com valor de pedido nacional regular, em virtude da legislação nacional de cada país da União ou de tratados bilaterais ou multilaterais celebrados entre países da União.

(3) Deve entender-se por pedido nacional regular qualquer pedido efetuado em condições de estabelecer a data em que o mesmo foi apresentado no país em causa, independentemente do resultado ulterior do pedido.

B. — Em conseqüência, o pedido apresentado ulteriormente num dos outros países da União, antes de expirados estes prazos não poderá ser invalidado por fatos verificados nesse intervalo, como por exemplo outro pedido, publicação da invenção ou sua exploração, oferecimento à venda de exemplares do desenho ou do modelo ou uso da marca, e esses fatos não poderão fundamentar qualquer direito de terceiros ou posse pessoal. Os direitos adquiridos por terceiros antes do dia do primeiro pedido que serve de base ao direito de prioridade são ressalvados nos termos da legislação interna de cada país da União.

C. — (1) Os prazos de prioridade acima mencionados serão de doze meses para invenções e modelos de utilidade e de seis meses para os desenhos ou modelos industriais e para as marcas de fábrica ou de comércio.

(2) Estes prazos correm a partir da data da apresentação do primeiro pedido; o dia da apresentação não é contado.

(3) Se o último dia do prazo for feriado legal ou dia em que Repartição não se encontre aberta para receber a apresentação dos pedidos no país em que a proteção é requerida, o prazo será prorrogado até o primeiro dia útil seguinte.

(4) Deve ser considerado como primeiro pedido, cuja data de apresentação marcará o início do prazo de prioridade, pedido ulterior que tenha o mesmo objeto de um primeiro pedido anterior, nos termos do parágrafo 2, apresentado no mesmo país da União, desde que na data do pedido posterior, o pedido anterior tenha sido retirado, abandonado ou recusado, sem ter sido submetido a inspeção pública e sem deixar subsistir direitos e que não tenham ainda servido de base para reivindicação do direito de prioridade. O pedido anterior então não poderá mais servir de base para reivindicação do direito de prioridade.

D. — (1) Quem quiser prevalecer-se da prioridade de um pedido anterior deverá formular declaração em que indique à data e o país desse pedido. Cada país fixará o momento até ao qual desta declaração deverá ser efetuada.

(2) Estas indicações serão mencionadas nas publicações emanadas da autoridade competente, particularmente nas patentes e suas descrições.

(3) Os países da União poderão exigir daquele que fizer uma declaração de prioridade, a apresentação de uma cópia do pedido (descrição, desenhos, etc.) entregue anteriormente. A cópia autenticada pela autoridade que houver recebido esse pedido, estará isenta de qualquer legalização e poderá, em qualquer caso ser apresentada, sem ônus, em qualquer momento no prazo de três meses a contar da data da apresentação do pedido ulterior. Poderá exigir-se que seja acompanhada de certificado da data da apresentação, expedido pela mesma autoridade e de tradução.

(4) Para a declaração de prioridade nenhuma outra formalidade poderá ser exigida no momento da apresentação do pedido. Cada país da União determinará quais as conseqüências da omissão das previstas no presente artigo, as quais não poderão exercer a perda do direito de prioridade.

(5) Ulteriormente poderão ser exigidas outras justificativas.

Aquele que reivindicar a prioridade de um pedido anterior terá de indicar o número desse pedido; essa indicação será publicada nas condições previstas no parágrafo (2) acima.

E. — (1) Quando um desenho ou modelo industrial tiver sido depositado num país, em virtude de um direito de prioridade baseado no pedido de depósito de um modelo de utilidade, o prazo de prioridade será somente fixado para os desenhos ou modelos industriais.

(2) Além disso, é permitido depositar num país um modelo de utilidade, em virtude de um direito de prioridade baseado num pedido de patente e vice-versa.

F. — Nenhum país da União poderá recusar prioridade ou pedido de patente em virtude de o requerente reivindicar prioridades múltiplas, mesmo provenientes de diferentes países, ou em virtude de um pedido reivindicando uma ou várias prioridades, conter um ou mais elementos que não estavam compreendidos no ou nos pedidos cuja prioridade se reivindica, com a condição de, nos dois casos, haver unidade de invenção, no sentido da lei do país.

No que se refere aos elementos não compreendidos no ou nos pedidos cuja prioridade se reivindica, a apresentação do pedido ulterior dá lugar a um direito de prioridade, nas condições usuais.

G. — (1) Se o exame revelar que um pedido de patente é complexo poderá o requerente dividir num certo número de pedidos divisionários, cada um dos quais conservará a data do pedido inicial e, se for o caso, o benefício do direito de prioridade.

(2) O requerente poderá também, por sua própria iniciativa, dividir o pedido de patente conservando como data de cada pedido divisionário a data do pedido inicial e, se for o caso, o benefício do direito de prioridade. Cada país da União terá a faculdade de fixar as condições nas quais esta divisão será autorizada.

H. — A prioridade não pode ser recusada com o fundamento de que certos elementos da invenção para os quais se reivindica a prioridade não figuram entre as reivindicações formuladas no pedido apresentado no país de origem, contando que o conjunto dos documentos do pedido revele de maneira precisa aqueles elementos.

I. — (1) Os pedidos de certificados de autor de invenção depositados num país em que os requerentes têm o direito de pedir, à sua escolha, quer uma patente, quer um certificado de autor de invenção, darão origem ao direito de prioridade instituído pelo presente artigo, nas mesmas condições e com os mesmos efeitos que os pedidos de patentes de invenção.

(2) Num país em que os requerentes têm o direito de requerer, à sua escolha, quer uma patente, quer um certificado de autor de invenção, o requerente

de um certificado de autor de invenção se beneficiará, segundo as disposições do presente artigo aplicáveis aos pedidos de patentes, do direito de prioridade baseado no depósito de um pedido de patente de invenção, de modelo de utilidade ou de certificado de autor de invenção.

Art. 4 bis

(1) As patentes requeridas nos diferentes países da União por nacionais de países da União serão independentes das patentes obtidas para a mesma invenção nos outros países, membros ou não da União.

(2) Esta disposição deve entender-se de modo absoluto particularmente no sentido de que as patentes pedidas durante o prazo de prioridade são independentes, tanto do ponto de vista das causas de nulidade e de caducidade como do ponto de vista da duração normal.

(3) Aplica-se a todas as patentes existentes à data da sua entrada em vigor.

(4) O mesmo sucederá, no caso de acessão de novos países, às patentes existentes em ambas as partes, à data de acessão.

(5) As patentes obtidas com o benefício da prioridade gozarão, nos diferentes países da União, de duração igual àquela de que gozariam se fossem pedidas ou concedidas sem o benefício da prioridade.

Art. 4 ter

O Inventor tem o direito de ser mencionado como tal na patente.

Art. 4 quater

Não poderá ser recusada a concessão de uma patente e não poderá ser uma patente invalidada em virtude de estar a venda o produto patenteado ou obtido por um processo patenteado sujeito a restrições ou limitações resultantes da legislação nacional.

Art. 5

A. — (1) A introdução, pelo titular da patente, no país em que esta foi concedida, de objetos fabricados em qualquer dos países da União não acarreta a caducidade da patente.

(2) Cada país da União terá a faculdade de adotar medidas legislativas prevendo a concessão de licenças obrigatórias para prevenir os abusos que poderiam resultar do exercício do direito exclusivo conferido pela patente, como, por exemplo, a falta de exploração.

(3) A caducidade da patente só poderá ser prevista para os casos em que a concessão de licenças obrigatórias não tenha sido suficiente para prevenir tais abusos. Não poderá ser interposta ação de declaração de caducidade ou de anu-

lação de uma patente antes de expirar o prazo de dois anos, a contar da concessão da primeira licença obrigatória.

(4) Não poderá ser pedida licença obrigatória, com o fundamento de falta ou insuficiência de exploração, antes de expirar o prazo de quatro anos a contar da apresentação do patente, ou de três anos a contar da concessão da patente, devendo aplicar-se o prazo mais longo; a licença será recusada se o titular da patente justificar a sua inação por razões legítimas. Tal licença obrigatória será não-exclusiva só será transferível, mesmo sob a forma de concessão de sublicença, com a parte da empresa ou do estabelecimento comercial que a explore.

(5) as disposições precedentes serão aplicáveis, com as modificações necessárias, aos modelos de utilidade.

B . — A proteção dos desenhos industriais não caducará por falta de exploração nem por introdução de objetos semelhantes aos que estão protegidos.

C. — (1) Se num país o uso da marca registrada for obrigatório, o registro só poderá ser anulado depois de decorrido um prazo razoável e se o interessado não justificar a sua inação.

(2) O uso, pelo proprietário, de uma marca de fábrica ou de comércio de forma diferente, quanto a elementos que não alteram o caráter distintivo da marca, da forma por que esta foi registrada num dos países da União não implicará a anulação do registro nem diminuirá a proteção que lhe foi concedida.

(3) O uso simultâneo da mesma marca de produtos idênticos ou semelhantes por estabelecimentos industriais ou comerciais considerados co-proprietários da marca, segundo os dispositivos da lei nacional do país onde a proteção é requerida. Não impedirá o registro nem diminuirá, de maneira alguma, a proteção concedida à referida marca em qualquer dos países da União, contando que o referido uso não tenha como efeito induzir o público em erro nem seja contrário ao interesse público.

D . — Para reconhecimento do direito não será exigido no produto qualquer sinal ou menção da patente, do modelo de utilidade, ou do registro da marca de fábrica ou de comércio, ou de depósito do desenho ou modelo industrial.

Art. 5 bis

(1) Uma prorrogação de prazo, de no mínimo seis meses, será concedida para o pagamento das taxas previstas para a manutenção dos direitos de propriedade industrial, mediante o pagamento de uma sobretaxa, se a legislação nacional assim dispuser.

(2) Os países da União têm a faculdade de prever a revalidação das patentes de invenção caducadas em virtude de não pagamento de taxas.

Art. 5 ter

Em cada um dos países da União não serão considerados lesivos dos direitos do titular da patente:

(1) o emprego, a bordo dos navios dos outros países da União, dos meios que constituem o objeto da sua patente no corpo do navio, nas máquinas, mastreação aprestos e outros acessórios, quando esses navios penetrarem temporária ou acidentalmente em águas do país, sob reserva de que tais meios sejam empregados exclusivamente para as necessidades do navio;

(2) O emprego dos meios que constituem o objeto da patente na construção ou no funcionamento de aeronaves ou veículos terrestres dos outros países da União, ou dos acessórios dessas aeronaves ou veículos terrestres quando estes penetrarem temporária ou acidentalmente no país.

Art. 5 quater

Quando um produto for introduzido num país da União no qual exista uma patente protegendo um processo de fabricação desse produto, o titular da patente terá, com referência ao produto introduzido, todos os direitos que a legislação do país de importação lhe conceder, em virtude da patente desse processo, com referência aos produtos fabricados no próprio país.

Art. 5 quinquies

Os desenhos e modelos industriais serão protegidos em todos os países da União.

Art. 6

(1) As condições de depósito e de registro das marcas de fábricas ou de comércio serão determinadas em cada país da União pela respectiva legislação nacional.

(2) Não poderá, todavia ser recusada ou invalidada uma marca requerida em qualquer dos países da União por um nacional de um país desta, com o fundamento de não ter sido depositada, registrada ou renovada no país de origem.

(3) Uma marca regularmente registrada num país da União será considerada como independente das marcas registradas nos outros países da União inclusive o país de origem.

Art. 6 bis

(1) Os países da União comprometem-se a recusar ou invalidar o registro, quer administrativamente, se a lei do país o permitir, quer a pedido do interessado e a proibir o uso de marca de fábrica ou de comércio que constitua reprodução, imitação ou tradução, suscetíveis de estabelecer confusão, de uma marca que a autoridade competente do país do registro ou do uso considere que nele é notoriamente conhecida como sendo já marca de uma pessoa amparada pela presente Convenção, e utilizada para produtos idênticos ou similares. O mesmo

sucederá quando a parte essencial da marca notoriamente conhecida ou imitação suscetível de estabelecer confusão com esta.

(2) Deverá ser concedido um prazo mínimo de cinco anos a contar da data do registro, para requerer cancelamento de tal marca. Os países da União têm a faculdade de prever um prazo dentro do qual deverá ser requerida a proibição de uso.

(3) Não será fixado prazo para requerer o cancelamento ou a proibição de uso de marcas registradas ou utilizadas de má fé.

Art. 6 ter

(1) a) Os países da União acordam em recusar ou invalidar o registro e em impedir, através de medidas adequadas, o uso, sem autorização das autoridades competentes, quer como marcas de fábrica ou de comércio, quer como elementos dessas marcas, de armas, bandeiras e outros emblemas de Estado dos países da União, sinais e timbres oficiais de fiscalização e de garantia por eles adotados, bem como qualquer imitação do ponto de vista heráldico.

b) As disposições do subparágrafo a) acima aplicam-se igualmente às armas, bandeiras e outros emblemas, siglas ou denominações de organismos internacionais intergovernamentais de um ou vários países da União sejam membros, com exceção de armas, bandeiras e outros emblemas, siglas ou denominações que já tenham sido objeto de acordos internacionais, vigentes, destinados a assegurar a sua proteção.

c) Nenhum país da União terá de aplicar as disposições do subparágrafo b) acima em detrimento dos titulares de direitos adquiridos de boa fé, antes da entrada em vigor neste país da marcada presente Convenção. Os países da União não são obrigados a aplicar as referidas disposições quando o uso ou o registro mencionado no subparágrafo a) não for de natureza a sugerir, no espírito do público, uma ligação entre a organização em apreço e as armas, bandeiras, emblemas, siglas ou denominações, ou se este uso ou registro não for claramente de natureza a induzir o público em erro sobre a existência de ligação entre o utilizador e a organização.

(2) A proibição dos sinais e timbres oficiais de fiscalização e de garantia só se aplica aos casos em que as marcas que os incluem se destinam a ser usadas em mercadorias do mesmo gênero ou de gênero similar.

(3) a) Para a aplicação destas disposições, os países da União acordam em dar a conhecer reciprocamente, por intermédio da Repartição Internacional, a lista dos emblemas de Estado, sinais e timbres oficiais de fiscalização e de garantia que desejam ou desejarão colocar, de uma maneira absoluta ou dentro de certos limites, sob a proteção do presente artigo, bem como todas as modificações ulteriormente introduzidas nessa lista. Cada país da União porá à disposição do público, oportunamente, as listas notificadas. Entretanto, esta notificação não é obrigatória no que se refere às bandeiras dos Estados.

b) As disposições do subparágrafo b) do parágrafo 1 do presente artigo são unicamente aplicáveis às armas, bandeiras e outros emblemas, siglas ou denominações das organizações intergovernamentais que estas comunicaram aos países da União por intermédio da Repartição Internacional.

(4) Qualquer país da União poderá, no prazo de doze meses a contar do recebimento da notificação, transmitir, por intermédio da Repartição Internacional, as suas eventuais objeções ao país ou à organização internacional intergovernamental interessados.

(5) Com referência às bandeiras de Estado, apenas se aplicarão as medidas previstas no parágrafo 1 às marcas registradas depois de 6 de novembro de 1925.

(6) Com referência aos emblemas de Estado, que não sejam bandeiras, aos sinais e timbres oficiais dos países da União e às armas, bandeiras, e outros emblemas, siglas ou denominações das organizações internacionais intergovernamentais, estas disposições só serão aplicáveis às marcas registradas mais de dois meses depois do recebimento da notificação prevista no parágrafo 3 acima.

(7) em caso de má fé, os países terão a faculdade de cancelar o registro das marcas que contenham emblemas de Estado, sinais e timbres, mesmo quando tenham sido registradas antes de 6 de novembro de 1925.

(8) Os nacionais de cada país que forem autorizados a usar emblemas de Estado, sinais e timbres do seu país poderão utilizá-los, ainda que sejam semelhantes aos de outro país.

(9) Os países da União obrigam-se a impedir o uso não autorizado, no comércio, das armas de Estado dos outros países da União, quando esse uso possa induzir em erro quanto à origem dos produtos.

(10) As disposições precedentes não obstam a que os países exerçam a sua faculdade de recusar ou invalidar, pela aplicação do n° 3 da letra B do artigo 6 quinquies, as marcas que contenham, sem autorização, armas, bandeiras e outros emblemas de Estado ou sinais e timbres oficiais adotados por um país da União, assim com sinais distintivos das organizações internacionais intergovernamentais, mencionados no parágrafo (1).

Art. 6 quater

(1) Quando, de acordo com a legislação de um país da União, a cessão de uma marca não seja válida sem a transmissão simultânea da empresa ou estabelecimento comercial a que a marca pertence, bastará, para que essa validade seja admitida, que a parte da empresa ou do estabelecimento comercial situada nesse país seja transmitida ao cessionário com o direito exclusivo de fabricar ou vender os produtos assinalados com marca cedida.

(2) Esta disposição não impões aos países da União a obrigação de considerarem válida a transmissão de qualquer marca cujo uso pelo cessionário fosse, de fato, de natureza a induzir o público em erro, particularmente no que se refere à proveniência, à natureza ou às qualidades substanciais dos produtos a que a marca se aplica.

Art. 6 quinquies

A. — (1) Qualquer marca de fábrica ou de comércio regularmente registrada no país de origem será admitida para registro e protegida na sua forma original nos outros países da União, com as restrições indicadas no presente artigo. Estes países poderão antes de procederem ao registro definitivo, exigir a apresentação de um certificado de registro no país de origem, passado pela autoridade competente. Não será exigida qualquer legislação para este certificado

(2) Será considerado país de origem o país da União em que o requerente tenha um estabelecimento industrial ou comercial efetivo e real, e se não tiver esse estabelecimento na União, o país da União onde tenha o seu domicílio, e, se não tiver domicílio na União, o país da sua nacionalidade, no caso de ser nacional de um país da União.

B. — Só poderá ser recusado ou invalidado o registro das marcas de fábrica ou de comércio mencionadas no presente artigo, nos casos seguintes:

(1) Quando forem suscetíveis de prejudicar direitos adquiridos por terceiros no país em que a proteção é requerida;

(2) Quando forem desprovidas de qualquer caráter distintivo ou então exclusivamente composta por sinais ou indicações que possam servir no comércio para designar a espécie, a qualidade, a quantidade, o destino, o valor, o lugar de origem dos produtos ou a época da produção, ou que se tenham tornado usuais na linguagem corrente ou nos hábitos leais e constantes do comércio do país em que a proteção é requerida;

(3) Quando forem contrárias à moral à ordem pública e, particularmente, de natureza e enganar o público. Fica entendido que uma marca não poderá ser considerada contrária à ordem pública pela simples razão de que não está de acordo com qualquer dispositivo da legislação sobre as marcas salvo no caso em que o próprio dispositivo se relacione com a ordem pública. Fica, todavia, ressalvada a aplicação do artigo 10 bis.

C. — (1) Para determinar se a marca é suscetível de proteção deverão ser levadas em consideração todas as circunstâncias de fato, particularmente a duração do uso da marca.

(2) As marcas de fábrica ou de comércio não poderão ser recusadas nos outros países da União pelo único motivo de diferirem das marcas registradas no país de origem apenas por elementos que não alteram o caráter distintivos nem modificam a identidade das marcas na forma sob a qual foram registradas no referido país de origem.

D. — Ninguém se poderá beneficiar das disposições do presente artigo se a marca para a qual reivindicar proteção não estiver registrada no país de origem.

E. — Em nenhum caso, todavia, a renovação do registro de uma marca no país de origem implicará na obrigação de renovar o registro nos outros países da União onde a marca tenha sido registrada.

F. — O benefício da prioridade será concedido aos pedidos de registro de marcas efetuados dentro do prazo do artigo 4º, ainda que o registro no país de origem não ocorra senão após a expiração desse prazo.

Art. 6 sexies

Os países da União de comprometem a proteger as marcas de serviço. Não são obrigadas a prever o registro dessas marcas.

Art. 6 septies

(1) Se o agente ou representante do titular de uma marca num dos países da União pedir, sem autorização deste titular, o registro dessa marca em seu próprio nome, num ou em vários desses países, o titular terá o direito de se opor ao registro pedido ou de requerer o cancelamento ou, se a lei do país o permitir, a transferência a seu favor do referido registro, a menos que este agente ou representante justifique o seu procedimento.
(2) O titular da marca terá o direito de, com as reservas do subparágrafo 1, se opor ao uso da sua marca pelo seu agente ou representante, se não tiver autorizado esse uso.
(3) As legislações nacionais têm a faculdade de prever um prazo razoável dentro do qual o titular de uma marca deverá fazer valer os direitos previstos no presente artigo.

Art. 7

A natureza do produto em que a marca de fábrica ou de comércio deve ser aposta não pode, em caso algum, obstar ao registro da marca.

Art. 7 bis

(1) Os países da União se comprometem a admitir o registro e a proteger as marcas coletivas pertencentes a coletividades cuja existência não seja contrária à lei do país de origem, ainda que essas coletividades não possuam estabelecimento industrial ou comercial.
(2) Cada país será juiz das condições particulares em que a marca coletiva será protegida e poderá recusar a proteção se essa marca for contrária ao interesse público.
(3) Entretanto a proteção dessas marcas não poderá ser recusada a qualquer coletividade cuja existência não contraria a lei do país de origem. em virtude de não se achar estabelecida no país onde a proteção é requerida ou de não se ter constituído nos Termos da legislação desse país.

Art. 8

O nome comercial será protegido em todos os países da União sem obrigações de depósito ou de registro, quer faça ou não parte de uma marca de fábrica ou de comércio.

Art. 9

(1) O produto ilicitamente assinalados com uma marca da fábrica ou de comércio ou por um nome comercial será apreendido ao ser importado nos países da União onde essa marca ou esse nome comercial têm direito a proteção legal.

(2) A apreensão será igualmente efetuada no país onde a aposição ilícita tenha sido feita ou no país onde o produto tenha sido importado.

(3) A apreensão será efetuada a requerimento do Ministério Público, de qualquer outra autoridade competente ou de qualquer interessado, pessoa física ou jurídica, de acordo com a lei interna de cada país.

(4) As autoridades não serão obrigadas a efetuar a apreensão em caso de trânsito.

(5) Se a legislação de um país não admitir a apreensão no ato da importação, essa apreensão será substituída pela proibição de importação ou pela apreensão dentro do país.

(6) Se a legislação de um país não admitir a apreensão no ato da importação nem a proibição de importação nem a apreensão dentro do país, enquanto a legislação não for modificada nesse sentido, essas medidas serão substituídas pelas ações e meios que a lei desse país assegurar em tais casos aos nacionais.

Art. 10

(1) As disposições do artigo precedente serão aplicáveis em caso de utilização direta ou indireta de uma falsa indicação relativa à procedência do produto ou à identidade do produtor, fabricante ou comerciante.

(2) Será, em qualquer caso reconhecido como parte interessada, quer seja pessoa física ou jurídica, o produtor, fabricante ou comerciante empenhado na produção, fabricação ou comércio desse produto e estabelecido quer na localidade falsamente indicada como lugar de procedência, quer na região em que essa localidade estiver situada, quer no país falsamente indicado ou no país em que se fizer uso da falsa indicação de procedência.

Art. 10 bis

(1) Os países da União obrigam-se a assegurar aos nacionais dos países da União proteção efetiva contra a concorrência desleal.

(2) Constitui ato de concorrência desleal qualquer ato de concorrência contrário aos usos honestos em matéria industrial ou comercial.

(3) Deverão proibir-se particularmente :

1º. Todos os atos suscetíveis de, por qualquer meio, estabelecer confusão com o estabelecimento, os produtos ou a atividade industrial ou comercial de um concorrente;

2º. As falsas alegações no exercício do comércio, suscetíveis de desacreditar o estabelecimento, os produtos ou a atividade industrial ou comercial de um concorrente;

3°. As indicações ou alegações cuja utilização no exercício do comércio seja suscetível de induzir o público em erro sobre a natureza, modo de fabricação, características, possibilidades de utilização ou quantidade das mercadorias.

Art. 10 ter

(1) Os países da União se comprometem a assegurar aos nacionais dos outros países da União recursos legais apropriados à repressão eficaz de todos os atos mencionados nos artigos 9,10 e 10 bis

(2) Comprometem-se, além disso, a prever medidas que permitam aos sindicatos e associações de industriais, produtores ou comerciantes. interessados e cuja existência não for contrária às leis dos seus países, promover em juízo ou junto às autoridades administrativas e repressão dos atos previstos nos artigos 9, 10 e 10 bis, na medida em que a lei do país em que a proteção é requerida o permite aos sindicatos e associações desse país

Art. 11

(1) Os países da união, nos termos da sua lei interna, concederão proteção temporária às invenções patenteáveis, modelos de utilidade, desenhos ou modelos industriais, bem como ás marcas de fábrica ou de comércio, para produtos que figurarem nas exposições internacionais oficiais ou reconhecidas oficialmente, organizadas no território de qualquer deles.

(2) Essa proteção temporária não prolongará os prazos fixados no artigo 4. Se, mais tarde, se invocar o direito de prioridade, a Administração de cada país poderá contar o prazo desde a data da apresentação do produto na exposição.

(3) Cada país poderá exigir, para prova de identidade do objeto exposto e da data da apresentação, as provas que julgar necessárias.

Art. 12

(1) Cada um dos países da União se comprometem a estabelecer um serviço especial da propriedade industrial e uma repartição central para informar o público sobre as patentes de invenção, modelos utilidade, desenhos ou modelos industriais e marcas de fábrica ou de comércio.

(2) Esse serviço publicará um boletim periódico oficial. Publicará regularmente:

a) Os nomes dos titulares das patentes concedidas, com uma breve descrição das invenções patenteadas;

b) As reproduções das marcas registradas.

Art. 13

(1) a) A União tem uma Assembléia composta pelos países da União vinculados pelos artigos 13 a 17.

b) O Governo de cada país é representado por um delegado, que pode ser assistido por suplentes, conselheiros e peritos.

c) As despesas de cada delegação correm por conta do Governo que a designou.

(2) a) A Assembléia:

i) trata de todas as questões referentes à manutenção e desenvolvimento da União e à aplicação da presente Convenção;

ii) dá à Repartição Internacional da Propriedade Intelectual (a seguir denominada " A Repartição Internacional ") mencionada na Convenção que institui a Organização Mundial da Propriedade Intelectual (a seguir denominada " a Organização ") diretrizes referentes à preparação das conferências de revisão levando em consideração as observações feitas pelos países da União que não vinculados pelos artigos 13 a 17;

iii) examina e aprova os relatórios e as atividades do Diretor-Geral da Organização relativos à União e lhe dá todas diretrizes úteis com referência às questões da União;

iv) elege os membros da Comissão Executiva da Assembléia;

v) examina e aprova os relatórios e as atividades de sua Comissão Executiva e lhe transmite diretrizes;

vi) fixa o programa, adota o orçamento trienal da União e aprova as suas contas de encerramento;

vii) adota o regulamento financeiro da União;

viii) cria os comitês de peritos e grupos de trabalho que julgar úteis para a realização dos objetos da União;

ix) decide quais são os países não membros da União e quais são as organizações intergovernamentais e internacionais não governamentais que podem ser admitidos às suas reuniões na qualidade de observadores;

x) aprova as modificações dos artigos 13 a 17

xi) promove qualquer outra ação apropriada com vista a atingir os objetivos da União:

xii) desempenha-se de quaisquer outras funções em que a presente convenção implique;

xiii) exerce, sob reserva de os aceitar, os direitos que lhe são conferidos pela Convenção que institui a Organização;

b) a Assembléia deliberada, após ter tomado conhecimento do parecer da Comissão de Coordenação da Organização, sobre as questões que interessam igualmente a outras Uniões administradas pela Organização.

3) a) Sob reserva das disposições do subparágrafo b) cada delegado só pode representar um país.

b) Os países da União agrupados em virtude de um acordo particular num escritório comum que tenha para cada um deles a natureza de serviço nacional especial de propriedade industrial mencionado no artigo 12, podem, no decorrer das discussões ser representados conjuntamente por um deles.

(4) a) Cada país membro da Assembléia tem direito a um voto.

b) O "quorum" é constituído por metade dos países membros da Assembléia.

c) Não obstante as disposições do subparágrafo b), se durante uma sessão, o número de países representados for inferior à metade mas igual ou superior a um terço dos países membros da assembléia, esta pode tomar decisões; todavia, as decisões da Assembléia, com exceção das que dizem respeito ao seu funcionamento não se tornam executórias senão depois de satisfeitas as condições a seguir enunciadas. A Repartição Internacional comunica as referidas decisões aos países membros da Assembléia que não estavam representados, convidando-os a expressar, por escrito, no prazo de três meses a contar da data da comunicação, seu voto ou sua abstenção. As referidas decisões tornam-se executórias, se, terminado esse prazo, o número dos países que deste modo exprimem o seu voto ou a sua abstenção for, pelo menos igual ao número de países que faltava para que o "quorum" tivesse sido atingido quando da sessão, contanto que, ao mesmo tempo, se obtenha a necessária maioria.

d) Sob reserva do disposto no artigo 17. 2), as decisões da Assembléia são tomadas por maioria de dois terços dos votos expressos.

e) A abstenção não é considerada voto.

5) a) Sob reserva do subparágrafo b) cada delegado não pode votar senão em nome de um único país.

b) Os países da União mencionados no parágrafo 3) b) esforçar-se-ão, de um modo geral, por se fazer representar, nas sessões da Assembléia, pelas suas próprias delegações. Todavia, se, por razões excepcionais, um dos países citados não se puder fazer representar pela sua própria delegação, pode dar à delegação de outro país o poder de votar em seu nome, entendendo-se que uma delegação não pode votar por procuração senão por um único país. Toda a procuração para este efeito deve ser objeto de documento assinado pelo Chefe do Estado ou pelo ministro competente.

6) Os países da nião que não sejam membros da Assembléia são admitidos às suas reuniões, na qualidade de observadores.

7) a) A Assembléia se reúne de três em três anos, em sessão ordinária, mediante convocação do Diretor-Geral e, salvo casos excepcionais, durante o mesmo período e no mesmo local que a Assembléia Geral da Organização.

b) a Assembléia reúne-se em sessão extraordinária, mediante convocação do Diretor-Geral, a pedido da Comissão Executiva, ou de um quarto dos países membros da Assembléia.

8) A Assembléia adota o seu regulamento interno.

Art. 14

1) A Assembléia tem uma Comissão Executiva.

2) a) A Comissão Executiva é composta pelos países eleitos pela Assembléia dentre os países membros desta. Por outro lado, o país em cujo Território a Organização tem a sua sede, dispões " ex-officio " de um lugar na Comissão, sob reserva das disposições do artigo 16. 7) b).

b) O Governo de cada país membro da Comissão Executiva é representado por um delegado que pode ser assistido por suplentes, conselheiros e peritos.

c) As despesas de cada delegação correm por conta do Governo que designou.

3) O número de países membros da Comissão Executiva corresponde à Quarta parte do número dos países membros da Assembléia. No cálculo dos lugares a preencher não é levado em consideração o que restar da divisão por quatro.

4) Quando da eleição dos membros da Comissão Executiva, a Assembléia levará em consideração uma distribuição geográfica equitativa e a necessidade para todos os países partes dos Acordos particulares estabelecidos em relação com a União, de figurar entre os países que constituem a Comissão Executiva.

5) a) Os membros da Comissão Executiva exercem o mandato a partir do encerramento da sessão da Assembléia no decurso da qual foram eleitos, até o fim da sessão ordinária Seguinte da Assembléia.

b) Os membros da Comissão Executiva são reelegíveis no limite máximo de dois terços de seu total.

c) A Assembléia regulamenta as modalidades de eleição e de eventual reeleição dos membros da Comissão Executiva.

6) a) A Comissão Executiva:

i) prepara o projeto da ordem do dia da Assembléia;

ii) submete à Assembléia proposta relativas aos projetos de programa e de orçamento trienal da União, preparados pelo Diretor-Geral;

iii) pronuncia-se, dentro dos limite do programa e do orçamento trienal, sobre os programas e orçamentos anuais preparados pelo Diretor-Geral;

iv) submete à Assembléia, com os comentários apropriados, os relatórios periódicos do Diretor-Geral e os relatórios anuais de verificação de contas;

v) toma todas as medidas úteis com vista à execução do programa da União pelo Diretor-Geral, em conformidade com as decisões de Assembléia e levando em consideração circunstâncias que sobrevenham entre duas sessões ordinárias de Assembléia;

vi) encarrega-se de quaisquer outras funções que lhe sejam atribuídas no âmbito da presente Convenção.

b) A Comissão Executiva decide, depois de tomar conhecimento do parecer da Comissão de Coordenação da Organização, sobre as questões que interessam igualmente a outras Uniões administradas pela Organização.

7) a) A Comissão Executiva se reúne uma vez por ano em sessão ordinária, mediante convocação do Diretor-Geral, tanto quanto possível durante o mesmo período e no mesmo lugar que a Comissão de Coordenação da Organização.

b) A Comissão Executiva se reúne em sessão extraordinária, mediante convocação do Diretor-Geral, que por iniciativa deste, quer a pedido do seu Presidente ou de um quarto dos seus membros.

8) a) Cada país-membro da Comissão Executiva tem o direito de um voto.

b) O " quorum " é constituído por metade dos países-membros da comissão Executiva.

c) As decisões são tomadas por maioria simples dos votos expressos.
d) A abstenção não é considerada voto.
e) Cada delegado não pode representar senão um único país e pode votar apenas em nome deste.

9) Os países da União que não sejam membros da Comissão Executiva são admitidos às suas reuniões na qualidade de observadores.

10) A Comissão Executiva adota o seu regulamento interno.

Art. 15

1) a) As tarefas administrativas da competências da União serão asseguradas pela Repartição Internacional, que sucederá a Secretaria da União reunida com a Secretaria da União instituída pela Convenção Internacional para a Proteção das Obras Literárias e Artísticas.

b) A Repartição Internacional assegurará principalmente o secretariado dos diversos órgãos d União.

c) O Diretor-Geral da Organização é o mais alto funcionário da União e a representa.

2) A Repartição Internacional reunirá e publicará as informações relativas à proteção da propriedade industrial. Cada país da União comunicará, logo que possível, à Repartição Internacional, o texto de qualquer lei nova, bem como todos os textos oficiais referentes à proteção da propriedade industrial. Fornecerá, ainda à Repartição Internacional, todas as publicações dos seus serviços competentes em matéria de propriedade industrial que atinjam diretamente a proteção da propriedade industrial e sejam julgadas pela Repartição Internacional como de interesse para suas atividades.

3) A Repartição Internacional publicará um periódico mensal.

4) A Repartição Internacional fornecerá, a todos os países da União, a seu pedido, informações sobre as questões referentes a proteção da propriedade industrial.

5) A Repartição Internacional procederá a estudos e fornecerá serviços destinados a facilitar a proteção da propriedade industrial.

6) O diretor-Geral a qualquer membro do pessoal designado por ele participarão, sem direito a voto, de todas as reuniões da Assembléia, da Comissão Executiva, e de quaisquer outras Comissões de peritos ou grupos de trabalho. O Diretor-Geral ou um membro do pessoal por ele designado é, "ex-offício", secretário desses órgãos.

7) a) A Repartição Internacional, segundo as diretrizes da Assembléia e em cooperação com a Comissão Executiva, prepara as conferências de revisão das disposições da Convenção, excluindo os artigos 13 a 17.

b) A Repartição Internacional pode consultar organizações intergovernamentais e internacionais não governamentais sobre a preparação das conferências de revisão.

c) O Diretor Geral e as pessoas por ele designadas tomarão parte, sem direito a voto, nas deliberações destas conferências.

8) A Repartição Internacional executa todas as outras funções que lhe forem atribuídas.

Art. 16

1) a) A União tem um orçamento.

b) O orçamento da União compreende as receitas e as despesas próprias da União, a sua contribuição para o orçamento das despesas comuns das Uniões, assim como sendo necessário a soma posta à disposição do orçamento da Conferência da Organização.

c) São consideradas como despesas das Uniões, as despesas não atribuídas exclusivamente a União, mas igualmente a uma ou mais Uniões administradas pela Organização. A parte da União nessas despesas comuns á proporcional ao interesse que as mesmas têm para ela.

2) O orçamento da União é fixado levando em consideração as exigências de coordenação com os orçamentos das outras Uniões administrativas pela Organização.

3) O orçamento da União é financiado pelos seguintes recursos:
  i) contribuições dos países da União
  ii) taxas e quantias devidas pelos serviços prestados pela Repartição Internacional no âmbito da União.
  iii) o produto da venda das publicações da Repartição Internacional referente à União e os direitos relativos a estas publicações.
  iv) doações, legados e subvenções;
  v) aluguéis, juros e outros rendimentos diversos.

4) a) Para determinar a sua parte de contribuição no orçamento, cada país da União está incluído numa classe e paga as suas contribuições anuais na base de um número de unidades fixado como se segue:

Classe I   25
Classe II   20
Classe III   15
Classe IV   10
Classe V   5
Classe VI   3
Classe VII   1

b) A menos que não tenha feito anteriormente, cada país indica no momento do depósito do seu instrumento de ratificação ou de adesão, a classe na qual deseja ser incluído. Pode mudar de classe. Se escolher uma classe inferior, o país deve dar do fato conhecimento à Assembléia, quando de uma das suas sessões ordinárias. Tal alteração tem efeito no início do ano civil que se segue à referida sessão.

c) A contribuição anual de cada país consiste numa quantia em que a relação com a soma total das contribuições anuais para o orçamento da União de todos os países é a mesma que a relação existente entre o número de unidades da classe na qual cada país está incluído e o número total das unidades do conjunto dos países.

d) As contribuições são devidas no dia 1º de janeiro de cada ano.

e) O país que se atrasar no pagamento das suas contribuições, não poderá exercer o seu direito de voto, em nenhum dos órgãos da União de que for membro, se a quantia em atraso for igual ou superior a das contribuições de que é devedor pelos dois anos anteriores completos. Tal país pode, todavia, ser autorizado a conservar o exercício do seu direito de voto no seio do referido órgão, enquanto este considerar que o atraso resulta de circunstâncias excepcionais e inevitáveis.

f) no caso de o orçamento não ser aprovado antes do início de um novo exercício será mantido nos mesmos níveis do orçamento do ano anterior, segundo as modalidades previstas pelo regulamento financeiro.

5) O montante das taxas e quantias devidas pelos serviços prestados pela Repartição Internacional com referência à União, é fixado pelo Diretor-Geral, que comunicará à Assembléia e à Comissão Executiva.

6) a) A União possui um fundo de operações constituído por uma contribuição única efetuada por cada país da União. Se o fundo se tornar insuficiente, a Assembléia decidirá sobre seu aumento.

b) O montante da contribuição inicial de cada país para o fundo acima citado ou da sua participação no aumento deste é proporcional à contribuição desse país para o ano no decurso do qual o fundo for constituído, ou o aumento for decidido.

c) A proporção e modalidade de contribuição são fixadas pela Assembléia mediante proposta do Diretor-Geral e após o parecer da Comissão de Coordenação da Organização.

7) a) O acordo de sede concluído com o país em cujo território a Organização tem a sua sede prevê que, se o fundo de operações for insuficiente, este país concederá adiantamentos. O montante destes e as condições em que são concedidos serão objeto, em cada caso, de acordos particulares entre o país em causa e a Organização. Esse país dispõe, "ex-officio", de um lugar na Comissão Executiva durante todo o período em que tiver de conceder adiantamentos.

b) O país mencionados no subparágrafo a) e a Organização têm, cada um, o direito de denunciar o compromisso de conceder adiantamentos, mediante notificação escrita. A denúncia tem efeito três anos após o fim do ano no decurso do qual foi notificada.

8) A auditoria das contas é assegurada, segundo as modalidades previstas pelo regulamento financeiro, por um ou vários países da União ou por auditores externos, que serão com o seu consentimento, designados pela Assembléia.

Art. 17

1) Podem ser apresentadas, por qualquer país-menbro da Assembléia, pela Comissão Executiva ou pelo Diretor-Geral propostas de modificação dos artigos 13, 14, 15, 16 e do presente artigo. Estas propostas são comunicadas por este

último, aos países-membros da Assembléia, pelo menos seis meses antes de serem submetidos ao exame da mesma.

2) Qualquer modificação dos artigos referidos no parágrafo 1) é adotada pela Assembléia. A doação requer três quartos dos votos expressos. Todavia, qualquer modificação do artigo 13 e do presente parágrafo, requer quatro quintos dos votos expressos.

3) Qualquer modificação dos artigos referidos no parágrafo 1), entra em vigor após o recebimento, pelo Diretor-Geral, das notificações escritas de aceitação, efetuado em conformidade com as suas regras constitucionais respectivas, por parte dos três quartos dos países que eram membros da Assembléia no momento da modificação ter sido aprovada. Qualquer modificação dos referidos artigos assim aceita vincula todos os países membros da Assembléia no momento em que a modificação entrar em vigor, ou que dela se tornarem membros em data posterior, todavia, qualquer modificação que aumente as obrigações financeiras dos países da União vincula apenas aqueles que notificaram a sua aceitação da referida modificação.

Art. 18

1) A presente Convenção será submetida a revisões, com vista a nela se introduzirem melhoramentos suscetíveis de aperfeiçoar o sistema da União.

2) Para esse fim, terão lugar conferências sucessivamente, num dos países da União, entre os delegados dos referidos países.

3) As modificações dos artigos 13 a 17 são regidas pelas disposições do artigo 17.

Art.19

Fica entendido que os países da União se reservam o direito de, separadamente, celebrar entre eles acordos particulares para a proteção da propriedade industrial, contanto que esses acordos não contrariem as disposições da presente Convenção.

Art. 20

1) a) Cada um dos países da União que assinou o presente Ato pode ratificá-lo e, se o não assinou, pode a ele aderir. Os instrumentos de ratificação e de adesão são depositados junto ao Diretor-Geral.

b) Cada um dos países da união pode declarar, no seu instrumento de ratificação ou adesão, que a sua ratificação ou adesão não é aplicável:

i) aos artigos 1 a 12; ou

ii) aos artigos 13 a 17.

c) Cada um dos países da União que, de acordo com o subparágrafo b), excluiu dos efeitos da sua adesão um dos grupos dos artigos visados no referido subparágrafo pode a qualquer momento, posteriormente, declarar que estende os efeitos da sua ratificação ou de sua adesão a esse grupo de artigos . Tal declaração é depositada junto ao Diretor-Geral.

2) a) Os artigos 1 a 12 entram em vigor, com referência aos dez primeiros países da União que depositaram instrumentos de ratificação ou de adesão sem fazer a declaração permitida pelo parágrafo 1) b) i). três meses após o depósito do décimo desses instrumentos de ratificação ou de adesão.

b) Os artigos 13 a 17 entram em vigor, com referência aos dez primeiros países da União que depositaram instrumentos de ratificação ou de adesão, sem fazer a declaração permitida pelo parágrafo 1) b) ii), três meses após o depósito do décimo desses instrumentos de ratificação ou de adesão.

c) Sob reserva da entrada em vigor inicial, de acordo com as disposições dos subparágrafos a) e b), de cada um dos dois grupos de artigos referidos no parágrafo 1) b) i) e ii) e sob reserva das disposições do parágrafo 1) b), os artigos 1 a 17, entram em vigor com relação nos subparágrafos a) e b), que depositar um instrumento de ratificação ou de adesão assim como em relação a qualquer país da União que depositar a declaração prevista no parágrafo 1) c), três meses após a data da notificação, pelo Diretor-Geral, de tal depósito a menos que uma data posterior tenha sido indicada no instrumento ou declaração depositado. Neste último caso, o presente Ato entra em vigor, em relação a esse país, na data assim indicada.

3) Com referência a cada país da União que depositar um instrumento de ratificação ou de adesão, os artigos 18 a 30 entram em vigor na primeira data em que qualquer dos grupos de artigos referidos no parágrafo 1) b) entre em vigor em relação a esse país, de acordo com o parágrafo 2) a), b) ou c).

Art. 21

1) Qualquer país estranho à União pode aderir ao presente Ato e tornar-se por este fato, membro da União. Os instrumentos de adesão serão depositados junto ao Diretor–Geral.

2) a) em relação a qualquer país estranho à União que tenha depositado seu instrumento de adesão pelo menos um mês antes da data da entrada em vigor das disposições do presente Ato, este entra em vigor na data em que as disposições entraram em vigor pela primeira vez, na forma do artigo 20. 2) a) ou b), a menos que uma data posterior tenha sido indicada no instrumento de adesão; todavia:

i) Se os artigos 1 a 12 não entraram em vigor nessa data, tal país ficará vinculado durante o período intermediário anterior à entrada em vigor destas disposições, e em sua substituição pelos artigos 1 a 12 do Ato de Lisboa.

ii) Se os artigos 13 a 17 não entraram em vigor nessa data, tal país ficará vinculado durante o período intermediário anterior à entrada em vigor destas disposições, e em sua substituição pelos artigos 13 e 14.3), 4) e 5) do Ato de Lisboa.

Se um país indicar uma data posterior no seu instrumento de adesão o presente Ato entrará em vigor, em relação a esse país, na data assim indicada.

b) Em relação a qualquer país estranho à União que tenha depositado seu instrumento de adesão em data posterior à entrada em vigor de um só grupo de artigos do presente Ato ou em data que a precedeu de, pelo menos, um mês, o presente Ato entrará em vigor, sob reserva do previsto no subparágrafo a), três meses após a data em que a sua adesão foi notificada pelo Diretor-Geral, a menos que uma data posterior tenha sido indicada no instrumento de adesão. Neste último caso, o presente Ato entrará em vigor em relação a esse país, na data assim indicada.

3) Em relação a qualquer país estranho à União que depositar seu instrumento de adesão após a data da entrada em vigor do presente Ato na sua totalidade, ou menos de um mês antes dessa data, o presente Ato entrará em vigor três meses depois da data em que a sua adesão foi notificada pelo Diretor-Geral a menos que uma data posterior tenha sido indicada no instrumento de adesão. Neste último caso, o presente Ato entrará em vigor em relação a esse país, na data assim indicada.

Art. 22

Sob reserva das exceções possíveis previstas nos artigos 20. 1) e 28.2) a ratificação ou adesão implica, de pleno direito, a cessão a todas as cláusulas e admissão a todas as vantagens estipuladas pelo presente Ato.

Art. 23

Após a entrada em vigor do presente Ato na sua totalidade, nenhum país pode aderir a Atos anteriores à presente Convenção.

Art. 24

1) Qualquer país pode declarar no seu Instrumento de ratificação ou de adesão, ou pode informar o Diretor-Geral, por escrito, a qualquer momento posteriormente, que a presente Convenção é aplicável a todos ou a parte dos territórios designados na declaração ou na notificação, dos quais assume a responsabilidade das relações exteriores.

2) Qualquer país que tenha feito tal declaração ou efetuado tal notificação pode, a todo o momento, notificar o Diretor-Geral de que a presente Convenção deixa de ser aplicável a todo ou parte desses territórios.

3) a) Qualquer declaração feita nos termos do parágrafo 1), tem efeito na mesma data que a ratificação ou adesão em cujo instrumento foi incluída e qualquer notificação efetuada nos termos deste parágrafo tem efeito três meses após a sua notificação pelo Diretor Geral.

b) Qualquer notificação efetuada nos termos do parágrafo 2) tem efeito doze meses após seu recebimento pelo Diretor-Geral.

Art. 25

1) Qualquer país parte da presente Convenção compromete-se a adotar de acordo com a sua constituição, as medidas necessárias para assegurar a aplicação da presente Convenção.

2) Entende-se que, no momento em que um país deposita o seu instrumento de ratificação ou de adesão, está em condições, em conformidade com a sua legislação interna, de tornar efetivas as disposições da presente Convenção.

Art. 26

1) A presente Convenção permanece em vigor por tempo ilimitado.

2) Qualquer país pode denunciar o presente Ato por notificação dirigida ao Diretor-Geral. Esta denúncia implica também a denúncia de todos os Atos anteriores e apenas tem efeito em relação ao país que a efetuou, continuando a Convenção em vigor e executória com referência aos outros países da União.

3) A denúncia tem efeito um ano após o dia em que o Diretor-Geral recebeu a notificação.

4) A faculdade de denúncia prevista no presente artigo, não pode ser exercida por nenhum país antes de expirar um prazo de cinco anos a contar da data em que se tornou membro da União.

Art. 27

1) O presente Ato substitui, nas relações entre os países aos quais se aplica, e na medida em que se aplica a Convenção de Paris, de 20 de março de 1883, e os Atos de revisão subsequentes.

2) a) Em relação aos países a que o presente Ato não é aplicável, ou não é aplicável na sua totalidade, mas aos quais é aplicável o Ato de Lisboa, de 31 de outubro de 1958, continua este em vigor na sua totalidade ou na medida em que o presente Ato não o substitui em virtude do parágrafo 1).

b) Da mesma forma, em relação aos países aos quais nem o presente Ato, nem partes deste, nem o Ato de Lisboa são aplicáveis, continua em vigor o Ato de Londres, de 2 de junho de1934, na sua totalidade, ou na medida em que o presente Ato não o substitui, em virtude do parágrafo 1).

c) Da mesma forma, em relação aos países aos quais nem o presente Ato, nem partes deste, nem o Ato de Lisboa nem o Ato de Londres são aplicáveis, mantém-se em vigor o Ato de Haia, de 6 de novembro de 1925, na sua totalidade, ou na medida em que o presente Ato não o substitui, em virtude do parágrafo 1).

3) Os países estranhos à União que se tornarem partes do presente Ato aplica-lo-ão em relação a qualquer país da União que não seja parte deste Ato ou que, sendo parte, tenha efetuado a declaração prevista no artigo 20, 1) b) i). Os referidos países admitem que tal país da União aplique nas suas relações com eles, as disposições do Ato mais recente do qual é parte.

Art. 28

1) Qualquer controvérsia entre dois ou mais países da União, relativa à interpretação ou à aplicação da presente Convenção que não seja solucionada por negociações, pode ser levada por qualquer dos países em causa perante o Tribunal Internacional de Justiça, mediante petição, de acordo com o Estatuto do Tribunal, a menos que os países em causa acordem sobre outro modo de solução. A Repartição Internacional será informada da controvérsia submetida ao Tribunal pelo país requerente; dará conhecimento disso aos outros países da União.

2) Qualquer país poderá, no momento em que assinar o presente Ato ou depositar o seu instrumento de ratificação ou de adesão, declarar que não se considera vinculado pelas disposições do parágrafo 1). No que se refere a qualquer controvérsia entre tal país e outro qualquer da União, não são aplicáveis as disposições do parágrafo 1).

3) Qualquer país que tiver feito a declaração prevista no parágrafo 2) pode, a todo o momento, retirá-la, mediante notificação dirigida ao Diretor-Geral.

Art. 29

1) a) O presente Ato é assinado em um só exemplar, em língua francesa e depositado junto ao Governo da Suécia;
b) Serão estabelecidos textos oficiais pelo Diretor-Geral, depois de consultados os Governos interessados, nas línguas alemã, inglesa, espanhola, italiana, portuguesa e russa e nas outras línguas que a Assembléia possa indicar.
c) Em caso de conflito sobre a interpretação dos diversos textos, faz fé o texto francês.

2) O presente Ato fica aberto para assinatura, em Estocolmo, até o dia 13 de janeiro de 1968.

3) O Diretor-Geral enviará aos Governos de todos os países da União e sendo solicitado, ao Governo de qualquer outro, duas cópias autenticadas pelo Governo da Suécia do texto assinado do presente Ato.

4) O Diretor-Geral fará registrar o presente Ato junto ao Secretário da Organização das Nações Unidas.

5) O Diretor-Geral notificará os Governos de todos os países da União das assinaturas, dos depósitos dos instrumentos de ratificação ou de adesão e de declaração compreendidas nestes instrumentos ou efetuadas em aplicação do artigo 20.1) c), a entrada em vigor de todas as aplicações do presente Ato, as notificações de denúncia e as notificações feitas em aplicação do artigo 24.

Art. 30

1) Até a entrada em funções do primeiro Diretor-Geral as referências no presente Ato à Repartição Internacional da Organização ou ao Diretor-Geral, são consideradas como referindo-se, respectivamente, à Secretaria da União ou ao seu Diretor.

2) Os países da União que não estejam vinculados pelos artigos 13 a 17 poderão, durante cinco anos após a entrada em vigor da Convenção que institui a Organização, exercer, se quiserem, os direitos previstos pelos artigos 13 a 17 do presente Ato, como se estivessem vinculados por estes artigos. Qualquer país que pretenda exercer os referidos direitos, depositará para esse fim, junto ao Diretor-Geral uma notificação escrita que terá efeito na data do seu recebimento. Tais países serão considerados membros da Assembléia até expiração do referido período.

3) Enquanto não se tiverem tornado membros da Organização todos os países da União, a Repartição Internacional da Organização agirá igualmente como Secretaria da União e o Diretor-Geral como Diretor desta Secretaria.

4) Quando todos os países da União se tornarem membros da Organização, os direitos, obrigações e bens da Secretaria da União, passarão à Repartição Internacional da Organização.

Em fé do que, os abaixo-assinados, devidamente autorizados para esse fim assinaram o presente Ato.

Feito em Estocolmo a 14 de Julho de 1967.

DECRETO N° 75.699, DE 06 DE MAIO DE 1975

Promulga a Convenção de Berna para a Proteção das Obras Literárias e Artísticas, de 9 de setembro de 1886, revista em Paris, a 24 de julho de 1971.

CONVENÇÃO DE BERNA
RELATIVA À PROTEÇÃO DAS OBRAS
LITERÁRIAS E ARTÍSTICAS

Convenção de Berna para a proteção
das obras literárias e artísticas, de 9 de setembro de 1886,
completada em Paris a 4 de maio de 1896, revista em Berlim a 13 de
novembro de 1908, completada em Berna a 20 de Março de 1914, revista
em Roma a 2 de Junho de 1928, em Bruxelas a 26 de Junho de 1948,
em Estocolmo a 14 de Julho de 1967 e em Paris a 24 de Julho de 1971.

ÍNDICE (*)
Artigo primeiro: Constituição de uma União
Artigo 2: *Obras protegidas*: 1. Definição; 2. Possibilidade de exigir a fixação; 3. Obras derivadas; 4. Textos oficiais; 5. Compilações; 6. Obrigação de proteger; beneficiários da proteção; 7. Obras de arte aplicadas e desenhos e modelos industriais; 8. Notícias do dia e relatos de acontecimentos diversos ("faits divers")
Artigo 2bis: *Possibilidade de limitar a proteção de certas obras*: 1. Certos discursos; 2. Certas utilizações de conferências e de alocuções; 3. Direito de reunir estas obras em compilações
Artigo 3: *Critérios de proteção; elementos de conexão*; 1. Nacionalidade do autor e lugar da publicação da obra; 2. Residência do autor; 3. Definição de obra publicada; 4. Definição de publicação simultânea
Artigo 4: *Critérios subsidiários*
Artigo 5: *Princípio do tratamento nacional (ou assimilação do estrangeiro ao nacional)*; princípio da proteção automática; princípio da independência da proteção; definição do país de origem da obra: 1. Princípio do tratamento nacional; 2. Princípios da proteção automática e da independência da proteção; 3. Proteção no país de origem; 4. Definição do país de origem da obra

147

Artigo 6: *Possibilidade de restringir a proteção a respeito de certas obras de nacionais de certos países estranhos à União*: 1. No país da primeira publicação e nos outros países; 2. Não retroatividade; 3. Notificação

Artigo 6bis: *Direito moral*: 1. Conteúdo do direito moral; 2. O direito moral depois da morte do autor; 3. Meios de defesa

Artigo 7: *Duração da proteção*: 1. Regra geral; 2. Duração da proteção das obras cinematográficas; 3. Duração da proteção das obras anônimas ou pseudônimas; 4. Duração da proteção das obras fotográficas e das obras das artes aplicadas; 5. Data a partir da qual são calculados os prazos; 6. Possibilidade de durações superiores; 7. Possibilidade de durações inferiores; 8. Legislação aplicável e regra de comparação dos prazos

Artigo 7bis: *Duração da proteção das obras de colaboração*

Artigo 8: *Direito de tradução*

Artigo 9: *Direito de reprodução*: 1. O princípio; 2. Possibilidade de exceções; 3. Gravações sonoras e visuais

Artigo 10: *Livre utilização das obras em certos casos*: 1. Citações; 2. Transcrições ou utilizações a título de ilustração do ensino; 3. Menção da fonte e do nome do autor

Artigo 10bis: *Outras possibilidades de utilização livre das obras*: 1. Certos artigos e certas obras radiodifundidas; 2. Relatos de acontecimentos de atualidade

Artigo 11: *Direito de representação ou de execução pública*; 1. Conteúdo do direito; 2. Representação ou execução pública das traduções

Artigo 11bis: *Direito de radiodifusão*: 1. Conteúdo do direito; 2. Licenças obrigatórias; 3. Gravações efêmeras

Artigo 11ter: *Direito de recitação pública*: 1. Conteúdo do direito; 2. Recitação pública das traduções

Artigo 12: *Direito de adaptação*

Artigo 13: *Direito de gravação de obras musicais*: 1. Licenças obrigatórias; 2. Medidas transitórias; 3. Apreensão, na importação de exemplares ilícitos

Artigo 14: *Direitos cinematográficos*: 1. Direitos cinematográficos de autores de obras preexistentes; 2. Adaptação das realizações cinematográficas; 3. Inexistência de licenças obrigatórias para as obras musicais

Artigo 14bis: *Direitos dos autores das obras cinematográficas*: 1. Natureza da proteção das obras cinematográficas; 2. Determinação dos titulares do direito de autor; presunção de legitimação; forma de compromisso dos autores: definição da estipulação em contrário ou particular; 3. Determinação dos autores das contribuições para a obra cinematográfica

Artigo 14ter: *"Direito de seqüência" sobre as obras de arte e os manuscritos*: 1. Conteúdo do direito de seqüência; 2. Legislação aplicável; 3. Processo

Artigo 15: *Presunções de autor*: 1. Regra geral; 2. Caso das obras cinematográficas; 3. Caso das obras anônimas e pseudônimas; 4. Caso das obras folclóricas

Artigo 16: *Apreensão das obras contrafeitas*

Artigo 17: *Possibilidade de fiscalizar a circulação, a representação e a exposição das obras*

Artigo 18: *Efeito retroativo da Convenção*: 1. Princípio geral; 2. Corolário; 3. Aplicação do princípio geral e do seu corolário; 4. Casos particulares
Artigo 19: *Combinação da Convenção com as legislações nacionais*
Artigo 20: *Acordos particulares*
Artigo 21: *Referência às disposições particulares respeitantes aos países em vias de desenvolvimento*
Artigo 22: *Assembléia da União*
Artigo 23: *Comitê Executivo da União*
Artigo 24: *Secretariado Internacional da OMPI*
Artigo 25: *Finanças*
Artigo 26: *Modificação das disposições administrativas*
Artigo 27: *Revisão da Convenção*
Artigo 28: *Aceitação e entrada em vigor para os países da União*: 1. Modos de aceitação do Ato de Paris (1971); 2. Regras para a entrada em vigor das disposições de fundo; 3. Regras para a entrada em vigor das disposições administrativas e das cláusulas finais
Artigo 29: *Aceitação e entrada em vigor para os países estranhos à União*
Artigo 29bis: *Efeitos da aceitação do Ato de Paris (1971) para os fins da aplicação do artigo 14.2 da Convenção que institui a OMPI*
Artigo 30: *Reservas*: 1. Limites à possibilidade de formulação de reservas; 2. Reservas anteriores; reserva relativa ao direito de tradução; retirada das reservas
Artigo 31: *Aplicabilidade da Convenção a certos territórios*
Artigo 32: *Aplicabilidade do Ato de Paris (1971) e dos Atos anteriores*: 1. Relações entre países já membros da União; 2. Relações entre os países que se tornem membros da União e outros países já membros da União; 3. Relações entre os países em vias de desenvolvimento que se prevaleçam do Anexo ao Ato de Paris (1971) e os países da União não vinculados por este Ato.
Artigo 33: *Regulamento das diferenças entre países da União*
Artigo 34: *Encerramento dos Atos anteriores*
Artigo 35: *Duração da Convenção e faculdade de denúncia*
Artigo 36: *Entrada em vigor da Convenção pela legislação interna*
Artigo 37: *Cláusulas finais*
Artigo 38: *Disposições transitórias*

Anexo
(Disposições particulares relativas aos países em vias de desenvolvimento)
Artigo I: *Beneficiários das faculdades oferecidas*: 1. Modalidade do uso destas faculdades; 2. Duração da validade da notificação ou declaração; 3. Caso em que um país da União deixe de ser considerado como país em vias de desenvolvimento; 4. Estoques de exemplares existentes; 5. Declarações a respeito de certos territórios; 6. Limites da reciprocidade.
Artigo II: *Limites do direito de tradução*: 1. Possibilidade de outorga de licenças pela autoridade competente; 2. a 4. Condições segundo as quais as licenças podem ser concedidas; 5. Utilizações para as quais as licenças podem ser

concedidas; 6. Casos de caducidade das licenças; 7. Caso das obras compostas principalmente por ilustrações; 8. Caso das obras retiradas da circulação; 9. Licenças de tradução para fins de radiodifusão

Artigo III: *Limites do direito de reprodução*: 1. Possibilidade de outorga de licenças pela autoridade competente; 2. a 5. Condições em que podem ser concedidas as licenças; 6. Caso de caducidade das licenças; 7. Obras a que se aplicam as licenças de reprodução

Artigo IV: *Disposições comuns às licenças de tradução e de reprodução*: 1. e 2. Processo para concessão de licenças; 3. Indicações do nome do autor e do título da obra; 4. e 5. Proibição de exportação; 6. Remuneração do titular do direito de tradução ou da reprodução

Artigo V: *Regime dito "dos dez anos" em matéria de tradução*

Artigo VI: *Aplicação antecipada do Anexo.*

(*) Este índice não aparece no texto original da Convenção.

Os Países da União, igualmente animados do propósito de proteger de maneira tanto quanto possível eficaz e uniforme os direitos dos autores sobre as respectivas obras literárias e artísticas.

Reconhecendo a importância dos trabalhos da Conferência de revisão realizada em Estocolmo em 1967.

Resolveram rever o Ato adotado pela Conferência de Estocolmo, deixando entretanto sem modificação os artigos 1 a 20 e 22 a 26 do referido Ato.

Em conseqüência, os Plenipotenciários abaixo assinados, depois de apresentar seus plenos poderes, reconhecidos em boa e devida forma, acordaram no seguinte:

Artigo **primeiro**

Os países a que se aplica a presente convenção constituem-se em União para a proteção dos direitos dos autores sobre as suas obras literárias e artísticas.

Artigo **2**

1) Os termos "obras literárias e artísticas" abrangem todas as produções do domínio literário, científico e artístico, qualquer que seja o modo ou a forma de expressão, tais como os livros, brochuras e outros escritos; as conferências, alocuções, sermões e outras obras da mesma natureza; as obras dramáticas ou dramático-musicais; as obras coreográficas e as pantomimas; as composições musicais, com ou sem palavras, as obras cinematográficas e as expressas por processo análogo ou da cinematografia; as obras de desenho, de pintura, de arquitetura, de escultura, de gravura e de litografia; as obras fotográficas e as expressas por um processo análogo ao da fotografia; as obras de arte aplicada; as ilustrações e os mapas geográficos; os projetos, esboços e obras plásticas relativos à geografia, à topografia, à arquitetura ou às ciências.

2) Os países da União reservam-se, entretanto, a faculdade de determinar, nas suas legislações respectivas, que as obras literárias e artísticas, ou ainda uma ou várias categorias delas, não são protegidas enquanto não tiverem sido fixadas num suporte material.

3) São protegidas como obras originais, sem prejuízo dos direitos do autor da obra original, as traduções, adaptações, arranjos de musicais e outras transformações de uma obra literária ou artística.

4) Os países da União reservam-se a faculdade de determinar, nas legislações nacionais, a proteção a conceder aos textos oficiais de caráter legislativo, administrativo ou judiciário, assim como as traduções oficiais desses textos.

5) As compilações de obras literárias ou artísticas, tais como enciclopédias e antologias, que, pela escolha ou disposição das matérias, constituem criações intelectuais, são como tais protegidas, sem prejuízo dos direitos dos autores sobre cada uma das obras que fazem parte dessas compilações.

6) As obras acima designadas gozam de proteção em todos os países unionistas. A proteção exerce-se em benefício dos autores e de seus legítimos representantes.

7) Os países da União reservam-se a faculdade de determinar, nas legislações nacionais, o âmbito de aplicação das leis referentes às obras de arte aplicada e aos desenhos e modelos industriais, assim como as condições de proteção de tais obras, desenhos e modelos, levando em conta as disposições do artigo 7.4 da presente Convenção. Para as obras protegidas exclusivamente como desenhos e modelos no país de origem não pode ser reclamada, nos outros países unionistas, senão a proteção especial concedida aos desenhos e modelos nesses países; entretanto, se tal proteção especial não é concedida nesse país, estas obras serão protegidas como obras artísticas.

8) A proteção da presente convenção não se aplica às notícias do dia ou às ocorrências diversas que têm o caráter de simples informações de imprensa.

Artigo **2bis**

1) Os países da União reservam-se a faculdade de excluir, nas legislações nacionais, parcial ou totalmente, da proteção do artigo anterior, os discursos políticos e os discursos pronunciados nos debates judiciários.

2) Os países da União reservam-se igualmente a faculdade de estabelecer nas suas leis internas as condições em que as conferências, alocuções, sermões e outras obras da mesma natureza, pronunciadas em público, poderão ser reproduzidas pela imprensa, transmitidas pelo rádio, pelo telégrafo para o público e constituir objeto de comunicações públicas mencionadas no artigo 11 bis 1, da presente Convenção, quando tal utilização é justificada pela finalidade da informação a ser atingida.

3) Todavia, o autor tem o direito exclusivo de reunir em coleção as suas obras mencionadas nos parágrafos anteriores.

Artigo 3

1) São protegidos por força da presente Convenção:

a) os autores nacionais de um dos países unionistas, quanto às suas obras, publicadas ou não;

b) os autores não nacionais de um dos países unionistas, quanto às obras que publicarem pela primeira vez num desses países ou simultaneamente em um país estranho à União e num país da União.

2) Os autores não nacionais de um dos países da União mas que têm sua residência habitual num deles são, para a aplicação da presente Convenção, assimilados aos autores nacionais do referido país.

3) Por "obras publicadas" devem-se entender as obras editadas com o consentimento de seus autores, seja qual for o modo de fabricação dos exemplares, contanto que sejam postos à disposição do público em quantidade suficiente para satisfazer-lhe as necessidades, levando em conta a natureza da obra. Não constituem publicação a representação de obras dramáticas, dramático-musicais ou cinematográficas, a execução de obras musicais, a recitação pública de obras literárias, a transmissão ou a radiodifusão de obras literárias ou artísticas, a exposição de obras de arte e a construção de obras de arquitetura.

4) Considera-se publicada simultaneamente em vários países toda e qualquer obra publicada em dois ou mais países dentro de trinta dias a contar da sua primeira publicação.

Artigo 4

Por força da presente Convenção, são protegidos, mesmo se as condições previstas no artigo 3 não forem preenchidas:

a) os autores das obras cinematográficas cujo produtor tenha sua sede ou sua residência habitual em um dos países da União;

b) os autores das obras de arquitetura edificadas num país da União ou de obras de arte gráfica ou plástica incorporadas em um imóvel situado em um país da União.

Artigo 5

1) Os autores gozam, no que concerne às obras quanto às quais são protegidos por força da presente Convenção, nos países da União, exceto o de origem da obra, dos direitos que as respectivas leis concedem atualmente ou venham a conceder no futuro aos nacionais, assim como dos direitos especialmente concedidos pela presente Convenção.

2) O gozo e o exercício desses direitos não estão subordinados a qualquer formalidade; esse gozo e esse exercício independem da existência da proteção no país de origem das obras. Por conseguinte, afora as estipulações da presente Convenção, a extensão da proteção e os meios processuais garantidos ao autor

para salvaguardar os seus direitos regulam-se exclusivamente pela legislação do País onde a proteção é reclamada.

3) A proteção no pais de origem é regulada pela legislação nacional. Entretanto, quando o autor não pertence ao país de origem da obra quanto à qual é protegido pela presente Convenção, ele terá nesse país, os mesmos direitos que os autores nacionais.

4) Considera-se país de origem:

a) quanto às obras publicadas pela primeira vez num dos países da União, este último país; entretanto, se se tratar de obras publicadas simultaneamente em vários países da União que concedam prazos de proteção diferentes, aquele dentre eles cuja lei conceda prazo de proteção menos extenso;

b) quanto às obras publicadas simultaneamente num país estranho à União e num país da União, este último país;

c) quanto às obras não publicadas ou quanto às obras publicadas pela primeira vez num país estranho à União, sem publicação simultânea num país da União, aquele a que pertence o autor; entretanto:

i)se se tratar de obras cinematográficas cujo produtor tenha sua sede ou sua residência habitual num país da União, o país de origem será este último; e

ii) se se tratar de obras de arquitetura edificadas num país da União ou de obras de artes gráficas e plásticas incorporadas num imóvel situado em um país da União, o país de origem será este último país.

Artigo 6

1) Quando um país estranho à União não proteger de maneira suficiente as obras dos autores pertencentes a qualquer dos países da União, este último país poderá restringir a proteção das obras cujos autores pertencem, à data da primeira publicação dessas obras, ao outro país, e não têm residência habitual em qualquer país unionistas. Se o país da primeira publicação exercer esta faculdade, os outros países da União não serão obrigados a conceder às obras submetidas a este regime especial uma proteção mais ampla do que aquela que lhes é concedida no país da primeira publicação.

2) Nenhuma restrição, determinada por força do parágrafo precedente, deverá prejudicar os direitos que o autor tenha adquirido sobre qualquer obra sua publicada em país unionista antes de entrar em vigor essa restrição.

3) Os países unionistas que, em virtude do presente artigo, restringirem a proteção dos direitos dos autores, notificá-lo-ão ao Diretor-Geral da Organização Mundial da Propriedade Intelectual (abaixo designado "Diretor-Geral"), mediante declaração escrita em que se indiquem os países em relação aos quais a proteção se restringe, bem como as restrições a que os direitos dos autores pertencentes a esses países ficam sujeitos. O Diretor-Geral comunicará imediatamente o fato a todos os países da União.

Artigo 6bis

1) Independentemente dos direitos patrimoniais do autor, e mesmo depois da cessão dos citados direitos, o autor conserva o direito de reivindicar a paternidade da obra e de se opor a toda deformação, mutilação ou outra modificação dessa obra, ou a qualquer dano à mesma obra, prejudiciais à sua honra ou à sua reputação.

2) Os direitos reconhecidos ao autor por força do parágrafo 1 antecedente mantêm-se, depois de sua morte, pelo menos até à extinção dos direitos patrimoniais e são exercidos pelas pessoas físicas ou jurídicas a que a citada legislação reconhece qualidade para isso. Entretanto, os países cuja legislação, em vigor no momento da ratificação do presente Ato ou da adesão a ele, não contenha disposições assegurando a proteção, depois da morte do autor, de todos os direitos reconhecidos por força do parágrafo 1 acima, reservam-se a faculdade de estipular que alguns desses direitos não serão mantidos depois da morte do autor.

3) Os meios processuais destinados a salvaguardar os direitos reconhecidos no presente artigo regulam-se pela legislação do país onde é reclamada a proteção.

Artigo 7

1) A duração da proteção concedida pela presente convenção compreende a vida do autor e cinqüenta anos depois da sua morte.

2) Entretanto, quanto às obras cinematográficas, os países da União têm a faculdade de dispor que o prazo da proteção expira cinqüenta anos depois que a obra tiver se tornado acessível ao público com o consentimento do autor, ou que, se tal acontecimento não ocorrer nos cinqüenta anos a contar da realização de tal obra, a duração da proteção expira cinqüenta anos depois da referida realização.

3) Quanto às obras anônimas ou pseudônimas, a duração da proteção concedida pela presente Convenção expira cinqüenta anos após a obra ter se tornado licitamente acessível ao público. No entanto, quando o pseudônimo adotado pelo autor não deixa qualquer dúvida acerca da sua identidade, a duração da proteção é a prevista no parágrafo 1. Se o autor de uma obra anônima ou pseudônima revela a sua identidade durante o período acima indicado, o prazo de proteção aplicável é o previsto no parágrafo 1. Os países da União não estão obrigados a proteger as obras anônimas ou pseudônimas quanto às quais há razão de presumir-se que o seu autor morreu há cinqüenta anos.

4) Os países da União reservam-se, nas suas legislações nacionais, a faculdade de regular a duração da proteção das obras fotográficas e das obras de artes aplicadas protegidas como obras artísticas; entretanto, a referida duração não poderá ser inferior a um período de vinte e cinco anos contados da realização da referida obra.

5) O prazo de proteção posterior à morte do autor e os prazos previstos nos parágrafos 2, 3 e 4 precedentes começam a correr da morte ou da ocorrência mencionada nos referidos parágrafos, mas a duração desses prazos não se conta

senão a partir do dia 1o. de Janeiro do ano seguinte àquele em que ocorreu a morte ou a ocorrência em questão.

6) Os países da União têm a faculdade de conceder uma duração de proteção superior àquelas previstas nos parágrafos precedentes.

7) Os países da União vinculados pelo Ato de Roma da presente Convenção e que concedem, nas suas legislações nacionais em vigor no momento da assinatura do presente Ato, durações inferiores àquelas previstas nos parágrafos precedentes têm a faculdade de conservá-las ao aderir ao presente Ato ou ao ratificá-lo.

8) Em quaisquer casos, a duração será regulada pela lei do país em que a proteção for reclamada; entretanto, a menos que a legislação deste último país resolva de outra maneira, a referida proteção não excederá a duração fixada no país de origem da obra.

Artigo 7bis

As disposições do artigo antecedente são igualmente aplicáveis quando o direito de autor pertence em comum aos colaboradores de uma obra, sob reserva de que os prazos consecutivos à morte do autor sejam calculados a partir da data da morte do último colaborador sobrevivente.

Artigo 8

Os autores de obras literárias e artísticas protegidos pela presente Convenção gozam, durante toda a vigência dos seus direitos sobre as suas obras originais, do direito exclusivo de fazer ou autorizar a tradução das suas obras.

Artigo 9

1) Os autores de obras literárias e artísticas protegidas pela presente Convenção gozam do direito exclusivo de autorizar a reprodução destas obras, de qualquer modo ou sob qualquer forma que seja.

2) Às legislações dos países da União reserva-se a faculdade de permitir a reprodução das referidas obras em certos casos especiais, contanto que tal reprodução não afete a exploração normal da obra nem cause prejuízo injustificado aos interesses legítimos do autor.

3) Qualquer gravação sonora ou visual é considerada uma reprodução no sentido da presente Convenção.

Artigo 10

1) São lícitas as citações tiradas de uma obra já licitamente tornada acessível ao público, com a condição de que sejam conformes aos bons usos e na medida justificada pela finalidade a ser atingida, inclusive as citações de artigos de jornais e coleções periódicas sob forma de resumos de imprensa.

2) Os países da União reservam-se a faculdade de regular, nas suas leis nacionais e nos acordos particulares já celebrados ou a celebrar entre si, as condições em que podem ser utilizadas licitamente, na medida justificada pelo fim a atingir, obras literárias ou artísticas a título de ilustração do ensino em publicações, emissões radiofônicas ou gravações sonoras ou visuais, sob a condição de que tal utilização seja conforme aos bons usos.

3) As citações e utilizações mencionadas nos parágrafos antecedentes serão acompanhadas pela menção da fonte e do nome do autor, se esse nome figurar na fonte.

Artigo 10bis

1) Os países da União reservam-se a faculdade de regular nas suas leis internas as condições em que se pode proceder à reprodução na imprensa, ou à radiodifusão ou à transmissão por fio ao público, dos artigos de atualidade, de discussão econômica, política, religiosa, publicados em jornais ou revistas periódicas, ou das obras radiofônicas do mesmo caráter, nos casos em que a reprodução, a radiodifusão ou a referida transmissão não sejam expressamente reservadas. Entretanto, a fonte deve sempre ser claramente indicada; a sanção desta obrigação é determinada pela legislação do país em que a proteção é reclamada.

2) Os países da União reservam-se igualmente a faculdade de regular nas suas legislações as condições nas quais, por ocasião de relatos de acontecimentos da atualidade por meio de fotografia, cinematografia ou transmissão por fio ao público, as obras literárias ou artísticas, vistas ou ouvidas no decurso do acontecimento podem, na medida justificada pela finalidade de informação a atingir, ser reproduzidas e tornadas acessíveis ao público.

Artigo 11

1) Os autores de obras dramáticas, dramático-musicais e musicais gozam do direito exclusivo de autorizar: 1° a representação e a execução públicas das suas obras, inclusive a representação e a execução públicas por todos os meios e processos; 2° a transmissão pública por todos os meios da representação e da execução das suas obras.

2) Os mesmos direitos são concedidos aos autores de obras dramáticas ou dramático-musicais, por toda duração dos seu direitos sobre a obra original, no que respeita à tradução das suas obras.

Artigo 11bis

1) Os autores de obras literárias e artísticas gozam do direito exclusivo de autorizar; 1°- a radiodifusão de suas obras ou a comunicação pública das mesmas obras por qualquer outro meio que sirva para transmitir sem fio os sinais, os sons ou as imagens; 2°- qualquer comunicação pública, quer por fio, quer sem fio, da

obra radiodifundida, quando a referida comunicação é feita por um outro organismo que não o da origem; 3º- a comunicação pública, por meio de alto-falante ou por qualquer outro instrumento análogo transmissor de sinais, de sons ou imagem, da obra radiodifundida.

2) Compete às legislações dos países da União regular as condições de exercício dos direitos constantes do parágrafo 1 do presente Artigo, mas tais condições só terão um efeito estritamente limitado ao país que as tiver estabelecido. Essas condições não poderão, em caso algum, afetar o direito moral do autor, ou o direito que lhe pertence de receber remuneração eqüitativa, fixada, na falta de acordo amigável, pela autoridade competente.

3) Salvo estipulação em contrário, as autorizações concedidas nos termos do parágrafo 1 do presente artigo não implicam autorização de gravar, por meio de instrumentos que fixem os sons ou as imagens, as obras radiodifundidas. Entretanto, os países da União reservam-se a faculdade de determinar nas suas legislações nacionais o regime das gravações efêmeras realizadas por um organismo de radiodifusão pelos seus próprios meios e para as suas emissões. Essas legislações poderão autorizar a conservação de tais gravações em arquivos oficiais, atendendo ao seu caráter excepcional de documentação.

Artigo 11ter

1) Os autores de obras literárias gozam do direito exclusivo de autorizar; 1º- a recitação pública de suas obras, inclusive a recitação pública por todos os meios ou processos; 2º- a transmissão pública por todos os meios da recitação de suas obras.

2) Os mesmos direitos são concedidos aos autores de obras literárias durante toda a duração de seus direitos sobre a obra original, no que respeita à tradução de suas obras.

Artigo 12

Os autores de obras literárias ou artísticas gozam do direito exclusivo de autorizar as adaptações, arranjos e outras transformações das mesmas obras.

Artigo 13

1) Cada país da União pode, no que lhe diz respeito, estabelecer reservas e condições relativas ao direito do autor de uma obra musical e do autor da letra cuja gravação juntamente com a obra musical já foi autorizada por este último, de autorizar a gravação sonora da referida obra musical, eventualmente com a letra; mas todas as reservas e condições desta natureza só terão um efeito estritamente limitado ao país que as tiver estabelecido e não poderão em caso algum afetar o direito que tem o autor de receber remuneração eqüitativa, fixada, na falta de acordo amigável, pela autoridade competente.

2) As gravações de obras musicais que tenham sido realizadas num país da União nos termos do artigo 13. 3 das Convenções assinadas em Roma a 2 de Junho de 1928 e em Bruxelas a 26 de Junho de 1948 poderão, naquele país, constituir objeto de reproduções sem o consentimento do autor da obra musical até a expiração de um período de dois anos contados da data na qual o referido país fica vinculado pelo presente ato.

3) As gravações feitas nos termos do parágrafo 1 e 2 do presente artigo e importadas, sem autorização das partes interessadas, para um país onde não sejam lícitas poderão nele ser ali apreendidas.

Artigo 14

1) Os autores de obras literárias ou artísticas têm o direito exclusivo de autorizar: 1º- a adaptação e reprodução cinematográfica dessa obra e a distribuição das obras assim adaptadas ou reproduzidas; 2º- a representação e a execução públicas e a transmissão por fio ao público das obras assim adaptadas ou reproduzidas.

2) A adaptação, sobre qualquer outra forma artística, das realizações cinematográficas extraídas de obras literárias ou artísticas fica submetida, sem prejuízo da autorização dos seus autores, à autorização dos autores das obras originais.

3) As disposições do artigo 13.1 não são aplicáveis.

Artigo 14bis

1) Sem prejuízo dos direitos de autor de qualquer obra que poderia ter sido adaptada ou reproduzida, a obra cinematográfica é protegida como uma obra original. O titular do direito de autor sobre a obra cinematográfica goza dos mesmos direitos que o autor de uma obra original, inclusive os direitos mencionados no artigo precedente.

2) a) a determinação dos titulares do direito de autor sobre a obra cinematográfica é reservada à legislação do país em que a proteção é reclamada;

b) entretanto, nos países da União nos quais a legislação reconhece entre estes titulares os autores das contribuições prestadas à realização da obra cinematográfica, estes últimos, se comprometeram a prestar tais contribuições, não poderão, salvo estipulação contrária ou particular, se opor à reprodução, à distribuição, à representação e à execução públicas, à transmissão por fio ao público, à radiodifusão, à comunicação ao público, à colocação de legendas e à dublagem dos textos, da obra cinematográfica;

c) a questão de saber se a forma de compromisso acima referido deve, para a aplicação da alínea "b" precedente, ser ou não um contrato escrito ou ato escrito equivalente, é regulada pela legislação do país da União em que o produtor da obra cinematográfica tem sua sede ou a sua residência habitual. Todavia, à legislação dos países da União onde a proteção é reclamada fica reservada a faculdade de dispor que tal compromisso deve ser um contrato escrito ou um ato escrito equivalente. Os países que fazem uso desta faculdade deverão notificá-lo ao Diretor-Geral, por uma declaração escrita que será imediatamente comunicada por este último a todos os outros países da União;

d) por "estipulação contrária ou particular" deve entender-se toda condição restritiva que possa acompanhar o referido compromisso.

3) A menos que a legislação nacional decida de outra maneira, a disposição do parágrafo 2 "b" acima não são aplicáveis nem aos autores dos argumentos, dos diálogos e das obras musicais, criados para a realização da obra cinematográfica, nem ao realizador principal da mesma. Entretanto os países da União cuja legislação não contenha disposições prevendo a aplicação do parágrafo 2, "b", pré-citado, ao referido realizador, deverão notifica-lo ao Diretor-Geral mediante uma declaração escrita que será imediatamente comunicada por este último a todos os outros países da União.

Artigo 14ter

1) Quanto às obras de arte originais e aos manuscritos originais dos escritores e compositores, o autor — ou, depois da sua morte, as pessoas físicas ou jurídicas como tais qualificadas pela legislação nacional — goza de um direito inalienável de ser interessado nas operações de venda de que a obra for objeto depois da primeira cessão efetuada pelo autor.

2) A proteção prevista no parágrafo anterior só é exigível em cada país unionista se a legislação do país a que pertence o autor admite essa proteção e na medida em que o permite a legislação do país onde tal proteção é reclamada.

3) As modalidades e as taxas de percepção são determinadas em cada legislação nacional.

Artigo 15

1) Para que os autores das obras literárias e artísticas protegidas pela presente Convenção sejam, até prova em contrário considerados como tais e admitidos em conseqüência, perante os tribunais dos países da União, a proceder judicialmente contra os contrafatores, basta que seus nomes venham indicados nas obras pela forma usual. O presente parágrafo é aplicável mesmo quando os nomes são pseudônimos, desde que os pseudônimos adotados não deixem quaisquer dúvidas acerca da identidade dos autores.

2) Presume-se produtor da obra cinematográfica, salvo prova em contrário, a pessoa física ou jurídica cujo nome é indicado na referida obra na forma habitual.

3) Quanto às obras anônimas, e às pseudônimas que não sejam as mencionadas no parágrafo 1 anterior, o editor cujo nome vem indicado na obra é, sem necessidade de outra prova, considerado representante do autor; nesta qualidade tem poderes para salvaguardar e fazer valer os direitos deste. A disposição do presente parágrafo deixa de aplicar-se quando o autor revelou a sua identidade e justificou a sua qualidade.

4)a) Quanto às obras não publicadas cujo o autor é de identidade desconhecida, mas, segundo tudo leva a presumir, nacional de um país da União, é reservada à legislação desse país a faculdade de designar a autoridade competente para representar esse autor e com poderes para salvaguardar e fazer valer os direitos do mesmo nos países da União.

b) Os países da União, que, por força desta disposição, procederem a tal designação, notificá-lo-ão ao Diretor-Geral mediante uma declaração escrita em que serão indicadas todas as informações relativas à autoridade assim designada. O Diretor-Geral comunicará imediatamente a referida declaração a todos os outros países da União.

Artigo 16

1) Toda obra contrafeita pode ser apreendida nos países da União onde a obra original tem direito à proteção legal.
2) As disposições do parágrafo precedente são igualmente aplicáveis às reproduções provenientes de um país onde a obra não é protegida ou deixou de sê-lo.
3) A apreensão efetua-se de acordo com a legislação interna de cada país.

Artigo 17

As disposições da presente Convenção não podem prejudicar, seja no que for, o direito que tem o Governo de qualquer dos países da União de permitir, vigiar ou proibir, por medidas de legislação ou de polícia interna, a circulação, a representação ou a exposição de qualquer obra ou produção a respeito das quais a autoridade competente julgue necessário exercer esse direito.

Artigo 18

1) A presente Convenção aplica-se a todas as obras que na data da entrada em vigor deste instrumento, não caíram ainda no domínio público nos seus países de origem por ter expirado o prazo de proteção.
2) Todavia, se uma obra, por ter expirado o prazo de proteção que lhe era anteriormente reconhecido, caiu no domínio público no país onde a proteção é reclamada, não voltará a ser ali protegida.
3) A aplicação deste princípio efetuar-se-á de acordo com as estipulações contidas nas convenções especiais já celebradas ou a celebrar neste sentido entre países da União. Na falta de semelhantes estipulações, os países respectivos regularão, cada qual no que lhe disser respeito, as modalidades relativas a tal aplicação.
4) As disposições precedentes aplicam-se igualmente em caso de novas adesões à União e quando a proteção for ampliada por aplicação do artigo 7 ou por abandono de reservas.

Artigo 19

A disposições da presente Convenção não impedem que se reivindique a aplicação de disposições mais amplas que venham a ser promulgadas na legislação de qualquer país unionista.

Artigo 20

Os governos dos países da União reservam-se o direito de celebrar entre si acordos particulares, desde que tais acordos concedam aos autores direitos mais extensos do que aqueles conferidos pela Convenção ou que contenham estipulações diferentes não contrárias à mesma. As disposições dos acordos existentes que correspondem às condições acima indicadas continuam em vigor.

Artigo 21

1) Figuram em Anexo disposições especiais relativas aos países em vias de desenvolvimento.
2) Sob reserva das disposições do artigo 28,1, "b", o Anexo forma parte integrante do presente Ato.

Artigo 22

1) a) a União tem uma Assembléia composta dos países da União vinculados pelos artigos 22 a 26.
b) o Governo de cada país é representado por um delegado, que pode ser assessorado por suplentes, conselheiros e peritos.
c) os ônus de cada delegação são suportados pelo Governo que a designou.
2) a) a Assembléia:
i) trata de todas as questões relativas à manutenção e ao desenvolvimento da União e à aplicação da presente Convenção;
ii) dá ao,"Bureau international de la propriété intellectuelle" (abaixo denominada o "Bureau international"), mencionado na convenção que instituiu a Organização Mundial da Propriedade Intelectual (abaixo denominada "a Organização"), diretrizes relativas à preparação das conferências de revisão, levando devidamente em conta as observações dos países da União que não estão vinculados pelos artigos 22 a 26;
iii) examina e aprova os relatórios e as atividade do Diretor-Geral da Organização relativos à União e lhe dá todas as diretrizes úteis referentes às questões da competência da União;
iv) elege os membros da Comissão Executiva da Assembléia;
v) examina e aprova os relatórios e as atividades de sua Comissão Executiva e lhe dá diretrizes;

vi) baixa o programa, adota o orçamento trienal da União e aprova suas contas de encerramento;

vii) adota o regimento financeiro da União;

viii) cria os comissões de peritos e grupos de trabalho que julgar úteis à realização dos objetivos da União;

ix) decide quais os países não membros da União e quais as organizações intergovernamentais e internacionais não governamentais que podem ser admitidas nas suas reuniões na qualidade de observadores;

x) adota as modificações dos artigos 22 a 26;

xi) empreende qualquer outra ação apropriada a fim de alcançar os objetivos da União;

xii) executa quaisquer outras tarefas decorrentes da presente Convenção;

xiii) exerce, com a ressalva de que os aceite, os direitos que lhe são conferidos pela convenção que institui a Organização.

b) Em questões que interessem igualmente outras uniões administrativas pela Organização, a Assembléia estatui após tomar conhecimento do parecer da Comissão de Coordenação da Organização.

3) a) cada País Membro da assembléia dispõe de um voto.

b) O "quorum" é constituído pela metade dos Países Membros da Assembléia.

c) Não obstante as disposições da alínea "b", se, por ocasião de uma sessão, o número dos países representados for inferior à metade mas igual ou superior a um terço dos Países Membros da Assembléia, esta poderá tomar decisões; entretanto, as decisões da Assembléia, com exceção daquelas relativas ao processamento dos trabalhos, só se tornarão executórias quando as condições enunciadas abaixo forem cumpridas. O "Bureau International" comunica as referidas decisões aos Países Membros da Assembléia que não estavam representados, convidando-os a expressar por escrito, num prazo de três meses contados da data da referida comunicação, seu voto ou sua abstenção. Se, expirado este prazo, o número dos países que assim exprimiram seu voto ou sua abstenção for pelo menos igual ao número de países que faltavam para que "o quorum" fosse alcançado por ocasião da sessão, as referidas decisões tornar-se-ão executórias- contanto que se mantenha ao mesmo tempo a maioria necessária.

d) Ressalvadas as disposições do artigo 26.2, as decisões da Assembléia são tomadas por maioria de dois terços dos votos expressos.

e) A abstenção não é computada como voto.

f) Um delegado não pode representar senão um só país e somente pode votar em nome dele.

g) Os países da União que não são membros da Assembléia são admitidos às suas reuniões na qualidade de observadores.

4) a) A Assembléia se reúne uma vez em cada três anos em sessão ordinária, mediante convocação feita pelo Diretor-Geral e, salvo casos excepcionais, durante o mesmo período e no mesmo lugar que a Assembléia Geral da Organização.

b) A Assembléia se reúne em sessão extraordinária mediante convocação feita pelo Diretor-Geral, a pedido da Comissão Executiva ou a pedido de um quarto dos Países Membros da Assembléia.

5) A Assembléia adotará seu próprio regimento interno.

Artigo 23

1) A Assembléia tem um Comissão Executiva.

2) a) a Comissão Executiva é composta dos países eleitos pela Assembléia dentre os Países Membros desta última. Além disso, o país em cujo território a Organização tem a sua sede dispõe, "ex officio", de um lugar na Comissão, ressalvadas as disposições do artigo 25.7, "b"".

b) o Governo de cada País Membro da Comissão Executiva é representado por um delegado que pode ser assessorado por suplentes, conselheiros e peritos.

c) as despesas de cada delegação são custeadas pelo governo que a designou.

3) O número de Países Membros da Comissão Executiva corresponde à quarta parte do número dos Países Membros da Assembléia. No cálculo das vagas a preencher, o resto que fica depois da divisão por quatro não é tomado em consideração.

4) Por ocasião da eleição dos membros da Comissão Executiva, a Assembléia levará em conta uma distribuição geográfica eqüitativa e a necessidade de estarem os países que são partes nos Acordos Especiais que possam ser estabelecidos sem relação com a União entre os países que constituem a Comissão Executiva.

5) a) os membros da Comissão Executiva permanecem nas suas funções a partir do encerramento da sessão da Assembléia no decurso da qual foram eleitos até o término da sessão ordinária seguinte da Assembléia.

b) os membros da Comissão Executiva são reelegíveis no limite máximo de dois terços deles.

c) a Assembléia regulamenta as modalidades da eleição e da eventual reeleição dos membros da Comissão Executiva.

6) a) A Comissão Executiva;

i) prepara o projeto de ordem do dia da Assembléia;

ii) submete à Assembléia propostas relativas aos projetos de programa e de orçamento trienal da União preparados pelo Diretor-Geral;

iii) dá seu parecer, nos limites do programa e do orçamento trienal, sobre os programas e os orçamentos anuais preparados pelo Diretor Geral

iv) submete à Assembléia, com os comentários apropriados, os relatórios periódicos do Diretor-Geral e os relatórios anuais de verificação das contas;

v) toma todas as medidas úteis com vistas à execução do programa da União pelo Diretor-Geral, nos termos das decisões da Assembléia e levando em conta as circunstâncias sobrevindas entre duas sessões ordinárias da referida Assembléia;

vi) se desencumbe de quaisquer outras tarefas que lhe sejam atribuídas no âmbito da presente Convenção.

b) relativamente às questões que interessem igualmente outras Uniões administradas pela Organização, a Comissão Executiva estatui depois de tomar conhecimento do parecer do Conselho de Coordenação da Organização.

7) a) a Comissão Executiva reúne-se uma vez por ano em sessão ordinária, mediante convocação feita pelo Diretor-Geral, na medida do possível durante o mesmo período e no mesmo lugar que a Comissão de Coordenação da Organização;

b) A Comissão Executiva se reúne em sessão extraordinária mediante convocação feita pelo Diretor-Geral, seja por iniciativa deste último, seja a pedido de seu Presidente ou de um quarto de seus membros.

8) a) cada País Membro da Comissão Executiva dispõe de um voto;

b) a metade dos Países Membros da Comissão Executiva constitui o "quorum";

c) as decisões são tomadas por maioria simples dos votos expressos;

d) a abstenção não pode ser considerada como voto;

e) um delegado não pode representar senão um só país e somente pode votar em nome dele;

9) os países da União que não sejam membros da Comissão Executiva são admitidos às suas reuniões na qualidade de observadores.

10) A comissão executiva adotará seu próprio regulamento interno.

Artigo 24

1) a) as tarefas administrativas que incumbem à União são asseguradas pelo "Bureau International", que sucede ao "Bureau da União" unido com o "Bureau da União" instituído pela Convenção Internacional para a Proteção da Propriedade Industrial.

b) O "Bureau International" encarrega-se especialmente do secretariado dos diversos órgãos da União.

c) O Diretor-Geral da Organização é o mais alto funcionário da União e a representa.

2) O "Bureau International" reúne e publica as informações relativas à proteção do direito de autor. Cada país da União comunica, logo que possível ao "Bureau International" o texto de qualquer nova lei assim como de quaisquer textos oficiais relativos à proteção do direito de autor.

3) O "Bureau International" publica um periódico mensal.

4) O "Bureau International" fornece a qualquer país da União, a seu pedido, informações do direito de autor.

5) O "Bureau International" realiza estudos e fornece serviços destinados a facilitar a proteção do direito de autor.

6) O Diretor-Geral e qualquer membro do pessoal por ele designado participam, sem direito de voto, de todas as reuniões da Assembléia da Comissão Executiva e qualquer outra comissão de peritos ou grupo de trabalho. O Diretor-Geral ou um membro do pessoal por ele é, "ex officio", secretário dos referidos órgãos.

7) a) o "Bureau International", em conformidade com as diretrizes da Assembléia e em Cooperação com a Comissão Executiva, prepara as conferências de revisão das disposições da Convenção que não sejam aquelas compreendidas nos artigos 22 a 26;

b) O "Bureau International" pode consultar órgãos intergovernamentais e internacionais não governamentais relativamente à preparação das conferências de revisão.

c) O Diretor-Geral e as pessoas designadas por ele participam, sem direito de voto, das deliberações dessas conferências.

8) O "Bureau International" executa quaisquer outras tarefas que lhe sejam atribuídas.

Artigo 25

1) a) a União tem um orçamento.

b) o orçamento da União abrange as receitas e as despesas próprias da União, sua contribuição para o orçamento das despesas comuns às Uniões, assim como, eventualmente, a quantia posta à disposição do orçamento da Conferência da Organização.

c) Consideram-se despesas comuns às Uniões as despesas que não são exclusivamente atribuídas à União, mas igualmente a uma ou várias outras Uniões administradas pela Organização. A parte da União nessas despesas comuns é proporcional ao interesse que ditas despesas apresentam para ela.

2) O orçamento da União é estabelecido levando-se em conta as exigências de coordenação com os orçamentos das outras Uniões administradas pela Organização.

3) O orçamento da União é financiado com os seguintes recursos:

i) as contribuições dos países da União;

ii) as taxas e quantias devidas pelos serviços prestados pelo "Bureau International" por conta da União;

iii) o produto da venda das publicações do "Bureau International" relativas à União e os direitos correspondentes a essas publicações;

iv) os donativos, legados e subvenções;

v) os aluguéis, juros e outras rendas diversas.

4) a) a fim de determinar sua parte de contribuição ao orçamento, cada país da União é incluído numa classe e paga suas contribuições anuais com base em num número de unidades fixado como segue:

Classe I   25
Classe II   20
Classe III   15
Classe VI   10
Classe V   5
Classe VI   3
Classe VII   1

b) a menos que já o tenha feito antes, cada país declarará, no momento do depósito do seu instrumento de ratificação ou de adesão, em qual das mencionadas classes deseja ser incluído. Pode mudar de classe. Se escolher uma classe inferior, deve comunicar o fato à Assembléia por ocasião de uma de suas sessões ordinárias. Tal mudança entrará em vigor no início do ano civil seguinte à referida sessão;

c) a contribuição anual de cada país consiste numa quantia cuja relação à soma total das contribuições anuais ao orçamento da União, de todos os países, é a mesma que a relação entre o número de unidades da classe na qual está incluído e o número total das unidades do conjunto dos países.

d) As contribuições vencem no dia 1o. de Janeiro de cada ano.

e) Um país atrasado no pagamento de suas contribuições não pode exercer seu direito de voto, em qualquer dos órgãos da União do qual é membro, se o montante de seus atrasados é igual ou superior ao das contribuições das quais é devedor pelos dois anos completos esgotados. Entretanto, qualquer um desses órgãos pode permitir que tal país continue exercendo seu direito de voto no órgão enquanto julgar que o atraso resulta de circunstâncias excepcionais e inevitáveis.

f) No caso em que o orçamento não haja sido adotado antes do inicio do novo exercício, continuará a ser aplicado, conforme as modalidades previstas pelo regimento financeiro, o orçamento do ano anterior.

5) O montante das taxas e quantias devidas por serviços prestados pelo "Bureau International" por conta da União é fixado pelo Diretor-Geral, que informa sobre isso a Assembléia e a Comissão Executiva.

6) a) A União possui um fundo de giro constituído por um pagamento único, efetuado por cada país da União. Se o fundo se torna insuficiente, a Assembléia decide seu aumento.

b) O montante do pagamento inicial de cada país para o citado fundo ou de sua participação no aumento deste último é proporcional à contribuição desse país para o ano no curso do qual se constituiu o fundo ou se resolveu o aumento.

c) A proporção e as modalidades de pagamento são determinadas pela assembléia, mediante proposta do Diretor-Geral e após parecer da Comissão de Coordenação da Organização.

7) a) o acordo de sede concluído com o país em cujo território a Organização tem sua sede prevê que, se o fundo de giro for insuficiente, este país concederá adiantamentos. O montante desses adiantamentos e a condições nas quais são concedidos constituem objeto, em cada caso, de acordos separados entre o país em questão e a Organização. Enquanto tal país tiver obrigação de conceder adiantamentos, disporá ele, "ex officio", de uma cadeira na comissão executiva.

b) o país mencionado na alínea "a" e a Organização têm, cada um, o direito de denunciar o compromisso de conceder adiantamentos, mediante notificação por escrito. A denúncia entra em vigor três anos depois do fim do ano no curso do qual ela foi notificada.

8) A verificação das contas é assegurada, segundo as modalidades previstas pelo regimento financeiro, por um ou vários países da União ou por técnicos de controle externo, que são, com o consentimento deles, designados pela Assembléia.

Artigo **26**

1) Propostas de modificação dos artigos, 22, 23, 24, 25, e do presente artigo, podem ser apresentados por qualquer País Membro da Assembléia, pela Comissão Executiva ou pelo Diretor-Geral. Estas propostas são comunicadas por este último aos Países Membros da Assembléia seis meses pelo menos antes de serem submetidas à Assembléia para exame.

2) Toda modificação dos artigos mencionados no parágrafo 1 é adotada pela Assembléia. A adoção requer três-quartos dos votos expressos; entretanto, qualquer modificação do artigo 22 e do presente parágrafo requer quatro quintos dos votos expressos.

3) Qualquer modificação dos artigos mencionados na alínea 1 entra em vigor um mês depois do recebimento pelo Diretor-Geral das notificações escritas de aceitação efetuadas em conformidade com suas respectivas normas constitucionais, de três quartos dos países que eram membros da Assembléia no momento em que a modificação foi adotada. Qualquer modificação dos referidos artigos assim aceita vincula todos os países que sejam membros da Assembléia no momento em que a modificação entra em vigor ou que se tornam membros numa data ulterior; entretanto, qualquer modificação que aumente as obrigações financeiras dos países da União não vincula senão aquele dentre eles que notificaram sus aceitação de tal modificação.

Artigo **27**

1) A presente convenção será submetida a revisões a fim de nela introduzirem melhoramentos que possam aperfeiçoar o sistema da União.

2) Para tal efeito, realizar-se-ão conferências, sucessivamente, num dos países da União, entre os delegados dos referidos países.

3) Sem prejuízo das disposições do artigo 26 aplicáveis à modificação dos artigos 22 a 26, qualquer revisão do presente Ato, inclusive o Anexo, requer a unanimidade dos votos expressos.

Artigo **28**

1) a) qualquer dos países da União que tenha assinado o presente Ato pode ratificá-lo e, se não o tiver assinado, pode a ele aderir. Os instrumentos de ratificação ou de adesão são depositados junto ao Diretor-Geral.

b) qualquer dos países da União pode declarar no seu instrumento de ratificação ou de adesão que a sua ratificação ou sua adesão não é aplicável aos artigos 1 a 21 e ao Anexo; entretanto se tal país já fez uma declaração de acordo com o artigo VI, 1, do Anexo, só pode declarar no referido instrumento que sua ratificação ou sua adesão não se aplica aos artigos 1 a 20.

c) qualquer dos países da União que, de acordo com a alínea "b", excluiu dos efeitos da sua ratificação ou de sua adesão às disposições mencionadas na referida alínea pode, a qualquer momento posterior, declarar que estende os efeitos de sua ratificação ou de sua adesão a estas disposições. Tal declaração é depositada junto ao Diretor-Geral.

2) a) os artigos 1 a 21 e o Anexo entram em vigor três meses depois que as duas condições seguintes foram preenchidas:

i) cinco países da União pelo menos ratificaram o presente Ato ou a ele aderiram sem fazerem declaração segundo o parágrafo 1,""b";

ii) a Espanha, os Estados Unidos da América, a França e o Reino Unido da Grã-Bretanha e Irlanda do Norte ficaram vinculados pela Convenção Universal sobre o direito de autor, tal como foi revista em Paris a 24 de Julho de 1971.

b) A entrada em vigor mencionada na alínea "a" é efetiva em relação aos países da União que, três meses pelo menos antes da referida entrada em vigor, depositaram instrumentos de ratificação ou de adesão que não contêm declaração segundo o parágrafo 1, "b".

c) Em relação a qualquer dos países da União ao qual a alínea "b" não é aplicável e que ratifica o presente Ato ou a ele adere sem fazer declaração segundo o parágrafo 1, "b", os artigos 1 a 21 e o Anexo entram em vigor três meses depois da data em que o Diretor-Geral notificou o depósito do instrumento de ratificação ou de adesão em causa, a menos que uma data posterior tenha sido indicada no instrumento depositado. Nesse último caso, os artigos 1 e 21 e o Anexo entram em vigor em relação a este país na data assim indicada.

d) As disposições das alíneas"a" e "c" não afetam a aplicação do artigo VI do Anexo.

3) Em relação a qualquer país da União que ratifique o presente Ato ou a ele adira com ou sem declaração segundo o parágrafo 1, "b", os artigos 22 a 38 entram em vigor três meses depois da data em que o Diretor-Geral houver notificado o depósito do instrumento de ratificação ou de adesão em causa, a menos que uma data posterior tenha sido indicada no instrumento depositado. Neste último caso, os artigos 22 a 38 entram em vigor em relação a este país na data assim indicada.

Artigo 29

1) Qualquer país estranho à União pode aderir ao presente Ato e tornar-se, assim, parte na presente Convenção e membro da União. Os instrumentos de adesão são depositados junto ao Diretor-Geral.

2) a) ressalvada a alínea "b", a presente Convenção entra em vigor em relação a qualquer país estranho à União três meses depois da data em que o Diretor-Geral notificou o depósito de seu instrumento de adesão, a menos que uma data posterior tenha sido indicada no instrumento depositado. Neste último caso, a presente Convenção entra em vigor em relação a esse país na data assim indicada.

b) Se a entrada em vigor em aplicação da alínea "a" precede a entrada em vigor dos artigos 1 a 21 e do Anexo por aplicação do artigo 28.2, "a", o referido país será vinculado, no intervalo, pelos artigos 1 a 20 do ato de Bruxelas da presente Convenção que passam a substituir os artigos 1 a 21 e o anexo.

Artigo **29bis**

A ratificação do presente Ato ou a adesão a este Ato por qualquer país não vinculado pelos artigos 22 a 38 do Ato de Estocolmo da presente Convenção eqüivale, para o único fim de poder-se aplicar o artigo 14.2 da convenção que institui a Organização, à ratificação do ato de Estocolmo ou à adesão a este Ato com a limitação prevista pelo artigo 28.1, "b", (i) de tal ato.

Artigo **30**

1) Ressalvadas as exceções permitidas pelo parágrafo 2 do presente artigo, pelo artigo 28.1, "b", pelo artigo 33.2, assim como pelo Anexo, a ratificação ou a adesão importa, de pleno direito, em acesso a todas as cláusulas e admissão a todas as vantagens estipuladas pela presente Convenção.

2) a) qualquer país da União que ratifica o presente Ato ou que a ele adere pode, sem prejuízo do artigo V.2 do Anexo, conservar o benefício das ressalvas que formulou anteriormente, com condição de declará-lo ao fazer o depósito de seu instrumento de ratificação ou de adesão.

b) qualquer país estranho à União pode declarar, ao aderir à presente Convenção, e sem prejuízo do artigo V.2 do anexo, que entende substituir, provisoriamente pelo menos, ao artigo 8 do presente Ato, relativo ao direito de tradução, as disposições do artigo 5 da convenção da União de 1886, completada em Paris em 1896, ficando bem entendido que estas disposições visam somente a tradução numa língua de uso geral no referido país. Sem prejuízo do artigo 1.6, "b", do Anexo, qualquer país tem a faculdade de aplicar, relativamente ao direito de tradução das obras que têm como país de origem que faça uso de tal ressalva, uma proteção equivalente à concedida por este último país.

c) qualquer país pode, em qualquer momento, retirar as referidas ressalvas, mediante notificação dirigida ao Diretor-Geral.

Artigo **31**

1) Qualquer país pode declarar em seu instrumento de ratificação ou de adesão, ou pode informar ao Diretor-Geral mediante notificação escrita em qualquer momento posterior, que a presente Convenção é aplicável à totalidade ou a parte dos territórios, designados na declaração ou na notificação, pelos quais assume a responsabilidade das relações exteriores.

2) Qualquer país que tenha feito tal declaração ou efetuado tal notificação pode, em qualquer momento, notificar o Diretor-Geral que a presente Convenção deixa de ser aplicável à totalidade ou a parte dos referidos territórios.

3) a) qualquer declaração feita por força do parágrafo 1 entra em vigor na

mesma data em que a ratificação ou a adesão em cujo instrumento ela foi incluída, e qualquer notificação efetuada por força deste parágrafo entra em vigor três meses depois de sua notificação pelo Diretor-Geral.

b) qualquer notificação efetuada por força do parágrafo 2 entra em vigor doze meses depois de seu recebimento pelo Diretor-Geral.

4) O presente artigo não poderá ser interpretado como acarretando o reconhecimento ou a aceitação tácita por qualquer dos países da União da situação de fato de qualquer território ao qual a presente convenção é tornada aplicável por um outro país da União por força de uma declaração feita em aplicação do parágrafo 1.

Artigo 32

1) O presente Ato substitui, nas relações entre os países da União, e na medida em que se aplica, a Convenção de Berna de 9 de Setembro de 1886 e os Atos de revisão subsequentes. Os Atos que vigoravam anteriormente continuam sendo aplicáveis, em sua totalidade ou na medida em que o presente Ato não os substitui por força da frase anterior, nas relações com os países da União que não ratifiquem o presente Ato ou que a ele não adiram.

2) Os países estranhos à União, que passem a ser partes no presente Ato aplicá-lo-ão, sem prejuízo das disposições do parágrafo 3, relativamente a qualquer país da União que não seja parte deste Ato, ou que, sendo parte do mesmo, tenha feito a declaração prevista no artigo 28.1, "b". Os referidos países admitirão que tal país, em suas relações com ele:

i) aplique as disposições do Ato mais recente do qual seja parte; e

ii) sem prejuízo do disposto no artigo I.6 do Anexo, tenha a faculdade de adaptar a proteção ao nível previsto pelo presente Ato.

3) Os países que invocaram o benefício de qualquer das faculdades previstas no Anexo podem aplicar as disposições do Anexo que dizem respeito à faculdade ou às faculdades cujo benefício invocaram, em suas relações com qualquer país da União que não esteja vinculado pelo presente Ato, com a condição de que este último país tenha aceito à aplicação de tais disposições.

Artigo 33

1) Todos os litígios entre dois ou mais países da União, que digam respeito à interpretação ou à aplicação da presente Convenção e que não sejam solucionados por via de negociações, serão submetidos à Corte Internacional de Justiça, por qualquer dos países em causa, mediante petição redigida em conformidade com o Estatuto da Corte, salvo se os países em causa acordarem em qualquer outra forma de solução. O "Bureau International" será informado pelo país requerente do litígio submetido ao Tribunal e disso dará conhecimento aos outros países da União.

2) No momento em que firmar o presente Ato ou depositar seu instrumento de ratificação ou de adesão, qualquer país poderá declarar que não se considera

vinculado pelas disposições do parágrafo 1. As disposições do parágrafo 1 não são aplicáveis no que diz respeito a qualquer litígio entre tal país e os demais países da União.

3) Qualquer país que tenha feito uma declaração segundo o disposto no parágrafo 2 pode retirá-la, em qualquer tempo, mediante notificação dirigida ao Diretor-Geral.

Artigo 34

1) Sem prejuízo do disposto no artigo 29, bis, depois da entrada em vigor dos artigos 1, a 21 e do Anexo, nenhum país pode aderir a Atos anteriores à presente Convenção ou ratificá-los.

2) A partir da entrada em vigor dos artigos 1 a 21 e do Anexo, nenhum país pode fazer declaração por força do disposto no artigo 5 do Protocolo relativo aos países em vias de desenvolvimento, anexo ao Ato de Estocolmo.

Artigo 35

1) A presente convenção manter-se-á em vigor por tempo indeterminado.

2) Qualquer país pode denunciar o presente Ato mediante notificação dirigida ao Diretor-Geral. Esta denúncia implica também em denúncia de todos os atos anteriores e não produzirá efeito senão com referência ao país que a tenha apresentado, permanecendo a Convenção em vigor e executiva com relação aos outros países da União.

3) A denúncia produzirá efeito um ano depois da data em que o Diretor-Geral recebeu a notificação.

4) O direito de denúncia previsto no presente artigo não poderá ser exercido por qualquer país antes de expirado o prazo de cinco anos a contar da data em que tal país se tenha tornado membro da União.

Artigo 36

1) Todo país parte na presente Convenção se compromete a adotar, de conformidade com sua Constituição, as medidas necessárias para assegurar a aplicação da presente Convenção.

2) Entende-se que, no momento em que um país se vincula pela presente Convenção, deve estar em condições, de conformidade com sua legislação interna, aplicar as disposições da presente Convenção.

Artigo 37

1) a) o presente Ato é assinado em um único exemplar nas línguas inglesa e francesa e, sem prejuízo do parágrafo 2, é depositado junto ao Diretor-Geral.

b) textos oficiais são elaborados pelo Diretor-Geral, depois de consultados os governos interessados, nas línguas alemã, árabe, espanhola, italiana e portuguesa, e nas outras línguas que poderão ser indicadas pela Assembléia.

c) em caso de divergência quanto à interpretação dos diversos textos, fará fé o texto francês.

2) O presente ato permanece aberto à assinatura até 31 de Janeiro de 1972. Até esta data, o exemplar mencionado no parágrafo 1, "a", será depositado junto do Governo da República francesa.

3) O Diretor-Geral transmitirá duas cópias certificadas conforme do texto assinado do presente Ato aos Governos de todos os países da União e, a pedido, ao Governo de qualquer outro país.

4) O Diretor-Geral fará registrar o presente Ato junto ao Secretariado da Organização das Nações Unidas.

5) O Diretor-Geral notificará aos Governos de todos os países da União as assinaturas, os depósitos de instrumentos de ratificação ou de adesão e de declarações compreendidas nesses instrumentos ou efetuadas em aplicação dos artigos 28.1, "c", 30.2, "a" e "b" e 33.2, a entrada em vigor de quaisquer disposições do presente Ato, as notificações de denúncia e as notificações feitas em aplicação dos artigos 30.2, "c" 31.1 e 2, 33.3 e 38.1, assim como as notificações mencionadas no Anexo.

Artigo 38

1) Os países da União que não ratificaram o presente Ato ou que não aderiram a ele e que não são vinculados pelos artigos 22 a 26 do Ato de Estocolmo podem exercer até o dia 26 de Abril de 1975, se o desejarem, os direitos previstos pelos referidos artigos, como se fossem por eles vinculados. Qualquer país que deseje exercer os referidos direitos deposita para este fim, junto ao Diretor-Geral, uma notificação escrita que entra em vigor na data de seu recebimento. Tais países são considerados membros da Assembléia até a referida data.

2) Enquanto todos os países da União não se tiverem tornado membros da Organização, o "Bureau International" da Organização funcionará igualmente como Secretaria da União e o Diretor-Geral como diretor de tal Secretaria.

3) Quando todos os países da União se tiverem tornado membros da Organização, os direitos, obrigações e bens da Secretaria da União passarão para o "Bureau International" da Organização.

Anexo

Artigo **primeiro**

1) Qualquer país considerado de conformidade com a prática estabelecida na Assembléia Geral das Nações Unidas, como país em vias de desenvolvimento, que ratifique o presente Ato, do qual o presente Anexo forma parte integrante, ou que a ele adira, e que, em vista de sua situação econômica e de suas necessi-

dades sociais e culturais, não se considere estar, de imediato, em condições de tomar as disposições próprias para assegurar a proteção de todos os direitos, tais como previstos no presente Ato, pode, mediante notificação depositada junto do Diretor-Geral, no momento do depósito do seu instrumento de ratificação ou de adesão, ou, sem prejuízo do deposito no artigo V.1, "c", em qualquer data ulterior, declarar que invocará o benefício da faculdade prevista pelo artigo II ou daquela prevista pelo artigo III ou de ambas as faculdades. Pode, em lugar de invocar o benefício da faculdade prevista pelo artigo II, fazer uma declaração conforme o artigo V.1, "a".

2) a) qualquer declaração feita por força do parágrafo 1 e notificada antes de expirado um período de dez anos, contados da entrada em vigor dos artigos 1 a 21 e do presente Anexo, de acordo com o artigo 28.2, permanecerá válida até que tenha expirado o referido período. Poderá ser renovada na sua totalidade ou parcialmente por outros períodos sucessivos de dez anos, mediante notificação depositada junto ao Diretor-Geral, não mais de quinze meses mas não menos de três meses antes de ter expirado o período decenal em curso.

b) qualquer declaração feita nos termos do parágrafo 1 e notificada depois de ter expirado um período de dez anos, contados da entrada em vigor dos artigos 1 a 21 e do presente Anexo, de acordo com o artigo 28.2, permanece válida até que tenha expirado o período decenal em curso. Pode ser renovada como previsto na segunda frase da alínea "a".

3) Qualquer país da União que tenha deixado de ser considerado como um país em vias de desenvolvimento de acordo com o disposto na alínea 1, não estará mais habilitado a renovar sua declaração tal qual prevista na alínea 2 e quer retire ou não oficialmente sua declaração, tal país perderá a possibilidade de invocar o benefício das faculdades mencionadas no parágrafo 1, seja ao expirar o período decenal em curso, seja três anos depois que tenha deixado de ser considerado um país em vias de desenvolvimento, devendo ser aplicado o prazo que mais tarde vença.

4) Se, na época em que a declaração feita em virtude do parágrafo 1 ou do parágrafo 2 deixa de vigorar, houve em estoque exemplares produzidos sob o regime de uma licença concedida por força das disposições do presente Anexo, tais exemplares poderão continuar a ser postos em circulação até seu esgotamento.

5) Qualquer país que seja vinculado pelas disposições do presente Ato e que tenha depositado uma declaração ou uma notificação de acordo com o artigo 31.1 relativamente a aplicação do referido Ato a determinado território cuja situação pode ser considerada como análoga àquela dos países mencionados no parágrafo 1, pode, em relação a esse território, fazer a declaração mencionada no parágrafo 1 e a notificação de renovação indicada no parágrafo 2. Enquanto vigorar esta declaração ou esta notificação, as disposições do presente Anexo aplicar-se-ão ao território em relação ao qual a mesma foi feita.

6) a) O fato de que um país invoca o benefício de uma das faculdades mencionadas no parágrafo 1 não autoriza outro país a dar às obras, cujo país de origem é o primeiro país em questão, uma proteção inferior àquela que é obrigado a conceder de acordo com os artigos 1 a 20.

b) A faculdade de reciprocidade prevista pelo artigo 30.2, "b", segunda frase, não pode, até à data em que expira o prazo aplicável de acordo com o artigo I.3, ser exercida para obras cujo país de origem é um país que fez declaração de acordo com o artigo V.1, "a".

Artigo II

1) Todo país que tenha declarado que invocará o benefício da faculdade prevista pelo presente artigo será habilitado, relativamente às obras publicadas sob forma impressa ou sob qualquer outra forma análoga de reprodução, a substituir o direito exclusivo de tradução previsto no artigo 8 por um regime de licenças não exclusivas e intransferíveis, concedidas pela autoridade competente nas condições indicadas a seguir e de acordo com o artigo IV.

2) a) sem prejuízo do disposto no parágrafo 3, quando, ao expirar um período de três anos ou um período mais longo determinado pela legislação nacional do referido país contado da primeira publicação de uma obra, a tradução não foi publicada numa língua de uso geral nesse país, pelo titular do direito de tradução ou com sua autorização, qualquer nacional do referido país poderá obter uma licença para traduzir a obra na referida língua e publicar essa tradução sob forma impressa ou sob qualquer outra forma análoga de reprodução.

b) uma licença também pode ser concedida em virtude do presente artigo se estiverem esgotadas todas as edições da tradução publicada na língua em apreço.

3) a) no caso de traduções numa língua que não é de uso geral num ou em vários países desenvolvidos, membros da União, o período de um ano substituirá o período de três anos mencionados no parágrafo 2, "a".

b) qualquer país mencionado no parágrafo 1 pode, com o acordo unânime dos países desenvolvidos, membros da União, nos quais a mesma língua é de uso geral, substituir, no caso de tradução para a referida língua, o período de três anos mencionados no parágrafo 2, "a", por um período mais curto, fixado de conformidade com o referido acordo, não podendo, todavia, tal período ser inferior a um ano. Entretanto, as disposições da frase precedente não são aplicáveis quando se trata de inglês, espanhol ou francês. Qualquer acordo neste sentido será notificado ao Diretor-Geral pelos governos que o tiverem concluído.

4) a) Nenhuma licença mencionada no presente artigo poderá ser concedida antes de expirado um prazo suplementar de seis meses, no caso em que ela possa ser obtida ao expirar de um período de três anos, e de nove meses, no caso em que possa ser obtida ao expirar de um período de um ano:

i) contados da data em que o requerente cumpre as formalidades previstas pelo artigo IV. 1;

ii) ou então, se a identidade ou o endereço do titular do direito de tradução não for conhecido, contados da data em que o requerente procede, como previsto no artigo IV.2, ao envio das cópias do requerimento apresentado por ele à autoridade competente a fim de obter a licença.

b) se, no decurso de um prazo de seis ou de nove meses, uma tradução na língua para a qual o requerimento foi apresentado é publicada pelo titular do direito de tradução ou com a sua autorização, nenhuma licença será concedida por força do presente artigo.

5) Qualquer licença mencionada no presente artigo somente poderá ser concedida para fins escolares, universitário ou de pesquisa.

6) Se a tradução de uma obra for publicada pelo titular do direito de tradução ou com sua autorização por um preço comparável àquele em uso no país em causa para obras análogas, qualquer licença concedida por força do presente artigo cessará se tal tradução for na mesma língua e tiver, em essência, o mesmo conteúdo que a tradução publicada por força da licença. Poder-se-á continuar a distribuição de todos os exemplares já produzidos antes da expiração da licença, até o esgotamento dos mesmos.

7) Para as obras que são compostas principalmente de ilustrações, uma licença para realizar e publicar uma tradução do texto e para reproduzir e publicar ilustrações somente poderá ser concedida se as condições do artigo III forem igualmente preenchidas.

8) Nenhuma licença poderá ser concedida por força do presente artigo quando o autor tiver retirado da circulação todos os exemplares da sua obra.

9) a) Uma licença para traduzir uma obra que tenha sido publicada sob forma impressa ou sob qualquer forma análoga de reprodução pode também ser concedida a qualquer órgão de radiodifusão que tenha sua sede num país mencionado no parágrafo 1, em conseqüência de um pedido feito à autoridade competente do país do referido organismo, contanto que tenham sido preenchidas todas as seguintes condições:

i) a tradução seja feita a partir de um exemplar produzido e adquirido de acordo com a legislação do referido país;

ii) a tradução seja utilizada somente em emissões destinadas ao ensino ou à difusão de informações de caráter científico ou técnico destinadas aos peritos de determinada profissão;

iii) a tradução seja utilizada exclusivamente para os fins enumerados no ponto (ii) em emissões feitas licitamente e destinadas aos beneficiários no território do referido país, inclusive as emissões feitas mediante registros sonoros e visuais realizados licitamente e exclusivamente para tais emissões;

iv) os usos feitos da tradução não tenham caráter lucrativo.

b) registros sonoros ou visuais de uma tradução feita por um órgão de radiodifusão sob o regime de uma licença concedida por força da presente alínea podem, para os fins e sem prejuízo das condições enumeradas na alínea "a" e com o acordo desse órgão, ser também utilizados por qualquer outro órgão de radiodifusão como sede no país cuja autoridade competente concedeu a licença em questão;

c) sempre que todos os critérios e condições enumerados na alínea "a" sejam respeitados, uma licença pode igualmente ser concedida a um órgão de radiodifusão para traduzir qualquer texto incorporado numa fixação audiovisual feita e publicada unicamente para uso escolar e universitário.

d) sem prejuízo das alíneas "a" a "c", as disposições dos parágrafos precedentes são aplicáveis à concessão e ao exercício de qualquer licença concedida por força do presente parágrafo.

Artigo III

1) Qualquer país que tenha declarado que invocará o benefício da faculdade prevista no presente artigo terá direito, para substituir o direito exclusivo de reprodução previsto no artigo 9 por um regime de licenças não exclusivas e intransferíveis, concedidas pela autoridade competente nas condições indicadas a seguir e de acordo com o artigo IV.

2) a) com relação a uma obra à qual o presente artigo é aplicável por força do parágrafo 7 e quando, ao expirar:

i) do período fixado no parágrafo 3 e contado a partir da primeira publicação de uma edição determinada de uma tal obra; ou

ii) de um período mais longo fixado pela legislação nacional do país mencionado a partir da mesma data, exemplares dessa edição não foram postos à venda, no referido país, para atender às necessidades, quer do público, quer do ensino escolar e universitário, pelo titular do direito de reprodução ou com a sua autorização, por um preço comparável ao em uso em tal país para obras análogas, qualquer nacional do referido país poderá obter uma licença para reproduzir e publicar essa edição, por esse preço ou por preço inferior, afim de atender às necessidades do ensino escolar e universitário;

b) uma licença para reproduzir e publicar uma edição que foi posta em circulação como o descreve a alínea "a" pode também ser concedida por força das condições previstas pelo presente artigo se, depois de expirado o período aplicável, exemplares autorizados dessa edição não estão mais à venda no país em questão, durante um período de seis meses para responder às necessidades, quer do público, quer do ensino escolar e universitário, a um preço comparável àquele que é pedido no referido país para obras análogas.

3) O período a que se refere o parágrafo 2, "a", (i) é de cinco anos. Entretanto,

i) para as obras que tratem de ciências exatas e naturais e da tecnologia, será de três anos;

ii) para as obras que pertençam ao campo de imaginação, como romances, obras poéticas, dramáticas e musicais e para os livros de arte, será de sete anos.

4) a) no caso em que possa ser obtida no termo de um período de três anos, a licença não poderá ser concedida em virtude do presente artigo antes de expirar um prazo de seis meses;

i- a contar da data em que o requerente cumpre as formalidades previstas pelo artigo IV. 1;

ii- ou então, se a identidade ou o endereço do titular do direito de reprodução não for conhecido, a contar da data em que o requerente precede, como previsto no artigo IV. 2, ao envio das cópias do requerimento apresentado por ele à autoridade competente a fim de obter a licença.

b) nos outros casos e se o artigo IV. 2. é aplicável a licença não poderá ser concedida antes de expirado um prazo de três meses contados do envio das cópias do requerimento.

c) se durante o prazo de seis ou de três meses mencionado nas alíneas "a" e" b" houve uma distribuição, como descrito no parágrafo 2, "a", nenhuma licença poderá ser concedida por força do presente artigo.

d) nenhuma licença poderá ser concedida quando o autor tiver retirado da circulação todos os exemplares da edição para cuja reprodução e publicação a licença foi requerida.

5) Uma licença para reproduzir e publicar uma tradução de uma obra não será concedida, por força do presente artigo, nos casos abaixo:

i) quando a tradução em causa não for publicada pelo titular do direito da tradução ou com sua autorização;

ii) quando a tradução não é feita numa língua de uso geral no país onde a licença é requerida.

6) Caso sejam postos à venda exemplares de uma edição de uma obra no país mencionado no parágrafo 1 para responder às necessidades, quer do público, quer do ensino secundário e universitário, pelo titular do direito de reprodução ou com sua autorização, por um preço comparável àquele em uso no referido país para obras análogas qualquer licença concedida por força do presente artigo caducará se essa edição for na mesma língua e tiver essencialmente o mesmo conteúdo que a edição publicada por força da licença. Poder-se-á continuar a distribuição de todos os exemplares já produzidos antes da expiração da licença até o esgotamento dos mesmos.

7) a) sem prejuízo da alínea "b", as obras às quais o presente artigo é aplicável são apenas as obras publicadas sob forma impressa ou sob qualquer outra forma análoga de reprodução.

b) o presente artigo é igualmente aplicável à reprodução audiovisual de fixações lícitas audiovisuais que constituam ou incorporem obras protegidas assim como à tradução do texto que as acompanha numa língua de uso geral no país em que a licença é requerida, ficando bem entendido que as fixações audiovisuais em questão foram concebidas e publicadas unicamente para fins escolares e universitários.

Artigo IV

1) Qualquer licença mencionada no artigo II ou no artigo III somente poderá ser concedida se o requerente, de acordo com as disposições em vigor no país em causa, provar ter pedido ao titular do direito a autorização de fazer uma tradução e de publicá-la ou de reproduzir e publicar a edição, conforme o caso, e, depois das devidas diligências de sua parte, não tiver podido encontrá-lo ou não tiver podido obter sua autorização. Ao mesmo tempo em que faz tal pedido ao titular do direito, o requerente deve informar qualquer centro nacional ou internacional de informação de que se trata o parágrafo 2.

2) Se o titular do direito não tiver podido ser encontrado pelo requerente,

este deve dirigir, pelo correio aéreo, em carta registrada, cópias do requerimento, apresentado por ele à autoridade competente com a finalidade de obter a licença, ao editor cujo nome figura na obra e a qualquer centro nacional ou internacional de informação que possa ter sido designado, numa notificação depositada para este fim junto ao Diretor-Geral pelo governo do país em que se presuma que o editor tenha seu lugar principal de atividades.

3) O nome do autor deve ser indicado em todos os exemplares da tradução ou da reprodução publicada sob o regime de uma licença concedida por força do artigo II ou do artigo III. O título da obra deve figurar em todos os exemplares. Se se tratar de uma tradução, o título original da obra deve, em qualquer caso, figurar em todos os exemplares.

4) a) qualquer licença concedida por força do artigo II ou do artigo III não se estenderá à exportação de exemplares e só será válida para a publicação da tradução ou da reprodução, conforme o caso, no interior do território do país em que a licença é requerida;

b) para os fins da aplicação da alínea "a", deve ser considerado como exportação o envio de exemplares de um território para um país que, para esse território, fez uma declaração de acordo com o artigo I.5;

c) quando um órgão governamental ou qualquer outro órgão público de um país que concedeu, de acordo com o artigo II, uma licença para fazer uma tradução numa língua que não seja o inglês, o espanhol ou o francês, envia exemplares da tradução publicada por força de tal licença a um outro país tal expedição não será considerada, para os fins da alínea "a", como sendo uma exportação se todas as condições seguintes forem preenchidas:

i) os destinatários são particulares nacionais do país cuja autoridade competente concedeu a licença, ou organizações que agrupem tais nacionais;

ii) os exemplares são utilizados exclusivamente para fins escolares, universitários ou de pesquisa;

iii) o envio de exemplares e a sua distribuição ulterior aos destinatários não se revestem de qualquer caráter lucrativo; e

iv) o país para o qual os exemplares foram enviados concluiu um acordo com o país cuja autoridade competente outorgou a licença para autorizar a recepção dos mesmos, ou a distribuição, ou esta duas operações, e o governo deste último país notificou o Diretor-Geral tal acordo:

5) Todo exemplar publicado sob o regime de uma licença concedida por força do artigo II ou do artigo III deve conter uma menção na língua apropriada indicando que o exemplar é posto em circulação somente no país ou no território a que se aplica a referida licença.

6) a) medidas adequadas serão tomadas no plano nacional para que:

i) a licença preveja em favor do titular do direito de tradução ou de reprodução, conforme o caso, uma remuneração eqüitativa e de acordo com a tabela dos pagamentos normalmente efetuados no caso de licenças livremente negociadas, entre os interessados nos dois países em causa; e

ii) sejam assegurados o pagamento e a remessa desta remuneração; se existir uma regulamentação nacional relativa a divisas, a autoridade competente não poupará esforços, recorrendo aos mecanismos internacionais, para assegurar a remessa da remuneração em moeda internacionalmente conversível ou em seu equivalente.

b) medidas adequadas serão tomadas no âmbito da legislação nacional para que seja garantida uma tradução correta da obra ou uma reprodução exata da edição em causa, conforme o caso.

Artigo V

1) a) qualquer país habilitado a declarar que invocará o benefício da faculdade prevista no artigo II pode, ao ratificar o presente Ato, ou a ele aderir, substituir tal declaração por:

i) se for um país ao qual o artigo 30.2, "a" é aplicável, uma declaração nos termos desta disposição, no que diz respeito ao direito de tradução;

ii) se for um país ao qual o artigo 30.2 "a" não for aplicável, e mesmo se não for um país estranho à União, uma declaração como previsto no artigo 30.2 "b", primeira frase.

b) no caso de um país que deixou de ser considerado como país em vias de desenvolvimento, tal como mencionado no artigo I.1, uma declaração feita em conformidade com o presente parágrafo permanece válida até a data na qual expira o prazo aplicável de acordo com o artigo I.3.

c) nenhum país que faça uma declaração em conformidade com o presente parágrafo não poderá invocar ulteriormente o benefício da faculdade prevista pelo artigo II, mesmo se retirar tal declaração.

2) Sem prejuízo do parágrafo 3, nenhum país que tiver invocado o benefício da faculdade prevista no artigo II poderá posteriormente fazer uma declaração conforme o parágrafo 1.

3) Qualquer país que tenha deixado de ser considerado como país em vias de desenvolvimento tal como mencionado no artigo I.1 poderá, o mais tardar dois anos antes de expirar o prazo aplicável de conformidade com o artigo I.3, fazer uma declaração no sentido do artigo 30.2 "b", primeira frase, não obstante o fato de não se tratar de um país estranho à União. Esta declaração entrará em vigor na data na qual expirar o prazo aplicável de acordo com o artigo I.3.

Artigo VI

1) Qualquer país da União pode declarar, a partir da data do presente Ato e a qualquer momento antes de tornar-se vinculado pelos artigos 1 a 21 e pelo presente Anexo:

i) se se tratar de um país que, se fosse vinculado pelos artigos 1 a 21 e pelo presente Anexo, estaria habilitado a invocar o benefício das faculdades mencionadas no artigo I.1, que aplicará as disposições do artigo II ou do artigo III, ou dos ambos, às obras cujo país de origem é um país que, em aplicação do item (ii) abaixo, aceita a aplicação destes artigos para tais obras, ou que é vinculado pelos artigos 1 a 21 e pelo presente Anexo; tal declaração pode se referir ao artigo V em lugar do artigo II;

ii) que aceita a aplicação do presente Anexo às obras das quais é ele o país de origem pelos países que fizeram uma declaração por força do item (i) acima ou uma notificação por força do artigo I.

2) Qualquer declaração em conformidade com o parágrafo I deve ser feita por escrito e depositada junto do Diretor-Geral, e entrará em vigor na data do seu depósito.

Em fé do que, os abaixo assinados, devidamente autorizados para este fim, assinaram o presente Ato.

Feito em Paris, em 24 de Julho de 1971.

DECRETO N° 76.472, DE 17 DE OUTUBRO DE 1975.

Promulga o Acordo sobre a Classificação Internacional de Patentes.

O PRESIDENTE DA REPÚBLICA, havendo o Congresso Nacional aprovado pelo Decreto Legislativo n° 59, de 30 de agosto de 1974, o Acordo sobre a Classificação Internacional de Patentes, aberto à assinatura em 24 de março de 1971, em Estrasburgo;

E havendo o referido Acordo entrado em vigor, para o Brasil, em 7 de outubro de 1975;

DECRETA:

Que o Acordo, apenso por cópia ao presente Decreto, seja executado e cumprido tão inteiramente como nele se contém.

Brasília, 17 de outubro de 1975; 154° da Independência e 87° da República.

ERNESTO GEISEL
Antônio Francisco Azeredo da Silveira

DECRETO N° 76.905, DE 24 DE DEZEMBRO DE 1975

Promulga a Convenção Universal sobre Direito de Autor, revisão de Paris, 1971.

CONVENÇÃO UNIVERSAL SOBRE DIREITO DE AUTOR, REVISTA EM PARIS A 24 DE JULHO DE 1971

Os Estados contratantes,
Animados do desejo de assegurar em todos os países a proteção do direito de autor sobre obras literárias, científicas e artísticas,
Convencidos de que um regime de proteção dos direitos dos autores apropriado a todas as nações e expresso numa convenção universal, juntando-se aos sistemas internacionais já em vigor, sem os afetar, é de natureza a assegurar o respeito dos direitos da pessoa humana e a favorecer o desenvolvimento das letras, das ciências e das artes,
Persuadidos de que tal regime universal de proteção dos direitos de autor tornará mais fácil a difusão das obras do espírito e contribuirá para uma melhor compreensão internacional,
Resolveram rever a Convenção Universal Sobre o Direito de Autor, assinada em Genebra, a 6 de setembro de 1952 (a seguir designada por "Convenção de 1952") e, consequentemente
Acordaram no seguinte:

Artigo I

Os estados contratantes comprometem-se a tomar todas as disposições necessárias para assegurar a proteção suficiente e eficaz dos direitos dos autores e de quaisquer outros titulares dos mesmos direitos sobre as obras literárias, científicas e artísticas, tais como os escritos, as obras musicais, dramáticas e cinematográficas, as pinturas, gravuras e esculturas.

Artigo II

1. As obras publicadas dos nacionais de qualquer dos estados contratantes, assim como as obras publicadas pela primeira vez no território do referido esta-

do, gozam, em qualquer dos outros estados contratantes, da proteção que este último estado concede às obras de seus nacionais, publicadas pela primeira vez no seu próprio território, assim como da proteção especialmente concedida pela presente convenção.

2. As obras não publicadas dos nacionais de qualquer dos estados contratantes gozam, em qualquer dos outros estados contratantes, da proteção que este último estado concede às obras não publicadas de seus nacionais assim como da proteção especialmente concedida pela presente convenção.

3. Com o fim de aplicar a presente convenção, qualquer dos estados contratantes pode, por meio de disposições de sua legislação interna, assimilar a seus nacionais qualquer pessoa domiciliada em seu território.

Artigo **III**

1. Qualquer dos estados contratantes que, nos termos de sua legislação interna, exija, a título de condição para conceder a proteção ao direito de autor, o cumprimento de certas formalidades, tais como o depósito, o registro, a menção, as certidões notariais, o pagamento de taxas, o fabrico ou a publicação no território nacional, deve considerar tais exigências como satisfeitas em relação a qualquer outra obra protegida nos termos da presente convenção e publicada pela primeira vez fora do território do referido estado por um autor não nacional, se, desde a primeira publicação dessa obra, todos os exemplares da obra publicada, com a autorização do autor ou de qualquer outro titular do direito de autor, contiverem o símbolo ©, acompanhado do nome do titular do direito de autor e da indicação do ano da primeira publicação; o símbolo, o ano e o nome devem ser apostos em lugar e de maneira que indiquem claramente haver sido reservado o direito do autor.

2. As disposições do parágrafo 1° não proíbem qualquer dos estados contratantes de submeter a certas formalidades ou outras condições, com o fim de assegurar a aquisição e o gozo do direito de autor, as obras publicadas pela primeira vez no seu território, ou as de seus nacionais, seja qual for o lugar da publicação dessas obras.

3. As disposições do parágrafo 1° não proíbem qualquer dos estados contratantes de exigir das pessoas que demandem na justiça a satisfação, para fins processuais, das exigências do direito adjetivo, tais como o patrocínio do demandante por um advogado inscrito nesse estado ou o depósito pelo demandante de um exemplar da obra no tribunal ou em um repartição pública, ou em ambos simultaneamente. Entretanto, a não satisfação de tais exigências não afeta a validade do direito do autor. Nenhuma destas exigências poderá ser imposta a um autor nacional de outro estado contratante se ela não for também imposta aos autores nacionais do estado no qual a proteção é reclamada.

4. Em cada um dos estados contratantes devem ser assegurados os meios jurídicos de proteger sem formalidades as obras não publicadas dos autores nacionais dos outros estados contratantes.

5. Se um dos estados contratantes conceder mais do que um único período de proteção, e no caso de ser primeiro de tais períodos de duração superior a um dos períodos mínimos previstos no artigo IV da presente convenção, o referido estado terá a faculdade de não aplicar o parágrafo 1° deste artigo, tanto no que disser respeito ao segundo período de proteção, como no que se referir aos períodos subseqüentes.

Artigo IV

1. A duração da proteção da obra é regulada pela lei do estado contratante em que a proteção é reclamada, de acordo com as disposições do artigo II e com as que se seguem.

2. a) A duração da proteção, quanto às obras protegidas pela presente convenção, não será inferior a um período que compreenda a vida do autor e vinte e cinco anos depois da sua morte.

Entretanto, o estado contratante que, à data da entrada em vigor da presente convenção no seu território, tenha restringido esse prazo, com relação a certas categorias de obras, a determinado período, calculado a partir da primeira publicação da obra terá a faculdade de manter tais restrições ou de as tornar extensivas a outras categorias. Relativamente a todas estas categorias, a duração da proteção não será inferior a vinte cinco anos, contados da data da primeira publicação.

b) Qualquer dos estados contratantes que, à data da entrada em vigor da convenção no seu território, não calcular esta duração de proteção na base da vida do autor, terá a faculdade de calcular esta duração de proteção a contar da primeira publicação da obra, ou do registro da mesma obra, se este anteceder a sua publicação; a duração da proteção não será inferior a vinte cinco anos, a contar da data da primeira publicação ou do registro da obra, quando este seja anterior à publicação.

c) Quando a legislação do estado contratante previr dois ou mais períodos consecutivos de proteção, a duração do primeiro período não será inferior à duração de um dos períodos mínimos acima fixados nas alíneas "a" e "b".

3. As disposições do parágrafo 2 deste artigo não se aplicam às obras fotográficas nem às de arte aplicada. Entretanto, nos estados contratantes que protejam as obras fotográficas, e como obras artísticas as de arte aplicada, a duração da proteção, quanto a esses obras, não será inferior a dez anos.

4. a) Nenhum dos estados contratantes será obrigado a assegurar a proteção de uma obra durante período superior ao fixado para a categoria em que ela é incluída pela lei do estado contratante a que pertence o autor, caso se trate de obra não publicada, e, tratando-se de obra publicada, pela lei do estado onde a obra foi publicada pela primeira vez.

b) Para os fins da aplicação da alínea "a" precedente, se a legislação de um estado contratante previr de dois ou mais períodos sucessivos de proteção, a duração da proteção concedida por esse estado determinar-se-á pela soma de tais períodos. No entanto, se por qualquer razão uma obra determinada não for protegida pelo referido estado durante o segundo período ou durante qualquer dos períodos seguintes, os outros estados contratantes não serão obrigados a proteger a obra durante o segundo período nem durante os períodos seguintes.

5. Para os fins de aplicação do parágrafo 4 deste artigo a obra de um autor nacional de um dos estados contratantes, publicada pela primeira vez num estado não contratante, será considerada como tendo sido publicada pela primeira vez no estado contratante de que seja nacional o autor.

6. Para os fins da aplicação do parágrafo 4 deste artigo, no caso de publicação simultânea em dois ou mais estados contratantes, a obra considerar-se-á como tendo sido publicada pela primeira vez no estado que conceda menor proteção. Considera-se como publicada simultaneamente em vários países toda e qualquer obra que tenha sido publicada em dois ou mais países dentro de trinta dias a contar da primeira publicação.

Artigo IV (bis)

1. Os direitos mencionados no artigo I compreendem os direitos fundamentais que asseguram a proteção dos interesses patrimoniais do autor, em particular o direito exclusivo de autorizar a reprodução por um meio, qualquer que seja, a representação e a execução públicas e a radiodifusão. As disposições do presente artigo aplicar-se-ão às obras protegidas pela presente convenção, quer sob sua forma original, quer, de modo reconhecível, sob uma forma derivada da obra original.

2. Entretanto, qualquer dos estados contratantes poderá, através de sua própria legislação, introduzir exceções não contrárias ao espírito e às disposições da presente convenção, aos direitos mencionados no parágrafo 1 deste artigo. Não obstante, os estados que eventualmente fizerem uso dessa faculdade deverão conceder a cada um dos direitos que sejam objeto de tais exceções um nível razoável de proteção efetiva.

Artigo V

1. Os direitos mencionados no artigo I compreendem o direito exclusivo de fazer, de publicar e de autorizar a fazer e a publicar a tradução das obras protegidas nos termos da presente convenção.

2. No entanto, os estados contratantes podem, na suas legislações nacionais, restringir, quanto às obras escritas, o direito de tradução, obedecendo porém às disposições seguintes:

a) Quando, no fim do prazo de sete anos, a contar da primeira publicação de uma obra escrita, a tradução dessa obra não tiver sido publicada na língua de uso geral no estado contratante, pelo titular do direito de tradução ou com sua autorização, qualquer nacional desse estado contratante poderá obter da autoridade competente do estado em apreço uma licença não exclusiva para traduzir a obra e para a publicar traduzida.

b) Esta licença só poderá ser concedida quando o requerente, em conformidade com as disposições em vigor no estado em que for formulado o pedido, apresentar a justificativa de haver solicitado do titular do direito da tradução a autorização de traduzir e de publicar a tradução e de que, depois das devidas diligências da sua parte, não pode estabelecer contato com o titular do direito de autor ou obter sua autorização. Nas mesmas condições, a licença poderá ser igualmente concedida quando, tratando-se de uma tradução já publicada na língua de uso geral no estado contratante, as edições estiverem esgotadas.

c) Se o requerente não puder estabelecer contato com o titular do direito de tradução, deverá enviar cópias do seu pedido ao editor cujo nome figura na obra e ao representante diplomático ou consular do estado de que seja nacional o titular do direito de tradução ou ao organismo que tenha sido designado pelo governo desse estado. A licença não poderá ser concedida antes de findo o prazo de dois meses, a contar da remessa das cópias do pedido.

d) A legislação nacional adotará as medidas apropriadas para que se assegure ao titular do direito de tradução uma remuneração eqüitativa, em conformidade com as práticas internacionais, assim como para que se efetuem o pagamento e a transferência da importância paga e ainda para que se garanta uma tradução correta das obras.

e) O título e o nome da obra original deverão ser igualmente impressos em todos os exemplares da tradução publicada. A licença apenas será válida para a edição no território do estado contratante em que ela for pedida. A importação e a venda de exemplares em outro estado contratante serão permitidas se esse estado tiver a mesma língua de uso geral na qual a obra houver sido traduzida, se a sua legislação nacional admitir a licença e se nenhuma das disposições em vigor nesse estado impedir a importação e a venda. Nos territórios de outros estados contratantes, nos quais as condições acima indicadas não puderem ser verificadas, a importação e a venda ficam sujeitas à legislação dos referidos estados e aos acordos por eles concluídos. A licença não poderá ser concedida a outrem pelo respectivo beneficiário.

f) Quando o autor tiver retirado de circulação os exemplares da obra a licença não poderá ser concedida.

Artigo V (bis)

1. Qualquer dos estados contratantes, considerados como países em vias de desenvolvimento em conformidade com a prática estabelecida na Assembléia-Geral das Nações Unidas, poderá, por meio de uma notificação depositada junto ao Diretor-Geral da Organização das Nações Unidas Para a Educação, a Ciência e a Cultura (abaixo denominado "O Diretor-Geral"), por ocasião de sua ratificação, aceitação ou adesão, ou posteriormente, prevalecer-se de todas ou de parte das exceções previstas nos artigos V, "ter", e V, "quater".

2. Qualquer notificação depositada em conformidade coma as disposições do parágrafo 1 permanecerá em vigor durante um período de dez anos, contados

da data de entrada em vigor da presente convenção, ou por qualquer parcela do referido período decenal ainda por cumprir na data do depósito da notificação, e poderá ser renovada, na sua totalidade ou em parte, por outros períodos de dez anos se, num prazo superior a quinze nem inferior a três meses antes do término do período decenal em curso, o estado contratante depositar nova notificação junto ao Diretor-Geral. Outras notificações poderão igualmente ser depositadas pela primeira vez no decurso dos novos períodos decenais, em conformidade com as disposições deste artigo.

3. Não obstante as disposições do parágrafo 2, um estado contratante que tenha deixado de ser considerado como um país em vias de desenvolvimento, segundo a definição do parágrafo 1, não será mais habilitado a renovar a notificação que ele depositou nos termos dos parágrafos 1 ou 2, e, quer anule oficialmente ou não essa notificação, este estado perderá a possibilidade de se prevalecer das exceções previstas nos artigos V, "ter", e V, "quater", quer por ocasião do vencimento do período decenal em curso, quer três anos depois de ele ter deixado de ser considerado como um país em vias de desenvolvimento, aplicado o prazo que mais tarde vencer.

4. Os exemplares de uma obra, já produzidos por força das exceções previstas nos artigos V, "ter", e V, "quater", poderão continuar a ser postos em circulação após o fim do período para o qual notificações nos termos deste artigo tiverem efeito, até que sejam esgotados.

5. Qualquer estado contratante que tiver depositado uma notificação em conformidade com o artigo XIII relativo à aplicação da presente convenção a um país ou território específico cuja situação nossa ser considerada análoga àquela dos estados apontados no parágrafo 1 deste artigo poderá também, relativamente a esse país ou território, depositar notificações de exceções e de renovações, nos termos deste artigo. Durante o período em que estas notificações estiverem em vigor, as disposições dos artigos V, "ter", e V, "quater", poderão ser aplicadas ao referido país ou território. Qualquer expedição de exemplares provenientes do referido país ou território para o estado contratante será considerada como uma exportação, no sentido dos artigos V, "ter", e V, "quater".

Artigo V (ter)

1. a) Qualquer estado contratante ao qual se aplique o parágrafo 1 do artigo V, "bis", poderá substituir o período de sete anos, previsto no parágrafo 2 do artigo V, por um período de três anos ou por qualquer período mais longo fixado por sua legislação nacional. Entretanto, no caso de tradução em língua que não seja de uso geral em um ou em vários países desenvolvidos, partes na presente convenção ou somente na convenção de 1952, um período de um ano substituirá o referido período de três anos.

b) Qualquer estado contratante ao qual se aplicar o parágrafo 1 do artigo V, "bis", poderá, mediante a concordância unânime dos países desenvolvidos que são estados partes, quer na presente convenção, quer somente na convenção de

1952, e em que a mesma língua, é de uso geral, substituir, em caso de tradução nessa língua, o período de três anos previsto na letra "a" acima por outro período fixado de conformidade com o referido acordo, o qual não poderá, todavia, ser inferior a um ano. Não obstante, a presente disposição não será aplicável quando se tratar do inglês, espanhol ou francês. A notificação de tal concordância será feita ao Diretor-Geral.

c) A licença somente poderá ser concedida se o requerente, em conformidade com as disposições em vigor no estado em que houver sido formulado o pedido, apresentar a justificativa de haver solicitado a autorização do titular do direito de tradução ou de, após as devidas diligências de sua parte, não haver podido estabelecer contato com o titular do direito ou obter sua autorização. Ao mesmo tempo que formular o referido pedido, o requerente deverá informar a esse respeito ou o Centro Internacional de informação sobre o Direito de Autor, criado pela Organização das Nações Unidas para a Educação, a Ciência e a Cultura, ou qualquer centro nacional ou regional de informações indicado como tal numa notificação depositada, para este fim, junto ao Diretor-Geral, e pelo governo do estado no qual se presuma exercer o editor a maior parte de suas atividades profissionais.

d) Se o titular do direito de tradução não puder ser encontrado pelo requerente, este deverá endereçar por correio aéreo, em sobrecarta registrada, cópias de seu pedido ao editor cujo nome figurar na obra e a qualquer centro nacional ou regional de informação mencionado na alínea "c". Se a existência de tal centro não tiver sido notificada, o requerente endereçará igualmente uma cópia ao Centro Internacional de Informação sobre o Direito de Autor, criado pela Organização das Nações Unidas para a Educação, a Ciência e a Cultura.

2. a) A licença não poderá ser concedida nos termos deste artigo antes do término de um prazo suplementar de seis meses, caso ela possa ser obtida ao término de um período de três anos, e de nove meses, caso ela possa ser obtida no término de um período de um ano. O prazo suplementar começará a contar do pedido de autorização para traduzir, mencionado na alínea "c" do parágrafo 1, ou, caso a identidade ou o endereço do titular do direito de tradução não sejam conhecidos, a contar da expedição das cópias do pedido de licença mencionado na alínea "d" do parágrafo 1.

b) A licença não será concedida se uma tradução tiver sido publicada pelo titular do direito de tradução, ou com a sua autorização, durante o referido prazo de seis ou de nove meses.

3. Qualquer licença concedida por força deste artigo só poderá sê-lo para fins escolares, universitários ou de pesquisas.

4. a) A licença não se estenderá à exportação de exemplares e só será válida para a edição no território do estado contratante em que o pedido da referida licença tiver sido formulado.

b) Qualquer exemplar publicado em conformidade com tal licença deverá conter uma menção, na língua apropriada, que especifique haver sido o exemplar distribuído somente no estado contratante que concedeu a licença; se a obra levar a menção indicada no parágrafo 1 do artigo III, os exemplares assim publicados deverão trazer a mesma menção.

c) A proibição de exportar prevista na alínea "a" acima não se aplicará quando um órgão governamental ou qualquer outro órgão público de um estado que concedeu, em conformidade com este artigo, uma licença para a tradução de uma obra em língua que não seja inglês, espanhol ou francês, enviar exemplares de uma tradução feita em virtude dessa licença a um outro país, desde que:

i) os destinatários sejam nacionais do estado contratante que concedeu a licença ou organizações que reunam os referidos nacionais;

ii) os exemplares sejam somente utilizados para fins escolares, universitários ou para pesquisa;

iii) a expedição dos exemplares e sua distribuição ulterior aos destinatários sejam desprovidos de qualquer caráter lucrativo;

iv) um acordo, que será notificado ao Diretor-Geral por qualquer dos governos que o concluiu, seja celebrado entre o país para o qual os exemplares foram remetidos e o estado contratante com vistas a permitir a recepção e a distribuição ou uma destas duas operações.

5. As disposições apropriadas serão tomadas no plano nacional a fim de que:

a) a licença preveja uma remuneração eqüitativa em conformidade com as tabelas de remunerações normalmente pagas em casos de licenças livremente negociadas entre os interessados nos dois países interessados;

b) a remuneração seja paga e remetida; se existir uma regulamentação nacional referente a divisas, a autoridade competente não poupará esforços em recorrer aos mecanismos internacionais para assegurar a remessa da remuneração em moeda internacionalmente conversível ou em seu equivalente.

6. Qualquer licença concedida por um estado contratante por força do presente artigo caducará, se uma tradução da obra na mesma língua e que tiver essencialmente o mesmo conteúdo que a edição para qual foi concedida a licença for publicada no referido estado pelo titular do direito de tradução ou com a sua autorização a um preço que seja comparável com o preço usual, nesse mesmo estado, para obras análogas. Os exemplares já produzidos antes da expiração da licença poderão continuar a ser postos em circulação até seu esgotamento.

7. Para as obras que são principalmente compostas de ilustrações, uma licença para a tradução do texto e para reprodução das ilustrações poderá ser concedida se as condições do artigo V, "quater", forem igualmente preenchidas.

8. a) Uma licença para traduzir uma obra protegida pela presente convenção, publicada em sua forma impressa ou sob formas análogas de reprodução, poderá ser também concedida a uma entidade de radiodifusão que tenha sua sede no território de uma estado contratante ao qual se aplica o parágrafo 1 do artigo V, "bis", em conseqüência de um pedido feito neste estado pela referida entidade e nas seguintes condições:

i) a tradução deve ser feita a partir de um exemplar produzido e adquirido em conformidade com as leis do estado contratante;

ii) a tradução deverá ser utilizada somente em emissões dedicadas exclusivamente ao ensino e à difusão de informações de caráter científico destinadas aos peritos de determinada profissão;

iii) a tradução deverá ser utilizada, exclusivamente para os fins enumerados no inciso ii acima por radiodifusão legalmente feita e dirigida aos beneficiários no território do estado contratante, inclusive por meio de gravações sonoras ou visuais realizadas licitamente e exclusivamente para a referida radiodifusão;

iv) as gravações sonoras ou visuais da tradução somente podem ser objeto de troca entre entidades de radiodifusão que tenham sua sede no território do estado contratante que concedeu tal licença;

v) quaisquer das utilizações da tradução devem ser desprovidas de qualquer caráter lucrativo.

b) Desde que todos os critérios e todas as condições relacionadas na letra "a" sejam respeitados, uma licença poderá ser igualmente concedida a uma entidade de radiodifusão para traduzir qualquer texto incorporado ou integrado a fixações audiovisuais feitas e publicadas com o único objetivo de serem utilizadas para fins escolares e universitários.

c) Ressalvadas as disposições das alíneas "a" e "b", as demais disposições deste artigo serão aplicáveis à outorga e ao exercício de tal licença.

9. Ressalvados as disposições deste artigo, qualquer licença concedida por força do mesmo será regida pelo disposto no artigo V e continuará a ser regida pelas disposições do artigo V e pelas deste artigo, mesmo após o período de sete anos mencionado no parágrafo 2 do artigo 2 do artigo V. Entretanto, depois do fim desse período, o titular da licença poderá pedir que esta seja substituída por uma licença regida exclusivamente pelo artigo V.

Artigo V (quater)

1. Qualquer estado contratante ao qual se aplicar o parágrafo 1 do artigo V, "bis", poderá adotar as seguintes disposições:

a) Quando ao término:

i) do período fixado na alínea "c", calculado a contar da data da primeira publicação de uma edição determinada de uma obra literária, científica ou artística, mencionada no parágrafo 3, ou

ii) de qualquer período mais longo fixado pela legislação nacional do estado, exemplares dessa edição não tiverem sido postos à venda, nesse estado, para atender às necessidades quer do grande público, quer no ensino escolar e universitário, a um preço comparável ao usual no referido estado para obras análogas, pelo titular do direito de reprodução ou com sua autorização, qualquer nacional desse estado poderá obter da autoridade competente uma licença não exclusiva para publicar essa edição, pelo referido preço ou por preço inferior, para atender às necessidades do ensino escolar e universitário; a licença só poderá ser concedida se o requerente, em conformidade com as disposições em vigor no estado, justificar ter pedido ao titular do direito a autorização de publicar a referida obra e, após as devidas diligências de sua parte, não tiver podido encontrar o titular do direito de autor e obter a sua autorização; ao mesmo tempo que formular a petição, o requerente deverá informar do fato quer o Centro Internacional de Informações sobre o Direito de Autor, criado pela Organização das Nações Unidas para a Educação, a Ciência e a Cultura, quer qualquer centro nacional ou regional de informação mencionado na alínea "d".

b) A licença poderá ser concedida nas mesmas condições se, durante um período de seis meses, exemplares autorizados da edição em apreço não forem mais postos à venda no estado interessado, para atender quer às necessidades do grande público, quer do ensino escolar e universitário, por um preço comparável ao usual no estado para obras análogas.

c) O período ao qual se refere a alínea "a" será de cinco anos. Entretanto:

i) para as obras de ciências exatas e naturais, e de tecnologia, o referido período será de três anos;

ii) para as obras que pertencem ao campo da imaginação, tais como os romances, as obras poéticas, dramáticas e musicais, e para os livros de arte, o referido período será de sete anos.

d) Se o titular do direito de reprodução não tiver podido ser encontrado pelo requerente, este deverá endereçar, pelo correio aéreo, em sobrecarta registrada, cópias de seu pedido ao editor cujo nome figura na obra e a qualquer centro nacional ou regional de informação indicado como tal em uma notificação depositada junto ao Diretor-Geral pelo estado em que se presuma exercer o editor a maior parte de suas atividades profissionais. Na falta de tal notificação, ele endereçará igualmente uma cópia ao Centro Internacional de Informação sobre o Direito de Autor criado pela Organização das Nações Unidas para a Educação, a Ciência e a Cultura. A licença não poderá ser concedida antes da expiração de um prazo de três meses, a contar da data de expedição das cópias do pedido.

e) Caso possa ser obtida ao término do período de três anos, a licença poderá ser concedida, nos termos deste artigo, somente:

i) ao término de um prazo de seis meses, a contar do pedido de autorização mencionado na alínea "a", ou, no caso de a identidade ou o endereço do titular do direito de reprodução não serem conhecidos, a contar da data da expedição das cópias do pedido mencionadas na alínea "d", a fim de obter a licença;

ii) se durante o referido prazo não tiverem sido postos em circulação exemplares da edição nas condições previstas na alínea "a".

f) O nome do autor e o título da edição determinada da obra devem ser impressos em todos os exemplares da reprodução publicada. A licença não será extensiva à exportação de exemplares e somente será válida para a edição no interior do território do estado contratante em que tiver sido solicitada. A licença não poderá ser cedida por seu beneficiário.

g) A legislação nacional adotará medidas apropriadas para assegurar uma reprodução exata da edição em apreço.

h) Uma licença para reproduzir e publicar uma tradução de uma obra não será concedida, nos termos deste artigo, nos casos abaixo:

i) quando a tradução de que se trata não tiver sido publicada pelo titular do direito de autor com a sua autorização;

ii) quando a tradução não estiver em uma língua de uso geral no estado que está habilitado a conceder a licença.

2. As disposições que se seguem se aplicam às exceções previstas no parágrafo 1 deste artigo:

a) Qualquer exemplar publicado em conformidade com uma licença concedida por força deste artigo deverá conter uma menção na língua apropriada que especifique haver sido o exemplar posto em distribuição somente no estado contratante ao qual a referida licença se aplica; se a obra levar a menção indicada no parágrafo 1 do artigo III, os exemplares publicados deverão levar a mesma menção.

b) As disposições apropriadas serão tomadas no plano nacional a fim de que:

i) a licença implique uma remuneração eqüitativa e em conformidade com as tabelas de remunerações normalmente pagas no caso de licenças livremente negociadas entre os interessados dos países interessados;

ii) a remuneração seja paga e remetida; se existir uma regulamentação nacional referente a divisas, a autoridade competente não poupará nenhum esforço em recorrer aos mecanismos internacionais, com a finalidade de assegurar a remessa de remuneração em moeda internacionalmente conversível ou seu equivalente.

c) Cada vez que exemplares de uma obra forem colocados à venda no estado contratante, quer para atender às necessidades do grande público, quer para fins escolares e universitários, pelo titular do direito de reprodução ou com sua autorização, por um preço comparável ao usual no estado para obras análogas, qualquer licença concedida por força deste artigo caducará se essa edição for feita na mesma língua que a edição publicada por força da licença e se seu conteúdo for essencialmente o mesmo. Os exemplares já produzidos antes do fim da licença poderão continuar a ser postos em circulação até seu esgotamento.

d) A licença não poderá ser concedida quando o autor tiver retirado de circulação todos os exemplares de uma edição.

3. a) Ressalvadas as disposições da alínea "b", as obras literárias, científica ou artísticas às quais se aplica este artigo são limitadas às obras publicadas sob forma de edição impressa ou sob qualquer outra forma análoga de reprodução;

b) este artigo é igualmente aplicável à reprodução audiovisual de fixações audiovisuais lícitas, na medida em que constituírem ou incorporarem obras protegidas, assim como à tradução do texto, que as acompanha, em uma língua de uso geral no estado que está habilitado a conceder a licença, ficando bem entendido que as fixações audiovisuais em apreço deverão ter sido concedidas e publicadas unicamente para fins escolares e universitários.

Artigo VI

Por publicação, no sentido que lhe é atribuído pela presente convenção, deve entender-se a reprodução material e a colocação, à disposição do público, de exemplares da obra que permitam lê-la ou tomar dela conhecimento visual.

Artigo VII

A presente convenção não se aplicará às obras, nem aos respectivos direitos, desde que, à data da entrada em vigor da convenção no estado contratante em que a proteção for reclamada, se verifique que tais obras deixaram definitivamente de ser protegidas no referido estado ou que nunca o chegaram a ser.

Artigo VIII

1. A presente convenção, datada de 24 de julho de 1971, será depositada junto ao Diretor-Geral e ficará aberta à assinatura de todos os estados membros da convenção de 1952, durante um período de 120 dias a contar da data da presente convenção. Será submetida à ratificação ou à aceitação dos estados signatários.
2. Poderá aderir à presente convenção qualquer estado que não a tenha assinado.
3. A ratificação, a aceitação ou adesão efetuar-se-ão pelo depósito de instrumento "ad hoc" junto ao Diretor-Geral.

Artigo IX

1. A presente convenção entrará em vigor três meses depois de feito o depósito de doze instrumentos de ratificação, de aceitação ou de adesão.
2. A seguir, a presente convenção entrará em vigor, para cada estado restante, três meses após o depósito do instrumento de ratificação, de aceitação ou adesão especial por parte desse estado.
3. A adesão à presente convenção de um estado que não seja parte na convenção de 1952 constitui também uma adesão à referida convenção; no entanto, se seu instrumento de adesão for depositado antes da entrada em vigor da presente convenção, este estado poderá subordinar sua adesão à convenção de 1952 à entrada em vigor da presente convenção. Depois da entrada em vigor da presente convenção, nenhum estado poderá aderir exclusivamente à convenção de 1952.
4. As relações entre os estados partes na presente convenção e os estados partes na convenção de 1952 serão regidas pela convenção de 1952. Entretanto, qualquer estado que seja parte somente na convenção de 1952 poderá declarar, por meio de uma notificação depositada junto ao Diretor-Geral, que admite a aplicação da convenção de 1971 às obras de seus nacionais ou publicadas pela primeira vez em seu território por qualquer estado parte na presente convenção.

Artigo X

1. Os estados contratantes comprometem-se a adotar, em conformidade com o disposto nas suas respectivas constituições, as medidas necessárias para assegurar aplicação da presente convenção.

2. Fica entendido que, à data em que a presente convenção entrar em vigor para um estado, o referido estado deverá estar habilitado pela legislação nacional a aplicar as disposições da presente convenção.

Artigo XI

1. É criado um comitê intergovernamental com as seguintes atribuições:
a) estudar os problemas relativos à aplicação e ao funcionamento da Convenção Universal;
b) preparar as revisões periódicas da mesma convenção;
c) estudar quaisquer outros problemas relativos à proteção internacional do direito de autor, em colaboração com diversos organismos internacionais interessados, especialmente com a Organização das Nações Unidas para a Educação, a Ciência e a Cultura, a União Internacional para a Proteção das Obras Literárias e Artísticas e a Organização dos Estados Americanos;
d) informar os estados participantes na Convenção Universal acerca dos seus trabalhos.
2. O comitê é composto pelos representantes dos dezoitos estados partes na presente convenção ou somente na convenção de 1952.
3. O comitê é designado levando em conta um justo equilíbrio entre os interessados nacionais com base na situação geográfica da população, nas línguas e no grau de desenvolvimento.
4. O Diretor-Geral da Organização das Nações Unidas para a Educação, a Ciência e a Cultura, o Diretor-Geral da Organização Mundial da Propriedade Intelectual e o Secretário-Geral da Organização dos Estados Americanos podem assistir às sessões do comitê, em caráter consultivo.

Artigo XII

O comitê intergovernamental convocará conferências de revisão sempre que julgue necessário, ou quando a convocação for pedida, pelo menos por dez estados partes na presente convenção.

Artigo XIII

1. Cada estado contratante, por ocasião do depósito de seu instrumento de ratificação, de aceitação ou de adesão, ou ulteriormente, pode declarar, por notificação dirigida ao Diretor-Geral, que a presente convenção se aplicará a todos ou a parte dos países ou territórios por cujas relações exteriores ele é responsável; neste caso, a convenção aplicar-se-á aos países ou territórios designados na notificação, a partir do fim do prazo de três meses previsto no artigo IX. Na falta da referida notificação, a presente convenção não se aplicará aos respectivos países ou territórios.
2. Entretanto, este artigo não poderia em caso algum ser interpretado de

forma a implicar o reconhecimento ou a aceitação tácita, por qualquer dos estados contratantes, da situação de fato de qualquer território ao qual a presente convenção se aplicará por um outro estado contratante por força deste artigo.

Artigo XIV

1. A todos os estados contratantes é reconhecida a faculdade de denunciar a presente convenção em seu próprio nome ou em nome de todos ou de parte dos países ou territórios que tenham constituído objeto da notificação prevista no artigo XIII. A denúncia aplicar-se-á também à convenção de 1952.
2. A denúncia não produzirá efeito senão em relação ao estado, ou ao país ou território, em nome do qual ela tenha sido apresentada e somente doze meses depois da data em que a notificação haja sido recebida.

Artigo XV

Quaisquer litígios entre dois ou mais estados contratantes relativos à interpretação ou à aplicação da presente convenção, que não sejam resolvidos por via de negociação, serão submetidos à Corte Internacional de Justiça, para que esta decida, a menos que os estados interessados convenham em outra forma de solução.

Artigo XVI

1. A presente convenção será redigida em francês, em inglês e em espanhol; os três textos serão assinados e farão igualmente fé.
2. Depois de consulta aos governos interessados, serão redigidos pelo Diretor-Geral textos oficiais da presente convenção em alemão, em árabe, em italiano e em português.
3. Qualquer estado contratante ou grupo de estados contratantes poderá fazer elaborar pelo Diretor-Geral, de acordo com o mesmo, outros textos em língua de sua escolha.
4. Todos esses textos serão anexos ao texto assinado da presente convenção.

Artigo XVII

1. A presente convenção em nada afeta as disposições da convenção de Berna para a Proteção das Obras Literárias e Artísticas, nem obsta a que os estados contratantes pertençam à União criada por esta última convenção.
2. para efeitos de aplicação do parágrafo precedente, uma declaração é anexada a este artigo e fará parte integrante da presente convenção para os estados vinculados pela Convenção de Berna à data de 1° de janeiro de 1951 ou que a ela tenham aderido ulteriormente. A assinatura da presente convenção pelos esta-

dos acima mencionados vale como assinatura da referida declaração. A ratificação ou aceitação da presente convenção ou qualquer adesão à mesma, pelos referidos estados, vale igualmente como ratificação, aceitação da dita declaração, ou adesão à mesma.

Artigo XVIII

A presente convenção não revoga as convenções ou acordos multilaterais ou bilaterais sobre direitos de autor que vigorem ou venham a vigorar entre duas ou mais repúblicas americanas, e exclusivamente entre elas. Em caso de divergência, quer entre as disposições de uma dessas convenções ou de um desses acordos em vigor e as disposições da presente convenção, quer entre o disposto na presente convenção e o preceituado em qualquer nova convenção ou acordo que venha a ser celebrado entre duas ou mais repúblicas americanas, depois da entrada em vigor da presente convenção, prevalecerá entre as partes a convenção ou o acordo mais recente. Não são atingidos os direitos adquiridos sobre uma obra em virtude de convenções ou acordos em qualquer dos estados contratantes em data anterior à da entrada em vigor da presente convenção no referido estado.

Artigo XIX

A presente convenção não revoga as convenções ou acordos multilaterais ou bilaterais sobre direitos de autor em vigor entre dois ou mais estados contratantes. Em caso de divergência entre disposições de uma dessas convenções ou acordos e o preceituado na presente convenção, prevalecerão as disposições da presente convenção. Não serão afetados os diretos adquiridos sobre qualquer obra por força de convenções ou acordos vigentes em qualquer dos estados contratantes em data anterior à entrada em vigor da presente convenção no referido estado. Este artigo em nada afeta as disposições dos artigos XVII e XVIII.

Artigo XX

Não se admitem reservas a esta convenção.

Artigo XXI

1. O Diretor-Geral enviará cópias devidamente certificadas da presente convenção aos estados interessados, assim como ao Secretário-Geral das Nações Unidas, para efeito de registro que a este compete efetuar.

2. Além disso, o referido Diretor-Geral informará todos os estados interessados acerca do depósito dos instrumentos de ratificação, de aceitação ou adesão, da data de entrada em vigor da presente convenção, das notificações previstas na presente convenção e das denúncias previstas no artigo XIV.

Declaração Anexa, relativa ao Artigo XVII

Os estados membros da União Internacional para a Proteção das Obras Literárias e Artísticas (abaixo, denominados a União de Berna), parte na presente Convenção Universal, desejando estreitar as suas relações recíprocas, em conformidade com a dita União, e evitar todos os conflitos que possam resultar da coexistência da Convenção de Berna e da Convenção Universal sobre o Direito de Autor, reconhecendo a necessidade temporária, para certos estados, de adaptar seu grau de proteção do direito de autor ao seu nível de desenvolvimento cultural, social e econômico, aceitaram, de comum acordo, os termos da seguinte declaração:

a) ressalvadas as disposições da alínea "b", as obras que, nos termos da Convenção de Berna, têm como países de origem um país que haja abandonado, depois de 1° de janeiro de 1951, a União de Berna não serão protegidas pela Convenção Universal sobre o Direito de Autor, nos países da União de Berna;

b) caso um estado contratante seja considerado como sendo um país em vias de desenvolvimento, em conformidade com a prática estabelecida na Assembléia-Geral das Nações Unidas, e tenha depositado junto ao Diretor-Geral da Organização das Nações Unidas para a Educação, a Ciência e a Cultura, no momento de sua retirada da União de Berna, uma notificação pelos termos da qual ele declara que se considera como país em vias de desenvolvimento, as disposições da alínea "a" não se aplicarão durante o tempo em que esse estado possa, em conformidade com as disposições do artigo V, "bis", prevalecer-se das exceções previstas pela presente convenção;

c) a Convenção Universal sobre o Direito de Autor não será aplicável, nas relações entre os países vinculados pela Convenção de Berna, no que se refere à proteção das obras que, nos termos da referida Convenção de Berna, tenham como país de origem um dos países da União de Berna.

Resolução Concernente ao Artigo XI

A Conferência de revisão da Convenção Universal sobre o Direito de Autor, tendo considerado as questões relativas ao comitê intergovernamental previsto no artigo XI da presente convenção, à qual ficará anexada a presente resolução, adota as seguintes decisões:

1. Os primeiros membros do comitê serão os representantes dos doze estados membros do comitê intergovernamental criado nos termos do artigo XI da convenção de 1952 e da resolução que lhe foi anexada, e, além disso, representantes dos seguintes estados: Argélia, Austrália, Japão, México, Senegal, Iugoslávia.

2. Os estados que não são partes na convenção de 1952 e que não tiverem aderido à presente convenção antes da primeira sessão ordinária do comitê que se seguir à entrada em vigor da presente convenção serão substituídos por outros estados, que serão designados pelo comitê, por ocasião de sua primeira sessão

ordinária, em conformidade com as disposições dos parágrafos 2 e 3, do artigo XI.

3. A contar da entrada em vigor da presente convenção, o comitê previsto no parágrafo 1 será considerado como substituído em conformidade com o artigo XI da presente convenção.

4. O comitê realizará uma primeira sessão no prazo de um ano a partir da entrada em vigor da presente convenção; ulteriormente, o comitê reunir-se-á em sessão ordinária ao menos uma vez cada dois anos;

5. O comitê elegerá um presidente e dois vice-presidentes. Elaborará seu regulamento interno inspirando-se nos seguintes princípios:

a) A duração normal do mandato dos representantes será de seis anos, renovando-se, de dois em dois anos, a terça parte do comitê; ficando entretanto bem entendido que os primeiros mandatos expirarão à razão de um terço no fim da segunda sessão ordinária do comitê que seguirá a entrada em vigor da presente convenção, um outro terço no fim de sua terceira sessão ordinária e o terço restante no fim de sua quarta sessão ordinária.

b) As disposições que regem o processo segundo o qual o comitê proverá aos cargos vacantes, a ordem de expiração dos mandatos, o direito à reeleição e os processos para a eleição deverão respeitar um equilíbrio entre a necessidade de uma continuidade na composição e a de uma rotação na representação, assim como as considerações mencionadas no parágrafo 3 do artigo XI.

Exprime o voto que a Organização das Nações Unidas para a Educação, a Ciência e a Cultura se incumba da organização do secretariado do comitê.

Em fé do que abaixo assinados, tendo depositado seus respectivos plenos poderes, assinaram a presente convenção.

Feito em Paris, aos vinte e quatro de julho de mil e novecentos e setenta e um, um único exemplar.

PROTOCOLO

Anexo 1 à Convenção Universal para a Proteção do Direito de Autor, revista em Paris, a 24 de julho de 1971, relativo à proteção das obras dos apátridas e dos refugiados

Os estados partes na Convenção Universal para a Proteção do Direito de Autor, revista em Paris, a 24 de julho de 1971 (a seguir designada simplesmente por convenção de 1971), e que forem partes no presente protocolo, acordam nas seguintes disposições:

1. Os apátridas e os refugiados, que tenham sua residência habitual em um dos estados contratantes, são equiparados, para a aplicação da convenção de 1971, aos nacionais desse estado.

2. a) O presente protocolo será assinado e submetido à ratificação ou à aceitação dos estados signatários, e poderá receber a adesão de outros estados, de acordo com as disposições do artigo VIII da convenção de 1971.

b) O presente protocolo entrará em vigor, para cada estado, na data do depósito do respectivo instrumento de ratificação, aceitação ou adesão, desde que esse estado seja parte na convenção de 1971.

c) Na data de entrada em vigor do presente protocolo para um estado que não seja parte do protocolo anexo 1 à convenção de 1952, este último será considerado em vigor para o referido estado.

Em fé do que os abaixo assinados, devidamente autorizados, assinaram o presente protocolo.

Feito em Paris, aos vinte e quatro de julho de 1971, em francês, inglês e espanhol, os três textos fazendo igualmente fé, em um único exemplar que será depositado junto ao Diretor-Geral da Organização das Nações Unidas para a Educação, a Ciência e a Cultura, o qual enviará uma cópia conforme e certificada aos estados signatários, assim como ao Secretário-Geral das Nações Unidas, para o devido registro, a cargo deste último.

PROTOCOLO

Anexo 2 à Convenção Universal para a Proteção do Direito de Autor, revista em Paris, a 24 de julho de 1971, relativo à aplicação da convenção às obras de diversas organizações internacionais

Os estados, partes na Convenção Universal para a Proteção do Direito de Autor, revista em Paris, a 24 de julho de 1971 (a seguir designada simplesmente por convenção de 1971), e que forem partes no presente protocolo, acordam nas seguintes disposições:

1. a) A proteção prevista no parágrafo 1 do artigo II da convenção de 1971 aplica-se às obras publicadas pela primeira vez pela Organização das Nações Unidas, pelas instituições especializadas ligadas às Nações Unidas ou pela Organização dos Estados Americanos.

b) Do mesmo modo, a proteção prevista no parágrafo 2 do artigo II da convenção de 1971 aplica-se às mencionadas organizações ou instituições.

2. a) O presente protocolo será assinado e submetido à ratificação ou à aceitação pelos estados signatários, e a ele poderão aderir outros estados, conforme as disposições do artigo VIII da convenção de 1971.

b) O presente protocolo entrará em vigor para cada estado na data do depósito do respectivo instrumento de ratificação, aceitação ou adesão, desde que esse estado já seja parte na convenção de 1971.

E, fé do que os abaixo assinados, devidamente autorizados, assinaram o presente protocolo.

Feito em Paris aos vinte e quatro de julho de 1971, em francês, inglês e espanhol, os três textos fazendo igualmente fé, em um exemplar único, que será depositado junto do Diretor-Geral da Organização das Nações Unidas para a Educação, a Ciência e a Cultura, que enviará cópia conforme e certificada aos estados signatários, assim como ao Secretário-Geral das Nações Unidas, para o devido registro, a cargo deste último.

DECRETO Nº 76.906, DE 24 DE DEZEMBRO DE 1975

Promulga a Convenção para a proteção de produtores de fonogramas contra a reprodução não autorizada de seus fonogramas, firmada em Genebra a 29 de outubro de 1971.

CONVENÇÃO PARA A PROTEÇÃO DE PRODUTORES DE
FONOGRAMAS CONTRA A REPRODUÇÃO NÃO AUTORIZADA
DE SEUS FONOGRAMAS.

Os Estados Contratantes,
preocupados pela expansão crescente da reprodução não autorizada dos fonogramas e pelo prejuízo que disso resulta para os interesses dos autores, dos artistas intérpretes ou executantes e dos produtores de fonogramas;
convencidos de que a proteção dos produtores de fonogramas contra tais atos protege igualmente os interesses dos artistas intérpretes ou executantes e dos autores cujas execuções e obras são gravadas nos referidos fonogramas;
reconhecendo o valor dos trabalhos realizados neste campo pela Organização das Nações Unidas Para a Educação, a Ciência e a Cultura e a Organização Mundial da Propriedade Intelectual;
ciosos de não trazer prejuízo de maneira alguma às convenções internacionais em vigor e especialmente de não impedir em nada uma aceitação mais ampla da Convenção de Roma, de 26 de outubro de 1961, que outorga um proteção aos artistas intérpretes ou executantes e aos órgãos de radiodifusão, tanto quanto aos produtores de fonogramas,
convieram no seguinte:

Artigo 1

Para os fins da presente convenção, entende-se por:
a) Fonograma — qualquer fixação exclusivamente sonora dos sons provenientes de uma execução ou outros sons;
b) Produtor de Fonogramas — a pessoa física ou moral que, em primeiro lugar, fixa os sons provenientes de uma execução ou de outros sons;
c) Cópia — um suporte que contém sons captados direta ou indiretamente

de um fonograma e que incorpora a totalidade ou uma parte substancial dos sons fixados no referido fonograma;

d) Distribuição ao Público — qualquer ato cujo objeto é oferecer cópias direta ou indiretamente ao público em geral ou a qualquer parte do mesmo.

Artigo 2

Cada Estado Contratante se compromete a proteger os produtores de fonogramas que são nacionais dos outros Estados Contratantes contra a produção de cópias feitas sem o consentimento do produtor e contra a importação de tais cópias, quando a produção ou a importação é feita tendo em vista uma distribuição ao público, assim como a distribuição das referidas cópias ao público.

Artigo 3

São reservados à legislação nacional dos Estados Contratantes os meios pelos quais a presente convenção será aplicada, e que compreenderão um ou vários dos seguintes meios: a proteção pela outorga de um direito de autor ou de um outro direito específico; a proteção mediante a legislação relativa à concorrência desleal; a proteção mediante sanções penais.

Artigo 4

É reservada à legislação nacional dos Estados Contratantes a duração da proteção outorgada. Entretanto, se a lei nacional prevê uma duração específica para a proteção, esta duração não deverá ser inferior a vinte anos, a contar do término, quer do ano no curso do qual os sons incorporados no fonograma foram fixados pela primeira vez, quer do ano no curso do qual o fonograma foi publicado pela primeira vez.

Artigo 5

Quando um Estado Contratante exigir, por força de sua legislação nacional, o cumprimento de certas formalidades como condição da proteção dos produtores de fonogramas, essas exigências serão consideradas como tendo sido satisfeitas se todas as cópias autorizadas do fonograma que forem distribuídas ao público, ou o invólucro que as contiver, levarem uma menção constituída pelo símbolo (**P**) acompanhado da indicação do ano da primeira publicação, aposta de modo a indicar claramente que a proteção foi reservada; se as cópias, ou seu invólucro, não permitirem identificar o produtor, seu representante ou titular da licença exclusiva (mediante nome, marca ou qualquer outra designação apropriada), a menção deverá incluir igualmente o nome do produtor, de seu representante ou do titular da licença exclusiva.

Artigo 6

Qualquer Estado Contratante que assegure a proteção mediante direito de autor ou de outro direito específico, ou ainda mediante sanções penais, pode, em sua legislação nacional, incluir limitações à proteção dos produtores de fonogramas, semelhantes àquelas admitidas para a proteção dos autores de obras literárias ou artísticas. Entretanto, nenhuma licença obrigatória poderá ser prevista, salvo se forem cumpridas as seguintes condições:

a) a reprodução destinar-se ao uso exclusivo do ensino ou da pesquisa científica;

b) a licença somente será válida para a reprodução no território do Estado Contratante cuja autoridade competente outorgou a licença e não se estenderá à exportação de cópias;

c) a reprodução, feita em conformidade com a licença, dará direito a uma remuneração eqüitativa, que será fixada pela referida autoridade, levando em conta, entre outros elementos, o número de cópias que serão realizadas.

Artigo 7

1. A presente convenção não pode de modo algum ser interpretada no sentido de estabelecer limitação ou causar prejuízo à proteção outorgada aos autores, produtores de fonogramas ou aos órgãos de radiodifusão, em virtude de leis nacionais ou de convenções internacionais.

2. A legislação nacional de cada Estado Contratante determinará, caso seja necessário, a extensão da proteção outorgada aos artistas intérpretes ou executantes cuja execução é fixada num fonograma, assim como as condições sob as quais poderão gozar de tal proteção.

3. Nenhum Estado Contratante está obrigado aplicar as disposições da presente convenção em relação aos fonogramas fixadas antes da entrada em vigor desta última para o Estado em apreço.

4. Qualquer Estado cuja legislação nacional, em vigor na data de 29 de outubro de 1971, assegurar ao produtores de fonogramas uma proteção estabelecida unicamente em função do lugar da primeira fixação pode, mediante notificação depositada junto ao Diretor-Geral da Organização Mundial da Propriedade Intelectual, declarar que aplicará aquele critério em lugar do relacionado com a nacionalidade do produtor.

Artigo 8

1. A Secretaria Internacional da Organização Mundial da Propriedade Intelectual reunirá e publicará as informações relativas à proteção dos fonogramas. Todo Estado Contratante remeterá à Secretaria Internacional, logo que possível, o texto de qualquer lei nova, assim como quaisquer textos oficiais relativos à matéria.

2. A Secretaria Internacional proporcionará a qualquer Estado Contratante, a seu pedido, informações relativas a questões referentes à presente convenção; realizará igualmente estudos e fornecerá serviços destinados a facilitar a proteção prevista pela convenção.

3. A Secretaria Internacional exercerá as funções enumeradas nos parágrafos 1 e 2, acima, em colaboração, para as questões de suas respectivas competências, com a Organização das Nações Unidas Para a Educação, a Ciência e a Cultura e a Organização Internacional do Trabalho.

Artigo 9

1. A presente convenção será depositada junto ao Secretário-Geral da Organização das Nações Unidas. Até a data de 30 de abril de 1972, permanecerá aberta à assinatura de qualquer estado membro da Organização das Nações Unidas, de uma das instituições especializadas vinculadas à Organização das Nações Unidas ou da Agência Internacional de Energia Atômica, ou parte do Estatuto da Corte Internacional de Justiça.

2. A presente convenção será submetida à ratificação ou à aceitação dos Estados Signatários. Estará aberta à adesão de qualquer Estado mencionado no parágrafo 1 deste artigo.

3. Os instrumentos de ratificação, aceitação ou adesão serão depositados junto ao Secretário-Geral da Organização das Nações Unidas.

4. Fica estabelecido que um Estado, desde o momento em que se vincular pela presente convenção, deverá estar em condições de, em conformidade com sua legislação interna, executar as disposições da convenção.

Artigo 10

Nenhuma reserva é admitida à presente convenção.

Artigo 11

1. A presente convenção entrará em vigor três meses após o depósito do quinto instrumento de ratificação, aceitação ou adesão.

2. Em relação a qualquer Estado que ratifique ou aceite a presente convenção ou que a ela adira após o depósito do quinto instrumento de ratificação, aceitação ou adesão à presente convenção passará a vigorar três meses após a data em que o Diretor-Geral da Organização Mundial da Propriedade Intelectual informar os Estados, em conformidade com o artigo 13, parágrafo 4, do depósito de seu instrumento.

3. Qualquer Estado pode, por ocasião da ratificação, aceitação ou adesão, ou em qualquer época ulterior, declarar, mediante notificação dirigida ao Secretário-Geral da Organização das Nações Unidas, que a presente convenção se aplica ao conjunto ou a qualquer dos territórios por cujas relações internacionais ele é

responsável. Essa notificação entrará em vigor três meses depois da data de seu recebimento.

4. Entretanto, o parágrafo precedente não poderá em caso algum ser interpretado de maneira que implique o reconhecimento ou aceitação tácita, por qualquer dos Estados Contratantes, da situação de fato de qualquer território ao qual a presente convenção se aplicará, por iniciativa de outro Estado Contratante, por força referido parágrafo.

Artigo 12

1. Qualquer Estado Contratante terá a faculdade de denunciar a presente convenção quer em seu próprio nome, quer em nome de um ou da totalidade dos territórios mencionados no artigo 11, parágrafo 3, mediante notificação por escrito dirigida ao Secretário-Geral da Organização das Nações Unidas.

2. A denúncia terá efeito doze meses depois da data em que o Secretário-Geral da Organização das Nações Unidas receber a notificação.

Artigo 13

1. A presente convenção é assinada, em um único exemplar, nas línguas inglesa, espanhola, francesa e russa, os quatro textos fazendo igualmente fé.

2. Textos oficiais serão elaborados pelo Diretor-Geral da Organização Mundial da Propriedade Intelectual, depois de consultar os governos interessados, nas línguas alemã, árabe, italiana, neerlandesa e portuguesa.

3. O Secretário-Geral da Organização das Nações Unidas notificará ao Diretor-Geral da Organização Mundial da Propriedade Intelectual, ao Diretor-Geral da Organização das Nações Unidas para a Educação, a Ciência e a Cultura e ao Diretor-Geral da Repartição Internacional do Trabalho:

a) as assinaturas à presente convenção;
b) o depósito dos instrumentos de ratificação, aceitação ou adesão;
c) a data da entrada em vigor da presente convenção;
d) qualquer declaração efetuada por força do artigo 11, parágrafo 3;
e) o recebimento das notificações de denúncia.

4 .O Diretor-Geral da Organização Mundial da Propriedade Intelectual informará os estados mencionados no artigo 9, parágrafo 1, das notificações recebidas em decorrência do parágrafo precedente, assim como das declarações efetuadas por força do artigo 7, parágrafo 4. transmitirá igualmente as referidas declarações ao Diretor-Geral da Organização das Nações Unidas para a Educação, a Ciência e a Cultura e ao Diretor-Geral da Repartição Internacional do Trabalho.

5. O Secretário-Geral da Organização das Nações Unidas fornecerá dois exemplares conformes e autenticados da presente convenção aos estados mencionados no artigo 9, parágrafo 1.

Em fé do que os abaixo assinados, devidamente autorizados, firmaram a presente convenção.
Feito em Genebra, aos vinte e nove de outubro de 1971

DECRETO Nº 81.742, DE 31 DE MAIO DE 1978.

Promulga o Tratado de Cooperação em Matéria de Patentes (PCT).

O PRESIDENTE DA REPÚBLICA,
CONSIDERANDO que o Congresso Nacional aprovou, pelo Decreto Legislativo nº 110, de 30 de novembro de 1977, o Tratado de Cooperação em Matéria de Patentes (PCT), concluído entre a República Federativa do Brasil e vários países na cidade de Washington em 19 de junho de 1970;
CONSIDERANDO que o Instrumento de Ratificação do referido Tratado pela República Federativa do Brasil foi depositado em 9 de janeiro de 1978;
CONSIDERANDO que o referido Tratado entrou em vigor para a República Federativa do Brasil em 9 de abril de 1978;

DECRETA:
Art 1º O Tratado de Cooperação em Matéria de Patentes (PCT), apenso por cópia ao presente Decreto, será executado e cumprido tão inteiramente como nele se contém.
Art 2º Este Decreto entra em vigor na data de sua publicação, revogadas as disposições em contrário.
Brasília, em 31 de maio de 1978; 157º da Independência e 90º da República.
ERNESTO GEISEL
Antônio Francisco Azeredo da Silveira
Os Estados contratantes,
Desejosos de contribuir para o desenvolvimento da ciência e da tecnologia,
Desejosos de aperfeiçoar a proteção legal das invenções,
Desejosos de simplificar e tornar mais econômica e obtenção de proteção das invenções quando a mesma for requisitada em vários países,
Desejosos de facilitar e apressar o acesso de todos às informações técnicas contidas nos documentos que descrevem as novas invenções,
Desejosos de estimular e acelerar o progresso econômico dos países em via de desenvolvimento através da adoção de medidas destinadas a aumentar a eficácia de seus sistemas legais de proteção das invenções, sejam eles nacionais ou regionais, proporcionando-lhes fácil acesso às informações referentes às obten-

ção de soluções técnicas adaptadas a seus requisitos específicos e facilitando-lhes o acesso ao volume sempre crescente da técnica moderna,

Convencidos de que a cooperação internacional facilitará grandemente a realização destes objetivos,

Concluíram o presente Tratado:

DISPOSIÇÕES INTRODUTÓRIAS

Artigo 1
Estabelecimento de uma União

1) Os Estados participantes do presente Tratado (a seguir denominados "Estados contratantes") ficam constituídos em estado de União para cooperação no terreno dos depósitos, das pesquisas e do exame dos pedidos de proteção das invenções, bem como para prestação de serviços técnicos especiais. Esta União fica denominada União Internacional de Cooperação em Matéria de Patentes.

2) Nenhuma disposição do presente Tratado poderá ser interpretada como restrição dos direitos previstos pela Convenção de Paris para Proteção da Propriedade Industrial em benefício dos nacionais dos países participantes desta Convenção ou das pessoas domiciliadas nesses países.

Artigo 2
Definições

No sentido do presente Tratado e do Regulamento de execução, e a menos que um sentido diferente seja expressamente indicado:

I) entende-se por "pedido" um pedido de proteção de uma invenção; toda e qualquer referência a um "pedido" entender-se-á como uma referência aos pedidos de patentes de invenção, de certificados de autor de invenção, de certificados de utilidade, de modelos de utilidade, de patentes ou de certificados de adição, de certificados de autor de invenção adicionais e de certificados de utilidade adicionais;

II) toda e qualquer referência a uma "patente" entender-se-á como uma referência às patentes de invenção, aos certificados de autor de invenção, aos certificados de utilidade, aos modelos de utilidade, às patentes ou certificados de adição, aos certificados de autor de invenção adicionais e aos certificados de utilidade adicionais;

III) entende-se por "patente nacional" uma patente concedida por uma administração nacional;

IV) entende-se por "patente regional" uma patente concedida por uma administração nacional ou intergovernamental, credenciada a conceder patentes com validade em mais de um Estado;

V) entende-se por "pedido regional" um pedido de patente regional;

VI) toda e qualquer referência a um "pedido nacional" entender-se-á como uma referência aos pedidos de patentes nacionais e de patentes regionais além dos pedidos depositados em obediência ao presente Tratado;

VII) entende-se por "pedido internacional" um pedido depositado em obediência ao presente Tratado;

VIII) toda e qualquer referência a um "pedido" entender-se-á como uma referência aos pedidos internacionais e nacionais;

IX) toda e qualquer referência a uma "patente" entender-se-á como uma referência às patentes nacionais e regionais;

X) toda e qualquer referência à "legislação nacional" entender-se-á como uma referência à legislação de um Estado contratante ou, sempre que se tratar de um pedido regional ou de uma patente regional, ao tratado que prevê o depósito de pedidos regionais ou a concessão de patentes regionais;

XI) entende-se por "data de prioridade", para fins do cálculo dos prazos:

a) sempre que o pedido internacional comportar uma reivindicação de prioridade, de acordo com o artigo 8, a data do depósito do pedido cuja prioridade for assim reivindicada;

b) sempre que o pedido internacional comportar várias reivindicações de prioridade, de acordo com o artigo 8, a data do depósito do pedido mais antigo cuja prioridade for assim reivindicada;

c) sempre que o pedido internacional não comportar qualquer reivindicação de prioridade, de acordo com o artigo 8, a data do depósito internacional desse pedido;

XII) entender-se por "Repartição nacional" a administração governamental de um Estado contratante encarregada de conceder patentes; toda e qualquer referência a uma "Repartição nacional" entender-se-á igualmente como uma referência a toda e qualquer administração intergovernamental encarregada por vários Estados de conceder patentes regionais, desde que pelo menos um desses Estados seja um Estado contratante e que esses Estados tenham autorizado a dita administração a assumir as obrigações e a exercer os poderes que o presente Tratado e o Regulamento de execução atribuem às Repartições nacionais;

XIII) entende-se por "Repartição designada" a repartição nacional do Estado designada pelo depositante de acordo com o Capítulo I do presente Tratado, assim como toda e qualquer Repartição agindo em nome desse Estado;

XIV) entende-se por "Repartição eleita" a Repartição nacional do Estado eleita pelo depositante de acordo com o Capítulo II do presente Tratado, bem como toda e qualquer Repartição agindo em nome desse Estado;

XV) entende-se por "Repartição receptora" a Repartição nacional ou organização intergovernamental em que o pedido internacional foi depositado;

XVI) entende-se por "União" a União Internacional de Cooperação em Matéria de Patentes;

XVII) entende-se por "Assembléia" a Assembléia da União;

XVIII) entende-se por "Organização" a Organização Mundial da Propriedade Intelectual;

XIX) entende-se por "Escritório Internacional" o Escritório Internacional da

Organização e, enquanto existirem, os Escritórios Internacionais Reunidos para Proteção da Propriedade Intelectual (BIRPI);

XX) entende-se por "Diretor Geral" o Diretor-Geral da Organização e, enquanto existirem os BIRPI, o Diretor dos BIRPI.

CAPÍTULO I
Pedido Internacional e Pesquisa Internacional

Artigo 3
Pedido Internacional

1) Os pedidos de proteção das invenções em todo e qualquer Estado contratante podem ser depositados na qualidade de pedidos internacionais no sentido do presente Tratado.

2) Um pedido internacional deverá conter, de acordo com o presente Tratado e com o Regulamento de execução, um requerimento, uma descrição, uma ou várias reivindicações, um ou vários desenhos (quando estes forem necessários) e um resumo.

3) O resumo destina-se exclusivamente para fins de informação técnica; não poderá ser levado em consideração para qualquer outro fim, mormente para avaliação da extensão da proteção pedida.

4) O pedido internacional:
I) deve ser redigido em uma das línguas prescritas;
II) deve preencher as condições materiais prescritas;
III) deve satisfazer a exigência prescrita de unidade de invenção;
IV) está sujeito ao pagamento das taxas prescritas.

Artigo 4
Requerimento

1) O requerimento deve conter:
I) uma petição no sentido de que o pedido internacional deverá ser considerado de acordo com o presente Tratado;
II) a designação do Estado ou Estados contratantes em que a proteção da invenção é solicitada na base do pedido internacional ("Estados designados"); se o depositante puder e desejar, em relação a todo e qualquer Estado designado, obter uma patente regional em lugar de uma patente nacional, o requerimento deverá indicá-lo; se o depositante, em virtude de um tratado referente a uma patente regional, não puder limitar seu pedido a certos Estados participantes do tratado em questão, a designação de um desses Estados, bem como a indicação de desejo de obter uma patente regional serão assimilados a uma designação de todos esses Estados; se, de acordo com a legislação nacional do Estado designado, a designação desse Estado tiver o efeito de um pedido regional, essa obrigação deverá ser assimilada à indicação do desejo de obter uma patente regional;

III) o nome e outras indicações prescritas, referentes ao depositante e ao mandatário (caso haja);

IV) o título da invenção;

V) o nome do inventor e demais indicações prescritas, no caso em que a legislação de pelo menos um dos Estados designados exija que essas indicações seja fornecidas a partir do depósito de um pedido nacional; nos demais casos as ditas indicações podem figurar que no requerimento, quer em notificações separadas endereçadas a cada Repartição designada cuja legislação nacional exija essas indicações, permitindo, entretanto, que elas só sejam fornecidas depois do depósito do pedido nacional.

2) Toda e qualquer designação está sujeita ao pagamento das taxas prescritas dentro do prazo prescrito.

3) Se o depositante não solicitar outros títulos de proteção referidos no artigo 43, a designação significará que a proteção pedida consiste na concessão de uma patente pelo ou para o Estado designado. O artigo 2.II) não se aplica aos fins do presente parágrafo.

4) A ausência, no requerimento, do nome do inventor e das demais indicações prescritas referentes ao inventor não provoca qualquer conseqüência nos Estados designados cuja legislação exija essas indicações, permite, porém, que elas não sejam apresentadas senão depois de efetuado o depósito do pedido nacional. A ausência dessas indicações em uma notificação separada não provoca qualquer conseqüência nos Estados designados em que essas indicações não sejam exigidas pela legislação nacional.

Artigo 5
Descrição

A descrição deve fazer uma exposição da invenção suficientemente clara e completa para que um profissional do ramo possa executá-la.

Artigo 6
Reivindicações

A ou as reivindicações devem definir a finalidade da proteção solicitada. As reivindicações deverão ser claras e concisas. Devem basear-se totalmente na descrição.

Artigo 7
Desenhos

1) Com ressalva do parágrafo 2)II), deverão ser fornecidos desenhos sempre que forem necessários à compreensão da invenção.

2) Se a invenção for de natureza tal que possa ser ilustrada por desenhos, mesmo que estes não sejam indispensável à sua compreensão;

I) o depositante poderá incluir tais desenhos no pedido internacional na ocasião de seu depósito;

II) toda e qualquer Repartição designada poderá exigir que o depositante lhe forneça tais desenhos no prazo determinado.

Artigo 8
Reivindicações de prioridade

1) O pedido internacional pode comportar uma declaração, em obediência às estipulações do Regulamento de execução, reivindicando a prioridade de um ou de vários pedidos anteriores depositados em ou por todo e qualquer país participante da Convenção de Paris para Proteção da Propriedade Industrial.

2)a) Com ressalva da alínea b), as condições e os efeitos de toda e qualquer reivindicação de prioridade apresentada em obediência ao parágrafo 1) são aqueles previstos pelo artigo 4 do Ato de Estocolmo da Convenção de Paris para Proteção da Propriedade Industrial.

b) O pedido internacional que reivindicar a prioridade de um ou vários pedidos anteriores depositados em ou por um Estado contratante pode designar esse Estado. Se o pedido internacional reivindicar a prioridade de um ou de vários pedidos nacionais depositados em ou por um Estado designado, ou a prioridade de um pedido internacional que designara um único Estado, as condições e os efeitos produzidos pela reivindicação de prioridade nesse Estado são aqueles previstos pela legislação nacional deste último.

Artigo 9
Depositante

1) Toda e qualquer pessoa domiciliada em um Estado contratante e todo e qualquer nacional de um tal Estado podem depositar um pedido internacional.

2) A Assembléia pode resolver permitir às pessoas domiciliadas em todo e qualquer país participante da Convenção de Paris para Proteção da Propriedade Industrial que não for participante do presente Tratado, bem como aos nacionais desse país, que depositem pedidos internacionais.

3) As noções de domicílio e de nacionalidade, bem como a aplicação dessas noções quando existirem vários depositantes ou quando os depositantes não sejam os mesmos para todos os Estados designados, são definidas no Regulamento de execução.

Artigo 10
Repartição receptora

O pedido internacional dever ser depositado na Repartição receptora prescrita, que o controla e processa de acordo com o presente Tratado e com o regulamento de execução.

Artigo 11
Data do depósito e efeitos do pedido internacional

1) A Repartição receptora, no que respeita a data do depósito internacional, consigna a data de recebimento do pedido internacional, desde que constate, na ocasião desse recebimento, que:

I) o depositante não esteja privado, claramente, por motivos de domicílio ou de nacionalidade, do direito de depositar um pedido internacional na Repartição receptora;

II) o pedido internacional está redigido na língua prescrita;

III) o pedido internacional comporte pelo menos os seguintes elementos:
a) uma indicação de que foi depositado o título de pedido internacional;
b) a designação de pelo menos um Estado contratante;
c) o nome do depositante, indicado da forma prescrita;
d) uma parte que, à primeira vista, pareça constituir uma descrição;
e) uma parte que, à primeira vista, pareça constituir uma ou mais reivindicações.

2)a) Se a Repartição receptora constatar que o pedido internacional não preenche, na ocasião do seu recebimento, as condições enumeradas do parágrafo 1), solicitará ao depositante, de acordo com o Regulamento de execução, que faça a necessária correção.

b) Se o depositante cumprir a solicitação, de acordo com o Regulamento de execução, a Repartição receptora consignará, no que diz respeito à data do depósito internacional, a data do recebimento da correção exigida.

3) Com ressalva do artigo 64.4), qualquer pedido internacional que preencha as condições enumeradas nos pontos I) a III) do parágrafo 1) e ao qual foi consignada uma data de depósito internacional terá os efeitos, a partir da data do depósito internacional, de um depósito nacional regular em cada um dos Estados designados; essa data será considerada como data do depósito efetivo em cada um dos Estados designados.

4) Todo e qualquer pedido internacional que preencha as condições enumeradas nos pontos I) a III) do parágrafo 1) é considerado como possuindo o valor de um depósito nacional regular no sentido da Convenção de Paris para Proteção da Propriedade Industrial.

Artigo 12
Transmissão do pedido internacional ao Escritório internacional
e à Administração encarregada da pesquisa internacional

1) Uma via do pedido internacional fica em poder da Repartição receptora ("cópia para a Repartição receptora"), uma via ("via original") é transmitida ao Escritório Internacional e uma outra via ("cópia de pesquisa") é transmitida à Administração competente encarregada da pesquisa internacional estipulada pelo artigo 16, de acordo com o Regulamento de execução.

2) A via original é considerada como a via autêntica do pedido internacional.
3) O pedido internacional é considerado como retirado se o Escritório Internacional não receber a via original no prazo prescrito.

Artigo 13
Possibilidade de as Repartições designadas receberem cópia do pedido internacional

1) Toda e qualquer Repartição designada pode solicitar ao Escritório Internacional uma cópia do pedido internacional antes da comunicação prevista no artigo 20; o Escritório Internacional remeter-lhe-á tal cópia tão cedo quanto possível após a expiração do prazo de um ano a contar da data de prioridade.

2)a) O depositante pode, a qualquer época, remeter a toda e qualquer repartição designada uma cópia do seu pedido internacional.

b) O depositante pode, a qualquer época, solicitar ao Escritório Internacional que remeta a toda e qualquer Repartição designada uma cópia de seu pedido internacional; o Escritório Internacional remeterá, tão cedo quanto possível, essa cópia à Repartição em questão.

c) Toda e qualquer Repartição nacional pode notificar o Escritório Internacional de que não deseja receber as cópias referidas pela alínea *b*); nesse caso, a citada alínea não se aplicará a essa Repartição.

Artigo 14
Irregularidades no pedido internacional

1)a) A Repartição receptora verificará se o pedido internacional apresenta quaisquer das seguintes irregularidades:
I) não está assinado de acordo com o regulamento de execução;
II) não contém as indicações estabelecidas em relação ao depositante;
III) não contém um título;
IV) não contém um resumo;
V) não preenche, da forma prevista pelo regulamento de execução, as condições materiais prescritas.

b) Se a Repartição receptora constatar qualquer uma dessas irregularidades, solicitará ao depositante que corrija o pedido internacional no prazo presrito; caso não o faça, esse pedido será considerado como retirado e a Repartição receptora assim o declarará.

2) Se o pedido internacional se referir a desenhos, embora estes não hajam sido incluídos no pedido, a Repartição receptora notificará ao depositante que poderá remeter os desenhos no prazo prescrito; a data do depósito internacional será então a data do recebimento dos referidos desenhos pela Repartição receptora. De outro modo, qualquer referência e tais desenhos será considerada como inexistente.

3)a) Se a Repartição receptora constatar que as taxas prescritas pelo artigo 3.4(IV) não foram pagas no prazo prescrito, ou que a taxa prescrita pelo artigo

4.2) não foi paga em relação a nenhum dos Estados designados, o pedido internacional será considerado como retirado e a Repartição receptora assim o declarará.

b) Se a Repartição receptora constatar que a taxa prescrita pelo artigo 4.2) foi paga dentro do prazo prescrito em ralação a um ou vários Estados designados (mas não em relação a todos esses Estados), a designação desses Estados para os quais a taxa não foi paga dentro do prazo prescrito será considerada como retirada e a Repartição receptora assim o declarará.

4) Se, depois que houver consignado ao pedido internacional uma data de depósito internacional, a Repartição receptora constatar, dentro do prazo prescrito, que qualquer uma das condições enumeradas nos pontos I) a III) do artigo 11.1) não foi preenchida nessa data, esse pedido será considerado como retirado e a Repartição receptora assim o declarará.

Artigo 15
Pesquisa internacional

1) Cada pedido internacional constituirá objeto de uma pesquisa internacional.

2) A pesquisa internacional tem por objetivo descobrir o estado da técnica pertinente.

3) A pesquisa internacional será efetuada na base das reivindicações, levando em conta a descrição e os desenhos (caso os haja).

4) A Administração encarregada da pesquisa internacional a que se refere o artigo 16, ser esforçará por descobrir o estado da técnica pertinente na medida em que lhe permitirem os seus meios e deverá, em todo caso, consultar a documentação especificada pelo Regulamento de execução.

5)a) O titular de um pedido internacional depositado na Repartição nacional de um Estado contratante ou na Repartição agindo em nome de um tal Estado poderá, se a legislação nacional desse Estado assim o permitir e nas condições previstas por essa legislação, solicitar que uma pesquisa semelhante a uma pesquisa internacional ("pesquisa do tipo internacional") seja efetuada em relação a esse pedido.

b) A Repartição nacional de um Estado contratante ou a Repartição agindo em nome de um tal Estado, poderá, se a legislação nacional desse Estado assim o permitir, submeter a uma pesquisa do tipo internacional qualquer pedido nacional ali depositado.

c) A pesquisa do tipo internacional será efetuada pela Administração encarregada da pesquisa internacional a que se refere o artigo 16, que seria competente para proceder à pesquisa internacional se o pedido nacional fosse um pedido internacional depositado na Repartição mencionada nas alíneas a) e b). Se o pedido nacional estiver redigido em uma língua que a Administração encarregada da pesquisa internacional julgar não estar em condições adequadas de processar, a pesquisa do tipo internacional será efetuada na base de uma tradução preparada pelo depositante em uma das línguas precritas para os pedidos internacionais que a dita Administração se comprometer a aceitar para os pedidos internacionais. O pedido nacional e a tradução, quanto esta for exigida, devem ser apresentadas na forma prescrita para os pedidos internacionais.

Artigo 16
Administração encarregada da pesquisa internacional

1) A pesquisa internacional será efetuada por uma Administração encarregada da pesquisa internacional; esta poderá ser, quer uma Repartição nacional, quer uma organização intergovernamental, como o Instituto Internacional de Patentes, cujas atribuições incluem o estabelecimento de intercâmbio de pesquisa documentária sobre o estado da técnica relativa a invenções que constituam objeto de pedidos de patentes.

2) Se, enquanto não for instituída uma única Administração encarregada da pesquisa internacional, existirem várias Administrações incumbidas da pesquisa internacional, cada Repartição receptora deverá especificar, de acordo com as disposições do acordo aplicável mencionado no parágrafo 3)b), aquela ou aquelas Administrações que terão competência para proceder à pesquisa para os pedidos internacionais depositados naquela Repartição.

3)a) As Administrações encarregadas da pesquisa internacional são nomeadas pela Assembléia. Todas as Repartições nacionais e todas as organizações intergovernamentais que satisfizerem as exigências estipuladas na alínea *c*) poderão ser nomeadas em caráter de Administração encarregada da pesquisa internacional.

b) A nomeação dependerá do consentimento da Repartição nacional ou da organização intergovernamental em questão e da conclusão de um acordo, que deverá ser aprovado pela Assembléia, entre essa Repartição ou essa organização e o Escritório Internacional. Tal acordo especificará os direitos e obrigações das partes e conterá, especificamente, o compromisso formal da citada Repartição ou da citada organização de aplicar e cumprir as regras comuns da pesquisa internacional.

c) O Regulamento de execução estabelece as exigências mínimas, em particular aquelas concernentes ao pessoal e à documentação, que cada Repartição ou organização deverá satisfazer antes de poder ser nomeada e que deverá continuar a satisfazer enquanto perdurar a nomeação.

d) A nomeação é feita por um período determinado que poderá ser prolongado.

e) Antes de tomar uma decisão quanto à nomeação de uma Repartição nacional ou de uma organização intergovernamental ou quanto à prolongação de uma tal nomeação, assim como antes de permitir que uma tal nomeação chegue ao fim, a Assembléia consultará a Repartição ou a organização em questão e ouvirá o parecer do Comitê de Cooperação Técnica a que se refere o artigo 56, uma vez instituído esse Comitê.

Artigo 17
Procedimento junto à Administração encarregada da pesquisa internacional

1) O procedimento junto à Administração encarregada da pesquisa internacional é determinado pelo presente Tratado, pelo Regulamento de execução e pelo acordo que o Escritório Internacional concluir, em obediência ao presente Tratado, com essa Administração.

2)a) Se a Administração encarregada da pesquisa internacional julgar:
I) que o pedido internacional ser refere a um objeto a respeito do qual não lhe compete, de acordo com o Regulamento, realizar a pesquisa e decide no caso não proceder à pesquisa, ou
II) que a descrição, as reivindicações ou os desenhos não preenchem os requisitos prescritos de modo a não permitir que uma pesquisa satisfatória seja realizada, ela o declarará e comunicará ao depositante e ao Escritório Internacional que não haverá relatório de pesquisa internacional.

b) Se qualquer das hipóteses mencionadas na alínea *a*) não ocorrer senão em relação a certas reivindicações o relatório de pesquisa internacional será estabelecido para as demais reivindicações, mencionando o impedimento em relação às primeiras, de acordo com o artigo 18.

3)a) Se a Administração encarregada da pesquisa internacional julgar que o pedido internacional não satisfaz a exigência de uma unidade de invenção, ela solicitará ao depositante que pague as taxas adicionais. A Administração encarregada da pesquisa internacional estabelecerá o relatório de pesquisa internacional em relação às partes do pedido internacional que dizem respeito à invenção mencionada primeiramente nas reivindicações ("invenção principal") e, se as taxas adicionais requeridas houverem sido pagas dentro do prazo prescrito, quanto às partes do pedido internacional que dizem respeito às invenções em relação às quais as citadas taxas foram pagas.

b) A legislação nacional de todo e qualquer Estado designado poderá prever que, caso a Repartição nacional desse Estado julgue justificada a solicitação, mencionada na alínea *a*), da Administração encarregada da pesquisa e caso o depositante não haja pago todas as taxas adicionais, as partes do pedido internacional que, consequentemente, não constituirem objeto de uma pesquisa serão consideradas como retiradas no que diz respeito aos efeitos nesse Estado, a menos que o depositante pague uma taxa especial à Repartição nacional do Estado em questão.

Artigo 18
Relatório de pesquisa internacional

1) O relatório de pesquisa internacional será estabelecido dentro do prazo e na forma prescritos.

2) O relatório de pesquisa internaiconal, tão logo seja estabelecido, será comunicado pela Administração encarregada da pesquisa internacional ao depositante e ao Escritório Internacional.

3) O relatório de pesquisa internacional ou a declaração mencionada no artigo 17.2)a) será traduzido de acordo com o Regulamento de execução. As traduções serão preparadas pelo Escritório Internacional ou sob sua responsabilidade.

Artigo 19
Modificação das reivindicações submetidas ao Escritório Internacional

1) Após receber comunicação do relatório de pesquisa internacional, o depositante terá o direito de modificar uma vez as reivindicações do pedido internacional, depositando as modificações, dentro do prazo prescrito, no Escritório Internacional. Poderá juntar as mesmas uma breve declaração, de acordo com o Regulamento de execução, explicando as modificações e esclarecendo os efeitos que estas poderão ter sobre a descrição e dos desenhos.
2) As modificações não devem ir além da exposição da invenção constante do pedido internacional tal como foi depositado.
3) A inobservância das disposições do parágrafo 2) não terá conseqüências nos Estados designados cuja legislação nacional permita que as modificações vão além da exposição da invenção.

Artigo 20
Comunicação às Repartições designadas

1)a) O pedido internacional, juntamente com o relatório de pesquisa internacional (inclusive qualquer indicação mencionada no artigo 17.2)b) ou a declaração mencionada no artigo 17.2)a), será comunicado, de acordo com o Regulamento de execução a todas as Repartições designadas que não hajam renunciado, total ou parcialmente, a essa comunicação.
b) A comunicação compreende a tradução (tal como foi estabelecida) do relatório em questão ou da declaração citada.
2) Caso as reivindicações hajam sido modificadas de acordo com o artigo 19.1), a comunicação deverá incluir quer o texto integral das reivindicações tal como foram depositadas e tal como foram modificadas, quer o texto integral das reivindicações tal como foram depositadas e especificar as modificações efetuadas; deverá, outrossim, se for o caso, incluir a declaração mencionada no artigo 19.1).
3) A pedido da Repartição designada ou do depositante, a Administração encarregada da pesquisa internacional lhes remeterá, de acordo com o Regulamento de execução, cópia dos documentos citados no relatório de pesquisa internacional.

Artigo 21
Publicação internacional

1) O Escritório Internacional procederá à publicação dos pedidos internacionais.

2)a) Com ressalva das exceções previstas na alínea *b*) e no artigo 64.3), a publicação internacional do pedido internacional será feita logo após a expiração de um prazo de dezoito meses a contar da data de prioridade desse pedido.

b) O depositante poderá solicitar ao Escritório Internacional a publicação de seu pedido internacional a qualquer época antes da expiração do prazo mencionado na alínea *a*). O Escritório Internacional procederá, em conseqüência, de acordo com o Regulamento de execução.

4) A língua e a forma da publicação internacional, bem como outros pormenores, serão estabelecidos pelo Regulamento de execução.

5) Não será feita qualquer publicação internacional caso o pedido internacional seja retirado ou considerado como retirado antes de terminado o preparo técnico da publicação.

6) Se o Escritório Internacional julgar que o pedido internacional contém expressões ou desenhos contrários aos bons costumes ou à ordem pública, ou declarações difamantes de acordo com o espírito do Regulamento de execução, poderá omiti-lo de suas publicações, indicando o local e o número de palavras ou de desenhos omitidos. Fornecerá, a pedido, cópias especiais das passagens assim omitidas.

Artigo 22
Cópias, traduções e taxas para as Repartições designadas

1) O depositante remeterá a cada Repartição designada uma cópia do pedido internacional (exceto se a comunicação mencionada no artigo 20 já sido feita) e uma tradução (tal como for prescrito) desse pedido e lhe pagará (se for o caso) a taxa nacional, o mais tardar na ocasião da expiração de um prazo de vinte meses a contar da data da prioridade. No caso em que o nome do inventor e demais indicações prescritas pela legislação do Estado designado, referentes ao nacional, o depositante deverá, caso já não hajam sido incluídos no requerimento, comunicá-los à Repartição nacional desse Estado ou à Repartição agindo em nome desta última, o mais tardar, na ocasião da expiração de um prazo de vinte meses a contar da data de prioridade.

2) Não obstante as disposições do parágrafo 1), quando a Administração encarregada da pesquisa internacional declarar, de acordo com o artigo 17.2)a), que um relatório de pesquisa internacional não será estabelecido, o prazo para efetuação dos atos mencionados no parágrafo 1) do presente artigo será de dois meses a contar da data da notificação da citada declaração ao depositante.

3) A legislação de todo e qualquer Estado contratante poderá, para fins dos atos a que se referem os parágrafos 1) e 2), estabelecer prazos que expirem depois daqueles mencionados nos ditos parágrafos.

Artigo 23
Suspensão do processo nacional

1) Nenhuma Repartição designada poderá processar ou examinar o pedido internacional antes da expiração do prazo aplicável de acordo com o artigo 22.

2) Não obstante as disposições do parágrafo 1), qualquer Repartição designada poderá, a pedido expresso do depositante, tratar ou examinar a qualquer época o pedido internacional.

Artigo 24
Possível perda dos efeitos nos Estados designados

1) Com ressalva do artigo 25 no caso mencionado no ponto II), abaixo, os efeitos do pedido internacional previstos pelo artigo 11.3) cessarão em qualquer Estado designado e esta cessação terá as mesmas conseqüências que a retirada de um pedido nacional nesse Estado:
I) se o depositante retirar seu pedido internacional ou a designação desse Estado;
II) se o pedido internacional for considerado como retirado em virtude dos artigos 12.3), 14.1)b), 14.3)a) ou 14.4), ou se a designação desse Estado for considerada como retirada de acordo com o artigo 14.3)b);
III) se o depositante não executar, no prazo aplicável, os atos mencionados no artigo 22.
2) Não obstante as disposições do parágrafo 1), qualquer Repartição designada poderá manter os efeitos previstos pelo artigo 11.3) mesmo quando não for exigido que tais efeitos sejam mantidos em virtude do artigo 25.2).

Artigo 25
Revisão pelas Repartições designadas

1)a) Quando a Repartição receptora recusar a consignação de uma data de depósito internacional ou declarar que o pedido internacional é considerado como retirado, ou quando o Escritório Internacional fizer uma constatação tal como estipulada no artigo 12.3), o Escritório Internacional remeterá, em curto prazo, a pedido do depositante, a todas as Repartições designadas indicadas por este último, cópia de todo e qualquer documento incluído no processo.
b) Quando a Repartição receptora declarar que a designação de um Estado é considerada como retirada, o Escritório Internacional, a pedido do requerente, remeterá a curto prazo à Repartição nacional desse Estado cópia de todo e qualquer documento contido no processo.
c) Os requerimentos fundados nas alíneas *a*) ou *b*) deverão ser apresentados dentro do prazo prescrito.
2)a) Com ressalva das disposições da alínea *b*), toda Repartição designada, caso a taxa nacional (se for o caso) haja sido paga e caso a tradução apropriada (tal como foi prescrito) haja sido remetida dentro do prazo prescrito, decidirá se a recusa, a declaração ou a constatação mencionadas no parágrafo 1) foram justificadas do ponto de vista do presente Tratado e do Regulamento de execução; se constatar que a recusa ou a declaração resultaram de um engano ou de uma omissão da Repartição receptora, ou que a constatação foi resultante de um

engano ou de uma omissão do Escritório Internacional, processará o pedido internacional, para os fins de seus efeitos no Estado da Repartição designada, como se tal engano ou omissão não houvessem ocorrido.

b) Quando a via original chegar ao Escritório Internacional depois de expirado o prazo prescrito pelo artigo 12.3) em virtude de um engano ou de uma omissão do depositante, a alínea *a*) não se aplica senão nas circunstâncias mencionadas pelo artigo 48.3).

Artigo 26
Oportunidade de corrigir nas Repartições designadas

Nenhuma Repartição designada poderá rejeitar um pedido internacional sob a alegação de que este último não preenche as condições do presente Tratado e do Regulamento de execução sem primeiro dar ao depositante a oportunidade de corrigir o referido pedido na medida e segundo o procedimento estabelecidos pela legislação nacional para casos semelhantes ou comparáveis a de pedidos nacionais.

Artigo 27
Exigências nacionais

1) Nenhuma legislação nacional poderá exigir que o pedido internacional satisfaça, quanto a sua forma ou a seu conteúdo, exigências diferentes daquelas previstas por este Tratado e pelo Regulamento de execução ou a exigências suplementares.

2) As disposições do parágrafo 1) não afetam o artigo 7.2) nem impedem qualquer legislação nacional de exigir, uma vez iniciado o processo do pedido internacional dentro da Repartição designada:

I) quando o depositante for uma pessoa jurídica, a indicação do nome de um diretor desta última autorizado a representá-la;

II) a remessa de documentos que não pertençam ao pedido internacional mas que constituam prova de alegações ou de declarações contidas nesse pedido, inclusive a confirmação do pedido internacional pela assinatura do depositante quando esse pedido, tal como foi depositado, tiver a assinatura do seu representante ou de seu mandatário.

3) Quando o depositante, para os fins de qualquer Estado designado, não for qualificado, de acordo com a legislação desse Estado para fazer o depósito de um pedido nacional, em virtude de não ser o inventor, o pedido internacional poderá ser rejeitado pela Repartição designada.

4) Quando a legislação nacional dispuser no que concerne à forma e ao conteúdo dos pedidos nacionais, sobre exigências que, do ponto de vista dos depositantes, são mais favoráveis que aquelas previstas pelo presente Tratado e o Regulamento de execução para os pedidos internacionais, a Repartição nacional, os tribunais e todos os demais órgãos competentes do Estado designado ou

agindo em nome deste último, poderão aplicar as primeiras exigências, em lugar das últimas, aos pedidos internacionais, exceto se o depositante requerer que as exigências previstas pelo presente Tratado e pelo Regulamento de execução sejam aplicados a seu pedido internacional.

5) Nada constante do presente Tratado e do Regulamento de execução poderá ser compreendido como podendo limitar a liberdade de qualquer Estado contratante de estabelecer todas as condições materiais para concessão de patentes que desejar. Em particular, qualquer disposição do presente Tratado e do Regulamento de execução referente à definição do estado da técnica deverá ser exclusivamente considerada para os fins do processo internacional; por conseguinte, qualquer Estado contratante poderá aplicar, ao determinar se uma invenção objeto de um pedido internacional faz ou não jus a uma patente, os critérios de sua legislação nacional relativos ao estado da técnica e de outras condições necessárias à obtenção de patentes que não constituam exigências relativas à forma e ao conteúdo dos pedidos.

6) A legislação nacional poderá exigir do depositante que forneça provas quanto a qualquer condição de direito material à patente que ela estipule.

7) Qualquer Repartição receptora, assim como qualquer Repartição designada, que houver iniciado o processo do pedido internacional, poderá aplicar qualquer disposição de sua legislação nacional relativa à representação obrigatória do depositante por um mandatário habilitado junto a essa Repartição e à indicação obrigatória de um endereço de trabalho no Estado designado para fins de recebimento de notificações.

8) Nada constante do presente Tratado e do Regulamento de execução poderá ser interpretado como capaz de limitar a liberdade de qualquer Estado contratante de aplicar as medidas que considerar necessárias em matéria de defesa nacional ou de limitar, para defender seus interesses econômicos, o direito de seus nacionais ou das pessoas domiciliadas em seu território de depositar pedidos internacionais.

Artigo 28
Modificação das reivindicações, da descrição e dos desenhos nas Repartições designadas

1) O depositante deverá ter oportunidade de modificar as reivindicações, a descrição e os desenhos, dentro do prazo prescrito, em cada Repartição designada. Nenhuma Repartição designada poderá conceder patente ou recusar-se a concedê-la antes de expirado esse prazo, exceto com o acordo expresso do depositante.

2) As modificações não deverão ir além da exposição da invenção que consta do pedido internacional tal como foi depositado, a menos que a legislação nacional do Estado designado o faculte expressamente.

3) As modificaçõs deverão ser conformes à legislação nacional do Estado designado em relação a tudo quanto não for estabelecido pelo presente Tratado ou pelo Regulamento de execução.

4) Quando a Repartição designada exigir uma tradução do pedido internacional, as modificações deverão ser apresentadas na mesma língua da tradução.

Artigo 29
Efeitos da publicação internacional

1) No que concerne à proteção de qualquer direito do depositante em um Estado designado, a publicação internacional de um pedido internacional terá, nesse Estado, com ressalva das disposições constantes dos parágrafos 2) a 4), os mesmos efeitos que os estabelecidos pela legislação nacional desse Estado à publicação nacional obrigatória de pedidos nacionais não examinados como tais.

2) Se a língua da publicação internacional diferir daquela das publicações requeridas pela legislação nacional do Estado designado, a dita legislação nacional poderá estipular que os efeitos previsto no parágrafo 1) não se produzam senão a partir da data em que:

I) uma tradução nesta última língua seja publicada de acordo com a legislação nacional; ou

II) uma tradução nesta última língua seja posta à disposição do público para inspeção, de acordo com a legislação nacional; ou

III) uma tradução nesta última língua seja transmitida pelo depositante ao usuário não autorizado, efetivo ou eventual, da invenção que constitui objeto do pedido internacional; ou

IV) os dois atos a que se referem os pontos I) e III) ou os dois atos a que se referem os pontos II) e III) tenham sido executados.

3) A legislação nacional de qualquer Estado designado poderá estipular que, no caso da publicação internacional ser efetuada, a pedido do depositante, antes da expiração de um prazo de dezoito meses contados da data de prioridade, os efeitos previstos no parágrafo 1) não se produzam senão depois de expirado um prazo de dezoito meses contados da data de prioridade.

4) A legislação nacional de qualquer Estado designado poderá prever que os efeitos a que se refere o parágrafo 1) não se produzam senão a partir da data do recebimento, por sua Repartição nacional ou pela Repartição agindo em nome desse Estado, de uma via da publicação, efetuada de acordo com o artigo 21, do pedido internacional. Essa Repartição publicará, assim que possível, a data do recebimento em sua Gazeta.

Artigo 30
Caráter confidencial do pedido internacional

1)a) Ressalvada a alínea *b*), o Escritório Internacional e as Administrações encarregadas da pesquisa internacional não deverão permitir a nenhuma pessoa ou administração acesso ao pedido internacional antes de sua publicação internacional, a menos que seja requerido pelo depositante ou com sua autorização.

b) A alínea *a*) não se aplica às transmissões à Administração competente encarregada da pesquisa internacional, às transmissões previstas no artigo 13, nem às comunicações previstas no artigo 20.

2)a) Nenhuma Repartição nacional poderá permitir a terceiros acesso ao pedido internacional, exceto por requerimento ou autorização do depositante, antes de qualquer das datas seguintes que ocorra primeiro:

I) data da publicação internacional do pedido internacional;

II) data do recebimento da comunicação do pedido internacional, de acordo com o artigo 20;

III) data do recebimento de uma cópia do pedido internacional, de acordo com o artigo 22.

b) A alínea *a*) não impedirá uma Repartição nacional de informar a terceiros que foi designada, nem de publicar esse fato. Uma tal informação ou publicação poderá entretanto, conter apenas as seguintes indicações: identificação da Repartição receptora, nome do depositante, data do depósito internacional, número do pedido internacional e título da invenção.

c) A alínea *a*) não poderá impedir que uma Repartição designada permita às autoridades judiciárias acesso ao pedido internacional.

3) O parágrafo 2)a) aplica-se a qualquer Repartição receptora, exceto quanto às transmissões previstas no artigo 12.1).

4) Do ponto de vista do presente artigo, a expressão "acesso" inclui qualquer meio através do qual terceiros possam tomar conhecimento e inclui, pois, a comunicação individual e a publicação geral; entretanto, nenhuma Repartição nacional poderá publicar um pedido internacional ou sua tradução antes da publicação internacional ou antes expirado um prazo de vinte meses a contar da data de prioridade, caso a publicação internacional não ocorra quando da expiração desse prazo.

CAPÍTULO II
Exame Preliminar Internacional

Artigo 31
Pedido de exame preliminar internacional

1) A pedido do depositante, o pedido internacional constituirá o objeto de um exame preliminar internacional de acordo com as disposições seguintes e o Regulamento de execução.

2)a) Qualquer depositante que, do ponto de vista do Regulamento de execução, esteja domiciliado em um Estado contratante obrigado pelo Capítulo II ou for um nacional de um tal Estado e cujo pedido internacional haja sido depositado na Repartição receptora desse Estado ou agindo em nome desse Estado, poderá apresentar um pedido de exame preliminar internacional.

b) A Assembléia poderá decidir permitir às pessoas autorizadas a depositar pedidos internacionais à apresentar pedidos de exame preliminar internacional mesmo que elas sejam domiciliadas em um Estado não-contratante ou não-obrigado pelo Capítulo II ou que possuam a nacionalidade de um tal Estado.

3) O pedido de exame preliminar internacional deverá ser feito independentemente do pedido internacional. Deverá conter as indicações prescritas e ser feito na língua e na forma prescritas.

4)a) O pedido de exame preliminar internacional deverá indicar aquele ou aqueles Estados contratantes em que o depositante pretende utilizar os resultados do exame preliminar internacional ("Estados eleitos"). Estados contratantes adicionais poderão ser eleitos posteriormente. As eleições não poderão visar senão os Estados contratantes já designados de acordo com o artigo 4.

b) Os depositantes enquadrados no parágrafo 2)a) poderão eleger qualquer Estado contratante obrigado pelo Capítulo II. Os depositantes enquadrados no parágrafo 2)b) não poderão eleger senão os Estados contratantes obrigados pelo Capítulo II que se tenham declarado disposto a serem eleitos por tais depositantes.

5) O pedido de exame preliminar internacional está sujeito ao pagamento das taxas prescritas dentro do prazo prescrito.

6)a) o pedido de exame preliminar internacional deverá ser apresentado à Administração competente encarregada do exame preliminar internacional mencionada no artigo 32.

b) Qualquer eleição posterior deverá ser submetida ao Escritório Internacional.

7) Cada Repartição eleita receberá notificação de sua eleição.

Artigo 32
Administração encarregada do exame preliminar internacional

1) O exame preliminar internacional será efetuado pela Administração encarregada do exame preliminar internacional.

2) No caso dos pedidos de exame preliminar internacional a que se referem o artigo 31.2)a) e o artigo 31.2)b), a Repartição receptora ou a Assembléia, respectivamente, especificarão, de acordo com as disposições do acordo aplicável concluindo entre a Administração ou Administrações interessadas encarregadas do exame preliminar internacional e o Escritório Internacional, aquela ou aquelas das Administrações que serão competentes para proceder ao exame preliminar.

3) As disposições do artigo 16.3) aplicar-se-ão, *mutatis mutandis*, às Administrações encarregadas do exame preliminar internacional.

Artigo 33
Exame preliminar internacional

1) O exame preliminar internacional tem por objeto formular uma opinião preliminar e sem compromisso sobre as questões de saber se a invenção cuja proteção é solicitada, parece ser nova, implicar uma atividade inventiva (não ser evidente) e ser suscetível de aplicação industrial.

2) Para fins do exame preliminar internacional, a invenção cuja proteção é solicitada é considerada como nova desde que não exista anterioridade no estado da técnica tal como é definida no Regulamento de execução.

3) Para fins do exame preliminar internacional, a invenção cuja proteção é solicitada é considerada como implicando uma atividade inventiva, desde que, levando-se em conta o estado da técnica tal como é definido no Regulamento de execução, ela não seja evidente, na data pertinente estabelecida, para um profissional do ramo.

4) Para fins do exame preliminar internacional à invenção cuja proteção é solicitada é considerada como suscetível de aplicação industrial desde que, de acordo com sua natureza, possa ser produzida ou utilizada (no sentido tecnológico) em toda espécie de indústria. O termo "indústria" deverá ser interpretado no seu sentido mais lato, como na Convenção de Paris para a Proteção da Propriedade Industrial.

5) Os critérios precedente não servem senão para fins do exame preliminar internacional. Qualquer Estado contratante poderá aplicar critérios adicionais ou diferentes a fim de decidir se, nesse Estado, a invenção pode ou não ser patenteada.

6) O exame preliminar internacional deverá levar em consideração todos os documentos citados no relatório de pesquisa internacional. Poderá levar em consideração todos os documentos adicionais que julgar pertinentes no caso. no caso em espécie.

Artigo 34
Procedimento junto à Administração encarregada do exame preliminar Internacional

1) O procedimento junto à Administração encarregada do exame preliminar internacional é determinado pelo presente Tratado, pelo Regulamento de execução e pelo acordo que o Escritório Internacional concluir, de acordo com o presente Tratado e com o Regulamento de execução, com essa Administração.

2)a) O depositante tem o direito de se comunicar, verbalmente e por escrito, com a Administração encarregada do exame preliminar internacional.

b) O depositante tem o direito de modificar as reinvidicações, a descrição e os desenhos, na forma estabelecida e dentro do prazo prescrito, antes do estabelecimento do relatório de exame preliminar internacional. As modificações não devem ir além da exposição da invenção constante do pedido internacional tal como foi depositado.

c) O depositante receberá da Administração encarregada do exame preliminar internacional pelo menos um aviso por escrito, a menos que a citada Administração julgue que todas as condições abaixo foram satisfeitas:

I) a invenção corresponde aos critérios fixados pelo artigo 33.1);

II) o pedido internacional preenche as condições do presente Tratado e do Regulamento de execução na medida em que são controladas pela citada Administração;

III) não se cogita de apresentar observações no sentido do artigo 35.2), última frase.

d) O depositante poderá responder ao aviso por escrito.

3)a) Se a Administração encarregada do exame preliminar internacional julgar que o pedido internacional não satisfaz a exigência de unidade da invenção tal como é definida no Regulamento de execução poderá solicitar ao depositante, à escolha deste último, quer que limite as reinvindicações de modo a satisfazer essa exigência, quer que pague as taxas adicionais.

b) A legislação nacional de qualquer Estado eleito poderá prever, quanto o depositante preferir limitar as reivindicações de acordo com a alínea *a*), que as partes do pedido internacional que, em conseqüência da limitação, não constituam objeto de um exame preliminar internacional sejam consideradas, no que diz respeito aos efeitos nesse Estado, como retiradas a menos que uma taxa especial seja paga pelo depositante à Repartição Nacional do dito Estado.

c) Se o depositante não atender à solicitação mencionada na alínea *a*) dentro do prazo estipulado, a Administração encarregada do exame preliminar internacional fará um relatório de exame preliminar sobre as partes do pedido internacional que dizem respeito ao que pareça constituir a invenção principal fornecendo indicações sobre esse particular no relatório. A legislação nacional de qualquer Estado eleito poderá prever, quando a Repartição nacional desse Estado julgar justificada a solicitação da Administração encarregada do exame preliminar internacional, que as partes do pedido internacional que não digam respeito à invenção principal sejam, no que concerne aos efeitos nesse Estado, consideradas como retiradas, a menos que uma taxa especial seja paga pelo depositante a essa Repartição.

4) a) Se a Administração encarregada do exame preliminar internacional julgar:

I) que o pedido internacional diz respeito a um objeto a respeito do qual não lhe compete, de acordo com o Regulamento de execução, efetuar um exame preliminar internacional e decidir no caso não proceder a esse exame, ou

II) que a descrição, as reivindicações ou os desenhos não são claros, ou que as reivindicicações não se fundam de forma adequada na descrição, de maneira que possa ser formada uma opinião válida quanto à questão de novidade, da atividade inventiva (não-evidência) ou da aplicação industrial da invenção cuja proteção é solicitada, ela não abordará as questões mencionadas no artigo 33.1) e dará a conhecer ao depositante essa opinião e seus motivos.

b) Se qualquer uma das hipóteses mencionadas na alínea *a*) não ocorrer senão a respeito de certas reivindicações ou em relação a certas reivindicações, as disposições da citada alínea *a*) não se aplicarão senão a respeito dessas reivindicações.

Artigo 35
Relatório de exame preliminar Internacional

1) O relatório de exame preliminar Internacional será estabelecido dentro do prazo e na forma prescritos.

2) O relatório de exame preliminar internacional não conterá nenhuma declaração respectiva à questão de saber se a invenção cuja proteção é solicitada faz ou parece fazer jus ou não a patente a respeito de uma legislação nacional qualquer. Declarará, ressalvado o parágrafo 3), em relação a cada reivindicação, se essa reivindicação parece corresponder aos critérios de novidades, atividade inventiva (não-evidência) e aplicação industrial, tal como esses critérios são definidos, para fins do exame preliminar internacional, no artigo 33.1) a 4) Essa declaração deverá ser acompanhada por uma citação dos documentos que apoiam a conclusão declarada e por todas explicações que se imponham no caso. A essa declaração deverão igualmente ser juntadas as demais observações previstas pelo Regulamento de execução.

3)a) Se a Administração encarregada do exame preliminar internacional julgar, na ocasião do fornecimento do relatório de exame preliminar internacional, que qualquer uma das hipóteses mencionadas no artigo 34.4)a) ocorreu, o relatório o consignará explicando os motivos. Não deverá conter qualquer declaração do tipo descrito no parágrafo 2).

b) Se qualquer uma das hipóteses mencionadas no artigo 34.4)b) ocorrer, o relatório de exame preliminar internacional conterá, a respeito das reivindicações em questão, a indicação prevista na alínea *a*) e, quanto às demais reivindicações, a declaração mencionada no parágrafo 2).

Artigo 36
Transmissão, tradução e comunicação do relatório de exame preliminar internacional

1) O relatório de exame preliminar internacional será, juntamente com os anexos determinados, transmitido ao depositante e ao Escritório Internacional.

2)a) O relatório de exame prelominar intenacional e seus anexos serão traduzidos nas línguas prescritas.

b) Todas as traduções do citado relatório serão preparadas pelo Escritório Internacional ou sob sua responsabilidade; todas as traduções de seus anexos serão preparadas pelo depositante.

3)a) O relatório de exame preliminar internacional, com sua tradução (tal qual ela for prescrita) e seus anexos (na língua original), será comunicado pelo Escritório Internacional a cada Repartição eleita.

b) A tradução prescrita para os anexos será trasnmitida, dentro do prazo prescrito, pelo depositante para as Repartições eleitas.

4) O artigo 20.3) aplica-se, *mutatis mutandis,* às cópias de todo documento citado no relatório de exame preliminar internacional e que não tenham sido citado no relatório de pesquisa internacional.

Artigo 37
Retirada do pedido de exame preliminar internacional ou de eleições

1) O depositante poderá retirar todas ou parte das eleições.

2) Se a eleição de todos os Estados for retirada, considerar-se-á o pedido como retirado.

3)a)Toda retirada deverá ser notificada ao Escritório Internacional.

b) As Repartições eleitas interessadas e a Administração competente encarregada do exame preliminar internacional serão notificadas correspondentemente pelo Escritório Internacional.

4)a) Com ressalva da alínea *b*), a retirada do pedido de exame preliminar internacional ou da eleição de um Estado contratante, salvo disposição em contrário da legislação nacional do Estado em questão, será considerada como retirada do pedido internacional do que se refere a esse Estado.

b) A retirada do pedido de exame preliminar internacional ou da eleição não será considerada como retirada do pedido internacional se ela ocorrer antes da expiração do prazo aplicável segundo o artigo 22; todavia, todo Estado contratante poderá prever em sua legislação nacional que o acima exposto somente será válido, si a sua Repartição nacional receber, dentro desse prazo, cópia do pedido internacional, junto com uma tradução (como prescrito) e a taxa nacional.

Artigo 38
Caráter confidencial do exame preliminar internacional

1) Salvo requerimento ou autorização do depositante, o Escritório Internacional e a Administração competente encarregada Do exame preliminar internacional não poderão, em momento algum, permitir a qualquer pessoa ou administração — com exceção das Repartições eleitas, depois do estabelecimento do relatório de exame preliminar internacional — acesso, nos termos e sentido do artigo 30.4), ao dossier do exame preliminar internacional.

2) Com ressalva do parágrafo 1) e dos artigos 36.1) e 3) e 37.3)b), o Escritório Internacional e a Administração competente encarregada do exame preliminar internacional não poderão dar, salvo requerimento ou autorização do depositante, qualquer informação relativa à expedição ou não-expedição de um relatório de exame preliminar internacional e retirada ou não-retirada do pedido de exame preliminar internacional, ou de qualquer eleição.

Artigo 39
Cópias, traduções e taxas para as Repartições eleitas

1)a) Se a eleição de um Estado contratante for realizada antes da expiração do décimo nono mês a contar da data de prioridade, o artigo 22 não se aplicará a esse Estado; o depositante remeterá a cada Repartição eleita uma cópia do pedido internacional (exceto se a comunicação a que se refere o artigo 20 já houver sido feita) e uma tradução (tal como for prescrito) desse pedido e lhe pagará (se for o caso) a taxa nacional, o mais tardar ao expirar um prazo de vinte e cinco meses contados da data de prioridade.

b) Qualquer legislação nacional poderá, a fim de executar os atos a que se refere a alínea *a*), fixar prazos que expirem depois daquele que figura na cidade alínea.

2) Os efeitos previstos no artigo 11.3) cessarão no Estado eleito com as mesmas conseqüências que as que decorrem da retirada de um pedido nacional nesse Estado, se o depositante deixar de executar os atos a que se refere o parágrafo 1)a) dentro do prazo aplicável de acordo com o parágrafo 1)a) ou b).

3) Qualquer Repartição eleita poderá manter os efeitos previstos no artigo 11.3) mesmo quando o depositante não preenche as condições previstas no parágrafo 1)a) ou b).

Artigo 40
Suspensão do exame nacional e dos demais processos

1) Se a eleição de um Estado contratante for efetuada antes de expirado o décimo nono mês a contar da data de prioridade, o artigo 23 não se aplicará a esse Estado e sua repartição nacional ou qualquer Repartição agindo em nome desse Estado não efetuará o exame e não iniciará qualquer outro processo relativo ao pedido internacional, com ressalva do parágrafo 2), antes de expirado o prazo aplicável de acordo com o artigo 39.

2) Não obstante as disposições do parágrafo 1), qualquer repartição eleita, a pedido expresso do depositante, poderá proceder a qualquer época ao exame e iniciar qualquer outro processo referente ao pedido internacional.

Artigo 41
Modificação das reivindicações, da descrição e dos desenhos

Nas Repartições eleitas

1) O depositante deverá Ter oportunidade de modificar as reinvindicações, a descrição e os desenhos, dentro do prazo previsto, em cada Repartição eleita. Nenhuma Repartição eleita poderá conceder patente, nem se recusar a concedê-la antes de expirado esse prazo, salvo autorização expressa do depositante.

2) As modificações não devem ir além da exposição da invenção que consta do pedido internacional, tal como foi depositado, salvo se a legislação nacional do Estado eleito o permitir expressamente.

3) As modificações deverão respeitar a legislação nacional do Estado eleito em tudo quanto não for disposto neste Tratado ou no Regulamento de execução.

4) Quando a Repartição eleita exigir uma tradução do pedido internacional, as modificações deverão ser feitas na mesma língua da tradução.

Artigo 42
Resultado do exame nacional das Repartições eleitas

As Repartições eleitas que receberem o relatório de exame preliminar internacional não poderão exigir que o depositante lhes remeta cópias de documentos anexos ao exame relativo ao mesmo pedido internacional em qualquer outra Repartição eleita, ou que ele lhes remeta informações relativas ao conteúdo de tais documentos.

CAPÍTULO III
Disposições Gerais

Artigo 43
Requerimento de certos títulos de proteção

O depositante poderá indicar, de acordo com o Regulamento de execução, que seu pedido internacional visa à concessão de um certificado de autor de invenção, de um certificado de utilidade ou de um modelo de utilidade e não à de uma patente, ou à concessão de uma patente ou certificado de adição, de um certificado de autor de invenção adicional ou de um certificado de utilidade adicional, em qualquer Estado designado ou eleito cuja legislação preveja a concessão de certificados de autor de invenção, de certificados de utilidade, de modelos de utilidade, de patentes ou certificados de adição, de certificados de autor de invenção adicionais ou de certificados de utilidade adicionais; os efeitos decorrentes dessa indicação serão determinados pela escolha efetuada pelo depositante. Para fins deste artigo e de qualquer regra que se lhe refira, o artigo 2.ii) não será aplicável.

Artigo 44
Requerimento de dois títulos de proteção

A fim de que qualquer Estado designado ou eleito, cuja legislação permita que um pedido visando à concessão de uma patente ou qualquer um dos outros títulos de proteção mencionados no artigo 43 possa visar igualmente a um outro desses títulos de proteção, o depositante poderá indicar, de acordo com o Regulamento de execução, os dois títulos de proteção cuja concessão ele requer; os efeitos decorrentes serão determinados pelas indicações do depositante. Para fins deste artigo o artigo 2.ii) não será aplicável.

Artigo 45
Tratados de patentes regionais

Qualquer tratado que disponha sobre a concessão de uma patente regional ("tratado de patente regional") e conceda a qualquer pessoa autorizada pelo artigo 9 a depositar pedidos internacionais, o direito de depositar pedidos visando à concessão de tais patentes, poderá estipular que os pedidos internacionais contendo a designação ou a eleição de um Estado signatário ao mesmo tempo do tratado de patente regional e do presente Tratado, sejam depositados com vistas à concessão de patentes regionais.

2) A legislação nacional de um tal Estado designado ou eleito poderá prever que qualquer designação ou eleição do citado Estado no pedido iternacional seja considerada como indicação de que o depositante deseja obter uma patente regional de acordo com o tratado de patente regional.

Artigo 46
Tradução incorreta do pedido internacional

Se, em virtude de uma tradução incorreta do pedido internacional, o alcance de uma patente concedida em decorrência desse pedido ultrapassar o alcance do pedido internacional em sua língua original, as autoridades competentes do Estado contratante considerado poderão limitar em consequência e de forma retroativa o alcance da patente e declarar que é nula na medida que seu alcance ultrapasse o do pedido internacional em sua língua original.

Artigo 47
Prazos

1) O cálculo dos prazos previstos neste Tratado será determinado pelo Regulamento de execução.

2)a) Todos os prazos estabelecidos nos Capítulos I e II deste Tratado poderão, fora de qualquer revisão de acordo com o artigo 60, ser modificados por decisão dos Estados contratantes.

b) A decisão é tomada pela Assembléia ou por voto por correspondência e deverá ser unânime.

c) Os pormenores do processo serão estabelecidos pelo Regulamento de execução.

Artigo 48
Atrasos na observância de certos prazos

1) Quando um prazo estabelecido por este Tratado ou pelo Regulamento de execução não for observado em virtude de interrupção dos serviços postais, de perda ou atraso inevitáveis do correio, esse prazo será considerado como observado nos casos previstos pelo Regulamento de execução e com a ressalva de que deverão ser preenchidas as condições de prova e outras condições prescritas pelo dito Regulamento.

2)a) Qualquer Estado contratante deverá, no que lhe diz respeito, desculpar por motivos permitidos por sua legislação nacional qualquer atraso na observância de um prazo.

b) Qualquer Estado contratante poderá, no que lhe diz respeito, desculpar por motivos outros que os mencionados na alínea *a*) qualquer atraso na observância de um prazo.

Artigo 49
Direito de exercer junto a Administrações internacionais

Qualquer advogado, agente de patentes ou outra pessoa que tenha o direito de exercer junto à Repartição nacional em que o pedido internacional foi depositado, terá o direito de exercer, no que concerne a esse pedido, junto ao Escritório Internacional, à Administração competente encarregada da pesquisa internacional e à Administração competente encarregada do exame preliminar internacional.

CAPÍTULO IV
Serviços Técnicos

Artigo 50
Serviços de informação sobre patentes

1) O Escritório Internacional poderá fornecer serviços (neste artigo denominados "serviços de informação"), para o fornecimento de informações técnicas e outras informações pertinentes de que dispuser, à base de documentos publicados, principalmente de patentes e pedidos publicados.

2) O Escritório Internacional poderá fornecer esses serviços de informação quer diretamente, quer por intermédio de uma ou várias Administrações encarregadas da pesquisa interncional ou de outras instituições especializadas, nacionais ou internacionais, com as quais houver conseguido concluir acordos.

3) Os serviços de informação funcionarão de maneira a facilitar muito particularmente a aquisição, pelos Estados contratantes que sejam países em via de desenvolvimento, de conhecimentos técnicos e da tecnologia, inclusive o " know-how " publicado disponível.

4) Os serviços de informação poderão ser obtidos pelos governos dos Estados contratantes, por seus nacionais e pelas pessoas domiciliadas em seu território. A Assembléia poderá decidir ampliar esses serviços a outros interessados.

5)a) Qualquer serviço fornecido aos governos dos Estados contratantes deverá sê-lo pelo preço de custo; entretanto para os governos dos Estados contratantes que sejam países em desenvolvimento, o serviço será fornecido abaixo desse custo, caso a diferença possa ser coberta pelos benefícios realizados com a prestação de serviço a destinatários outros que os governos de Estados contratantes ou pelos meios mencionados no artigo 51.4).

b) O preço de custo a que se refere a alínea *a*) deverá ser interpretado como consistindo nas despesas acrescidas às que a Repartição nacional ou a Administração encarregada da pesquisa internacional tiverem de incorrer necessariamente para executar suas tarefas.

6) Os pormenores relativos à aplicação deste artigo serão regulamentados por decisões de Assembléia e, nos limites que esta fixar, pelos grupos de trabalho que ela vier a constituir para esse fim.

7) Se assim o julgar necessário, a Assembléia recomendará outras modalidades de financiamento para completar as já estabelecidas no parágrafo 5).

Artigo 51
Assistência Técnica

1) A Assembléia instituirá um Comitê de Assistência Técnica (denominado no presente artigo "o Comitê").

2)a) Os membros do Comitê serão eleitos entre os Estados contratantes de modo a assegurar uma representação adequada dos países em via de desenvolvimento.

b) O Diretor-Geral convidará, por iniciativa própria ou a pedido do Comitê, representantes das organizações governamentais que se dediquem à assistência técnica aos países em via de desenvolvimento para tomar parte nos trabalhos do Comitê.

3)a) O Comitê será encarregado da organização e da supervisão da assistência técnica prestada aos Estados contratantes que sejam países em via de desenvolvimento, a fim de desenvolver seus sistemas de patentes, quer no nível nacional, quer no regional.

b) A assistência técnica compreenderá, entre outros, a formação de especialistas, o preparo de técnicos e o fornecimento de equipamentos para demonstração e operação.

4) Em vista do financiamento de projetos incluídos no âmbito deste artigo, o Escritório Internacional fará todo o possível para concluir acordos, de um lado, com organizações intrnacionais de financiamento e organizações intergovernamentais, particularmente com a Organização das Nações Unidas, as agências das Nações Unidas assim como com as instituições especializadas das Nações Unidas com competência em questões de assistência técnica, assim como, de outro lado, com os governos dos Estados beneficiários da assistência técnica.

5) Os pormenores relativos à aplicação do presente artigo serão regulamentados por decisões da Assembléia e, nos limites fixados por esta última, pelos grupos de trabalho que ela vier a instituir para esse fim.

Artigo 52
Relações com outras disposições do Tratado

Nenhuma disposição deste Capítulo afetará as disposições financeiras contidas nos demais Capítulos deste Tratado. Essas disposições não se aplicam a este Capítulo nem à sua execução.

CAPÍTULO V
Disposições Administrativas

Artigo 53
Assembléia

1)a) A Assembléia será constituída pelos Estados contratantes, ressalvado o artigo 57.8).

b) O governo de cada Estado contratante será representado por um delegado, que poderá ser assistido por suplentes, conselheiros e técnicos.

2)a) A Assembléia:

I) tratará de todas as questões referentes à manutenção e ao desenvolvimento da União e à aplicação deste Tratado;

II) desempenhará as funções que lhe forem expressamente designadas em outras disposições deste Tratado;

III) fornecerá ao Escritório Internacional diretrizes sobre o preparo das conferências de revisão;

IV) examinará e aprovará os relatórios e as atividades do Diretor-Geral relativos à União e lhe fornecerá diretrizes úteis sobre questões da competência da União;

V) examinará e aprovará os relatórios e as atividades do Comitê Executivo constituído de acordo com o parágrafo 9) e lhe fornecerá diretrizes;

VI) decidirá sobre o programa, adotará o orçamento trienal da União e aprovará suas contas de encerramento;

VII) adotará o regulamento financeiro da União;

VIII) criará os comitês e grupos de trabalho que julgar úteis à realização dos objetivos da União;

IX) decidirá quais Estados não-contratantes e, ressalvado o parágrafo 8), quais organizações intergovernamentais e internacionais não governamentais poderão ser admitidos às suas reuniões na qualidade de observadores;

X) empreenderá qualquer outra ação apropriada à consecução dos objetivos da União e executará quaisquer outras funções úteis no âmbito deste Tratado.

b) A respeito de questões que interessem igualmente outras Uniões administradas pela Organização, a Assembléia estatuirá depois de ouvido o Comitê de Coordenação da Organização.

3) Um delegado não poderá representar senão um único Estado e não poderá votar senão em nome deste.

4) Cada Estado contratante disporá de um voto.

5)a) A metade dos Estados contratantes constituirá *quorum*.

b) Se esse *quorum* não for atingido, a Assembléia poderá decidir; entretanto, tais decisões, com exceção daquelas que dizem respeito a seu procedimento, não se tornarão executórias a menos que o *quorum* e a maioria requerida sejam atingidos por meio do voto por correspondência previsto no Regulamento de execução.

6)a) Com ressalva dos artigos 47.2)b), 58.2)b), 58.3) e 61.2)b), as decisões da Assembléia serão tomadas com uma maioria de dois terços dos votos expressos.

b) A abstenção não será considerada como um voto.

7) Caso se trate de questões do interesse exclusivo dos Estados que incorrem nas disposições do Capítulo II, qualquer referência aos Estados contratantes que figurem nos parágrafos 4), 5) e 6) será considerada como aplicável unicamente aos Estados configurados no Capítulo II.

8) Qualquer organização intergovernamental nomeada como Administração encarregada da pesquisa internacional ou como Administração encarregada do exame preliminar internacional será admitida como observadora nas reuniões da Assembléia.

9) Quando o número de Estados contratantes ultrapassar quarenta, a Assembléia estabelecerá um Comitê Executivo. Qualquer referência feita ao Comitê Executivo no presente Tratado ou no Regulamento de execução indicará a época em que esse Comitê foi estabelecido.

10) Enquanto não for estabelecido o Comitê Executivo, a Assembléia se pronunciará, nos limites do programa e do orçamento trienal, sobre os programas e orçamentos anuais preparados pelo Diretor-Geral.

11)a) Enquanto não for estabelecido o Comitê Executivo, a Assembléia se reunirá uma vez por ano em sessão ordinária, por convocação do Diretor-Geral e, salvo em casos excepcionais, durante o mesmo período e no mesmo local que o Comitê de Coordenação da Organização.

b) Depois do estabelecimento do Comitê Executivo, a Assembléia se reunirá uma vez cada três anos em sessão ordinária, por convocação do Diretor-Geral e, salvo em casos excepcionais, durante o mesmo período e no mesmo local que a Assembléia Geral da Organização.

c) A Assembléia se reunirá em sessão extraordinária por convocação expedida pelo Diretor-Geral, a pedido do Comitê Executivo ou a pedido de um quarto dos Estados contratantes.

12) A Assembléia adotará seu regulamento interno.

Artigo 54
Comitê Executivo

1) Depois que a Assembléia houver estabelecido um Comitê Executivo, o mesmo ficará sujeito às seguintes disposições;

2)a) Ressalvado o artigo 57.8), o Comitê será constituído pelos Estados eleitos pela Assembléia dentre os Estados membros desta última.

b) O governo de cada Estado membro do Comitê Executivo será representado por um delegado, que poderá ser assistido por suplentes, conselheiros e técnicos.

3) O número dos Estados membros do Comitê Executivo corresponderá a um quarto do número dos Estados membros da Assembléia. No cálculo dos assentos a serem estabelecidos, o saldo restante após a divisão por quatro não será levado em consideração.

4) Na ocasião da eleição dos membros do Comitê Executivo a Assembléia levará em consideração uma repartição geográfica equitativa.

5)a) Os membros do Comitê Executivo permanecerão em seus postos a partir do encerramento da sessão da Assembléia durante a qual foram eleitos até o fim da sessão ordinária seguinte da Assembléia.

b) Os membros do Comitê Executivo serão reelegíveis num limite máximo de dois terços deles.

c) A Assembléia regulamentará as modalidades da eleição e da reeleição eventual dos membros do Comitê Executivo.

6)a) O Comitê Executivo:

I) preparará o projeto de ordem do dia da Assembléia;

II) submeterá à Assembléia propostas relativas aos projetos de programa e de orçamento trienal da União preparados pelo Diretor-Geral;

III) pronunciar-se-á, dentro dos limites do programa e do orçamento trienal, sobre os programas e orçamentos anuais preparados pelo Diretor-Geral;

IV) submeterá à Assembléia, com os comentários apropriados, os relatórios periódicos do Diretor-Geral e os relatórios anuais de exames de contas;

V) tomará todas as medidas úteis necessárias à execução do programa da União pelo Diretor-Geral, de acordo com as decisões da Assembléia, levando em conta as circunstâncias surgidas entre duas sessões ordinárias da dita Assembléia;

V) executará todas as demais tarefas que lhe forem atribuídas no âmbito deste Tratado.

b) Sobre as questões que interessem igualmente outras uniões administradas pela Organização, o Comitê Executivo estatuirá depois de ouvido o Comitê de Coordenação da Organização.

7)a) O comitê Executivo reunir-se-á uma vez por anos em sessão ordinária, por convocação do Diretor-Geral, tanto quanto possível durante o mesmo período e no mesmo local que o Comitê de Coordenação da Organização.

b) O comitê Executivo reunir-se-á em sessão extraordinária, por convocação expedida pelo Diretor-Geral, quer por iniciativa deste último, quer a pedido de seu presidente ou de um quarto de seus membros.

8)a) Cada Estado membro do Comitê Executivo disporá de um voto.

b) A metade dos Estados membros do Comitê Executivo constituirá *quorum*.

c) As decisões serão tomadas por maioria simples dos votos expressos.

d) A abstenção não será considerada como um voto.

e) um delegado não poderá representar senão um único Estado e não poderá votar senão em nome do mesmo.

9) Os Estados contratantes que não forem membros do Comitê Executivo serão admitidos a suas reuniões na qualidade de observadores, assim como qualquer organização intergovernamental nomeada como Administração encarregada da pesquisa internacional ou como Administração encarregada do exame preliminar internacional.

10) O Comitê Executivo adotará seu regulamento interno.

Artigo 55
Escritório Internacional

1) As Tarefas administrativas que competem à União serão desempenhadas pelo Escritório Internacional.

2) O Escritório Internacional determinará o secretariado dos diversos órgãos da União.

3) O Diretor-Geral será o mais alto funcionário da União e seu representante.

4) O Escritório Internacional publicará uma Gazeta e outras publicações previstas pelo Regulamento de execução ou pela Assembléia.

5) O Regulamento de execução discriminará os serviços que as Repartições nacionais deverão prestar a fim de prestar assistência ao Escritório Internacional, às Administrações encarregadas da pesquisa internacional e às Administrações encarregadas do exame preliminar internacional na execução das tarefas determinadas por este Tratado.

6) O Diretor-Geral e qualquer membro do quadro de pessoal que ele designar, tomarão parte, sem direito a voto, em todas as reuniões da Assembléia, do Comitê Executivo e de qualquer outro comitê ou grupo de trabalho criado em função deste Tratado ou do Regulamento de execução. O Diretor-Geral, ou um membro do quadro de pessoal que ele designar, será, por direito de ofício, secretário desses órgãos.

7)a) O Escritório Internacional preparará as conferências de revisão de acordo com as diretrizes da Assembléia e em cooperação com o Comitê Executivo.

b) O Escritório Internacional poderá consultar organizações intergovernamentais e internacionais não governamentais sobre o preparo das conferências de revisão.

c) O Diretor-Geral e as pessoas por ele designadas, tomarão parte, sem direito a voto, nas deliberações das conferências de revisão.

8) O Escritório Internacional executará todas as demais tarefas que lhe forem atribuídas.

Artigo 56
Comitê de Cooperação Técnica

1) A Assembléia estabelecerá um Comitê de Cooperação Técnica (denominado neste artigo "o Comitê").

2)a) A Assembléia determinará a composição do Comitê e lhe nomeará os membros, levando em conta uma representação equitativa dos países em via de desenvolvimento.

b) As Administrações encarregadas da pesquisa internacional ou do exame preliminar internacional serão membros *ex officio* do Comitê. Quando uma tal Administração for a Repartição nacional de um Estado contratante, este não poderá ter outro representante no Comitê.

c) Se o número dos Estados contratantes o permitir, o número total dos membros do Comitê será superior ao dobro do número dos membros *ex officio*.

d) O Diretor-Geral, por iniciativa própria ou a pedido do Comitê, convidará representantes das organizações interessadas em participarem das discussões que lhes parecerem importantes;

3) O comitê tem por fim contribuir, por meio de avisos e recomendações:

I) para melhorar constantemente os serviços previstos por este Tratado;

II) para obter, tendo em vista a existência de várias administrações encarregadas da pesquisa internacional e de várias Administrações encarregadas do exame preliminar internacional, que sua documentação e seus métodos de trabalho sejam tão uniformes quanto possível e que seus relatórios sejam uniformemente da melhor qualidade possível;

III) a convite da Assembléia ou do Comitê Executivo, para resolver os problemas técnicos especialmente apresentados pela instituição de uma única Administração encarregada da pesquisa internacional.

4) Qualquer Estado contratante e qualquer organização internacional interessada poderão incumbir o Comitê, por escrito, de questões de sua competência.

5) O Comitê poderá remeter seus avisos e suas recomendações ao Diretor-Geral ou por intermédio deste último, à Assembléia, ao Comitê Executivo, a todas as Administrações encarregadas da pesquisa internacional ou do exame preliminar internacional ou a algumas delas e a todas as Repartições receptoras ou a algumas delas.

6)a) O Diretor-Geral remeterá sempre ao Comitê Executivo o texto de todos os avisos e recomendações do Comitê. Poderá juntar aos mesmos seus comentários.

b) O Comitê Executivo poderá expressar suas opiniões a respeito de qualquer aviso ou recomendação ou a respeito de qualquer outra atividade do Comitê e poderá solicitar a este último que estude questões de sua competência e a apresentar um relatório sobre as mesmas. O Comitê Executivo poderá submeter à Assembléia, com comentários apropriados, os avisos, recomendações e relatórios do Comitê.

7) Enquanto não for estabelecido o Comitê Executivo, as referências ao mesmo, a que se refere o parágrafo 6) serão consideradas como referentes à Assembléia.

8) A Assembléia sobre os pormenores relativos ao procedimento do Comitê.

Artigo 57
Finanças

1)a) A União terá um orçamento.

b) O orçamento da União compreenderá as receitas e as despesas próprias da União assim como sua contribuição para o orçamento das despesas comuns às Uniões administrativas pela Organização.

c) Serão consideradas como despesas comuns às Uniões as despesas que não forem atribuídas exclusivamente à União, mas também a uma ou várias outras Uniões administrativas pela Organização.

A parte da União nessas despesas comuns será proporcional ao interesse que tais despesas lhe apresentarem.

2) O orçamento da União será determinado, levando em conta as exigências de coordenação com os orçamentos das outras Uniões administrativas pela Organização.

3) Ressalvado o parágrafo 5), o orçamento da União será financiado pelos seguintes recursos:

I) as taxas e quantias devidas pelos serviços prestados pelo Escritório Internacional à conta da União;

II) o produto da venda das publicações do Escritório Internacional a respeito da União e os direitos tocantes a essas publicações;

III) as doações, os legados e as subvenções;

IV) os aluguéis, juros e rendimentos diversos.

4) O montante das taxas e quantias devidas ao Escritório Internacional assim como o preço de venda de suas publicações, serão fixados de modo a cobrir normalmente todas as despesas causadas ao Escritório Internacional pela administração deste Tratado.

5)a) Caso um exercício orçamentário seja encerrado com défice, os Estados membros, ressalvadas as alíneas *b*) e *c*), fornecerão contribuições para cobrir esse défice.

b) A Assembléia determinará a contribuição de cada Estado contratante, levando na devida conta o número de pedidos internacionais remetidos por cada um deles no decorrer do ano em questão.

c) Se o défice puder ser coberto provisoriamente no todo ou em parte ou por outros meios, a Assembléia poderá resolver comunicá-los e não solicitar contribuições aos Estados contratantes.

d) Se a situação financeira da União o permitir, a Assembléia poderá decidir que todas as contribuições feitas de acordo com a alínea *a*) sejam reembolsadas aos Estados contratantes que as tiverem feito.

e) Se algum Estado contratante não houver fornecido sua contribuição conforme a alínea *b*) dentro de um prazo de dois anos contados da data em que foi exigida por decisão da Assembléia, não poderá exercer seu direito de voto em nenhum dos órgãos da União. Entretanto, qualquer órgão da União poderá autorizar um tal Estado a conservar o exercício de seu direito de voto dentro do dito órgão enquanto este último julgar que o atraso for decorrente de circunstâncias excepcionais e enevitáveis.

6) No caso de o orçamento não ser adotado antes do início de um novo exercício, o orçamento do ano precedente será renovado de acordo com as modalidades previstas pelo regulamento financeiro.

7)a) A União possuirá um fundo rotativo constituído por um único depósito efetuado por cada Estado contratante. Se o fundo vier a ser deficiente, a Assembléia tomará as medidas necessárias a seu preenchimento. Se uma parte desse fundo não for mais necessária, será reembolsada aos Estados contratantes.

b) O montante do depósito inicial de cada Estado contratante no fundo citado acima, ou de sua participação no seu aumento será fixado pela Assembléia de acordo com princípios semelhantes aos previstos no parágrafo 5)b).

c) As modalidades do depósito serão determinadas pela Assembléia por proposta do Diretor-Geral e depois de consultado o Comitê de Coordenação da Organização.

d) Todos os depósitos serão proporcionais aos montantes depositados por cada Estado contratante, levando-se em conta as datas desses depósitos.

8)a) O acordo de sede concluído com o Estado no território do qual a Organização tem sua sede prevê que, se o fundo rotativo for insuficiente, esse Estado concederá adiantamentos. O montante desses adiantamentos e as condições em que os mesmos são concedidos serão objeto, em cada caso, de acordos separados entre o Estado em causa e a Organização. Enquanto estiver comprometido a conceder adiantamentos esse Estado disporá, *ex officio* de um assento na Assembléia e no Comitê Executivo.

b) O Estado a que se refere a alínea *a*) e a Organização, terão, cada qual, direito de declarar o compromisso de conceder adiantamentos por meio de aviso escrito. A declaração terá efeito três anos após o fim do ano durante o qual ela foi notificada.

9) O exame das contas será determinado, de acordo com as modalidades previstas pelo regulamento financeiro, por um ou vários Estados contratantes ou por fiscais externos. Serão, com o seu consentimento, designados pela Assembléia.

Artigo 58
Regulamento de execução

1) O Regulamento de execução, anexo ao presente Tratado, contém regras relativas:

I) a questões a respeito das quais o presente Tratado reporta expressamente ao Regulamento de execução ou estabelece expressamente que constituam ou constituirão objeto de prescrições;

II) a qualquer requisito, assunto ou procedimento de ordem administrativa;

III) a qualquer pormenor útil à execução das disposições deste Tratado.

2)a) A Assembléia poderá modificar o Regulamento de execução.

b) Ressalvado o parágrafo 3), as modificações exigirão a maioria de três quartos dos votos expressos.

3)a) O Regulamento de execução especificará as regras que só poderão ser modificadas:

I) por decisão unânime, ou

II) se não houver surgido qualquer desacordo quer de parte de um dos Estados contratantes cuja Repartição nacional funcione como Administração encarregada da pesquisa internacional ou do exame preliminar internacional, quer, quando uma tal Administração for uma organização intergovernamental, de parte do Estado contratante membro dessa organização com mandato dos demais Estados membros reunidos no organismo competente dessa organização, especificamente para esse fim.

b) A fim de que qualquer uma dessas regras possa ser eximida no futuro das exigências determinadas, será necessário que as condições estabelecidas na alínea *a*)I) ou *a*)II) tenham sido preenchidas.

c) A fim de que qualquer regra possa ser incluída no futuro em que uma ou outra das categorias mencionadas na alínea *a*), será necessário um consentimento unânime.

4) O Regulamento de execução determinará que o Direto-Geral baixe Instruções Administrativas sob o controle da Assembléia.

5) Em caso de discrepância entre o texto do Tratado e do Regulamento de execução, prevalecerá o primeiro.

CAPÍTULO VI
Divergências

Artigo 59
Divergências

Ressalvado o artigo 64.5) qualquer divergência entre dois ou mais Estados contratantes a respeito da interpretação ou a aplicação do presente Tratado e do Regulamento de execução que não seja resolvida por meio de negociação, poderá ser levada por qualquer um dos Estados em causa à Corte Internacional de Justiça por meio de petição, de acordo com os Estatutos da Corte, a menos que os Estados em causa concordem com outra forma de solução. O Escritório Internacional será notificado pelo Estado contratante requerente da divergência submetida à Corte, assim informando os demais Estados contratantes.

CAPÍTULO VII
Revisão e Modificações

Artigo 60
Revisão do Tratado

1) O presente Tratado poderá sofrer revisões periódicas, por meio de conferências especiais dos Estados contratantes.

2) A convocação de uma conferência de revisão será decidida pela Assembléia.

3) Qualquer organização intergovernamental nomeada como Administração encarregada da pesquisa internacional ou como Administração encarregada do exame preliminar internacional será admitida a qualquer conferência de revisão na quantidade de observadora.

4) Os artigos 53.5), 9) e 11), 54, 55.4) a 8), 56 e 57 poderão ser modificados quer por uma conferência de revisão, quer de acordo com as disposições do artigo 61.

Artigo 61
Modificações de certas disposições do Tratado

1)a) Propostas de modificação dos artigos 53.5), 9) e 11), 54, 55.4) a 8), 56 e 57 poderão ser apresentadas por qualquer Estado membro da Assembléia, pelo Comitê Executivo ou pelo Diretor-Geral.

b) Essas propostas serão comunicadas pelo Diretor-Geral aos Estados contratantes, pelo menos seis meses antes de serem submetidas ao exame da Assembléia.

2)a) Qualquer modificação dos artigos a que se refere o parágrafo 1), será adotada pela Assembléia.

b) A adoção requirirá três quartos dos votos expressos.

3)a) Qualquer modificação dos artigos a que se refere o parágrafo 1) entrará em vigor um mês depois de recebidas pelo Diretor-Geral as notificações por escrito de aceitação, decidida de acordo com os respectivos regulamentos constitucionais, por parte de três quartos dos Estados que eram membros da Assembléia na ocasião em que a modificação foi adotada.

b) Qualquer modificação desses artigos assim aceita obriga todos os Estados que forem membros da Assembléia na ocasião em que a modificação entrar em vigor, ficando entendido que qualquer modificação que aumente as obrigações financeiras dos Estados contratantes não obriga senão aqueles dentre eles que comunicaram sua aceitação da dita modificação.

c) Qualquer modificação aceita de acordo com a alínea *a*) obriga todos os Estados que se tornarem membros da Assembléia depois da data em que a modificação entrou em vigor, de acordo com a alínea *a*).

CAPÍTULO VIII
Disposições Finais

Artigo 62
Modalidades segundo as quais os Estados poderão participar do Tratado

1) Qualquer Estado membro da União Internacional para Proteção da Propriedade Industrial poderá participar do presente Tratado por meio de:
I) Sua assinatura seguida do depósito de um instrumento de ratificação, ou
II) O depósito de um instrumento de adesão.

2) Os instrumentos de ratificação ou adesão serão depositados junto ao Diretor-Geral.

3) As disposições do artigo 24 do Ato de Estocolmo da Convenção de Paris para Proteção da Propriedade Industrial aplicar-se-ão ao presente Tratado.

4) O parágrafo 3) não poderá, em caso algum, ser interpretado como implicando o reconhecimento ou a aceitação tácita por qualquer dos Estados contratantes da situação de fato de qualquer território ao qual o presente Tratado se tenha tornado aplicável por um outro Estado contratante em virtude do citado parágrafo.

Artigo 63
Entrada em vigor do Tratado

1)a) Ressalvadas as disposições do parágrafo 3), o presente Tratado entrará em vigor três meses depois que oito Estados hajam depositado seus instrumentos de ratificação ou de adesão, contanto, porém, que pelo menos quatro desses Estados preencham uma das condições seguintes:

I) o número dos pedidos depositados no Estado em causa seja superior a quarenta mil, de acordo com as estatísticas anuais mais recentes publicadas pelo Escritório Internacional;

II) os nacionais do Estado em causa ou as pessoas nele domiciliadas, conforme as estatísticas anuais mais recentes publicadas pelo Escritório Internacional, hajam depositado em um país estrangeiro, pelo menos mil pedidos;

III) a Repartição nacional do Estado em causa haja recebido de nacionais de países estrangeiros ou de pessoas domiciliadas em tais países, conforme as estatísticas anuais mais recentes publicadas pelo escritório Internacional, pelo menos dez mil pedidos.

b) Para os fins desta alínea, a expressão "pedidos" não engloba os pedidos de modelos de utilidade.

2) Ressalvado o parágrafo 3), qualquer Estado que não participar deste Tratado na ocasião da entrada em vigor como o preceitua o parágrafo 1) estará obrigado por este Tratado três meses depois da data em que ele houve depositado seu instrumento de ratificação ou de adesão.

3) As disposições do Capítulo II e das regras correspondentes do Regulamento de execução anexo ao presente Tratado não são todavia aplicáveis senão na data em que três Estados que hajam preenchido pelo menos uma das condições enumeradas no parágrafo 1) tenham se tornado participantes deste Tratado, sem declarar, em obediência ao artigo 64.1), que não se consideram obrigados pelas disposições do Capítulo II. Essa data entretanto não poderá ser anterior à da entrada em vigor inicial, de acordo com o parágrafo 1).

Artigo 64
Ressalvas

1)a) Qualquer Estado poderá declarar não se considerar obrigado pelas disposições do Capítulo II.

b) Os Estados que fizerem uma declaração segundo a alínea *a*), não serão obrigados pelas disposições do Capítulo II e pelas disposições correspondentes do Regulamento de execução.

2)a) Qualquer Estado que não houver feito uma declaração segundo o parágrafo 1)a) poderá declarar que:

I) não está obrigado pelas disposições do artigo 39.1) relativo à remessa de uma cópia do pedido internacional e de uma tradução (tal como é prescrita) deste último;

II) a obrigação de suspender o processo nacional a que se refere o artigo 40 não impede a publicação, por sua Repartição nacional ou por intermédio desta última, do pedido internacional ou de uma tradução do mesmo, ficando, entretanto, entendido que esse Estado não estará dispensado das obrigações previstas nos artigos 30 e 38.

b) Os Estados que fizerem uma tal declaração não ficam obrigados senão em conseqüência da mesma.

3)a) Qualquer Estado poderá declarar que, no que lhe diz respeito, a publicação internacional de pedidos internacionais não é obrigatória.

b) Quando, depois de expirado um prazo de dezoito meses contados da data de prioridade, o pedido internacional não contiver senão a designação de Estados que fizeram declarações de acordo com a alínea *a*), o pedido internacional não será publicado conforme o artigo 21.2).

c) No caso de aplicação das disposições da alínea *b*), o pedido internacional será, entretanto, publicado pelo Escritório Internacional:

I) a pedido do depositante: de acordo com o Regulamento de execução;

II) quando um pedido nacional ou uma patente baseada no pedido internacional forem publicados pela Repartição nacional de todo Estado designado que tenha feito uma declaração de acordo com a alínea *a*) ou em nome dessa Repartição, dentro de breve prazo depois dessa publicação, nunca porém antes de dezoito meses depois da data de prioridade.

4)a) Qualquer Estado cuja legislação nacional reconheça a suas patentes qualquer efeito sobre o estado da técnica a contar de uma data anterior à da publicação, mas não assimile, para os fins do estado da técnica, a data de prioridade reivindicada de acordo com a Convenção de Paris para Proteção da Propriedade Industrial na data do depósito efetivo nesse Estado, poderá declarar que o depósito, fora de seu território, de um pedido internacional que o designe não será assimilado a um depósito efetivo em seu território para fins do estado da técnica.

b) Qualquer Estado que tenha feito a declaração a que se refere a alínea *a*) não será, dentro deste limite, obrigado pelo artigo 11.3).

c) Qualquer Estado que tenha feito a declaração mencionada na alínea *a*) deverá, ao mesmo tempo, declarar por escrito a data a partir da qual e as condições em que o efeito sobre o estado da técnica de qualquer pedido internacional que o designe se produzirá em seu território. Essa declaração poderá ser modificada a qualquer época por notificação endereçada ao Diretor-Geral.

5) Qualquer Estado poderá declarar que não se considera obrigado pelo artigo 59. No que diz respeito a qualquer divergência entre um Estado contratante que tenha feito uma tal declaração e qualquer outro Estado contratante, não serão aplicáveis as disposições do artigo 59.

6)a) Qualquer declaração feita de acordo com o presente artigo deverá ser por escrito. Poderá ser feita à época da assinatura do presente Tratado, na ocasião do depósito do instrumento de ratificação ou de adesão, ou, salvo no caso sobre o qual dispõe o parágrafo 5), posteriormente, a qualquer época, através de notificação endereçada ao Diretor-Geral. No caso da citada notificação, a declaração produzirá efeito seis meses após a data do recebimento da notificação pelo Diretor-Geral e não afetará os pedidos internacionais depositados antes de expirado esse período de seis meses.

b) Qualquer declaração feita de acordo com o presente artigo poderá ser retirada a qualquer época por notificação endereçada ao Diretor-Geral. Tal retirada tornar-se-á efetiva três meses depois da data do recebimento da notificação pelo Diretor-Geral e, quando se tratar da retirada de uma declaração segundo o dispõe o parágrafo 3), não afetará os pedidos internacionais depositados antes da expiração do prazo de três meses.

7) Nenhuma ressalva, além das autorizadas nos parágrafos 1) a 5), será admitida pelo presente Tratado.

Artigo 65
Aplicação progressiva

1) Se o acordo concluído com uma Administração encarregada da pesquisa internacional ou do exame preliminar internacional estipular, em caráter transitório, um limite do número ou do tipo de pedidos internacionais que essa Administração se comprometerá a processar, a Assembléia tomará as medidas necessárias à aplicação progressiva do presente Tratado e do Regulamento de execução a determinadas categorias de pedidos internacionais. Essa disposição aplica-se também aos pedidos de pesquisa de tipo internacional, de acordo com o artigo 15.5).

2) A Assembléia fixará as datas a partir das quais, ressalvado o parágrafo 1), o pedidos internacionais poderão ser depositados e os pedidos de exame preliminar internacional poderão ser apresentados. Essas datas não poderão ser posteriores ao sexto mês seguinte, segundo o caso, à entrada em vigor do presente Tratado, de acordo com as disposições do artigo 63.1), ou à aplicação do Capítulo II de acordo com o artigo 63.3).

Artigo 66
Denúncia

1) Qualquer Estado contratante poderá denunciar o presente Tratado, por notificação endereçada ao Diretor-Geral.

2) A denúncia terá efeito seis meses depois da data do recebimento da notificação pelo Diretor-Geral. Essa denúncia não alterará os efeitos do pedido internacional no Estado que fizer a denúncia, se for feita antes de expirado o período de seis meses, em que foi feito o depósito do pedido e em que, se o Estado em causa foi feito eleito, a eleição foi efetuada.

Artigo 67
Assinatura e línguas

1)a) O presente Tratado é assinado em uma única via original nas línguas francesa e inglesa, tendo os textos igual valor.

b) Textos oficiais serão determinados pelo Diretor-Geral depois de consultados os governos interessados, nas línguas alemã, espanhola, japonesa, portuguesa e russa, e nas outras línguas que a Assembléia venha a recomendar.

2) O presente Tratado estará à disposição para assinaturas até 31 de Dezembro de 1970.

Artigo 68
Funções do depositário

1) A via original do presente Tratado, quando não estiver mais à disposição de assinaturas, será depositada junto ao Diretor-Geral.

2) O Diretor-Geral certificará o presente Tratado e transmitirá duas cópias do mesmo e do Regulamento de execução que lhe vai anexo aos governos de todos os Estados participantes da Convenção de Paris para Proteção da Propriedade Industrial e, a pedido, ao governo de qualquer outro Estado.

3) O Diretor-Geral mandará registrar o presente Tratado no Secretariado da Organização das Nações Unidas.

4) O Diretor-Geral certificará qualquer modificação do presente Tratado e do Regulamento de execução e transmitirá duas cópias das mesmas aos governos de todos os Estados contratantes e, a pedido, ao governo de qualquer outro Estado.

Artigo 69
Notificações

O Diretor-Geral notificará aos governos de todos os Estados participantes da Convenção de Paris para Proteção da propriedade Industrial:
I) as assinaturas apostas de acordo com o artigo 62;
II) o depósito dos instrumentos de ratificação ou de adesão acordo com o artigo 62;
III) a data da entrada em vigor do presente Tratado e a data a partir da qual o Capítulo II será aplicável de acordo com o artigo 63.3);
IV) as declarações feitas em virtude do artigo 64.1) a 5);
V) as retiradas feitas em virtude do artigo 64.6)b);
VI) as denúncias recebidas em obediência ao artigo 66;
VII) as declarações feitas em virtude do artigo 31.4).

REGULAMENTO DE EXECUÇÃO DO TRATADO DE COOPERAÇÃO EM MATÉRIA DE PATENTES
Índice Das Regras[1]

Parte A: Regras Introdutórias
Regra 1: Expressões abreviadas
Regra 2: Interpretação de certas palavras

---

[1] Este índice é incluído a fim de facilitar a consulta do texto. O original não possui um índice.

Parte B: Regras Relativas ao Capítulo I do Tratado
Regra 3: Requerimento (formulário)
Regra 4: Requerimento (conteúdo)
Regra 5: Descrição
Regra 6: Reivindicações
Regra 7: Desenhos
Regra 8: Resumo
Regra 9: Expressões, etc., que não deverão ser utilizadas
Regra 10: Terminologia e sinais
Regra 11: Condições materiais do pedido internacional
Regra 12: Língua do pedido internacional
Regra 13: Unidades da invenção
Regra 14: Taxa de transmissão
Regra 15: Taxa internacional
Regra 16: Taxa de pesquisa
Regra 17: Documento de prioridade
Regra 18: Depositante
Regra 19: Repartição receptora competente
Regra 20: Recebimento do pedido internacional
Regra 21: Preparo de cópias
Regra 22: Transmissão da via original
Regra 23: Transmissão de cópias de pesquisa
Regra 24: Recebimento da via original pelo Escritório Internacional
Regra 25: Recebimento da cópia de pesquisa pela Administração encarregada da pesquisa internacional
Regra 26: Controle e correção de certos elementos do pedido internacional
Regra 27: Falta de pagamento de taxas
Regra 28: Falhas notadas pelo Escritório Internacional ou pela Administração encarregada da pesquisa internacional
Regra 29: Pedidos internacionais ou designações considerados como retirados no sentido do artigo 14.1), 3) ou 4)
Regra 30: Prazo a que se refere o artigo 14.4)
Regra 31: Cópias a que se refere o artigo 13
Regra 32: Retirada do pedido internacional ou de designações
Regra 33: Estado da técnica pertinente para fins da pesquisa internacional
Regra 34: Documentação mínima
Regra 35: Administração competente encarregada da pesquisa internacional
Regra 36: Exigências mínimas para as Administrações encarregadas de pesquisa internacional
Regra 37: Título omisso ou defeituoso
Regra 38: Resumo omisso ou defeituoso
Regra 39: Matéria a que se refere o artigo 17.2) *a)* I *)*
Regra 40: Falta de unidade da invenção (pesquisa internacional)
Regra 41: Pesquisa de tipo internacional

Regra 42: Prazo para a pesquisa internacional
Regra 43: Relatório de pesquisa internacional
Regra 44: Transmissão do relatório de pesquisa internacional, etc.
Regra 45: Tradução do relatório de pesquisa internacional
Regra 46: Emenda das reivindicações junto ao Escritório Internacional
Regra 47: Comunicação às Repartições designadas
Regra 48: Publicação internacional
Regra 49: Línguas das traduções e montante das taxas conforme o artigo 22.1) e 2)
Regra 50: Faculdade a que se refere o artigo 22.3)
Regra 51: Revisão por Repartições designadas
Regra 52: Emenda das reivindicações, da descrição e dos desenhos junto às Repartições designadas
Parte C: Regras Relativas ao Capítulo II do Tratado
Regra 53: Pedido de exame preliminar internacional
Regra 54: Depositante autorisado a apresentar um pedido de exame preliminar internacional
Regra 55: Línguas (exame preliminar internacional)
Regra 56: Eleições ulteriores
Regra 57: Taxa de execução
Regra 58: Taxa de exame preliminar
Regra 59: Administração competente encarregada do exame preliminar internacional
Regra 60: Certas falhas no pedido de exame preliminar internacional ou nas eleições
Regra 61: Notificação do pedido de exame preliminar internacional e das eleições
Regra 62: Cópia para a Administração encarregada do exame preliminar internacional
Regra 63: Exigências mínimas para as Administrações encarregadas do exame preliminar internacional
Regra 64: Estado da técnica para efeito do exame preliminar internacional
Regra 65: Atividade inventiva ou não-evidência
Regra 66: Processamento na Administração encarregada do exame preliminar internacional
Regra 67: Matéria a que se refere o artigo 34.4)a)I)
Regra 68: Falta de unidade da invenção (exame preliminar internacional)
Regra 69: Prazo para o exame preliminar internacional
Regra 70: Relatório de exame preliminar internacional
Regra 71: Transmissão do relatório de exame preliminar internacional
Regra 72: Tradução do relatório de exame preliminar internacional
Regra 73: Comunicação do relatório de exame preliminar internacional
Regra 74: Tradução e transmissão dos anexos ao relatório de exame preliminar internacional
Regra 75: Retirada do pedido internacional, do pedido de exame preliminar internacional ou de eleições

Regra 76: Línguas das traduções e montantes das taxas de acordo com o artigo 39.1); Tradução do documento de prioridade
Regra 77: Faculdade a que se refere o artigo 39.1)b)
Regra 78: Emenda das reivindicações, da descrições e dos desenhos junto às Repartições eleitas
Parte D: Regras Relativas ao Capítulo III do Tratado
Regra 79: Calendário
Regra 80: Cálculo dos prazos
Regra 81: Modificação dos prazos fixados pelo Tratado
Regra 82: Irregularidades no serviço postal
Regra 83: Direito de exercer junto a Administrações internacionais
Parte E: Regras Relativas ao Capítulo V do Tratado
Regra 84: Despesas das delegações
Regra 85: Falta de *quorum* na Assembléia
Regra 86: Gazeta
Regra 87: Cópias de publicações
Regra 88: Modificação do Regulamento de execução
Regra 89: Instruções Administrativas
Parte F: Regras Relativas a Vários Capítulos do Tratado
Regra 90: Representação
Regra 91: Erros evidentes de transcrição
Regra 92: Correspondência
Regra 93: Processos e registros
Regra 94: Remessa de cópias pelo Escritório Internacional e pela Administração encarregada do exame preliminar internacional
Regra 95: Disponibilidade de traduções

PARTE A
Regras Introdutórias

Regra 1
Expressões abreviadas

1.1 Sentido das Expressões Abreviadas
a) No sentido que lhe empresta o presente Regulamento de execução, deve-se entender por "Tratado" o Tratado de Cooperação em Matéria de Patentes.
b) No sentido que lhe empresta o presente Regulamento de execução, as expressões "Capítulo" e "artigo" significam o capítulo ou o artigo indicado do Tratado.

Regra 2
Interpretação de certas palavras

2.1 "Depositante"

Toda vez que a palavra "depositante" for utilizada, deverá ser compreendida como significando igualmente o mandatário ou outro representante do depositante, a menos que o contrário decorra claramente do teor ou da natureza da disposição ou do contexto em que tal palavra é utilizada, como é o caso, particularmente, quando a disposição se refere ao domicílio ou à nacionalidade do depositante.

2.2 "Mandatário"

Toda vez que a palavra "mandatário" for utilizada, deverá ser compreendida como significando toda pessoa autorizada a exercer, junto às administrações internacionais, da maneira definida pelo artigo 49; a menos que o contrário decorra claramente do teor ou da natureza da disposição ou do contexto em que tal palavra é utilizada, ela deverá ser compreendida como significando igualmente, o representante comum mencionado na regra 4.8.

2.3 "Assinatura"

Toda vez que a palavra "assinatura" for utilizada, deverá ficar compreendido que se a legislação nacional da Repartição receptora ou da Administração competente encarregada da pesquisa internacional ou do exame preliminar internacional exigir a utilização de um selo em lugar da assinatura, a palavra "assinatura" significa "selo" para todos os fins dessa Repartição ou Administração.

PARTE B
Regras Relativas ao Capítulo I do Tratado

Regra 3
Requerimento (formulário)

3.1 Formulário impresso

O requerimento deverá ser feito em um formulário impresso.

3.2 Disponibilidade de formulários

Exemplares de formulários impressos serão fornecidos gratuitamente aos depositantes pelas Repartições receptoras ou se estas assim o desejarem pelo Escritório Internacional.

3.3 Lista de controle

a) O formulário impresso conterá uma lista de controle que, uma vez preenchida, revelará:

I) o número total de folhas que constituem o pedido internacional e o número das folhas de cada elemento desse pedido (requerimento, descrição, reivindicações, desenhos, resumo);

II) se ao pedido internacional, tal como foi depositado, foram juntado ou não uma procuração (isto é, um documento nomeando um mandatário ou um representante comum), um documento de prioridade, um recibo relativo a taxas pagas ou um cheque para pagamento de taxas, um relatório de pesquisa internacional ou um relatório de pesquisa do tipo internacional, um documento tendo por objeto provar que o depositante tem os direitos do inventor, assim como qualquer outro documento (a ser especificado na lista de controle);

III) o número da ilustração dos desenhos que o depositante propõe que acompanhe o resumo quando este for publicado na página de cobertura da brochura e na Gazeta; em casos excepcionais o depositante poderá propor a publicação de mais de uma ilustração.

b) A lista controle deverá ser preenchida pelo depositante, mas caso deixe de fazê-lo, a Repartição receptora a preencherá, ela própria, fazendo as anotações cabíveis; entretanto a Repartição receptora não inscreverá o número mencionado na alínea *a*)III).

3.4 Detalhes

Sob ressalva da regra 3.3, os detalhes do formulário impresso serão prescritos pelas Instruções Administrativas.

Regra 4
Requerimento (conteúdo)

4.1 Conteúdo obrigatório e conteúdo facultativo: Assinatura

a) O requerimento deverá conter:
I) uma petição;
II) o título da invenção;
III) indicações relativas a depositante e, quando for o caso, ao mandatário;
IV) a designação de Estados;
V) indicações a respeito do inventor, quando a legislação nacional de pelo menos um Estado designado determinar que o nome do inventor seja fornecido ao ser depositado um pedido nacional.

b) O requerimento deverá conter quando for o caso:
I) uma reivindicação de prioridade;
II) uma referência a uma pesquisa internacional anterior ou a qualquer pesquisa anterior de tipo internacional;
III) uma seleção de certos tipos de proteção;
IV) indicação de que o depositante deseja obter uma patente regional e o nome dos Estados designados para os quais deseja obter uma tal patente;
V) uma referência a um pedido principal ou a uma patente principal.

c) O requerimento poderá conter indicações a respeito do inventor desde que a legislação nacional de nenhum Estado designado determine que o nome do inventor seja fornecido na ocasião do depósito de um pedido nacional.

d) O requerimento deverá ser assinado.

4.2 Petição

A petição deverá ser do teor e redigida de preferência como a seguir:

"O abaixo assinado solicita que o presente pedido internacional seja processado de acordo com o Tratado de Cooperação em Matéria de Patentes."

4.3 Título da invenção

O título da invenção deverá ser breve (conter de preferência de duas a sete palavras quando for elaborado em, ou traduzido para o inglês) e preciso.

4.4 Nomes e endereços

a) Os nomes das pessoas físicas deverão ser indicados pelos seus nomes e sobrenomes, estes últimos precedendo os primeiros.

b) Os nomes das pessoas jurídicas deverão ser indicados por suas designações oficiais completas.

c) Os endereços deverão ser indicados de acordo com as exigências usuais tendo em vista uma rápida entrega postal no endereço indicado e deverão sempre conter todas as unidades administrativas pertinentes, inclusive o número do prédio, caso exista um. Caso a legislação nacional do Estado designado não exija a indicação do número do prédio, o fato de não ser indicado esse número não terá efeito nesse Estado. É aconselhável mencionar o endereço telegráfico e de telex e o número de telefone quando os houver.

d) Apenas um endereço será necessário em relação a cada depositante, inventor ou mandatário.

4.5 Depositante

a) O requerimento deverá indicar o nome, o endereço, a nacionalidade e o domicílio do depositante ou, se houver vários depositantes, de cada um deles.

b) A nacionalidade do depositante deverá ser indicada pelo nome do Estado de que for natural.

c) O domicílio do depositante deverá ser indicado pelo nome do Estado em que tiver seu domicílio.

4.6 Inventor

a) Nos casos estipulados pela regra 4.1 a)V) o requerimento deverá indicar o nome e o endereço do inventor ou, caso haja vários inventores, de cada um deles.

b) Se o depositante for o inventor, em lugar da indicação mencionada na alínea *a*), o requerimento deverá conter uma declaração a esse respeito ou repetir o nome do depositante no espaço reservado à indicação do inventor.

c) Em relação a Estados designados diferentes, o requerimento poderá indicar pessoas diferentes, como inventores, quando as exigências das legislações nacionais desses Estados divergirem a esse respeito. Nesse caso, o requerimento deverá conter uma declaração separada para cada Estado designado ou para cada grupo de Estados designados em que uma determinada pessoa ou a mesma pessoa, deva ser considerada como sendo o inventor, ou ainda em que determinadas pessoas, ou as mesmas pessoas, devam ser consideradas como os inventores.

4.7 Mandatário

Se houver designação de mandatários, o requerimento deverá declará-lo e indicar o nome e o endereço dos mesmos.

4.8 Representação de vários depositantes sem mandatário comum

a) Se houver mais de um depositante e se o requerimento não indicar um mandatário como representante de todos os depositantes ("mandatário comum"), o requerimento deverá designar como representante comum a todos os depositantes, um dos depositantes autorizado a depositar um pedido internacional de acordo com o artigo 9.

b) Se houver mais de um depositante e se o requerimento não indicar um mandatário para representar todos os depositantes e não designar um dos depositantes, de acordo com a alínea *a*), o depositante mencionado em primeiro lugar no requerimento como autorizado a depositar um pedido internacional, de acordo com o artigo 9, será considerado como o representante comum.

4.9 Designação de Estados

Os Estados contratantes deverão ser designados pelos seus nomes, no requerimento.

4.10 Reivindicação de Prioridade

a) A declaração mencionada no artigo 8.1) deverá ser feita no requerimento; consiste em uma declaração de reivindicação da prioridade de um pedido anterior e deverá indicar:

I) quando o pedido anterior não for um pedido regional ou internacional, o nome do país em que foi depositado; quando o pedido for um pedido regional ou internacional, o nome do país ou dos países para os quais houver sido depositado;

II) a data em que foi depositada;

III) o número do depósito; e

IV) quando o pedido anterior for um pedido regional ou internacional, a Repartição receptora ou a organização intergovernamental em que foi depositado.

b) Se o requerimento não indicar ao mesmo tempo:

I) o nome do país em que o pedido anterior foi depositado, quando este último não for um pedido regional ou internacional ou, for um pedido regional ou internacional, o nome de pelo menos um país em que foi depositado, e

II) a data do depósito, a reivindicação de prioridade, para os fins do processo, tal como estipulado pelo Tratado, será considerada como não havendo sido apresentada.

c) Se o número do pedido anterior não estiver indicado no pedido mas for comunicado pelo depositante ao Escritório Internacional antes de expirados 16 meses contados a partir da data de prioridade, esse número será considerado por todos os Estados designados como tendo sido comunicado em tempo hábil. Se for comunicado depois de expirado esse prazo, o Escritório Internacional informará ao depositante e às Repartições designadas a data em que esse número lhe foi comunicado. O Escritório Internacional indicará essa data na publicação internacional do pedido internacional ou, se esse número não lhe houver sido comunicado até a data dessa publicação, indicará tal fato na publicação internacional.

d) Se a data do depósito do pedido anterior, tal como consta do requerimento, for mais de um ano anterior à data do depósito internacional, a Repartição receptora ou, na falta desta, o Escritório Internacional solicitará ao depositante à requerer que o cancelamento da declaração apresentada em obediência ao artigo 8.1), quer, caso a data do pedido anterior haja sido indicada de forma errônea, a correção da data assim indicada. Se o depositante deixar de assim proceder dentro do prazo de um mês a contar da data da solicitação, a declaração feita em virtude da disposição do artigo 8.1) será cancelada *ex-oficio* A Repartição receptora que efetuar a correção ou o cancelamento, disso notificará o depositante e, se já houverem sido remetidas cópias do pedido internacional para o Escritório

Internacional e à Administração encarregada da pesquisa internacional, tal notificação será também feita ao dito Escritório e à dita Administração. Caso a correção ou o cancelamento seja feito pelo Escritório Internacional, este notificará de acordo ao depositante e à Administração encarregada da pesquisa internacional.

e) No caso de reivindicações de prioridade de vários pedidos anteriores, as alíneas *a*) a *d*) aplicar-se-ão a cada um deles.

4.11 Referência a uma pesquisa internacional anterior ou a uma pesquisa anterior de tipo internacional.

Se uma pesquisa internacional ou uma pesquisa de tipo internacional houver sido solicitada com base em um pedido nacional, de acordo com o artigo 15.5), o requerimento poderá indicar esse fato e identificar o pedido (ou sua tradução, conforme o caso), indicando seu país, sua data e seu número, e identificar esse pedido de pesquisa indicando sua data e, caso disponível, o seu número.

4.12 Seleção de certos tipos de proteção

a) Se o depositante desejar que o seu pedido internacional seja processado em qualquer Estado designado, não como um pedido de patente mas como um pedido de concessão de qualquer um dos demais tipos de proteção especificados no artigo 43, assim deverá especificar no requerimento. Para os fins desta alínea, o artigo 2.II) não será aplicável.

b) No caso previsto no artigo 44, o depositante deverá indicar os dois tipos de proteção desejados ou se for o caso, o tipo de proteção requerido em primeiro lugar e o requerido como subsidiário.

4.13 Identificação do pedido principal ou da patente principal

Se o depositante desejar que seu pedido internacional seja processado em qualquer Estado designado, como um pedido de patente ou certificado de adição, um certificado de autor de invenção adicional, ou um certificado de utilidade adicional, deverá identificar o pedido principal, a patente principal, o certificado de autor de invenção principal ou o certificado de utilidade principal ao qual, caso seja concedido, se referirá a patente ou o certificado de adição, o certificado de autor de invenção adicional ou o certificado de utilidade adicional. Para os fins da presente alínea, o artigo 2.II) não será aplicável.

4.14 "*Continuation*" ou "*Continuation in part*"

Se o depositante desejar que seu pedido internacional seja processado, em qualquer Estado designado, como um pedido de "*Continuation*" ou "*Continuation in part*" de um pedido anterior, deverá declará-lo no requerimento e identificar o pedido principal em causa.

4.15 Assinatura

O requerimento deverá ser assinado pelo depositante.

4.16 Transliteração ou tradução de certas palavras

a) Sempre que um nome ou um endereço não forem escritos em caracteres latinos, deverão ser igualmente reproduzidos, quer por transliteração, quer por tradução em inglês, em caracteres latinos. Caberá ao depositante decidir que palavras serão meramente transliteradas e quais as que serão traduzidas.

b) O nome de qualquer país que não for escrito em caracteres latinos, deverá ser também escrito em inglês.

4.17 Exclusão de indicações adicionais

a) O requerimento não deverá incluir qualquer indicação além daquelas especificadas nas regras 4.1 a 4.16.

b) Se o requerimento contiver indicações além daquelas especificadas nas regras 4.1 a 4.16, a Repartição receptora suprimirá *ex-oficio* as indicações adicionais.

Regra 5
Descrição

5.1 Maneira de redigir a descrição

a) A descrição deverá inicialmente indicar o título da invenção tal como consta no requerimento, além de:

I) precisar o ramo técnico a que se refere a invenção;

II) indicar a técnica anterior que, no entender do depositante, possa ser considerada útil à compreensão, à pesquisa e ao exame da invenção e, de preferência, citar os documentos que reflitam a técnica anterior;

III) divulgar a invenção, tal como foi reivindicada, em termos que permitam a compreensão do problema técnico (mesmo que este não seja expressamente designado como tal) e de sua solução, e expor os efeitos vantajosos da invenção, caso os haja, em relação à técnica anterior;

IV) descrever brevemente as ilustrações contidas nos desenhos, caso as haja;

V) expor pelo menos a melhor maneira considerada pelo depositante de executar a invenção reivindicada; isto deverá ser feito por meio de exemplos, quando forem adequados, e de referências aos desenhos, quando os houver; caso a legislação nacional do Estado designado não exija uma exposição da melhor maneira de executar a invenção, mas se contente com a descrição de uma maneira qualquer de executá-la (seja essa maneira a melhor ou não que se possa considerar), o fato de não expor a melhor maneira considerada não terá efeito nesse Estado;

VI) indicar de maneira explícita, quando não resultar evidente da descrição ou da natureza da invenção, a maneira pela qual a invenção poderá ser explorada, produzida e utilizada pela indústria ou, se poder ser apenas utilizada, a maneira pela qual poderá sê-lo; a expressão "indústria" deverá ser considerada em seu sentido mais lato, como na Convenção de Paris para Proteção da Propriedade Industrial.

b) Caso a legislação nacional do Estado designado não exija que as reivindicações sejam redigidas da forma prevista na alínea *b*), o fato não estarem as reivindicações redigidas dessa maneira não terá efeito nesse Estado, desde que as reivindicações hajam sido redigidas de maneira conforme à legislação nacional desse Estado.

c) A maneira e a ordem especificadas na alínea *a*) deverão ser obedecidas a não ser que, em virtude da natureza da invenção, outra maneira e outra ordem diversas facultem melhor compreensão e uma apresentação mais econômica.

d) Ressalvada a alínea *b*) cada um dos elementos a que se refere a alínea *a*) deverá ser de preferência precedido por um título apropriado, de acordo com as recomendações constantes das Instruções Administrativas.

Regra 6
Reivindicações

6.1 Número e numeração das reivindicações

a) O número das reivindicações deverá ser razoável, levando-se em conta a natureza da invenção reivindicada.

b) Caso haja várias reivindicações, estas deverão ser numeradas consecutivamente em algarismos árabes.

c) O sistema de numeração, no caso de emenda das reivindicações, será especificado nas Instruções Administrativas.

6.2 Referências a outras partes do pedido internacional

a) Exceto quando, absolutamente necessário, as reivindicações não se deverão basear, no que diz respeito às características técnicas da invenção, em referências à descrição ou aos desenhos. Não se deverão basear, particularmente, em referências tais como: "como descrito na parte ... da descrição", ou "como representado pela ilustração ... dos desenhos".

b) Quando o pedido internacional contiver desenhos, as características técnicas mencionadas nas reivindicações deverão ser de preferência acompanhadas por sinais de referência pertinentes dos desenhos. Quando utilizados, os sinais de referência deverão ser preferivelmente colocados entre parênteses. Se os sinais de referências não facilitarem particularmente uma compreensão mais rápida da reivindicação, deverão ser omitidos. Os sinais de referências poderão ser retirados por uma Repartição designada, para efeito de publicação por essa Repartição.

6.3 Maneira de redigir as reivindicações

a) A definição da matéria para a qual é solicitada a proteção deverá ser feita em termos de características técnicas da invenção.

b) Sempre que for conveniente, as reivindicações deverão conter:

I) uma declaração indicando as características técnicas da invenção necessárias à definição da matéria reivindicada, mas que, em combinação, constituam parte do estado da técnica;

II) uma parte caracterizante — precedida pelas palavras "caracterizado em", "caracterizado por", ou "o aperfeiçoamento compreende", ou quaisquer outras palavras no mesmo teor — expondo de forma concisa as características técnicas que, juntamente com as características mencionadas em I), se desejar proteger.

6.4 Reivindicações dependentes

a) Qualquer reivindicação que compreenda todas as características de uma ou de várias reivindicações (reivindicação de forma dependente, daqui por diante chamada de "reivindicação dependente") deverá conter uma referência, de preferência no princípio, a essa outra reivindicação ou a essas outras reivindicações, quando então deverá especificar as características adicionais reivindicadas. Qualquer reivindicação dependente que se referir a mais de uma outra reivindicação ("reivindicação dependente múltipla") só se referirá a essas reivindicações como uma alternativa. Reivindicações dependentes múltiplas não deverão servir de base a qualquer outra reivindicação dependente múltipla.

b) Qualquer reivindicação dependente deverá ser compreendida como incluindo todas as limitações contidas na reivindicação à qual ela se refere ou caso a reivindicação dependente seja uma reivindicação dependente múltipla, todas as limitações contidas na reivindicação particular a que ela se refere.

c) Todas as reivindicações dependentes que se referirem a uma reivindicação anterior única e todas as reivindicações dependentes que se referirem a várias reivindicações anteriores deverão ser agrupadas tanto quanto, e de maneira mais prática possível.

6.5 Modelos de Utilidade

Qualquer Estado designado em que a concessão de um modelo de utilidade for requerida por um pedido internacional poderá aplicar, em lugar das regras 6.1 a 6.4, em relação aos assuntos a que estes se referem, as disposições de sua legislação nacional no que diz respeito a modelos de utilidade e assim que o processo do pedido internacional houver sido iniciado nesse Estado, desde que ao requerente seja concedido um prazo de pelo menos 2 meses a contar da expiração do prazo estipulado pelo artigo 22 para que adapte seu pedido às exigências das referidas disposições da legislação nacional.

Regra 7
Desenhos

7.1 Gráficos das operações e diagramas
Os gráficos das operações e os diagramas serão considerados como desenhos.
7.2 prazo
O prazo mencionado no artigo 7.2)II) deverá ser razoável levando-se em conta as circunstâncias do caso em espécie, não devendo nunca ser inferior a dois meses contados a partir da data do convite escrito a proceder ao depósito de desenhos ou desenhos adicionais, em obediência à disposição em questão.

Regra 8
Resumo

8.1 Conteúdo e forma de resumo
a) O resumo deverá compreender:
I) um sumário da exposição tal como consta da descrição, das reivindicações e de todos os desenhos; o sumário deverá indicar o ramo técnico ao qual pertence a invenção e deverá ser redigido de forma a permitir uma compreensão clara do problema técnico, da essência da solução desse problema por meio da invenção e de uso principal ou dos usos principais da invenção;

II) quando for o caso, a fórmula química que, entre todas as fórmulas constantes do pedido internacional, melhor caracterise a invenção.

b) O resumo deverá ser tão conciso quanto a exposição o permitir (de preferência de 50 a 150 palavras quando for elaborado em, ou traduzido para o inglês).

c) O resumo não deverá conter declarações relativas aos méritos ou ao valor alegados da invenção reivindicada, nem as suas supostas aplicações.

d) Cada uma das principais características técnicas mencionadas no resumo e ilustradas por um desenho constante do pedido internacional deverá ser acompanhada por um sinal de referência colocado entre parênteses.

8.2 Falta de indicação da ilustração a ser publicada com o resumo

Se o depositante deixar de fornecer a indicação a que se refere a regra 3.3 a) III) ou se a Administração encarregada da pesquisa internacional julgar que uma ilustração ou ilustrações dentre toda as ilustrações de todos os desenhos poderá caracterizar melhor a invenção do que aquela ou aquelas apresentadas pelo depositante, ela indicará qual a ilustração ou ilustrações em questão. As publicações feitas pelo Escritório Internacional utilizarão então a ilustração ou as ilustrações assim indicadas pela Administração encarregada da pesquisa internacional. Em caso contrário, a ilustração ou as ilustrações propostas pelo depositante serão utilizadas para essas publicações.

8.3 Regras de redação

O resumo deverá ser redigido de forma a poder servir de instrumento eficaz de pré-seleção para fins de pesquisa no determinado ramo técnico, especialmente ajudando o cientista, o engenheiro ou o pesquisador a formular uma opinião quanto à questão da conveniência ou não de consultar o próprio pedido internacional.

Regra 9
Expressões, etc., que não deverão ser utilizadas

9.1 Definição

O pedido internacional não deverá conter:

I) expressões ou desenhos ofensivos a moral;

II) expressões ou desenhos contrários à ordem pública;

III) declarações depreciativas dos produtos ou processos de qualquer outra pessoa além do depositante, ou dos méritos e da validade de pedidos ou de patentes de uma tal pessoa (meras comparações com o estado da técnica não são consideradas como depreciativas em si);

IV) declarações ou outros elementos claramente irrelevantes ou desnecessários no caso.

9.2 Anotação da falta de conformidade

A Repartição receptora e a Administração encarregada da pesquisa internacional poderão anotar a falta de conformidade com às determinações da regra 9.1 e poderão propor ao depositante que corrija voluntariamente, de acordo, seu pedido internacional. Se a Repartição receptora houver anotado a falta de conformidade, disso informará a Administração internacional competente encarregada da pesquisa internacional e o Escritório Internacional; se a falta de conformidade for anotada pela Administração encarregada da pesquisa internacional, esta Administração informará de acordo a Repartição receptora e o Escritório Internacional.

9.3 Referência ao artigo 21.6)

As "declarações depreciativas" mencionadas no artigo 21.6) têm o sentido especificado na regra 9.1.III).

Regra 10
Terminologia e sinais

10.1 Terminologia e sinais

a) As unidades de pesos e medidas deverão ser expressas pelo sistema métrico ou também expressas por esse sistema caso tenham sido previamente expressas de acordo com outro sistema.

b) As temperaturas deverão ser expressas em graus centígrados, ou também expressas em graus centígrados se houverem sido previamente expressas de acordo com outro sistema.

c) A densidade deverá ser expressa em unidades métricas.

d) Em relação as indicações de calor, energia, luz, som e magnetismo, assim como em relação às fórmulas matemáticas e às unidades elétricas, deverão ser observadas as determinações da prática internacional; quanto às fórmulas químicas, deverão ser utilizados os símbolos, pesos atômicos e fórmulas moleculares geralmente em uso.

e) Em regra geral, só deverão ser utilizados termos, sinais ou símbolos técnicos geralmente aceitos no ramo.

f) Quando o pedido internacional for elaborado em, ou traduzido para o inglês ou o japonês, as frações deverão ser indicadas por um ponto; quando o pedido internacional for elaborado em, ou traduzido para outra língua além do inglês ou do japonês, as frações deverão ser indicadas por uma vírgula.

10.2 Uniformidade

A terminologia e os sinais deverão ser uniformes em todo o pedido internacional.

Regra 11
Condições materiais do pedido internacional

a) Ressalvada a alínea *b*), o pedido internacional e todo e qualquer documento constante da lista de controle a que se refere a regra 3.3. a) II) deverá ser depositado em uma única via.

b) Qualquer Repartição receptora poderá exigir o pedido internacional e todo e qualquer documento constante da lista de controle (regra 3.3. a) II), exceto o recibo de taxas pagas ou do cheque destinado ao pagamento das taxas, seja depositado em duas ou três vias. Nesse caso, a Repartição receptora será responsável pela verificação da identidade da segunda e terceira cópias com a via original.

11. Possibilidade de reprodução

a) Todos os elementos do pedido internacional (a saber: o requerimento, a descrição, as reivindicações, os desenhos e o resumo) deverão ser apresentados de maneira a poderem ser reproduzidos diretamente por meio de fotografia, de processos eletrostáticos, do *offset* e da microfilmagem em um número indeterminado de cópias.

b) Nenhuma folha deverá ser amassada ou rasgada; nenhuma folha deverá ser dobrada.

c) Só deverá ser utilizado um lado de cada folha.

d) Ressalvada a regra 11.13. j), cada folha deverá ser utilizada verticalmente (quer dizer que seus lados menores deverão ficar em cima e em baixo).

11.3 Material a ser utilizado

Todos os elementos do pedido internacional deverão figurar em papel flexível, resistente, branco, liso, sem brilho e durável.

11.4 Folhas separadas, etc.

a) Cada elemento do pedido internacional (requerimento, descrição, reivindicações, desenhos, resumo) deverá começar em uma folha nova.

b) Todas as folhas do pedido internacional deverão ser reunidas de maneira a poderem ser facilmente viradas ao serem consultadas e de maneira a poderem ser facilmente separadas e reunidas novamente quando houver necessidade de separá-las para reprodução.

11.5 Formato das folhas

As folhas deverão ser de formato A4 (29,7cm x 21cm). Entretanto, qualquer Repartição receptora poderá aceitar pedidos internacionais apresentados em folhas de formato diferente, desde que a via original, tal como foi transmitida ao Escritório Internacional, e a cópia da pesquisa, se a Administração competente encarregada da pesquisa internacional o desejar, sejam de formato A4.

11.6 Margens

a) As margens mínimas das folhas que constituem o requerimento, a descrição, as reivindicações e o resumo deverão ser as seguintes:

alto da primeira folha, exceto a do requerimento: 8cm
alto das outras folhas: 2cm
margem esquerda: 2,5cm
margem direita: 2cm
fim de cada folha: 2cm

b) O máximo recomendado para as margens mencionadas na alínea *a*) é o seguinte:

alto da primeira folha, exceto a do requerimento: 9cm
alto das outras folhas: 4cm
margem esquerda: 4cm

margem direita: 3cm
fim de cada folha: 3cm

c) Nas folhas que contêm desenhos, a superfície utilizável não deverá exceder 26,2cm x 17,0cm. Essas folhas não deverão conter qualquer moldura em torno da superfície utilizada ou utilizável. As margens mínimas deverão ser as seguintes:

alto da folha: 2,5cm
margem esquerda: 2,5cm
margem direita: 1,5cm
fim da folha: 1,0cm

d) As margens mencionadas nas alíneas *a*) e *c*) foram previstas para folhas de formato A4; entretanto, mesmo que a Repartição receptora aceite outros formatos, a via original do formato A4 e, quando for exigida, a cópia da pesquisa de formato A4, deverão respeitar as margens acima.

e) As margens do pedido internacional, na ocasião de seu depósito, deverão estar totalmente virgens.

11.7 Numeração das folhas

a) Todas as folhas contidas no pedido internacional deverão ser numeradas consecutivamente, em algarismos árabes.

b) Os números deverão ser inscritos ao alto e no meio das folhas e não nas margens.

11.8 Numeração das linhas

a) É altamente recomendável que se numere cada quinta linha de cada folha da descrição e de cada folha de reivindicações.

b) Os números deverão aparecer no lado esquerdo, à direita da margem.

11.9 Composição dos textos

a) O requerimento, a descrição, as reivindicações e o resumo deverão ser datilografados ou impressos.

b) Somente os símbolos e caracteres gráficos, as fórmulas químicas ou matemáticas e certos caracteres em língua japonesa poderão, quando necessário, ser manuscritos ou desenhados.

c) Os espaços datilografados deverão ser de 1 1/2.

d) Todos os textos deverão ser elaborados em caracteres de 0,21 cm de altura no mínimo e deverão ser reproduzidos em cor escura e indelével e se confornar às condições estabelecidas na regra 11.2.

e) Quanto aos espaços datilografados e ao tamanho dos caracteres, as alíneas *c*) e *d*) não se aplicam aos textos elaborados em língua japonesa.

11.10 Desenhos, fórmulas e tabela constantes dos textos

a) O requerimento, a descrição, as reivindicações e o resumo não deverão conter desenhos.

b) A descrição, as reivindicações e o resumo poderão conter fórmulas químicas ou matemáticas.

c) A descrição e o resumo poderão conter tabelas, qualquer reivindicação poderá incluir tabelas, desde que o seu assunto o torne aconselhável.

11.11 Textos nos desenhos

a) Os desenhos não deverão conter textos, com exceção de uma palavra ou palavras — desde que isto seja absolutamente necessário — tais como "água", "vapor", "aberto", "fechado", "corte de AB" e, no caso de esquemas de circuitos elétricos, de diagramas em bloco e de gráficos de operações, de algumas palavras-chave indispensáveis a sua compreensão.

b) Cada palavra utilizada deverá ser colocada de maneira que, se fôr traduzida, sua tradução possa lhe ser superposta sem cobrir uma única linha dos desenhos.

11.12 Correções, etc.

Nenhuma folha deverá ser apagada mais do que o razoável nem deverá conter correções, nem palavras rebatidas ou intercaladas entre as linhas. Em casos excepcionais, poderão ser autorizadas derrogações desta regra, desde que a autenticidade do conteúdo não esteja em jôgo e desde que não sejam prejudicadas as condições necessárias a uma boa reprodução.

11.13 Prescrições especiais para os desenhos

a) Os desenhos deverão ser executados em linhas e traços duráveis, pretos ou azuis, suficientemente densos e escuros, de espessura uniforme e bem definidos e não deverão ser coloridos.

b) Os cortes deverão ser indicados por sombras oblíquas que não impeçam que se leiam facilmente os sinais de referências e as linhas básicas.

c) A escala dos desenhos e a clareza de sua execução gráfica deverão ser tais que uma reprodução fotográfica efetuada com redução linear de dois terços permita distinguir facilmente todos os detalhes.

d) Quando, em casos excepcionais, a escala figurar em um desenho, ela deverá ser representada graficamente.

e) Todos os algarismos, letras e linhas de referências que figurem nos desenhos deverão ser simples e claros. Em associação a algarismos e letras não se deverá usar parênteses, círculos ou aspas.

f) Todas as linhas dos desenhos deverão ser normalmente traçadas com o auxílio de instrumentos de desenho técnico.

g) Cada elemento de cada ilustração deverá ser em proporção a cada um dos outros elementos da ilustração, exceto quando o uso de uma proporção diferente for indispensável à clareza da ilustração.

h) A altura dos algarismos e letras não deverá ser inferior a 0,32cm. Nos títulos dos desenhos, deverá ser utilizado o alfabeto latino e, onde usual, o grego.

i) Uma mesma folha de desenhos poderá conter várias ilustrações. Quando várias ilustrações dispostas em duas ou mais folhas formarem uma única ilustração completa, as diversas ilustrações nas várias folhas deverão ser dispostas de forma a poderem ser reunidas sem esconder qualquer parte de qualquer dessas ilustrações.

j) As diversas ilustrações deverão ser dispostas sobre uma folha ou folhas, sem desperdício de espaço, de preferência verticalmente, cada uma claramente separada das demais.

k) As diversas ilustrações deverão ser numeradas consecutivamente, em algarismos árabes, e independentemente da numeração das folhas.

l) Sinais de referências não mencionados na descrição não deverão aparecer nos desenhos e vice-versa.

m) Os mesmos elementos quando indicados por sinais de referência deverão sê-lo pelos mesmos sinais de referência em todo o pedido internacional.

n) Se os desenhos contiverem um grande número de sinais de referência, é insistentemente recomendado que seja juntada ao pedido internacional uma folha separada que enumere todos os sinais de referência e todos os elementos que os apresentem.

11.14 Documentos anteriores

As regras 10 e 11.1 a 11.13 aplicam-se igualmente a todos os documentos — como por exemplo: páginas corrigidas, reivindicações emendadas — apresentados depois do depósito do pedido internacional.

11.15 Traduções

Nenhuma Repartição designada poderá exigir que a tradução de um pedido internacional depositado junto a ela preencha condições diferentes daquelas estabelecidas para o pedido internacional tal como foi depositado.

Regra 12
Língua do pedido internacional

12.1 Pedido internacional

Qualquer pedido internacional deverá ser depositado na língua ou em uma das línguas mencionadas no acordo concluído entre o Escritório Internacional e a Administração encarregada da pesquisa internacional com competência para tratar desse pedido, desde que, entretanto, se esse acordo especificar várias línguas, a Repartição receptora possa determinar qual a língua ou quais as línguas dentre as especificadas em que os pedidos internacionais deverão ser depositados.

12.2 Modificações efetuadas no pedido internacional

Todas as modificações ocorridas no pedido internacional, tais como emendas e correções, deverão ser elaboradas na língua desse pedido (vide regra 66.5).

Regra 13
Unidade da invenção

13.1 Exigência

O pedido internacional não deverá comportar senão uma invenção ou uma pluralidade de invenções ligadas entre si de tal sorte que não formem senão um só conceito inventivo geral ("exigência de unidade da invenção")

13.2 Reivindicações de categorias diferentes

A regra 13.1 deverá ser compreendida como permitindo, em particular, uma ou outra das duas possibilidades seguintes:

I) além de uma reivindicação independente para um determinado produto, a inclusão no mesmo pedido internacional de uma reivindicação independente para um processo especialmente concebido para a fabricação do mencionado produto e a inclusão no mesmo pedido internacional de uma reivindicação independente para uma utilização do dito produto, ou

II) além de uma reivindicação independente para um determinado produto, a inclusão no mesmo pedido internacional de uma reivindicação independente para um aparelho ou meio especialmente concebido para a execução do dito processo.

13.3 Reivindicações de uma mesma e única categoria

Ressalvada a regra 13.1, será permitido incluir no mesmo pedido internacional duas ou mais reivindicações independentes da mesma categoria (a saber: produto, processo, aparelho ou uso), que não possam ser facilmente abrangidas por uma única reivindicação genérica.

13.4 Reivindicações dependentes

Ressalvada a regra 13.1, será permitido incluir no mesmo pedido internacional um número razoável de reivindicações dependentes, referentes a formas específicas da invenção reivindicada em uma reivindicação independente, mesmo quando as características de qualquer reivindicação dependente possam ser consideradas como constituindo em si mesmas uma invenção.

13.5 Modelos de utilidade

Qualquer Estado designado no qual um modelo de utilidade seja requerido com base de um pedido internacional poderá aplicar, em lugar das regras 13.1 a 13.4, a respeito do assunto nelas disposto, as disposições de sua legislação nacional concernentes a modelos de utilidade depois de iniciado, nesse Estado, o processo de pedido internacional, desde que seja concedido ao depositante um prazo de pelo menos 2 meses a contar da data de expiração do prazo aplicável em obediência ao artigo 22 para que adapte seu pedido às exigências das referidas disposições da legislação nacional.

Regra 14
Taxa de Transmissão

14.1 Taxa de transmissão

a) Qualquer Repartição receptora poderá exigir em seu provento, que o depositante lhe pague uma taxa pelo recebimento do pedido internacional, pela transmissão de cópias ao Escritório Internacional e à Administração competente encarregada da pesquisa internacional e pela execução de todas as demais tarefas relativas ao pedido internacional, que essa Repartição tiver a seu cargo em virtude de sua qualidade de Repartição receptora ("taxa de transmissão").

b) O montante da taxa de transmissão, caso haja uma, e a data em que será devida, serão fixados pela Repartição receptora.

Regra 15
Taxa internacional

15.1 Taxa básica e taxa de designação

Qualquer pedido internacional será sujeito ao pagamento de uma taxa em proveito do Escritório internacional ("taxa internacional") compreendendo:

I) uma "taxa básica" e

II) tantas "taxas de designação" quantos forem os Estados designados incluídos no pedido internacional, desde que, no caso de uma patente regional ser requerida para certos Estados designados, uma única taxa de designação seja devida para todos esse Estados.

15.2 Montantes

a) O Montante da taxa básica será:

I) caso o pedido internacional não tenha mais de 30 folhas: 45 dólares dos Estados Unidos ou 194 francos suíços;

II) caso o pedido internacional contenha mais de 30 folhas: 45 dólares dos Estados Unidos mais 1 dólar dos Estados Unidos ou 4,30 francos suíços por folha a contar da 31ª inclusive.

b) O montante da taxa de designação será:

I) por cada Estado designado ou grupo de Estados designados para os quais seja requerida a mesma patente regional que não exija a transmissão de uma cópia segundo o artigo 13: 12 dólares dos Estados Unidos ou 52 francos suíços;

II) por cada Estado designado ou grupo de Estados designados para os quais seja requerida a mesma patente regional exigindo a transmissão de uma cópia de acordo com o artigo 13: 14 dólares dos Estado Unidos ou 60 francos suíços.

13.3 Forma de pagamento

a) A taxa internacional será cobrada pela Repartição receptora.

b) A taxa internacional deverá ser paga na moeda determinada pela Repartição receptora, ficando compreendido que, logo que seja transferida pela Repartição receptora para o Escritório Internacional, ela deverá ser livremente conversível em moeda suíça.

15.4 Data do pagamento

a) A taxa básica será devida na data do recebimento do pedido internacional, todavia, qualquer Repartição receptora poderá, a seu critério, notificar o depositante de que não recebeu essa taxa ou de que o montante recebido foi insuficiente e autorizá-lo a pagar mais tarde, sem perder a data do depósito, desde que:

I) não seja nunca autorizada a efetivação de um pagamento depois de expirado o prazo de um mês a contar do dia de recebimento do pedido internacional;

II) uma tal autorização não seja sujeita a uma sobretaxa.

b) A taxa de designação poderá ser paga na data de recebimento do pedido internacional ou em qualquer outra data posterior, mas deverá ser paga no máximo antes de completado um ano a contar da data de prioridade.

15.5 Pagamento parcial

a) Se o depositante especificar os Estados em relação aos quais deseja que qualquer montante pago por ele seja considerado como taxa de designação, esse montante será consequentemente aplicado, na ordem que o depositante indicar, aos Estados cuja taxa de designação for coberta pelo montante pago.

b) Se o depositante não fornecer tal especificação e se o montante ou montantes recebidos pela Repartição receptora forem superiores à taxa básica e a uma taxa de designação, mas inferiores ao montante que seria devido de acordo com o número dos Estados designados, todo o montante que exceder o total da taxa básica e de uma taxa de designação, será considerado como taxa de designação dos Estados seguintes ao Estado mencionado em primeiro lugar no requerimento e na ordem de designação desses Estados, no requerimento, até e inclusive aquele dentre os Estados designados em relação ao qual o montante integral da taxa de designação estiver coberto pelo montante ou montantes pagos.

c) Todos os Estados de um grupo de Estados designados, para os quais a mesma patente regional seja requerida, serão considerados como cobertos pela taxa de designação daquele desses Estados, que no sentido de alínea a) tiver sido mencionado em primeiro lugar, ou cuja taxa esteja no sentido da alínea *b*).

15.6 Reembolso

a) A taxa internacional será reembolsada ao depositante desde que seja negativa a constatação mencionada no artigo 11.1).

b) A taxa internacional não será reembolsada em nenhum outro caso.

Regra 16
Taxa de pesquisa

16.1 Direito de exigir uma taxa

a) Qualquer Administração encarregada da pesquisa internacional poderá exigir do depositante o pagamento, em seu proveito, de uma taxa ("taxa de pesquisa") para realização da pesquisa internacional e para a execução de todas as demais tarefas confiadas às Administrações encarregadas da pesquisa internacional pelo Tratado e pelo presente Regulamento de execução.

b) A taxa de pesquisa será cobrada pela Repartição receptora e deverá ser paga na moeda estipulada por essa Repartição, ficando estendido, entretanto, que se essa moeda não for a mesma que a do Estado no qual a Administração encarregada da pesquisa internacional estiver sediada, a taxa de pesquisa, ao ser transferida pela Repartição receptora para essa Administração, será livremente conversível na moeda do dito Estado. Quanto ao prazo de pagamento da taxa de pesquisa, aplique-se a regra 15.4. *a*).

16.2 Reembolso

A taxa de pesquisa será reembolsada ao depositante desde que seja negativa a constatação mencionada no artigo 11.1).

16.3 Reembolso parcial

Quando o pedido internacional reivindicar a prioridade de um pedido internacional anterior que tenha sido objeto de uma pesquisa internacional pela mesma Administração encarregada da pesquisa internacional, essa Administração reembolsará a taxa de pesquisa paga em relação ao pedido internacional posterior na medida e nas condições estipuladas no acordo a que se refere o artigo 16.3)b), desde que o relatório de pesquisa internacional tenha podido basear-se, no todo ou em parte, nos resultados da pesquisa internacional do primeiro pedido internacional.

Regra 17
Documento de prioridade

17.1 Obrigação de apresentar cópia de um pedido nacional anterior

a) Se o pedido internacional reivindicar, de acordo com o artigo 8, a prioridade de um pedido nacional anterior, uma cópia desse pedido nacional, certificada devidamente pela Repartição nacional em que foi depositada ("documento de prioridade"), se já não houver sido depositada na Repartição receptora juntamente com o pedido internacional deverá ser apresentada pelo depositante ao Escritório Internacional, o mais tardar até a expiração de um prazo de 16 meses a contar da data de prioridade ou, no caso mencionado no artigo 23.2), o mais tardar na data estabelecida para processar e examinar o pedido.

b) Se o depositante não se conformar com a determinação da alínea *a*), qualquer Estado designado poderá desprezar a reivindicação de prioridade.

c) O Escritório Internacional inscreverá a data de recebimento do documento de prioridade e a notificará ao depositante e às Repartições receptoras.

17.2 Disponibilidade de cópias

a) O Escritório Internacional, a pedido expresso da Repartição designada, sem demora, mas não antes de expirado o prazo fixado na regra 17.1.a), enviará uma cópia do documento de prioridade àquela Repartição. Nenhuma Repartição designada deverá exigir cópias do depositante, exceto quando requerer a remessa de uma cópia do documento de prioridade com uma tradução certificada desse documento. O depositante não será obrigado a fornecer uma tradução certificada à Repartição designada antes de expirado o prazo estipulado no artigo 22.

b) O Escritório Internacional não colocará à disposição do público cópias do documento de prioridade antes da publicação internacional do pedido internacional.

c) As alíneas *a*) e *b*) aplicam-se igualmente a qualquer pedido internacional anterior cuja prioridade seja reivindicada no pedido internacional posterior.

Regra 18
Depositante

18.1 Domicílio

a) Com ressalva da alínea *b*), a questão de saber se um depositante está domiciliado no Estado contratante em que alega estar dependerá da legislação nacional desse Estado e será resolvido pela Repartição receptora.

b) De qualquer maneira, a posse de um estabelecimento industrial ou comercial efetivo e idôneo em um Estado contratante será considerado como constituindo domicílio nesse Estado.

18.2 Nacionalidade

a) Com ressalva da alínea *b*), a questão de saber se o depositante é nacional do Estado contratante do qual alega ser, dependerá da legislação nacional desse Estado e será resolvida pela Repartição receptora.

b) De todo modo, uma pessoa jurídica constituída de acordo com a legislação de um Estado contratante será considerada como sendo nacional desse Estado.

18.3 Vários depositantes: os mesmos para todos os Estados designados

Se todos os depositantes forem depositantes em todos os Estados designados, o direito de depositar um pedido internacional existirá desde que pelo menos um dentre eles seja autorizado a depositar um pedido internacional de acordo com o artigo 9.

18.4 Vários depositantes: diferentes para Estados designados diferentes

a) O pedido internacional poderá indicar depositantes diferentes para Estados designados diferentes, desde que em relação a cada Estado designado, pelo menos um dos depositantes indicados para esse Estado esteja autorizado a depositar um pedido internacional de acordo com o artigo 9.

b) Caso a condição estabelecida na alínea *a*) não for preenchida em relação a um Estado designado, a designação desse Estado será considerada como não tendo sido feita.

c) O Escritório Internacional publicará, de tempos a tempos, informações relativas às diversas legislações nacionais quanto à questão de saber quem tem direito (inventor, procurador do inventor, titular da invenção, etc.) de depositar um pedido internacional e juntará a essas informações a advertência de que os efeitos do pedido internacional em qualquer Estado designado poderão depender da questão de saber se a pessoa indicada no pedido internacional como depositante para os propósitos desse Estado estará habilitada, de acordo com a legislação nacional desse Estado, a depositar um pedido nacional.

18.5 Troca de pessoa ou do nome do depositante

Qualquer troca de pessoa ou do nome do depositante será registrada, a pedido do mesmo, pelo Escritório Internacional que assim notificará a Administração internacional encarregada da pesquisa internacional e as Repartições designadas.

Regra 19
Repartição receptora competente

19.1 Onde depositar

a) com ressalva da alínea b), o pedido internacional será depositado, à escolha do depositante, quer na Repartição nacional do Estado contratante onde estiver domiciliado, ou numa Repartição agindo em nome desse Estado, quer na Repartição nacional do Estado contratante de que for nacional, ou numa Repartição agindo em nome desse Estado.

b) Qualquer Estado contratante poderá estabelecer convênio com um ou outro Estado contratante ou com uma organização intergovernamental no sentido de que a Repartição nacional deste último Estado ou essa organização intergovernamental poderão, para todos os fins ou para certos dentre eles, agir em lugar da Repartição nacional do primeiro Estado como Repartição receptora para os depositantes domiciliados nesse primeiro Estado ou que dele sejam nacionais.

Não obstante esse convênio, a Repartição nacional do primeiro Estado será considerada como sendo a Repartição receptora competente no sentido estabelecido pelo artigo 15.5).

c) Em relação a qualquer decisão de acordo com o artigo 9.2), a Assembléia designará a Repartição nacional ou a organização intergovernamental que funcionará como repartição receptora dos pedidos depositados por pessoas domiciliadas nos Estados determinados pela Assembléia ou nacionais desses Estados. Essa designação requer o acordo prévio da dita Repartição nacional ou da dita organização intergovernamental.

19.2 Vários depositantes

a) Se houver vários depositantes que não tenham mandatário comum, seu representante comum, no sentido que lhe empresta a regra 4.8, para fins da aplicação da regra 19.1, será considerado como depositante.

b) Se houver vários depositantes que tenham um mandatário comum, o depositante mencionado em primeiro lugar no requerimento com autoridade para depositar um pedido internacional de acordo com o artigo 9 será, para fins da aplicação da regra 19.1, considerado como depositante.

19.3 Publicação do fato da delegação de tarefas de Repartição receptora

a) Qualquer acordo previsto na regra 19.1.b) será notificado sem demora ao Escritório Internacional pelo Estado contratante que delegar as tarefas de Repartição receptora à Repartição nacional de, ou agindo em nome de outro Estado contratante ou uma organização intergovernamental.

b) O Escritório Internacional, prontamente depois do recebimento, publicará a notificação na Gazeta.

Regra 20
Recebimento do pedido internacional

20.1 Data e número

a) Ao receber os documentos que pretendam constituir um pedido internacional, a Repartição receptora aporá, de maneira indelével, no espaço previsto para este fim no formulário de requerimento de cada via recebida, a data do recebimento efetivo e, em cada folha de cada via recebida, um dos números atribuídos pelo escritório Internacional a essa Repartição.

b) O lugar em que, em cada folha, a data ou número deverão ser apostos, bem como outros pormenores, serão especificados nas Instruções Administrativas.

20.2 Recebimento em dias diferentes

a) Nos casos em que todas as folhas pertencentes a um mesmo alegado pedido internacional não sejam recebidas no mesmo dia pela Repartição receptora, esta última corrigirá a data aposta no requerimento (deixando, todavia, legíveis a ou as datas anteriormente apostas), indicando a data de recebimento dos documentos que completam o pedido internacional, contanto que:

I) quando nenhuma solicitação tenha sido feita ao depositante para que efetue correções de acordo com o artigo 11.2)a), os ditos documentos sejam recebidos dentro de 30 dias a contar da data em que as folhas tenham sido recebidas pela primeira vez;

II) quando uma solicitação para efetuar correções tenha sido feita ao depositante, de acordo com o artigo 11.2)a), os ditos documentos sejam recebidos dentro do prazo estipulado pela regra 20.6;

III) no caso do artigo 14.2) os desenhos omissos sejam recebidos dentro de 30 dias a contar da data em que os documentos incompletos foram depositados;

IV) a falta ou recebimento posterior de qualquer folha contendo o resumo ou parte dele não exige por si só qualquer correção da data indicada no requerimento.

b) A Repartição receptora aporá em qualquer folha recebida em data posterior àquela em que as folhas foram recebidas pela primeira vez, a data do recebimento da folha em questão.

20.3 Pedido internacional corrigido

No caso mencionado no artigo 11.2)b), a Repartição receptora corrigirá a data aposta no requerimento (deixando, todavia, legíveis a data ou datas apostas anteriormente), indicando a data do recebimento da última correção exigida.

20.4 Constatação conforme especifica o artigo 11.1)

a) Prontamente, depois do recebimento dos documentos que constituem um alegado pedido internacional, a Repartição receptora constatará se esses documentos preenchem as condições prescritas pelo artigo 11.1).

b) Para os fins do artigo 11.1) III) c), bastará indicar o nome do depositante de maneira a permitir que seja estabelecida a sua identidade, mesmo se esse nome estiver mal ortografado, se os nomes indicados não estiverem completos ou, no caso de pessoa jurídica, se a indicação do nome estiver abreviada ou incompleta.

20.5 Constatação positiva

a) Se a constatação, no sentido que lhe empresta o artigo 11.1), for positiva, a Repartição receptora carimbará, no espaço reservado para esse fim no formulário do requerimento, o nome dessa Repartição as palavras "Demande Internationale PCT" ou "PCT International Application". Se a língua oficial da Repartição receptora não for nem francês, nem inglês, as palavras "Demande Internationale" ou "International Application" poderão ser acompanhadas por sua tradução na língua oficial dessa Repartição receptora.

b) A via cuja folha de requerimento foi assim carimbada, constituirá a via original do pedido internacional.

c) A Repartição receptora notificará sem demora ao depositante o número do pedido internacional e a data do depósito internacional.

20.6 Solicitação de correção

a) A solicitação de correção a que se refere o artigo 11.2) deverá especificar qual a condição prescrita pelo artigo 11.1) que, na opinião da Repartição receptora, não foi preenchida.

b) A Repartição receptora enviará sem demora a solicitação ao depositante e fixará um prazo razoável no caso para que deposite a correção. Esse prazo não deverá ser inferior a 10 dias, nem superior a um mês, a contar da data da solicitação. Se esse prazo expirar depois de decorrido um ano a contar da data do depósito de qualquer pedido cuja prioridade tenha sido reivindicada, a Repartição receptora poderá levar essa circunstância ao conhecimento do depositante.

20.7 Constatação negativa

Caso a Repartição receptora não receba, no prazo estipulado, qualquer resposta a sua solicitação de correção, ou caso a correção apresentada pelo depositante não preencha ainda as condições prescritas pelo artigo 11.1):

I) ela notificará sem demora ao depositante que seu pedido não foi e não será considerado como um pedido internacional e indicará os motivos dessa decisão;

II) ela notificará ao Escritório Internacional que o número que foi por ela aposto nos documentos não será utilizado como número de pedido internacional;

III) ela conservará os documentos que constituem o alegado pedido internacional e qualquer correspondência relativa ao mesmo, de acordo com a regra 93.1; e

IV) ela enviará uma cópia dos ditos documentos ao Escritório Internacional caso, em virtude de um pedido do depositante de acordo com o artigo 25.1), o Escritório Internacional tenha necessidade de uma tal cópia e a solicite expressamente.

20.8 Erro da Repartição receptora

Se, mais tarde, a Repartição receptora descobrir, ou perceber pela resposta do requisitante, que cometeu um erro ao enviar uma solicitação de correção, em virtude de haverem sido devidamente preechidas as condições prescritas no artigo 11.1 na ocasião do recebimento dos documentos, ela procederá da forma prevista na regra 20.5.

20.9 Cópia autenticada para o depositante

Contra o pagamento de uma taxa, a Repartição receptora fornecerá ao depositante, a pedido, cópias autenticadas do pedido internacional, tal qual foi depositado assim como de todas as correções relativas ao mesmo.

Regra 21
Preparo de cópias

21.1 Responsabilidade da Repartição receptora

a) Quando for exigido que o pedido internacional seja depositado em uma única via, a Repartição receptora será responsável pelo preparo de sua própria cópia e da de pesquisa requeridas em virtude do artigo 12.1).

b) Quando for exigido que o pedido internacional seja depositado em duas vias, a Repartição receptora será responsável pelo preparo da cópia que lhe é destinada.

c) Se o pedido internacional for depositado em um número de vias inferir ao que foi prescrito na regra 11.1.b), a Repartição receptora será responsável pelo rápido preparo do número exigido de cópias, e terá o direito de fixar uma taxa para a execução dessa tarefa, bem como de cobrar essa taxa do depositante.

Regra 22
Transmissão da via original

22.1 Processo

a) Se a constatação a que se refere o artigo 11.1), for positiva e a menos que as estipulações relativas à segurança nacional impeçam que o pedido internacional seja considerado como tal, a Repartição receptora transmitirá a via original ao Escritório Internacional. Essa transmissão será feita sem demora após recebimento do pedido internacional ou, se houver necessidade de efetuar um controle a fim de preservar a segurança nacional, tão logo seja obtida a devida autorização. De todo modo, a Repartição receptora transmitirá a via original a tempo de chegar ao Escritório Internacional antes de expirados 13 meses a contar da data de prioridade. Caso a transmissão seja feita pelo correio, a Repartição receptora despachará a via original, ou mais tardar, 5 dias antes da expiração do 13º mês a contar da data de prioridade.

b) Se, depois de expirado o prazo de 13 meses e 10 dias a contar da data de prioridade, o depositante não estiver de posse de notificação de recebimento enviada pelo Escritório Internacional de acordo com a regra 24.2.a), ele terá o direito de solicitar à Repartição receptora que lhe remeta a via original ou, se a Repartição receptora alegar haver transmitido a via original ao Escritório Internacional, uma cópia autenticada da via em questão feita à base da cópia da Repartição receptora.

c) O depositante poderá transmitir ao Escritório Internacional a cópia que recebeu de acordo com a alínea *b*). A menos que a via original transmitida pela Repartição receptora tenha sido recebida pelo Escritório Internacional antes do recebimento por esse Escritório da cópia transmitida pelo depositante, esta última será considerada como constituindo a via original.

22.2 Processo alternativo

a) Não obstante as disposições da regra 22.1, qualquer Repartição receptora poderá estipular que a via original de qualquer pedido internacional depositado junto a ela seja transmitida, à escolha do depositante, pela Repartição receptora ou pelo depositante. A Repartição receptora informará o Escritório Internacional da existência de uma tal estipulação.

b) O depositante exercerá sua escolha por meio de uma nota escrita que ele depositará junto com o pedido internacional. Caso não faça essa escolha, será considerado como tendo escolhido a transmissão pela Repartição receptora.

c) Quando o depositante escolher a transmissão pela Repartição receptora,o processo será o mesmo que o previsto na regra 22.1.

d) Quando o depositante preferir proceder ele próprio à transmissão, indicará na nota mencionada na alínea *b*) se deseja procurar a via original na Repartição receptora ou se deseja que esta última lhe envie a via origina pelo correio. Se o depositante preferir procurar ele mesmo a via original, a Repartição receptora colocará essa via à sua disposição assim que a autorização mencionada na regra 22.1.a) haja sido conseguida e, em todos os casos, inclusive no caso em que um controle deva ser efetuado em vista dessa autorização, 10 dias o mais tardar antes de expirado o 13º mês a contar da data de prioridade. Se ao expirar o prazo de recebimento da via original pelo Escritório Internacional, o depositante ainda não houver procurado a mesma, a Repartição receptora o notificará ao Escritório Internacional. Se o depositante desejar que a Repartiçção receptora lhe envie a via original pelo correio ou se não manifestar o desejo de procurar essa via original, a Repartição receptora lhe enviará a mesma pelo correio assim que a autorização mencionada na regra 22.1.a) haja sido conseguida e, em todos os casos, inclusive no caso em que um controle deva ser efetuado em vista dessa autorização, 15 dias o mais tardar antes da expiração do 13º mês a contar da data de prioridade.

e) Se a Repartição receptora não colocar a via original à disposição do depositante na data indicada na alínea *d*), ou se o depositante, havendo solicitado que a via original lhe fosse enviada pelo correio, não a tenha recebido pelo menos 10 dias antes de expirado o 13º mês a contar da data de prioridade, o depositante poderá transmitir uma cópia de seu pedido internacional ao Escritório Internacional. Essa cópia ("via original provisória") será substituída pela via original ou, caso esta última tenha sido perdida, por uma cópia da via original feita com base na cópia da Repartição receptora e devidamente autenticada pela Repartição receptora, tão logo seja possível e, em qualquer caso, antes da expiração do 14º mês a contar da data de prioridade.

22.3 Prazo previsto no artigo 12.3)

a) O prazo previsto no artigo 12.3) será:

I) No caso de aplicação do processo previsto nas regras 22.1 ou 22.2.c), de 14 meses a contar da data de prioridade;

II) No caso de aplicação do processo previsto na regra 22.2.d), de 13 meses a contar da data de prioridade, ficando entendido, entretanto, que, no caso de depósito de uma via original provisória de acordo com a regra 22.2.e), esse prazo será de 13 meses a contar da data de prioridade para o depósito da via original provisória e de 14 meses a contar da data de prioridade para depósito da via original.

b) O artigo 48.1) e a regra 82 não se aplicam à transmissão da via original. Fica entendido que as disposições do artigo 48.2) permanecem aplicáveis.

22.4 Estátisticas referentes à não-conformidades às regras 22.1 e 22.2

O número dos casos em que, com o conhecimento do Escritório Internacional, uma Repartição receptora não se tenha conformado às exigências das regras 22.1 e/ou 22.2 será indicado uma vez por ano na Gazeta.

22.5 Documentos depositados com o pedido internacional

Para os propósitos da presente regra, a expressão "via original" compreenderá igualmente qualquer documento depositado com o pedido internacional e mencionado na regra 33.3.a)II). Caso qualquer dos documentos mencionados na regra 3.3.a)II) que, de acordo com a lista de controle deveriam acompanhar o pedido internacional, não for efetivamente depositado, o mais tardar, na ocasião em que a via original for transmitida pela Repartição receptora, esta anotará o fato na lista de controle que será considerada como não havendo mencionado o dito documento.

Regra 23
Transmissão da cópia de pesquisa

23.1 Processo

a) A cópia de pesquisa será transmitida pela Repartição receptora à Administração encarregada da pesquisa internacional o mais tardar no dia em que a via original for transmitida ao Escritório Internacional ou, de acordo com a regra 22.2.d), ao depositante.

b) Se o Escritório Internacional não houver recebido, da Administração encarregada da pesquisa internacional, nos 10 dias seguintes ao recebimento da via original, a informação de que essa Administração está de posse da cópia de pesquisa, o dito Escritório transmitirá sem demora uma cópia do pedido internacional à Administração encarregada da pesquisa internacional. Se esta Administração não se houver enganado ao afirmar que não estava da posse da cópia de pesquisa ao expirar o 13º mês a contar da data de prioridade, o custo da elaboração de uma cópia para essa Administração será reembolsado pela Repartição receptora ao Escritório Internacional.

c) O número dos casos em que, com o conhecimento do Escritório Internacional, uma Repartição receptora deixou de observar a exigência da regra 23.1.a), será indicado, uma vez por ano, na Gazeta.

Regra 24
Recebimento da via original pelo Escritório Internacional

24.1 Inscrição da data de recebimento da via original

Ao receber a via original, o Escritório Internacional aporá a data de recebimento na folha que contém o requerimento e seu carimbo em cada folha do pedido internacional.

24.2 Notificação de recebimento da via original

a) Com ressalva das disposições da alínea *b*), o Escritório Internacional notificará prontamente ao depositante, à Repartição receptora, a Administração encarregada da pesquisa internacional e a todos os Estados designados o fato do recebimento da via original e a data desse recebimento. A notificação deverá identificar o pedido internacional por seu número, pela data do depósito internacional, pelo nome do depositante e pelo nome da Repartição receptora, além de indicar a data do depósito de qualquer pedido anterior cuja prioridade seja reivindicada. A notificação enviada ao despositante deverá igualmente conter a relação dos Estados designados aos quais foi enviada a notificação mencionada na presente alínea e deverá indicar, em relação a cada Estado designado, qualquer prazo aplicável de acordo com o artigo 22.3).

b) Se o Escritório Internacional receber a via original depois de expirado o prazo na regra 22.3, notificará este fato prontamente ao depositante, à Repartição receptora e à Administração encarregada da pesquisa internacional.

Regra 25
Recebimento da cópia de pesquisa pela Administração encarregada
da pesquisa internacional

25.1 Notificação de recebimento da cópia de pesquisa
A Administração encarregada da pesquisa internacional notificará prontamente ao Escritório Internacional, ao depositante e — salvo se a Administração encarregada da pesquisa internacional for a Repartição receptora — à Repartição receptora o fato do recebimento da cópia de pesquisa e a data desse recebimento.

Regra 26
Controle e correções de certos elementos do pedido internacional

26.1 Prazo para o controle
a) A Repartição receptora enviará a solicitação de correção prevista no artigo 14.1)b), assim que possível e de preferência no prazo de um mês a contar da data de recebimento do pedido internacional.
b) Se a Repartição receptora enviar uma solicitação de correção tal como o dispõe o artigo 14.1)a)III) ou IV) (título omisso ou resumo omisso), comunicará esse fato à Administração encarregada da pesquisa internacional.
26.2 Prazo para correção
O prazo previsto no artigo 14.1)b), deverá ser razoável, levando em conta circunstâncias do caso em espécie, e será fixado, em caso, pela Repartição receptora. O prazo será de pelo menos um mês e, normalmente, de no máximo dois meses a contar da data da solicitação de correção.
26.3 Verificação das condições materiais no sentido que lhe empresta o artigo 14.1)a)V)
As condições materiais mencionadas na regra 11 serão verificadas na medida em que tiverem de ser preenchidas para o fim de uma publicação internacional razoável uniforme.
26.4 Processo
a) Qualquer correção submetida à Repartição receptora poderá constar de uma carta endereçada a essa Repartição desde que a correção seja de tal natureza que permita sua transferência para a via original sem prejudicar a clareza e a reprodução direta da folha para a qual a transferência deverá ser feita; em caso contrário, o depositante será solicitado a apresentar uma folha de substituição que inclua a correção; a carta que acompanha a folha de substituição deverá chamar a atenção para as diferenças entre a folha substituída e a folha de substituição.
b) A Repartição receptora aporá em cada folha de substituição o número do pedido internacional, a data em que foi recebido e o carimbo de identificação dessa Repartição. Ela conservará em seus arquivos, uma cópia da carta contendo

a correção ou, quando a correção constar de uma folha de substituição, a folha de substituição, a carta que acompanhar a folha de substituição e uma cópia desta última folha.

c) A Repartição receptora transmitirá sem demora a carta e qualquer folha de substituição ao Escritório Internacional. O Escritorio Internacional transferirá para a via original as correções requeridas por carta, indicando a data de recebimento desta última pela Repartição receptora nela inserindo qualquer folha de substituição. A carta e toda e qualquer folha substituída serão conservadas nos arquivos do Escritório Internacional.

d) A Repartição receptora transmitirá sem demora à Administração encarregada da pesquisa internacional uma cópia da carta e de cada folha de substituição.

26.5 Correção de certos elementos

a) A Repartição receptora decidirá se o depositante apresentou a correção dentro do prazo estabelecido. Caso a correção haja sido apresentada no prazo estipulado, a Repartição receptora decidirá se o pedido internacional assim corrigido deverá ou não ser considerado como retirado.

b) A Repartição receptora aporá nos documentos contendo a correção a data de seu recebimento.

26.6 Desenhos omitidos

a) Se, de acordo com o artigo 14.2), o pedido internacional se referir a desenhos que não estejam de fato incluídos no pedido, a Repartição receptora indicará este fato no dito pedido.

b) A data de recebimento, pelo depositante, da notificação prevista no artigo 14.2) não terá efeito sobre o prazo fixado na regra 20.2.a)III).

Regra 27
Falta de pagamento de taxas

27.1 Taxas

a) Para os fins do artigo 14.3)a), deve-se entender por "taxas prescritas pelo artigo 3.4)IV)" a taxa de transmissão (regra 14), a parte da taxa internacional que constitui a taxa básica (regra 15.1.I), e a taxa de pesquisa (regra 16).

b) Para os fins do artigo 14.3)a) e b), deve-se entender por "taxa prescrita pelo artigo 4.2)" a parte da taxa internacional que constitui a taxa de designação (regra 15.1.II).

Regra 28
Falhas notadas pelo Escritório Internacional ou pela Administração
encarregada da pesquisa internacional

28.1 Nota relativa a certas falhas

a) Se o Escritório Internacional ou a Administração encarregada da pesquisa internacional forem de opinião que o pedido internacional contém qualquer uma das falhas a que se refere o artigo 14.1)a)I), II) ou V), o Escritório Internacional, ou a Administração encarregada da pesquisa internacional, conforme o caso, chamará a atenção da Repartição receptora para essas falhas.

b) A Repartição receptora, salvo se não partilhar dessa opinião procederá da maneira prevista no artigo 14.1)b) e na regra 26.

Regra 29
Pedidos internacionais ou designações consideradas como retirados no sentido do artigo 14.1), 3) ou 4)

29.1 Constatação da Repartição receptora

a) Se a Repartição receptora declarar, conforme o artigo 14.1)b) e a regra 26.5 (falta de correção de certas falhas), ou de acordo com o artigo 14.3)a) (falta de pagamento das taxas prescritas pela regra 27.1.a), ou ainda de acordo com o artigo 14.4) (constatação ulterior de que as condições enumeradas nos pontos I) e III) do artigo 11.1) não foram preenchidas), que o pedido internacional será considerado como retirado:

I) a Repartição receptora transmitirá ao Escritório Internacional a via original (se isto já não houver sido feito) e toda e qualquer correção apresentada pelo depositante;

II) a Repartição receptora notificará sem demora essa declaração ao depositante e ao Escritório Internacional, e este último notificará de acordo as Repartições nacionais interessadas;

III) a Repartição receptora não transmitirá a cópia de pesquisa da maneira estabelecida na regra 23 ou, se uma tal cópia já houver sido transmitida, notificará a Administração encarregada da pesquisa internacional sobre essa declaração;

IV) o Escritório Internacional não será obrigado a notificar ao depositante o recebimento da via original;

b) Se a Repartição receptora declarar, como o preceitua o artigo 14.3)b) (falta de pagamento da taxa de designação prescrita pela regra 27.1.b) que a designação de qualquer Estado designado foi considerada como retirada, a Repartição receptora notificará prontamente tal declaração ao depositante e ao Escritório Internacional. Este, por sua vez, notificará a Repartição receptora interessada.

29.2 Constatações das Repartições designadas

Quando os efeitos do pedido internacional cessarem em qualquer Estado designado, em virtude do artigo 24.1)III), ou nele substituirem em virtude do artigo 24.2), a Repartição designada competente notificará tal fato prontamente ao Escritório Internacional.

29.3 Alertando a Reparão receptora para certos fatos

Caso o Escritório Internacional ou a Administração encarregada da pesquisa internacional for de parecer que a Repartição receptora deve fazer uma constatação tal como estipulado no artigo 14.4), chamará a atenção dessa Repartição para os fatos pertinentes.

29.4 Notificação da intenção de fazer uma declaração de acordo com o artigo 14.4)

Antes de fazer qualquer declaração de acordo com o artigo 14.4) a Repartição receptora comunicará ao depositante a sua intenção e os motivos que a determinaram. Caso não concorde com a constatação provisória da Repartição receptora, o depositante poderá apresentar argumentos nesse sentido dentro do prazo de um mês a partir da notificação.

Regra 30
Prazo a que se refere o artigo 14.4)

30.1 Prazo
O prazo mencionado no artigo 14.4) será de 6 meses a contar da data do depósito internacional.

Regra 31
Cópias a que se refere o artigo 13

31.1 Pedido de cópias
a) Os pedidos de cópias conforme o artigo 13.1) poderão referir-se a todos os pedidos internacionais, a certos tipos desses pedidos ou a determinados desses pedidos que designem a Repartição nacional autora desse pedido. Tais pedidos de cópias deverão ser renovados todos os anos através de notificações transmitidas ao Escritório Internacional antes de 30 de Novembro do ano precedente por essa Repartição.

b) Os pedidos conforme o artigo 13.2)b) estarão sujeitos ao pagamento de uma taxa para cobertura das despesas de preparo e expedição das cópias.

31.2 Preparo das cópias
O Escritório Internacional será responsável pelo preparo das cópias a que se refere o artigo 13.

Regra 32
Retirada do pedido internacional ou de designações

32.1 Retiradas
a) O depositante poderá retirar o pedido internacional antes da expiração de um prazo de 20 meses contados da data de prioridade, salvo em relação a qualquer Estado designado em que já tenha sido iniciado o processo ou exame nacional. Poderá retirar a designação de qualquer Estado designado antes da data em que o processo ou exame sejam iniciados nesse estado.

b) A retirada da designação de todos os Estados designados será considerada como uma retirada do pedido internacional.

c) A retirada deverá ser efetuada por meio de um aviso assinado enviado pelo depositante ao Escritório internacional ou, se a via original não houver sido remetida para o Escritório Internacional, à Repartição receptora. No caso previsto na Regra 4.8. *b*), o aviso deverá ser assinado por todos os depositantes.

d) Quando a via original já houver sido remetida para o Escritório Internacional, o fato da retirada e a data de recebimento do aviso contendo a retirada serão registrados pelo Escritório Internacional e comunicados sem demora por este último à Repartição receptora, ao depositante, às Repartições designadas afetadas pela retirada e, quando a retirada for referente ao pedido internacional e o relatório de pesquisa internacional ou a declaração mencionada no artigo 17.2) a) ainda não houverem sido elaborados, à Administração encarregada da pesquisa inernacional.

Regra 33
Estado da técnica pertinente para fins da pesquisa internacional

33.1 Estado da técnica pertinente para fins da pesquisa internacional

a) Para fins do artigo 15.2), o estado da técnica pertinente abrangerá tudo o que foi tornado acessível ao público em todos os recantos do mundo, por meio de divulgação escrita (inclusive desenhos e outras ilustrações) e que seja capaz de ajudar a decidir se a invenção reivindicada é nova ou não e se ela implica ou não em atividade inventiva (isto é, se ela é evidente ou não), contanto, porém, que sua colocação à disposição do público tenha ocorrido entes da data do depósito internacional.

b) Quando a divulgação escrita mencionar uma divulgação oral, um uso, uma exposição, ou quaisquer outros meios através dos quais o conteúdo da divulgação escrita foi tornado acessível ao público, e quando essa colocação à disposição do público tenha ocorrido em uma data anterior à do deposito internacional, o relatório de pesquisa internacional mencionará em separado este fato e a data em que ele ocorreu, caso a colocação à disposição do público da divulgação escrita haja ocorrido em uma data posterior à do depósito internacional.

c) Qualquer pedido publicado, assim como qualquer patente cuja data de publicação for posterior, mas cuja data de depósito — ou, quando for o caso, a data da prioridade reivindicada — for anterior à data do depósito internacional do pedido internacional objeto da pesquisa, e que fariam parte do estado da técnica pertinente para os fins do artigo 15.2) se houvessem sido publicados antes da data do depósito internacional, serão especialmente mencionados no relatório de pesquisa internacional.

33.2 Ramos que a pesquisa internacional deverá abranger

a) A pesquisa internacional deverá abranger todos os ramos técnicos e deverá tomar como base todos os processos de pesquisa que possam conter elementos pertinentes à invenção.

b) Por conseguinte, a pesquisa não deverá abranger apenas o ramo da técnica na qual a invenção possa ser classificada, mas também ramos análogos, sem levar em conta sua classificação.

c) A questão de saber que ramos de técnica deverão, em um determinado caso, ser considerados como análogos, deverá ser estudada à luz do que parece constituir a função ou o uso necessário da invenção, e não unicamente as funções específicas expressamente indicadas no pedido internacional.

d) A pesquisa internacional deverá abranger todos os elementos que se consideram geralmente como equivalentes aos elementos da invenção reivindicada por todas ou certas características suas, mesmo se, em seus detalhes, a invenção, tal como foi descrita no pedido internacional, for diferente.

33.3 Orientação da pesquisa

a) A pesquisa internacional deverá ser feita à base das reivindicações, levando na devida conta a descrição e os desenhos (se os houver) e insistindo muito particularmente no conceito inventivo visado pelas reivindicações.

b) Na medida em que for possível e razoável, a pesquisa internacional deverá abranger todos os elementos visados pelas reivindicações ou que se possa razoavelmente esperar que elas visem após serem emendadas.

Regra 34
Documentação mínima

34.1 Definição

a) As definições contidas no artigo 2.I) e II) não se aplicarão às finalidades deste artigo.

b) A documentação mencionada no artigo 15.4) ("documentação mínima") consistirá em:

I) os "documentos nacionais de patentes" tal como especificado na alínea *c*);

II) os pedidos internacionais (PCT) publicados, os pedidos regionais publicados de patentes e certificados de autor de invenção, assim como as patentes e os certificados de autor regionais publicados; todos os demais elementos que constituam a literatura não especializada em patentes, convencionados entre as Administrações encarregadas da pesquisa internacional e cuja lista for publicada pelo Escritório Internacional depois do primeiro acordo a seu respeito e depois de cada modificação.

c) Ressalvadas as disposições das alíneas *d*) e *e*), os "documentos nacionais de patentes" serão os seguintes:

I) as patentes concedidas a partir de 1920 pela França, pelo ex-Reichspatentamt da Alemanha, pelo Japão, a União Soviética, a Suíça (unicamente nas línguas francesa e alemã), o Reino Unido e os Estados Unidos da América;

II) as patentes concedidas pela República Federal da Alemanha;

III) os pedidos de patentes, se os houver, publicados a partir de 1920 nos países mencionados nos pontos I) e II);

IV) os certificados de autor de invenção concedidos pela União Soviética;

V) os certificados de utilidade concedidos pela França e os pedidos publicados desses certificados;

VI) as patentes concedidas depois de 1920 por qualquer outro país, se forem redigidas em alemão, inglês ou francês e se não contiverem qualquer reivindicação de prioridade, assim como os pedidos dessas patentes publicados depois de 1920, desde que a Repartição nacional do país interessado selecione esses documentos e os coloque à disposição de cada Administração encarregada da pesquisa internacional.

d) Quando um pedido for publicado novamente uma (por exemplo, publicação de uma *Offenlengungschrift* como uma *Auslegeschrift*) ou mais vezes, nenhuma Administração encarregada da pesquisa internacional será obrigada a conservar todas as versões em sua documentação; por conseguinte, cada Administração encarregada da pesquisa internacional será autorizada a não conservar senão uma versão. Por outro lado, quando um pedido for aprovado e concedido na forma de uma patente ou de um certificado de utilidade (França) nenhuma Administração encarregada da pesquisa internacional será obrigada a conservar ao mesmo tempo o pedido e a patente ou o certificado de utilidade (França) em sua documentação; por conseguinte, qualquer Administração encarregada da pesquisa internacional será autorizada a guardar em seus arquivos quer o pedido, quer a patente ou o certificado de utilidade.

e) Qualquer Administração encarregada da pesquisa internaional cuja língua oficial ou uma das línguas oficiais não for o japonês ou o russo, será autorizada a não incluir em sua documentação os documentos de patentes do japão e da União Soviética respectivamente dos quais não haja resumo disponível em língua inglesa. Se os resumos em língua inglesa se tornarem disponíveis de maneira geral depois da entrada em vigor deste Regulamento de execução os documentos de patentes abrangidos pelos resumos deverão ser incluídos na documentação no decorrer dos 6 meses seguintes à data em que esses resumos se tornaram disponíveis de modo geral. Na eventualidade de interrupção dos serviços de resumos em inglês nos ramos da técnica em que tais resumos eram geralmente disponíveis, a Assembléia adotará as medidas necessárias a restaurar prontamente tais serviços nos ramos em questão.

f) Para os fins desta regra, os pedidos que houverem sido unicamente colocados à disposição do público para consulta não são considerados como pedidos publicados.

Regra 35
Administração competente encarregada da pesquisa internacional

35.1 Quando apenas uma Administração encarregada da pesquisa internacional for competente

Qualquer Repartição receptora comunicará ao Escritório Internacional em oberdiência aos termos de acordo a que se refere o artigo 16.3)b), que Administração encarregada da pesquisa internacional é competente para realizar a pesquisa relativa aos pedidos internacionais depositados na dita Repartição; O Escritório Internacional publicará prontamente essa informação.

35.2 Quando várias Administrações encarregadas da pesquisa internacional forem competentes

a) Qualquer Repartição receptora, conforme os termos do acordo aplicável mencionado no artigo 16.3)b), poderá designar várias Administrações encarregadas da pesquisa internacional:

I) declarando todas essas Administrações competentes em relação a qualquer pedido internacional depositado nessa Repartição e deixando a escolha entre essas Administrações a cargo do depositante, ou

II) declarando uma ou várias dessas Administrações competentes em relação a certos tipos de pedidos internacionais depositados nessa Repartição e declarando uma ou várias outras Administrações competentes em relação a outros tipos de pedidos internacionais depositados nessa Repartição, desde que a respeito dos tipos de pedidos internacionais em relação aos quais várias Administrações encarregadas da pesquisa forem declaradas competentes, a escolha caiba ao depositante.

b) Qualquer Repartição receptora que se valer da faculdade descrita na alínea *a*) disso informará prontamente o Escritório Internacional e este último publicará sem demora essa informação.

Regra 36
Exigências mínimas para as Administrações encarregadas da pesquisa internacional

36.1 Definição das exigências mínimas
As exigências mínimas mencionadas no artigo 16.3)c) serão as seguintes:

I) a Repartição nacional ou a organização intergovernamental deverá ter pelo menos 150 funcionários de tempo integral possuindo habilitação técnica suficiente para realizar as pesquisas;

II) essa Repartição ou essa organização deverá possuir pelo menos a documentação mínima a que se refere a regra 34 adequadamente adaptada às finalidades da pesquisa;

III) essa Repartição ou essa organização deverá dispor de pessoal capaz de realizar a pesquisa nos ramos técnicos requeridos e possuindo conhecimentos linguísticos necessários à compreensão pelo menos das línguas em que a documentação mínima mencionada na regra 34 estiver redigida ou traduzida.

Regra 37
Título omisso ou defeituoso

37.1 Título omisso
Se o pedido internacional não possuir título e se a Repartição receptora houver notificado a Administração encarregada da pesquisa internacional que solicitou ao depositante a correção dessa falha, essa Administração procederá à pesquisa internacional, a menos que receba, e até que receba notificação de que o dito pedido internacional foi considerado como retirado.

37.2 Colocação do título

Se o pedido internacional não possuir título e se a Administração encarregada da pesquisa internacional não houver recebido notificação da Repartição receptora comunicando que o depositante foi solicitado a fornecer um título, ou se a dita Administração constatar que o título não está conforme a regra 4.3, essa Administração fornecerá ela própria um título.

Regra 38
Resumo omisso ou defeituoso

38.1 Resumo omisso
Se o pedido internacional não contiver resumo e se a Repartição receptora houver notificado à Administração encarregada da pesquisa internacional que solicitou ao depositante a correção dessa falha, essa Administração procederá à pesquisa internacional salvo se receber, e até que receba notificação de que o pedido internacional deverá ser considerado como retirado.

38.2 Elaboração de resumo
a) Se o pedido internacional não contiver resumo e se a Administração da pesquisa internacional não houver recebido notificação da Repartição receptora comunicando que o depositante foi solicitado a submeter um resumo, ou se a dita Administração constatar que o resumo não estar conforme à disposições da regra 8, essa Administração elaborará ela propria um resumo (na lingua de publicação do pedido internacional) e solicitará ao depositante que apresente seus comentários a respeito no prazo de um mês a contar da data dessa solicitação.

b) O conteúdo definitivo do resumo será determinado pela Administração encarregada da pesquisa internacional.

Regra 39
Matéria a que se refere o artigo 17.2(a)I)

39.1 Definição
Nenhuma Administração encarregada da pesquisa internacional terá obrigação de proceder à pesquisa de um pedido internacional cuja matéria e na medida em, que a matéria seja uma das seguintes:

I) teorias científicas e matemáticas;

II) variedades vegetais, raças animais, processos essencialmente biológicos de produção de vegetais ou animais, além dos processos microbiológicos e produtos obtidos através desses processos;

III) planos, princípios ou métodos para a realização de negócios, de ações puramente intelectuais ou de jogos;

IV) métodos de tratamento do corpo humano ou animal pela cirurgia ou a terapia, assim como métodos de diagnóstico;

V) meras apresentações de informações;

VI) programas de computadores na medida em que a Administração encarregada da pesquisa internacional estiver desaparelhada para realizar a pesquisa do estado da técnica relativa a tais programas.

Regra 40
Falta de unidade da invenção (pesquisa internacional)

40.1 Solicitação de pagamento
A solicitação de pagamento das taxas adicionais de que trata o artigo 17.3)a) especificará o seu montante e os motivos que levaram a considerar que o pedido internacional não satisfaz a exigência de unidade de invenção.

40.2 Taxas adicionais
a) O montante da taxa adicional para a pesquisa, de que trata o artigo 17.3)a), será determinado pela Administração competente encarregada da pesquisa internacional.

b) A taxa adicional para a pesquisa, de que trata o artigo 17.3)a), deverá ser paga diretamente à Administração encarregada da pesquisa internacional.

c) Qualquer depositante poderá pagar a taxa sob protesto, isto é, juntando uma declaração fundamentada que demonstre que o pedido internacional preenche a condição de unidade da invenção ou que o montante da taxa adicional solicitada é excessivo. Uma comissão de três membros ou qualquer outra instância especial da Administração encarregada da pesquisa internacional, ou qualquer autoridade superior competente, examinará o protesto e, na medida em que o julgar justificado, ordenará o reembolso, total ou parcial, da taxa adicional ao depositante. A requerimento do depositante, o texto de seu protesto, bem como a da decisão sobre o mesmo serão comunicados às Repartições designadas, juntamente com o ralatório de pesquisa internacional. O depositante apresentará uma tradução de seu protesto juntamente com a tradução do pedido internacional exigido em virtude do artigo 22.

d) A comissão de três membros, a instância especial ou a autoridade superior a que se refere a alínea *c*) não deverão incluir qualquer pessoa que tenha participado da decisão objeto do protesto

40.3 Prazo
O prazo previsto no artigo 17.3)a) será fixado em cada caso e levando em conta as circunstâncias do caso em espécie, pela Administração encarregada da pesquisa internancional; não poderá ser inferior a 15 ou 30 dias respectivamente se o endereço do depositante for no mesmo país ou em outro país que aquele em que estiver seidada a Administração encarregada da pesquisa internacional, nem superior a 45 dias a contar da data de solicitação.

Regra 41
Pesquisa de tipo internacional

41.1 Obrigação de utilizar os resultados; Reembolso da taxa
Se, no requerimento, huver referência, na forma prvista na regra 4.11, a uma pesquisa de tipo internancional efetuada nas condições estabelecidas pelo Artigo 15.5), a Administração encarregada da pesquisa internacional utilizará, na medida do possível, os resultados dessa pesquisa para eleboração do relatório de

pesquisa internacional relativo ao pedido internacional. A Administração encarregada da pesquisa internancional reembolsará a taxa de pesquisa, na medida e nas condições previstas no acordo a que se refere o artigo 16.3)b), caso o relatório de pesquisa internaional puder basear-se, no todo ou em parte, nos resultados da pesquisa de tipo internacional.

Regra 42
Prazo para a pesquisa internacional

42.1 Prazo para a pesquisa internacional
Todos os acordos concluídos com as Adminstrações encarregadas da pesquisa internancional devem prever o mesmo prazo para a elaboração do relatório de pesquisa internancional ou a declaração mencionada no artigo 17.2)a). Esse prazo não deverá exceder aquele dos dois períodos seguinte que expirar por último: 3 meses a contar do recebimento da cópia de pesquisa pela Administração encarregada da pesquisa internancional, ou 9 meses a contar da data de prioridade. Durante um período temporário de 3 anos a partir da entrada em vigor do Tratado, os prazos estabelecidos para o acordo com qualquer Administração encarregada da pesquisa internacional poderão ser negociados individualmente desde que esses prazos não excedam de dois meses aqueles mencionados na frase precedente, mas não poderão em hipótese alguma ultrapassar a expiração do 18º mês seguinte à data de prioridade.

Regra 43
Relatório de pesquisa internacional

43.1 Identificações
O relatório de pesquisa internacional identificará a Administração encarregada da pesquisa internacional que o elaborou, indicando o nome dessa Administração, e identificará o pedido internacional indicando o número desse pedido, o nome do depositante, o nome da Repartição receptora e a data do depósito internacional.
43.2 Datas
O relatório de pesquisa internacional será datado e indicará a data em que a pesquisa internacional foi efetivamente concluída. Indicará também a data de depósito de qualquer pedido anterior cuja prioridade haja sido reivindicada.
43.3 Classificação
a) O relatório de pesquisa internacional conterá a classificação do objeto da invenção pelo menos segundo a Classificação Internacional das patentes.
b) Essa classificação será efetuada pela Administração encarregada da pesquisa internacional.
43.4 Língua
qualquer relatório de pesquisa internacional e qualquer declaração feita em cirtude do artigo 17.2)a), serão elaborados na língua de publicação do pedido internacional a que se referem.

43.5 Citações
a) O relatório de pesquisa internacional citará os documentos considerados importantes.
b) O método de identificação de cada documento citado será especificado nas Instruções Administrativas.
c) As citações de particular importância serão especialmente apontadas.
d) As citações que não forem importantes para todas as reivindicações serão indicadas em relação à ou às reivindicações a que se referirem.
e) Se apenas certas passagens do documento citado forem importantes ou especialmente importantes, essas passagens serão identificados pela indicação, por exemplo, da página, da coluna ou das linhas em que figura a passagem em questão.

43.6 Ramos abrangidos pela pesquisa
a) O relatório de pesquisa internacional conterá a identificação por simbolos de classificação dos ramos abrangidos pela pesquisa. Se essa identificação for feita na base de uma classificação diferente da Classificação Internacional das Patentes, a Administração encarregada da pesquisa internacional publicará a classificação utilisada.
b) Se a pesquisa internaiconal abranger patentes, certificados de autor de invenção, certificados de utilidade, modelos de utilidade, patentes ou certificados de adição, certificados de autor de invenção adicionais, certificados de utilidade adicionais ou pedidos publicados de um dos tipos precedentes de proteção relativos a Estados, época ou línguas não compreendedos na documentação mínima tal como definida na regra 34, o relatório internaiconal de pesquisa identificará os tipos de documentos, os Estados, as épocas ou as línguas a que se referiu. O artigo 2.II) não será aplicável às finalidades desta alínea.

43.7 Observações a respeito da unidade da invenção
Se o depositante houver pago taxas adicionais pela pesquisa internacional, o relatório de pesquisa internacional o mencionará. Outrossim, quando a pesquisa internacional houver sido realizada apenas sobre a invenção principal (artigo 17.3)a)), o relatório de pesquisa internacional indicara que partes do pedido internacional a pesquisa abordou a que partes não abordou.

43.8 Assinatura
O relatório de pesquisa internacional será assinado por um funcionário autorizado da Administração encarregada da pesquisa internacional.

43.9 Limitação do conteúdo
O relatório de pesquisa internacional não conterá qualquer matéria além das enumeradas nas reguras 33.1.b) e c), 43.1, 2, 3, 5, 6, 7 e 8 e 44.2.a) e b), e a indicação mencionada no artigo 17.2)b). E sobretudo não conterá qualquer expressão de opinião, qualquer observação argumento, ou explicação.

43.10 Forma
As condições materiais quanto à forma do relatório de pesquisa internacional serão especificada nas Instituições Administrativas.

Regra 44
Transmissão do relatório de pesquisa internacional, etc.

44.1 Cópias do relatório ou da declaração
A Administração encarregada da pesquisa internacional transmitirá, no mesmo dias, uma cópia do relatório de pesquisa internacional ou da declaração a que se refere o artigo 17.2)a) ao Escritório Internacional e uma cópia ao depositante.

44.2 Título ou resumo
a) Ressalvadas as alíneas b) e c), relatório de pesquisa internacional recomedará à Administração encarregada da pesquisa internacional que aprove o título e o resumo submetidos pelo depositante, ou anexará o texto do título e ou do resumo tal como elaborados pela Administração encarregada da pesquisa internacional de acordo com as regras 37 e 38.

b) Se, ao ser concluída a pesquisa internacional, o prazo concedido ao depositante para comentar todas as sugestões da Administração encarregada da pesquisa internacional relativas ao resumo não houver expirado, o relatório de pesquisa internacional mencionará que está incompleto no que diz respeito ao resumo.

c) Assim que expirar o prazo mencionado na alínea b), a Administração encarregada da pesquisa internacional notificará ao Escritório Internacional e ao depositante que o resumo foi aprovado ou elaborado por ela.

44.3 Cópias de documentos citados
a) O requerimento a que se refere o artigo 20.3) poderá ser apresentado a qualquer momento durante os 7 anos a partir da data do depósito internacional do pedido internacional a que se refere o relatório de pesquisa internacional.

b) A Administração encarregada da pesquisa internacional poderá exigir que a parte (depositante ou Repartição designada) que lhe apresentou o requerimento pague o custo do preparo e da expedição das cópias. O montante desse custo do preparo de cópias será estabelecido nos acordos a que ser refere o artigo 16.3)b) concluídos entre as Administrações encarregadas da pesquisa internacional e o Escritório Internacional.

c) Qualquer Administração encarregada da pesquisa internacional que não desejar transmitir cópias diretamente a qualquer Repartição designada enviará uma cópia ao Escritório Internacional que então procederá de acordo com as disposições das alíneas a) e b).

d) Qualquer Administração encarregada da pesquisa internacional poderá confiar as tarefas a que se referem as alíneas a) e c) a outro organismo que será reponsável perante ela.

Regra 45
Tradução do relatório de pesquisa internacional

45.1 Línguas
Os relatórios de pesquisa internacional e as declarações a que se refere o aritgo 17.2)a) serão traduzidos para o inglês quando não forem elaborados nessa língua.

Regra 46
Emenda das reivindicações junto ao Escritório Internacional

46.1 Prazo

O prazo mencionado no artigo 19 será de dois meses a contar da data de transmissão do relatório de pesquisa internacional ao Escritório Internacional e ao depositante pela Administração encarregada da pesquisa internacional ou, quando essa transmissão for efetuada antes de expirado o 14º mês a contar da data de prioridade, de três meses a contar da data de transmissão.

46.2 Data de emendas

A data de recebimento de qualquer emenda será registrada pelo Escritório Internacional e indicada por ele em todas as publicações ou cópias que elaborar.

46.3 Língua das emendas

Se o pedido internacional houver sido depositado numa língua diferente daquela usada na sua publicação pelo Escritório Internacional, qualquer emenda feita de acordo com o artigo 19 deverá ser efetuada tanto na língua em que o pedido internacional foi depositado como na língua em que foi publicado.

46.4 Declaração

a) A declaração encionada no artigo 19.1) deverá ser feita na língua de publicação do pedido internacional e não deverá exceder 500 palavras se for redigida em, ou traduzida para o inglês.

b) A declaração não deverá conter qualquer comentário relativo ao relatório de pesquisa internacional ou à pertinência das citações contidas nesse relatótio. A declaração não poderá se referir a uma citação contida no relatório de pesquisa internacional senão para indicar que uma determinada emenda das reivindicações tem por fim evitar o documento citado.

46.5 Forma das Emendas

a) O depositante será solicitado a apresentar uma folha de substituição para cada folha das reivindicações que devido a uma ou mais emendas feitas de acordo com o artigo 19, divirja da folha originalmente depositada. A carta que acompanhar as folhas de substituição deverá chamar atenção para as divergências entre as folhas substituídas e as folhas de substituição. Desde que uma emenda exija a supressão de uma folha inteira, essa emenda deverá ser comunicada por uma carta.

b) O Escritório Internacional anotará em uma folha de substituição, o número do pedido internacional, a data em que foi recebida a folha em questão e o carimbo que o identifica. Conservará em seus arquivos, toda e qualquer folha de substituição, a carta que acompanhar a ou as folhas de substituição e qualquer carta tal como mencionada na última frase da alínea *a*).

c) O Escritório Internacional inserirá toda e qualquer folha de substituição na via original e, no caso mencionado na última frase da alínea *a*), anotará as supressões na via original.

Regra 47
Comunicação às Repartições designadas

47.1 Processo

a) A comunicação a que se refere o artigo 20 será feita pelo Escritório Internacional.

b) Essa comunicação será feita prontamente após o Escritótio Internacional ter recebido do depositante emendas ou uma declaração de que ele não deseja apresentar emendas ao Escritório Internacional mas, de todo mudo, ao se expirar o prazo previsto na regra 46.1. Quando, em obediência ao artigo 17.2)a), a Administração encarregada da pesquisa internacional houver declarado que nenhum relatório de pesquisa internacional será efetuado, a comunicação a que se refere o artigo 20 será feita, salvo retirada do pedido internacional, dentro do prazo de um mês a contar da data em que o Escritório Internacional recebeu da Administração encarregada da pesquisa internacional a notificação relativa a essa declaração; à dita comunicação deverá ser juntada uma indicação da data da notificação enviada ao depositante de acordo com o artigo 17.2)a).

c) O Escritório Internacional enciará ao depositante uma nota indicando as Repartições nacionais às quais a comunicação foi feita e a data dessa comunicação. Essa nota será enviada no mesmo dia que a comunicação.

d) Cada Repartições designada receberá, apedido, os relatórios de pesquisa internaional e as declarações a que se refere o artigo 17.2)a) também em sua tradução, conforme a regra 45.1.

e) Quando qualquer Repartição designada houver dispensado a exigência do requerimento prescrito pelo artigo 20, as cópias dos documentos que normalmente deveriam Ter sido enviadas a essa Repartição serão enviadas, a seu pedido ou a pedido do depositante, para este último ao mesmo tempo que a nota mencionada na alínea *c*).

47.2 Cópias

a) As cópias requeridas para as comunicações serão preparadas pelo Escritório Internacional.

b) Essas cópias deverão ser feitas em folhas de formato A4.

47.3 Língua

A comunicação do pedido internacional, de acordo com o artigo 20, deverá ser feita na língua de sua publicação, ficando entendido que, se essa língua não for a mesma em que o pedido foi depositado, este último será, a pedido da Repartição designada, comunicado em uma ou outra dessas línugas, ou em ambas.

Regra 48
Publicação internacional

48.1 Forma

a) O pedido internacional será julgado em forma de brochura.

b) Os pormenores relativos à forma da brochura e ao seu modo de reprodução serão especificados nas Instruções Administrativas.

48.2 Conteúdo

a) A brochura conterá:

I) uma página de cobertura padronizada;

II) a descrição;

III) as reivindicações;

IV) os desenhos, se os houver;

V) com ressalva da alínea g), o relatório de pesquisa internaional ou a declaração mencionada no artigo 17.2)a);

VI) qualquer declaração depositada em obediência ao artigo 19.1), salvo se o Escritório Internacional considerar que a declaração não esta conforme à disposições da regra 46.4.

b) Com ressalva da alínea c), a página de cobertura compreederá:

I) dados retirados da folha que contém o requerimento e outros dados que serão especificados nas Instruções Administrativas;

II) uma ou mais ilustrações quando o pedido internacional contiver desenhos;

III) o resumo: caso o resumo seja redigido em inglês e em uma outra língua, o texto em inglês deverá figurar em primeiro lugar.

c) Quando, em obediência ao artigo 17.2)a), houver sido feita uma declaração, a página de cobertura evidenciará esse fato e não compreenderá desenhos nem resumo.

d) Quando as ilustrações mencionadas nas alíneas b)II) forem escolhidas da maneira estabelecida pela regra 8.2, a reprodução dessa ilustração ou ilustrações na página de cobertura poderá ser em formato reduzido.

e) Caso não haja espaço suficiente na página de cobertura para todo o resumo tal como mencionado na alínea b)III), o mesmo poderá ser apresentado no verso da página de cobertura. O mesmo se aplica à tradução do resumo quando essa tradução tiver de ser publicada em obediência à regra 48.3.c).

f) Se as reivindicações hoverem sido emendadas de acordo com o artigo 19, a publicação conterá quer o texto integral das reivindicações tal como foram depositadas e tal como foram emendadas, que o texto integral das reivindicações tal como foram depositdas, especificando todas as emendas. Qualquer declaração de acordo com o artigo 19.1 será igualmente incluída, a menos que o Escritório Internacional julgue que a mesma não está conforme às disposições da regra 46.4. A data de recebimento pelo Escritório Internacional das reivindicações emendadas deverá ser indicada.

g) Se, na ocasião estabelecida para a publicação, o relatório de pesquisa internacional ainda não estiver disponível (em virtude, por exemplo, de publicação a pedido do depositante de acordo com os artigos 21.2)b) e 64.3)c)I)), á brochura conterá, em lugar do relatório de pesquisa internacional, a indicação de que esse relatório ainda não está disponível e que, ou a brochura (contendo então também o relatório internacional) será publicada novamente, ou o relatório de pesquisa internacional (quando estiver disponível) será publicado separadamente.

h) Se, na data estabelecida para a publicação, o prazo para emendas das reivindicações, estipulado pelo artigo 19, não houver expirado, a brochura indicará esse fato e especificará que, se as reivindicações tiverem de ser modificadas de acordo com o artigo 19, haverá, logo após essas modificações, quer nova publicação (da bruchura incluindo as reinvindicações como foram emendadas), quer publicação de uma declaração reproduzindo todas as emendas. No último caso, haverá, pelo menos, nova publicação da página de cobertura e das reivindicações em caso de depósito de uma declaração em virtude do artigo 19.1), publicação dessa declaração, a menos que o Escritório Internacional julgue que a declaração não está conforme às disposições da regra 46.4.

i) As Instruções Administrativas determinarão os casos em que as diversas alternativas mencionadas nas alíneas *g*) e *h*) serão aplicadas. Essa determinação dependerá do volume e da complexidade das emendas e/ou do volume do pedido internacional e de fatores de custo.

48.3 Línguas

a) Se o pedido internacional for depositado em alemão, em francês, em inglês, em japonês ou em russo, ele será publicado na língua em que foi depositado.

b) Se o pedido internacional for depositado em uma língua que não seja alemão, francês, inglês, japonês ou russo, será publicado em tradução inglesa. A tradução será feita sob a responsabilidade da Administração encarregada da pesquisa internacional que deverá tê-la pronta em tempo suficiente para que a publicação internacional a que se refere o artigo 20 seja feita na data prevista. Não obstante as disposições da regra 16.1.a), a Administração encarregada da pesquisa internacional poderá perceber uma taxa do depositante pela tradução. A administração encarregada da pesquisa internacional dará oportunidade ao depositante para comentar a minuta da tradução e estipulará um prazo razoável, na circunstância, para a apresentação desses comentários. Caso não haja tempo para levar e consideração os comentários do depositante antes da comunicação da tradução, ou se houver divergência de opiniões entre o depositante e a dita Administração quanto à exatidão da tradução, o depositante poderá enviar uma cópia de seus comentários ou o que restar dos mesmos, ao Escritório Internacional e a cada Repartição designada à qual a tradução foi comunicada. O Escritório Internacional publicará a essência dos comentários juntamente com a tradução da Administração encarregada da pesquisa internacional ou depois da publicação dessa tradução.

c) Se o pedido internacional for publicado em uma língua que não seja o inglês, o relatório de pesquisa internacional, ou a declaração a que se refere o artigo 17.2)a), e o resumo serão publicados ao mesmo tempo nessa outra língua e em inglês. As traduções serão feitas sob a responsabilidade do Escritório Internacional.

48.4 Publicação antecipada a pedido do depositante

a) Quando o depositante pedir a publicação tal como o facultam os artigos 21.2)b) e 64.3)c)i) e quando o relatório de pesquisa internacional ou a declaração a que se refere o artigo 17.2)a) ainda não estiver disponível para publicação com o pedido internacional, o Escritório Internacional cobrirá uma taxa especial de publicação cujo montante será fixado nas Instruções Administrativas.

b) A publicação de acordo com os artigos 21.2)b) e 64.3)c)i) será feita pelo Escritório Internacional logo após o deposittante havê-la solicitado e, quando uma taxa especial for devida em virtude da alínea *a*), depois do recebimento dessa taxa.

48.5 Notificação da publicação nacional

Quando a publicação do pedido internacional pelo Escritório Internacional for regulamentada pela disposição do artigo 64.3)c)ii), a Repartição nacional interessada, logo após haver efetuado a publicação nacional mencionada na dita disposição, notificará o fato dessa publicação nacional ao Escritório Internacional.

48.6 Publicação de certos fatos

a) Se qualquer notificação a que se refere a regra 29.1.a)ii) chegar ao Escritório Internacional em uma data em que já não possa mais sustar a publicação internacional do pedido internacional, o Escritório Internacional publicará prontamente na Gazeta uma nota reproduzindo a essência dessa notificação.

b) A essência de qualquer notificação a que ser referem as regras 29.2 e 51.4 será publicada na Gazeta e, caso a notificação chegue ao Escritório Internacional antes determinados os preparativos para a publicação da brochura, também nesta última.

c) Se o pedido internacional for retirado depois de sua publicação internacional, tal fato será publicado na Gazeta.

Regra 49
Línguas das traduções e montantes das taxas conforme o artigo 22.1)e 2)

49.1 Notificação

a) Qualquer Estado contratante que exija a remessa de uma tradução ou o pagamento de uma taxa nacional, ou ambos, conforme o artigo 22, deverá notificar ao Escritório Internacional:

I) as línguas de que exige uma tradução e a língua em que esta deverá ser feita;

II) o montante da taxa nacional.

b) Toda a notificação recebida pelo Escritório Internacional conforme a alínea *a*) será publicada prontamente na Gazeta pelo Escritório Internacional.

c) Se as exigências a que se refere a alínea *a*) forem posteriormente modificadas, essas modificações deverão ser comunicadas pelo Estado contratante ao Escritório Internacional que publicará prontamente a notificação na Gazeta. Se a modificação se referir à exigência de uma tradução para uma língua que não fora exigida antes dessa modificação, ela não se aplicará senão aos pedidos internacionais depositados mais de dois meses depois da publicação da notificação na Gazeta. De outro modo, a data efetiva de qualquer modificação será determinada pelo Estado contrantante.

49.2 Línguas

A língua em que uma tradução poderá ser exigida deverá ser uma língua oficial da Repartição designada. Caso haja várias línguas oficiais, nenhuma tradução poderá ser exigida se o pedido internacional estiver redigido em uma dessas línguas oficiais e se uma tradução tiver de ser fornecida, o depositante poderá escolher qualquer uma delas. Não obstante as disposições desta alínea, caso haja várias línguas oficiais, mas a legislação nacional determinar a utilização de uma dessas línguas pelos estrangeiros, uma tradução nessa língua poderá ser exigida.

49.3 Declarações a que se refere o artigo 19

Para as finalidades do artigo 22 e desta regra, qualquer declaração feita de acordo com o artigo 19.1 será considerada como parte integrante do pedido internacional.

Regra 50
Faculdade a que se refere o artigo 22.3)

50.1 Exercício da faculdade

a) Qualquer Estado contratante que conceda prazos que expirem depois dos previstos no artigo 22.1) ou 2) deverá notificar ao Escritório Internacional os prazos assim concedidos.

b) Toda notificação recebida pelo Escritório Internacional conforme a alínea *a)* será publicada prontamente na Gazeta pelo Escritório Internacional.

c) As notificações relativas à abreviação de um prazo previamente fixado aplicar-se-ão aos pedidos internacionais depositados depois de expirados três meses a contar da data em que a notificação foi publicada pelo Escritório Internacional.

d) As notificações relativas à prolongação de um prazo previamente fixado aplicar-se-ão, desde sua publicação ou depositados depois dessa data ou, se o Estado contratante que fez a notificação fixar uma data ulterior, nesta última.

Regra 51
Revisão por Repartições designadas

51.1 Prazo para apresentar o pedido de remessa de cópias

O prazo a que se refere o artigo 21.1)c) será de dois meses a contar da data da notificação enviada ao depositante conforme as regras 20.7.i), 24.2.b), 29.1.a)ii) ou 29.1.b).

51.2 Cópia da notificação de constatação negativa

Se, depois de haver recebido uma notificação de constatação negativa de acordo com artigo 11.1), o depositante solicitar ao Escritório Internacional, de acordo com o artigo 25.1, a remessa de cópias do processo do alegado pedido internacional a uma Repartição indicada por ele para ser designada, deverá juntar a esse pedido cópia da notificação a que se refere a regra 20.7.i).

51.3 Prazo para pagamento da taxa nacional e para remessa de uma tradução
O prazo a que se refere o artigo 25.20)a) expirará ao mesmo tempo que o prazo fixado na regra 51.1.

51.4 Notificação ao Escritório Internacional
Se, de acordo com o artigo 25.2, a Repartição designada competente decidir que a recusa, a declaração ou constatação a que se refere o artigo 25.1 não foram justificadas, notificará prontamente o Escritório Internacional de que considerará o pedido internacional como se nele não houvesse ocorrido o erro ou a omissão mencionados no artigo 25.2).

Regra 52
Emenda das reinvidicações, da descrição e dos desenhos
junto às Repartições designadas

52.1 Prazo
a) Em todo o Estado designado em que o processo e o exame do pedido internacional sejam instaurados sem requerimento especial, o depositante, se o desejar, deverá exercer o direito que lhe é conferido pelo artigo 28 no prazo de um mês a contar do cumprimento das exigências contidas no artigo 22, desde que, se a comunicação a que se refere a regra 47.1 não tiver sido efetuada ao se expirar o prazo aplicável de acordo com o artigo 22, ele haja exercido esse direito antes de decorridos 4 meses da expiração dessa data. Em qualquer caso o depositante poderá exercer esse direito em qualquer data ulterior se a legislação nacional desse Estado o permitir.

b) Em todo o Estado designado em que a legislação nacional disponha que o exame não seja iniciado senão por requerimento especial, o prazo durante o qual, ou o momento em que o depositante poderá exercer o direito conferido pelo artigo 28 será o mesmo que o previsto pela legislação nacional para o depósito de emendas em caso do exame, por requerimento especial, de pedidos nacionais, desde que esse prazo não expire antes, ou que esse momento não ocorra antes da expiração da prazo aplicável conforme a alínea *a)*.

PARTE C
Regras Relativas ao Capítulo II do Tratado

Regra 53
Pedido de exame preliminar internacional

53.1 Formulário
a) O pedido de exame preliminar internacional deverá ser feito em formulário impresso.

b) Exemplares do formulário impresso serão fornecidos gratuitamente aos depositantes pelas Repartições receptoras.

c) Os pormenores relativos ao formulário serão especificados nas Instruções Administrativas.

d) O pedido de exame preliminar internacional deverá ser apresentado e duas vias idênticas.

53.2 Conteúdo

a) O pedido de exame preliminar internacional deverá conter:

I) uma petição;

II) indicações referentes ao depositante e ao mandatário, caso haja um mandatário;

III) indicações referentes ao pedido internacional a que disser respeito;

IV) uma eleição de Estados.

b) O pedido de exame preliminar internacional deverá ser assinado.

53.3 Petição

O pedido deverá ser no teor, e ser redigido de preferência como segue: "Pedido de exame preliminar internacional de acordo com o artigo 31 do Tratado de Cooperação em Matéria de Patentes: O abaixo assinado solicita o pedido internacional discriminado abaixo seja objeto de um exame preliminar internacional conforme o Tratado de Cooperação em Matéria de Patentes".

53.4 Depositante

No que diz respeito à indicações relativas às regras 4.4 e 4.16; a regra 4.5 aplicar-se-á mutatis mutandis.

53.5 Mandatário

Caso haja designação de mandatário, aplicar-se-ão as regras 4.4, 4.7 e 4.16; a regra 4.8 aplicar-se-á mutatis mutandis.

53.6 Identificação do pedido internacional

O pedido internacional deverá ser identificado pelo nome da Repartição receptora em que houver sido depositado, pelo nome e endereço do depositante, pelo título da invenção e, quando o depositante conhecer a data do depósito internacional e o número do pedido internacional, por essa data e esse número.

53.7 Eleição de Estados

No pedido de exame preliminar internacional, pelo menos um Estado contratante obrigado pelo Capítulo II do Tratado deverá ser mencionado dentre os Estados designados como o Estado eleito.

53.8 Assinatura

O pedido de exame preliminar internacional deverá ser assinado pelo depositante.

Regra 54
Depositante autorizado a apresentar um pedido de
exame preliminar internacional

54.1 Domicílio e nacionalidade

O domicílio e a nacionalidade do depositante, para fins do artigo 31.2), serão determinados conforme disposto nas regras 18.1 e 18.2.

54.2. Vários depositantes: os mesmos para todos os Estados eleitos
Se todos os depositantes forem depositantes para todos os Estados eleitos, o direito de apresentar um pedido de exame preliminar internacional conforme o artigo 31.2) existirá caso pelo menos um dentre eles seja:

I) domiciliado em ou nacional de um Estado contratante obrigado pelo Capítulo II e o pedido internacional haja sido depositado em obediência ao artigo 31.2)a) ou

II) uma pessoa autorizada a depositar um pedido de acordo com o artigo 31.2)b) e o pedido internacional haja sido depositado em obediência a uma decisão da Assembléia.

54.3 Vários depositantes: diferentes para Estados eleitos diferentes

a) Depositantes diferentes poderão ser indicados, para Estados ileitos diferentes desde que, em relação a cada Estado eleito, pelo menos um dos depositantes indicados para esse Estado seja:

I) domiciliado em ou nacional de um Estado contratante obrigado pelo Capítulo II e o pedido internacional haja sido depositado de acordo com o artigo 31.2)a) ou

II) uma pessoa autorizada a depositar um pedido de acordo com o artigo 31.2)b) e o pedido internacional haja sido depositado por decisão da Assembléia.

b) Se a condição estabelecida na alínea *a*) não houver sido preenchida em relação a determinado Estado eleito, a eleição desse Estado será considerada como não tendo sido feita.

54.4 Troca de pessoa ou do nome do depositante
Qualquer troca da pessoa ou do nome do depositante será, a pedido do depositante ou da Repartição receptora, registrado pelo Escritório Internacional que o notificará à Administração interessada encarregada do exame preliminar internacional e às Repartições eleitas.

Regra 55
Línguas (exame preliminar internacional)

55.1 Pedido de exame preliminar internacional
O pedido de exame preliminar internacional deverá ser apresentado na língua do pedido internacional ou, quando for exigida uma tradução de acordo com a regra 55.2, na língua dessa tradução.

55.2 Pedido internacional
a) Se a Administração competente encarregada do exame preliminar internacional não fizer parte da mesma Repartição nacional ou da mesma organização intergovernamental que a Administração competente encarregada da pesquisa internacional, e se o pedido internacional for depositado em uma língua diferente da que foi mencionada — ou das que foram mencionadas — no acordo concluído entre o Escritório Internacional e a Administração encarregada do exame preliminar internacional, esta última poderá exigir que o depositante lhe submeta uma tradução do pedido internacional.

b) A tradução deverá ser submetida o mais tardar na última das duas datas seguintes:

I) data da expiração do prazo estabelecido na regra 46.1;

II) data de apresentação do pedido de exame preliminar internacional.

c) A tradução deverá conter uma declaração do depositante no sentido de que, tanto quanto seja do seu conhecimento, ela está completa e fiel. Essa declaração deverá ser assinada pelo depositante.

d) Se as disposições das alíneas b) e c) não houverem sido obedecidas, a Administração encarregada do exame preliminar no prazo de um mês a contar da data da solicitação. Caso o depositante não atenda a essa solicitação, o pedido será considerado como não tendo sido apresentado e a Administração encarregada do exame preliminar internacional comunicará esse fato ao depositante e ao Escritório Internacional.

Regra 56
Eleições ulteriores

56.1 Eleições apresentadas depois do pedido de exame preliminar internacional

A eleição de Estados não mencionados no pedido de exame preliminar internacional deverá ser efetuada por meio de uma nota assinada e apresentada pelo depositante e deverá identificar o pedido internacional e o pedido de exame preliminar internacional.

56.2 Identificação do pedido internacional

O pedido internacional deverá ser identificado conforme o disposto na regra 53.6.

56.3 Identificação do pedido de exame preliminar internacional

O pedido de exame preliminar internacional deverá ser identificado pela data em que foi apresentado e pelo nome da Administração encarregada do exame preliminar internacional à qual foi apresentado.

56.4 Forma das eleições ulteriores

A eleição ulterior deverá ser feita de preferência em um formulário impresso remetido gratuitamente aos depositantes. Se não for feita em tal formulário, deverá ser redigida de preferência como segue: "Em relação ao pedido internacional depositado na ..., em..., sob n° ..., por ... (depositante) (e pedido de exame preliminar apresentado em ..., a...), o abaixo assinado elege o Estado (os Estados) adicional(s) seguinte(s) conforme disposto no artigo 31 do Tratado de Cooperação em Matéria de Patentes: ...".

56.5 Língua da eleição ulterior

A eleição ulterior deverá ser efetuada na mesma língua, do pedido de exame preliminar internacional.

Regra 57
Taxa de execução

57.1 Obrigação de pagar
Qualquer pedido de exame preliminar internacional será sujeito ao pagamento de uma taxa em benefício do Escritório Internacional ("taxa de execução").

57.2 Montante
a) O montante da taxa de execução será de 14 dólares dos Estados Unidos ou 60 francos suíços multiplicados pelo número das línguas em que o relatório de exame preliminar internacional tiver de ser traduzido, em obediência ao artigo 36.2), pelo Escritório Internacional.

b) Quando, em virtude de uma eleição ou eleições ulteriores, o relatório de exame preliminar internacional tiver de ser traduzido, em obediência ao artigo 36.2), pelo Escritório Internacional em uma ou várias línguas adicionais, um suplemento à taxa de execução, no montante de 14 dólares dos Estados Unidos ou 60 francos suíços por língua adicional, deverá ser pago.

57.3 Modo e data de pagamento
a) Com ressalva da alínea b), a taxa de execução será cobrada pela Administração encarregada do exame preliminar internacional à qual for apresentado o pedido de exame preliminar internacional e será devida na data de apresentação desse pedido.

b) Qualquer suplemento à taxa de execução de acordo com a regra 57.2.b) será cobrado pelo Escritório Internacional e devido na data da apresentação da eleição ulterior.

c) A taxa de execução deverá ser paga na moeda determinada pela Administração encarregada do exame preliminar internacional à qual o pedido de exame preliminar internacional (for apresentado, ficando entendido que, na ocasião de sua transferência para o Escritório Internacional por essa Administração, ela deverá ser livremente conversível em moeda suíça.

d) Qualquer suplemento à taxa de execução deverá ser pago em moeda suíça.

57.4 Falta de pagamento (taxa de execução)
a) Quando a taxa de execução deixar de ser paga como prescrito nas regras 57.2.a) e 57.3.a) e c), a Administração encarregada do exame preliminar internacional solicitará ao depositante que pague essa taxa no prazo de um mês a contar da data da solicitação.

b) Se o depositante atender à solicitação dentro do prazo prescrito, o pedido de exame preliminar internacional será considerado como tendo sido recebido na data em que a Administração encarregada do exame preliminar receber a taxa, a menos que, em virtude da regra 60.1.b) uma data ulterior seja aplicável.

c) Se o depositante não atender à solicitação dentro do prazo prescrito, o pedido de exame preliminar internacional será considerado como não tendo sido apresentado.

57.5 Falta de pagamento (suplemento à taxa de execução)

a) Quando o suplemento à taxa de execução não for pago de acordo com as regras 57.2.b) e 57.3.b) e d), o Escritório Internacional solicitará ao depositante que pague o suplemento dentro do prazo de um mês a contar da data dessa solicitação.

b) Se o depositante atender a essa solicitação dentro do prazo prescrito, a eleição ulterior será considerada como tendo sido feita na data de recebimento do suplemento pelo Escritório Internacional, salvo se uma data ulterior for aplicável, de acordo com a regra 60.2.b).

c) Se o depositante não atender à solicitação dentro do prazo prescrito, a eleição ulterior será considerada como não tendo sido apresentada.

57.6 Reembolso

A taxa de execução, assim como qualquer suplemento a essa taxa, não será reembolsada em nenhuma circunstância.

Regra 58
Taxa de exame preliminar

58.1 Direito de solicitar uma taxa

a) Cada Administração encarregada do exame preliminar internacional poderá solicitar ao depositante que lhe pague uma taxa para execução do exame preliminar internacional ("taxa de exame preliminar") e para a realização de todas as demais tarefas confiadas às Administrações encarregadas do exame preliminar internacional pelo Tratado e pelo presente Regulamento de execução.

b) O montante da taxa de exame preliminar e a data em que ela será devida, quando for o caso, serão fixados pela Administração encarregada do exame preliminar internacional, contanto que essa data não seja anterior à data em que será devida a taxa de execução.

c) A taxa de exame preliminar internacional deverá ser paga diretamente à Administração encarregada do exame internacional. Quando essa Administração for uma Repartição nacional, a taxa será paga na moeda determinada por essa Repartição, e quando a Administração for uma organização intergovernamental, na moeda do Estado em que estiver sediada a organização intergovernamental ou em outra moeda livremente conversível na moeda do dito Estado.

Regra 59
Administração competente encarregada do exame preliminar internacional

59.1 Pedidos de exame preliminar internacional feitos de acordo com o artigo 31.2)a)

Em relação aos pedidos de exame preliminar internacional feitos de acordo com o artigo 31.2)a), cada Estado contratante obrigado pelas disposições do Capítulo II e de acordo com os termos do acordo aplicável a que se refere o artigo 32.2) e 3), comunicará a Escritório Internacional que Administração ou

Administrações encarregadas do exame preliminar internacional serão competentes para proceder ao exame preliminar internacional dos pedidos internacionais depositados em sua Repartição nacional ou, no caso a que se refere a regra 19.1.b), na Repartição nacional de um outro Estado ou na organização intergovernamental agindo em nome de sua própria Repartição nacional; o Escritório Internacional publicará prontamente essa informação.

Quando várias Administrações encarregadas do exame preliminar internacional forem competentes, as disposições da regra 35.2. aplica-se-ão *mutatis mutandis*.

59.2 Pedidos de exame preliminar internacional feitos de acordo com o artigo 31.2)b)

Quanto aos pedidos de exame preliminar internacional feitos de acordo com o artigo 31.2)b), a Assembléia, ao especificar a Administração encarregada do exame preliminar internacional com competência para os pedidos internacionais depositados em uma Repartição nacional que seja ela própria uma Administração encarregada do exame preliminar, dará preferência a essa Administração; se a Repartição nacional não for ela própria uma Administração encarregada do exame preliminar internacional, a Assembléia dará preferência à Administração encarregada do exame preliminar internacional recomendada por essa Repartição.

Regra 60
Certas falhas no pedido de exame preliminar internacional ou nas eleições

60.1 Falhas no pedido de exame preliminar internacional

a) Se o pedido de exame preliminar internacional não preencher as condições prescritas nas regras 53 e 55, a Administração encarregada do exame preliminar internacional solicitará ao depositante que corrija as falhas dentro do prazo de um mês a contar da data dessa solicitação.

b) Se o depositante atender à solicitação dentro do prazo prescrito, o pedido de exame preliminar internacional será considerado como se houvesse sido recebido na data do recebimento da correção pela Administração encarregada do exame preliminar internacional ou, quando a taxa de execução for recebida de acordo com a regra 57.4.b) em uma data ulterior, nesta data.

c) Se o depositante não atender à solicitação dentro do prazo prescrito, o pedido de exame preliminar internacional será considerado com não havendo sido apresentado.

d) Se a falha for constatada pelo Escritório Internacional, este chamará a atenção da Administração encarregada do exame preliminar internacional para essa falha; essa Administração procederá então da maneira estabelecida nas alíneas *a*) a *c*).

60.2 Falhas nas eleições ulteriores

a) Se a eleição ulterior não preencher as condições prescritas na regra 56, o Escritório Internacional solicitará ao depositante que corrija as falhas dentro do prazo de um mês a contar da data dessa solicitação.

b) Se o depositante atender à solicitação dentro do prazo prescrito, a eleição ulterior será considerada como havendo sido recebida na data de recebimento da correção pelo Escritório Internacional ou, quando o suplemento à taxa de execução for recebido de acordo com a regra 57.5.b) em uma data ulterior, nesta data.

c) Se o depositante não atender à solicitação dentro do prazo prescrito, a eleição ulterior será considerada como não havendo sido apresentada.

60.3 Tentativas de eleições

Se o depositante houver tentado eleger um Estado que não seja um Estado designado ou um Estado que não esteja obrigado pelo Capítulo II, a tentativa de eleição será considerada como não havendo sido efetuada e o Escritório Internacional comunicará esse fato ao depositante.

Regra 61
Notificação do pedido de exame preliminar internacional e das eleições

61.1 Notificações ao Escritório Internacional, ao depositante e à Administração encarregada do exame preliminar internacional

a) A Administração encarregada do exame preliminar internacional indicará, nas duas vias do pedido de exame preliminar internacional, a data de recebimento ou, se for o caso, a data mencionada na regra 60.1.b).

A Administração encarregada do exame preliminar internacional enviará prontamente a via original ao Escritório Internacional. A outra via, ela conservará em seus arquivos.

b) A Administração encarregada do exame preliminar internacional informará prontamente, por escrito, ao depositante, a data do recebimento do pedido de exame preliminar internacional. Quando o pedido de exame preliminar internacional houver sido considerado, de acordo com as regras 57.4.c) ou 60.1.c), como não tendo sido apresentado, essa Administração comunicará este fato ao depositante.

c) O Escritório Internacional comunicará sem demora à Administração encarregada do exame preliminar internacional e ao depositante o recebimento e a data de recebimento de qualquer eleição ulterior. Essa data deverá ser a data efetiva de recebimento pelo Escritório Internacional ou, se for o caso, a data mencionada na regra 60.2.b). Quando a eleição ulterior houver sido considerada, de acordo com as regras 57.5.c) ou 60.2.c), como não tendo sido apresentada, o Escritório Internacional comunicará este fato ao depositante.

61.2 Notificações às Repartições eleitas

a) A notificação a que se refere o artigo 31.7) será feita pelo Escritório Internacional.

b) Essa notificação deverá indicar o número e a data do depósito do pedido internacional, o nome do depositante, o nome da Repartição receptora, a data do depósito do pedido nacional ou internacional cuja prioridade houver sido reivindicada (quando existir reivindicação de prioridade), a data de recebimento do pedido de exame preliminar internacional pela Administração encarregada do exame preliminar internacional e — em caso de eleição ulterior — a data de recebimento da eleição ulterior pelo Escritório Internacional.

c) A notificação deverá ser endereçada à Repartição eleita logo depois de expirado o 18º mês a contar da data de prioridade ou, se o relatório de exame preliminar internacional for comunicado antes, na ocasião da comunicação desse relatório. As eleições efectuadas depois de uma tal notificação serão prontamente notificadas após sua apresentação.

61.3 Informação ao depositante

O Escritório Internacional informará ao depositante, por escrito, que fez a notificação a que se refere a regra 61.2, indicando-lhe a mesmo tempo, em relação a cada Estado eleito, qualquer prazo aplicável de acordo com o artigo 39.1)b).

Regra 62
Cópia para a Administração encarregada do exame preliminar internacional

62.1 Pedido internacional

a) Quando a Administração competente encarregada do exame preliminar internacional pertencer à mesma Repartição nacional ou à mesma organização intergovernamental que a Administração competente encarregada de pesquisa internacional, o mesmo processo servirá para os fins da pesquisa internacional e do exame preliminar internacional.

b) Quando a Administração competente encarregada da pesquisa internacional não pertencer à mesma Repartição nacional ou a mesma organização intergovernamental que a Administração competente encarregada do exame preliminar internacional, o Ecritório Internacional, prontamente após recebimento do relatório de pesquisa internacional ou, se o pedido de exame preliminar internacional hover sido recebido depois do relatório de pesquisa internacional, prontamente após recebimento do pedido de exame preliminar internacional, enviará uma cópia do pedido internacional e do relatório de pesquisa internacional à Administração encarregada do exame preliminar internacional. Quando, em lugar do relatório de pesquisa internacional, hover sido feita uma declaração de acordo com o artigo 17.2)a), as referências ao relatório de pesquisa internacional constantes da frase precedente deverão ser consideradas como referências a uma tal declaração.

62.2 Emendas

a) Qualquer emenda depositada de acordo com o artigo 19 será transmitida prontamente pelo Escritório Internacional à Administração encarregada do exame preliminar internacional. Se, na ocasião do depósito de tais emendas, um pedido de exame preliminar internacional já houver sido apresentado, o depositante, na ocasião do depósito das emendas nesse Escritório Intenacional, deverá também depositar um cópia dessas emendas na Administração encarregada do exame preliminar internacional.

b) Se o prazo previsto para o depósito das emendas no artigo 19 (vide regra 46.1) houver expirado sem que o depositante tenha depositado ou tenha declarado não desejar depositar emendas de acordo com esse artigo, o Escritório Internacional notificará o fato à Administração encarregada do exame preliminar internacional.

Regra 63
Exigências mínimas para as Administrações encarregadas do exame preliminar internacional

63.1 Definição das exigências mínimas
As exigências mínimas a que se refere o artigo 32.3), serão as seguintes:
I) a Repartição nacional ou a organização intergovernamental deverá possuir pelo menos 100 funcionários de tempo integral dotados de habilitação técnica suficiente para realizar os exames;
II) essa Repartição ou essa organização deverá possuir pelo menos a documentação mínima a que se refere a regra 34 adequadamente adaptada às finalidades do exame;
III) essa Repartição ou essa oganização deverá possuir pessoal capaz de realizar o exame nos ramos que o mesmo abranger e dispondo dos conhecimentos linguísticos necessários à compreensão pelo menos das línguas em que a documentação mínima mencionada na regra 34 estiver redigida ou traduzida.

Regra 64
Estado da técnica para efeito do exame preliminar internacional

64.1 Estado da técnica
a) Para os fins do artigo 33.2) e 3), tudo quanto foi tornado acessível ao público em todos os recantos do mundo por divulgação escrita (inclusive desenhos e outras ilustrações), desde que esta locação à disposição do público haja ocorrido antes da data pertinente, será considerado como estado da técnica.
b) Para os fins da alínea *a*), a data pertinente será:
I) com ressalva da alínea *a*), a data do depósito internacional do pedido internacional que constituir o objeto do exame preliminar internacional.
II) quando o pedido internacional que constituir o objeto do exame preliminar intenacional reivindicar de maneira hábil a prioridade de um pedido anterior, a data do depósito desse pedido anterior.
64.2 Divulgações não-escritas
Nos casos em que a colocação à disposição do público houver ocorrido por meio de uma divulgação oral, de uma utilização, de uma exposição ou outro meio não-escrito ("divulgação não-escrita") antes da data pertinente tal como definida na regra 64.1.b) e em que a data dessa divulgação não-escrita estiver indicada em uma divulgação escrita que foi tornada acessível ao público depois da data pertinente, a divulgação não-escrita não será considerada como integrando o estado da técnica para os fins do artigo 33.2) e 3). Todavia, o relatório de exame preliminar internacional deverá chamar atenção para uma tal divulgação não-escrita na forma estabelecida na regra 70.9.

64.3 Certos documentos publicados

Quando um pedido ou uma patente, que constituiriam parte integrante do estado da técnica para os fins do artigo 33.2) e 3) caso houvessem sido publicados antes da data pertinente mencionada na regra 64.1, houverem sido publicados como tal depois da data pertinente mas depositados antes da data pertinente ou houverem reivindicado a prioridade de um pedido anterior, depositado antes da data pertinente, esse pedido ou essa patente publicados não serão considerados como constituindo parte integrante do estado da técnica para os fins do artigo 33.2) e 3). Entretanto, o relatório de exame preliminar internacional deverá chamar atenção para um tal pedido ou patente na forma prevista na regra 70.10.

Regra 65
Atividade inventiva ou não-evidência

65.1 Relação com o estado da técnica

Para os fins do artigo 33.3), o exame preliminar internacional deverá levar em consideração a relação existente entre uma determinada reivindicação e o estado da técnica em seu conjunto. Deverá levar em consideração não só a relação existente entre a reivindicação e os documentos individuais ou as partes de tais documentos considerados individualmente, mas igualmente a relação existente entre a reivindicação e as combinações de tais documentos ou partes de documentos, quando tais combinações forem evidentes para um técnico no assunto.

65.2 Data Pertinente

Para as fins do artigo 33.3), a data pertinente para o estudo da atividade inventiva (não-evidência) será a data prescrita na regra 64.1.

Regra 66
Processamento na Administração do Exame Preliminar Internacional

66.1 Base do exame preliminar internacional

Antes de ser iniciado o exame preliminar internacional, o depositante poderá fazer emendas de acordo com o artigo 34.2)b); o exame preliminar internacional abrangerá inicialmente as reivindicações, a descrição e os desenhos tal como contidos no pedido internacional na ocasião em que tiver início o exame preliminar internacional.

66.2 Primeiro parecer escrito da Administração encarregada do exame preliminar internacional.

a) Se a Administração encarregada do exame preliminar internacional:

I) for de parecer que o pedido internacional contém qualquer das falhas descritas no artigo 34.4);

II) for de parecer que o relatório de exame preliminar internacional deveria ser negativo em relação a qualquer uma das reivindicações em virtude do fato de que a invenção nele reivindicada não pareça ser nova, não pareça envolver uma atividade inventiva (não pareça ser não-evidente), ou não pareça suscetível de aplicação industrial;

III) constatar qualquer falha na forma ou no conteúdo do pedido internacional de acordo com o Tratado ou presente Regulamento de execução;

IV) considerar que qualquer emenda vai além da exposição contida no pedido internacional, tal como depositada; ou

V) desejar juntar ao relatório de exame preliminar internacional observações relativas à clareza das reivindicações, da descrição e dos desenhos ou à questão de saber se as reivindicações baseiam-se inteiramente na descrição;

a) dita Administração o notificará por escrito ao depositante.

b) A notificação deverá expor, de forma pormenorizada, os motivos do parecer da Administração encarregada do exame preliminar internacional.

c) A notificação deverá solicitar ao depositante que apresente uma resposta escrita acompanhada, quando for o caso, por emendas ou correções.

d) A notificação deverá fixar um prazo para resposta. Esse prazo deverá ser razoável, levando em conta as circunstâncias. Deverá ser normalmente de dois meses a contar da data da notificação. Não deverá em hipótese alguma ser inferior a um mês a contar dessa data. Deverá ser de pelo menos dois meses a contar dessa data, quando o relatório de pesquisa internacional for transmitido ao mesmo tempo que a notificação. Não deverá em hipótese alguma ser superior a três meses a contar da data em questão.

66.3 Resposta formal à Administração encarregada do exame preliminar internacional

a) O depositante poderá responder à solicitação da Administração encarregada do exame preliminar internacional, mencionada na regra 66.2.c), efetuando emendas ou correções ou — caso discorde do parecer essa Administração — apresentado argumentos, conforme o caso, ou por ambos os meios.

b) Qualquer resposta deverá ser apresentada diretamente à Administração encarregada do exame preliminar internacional.

66.4 Possibilidade adicional de emendar ou corrigir

a) Se a Administração encarregada do exame preliminar internacional desejar emitir um ou vários pareceres escritos adicionais, poderá fazê-lo, invocando as regras 66.2 e 3.

b) A pedido do depositante, a Administração encarregada do exame preliminar internacional poderá oferecer-lhe uma ou várias possibilidades adicionais de apresentar emendas ou correções.

66.5 Emendas

Qualquer alteração além da retificação de erros evidentes de transcrição, nas reivindicações, na descrição ou nos desenhos, inclusive qualquer supressão de reivindicações, qualquer omissão de passagens da descrição, ou qualquer omissão, de certos desenhos, será considerada como uma emenda.

66.6 Comunicações informais com o depositante

A Administração encarregada do exame preliminar internacional poderá, a qualquer tempo, comunicar-se de maneira informal com o depositante por telefone, por escrito, ou por meio de entrevistas.

A dita Administração decidirá, a seu critério, se deseja conceder mais de uma entrevista quando o depositante o solicitar, ou se deseja responder a uma comunicação escrita informal do depositante.

66.7 Documentos de prioridade

a) Se a Administração encarregada do exame preliminar internacional necessitar de uma cópia do pedido cuja prioridade for reivindicada no pedido internacional, o Escritório internacional lhe enviará prontamente, a pedido, uma tal cópia, desde que, se o pedido for apresentado antes do Escritório Internacional haver recebido o documento de prioridade de acordo com a regra 17.1a), o depositante remeta a dita cópia, a sua escolha, ao Escritório internacional ou diretamente à Administração encarregada do exame preliminar internacional.

b) Se o pedido cuja prioridade for reivindicada estiver redigido em uma língua diferente da língua ou de uma das línguas da Administração encarregada do exame preliminar internacional, o depositante lhe remeterá, por solicitação, uma tradução na dita língua, ou numa das ditas línguas.

c) A cópia que o depositante deverá remeter, de acordo com a alínea *a*) e a tradução a que se refere a alínea *b*), deverá ser remetidas o mais tardar ao se expirar um prazo de dois meses a contar da data do pedido ou da solicitação. Se elas não fores remetidas dentro desse prazo, o relatório de exame preliminar internacional será feito como se a prioridade não houvesse sido reivindicada.

66.8 Formas das correções e das emendas

a) O depositante será solicitado a fornecer uma folha de substituição para cada folha do pedido internacional que, devido a uma correção ou emenda, divirja da folha originalmente depositada. A carta que acompanhar as folhas de substituição deverá chamar atenção para as divergências entre as folhas substituídas e as folhas de substituição. Se a emenda resultar na supressão de uma folha inteira essa emenda deverá ser comunicada em uma carta.

b) A Administração encarregada do exame preliminar internacional aporá em cada folha de substituição, o número do pedido internacional, a data em que foi recebida e o carimbo de identificação dessa Administração. Conservará em seus arquivos qualquer folha de substituição, a carta que acompanhar a folha ou folhas de substituição e qualquer carta mencionada na última frase da alínea *a*).

Regra 67
Matéria a que se refere o artigo 34.4)a)i)

67.1 Definição

Nenhuma Administração encarregada do exame preliminar internacional será obrigada a realizar um exame preliminar internacional de um pedido internacional cuja matéria e na medida em que a matéria seja uma das seguintes:

I) teorias científicas e matemáticas;

II) variedades vegetais, raças animais, processos essencialmente biológicos de produção de vegetais e animais que não os processos microbiológicos e os produtos obtidos através desses processos;

III) planos, princípios ou métodos para a realização de negócios, de ações puramente intelectuais ou de jogos;

IV) métodos de tratamento do corpo humano ao animal pela cirurgia ou a terapia, assim como métodos de diagnóstico;

V) meras apresentações de informações;

VI) programas de computadores na medida em que a Administração encarregada do exame preliminar internacional estiver desaparelhada para proceder a um exame preliminar internacional de tais programas.

Regra 68
Falta de unidade de invenção (exame preliminar internacional)

68.1 Ausência de solicitação de pagamento

Se a Administração encarregada do exame preliminar internacional for de parecer que a exigência de uma unidade da invenção não for satisfeita e decidir não solicitar que o depositante limite as reivindicações ou pague taxas adicionais, ela fará o relatório de exame preliminar internacional, com ressalva do artigo 34.4)b), em relação ao pedido internacional completo, indicando, porém, nesse relatório, que, em sua opinião, ele não satisfaz a exigência de unidade da invenção, especificando os motivos de sua opinião.

68.2 Solicitação de limitação ou de pagamento

Se a Administração encarregada do exame preliminar internacional for de parecer que o pedido não satisfaz a exigência de unidade de invenção e decidir solicitar que o depositante, a sua escolha, limite as reivindicações ou pague taxas adicionais, indicará pelo menos uma possibilidade de limitação que, em sua opinião, satisfaz a exigência aplicável e especificará o montante das taxas adicionais e os motivos pelos quais considera que o pedido internacional não satisfaz a exigência de unidade de invenção. Fixará ao mesmo tempo um prazo, que leve em consideração as circunstâncias do caso, para que seja atendida essa solicitação; tal prazo não poderá ser inferior a um mês nem superior a dois meses a contar da data da solicitação.

68.3 Taxa adicional

a) O montante da taxa adicional para o exame preliminar internacional a que se refere o artigo 34.3)a), será determinado pela Administração competente encarregada do exame preliminar internacional.

b) A taxa adicional para o exame preliminar internacional, a que se refere o artigo 34.3)a), deverá ser paga diretamente à Administração encarregada do exame preliminar internacional.

c) Qualquer depositante poderá pagar a taxa adicional sob protesto, isto é, juntando uma declaração fundamentada tendente a demonstrar que o pedido internacional preencha a condição de unidade de invenção ou que o montante da taxa adicional exigida e excessivo. Uma comissão de três membros ou qualquer outra instância especial da Administração encarregada do exame preliminar internacional, ou qualquer autoridade superior competente, examinará o protesto e, na medida em que julgar justificado, ordenará o reembolso, total ou parcial, da taxa adicional ao depositante. A pedido deste último, o texto de seu protesto bem como o da decisão serão comunicadas às Repartições eleitas, na forma de anexo ao relatório de exame preliminar internacional.

d) A comissão de três membros, a instância especial ou a autoridade superior competente a que se refere a alínea *c*) não deverá incluir qualquer pessoa que haja participado da decisão, objeto do protesto.

68.4 Procedimento no caso de limitação insuficiente das reivindicações

Se o depositante limitar as reivindicações, porém de forma insuficiente a satisfazer as exigências de unidade da invenção, a Administração encarregada do exame preliminar internacional procederá de maneira prevista no artigo 34.3)c.

68.5 Invenção principal

Em caso de dúvida quanto à questão de saber qual é a invenção principal para os fins do artigo 34.3)c), a invenção mencionada em primeiro lugar nas reivindicações será considerada como a invenção principal.

Regra 69
Prazo para o exame preliminar internacional

69.1 Prazo para o exame preliminar internacional

a) Todos os acordos concluídos com Administrações encarregadas do exame preliminar internacional estabelecerão o mesmo prazo para a elaboração do relatório de exame internacional. Esse prazo não deverá exceder:

I) 6 meses a partir do início do exame preliminar internacional;

II) quando a Administração encarregada do exame preliminar internacional houver enviado uma solicitação de limitação das reivindicações ou de pagamento das taxas adicionais (artigo 34.3), 8 meses a partir do início do exame preliminar internacional.

b) O exame preliminar internacional será instaurado tão logo a Administração encarregada do exame preliminar internacional receba:

I) de acordo com a regra 62.2 a), as reivindicações tal como emendadas em virtude do artigo 19; ou

II) de acordo com a regra 62.2b), uma notificação do Escritório Internacional no sentido de que nenhuma emenda decorrente de disposição do artigo 19 foi depositada dentro do prazo determinado ou de que o depositante declarou não desejar fazer tais emendas; ou

III) quando o relatório de pesquisa internacional estiver em poder da Administração encarregada do exame preliminar internacional, uma notificação do depositante manifestando o desejo de que o exame preliminar internacional seja iniciado e vise as reivindicações tal como forma especificadas nessa notificação; ou

IV) uma notificação da declaração da Administração encarregada da pesquisa internacional de que não será feito qualquer relatório de pesquisa internacional (artigo 17.2)a).

c) Se a Administração competente encarregada do exame preliminar internacional pertencer à mesma Repartição nacional ou à mesma organização intergovernamental que a Administração encarregada da pesquisa internacional, o exame preliminar internacional poderá, caso a Administração encarregada do exame preliminar o desejar, ser iniciado ao mesmo tempo que a pesquisa internacional. Nesse caso, o relatório de exame preliminar internacional deverá ser feito, não obstante as disposições da alínea *a*), o mais tardar 6 meses depois de expirado o prazo concedido, de acordo com o artigo 19, para a modificação das reivindicações.

Regra 70
Relatório de exame preliminar internacional

70.1 Definição
No sentido desta regra, por "relatório" deverá ser compreendido o relatório de exame preliminar internacional.

70.2 Base do relatório
a) Se as reivindicações houverem sido emendadas, o relatório será elaborado à base das reivindicações tal como foram emendadas.

b) Se, de acordo com a regra 66.7c), o relatório houver sido elaborado como se a prioridade não houvesse sido reivindicada, o relatório deverá mencioná-lo.

c) Se a Administração encarregada do exame preliminar internacional julgar que qualquer emenda vai além da exposição do pedido internacional tal como foi depositado, o relatório será feito como se tal emenda não houvesse sido efetuada e o assinalará, assim como também explicará por que motivos julga que a emenda vai além da exposição em questão.

70.3 Identificações
O relatório identificará a Administração encarregada do exame preliminar internacional que o elaborou, indicando o nome dessa Administração, e identificará o pedido internacional, indicando o número desse pedido, o nome do depositante, o nome da Repartição receptora e a data do depósito internacional.

70.4 Datas
O relatório indicará:
I) a data em que o pedido de exame preliminar internacional foi apresentado; e
II) a data do relatório; esta deverá ser a data de conclusão do relatório.
Classificação
a) O relatório repetirá a classificação fornecida de acordo com a regra 43.3 se a Administração encarregada do exame preliminar internacional estiver de acordo com essa classificação.

b) Caso contrário, a Administração encarregada do exame preliminar internacional indicará no relatório a classificação, pelo menos segundo a Classificação Internacional das Patentes, que ela considerar correta.

70.6 Declaração a que se refere o artigo 35.2)

a) A declaração mencionada no artigo 35.2) consistirá em um "SIM" ou "NÃO", ou um equivalente dessas palavras na língua do relatório ou um sinal apropriado especificado nas Instruções Administrativas, e será seguido das citações, explicações e observações, caso as haja, previstas na última frase do artigo 35.2).

b) Se não estiver conforme a qualquer um dos três critérios mencionados no artigo 35.2) (a saber, novidade, atividade inventiva (não-evidência), aplicação industrial) a declaração será negativa. Se nesse caso, qualquer um desses critérios, tomado separadamente, houver sido satisfeito, o relatório especificará o mesmo.

70.7 Citações que se refere o artigo 35.2)

a) O relatório citará os documentos considerados como aptos a apoiar as declarações feitas de acordo com o artigo 35.2).

b) As disposições da regra 43.5.b) e e) aplicar-se-ão também ao relatório.

70.8 Explicações a que se refere o artigo 35.2)

As Instruções Administrativas conterão princípios básicos para os casos em que as explicações mencionadas no artigo 35.2) devam ser ou não fornecidas, assim como para a forma dessas explicações. Esses princípios básicos deverão fundar-se nos critérios seguintes:

I) explicações deverão ser fornecidas cada vez que a declaração for negativa a respeito de qualquer reivindicação;

II) explicações deverão ser fornecidas cada vez que a declaração for positiva, salvo se os motivos que levaram à citação de um documento qualquer sejam fáceis de perceber através de consulta do documento citado;

III) em regra geral, deverão ser fornecidas explicações ao se tratar do caso previsto na última frase da regra 70.6b)

70.9 Divulgações não-escritas

Qualquer divulgação não-escrita a que se refira o relatório em virtude da regra 64.2 será mencionada pela indicação do fato de que se trata de um tal tipo de divulgação, pela data em que a divulgação escrita referente à divulgação não-escrita foi tornada acessível ao público, e pela data em que a divulgação não-escrita foi feita publicamente.

70.10 Certos documentos publicados

Qualquer pedido ou patente publicado em virtude da regra 64.3, será mencionado como tal e seguido de uma indicação de sua data de publicação, de sua data de depósito ou de sua data de prioridade reivindicada (caso haja uma).

A respeito de qualquer data de prioridade reivindicada de qualquer desses documentos, o relatório poderá indicar que, no parecer da Administração encarregada do exame preliminar internacional, essa data não foi reivindicada de maneira válida.

70.11 Menção de emendas ou de correções de certas falhas

Se houverem sido feitas modificações ou correções junto à Administração encarregada do exame preliminar internacional, tal fato será especificado no relatório.

70.12 Menção de certos defeitos

Se a Administração encarregada do exame preliminar internacional for de parecer que na ocasião em que preparar o relatório:

I) o pedido internacional contém qualquer uma das falhas mencionadas na regra 66.2.a)iii) fará constar esse parecer e os motivos relativos ao mesmo relatório;

II) o pedido internacional está sujeito a uma das observações mencionadas na regra 66.2.a)V), poderá fazer constar essa opinião no relatório e, caso o faça, os motivos relativos à mesma.

70.13 Observações relativas à unidade da invenção

Se o depositante houver pago taxas adicionais pelo exame preliminar internacional, ou se o pedido internacional ou o exame preliminar internacional houver sido limitado de acordo com o artigo 34.3), o relatório o indicará. Além disso, quando o exame preliminar internacional houver sido efetuado à base de reivindicações limitadas (artigo 34.3)a)) ou unicamente à base de invenção principal artigo 34.3)c), o relatório indicará que partes do pedido internacional constituiram o objeto do exame prelimiar internacional e que partes não o constituíram.

70.14 Assinatura

O relatório será assinado por um funcionário autorizado da Administração encarregada do exame preliminar internacional.

70.15 Forma

As condições materiais quanto à forma do relatório serão especificadas na Instruções Administrativas.

70.16 Anexos ao relatório

Se as reivindicações, a descrição ou os desenhos houverem sido emendados ou se qualquer parte do pedido internacional houver sido corrigida junto à Administração encarregada do exame preliminar internacional, cada folha de substituição anotada de acordo com a regra 66.8.b) será anexada ao relatório. As folhas de substituição substituídas por outras folhas de substituição posteriores não serão anexadas. Se a emenda for comunicada em carta, uma cópia desa carta será igualmente anexada ao relatório.

70.17 Língua do relatório e dos anexos

a) O relatório será elaborado na língua de publicação do pedido internacional a que disser respeito.

b) Qualquer anexo deverá ser apresentado na língua em que foi depositado o pedido internacional a que se referir e, caso seja diferente, também na língua em que foi publicado esse pedido internacional.

Regra 71
Transmissão do relatório de exame preliminar internacional

71.1 Destinatários

A Administração encarregada do exame preliminar internacional transmitirá, no mesmo dia, uma cópia do relatório de exame preliminar internacional e de seus anexos, se os houver, ao Escritório Internacional, e uma cópia ao depositante.

71.2 Cópia de documentos citados

a) O pedido a que se refere o artigo 36.4) poderá ser apresentado a qualquer momento durante 7 anos a partir da data de depósito do pedido internacional a que se refere o relatório.

b) A Administração encarregada do exame preliminar internacional poderá exigir que a parte (depositante ou Repartição eleita) que lhe apresentou o pedido, lhe pague as despesas de preparo e expedição das cópias. O montante dessas despesas será determinado nos acordos a que se refere o artigo 32.2) concluídos entre a Administração encarregada do exame preliminar internacional e o Escritório Internacional.

c) Qualquer Administração encarregada do exame preliminar internacional que não deseje enviar cópias diretamente a nenhuma Repartição eleita enviará uma cópia ao Escritório Internacional que então procederá conforme estipulado nas alíneas *a*) e *b*).

d) Qualquer Administração encarregada do exame preliminar internacional poderá confiar as tarefas mencionadas nas alíneas *a*) a *c*) a outra organização responsável perante ela.

Regra 72
Tradução do relatório de exame preliminar internacional

72.1 Línguas

a) Qualquer Estado eleito poderá exigir que o relatório de exame preliminar internacional, elaborado em uma língua diferente da língua oficial ou de uma das línguas oficiais de sua Repartição nacional, seja traduzido para o alemão, o espanhol, o francês, o inglês, o japonês ou o russo.

b) Qualquer exigência desse gênero deverá ser notificada ao Escritório Internacional, que a publicará prontamente na Gazeta.

72.2 Cópias de traduções para o depositante

O Escritório Internacional transmitirá uma cópia de cada tradução do relatório de exame preliminar internacional ao depositante, na mesma ocasião em que comunicar essa tradução à ou às Repartições eleitas interessadas.

72.3 Observações relativas à tradução

O depositante poderá fazer observações, constitui erros de tradução contidos da tradução do relatório de exame preliminar internacional e deverá enviar uma cópia dessas observações a cada uma das Repartições eleitas interessadas e ao Escritório Internacional.

Regra 73
Comunicação do relatório de exame preliminar internacional

73.1 Preparo de cópias

O Escritório Internacional preparará as cópias dos documentos que deverão ser comunicados de acordo com o artigo 36.3)a).

73.2 Prazo de comunicação
A comunicação prevista no artigo 36.3)a) deverá ser feita tão rapidamente quanto possível.

Regra 74
Tradução e transmissão dos anexos ao relatório de exame preliminar internacional

74.1 Prazo
Qualquer folha de substituição a que se refere a regra 70.16 ou qualquer emenda mencionada na última frase dessa regra que houverem sido depositadas antes da remessa da tradução do pedido internacional exigida de acordo com o artigo 39, ou quanto a remessa dessa tradução for regida pelo artigo 64.2)a)I) e houver sido depositada antes da remessa da tradução do pedido internacional como prescrito no artigo 22, deverão ser traduzidas e transmitidas ao mesmo tempo que a remessa mencionada no artigo 39 ou, quanto aplicável, no artigo 22, ou se depositadas 1 mês antes dessa remessa ou 1 mês depois dessa remessa, deverão ser traduzidas e transmitidas um mês depois que houverem sido depositadas.

Regra 75
Retirada do pedido internacional, do pedido de exame preliminar internacional ou de eleições

75.1 Retiradas
a) A retirada doo pedido internacional ou de todas as eleições poderá ser efetuada antes de expirado um prazo de 25 meses a contar da data de prioridade, exceto no caso de qualquer Estado eleito em que o processo ou exame nacional já tenham sido iniciados. A retirada da eleição de qualquer Estado eleito poderá ser efetuado na data em que forem iniciados nesse Estado o processo e o exame.
b) A retirada será efetuada por meio de uma nota assinada pelo depositante para o Escritório Internacional. No caso a que se refere a regra 4.8.b), a nota exigirá a assinatura de todos os depositantes.

75.2 Notificação às Repartições eleitas
a) O fato da retirada do pedido de exame preliminar internacional ou de todas as eleições será notificado prontamente pelo Escritório Internacional às Repartições nacionais de todos os Estados que, até o momento da retirada, eram Estados eleitos e tenham sido avisado de sua eleição.
b) O fato da retirada de uma eleição e a data do recebimento da retirada serão notificados prontamente pelo Escritório Internacional à Repartição eleita interessada, salvo se esta ainda não houver sido informada de sua eleição.

75.3 Notificação à Administração encarregada do exame preliminar internacional
O fato da retirada do pedido de exame preliminar internacional ou de todas as eleições será notificado prontamente pelo Escritório Internacional à Adminis-

tração encarregada do exame preliminar internacional que esta última, no momento da retirada, houver sido informada da existência do pedido de exame preliminar internacional.

75.4 Faculdade concedida pelo artigo 37.4)b)

a) Qualquer Estado contratante que deseje invocar o beneficio da faculdade prevista no artigo 37.4)b) deverá notificar este fato por escrito ao Escritório Internacional.

b) A notificação a que se refere a alínea *a*) será publicada prontamente pelo escritório Internacional na Gazeta e aplicar-se-á aos pedidos internacionais depositados mais de um mês depois da data de publicação do exemplar que a publicou.

Regra 76
Línguas das traduções e montantes das taxas de acordo com artigo 39.1);

Tradução do documento de prioridade
76.1 Notificação

a) Qualquer Estado contratante que exija a remessa de uma tradução ou o pagamento de uma taxa nacional, ou ambos, de acordo com o artigo 39.1), deverá notificar ao Escritório Internacional:

I) as línguas das quais exige uma tradução e a língua em que esta deverá ser feita;

II) o montante da taxa nacional.

b) Qualquer notificação recebida pelo Escritório Internacional de acordo com a alínea *a*) será publicada pelo dito Escritório na Gazeta.

c) Se as exigências a que se refere a alínea *a*) forem mais tarde modificadas, essas modificações deverão ser notificadas pelo Estado contratante ao Escritório Internacional, e este último publicará sem demora a notificação na Gazeta. Se a modificação for no sentido de que uma tradução seja exigida em uma língua não exigida antes, essa modificação não terá efeito senão em relação aos pedidos de exame preliminar internacional apresentados mais de dois meses depois da publicação da notificação na Gazeta. De outro modo a data efetiva de qualquer modificação será determinada pelo Estado contratante.

76.2 Línguas

A língua em que uma tradução poderá ser exigida deverá ser uma língua oficial da Repartição eleita. Se houver várias línguas oficiais, nenhuma tradução poderá ser exigida se o pedido internacional estiver redigiso em uma delas. Se houver várias línguas oficiais e se uma tradução tiver de ser fornecida, o depositante poderá escolher qualquer uma dessas línguas. Não obstante as disposições precedentes nesta alínea, caso haja várias línguas oficiais, mas a legislação nacional determinar a utilização de uma dessas línguas pelos estrangeiros, uma tradução nessa língua poderá ser exigida.

Regra 77
Faculdade a que se refere o artigo 39.1)b)

77.1 Exercício da faculdade
a) Qualquer Estado contratante que conceda prazos que expirem depois do prazo previsto no artigo 39.1)a), deverá notificar ao Escritório Internacional os prazos assim concedidos.

b) Qualquer notificação recebida pelo Escritório Internacional de acordo com a alínea *a*) será publicada prontamente por esse Escritório na Gazeta.

c) As notificações relativas à abreviação de um prazo anteriormente fixado aplicar-se-ão aos pedidos de exame preliminar internacional apresentados depois de expirados três meses contados a partir da data de publicação da notificação pelo Escritório Internacional.

d) As notificações relativas à prolongação de um prazo anteriormente fixado terão efeito desde o momento da publicação pelo Escritório Internacional na Gazeta nos casos de pedidos de exame preliminar internacional em curso à data dessa publicação ou apresentados depois dessa data ou, se o Estado contratante que fizer a notificação fixar uma data ulterior, nesta última data.

Regra 78
Emenda das reivindicações, da descrição e dos desenhos
junto às Repartições eleitas

78.1 Prazo, no caso da eleição ocorrer antes de expirados 19 meses a contar da data de prioridade
a) Quando a eleição de qualquer Estado contratante for realizada antes de expirados 19 meses a contar da data de prioridade, o depositante que desejar exercer o direito concedido pelo artigo 41 deverá fazê-lo depois da transmissão do relatório de exame preliminar internacional em obediência ao artigo 39, desde que, se a citada transmissão não houver sido efetuada ao se expirar o prazo a que se refere o artigo 39, ele exerça esse direito o mais tardar na data de expiração desse prazo. Em ambos os casos o depositante poderá exercer o direito em questão em qualquer outra data, se assim o permitir a legislação nacional do Estado em causa.

b) Em qualquer Estado eleito cuja legislação nacional disponha que o exame só tenha início depois de apresentado um requerimento especial, a legislação nacional poderá estabelecer que o prazo dentro do qual, ou a ocasião em que o depositante poderá exercer o direito a que se refere o artigo 41 — quando a eleição de qualquer Estado contratante ocorra antes da expiração do 19º mês a contar da data de prioridade — seja o mesmo que aquele estabelecido pela legislação nacional para o depósito de emendas, no caso de exame, o requerimento especial, de pedidos nacionais, contanto que tal prazo não expire, ou tal ocasião não ocorra antes de esgotado o prazo a que se refere o artigo 39.

78.2 Prazo, no caso da eleição ocorrer depois de expirados 19 meses a contar da data de prioridade

Quando a eleição de qualquer Estado contratante houver sido efetuada depois de expirado o 19º mês a contar da data de prioridade e o depositante desejar apresentar emendas de acordo com o artigo 41, aplicar-se-á o prazo estabelecido no artigo 28 para a apresentação de emendas.

78.3 Modelos de utilidade

As disposições das regras 6.5 e 13.5 aplicar-se-ão, *mutatis mutandis*, perante as Repartições eleitas. Se a eleição houver ocorrido antes da expiração do 19º mês a contar da data de prioridade, a referência ao prazo aplicável de acordo com o artigo 22 será substituída por uma referência ao prazo aplicável de acordo com o artigo 39.

PARTE D
Regras Relativas ao Capítulo III do tratado

Regra 79
Calendário

79.1 Expressão das datas

Os depositantes, as Repartições nacionais, as Repartições receptoras, as Administrações encarregadas da pesquisa internacional e o Escritório Internacional para os fins do Tratado e do presente regulamento, expressarão qualquer data segundo a era cristã e o calendário gregoriano; caso utilizem outras eras ou outros calendários, expressão igualmente todas as datas segundo a dita era ou o dito calendário.

Regra 80
Cálculo dos prazos

80.1 Prazos expressos em anos

Quando um prazo for expresso em um ano ou em um certo número de anos, terá início no dia em que o acontecimento em consideração ocorreu e expirará, no ano subsequente a ser considerado, no mês de mesmo nome e no dia de mesmo número que o mês e o dia que constituíram o ponto de partida desse prazo; entretanto, se o mês subsequente a ser levado em consideração não possuir dia com o mesmo número, o prazo considerado expirará no último dia desse mês.

80.2 Prazos expressos em meses

Quando um prazo for expresso em um mês ou em um certo número de meses, terá início no dia que o acontecimento ocorreu e expirará, no mês subsequente a ser considerado, no dia de mesmo número que o dia que constituiu o início do prazo; todavia, se o mês subsequente a ser levado em consideração não tiver dia com o mesmo número, o prazo considerado expirará no último dia desse mês.

80.3 Prazos expressos em dias

Quando um prazo for expresso em um certo número de dias, terá início no dia seguinte àquele em que o acontecimento considerado ocorreu e expirará no dia em que se atingir o último dia do cálculo.

80.4 Datas locais

a) A data a ser levada em consideração como início de um prazo será a data que prevaleceu na localidade no momento em que ocorreu o acontecimento em consideração.

b) A data de expiração de um prazo será a data que prevalecer na localidade em que o documento exigido deverá ser depositado ou que a taxa exigida deverá ser paga.

80.5 Expiração em dia de descanso

Se qualquer prazo durante o qual um documento ou uma taxa tiver de chegar a uma Repartição nacional ou a uma organização intergovernamental expirar num dia em que essa Repartição ou essa organização não estiver aberta ao público para tratar de negócios oficiais, ou bem em um dia em que a correspondência postal comum não for distribuída na localidade em que essa Repartição ou essa organização estiver situada, o prazo terminará no dia seguinte ao qual nenhuma dessas duas circunstâncias existir mais.

80.6 Data de documentos

Quando um prazo tiver no dia da data de um documento ou de uma carta emanando de uma Repartição nacional ou de uma organização intergovernamental, qualquer parte interessada poderá provar que o dito documento ou a dita carta foi posta no correio num dia posterior a essa data, caso em que a data em que esse papel foi efetivamente despachado será a considerada, para efeito do cálculo do prazo, como a data que constitui o início desse prazo.

80.7 Fim de um dia útil

a) Um prazo que expire em um dia determinado expirará no momento em que a Repartição nacional ou a organização intergovernamental em que o documento deverá ser depositado ou em que a taxa deverá ser paga encerrar seu expediente nesse dia.

b) Qualquer Repartição ou qualquer organização poderá fugir às disposições da alínea *a*), prolongando o prazo até meia-noite, no dia em consideração.

c) O Escritório Internacional ficará aberto ao público até as 18 horas.

Regra 81
Modificação dos prazos fixados pelo Tratado

81.1 Propostas

a) Qualquer Estado contratante e o Diretor-Geral poderão propor modificações dos prazos de acordo com o artigo 47.2)

b) As propostas que emanem de um Estado contratante deverão ser apresentadas ao Diretor-Geral.

81.2 Decisão pela Assembléia

a) Quando a proposta for apresentada à Assembléia, seu texto será enviado pelo Diretor-Geral a todos os Estados contratantes pelo menos dois meses antes da sessão da Assembléia cuja ordem do dia inclua essa proposta.

b) Durante os debates pela Assembléia a proposta poderá ser emendada e emendas apresentadas em consequência.

c) A proposta será considerada como adotada se nenhum dos Estados Contratantes na hora da cotação votar contra a mesma.

81.3 Votos por correspondência

a) Quando o Processo de voto por correspondência for o escolhido, a proposta constará de uma comunicação escrita enviada pelo Diretor-Geral aos Estados contratantes, solicitando a estes últimos que expressem seu voto por escrito.

b) A solicitação fixará o prazo em que as respostas contendo os votos expressos por escrito deverão chegar ao Escritório Internacional. Esse prazo será de pelo menos três meses a contar da data da solicitação.

c) As respostas deverão ser positivas ou negativas. As propostas de emendas ou meras observações não serão consideradas como votos.

d) A proposta será considerada como adotada se nenhum Estado contratante se opuser à emenda e se pelo menos a metade dos Estados contratantes expressar quer sua aprovação, quer sua indiferença, quer ainda sua abstenção.

Regra 82
Irregularidades no serviço postal

82.1 Atrasos ou perda da correspondência postal

a) Com ressalva das disposições da regra 22.3, qualquer parte interessada poderá tentar provar que despachou o documento ou a carta 5 dias antes da expiração do prazo. Exceto quando a correspondência por via terrestre ou marítima chegar normalmente ao seu destino dentro dos dois dias seguintes à sua entrega na agência postal, ou quando não houver correio, tal prova só poderá ser fornecida se a expedição houver sido feita por via aérea. De qualquer maneira, só poderá ser feita prova se a correspondência houver sido registrada pelas autoridades postais.

b) Se ficar provado a contento da Repartição nacional ou da organização intergovernamental destinatária que a expedição foi feita como indicada acima, o atraso na chegada será desculpado ou, se o documento ou a carta se perderem, sua substituição por uma nova via será autorizada, desde que a parte interessada prove a contento da dita Repartição ou da dita organização que o documento ou a carta remetidos em substituição são idênticos ao documento perdido ou à carta perdida.

c) Nos casos a que se refere a alínea *b*), a prova relativa à expedição postal dentro do prazo determinado e, em caso de perda do documento ou da carta, também o documento ou a carta a serem remetidos em substituição deverão ser apresentados no prazo de um mês a contar da data em que a parte interessada constatou — ou teria constatado se o tentasse devidamente — o atraso ou a perda, porém nunca mais de seis meses depois da expiração do prazo aplicável no caso determinado.

82.2 Interrupção do serviço postal

a) Com ressalvadas das disposições da regra 22.3 qualquer parte interessada poderá tentar provar que, em qualquer um dos 10 dias que precederam a data de expiração do prazo, o serviço postal esteve interrompido por motivo de guerra, revolução, desordem civil, greve, calamidade natural ou outras razões semelhantes, na localidade em que a parte interessada tenha seu domicílio ou sua sede, ou esteja residindo no momento.

b) Se ficar provado a contento da Repartição nacional ou da organização intergovernamental destinatária que tais circunstâncias existiram, o atraso na chegada será desculpado, desde que a parte interessada prove a contento da dita Repartição ou da dita organização que efetuou a expedição postal dentro dos 5 dias seguintes à volta ao funcionamento do serviço postal. As disposições da regra 82.1.c) aplicar-se-ão *mutatis mutandis* .

Regra 83
Direito de exercer junto a Administrações internacionais

83.1 Prova de direito
O Escritório Internacional, a Administração competente encarregada da pesquisa internacional e a Administração competente encarregada do exame preliminar internacional poderão exigir a produção da prova do direito de exercer a que se refere o artigo 49.

83.2 Informação
a) A Repartição nacional ou a organização intergovernamental, em função das quais for alegado que a pessoa interessada tem o direito de exercer, deverá, a pedido, informar ao Escritório Internacional, à Administração competente encarregada da pesquisa internacional ou à Administração Competente encarregada do exame preliminar internacional, se essa pessoa tem o direito de exercer junto a elas.

b) Uma tal informação obrigará Escritório Internacional, a Administração encarregada da pesquisa internacional ou a Administração encarregada do exame preliminar internacional, conforme o caso.

PARTE E
Regras Relativas ao Capítulo V do Tratado

Regra 84
Despesas das delegações

84.1 Despesas incorridas pelos governos
As despesas de cada delegação que participa de qualquer organismo criado pelo Estado ou em virtude do mesmo serão incorridas pelo governo que a houver designado.

Regra 85
Falta de *quorum* na Assembléia

85.1 Voto por correspondência
No caso previsto no artigo 53.5)b), o Escritório Internacional comunicará as decisões da Assembléia (exclusive as que dizem respeito ao procedimento interno da Assembléia) aos Estados contratantes que nela não estiverem representados, convidando-os a expressar por escrito, no prazo de três meses a contar da data da dita comunicação, seu voto ou sua abstenção. Se, ao expirar esse prazo, o número dos Estados contratantes que assim expressaram seu voto ou sua abstenção alcançar o número de Estados contratantes que faltou para que fosse atingido o *quorum* na ocasião da sessão, tais decisões entrarão em vigor, desde que ao mesmo tempo permaneça assegurada a maioria necessária.

Regra 86
Gazeta

86.1 Conteúdo
a) A Gazeta mencionada no artigo 55.4) conterá:

I) em relação a cada pedido internacional publicado, os dados especificados nas Instruções Administrativas retirados da página de cobertura da brochura publicada de acordo com a regra 48, os desenhos (se os houver) que figurem na dita página e o resumo;

II) a tabela de todas as taxas pagáveis às Repartições receptoras, ao Escritório Internacional, às Administrações encarregadas da pesquisa internacional e às Administrações encarregadas do exame preliminar internacional;

III) as notificações cuja publicação seja exigida de acordo com o Tratado ou o presente Regulamento de execução;

IV) todas as informações, se as mesmas foram, e na medida em que foram fornecidas ao Escritório Internacional pelas Repartições designadas ou eleitas, relativas à questão de saber se os atos mencionados nos artigos 22 ou 39 foram realizados em relação aos pedidos internacionais que designaram ou elegeram a Repartição interessada;

V) qualquer outras informações úteis especificadas nas Instruções Administrativas, contando que o acesso a tais informações não seja proibido em virtude do Tratado ou do presente Regulamento de execução.

86.2 Línguas
a) A Gazeta será publicada em edição francesa e inglesa. Edições em qualquer outra língua serão igualmente publicadas, desde que o custo de publicação seja assegurado pelas vendas ou por subvenções.

b) A Assembléia poderá ordenar a publicação da Gazeta em outras línguas além das mencionadas na alínea *a*)

86.3 Periodicidade
A Gazeta será publicada uma vez por semana.

86.4 Venda
Os preços de assinatura e das vendas avulsas as Gazeta serão fixados nas Instruções Administrativas.

86.5 Título
O título da Gazeta será "*Gazette des demandes internationales de brevest*" e "*Gazette of Internacional Patent Applications*", respectivamente.

86.6 Outros pormenores
Outros pormenores relativos à Gazeta poderão ser especificados nas Instruções Administravas.

Regra 87
Cópias de publicações

87.1 Administrações encarregadas da pesquisa internacional e do exame preliminar internacional
Qualquer Administração encarregada da pesquisa internacional ou do exame preliminar internacional terá o direito de receber gratuitamente duas cópias de cada pedido internacional publicado, da Gazeta e de qualquer outra publicação de interesse geral publicada pelo Escritório Internacional a respeito do Tratado ou do presente Regulamento de execução.

87.2 Repartições nacionais
a) Qualquer Repartição nacional terá o direito de receber gratuitamente uma cópia de cada pedido internacional, da Gazeta e de qualquer outra publicação de interesse geral, publicada pelo Escritório Internacional a respeito do Trabalho ou do presente Regulamento de execução.

b) As publicações mencionadas na alínea *a*) serão remetidas a pedido especial apresentado, em relação a cada ano, em 30 de Novembro do ano precedente — Caso uma publicação seja editada em várias línguas o pedido deverá especificar em que língua deseja receber a publicação.

Regra 88
Modificação do Regulamento de execução

88.1 Exigência de unanimidade
A emenda da disposições seguintes do presente Regulamento de execução exigirá que nenhum Estado com direito de voto na Assembléia vote contra a emenda proposta:
I) regra 14.1 (taxa de transmissão);
II) regra 22.2 (transmissão da via original; processo alternativo);
III) regra 22.3 (prazo previsto no artigo 12.3));
IV) regra 33 (estado da técnica pertinente para fins de pesquisa internacional);
V) regra 64 (estado da técnica para fins de exame preliminar internacional);
VI) regra 81 (modificação dos prazos fixados no Tratado);

VII) a presente alínea (isto é, regra 88.1).

88.2 Exigência de unanimidade durante um período de transição

Durante os primeiros 5 anos depois da entrada em vigor do Tratado, a emenda das seguintes disposições deste Regulamento de execução exigirá que nenhum Estado com direito de voto na Assembléia vote contra a emenda proposta:

I) regra 5 (a descrição);
II) regra 6 (as reivindicações);
III) a presente alínea (isto é regra 88.2)

88.3 Exigência de ausência de oposição de certos Estados

A emenda das disposições seguintes deste Regulamento de execução exigirá que nenhum Estado a que se refere o artigo 58.3 ª)II) e com direito de voto na Assembléia vote contra a emenda proposta:

I) regra 34 (documentação mínima);
II) regra 39 (matéria a que se refere o artigo 17.2)a)I));
III) regra 67 (matéria a que se refere o artigo 34.4)a)I));
IV) a presente alínea (isto é, regra 88.3).

88.4 Processo

Qualquer proposta de emenda de uma das disposições mencionadas na regras 88.1, 88.2 ou 88.3, caso caiba à Assembléia pronunciar-se sobre o assunto, deverá ser comunicada a todos os Estados contratantes dois meses pelo menos antes da abertura da sessão da Assembléia que deverá tomar uma decisão a respeito da dita proposta.

Regra 89
Instruções Administrativas

89.1 Extensão

a) As Instruções Administrativas conterão disposições concernentes a:

I) questões a respeito das quais o presente Regulamento citar expressamente as ditas Instruções;

II) qualquer pormenor relativo à aplicação do presente Regulamento de execução.

b) As Instruções Administrativas não deverão colidir com o Tratado, com o presente Regulamento de execução ou com qualquer acordo concluído pelo Escritório Internacional com uma Administração encarregada da pesquisa internacional ou uma Administração encarregada do exame preliminar internacional.

89.2 Fonte

a) As Instruções Administrativas serão redigidas e promulgadas pelo Diretor-Geral, depois de consultadas as Repartições receptoras, as Administrações encarregadas da pesquisa internacional e as Administrações encarregadas do exame preliminar internacional.

b) Elas poderão ser modificadas pelo Diretor-Geral depois de consultadas as Repartições ou Administrações que tiverem interesse direto na modificação proposta.

c) A Assembléia poderá convidar o Diretor-Geral a modificar as Instruções Administrativas, e o Diretor-Geral agirá em conseqüência.

89.3 Publicação e entrada em vigor

a) As Instruções Administrativas e qualquer modificação que lhes seja introduzida serão publicadas na Gazeta.

b) Cada publicação especificará a data em que as disposições publicadas entrarão em vigor. As datas poderão ser diferentes em relação a disposições diferentes, desde que nenhuma disposição seja posta em vigor antes de sua publicação na Gazeta.

PARTE F
Regras Relativas a Vários Capítulos do Tratado

Regra 90
Representação

90.1 Definições
Para os fins das regras 90.2 e 90.3:

I) deve-se entender por "mandatário" qualquer uma das pessoas mencionadas no artigo 49;

II) dever-se entender por "representante comum" o depositante a que se refere a regra 4.8.

90.2 Efeitos

a) Qualquer ato efetuado por um mandatário, ou relação a um mandatário, terá os efeitos de um ato efetuado pelo, ou em relação ao depositante ou depositantes que nomearam o mandatário.

b) Qualquer ato efetuado por, ou em relação a um representante comum ou seu mandatário terá os efeitos de um ato efetuado por, ou em relação a todos os depositantes.

c) Se vários mandatários forem nomeados pelo mesmo depositante ou depositantes, qualquer ato efetuado por, ou em relação a qualquer um desses diversos mandatários terá os efeitos de um ato efetuado pelo, ou em relação ao dito depositante ou aos ditos depositantes.

d) Os efeitos descritos nas alíneas *a*), *b*) e *c*) se estenderão ao processo do pedido internacional pela Repartição receptora, o Escritório Internacional, a Administração encarregada da pesquisa internacional e a Administração encarregada do exame preliminar internacional.

90.3 Nomeação

a) A nomeação de um mandatário ou de um representante comum no sentido que lhe empreste a regra 4.8.a), caso o dito mandatário ou representante comum não seja nomeado no requerimento assinado por todos os depositantes, deverá ser feita por uma procuração assinada, separada (isto é, um documento nomeado um mandatário ou um representante comum).

b) A procuração poderá ser depositada na Repartição receptora ou no Escritório Internacional. Aquele em que a procuração for depositada notificará prontamente o outro bem como a Administração interessada encarregada da pesquisa internacional e a Administração interessada encarregada do exame preliminar internacional.

c) Se a procuração separada não estiver assinada como previsto na alínea *a*), ou se essa procuração separada estiver faltando, ou ainda se a indicação do nome ou do endereço da pessoa nomeada não estiver conforme a regra 4.4, a procuração será considerada como inexistente até correção da falha.

90.4 Revogação

a) Qualquer nomeação poderá ser revogada pelas pessoas, ou seus procuradores, que fizeram a nomeação.

b) A regra 90.3 aplicar-se-á, *mutatis mutandis*, ao documento que contém a revogação.

Regra 91
Erros evidentes de transcrição

91.1 Retificação

a) Com ressalva das alíneas *b*) a *g*), os erros evidentes de transcrição, no pedido internacional ou em outros documentos apresentados pelo depositante, poderão ser retificados.

b) Os erros devidos ao fato de que, no pedido internacional ou nos outros documentos, estivesse escrito algo diferente do que, com toda evidência, fora desejado, serão considerados como erros evidentes de transcrição. A retificação ela própria deverá ser evidente no sentido de que qualquer um deverá perceber de pronto que nada senão o texto proposto como retificação poderia ter sido desejado.

c) Omissões de elementos inteiros ou de folhas inteiras do pedido internacional, mesmo resultantes claramente de uma desatenção, ao ser feita uma cópia ou ao serem juntadas as folhas, por exemplo, não serão consideradas retificáveis.

d) Qualquer retificação poderá ser feita a pedido do depositante. A Administração que houver descoberto o que pareça constituir um erro evidente de transcrição poderá convidar o depositante a apresentar um pedido de retificação, tal como disposto nas alíneas *e*) a *g*).

e) Qualquer retificação exigirá a autorização expressa:

I) da Repartição receptora, se o erro se encontrar no requerimento;

II) da Administração encarregada da pesquisa internacional, se o erro figurar em outra parte do pedido internacional ou em outro documento apresentado a essa Administração;

III) da Administração encarregada do exame preliminar internacional, se o erro figurar em outra parte do pedido internacional que não o requerimento ou em outro qualquer documento apresentado a essa Administração; e

IV) do Escritório Internacional se o erro figurar em um outro documento qualquer além do pedido internacional ou das modificações ou correções desse pedido, apresentados ao Escritório Internacional.

f) A data da autorização será inscrita no processo do pedido internacional.

g) A autorização para retificar a que se refere a alínea *e*) poderá ser concedida até que ocorra uma das seguintes circunstâncias:

I) no caso de autorização concedida pela Repartição receptora e o Escritório Internacional, a comunicação do pedido internacional a que se refere o artigo 20;

II) no caso de autorização concedida pela Administração encarregada da pesquisa internacional, a aprovação do relatório de pesquisa internacional ou da declaração tal como disposto no artigo 17.2)a);

III) no caso de autorização concedida pela Administração encarregada do exame preliminar de pesquisa internacional, a aprovação do relatório de exame preliminar internacional.

h) Qualquer retificação autorizada por autoridades outras que não o Escritório Internacional deverá ser prontamente comunicada por essa autoridade ao dito Escritório.

Regra 92
Correspondência

92.1 Cartas de acompanhamento e assinaturas

a) Qualquer documento, além do pedido internacional ele próprio, submetido pelo depositante no curso do processo internacional previsto no Tratado e no presente Regulamento de execução — se não constituir ele próprio uma carta — deverá ser acompanhado por uma carta que identifique o pedido internacional a que ele se refere. A carta deverá ser assinada pelo depositante.

b) Se as condições a que se refere a alínea *a*) não forem preenchidas, o documento será considerado como não havendo sido submetido.

92.2 Línguas

a) Como ressalva das alíneas *b*) e *c*), qualquer carta ou documento endereçado ou submetido pelo depositante à Administração encarregada do exame preliminar internacional deverá ser redigido na mesma língua que o pedido internacional ao qual diga respeito.

b) Qualquer carta do depositante à Administração encarregada da pesquisa internacional ou à Administração encarregada do exame preliminar internacional poderá ser redigida em outra língua além daquela do pedido internacional se a dita Administração autorizar o uso dessa língua.

c) Quando uma tradução for exigida de acordo com a regra 55.2, a Administração encarregada do exame preliminar internacional poderá exigir que toda a carta que lhe for endereçada pelo depositante seja redigida na língua dessa tradução.

d) Qualquer carta do depositante ao Escritório Internacional deverá ser redigida em francês ou inglês.

e) Qualquer carta ou notificação do Escritório Internacional ao depositante ou a qualquer Repartição nacional deverá ser redigida em francês ou em inglês.

92.3 Expedições postais pelas Repartições nacionais e as organizações intergovernamentais

Qualquer documento ou carta que emane de, ou seja transmitido por uma Repartição nacional ou uma organização intergovernamental e que constitua uma ocorrência a partir da qual tenha início um prazo, de acordo com o Tratado ou o presente Regulamento de execução, deverá ser expedido por correio aéreo registrado, ficando entendido que o correio por via terrestre ou marítima poderá ser utilizado em lugar do correio aéreo quando o primeiro chegue normalmente ao destino no prazo de dois dias depois da expedição ou quando não haja correio aéreo.

Regra 93
Processos e registros

93.1 Repartição receptora

Toda Repartição receptora conservará os processos e registros relativos a cada pedido internacional ou alegando pedido internacional, inclusive a cópia para a Repartição receptora, durante 10 anos pelo menos a contar da data do depósito internacional ou, quando esta não houver sido concedida, a contar da data do recebimento.

93.2 Escritório Internacional

a) O Escritório Internacional conservará o processo, incluindo a via original, de todo pedido internacional durante 30 anos pelo menos a contar da data de recebimento da via original.

b) Os processos e registros básicos do Escritório Internacional serão conservados indefinidamente.

93.3 Administrações encarregadas da pesquisa internacional e Administrações encarregadas do exame preliminar internacional

Cada Administração encarregada da pesquisa internacional e cada Administração encarregada do exame preliminar internacional conservará durante pelo menos 10 anos a contar da data do depósito internacional, o processo de cada pedido internacional.

93.4 Reproduções

Para os fins da presente regra, os processos, cópias e registros compreenderão igualmente as reproduções fotográficas dos processos, cópias e registros, seja qual for a forma dessas reproduções (microfilmes ou outras).

Regra 94
Remessa de cópias pelo Escritório Internacional e pela Administração encarregada do exame preliminar internacional

94.1 Obrigação de remeter

A pedido do depositante ou de qualquer pessoa autorizada pelo depositante, o Escritório Internacional e a Administração encarregada do exame preliminar internacional remeterão, contra reembolso do custo ao serviço, cópias de todo documento incluído no processo do pedido internacional ou do alegado pedido internacional do depositante.

Regra 95
Disponibilidade de traduções

95.1 Fornecimento de cópias de traduções

a) A pedido do Escritório Internacional, qualquer Repartição designada ou eleita fornecerá uma cópia de tradução do pedido internacional submetida pelo depositante à dita Repartição.

b) O Escritório Internacional poderá, a pedido e contra reembolso do custo, fornecer a qualquer pessoa cópias das traduções que receber em virtude da alínea *a)*.

DECRETO Nº 81.742, DE 31 DE MAIO DE 1978.

Promulga o Tratado de Cooperação em Matéria de Patentes (PCT).

(PUBLICADO NO *DIÁRIO OFICIAL* DE 1º DE JUNHO DE 1978)

RETIFICAÇÃO

Regra 5
Descrição

5.1 Maneira de redigir a descrição
a) A descrição deverá inicialmente indicar o título da invenção tal como consta no requerimento, além de:
I) precisar o ramo técnico a que se refere a invenção;
II) indicar a técnica anterior que, no entender do depositante, possa ser considerada útil à compreensão, à pesquisa e ao exame da invenção e, de preferência, citar os documentos que reflitam a técnica anterior;
III) divulgar a invenção, tal como foi reivindicada, em termos que permitam a compreensão do problema técnico (mesmo que este não seja expressamente designado como tal) e de sua solução, e expor os efeitos vantajosos da invenção, caso os haja, em relação à técnica anterior;
IV) descrever brevemente as ilustrações contidas nos desenhos, caso as haja;
V) expor pelo menos a melhor maneira considerada pelo depositante de executar a invenção reivindicada; isto deverá ser feito por meio de exemplos, quando forem adequados, e de referências aos desenhos, quando os houver; caso a legislação nacional do Estado designado não exija uma exposição da melhor maneira de executar a invenção, mas se contente com a descrição de uma maneira qualquer de executá-la (seja essa maneira a melhor ou não que se possa considerar), o fato de não expor a melhor maneira considerada não terá efeito nesse Estado;
VI) indicar de maneira explícita, quando não resultar evidente da descrição ou da natureza da invenção, a maneira pela qual a invenção poderá ser explorada, produzida e utilizada pela indústria ou, se poder ser apenas utilizada, a maneira

pela qual poderá sê-lo; a expressão "indústria" deverá ser considerada em seu sentido mais lato, como na Convenção de Paris para Proteção da Propriedade Industrial.

b) A maneira e a ordem especificadas na alínea *a*) deverão ser obedecidas a não ser que, em virtude da natureza da invenção, outra maneira e outra ordem diversas facultem melhor compreensão e uma apresentação mais econômica.

c) Ressalvada a alínea *b*) cada um dos elementos a que se refere a alínea *a*) deverá ser de preferência precedido por um título apropriado, de acordo com as recomendações constantes das Instruções Administrativas.

Regra 6
Reivindicações

6.1 Número e numeração das reivindicações

a) O número das reivindicações deverá ser razoável, levando-se em conta a natureza da invenção reivindicada.

b) Caso haja várias reivindicações, estas deverão ser numeradas consecutivamente em algarismos árabes.

c) O sistema de numeração, no caso de emenda das reivindicações, será especificado nas Instruções Administrativas.

6.2 Referências a outras partes do pedido internacional

a) Exceto quando absolutamente necessário, as reivindicações não se deverão basear, no que diz respeito às características técnicas da invenção, em referência à descrição ou aos desenhos. Não se deverão basear, particularmente, em referências tais como: "como descrito na parte ... da descrição", ou "como representado pela ilustração ... dos desenhos".

b) Quando o pedido internacional contiver desenhos, as características técnicas mencionadas nas reivindicações deverão ser de preferência acompanhadas por sinais de referência pertinentes dos desenhos. Quando utilizados, os sinais de referência deverão ser preferivelmente colocados entre parênteses. Se os sinais de referência não facilitarem particularmente uma compreensão mais rápida da reivindicação, deverão ser omitidos. Os sinais de referências poderão ser retirados por uma Repartição designada, para efeito de publicação por essa Repartição.

6.3 Maneira de redigir as reivindicações

a) A definição da matéria para a qual é solicitada a proteção deverá ser feita em termos de características técnicas da invenção.

b) Sempre que for conveniente, as reivindicações deverão conter:

I) uma declaração indicando as características técnicas da invenção necessárias à definição da matéria reivindicada, mas que, em combinação, constituam parte do estado da técnica;

II) uma parte caracterizante — precedida pelas palavras "caracterizado em", "caracterizado por", ou "o aperfeiçoamento compreende", ou quaisquer outras palavras no mesmo teor — expondo de forma concisa as caraterísticas técnicas que, juntamente com as características mencionadas em I), se desejar proteger.

c) Caso a legislação nacional do Estado designado não exija que as reivindicações sejam redigidas da forma prevista na alínea *b*), o fato de não estarem as reivindicações redigidas dessa maneira não terá efeito nesse Estado, desde que as reivindicações hajam sido redigidas de maneira conforme à legislação nacional desse Estado.

6.4 Reivindicações dependentes

a) Qualquer reivindicação que compreenda todas as características de uma ou de várias reivindicações (reivindicação de forma dependente, daqui por deante chamada de "reivindicação dependente") deverá conter uma referência, de preferência no princípio, a essa outra reivindicação ou a essas outras reivindicações, quando então deverá especificar as características adicionais reivindicadas. Qualquer reivindicação dependente que se referir a mais de uma outra reivindicação ("reivindicação dependente múltipla") só se referirá a essas reivindicações como uma alternativa. Reivindicações dependentes múltiplas não deverão servir de base a qualquer outra reivindicação dependente múltipla.

b) Qualquer reivindicação dependente deverá ser compreendida como incluindo todas as limitações contidas na reivindicação à qual ela se refere ou caso a reivindicação dependente seja uma reivindicação dependente múltipla, todas as limitações contidas na reivindicação particular a que se refere.

c) Todas as reivindicações dependentes que se referirem a uma reivindicação anterior única e todas as reivindicações dependentes que se referirem a várias reivindicações anteriores deverão se agrupadas tanto quanto, e de maneira mais prática possível.

6.5 Modelos de Utilidade

Qualquer Estado designado em que a concessão de um modelo de utilidade for requerida por um pedido internacional poderá aplicar, em lugar das regras 6.1 a 6.4, em relação aos assuntos a que estes se referem, as disposições de sua legislação nacional no que diz respeito a modelos de utilidade e assim que o processo do pedido internacional houver sido iniciado nesse Estado, desde que ao requerente seja concedido um prazo de pelo menos 2 meses a contar da expiração do prazo estipulado pelo artigo 22 para que adapte seu pedido às exigências da referidas disposições da legislação nacional.

(*) Republicam-se as regras 5 e 6 por terem saído com incorreções na página 8138, 1a. e 2a. colunas.

O Tratado de Cooperação em Matéria de Patentes (PCT) assinado em 19 de junho de 1970 sofreu alterações em 28 de Setembro de 1979, 3 de fevereiro de 1984 e em 3 de outubro de 2001. Informações mais detalhadas sobre estas emendas ao Tratado podem ser encontradas no sítio eletrônico da Organização Mundial de Propriedade Intelectual (OMPI), .

Durante a última revisão do Tratado, porém, houve uma modificação específica para a qual o Brasil apresentou à OMPI uma notificação de incompatibilidade. Trata-se da alteração do prazo para a entrada das fases nacionais estabelecido no Capítulo I, Artigo 22, inciso 1, que passou a ser de 30 meses a contar da data da prioridade.

Consequentemente, tal modificação do Artigo 22(1) não pode ser aplicada ao Brasil até que a referida notificação seja oficialmente retirada pelo governo brasileiro. Portanto, para o Brasil permanece em vigor o texto anterior do Artigo 22(1) que define um prazo para entrada nas fases nacionais de acordo com o Capítulo I de 20 meses a contar da data de prioridade.

DECRETO Nº 90.129, DE 30 DE AGOSTO DE 1984.

Promulga o Tratado de Nairóbi sobre Proteção do Símbolo Olímpico.

O PRESIDENTE DA REPÚBLICA,
CONSIDERANDO que o Congresso Nacional aprovou, pelo Decreto Legislativo nº 21, de 4 de junho de 1984, o Tratado de Nairóbi sobre Proteção do Símbolo Olímpico, concluído em Nairóbi, a 26 de setembro de 1981;
CONSIDERANDO que o Instrumento de Ratificação do referido Tratado pela República Federativa do Brasil foi depositado em Genebra a 10 de julho de 1984;
CONSIDERANDO que o mencionado Tratado entrou em vigor para a República Federativa do Brasil a 10 de agosto de 1984;
DECRETA:
Art 1º — O Tratado de Nairóbi sobre Proteção do Símbolo Olímpico, apenso por cópia ao presente Decreto, serão executado e cumprido tão inteiramente como nele se contém.
Art 2º — Este Decreto entra em vigor na data de sua publicação, revogadas as disposições em contrário.
Brasília, em 30 de agosto de 1984; 163º da Independência e 96º da República.
JOÃO FIGUEIREDO
R. S. Guerreiro

TRATADO DE NAIROBI SOBRE PROTEÇÃO DO SÍMBOLO OLÍMPICO
Adotado em Nairobi, em 26 de setembro de 1981

CAPÍTULO 1
Disposições Substantivas

Artigo 1
Obrigação dos Estados

Qualquer Estado que seja parte do presente Tratado terá a obrigação, nos termos dos Artigos 2 e 3, de recusar ou invalidar o registro como marca e de proibir, por meio de medidas adequadas, o uso, como marca ou outro emblema com finalidades comerciais, de qualquer sinal que consista no símbolo olímpico ou que o contenha, tal como definido nos Estatutos do Comitê Olímpico Internacional, exceto por meio de autorização do Comitê Olímpico Internacional. A citada definição e a representação gráfica do símbolo mencionado encontram-se reproduzidas no Anexo.

Artigo 2
Exceções à Obrigação

1. A obrigação constante do Artigo 1 não comprometerá qualquer Estado que seja parte do presente Tratado no que se refere a:

i) qualquer marca que consista no símbolo olímpico ou que o contenha, quando a marca tiver sido registrada naquele Estado antes da data de entrada em vigor do presente Tratado com relação a esse Estado ou durante qualquer período em que, naquele Estado, a obrigação do Artigo 1 tenha sido considerada suspensa pelo Artigo 3;

ii) o uso contínuo, com finalidades comerciais, de qualquer marca ou outro emblema que consista no símbolo olímpico ou que o contenha, naquele Estado, por qualquer pessoa ou empresa que, de acordo com a legislação tenha iniciado esse uso naquele Estado antes da data de entrada em vigor do presente Tratado em relação àquele Estado ou durante qualquer período em que, naquele Estado, a obrigação do Artigo 1 tenha sido considerada suspensa de acordo com o Artigo 3.

2. As disposições do parágrafo 1; (i) também se aplicarão às marcas cujo registro tenha efeito naquele Estado em função de um registro feito sob um tratado do qual aquele Estado seja parte.

3. O uso com a autorização da pessoa ou empresa mencionados no parágrafo 1, (ii) será considerado, para fins do mencionado parágrafo, como uso pela própria pessoa ou empresa.

4. Nenhum Estado parte do presente Tratado ficará obrigado a proibir o uso do símbolo olímpico quando esse símbolo for usado nos meios de comunicação de massa com a finalidade de dar informações sobre o movimento olímpico ou suas atividades.

Artigo 3
Suspensão da Obrigação

A obrigação constante do Artigo 1 pode ser considerada suspensa por qualquer Estado parte do presente Tratado durante qualquer período em que não exista nenhum acordo em vigor entre o Comitê Olímpico Internacional e o Comitê Olímpico Nacional daquele Estado no que se refere às condições segundo as quais o Comitê Olímpico Internacional possa vir a conceder autorizações para uso do símbolo olímpico naquele Estado e no que se refere à participação do

Comitê Olímpico Nacional em qualquer rendimento obtido pelo Comitê Olímpico Internacional na concessão de tais autorizações.

CAPÍTULO II
Grupo de Estados

Artigo 4
Exceções ao Capítulo I

As disposições do Capítulo I, no que se refere aos Estados que são partes do presente Tratado e membros de uma união aduaneira, de que uma zona de livre comércio, de qualquer outro agrupamento econômico ou qualquer outro agrupamento regional ou sub-regional, não farão restrições aos compromissos assumidos de acordo com o instrumento que estabelece tal união, área ou agrupamento, particularmente no que concerne às disposições dos instrumentos que regulamentam o movimento livre de mercadorias ou de serviços.

CAPÍTULO III
Cláusulas Finais

Artigo 5
Adesão ao presente Tratado

1. Qualquer Estado membro da Organização Mundial da Propriedade Intelectual (doravante denominada "a Organização") ou da União Internacional (de Paris) para a Proteção da Propriedade Industrial (doravante denominada "a União de Paris") pode tornar-se parte do presente Tratado por meio de:
i) assinatura seguida do depósito de um instrumento de ratificação, aceitação ou aprovação, ou
ii) depósito de um instrumento de adesão.
2. Qualquer Estado não mencionado no parágrafo 1 que seja membro das Nações Unidas ou de quaisquer das Agências Especializadas relacionadas com as Nações Unidas podem tornar-se parte do presente Tratado por meio do depósito de um instrumento de adesão.
3. Os instrumentos de ratificação, aceitação, aprovação e adesão deverão ficar depositados junto ao Diretor-Geral da Organização (doravante denominado "o Diretor-Geral").

Artigo 6
Entrada em vigor do Tratado

1. Com relação aos três primeiros Estados a depositar seus instrumentos de ratificação, aceitação, aprovação ou adesão, o presente Tratado entrará em vigor um mês após o dia em que tiver sido depositado o terceiro instrumento de ratificação, aceitação, aprovação ou adesão.

2. Com relação a qualquer Estado que deposite seu instrumento de ratificação, aceitação, aprovação ou adesão, o presente Tratado entrará em vigor um mês após o dia em que tiver sido depositado aquele instrumento.

Artigo 7
Denúncia do Tratado

1. Qualquer Estado pode denunciar o presente Tratado por meio de notificação endereçada ao Diretor-Geral.
2. A denúncia entrará em vigor um ano após o dia em que o Diretor-Geral receber a notificação.

Artigo 8
Assinatura e Línguas do Tratado

1. O presente Tratado será assinado em um único original nos idiomas inglês, francês, russo e espanhol, cujos textos são igualmente autênticos.
2. Os textos oficiais serão estabelecidos pelo Diretor-Geral, após consultas com os governos interessados, nos idiomas árabe, alemão, italiano e português, e em quaisquer outros idiomas designados pela Conferência da Organização ou pela Assembléia-Geral da União de Paris.
3. O presente Tratado ficará aberto à assinatura em Nairobi até 31 de dezembro de 1982 e, após essa data, em Genebra, até 30 de junho de 1983.

Artigo 9
Depósito do Tratado, Remessa de Cópias e Registro do Tratado

1. O original do presente Tratado, quando este não mais estiver aberto a assinaturas em Nairobi, ficará depositado junto ao Diretor-Geral.
2. O Diretor-Geral remeterá duas cópias autenticadas por ele, do presente Tratado para todos os Estados mencionados no Artigo 5 (1) e (2) e, caso seja solicitado, para qualquer outro Estado.
3. O Diretor-Geral registrará o presente Tratado junto ao Secretariado das Nações Unidas.

Artigo 10
Notificações

O Diretor-Geral notificará os Estados Mencionados no Artigo 5 (1) e (2) a respeito de:
i) assinaturas de acordo com o Artigo 8;
ii) depósitos de instrumentos de ratificação, aceitação, aprovação ou adesão, de acordo com o Artigo 5 (3);

iii) data de entrada em vigor do presente Tratado, de acordo com o Artigo 6 (1);
iv) qualquer denúncia notificada de acordo com o Artigo 7.
"Anexo"

DECRETO N° 635, DE 21 DE AGOSTO DE 1992

Promulga a Convenção de Paris para a Proteção da Propriedade Industrial, revista em Estocolmo a 14 de julho de 1967.

O PRESIDENTE DA REPÚBLICA, no uso da atribuição que lhe confere o art. 84, inciso VIII, da Constituição,
Considerando que o Congresso Nacional aprovou pelo decreto Legislativo n° 78, de 31 de outubro de 1974, a Convenção de Paris para a Proteção da Propriedade Industrial, revista em Estocolmo a 14 de julho de 1967;
Considerando que o instrumento brasileiro de adesão foi depositado junto à Organização Mundial da Propriedade Intelectual (OMPI) a 20 de dezembro de 1974, com a reserva de que o Brasil não se considerava vinculado pelo disposto na alínea 1, do art. 28 (conforme previsto na alínea 2, do mesmo artigo), e de que sua adesão não era aplicável aos arts. 1° a 12, conforme previsto no art. 20, continuando em vigor no Brasil, nessa parte, o texto da revisão de Haia, de 1925;
Considerando que o Decreto n° 75.572, de 8 de abril de 1975, promulgou o texto da revisão de Estocolmo da Convenção de Paris com as reservas acima indicadas;
Considerando que a declaração de adesão aos parágrafos 1° a 12 do texto da revisão de Estocolmo foi depositada junto ao Diretor-Geral da OMPI em 21 de agosto de 1992;
Considerando finalmente que o Congresso Nacional havia aprovado, por inteiro, o texto da revisão de Estocolmo,
DECRETA:
Art. 1° Fica estendida aos arts 1° a 12 e ao art. 28, alínea 1, do texto da revisão de Estocolmo da Convenção de Paris para a Proteção da Propriedade Industrial, apenso por cópia, a adesão da República Federativa do Brasil, na forma prevista no seu art. 20, devendo ser executado e cumprido tão inteiramente como nele se contém.
Art. 2° Este decreto entra em vigor na data de sua publicação.
Brasília, 21 de agosto de 1992; 171° da Independência e 104° da República.
FERNANDO COLLOR
Célio Borja
Celso Lafer

DECRETO Nº 523, DE 18 DE MAIO DE 1992

Dispõe sobre a execução das Emendas ao Regulamento de Execução regido pelo Tratado de Cooperação em Matéria de Patentes (PCT).

O PRESIDENTE DA REPÚBLICA, no uso da atribuição que lhe confere o art. 84, inciso IV, da Constituição, e

Considerando que a Assembléia da União Internacional de Cooperação em Matéria de Patentes (PCT), realizada em Genebra, no dia 14 de abril de 1978, adotou as emendas ao regulamento de execução regido pelo Tratado de Cooperação em Matéria de Patentes (PCT);

Considerando que o Congresso Nacional aprovou as emendas por meio do Decreto Legislativo nº 42, de 10 de junho de 1980;

Considerando que a carta de aceitação das emendas foi depositada em 17 de dezembro de 1980;

Considerando que a convenção entrou em vigor, para o Brasil, em 14 de abril de 1978,

DECRETA:

Art. 1º As Emendas ao Regulamento de Execução regido pelo Tratado de Cooperação em Matéria de Patentes (PCT), apensas por cópia ao presente decreto, serão executadas e cumpridas tão inteiramente como nelas se contêm.

Art. 2º Este decreto entra em vigor na data de sua publicação.

Brasília, 18 de maio de 1992; 171º da Independência e 104º da República.
FERNANDO COLLOR
Celso Lafer
"ANEXOS"
Os anexos estão publicados no DO de 19.5.92, págs. 6149/6151.

DECRETO N° 972, DE 4 DE NOVEMBRO DE 1993

Promulga o Tratado sobre Registro Internacional de Obras Audiovisuais, concluído em Genebra, em 18 de abril de1989.

TRATADO SOBRE O REGISTRO INTERNACIONAL DE OBRAS AUDIOVISUAIS

Preâmbulo

Os Estados Contratantes, com vistas a aumentar a segurança jurídica das transações relativas às obras audiovisuais e, portanto, promover a criação de obras audiovisuais assim como o intercâmbio internacional dessas obras, e contribuir para o combate a pirataria das obras audiovisuais e das contribuições que ela contém, acordam o seguinte:

Capítulo I
Disposições Substantivas

Artigo **Primeiro**
Constituição de uma União

Os Estados Partes do presente Tratado (doravante denominados "Estados Contratantes") constituíram-se sob a forma de União para o Registro Internacional de Obras Audiovisuais (doravante denominada de "União").

Artigo **2**
"Obra Audiovisual"

Para efeitos deste Tratado, entende-se por "obra audiovisual" toda obra que consista numa série de imagens fixas ligadas entre si, acompanhada ou não de sons, passível de tornar-se visível e, caso seja acompanhada de sons, passível de tornar-se audível.

Artigo 3
"Registro Internacional"

1.Criação do registro internacional: Fica criado um Registro Internacional de Obras Audiovisuais (doravante denominado "Registro Internacional") com o objetivo de registrar indicações relativas às obras audiovisuais e aos direitos dessas obras inclusive, em particular, os direitos relativos a sua exploração.

2.Instituição e administração do serviço de registro internacional: Fica instituído um serviço de registro internacional de obras audiovisuais (doravante denominado "serviço de registro internacional") encarregado da manutenção do registro internacional. O serviço de registro internacional consiste em um serviço administrativo da Agência Internacional da Organização Mundial da Propriedade Intelectual (doravante denominada, respectivamente, "Agência Internacional" e "Organização").

3.Sede do serviço de registro internacional: O serviço de registro internacional situar-se-á na Áustria enquanto estiver em vigor um tratado concluído para este efeito entre a República da Áustria e a Organização. Caso contrário, situar-se-á em Genebra.

4.Períodos: O registro de qualquer indicação no Registro Internacional fundamentar-se-á em um pedido possuindo o teor e a forma prescritas, depositado com esse propósito por uma pessoa física ou jurídica habilitada e subordinado ao pagamento da taxa prescrita.

5.Pessoas habilitadas a depositar um pedido:

a) sob reserva do inciso b), estão habilitadas a depositar um pedido:

i) qualquer pessoa física que seja natural de um Estado Contratante ou que tenha seu domicílio, residência habitual ou estabelecimento industrial ou comercial efetivo e idôneo em tal Estado;

ii) toda pessoa jurídica que esteja constituída de acordo com a legislação de um Estado Contratante ou que tenha um estabelecimento industrial ou comercial efetivo e idôneo em tal Estado.

b) se o pedido estiver relacionado com um registro já efetuado, poderá também ser depositado por pessoa física ou jurídica que não preencha as condições enunciadas no inciso a).

Artigo 4
Efeito Jurídico do Registro Internacional

1.Efeito Jurídico: Todo Estado Contratante compromete-se a reconhecer que uma indicação inscrita no registro internacional é considerada exata, até prova em contrário, salvo

i) quando a indicação não puder ser válida em virtude da lei de direitos autorais, ou de qualquer outra lei referente aos direitos de propriedade intelectual relativas às obras audiovisuais desse Estado, ou

ii) quando a indicação estiver em contradição com outra indicação inscrita no registro internacional.

2.Compatibilidade com as leis e tratados de propriedade intelectual: Nenhuma disposição do presente Tratado será interpretada como afetando a lei de direitos autorais, ou qualquer outra lei referente a direito de propriedade intelectual relativos as obras audiovisuais, de qualquer Estado Contratante nem, caso esse Estado seja parte da Convenção de Berna para a Proteção de Obras Literárias e Artísticas ou de qualquer outro Tratado referente a direitos de propriedade intelectual relativos a obras audiovisuais, os direitos e obrigações resultantes dessa Convenção ou desse Tratado para o estado em questão.

Capitulo II
Disposições Administrativas

Artigo 5
Assembléia

1.Composição:
a) a União terá uma Assembléia composta pelos Estados Contratantes;
b) o Governo de cada Estado Contratante será representado por um delegado que poderá ser assistido por delegados alternados, assessores e peritos.
2.Despesas da delegações: As despesas de cada delegação serão assumidas pelo Governo que a designou, com exceção das despesas de viagem e diárias de um delegado de cada Estado Contratante, que ficam a cargo da União.
3.Funções:
a) a Assembléia:
i) tratará de todas as questões relativas à manutenção e ao desenvolvimento da União e à aplicação do presente Tratado;
ii) executará as tarefas que lhe são especialmente determinadas pelo presente Tratado;
iii) fornecerá ao Diretor Geral da Organização (doravante denominado "Diretor Geral") as diretrizes relativas à preparação das conferências de revisão;
iv) examinará e aprovará os relatórios e as atividades do Diretor Geral relativos à União e lhe dará todas as diretrizes úteis concernentes às questões de competência da União;
v) determinará o programa e adotará o orçamento bienal da União e aprovará suas prestações finais de contas;
vi) adotará o regulamento financeiro da União;
vii) estabelecerá e determinará periodicamente a composição da comissão consultiva constituída por representantes de organizações não-governamentais interessadas e de comissões e grupos de trabalho que julgar necessários para facilitar as atividades da União e de seus órgãos;
viii) controlará o sistema e o montante das taxas determinadas pelo Diretor Geral;
ix) decidirá quais Estados não Contratantes quais organizações intergovernamentais e não-governamentais serão admitidos às suas reuniões na qualidade de observadores;

x) empreenderá qualquer outra ação apropriada com a finalidade de atingir os objetivos da União e desempenhará todas outras funções apropriadas no quadro do presente Tratado.

b) nas questões que interessam também a outras Uniões administrativas pela Organização, a Assembléia decidirá após ter tomado conhecimento do parecer da Comissão de Coordenação da Organização.

4.Representação: Um delegado só poderá representar um único Estado e só poderá votar em nome deste.

5.Voto: Cada Estado Contratante terá um voto.

6.Quorum:

a) a metade dos Estados Contratantes constituirá o quorum;

b) se o quorum não for obtido, a Assembléia poderá adotar decisões; todavia, essas decisões, salvo aquelas relativas ao procedimento, só se tornarão executórias se o quorum e a maioria necessárias forem obtidos pelo meio do voto por correspondência.

7.Maioria:

a) sob reserva dos artigos 8.2)b) e 10.2)b), as decisões da Assembléia serão adotadas pela maioria dos votos emitidos;

b) a abstenção não será considerada como voto.

8.Sessões:

a) a Assembléia reunir-se-á uma vez a cada dois anos civis em sessão ordinária, por convocação do Diretor Geral e, não havendo circunstâncias excepcionais, durante o mesmo período e no mesmo lugar que a Assembléia Geral da Organização;

b) à Assembléia reunir-se-á em sessão extraordinária por convocação do Diretor Geral, a pedido de um quarto dos Estados Contratantes ou por iniciativa pessoal do Diretor Geral.

9.Regulamento: À Assembléia adotará seu regulamento interno.

Artigo 6
Agência Internacional

1.Funções: A Agência Internacional:

i) executará, por intermédio do serviço de registro internacional, todas as tarefas ligadas à manutenção do registro internacional;

ii) proporcionará o secretariado das conferências de revisão, da Assembléia, das comissões e grupos de trabalhos criados pela Assembléia e de qualquer outra reunião convocada pelo Diretor Geral para tratar de questões relativas à União;

iii) executará todas as outras tarefas que lhe forem especialmente determinadas pelo presente Tratado e pelo Regulamento a que se refere o artigo 8 ou pela Assembléia.

2.Diretor Geral: O Diretor Geral será o principal executivo da União e a representará.

3.Outras reuniões distintas das sessões da Assembléia: O Diretor Geral convocará qualquer comissão ou grupo de trabalho criado pela Assembléia e todas as outras reuniões que tratem de questões de interesse da União.

4.Papel da Agencia Internacional na Assembléia e em outras reuniões:

a) O Diretor Geral e qualquer membro do pessoal por ele designado participarão, sem direito a voto, de todas as reuniões da Assembléia e das comissões e grupos de trabalho criados pela Assembléia, bem como de qualquer outra reunião convocada pelo Diretor Geral que trate de questões de interesse da União;

b) O Diretor Geral ou um membro do pessoal por ele designado será o secretário ex-officio da Assembléia e das comissões, grupos de trabalho e outras reuniões estipuladas no sub-inciso a).

5.Conferências de revisão:

a) O Diretor Geral preparará as conferências de revisão de acordo com as diretrizes da Assembléia;

b) O Diretor Geral poderá consultar organizações intergovernamentais e não-governamentais a respeito da preparação dessas Conferência;

c) O Diretor Geral e os membros do pessoal por ele designados participarão, sem direito a voto, das deliberações nas Conferências de revisão.

d) O Diretor Geral ou um membro do pessoal por ele designado será o Secretário ex-officio de qualquer Conferência de revisão.

Artigo 7
Finanças

1.Orçamento:

a) A União terá um orçamento;

b) O orçamento da União compreenderá as receitas e as despesas próprias da União e sua contribuição ao orçamento das despesas comuns das uniões administradas pela Organização;

c) Serão consideradas como despesas comuns das Uniões as despesas que não podem ser imputadas, exclusivamente, à União, mas a uma ou várias outras Uniões administradas pela Organização. À participação da União nessas despesas comuns será proporcional ao interesse que essas despesas representarem para ela.

2.Coordenação com outros orçamentos: O orçamento da União será estabelecido em coordenação com os orçamentos de outras Uniões administradas pela Organização.

3.Fontes de receitas: O orçamento da União será financiado pelos seguintes recursos:

I) taxas decorrentes de registros e outros serviços prestados pelo Serviço de Registro Internacional;

II) produto da venda de publicações do Serviço de Registro Internacional e dos direitos decorrentes dessas publicações;

III) doações, particularmente de associações de titulares de direitos de obras audiovisuais;

IV) doações, legados e subvenções;
V) aluguéis, juros e outras receitas diversas.

4.Autofinanciamento: O montante das taxas devidas ao serviço de registro Internacional assim como o preço de venda de suas publicações serão determinadas de modo a cobrir, juntamente com todas as outras receitas, as despesas relativas à administração do presente tratado.

5.Recondução do orçamento — fundo de reserva: No caso de o orçamento não ser adotado antes do início de um novo exercício, o orçamento do exercício precedente será reconduzido conforme as modalidades previstas pelo regulamento financeiro. Caso as receitas excedam as despesas, a diferença será depositada em um fundo de reserva.

6.Fundo de caixa: A União terá um fundo de caixa constituído pelas receitas da União.

7.Verificação das contas: A verificação das contas será assegurada, conforme as modalidades previstas pelo regulamento financeiro, por um ou vários Estados Contratantes ou por auditores externos que serão, com o seu consentimento, designados pela Assembléia.

Artigo 8
Regulamento de aplicação

1.Adoção do regulamento de Aplicação: O regulamento de aplicação adotado ao mesmo tempo que o presente tratado está anexado a este último.

2.Modificação do regulamento de aplicação:

a) A Assembléia poderá emendar o regulamento de aplicações.

b) Qualquer modificação do regulamento de aplicação requererá a maioria de dois terços dos votos emitidos.

3.Divergência entre o tratado e o regulamento de aplicação: Em caso de divergência entre as disposições do presente Tratado e aquelas do regulamento de aplicação, prevalecerão as primeiras.

4.Instruções Administrativas: O regulamento de aplicação prevê a instituição de instruções Administrativas.

Capítulo III
Revisão e modificações

Artigo 9
Revisão do Tratado

1.Conferências de revisão: O presente tratado poderá ser revisto por uma conferência dos Estados Contratantes.

2.Convocação: A convocação das conferências de revisão será decidida pela Assembléia.

3.Disposições que também podem ser emendadas pela Assembléia:

As disposições mencionadas no artigo 10.(1) a) poderão ser emendadas seja por Conferência de revisão, seja em conformidade com o artigo 10.

Artigo 10
Emendas e Certas Disposições do Tratado

1.Propostas:

a) Propostas de emenda do artigo 5.(6) e (8), do artigo 6.(4) e (5) e do artigo 7.(1) a (3) e (5) a (7) poderão ser apresentadas por qualquer Estado Contratante ou pelo Diretor Geral;

b)Essas propostas serão comunicadas pelo Diretor Geral aos Estados Contratantes no mínimo seis meses antes de serem submetidas ao exame da Assembléia.

2.Adoção:

a) As emendas às disposições mencionadas no inciso (1) serão adotadas pela Assembléia;

b) Para adoção serão necessários três quartos dos votos emitidos.

3.Entrada em vigor:

a) Qualquer emenda às disposições mencionadas no inciso (1) entrará em vigor um mês após o Diretor Geral ter recebido, de parte de três quartos dos Estados Contratantes que eram membros da Assembléia no momento em que esta última adotou a emenda, notificação escrita de sua aceitação, efetuada de conformidade com suas regras constitucionais respectivas;

b) Qualquer emenda aos referidos artigos, aceita da forma acima, obrigará todos os Estados Contratantes que eram Estados Contratantes no momento em que a Assembléia adotou a emenda;

c) Qualquer emenda aceita e que tenha entrado em vigor de acordo com o sub-inciso (a) obrigará todos os Estados que se tornem Estados Contratantes após a data na qual a emenda foi adotada pela Assembléia.

Capítulo IV
Disposições Finais

Artigo 11
Modalidades pelas quais os estados podem tornar-se

Partes do Tratado

1.Acesso: Todo Estado Membro da Organização pode tornar-se parte do presente Tratado:

I) pela assinatura e posterior depósito de um instrumento de ratificação, de aceitação ou de aprovação, ou

II) pelo depósito de um instrumento de adesão.

2.Depósito dos instrumentos: Os instrumentos estipulados no inciso (1) serão depositados junto ao Diretor Geral.

Artigo 12
Entrada em vigor do Tratado

1.Entrada em vigor inicial: O presente Tratado entrará em vigor, para os cinco primeiros Estados que depositarem seu instrumento de ratificação, de aceitação, de aprovação ou de adesão, três meses após a data na qual foi depositado o quinto instrumento.

2. Estados aos quais não se aplica a entrada em vigor inicial: O presente tratado entrará em vigor para qualquer Estado ao qual não se aplique o inciso (1), três meses após a data na qual aquele Estado tenha depositado seu instrumento de ratificação, de aceitação, de aprovação ou de adesão, a menos que uma data posterior tenha sido indicada no instrumento em questão. Neste último caso, o presente tratado entrará em vigor para aquele Estado na data assim indicada.

Artigo 13
Reservas ao Tratado

1.Princípio: Com exceção do caso previsto no inciso (2), não poderão ser feitas reservas ao Tratado.

2.Exceção: Ao tornar-se parte do presente Tratado, qualquer Estado poderá, por meio de notificação depositada junto ao Diretor Geral, declarar que não aplicará as disposições do artigo 4 (1) com respeito às declarações que não se refiram à exploração de direitos de propriedade intelectual relativas a obras audiovisuais. Qualquer Estado que tenha feito uma declaração nesse sentido poderá retirá-la mediante notificação depositada junto ao Diretor Geral.

Artigo 14
Denúncia do Tratado

1. Notificação: Qualquer Estado Contratante poderá denunciar o presente Tratado por meio de notificação endereçada ao Diretor Geral.

2. Efeito: A denúncia surtirá efeito um ano após a data em que o Diretor Geral receber a notificação.

3. Exclusão temporária da faculdade de denúncia: A faculdade de denúncia do presente Tratado prevista no inciso (1) não será exercida por qualquer Estado Contratante antes de decorridos cinco anos da data de entrada em vigor do presente Tratado para aquele Estado.

Artigo 15
Assinatura e idiomas do Tratado

1. Textos originais: O presente Tratado é assinado em um único exemplar original nos idiomas francês e inglês, sendo ambos os textos igualmente autênticos.

2. Textos oficiais: Os textos oficiais serão estabelecidos pelo Diretor Geral, após consulta aos Governos interessados, nos idiomas alemão, árabe, espanhol, italiano, japonês, português e russo, bem como em outros idiomas que a Assembléia possa indicar.

3. Prazo para assinatura: O presente Tratado ficará aberto à assinatura, na Agência Internacional, até 31 de Dezembro de 1989.

Artigo 16
Funções do depositário

1. Depósito do original: O exemplar original do presente Tratado e do regulamento de Aplicação será depositado junto ao Diretor Geral.

2. Cópias autênticas: O Diretor Geral encaminhará duas cópias autênticas do presente Tratado e do Regulamento de Aplicação aos Governos dos Estados habilitados a assinar o Tratado.

3. Registro do Tratado: O Diretor Geral registrará o presente Tratado junto ao Secretariado da Organização da Nações Unidas.

4. Emendas: O Diretor Geral encaminhará duas cópias autênticas de qualquer emenda ao presente Tratado e ao Regulamento de Aplicação de Governos dos Estados Contratantes e, a pedido, ao Governo de qualquer outro Estado.

Artigo 17
Notificações

O Diretor Geral notificará os Governos dos Estados Membros da Organização sobre qualquer dos eventos a que se referem os artigos 8 (2), 10 (2) e (3), 11, 12, 13 e 14.

Feito em Genebra, em 20 de Abril de 1989.

Regulamento de Aplicação do Tratado sobre o Registro
Internacional de Obras Audiovisuais

SUMÁRIO

Regra 1: Definições
Regra 2: Pedido
Regra 3: Processamento de pedido
Regra 4: Data e número do registro
Regra 5: Registro
Regra 6: Boletim
Regra 7: Pedidos de informação
Regra 8: Taxas
Regra 9: Instruções administrativas

Regra I
Definições

Para fins do Presente Regulamento, entende-se:

I) por "Tratado", o Tratado sobre o Registro Internacional de Obras Audiovisuais;

II) por "Registro Internacional", o Registro Internacional de Obras Audiovisuais criado pelo Tratado;

III) por "Serviço de Registro Internacional", a unidade Administrativa da Agência Internacional que mantém o Registro Internacional;

IV) por "Obra", uma Obra Audiovisual;

V) por "pedido em relação a uma Obra" um pedido que identifique uma Obra existente ou futura ao menos pelo seu (ou seus) títulos e que requeira que sejam inscritas no Registro Internacional declarações relativas ao interesse que, em relação a essa Obra, tenham uma ou várias pessoas identificadas, e por "registro e m relação a uma Obra, um registro efetuado de acordo com um pedido em relação a uma Obra;

VI) por "pedido em relação a uma pessoa", um pedido que requeira que sejam inscritas no Registro Internacional declarações relativas ao interesse que o solicitante, ou terceira pessoa identificada no pedido, tenha em relação a uma ou várias obras existentes ou futuras, descritas, mas não identificadas pelos seus títulos, e por "registro em relação a uma pessoa", um registro efetuado de acordo com um pedido em relação a uma pessoa. Uma Obra é considerada como descrita quando, particularmente, a pessoa física ou jurídica que a produziu ou que se prevê que a produzirá, é identificada;

VII) por "pedido" ou "registro" — sem a menção em relação a uma Obra" ou "relação a uma pessoa" — Tanto um pedido ou registro relacionado a uma obra como um pedido relacionado a uma pessoa;

VIII) por "solicitante", a pessoa física ou jurídica que fez o pedido, e por "titular do registro", o solicitante uma vez registrado o pedido;

IX) por "prescrito", conforme às prescrições do Tratado, do presente regulamento de aplicação ou das instruções Administrativas;

X) por "Comissão Consultiva", a Comissão Consultiva mencionada no artigo 5 (3) (a) (vii) do Tratado.

Regra 2
Pedido

1. <u>Formulário:</u> Todos os pedidos serão feitos mediante o formulário prescrito adequado.

2. <u>Idioma:</u> Todos os pedidos serão redigidos em inglês ou francês. Assim que o registro internacional for autofinanciável, a Assembléia poderá determinar os outros idiomas nos quais os pedidos poderão ser feitos.

3. <u>Nome e endereço do solicitante:</u> Todos os pedidos deverão indicar, na forma prescrita, o nome e o endereço do solicitante.

4. Nome e endereço de terceiras pessoas mencionadas no pedido: Quando um pedido mencionar uma pessoa física ou jurídica que não o solicitante, o nome e endereço dessa pessoa devem ser indicados na forma prescrita.

5. Titulo ou descrição de uma obra:

a) Todos os pedidos em relação a uma obra deverão indicar, ao menos, o título ou os títulos da obra. Quando um título for indicado em um outro idioma que o inglês ou francês ou em caracteres outros que os latinos, deverá estar acompanhado de uma tradução literal em inglês ou de uma transcrição em caracteres latinos, conforme o caso;

b) Todos os pedidos em relação a uma pessoa deverão descrever a obra.

6. Menção de um registro existente: Quando o pedido se referir a uma obra que já tenha sido objeto de registro em relação a uma obra, ou a uma obra já descrita em um registro em relação a uma pessoa, deverá, tanto quanto possível, indicar o número do referido registro. Se o serviço de registro internacional constatar que essa indicação é possível mas não foi fornecida no pedido, poderá colocar, ele mesmo, esse número no registro, mas deverá assinalar no registro internacional que ele mesmo tomou, sem intervenção do depositante, a iniciativa de tal indicação.

7. Interesse do depositante:

a) Todo pedido em relação a uma obra indicará o interesse que o depositante tem em relação a essa obra, existente ou futura. Quando o interesse consistir em um direito de exploração da obra, a natureza do direito e o território no qual o depositante é titular do direito serão também indicados;

b) Todo pedido em relação a uma pessoa indicará o interesse que o depositante tem em relação a obra ou obras descritas, existentes ou futuras, e, particularmente, todo direito que restrinja ou exclua, em favor do depositante ou de outra pessoa, o direito de exploração da obra ou obras;

c) Quando o interesse for limitado no tempo, o pedido poderá indicar esse limite.

8. Fonte dos direitos: Quando um pedido em relação a uma obra se referir a um direito sobre a obra, indicará, se for o caso, que o depositante é o titular inicial do direito ou, quando ao depositante lhe tenha sido outorgado esse direito por outra pessoa, física ou jurídica, o nome e o endereço dessa pessoa, assim como a qualificação do depositante que o habilite a exercer esse direito.

9. Documentos anexos ao pedido e peças permitindo identificar a obra audiovisual:

a) Todo pedido poderá ser acompanhado de documentos que fundamentem as indicações dele constantes. Todo documento desse gênero redigido em língua distinta do inglês ou francês será acompanhado da menção em inglês de sua natureza e da essência de seu conteúdo; caso contrário, o serviço de registro internacional considerará o documento como não tendo sido anexado ao pedido;

b) Todo pedido poderá ser acompanhado de outras peças além de documentos, destinados à identificação da obra.

10. Declaração de veracidade: O pedido conterá uma declaração nos termos

da qual, do conhecimento do depositante, as indicações que dele constem são verídicas e que todo documento anexo é um original ou cópia fiel de um original.

11.Assinatura: O pedido será assinado pelo depositante ou pelo seu mandatário designado de acordo com o inciso 12.

12.Representação:

a) Todo depositante ou titular do registro poderá ser representado por um mandatário que poderá estar designado no pedido, em uma procuração à parte relativa a um pedido ou registro determinado ou em uma procuração geral, assinada pelo depositante ou pelo titular do registro;

b) Uma procuração geral permitirá ao mandatário representar o depositante ou titular do registro em relação a todos os pedidos ou registros da pessoa que tenha passado a procuração geral;

c) Toda constituição de mandatário será válida até que seja revogada por uma comunicação assinada pela pessoa que designou o mandatário e endereçada ao Serviços de Registro Internacional ou até que o mandatário renuncie a seu mandato por uma comunicação assinada por ele e endereçada ao serviço de registro internacional;

d) O serviço de registro internacional endereçará ao mandatário toda comunicação destinada ao depositante ou ao titular do registro em virtude do presente regulamento; toda comunicação assim endereçada ao mandatário terá o mesmo efeito que se tivesse sido endereçada ao depositante ou ao titular do registro. Toda comunicação endereçada ao serviço de registro internacional pelo mandatário terá o mesmo efeito que se tivesse sido endereçada pelo depositante ou pelo titular do registro.

13.Taxas: Para cada pedido o depositante pagará a taxa prescrita, que deverá ser recolhida ao serviço de registro internacional no máximo no dia em que este último receber o pedido. Se a taxa for recolhida ao serviço de registro internacional nos trinta dias subsequentes à data de recebimento do pedido, este último será considerado, pelo referido serviço, como tendo sido recebido à data na qual a taxa foi recolhida.

Regra 3
Processamento do pedido

1. Correções: Caso o serviço de registro internacional observe o que ele considere ser uma omissão involuntária, uma incompatibilidade entre duas indicações ou, inclusive, um erro de transcrição ou outro erro evidente no pedido, convidará o depositante a corrigir este último. Para poder ser levada em consideração, toda correção trazida pelo depositante deverá chegar ao serviço de registro internacional no prazo de 30 dias a partir da data na qual dito depositante foi convidado a corrigir o pedido.

2. Possibilidade de suprimir contradições:

a) Quando o serviço de registro internacional estimar que uma indicação que consta em um pedido é contraditória com uma indicação que tenha sido objeto, com base em pedido anterior, de um registro existente no registro internacional, deverá imediatamente:

I) Se o depositante é também o titular do registro existente, endereçar-lhe uma notificação, consultando-lhe se deseja modificar a indicação que consta no pedido ou solicitar a modificação da indicação que faça parte do registro existente;

II) Se o depositante e o titular do registro não forem a mesma pessoa, endereçará ao depositante uma notificação consultando-lhe se deseja modificar a indicação que consta do pedido e endereçará, ao mesmo tempo, ao titular do registro existente uma notificação consultando-lhe — no caso de o depositante não desejar modificar a indicação que conste no pedido — se deseja solicitar a modificação da indicação que conste do registro existente. O registro do pedido ficará suspenso até que seja apresentada uma modificação que, na opinião do serviço de registro internacional, suprima à contradição, mas não poderá permanecer suspenso além de um prazo de sessenta dias a partir da data da referida ou referidas notificações, a não ser que o depositante solicite uma prorrogação do prazo, caso em que o registro ficará suspenso até a expiração do prazo assim prorrogado.

b) O fato de o serviço de registro internacional não ter observado a natureza contraditória de uma indicação não será considerado como supressão dessa contradição.

3. Rejeição:

a) Nos casos previstos a seguir o serviço de registro internacional rejeitará o pedido sob reserva dos incisos 1 e 2:

I) Quando o pedido não incluir uma indicação da qual se depreenda, à primeira vista, que estejam preenchidos as condições enunciadas no inciso 5 do artigo 3 do Tratado;

II) Quando, na opinião do serviço de registro internacional, o pedido não se relacionar a uma obra, existente ou futura;

III) Quando o pedido não estiver em conformidade com uma condição prescrita nos termos dos incisos 2, 3, 4, 5, 7a e b, 8, 10, 11 e 13 da regra 2;

b) O serviço de registro internacional poderá rejeitar o pedido quando este não preencher as condições de forma prescritas;

c) Nenhum pedido será rejeitado por razões outras que as estipuladas nos subincisos a) e b);

d) Toda decisão de rejeição adotada em virtude do presente inciso será comunicada por escrito ao depositante pelo serviço de registro internacional. O depositante poderá, no prazo de trinta dias a partir da data da comunicação, requerer por escrito ao serviço de registro internacional o reexame de sua decisão. O serviço de registro internacional responderá ao requerimento em um prazo de trinta dias a partir da data de recepção deste.

4. Menção no registro internacional do recebimento do pedido: Se, por qualquer razão, o serviço de registro internacional não registrar o pedido em um prazo de três dias úteis a partir da recepção deste, registrará no seu banco de

dados, acessível ao público para consulta, os elementos essenciais do pedido indicando o motivo pelo qual o registro não foi efetuado e, se o motivo em questão estiver relacionado às disposições do incisos 1), 2a) ou 3d), as medidas adotadas em virtude das disposições em questão. Se o registro foi efetuado, as menções correspondentes serão, de imediato, suprimidas do banco de dados.

Regra 4
Data e número do registro

1. Data: Sob reserva da regra 2.13), o serviço de registro internacional atribuirá a cada pedido, como data de depósito, a data de recebimento do pedido considerado. Quando o pedido for registrado, a data de depósito tornar-se-á a data de registro.

2. Número: O serviço de registro internacional atribuirá um número a cada pedido. Se o pedido for relativo a uma obra cujo título figure em um registro existente em relação a uma obra, ou que seja descrito em um registro existente em relação a uma pessoa, o número atribuído comportará, também, o número do registro em questão. odo número de registro corresponderá ao número do pedido.

Regra 5
Registro

1. Registro: Se o pedido não for rejeitado, todas as indicações que nele constam serão inscritas no registro internacional na forma prescrita.

2. Notificação e publicação do registro: Todo registro será notificado ao depositante e publicado no boletim estipulado pela regra 6, na forma prescrita.

Regra 6
Boletim

1. Publicação: O serviço de registro internacional publicará um boletim no qual indica, para todos os registros, os elementos prescritos. O boletim será publicado em inglês; todavia, os elementos relativos a pedidos que tenham sido depositados em francês serão também publicados em francês.

2. Venda: O serviço de registro internacional oferecerá, mediante pagamento, assinaturas anuais boletim ou a venda avulsa de exemplares. Os preços serão determinados da mesma forma que o montante das taxas pela regra 8.1).

Regra 7
Pedidos de informação

1. Informação e cópias: O serviço de registro internacional fornecerá, mediante pagamento da taxa prescrita, informações sobre todo registro e cópias

autenticadas de todo certificado de registro ou de todo documento relativo a esse registro.

2. Certificados: O serviço de registro internacional fornecerá, mediante pagamento da taxa prescrita, um certificado respondendo às questões formuladas a respeito da existência, no registro internacional, de indicações relativas a pontos específicos figurando em um registro ou em qualquer outro documento ou peça anexado ao pedido.

3. Consultas: O serviço de registro internacional permitirá, mediante pagamento da taxa prescrita, consultar todo pedido assim como todo documento ou peça anexado a este.

4. Serviço de supervisão: O serviço de registro internacional fornecerá por escrito, mediante pagamento da taxa prescrita, informações do período para o qual a taxa foi paga, a respeito de todos os registros efetuados em relação a obras ou pessoas determinadas no decorrer do período considerado. Essas informações serão transmitidas com a maior brevidade possível após cada registro efetuado.

5. Memória informatizada: O serviço de registro internacional poderá inserir, numa memória informatizada, parte ou todo o conteúdo do registro internacional, e poderá, ao efetuar qualquer dos serviços mencionados nos incisos 1) a 4) ou na regra 3.4), dispor dessa memória.

Regra 8
Taxas

1. Determinação das taxas: Antes de determinar o sistema e o montante das taxas, e antes de introduzir qualquer modificação no sistema ou no montante das taxas, o Diretor Geral consultará a Comissão Consultiva. A Assembléia poderá dar instrução ao Diretor Geral de modificar o dito sistema, o dito montante, ou ambos.

2. Redução das taxas para os depositantes dos países em desenvolvimento: O montante das taxas será inicialmente reduzido de 15% quando o depositante for uma pessoa física ou natural de um Estado Contratante que seja considerado, conforme a prática estabelecida pela Assembléia Geral das Nações Unidas, como país em desenvolvimento ou uma pessoa jurídica constituída de acordo com a legislação dessa categoria de Estado Contratante. A Assembléia examinará, periodicamente a possibilidade de aumentar a porcentagem de tal redução.

3. Entrada em vigor das mudanças efetuadas no montante das taxas: Nenhum aumento do montante das taxas será retroativo. data será indicada quando a modificação for publicada no boletim, e passará a vigorar no mínimo um mês após tal publicação.

4. Moeda e forma de pagamento: As taxas serão pagas na moeda e formas prescritas ou, se várias moedas forem admitidas, na moeda que escolher o depositante.

Regra 9
Instruções administrativas

1. Alcance:

a) As instruções administrativas conterão disposições relativas à administração do Tratado e do presente regulamento de aplicação;

b) Em caso de divergência entre as disposições do Tratado ou do presente regulamento de aplicação e as das instruções Administrativas, as primeiras deverão prevalecer.

2. Elaboração:

a) As instruções administrativas serão estabelecidas e poderão ser modificadas pelo Diretor Geral, após consulta à Comissão Consultiva;

b) A Assembléia Geral poderá determinar a modificação das instruções administrativas ao Diretor Geral a quem caberá efetuá-las.

3. Publicação e entrada em vigor:

a) As instruções administrativas e toda modificação que sofrerem serão publicadas no boletim;

b) Cada publicação especificará a data na qual as disposições publicadas entrarão em vigor. As datas poderão ser diferentes para disposições diferentes, ficando entendido que nenhuma disposição poderá entrar em vigor antes de ser publicada no boletim.

Certifico que o texto que precede é cópia fiel do Tratado sobre Registro Internacional de Obras Audiovisuais.

DECRETO Nº 1.263, DE 10 DE OUTUBRO DE 1994

Ratifica a declaração de adesão aos arts. 1º a 12 e ao art. 28, alínea l, do texto da revisão de Estocolmo da Convenção de Paris para Proteção da Propriedade Industrial.

O PRESIDENTE DA REPÚBLICA, no uso da atribuição que lhe confere o art. 84, inciso VIII, da Constituição,
DECRETA:
Art. 1º Fica ratificada a declaração constante do Decreto nº 635, de 21 de agosto de 1992, da extensão da adesão da República Federativa do Brasil aos arts. 1º a 12 e ao art. 28, alínea l, do texto da Revisão de Estocolmo da Convenção de Paris para a Proteção da Propriedade Industrial, constante do anexo a este decreto.
Art. 2º Este decreto entra em vigor na data de sua publicação.
Brasília, 10 de outubro de 1994; 173º da Independência e 106º da República.
ITAMAR FRANCO
Celso Luiz Nunes Amorim

DECRETO Nº 1.355, DE 30 DE DEZEMBRO DE 1994

Promulga a Ata Final que Incorpora os Resultados da Rodada Uruguai de Negociações Comerciais Multilaterais do GATT

ACORDO SOBRE ASPECTOS DOS DIREITOS DE PROPRIEDADE INTELECTUAL RELACIONADOS AO COMÉRCIO

ÍNDICE

PARTE I DISPOSIÇÕES GERAIS E PRINCÍPIOS BÁSICOS
PARTE II PADRÕES RELATIVOS À EXISTÊNCIA, ABRANGÊNCIA E EXERCÍCIO DE DIREITOS DE PROPRIEDADE INTELECTUAL
   1.Direito do Autor e Direitos Conexos;
   2.Marcas;
   3.Indicações Geográficas;
   4.Desenhos Industriais;
   5.Patentes;
   6.Topografias de Circuitos Integrados;
   7.Proteção de Informação Confidencial; e
   8.Controle de Práticas de Concorrência Desleal em Contratos de Licenças.
PARTE III APLICAÇÃO DE NORMAS DE PROTEÇÃO DOS DIREITOS DE PROPRIEDADE INTELECTUAL
   1.Obrigações Gerais;
   2.Procedimentos e Remédios Civis e Administrativos;
   3.Medidas Cautelares;
   4.Exigência Especiais Relativas a Medidas de Fronteira; e
   5.Procedimentos Penais.
PARTE IV OBTENÇÃO E MANUTENÇÃO DE DIREITOS DE PROPRIEDADE INTELECTUAL E PROCEDIMENTOS <u>INTER-PARTES</u> CONEXOS
PARTE V PREVENÇÃO E SOLUÇÃO DE CONTROVÉRSIAS
PARTE VI ARRANJOS TRANSITÓRIOS
PARTE VII ARRANJOS INSTITUCIONAIS; DISPOSIÇÕES FINAIS

ACORDO SOBRE ASPECTOS DOS DIREITOS DE PROPRIEDADE INTELECTUAL RELACIONADOS AO COMÉRCIO

Os Membros,

Desejando reduzir distorções e obstáculos ao comércio internacional e levando em consideração a necessidade de promover uma proteção eficaz e adequada dos direitos de propriedade intelectual e assegurar que as medidas e procedimentos destinados a fazê-los respeitar não se tornem, por sua vez, obstáculos ao comércio legítimo;

Reconhecendo, para tanto, a necessidade de novas regras e disciplinas relativas:

a) à aplicabilidade dos princípios básicos do GATT 1994 e dos acordos e convenções internacionais relevantes em matéria de propriedade intelectual;

b) ao estabelecimento de padrões e princípios adequados relativos à existência, abrangência e exercício de direitos de propriedade intelectual relacionados ao comércio;

c) ao estabelecimento de meios eficazes e apropriados para a aplicação de normas de proteção de direitos de propriedade intelectual relacionados ao comércio, levando em consideração as diferenças existentes entre os sistemas jurídicos nacionais;

d) ao estabelecimento de procedimentos eficazes e expeditos para a prevenção e solução multilaterais de controvérsias entre Governos; e

e) às disposições transitórias voltadas à plena participação nos resultados das negociações;

Reconhecendo a necessidade de um arcabouço de princípios, regras e disciplinas multilaterais sobre o comércio internacional de bens contrafeitos;

Reconhecendo que os direitos de propriedade intelectual são direitos privados;

Reconhecendo os objetivos básicos de política pública dos sistemas nacionais para a proteção da propriedade intelectual, inclusive os objetivos de desenvolvimento e tecnologia;

Reconhecendo igualmente as necessidades especiais dos países de menor desenvolvimento relativo Membros no que se refere à implementação interna de leis e regulamentos com a máxima flexibilidade, de forma a habilitá-los a criar uma base tecnológica sólida e viável;

Ressaltando a importância de reduzir tensões mediante a obtenção de compromissos firmes para a solução de controvérsias sobre questões de propriedade intelectual relacionadas ao comércio, por meio de procedimentos multilaterais;

Desejando estabelecer relações de cooperação mútua entre a OMC e a Organização Mundial da Propriedade Intelectual (denominada neste Acordo como OMPI), bem como com outras organizações internacionais relevantes;

Acordam, pelo presente, o que se segue:

PARTE I
DISPOSIÇÕES GERAIS E PRINCÍPIOS BÁSICOS

Artigo 1
Natureza e Abrangência das Obrigações

1. Os Membros colocarão em vigor o disposto neste Acordo. Os Membros poderão, mas não estarão obrigados a prover, em sua legislação, proteção mais ampla que a exigida neste Acordo, desde que tal proteção não contrarie as disposições deste Acordo. Os Membros determinarão livremente a forma apropriada de implementar as disposições deste Acordo no âmbito de seus respectivos sistema e prática jurídicos.

2. Para os fins deste Acordo, o termo "propriedade intelectual" refere-se a todas as categorias de propriedade intelectual que são objeto das Seções 1 a 7 da Parte II.

3. Os Membros concederão aos nacionais de outros Membros o tratamento previsto neste Acordo. No que concerne ao direito de propriedade intelectual pertinente, serão considerados nacionais de outros Membros as pessoas físicas ou jurídicas que atendam aos critérios para usufruir da proteção prevista estabelecidos na Convenção de Paris (1967), na Convenção de Berna (1971), na Convenção de Roma e no Tratado sobre Propriedade Intelectual em Matéria de Circuitos Integrados, quando todos Membros do Acordo Constitutivo da OMC forem Membros dessas Convenções. Todo Membro que faça uso das possibilidades estipuladas no parágrafo 3 do Artigo 5 ou no parágrafo 2 do Artigo 6 da Convenção de Roma fará uma notificação, segundo previsto naquelas disposições, ao Conselho para os Aspectos dos Direitos de Propriedade Intelectual Relacionados ao Comércio (o "Conselho para TRIPS").

Artigo 2
Convenções sobre Propriedade Intelectual

1. Com relação às Partes II, III e IV deste Acordo, os Membros cumprirão o disposto nos Artigos 1 a 12, e 19, da Convenção de Paris (1967).

2. Nada nas Partes I a IV deste Acordo derrogará as obrigações existentes que os Membros possam ter entre si, em virtude da Convenção de Paris, da Convenção de Berna, da Convenção de Roma e do Tratado sobre a Propriedade Intelectual em Matéria de Circuitos Integrados.

Artigo 3
Tratamento Nacional

1. Cada Membro concederá aos nacionais dos demais Membros tratamento não menos favorável que o outorgado a seus próprios nacionais com relação à proteção da propriedade intelectual, salvo as exceções já previstas, respectiva-

mente, na Convenção de Paris (1967), na Convenção de Berna (1971), na Convenção de Roma e no Tratado sobre Propriedade Intelectual em Matéria de Circuitos Integrados. No que concerne a artistas-intérpretes, produtores de fonogramas e organizações de radiodifusão, essa obrigação se aplica apenas aos direitos previstos neste Acordo. Todo Membro que faça uso das possibilidades previstas no Artigo 6 da Convenção de Berna e no parágrafo 1 (b) do Artigo 16 da Convenção de Roma fará uma notificação, de acordo com aquelas disposições, ao Conselho para TRIPS.

2. Os Membros poderão fazer uso das exceções permitidas no parágrafo 1 em relação a procedimentos judiciais e administrativos, inclusive a designação de um endereço de serviço ou a nomeação de um agente em sua área de jurisdição, somente quando tais exceções sejam necessárias para assegurar o cumprimento de leis e regulamentos que não sejam incompatíveis com as disposições deste Acordo e quando tais práticas não sejam aplicadas de maneira que poderiam constituir restrição disfarçada ao comércio.

Artigo 4
Tratamento de Nação Mais Favorecida

Com relação à proteção da propriedade intelectual, toda vantagem, favorecimento, privilégio ou imunidade que um Membro conceda aos nacionais de qualquer outro país será outorgada imediata e incondicionalmente aos nacionais de todos os demais Membros. Está isenta desta obrigação toda vantagem, favorecimento, privilégio ou imunidade concedida por um Membro que:

a) resulte de acordos internacionais sobre assistência judicial ou sobre aplicação em geral da lei e não limitados em particular à proteção da propriedade intelectual;

b) tenha sido outorgada em conformidade com as disposições da Convenção de Berna (1971) ou da Convenção de Roma que autorizam a concessão tratamento em função do tratamento concedido em outro país e não do tratamento nacional;

c) seja relativa aos direitos de artistas-intérpretes, produtores de fonogramas e organizações de radiodifusão não previstos neste Acordo;

d) resultem de Acordos internacionais relativos à proteção da propriedade intelectual que tenham entrado em vigor antes da entrada em vigor do Acordo Constitutivo da OMC, desde que esses acordos sejam notificados ao Conselho para TRIPS e não constituam discriminação arbitrária ou injustificável contra os nacionais dos demais Membros.

Artigo 5
Acordos Multilaterais sobre Obtenção ou Manutenção da Proteção

As obrigações contidas nos Artigos 3 e 4 não se aplicam aos procedimentos previstos em acordos multilaterais concluídos sob os auspícios da OMPI relativos à obtenção e manutenção dos direitos de propriedade intelectual.

Artigo 6
Exaustão

Para os propósitos de solução de controvérsias no marco deste Acordo, e sem prejuízo do disposto nos Artigos 3 e 4, nada neste Acordo será utilizado para tratar da questão da exaustão dos direitos de propriedade intelectual.

Artigo 7
Objetivos

A proteção e a aplicação de normas de proteção dos direitos de propriedade intelectual devem contribuir para a promoção da inovação tecnológica e para a transferência e difusão de tecnologia, em benefício mútuo de produtores e usuários de conhecimento tecnológico e de uma forma conducente ao bem-estar social econômico e a um equilíbrio entre direitos e obrigações.

Artigo 8
Princípios

1. Os Membros, ao formular ou emendar suas leis e regulamentos, podem adotar medidas necessárias para proteger a saúde e nutrição públicas e para promover o interesse público em setores de importância vital para seu desenvolvimento sócio-econômico e tecnológico, desde que estas medidas sejam compatíveis com o disposto neste Acordo.

2. Desde que compatíveis com o disposto neste Acordo, poderão ser necessárias medidas apropriadas para evitar o abuso dos direitos de propriedade intelectual por seus titulares ou para evitar o recurso a práticas que limitem de maneira injustificável o comércio ou que afetem adversamente a transferência internacional de tecnologia.

PARTE II
NORMAS RELATIVAS À EXISTÊNCIA, ABRANGÊNCIA E EXERCÍCIO DOS DIREITOS DE PROPRIEDADE INTELECTUAL

SEÇÃO 1: DIREITO DO AUTOR E DIREITOS CONEXOS

Artigo 9
Relação com a Convenção de Berna

1. Os Membros cumprirão o disposto nos Artigos 1 a 21 e no Apêndice da Convenção de Berna (1971). Não obstante, os Membros não terão direitos nem obrigações, neste Acordo, com relação aos direitos conferidos pelo Artigo 6bis da citada Convenção, ou com relação aos direitos dela derivados.

2. A proteção do direito do autor abrangerá expressões e não idéias, procedimentos, métodos de operação ou conceitos matemáticos como tais.

Artigo 10
Programas de Computador e Compilações de Dados

1. Programas de computador, em código fonte ou objeto, serão protegidos como obras literárias pela Convenção de Berna (1971).
2. As compilações de dados ou de outro material, legíveis por máquina ou em outra forma, que em função da seleção ou da disposição de seu conteúdo constituam criações intelectuais, deverão ser protegidas como tal. Essa proteção, que não se estenderá aos dados ou ao material em si, se dará sem prejuízo de qualquer direito autoral subsistente nesses dados material.

Artigo 11
Direitos de Aluguel

Um Membro conferirá aos autores e a seus sucessores legais, pelo menos no que diz respeito a programas de computador e obras cinematográficas, o direito de autorizar ou proibir o aluguel público comercial dos originais ou das cópias de suas obras protegidas pelo direito do autor. Um Membro estará isento desta obrigação no que respeita a obras cinematográficas, a menos que esse aluguel tenha dado lugar a uma ampla copiagem dessas obras, que comprometa significativamente o direito exclusivo de reprodução conferido por um Membro aos autores e seus sucessores legais. Com relação aos programas de computador, esta obrigação não se aplica quando o programa em si não constitui o objeto essencial do aluguel.

Artigo 12
Duração da proteção

Quando a duração da proteção de uma obra, que não fotográfica ou de arte aplicada, for calculada em base diferente à da vida de uma pessoa física, esta duração não será inferior a 50 anos, contados a partir do fim do ano civil da publicação autorizada da obra ou, na ausência dessa publicação autorizada nos 50 anos subseqüentes à realização da obra, a 50 anos, contados a partir do fim do ano civil de sua realização.

Artigo 13
Limitações e Exceções

Os Membros restringirão as limitações ou exceções aos direitos exclusivos a determinados casos especiais, que não conflitem com a exploração normal da obra e não prejudiquem injustificavelmente os interesses legítimos do titular do direito.

Artigo 14
Proteção de Artistas-Intérpretes, Produtores de Fonogramas
(Gravações Sonoras) e Organizações de Radiodifusão

1. No que respeita à fixação de suas apresentações em fonogramas, os artistas-intérpretes terão a possibilidade de evitar a fixação de sua apresentação não fixada e a reprodução desta fixação, quando efetuadas sem sua autorização. Os artistas-intérpretes terão também a possibilidade de impedir a difusão por meio de transmissão sem fio e a comunicação ao público de suas apresentações ao vivo, quando efetuadas sem sua autorização.
2. Os produtores de fonogramas gozarão do direito de autorizar ou proibir a reprodução direta ou indireta de seus fonogramas.
3. As organizações de radiodifusão terão o direito de proibir a fixação, a reprodução de fixações e a retransmissão por meios de difusão sem fio, bem como a comunicação ao público de suas transmissões televisivas, quando efetuadas sem sua autorização. Quando não garantam esses direitos às organizações de radiodifusão, os Membros concederão aos titulares do direito de autor, nas matérias objeto das transmissões, a possibilidade de impedir os atos antes mencionados, sujeitos às disposições da Convenção de Berna (1971).
4. As disposições do Artigo 11 relativas a programas de computador serão aplicadas mutatis mutandis aos produtores de fonogramas e a todos os demais titulares de direitos sobre fonogramas, segundo o determinado pela legislação do Membro. Se, em 15 de abril de 1994, um Membro tiver em vigor um sistema eqüitativo de remuneração dos titulares de direitos no que respeita ao aluguel de fonogramas, poderá manter esse sistema desde que o aluguel comercial de fonogramas não esteja causando prejuízo material aos direitos exclusivos de reprodução dos titulares de direitos.
5. A duração da proteção concedida por este Acordo aos artistas-intérpretes e produtores de fonogramas se estenderá pelo menos até o final de um prazo de 50 anos, contados a partir do final do ano civil no qual a fixação tenha sido feita ou a apresentação tenha sido realizada. A duração da proteção concedida de acordo com o parágrafo 3 será de pelo menos 20 anos, contados a partir do fim do ano civil em que a transmissão tenha ocorrido.
6. Todo Membro poderá, em relação aos direitos conferidos pelos parágrafos 1, 2 e 3, estabelecer condições, limitações, exceções e reservas na medida permitida pela Convenção de Roma. Não obstante, as disposições do Artigo 18 da Convenção de Berna(1971) também serão aplicadas, mutatis mutandis, aos direitos sobre os fonogramas de artistas-intérpretes e produtores de fonogramas.

SEÇÃO 2: MARCAS
Artigo 15
Objeto da Proteção

1. Qualquer sinal, ou combinação de sinais, capaz de distinguir bens e serviços de um empreendimento daqueles de outro empreendimento, poderá consti-

tuir uma marca. Estes sinais, em particular palavras, inclusive nomes próprios, letras, numerais, elementos figurativos e combinação de cores, bem como qualquer combinação desses sinais, serão registráveis como marcas. Quando os sinais não forem intrinsecamente capazes de distinguir os bens e serviços pertinentes, os Membros poderão condicionar a possibilidade do registro ao caráter distintivo que tenham adquirido pelo seu uso. Os Membros poderão exigir, como condição para registro, que os sinais sejam visualmente perceptíveis.

2. O disposto no parágrafo 1 não será entendido como impedimento a que um Membro denegue o registro de uma marca por outros motivos, desde que estes não infrinjam as disposições da Convenção de Paris (1967).

3. Os Membros poderão condicionar a possibilidade do registro ao uso da marca. Não obstante, o uso efetivo de uma marca não constituirá condição para a apresentação de pedido de registro. Uma solicitação de registro não será indeferida apenas com base no fato de que seu uso pretendido não tenha ocorrido antes de expirado um prazo de três anos, contados a partir da data da solicitação.

4. A natureza dos bens ou serviços para os quais se aplique uma marca não constituíra, em nenhum caso, obstáculo a seu registro.

5. Os Membros publicarão cada marca antes ou prontamente após o seu registro e concederão oportunidade razoável para o recebimento de pedidos de cancelamento do registro. Ademais, os Membros poderão oferecer oportunidade para que o registro de uma marca seja contestado.

Artigo 16
Direitos Conferidos

1. O titular de marca registrada gozará do direito exclusivo de impedir que terceiros, sem seu consentimento, utilizem em operações comerciais sinais idênticos ou similares para bens ou serviços que sejam idênticos ou similares àqueles para os quais a marca está registrada, quando esse uso possa resultar em confusão. No caso de utilização de um sinal idêntico para bens e serviços idênticos presumir-se-á uma possibilidade de confusão. Os direitos descritos acima não prejudicarão quaisquer direitos prévios existentes, nem afetarão a possibilidade dos Membros reconhecerem direitos baseados no uso.

2. O disposto no Artigo 6bis da Convenção de Paris (1967) aplicar-se-á, <u>mutatis mutandis</u>, a serviços. Ao determinar se uma marca é notoriamente conhecida, os Membros levarão em consideração o conhecimento da marca no setor pertinente do público, inclusive o conhecimento que tenha sido obtido naquele Membro, como resultado de promoção da marca.

3. O disposto no Artigo 6bis da Convenção de Paris (1967)aplicar-se-á, <u>mutatis mutandis</u>, aos bens e serviços que não sejam similares àqueles para os quais uma marca esteja registrada, desde que o uso dessa marca, em relação àqueles bens e serviços, possa indicar uma conexão entre aqueles bens e serviços e o titular da marca registrada e desde que seja provável que esse uso prejudique os interesses do titular da marca registrada.

Artigo 17
Exceções

Os Membros poderão estabelecer exceções limitadas aos direitos conferidos para uma marca, tal como o uso adequado de termos descritivos, desde que tais exceções levem em conta os legítimos interesses do titular da marca e de terceiros.

Artigo 18
Duração da Proteção

O registro inicial de uma marca, e cada uma das renovações do registro, terá duração não inferior a sete anos. O registro de uma marca será renovável indefinidamente.

Artigo 19
Requisito do Uso

1. Se sua manutenção requer o uso da marca, um registro só poderá ser cancelado após transcorrido um prazo ininterrupto de pelo menos três anos de não-uso, a menos que o titular da marca demonstre motivos válidos, baseados na existência de obstáculos a esse uso. Serão reconhecidos como motivos válidos para o não-uso circunstâncias alheias à vontade do titular da marca, que constituam um obstáculo ao uso da mesma, tais como restrições à importação ou outros requisitos oficiais relativos aos bens e serviços protegidos pela marca.
2. O uso de uma marca por outra pessoa, quando sujeito ao controle de seu titular, será reconhecido como uso da marca para fins de manutenção do registro.

Artigo 20
Outros Requisitos

O uso comercial de uma marca não será injustificavelmente sobrecarregado com exigências especiais, tais como o uso com outra marca, o uso em uma forma especial ou o uso em detrimento de sua capacidade de distinguir os bens e serviços de uma empresa daqueles de outra empresa. Esta disposição não impedirá uma exigência de que uma marca que identifique a empresa produtora de bens e serviços seja usada juntamente, mas não vinculadamente, com a marca que distinga os bens e serviços específicos em questão daquela empresa.

Artigo 21
Licenciamento e Cessão

Os Membros poderão determinar as condições para a concessão de licenças de uso e cessão de marcas, no entendimento de que não serão permitidas licenças compulsórias e que o titular de uma marca registrada terá o direito de ceder a marca, com ou sem a transferência do negócio ao qual a marca pertença.

SEÇÃO 3: INDICAÇÕES GEOGRÁFICAS

Artigo 22
Proteção das Indicações Geográficas

1. Indicações Geográficas são, para os efeitos deste Acordo, indicações que identifiquem um produto como originário do território de um Membro, ou região ou localidade deste território, quando determinada qualidade, reputação ou outra característica do produto seja essencialmente atribuída à sua origem geográfica.

2. Com relação às indicações geográficas, os Membros estabelecerão os meios legais para que as partes interessadas possam impedir:

a) a utilização de qualquer meio que, na designação ou apresentação do produto, indique ou sugira que o produto em questão provém de uma área geográfica distinta do verdadeiro lugar de origem, de uma maneira que conduza o público a erro quanto à origem geográfica do produto;

b) qualquer uso que constitua um ato de concorrência desleal, no sentido do disposto no artigo 10bis da Convenção de Paris(1967).

3. Um Membro recusará ou invalidará, ex officio, se sua legislação assim o permitir, ou a pedido de uma parte interessada o registro de uma marca que contenha ou consista em indicação geográfica relativa a bens não originários do território indicado, se o uso da indicação na marca para esses bens for de natureza a induzir o público a erro quanto ao verdadeiro lugar de origem.

4. As disposições dos parágrafos 1, 2 e 3 serão aplicadas a uma indicação geográfica que, embora literalmente verdadeira no que se refere ao território, região ou localidade da qual o produto se origina, dê ao público a falsa idéia de que esses bens se originam em outro território.

Artigo 23
Proteção Adicional às Indicações Geográficas para Vinhos e Destilados

1. Cada Membro proverá os meios legais para que as partes interessadas possam evitar a utilização de uma indicação geográfica que identifique vinhos em vinhos não originários do lugar indicado pela indicação geográfica em questão, ou que identifique destilados como destilados não originários do lugar indicado pela indicação geográfica em questão, mesmo quando a verdadeira origem dos bens esteja indicada ou a indicação geográfica utilizada em tradução ou acompanhada por expressões como "espécie", "tipo", "estilo", "imitação" ou outras similares.

2. O registro de uma marca para vinhos que contenha ou consista em uma indicação geográfica que identifique vinhos, ou para destilados que contenha ou consista em uma indicação geográfica que identifique destilados, será recusado

ou invalidado, ex officio, se a legislação de um Membro assim o permitir, ou a pedido de uma parte interessada, para os vinhos ou destilados que não tenham essa origem.

3. No caso de indicações geográficas homônimas para vinhos, a proteção será concedida para cada indicação, sem prejuízo das disposições do parágrafo 4 do ARTIGO 22. Cada Membro determinará as condições práticas pelas quais serão diferenciadas entre si as indicações geográficas homônimas em questão, levando em consideração a necessidade de assegurar tratamento eqüitativo aos produtores interessados e de não induzir a erro os consumidores.

4. Para facilitar a proteção das indicações geográficas para vinhos, realizar-se-ão, no Conselho para TRIPS, negociações relativas ao estabelecimento de um sistema multilateral de notificação e registro de indicações geográficas para vinhos passíveis de proteção nos Membros participantes desse sistema.

Artigo 24
Negociações Internacionais; Exceções

1. Os Membros acordam entabular negociações com o objetivo de aumentar a proteção às indicações geográficas específicas mencionadas no ARTIGO 23. As disposições dos parágrafos 4 a 8 abaixo não serão utilizadas por um Membro como motivo para deixar de conduzir negociações ou de concluir acordos bilaterais e multilaterais. No contexto de tais negociações, os Membros se mostrarão dispostos a considerar a aplicabilidade ulterior dessas disposições a indicações geográficas especificas cuja utilização tenha sido o objeto dessas negociações.

2. O Conselho para TRIPS manterá sob revisão a aplicação das disposições desta Seção; a primeira dessas revisões será realizada dentro de dois anos da entrada em vigor do Acordo Constitutivo da OMC. Qualquer questão que afete o cumprimento das obrigações estabelecidas nessas disposições poderá ser levada à atenção do Conselho, o qual, a pedido de um Membro, realizará consultas com qualquer outro Membro ou Membros sobre as questões para as quais não tenha sido possível encontrar uma solução satisfatória mediante consultas bilaterais ou multilaterais entre os Membros interessados. O conselho adotará as medidas que se acordem para facilitar o funcionamento e para a consecução dos objetivos dessa Seção.

3. Ao implementar as disposições dessa Seção, nenhum Membro reduzirá a proteção às indicações geográficas que concedia no período imediatamente anterior à data de entrada em vigor do Acordo Constitutivo da OMC.

4. Nada nesta Seção exigirá que um Membro evite o uso continuado e similar de uma determinada indicação geográfica de outro Membro, que identifique vinhos e destilados em relação a bens e serviços, por nenhum de seus nacionais ou domiciliários que tenham utilizado esta indicação geográfica de forma continuada para esses mesmos bens e serviços, ou outros afins, no território desse Membro (a) por, no mínimo, 10 anos antes de 15 de abril de 1994 ou, (b) de boa fé, antes dessa data.

5. As medidas adotadas para implementar esta Seção não prejudicarão a habilitação ao registro, a validade do registro, nem o direito ao uso de uma marca, com base no fato de que essa marca é idêntica ou similar a uma indicação geográfica, quando essa marca tiver sido solicitada ou registrada de boa fé, ou quando os direitos a essa marca tenham sido adquiridos de boa fé mediante uso:

a) antes da data de aplicação dessas disposições naquele Membro, segundo estabelecido na Parte VI; ou

b) antes que a indicação geográfica estivesse protegida no seu país de origem;

6. Nada nesta Seção obrigará um Membro aplicar suas disposições a uma indicação geográfica de qualquer outro Membro relativa a bens e serviços para os quais a indicação pertinente seja idêntica ao termo habitual em linguagem corrente utilizado como nome comum para os mesmos bens e serviços no território daquele Membro. Nada do previsto nesta Seção obrigará um Membro a aplicar suas disposições a uma indicação geográfica de qualquer outro Membro relativa a produtos de viticultura para os quais a indicação relevante seja igual ao nome habitual para uma variedade de uva existente no território daquele Membro na data da entrada em vigor do Acordo Constitutivo da OMC.

7. Um Membro poderá estabelecer que qualquer requerimento formulado no âmbito desta Seção, relativo ao uso ou registro de uma marca, deve ser apresentado dentro de um prazo de cinco anos após tornado do conhecimento geral naquele Membro o uso sem direito da indicação protegida, ou após a data do registro da marca naquele Membro, desde que a marca tenha sido publicada até aquela data, quando anterior à data na qual o uso sem direito tornou-se do conhecimento geral naquele Membro, desde que a indicação geográfica não seja utilizada ou registrada de má fé.

8. As disposições desta Seção não prejudicarão de forma alguma o direito de qualquer pessoa de usar, em operações comerciais, seu nome ou o de seu predecessor no negócio, exceto quando esse nome for utilizado de maneira que induza o público a erro.

9. Não haverá, neste Acordo, obrigação de proteger indicações geográficas que não estejam protegidas, que tenham deixado de estar protegidas ou que tenham caído em desuso no seu país de origem.

SEÇÃO 4: DESENHOS INDUSTRIAIS

Artigo 25
Requisitos para a Proteção

1. Os Membros estabelecerão proteção para desenhos industriais criados independentemente, que sejam novos ou originais. Os Membros poderão estabelecer que os desenhos não serão novos ou originais se estes não diferirem significativamente de desenhos conhecidos ou combinações de características de desenhos conhecidos. Os Membros poderão estabelecer que essa proteção não se

estenderá a desenhos determinados essencialmente por considerações técnicas ou funcionais.

2. Cada Membro assegurará que os requisitos para garantir proteção a padrões de tecidos — particularmente no que se refere a qualquer custo, exame ou publicação — não dificulte injustificavelmente a possibilidade de buscar e de obter essa proteção. Os Membros terão liberdade para cumprir com essa obrigação por meio de lei sobre desenhos industriais ou mediante lei de direito autoral.

Artigo 26
Proteção

1. O titular de um desenho industrial protegido terá o direito de impedir terceiros, sem sua autorização, de fazer, vender ou importar Artigos que ostentem ou incorporem um desenho que constitua um cópia, ou seja substancialmente uma cópia, do desenho protegido, quando esses atos sejam realizados com fins comerciais.

2. Os Membros poderão estabelecer algumas exceções à proteção de desenhos industriais, desde que tais exceções não conflitem injustificavelmente com a exploração normal de desenhos industriais protegidos, nem prejudiquem injustificavelmente o legítimo interesse do titular do desenho protegido, levando em conta o legítimo interesse de terceiros.

3. A duração da proteção outorgada será de, pelo menos, dez anos.

SEÇÃO 5: PATENTES

Artigo 27
Matéria Patenteável

1. Sem prejuízo do disposto nos parágrafos 2 e 3 abaixo, qualquer invenção, de produto ou de processo, em todos os setores tecnológicos, será patenteável, desde que seja nova, envolva um passo inventivo e seja passível de aplicação industrial. Sem prejuízo do disposto no parágrafo 4 do Artigo 65, no parágrafo 8 do Artigo 70 e no parágrafo 3 deste Artigo, as patentes serão disponíveis e os direitos patentários serão usufruíveis sem discriminação quanto ao local de invenção, quanto a seu setor tecnológico e quanto ao fato de os bens serem importados ou produzidos localmente.

2. Os Membros podem considerar como não patenteáveis invenções cuja exploração em seu território seja necessário evitar para proteger a ordem pública ou a moralidade, inclusive para proteger a vida ou a saúde humana, animal ou vegetal ou para evitar sérios prejuízos ao meio ambiente, desde que esta determinação não seja feita apenas por que a exploração é proibida por sua legislação.

3. Os Membros também podem considerar como não patenteáveis:
a) métodos diagnósticos, terapêuticos e cirúrgicos para o tratamento de seres humanos ou de animais;

b) plantas e animais, exceto microorganismos e processos essencialmente biológicos para a produção de plantas ou animais, excetuando-se os processos não-biológicos e microbiológicos. Não obstante, os Membros concederão proteção a variedades vegetais, seja por meio de patentes, seja por meio de um sistema sui generis eficaz, seja por uma combinação de ambos. O disposto neste subparágrafo será revisto quatro anos após a entrada em vigor do Acordo Constitutivo da OMC.

Artigo 28
Direitos Conferidos

1. Uma patente conferirá a seu titular os seguintes direitos exclusivos:

a) quando o objeto da patente for um produto, o de evitar que terceiros sem seu consentimento produzam usem, coloquem a venda, vendam, ou importem com esses propósitos aqueles bens;

b) quando o objeto da patente for um processo, o de evitar que terceiros sem seu consentimento usem o processo, usem, coloquem a venda, vendam, ou importem com esses propósitos pelo menos o produto obtido diretamente por aquele processo.

2. Os titulares de patente terão também o direito de cedê-la ou transferi-la por sucessão e o de efetuar contratos de licença.

Artigo 29
Condições para os Requerentes de Patente

1. Os Membros exigirão que um requerente de uma patente divulgue a invenção de modo suficientemente claro e completo para permitir que um técnico habilitado possa realizá-la e podem exigir que o requerente indique o melhor método de realizar a invenção que seja de seu conhecimento no dia do pedido ou, quando for requerida prioridade, na data prioritária do pedido.

2. Os Membros podem exigir que o requerente de uma patente forneça informações relativas a seus pedidos correspondentes de patente e às concessões no exterior.

Artigo 30
Exceções aos Direitos Conferidos

Os Membros poderão conceder exceções limitadas aos direitos exclusivos conferidos pela patente, desde que elas não conflitem de forma não razoável com sua exploração normal e não prejudiquem de forma não razoável os interesses legítimos de seu titular, levando em conta os interesses legítimos de terceiros.

Artigo 31
Outro Uso sem Autorização do Titular

Quando a legislação de um Membro permite outro uso do objeto da patente sem a autorização de seu titular, inclusive o uso pelo Governo ou por terceiros autorizados pelo governo, as seguintes disposições serão respeitadas:
a) a autorização desse uso será considerada com base no seu mérito individual;
b) esse uso só poderá ser permitido se o usuário proposto tiver previamente buscado obter autorização do titular, em termos e condições comerciais razoáveis, e que esses esforços não tenham sido bem sucedidos num prazo razoável. Essa condição pode ser dispensada por um Membro em caso de emergência nacional ou outras circunstâncias de extrema urgência ou em casos de uso público não-comercial. No caso de uso público não-comercial, quando o Governo ou o contratante sabe ou tem base demonstrável para saber, sem proceder a uma busca, que uma patente vigente é ou será usada pelo ou para o Governo, o titular será prontamente informado;
c) o alcance e a duração desse uso será restrito ao objetivo para o qual foi autorizado e, no caso de tecnologia de semicondutores, será apenas para uso público não-comercial ou para remediar um procedimento determinado como sendo anticompetitivo ou desleal após um processo administrativo ou judicial;
d) esse uso será não-exclusivo;
e) esse uso não será transferível, exceto conjuntamente com a empresa ou parte da empresa que dele usufruir;
f) esse uso será autorizado predominantemente para suprir o mercado interno do Membro que autorizou;
g) sem prejuízo da proteção adequada dos legítimos interesses das pessoas autorizadas, a autorização desse uso poderá ser terminada se e quando as circunstâncias que o propiciaram deixarem de existir e se for improvável que venham a existir novamente. A autoridade competente terá o poder de rever, mediante pedido fundamentado, se essas circunstâncias persistem;
h) o titular será adequadamente remunerado nas circunstâncias de cada uso, levando-se em conta o valor econômico da autorização;
i) a validade legal de qualquer decisão relativa à autorização desse uso estará sujeita a recurso judicial ou outro recurso independente junto a uma autoridade claramente superior naquele Membro;
j) qualquer decisão sobre a remuneração concedida com relação a esse uso estará sujeita a recurso judicial ou outro recurso independente junto a uma autoridade claramente superior naquele Membro;
k) os Membros não estão obrigados a aplicar as condições estabelecidas nos subparágrafos (b) e (f) quando esse uso for permitido para remediar um procedimento determinado como sendo anticompetitivo ou desleal após um processo administrativo ou judicial. A necessidade de corrigir práticas anticompetitivas ou desleais pode ser levada em conta na determinação da remuneração em tais

casos. As autoridades competentes terão o poder de recusar a terminação da autorização se e quando as condições que a propiciam forem tendentes a ocorrer novamente;

l) quando esse uso é autorizado para permitir a exploração de uma patente ("a segunda patente") que não pode ser explorada sem violar outra patente ("a primeira patente"), as seguintes condições adicionais serão aplicadas:

(i) a invenção identificada na segunda patente envolverá um avanço técnico importante de considerável significado econômico em relação à invenção identificada na primeira patente;

(ii) o titular da primeira patente estará habilitado a receber uma licença cruzada, em termos razoáveis, para usar a invenção identificada na segunda patente; e

(iii) o uso autorizado com relação à primeira patente será não transferível, exceto com a transferência da segunda patente.

Artigo 32
Nulidade/Caducidade

Haverá oportunidade para recurso judicial contra qualquer decisão de anular ou de caducar uma patente.

Artigo 33
Vigência

A vigência da patente não será inferior a um prazo de 20 anos, contados a partir da data do depósito.

Artigo 34
Patentes de Processo: Ônus da Prova

1. Para os fins de processos cíveis relativos à infração dos direitos do titular referidos no parágrafo 1(b) do ARTIGO 28, se o objeto da patente é um processo para a obtenção de produto, as autoridades judiciais terão o poder de determinar que o réu prove que o processo para a obter um produto idêntico é diferente do processo patenteado. Consequentemente, os Membros disporão que qualquer produto idêntico, quando produzido sem o consentimento do titular, será considerado, na ausência de prova em contrário, como tendo sido obtido a partir do processo patenteado, pelo menos em uma das circunstâncias seguintes:

a) se o produto obtido pelo processo patenteado for novo;

b) se existir probalidade significativa de o produto idêntico ter sido feito pelo processo e o titular da patente não tiver sido capaz, depois de empregar razoáveis esforços, de determinar o processo efetivamente utilizado.

2. Qualquer Membro poderá estipular que o ônus da prova indicado no parágrafo 1 recairá sobre a pessoa a quem se imputa a infração apenas quando

satisfeita a condição referida no subparágrafo (a) ou apenas quando satisfeita a condição referida no subparágrafo(b).

3. Na adução da prova em contrário, os legítimos interesses dos réus na proteção de seus segredos de negócio e de fábrica serão levados em consideração.

SEÇÃO 6: TOPOGRAFIAS DE CIRCUITOS INTEGRADOS

Artigo 35
Relação com o Tratado sobre a Propriedade Intelectual em Matéria de Circuitos Integrados

Os Membros acordam outorgar proteção às topografias de circuitos integrados(denominados adiante "topografias") em conformidade com os Artigos 2 a 7 (salvo o parágrafo 3 do Artigo 6), Artigo 12 e parágrafo 3 do Artigo 16 do Tratado sobre Propriedade Intelectual em Matéria de Circuitos Integrados e, adicionalmente, em cumprir com as disposições seguintes.

Artigo 36
Abrangência da Proteção

Sem prejuízo do disposto no parágrafo 1 do Artigo 37, os Membros considerarão ilícitos os seguintes atos, se realizados sem autorização do titular do direito: importar, vender ou distribuir por outro modo para fins comerciais uma topografia protegida, um circuito integrado no qual esteja incorporada uma topografia protegida ou um Artigo que incorpore um circuito integrado desse tipo, somente na medida em que este continue a conter uma reprodução ilícita de uma topografia.

Artigo 37
Atos que não Exigem a Autorização do Titular do Direito

1. Sem prejuízo do Disposto no Artigo 36, nenhum Membro considerará ilícita a realização de qualquer dos atos a que se refere aquele Artigo em relação a um circuito integrado que contenha uma topografia reproduzida de forma ilícita ou a qualquer produto que incorpore um tal circuito integrado, quando a pessoa que tenha efetuado ou ordenado tais atos não sabia e não tinha base razoável para saber, quando da obtenção do circuito integrado ou do produto, que ele continha uma topografia reproduzida de forma ilícita. Os Membros disporão que, após essa pessoa ter sido suficientemente informada de que a topografia fora reproduzida de forma ilícita, ela poderá efetuar qualquer daqueles atos com relação ao estoque disponível ou previamente encomendado, desde que pague ao titular do direito uma quantia equivalente a uma remuneração razoável, equivalente à que seria paga no caso de uma licença livremente negociada daquela topografia.

2. As condições estabelecidas nos subparágrafos (a) a (k) do Artigo 31 aplicar-se-ão, <u>mutatis mutandis</u>, no caso de qualquer licenciamento não-voluntário de uma topografia ou de seu uso pelo ou para o Governo sem a autorização do titular do direito.

Artigo 38
Duração da Proteção

1. Nos Membros que exigem o registro como condição de proteção, a duração da proteção de topografias não expirará antes de um prazo de dez anos contados do depósito do pedido de registro ou da primeira exploração comercial, onde quer que ocorra no mundo.

2. Nos Membros que não exigem registro como condição de proteção, as topografias serão protegidas por um prazo não inferior a dez anos da data da primeira exploração comercial, onde quer que ocorra no mundo.

3. Sem prejuízo dos parágrafos 1 e 2, um Membro pode dispor que a proteção terminará quinze anos após a criação da topografia.

SEÇÃO 7: PROTEÇÃO DE INFORMAÇÃO CONFIDENCIAL

Artigo 39

1. Ao assegurar proteção efetiva contra competição desleal, como disposto no ARTIGO 10bis da Convenção de Paris(1967), os Membros protegerão informação confidencial de acordo com o parágrafo 2 abaixo, e informação submetida a Governos ou a Agências Governamentais, de acordo com o parágrafo 3 abaixo.

2. Pessoas físicas e jurídicas terão a possibilidade de evitar que informação legalmente sob seu controle seja divulgada, adquirida ou usada por terceiros, sem seu consentimento, de maneira contrária a práticas comerciais honestas, desde que tal informação:

a) seja secreta, no sentido de que não seja conhecida em geral nem facilmente acessível a pessoas de círculos que normalmente lidam com o tipo de informação em questão, seja como um todo, seja na configuração e montagem específicas de seus componentes;

b) tenha valor comercial por ser secreta; e

c) tenha sido objeto de precauções razoáveis, nas circunstâncias, pela pessoa legalmente em controle da informação, para mantê-la secreta.

3. Os Membros que exijam a apresentação de resultados de testes ou outros dados não divulgados, cuja elaboração envolva esforço considerável, como condição para aprovar a comercialização de produtos farmacêuticos ou de produtos agrícolas químicos que utilizem novas entidades químicas, protegerão esses dados contra seu uso comercial desleal. Ademais, os Membros adotarão providências para impedir que esses dados sejam divulgados, exceto quando necessário

para proteger o público, ou quando tenham sido adotadas medidas para assegurar que os dados sejam protegidos contra o uso comercial desleal.

SEÇÃO 8: CONTROLE DE PRÁTICAS DE CONCORRÊNCIA DESLEAL EM CONTRATOS DE LICENÇAS

Artigo 40

1. Os Membros concordam que algumas práticas ou condições de licenciamento relativas a direitos de propriedade intelectual que restringem a concorrência podem afetar adversamente o comércio e impedir a transferência e disseminação de tecnologia.

2. Nenhuma disposição deste Acordo impedirá que os Membros especifiquem em suas legislações condições ou práticas de licenciamento que possam, em determinados casos, constituir um abuso dos direitos de propriedade intelectual que tenha efeitos adversos sobre a concorrência no mercado relevante. Conforme estabelecido acima, um Membro pode adotar, de forma compatível com as outras disposições deste Acordo, medidas apropriadas para evitar ou controlar tais práticas, que podem incluir, por exemplo, condições de cessão exclusiva, condições que impeçam impugnações da validade e pacotes de licenças coercitivas, à luz das leis e regulamentos pertinentes desse Membro.

3. Cada Membro aceitará participar de consultas quando solicitado por qualquer outro Membro que tenha motivo para acreditar que um titular de direitos de propriedade intelectual, que seja nacional ou domiciliado no Membro ao qual o pedido de consultas tenha sido dirigido, esteja adotando práticas relativas à matéria da presente Seção, em violação às leis e regulamentos do Membro que solicitou as consultas e que deseja assegurar o cumprimento dessa legislação, sem prejuízo de qualquer ação legal e da plena liberdade de uma decisão final por um ou outro Membro. O Membro ao qual tenha sido dirigida a solicitação dispensará consideração plena e receptiva às consultas com o Membro solicitante, propiciará adequada oportunidade para sua realização e cooperará mediante o fornecimento de informações não confidenciais, publicamente disponíveis, que sejam de relevância para o assunto em questão, e de outras informações de que disponha o Membro, sujeito à sua legislação interna e à conclusão de acordos mutuamente satisfatórios relativos à salvaguarda do seu caráter confidencial pelo Membro solicitante.

4. Um Membro, cujos nacionais ou pessoas nele domiciliadas estejam sujeitas ações judiciais em outro Membro, relativas a alegada violação de leis e regulamentos desse outro Membro em matéria objeto desta Seção, terá oportunidade, caso assim o solicite, para efetuar consultas nas mesmas condições previstas no parágrafo 3.

PARTE III
APLICAÇÃO DE NORMAS DE PROTEÇÃO DOS DIREITOS DE PROPRIEDADE INTELECTUAL

SEÇÃO 1: OBRIGAÇÕES GERAIS

Artigo 41

1. Os Membros assegurarão que suas legislações nacionais disponham de procedimentos para a aplicação de normas de proteção como especificadas nesta Parte, de forma a permitir uma ação eficaz contra qualquer infração dos direitos de propriedade intelectual previstos neste Acordo, inclusive remédios expeditos destinados a prevenir infrações e remédios que constituam um meio de dissuasão contra infrações ulteriores. Estes procedimentos serão aplicados de maneira a evitar a criação de obstáculos ao comércio legítimo e a prover salvaguardas contra seu uso abusivo.
2. Os procedimentos relativos a aplicação de normas de proteção dos direitos de propriedade intelectual serão justos e eqüitativos. Não serão desnecessariamente complicados ou onerosos, nem comportarão prazos não razoáveis ou atrasos indevidos.
3. As decisões sobre o mérito de um caso serão, de preferência, escritas e fundamentadas. Estarão à disposição, pelo menos das partes do processo, sem atraso indevido. As decisões sobre o mérito de um caso serão tomadas apenas com base em provas sobre as quais as partes tenham tido oportunidade de se manifestar.
4. As Partes de um processo terão a oportunidade de que uma autoridade judicial reveja as decisões administrativas finais e pelo menos os aspectos legais das decisões judiciais iniciais sobre o mérito do pedido, sem prejuízo das disposições jurisdicionais da legislação de um Membro relativa a importância do caso. Não haverá obrigação, contudo, de prover uma oportunidade para revisão de absolvições em casos criminais.
5. O disposto nesta Parte não cria qualquer obrigação de estabelecer um sistema jurídico para aplicação de normas de proteção da propriedade intelectual distinto do já existente para aplicação da legislação em geral. Nenhuma das disposições desta Parte cria qualquer obrigação com relação à distribuição de recursos entre a aplicação de normas destinadas à proteção dos direitos de propriedade intelectual e a aplicação da legislação em geral.

SEÇÃO 2: PROCEDIMENTOS E REMÉDIOS CIVIS E ADMINISTRATIVOS

Artigo 42
Procedimentos Justos e Eqüitativos

Os Membros farão com que os titulares de direito possam dispor de procedimentos judiciais civis relativos à aplicação de normas de proteção de qualquer direito de propriedade intelectual coberto por este Acordo. Os réus terão direito a receber, em tempo hábil, intimação por escrito que contenha detalhes suficientes, inclusive as razões das pretensões. Será permitido às partes fazer-se representar por um advogado independente e os procedimentos não imporão exigências excessivas quanto à obrigatoriedade de comparecimento pessoal. Todas as partes nesses procedimentos estarão devidamente habilitadas a fundamentar suas pretensões e a apresentar todas as provas pertinentes. O procedimento fornecerá meios para identificar e proteger informações confidenciais, a menos que isto seja contrário a disposições constitucionais vigentes.

Artigo 43
Provas

1. Quando uma parte tiver apresentado provas razoavelmente acessíveis, suficientes para sustentar suas pretensões e tiver indicado provas relevantes para a fundamentação de suas pretensões que estejam sob o controle da parte contrária, as autoridades judiciais terão o poder de determinar que esta apresente tais provas, sem prejuízo, quando pertinente, das condições que asseguram proteção da informação confidencial.

2. Nos casos em que uma das parte no processo denegue, voluntariamente ou sem motivos válidos, acesso a informação necessária, ou não a forneça dentro de prazo razoável, ou obstaculize significativamente um procedimento relativo a uma ação de aplicação de normas de proteção, um Membro pode conceder às autoridades judiciais o poder de realizar determinações judiciais preliminares e finais, afirmativas ou negativas, com base nas informações que lhes tenham sido apresentadas, inclusive a reclamação ou a alegação apresentada pela parte adversamente afetada pela recusa de acesso à informação, sob condição de conceder às partes oportunidade de serem ouvidas sobre as alegações ou provas.

Artigo 44
Ordens Judiciais

1. As autoridades judiciais terão o poder de determinar que uma parte cesse uma violação, inter alia para impedir a entrada nos canais de comércio sob sua jurisdição de bens importados que envolvam violação de um direito de propriedade intelectual, imediatamente após a liberação alfandegária de tais bens. Os Membros não estão obrigados a conceder este poder com relação a matéria protegida, que tenha sido adquirida ou encomendada por uma pessoa antes de saber, ou de ter motivos razoáveis para saber, que operar com essa matéria ensejaria a violação de um direito de propriedade intelectual.

2. Não obstante as demais disposições desta Parte e desde que respeitadas as disposições desta Parte e desde que respeitadas as disposições da Parte II,

relativas especificamente à utilização por Governos, ou por terceiros autorizados por um Governo, sem a autorização do titular do direito, os Membros poderão limitar os remédios disponíveis contra tal uso ao pagamento de remuneração, conforme o disposto na alínea (h) do ARTIGO 31. Nos outros casos, os remédios previstas nesta Parte serão aplicados ou, quando esses remédios forem incompatíveis com a legislação de um Membro, será possível obter sentenças declaratórias e compensação adequada.

Artigo 45
Indenizações

1. As autoridades judiciais terão o poder de determinar que o infrator pague ao titular do direito uma indenização adequada para compensar o dano que este tenha sofrido em virtude de uma violação de seu direito de propriedade intelectual cometido por um infrator que tenha efetuado a atividade infratora com ciência, ou com base razoável para ter ciência.

2. As autoridades judiciais terão também o poder de determinar que o infrator pague as despesas do titular do direito, que poderão incluir os honorários apropriados de advogado. Em casos apropriados, os Membros poderão autorizar as autoridades judiciais a determinar a reparação e/ou o pagamento de indenizações previamente estabelecidas, mesmo quando o infrator não tenha efetuado a atividade infratora com ciência, ou com base razoável para ter ciência.

Artigo 46
Outros Remédios

A fim de estabelecer um elemento de dissuasão eficaz contra violações, as autoridades judiciais terão o poder de determinar que bens, que se tenha determinado sejam bens que violem direitos de propriedade intelectual, sejam objeto de disposição fora dos canais comerciais, sem qualquer forma de compensação, de tal maneira a evitar qualquer prejuízo ao titular do direito, ou, quando esse procedimento for contrário a requisitos constitucionais em vigor, que esses bens sejam destruídos. As autoridades judiciais terão também o poder de determinar que materiais e implementos cujo uso predominante tenha sido o de elaborar os bens que violam direitos de propriedade intelectual sejam objeto de disposição fora dos canais comerciais, sem qualquer forma de compensação, de maneira a minimizar os riscos de violações adicionais. Na consideração desses, pedidos será levada em conta a necessidade de proporcionalidade entre a gravidade da violação e os remédios determinados, bem como os interesses de terceiras partes. Com relação a bens com marca contrafeita, a simples remoção da marca ilicitamente afixada não será suficiente para permitir a liberação dos bens nos canais de comércio, a não ser em casos excepcionais.

Artigo 47
Direito à Informação

Os Membros poderão dispor que as autoridades judiciais tenham o poder de determinar que o infrator informe ao titular do direito a identidade de terceiras pessoas envolvidas na produção e distribuição dos bens ou serviços que violem direitos de propriedade intelectual e de seus canais de distribuição, a menos que isto seja desproporcional à gravidade da violação.

Artigo 48
Indenização do Réu

1. As autoridades judiciais terão o poder de determinar que uma parte, a pedido da qual tenham sido tomadas medidas e que tenham abusado dos procedimentos de aplicação de normas de proteção de direitos de propriedade intelectual, provenha à parte que tenha sido equivocadamente objeto de ordem judicial ou de medida cautelar compensação adequada pelo prejuízo em que incorreu por conta desse abuso. As autoridades judiciais terão também o poder de determinar ao demandante que pague as despesas do réu, que podem incluir honorários adequados de advogado.
2. Os Membros só poderão isentar autoridades e funcionários públicos de estarem sujeitos a medidas apropriadas de reparação relativas à aplicação de qualquer lei sobre a proteção ou a observância de direitos de propriedade intelectual, quando as ações tiverem sido efetuadas ou pretendidas de boa fé, no contexto da aplicação daquela legislação.

Artigo 49
Procedimentos Administrativos

Na medida em que qualquer remédio cível possa ser determinado como decorrência de procedimentos administrativos sobre o mérito de um caso, esses procedimentos conformar-se-ão a princípios substantivamente equivalentes aos estabelecidos nesta Seção.

SEÇÃO 3: MEDIDAS CAUTELARES

Artigo 50

1. As autoridades judiciais terão o poder de determinar medidas cautelares rápidas e eficazes:
a) para evitar a ocorrência de uma violação de qualquer direito de propriedade intelectual em especial para evitar a entrada nos canais comerciais sobre sua jurisdição de bens, inclusive de bens importados, imediatamente após sua liberação alfandegária;

b) para preservar provas relevantes relativas a uma alegada violação.

2. As autoridades judiciais terão o poder de adotar medidas cautelares, inaudita altera parte, quando apropriado em especial quando qualquer demora tenderá a provocar dano irreparável ao titular do direito, ou quando exista um risco comprovado de que as provas sejam destruídas.

3. As autoridades judiciais terão o poder de exigir que o requerente forneça todas as provas razoavelmente disponíveis de modo a se convencer com grau suficiente de certeza, que o requerente é o titular do direito e que seu direito está sendo violado ou que tal violação é iminente e de determinar que o requerente deposite uma caução ou garantia equivalente suficiente para proteger o réu e evitar abuso.

4. Quando medidas cautelares tenham sido adotadas inaudita altera parte, as partes afetadas serão notificadas sem demora, no mais tardar após a execução das medidas. Uma revisão, inclusive direito a ser ouvido, terá lugar mediante pedido do réu, com vistas a decidir, dentro de um prazo razoável após a notificação das medidas, se essas medidas serão alteradas, revogadas ou mantidas.

5. A autoridade que executará as medidas cautelares poderá requerer ao demandante que ele provenha outras informações necessárias à identificação dos bens pertinentes.

6. Sem prejuízo do disposto no parágrafo 4, as medidas cautelares adotadas com base nos parágrafos 1 e 2 serão revogadas ou deixarão de surtir efeito, quando assim requisitado pelo réu, se o processo conducente a uma decisão sobre o mérito do pedido não for iniciado dentro de um prazo razoável. Nos casos em que a legislação de um Membro assim o permitir, esse prazo será fixado pela autoridade judicial que determinou as medidas cautelares. Na ausência de sua fixação, o prazo não será superior a 20 dias úteis ou a 31 dias corridos, o que for maior.

7. Quando as medidas cautelares forem revogadas, ou quando elas expirarem em função de qualquer ato ou omissão por parte do demandante, ou quando for subseqüentemente verificado que não houve violação ou ameaça de violação a um direito de propriedade intelectual, as autoridades judiciais quando solicitadas pelo réu, terão o poder de determinar que o demandante forneça ao réu compensação adequada pelo dano causado por essas medidas.

8. Na medida em que qualquer medida cautelar possa ser determinada como decorrência de procedimentos administrativos, esses procedimentos conformar-se-ão a princípios substantivamente equivalentes aos estabelecidos nesta Seção.

SEÇÃO 4: EXIGÊNCIAS ESPECIAIS RELATIVAS A MEDIDAS DE FRONTEIRA

Artigo 51
Suspensão de Liberação pelas Autoridades Alfandegárias

Os Membros adotarão procedimentos, de acordo com as disposições abaixo, para permitir que um titular de direito, que tenha base válida para suspeitar que a importação de bens com marca contrafeita ou pirateados possa ocorrer, apresente um requerimento por escrito junto às autoridades competentes, administrativas ou judiciais, para a suspensão pelas autoridades alfandegárias da liberação desses bens. Os Membros podem permitir que um requerimento dessa natureza seja feito com relação a bens que envolvam outras violações de direitos de propriedade intelectual, desde que as exigências desta Seção sejam satisfeitas. Os Membros também podem permitir processos correspondentes, relativos à suspensão da liberação pelas autoridades alfandegárias de bens que violem direitos de propriedade intelectual destinados à exportação de seus territórios.

Artigo 52
Requerimento

Qualquer titular de direito que inicie os procedimentos previstos no ARTIGO 51 terá de fornecer provas adequadas para satisfazer as autoridades competentes, de acordo com a legislação do país de importação, que existe, prima facie, uma violação do direito de propriedade intelectual do titular do direito e de fornecer uma descrição suficientemente detalhada dos bens, de forma a que sejam, facilmente reconhecidos pelas autoridades alfandegárias. As autoridades competentes informarão ao requerente, dentro de um prazo de tempo razoável, se aceitaram o requerimento e, quando determinado pelas autoridades competentes, o prazo em que agirão as autoridades alfandegárias.

Artigo 53
Caução ou Garantia Equivalente

1. As autoridades competentes terão o poder de exigir que o requerente deposite uma caução ou garantia equivalente, suficiente para proteger o requerido e evitar abuso. Essa caução ou garantia equivalente não deterá, despropositadamente, o recurso a esses procedimentos.

2. De acordo com o requerimento previsto nessa Seção, quando a liberação de bens envolvendo desenhos industriais, patentes, topografias de circuito integrado ou informações confidenciais tiver sido suspensa pelas autoridades alfandegárias, com base em uma decisão que não tenha sido tomada por uma autoridade judicial ou por outra autoridade independente, e o prazo estipulado no Artigo 55 tenha expirado sem a concessão de alívio provisório pelas autoridades devidamente capacitadas, o proprietário, importador ou consignatário desses bens terá direito à sua liberação quando depositar uma caução suficiente para proteger o titular do direito de qualquer violação, desde que todas as outras condições de importação tenham sido cumpridas. O pagamento dessa caução não restringirá o direito a outros remédios disponíveis para o titular do direito, ficando entendido que a caução será liberada se o titular do direito desistir do direito de litigar dentro de um prazo razoável.

Artigo 54
Notificação de Suspensão

O importador e o requerente serão prontamente notificados da suspensão da liberação dos bens, de acordo com o Artigo 51.

Artigo 55
Duração da Suspensão

Se as autoridades alfandegárias não tiverem sido informadas, num prazo de até 10 dias úteis após a notificação ao requerente da suspensão da liberação, de que um processo tendente a uma decisão sobre o mérito do pedido tenha sido iniciado por outra parte que não o réu, ou que a autoridade devidamente capacitada tenha adotado medidas cautelares prolongando a suspensão da liberação dos bens, os bens serão liberados, desde que todas as outras condições para importação e exportação tenham sido cumpridas; em casos apropriados, esse limite de tempo pode ser estendido por 10 dias úteis adicionais. Se o processo tendente a uma decisão sobre o mérito do pedido tiver sido iniciado, haverá, quando solicitada pelo réu, uma revisão, inclusive o direito de ser ouvida, a fim de se decidir, dentro de um prazo razoável, se essas medidas serão modificadas, revogadas ou confirmadas. Não obstante o acima descrito, quando a suspensão da liberação dos bens for efetuada ou mantida de acordo com uma medida judicial cautelar, serão aplicadas as disposições do parágrafo 6 do Artigo 50.

Artigo 56
Indenização do Importador *e do Proprietário dos Bens*

As autoridades pertinentes terão o poder de determinar que o requerente pague ao importador, ao consignatário e ao proprietário dos bens uma compensação adequada por qualquer dano a eles causado pela retenção injusta dos bens ou pela retenção de bens liberados de acordo com o Artigo 55.

Artigo 57
Direito à Inspeção e à Informação

Sem prejuízo da proteção de informações confidenciais, os Membros fornecerão às autoridades competentes o poder de conceder ao titular do direito oportunidade suficiente para que quaisquer bens detidos pelas autoridades alfandegárias sejam inspecionados, de forma a fundamentar as pretensões do titular do direito. As autoridades competentes terão também o poder de conceder ao importador uma oportunidade equivalente para que quaisquer desses bens seja inspecionados. Quando a decisão de mérito for pela procedência do pedido, os Membros podem prover às autoridades competentes o poder de informar ao titular do direito os nomes e endereços do consignador, do importador e do consignatário e da quantidade dos bens em questão.

Artigo 58
Ação **Ex Officio**

Quando os Membros exigem que as autoridades competentes atuem por conta própria e suspendam a liberação de bens em relação aos quais elas obtiveram prova inicial de que um direito de propriedade intelectual esteja sendo violado:
a) as autoridades competentes podem buscar obter, a qualquer momento do titular do direito qualquer informação que possa assisti-las a exercer esse poder;
b) o importador e o titular do direito serão prontamente notificados da suspensão. Quando o importador tiver apresentado uma medida contra a suspensão junto às autoridades competentes, a suspensão estará sujeita, mutatis mutandis, às condições estabelecidas no Artigo 55;
c) os Membros só poderão isentar autoridades e servidores públicos de estarem sujeitos a medidas apropriadas de reparação quando os atos tiverem sido praticados ou pretendidos de boa fé.

Artigo 59
Remédios

Sem prejuízo dos demais direitos de ação a que faz jus o titular do direito e ao direito do réu de buscar uma revisão por uma autoridade judicial, as autoridades competentes terão o poder de determinar a destruição ou a alienação de bens que violem direitos de propriedade intelectual, de acordo com os princípios estabelecidos no ARTIGO 46. Com relação a bens com marca contrafeita, as autoridades não permitirão sua reexportação sem que sejam alterados nem os submeterão a procedimento alfandegário distinto, a não ser em circunstâncias excepcionais.

Artigo 60
Importações **De Minimis**

Os Membros poderão deixar de aplicar as disposições acima no caso de pequenas quantidades de bens, de natureza não-comercial, contidos na bagagem pessoal de viajantes ou enviados em pequenas consignações.

SEÇÃO 5: PROCEDIMENTOS PENAIS

Artigo 61

Os Membros proverão a aplicação de procedimentos penais e penalidades pelo menos nos casos de contrafação voluntária de marcas e pirataria em escala comercial. Os remédios disponíveis incluirão prisão e/ou multas monetárias suficientes para constituir um fator de dissuasão, de forma compatível com o nível de penalidades aplicadas a crimes de gravidade correspondente. Em casos apropriados, os remédios disponíveis também incluirão a apreensão, perda e destruição dos bens que violem direitos de propriedade intelectual e de quaisquer materiais e implementos cujo uso predominante tenha sido na consecução do delito. Os Membros podem prover a aplicação de procedimentos penais e penalidades em outros casos de violação de direitos de propriedade intelectual, em especial quando eles forem cometidos voluntariamente e em escala comercial.

PARTE IV
AQUISIÇÃO E MANUTENÇÃO DE DIREITOS DE PROPRIEDADE INTELECTUAL E PROCEDIMENTOS INTER-PARTES CONEXOS

Artigo 62

1. Os Membros podem exigir o cumprimento de procedimentos e formalidades razoáveis, como uma condição da obtenção ou manutenção dos direitos de propriedade intelectual estabelecidos pelas Seções 2 a 6 da Parte II. Esses procedimentos e formalidades serão compatíveis com as disposições deste Acordo.

2. Quando a obtenção de um direito de propriedade intelectual estiver sujeita à concessão do direito ou a seu registro, os Membros, sem prejuízo do cumprimento dos requisitos substantivos para a obtenção dos direitos assegurarão que os procedimentos para a concessão ou registro permitam a concessão ou registro do direito num prazo razoável, de modo a evitar redução indevida do prazo de proteção.

3. O Artigo 4 da Convenção de Paris (1967) será aplicado, mutatis mutandis, a marcas de serviço.

4. Os procedimentos relativos à obtenção ou manutenção de direitos de propriedade intelectual e, quando a legislação de um Membro os tiver, os relativos à nulidade administrativa e aos procedimentos inter-partes, como oposição, anulação ou cancelamento, obedecerão os princípios gerais estabelecidos nos parágrafos 2 e 3 do Artigo 41.

5. As decisões administrativas finais em qualquer dos procedimentos previstos no Artigo 41 estará sujeita a revisão por uma autoridade judicial ou quase judicial. Não haverá obrigação, contudo, de prover uma oportunidade para essa revisão de decisões nos casos de oposição indeferida ou nulidade administrativa, desde que as razões para esses procedimentos possam estar sujeitas a procedimentos de invalidação.

PARTE V
PREVENÇÃO E SOLUÇÃO DE CONTROVÉRSIAS

Artigo 63
Transparência

1. As leis e regulamentos e as decisões judiciais e administrativas finais de aplicação geral, relativas à matéria objeto desse Acordo (existência, abrangência,

obtenção, aplicação de normas de proteção e prevenção de abuso de direitos de propriedade intelectual) que forem colocados em vigor por um Membro serão publicadas ou, quando essa publicação não for conveniente, serão tornadas públicas, num idioma nacional, de modo a permitir que Governos e titulares de direitos delas tomem conhecimento, os Acordos relativos a matéria objeto deste Acordo, que estejam em vigor entre o Governo ou uma Agência Governamental de um Membro e o Governo ou uma Agência Governamental de um outro Membro também serão publicados.

2. Os Membros notificarão o Conselho para TRIPS das leis e regulamentos a que se refere ao parágrafo 1, de forma a assistir aquele Conselho em sua revisão da operação deste Acordo. O Conselho tentará minimizar o ônus dos Membros em dar cumprimento a esta obrigação e pode decidir dispensá-los da obrigação de notificar diretamente o Conselho sobre tais leis e regulamentos se conseguir concluir com a OMPI entendimento sobre o estabelecimento de um registro comum contendo essas leis e regulamentos. Nesse sentido, o Conselho também considerará qualquer ação exigida a respeito das notificações originadas das obrigações deste Acordo derivadas das disposições do ARTIGO 6ter da Convenção de Paris (1967).

3. Cada Membro estará preparado a suprir informações do tipo referido no parágrafo 1 em resposta a um requerimento por escrito de outro Membro. Um Membro que tenha razão para acreditar que uma decisão judicial ou administrativa específica ou um determinado acordo bilateral na área de direitos de propriedade intelectual afete seus direitos, como previstos neste Acordo, também poderá requerer por escrito permissão de consultar ou de ser informado, com suficiente detalhe, dessas decisões judiciais ou administrativas ou específicas ou desse determinado acordo bilateral.

4. Nada do disposto nos parágrafos 1, 2 e 3 exigirá que os Membros divulguem informação confidencial que impediria a execução da lei ou que seria contrária ao interesse público ou que prejudicaria os interesses comerciais legítimos de determinadas empresas, públicas ou privadas.

Artigo 64
Solução de Controvérsias

1. O disposto nos Artigos XXII e XXIII do GATT 1994, como elaborado e aplicado pelo entendimento de Solução e Controvérsias, será aplicado a consultas e soluções de controvérsias no contexto desse Acordo, salvo disposição contrária especificamente prevista neste Acordo.

2. Os subparágrafos 1(b) e 1(c) do ARTIGO XXIII do GATT 1994 não serão aplicados a soluções de controvérsias no contexto deste Acordo durante um prazo de cinco anos contados a partir da data de entrada em vigor do Acordo Constitutivo da OMC.

3. Durante o prazo a que se refere o parágrafo 2, o Conselho para TRIPS examinará a abrangência e as modalidades para reclamações do tipo previstos nos

subparágrafos 1(b) e 1(c) do ARTIGO XXIII do GATT 1994, efetuadas em conformidade com este Acordo, e submeterão suas recomendações à Conferência Ministerial para aprovação. Qualquer decisão da Conferência Ministerial de aprovar essas recomendações ou de estender o prazo estipulado no parágrafo 2 somente será adotada por consenso. As recomendações aprovadas passarão a vigorar para todos os Membros sem qualquer processo formal de aceitação.

PARTE VI
DISPOSIÇÕES TRANSITÓRIAS

Artigo 65
Disposições Transitórias

1. Sem prejuízo do disposto nos parágrafos 2, 3 e 4, nenhum Membro estará obrigado a aplicar as disposições do presente Acordo antes de transcorrido um prazo geral de um ano após a data de entrada em vigor do Acordo Constitutivo da OMC.

2. Um País em desenvolvimento Membro tem direito a postergar a data de aplicação das disposições do presente Acordo, estabelecida no parágrafo 1, por um prazo de quatro anos, com exceção dos Artigos 3, 4 e 5.

3. Qualquer outro Membro que esteja em processo de transformação de uma economia de planejamento centralizado para uma de mercado e de livre empresa e esteja realizando uma reforma estrutural de seu sistema de propriedade intelectual e enfrentando problemas especiais na preparação e implementação de leis e regulamentos de propriedade intelectual, poderá também beneficiar-se de um prazo de adiamento tal como previsto no parágrafo 2.

4. Na medida em que um País em desenvolvimento Membro esteja obrigado pelo presente Acordo a estender proteção patentária de produtos a setores tecnológicos que não protegia em seu território na data geral de aplicação do presente Acordo, conforme estabelecido no parágrafo 2, ele poderá adiar a aplicação das disposições sobre patentes de produtos da Seção 5 da Parte II para tais setores tecnológicos por um prazo adicional de cinco anos.

5. Um Membro que se utilize do prazo de transição previsto nos parágrafos 1, 2, 3 e 4 assegurará que quaisquer modificações nas suas legislações, regulamentos e prática feitas durante esse prazo não resultem em um menor grau de consistência com as disposições do presente Acordo.

Artigo 66
Países de Menor Desenvolvimento Relativo Membros

1. Em virtude de suas necessidades e requisitos especiais, de suas limitações econômicas, financeiras e administrativas e de sua necessidade de flexibilidade para estabelecer uma base tecnológica viável, os países de menor desenvolvimento relativo Membros não estarão obrigados a aplicar as disposições do presente

Acordo, com exceção dos Artigos 3, 4 e 5, durante um prazo de dez anos contados a partir da data de aplicação estabelecida no parágrafo 1 do Artigo 65. O Conselho para TRIPS, quando receber um pedido devidamente fundamentado de um país de menor desenvolvimento relativo Membro concederá prorrogações desse prazo.

2. Os países desenvolvidos Membros concederão incentivos a empresas e instituições de seus territórios com o objetivo de promover e estimular a transferência de tecnologia aos países de menor desenvolvimento relativo Membros, a fim de habilitá-los a estabelecer uma base tecnológica sólida e viável.

Artigo 67
Cooperação Técnica

A fim de facilitar a aplicação do presente Acordo, os países desenvolvidos Membros, a pedido, e em termos e condições mutuamente acordadas, prestarão cooperação técnica e financeira aos países em desenvolvimento Membros e de menor desenvolvimento relativo Membros. Essa cooperação incluirá assistência na elaboração de leis e regulamentos sobre proteção e aplicação de normas de proteção dos direitos de propriedade intelectual bem como sobre a prevenção de seu abuso, e incluirá apoio ao estabelecimento e fortalecimento dos escritórios e agências nacionais competentes nesses assuntos, inclusive na formação de pessoal.

PARTE VII
DISPOSIÇÕES INSTITUCIONAIS: DISPOSIÇÕES FINAIS

Artigo 68
Conselho dos Aspectos dos Direitos de Propriedade Intelectual
Relacionados ao Comércio

O Conselho para TRIPS supervisionará a aplicação deste Acordo e, em particular, o cumprimento, por parte dos Membros, das obrigações por ele estabelecidas, e lhes oferecerá a oportunidade de efetuar consultas sobre questões relativas aos aspectos dos direitos de propriedade intelectual relacionados ao comércio. O Conselho se desincumbirá de outras atribuições que lhe forem confiadas pelos Membros e, em particular, lhes prestará qualquer assistência solicitada no contexto de procedimentos de solução de controvérsias. No desempenho de suas funções, o Conselho para TRIPS poderá consultar e buscar informações de qualquer fonte que considerar adequada. Em consulta com a OMPI, o Conselho deverá buscar estabelecer, no prazo de um ano a partir de sua primeira reunião, os arranjos apropriados para a cooperação com os órgãos daquela Organização.

Artigo 69
Cooperação Internacional

Os Membros concordam em cooperar entre si com o objetivo de eliminar o comércio internacional de bens que violem direitos de propriedade intelectual. Para esse fim, estabelecerão pontos de contato em suas respectivas administrações nacionais, deles darão notificação e estarão prontos a intercambiar informações sobre o comércio de bens infratores. Promoverão, em particular, o intercâmbio de informações e a cooperação entre as autoridades alfandegárias no que tange ao comércio de bens com marca contrafeita e bens pirateados.

Artigo 70
Proteção da Matéria Existente

1. Este Acordo não gera obrigações relativas a atos ocorridos antes de sua data de aplicação para o respectivo Membro.
2. Salvo disposição em contrário nele prevista, este Acordo, na data de sua aplicação para o Membro em questão, gera obrigações com respeito a toda a matéria existente, que esteja protegida naquele Membro na citada data, ou que satisfaça, ou venha posteriormente a satisfazer, os critérios de proteção estabelecidos neste Acordo. Com relação ao presente parágrafo e aos parágrafos 3 e 4 abaixo, as obrigações em matéria de direito do autor relacionadas com obras existentes serão determinadas unicamente pelo disposto no Artigo 18 da Convenção de Berna (1971), e as obrigações relacionadas com os direitos dos produtores de fonogramas e dos artistas-intérpretes em fonogramas existentes serão determinadas unicamente pelo disposto no Artigo 18 da Convenção de Berna (1971), na forma em que foi tornado aplicável pelo disposto no parágrafo 6 do Artigo 14 deste Acordo.
3. Não haverá obrigação de restabelecer proteção da matéria, que, na data de aplicação deste Acordo para o Membro em questão, tenha caído no domínio público.
4. Com respeito a quaisquer atos relativos a objetos específicos que incorporem matéria protegida e que venham a violar direitos de propriedade intelectual, nos termos de legislação em conformidade com este Acordo, e que se tenham iniciado, ou para os quais o investimento significativo tenha sido efetuado, antes da data de aceitação do Acordo Constitutivo da OMC por aquele Membro, qualquer Membro poderá estabelecer uma limitação aos remédios disponíveis ao titular de direito com relação à continuação desses atos após a data de aplicação deste Acordo por aquele Membro. Em tais casos, entretanto, o Membro estabelecerá ao menos o pagamento de remuneração eqüitativa.
5. Nenhum Membro está obrigado a aplicar as disposições do Artigo 11 nem do parágrafo 4 do Artigo 14 a originais ou cópias compradas antes da data de aplicação deste Acordo para este Membro.
6. Os Membros não estão obrigados a aplicar o Artigo 31, nem o requisito

estabelecido no parágrafo 1 do Artigo 27 segundo o qual os direitos de patente serão desfrutados sem discriminação quanto ao setor tecnológico, no tocante ao uso sem a autorização do titular do direito, quando a autorização para tal uso tenha sido concedida pelo Governo antes da data em que este Acordo tornou-se conhecido.

7. No caso de direitos de propriedade intelectual para os quais a proteção esteja condicionada ao registro será permitido modificar solicitações de proteção que se encontrem pendentes na data de aplicação deste Acordo para o Membro em questão, com vistas a reivindicar qualquer proteção adicional prevista nas disposições deste Acordo. Tais modificações não incluirão matéria nova.

8. Quando um Membro, na data de entrada em vigor do Acordo Constitutivo da OMC, não conceder proteção patentária a produtos farmacêuticos nem aos produtos químicos para a agricultura em conformidade com as obrigações previstas no Artigo 27, esse Membro:

a) não obstante as disposições da Parte VI, estabelecerá, a partir da data de entrada em vigor do Acordo Constitutivo da OMC, um meio pelo qual os pedidos de patente para essas invenções possam ser depositados;

b) aplicará as essas solicitações, a partir da data de aplicação deste Acordo, os critérios de patentabilidade estabelecidos neste instrumento como se tais critérios estivessem sendo aplicados nesse Membro na data do depósito dos pedidos, quando uma prioridade possa ser obtida e seja reivindicada, na data de prioridade do pedido; e

c) estabelecerá proteção patentária, em conformidade com este Acordo, a partir da concessão da patente e durante o resto da duração da mesma, a contar da data de apresentação da solicitação em conformidade com o ARTIGO 33 deste Acordo, para as solicitações que cumpram os critérios de proteção referidos na Alínea (b) acima.

9. Quando um produto for objeto de uma solicitação de patente num Membro, em conformidade com o parágrafo 8 (a), serão concedidos direitos exclusivos de comercialização não obstante as disposições da Parte VI acima, por um prazo de cinco anos, contados a partir da obtenção da aprovação de comercialização nesse Membro ou até que se conceda ou indefira uma patente de produto neste Membro se esse prazo for mais breve, desde que, posteriormente à data de entrada em vigor do Acordo Constitutivo da OMC, uma solicitação de patente tenha sido apresentada e uma patente concedida para aquele produto em outro Membro e se tenha obtido a aprovação de comercialização naquele outro Membro.

Artigo 71
Revisão e Emenda

1. O Conselho para TRIPS avaliará a aplicação deste Acordo após transcorrido o prazo de transição mencionado no parágrafo 2 do Artigo 65. Com base na experiência adquirida em sua aplicação, o Conselho empreenderá uma revisão

do Acordo dois anos após aquela data e, subseqüentemente, em intervalos idênticos. O Conselho poderá também efetuar avaliações à luz de quaisquer acontecimentos novos e relevantes, que possam justificar modificação ou emenda deste Acordo.

2. As emendas que sirvam meramente para incorporar níveis mais elevados de proteção dos direitos de propriedade intelectual, alcançados e vigentes em outros acordos multilaterais, e que tenham sido aceitos no contexto desses acordos por todos os Membros da OMC, poderão ser encaminhados à Conferência Ministerial para sua deliberação, em conformidade com o disposto no parágrafo 6 do Artigo 10 do Acordo Constitutivo da OMC, a partir de uma proposta consensual do Conselho de TRIPS.

Artigo 72
Reservas

Não poderão ser feitas reservas com relação a qualquer disposição deste Acordo sem o consentimento dos demais Membros.

Artigo 73
Exceções de Segurança

Nada neste Acordo será interpretado:

a) como exigência de que um Membro forneça qualquer informação, cuja divulgação ele considere contrária a seus interesses essenciais de segurança; ou

b) como impeditivo de que um Membro adote qualquer ação que considere necessária para a proteção de seus interesses essenciais de segurança:

(i) relativos a materiais físseis ou àqueles dos quais são derivados;

(ii) relativos ao tráfico de armas, munição e material bélico e ao tráfico de outros bens e materiais efetuado, direta ou indiretamente, com o propósito de suprir estabelecimentos militares;

(iii) adotada em tempo de guerra ou de outra emergência em relações internacionais; ou

c) como impeditivo de um Membro adotar qualquer ação de acordo com a para a manutenção da paz e segurança internacionais.

DECRETO Nº 3.109, DE 30 DE JUNHO DE 1999

Promulga a Convenção internacional para a Proteção das Obtenções Vegetais, de 2 de dezembro de 1961, revista em Genebra, em 10 de novembro de 1972 e 23 de outubro de 1978.

O PRESIDENTE DA REPÚBLICA, no uso da atribuição que lhe confere o art. 84, inciso VIII, da Constituição,

Considerando que a Convenção Internacional para a Proteção das Obtenções Vegetais, de 2 de dezembro de 1961, foi revista em Genebra, em 10 de novembro de 1972 e 23 de outubro de 1978;

Considerando que o Congresso Nacional aprovou o Ato multilateral em epígrafe por meio do Decreto Legislativo nº 28, de 19 de abril de 1999;

Considerando que a Convenção em tela entrou em vigor internacional em 8 de novembro de 1981;

Considerando que o Governo brasileiro depositou o Instrumento de Adesão da Referida Convenção em 23 de abril de 1999, passando a mesma a vigorar para o Brasil em 23 de maio de 1999,

DECRETA:

Art. 1º A Convenção Internacional para a Proteção das Obtenções Vegetais, de 2 de dezembro de 1961, revista em Genebra, em 10 de novembro de 1972 e 23 de outubro de 1978, apensa por cópia a este Decreto, será executada e cumprida tão inteiramente como nela se contém.

Art. 2º Este Decreto entra em vigor na data de sua publicação.

Brasília, 30 de junho de 1999; 178º da Independência e 111º da República.

FERNANDO HENRIQUE CARDOSO
Luiz Felipe Lampreia
publicado no D.O.U. de 1.7.1999

Convenção Internacional para a Proteção das Obtenções Vegetais, de 2 de dezembro de 1961, revista em Genebra, em 10 de novembro de 1972 e 23 de outubro de 1978(*)

Índice

Preâmbulo
Artigo 1 Objeto da Convenção; Constituição de uma União; Sede da União
Artigo 2 Formas de proteção
Artigo 3 Tratamento nacional; Reciprocidade
Artigo 4 Gêneros e espécies botânicos que devem ou podem ser protegidos
Artigo 5 Direitos protegidos; Âmbito da proteção
Artigo 6 Condições exigidas para o gozo da proteção
Artigo 7 Exame oficial das variedades; Proteção provisória
Artigo 8 Duração da proteção
Artigo 9 Restrições ao exercício dos direitos protegidos
Artigo 10 Nulidade e caducidade dos direitos protegidos
Artigo 11 Liberdade de escolha do Estado da União em que é apresentado o primeiro pedido;
Pedidos noutros Estados da União; independência da proteção nos diferentes Estados da União
Artigo 12 Direito de prioridade
Artigo 13 Denominação da variedade
Artigo 14 Proteção independente das medidas que regulamentam a produção, a certificação e a comercialização
Artigo 15 Órgãos da União
Artigo 16 Composição do Conselho; Número de votos
Artigo 17 Admissão de observadores nas reuniões do Conselho
Artigo 18 Presidente e Vice-Presidentes do Conselho
Artigo 19 Sessões do Conselho
Artigo 20 Regulamento interno do Conselho; Regulamento administrativo e financeiro da União
Artigo 21 Encargos do Conselho
Artigo 22 Maiorias requeridas para as decisões do Conselho
Artigo 23 Encargos da Secretaria da União; Responsabilidades do Secretário-Geral; Nomeação de funcionários
Artigo 24 Estatuto jurídico
Artigo 25 Verificação de contas
Artigo 26 Finanças
Artigo 27 Revisão da Convenção
Artigo 28 Línguas utilizadas pela Secretaria e nas reuniões do Conselho
Artigo 29 Acordos particulares para a proteção das obtenções vegetais
Artigo 30 Aplicação da Convenção em nível nacional; Acordos particulares para a utilização comum dos serviços encarregados do exame
Artigo 31 Assinatura
Artigo 32 Ratificação, aceitação ou aprovação; Adesão
Artigo 33 Entrada em vigor; Impossibilidade de aderir aos textos anteriores
Artigo 34 Relações entre Estados ligados por textos diferentes

Artigo 35 Comunicações relativas aos gêneros e espécies protegidos; Informações para publicação
Artigo 36 Territórios
Artigo 37 Derrogação para a proteção em duas formas
Artigo 38 Limitação transitória da exigência de novidade
Artigo 39 Manutenção dos direitos adquiridos
Artigo 40 Reservas
Artigo 41 Duração e denúncia da Convenção
Artigo 42 Línguas; Funções do depositário
As Partes Contratantes,
Considerando que a Convenção internacional para a proteção das obtenções vegetais, de 2 de dezembro de 1961, modificada pelo Ato adicional de 10 de novembro de 1972, se revelou um instrumento de valor para a cooperação internacional em matéria de proteção do direito dos obtentores;
Reafirmando os princípios contidos no Preâmbulo da Convenção, segundo os quais:

a) estão convencidas da importância da proteção das obtenções vegetais tanto para o desenvolvimento da agricultura no seu território como para a salvaguarda dos interesses dos obtentores;

b) estão cientes dos problemas particulares que representam o reconhecimento e a proteção do direito do obtentor e, especialmente, das restrições que as exigências do interesse público podem impor ao livre exercício de um tal direito;

c) consideram que é altamente desejável que estes problemas, aos quais numerosos Estados atribuem uma legítima importância, sejam resolvidos por cada um deles de acordo com princípios uniformes e claramente definidos.

Considerando que a noção da proteção dos direitos dos obtentores adquiriu uma grande importância em muitos Estados que ainda não aderiram à Convenção;

Considerando que certas modificações na Convenção são necessárias para facilitar a adesão destes Estados à União;

Considerando que certas disposições relativas a administração da União criada pela Convenção devem ser retificadas de harmonia com a experiência tida;

Considerando que uma nova revisão da Convenção é o melhor meio de alcançar estes objetivos,

Convencionaram o seguinte:

Artigo 1
Objeto da Convenção; Constituição de uma União; Sede da União

1. A presente Convenção tem por objeto reconhecer e garantir um direito ao obtentor de uma nova variedade vegetal ou ao seu sucessor (a seguir denominado "o obtentor") nas condições abaixo definidas.

2. Os Estados Partes da presente Convenção (a seguir denominados "Estados da União") constituem-se em União para a Proteção das Obtenções Vegetais.

3. A sede da União e dos seus Órgãos permanentes fica estabelecida em Genebra.

Artigo 2
Formas de proteção

1. Cada Estado da União pode reconhecer o direito do obtentor previsto pela presente Convenção, mediante a outorga de um título especial de proteção ou de uma patente. Porém, um Estado da União, cuja legislação nacional admite a proteção em ambas as formas, deverá aplicar apenas uma delas a um mesmo gênero ou a uma mesma espécie botânica.

2. Cada Estado da União pode limitar a aplicação da presente Convenção, dentro de um gênero ou de uma espécie, às variedades com um sistema particular de reprodução ou de multiplicação ou uma certa utilização final.

Artigo 3
Tratamento Nacional; Reciprocidade

1. As pessoas singulares ou coletivas com domicílio ou sede num dos Estados da União gozam, nos outros Estados da União, no que se refere ao reconhecimento e à proteção do direito do obtentor, do tratamento que as leis respectivas destes Estados concedem, ou venham a conceder no futuro, aos seus nacionais, sem prejuízo dos direitos especialmente previstos na presente Convenção e desde que observem as condições e formalidades impostas aos nacionais.

2. Os nacionais dos Estados da União que não tenham domicílio ou sede num destes Estados gozam igualmente dos mesmos direitos, desde que cumpram as obrigações que podem ser-lhes impostas a fim de permitir o exame das variedades que possam ter obtido, assim como a verificação da sua multiplicação.

3. Sem prejuízo das disposições dos parágrafos 1) e 2), qualquer Estado da União que aplique a presente Convenção a um gênero ou a uma espécie determinados, terá a faculdade de limitar o benefício da proteção aos nacionais dos Estados da União que apliquem a Convenção a esse gênero ou a essa espécie e às pessoas singulares e coletivas com domicílio ou sede num desses Estados.

Artigo 4
Gêneros e espécies botânicos que devem ou podem ser protegidos

1. A presente Convenção é aplicável a todos os gêneros e espécies botânicos.

2. Os Estados da União comprometem-se a tomar todas as medidas necessárias para aplicar progressivamente as disposições da presente Convenção ao maior número possível de gêneros e espécies botânicos.

3. a) No momento da entrada em vigor da presente Convenção no seu território, cada Estado da União deverá aplicar as disposições da Convenção pelo menos a cinco gêneros ou espécies.

4. b) Cada Estado da União deverá aplicar em seguida as ditas disposições a outros gêneros ou espécies, nos seguintes prazos a partir da entrada em vigor da presente Convenção no seu território:

i) num prazo de três anos, a pelo menos dez gêneros ou espécies ao todo;

ii) num prazo de seis anos, a pelo menos dezoito gêneros ou espécies ao todo;

iii) num prazo de oito anos, a pelo menos vinte e quatro gêneros ou espécies ao todo.

c) Se um Estado da União limitar a aplicação da presente Convenção dentro de um gênero ou de uma espécie, em conformidade com as disposições do Artigo 2.2), esse gênero ou essa espécie serão todavia considerados como um gênero ou uma espécie, para os efeitos das alíneas a) e b).

4. A pedido de um Estado que tenha a intenção de ratificar, aceitar ou aprovar a presente Convenção ou de a ela aderir, o Conselho pode, a fim de tomar em consideração as condições econômicas ou ecológicas particulares desse Estado, decidir, em favor desse Estado, reduzir os números mínimos previstos no parágrafo 3), prolongar os prazos previstos no dito parágrafo, ou ambas as coisas.

5. A pedido de um Estado da União, o Conselho pode, a fim de tomar em consideração as dificuldades particulares desse Estado em cumprir as obrigações previstas no parágrafo 3) b), decidir, em favor desse Estado, prolongar os prazos previstos no parágrafo 3) b).

Artigo 5
Direitos Protegidos; Âmbito da Proteção

1. O direito concedido ao obtentor tem o efeito de submeter à sua autorização prévia:
- a produção com fins comerciais;
- o oferecimento à venda;
- a comercialização.

do material de reprodução ou de multiplicação vegetativa, como tal, da variedade.

O material de multiplicação vegetativa abrange as plantas inteiras. O direito do obtentor atinge as plantas ornamentais ou partes dessas plantas normalmente comercializadas para fins que não são os da multiplicação, no caso de serem utilizadas comercialmente como material de multiplicação para a produção de plantas ornamentais ou de flores cortadas.

2. O obtentor pode subordinar a sua autorização a condições por ele definidas.

3. A autorização do obtentor não é necessária para a utilização da variedade como fonte inicial de variação com a finalidade de criar outras variedades, nem para a comercialização destas. Porém, essa autorização é exigida quando a utili-

zação repetida da variedade é necessária para a produção comercial de uma outra variedade.

4. Cada Estado da União pode, quer na sua própria legislação, quer em acordos particulares no sentido do Artigo 29, conceder aos obtentores, no caso de certos gêneros ou espécies botânicos, um direito mais amplo que aquele definido no parágrafo 1), podendo esse direito, sobretudo, estender-se até ao produto comercializado. Um Estado da União que conceda um tal direito tem a faculdade de limitar o benefício desse direito aos nacionais dos Estados da União que concedem um direito idêntico, assim como às pessoas singulares e coletivas com domicílio ou sede num desses Estados.

Artigo 6
Condições exigidas para o gozo da proteção

1. O obtentor gozará da proteção prevista na presente Convenção quando forem observadas as seguintes condições:

a) Qualquer que seja a origem, artificial ou natural, da variação inicial da qual resultou a variedade, esta deve poder distinguir-se claramente, por uma ou várias características importantes, de qualquer outra variedade cuja existência seja notoriamente conhecida no momento em que é requerida a proteção. Essa notoriedade pode ser estabelecida por referência a vários elementos tais como: cultivação ou comercialização já em curso, inscrição efetuada ou pendente num registro oficial de variedades, inclusão numa coleção de referência ou descrição precisa numa publicação. As características que permitem definir e distinguir uma variedade, devem poder ser reconhecidas e descritas com precisão.

b) Na data de apresentação do pedido de proteção num Estado da União, a variedade:

i) não deve — ou, se a legislação desse Estado o prevê, não deve há mais de um ano — ter sido posta à venda ou comercializada, com o consentimento do obtentor, no território desse Estado e

ii) não deve ter sido posta à venda ou comercializada, com o consentimento do obtentor, no território de qualquer outro Estado há mais de seis anos no caso das videiras, das árvores florestais, das árvores de fruto e das árvores ornamentais, inclusive, em cada caso, os seus porta-enxertos, ou há mais de quatro anos no caso das outras plantas. Qualquer ensaio da variedade que não envolva oferecimento à venda ou comercialização não se opõe ao direito do obtentor à proteção. O fato de a variedade se ter tornado notória sem ter sido posta à venda ou comercializada também não se opõe ao direito do obtentor à proteção.

c) A variedade deve ser suficientemente homogênea, tendo em conta as particularidades da sua reprodução sexuada ou da sua multiplicação vegetativa.

d) A variedade deve ser estável nas suas características essenciais, isto é, deve continuar a corresponder à sua definição, após reproduções ou multiplicações sucessivas ou, se o obtentor tiver definido um ciclo particular de reproduções ou de multiplicações, no fim de cada ciclo.

e) Deve ser dada à variedade uma denominação de acordo com as disposições do artigo 13.

2. A concessão de proteção só pode depender das condições acima mencionadas, desde que o obtentor tenha cumprido as formalidades previstas pela legislação nacional do Estado da União no qual o pedido de proteção foi apresentado, inclusive o pagamento das taxas.

Artigo 7
Exame oficial das variedades; Proteção provisória

1. A proteção será concedida após um exame da variedade em função dos critérios definidos no artigo 6. Esse exame deverá ser apropriado a cada gênero ou espécie botânico.
2. Para os fins desse exame, os serviços competentes de cada Estado da União poderão exigir que o obtentor forneça todas as informações, documentos, tanchões ou sementes conforme for necessário.
3. Qualquer Estado da União poderá tomar medidas destinadas a defender o obtentor contra os atos abusivos de terceiros, perpetrados durante o período entre a apresentação do pedido de proteção e a decisão correspondente.

Artigo 8
Duração da proteção

O direito concedido ao obtentor tem uma duração limitada. A duração não pode ser inferior a quinze anos, a partir da data de concessão do título de proteção. No caso das videiras, das árvores florestais, das árvores de fruto e das árvores ornamentais, inclusive, em cada caso, os seus porta-enxertos, a duração da proteção não pode ser inferior a dezoito anos, a partir da dita data.

Artigo 9
Restrições ao exercício dos direitos protegidos

1. O livre exercício do direito exclusivo concedido ao obtentor só pode ser restringido por razões de interesse público.
2. Quando essa restrição for aplicada a fim de assegurar a difusão da variedade, o Estado da União interessado deverá tomar todas as medidas necessárias para que o obtentor receba uma remuneração eqüitativa.

Artigo 10
Nulidade e caducidade dos direitos protegidos

1. O direito do obtentor será declarado nulo, em conformidade com as disposições da legislação nacional de cada Estado da União, se for estabelecido que as condições estipuladas no Artigo 6.1) a) e b) não estavam efetivamente cumpridas no momento em que foi concedido o título de proteção.

2. Será privado do seu direito o obtentor que não estiver em estado de fornecer à autoridade competente o material de reprodução ou de multiplicação capaz de produzir a variedade com as suas características conforme foram definidas no momento em que a proteção foi concedida.

3. Poderá ser privado do seu direito o obtentor:

a) que não fornecer à autoridade competente, dentro de um prazo determinado e após isso lhe ter sido requerido, o material de reprodução ou de multiplicação, os documentos e informações considerados necessários para a verificação da variedade, ou que não permitir a inspeção das medidas tomadas para a conservação da variedade;

b) que não pagar, dentro dos prazos prescritos, as taxas requeridas, no seu caso, para a manutenção dos seus direitos.

4. O direito do obtentor não pode ser anulado e o obtentor não pode ser privado do seu direito por motivos não mencionados no presente artigo.

Artigo 11
Liberdade de escolha do Estado da União em que é apresentado o primeiro pedido; Pedidos em outros Estado da União; Independência da proteção nos diferentes Estados da União

1. O obtentor tem a faculdade de escolher o Estado da União em que deseja apresentar o seu primeiro pedido de proteção.

2. O obtentor pode solicitar a proteção do seu direito a outros Estados da União, sem esperar que um título de proteção lhe tenha sido concedido pelo Estado da União no qual foi apresentado o primeiro pedido.

3. A proteção solicitada em diferentes Estados da União por pessoas singulares ou coletivas com direito ao benefício da presente Convenção, é independente da proteção obtida para a mesma variedade nos outros Estados, quer sejam tais Estados membros da União, quer não sejam.

Artigo 12
Direito de prioridade

1. O obtentor que tiver devidamente apresentado um pedido de proteção num dos Estados da União gozará, para apresentar o pedido nos outros Estados da União, de um direito de prioridade durante um prazo de doze meses. Este prazo será calculado a partir da data de apresentação do primeiro pedido. O dia da apresentação não será incluído neste prazo.

2. Para beneficiar-se das disposições do parágrafo 1), a nova apresentação deve comportar um pedido de proteção, a reivindicação da prioridade do primeiro pedido e, dentro de um prazo de três meses, uma cópia dos documentos que constituem esse pedido, certificada pela administração que o recebeu.

3. O obtentor dispõe de um prazo de quatro anos após a expiração do prazo de prioridade, para fornecer ao Estado da União em que apresentou um pedido

de proteção nas condições previstas no parágrafo 2), os documentos complementares e o material exigidos pelas leis e regulamentos desse Estado. Todavia, esse Estado pode exigir que os documentos complementares e o material sejam fornecidos num prazo apropriado, no caso de o pedido cuja prioridade é reivindicada ter sido rejeitado ou retirado.

4. Não são oponíveis à apresentação efetuada nas condições acima mencionadas, os fatos ocorridos dentro do prazo previsto no parágrafo 1), tais como a apresentação de outro pedido, a publicação do objeto do pedido ou a sua exploração. Esses fatos não podem dar origem a nenhum direito a favor de terceiros, nem a nenhuma possessão pessoal.

Artigo 13
Denominação da variedade

1. A variedade será designada por uma denominação destinada a ser a sua designação genérica. Cada Estado da União se assegurará de que, sem prejuízo das disposições do parágrafo 4), nenhum direito relativo à designação registrada como denominação da variedade obstruirá a livre utilização da denominação em relação à variedade, mesmo após a expiração da proteção.

2. A denominação deve permitir a identificação da variedade. Não se pode compor unicamente de algarismos, exceto nos casos em que se trate de uma prática estabelecida para designar variedades. Não deve ser susceptível de induzir em erro ou de causar confusão sobre as características, o valor ou a identidade da variedade ou sobre a identidade do obtentor. Deve, sobretudo, ser diferente de qualquer denominação que designe, em qualquer um dos Estados da União, uma variedade preexistente da mesma espécie botânica ou de uma espécie semelhante.

3. A denominação da variedade será depositada pelo obtentor junto ao serviço previsto no artigo 30.1) b). No caso de essa denominação não satisfazer as exigências do parágrafo 2), esse serviço recusar-se-á a efetuar o registro e exigirá que o obtentor proponha uma outra denominação, num prazo determinado. A denominação será registrada no momento da concessão do título de proteção em conformidade com as disposições do artigo 7.

4. Os direitos anteriores de terceiros não serão prejudicados. Se, em virtude de um direito anterior, a utilização da denominação de uma variedade for proibida a uma pessoa que, em conformidade com as disposições do parágrafo 7), é obrigada a utilizá-la, o serviço previsto no artigo 30.1) b) exigirá que o obtentor proponha uma outra denominação para a variedade.

5. Uma variedade só pode ser depositada nos Estados da União com uma única denominação. O serviço previsto no artigo 30.1) b) deverá registrar a denominação assim depositada, a não ser que comprove que essa denominação é inadequada no seu Estado. Neste caso, poderá exigir que o obtentor proponha uma outra denominação.

6. O serviço previsto no artigo 30.1 b) deverá garantir a comunicação, aos outros serviços, das informações relativas às denominações de variedades, sobre-

tudo o depósito, o registro e a anulação de denominações. Qualquer serviço previsto no artigo 30.1) b) poderá transmitir as suas observações eventuais sobre o registro de uma denominação ao serviço que comunicou essa denominação.

7. Aquele que, num dos Estados da União, puser à venda ou comercializar material de reprodução ou de multiplicação vegetativa de uma variedade protegida nesse Estado, será obrigado a utilizar a denominação dessa variedade, mesmo após a expiração da proteção dessa variedade, desde que, em conformidade com as disposições do parágrafo 4), não se oponham a essa utilização direitos anteriores.

8. Quando uma variedade é posta à venda ou comercializada, é permitida a associação de uma marca de fábrica ou de comércio, de um nome comercial ou de uma indicação semelhante, à denominação registrada da variedade. Se uma tal indicação for assim associada, a denominação deverá, porém, ser facilmente reconhecível.

Artigo 14
Proteção independente das medidas que regulamentam a produção, a certificação e a comercialização

1. O direito concedido ao obtentor em virtude das disposições da presente Convenção é independente das medidas adotadas em cada Estado da União para regulamentar a produção, a certificação e a comercialização das sementes e dos tanchões.

2. Porém, estas medidas deverão obstruir o menos possível a aplicação das disposições da presente Convenção

Artigo 15
Órgãos da União

Os Órgãos permanentes da União são:
a) o Conselho
b) a Secretaria-Geral, denominada Secretaria da União Internacional para a Proteção das Obtenções Vegetais

Artigo 16
Composição do Conselho; Número de votos

1. O Conselho é composto pelos representantes dos Estados da União, Cada Estado da União nomeia um representante no Conselho e um substituto.

2. Os representantes ou substitutos podem ser acompanhados por adjuntos ou conselheiros.

3. Cada Estado da União dispõe de um voto no Conselho.

Artigo 17
Admissão de observadores nas reuniões do Conselho

1. Os Estados não membros da União que terão assinado o presente Ato serão convidados na qualidade de observadores às reuniões do Conselho.
2. Poderão também ser convidados a estas reuniões outros observadores ou peritos.

Artigo 18
Presidente e Vice-Presidentes do Conselho

1. O Conselho elege entre os seus membros um Presidente e um primeiro Vice-Presidente. Pode eleger outros Vice-Presidentes. O primeiro Vice-Presidente substitui de direito o Presidente em caso de impedimento.
2. O mandato do Presidente tem a duração de três anos.

Artigo 19
Sessões do Conselho

1. O Conselho reúne-se mediante convocatória do seu Presidente.
2. O Conselho reúne-se em sessão ordinária uma vez por ano. Demais, o Presidente pode reunir o Conselho por iniciativa própria; deve reuni-lo num prazo de três meses quando lho solicitar pelo menos um terço dos Estados da União.

Artigo 20
Regulamento interno do Conselho; Regulamento administrativo e financeiro da União

O Conselho estabelece o seu regulamento interno e o regulamento administrativo e financeiro da União

Artigo 21
Encargos do Conselho

Os encargos do Conselho são os seguintes:
a) estudar as medidas adequadas para assegurar a salvaguarda da União e favorecer o seu desenvolvimento;
b) nomear o Secretário-Geral e, se o considerar necessário, um Secretário-Geral adjunto; determinar as condições da sua nomeação;
c) examinar o relatório anual das atividades da União e estabelecer o programa do seu trabalho futuro;
d) dar ao Secretário-Geral, cujas atribuições estão definidas no artigo 23, todas as diretrizes necessárias para o cumprimento dos encargos da União;

e) examinar e aprovar o orçamento da União e determinar, em conformidade com as disposições do artigo 26, a contribuição de cada Estado da União;

f) examinar e aprovar as contas apresentadas pelo Secretário-Geral;

g) marcar, em conformidade com as disposições do artigo 27, a data e o lugar das conferências previstas pelo dito artigo e tomar as medidas necessárias para a sua preparação;

h) tomar, de maneira geral, todas as decisões destinadas a assegurar o bom funcionamento da União.

Artigo 22
Maiorias requeridas para as decisões do Conselho

As decisões do Conselho são tomadas por maioria simples dos membros presentes e votantes; não obstante, qualquer decisão do Conselho sob os artigos 4.4), 20, 21.e), 26.5) b), 27.1), 28.3) ou 32.3) é tomada por maioria de três quartos dos membros presentes e votantes. A abstenção não é considerada como um voto.

Artigo 23
Encargos da Secretaria da União; Responsabilidades do Secretário-Geral; Nomeação de funcionários

1. A Secretaria da União executa todas as funções que lhe sejam atribuídas pelo Conselho. É dirigida pelo Secretário-Geral.

2. O Secretário-Geral é responsável perante o Conselho; assegura a execução das decisões do Conselho. O Secretário-Geral submete o orçamento à aprovação do Conselho e assegura a sua execução. Expõe anualmente ao Conselho a sua gestão e apresenta-lhe um relatório sobre as atividades e a situação financeira da União.

3. Sob reserva das disposições do artigo 21) b), as condições de nomeação e de emprego dos membros do pessoal necessário ao bom funcionamento da Secretaria da União são fixadas pelo regulamento administrativo e financeiro previsto no artigo 20.

Artigo 24
Estatuto jurídico

1. A União tem personalidade jurídica.

2. A União goza, no território de cada Estado da União em conformidade com as leis desse Estado, da capacidade jurídica necessária para alcançar o seu objetivo e exercer as suas funções.

3. A União conclui um acordo de sede com a Confederação suíça.

Artigo 25
Verificação de contas

A verificação de contas da União é assegurada, segundo as modalidades previstas no regulamento administrativo e financeiro visado no artigo 20, por um Estado da União. Esse Estado é, com o seu consentimento, designado pelo Conselho.

Artigo 26
Finanças

1. As despesas da União são cobertas
- pelas contribuições anuais dos Estados da União;
- pela remuneração de prestações de serviços;
- por receitas diversas.

2. a) A parte de cada Estado da União no total das contribuições anuais é determinada com base no total das despesas a cobrir por meio de contribuições dos Estados da União e no número de unidades de contribuição que lhe é aplicável em virtude do parágrafo 3). A dita parte calculada em conformidade com o parágrafo 4).

b) O número de unidades de contribuição é expresso em números inteiros ou em frações de unidade, desde que esse número não seja inferior a um quinto.

3. a) No caso de cada Estado que é membro da União na data da entrada em vigor do presente Ato em relação a esse Estado, o número de unidades de contribuição que lhe é aplicável é o mesmo que o que lhe era aplicável, imediatamente antes da dita data, em virtude da Convenção de 1961 modificada pelo Ato adicional de 1972.

b) Qualquer outro Estado indica, no momento da sua adesão à União, numa declaração dirigida ao Secretário geral, o número de unidades que lhe é aplicável.

c) Qualquer Estado da União pode, em qualquer momento, indicar, numa declaração dirigida ao Secretário-Geral, um número de unidades de contribuição diferente daquele que lhe é aplicável em virtude das alíneas a) ou b) acima. Se for feita durante os seis primeiros meses de um ano civil, essa declaração produz efeitos no início do ano civil seguinte; no caso contrário, produz efeitos no início do segundo ano civil depois do ano durante o qual a declaração foi feita.

4. a) Para cada exercício orçamental, o montante que corresponde a uma unidade de contribuição é igual ao montante total das despesas a cobrir durante esse exercício por meio de contribuições dos Estados da União, dividido pelo número total de unidades aplicáveis a esses Estados.

b) O montante da contribuição de cada Estado da União é igual ao montante de uma unidade de contribuição, multiplicado pelo número de unidades aplicável a esse Estado.

5. a) Um Estado da União que esteja atrasado no pagamento das suas contribuições não pode — sob reserva das disposições do parágrafo b) — exercer o seu

direito de voto no Conselho se a quantia em atraso for igual ou superior à das contribuições de que é devedor pelos dois últimos anos completos decorridos. A suspensão do direito de voto não libera esse Estado das suas obrigações e não o priva dos outros direitos derivados da presente Convenção.

b) O Conselho pode autorizar o dito Estado a conservar o exercício do seu direito de voto enquanto considerar que o atraso resulta de circunstâncias excepcionais e inevitáveis.

Artigo 27
Revisão da Convenção

1. A presente Convenção pode ser revista por uma conferência dos Estados da União. A convocação de uma tal conferência é decidida pelo Conselho.

2. As deliberações da conferência só são válidas se pelo menos a metade dos Estados da União estiver nela representada. Uma maioria de cinco sextos dos Estados da União representados na Conferência é exigida para a adoção de um texto revisto da Convenção.

Artigo 28
Línguas utilizadas pela Secretaria e nas reuniões do Conselho

1. As línguas alemã, francesa e inglesa são utilizadas pela Secretaria da União no cumprimento das suas missões.

2. As reuniões do Conselho e as conferências de revisão efetuam-se nessas três línguas.

3. O Conselho pode decidir, quando tal for necessário, que se utilizem outras línguas.

Artigo 29
Acordos particulares para a proteção das obtenções vegetais

Os Estados da União reservam-se o direito de celebrarem entre si acordos particulares para a proteção das obtenções vegetais, desde que esses acordos não contrariem as disposições da presente Convenção.

Artigo 30
Aplicação da Convenção em nível nacional; Acordos particulares para a utilização comum dos serviços encarregados do exame

1. Cada Estado da União toma todas as medidas necessárias para assegurar a aplicação da presente Convenção e, sobretudo:

a) prevê os recursos legais apropriados que permitam a defesa eficaz dos direitos previstos na presente Convenção;

b) institui um serviço especial para a proteção das obtenções vegetais ou dá esse encargo a um serviço já existente;

c) assegura a comunicação ao público das informações relativas a essa proteção e, pelo menos, a publicação periódica da lista dos títulos de proteção concedidos.

2. Podem celebrar-se acordos particulares entre os serviços competentes dos Estados da União para a utilização em comum dos serviços encarregados de proceder ao exame das variedades previsto no artigo 7 e à compilação das coleções e documentos de referência necessários.

3. Fica entendido que ao depositar o seu instrumento de ratificação, aceitação, aprovação ou adesão, cada Estado deve estar em condições, em conformidade com a sua legislação interna, de tornar efetivas as disposições da presente Convenção.

Artigo 31
Assinatura

O presente Ato fica aberto à assinatura de qualquer Estado da União e de qualquer outro Estado representado na Conferência diplomática que adotou o presente Ato. Fica aberta à assinatura até 31 de Outubro de 1979.

Artigo 32
Ratificação, aceitação ou aprovação; adesão

1. Qualquer Estado exprime o seu consentimento a ficar ligado pelo presente Ato pelo depósito:

a) de um instrumento de ratificação, de aceitação ou de aprovação se assinou o presente Ato, ou

b) de um instrumento de adesão se não assinou o presente Ato.

2. Os instrumentos de ratificação, de aceitação, de aprovação ou de adesão são depositados junto ao Secretário-Geral.

3. Qualquer Estado que não é membro da União e que não assinou o presente Ato deve solicitar, antes de depositar o seu instrumento de adesão, a opinião do Conselho sobre a conformidade da sua legislação com as disposições do presente Ato. Se a decisão que contém a opinião for positiva, o instrumento de adesão pode ser depositado.

Artigo 33
Entrada em vigor; Impossibilidade de aderir aos textos anteriores

1. O presente Ato entra em vigor um mês após as duas condições seguintes terem sido satisfeitas:

a) o número de instrumentos de ratificação, de aceitação, de aprovação, ou de adesão depositados é, pelo menos, de cinco;

b) pelo menos três dos ditos instrumentos são depositados por Estados partes da Convenção de 1961.

2. Em relação a cada Estado que depositar o seu instrumento de ratificação, de aceitação, de aprovação ou de adesão após as condições previstas no parágrafo 1) a) e b) terem sido satisfeitas, o presente Ato entra em vigor um mês após o depósito do seu instrumento.

3. Após a entrada em vigor do presente Ato em conformidade com o parágrafo 1), nenhum Estado pode aderir à Convenção de 1961 modificada pelo Ato adicional de 1972.

Artigo 34
Relações entre Estados ligados por textos diferentes

1. Cada um dos Estados da União que, na data de entrada em vigor do presente Ato em relação a si, estiver ligado pela Convenção de 1961 modificada pelo Ato adicional de 1972, continua a aplicar, nas suas relações com qualquer Estado da União que não esteja ligado pelo presente Ato, a dita Convenção modificada pelo dito Ato adicional, até que o presente Ato entre igualmente em vigor em relação a esse outro Estado.

2. Qualquer Estado da União que não esteja ligado pelo presente Ato ("o primeiro Estado") pode declarar, mediante uma notificação dirigida ao Secretário-Geral, que aplicará a Convenção de 1961 modificada pelo Ato adicional de 1972 nas suas relações com qualquer Estado ligado pelo presente Ato que se torne membro da União pela ratificação, aceitação ou aprovação do presente Ato ou pela adesão ao mesmo ("o segundo Estado"). Uma vez expirado o prazo de um mês a partir da data dessa notificação e até à entrada em vigor do presente Ato em relação a si, o primeiro Estado aplica a Convenção de 1961 modificada pelo Ato adicional de 1972 nas suas relações com o segundo Estado, enquanto este aplica o presente Ato nas suas relações com o primeiro Estado.

Artigo 35
Comunicações relativas aos gêneros e espécies protegidas; Informações para publicação

1. No momento do depósito do seu instrumento de ratificação, de aceitação ou de aprovação do presente Ato ou de adesão ao mesmo, cada Estado que ainda não seja membro da União dá conhecimento, ao Secretário-Geral, da lista dos gêneros e espécies aos quais aplicará, no momento da entrada em vigor do presente Ato em relação a si, as disposições da presente Convenção.

2. Com base nas comunicações recebidas do Estado da União interessado, o Secretário-Geral publica informações sobre:

a) qualquer extensão da aplicação das disposições da presente Convenção a outros gêneros e espécies após a entrada em vigor do presente Ato em relação a esse Estado;

b) qualquer utilização da faculdade prevista no artigo 3.3);
c) a utilização de qualquer faculdade concedida pelo Conselho em virtude do artigo 4.4) ou 5);
d) qualquer utilização da faculdade prevista na primeira fase do artigo 5.4), com uma indicação da natureza dos direitos mais amplos e com uma especificação dos gêneros e das espécies a que se aplicam esses direitos;
e) qualquer utilização da faculdade prevista na segunda fase do artigo 5.4);
f) o fato de a legislação desse Estado conter uma disposição permitida em virtude do artigo 6.1) b) i) e a duração do prazo concedido;
g) a duração do prazo a que se refere o artigo 8, se esse prazo for superior aos quinze anos, ou dezoito, segundo o caso, previstos pelo dito artigo.

Artigo 36
Territórios

1. Qualquer Estado pode declarar no seu instrumento de ratificação, de aceitação, de aprovação ou de adesão, ou pode informar o Secretário-Geral por escrito em qualquer momento ulterior, de que o presente Ato é aplicável à totalidade ou a parte dos territórios designados na declaração ou na notificação.

2. Qualquer Estado que tenha feito uma tal declaração ou efetuado uma tal notificação pode, em qualquer momento, notificar ao Secretário-Geral que o presente Ato deixa de ser aplicável à totalidade ou a parte desses territórios.

3. a) Qualquer declaração feita nos termos do parágrafo 1) produz efeitos na mesma data que a ratificação, a aceitação, a aprovação ou a adesão em cujo instrumento foi incluída, e qualquer notificação efetuada nos termos desse parágrafo produz efeitos três meses após a sua notificação pelo Secretário-Geral.

b) Qualquer notificação efetuada nos termos do parágrafo 2) produz efeitos doze meses após a sua recepção pelo Secretário-Geral.

Artigo 37
Derrogação para a proteção em duas formas

1. Não obstante as disposições do artigo 2.1), qualquer Estado que, antes da expiração do prazo durante o qual o presente Ato está aberto à assinatura, preveja a proteção nas diferentes formas mencionadas no artigo 2.1) para um mesmo gênero ou uma mesma espécie, pode continuar a fazê-lo se, no momento da assinatura do presente Ato ou do depósito do seu instrumento de ratificação, de aceitação ou de aprovação do presente Ato, ou de adesão ao mesmo, notificar esse fato ao Secretário-Geral.

2. Se num Estado da União a que se aplica o parágrafo 1), a proteção for solicitada em virtude da legislação sobre patentes, o dito Estado pode, não obstante as disposições do artigo 6.1) a) e b) e do artigo 8, aplicar os critérios de patenteabilidade e a duração de proteção da legislação sobre patente às variedades protegidas segundo essa legislação.

3. O dito Estado pode, em qualquer momento, notificar ao Secretário-Geral a retirada da sua notificação feita em conformidade com o parágrafo 1). Uma tal retirada produz efeitos na data indicada por esse Estado na sua notificação de retirada.

Artigo 38
Limitação transitória da exigência de novidade

Não obstante as disposições do artigo 6, qualquer Estado da União tem a faculdade, sem que daí resulte uma obrigação para os outros Estados da União, de limitar a exigência de novidade prevista nesse artigo, em relação às variedades de criação recente existentes no momento em que o dito Estado aplica pela primeira vez as disposições da presente Convenção ao gênero ou à espécie a que pertencem tais variedades.

Artigo 39
Manutenção dos direitos adquiridos

A presente Convenção não prejudicará os direitos adquiridos quer em virtude das legislações nacionais dos Estados da União, quer em virtude de acordos celebrados entre estes Estados.

Artigo 40
Reservas

Não é admitida nenhuma reserva à presente Convenção.

Artigo 41
Duração e denúncia da Convenção

1. A presente Convenção tem uma duração ilimitada.
2. Qualquer Estado da União pode denunciar a presente Convenção por meio de uma notificação dirigida ao Secretário-Geral. O Secretário-Geral notifica sem demora a recepção dessa notificação a todos os Estados da União.
3. A denúncia produz efeitos no fim do ano civil que segue o ano em que o Secretário-Geral recebeu a notificação.
4. A denúncia não prejudicará os direitos adquiridos, em relação a uma variedade, no âmbito da presente Convenção antes da data em que a denúncia produz efeitos.

Artigo 42
Línguas; Funções do depositário

1. O presente Ato é assinado num exemplar original nas línguas alemã,

francesa e inglesa, prevalecendo o texto francês no caso de diferenças entre os textos. O dito exemplar fica depositado junto ao Secretário-Geral.

2. O Secretário-Geral transmite duas cópias certificadas do presente Ato aos Governos dos Estados representados na Conferência diplomática que o adotou e ao Governo de qualquer outro Estado que lho solicite.

3. O Secretário-Geral estabelece, depois de consultados os Governos dos Estados interessados que estiveram representados na dita Conferência, textos oficiais nas línguas árabe, espanhola, italiana, holandesa e japonesa e nas outras línguas que o Conselho possa indicar.

4. O Secretário-Geral faz registrar o presente Ato junto ao Secretariado da Organização das Nações Unidas.

5. O Secretário-Geral notifica aos Governos dos Estados da União e dos Estados que, sem serem membros da União, estiveram representados na Conferência que adotou o presente Ato, as assinaturas do presente Ato, o depósito dos instrumentos de ratificação, de aceitação, de aprovação ou de adesão, qualquer notificação recebida em virtude dos artigos 34.2), 36.1) e 2), 37.1) e 3) ou 41.2 e qualquer declaração feita em virtude do artigo 36.1).

(*) Texto publicado pela UPOV, doc.: 295(P), de 1983

ATO NORMATIVO Nº 126/96

MINISTÉRIO DA INDÚSTRIA, DO COMÉRCIO E DO TURISMO
INSTITUTO NACIONAL DA PROPRIEDADE INDUSTRIAL
PRESIDÊNCIA
05/03/1997
ATO NORMATIVO Nº 126/96

Assunto : Regulamenta o procedimento de depósito previsto nos arts. 230 e 231 da Lei nº 9.279/96.

O PRESIDENTE EM EXERCÍCIO DO INPI, no uso de suas atribuições legais,

CONSIDERANDO que a lei no. 9.279, de 14 de maio de 1996, determina, em seu artigo 243, que seus artigos 230 e 231 têm vigência imediata;

CONSIDERANDO que relativamente à concessão de patentes, entre outros, permanecem em vigor todos os dispositivos da Lei no. 5772/71, pelo prazo de um ano, a contar da data da nova Lei; e

CONSIDERANDO que tais dispositivos legais se aplicam inclusive a pedidos em andamento, depositados sob a vigência da Lei no. 5772/71, e que o objeto de proteção não pode vir a ter diferentes datas de proteção, pela diversidade de privilégios concedidos, com base em um mesmo e único depósito,

RESOLVE:

1. Regulamentar o procedimento de depósito previsto nos arts. 230 e 231 da Lei no. 9.279/96, conforme a seguir disciplinado:

DO DEPÓSITO

2. Todos os pedidos serão apresentados de acordo com o artigo 14 da Lei no. 5772/71, acompanhados de requerimento próprio, conforme modelo em anexo, e de declaração de o objeto do pedido não ter sido colocado em qualquer mercado, por iniciativa direta do depositante ou por terceiro, com seu consentimento, até a data do depósito.

2.1. Na hipótese de já haver sido concedida patente para o primeiro depósito no exterior quando do depósito no País, com base no artigo 230, poderá o depositante, no próprio ato do depósito, juntar a documentação pertinente, conforme item 11 do presente.

3. No caso de pedido já depositado no País, nos termos da Lei no. 5772/71, com base em um primeiro pedido depositado no exterior, e cujo processo esteja em andamento, será admitida, para os fins do artigo 230, parágrafo 5o., uma declaração do depositante desistindo do processamento do pedido em andamento, aproveitando-se os documentos que o integram, sem prejuízo da apresentação dos documentos mencionados no item 2, acima.

3.1. Se o pedido reivindicar matéria distinta daquela constante do pedido ou patente correspondente ao primeiro depósito no exterior, poderá o depositante apresentar alterações para adequar o novo pedido, tornando-o conforme àquele primeiro pedido ou sua patente.

3.2. A cada pedido depositado com fundamento no artigo 230 deverá corresponder um único pedido depositado ou patente concedida no exterior, não se admitindo prioridades ou depósitos originais múltiplos, e devendo os pedidos em andamento no País ser adaptados quando do novo depósito com base no referido artigo 230.

3.3. Os pedidos depositados com base no artigo 70.8 do Acordo de Aspectos de Propriedade Intelectual relacionados com o comércio (TRIPs), conforme Dec. no. 1.355, de 31.12.1994, poderão ser transformados na forma dos itens acima.

4. Os pedidos internacionais, depositados através do PCT com base em depósito anterior no exterior, nos quais o Brasil seja designado ou eleito, poderão fazer uso do direito e da faculdade prevista no artigo 230, desde que dada a entrada na fase nacional durante o período de vigência do artigo 230 — independentemente da data prevista naquele tratado para tal — e respeitado o disposto neste Ato Normativo quanto aos requisitos e documentos de depósito.

4.1. O depositante terá até 90 (noventa) dias para a apresentação da documentação, após ter-se ela tornado disponível.

5. Se o pedido for de nacional ou domiciliado no País, o depositante deverá apresentar declaração da data de divulgação do invento, acompanhada dos elementos probatórios, se houver, sem prejuízo dos demais documentos pertinentes, previstos no item 2 do presente.

6. Para um único pedido ou patente originalmente depositado no exterior, que inclua tanto matéria passível de proteção pela Lei n° 5772/71 quanto matéria protegível apenas pelo artigo 230 da Lei n° 9.279/96, será admitido um único depósito, devendo o depositante, caso opte pela hipótese do art. 230, se cabível, incluir no novo pedido todas as matérias sobre as quais solicite proteção.

6.1. O mesmo será aplicável em relação aos inventos protegíveis na forma do artigo 231 da Lei n° 9.279/96.

DO PROCESSAMENTO

7. Fica sustado o exame dos pedidos em andamento que contenham matéria passível de proteção segundo o artigo 229 da Lei n° 9.279/96, devendo o depositante, caso não pretenda exercer a faculdade prevista no artigo 230, parágrafo 5°., ou 231, requerer seja dado prosseguimento ao exame de seu pedido.

8. Atendidas as condições de depósito previstas na Lei nº 5772/71 e no presente Ato Normativo, será o pedido considerado depositado e devidamente numerado, em código alfa-numérico, sendo a parte alfabética a expressão PI, seguida do número 11 e de 5 (cinco) dígitos numéricos, em ordem consecutiva de depósito, e de um dígito verificador.

9. O pedido será automaticamente publicado, iniciando-se o prazo de 90 (noventa) dias para manifestação de terceiros quanto à colocação do objeto do pedido no mercado ou quanto a terem sido iniciados sérios e efetivos preparativos para a exploração do mesmo no País.

9.1. Se apresentada tal manifestação, será o depositante notificado para contestar em 90 (noventa) dias.

10. O pedido depositado nos termos do artigo 231 será processado e examinado segundo o estabelecido na Lei nº 9.279/96, conforme disposto no parágrafo 2o. do mencionado artigo.

11. Tão logo concedida a patente correspondente ao primeiro depósito no exterior, deverá ser ela apresentada ao INPI, acompanhada de tradução simples dos dados identificadores e do quadro reivindicatório e declaração de veracidade, bem como, se for o caso, de documento que comprove o período de vigência.

12. Fica dispensado o requerimento de pedido de exame do depósito no País.

13. O INPI poderá fazer exigências durante o processamento do pedido, para o atendimento das condições estabelecidas em Lei ou no presente Ato Normativo, que deverão ser atendidas em até 90 (noventa) dias da correspondente publicação.

DAS ANUIDADES E RETRIBUIÇÕES

14. Aplicar-se-á o disposto na Lei nº 9.279/96, considerando-se como data do depósito a do primeiro pedido, sujeito a pagamento de anuidade a partir do depósito no País.

14.1. Não tendo a patente concedida para o primeiro depósito no exterior sido trazida ao INPI, na forma do item 12, acima, dentro de um ano de sua concessão, passarão as anuidades do depósito no País a ser as relativas a patentes.

14.2. Verificando o INPI a concessão da patente no exterior, fará exigência, se for o caso, para a complementação das eventuais anteriores anuidades pagas a menor.

15. Todas as retribuições serão as constantes da Tabela em vigor para o processamento de pedidos de patentes em geral, exceto a relativa ao depósito, que estará sujeita ao pagamento de retribuição específica e anuidades referentes ao período posterior a 15 (quinze) anos.

DISPOSIÇÕES GERAIS E FINAIS

16. Tendo o INPI ciência da denegação, em caráter definitivo, do pedido que seja o primeiro depósito no exterior, será o pedido no País arquivado.

17. Caberá recurso do ato do INPI que denegar ou arquivar o pedido de patente depositado e processado na forma do presente Ato Normativo, dentro do prazo de 90 (noventa) dias da publicação da decisão.

17.1. Não apresentado recurso no prazo acima previsto, será o pedido considerado definitivamente arquivado, encerrando-se a instância administrativa.

17.2. A decisão do recurso encerra a instância administrativa.

18. Os pedidos depositados nos termos da Lei n° 5772/71, cujo processo de outorga já se houver encerrado administrativamente, não poderão ser objeto de novo depósito para a proteção prevista no artigo 229, na forma do art. 230 e 231.

18.1. Incluem-se nesta proibição as matérias constantes de tais pedidos cuja proteção tenha sido denegada, ainda que outras matérias constantes do mesmo pedido tenham sido protegidas pela concessão de patente.

19. Os pedidos que houverem sido depositados com base nos artigos 230 e 231, entre a data da vigência da Lei no. 9.279/96 e da vigência do presente Ato Normativo terão um prazo de 90 (noventa) dias, independente de qualquer notificação, para serem adequados à presente norma.

O presente Ato Normativo entrará em vigor na data de sua publicação.

ATO NORMATIVO Nº 127

MINISTÉRIO DA INDÚSTRIA, DO COMÉRCIO E DO TURISMO
INSTITUTO NACIONAL DA PROPRIEDADE INDUSTRIAL
PRESIDÊNCIA
05/03/1997
ATO NORMATIVO Nº 127

Assunto: Dispõe sobre a aplicação da Lei de Propriedade Industrial em relação às patentes e certificados de adição de invenção.

O PRESIDENTE DO INPI, no uso de suas atribuições, e
CONSIDERANDO a necessidade de se estabelecer normas gerais de procedimentos para explicitar e cumprir dispositivos da Lei de Propriedade Industrial — Lei nº 9279, de 14 de maio de 1996 (adiante LPI), no que se refere às patentes de invenção, às patentes de modelos de utilidade, e aos certificados de adição de invenção,
RESOLVE:
Estabelecer as seguintes normas de procedimentos:

1. TITULARIDADE

1.1 A solicitação de não divulgação do nome do inventor, de acordo com o § 4º do art. 6º da LPI, deverá ser indicada no requerimento de depósito, devendo ser apresentados, como anexo, em envelope fechado, documento do depositante nomeando e qualificando o inventor e a declaração do inventor solicitando a não divulgação de sua nomeação.

1.1.1 Após conferência pelo INPI, os documentos e a declaração referidos acima serão mantidos em envelope lacrado.

1.2 Solicitada a não divulgação do nome do inventor, o INPI omitirá tal informação nas publicações relativas ao processo em questão, bem como nas cópias do processo fornecidas a terceiros.

1.3 Na hipótese do item 1.1, terceiros com legítimo interesse poderão requerer ao INPI seja informado o nome do(s) inventor(es), mediante compromisso, sob as penas da lei de não efetuarem tal divulgação, além do necessário para estabelecer e questionar eventual falta de legitimidade.

2. PERÍODO DE GRAÇA

2.1 Não será considerada como estado da técnica a divulgação de invenção ou modelo de utilidade, quando ocorrida durante os 12 (doze) meses que precederem à data de depósito ou a da prioridade do pedido de patente, se promovida segundo os incisos I, II e III do art. 12 da LPI (período de graça).

2.2 O inventor poderá, para efeito do art. 12 da LPI, quando do depósito do pedido, indicar a forma, local e data de ocorrência da divulgação, feita por ele.

2.3 O INPI, durante o exame, poderá, quando julgar necessário, formular exigência fundamentada para a apresentação, em 60 (sessenta) dias, de provas, que se revistam do requisito de certeza, quanto à sua existência e data, bem como da relação de tal divulgação, na forma do art. 12 da LPI.

3. PRIORIDADE

3.1 A reivindicação de prioridade será comprovada por documento hábil da origem, contendo relatório descritivo e, se for o caso, reivindicações e desenhos, acompanhado da tradução simples da certidão de depósito ou documento equivalente.

3.2 Quando os dados identificadores dos pedidos constantes da certidão de depósito ou documento equivalente estiverem conformes aos do requerimento de depósito do pedido (formulário modelo 1.01), poderá ser feita declaração, no respectivo formulário de depósito, ou em apartado, até a data da apresentação do documento hábil, com os mesmos efeitos da tradução simples prevista no § 2° do art. 16 da LPI.

3.3 Caso a reivindicação de prioridade feita no ato de depósito seja suplementada por outras, conforme § 1° do art. 16 da LPI, não será alterado o prazo inicial de 180 (cento e oitenta) dias contados do depósito do pedido (art. 16 da LPI), para as respectivas comprovações.

3.4 Se o documento que deu origem à prioridade for de depositante distinto daquele que requereu o pedido no Brasil, por cessão de direitos, deverá ser apresentada cópia do correspondente documento de cessão, firmado em data anterior à do depósito no Brasil, ou declaração de cessão ou documento equivalente, dispensada notarização/legalização e acompanhado de tradução simples ou documento bilíngüe.

3.4.1 As formalidades do documento de cessão do direito de prioridade serão aquelas determinadas pela lei do país onde houver sido firmado.

3.4.2 Presume-se cedido o direito de depósito e o direito de prioridade em caso de pedidos de patente cujo depositante seja empregador ou contratante do inventor, desde que apresentado o documento comprobatório de tal relação e da cessão dos futuros inventos, ou documento equivalente.

3.5 A falta de comprovação da reivindicação de prioridade prevista no art. 16 da LPI acarretará a perda de prioridade, salvo se a parte comprovar que não a realizou por justa causa, aplicando-se o disposto no art. 221 da LPI.

3.6 O pedido de patente depositado originalmente no Brasil, sem reivindicação de prioridade e não publicado, assegurará o direito de prioridade (prioridade interna) ao pedido posterior sobre a mesma matéria depositado no Brasil pelo mesmo requerente ou sucessores dentro do prazo de 1 (um) ano.

3.6.1 A reivindicação de prioridade será feita no ato do depósito através da indicação do número e data do pedido anterior.

3.6.2 O pedido anterior ainda pendente será considerado definitivamente arquivado e publicado.

4. ENTREGA DO PEDIDO DE PATENTE

4.1 O pedido de patente, que será sempre em idioma português, conterá:
(l) Requerimento, através do formulário modelo 1.01;
(ll) Relatório descritivo, de acordo com as disposições do presente Ato;
(lll) Reivindicações, de acordo com as disposições do presente Ato;
(IV) Desenhos, de acordo com as disposições do presente Ato, se for o caso;
(V) Resumo, de acordo com as disposições do presente Ato;
(Vl) Comprovante de pagamento da retribuição relativa ao depósito

4.2 O pedido de patente poderá ser entregue nas recepções do INPI, ou através de envio postal, com aviso de recebimento endereçado à Diretoria de Patentes — DIRPA /SAAPAT (Praça Mauá, 7), com indicação do código **DVP**

4.2.1 Presumir-se-á que os pedidos depositados por via postal terão sido recebidos na data da postagem ou no dia útil imediatamente posterior, caso a postagem se dê em sábado, domingo ou feriado e na hora do encerramento das atividades da recepção da sede do INPI, no Rio de Janeiro.

4.3 O pedido que não atender formalmente às especificações dos itens (I) a (V) acima, mas que contiver dados relativos ao depositante e ao inventor, além de uma descrição e desenhos (obrigatórios no caso de Modelos de Utilidade), que permitam a perfeita identificação do objeto, poderá ser entregue, mediante recibo datado, ao INPI, que estabelecerá as exigências a serem cumpridas, no prazo de 30 (trinta) dias, a contar de sua ciência, na forma do art. 226 da LPI.

4.3.1 Caso o pedido esteja em alfabeto latino e em idioma estrangeiro, deverá também ser apresentada, no mesmo prazo do item anterior, a tradução simples de todos os documentos originalmente em idioma estrangeiro. Caso essa tradução corresponda ao pedido de patente apresentado de acordo com o item 4.1, poderá o depositante substituí-la por declaração correspondente.

4.3.2 Cumpridas as exigências quanto às questões formais, o depósito será considerado como efetuado na data do recibo.

4.3.3 A data a ser considerada para efeito de depósito, se for verificado, durante o processamento do pedido, que o objeto descrito não corresponde ao texto original, será a do cumprimento de exigência.

4.3.4 No caso de não atendimento da exigência, o pedido será devolvido ao depositante ou estará à sua disposição em arquivo específico do INPI até condições de posterior devolução.

4.4 Efetuado o depósito por via postal, caso tenham sido enviadas vias suplementares, para retorno ao depositante, deverá ele enviar também envelope adicional, endereçado e selado, para retorno das vias suplementares pelo correio, sem responsabilidade por parte do INPI quanto a extravios. Na falta de tal envelope endereçado e selado, ficarão tais vias suplementares à disposição do depositante, no INPI, no Rio de Janeiro.

5. DEPÓSITO

5.1 Considera-se depósito o ato pelo qual o INPI, após proceder ao exame formal preliminar, protocoliza o pedido de patente mediante numeração própria.

6. PEDIDOS DIVIDIDOS

6.1 O pedido de patente poderá ser dividido em dois ou mais até o final do exame:

a) a requerimento do depositante;

b) em atendimento a exigência, quando o exame técnico revelar que o pedido é complexo ou que contém um grupo de invenções que compreendem mais de um conceito inventivo, ou mais de um modelo de utilidade.

6.1.1 Não poderá ser dividido o pedido que contiver apenas uma invenção ou um único modelo de utilidade se a divisão implicar em mutilação ou dupla proteção da invenção ou modelo.

6.1.2 O depósito do pedido dividido deverá conter:

a) requerimento através do formulário modelo 1.01, acompanhado da guia de recolhimento respectiva;

b) os documentos que integram o pedido dividido deverão estar de acordo com as normas estabelecidas neste Ato, sendo que, no relatório descritivo, após o título, deverá constar a indicação de se tratar de divisão com menção à natureza, número e data do depósito do pedido original, nos seguintes termos:"**Dividido do** _____, **depositado em** ___/ ___/ ___;

b.1) O relatório descritivo, o resumo e, se for o caso, os desenhos do pedido dividido deverão limitar-se ao conteúdo da matéria nele reivindicada, salvo quando necessário à perfeita compreensão da matéria, caso em que poderá incluir matéria contida no pedido original;

c) as guias de recolhimento das retribuições cabíveis de acordo com a fase processual do pedido original (anuidades, pedido de exame, etc...), no valor constante da tabela de retribuição vigente na data de sua apresentação;

6.2 O relatório descritivo, os desenhos e o resumo do pedido original, quando for o caso, deverão ser correspondentemente alterados, para excluir matéria inconsistente ou que não seja claramente relacionada com a invenção reivindicada.

6.3 Quando as reivindicações do pedido dividido forem resultantes da divisão do quadro reivindicatório do pedido original, as reivindicações do pedido original deverão ser correspondentemente alteradas para excluir a matéria reivindicada no pedido dividido.

6.4 O pedido dividido será protocolizado após exame formal preliminar, recebendo numeração mecânica de acordo com o ano do depósito do pedido que lhe deu origem.

6.5 O depósito do pedido dividido será automaticamente notificado na RPI, constando de tal notificação o número do pedido original e a indicação de ser divisão.

6.6 O pedido dividido será considerado como estando na mesma fase processual em que se encontra o pedido original, cabendo ao INPI reduzir a termo a referência aos documentos e petições que se encontram no pedido original.

7. EXAME DO PEDIDO

7.1 Durante o exame técnico, poderá ser feita exigência no sentido de que seja apresentada, no prazo de 60 (sessenta) dias, sob pena de arquivamento do pedido, a tradução simples do relatório descritivo e, se for o caso, das reivindicações constantes do documento hábil do país de origem.

Esta tradução pode ser substituída por uma declaração do depositante de que os documentos constantes do pedido estão fielmente contidos no documento de origem.

7.2 SUBSÍDIOS

Os documentos apresentados por terceiros, a título de subsídios, serão tidos como se fossem referências identificadas na busca realizada pelo examinador, e como tal, se relevantes, anexadas ao parecer técnico, para conhecimento e manifestação do depositante.

7.3 Quando o parecer técnico for pelo não enquadramento do pedido na natureza reivindicada, o depositante, desejando alterá-la, deverá fazer menção expressa nesse sentido, na manifestação cabível.

7.4 Ao ser aceita a adaptação do pedido à nova natureza, o depositante deverá, no caso em que haja diferença em favor do INPI das retribuições cabíveis à natureza adaptada, efetuar o pagamento da diferença devida; na situação inversa não caberá devolução, uma vez que o exame foi efetuado na natureza inicialmente requerida.

7.5 FINAL DE EXAME

Para os efeitos dos arts. 26 e 31 da LPI, considera-se final de exame a data do parecer conclusivo do técnico quanto à patenteabilidade, ou o trigésimo dia que antecede a publicação da decisão de deferimento, indeferimento ou arquivamento definitivo, o que ocorrer por último.

8. OFERTA DE LICENÇA

8.1 A patente licenciada em caráter de exclusividade não poderá ser objeto de oferta.

8.2 A patente licenciada sem caráter de exclusividade poderá ser objeto de oferta, sem, contudo, o benefício da redução das anuidades prevista no art. 66 da LPI.

8.3 O Certificado de Adição de Invenção, sendo acessório da patente, acompanha a patente em oferta e não pode ser oferecido isoladamente.

8.4 A patente não licenciada poderá ser objeto de oferta com o benefício da redução das anuidades prevista no art. 66 da LPI, nas seguintes condições:

8.4.1 O titular solicitará ao INPI que promova a oferta para fins de exploração, indicando todas as condições contratuais inerentes, por ex. royalties, prazos, condições de pagamento, escala, disponibilidade de know-how, assistência técnica.

8.4.2 O INPI, após verificação da situação da patente e das cláusulas e condições impostas, promoverá a publicação da oferta, providenciando a redução das anuidades vincendas.

8.4.3 Não estando a patente em condições de oferta, como por ex., sob licença voluntária exclusiva, sob argüição de validade ou gravada com ônus, o INPI notificará o titular a respeito.

8.5 Da publicação da oferta constará, pelo menos, o número da patente, titular, prazo de sua vigência, título, objeto e prazo da licença.

8.6 A publicação será promovida pelo menos uma vez por semestre.

8.7 O INPI fornecerá, a requerimento de terceiros interessados, cópia na íntegra das condições contratuais oferecidas pelo titular, comunicando-lhe o fato.

8.7.1 A partir da comunicação ao titular do encaminhamento das condições da oferta a terceiros, o titular deverá, no prazo de 60 dias, prorrogáveis até que se completem 180 dias, notificar ao INPI quanto ao desenvolvimento das negociações. Na ausência de manifestação do titular, o INPI presumirá que o depositante desistiu da oferta, deixando de aplicar a redução da retribuição da anuidade.

8.8 Havendo manifestação expressa ao INPI quanto à aceitação dos termos do contrato de licença para exploração da patente por terceiros, não mais poderá o titular dela desistir.

8.8.1 O INPI comunicará ao titular o aceite, promovendo os atos cabíveis para ultimar o contrato.

8.9 Não ocorrendo acordo entre o titular e o licenciado quanto à remuneração cabível, poderá qualquer das partes requerer ao INPI o seu arbitramento.

8.10 O titular deverá renovar anualmente a solicitação de oferta, ratificando seus termos.

8.10.1 Na falta de qualquer manifestação quanto à renovação da oferta, pelo prazo de 2 (dois) anos consecutivos, contados da notificação da RPI, presumir-se-á a desistência do titular na oferta, extinguindo-se o benefício da redução de anuidade e da possibilidade de sua renovação.

9. CERTIFICADO DE ADIÇÃO DE INVENÇÃO

9.1 O aperfeiçoamento ou desenvolvimento introduzido em invenção reivindicada em pedido ou patente poderá ser objeto de um Certificado de Adição de Invenção, desde que apresente o mesmo conceito inventivo desta.

9.2 O depósito do pedido de Certificado de Adição de Invenção deverá conter:

a) requerimento através do formulário modelo 1.01, acompanhado da guia de recolhimento respectiva;

b) os documentos que integram o pedido de Certificado de Adição de Invenção deverão estar de acordo com as normas estabelecidas neste Ato, sendo que, no relatório descritivo, após o título, deverá constar a indicação de se tratar de Certificado de Adição com menção ao número e data do depósito do pedido principal, nos seguintes termos:"**Certificado de Adição de Invenção do PI _____, depositado em ___/___/___;**

b.1) O relatório descritivo, o resumo e, se for o caso, os desenhos do pedido de Certificado de Adição de Invenção deverão limitar-se ao conteúdo da matéria nele reivindicada, salvo quando necessário à perfeita compreensão da matéria, caso em que poderá incluir matéria contida no pedido principal;

9.3 O depósito do pedido de Certificado de Adição de Invenção será automaticamente notificado na RPI, constando de tal notificação o número do pedido original e a indicação de ser Certificado de Adição de Invenção.

9.4 Sempre que possível, as reivindicações do Certificado de Adição de Invenção devem ser descritas de forma interrelacionadas às correspondentes do pedido ou patente principal.

9.5 A decisão do Certificado de Adição de Invenção de pedido de patente pendente ficará condicionada à decisão do pedido principal.

9.5.1 A concessão do Certificado de Adição de Invenção estará condicionada à concessão da patente principal, podendo ocorrer de forma simultânea.

9.6 O depositante poderá, no prazo de recurso contra o indeferimento do pedido do certificado de adição, por não apresentar o mesmo conceito inventivo, requerer a sua transformação em pedido de patente de invenção ou de modelo de utilidade.

9.6.1 Transformado o pedido de Certificado de Adição de Invenção em pedido de patente, a data de depósito do pedido de patente será a do Certificado de Adição de Invenção, sendo o mesmo renumerado correspondentemente.

9.7 Aplicam-se as disposições da expedição da patente à expedição do certificado de adição.

10. DA RETRIBUIÇÃO ANUAL
10.1 PAGAMENTO DE ANUIDADE

10.1.1 Anuidade é a retribuição anual a que está sujeito o pedido de patente ou a patente, a partir do 24º (vigésimo quarto) mês da data do depósito (início do terceiro ano).

10.1.2 O Certificado de Adição estará sujeito à retribuição anual a partir do início do período anual (do pedido ou patente de que for acessório) seguinte ao seu depósito. O período para pagamento é o mesmo daquele do pedido ou patente de que for acessório.

10.1.3 O pagamento da anuidade deve ser efetuada a partir do 24º (vigésimo quarto) mês da data do depósito, nos primeiros 03 (três) meses de cada período anual, podendo, ainda, ser feito independentemente de notificação, dentro dos 06 (seis) meses subseqüentes, mediante pagamento de retribuição adicional (art. 84 parágrafo 2º da LPI).

10.1.4 O pagamento de anuidades vincendas de patentes e seus certificados de adição poderá ser antecipado quando de um dos pagamentos regulares, desde que de uma só vez e alcançando todo o período restante.

10.1.4.1 Não se aplicará a disposição acima às patentes que estejam em oferta de licença com redução de anuidade.

10.1.5 As anuidades regulares ou antecipadas deverão ser pagas pelo valor de tabela de retribuição em vigor na data do pagamento.

10.1.6 O pagamento das anuidades poderá ser feito mediante guia de retribuição, ordem bancária ou outros procedimentos que venham a ser disponibilizados pelo INPI.

10.1.7 Caso o pagamento seja feito a menor, o INPI formulará exigência de complementação, que deverá ser cumprida no prazo de 60 (sessenta) dias contados da notificação na RPI.

10.2 CONSEQÜÊNCIA DA FALTA DE PAGAMENTO DE ANUIDADE

10.2.1 A falta de pagamento de anuidade acarretará o arquivamento do pedido ou a chamada para restauração da patente ou certificado de adição.

10.2.2 Publicada a notificação de arquivamento ou chamada para restauração, o depositante ou titular poderá requerer a restauração, no prazo de 03 (três) meses, nos termos do art. 87 da LPI, utilizando-se do formulário modelo 1.02.

10.2.3 O requerimento de restauração deverá ser instruído com as guias de recolhimento tanto da anuidade devida, acrescida de retribuição adicional, quanto do próprio pedido de restauração.

10.3 COMPROVAÇÃO DO PAGAMENTO

10.3.1 O pagamento de anuidade deverá ser comprovado no curso do prazo estabelecido para seu respectivo pagamento.

10.3.1.1 A comprovação do pagamento de anuidade poderá ser feita mediante a apresentação de cópia da guia de recolhimento, cópia de ordem bancária ou similar, que possibilite a identificação precisa do pagamento efetuado, inclusive o período anual respectivo, se for o caso.

10.3.2 A comprovação pode ser entregue nas recepções do INPI ou postada nos correios, com aviso de recebimento.

10.3.3 A comprovação não está sujeita a retribuição.

10.4 CONSEQÜÊNCIA DA NÃO COMPROVAÇÃO DO PAGAMENTO DE ANUIDADE

10.4.1 Não comprovado o pagamento, o INPI formulará exigência para a apresentação da comprovação do pagamento, que deverá ser cumprida no prazo de 60 (sessenta) dias.

10.4.2 Não cumprida a exigência, o INPI presumirá que o pagamento não foi efetuado, promovendo os procedimentos cabíveis.

10.4.3 Caso o interessado venha, no prazo de restauração, comprovar formalmente que o pagamento havia sido efetuado, ficará, salvo justa causa, sujeito ao pagamento da retribuição equivalente à restauração.

10.5 RESTAURAÇÃO

10.5.1 Caberá restauração sempre que a retribuição anual não for efetuada no prazo dos arts. 84 ou 85 da LPI.

10.5.2 O prazo para restauração será de 3 (três) meses a contar da notificação na RPI do arquivamento do pedido ou da chamada para restauração da patente.

10.5.3 O pedido de restauração será instruído com a guia da retribuição de restauração acompanhada da guia do recolhimento da anuidade cabível paga no valor previsto para o caso.

11. OUTRAS DISPOSIÇÕES:

11.1 PROCURAÇÃO

11.1.1 O instrumento de procuração, na forma e nos termos previstos no art. 216 da LPI, quando o interessado não requerer pessoalmente, poderá ser apresentado no prazo de 60 (sessenta) dias contados da prática do primeiro ato da parte no processo, independente de notificação ou exigência.

11.1.1.1 Em se tratando de pessoa domiciliada no exterior, e não sendo seus atos praticados através de procurador, na forma do art. 216 da LPI, deverá ser apresentada procuração, nos termos previstos no art. 217 da LPI, ainda que o ato tenha sido praticado pessoalmente.

11.1.1.2 A procuração prevista no art. 217 da LPI, se não apresentada quando do depósito, poderá ser exigida pelo INPI a qualquer momento, inclusive após a extinção da patente, devendo a mesma ser apresentada no prazo de 60 (sessenta) dias.

11.1.1.3 Caso não seja apresentada procuração no prazo de 60 (sessenta) dias do depósito, o pedido será considerado definitivamente arquivado e publicado.

11.2 As reduções de retribuições previstas só serão passíveis de cumulação até o percentual máximo de 70% (setenta por cento).

11.3 O arquivamento de que trata o § 2º do art. 216 será o da petição ou do pleito referente à petição, cabendo recurso de tal arquivamento.

11.4 As traduções simples mencionadas neste Ato deverão conter atestação do interessado, depositante ou titular, da sua fidelidade.

11.5 Os documentos apresentados e os formulários instituídos neste Ato deverão ser impressos em papel branco com tinta preta, devendo igualmente ser preenchido com tinta preta.

11.6 O pedido de fotocópia deverá ser efetuado através do formulário modelo 1.05

12. DOS PRAZOS

12.1 O pedido para concessão de prazo adicional para a prática de ato não realizado por justa causa deverá ser apresentado através do formulário modelo 1.08 e instruído com sua justificativa e provas cabíveis.

12.2 Reconhecida pelo INPI a justa causa que impediu a parte de praticar ato no prazo legal, o INPI notificará o interessado do prazo que lhe for concedido, na forma prevista no art. 226 da LPI.

12.3 O prazo a ser concedido para a prática do ato será de, no mínimo, 15 (quinze) dias a, no máximo, o prazo legal dos atos correspondentes.

13. GARANTIA DE PRIORIDADE

13.1 Extinguir-se-á automaticamente a garantia de prioridade depositada segundo a Lei nº 5772/71 se, no prazo de 12 (doze) meses para privilégio de invenção e 6 (seis) meses para modelo de utilidade, contados da data de seu depósito, não for apresentado o pedido de patente.

14. NUMERAÇÃO:

14.1 A numeração dos pedidos de patente de invenção e de modelo de utilidade bem como das correspondentes patentes, e a do certificado de adição, será constituída por três segmentos e um dígito verificador, a saber:

14.1.1 Qualificador alfabético:
Invenção
PI

Modelo de Utilidade
MU
Certificado de Adição

C, seguida do algarismo correspondente à quantidade de certificados de adição de invenção relativos a uma mesma invenção.

14.1.2 Qualificador numérico — designativo do ano em que foi feito o depósito e, simultaneamente, da natureza do privilégio, composto de dois algarismos, onde o segundo algarismo da esquerda para a direita indica o ano da década, enquanto o primeiro algarismo da esquerda para a direita indica a natureza do privilégio, de acordo com o seguinte código:

Invenção — algarismo correspondente à década do ano do depósito.

Modelo de Utilidade — algarismo correspondente à década do ano de depósito menos 2

Certificado de Adição — corresponde ao da Invenção principal.

14.1.3 Quantificador

Invenção — série numérica crescente, anual, composta de cinco algarismos iniciando-se com 00001.

Modelo de Utilidade — série numérica crescente, anual, composta de cinco algarismos iniciando-se com 00001.

Certificado de Adição — corresponde ao da Invenção principal

14.2 Continua em vigor a numeração dos privilégios de invenção e de modelo de utilidade, isto é, os números dos pedidos em andamento e das patentes de invenção e de modelo de utilidade concedidas não serão alterados.

15. ESPECIFICAÇÕES DO PEDIDO DE PATENTE

15.1 PATENTE DE INVENÇÃO

15.1.1 Requerimento Inicial

O requerimento inicial deve ser efetuado através do formulário modelo 1.01.

15.1.2 Relatório Descritivo:

O relatório descritivo deverá:

a) ser iniciado pelo título;

b) referir-se a uma única invenção, ou a um grupo de invenções interrelacionadas de maneira que constituam um só conceito inventivo;

c) precisar o setor técnico a que se refere a invenção;

d) descrever o estado da técnica que possa ser considerado útil à compreensão, à busca e ao exame da invenção, citando, sempre que possível, os documentos que o reflitam, destacando os problemas técnicos existentes;

e) definir os objetivos da invenção e descrever, de forma clara, concisa e precisa, a solução proposta para o problema existente, bem como as vantagens da invenção em relação ao estado da técnica;

f) ressaltar, nitidamente, a novidade e evidenciar o efeito técnico alcançado;

g) relacionar as figuras apresentadas nos desenhos, especificando suas representações gráficas (vistas, cortes, esquemas de circuitos, diagramas em bloco, fluxogramas, gráficos,...);

h) especificar, nos casos em que houver inclusão de reprodução de fotografias (tais como estruturas metalográficas), as características peculiares a esse tipo de representação gráfica, como por exemplo, ampliação, condições e natureza do material fotografado, etc..,

i) descrever a invenção de forma consistente, precisa, clara e suficiente, de maneira que um técnico no assunto possa realizá-la, fazendo remissão aos sinais de referência constantes dos desenhos, se houver, e, se necessário, utilizar exemplos e/ou quadros comparativos, relacionando-os com o estado da técnica;

j) ressaltar, quando a natureza da invenção for tal que englobe mais de uma forma de execução, a melhor delas, conhecida pelo depositante, na data do depósito;

k) indicar, explicitamente, a utilização industrial quando essa não for evidente a partir da descrição da invenção;

l) ser apresentado de maneira a seguir a ordem indicada nos itens acima, a menos que, em razão do objeto da invenção, outra maneira ou ordem diferente permita a sua melhor compreensão e apresentação mais concisa.

15.1.3 Reivindicações

15.1.3.1 Quantidade, numeração e categorias

a) a quantidade de reivindicações independentes e dependentes deve ser suficiente para definir corretamente o objeto do pedido;

b) as reivindicações devem ser numeradas consecutivamente, em algarismos arábicos;

c) as reivindicações podem ser de uma ou várias categorias (tais como produto e processo, processo e aparelho, produto, processo e aparelho, etc.), desde que ligadas por um mesmo conceito inventivo, sendo arranjadas da maneira mais prática possível.

15.1.3.2 Formulação das reivindicações

a) as reivindicações devem, preferencialmente, ser iniciadas pelo título ou parte do título correspondente à sua respectiva categoria e conter uma única expressão "caracterizado por";

b) cada reivindicação deve definir, clara e precisamente, e de forma positiva, as características técnicas a serem protegidas pela mesma, evitando-se expressões que acarretem indefinição na reivindicação;

c) as reivindicações devem estar totalmente fundamentadas no relatório descritivo;

d) exceto quando absolutamente necessário, as reivindicações não podem conter, no que diz respeito às características da invenção, referências ao relatório descritivo ou aos desenhos, do tipo "como descrito na parte ... do relatório descritivo" ou "bem como representado pelos desenhos";

e) quando o pedido contiver desenhos, as características técnicas definidas nas reivindicações devem vir acompanhadas, entre parênteses, pelos respectivos sinais de referência constantes dos desenhos se for considerado necessário à compreensão do mesmo, entendendo-se que tais sinais de referência não são limitativos das reivindicações.

f) cada reivindicação deve ser redigida sem interrupção por pontos.

k) não serão aceitas em reivindicações trechos explicativos com relação ao funcionamento, vantagens, e simples uso do objeto.

15.1.3.2.1 Reivindicações independentes

a) São aquelas que, mantida a unidade de invenção, visam a proteção de características técnicas essenciais e específicas da invenção em seu conceito integral, cabendo a cada categoria de reivindicação pelo menos uma reivindicação independente.

b) Cada reivindicação independente deve corresponder a um determinado conjunto de características essenciais à realização da invenção, sendo que somente será admitida mais de uma reivindicação independente da mesma categoria se tais reivindicações definirem diferentes conjuntos de características alternativas e essenciais à realização da invenção, ligadas pelo mesmo conceito inventivo;

c) as reivindicações independentes de categorias diferentes, em que uma das categorias seja especialmente adaptada à outra, serão, de preferencia, formuladas de modo a evidenciar sua interligação, empregando-se, na parte inicial da reivindicação, expressões, como por exemplo: "Aparelho para realização do processo definido na reivindicação...", "Processo para a obtenção do produto definido na reivindicação..."

d) as reivindicações independentes devem, quando necessário, conter, entre a sua parte inicial e a expressão "caracterizado por", um preâmbulo explicitando as características essenciais à definição da matéria reivindicada e já compreendidas pelo estado da técnica;

e) após a expressão "caracterizado por" devem ser definidas as características técnicas essenciais e particulares que, em combinação com os aspectos explicitados no preâmbulo, se deseja proteger;

f) as reivindicações independentes podem servir de base a uma ou mais reivindicações dependentes, devendo, preferencialmente, ser agrupadas na ordem correspondente ao título do pedido.

15.1.3.2.2 Reivindicações dependentes

a) são aquelas que, mantida a unidade de invenção, incluem características de outra(s) reivindicação(ões) anterior(es) e definem detalhamentos dessas características e/ou características adicionais, contendo uma indicação de dependência a essa(s) reivindicação(ões) e, se necessário, a expressão "caracterizado por";

b) as reivindicações dependentes não devem exceder as limitações das características compreendidas na(s) reivindicação(ões) a que se referem;

c) nas reivindicações dependentes devem ser definidas, precisa e compreensivelmente, as suas relações de dependência, não sendo admitidas formulações do tipo "de acordo com uma ou mais das reivindicações...", "de acordo com as reivindicações precedentes...", ou similares;

d) qualquer reivindicação dependente que se referir a mais de uma reivindicação (reivindicação de dependência múltipla) deve se reportar a essas reivindicações na forma alternativa ou na forma cumulativa (formuladas aditivamente), sendo permitida somente uma das formulações, ou alternativa ou cumulativa, para todas as reivindicações de dependência múltipla;

e) as reivindicações de dependência múltipla na forma alternativa podem servir de base a qualquer outra reivindicação de dependência múltipla, desde que as relações de dependência das reivindicações estejam estruturadas de maneira que permitam o imediato entendimento das possíveis combinações resultantes dessas dependências.

15.1.4 Desenhos

15.1.4.1 Os desenhos, fluxogramas, diagramas, esquemas gráficos deverão:

a) ter as folhas numeradas consecutivamente, acima e ao centro das páginas, em algarismos arábicos, indicando o número da página e, preferencialmente, o número total de páginas (de desenhos) separados por uma barra oblíqua (p. ex. 1/3, 2/3, 3/3);

b) ser executados com traços indeléveis firmes, uniformes e sem cores, preferivelmente. com auxílio de instrumentos de desenho técnico, de forma a permitir sua reprodução;

c) ser isentos de textos, rubricas ou timbres, podendo conter apenas termos indicativos (tais como "água", "vapor d'água", "aberto", "fechado", corte "AA", etc), e palavras-chave, no caso de circuitos elétricos, diagramas em bloco, fluxogramas e gráficos;

d) ter os termos indicativos, se houver, dispostos de maneira a não cobrir qualquer linha das figuras;

e) ter cortes indicados por hachuras oblíquas que permitam a fácil leitura dos sinais de referência e das linhas diretrizes;

f) ser executados com clareza e em escala que possibilite redução com definição de detalhes, podendo conter, em uma só folha, diversas figuras, cada uma nitidamente separada da outra, numeradas consecutivamente e agrupadas, preferivelmente, seguindo a ordem do relatório descritivo;

g) manter a mesma escala para todos os elementos de uma mesma figura, salvo quando proporção diferente for indispensável à sua compreensão;

h) conter, sempre que forem utilizadas figuras parciais para compor uma figura completa, sinais de referência que permitam a clara visualização da continuidade das mesmas;

i) ter as figuras, sempre que possível, dispostas na folha de maneira vertical e, quando na posição horizontal, com a parte superior voltada para o lado esquerdo;

j) conter todos os sinais de referência constantes do relatório descritivo, observando o uso dos mesmos sinais de referência para identificar determinada característica em todos os desenhos, sempre que essa apareça.

15.1.4.2 A apresentação de reprodução de fotografias em substituição às figuras será aceita apenas nos casos em que essa for a única maneira possível de representar graficamente o objeto do pedido, tais como estruturas metalográficas, e desde que tais reproduções apresentem nitidez tal que permitam a visualização de todos os detalhes do objeto.

15.1.4.2.1 As fotografias devem manter sua qualidade durante, pelo menos, o prazo de vigência da patente;

15.1.4.3 Os números e letras nos desenhos devem ter altura mínima de 3,2 mm.

15.1.4.4 Todos os sinais de referência (tais como algarismos, letras ou alfanuméricos), e linhas diretrizes que figurem nos desenhos devem ser simples e claros, sendo que os sinais de referência não podem conter parênteses, círculos ou aspas.

15.1.4.5 Os desenhos não podem ser emoldurados ou delimitados por linhas, ficando dispostos no papel com as seguintes margens mínimas:

superior 2,5 cm — preferencialmente 4 cm
esquerda 2,5 cm — preferencialmente 3 cm
direita 1,5 cm
inferior 1 cm

15.1.5 Resumo

15.1.5.1 Quando ao conteúdo, o resumo deverá:

a) ser um sumário do que foi exposto no relatório descritivo, nas reivindicações e nos desenhos;

b) indicar o setor técnico ao qual pertence a invenção;

c) ser redigido de forma a permitir uma compreensão clara do problema técnico, da essência da solução desse problema por meio da invenção e do uso principal ou dos usos principais da invenção;

d) ser redigido de forma a poder servir de instrumento eficaz de pré-seleção para fins de pesquisa em determinado setor técnico, especialmente ajudando o usuário a formular uma opinião quanto à conveniência ou não de consultar o documento na íntegra;

e) sendo o caso, conter as fórmulas químicas e/ou equações matemáticas que, entre todas as constantes do pedido, melhor caracterizem a invenção.

15.1.5.2 Quanto à forma, o resumo deve:

a) ser iniciado pelo título;

b) ser tão conciso quanto a exposição permitir (de preferência de 50 a 200 palavras), preferivelmente não excedendo 20 linhas de texto;

c) conter sinais de referência, entre parênteses, correspondentes a cada uma das principais características técnicas, quando ilustradas por desenho constante do pedido;

d) não fazer menção ao mérito ou ao valor da invenção requerida.

15.2 PATENTE DE MODELO DE UTILIDADE

15.2.1 Condições do Pedido de Patente de Modelo de Utilidade:

15.2.1.1 Requerimento Inicial

O requerimento inicial deverá ser efetuado através do formulário modelo 1.01.

15.2.1.2 Relatório Descritivo

O relatório descritivo deverá:

a) ser iniciado pelo título.

b) referir-se a um único modelo principal, que poderá incluir uma pluralidade de elementos distintos adicionais ou variantes construtivas ou configurativas, desde que mantida a unidade técnico-funcional e corporal do objeto.

c) precisar o setor técnico a que se refere o objeto;

d) descrever o estado da técnica que possa ser considerado útil à compreensão, à busca e ao exame do modelo, citando, sempre que possível, os documentos que o reflitam, destacando os problemas técnicos existentes;

e) descrever, de forma clara, concisa e precisa, a solução proposta para o problema existente, bem como as vantagens do modelo em relação ao estado da técnica;

f) ressaltar, nitidamente, a novidade e evidenciar a melhoria funcional alcançada;

g) relacionar as figuras apresentadas nos desenhos, especificando suas representações gráficas (vistas, cortes, perspectiva, esquema do circuito elétrico, etc.);

h) descrever o modelo de forma consistente, precisa, clara e suficiente, com as possíveis variantes, fazendo remissão aos sinais de referência constantes dos desenhos, de forma a definir o objeto requerido e não um simples princípio segundo o qual o mesmo pode adotar formas diversas, não sendo cabíveis trechos do tipo "concretização preferida", "a título exemplificativo", etc.

i) descrever, no caso de melhoria funcional decorrente de alteração ou introdução de circuito elétrico especificamente associado ao objeto, além do diagrama esquemático do mencionado circuito, todos os elementos de conexão e enlace responsáveis pela alteração e disposição que resulte na melhor utilização do modelo objeto do pedido;

j) ser apresentado de maneira a seguir a ordem indicada nos itens acima, a menos que em razão do objeto do modelo outra maneira ou ordem diferente permita a sua melhor compreensão e apresentação mais concisa.

15.2.1.2 Reivindicações

15.2.1.2.1 Quantidade e Numeração

a) cada pedido deve conter uma única reivindicação independente que descreva o modelo, definindo integralmente todas as características de forma ou disposição introduzidas, essenciais à obtenção da melhoria funcional;

b) somente serão aceitas reivindicações dependentes quando:

b.1. referirem-se a elemento complementar de uso opcional que não altere ou modifique as condições de utilização e funcionamento do objeto;

b.2. referirem-se a variação de forma ou a detalhe relacionados a elementos componentes do modelo, definidos na primeira reivindicação, e que não alterem a unidade do modelo (unidade técnico-funcional e corporal do objeto) e seu funcionamento;

b.3. referirem-se ao objeto em sua forma tridimensional nos casos em que a configuração final seja secundária e decorrente da montagem de uma estrutura inicial planificada caracterizada na primeira reivindicação;

c) as reivindicações deverão ser enumeradas consecutivamente em algarismos arábicos.

15.2.1.2.2 Formulação das Reivindicações

a) as reivindicações devem ser iniciadas pelo título do pedido e conter uma única expressão "caracterizado por";

b) cada reivindicação deve definir, clara e precisamente, e de forma positiva, as características técnicas a serem protegidas pela mesma, evitando-se expressões que acarretem indefinição na reivindicação;

c) as reivindicações dependentes não devem exceder as limitações das características compreendidas na(s) reivindicação(ões) a que se referem;

d) a reivindicação independente deve, quando necessário, conter entre o título e a expressão "caracterizado por", um preâmbulo explicitando as características já conhecidas no estado da técnica indispensáveis à construção e definição do modelo;

e) a reivindicação independente dever definir, após a expressão "caracterizado por", somente a nova forma ou disposição introduzida, contendo todos os elementos que a constituem, bem como seus posicionamentos e interconexões em relação ao conjunto;

f) as características do modelo definidas nas reivindicações devem ser acompanhadas, entre parênteses, dos sinais de referência constantes dos desenhos;

g) cada reivindicação deve ser redigida de forma contínua sem interrupções por pontos;

h) as reivindicações devem estar totalmente fundamentadas no relatório descritivo e desenhos;

i) as reivindicações dependentes devem ser iniciadas pelo título do pedido seguido pela expressão "de acordo com a reivindicação no..." e, se necessário, a expressão "caracterizado por";

j) exceto quando absolutamente necessário, as reivindicações não podem conter, no que diz respeito às características do modelo, referências ao relatório descritivo ou aos desenhos, do tipo "como apresentado na parte ... do relatório", ou "como apresentado pelo desenho ...", etc.;

k) não serão aceitas reivindicações de utilização e trechos explicativos com relação ao funcionamento, vantagens, e uso do objeto.

15.2.1.3 Desenhos

Aplicam-se, no que couber, as disposições previstas para invenções (item 15.1.4.), exceto o item 15.1.3.2.

15.2.1.5 Resumo

Aplicam-se, no que couber, as disposições previstas para invenções (item 15.1.5.).

15.3 ESPECIFICAÇÕES GERAIS QUANTO AOS PEDIDOS DE PATENTE

15.3.1 O título deverá ser conciso, claro e preciso, identificando o objeto do pedido, sem expressões ou palavras irrelevantes ou desnecessárias (tais como "novo", "melhor", "original" e semelhantes), ou quaisquer denominações de fantasia, e ser o mesmo para o requerimento, o relatório descritivo e o resumo.

15.3.2 Terminologia e símbolos:

15.3.2.1 As unidades de pesos e medidas devem ser expressas pelo sistema internacional de unidades, seus múltiplos e submúltiplos .

15.3.2.2 Em relação às indicações geométricas, mecânicas, elétricas, magnéticas, térmicas, óticas e de radioatividade, deve ser observado o disposto no vigente Quadro Geral de Unidades de Medidas estabelecido pelo órgão nacional competente.

15.3.2.3 As fórmulas químicas e/ou equações matemáticas, bem como símbolos, pesos atômicos, nomenclatura e unidades específicas, não previstas no Quadro Geral de Unidades de Medida, devem obedecer à prática consagrada no setor.

15.3.2.4 A terminologia e os símbolos devem ser uniformes em todo o pedido.

15.3.3 Especificações Gerais:

15.3.3.1 O relatório descritivo, as reivindicações, os desenhos (se houver) e o resumo devem ser apresentados em 3 (três) vias, para uso do INPI, sendo facultada a apresentação de mais duas vias, no máximo, para restituição ao depositante.

15.3.3.2 O relatório descritivo, as reivindicações e o resumo devem ser datilografados ou impressos com caracteres de, no mínimo, 2,1 mm de altura e, no mínimo, espaço 1 , sem entrelinhas, em tinta preta, indelével, sendo permitido, quando necessário, que as fórmulas químicas e/ou equações matemáticas sejam manuscritas ou desenhadas.

15.3.3.3 O relatório descritivo, as reivindicações, os desenhos (se houver) e o resumo não podem conter rasuras ou emendas, timbres, logotipos, letreiros, assinaturas ou rubricas, sinais ou indicações de qualquer natureza estranhos ao pedido, devendo ser apresentados em papel formato A4 (210 mm x 297 mm), flexível, resistente, branco, liso, não brilhante, não transparente, utilizado somente em uma face, sem estar amassado, rasgado ou dobrado

15.3.3.4 Todos os documentos básicos do pedido, a saber relatório descritivo, as reivindicações, os desenhos (se houver) e o resumo devem ser apresentados de maneira que possibilite sua reprodução.

15.3.3.5 O relatório descritivo, as reivindicações e o resumo não devem conter quaisquer representações gráficas.

15.3.3.6 O relatório descritivo e o resumo podem conter tabelas, sendo permitida, quando imprescindível, a sua inclusão nas reivindicações.

15.3.3.7 Cada um dos documentos básicos que integram o pedido deve ser iniciado em nova folha com numeração independente.

15.3.3.8 As fórmulas químicas e/ou equações matemáticas, bem como tabelas, quando inseridas no texto, devem ser identificadas.

15.3.3.9 Os desenhos devem, preferivelmente, seguir o estabelecido nas normas brasileiras para desenho técnico.

15.3.3.10 As folhas relativas ao relatório descritivo, às reivindicações e ao resumo deverão:

a) conter o texto dentro das seguintes margens:
mínimo
máximo

superior 2 cm
da esquerda 2,5 cm
da direita 2 cm
inferior 2 cm
4 cm — preferencialmente 4 cm
4 cm — preferencialmente 3 cm
3 cm
3 cm

b) ser numeradas consecutivamente, com algarismos arábicos, no centro da parte superior, entre 1 e 2 cm do limite da folha, preferencialmente indicando o número da página e o número total de páginas (de cada uma destas partes), separados por uma barra oblíqua (por exemplo, caso o relatório descritivo tivesse 31 páginas, as folhas 2, 12 e 31 seriam: 2/31, ...,12/31,..., 31/31);

c) Excepcionalmente, nos caso onde uma modificação no relatório descritivo seja necessária e tal alteração implicar em substancial rearranjo das demais folhas que o compõem, poderão ser aceitas folhas de substituição com numeração híbrida, isto é, formada por algarismos arábicos e letras, devidamente vinculadas com a folha precedente e com a posterior, devendo haver clara indicação da seqüência, em todas as folhas com numeração híbrida e na imediatamente anterior, por meio de uma nota no rodapé destas folhas, nos seguintes termos: (na folha 4) — "segue-se folha 4a", (na folha 4a) — "segue-se folha 4b", (na folha 4b) — "segue-se folha 5".

d) ter na margem esquerda, junto ao texto, as linhas numeradas, a partir da quinta, de cinco em cinco (5, 10, 15, etc...), numeração essa que deve ser reiniciada a cada folha e se referir somente às linhas de texto, não se considerando o espaço ocupado por tabelas, fórmulas químicas, físicas ou matemáticas inseridas no texto, de maneira que a numeração das linhas não sofra solução de continuidade.

16. DISPOSIÇÕES ESPECÍFICAS DA ÁREA DE BIOTECNOLOGIA
16.1 DO DEPÓSITO DO MATERIAL BIOLÓGICO

16.1.1 Na hipótese prevista no parágrafo único do art. 24 da LPI, o depósito do material biológico deverá ser efetuado em instituições localizadas no País, devidamente autorizadas pelo INPI, através de credenciamento.

16.1.1.1 A divulgação das Instituições autorizadas pelo INPI para receberem depósitos de material biológico será amplamente divulgada na RPI.

16.1.1.2 Na inexistência de instituição localizada no País, autorizada pelo INPI ou indicada em acordo internacional vigente no País, para o depósito de material biológico objeto do pedido de patente, poderá, o depositante, efetuar o depósito em qualquer uma das autoridades de depósito internacional, reconhecidas pelo " Tratado de Budapeste sobre o Reconhecimento Internacional do Depósito dos Microorganismos para fins de Instauração de Processos em Matéria de Patentes".

16.1.1.1.2 O INPI divulgará informações das Instituições autoridades mencionadas no item anterior.

16.1.1.3 O depósito do material biológico deverá ser efetuado até a data de depósito de patente.

16.1.1.3.1 Havendo reivindicação de prioridade unionista, o depósito do material biológico deverá corresponder à data da prioridade reivindicada.

16.1.1.3.2 Os dados quanto ao depósito do material biológico deverão integrar o relatório descritivo.

16.1.1.3.3 Quando o material biológico tiver sido depositado em instituição não autorizada na forma da presente disposição, tal depósito deverá ser efetuado no prazo de 60 (sessenta) dias a contar da data do depósito do pedido ou da data da entrada na Fase Nacional, se for o caso.

16.1.1.4 Ao pedido em andamento que não atenda às presentes disposições, serão formuladas, quando do exame técnico, exigências cabíveis.

16.1.1.5 Independentemente das disposições anteriores, sempre que necessário à aferição técnica das características do material biológico o INPI poderá formular exigência técnica fundamentada quanto a análise e verificação *in situ* de tal material.

16.2 O RELATÓRIO DESCRITIVO

O relatório descritivo, além das especificações contidas no item 15 deste Ato, deverá ainda conter as propriedades imprescindíveis da matéria viva necessárias à sua completa descrição, de acordo com as tecnologias inerentes à respectiva matéria considerada relevante para sua perfeita caracterização, tais como as exemplificadas a seguir, ou parâmetros alternativos que melhor a identifique:

16.2.1 Leveduras

a) Estados de crescimento nos meios adequados
b) Formação de " ascosporos "
c) Formação de " ballistoporos "
d) Propriedades fisiológicas tais como:
- condições ótimas de crescimento
- assimilação de nitrato
- decomposição de lipídeos
- decomposição de uréia
- liquefação da gelatina
- grau de osmotolerância
- formação de carotenóides
- formação de ácido orgânico
- formação de substâncias semelhantes ao amido

e) Assimilação ou não de mais de quinze fontes de carbono (tais como as fontes de carbono com asteriscos são indispensáveis):
- D-arabinose
- L-arabinose
- D-ribose
- D-glicose *
- D-manose
- D-galactose *

- L-rhaminose
- D-frutose
- L-sorbose
- maltose *
- sucrose *
- lactose *
- melibiose
- celobiose
- trecalose
- rafinose *

16.2.2 Fungos e bolores

a) Estados de crescimento nos meios adequados

- desses meios, dois ou mais devem ser selecionados e as propriedades morfológicas dos respectivos órgãos de frutificação; esporo assexuado e micélio, e forma, cor, etc, da colônia com relação ao estado de crescimento devem ser descritas

b) Propriedades fisiológicas e ecológicas tais como:
- condições ótimas de crescimento
- grau de crescimento
- reação fenol-oxidase

OBS.: Nos casos em que as propriedades da cultura são por si só insuficientes, para indentificação da nova espécie, uma descrição das propriedades morfológicas, de um espécie padrão e liofilizada ou em lâmina se faz necessária.

16.2.3 Bactérias

a) Propriedades morfológicas nos meios adequados tais como:
- tamanho e forma das células
- presença ou ausência de pleomorfismo celular
Se pleomórfica, os detalhes da mesma.
- presença ou ausência de motilidade.
Quando presente, o estado de aderência do flagelo.
- presença ou ausência.
Se presentes, tamanho e forma dos esporos e esporângios e a posição dos esporos.
- coloração em gram

b) Estado de crescimento nos meios adequados

c) Propriedades fisiológicas tais como:
- redução de nitrato
- denitrogenização
- teste MR
- teste VP
- formação de endol
- formação de hidrogênio
- hidrólise de amido
- formação de pigmento

- grau de crescimento
- formação de ácido e gás a partir das seguintes fontes de carbono:
(1) — L — arabinose
(2) — D — xilose
(3) — D — glucose
(4) — D — manose
(5) — D — frutose
(6) — D — galactose
(7) maltose
(8) sucrose
(9) lactose
(10) trealose
(11) — D — sorbitol
(12) — D — manitol
(13) — inositol
(14) glicerina
(15) amido

d) Outras propriedades necessárias à caracterização de nova espécie tais como:
- oxidação de ácido glucônico
- decomposição de celulose
- decomposição de álcool
- hemólises
- coagulase
- lipase

e) Bactérias anaeróbicas fotossintéticas e as que requerem nutrientes inorgânicos também têm que ser descritas de acordo com o **Manual Bergy's** ou relatórios de pesquisas.

16.2.4 Actinomicetos

a) Propriedades morfológicas tais como:
- remificação, forma da hifa
- número de esporos, estrutura da superfície e tamanho do esporo
- presença ou ausência de flagelosporos
- estado de fissão do micélio

b) Estado de crescimento nos meios adequados

OBS.: Com respeito ao estado de crescimento nesses meios a cor dos actinomicetos na superfície da colônia devem ser descritas.

c) Propriedades fisiológicas tais como:
- hidrólise de amido
- grau de crescimento

d) Assimilação das seguintes fontes de carbono
- L-arabinose
- D-xilose
- D-glucose

- D- fructose
- sucrose
- inositol
- L-raminose
- rafinose
- D-manitol

16.2.5 Algas
- estado de crescimento em meio adequado
- propriedade morfológicas:
presença de pigmentos
presença de reservas nutritivas
meios de locomoção
natureza da parede celular
-propriedades fisiológicas:
fixação de nitrogênio
formação de proteínas
formação de agentes estabilizadores (alginatos, ágar, carragenina)
formação de sedimentação
síntese de vitaminas

16.2.6 Protozoários
-estado de crescimento no meio adequado
- propriedade morfológicas:
meios de locomoção
estruturas celulares
- propriedades fisiológicas:
gestão da celulose
- patogenicidade (ciclos vitasi, faixas de hospedeiros)

16.2.7 Vírus
- estado de crescimento no meio adequado
- propriedades morfológicas:
formação de proteínas
formação de infecções
formação de ácidos nucleicos
formação de lipídios
formação de carboidratos
- propriedades fisiológicas:
patogenicidade (virose de DNA, virose de RNA)
- replicação bioquímica
- acoplamento ou maturação
- adsorção
- penetração e desnudamento
- liberação
- lisi

16.2.8 Outras matérias vivas passíveis de serem cultivadas "in vitro" que não estejam incluídas nas categorias anteriores.

O depósito, na forma de cultura viável, deve acompanhar-se de descrição caracterizadora diferencial da matéria viva, nos planos morfológico, fisiológico e/ou bioquímico. O depósito será também acompanhado da descrição dos meios e métodos ideais de cultivo da matéria viva "in vitro".

16.3 LISTAGEM DE SEQÜÊNCIAS BIOLÓGICAS

16.3.1 Condições

16.3.1.1 Todo pedido de patente que descreva uma seqüência de nucleotídeos ou aminoácidos deverá conter — além do relatório descritivo, reivindicações, desenho e resumo, uma seção separada chamada Listagem de Seqüências, imediatamente após as reivindicações.

16.3.1.2 A listagem de seqüência deverá conter:

16.3.1.2.1 Informações gerais quanto ao pedido de patente, conforme especificado no item 16.3.2.

16.3.1.2.2 Informações gerais quanto à seqüência, conforme especificado no item 16.3.3.

16.3.1.2.3 Todas as seqüências ou parte de seqüências descritas no pedido,identificadas separadamente por um número identificador, apresentadas como descrito no item 16.3.4.3 a 16.3.4.13.

16.3.1.3 Sempre que no relatório descritivo, reivindicações e resumo se fizer referência às Listagens de Seqüências, deve-se fazê-lo através do número identificador, mesmo que outras representações da seqüência sejam apresentadas no texto.

16.3.2 Informações Gerais do Pedido de Patentes.

Das informações gerais do pedido de patentes deverá constar:

(I) Dados do Requerente:
a) nome
b) endereço completo
(II) Dados da Prioridade Unionista, se for o caso.
(III) Título da invenção
(IV) Número de seqüências constantes do pedido.
(V) Formato para leitura em computador.
a) meio
b)computador utilizado
c)sistema operacional

16.3.3 Informações Gerais da Seqüência.

Das informações gerais da seqüência deverá constar:

16.3.3.1 O número identificador da seqüência.

16.3.3.2 Características da seqüência:
a) tamanho
b) tipo
c) conformação da fita (se nucleotídeo)
d) topologia

16.3.3.3 Características da molécula seqüenciada:
a) tipo: (DNA, RNA, outros ácidos nucleícos, peptídeos, etc.).
b) nome (do gene ou do peptídeo)
c) produto do gene
16.3.3.4 Outras informações relevantes, se disponíveis, tais como:
- fonte original da molécula,
- posição da seqüência no genoma,
- fenótipo associado,
- atividade enzimática
- atividade biológica,
- função geral da classe do gene ou produto deste,
- localização celular.
16.3.4 Descrição das Seqüências.
    16.3.4.1 Uma seqüência da nucleotídeos é definida como uma seqüência de dez ou mais nucleotídeos.
    16.3.4.2 Uma seqüência de amino ácidos é definida como uma seqüência de quatro ou mais amino ácidos.
    16.3.4.3 As seqüências da nucleotídeos deverão ser apresentadas usando-se o código de letras para bases nucleotídeas, conforme especificado abaixo:

Código
Significado
A
Adenina
C
Citosina
G
Guanina
T
Timina
U
Uracila
M
A ou C
R
A ou G
W
A ou T/U
S
C ou G
Y
C ou T/U
K
G ou T/U
V

A ou C ou G; não T/U
H
A ou C ou T/U; não G
D
A ou G ou T/U; não C
B
C ou G ou T/U; não A
N
A ou C ou G ou T/U ou desconhecido.

16.3.4.4 Os amino ácidos correspondentes aos códons da seqüência deverão vir apresentados logo abaixo do códon correspondente.

16.3.4.5 Os amino ácidos em uma seqüência deverão ser listados na direção N — terminal para C-terminal, usando-se o código de três letras com a primeira em maiúsculo, segundo a lista abaixo:

Código
Amino ácido
Ala
Alanina
Arg
Arginina
Asn
Aspargina
Asp
Ácido aspártico
Asx
Ácido aspártico ou Aspargina
Cys
Cisteina
Glu
Ácido glutâmico
Gln
Glutamina
Glx
Glutamina ou Ácido glutâmico
Gly
Glicina
His
Histidina
Ile
Isoleucina
Leu
Leucina
Lys
Lisina

Met
Metionina
Phe
Fenilalamina
Pro
Prolina
Ser
Serina
Thr
Treonina
Trp
Triptofano
Tyr
Tirosina
Val
Valina
Xaa
Desconhecido ou outro

16.3.4.6 Em uma seqüência de nucleotídeos, a parte não codificadora (incluindo introns) deverá ser listada em grupos de dez bases.

16.3.4.7 Em uma seqüência de nucleotídeos, a parte codificadora deverá ser listada em trincas (códons).

16.3.4.8 A seqüência da nucleotídeos deverá ser listada com no máximo 16 códons, ou 60 bases por linha.

16.3.4.9 A numeração das bases deverá começar na primeira base da seqüência com o número 1, e continuar através da seqüência na direção 5' para 3'.

16.3.4.10 Ao final de cada linha contendo a lista de bases, na margem direita, deverá ser colocado o número correspondente à última base desta linha.

16.3.4.11 A numeração dos amino ácidos correspondentes numa seqüência de nucleotídeos deverá começar no primeiro amino ácido da proteína com o número 1. As pré-sequências e seqüências sinal, quando presentes, deverão ter números negativos contando no sentido inverso, começando no amino ácido próximo ao de nº 1.

16.3.4.12 A seqüência da amino ácidos deverá ser listada com no máximo 16 amino ácidos ou linha.

16.3.4.13 Símbolos para constituintes de peptídeos menos comuns e para substituintes nos grupos carboxílicos ou em átomos de nitrogênio de peptídeos deverão ser apresentados de acordo com o recomendado pela IUPAC-IUB.

16.4 ACESSO AO MATERIAL BIOLÓGICO
Publicação do pedido

16.4.1 O material biológico que suplementar o relatório descritivo do pedido de patente, nos termos do parágrafo único do Artigo 24 da LPI, tornar-se-á acessível ao público, tecnicamente habilitado, na data da publicação do pedido, salvo se tal acesso for impedido por lei ou tratado em vigor no país.

16.4.1.1 O depositante do pedido ou titular da patente não poderá impedir ou dificultar o acesso, salvo quando comprove a existência de motivos de ordem técnica ou legal .

16.4.1.1.1 Na hipótese do item anterior, o INPI realizará as necessárias diligências para deliberação quanto as razões argüidas pelo depositante ou titular para a não disponibilização do acesso ao material biológico.

16.4.1.1.1.1 Quando a argüição de não disponibilização implicar matéria de competência de outro órgão da Administração Pública Federal, a deliberação do INPI dar-se-á com base no parecer técnico prévio de tal órgão.

16.4.1.1.2 Concluído o INPI que não assiste razão ao depositante ou titular, será o mesmo intimado para, no prazo de 60 (sessenta) dias, promover as medidas cabíveis necessárias à liberação do material biológico.

16.4.1.1.3 A não liberação por parte do depositante ou titular implicará o não atendimento das disposições do Artigo 24 da LPI, sujeitando o pedido ou a patente às disposições legais pertinentes.

17. Este Ato Normativo entra em vigor em 15/05/97, revogados, no que tange a patentes, as disposições dos Atos Normativos 013/75, 017/76, 057/81, 076/85, 082/86, 092/88, 100/89, 101/89, 102/89, 111/93, 113/93 e 121/93 e quaisquer eventuais outras disposições em contrário.

AMÉRICO PUPPIN
Presidente

ATO NORMATIVO Nº 128

MINISTÉRIO DA INDÚSTRIA, DO COMÉRCIO E DO TURISMO
INSTITUTO NACIONAL DA PROPRIEDADE INDUSTRIAL
PRESIDÊNCIA
05/03/1997
ATO NORMATIVO Nº 128

Assunto: Dispõe sobre aplicação do Tratado de Cooperação em Matéria de Patentes

O PRESIDENTE DO INPI, no uso de suas atribuições, e

CONSIDERANDO a necessidade de adequar as disposições do Tratado de Cooperação em Matéria de Patentes (PCT) às disposições da nova Lei de Propriedade Industrial — Lei nº 9279, de 14 de maio de 1996 (adiante LPI);

CONSIDERANDO a necessidade de adequar as disposições do Tratado de Cooperação em Matéria de Patentes (PCT) às situações em que o INPI é o órgão onde o pedido internacional é depositado, ou quando é designado ou eleito pelo depositante para processar seu pedido, com vistas à concessão da patente brasileira;

CONSIDERANDO que o processamento da fase final de um pedido internacional, depositado sob o PCT, observadas as disposições do Tratado, obedece à legislação, normas e procedimentos de cada país, no que se convencionou designar como "fase nacional do PCT";

CONSIDERANDO a necessidade de interpretar os dispositivos da legislação, procedimentos e normas internas brasileiras, no sentido de harmonizá-las com as disposições do regulamento de execução do PCT;

CONSIDERANDO, por fim, a necessidade de exercer as opções que o PCT defere às repartições receptoras, designadas ou eleitas no campo específico de sua competência,

RESOLVE:

Estabelecer as seguintes normas de procedimentos:

TÍTULO I
DEPÓSITO DO PEDIDO INTERNACIONAL NO INPI
(capítulo único)

1. O INPI é a Repartição receptora no Brasil dos pedidos internacionais para

as várias modalidades de privilégio de invenção e de modelo de utilidade, de depositantes para tanto habilitados na forma definida no art. 9º do PCT e regra 18 do seu regulamento.

2. Os pedidos internacionais serão depositados exclusivamente no INPI, no Rio de Janeiro, que se incumbirá de enviá-los ao Escritório Internacional e à Administração encarregada da pesquisa Internacional.

3. O depósito de um pedido internacional implica no pagamento das taxas internacionais (taxa básica, taxa de designação e taxa de pesquisa) e da retribuição de tramitação do pedido, constantes da tabela específica.

3.1 A taxa básica e a taxa de pesquisa quando não recolhidas no ato da entrega do pedido deverão ser pagas dentro de um mês, contados da data do recebimento do pedido internacional.

3.2 A taxa de designação quando não recolhida no ato da entrega do pedido deverá ser paga:

a) para pedidos com reivindicação de prioridade, dentro de um ano contado a partir da data de prioridade ou dentro de um mês contado da data do recebimento do pedido, o que expirar mais tarde.

b) para pedidos sem reivindicação de prioridade, dentro de um ano contado a partir da data do recebimento do pedido.

3.3 A retribuição de tramitação deverá ser recolhida no ato da entrega do pedido.

3.4 Caso o depositante exerça a faculdade prevista na regra 4.9 (b) do regulamento do PCT no tocante a designações adicionais, deverá dentro do prazo de 15 meses contados da data da prioridade reivindicada ou da data do recebimento do pedido quando não houver reivindicação de prioridade :

- apresentar uma declaração confirmando as designações;
- efetuar o pagamento das taxas de designação; e
- efetuar o pagamento da taxa de confirmação

3.5 Quando o depositante dentro dos prazos previstos nos itens 3.1 a 3.3 deixar de efetuar quaisquer dos pagamentos cabíveis, o INPI solicitará que tal pagamento seja efetuado no prazo de 30 dias sob pena da retirada do pedido ou da retirada da designação de qualquer Estado de acordo com o art. 14.3 do PCT .[A1]

3.5.1 O pagamento das taxas efetuado segundo este item sujeitará o depositante a uma retribuição adicional conforme valor a seguir indicado, respeitado o limite máximo correspondente ao valor da taxa básica:

a) 50% do montante correspondente as taxas especificadas na solicitação; ou

b) se o montante calculado segundo item anterior for de valor inferior à retribuição de tramitação, o valor desta retribuição.

3.6 Os pagamentos das taxas previstas, exceto a de tramitação, não efetuados no ato da entrega do pedido estarão sujeitos ao reajustes que venham a ocorrer exceto quando o pagamento for efetuado dentro do prazo de um mês da data do recebimento do pedido.

3.7 À retribuição será acrescida a importância correspondente aos ônus cambiais sendo ainda verificado o recolhimento dos encargos tributários eventualmente exigidos para efetuar a remessa das taxas internacionais.

3.8 As taxas internacionais terão seu valor convertido em real ao câmbio do dia do pagamento, pagáveis em reais.

4. O pedido internacional deve ser depositado mediante requerimento próprio (no idioma — inglês — regra 12 do regulamento do PCT), em um original e duas cópias para tramitação internacional, sendo facultado ao interessado a apresentação de uma cópia adicional para uso próprio.

5. O pedido deve observar as prescrições do PCT e de seu regulamento.

5.1 A data do recebimento do pedido será consignada no requerimento. Caso o pedido não satisfaça às prescrições do Artigo 11 do PCT, o INPI notificará o depositante, concedendo prazo para que ele efetue as correções necessárias.

5.1.1 A data de depósito internacional será a data do recebimento do pedido regular, na forma do Artigo 11 do PCT ou, em caso de ser exigida qualquer correção, a data do recebimento desta correção.

5.1.2 Não satisfeitas tais exigências no prazo designado, o INPI notificará ao depositante que seu pedido foi rejeitado.

5.2 Caso o INPI constate, após a atribuição da data do depósito internacional, que as disposições do art. 14.1 do PCT não foram satisfeitas, concederá prazo para que se efetuem as correções necessárias.

5.2.1 Não satisfeitas tais exigências no prazo designado, o INPI notificará aos depositantes e ao Escritório Internacional que o seu pedido foi considerado retirado.

5.3 Se o INPI após a data do depósito constatar a falta de qualquer desenho indicado no pedido, notificará o depositante para que o apresente no prazo designado.

5.3.1 Caso os desenhos faltantes sejam entregues no prazo designado, a data do depósito será alterada para a desta entrega.

5.3.2 Não sendo atendida a notificação, as referências aos desenhos não serão consideradas.

5.4 Caso a apresentação do documento que constitua o pedido internacional, emendas ou qualquer outro documento tenha sido feita por telex, telegrama ou fac-símile endereçado para a Diretoria de Patentes do INPI, o depositante terá 14 (quatorze) dias para submeter ao INPI os documentos definitivos através de uma carta de acompanhamento identificando a transmissão anterior, sob pena de tais documentos não serem considerados (regra 92.4 do regulamento do PCT).

5.4.1 A apresentação de documento prevista neste item será admitida em relação aos seus efeitos, se efetuada dentro do período de funcionamento normal do protocolo do INPI — Rio de janeiro, sob pena de data de seu recebimento ser considerada como a do primeiro dia útil subseqüente.

5.5 No caso de o INPI constatar, dentro de quatro meses da data do depósito internacional, que as disposições do art. 11.1 (I) a (III) do PCT não foram atendidas, notificará ao depositante de que o seu pedido foi considerado retirado.

5.6 O depositante poderá solicitar que o Escritório Internacional encaminhe às Repartições designadas a documentação de seu pedido para que exerça o direito de pedir a revisão, junto àquelas Repartições, da decisão do INPI de rejeitar ou retirar o pedido internacional, de acordo com o artigo 25 e regra 51 do regulamento do PCT.

5.7 Todos os documentos recebidos pelo INPI, mesmo os referentes a pedidos rejeitados ou retirados, serão transmitidos ao Escritório Internacional.

6. O depósito poderá se feito diretamente pelo interessado, ou por procurador, observado o disposto na regra 90 do regulamento do PCT.

6.1 Se o requerimento for assinado pelo depositante, ou vários depositantes, a procuração, sendo o caso, será passada, de preferência, no próprio requerimento em local apropriado.

6.2 Se o requerimento for assinado pelo procurador, será necessária uma procuração em separado, que pode ser na forma do modelo sugerido pelo Escritório internacional, o qual pode ser obtido no INPI.

TÍTULO II
DO BRASIL COMO ESTADO DESIGNADO OU ELEITO

CAPÍTULO I
DA NATUREZA DOS PRIVILÉGIOS

7. Os pedidos internacionais que designarem ou elegerem o Brasil poderão pretender a concessão de patentes de invenção ou modelo de utilidade.

7.1 Cada pedido só poderá corresponder a uma natureza de privilégio.

CAPÍTULO II
EFEITOS DO DEPÓSITO E DA PUBLICAÇÃO INTERNACIONAL

8. As datas de depósito internacional e da publicação internacional prevalecem para todos os efeitos como as de efetivo depósito no Brasil e de publicação nacional (Art. 11.3 e 29.1 do PCT).

CAPÍTULO III
DAS DATAS, PRAZOS E DOCUMENTAÇÃO EM CASO DE DESIGNAÇÃO

9. Sendo o Brasil designado, apresentar, em até 20 (vinte) meses a contar da data da prioridade, texto em língua vernácula do pedido conforme depósito internacional inicial (relatório descritivo, reivindicações, resumo e desenho, se houver) e, se houver, das emendas e da declaração previstas no art. 19 do PCT, acompanhado de documento que identifique os dados essenciais do pedido internacional, com nomeação dos inventores, além do comprovante do pagamento da retribuição devida.

9.1 O documento de identificação acima referido poderá ser o formulário anexo à presente.

9.2 Deixando o depositante de apresentar em língua vernácula pelo menos um quadro reivindicatório (art. 19 do PCT) ou o relatório descritivo, o pedido será considerado retirado em relação ao Brasil e arquivado.

9.2.1 Deixando o depositante de apresentar em língua vernácula qualquer outro dos documentos enumerados no item 9, será formulada solicitação para que o depositante o apresente no prazo de 60 (sessenta) dias, contados da solicitação, sob pena de, no caso da declaração ser ela desconsiderada e, nos demais casos, ser o pedido considerado retirado em relação ao Brasil e arquivado, caso em que, o depositante poderá requerer, em 60 (sessenta) dias, o desarquivamento, mediante a apresentação do documento em questão.

9.3 Caso não tenha ocorrido a comunicação prevista no art. 20 do PCT, o depositante deverá apresentar tal documentação no prazo de 60 (sessenta) dias da informação pelo INPI, da ausência de tal comunicação, permanecendo pendente o início do processamento da fase nacional, não apresentada a documentação no prazo previsto e não recebida a comunicação conforme o art. 20 do PCT nesse ínterim, o pedido será considerado rejeitado em relação ao Brasil, sendo arquivado, caso em que, o depositante poderá requerer em 60 (sessenta) dias o desarquivamento mediante a apresentação do documento em questão.

10. A faculdade de emenda prevista no art. 28 do PCT e regra 52 de seu regulamento poderá ser exercida:

a) dentro de 60 (sessenta) dias do prazo estipulado no art. 22.1 do PCT.

b) se a comunicação que prevê o art. 20 do PCT não for feita ao INPI pelo Escritório Internacional até a expiração do prazo do art. 20.1 do PCT, dentro de 4 meses deste prazo; ou

c) em qualquer hipótese, até o pedido de exame.

CAPÍTULO IV
DAS DATAS, PRAZOS E DOCUMENTAÇÃO EM CASO DE ELEIÇÃO

11. Tendo ocorrido a eleição do Brasil, antes da expiração do 19º (décimo nono) mês a contar da data da prioridade (art. 39.1 (a) do PCT), apresentar dentro do prazo de 30 (trinta) meses da data da prioridade, a documentação referida, no item 9 desta resolução, sendo que:

a) será exigida a apresentação em língua vernácula de qualquer folha de substituição mencionada na regra 70.16 do regulamento do PCT que for anexada ao relatório de exame preliminar internacional.

b) para os fins do art. 39.1 do PCT, em que o relatório de exame preliminar internacional foi fornecido, a apresentação em língua vernácula de qualquer emenda segundo o art. 19 do PCT só será devida se aquela emenda foi anexada ao referido relatório.

c) tradução para o inglês do relatório de exame preliminar internacional, no caso de não ter sido efetuada a comunicação segundo o art. 36.3 a e regra 72.1 do regulamento do PCT, facultada sua apresentação em língua vernácula.

12. Aplicar-se-á em relação à documentação exigida para a entrada nas fase

nacional as disposições quanto à sua apresentação nos termos dos itens 9.1, 9.2, 9.3 e 9.4.

13. A faculdade de emenda prevista no art. 41 do PCT poderá ser exercida:
a) dentro de 60 (sessenta) dias do prazo estipulado no art. 39.1.a do PCT;
b) se a transmissão do relatório de exame preliminar internacional conforme o art. 36.1 do PCT não tenha sido efetuada até a expiração do prazo previsto no art. 39.1a do PCT, dentro de 4 meses após a expiração desse prazo; ou
c) em qualquer hipótese, até o pedido de exame.

14. Qualquer eleição realizada após o 19º mês a contar da data da prioridade não produzirá no tocante ao Brasil, qualquer efeito em relação à aplicação dos prazos previsto pelo capítulo II do PCT no que se refere ao processamento nacional.

15. Tendo ocorrido a retirada do pedido de exame preliminar internacional ou da eleição do Brasil, ou tendo sido considerado não apresentado o pedido de exame preliminar internacional segundo as disposições do PCT e não tendo sido iniciada a fase nacional no prazo do art. 22 do PCT, o pedido internacional será considerado retirado em relação ao Brasil e arquivado.

CAPÍTULO V
A ENTREGA DO PEDIDO E SUA RENUMERAÇÃO

16. O pedido depositado sob o PCT poderá ser encaminhado à Recepção do INPI no Rio de Janeiro, Delegacias, ou órgãos estaduais representantes do INPI juntamente com a guia de recolhimento da retribuição devida.

16.1 O documento de identificação, o relatório descritivo, as reivindicações, o resumo, os eventuais desenhos, assim como as emendas e substituições previstas pelo PCT deverão ser acompanhados no mínimo de duas e no máximo de quatro cópias facultada a apresentação das mesmas, quando não efetuada por ocasião da entrada na fase nacional em 60 (sessenta) dias de tal data, independentemente de notificação.

16.2 A guia deverá ser apresentada conforme as normas pertinentes, relativas ao pedido nacionais, devendo figurar na linha destinada à especificação do serviço os dizeres "fase Nacional PCT nº ..."

17. Uma vez entregue o pedido na Recepção do INPI, esta procederá de acordo com as normas relativas aos pedidos nacionais, porém efetuando apenas uma verificação sumária da documentação, conferindo uma data de simples recebimento.

18. O pedido submetido a exame formal preliminar pelo setor competente do INPI, o qual, estando o pedido conforme, protocola a sua entrega mediante numeração mecânica, da mesma forma que com relação a um pedido nacional, prevalecendo, no entanto, como data do depósito, a data do depósito internacional

19. O número atribuído pelo INPI, na forma indicada no item anterior, passa a prevalecer para todos os efeitos nacionais do pedido, deixando de ter qualquer efeito o número do pedido internacional, a não ser como referência.

20. O número a ser atribuído ao pedido, na fase nacional, subordina-se à data do pedido internacional, a saber:

a) sendo o pedido entregue no mesmo ano do depósito internacional, o número do pedido na fase nacional será o que lhe corresponder normalmente na da entrega no INPI ou;

b) sendo o pedido entregue no ano posterior ao do depósito internacional, o número do pedido na fase nacional será o número imediatamente seguinte ao último da respectiva natureza do ano em que foi feita o depósito internacional.

21. À apresentação de qualquer documentação, além do encaminhamento do pedido para a fase nacional, corresponderá uma nova petição e retribuição, de acordo com as normas pertinentes.

CAPÍTULO VI
DA PUBLICAÇÃO DO RECEBIMENTO DO PEDIDO NA FASE NACIONAL

22. Uma vez recebido na fase nacional, o pedido será divulgado em língua vernácula.

22.1 A publicação do recebimento do pedido na fase nacional fará referência além do número recebido na fase nacional, ao número e data do pedido internacional, ao número e data de publicação internacional.

22.2 Na capa do folheto do pedido em língua vernácula deve figurar além do número recebido na fase nacional, a data e o número da publicação internacional, a data do recebimento do pedido na fase nacional, bem como o número e a data do pedido internacional.

CAPÍTULO VII
DISPOSIÇÕES GERAIS

23. O pedido de exame a que se refere o art. 33 da LPI poderá ser formulada dentro de 36 meses da data do depósito internacional ou dentro de 60 (sessenta) dias da entrada na fase nacional, o que expirar mais tarde.

24. Sempre que for reivindicada a prioridade unionista de depósito anterior e na falta de apresentação do documento de prioridade ao Escritório internacional (regra 17 (i) (a) e (b) do regulamento do PCT), a reivindicação de prioridade deixará de ser considerada no que se refere ao Brasil.

25. Sempre que for reivindicada prioridade unionista de depósito anterior e tendo sido apresentado o documento de prioridade ao Escritório Internacional, na forma prevista no PCT, deverá ser apresentada tradução simples da certidão de depósito, declaração ou documento equivalente, no prazo de 60 (sessenta) dias contados da data da entrada no processamento nacional.

25.1 Quando os dados identificadores dos pedidos constantes da certidão de depósito ou documento equivalente estiverem conforme os do requerimento de entrada na fase nacional (formulário modelo 1.03), poderá ser feita declaração no respectivo formulário de depósito, ou em apartado, no prazo previsto no § 4º do art. 16 da LPI, com os mesmos efeitos da tradução simples prevista no § 2º do art. 16 da LPI.

26. Até 60 (sessenta) dias da data de entrada na fase nacional, deverá ser apresentada a procuração, sempre que o titular do pedido de patente, for de pessoa domiciliada no estrangeiro, ou quando o titular, do pedido de patente, domiciliado no país, não requerer pessoalmente.

27. Se o depositante do pedido internacional for diferente daquele que depositou o pedido anterior cuja prioridade estiver sendo reivindicada e não tiver sido apresentada a prova de seu direito, deverá ser apresentada cópia do correspondente documento de cessão ou declaração de cessão ou documento equivalente, dispensada notarização/legalização e acompanhado de tradução simples ou documento bilíngüe.

27.1 As formalidades do documento de cessão serão aquelas determinadas pela lei do país onde houver sido firmado.

27.2 Presume-se cedido o direito ao depósito e ao direito de prioridade em caso de pedidos de patente cujo depositante seja empregador ou contratante do inventor, desde que apresentado o documento comprobatório de tal relação e da cessão dos inventos futuros, ou documento equivalente.

28. A falta de comprovação da reivindicação de prioridade prevista no art. 16 da LPI acarretará a perda de prioridade, salvo se a parte comprovar que não a realizou por justa causa, aplicando-se o disposto no art. 221 da LPI.

29. Se tiver havido cessão dos direitos relativos ao depósito do pedido internacional e o documento comprobatório e seu texto em língua vernácula não tiverem sido apresentados pelo depositante com os demais documentos relativos à entrada na fase nacional, constando a indicação da cessão na documentação da fase internacional, o INPI, após o pedido de exame, formulará exigência para sua apresentação nos termos da legislação nacional.

29.1 Não havendo qualquer indicação na documentação da fase internacional quanto à cessão, o depositante terá um prazo de 60 (sessenta) dias após a expiração dos prazos dos arts. 22 e 39 do PCT, independentemente de qualquer solicitação, para sua apresentação ou argüição de justa causa, na forma do art. 221 da LPI, permanecendo pendente o início do processamento da fase nacional.

29.1.1 Não apresentada a documentação no prazo previsto e não recebida comunicação específica do Escritório Internacional nesse ínterim, pedido será considerado retirado em relação ao Brasil e arquivado, caso em que, o depositante poderá requerer em 60 (sessenta) dias o desarquivamento mediante a apresentação do documento em questão.

30. Caso o depositante deseje solicitar ao INPI a revisão das decisões da Repartição receptora ou do Escritório Internacional, de acordo com o art. 25 do PCT, deverá apresentar tanto o pedido internacional quanto a sua documentação complementar em língua vernácula, acompanhado da respectiva retribuição, dentro de dois meses da notificação da decisão em causa (regra 51 do regulamento do PCT).

30.1 Se o INPI julgar que a decisão da Repartição receptora ou do Escritório internacional não foi justificada, notificará o Escritório Internacional para que se prossiga o processamento do pedido internacional, para que tenha os efeitos no que concerne ao Brasil.

31. As anuidades do pedido de patente são devidas a partir do início do terceiro ano do depósito internacional, devendo o pagamento das retribuições anuais vencidas antes da data da entrada no processamento nacional, serem efetuadas no prazo de 3 (três) meses dessa data.

32. Caso julgue indispensável, o INPI poderá solicitar, posteriormente, a tradução simples dos documentos correspondentes da fase internacional, exarados em língua estrangeira, aplicando-se, se couber, as disposições da art. 46 do PCT.

33. O relatório de pesquisa internacional, bem como o exame preliminar internacional, tem o caráter de mero subsídio no que concerne à decisão do respectivo pedido de patente.

34. Prevalecem as leis e normas brasileiras e o PCT, no que não foi disposto por esta resolução em sua esfera de competência.

35. Os valores de retribuição pelo custeio dos serviços prestados serão os da Tabela de Retribuições dos Serviços do INPI.

35.1 Serão divulgadas pela Revista da Propriedade Industrial as mudanças nas taxas internacionais e modificações do regulamento do PCT.

36. Este Ato Normativo entra em vigor em 15 de maio de 1997, revogada a Resolução 037 de 12/11/92 e quaisquer outras eventuais disposições em contrário.

AMÉRICO PUPPIN
Presidente

ATO NORMATIVO Nº 130

MINISTÉRIO DA INDÚSTRIA, DO COMÉRCIO E DO TURISMO
INSTITUTO NACIONAL DA PROPRIEDADE INDUSTRIAL
PRESIDÊNCIA
05/03/1997
ATO NORMATIVO Nº 130

Assunto: Dispõe sobre a instituição de formulários para apresentação de requerimentos e petições na área de patentes, certificados de adição de invenção e registro de desenho industrial

O PRESIDENTE DO INPI, no uso de suas atribuições, e

CONSIDERANDO a necessidade de se instituir novos formulários e normas gerais de procedimento para explicitar e cumprir dispositivos da Lei de Propriedade Industrial — Lei nº 9279, de 14 de maio de 1996 (LPI)

RESOLVE:

1. Instituir os formulários, segundo os modelos a este Ato, a saber:
a) — Formulário modelo 1.01;
b) — Formulário modelo 1.02;
c) — Formulário modelo 1.03;
d) — Formulário modelo 1.04;
e) — Formulário modelo 1.05;
f) — Formulário modelo 1.06;
g) — Formulário modelo 1.07;
h) — Formulário modelo 1.08.

1.1 Os requerimentos modelos 1.01, 1.03 e 1.06 devem ser apresentados em 3 (três) vias, sendo 2 (duas) para uso do INPI e a outra para restituição ao depositante, depois de depositado o pedido.

1.1.2 Os requerimentos e petições modelos 1.02, 1.04, 1.05, 1.07 e 1.08 devem ser apresentados em 2 (duas) vias, sendo uma para uso do INPI e a outra para restituição ao depositante, depois de protocolizada.

1.2 Os formulários deverão ser preenchidos à máquina ou em letra de fôrma legível, sem emendas ou rasuras, com tinta preta e indelével.

1.2.1 Os formulários poderão ser impressos utilizando computador, p. ex. utilizando programa gráfico ou um processador de texto, usando papel A4 branco, flexível, resistente, não brilhante e tinta indelével preta, desde que sejam mantidas todas as suas características, tais como margens e tipos de letras, folha por folha.

2. Este ato normativo entra em vigor em 15/05/97, revogados, no que tange a patentes, as disposições dos Atos Normativos 009/75 e 18/76 e quaisquer eventuais outras disposições em contrário.

AMÉRICO PUPPIN
Presidente

ATO NORMATIVO Nº 135

MINISTÉRIO DA INDÚSTRIA, DO COMÉRCIO E DO TURISMO
INSTITUTO NACIONAL DA PROPRIEDADE INDUSTRIAL
PRESIDÊNCIA
15/04/1997
ATO NORMATIVO Nº 135

Assunto: Normaliza a averbação e o registro de contratos de transferência de tecnologia e franquia.

O PRESIDENTE DO INPI, no uso de suas atribuições,

CONSIDERANDO que a finalidade principal do INPI é executar as normas que regulam a Propriedade Industrial, tendo em vista sua função econômica, social, jurídica e técnica; e

CONSIDERANDO que a Lei n.º 9279, de 14 de maio de 1996 (doravante LPI), prevê a averbação ou registro de certos contratos,

RESOLVE:

1. Normalizar os procedimentos de averbação ou registro de contratos de transferência de tecnologia e de franquia, na forma da LPI e de legislação complementar, especialmente a Lei n.º 4131, de 3 de setembro de 1962, Lei n.º 4506, de 30 de novembro de 1964 e normas regulamentares sobre o imposto de renda, Lei n.º 7646, de 18 de dezembro de 1987, Lei n.º 8383, de 31 de dezembro de 1991, Lei n.º 8884, de 11 de junho de 1994, Lei n.º 8955, de 15 de dezembro de 1994 e Decreto Legislativo n.º 30, de 30 de dezembro de 1994, combinado com o Decreto Presidencial n.º 1355, da mesma data.

I. DA AVERBAÇÃO OU DO REGISTRO

2. O INPI averbará ou registrará, conforme o caso, os contratos que impliquem transferência de tecnologia, assim entendidos os de licença de direitos (exploração de patentes ou de uso de marcas) e os de aquisição de conhecimentos tecnológicos (fornecimento de tecnologia e prestação de serviços de assistência técnica e científica), e os contratos de franquia.

3. Os contratos deverão indicar claramente seu objeto, a remuneração ou os "royalties", os prazos de vigência e de execução do contrato, quando for o caso, e as demais cláusulas e condições da contratação.

4. O pedido de averbação ou de registro deverá ser apresentado em formulário próprio, por qualquer das partes contratantes, instruído com os seguintes documentos:

4.1 original do contrato ou do instrumento representativo do ato, devidamente legalizado;

4.2 tradução para o vernáculo quando redigido em idioma estrangeiro;

4.3 carta explicativa justificando a contratação;

4.4 ficha-cadastro da empresa cessionária da transferência de tecnologia ou franqueada;

4.5 outros documentos, a critério das partes, pertinentes ao negócio jurídico;

4.6 comprovante do recolhimento da retribuição devida; e

4.7 procuração, observando o disposto nos arts. 216 e 217 da LPI

II. DA PRESTAÇÃO DE SERVIÇOS DE APOIO

5. A Diretoria de Transferência de Tecnologia prestará o serviço de apoio à aquisição de tecnologia, com objetivo de assessorar as empresas brasileiras interessadas em adquirir tecnologia ou obter licenciamento, no Brasil e/ou no exterior, nas seguintes áreas entre outras:

Na área tecnológica:

a) elaborando e colocando à disposição do governo dos interessados, estudos e relatórios relativos às contratações de tecnologia ocorridas nos diversos setores industriais e de serviços, com base nas averbações levadas a efeito pelo INPI, visando das subsídios à formulação de políticos setoriais e governamentais específicas;

b) elaborando, a pedido de parte interessa, pesquisas específicas quanto a patentes eventualmente disponíveis para fins de licenciamento, e/ou identificando, selecionando e indicando fontes de aquisição de "know kow", dados técnicos ou assistência técnica específica no exterior, ou no território nacional.

Na área contratual:

a) colocando à disposição das empresas domiciliadas no Brasil, dados e aconselhamentos de técnicos habilitados e com larga experiência na análise de contratos, objetivando subsidiar a negociação economia de tecnologia a ser contratada:

b) colhendo dados e estatísticas quanto à forma de negociação e os preços médios praticados em contratos de licenciamento e de transferência de tecnologia em setores específicos, nos mercados nacional e internacional, colocando-os à disposição dos interessados.

III. DAS DISPOSIÇÕES TRANSITÓRIAS

6. Ficam revogados os Atos Normativos n.º 097, de 29/03/89; n.º 110, de 23/03/93; n.º 112, de 27/05/93; n.º 114, de 27/05/93; n.º 115, de 30/09/93; n.º 116, de 27/10/93 e de 120, de 17/12/93.

7. Este Ato Normativo entrará em vigor em 15 de maio de 1997.

AMÉRICO PUPPIN
Presidente

ATO NORMATIVO Nº 137

MINISTÉRIO DA INDÚSTRIA, DO COMÉRCIO E DO TURISMO
INSTITUTO NACIONAL DA PROPRIEDADE INDUSTRIAL
PRESIDÊNCIA
30/04/97
ATO NORMATIVO Nº 137

ASSUNTO: Dispõe transitoriamente sobre procedimentos relativos a concessão de registros de expressões e de sinais de propaganda e sobre declaração de notoriedade, bem como suas prorrogações.

O PRESIDENTE DO INPI, no uso de suas atribuições,

CONSIDERANDO que cabe à Administração Pública zelar pelo fiel cumprimento da lei, bem como atender aos anseios da sociedade com eficiência, eficácia e efetividade; e

CONSIDERANDO a existência de processos de expressão de propaganda e de declaração de notoriedade, depositados na forma da Lei nº 5772/71, em vigor até o dia 14 de maio próximo vindouro.

RESOLVE:

1. Os pedidos de registro de expressão ou sinal de propaganda e os pedidos de declaração de notoriedade deferidos, em caráter definitivo (sem recurso pendente ou prazo para recurso em curso) e com petição de comprovação de pagamento relativa a proteção do primeiro decênio e expedição do certificado de registro ou da averbação da notoriedade, devidamente protocolizado no INPI, no prazo legal, serão reputados concedidos no dia 13 de maio de 1997, independentemente da data de publicação da concessão, que se fará posteriormente, para publicidade do ato.

1.1 O depositante poderá efetuar o pagamento acima previsto e sua comprovação independentemente da publicação da notificação na RPI para início da contagem do prazo de 60 (sessenta) dias, para tal efeito.

2. Os pedidos de prorrogação de registro de expressão ou sinal de propaganda e os pedidos de prorrogação de declaração de notoriedade deferidos, em caráter definitivo (sem recurso pendente ou prazo para recurso em curso) e com petição de comprovação de pagamento relativa a proteção do decênio e expedição do certificado de registro ou da averbação da notoriedade, devidamente protocolizado no INPI, no prazo legal, serão reputados concedidos no dia 13 de

maio de 1997, independentemente da data de publicação da concessão, que se fará posteriormente, para publicidade do ato.

2.1 Na contagem do período de vigência da concessão da prorrogação será sempre observada a data inicial da concessão do direito no caso de registro de expressão ou sinal de propaganda e, no caso da averbação da prorrogação de notoriedade será considerado o período de vigência do registro de marca.

3. Os demais pedidos em andamento, para concessão de registro de expressão ou sinal de propaganda ou declaração de notoriedade, bem como os pedidos para suas prorrogações, serão arquivados no dia 15 de maio de 1997, na forma do art. 233 da Lei nº 9279/96, inclusive aqueles com recursos interpostos ou com prazo de recurso em curso, por perda de objeto.

4. Os pedidos de revisão administrativa, em registros de expressão ou sinal de propaganda, protocolizados na vigência da Lei nº 5772/71, ou cujo prazo de apresentação esteja em curso no dia 15 de maio de 1997, serão decididos à luz da referida lei, encerrando-se a instância administrativa.

O presente Ato Normativo entrará em vigor na data de sua publicação, revogadas todas as disposições em contrário.

AMÉRICO PUPPIN
Presidente

ATO NORMATIVO Nº 141

MINISTÉRIO DA INDÚSTRIA, DO COMÉRCIO E DO TURISMO
INSTITUTO NACIONAL DA PROPRIEDADE INDUSTRIAL
PRESIDÊNCIA
06/04/98
ATO NORMATIVO Nº 141

ASSUNTO: Dispõe sobre a habilitação de procuradores junto ao Instituto Nacional da Propriedade Industrial — INPI.

O PRESIDENTE DO INSTITUTO NACIONAL DA PROPRIEDADE INDUSTRIAL — INPI, no uso de suas atribuições legais,

Considerando a necessidade de atualização do cadastro dos Agentes da Propriedade Industrial a fim de proteger os usuários do sistema de propriedade industrial;

Considerando que o Decreto-lei nº 8.933, de 26 de janeiro de 1946, condiciona o desempenho da função de Agentes da Propriedade Industrial à autorização pelo Ministro do Trabalho, Indústria e Comércio; e

Considerando a delegação de competência contida na Portaria nº 32, de 19 de março de 1998 do Ministro de Estado da Indústria, do Comércio e do Turismo, publicada no Diário Oficial da União de 24 de março de 1998;

RESOLVE

1. São consideradas habilitadas ou inscritas para o exercício da profissão de Agente da Propriedade Industrial, na forma do art. 4º do Decreto-Lei nº 8.933, de 26 de janeiro de 1946, as pessoas físicas e jurídicas que satisfaçam os requisitos do referido diploma legal, desde que tenham praticado atos perante o INPI até 24/03/1998, data da publicação da Portaria nº 32, de 19 de março de 1998, do Ministro de Estado da Indústria, do Comércio e do Turismo.

Parágrafo Único — São os seguintes os requisitos do Decreto-Lei 8.933/46:
. com relação à habilitação das pessoas físicas (art. 4º, § 2º):
I. ser brasileiro;
II. ser maior de 21 (vinte e um) anos;
III. estar em pleno gozo de seus direitos civis e políticos; e
IV. ser moralmente idôneo.
. com relação à inscrição das pessoas jurídicas (art. 8º):

1. ossuir como sócios exclusivamente pessoas físicas que sejam Agente da Propriedade Industrial ou advogado.

2. O direito à habilitação ou inscrição, de que trata o item anterior, será assegurado pelo INPI, mediante a apresentação de requerimento de cadastramento pelo interessado, conforme modelo anexo, devidamente instruído na forma nele prevista.

3. O requerimento, de que trata o item anterior, deverá ser apresentado pelo interessado no prazo de 6 (seis) meses, contados da publicação deste Ato Normativo, findo o qual será publicada a listagem dos Agentes da Propriedade Industrial cadastrados. Após este prazo, as pessoas físicas e jurídicas que não forem cadastradas não poderão praticar atos perante o INPI como procuradores de terceiros.

4. A análise do requerimento de cadastramento de que trata o item 2, deste Ato Normativo, será feita pelo INPI através de comissão composta de 5 (cinco) membros, sendo 3 (três) servidores do INPI e 2 (dois) indicados pela Associação Brasileira dos Agentes da Propriedade Industrial — ABAPI.

§ 1º — A análise do requerimento será feita exclusivamente a fim de verificar se estão satisfeitas as condições para a habilitação ou inscrição previstas neste Ato Normativo.

§ 2º — Ao deferir o pedido de cadastramento, a comissão atribuirá um número de matrícula para o interessado, o qual deverá ser mencionado em qualquer ato que este venha a praticar como procurador perante o INPI.

§ 3º — Da concessão ou do indeferimento do cadastramento, cuja notícia será publicada na Revista da Propriedade Industrial — RPI, caberá recurso, com efeito suspensivo, ao Presidente do INPI, no prazo de 60 (sessenta) dias. A decisão do recurso, que também será publicada na RPI, encerrará a instância administrativa.

5. As pessoas físicas e jurídicas habilitadas ou inscritas, na forma deste Ato Normativo, ficarão sujeitas, quanto aos atos que vierem a praticar, a partir da publicação da notícia da concessão do cadastramento na RPI, à fiscalização pelo Presidente do INPI, nos termos do art. 11 do Decreto-Lei 8.933/46.

Parágrafo Único — A comissão, de que trata o caput do item 4, apresentará ao Presidente do INPI, dentro de 90 (noventa) dias, uma minuta de Código de Conduta Profissional, para promulgação antes de findo o prazo de que cuida o item 3, deste Ato Normativo.

6. A matrícula como Agente da Propriedade Industrial será cancelada na hipótese de falta de pagamento da anuidade devida, podendo ser restaurada segundo o procedimento que será regulado pelo Código de Conduta Profissional.

7. Após realizado o cadastramento inicial, de que tratam os itens 1 a 4 deste Ato Normativo, novas habilitações serão concedidas pelo INPI, mediante concurso de provas a ser realizado periodicamente, devendo o primeiro realizar-se 1 (um) ano após a publicação deste Ato Normativo.

Parágrafo Único — A comissão, de que trata o caput do item 4, apresentará ao Presidente do INPI, dentro de 180 (cento e oitenta) dias, uma minuta de Regulamento do Concurso de Provas para posterior promulgação.

8. É assegurada aos advogados a prerrogativa do exercício do procuratório perante o INPI, independentemente de seu cadastramento na forma deste Ato Normativo, bastando que mencionem seu número de inscrição na Ordem dos Advogados do Brasil — OAB.

§ 1º — Sem prejuízo do disposto no caput deste item, os advogados que desejarem poderão se habilitar como Agentes de Propriedade Industrial, na forma deste Ato Normativo.

§ 2º — Eventuais reclamações contra a conduta profissional de advogado e/ou sociedade de advogados serão encaminhadas à seccional competente da OAB. Com relação ao advogado que tiver optado por cadastrar-se como Agente da Propriedade Industrial, o INPI poderá tomar as medidas adequadas no que diz respeito a esse cadastramento, sem prejuízo do exercício procuratório perante o INPI, enquanto mantiver sua qualidade de advogado.

9. É assegurada a qualquer interessado, pessoa física ou jurídica, residente, domiciliada ou estabelecida no Brasil, a faculdade de praticar quaisquer atos perante o INPI diretamente, sem a interveniência de qualquer procurador, seja ele Agente da Propriedade Industrial ou advogado.

10. Este Ato Normativo entra em vigor na data de sua publicação.
AMÉRICO PUPPIN
Presidente

ATO NORMATIVO Nº 142

MINISTÉRIO DA INDÚSTRIA, DO COMÉRCIO E DO TURISMO
INSTITUTO NACIONAL DA PROPRIEDADE INDUSTRIAL
PRESIDÊNCIA
25/08/98
ATO NORMATIVO Nº 142/98

Assunto: Promulga o **Código de Conduta Profissional do Agente da Propriedade Industrial**.

O **Presidente do Instituto Nacional da Propriedade Industrial — INPI**, no uso de suas atribuições legais, e de acordo com o estabelecido no parágrafo único do item 5 do Ato Normativo INPI nº 141/98.
RESOLVE:
Promulgar o **Código de Conduta Profissional do Agente da Propriedade Industrial**, nos termos seguintes:

DISPOSIÇÕES GERAIS

1. O exercício da profissão de Agente da Propriedade Industrial exige conduta compatível com os preceitos deste Código, e com os preceitos e princípios da boa e leal concorrência, além dos demais princípios da moral individual, coletiva e profissional.
Parágrafo Único: O título de Agente da Propriedade Industrial é de utilização exclusiva dos profissionais habilitados perante o INPI, nos termos do Ato Normativo nº 141/98.
2. São deveres do Agente da Propriedade Industrial:
I. preservar, em sua conduta, a honra e a dignidade da profissão;
II. atuar com independência, honestidade, decoro, veracidade, lealdade, dignidade e boa fé;
III. empenhar-se, permanentemente, em sua atualização e aperfeiçoamento profissional;
IV. contribuir para o aprimoramento das instituições, do Direito e das leis;
V. aconselhar o cliente a não ingressar com requerimentos ou adotar medidas sabidamente inviáveis ou ilegais;
VI. abster-se de:

a. utilizar de influência indevida, em seu benefício ou do cliente;

b. entender-se diretamente com a parte adversa que tenha patrono constituído, sem o assentimento deste;

c. enviar correspondência ou contactar titular com relação a um processo específico, publicado na Revista da Propriedade Industrial com indicação de outro procurador, salvo com o consentimento expresso do interessado.

3. O Agente da Propriedade Industrial pode recusar patrocínio quando se considere impedido ou suspeito ou divirja da orientação técnica a ser aplicada ao caso concreto quando indispensável ao melhor resultado para o interessado.

4. É defeso ao Agente da Propriedade Industrial expor os fatos junto ao INPI, a clientes ou a terceiros falseando deliberadamente a verdade.

DAS RELAÇÕES COM OS CLIENTES

5. O Agente da Propriedade Industrial deve informar o cliente, de forma clara e inequívoca, quanto a eventuais riscos da sua pretensão, e das conseqüências que poderão advir.

6. Agente da Propriedade Industrial não deve deixar ao abandono ou ao desamparo os feitos, sem motivo justo.

7. O Agente da Propriedade Industrial pode rescindir o mandato unilateralmente, revelando ou não o motivo à sua conveniência, remanescendo responsável pelos interesses do mandante sob seus cuidados pelo prazo de 10 (dez) dias contados da notificação ao mandante.

8. Em caso de revogação, da procuração e quitados seus honorários, o Agente da Propriedade Industrial deverá restituir ao cliente ou a quem este indicar, todos os documentos relativos aos processos de seu interesse, inclusive cópias das petições e atos apresentados ao INPI, das guias de recolhimento das taxas federais e dos respectivos certificados retidos, desde que estes mesmos documentos não tenham sido anteriormente fornecidos.

Parágrafo Único: O Agente da Propriedade Industrial deverá prestar contas ao cliente caso disponha de numerário deste em seu poder.

9. O Agente da Propriedade Industrial ou os agentes integrantes da mesma sociedade profissional de Agentes da Propriedade Industrial, ou reunidos em caráter permanente para cooperação recíproca, não devem representar junto ao INPI, em um processo específico, simultaneamente, clientes em conflito de interesse.

10. O Agente da Propriedade Industrial, ao postular em nome de terceiros, contra ex-clientes ou ex-empregados, junto ao INPI, deve resguardar o segredo profissional e as informações reservadas ou privilegiadas que lhe tenham sido confiadas.

11. O Agente da Propriedade Industrial deve abster-se de patrocinar causa contrária à ética, à moral ou à validade de ato jurídico em que tenha colaborado, orientado ou conhecido em consulta; da mesma forma, deve declinar seu impedimento ético quando tenha sido convidado pela outra parte, se esta lhe houver revelado segredos ou obtido seu parecer.

DO SIGILO PROFISSIONAL

12. O sigilo profissional é inerente à profissão, impondo-se o seu respeito, mesmo após a rescisão do mandato, salvo grave ameaça ao direito à vida, à honra, ou quando o Agente da Propriedade Industrial se veja afrontado pelo próprio cliente e, em defesa própria, tenha que revelar segredo, porém sempre restrito ao interesse da causa.

13. O Agente da Propriedade Industrial deve guardar sigilo sobre o que saiba em razão de seu ofício, cabendo-lhe recusar-se a depor como testemunha em processo no qual funcionou ou deva funcionar, ou sobre fato relacionado com pessoa de quem seja ou tenha sido agente da propriedade industrial, mesmo que autorizado ou solicitado pelo constituinte.

14. As informações confidenciais reveladas ao agente da propriedade industrial pelo cliente podem ser utilizadas nos limites da necessidade da defesa, desde que autorizado aquele pelo constituinte.

Parágrafo Único: Presumem-se confidenciais as comunicações epistolares entre agentes da propriedade industrial e seus clientes, as quais não podem ser reveladas a terceiros.

DA PUBLICIDADE

15. O Agente da Propriedade Industrial pode anunciar os seus serviços profissionais, individual ou coletivamente, com discrição e moderação.

DO DEVER DE URBANIDADE

16. Deve o Agente da Propriedade Industrial tratar o público, os colegas, as autoridades e os funcionários do INPI com respeito, discrição e independência, exigindo igual tratamento e zelando pelas prerrogativas a que tem direito.

17. Impõe-se ao Agente da Propriedade Industrial lhaneza, emprego de linguagem escorreita e polida, esmero e disciplina na execução dos serviços.

18. O Agente da Propriedade Industrial, deve comportar-se com zelo, empenhando-se para que o cliente se sinta amparado e tenha a expectativa de regular desenvolvimento de seus processos junto ao INPI.

19. A falta ou inexistência, neste Código, de definição ou orientação sobre questão de ética profissional, que seja relevante para o exercício da profissão de Agente da Propriedade Industrial ou dele advenha, enseja consulta e manifestação da Comissão de Ética e Disciplina da ABAPI ou, se o profissional for advogado, a OAB.

20. Sempre que tenha conhecimento de transgressão das normas deste Código, o Presidente do INPI deve chamar a atenção do responsável para o dispositivo violado, sem prejuízo da instauração do competente procedimento para apuração das infrações e aplicação das penalidades cominadas.

DAS PENALIDADES

21. Nos termos do Decreto-Lei nº 8.933. de 26/01/46, estão previstas as penalidades de advertência, suspensão e cancelamento da habilitação, e deverão ser julgadas pelo Presidente do INPI, de acordo com a gravidade da falta cometida, mediante prévio parecer da Comissão Mista INPI/ABAPI.

DAS ANUIDADES E DA RESTAURAÇÃO

22. O pagamento da anuidade, relativa a matrícula de Agente da Propriedade Industrial, será devida até o dia 31 de março de cada ano.

A anuidade deverá ser paga pelo valor constante de Portaria do Exmo. Sr. Ministro da Indústria, do Comércio e do Turismo, em vigor na data do pagamento.

A comprovação do pagamento da anuidade deverá ser feita até o dia 30 de abril de cada ano, mediante apresentação, através do formulário, **Requerimento de Cadastramento de Agentes da Propriedade Industrial** (campo 2.9), acompanhada da 1ª via da Guia de Retribuição.

A falta de pagamento da anuidade ou de sua comprovação, acarretará o cancelamento da matrícula de Agente da Propriedade Industrial.

Publicada a notificação de cancelamento da matrícula de Agente da Propriedade Industrial, o requerente poderá, a qualquer tempo, requerer a restauração do cadastramento, mediante o pagamento da Guia de Retribuição, no valor vigente, da(s) anuidade(s) atrasada(s), acrescido da taxa de restauração, cujo valor corresponderá à metade do total do valor da(s) taxa(s) de anuidade(s) atrasada(s).

DAS DISPOSIÇÕES GERAIS E TRANSITÓRIAS

23. O INPI deve oferecer os meios e suporte imprescindíveis para o funcionamento, desenvolvimento e julgamento das representações apresentadas contra os Agentes da Propriedade Industrial, observado o direito de ampla defesa.

Parágrafo Primeiro: Os procedimentos e julgamentos das representações correrão sob sigilo, e as partes serão intimas via correio com aviso de recebimento.

Parágrafo Segundo: As decisões finais de suspensão ou cancelamento de habilitação serão publicadas na Revista da Propriedade Industrial.

24. Os Agentes deverão sempre indicar nos formulários e requerimentos apresentados ao INPI seu número de matrícula.

25. Este Código entra em vigor, em todo o território nacional, na data de sua publicação, cabendo ao INPI promover a sua ampla divulgação, inclusive na Revista da Propriedade Industrial, revogadas as disposições em contrário.

JORGE MACHADO
Presidente

ATO NORMATIVO Nº 150/99

MINISTÉRIO DO DESENVOLVIMENTO, INDÚSTRIA E COMÉRCIO EXTERIOR
INSTITUTO NACIONAL DA PROPRIEDADE INDUSTRIAL
PRESIDÊNCIA 09/09/1999

ASSUNTO: **Dispõe sobre a adoção da Classificação Internacional de Produtos e Serviços e dá outras providências.**

O PRESIDENTE DO INPI, no uso de suas atribuições,

CONSIDERANDO a necessidade de imprimir maior celeridade ao exame dos pedidos de registro de marca, assim como de simplificar e modernizar os respectivos procedimentos do INPI, tornando-os mais eficientes,

CONSIDERANDO os mecanismos modernos, eficazes e atualizados, estabelecidos pela **Classificação Internacional de Produtos e Serviços,** enquanto instrumento de indexação e recuperação de informações.

CONSIDERANDO a necessidade de adequação da classificação de registro de marca adotada pelo INPI, com aquela praticada internacionalmente, em virtude do processo de globalização da economia, e

CONSIDERANDO, finalmente, a faculdade de o INPI adotar os termos desta Classificação Internacional, independentemente de o Brasil ter aderido ao respectivo tratado, a exemplo de inúmeras instituições congêneres de outros países membros da Convenção da União de Paris — CUP,

RESOLVE:

1. Adotar, a partir do dia 03 de janeiro de 2000, a **Classificação Internacional de Produtos e Serviços,** constante do Anexo I, deste mesmo Ato.

2. Estabelecer que cada pedido de registro deverá assinalar uma única classe, e conter, obrigatoriamente, a especificação dos produtos e serviços identificados pela **Classificação Internacional de Produtos e Serviços.**

3. Estabelecer que os pedidos deferidos por ocasião da comprovação do pagamento das retribuições correspondentes, bem como, as prorrogações dos registros de marca, deverão observar, no que couber, o estabelecido no item 2, observado o limite da proteção conferida.

4. Determinar que o descumprimento dos itens 2 e 3, acarretará na formulação de exigência.

4.1. A contestação apresentada à exigência, será decidida pela Comissão Permanente de Classificação, de que trata o item 6 adiante

4.2. A exigência não cumprida importará no arquivamento definitivo do Pedido de Registro, e no indeferimento do Pedido de Prorrogação.

4.3. A decisão de arquivamento definitivo do Pedido de Registro encerrará a instância administrativa.

4.4. Da decisão de indeferimento do Pedido de Prorrogação caberá, no prazo de 60 (sessenta) dias, recurso dirigido ao Presidente do INPI. Se não interposto o recurso, será extinto o Registro, ao término de sua vigência (art. 133 ß ß 1º e 2º da LPI).

5. As instruções quanto ao desdobramento e agrupamento de pedidos e registros de marca, estarão contidas no Manual do Usuário de Marcas, a ser editado pelo INPI.

6. A Diretoria de Marcas constituirá Comissão Permanente de Classificação, para acompanhar os trabalhos levados a efeito pelo Grupo de Trabalho e pelos Comitês de Peritos da Organização Mundial da Propriedade Intelectual — OMPI, devendo a Comissão de **Classificação Internacional de Produtos e Serviços** ser constituída de, no mínimo, 5 (cinco) servidores, todos integrantes do quadro permanente do INPI.

7. A composição, a organização e as incumbências da Comissão, serão objeto de normalização pela Diretoria de Marcas, no prazo máximo de 30 (trinta) dias, contado da data da vigência do presente Ato Normativo.

8. O INPI poderá proceder a revisões, quanto à adequação das terminologias técnicas na Classificação de que trata este Ato, sempre que houver a necessidade de adequá-la ao documento original.

9. Este Ato Normativo entrará em vigor no dia 03 de janeiro de 2000, revogado o Ato Normativo nº 0051/81 e quaisquer disposições em contrário.

José Graça Aranha
Presidente

ATO NORMATIVO Nº 151/99

MINISTÉRIO DO DESENVOLVIMENTO, INDÚSTRIA E COMÉRCIO EXTERIOR
INSTITUTO NACIONAL DA PROPRIEDADE INDUSTRIAL
PRESIDÊNCIA 09/09/1999

ASSUNTO: **Dispõe sobre a adoção da Classificação Internacional de Elementos Figurativos e dá outras providências.**

O PRESIDENTE DO INPI, no uso de suas atribuições,

CONSIDERANDO a necessidade de imprimir maior celeridade ao exame dos pedidos de registro de marca, assim como de simplificar e modernizar os respectivos procedimentos do INPI, tornando-os mais eficientes,

CONSIDERANDO os mecanismos modernos, eficazes e atualizados, estabelecidos pela **Classificação Internacional de Elementos Figurativos**, enquanto instrumento de indexação e recuperação de informações,

CONSIDERANDO a necessidade de adequação da classificação de registro de marca adotada pelo INPI, com aquela praticada internacionalmente, em virtude do processo de globalização da economia, e

CONSIDERANDO, finalmente, a faculdade de o INPI adotar os termos desta Classificação internacional, independentemente de o Brasil ter aderido ao respectivo tratado, a exemplo de inúmeras instituições congêneres de outros países membros da Convenção da União de Paris — CUP,

RESOLVE:

1. Adotar, a partir do dia 03 de janeiro de 2000, a **Classificação Internacional de Elementos Figurativos,** constante do Anexo I, deste mesmo Ato.

2. Estabelecer que cada pedido de registro poderá indicar até 05 (cinco) possibilidades de classificação, contendo Categoria, Divisão e Seção principal, e conter, obrigatoriamente, os códigos de figuras pela **Classificação Internacional de Elementos Figurativos.**

3. A Diretoria de Marcas constituirá Comissão Permanente, para acompanhar os trabalhos levados à efeito pelo Grupo de Trabalho e pelos Comitês de Peritos da Organização Mundial da Propriedade Intelectual — OMPI, devendo a Comissão relativa à **Classificação Internacional de Elementos Figurativos,** ser constituída por 3 (três) servidores, todos integrantes do quadro permanente do INPI.

4. A composição, a organização e as incumbências da Comissão, serão objeto de normatização pela Diretoria de Marcas, no prazo máximo de 30 (trinta) dias, contado da data da vigência do presente Ato Normativo.

5. O INPI poderá proceder a revisões quanto à pertinência das classificações, quanto aos códigos de figuras, sempre que houver a necessidade de adequá-las ao documento original.

6. Este Ato Normativo entrará em vigor no dia 03 de janeiro de 2000.
José Graça Aranha
Presidente

ATO NORMATIVO Nº 152/99

MINISTÉRIO DO DESENVOLVIMENTO, INDÚSTRIA E COMÉRCIO EXTERIOR
INSTITUTO NACIONAL DA PROPRIEDADE INDUSTRIAL
PRESIDÊNCIA 09/09/1999

ASSUNTO: **Dispõe sobre a apresentação de auxílio voluntário para o exame técnico, em relação a patentes e certificados de invenção.**

O PRESIDENTE DO INPI, no uso de suas atribuições,

CONSIDERAND o acúmulo de pedidos de patentes, ainda não examinados pelo INPI, e

CONSIDERANDO que tal acúmulo poderá causar prejuízos para os depositantes, inclusive gerando incertezas, quanto à extensão de direitos,

RESOLVE:

Os depositantes de pedidos de patentes que já tiverem requerido o seu exame, a fim de auxiliar o exame técnico de seu pedido e à título de subsídio, poderão, nos moldes do art. 31, da Lei nº 9279/96, apresentar os seguintes documentos:

7. Para os pedidos com reivindicação de prioridade:

1.1.1 Cópia da Patente, se submetido à exame técnico e concedida no país da prioridade.

1.1.2 Tradução, simples, do quadro reivindicatório, conforme concedido no país de origem.

1.1.3 Cópia da petição, requerendo o exame do pedido de patente, no Brasil.

8. A patente do país de prioridade, a que se referem os itens anteriores, poderá ser substituída pela equivalente concedida em país onde tenha sido submetida à exame técnico.

9. As regras do presente Ato são aplicáveis à pedidos originariamente depositados no Brasil, desde que comprovada a concessão da Patente em outro país que proceda à exame técnico, cujo depósito tenha reivindicado a prioridade brasileira, na forma estabelecida pela Convenção da União de Paris.

4. As mesmas regras são aplicáveis também para pedidos depositados com base no PCT, bem como em relação a outros privilégios, obtidos em outros países, após exame técnico, desde que devidamente depositados pelo próprio requerente ou por ele autorizado e que o objeto do pedido seja idêntico.

O requerente deverá apresentar novo quadro reivindicatório, de igual teor ao do documento de que trata o subitem 1.1.1, deste Ato, adaptado às disposições dos subitens 15.1.3.2, 15.1.3.2.1 e 15.1.3.2.2 e suas alíneas, do Ato Normativo nº 127, de 05 de março de 1997.

Caso seja necessário, para o cumprimento do item 2, deverão ser apresentados: alteração do relatório descritivo, título, desenhos e resumo.

A documentação de que trata este Ato Normativo, deverá ser apresentada através do Formulário instituído por este Ato **(Petição de Subsídio Voluntário ao Exame Técnico),** que se encontra anexo ao presente.

Para fins de aplicação deste Ato Normativo, consideram-se pedidos ainda não examinados pelo INPI, aqueles que até a presente data, não tiveram qualquer publicação de exigência técnica ou de chamada ou de intimação para apresentar manifestação, bem como seus equivalentes.

José Graça Aranha
Presidente

ATO NORMATIVO Nº 160/2001

MINISTÉRIO DO DESENVOLVIMENTO, INDÚSTRIA E COMÉRCIO EXTERIOR
INSTITUTO NACIONAL DA PROPRIEDADE INDUSTRIAL
PRESIDÊNCIA 14/12/2001

Assunto: Institui o Manual do Usuário da Diretoria de Marcas, que dispõe sobre o correto preenchimento dos formulários instituídos pelo Ato Normativo nº.159, de 14 de dezembro de 2001

O PRESIDENTE DO INSTITUTO NACIONAL DA PROPRIEDADE INDUSTRIAL, no uso de suas atribuições legais e **CONSIDERANDO** a necessidade de uniformizar, padronizar e atualizar as orientações administrativas quanto ao correto preenchimento dos formulários relativos aos serviços de marcas instituídos pelo Ato Normativo nº 159, de 14 de dezembro de 2001.

RESOLVE:

I — Instituir o Manual do Usuário da Diretoria de Marcas que integra este ato.

O Manual de que trata este Ato entrará em vigor no dia 02 de janeiro de 2001, revogando-se o instituído pelo Ato Normativo 154, de 21 de dezembro de 1999 e quaisquer disposições em contrário.

José Graça Aranha
Presidente

ATO NORMATIVO Nº 161/2002

MINISTÉRIO DO DESENVOLVIMENTO, INDÚSTRIA E COMÉRCIO EXTERIOR
INSTITUTO NACIONAL DA PROPRIEDADE INDUSTRIAL
PRESIDÊNCIA
10/06/2002

Assunto: Dispõe sobre a aplicação da Lei de Propriedade Industrial em relação aos registros de desenho industrial.

CONSIDERANDO a necessidade de se estabelecer normas gerais de procedimentos para explicitar e cumprir dispositivos da Lei de Propriedade Industrial — Lei Nº 9279, de 14 de maio de 1996 (adiante LPI), no que se refere aos registros de desenho industrial;

RESOLVE:

Estabelecer as seguintes normas de procedimentos:

1. TITULARIDADE

1.1 A solicitação de não divulgação do nome do autor, de acordo com o § 4º do art. 6º da LPI, deverá ser indicada no requerimento de depósito, devendo ser apresentados, como anexo, em envelope fechado, documento do depositante nomeando e qualificando o autor e a declaração do autor solicitando a não divulgação de sua nomeação.

1.1.1 Após conferência pelo INPI, os documentos e a declaração referidos acima serão mantidos em envelope lacrado.

1.2 Solicitada a não divulgação do nome do autor, o INPI omitirá tal informação nas publicações relativas ao processo em questão, bem como nas cópias do processo fornecidas a terceiros.

1.3 Na hipótese do item 1.1, terceiros com legítimo interesse poderão requerer ao INPI que seja informado o nome do (s) autor (es), mediante compromisso, sob as penas da lei, de não efetuarem tal divulgação, além do necessário para estabelecer e questionar eventual falta de legitimidade.

2. PERÍODO DE GRAÇA

2.1. Não será considerada como estado da técnica a divulgação do desenho industrial, quando ocorrida durante os 180 (cento e oitenta) dias que precederem à data de depósito ou a da prioridade do pedido de registro de desenho industrial, se promovida segundo os incisos I, II e III do art. 12 da LPI (período de graça) (art.96 §3º).

2.2. O autor poderá, para efeito do § 3º do art. 96 da LPI, quando do depósito do pedido, indicar a forma, local e data de ocorrência da divulgação, feita por ele.

2.3. O INPI, durante o exame, poderá, quando julgar necessário, formular exigência para a apresentação, em 60 (sessenta) dias, de provas relativas a tal divulgação, que se revistam do requisito de certeza, quanto à sua existência e data, bem como da relação de tal divulgação, na forma do art. 12 da LPI.

3. PRIORIDADE

3.1. A reivindicação de prioridade será comprovada por documento hábil da origem, contendo desenhos e, se for o caso, relatório descritivo e reivindicações, acompanhado da tradução simples da certidão de depósito ou documento equivalente.

3.2. Quando os dados identificadores dos pedidos constantes da certidão de depósito ou documento equivalente estiverem conformes aos do requerimento de depósito do pedido (Modelo 1.06), poderá ser feita declaração, no respectivo formulário de depósito, ou em apartado, até a data da apresentação do documento hábil, com os mesmos efeitos da tradução simples prevista no § 2º do art. 16 da LPI.

3.3. Caso a reivindicação de prioridade feita no ato de depósito seja suplementada por outras, conforme § 1º do art. 16 da LPI, não será alterado o prazo inicial de 90 (noventa) dias contados do depósito do pedido (art. 99 da LPI), para as respectivas comprovações.

3.4. Se o documento que deu origem à prioridade for de depositante distinto daquele que requereu o pedido no Brasil, por cessão de direitos, deverá ser apresentada cópia do correspondente documento de cessão, firmado em data anterior à do depósito no Brasil, ou declaração de cessão ou documento equivalente, dispensada notarização/legalização, e acompanhado de tradução simples ou documento bilíngüe.

3.4.1. As formalidades do documento de cessão do direito de prioridade serão aquelas determinadas pela lei do país onde houver sido firmado.

3.4.2. Presume-se cedido o direito ao depósito e ao direito de prioridade em caso de pedidos de registro de desenho industrial cujo depositante seja empregador ou contratante do autor, desde que apresentado o documento comprobatório de tal relação e da cessão das futuras criações, ou documento equivalente.

3.5. A falta de comprovação da reivindicação de prioridade prevista no art. 16 da LPI acarretará a perda de prioridade, salvo se a parte comprovar que não a realizou por justa causa, aplicando-se o disposto no art. 221 da LPI.

4. ENTREGA DO PEDIDO E APRESENTAÇÃO DE PETIÇÕES DE REGISTRO DE DESENHO INDUSTRIAL

4.1. O pedido de registro de desenho industrial, que será sempre em idioma português, conterá:

(I) Requerimento, de acordo com o Modelo 1.06;

(II) Relatório descritivo, se for o caso, de acordo com as disposições deste Ato;

(III) Reivindicações, se for o caso, de acordo com as disposições deste Ato;
(IV) Desenhos ou fotografias, de acordo com as disposições deste Ato;
(V) Campo de aplicação do objeto, se for o caso, de acordo com as disposições deste Ato;
(VI) Comprovante de pagamento da retribuição relativa ao depósito.

4.2. O relatório descritivo, as reivindicações e os desenhos ou fotografias, deverão ser apresentados em 4 (quatro) vias, para uso do INPI, sendo facultada a apresentação de mais duas vias, no máximo, para restituição ao depositante após autenticação, sem assinaturas ou rubricas, em papel flexível, resistente, branco, liso, não brilhante, com dimensões de 297 mm x 210 mm (modelo DIN A-4), utilizado somente em uma face, sem estar amassado, rasgado ou dobrado.

4.3. O pedido de registro de desenho industrial bem como as petições de qualquer natureza deverão ser entregues nas recepções do INPI ou através de envio postal, com aviso de recebimento (AR) endereçado à sede do INPI — Rio de Janeiro, na Praça Mauá, Nº 07, 8º andar, DIRPA/SAAPAT CEP — 20083-240, com indicação do código DVD (depósitos) e PVD (petições).

4.3.1 Presumir-se-á que os pedidos depositados e as petições apresentadas por via postal terão sido recebidos na data da postagem ou no dia útil imediatamente posterior, caso a postagem se dê em sábado, domingo ou feriado e na hora do encerramento das atividades da recepção da sede do INPI, no Rio de Janeiro.

4.4. O pedido que não atender formalmente às especificações dos itens (I) a (V) acima, mas que contiver dados relativos ao depositante, ao desenho industrial e ao autor, incluindo desenhos ou fotografias que permitam a perfeita identificação do objeto, poderá ser entregue, mediante recibo datado, ao INPI, que estabelecerá as exigências a serem cumpridas, no prazo de 5 (cinco) dias, a contar de sua ciência, na forma do art. 226 da LPI.

4.4.1 Cumpridas as exigências quanto às questões formais, o depósito será considerado como efetuado na data do recibo.

4.4.2 A data a ser considerada para efeito de depósito, se for verificado que o objeto não corresponde ao apresentado originalmente, será a do cumprimento de exigência.

4.4.3 No caso de não atendimento da exigência, o pedido será devolvido ao depositante ou estará à sua disposição em arquivo específico do INPI, pelo prazo legal cabível.

4.5. Efetuado o depósito ou apresentada a petição por via postal, caso tenham sido enviadas vias suplementares, para retorno ao depositante, deverá ele enviar também envelope adicional, endereçado e selado, para retorno das vias suplementares pelo correio, sem responsabilidade por parte do INPI quanto a extravios. Na falta de tal envelope endereçado e selado, ficarão tais vias suplementares à disposição do depositante, no INPI do Rio de Janeiro.

5. DEPÓSITO

Considera-se depósito o ato pelo qual o INPI, após proceder ao exame formal preliminar, protocoliza o pedido de registro de desenho industrial mediante numeração própria.

6. EXAME DO PEDIDO
6.1. Sendo constatado durante o exame que a forma do objeto é determinada essencialmente por considerações técnicas ou funcionais será dada ciência ao depositante para que no prazo de 60 (sessenta) dias apresente manifestação. A não manifestação ou a manifestação considerada improcedente acarretará o indeferimento do pedido na forma do art. 106 § 4º da LPI, com a conseqüente publicação do seu objeto.

7. PEDIDOS DIVIDIDOS
7.1. Quando o pedido de Desenho Industrial não atender ao disposto no art. 104 o depositante será notificado para dividir o pedido, no prazo de 60 (sessenta dias) da notificação, sob pena de arquivamento definitivo.

7.1.1. O depósito do pedido dividido deverá conter:

(I) Requerimento, de acordo com o modelo 1.06; (II) Relatório descritivo, se for o caso, de acordo com as disposições deste Ato;

(III) Reivindicações, se for o caso, de acordo com as disposições deste Ato;

(IV) Desenhos ou fotografias, de acordo com as disposições deste Ato;

(V) Campo de Aplicação do Objeto, se for o caso, de acordo com as disposições deste Ato;

(VI) Guia de recolhimento das retribuições cabíveis do pedido original (no valor constante da tabela de retribuição vigente na data de sua apresentação).

7.1.2. Os documentos que integram o pedido dividido deverão estar de acordo com as normas estabelecidas neste Ato. A indicação de se tratar de divisão com menção ao número e data do depósito do pedido original, nos seguintes termos: "Dividido do Desenho Industrial _____, depositado em, ___/__/___ ", deverá constar no relatório descritivo e no campo 2 do formulário de depósito logo após o título (até que seja normatizado novo formulário).

7.1.3. Os desenhos ou fotografias, o relatório descritivo e o quadro reivindicatório, do pedido original, se for o caso, deverão ser correspondentemente alterados, para excluir matéria inconsistente ou que não esteja claramente relacionada com o objeto requerido em cada um dos pedidos.

7.1.4. Cada pedido deverá limitar-se às características configurativas do(s) objeto(s) e/ou variantes, nele requeridas correspondentes.

7.1.5. Os pedidos divididos terão a data de depósito do pedido original e o benefício de prioridade deste, se for o caso.

7.1.6. As publicações referentes aos Desenhos Industriais indicarão tratar-se de pedido dividido. O pedido dividido será considerado como estando na mesma fase processual em que se encontra o pedido original, cabendo ao INPI reduzir a termo a referência aos documentos e petições que se encontram no pedido original.

8. QÜINQÜÊNIOS
8.1. O pagamento do segundo qüinqüênio deverá ser efetuado durante o quinto ano, contado da data do depósito, podendo ainda ser efetuado dentro dos seis meses subsequentes a este prazo, independente de notificação, mediante pagamento de retribuição adicional (art. 108, parágrafo 2°, da LPI).

8.2. O pagamento dos demais qüinqüênios deverá ser efetuado no mesmo prazo da respectiva prorrogação.

8.2.1. O pagamento desses qüinqüênios poderá ser efetuado dentro dos 6 (seis) meses subsequentes ao prazo estabelecido acima, mediante pagamento de retribuição adicional.

8.3. Comprovação do pagamento.

8.3.1. O pagamento do segundo qüinqüênio poderá ser comprovado através do formulário Modelo 1.07.

8.3.1.1 A comprovação do pagamento dos demais qüinqüênios, quando não efetuada junto com o pedido de prorrogação, poderá ser feita através do formulário Modelo 1.07.

8.3.2. O pagamento do qüinqüênio deverá ser comprovado no curso do prazo estabelecido para seu respectivo pagamento.

8.3.2.1. A comprovação do pagamento do qüinqüênio deverá ser feita mediante a apresentação da Guia de Recolhimento original (original do controle do cedente), ou de qualquer comprovante de pagamento autorizado pelo INPI, contendo o respectivo código de retribuição e a identificação precisa do pagamento efetuado, indicando o qüinqüênio a que se refere.

8.3.3. A comprovação pode ser entregue nas recepções do INPI ou postada nos correios, com aviso de recebimento.

8.3.4. A comprovação não está sujeita à retribuição.

8.4. Conseqüência da não comprovação do pagamento do qüinqüênio.

8.4.1. Não comprovado o pagamento, o INPI formulará exigência para a apresentação da comprovação do pagamento, que deverá ser cumprida no prazo de 60 (sessenta) dias.

8.4.2. Não cumprida a exigência, o INPI presumirá que o pagamento não foi efetuado, promovendo os procedimentos cabíveis.

9. OUTRAS DISPOSIÇÕES

9.1. Procuração

9.1.1 O instrumento de procuração, na forma e nos termos previstos no art. 216 da LPI, quando o interessado não requerer pessoalmente, deverá ser apresentado no prazo de 60 (sessenta) dias contados da prática do primeiro ato da parte no processo, independente de notificação ou exigência.

9.1.1.1. Em se tratando de pessoa domiciliada no exterior, e não sendo seus atos praticados através de procurador, na forma do art. 216 da LPI, deverá ser apresentada procuração, nos termos previstos no art. 217 da LPI, ainda que o ato tenha sido praticado pessoalmente.

9.1.1.2. A procuração prevista no art. 217 da LPI, se não apresentada quando do depósito, poderá ser exigida pelo INPI a qualquer momento, inclusive após a extinção do registro, devendo a mesma ser apresentada no prazo de 60 (sessenta) dias.

9.1.1.3. Caso não seja apresentada procuração no prazo de 60 (sessenta) dias do depósito, o pedido será considerado definitivamente arquivado. O arquivamento será publicado.

9.1.1.4. A ausência de procuração de que trata o § 2º do art. 216, em petições que não as de depósito, acarretará o arquivamento do pleito referente à petição, cabendo recurso de tal arquivamento.

9.2 As reduções de retribuições previstas só serão passíveis de cumulação até o percentual máximo de 70% (setenta por cento).

9.3. As traduções simples mencionadas neste Ato deverão conter atestação do interessado, depositante ou titular, da sua fidelidade.

9.4. Quando o depositante necessitar peticionar sem conhecimento do número atribuído ao depósito de seu pedido deverá, para efeito de identificação do mesmo, utilizar o número de protocolo atribuído pelo INPI, quando da entrega do pedido, indicando a sigla de origem do protocolo, com a respectiva data.

10. NUMERAÇÃO

10.1. O número dos pedidos de registro de desenho industrial e do correspondente registro de desenho industrial será constituído por três segmentos e um dígito verificador, a saber:

10.1.1. Qualificador alfabético: DI

10.1.2. Qualificador numérico: designativo do ano em que foi feito o depósito, composto de dois algarismos, onde o segundo algarismo da esquerda para a direita indica o ano da década, enquanto o primeiro algarismo da esquerda para a direita corresponde à década do ano de depósito menos 4;

10.1.3. Quantificador: série numérica crescente, anual, composta de cinco algarismos iniciando-se com 00001.

10.1.4. Dígito verificador.

11. ESPECIFICAÇÕES DO PEDIDO DE REGISTRO DE DESENHO INDUSTRIAL

11.1. RELATÓRIO DESCRITIVO

11.1.1. O relatório descritivo serve como orientador das figuras e deverá ser apresentado sempre que:

a) se tratar de variante configurativa;

b) for necessário nomear os desenhos (vista lateral, superior, inferior, perspectiva etc.);

c) houver a necessidade de explicar o objeto e o seu campo de aplicação de forma que a matéria seja imediatamente compreendida.

11.1.2 O relatório descritivo, se apresentado, deverá:

a) ser iniciado pelo título;

b) limitar-se a descrever suscintamente as características plásticas do objeto, definidas através de sua configuração externa;

c) no caso de variantes configurativas, definir claramente tratar-se de variantes do objeto do pedido, mencionando sua (s) característica (s) preponderante (s) e indicando a (s) figura (s) correspondente (s);

d) fazer remissão aos desenhos ou fotografias de forma clara, precisa e concisa, mencionando, quando for o caso, os números indicativos;

e) definir, destacadamente, o campo de aplicação.

11.1.3 O relatório descritivo não deverá conter trechos explicativos que mencionem tipo de material utilizado na fabricação do objeto, dimensões (altura, comprimento, largura etc.), detalhes construtivos, bem como detalhes internos, especificações técnicas e vantagens práticas.

11.2. REIVINDICAÇÃO

11.2.1. O quadro reivindicatório, se apresentado, deverá:

ser iniciado pelo título correspondente, seguido da expressão "por ser substancialmente conforme desenho/figura/fotografia (s) e suas variante (s), se for o caso, em anexo".

11.3. CAMPO DE APLICAÇÃO

11.3.1 Será obrigatório o preenchimento do campo de aplicação no requerimento do pedido de registro de Desenho Industrial quando o título do mesmo ou a descrição do relatório descritivo não for suficiente para permitir a identificação e a compreensão do objeto ou, no caso de padrões ornamentais, a identificação dos produtos ou linha de produtos em que os mesmos são aplicados.

11.3.2 A descrição do campo de aplicação deverá ser claramente definida, para permitir a identificação do objeto

Ex.: Objeto: Xícara

Campo de aplicação: Utensílio Doméstico

11.3.3 Tratando de padrões ornamentais/gráficos compostos por conjuntos de linhas e cores, aplicados a produtos variados, o campo de aplicação deverá especificar em quais produtos, ou linhas de produtos, tais padrões deverão ser aplicados.

11.4 DESENHOS OU FOTOGRAFIAS

11.4.1. Os desenhos ou fotografias deverão:

a) ter as folhas numeradas consecutivamente, com algarismos arábicos, no centro da margem superior, preferencialmente indicando o número da folha e o número total de folhas separados por uma barra oblíqua (por exemplo: 1/3, 2/3 e 3/3);

b) conter perspectiva sempre que se tratar de objeto tridimensional e vistas frontal, lateral, superior e inferior, para perfeita visualização do objeto;

c) ser executados com clareza e em escala que possibilite redução com definição de detalhes, podendo conter, em uma só folha, diversas figuras, cada uma nitidamente separada da outra e numerada consecutivamente;

d) ter as ilustrações numeradas consecutivamente com um algarismo arábico. Caso haja mais de uma vista de um mesmo objeto, estas deverão ser identificadas por acréscimo de um número decimal ao número do referido objeto, de acordo com o número de vistas.

Por exemplo em conjunto de chá: bule (fig. 1.1 a 1.5), xícara (fig. 2.1 a 2.4), pires (fig. 3) e prato (fig.. 4.1 e 4.2);

e) conter a mesma referência numérica do relatório descritivo, quando for o caso;

f) no caso de desenhos ou de fotografias em preto e branco, conter indicação correspondente às áreas coloridas;

g) no caso de fotografias ou desenhos coloridos, apresentar as cópias necessárias, em cores.

11.4.2. A resolução gráfica mínima exigida na reprodução de imagens através de impressão, tanto para desenhos produzidos através de softwares gráficos, quanto para fotos capturadas através de scanners será de, pelo menos, 300 (trezentos) dpi.

11.4.3. No caso de fotografias, essas deverão manter-se nítidas pelo período de vigência do registro. Deverão ser apresentadas novas cópias quando da prorrogação do registro.

11.4.4. Os desenhos executados à mão livre terão que apresentar traços regulares, uniformes e contínuos, com alta nitidez e definição.

11.4.5. O padrão de apresentação dos desenhos de objetos tridimensionais deverá sempre compreender as ilustrações desses objetos e de suas variações configurativas, se for o caso, através de vista frontal, vista lateral, vista superior, vista inferior e vista em perspectiva.

11.4.6. Os desenhos ou fotografias deverão ilustrar somente o objeto em sua forma montada revelando apenas sua configuração externa, sem destacar detalhes e partes, separadamente.

11.4.7. Não serão consideradas, para efeito de proteção em Desenho Industrial, ilustrações relacionadas a detalhes internos que não apresentem características meramente ornamentais.

11.4.8. Serão aceitas figuras em corte ilustrando somente o perfil do objeto, quando houver a necessidade de se revelar uma característica configurativa não visível na perspectiva.

11.4.9. Os números e letras nos desenhos ou fotografias deverão ter a altura mínima de 0,32 cm.

11.4.10. Os desenhos ou fotografias não poderão ser emoldurados ou delimitados por linhas, ficando dispostos no papel, com as seguintes margens mínimas: superior 2,5 cm
esquerda 2,5 cm
direita 1,5 cm
inferior 1 cm

11.4.11. Os desenhos ou fotografias deverão ilustrar/mostrar somente o objeto solicitado sem incluir outros elementos.

Ex.: Objeto solicitado: Estante.

Deverão ser apresentadas perspectivas e vistas da estante, sem ocupação dos espaços com outros objetos, tais como,: televisão, bibelôs, livros, etc.

11.4.12. Os desenhos ou fotografias deverão ilustrar o objeto em fundo absolutamente neutro, sem revelar qualquer padrão ou textura

11.4.13. Os desenhos ou fotografias não poderão conter: textos, logotipos, timbres, rubricas, símbolos, marcas ou outras expressões exceto "fig. 1", "fig.2", etc.

11.5 OUTRAS ESPECIFICAÇÕES

11.5.1. O título deverá ser:

a) o mesmo na petição de depósito, no relatório descritivo e na (s) reivindicação (s);

b) conciso, claro e preciso, sem expressões ou palavras irrelevantes ou desnecessárias (tais como "novo", "melhor", "original", e outras semelhantes);

c) para os desenhos industriais tridimensionais, da seguinte forma: "Configuração aplicada a/em ...". (Ex.: Configuração aplicada a prato);

d) para os desenhos industriais bidimensionais, da seguinte forma: "Padrão ornamental aplicado a/em ..." (Ex.: Padrão ornamental aplicado a prato);

e) para conjunto ou similar, da seguinte forma: "Configuração aplicada a/aparelho/conjunto ..." (Exs.: Configuração aplicada a faqueiro; Configuração aplicada a aparelho de jantar; Configuração aplicada a conjunto de estofado).

11.5.2. O Relatório Descritivo e Reivindicações deverão ser datilografados ou impressos, com espaço duplo, em tinta preta indelével, isentos de emendas, rasuras ou entrelinhas, timbres, logotipos, letreiros, sinais, símbolos, marcas ou indicações de qualquer natureza.

11.5.3. Todos os documentos básicos do pedido, a saber: relatório descritivo, as reivindicações e os desenhos devem ser apresentados de maneira que possibilite sua reprodução.

As folhas relativas ao relatório descritivo e as reivindicações, deverão:

a) conter o texto dentro das seguintes margens:
Tolerância
Superior 3 cm De 2 a 4 cm
Esquerda 3 cm De 2,5 a 4 cm
Direita 2,5 cm De 2 a 3 cm
Inferior 2,5 cm De 2 a 3 cm

b) ter as folhas numeradas consecutivamente, com algarismos arábicos, no centro da margem superior, preferencialmente indicando o número da folha e o número total de folhas referentes ao relatório descritivo e reivindicações, separado por uma barra oblíqua (por exemplo: 1/5, 2/5, 3/5, 4/5 e 5/5);

c) ter, na margem esquerda junto ao texto, as linhas numeradas, a partir da quinta, de cinco em cinco (5,10,15, etc.), numeração essa que deve ser reiniciada a cada folha.

11.5.4 No caso de se tratar de conjunto, os objetos dele componentes (20 objetos, no máximo) deverão se destinar a um mesmo propósito guardando entre si as mesmas características distintivas preponderantes, tais como, baixela, faqueiro, jogo de copos etc.

11.5.5 No caso de se tratar de conjunto ornamental de linhas e cores que possa ser aplicado a um produto, serão aceitas 20 variantes, no máximo, de conjuntos de linhas e cores que guardem entre si a mesma característica distintiva preponderante.

11.5.6 Padrões gráficos e ornamentais aplicados a objetos tridimensionais:

O objeto tridimensional no qual será aplicado o padrão ornamental/gráfico deverá ser apresentado em linhas tracejadas e o padrão a ser protegido deverá ser ilustrado com traços regulares e contínuos. A forma ilustrada por linhas tracejadas não será objeto de proteção.

11.5.7 O pedido de fotocópia deverá ser efetuado através do formulário Modelo 1.05.

12. PUBLICAÇÃO

12.1. Os pedidos de Registro de Desenhos Industriais serão publicados quando da sua decisão final, seja ela de concessão, indeferimento ou arquivamento definitivo.

12.2. Os pedidos que contiverem desenhos ou fotografias em cores serão publicados em cores, devendo o depositante recolher a retribuição correspondente.

13. PRORROGAÇÃO

13.1. O pedido de prorrogação, previsto no art. 108 da LPI, deverá ser formulado durante o último ano da vigência do registro, instruído com o comprovante do pagamento da respectiva retribuição, podendo ainda ser efetuado nos 180 (cento e oitenta) dias subseqüentes a este prazo, independentemente de notificação e mediante o pagamento de retribuição adicional específica.

14. DISPOSIÇÕES FINAIS

14.1. Para efeito do cálculo do pagamento dos qüinqüênios dos registros concedidos oriundos dos pedidos em andamento de Modelos e Desenhos Industriais depositados na vigência da Lei Nº 5.772/71, poderão ser aproveitados todos os pagamentos efetuados referentes a serviços ainda não realizados, bem como às anuidades já recolhidas, na forma do artigo 236, parágrafo único, da Lei 9279/96

14.1.1. O requerente deverá efetuar o pagamento indicando os valores de cada retribuição já recolhida e o crédito a que faz jus.

14.1.2. Os qüinqüênios e prorrogações vencidos antes da concessão deverão ser pagos dentro do prazo de 60 (sessenta) dias da concessão do registro, sob pena de extinção.

14.2. Os pedidos de patente de modelo industrial e de desenho industrial depositados na vigência da Lei Nº 5772/71, e ainda pendentes, serão automaticamente denominados pedidos de registro desenho industrial e renumerados na forma do item 15.4.

14.3. Aplicar-se-á aos Registros de Desenho Industrial a Classificação Internacional de Locarno

14.4. RENUMERAÇÃO

Os pedidos de patente de modelo industrial e de desenho industrial depositados na vigência da Lei Nº 5772/71 e ainda pendentes serão renumerados na forma a seguir:

14.4.1. Modelos Industriais

Qualificador alfabético — será alterado de MI para DI

Qualificador numérico — Inalterado

Quantificador — Inalterado

Dígito verificador — Inalterado

Desenhos Industriais
Qualificador alfabético — Inalterado
Qualificador numérico — será alterado somando-se 2 ao primeiro algarismo da esquerda para a direita, correspondente à década do depósito
Quantificador — será alterado e substituído pelo número imediatamente seguinte ao último número dado aos modelos industriais do ano correspondente ao depósito.
Dígito verificador — Inalterado

14.5. Aos pedidos de Modelos Industriais e Desenhos Industriais depositados na vigência da Lei 5772/71, cuja forma seja determinada essencialmente por considerações técnicas ou funcionais será dada a oportunidade ao interessado de se manifestar, no prazo de 60 (sessenta) dias, para requerer a alteração de natureza para patente de invenção ou de modelo de utilidade. A não manifestação ou a manifestação inconsistente acarretará o indeferimento do pedido com base no § 4º do art.106 da LPI.

15. Aplicam-se, no que couber, as disposições do AN 127 referente a patentes.

16. Este Ato Normativo entra em vigor na data de sua publicação na Revista da Propriedade Industrial — RPI, revogados os Atos Normativos 013/75, 077/85, 078/85 e 129/97 e quaisquer outras eventuais disposições em contrário.

José Graça Aranha
Presidente

RESOLUÇÃO Nº 051

MINISTÉRIO DA INDÚSTRIA, DO COMÉRCIO E DO TURISMO
INSTITUTO NACIONAL DA PROPRIEDADE INDUSTRIAL
PRESIDÊNCIA
23/04/97

ASSUNTO: **Institui diretrizes provisórias de análise de marcas.**
O PRESIDENTE DO INPI, no uso de suas atribuições, e
CONSIDERANDO a necessidade de adequar as instruções vigentes na área de marcas às novas disposições legais constantes da Lei n º 9.279/96;
CONSIDERANDO a necessidade de assegurar aos usuários do sistema marcário e aos examinadores de seus pleitos, estabilidade quanto às orientações administrativas concernentes à interpretação das normas e dos princípios informadores do Direito de Propriedade Industrial Marcário; e
CONSIDERANDO, finalmente, a obrigação de toda Administração Pública em tornar transparente os seus atos decisórios,
RESOLVE:
1. Instituir diretrizes provisórias de análise de marcas, revistas para efeitos de sua adequação à Lei nº 9279, de 14 de maio de 1996, e que deverão ser observadas, pela DIRMA e pelo GET, nos pedidos marcários.
2. Determinar sejam essas diretrizes revistas dentro do prazo de 3 (três) meses, para sua adequação integral à LPI.
3. A presente resolução entrará em vigor em 15 de maio de 1997.
AMÉRICO PUPPIN
Presidente

RESOLUÇÃO Nº 052/97

MINISTÉRIO DA INDÚSTRIA, DO COMÉRCIO E DO TURISMO
INSTITUTO NACIONAL DA PROPRIEDADE INDUSTRIAL
PRESIDÊNCIA 12.05.1997

Assunto: Dispõe sobre a redução de valores de retribuições de serviços prestados pelo INPI, nos casos que especifica.

O PRESIDENTE DO INSTITUTO NACIONAL DA PROPRIEDADE INDUSTRIAL, no uso da competência que lhe foi conferida pelo artigo 2º da Portaria MICT nº 94, de 09 de maio de 1997,

CONSIDERANDO a necessidade de fomentar o desenvolvimento científico e tecnológico nacional, incentivando, no âmbito da atuação do INPI, a transferência de tecnologia;

CONSIDERANDO o interesse nacional de fortalecer o Sistema de Propriedade Intelectual através do incremento da devida proteção das inovações tecnológicas nacionais, das marcas de indústria e de comércio e dos programas de computador, inclusive para as pessoas e entidades com menores recursos econômicos.

RESOLVE:

Art. 1º — As retribuições pelos serviços prestados pelo INPI, abaixo especificados, devidas por pessoas naturais; microempresas, assim definidas em lei; instituições de ensino e pesquisa; sociedades ou associações com intuito não econômico, bem como por órgãos públicos, quando se referirem a atos próprios dos depositantes ou titulares, serão reduzidas em:"

a) 50% (cinqüenta por cento) para os serviços específicos prestados pelas Diretorias de Marcas e de Transferência de Tecnologia;

b) 60% (sessenta por cento) para os serviços específicos prestados pela Diretoria de Patentes;

Art. 2º — Para os fins de que trata o artigo 1º, consideram-se atos dos depositantes ou titulares;

a) na Diretoria de Marcas: pedido de registro; cumprimento de exigência; primeiro decênio; recurso; manifestação sobre recurso e prova de uso;

b) na Diretoria de Patentes: depósito de pedido; pedido de exame, exceto nos casos de Desenho Industrial; cumprimento de exigência; desarquivamento; expedição de Carta-Patente ou de Certificado de Adição; recurso; manifestação sobre recurso; restauração; anuidades; pedido de registro de Desenho Industrial; 2° qüinqüênio de Desenho Industrial;

c) na Diretoria de Transferência de Tecnologia: todos os previstos no item "IV" da Tabela de Retribuições;

Art. 3° — As retribuições pelos serviços do Centro de Documentação e Informação Tecnológica, quando devidas por usuários que se enquadrem nos mesmos casos especificados no Art. 1°, desde que estritamente destinados ao uso próprio do interessado, excluídos, assim, os casos de serviços para repasse a terceiros, serão reduzidos em 50% (cinqüenta por cento) nos casos abaixo especificados;

a) retribuição preliminar de bisca isolada; por homen-hora de busca e retribuição preliminar de busca "on-line";

b) levantamento de dados de patentes em CD-ROM ou em bibliografia de literatura não patenteada, por objeto de pesquisa.

Art. 4° — A transferência de titularidade de pedido de patentes ou de patente; de pedido de registro ou registro de Desenho Industrial; de pedido, ou registro, de marca ou programa de computador, assim como da parte receptora ou licenciada em contrato averbado, para terceiros não beneficiados pelo estabelecido nesta Resolução, ficará condicionada ao prévio recolhimento de idêntico percentual de redução obtido, calculado sobre o valor da retribuição do(s) item(s) respectivo(s) à data do pedido de transferência.

Art. 5° — Ficam revogadas as Resoluções n° 33, 14 de maio de 1992, e n° 34, de 19 de junho de 1992.

Art. 6° — Esta resolução entra em vigor nesta data.

AMÉRICO PUPPIN
Presidente

RESOLUÇÃO INPI Nº 58, DE 14 DE JULHO DE 1998

Assunto: Estabelece normas e procedimentos relativos ao registro de programas de computador

O PRESIDENTE DO INPI, no uso de suas atribuições, RESOLVE estabelecer normas e procedimentos relativos ao registro de programas de computador, na forma da Lei nº 9.609, de 19 de fevereiro de 1998, do Decreto nº 2.556, de 20 de abril de 1998 e da Resolução nº 057, de 06 de julho de 1988, do Conselho Nacional de Direito Autoral — CNDA, na forma abaixo:

DAS DISPOSIÇÕES GERAIS:

Art. 1º

O registro de programa de computador poderá ser solicitado ao INPI, para segurança dos direitos autorais a ele relativos, imediatamente após sua data de criação.

§ 1º Para fins desta Resolução, considerar-se-á data de criação aquela em que o programa tornou-se capaz de atender plenamente as funções para as quais foi concebido.

§ 2º Na inexistência de informação comprovável, poderá o requerente indicar como data de criação a data do depósito do pedido de registro.

Art. 2º

A proteção às criações intelectuais de outras naturezas do direito de autor, constantes de um programa de computador, desde que constituam com este um único produto e assim seja utilizado, poderá ser objeto do registro disciplinado nesta Resolução, devendo, para isso, além de atender às disposições aqui estabelecidas quanto ao registro do programa "em si", serem apresentados documentos que caracterizem as obras das demais naturezas, obedecendo as prescrições específicas definidas pelos respectivos órgãos registrais.

Art. 3º

Os programas de computador poderão ser registrados coletivamente desde que constituam um conjunto técnico e comercialmente indivisível, destinado a aplicação específica, recebendo neste caso um único número de registro.

DO PEDIDO DE REGISTRO:

Art. 4º

O pedido de registro, dirigido ao INPI mediante requerimento próprio, será constituído por: documentação formal e documentação técnica.

§ 1º A documentação formal consistirá de: I. o nome, pseudônimo ou sinal convencional que identifique o autor, ou autores, além dos respectivos endereços, data de nascimento e CPF; o nome, endereço e CPF, ou CGC, de quem deterá os direitos patrimoniais sobre o programa; a data de criação; o Título; a indicação das linguagens de programação utilizadas no desenvolvimento do programa; o comprovante de recolhimento da retribuição pelos serviços relativos ao registro; a descrição funcional do programa e procuração, se houver; II. quando o detentor dos direitos patrimoniais não for o autor, deverão ser apresentados documentos probatórios da transferência desses direitos, que podem ser: contrato de trabalho ou de prestação de serviços ou termo de cessão; III. nos casos de derivações ou modificações tecnológicas, autorização do autor do programa original, que deve ser identificado pelo Título, e limite desta se houver; IV. nos casos dos programas de computador previstos no artigo 2º, a documentação referente a obras de outras naturezas constará da documentação formal; V. o Título do programa de computador não poderá ser descritivo e nem evocativo da função executada.

§ 2º A documentação técnica será composta pela listagem integral, ou parcial, do programa-fonte e, ainda, memorial descritivo; especificações funcionais internas; fluxogramas e outros dados capazes de identificar e caracterizar a originalidade do programa.

§ 3º A documentação técnica ficará sob guarda sigilosa, tornando-se, o INPI, seu fiel depositário, cabendo-lhe inteira responsabilidade no caso de quebra de sigilo que, comprovadamente, ocorra no âmbito da instituição.

§ 4º O sigilo sobre a documentação técnica só será levantado em atendimento a ordem judicial ou a requerimento do titular do registro.

§ 5º Tanto a documentação técnica quanto a documentação formal, que instruem os pedidos de registro, a partir do ato do depósito, passam a constituir o acervo de documentação do INPI.

Art. 5º
O termo de cessão de direitos patrimoniais sobre programas de computador, apresentado no ato do pedido de registro, ou posteriormente a este através pertinente petição, deverá conter, além das qualificações completas de cedente e cessionário, a definição dos direitos objeto da cessão e suas condições de exercício quanto ao tempo, lugar e às condições de remuneração. Parágrafo único. Para segurança do cedente e do cessionário, a cessão de direitos patrimoniais sobre programas de computador poderá ser averbada à margem do registro a que se refere a presente Resolução.

Art. 6º
Qualquer co-autor poderá apresentar o pedido de registro de programa de computador, pessoalmente ou representado por procurador investido de poderes especiais, devendo, neste caso, a procuração integrar a documentação formal de que trata o § 1º do artigo 4º.

Art. 7º
O requerente domiciliado no exterior deverá constituir procurador domiciliado no Brasil, com poderes para representá-lo e receber notificações adminis-

trativas e citações judiciais, desde a data de entrada do pedido de registro, durante o período de vigência do mesmo.

§ 1º É dispensada a autenticação consular em documento estrangeiro, respondendo o depositante pela regularidade do mesmo.

§ 2º A qualquer tempo, poderá o INPI exigir a providência de que trata o parágrafo anterior, se julgada necessária a esclarecimentos, em casos específicos.

§ 3º Os documentos em língua estrangeira deverão ser acompanhados das respectivas traduções, feitas por tradutor juramentado.

Art. 8º

Fica instituído por esta Resolução o "Manual do Usuário para Registro de Software", que definirá os formulários próprios para a apresentação dos pedidos de registro e petições, contendo ainda instruções pormenorizadas de como preenchê-los e apresentar tais requerimentos, bem como toda a legislação e normatização nacional aplicáveis à matéria.

Art. 9º Obedecidas as instruções constantes desta Resolução e do "Manual do Usuário", o pedido de registro de programa de computador poderá ser entregue diretamente na Sede do INPI ou em suas Delegacias ou Representações estaduais ou remetido pela via postal.

§ 1º Caso entregue nas Delegacias ou Representações, será emitido um protocolo provisório até que seja fornecido o número de registro pela unidade responsável pela prestação dos serviços.

§ 2º Se for utilizada via postal, isto deverá ser feito através de um tipo de serviço que forneça um protocolo de entrega da documentação e que garanta a sua inviolabilidade.

DO REGISTRO:

Art. 10

O programa de computador é considerado registrado assim que for expedido o Certificado de Registro.

Art. 11

No caso de eventuais incorreções observadas quando do exame da registrabilidade do pedido de registro, serão formuladas as exigências necessárias ao saneamento da instrução do pedido.

§ 1º O exame da registrabilidade, restringir-se-á a garantir que estejam estritamente observados os aspectos relacionados com a documentação formal, tal como previsto no § 1º do artigo 4º.

§ 2º O prazo para o cumprimento das exigências eventualmente formuladas será de 60 (sessenta) dias, contados a partir do recebimento da respectiva notificação.

§ 3º As exigências não cumpridas, ou contestadas, no prazo acima previsto serão objeto de reiteração por até duas vezes, de modo a satisfazer as condições legais estipuladas, implicando a cobrança de acréscimos nas respectivas retribuições.

§ 4º Após a segunda reiteração da exigência, a não manifestação do titular será considerada como renúncia do registro, nos termos do § único do artigo 12.

Art. 12
Apresentado o pedido de registro, os documentos que o instituíram não serão objeto de devolução, a não ser nos casos em que, enviados por via postal, cheguem ao INPI com sinais de violação do conteúdo. Parágrafo único. A apresentação de requerimento de renúncia do registro apenas implicará a cessação, a partir daí, de qualquer ônus para o requerente decorrente de providências administrativas posteriores, não cabendo entretanto a devolução de quaisquer dos documentos ou emolumentos necessários à instrução do processo.

Art. 13
Após o exame da registrabilidade será publicada a decisão sobre o pedido de registro na Revista da propriedade Industrial, Seção I, cabendo, a partir daí, recurso, no prazo de 60 (sessenta) dias, devendo ser dirigido ao Presidente do INPI.

§ 1º Interposto recurso contra o deferimento, este só será conhecido se as alegações versarem estritamente sobre aspectos envolvendo a documentação formal, cabendo então ao INPI dar ciência do teor das alegações apresentadas ao Titular do registro, que terá um prazo de 30 (trinta) dias, contados da data de recebimento da notificação, para apresentar manifestação.

§ 2º A procedência do recurso implicará publicação da reforma da decisão anterior.

§ 3º Se, da decisão proferida quanto à interposição de recurso, restar comprovada a titularidade de direitos para o recorrente, para que o registro seja atribuído a este, será necessária a apresentação de novo depósito, seguindo todas as disposições estabelecidas nesta Resolução.

Art. 14
Decorrido o prazo de apresentação de recursos, os pedidos deferidos serão objeto da expedição do competente Certificado de Registro, onde constarão: o número do registro; o nome do autor, o nome ou razão social do titular dos direitos patrimoniais; os períodos de vigência dos direitos e de guarda sigilosa da documentação técnica e outras informações consideradas pertinentes pelo INPI. Parágrafo Único. No caso dos registros definidos no artigo 2º, a duração dos direitos relativos às obras das demais naturezas do Direito do Autor, será devidamente apostilada no Certificado de Registro, obedecendo às prescrições da legislação específica.

DAS COMUNICAÇÕES:
Art. 15
Todas as comunicações, incluindo a remessa do Certificado de Registro, far-se-ão por carta registrada dirigida ao requerente, ou a seu representante legal, com Aviso de Recebimento, sendo de sua exclusiva responsabilidade as decorrências do não recebimento das correspondências, em consequência de mudança de endereço que não tenha sido comunicada ao INPI pela via própria.

Art. 16
A comunicação a terceiros, dos atos e despachos relativos ao registro de programas de computador, será feita através de publicações específicas na Revista da Propriedade Industrial, Seção I. DO SIGILO:

Art. 17

Para garantir o sigilo da documentação técnica que instrua os registros, o INPI adotará invólucro especial para a embalagem e remessa da mesma, conjuntamente com a documentação formal, o qual inclusive deverá permitir a remessa via postal dos aludidos documentos.

§ 1º Da documentação técnica, deverão ser entregues duas vias de igual teor, sendo que a primeira via ficará sob guarda sigilosa no INPI, em arquivo de segurança.

§ 2º A segunda via da documentação técnica, que será devolvida ao requerente imediatamente após a entrega do pedido de registro, ficará sob a responsabilidade do titular do registro, deverá ser guardada também inviolada, de modo a permitir, em caso de ocorrência de sinistro, a recomposição do arquivo do Instituto.

§ 3º O titular do registro poderá, em caso de extravio da via da documentação técnica, valer-se da prerrogativa de levantamento do sigilo garantida pela Lei nº 9.609, de 20 de fevereiro de 1998, para solicitar cópia da documentação em poder do INPI, a qual, atendida a solicitação, se do interesse do interessado, voltará a ser arquivada sob guarda sigilosa.

§ 4º No caso de necessidade de recomposição do arquivo do INPI, conforme previsto no parágrafo anterior, a apresentação da cópia da documentação técnica sob a guarda do titular do registro com sinal de violação ou sua inexistência, implicará o cancelamento do registro.

Art. 18

Quando do depósito do pedido de registro, a correspondente retribuição dará direito a 10 (dez) anos de guarda sigilosa para a documentação técnica.

§ 1º

A cada decênio decorrido da data de entrada do pedido de registro, o titular será devidamente notificado a fim de recolher, em um prazo 60 (sessenta) dias contados do recebimento da notificação, a retribuição relativa à prorrogação do prazo de sigilo.

§ 2º A petição requerendo a prorrogação do prazo de sigilo para a documentação técnica, deverá ser instruída, além do comprovante de recolhimento da devida retribuição, com o Certificado de Registro anteriormente expedido.

§ 3º A não manifestação do titular do registro, cientificado de acordo com o parágrafo anterior, pela não comprovação do recolhimento da retribuição relativa à continuidade do regime de guarda sigilosa para a documentação formal, eqüivalerá à solicitação de levantamento do sigilo.

Art. 19

O levantamento do sigilo, de que trata o § 4º do artigo 4º, implicará as seguintes providências por parte do INPI: I. no caso de requerimento do titular, a documentação técnica será aberta na presença deste e, atestada a não violação do conteúdo, integrar-se-á à documentação formal, junto ao processo de instrução do registro, ou, caso tal solicitação destine-se ao fornecimento de segunda via e for do interesse do titular, poderá retornar o regime sigiloso. II. no caso de ordem judicial, a documentação técnica será aberta na presença de oficial de justiça, que atestará a não violação do conteúdo, e será extraída cópia reprográfica para instrução do procedimento judicial, retornando os originais ao arquivo de segurança.

DAS RETRIBUIÇÕES:
Art. 20
As retribuições pelos serviços de registro de programas de computador, que terão seus valores determinados observando-se o critério de preço público, serão estabelecidas, em Tabela específica, por ato de exclusiva competência do Presidente do INPI.

Art. 21
A prestação de quaisquer serviços decorrentes das disposições desta Resolução, caso não haja a devida comprovação do recolhimento das correspondentes retribuições, mesmo que o registro venha a ser objeto de desistência ou renúncia, acarretará a inscrição em dívida ativa.

DAS DISPOSIÇÕES FINAIS:
Art. 22
O INPI poderá funcionar como árbitro em questões que envolvam direitos autorais sobre programas de computador. Parágrafo único. O INPI só exercerá a função prevista no "caput" deste artigo desde que a atinente solicitação seja formulada, pela via própria, e inexista qualquer procedimento judicial correspondente.

Art. 23
O INPI poderá solicitar o pronunciamento de outros órgãos do Poder Executivo, especialmente do Ministério responsável pela política de informática, para instruir os procedimentos previstos nos artigos 13 e 20 desta Resolução.

Art. 24 A manifestação do INPI quanto às matérias tratadas na presente Resolução dar-se-á no prazo máximo de 90 (noventa) dias, contados da data de protocolo do respectivo requerimento.

§ 1º As manifestações com respeito a requerimentos devidamente protocolados, deverão ser convenientemente fundamentadas e o decurso de prazo, no caso de pedido de registro, entender-se-á como o deferimento do mesmo.

§ 2º Durante os prazos concedidos para o cumprimento de exigências, interposição de recursos ou para uma eventual manifestação de outro órgão do Poder Executivo, ficará suspensa a contagem do prazo previsto no "caput" deste artigo.

Art. 25
Os pedidos de registro solicitados antes da entrada em vigor desta Resolução, mas ainda em processamento, mesmo que depositados antes da vigência da Lei nº 9.609, de 19 de fevereiro de 1998, já terão seus Certificados de Registro emitidos com o prazo de vigência de direitos de cinqüenta anos, contados de 01 de janeiro do ano seguinte ao da data de criação do programa.

§ 1º Nos casos previstos neste artigo, será considerada como data de criação a data de conclusão do programa ou, na falta desta, a data de lançamento.

§ 2º Para as eventuais correções dos valores das retribuições pelos serviços, nos casos dos pedidos de registro em andamento, serão formuladas exigências.

§ 3º No caso de formulação de exigências nos pedidos tratados no "caput" deste artigo, desde que estas estejam restritas à atualização dos valores de retribuição àqueles constantes da Tabela anexa a esta Resolução, será dispensado o recolhimento do valor referente ao cumprimento de exigência.

Art. 26

Os registros já concedidos, também serão objeto de atualização dos prazos de validade dos direitos, consoante o estabelecimento pela Lei nº 9.609, de 19 de fevereiro de 1998.

§ 1º A atualização dos registros já concedidos será operacionalizada, pela ordem cronológica e anual dos mesmos, a começar pelo ano de 1998, através de convocação individual, por carta registrada, com aviso de recebimento.

§ 2º As necessárias harmonizações dos anteriores prazos de sigilo, qüinqüenais, aos períodos decenais estabelecidos nesta Resolução, serão realizadas consentaneamente à atualização dos prazos de vigência dos direitos, sendo que os respectivos valores para as retribuições serão calculados pelo critério "pro rata tempore".

Art. 27

Esta resolução entrará em vigor na data de sua publicação.

Art. 28

Ficam revogadas as disposições em contrário, especialmente o Ato Normativo nº 95, de 05 de dezembro de 1988 e o Ato Normativo nº 122, de 29 de dezembro de 1993.

JORGE MACHADO
Presidente do INPI

RESOLUÇÃO INPI nº 75

Assunto: Estabelece as condições para o registro das indicações geográficas.
O PRESIDENTE DO INPI, no uso das atribuições que lhe são conferidas pelo art. 75, inciso III, do Regimento Interno, e tendo em vista o disposto no parágrafo único do art. 182 da Lei nº 9.279, de 14 de maio de 1996,
CONSIDERANDO a crescente importância das indicações geográficas para a economia; e
CONSIDERANDO a necessidade de conferir a adequada proteção às indicações geográficas no Brasil,
RESOLVE:
Art. 1º Estabelecer as condições para o registro das indicações geográficas no INPI.
Parágrafo único. O registro referido no "caput" é de natureza declaratória e implica no reconhecimento das indicações geográficas.
Art. 2º Para os fins desta Resolução, constitui indicação geográfica a indicação de procedência e a denominação de origem.
§ 1º Considera-se indicação de procedência o nome geográfico de país, cidade, região ou localidade de seu território, que se tenha tornado conhecido como centro de extração, produção ou fabricação de determinado produto ou de prestação de determinado serviço.
§ 2º Considera-se denominação de origem o nome geográfico de país, cidade, região ou localidade de seu território, que designe produto ou serviço cujas qualidades ou características se devam exclusiva ou essencialmente ao meio geográfico, incluídos fatores naturais e humanos.
Art. 3º As disposições desta Resolução aplicam-se, ainda, à representação gráfica ou figurativa da indicação geográfica, bem como à representação geográfica de país, cidade, região ou localidade de seu território cujo nome seja indicação geográfica.
I — DOS NOMES GEOGRÁFICOS NÃO SUSCETÍVEIS DE REGISTRO
Art. 4º Não são suscetíveis de registro os nomes geográficos que se houverem tornado de uso comum, designando produto ou serviço.
II — DOS REQUERENTES DO REGISTRO
Art. 5º Podem requerer registro de indicações geográficas, na qualidade de substitutos processuais, as associações, os institutos e as pessoas jurídicas repre-

sentativas da coletividade legitimada ao uso exclusivo do nome geográfico e estabelecidas no respectivo território.

§ 1º Na hipótese de um único produtor ou prestador de serviço estar legitimado ao uso exclusivo do nome geográfico, estará o mesmo, pessoa física ou jurídica, autorizado a requerer o registro da indicação geográfica em nome próprio.

§ 2º Em se tratando de nome geográfico estrangeiro já reconhecido como indicação geográfica no seu país de origem ou por entidades/organismos internacionais competentes, o registro deverá ser requerido pelo titular do direito sobre a indicação geográfica.

III — DO PEDIDO DE REGISTRO

Art. 6º O pedido de registro de indicação geográfica deverá referir-se a um único nome geográfico e, nas condições estabelecidas em ato próprio do INPI, conterá:

I — requerimento, no qual conste:
a) o nome geográfico;
b) a descrição do produto ou serviço; e
c) as características do produto ou serviço;

II — instrumento hábil a comprovar a legitimidade do requerente, na forma do art. 5º;

III — regulamento de uso do nome geográfico;

IV — instrumento oficial que delimita a área geográfica;

V — etiquetas, quando se tratar de representação gráfica ou figurativa da denominação geográfica ou de representação geográfica de país, cidade, região ou localidade do território;

VI — procuração, se for o caso, observado o disposto nos arts. 13 e 14; e

VII — comprovante do pagamento da retribuição correspondente.

Parágrafo único. O requerimento e qualquer outro documento que o instrua deverão ser apresentados em língua portuguesa e, quando houver documento em língua estrangeira, deverá ser apresentada sua tradução simples juntamente com o requerimento, observado o disposto no art. 8º.

Art. 7º O instrumento oficial a que se refere o inciso IV do artigo anterior é expedido pelo órgão competente de cada Estado, sendo competentes, no Brasil, no âmbito específico de suas competências, a União Federal, representada pelos Ministérios afins ao produto ou serviço distinguido com o nome geográfico, e os Estados, representados pelas Secretarias afins ao produto ou serviço distinguido com o nome geográfico.

§ 1º Em se tratando de pedido de registro de indicação de procedência, o instrumento oficial a que se refere o caput, além da delimitação da área geográfica, deverá, ainda, conter:

a) elementos que comprovem ter o nome geográfico se tornado conhecido como centro de extração, produção ou fabricação do produto ou de prestação do serviço;

b) elementos que comprovem a existência de uma estrutura de controle sobre os produtores ou prestadores de serviços que tenham o direito ao uso exclusivo da indicação de procedência, bem como sobre o produto ou a prestação do serviço distinguido com a indicação de procedência; e

c) elementos que comprovem estar os produtores ou prestadores de serviços estabelecidos na área geográfica demarcada e exercendo, efetivamente, as atividades de produção ou de prestação do serviço;

§ 2º Em se tratando de pedido de registro de denominação de origem, o instrumento oficial a que se refere o caput, além da delimitação da área geográfica, deverá, ainda, conter:

a) descrição das qualidades e características do produto ou do serviço que se devam, exclusiva ou essencialmente, ao meio geográfico, incluindo os fatores naturais e humanos;

b) descrição do processo ou método de obtenção do produto ou do serviço, que devem ser locais, leais e constantes;

c) elementos que comprovem a existência de uma estrutura de controle sobre os produtores ou prestadores de serviços que tenham o direito ao uso exclusivo da denominação de origem, bem como sobre o produto ou a prestação do serviço distinguido com a denominação de origem; e

d) elementos que comprovem estar os produtores ou prestadores de serviços estabelecidos na área geográfica demarcada e exercendo, efetivamente, as atividades de produção ou de prestação do serviço.

Art. 8º No caso de pedido de registro de nome geográfico já reconhecido como indicação geográfica no seu país de origem ou por entidades/organismos internacionais competentes, fica dispensada a apresentação dos documentos de que tratam os arts. 6º e 7º apenas relativamente aos dados que constem do documento oficial que reconheceu a indicação geográfica, o qual deverá ser apresentado em cópia oficial, acompanhado de tradução juramentada.

IV — DA APRESENTAÇÃO E DO EXAME DO PEDIDO DE REGISTRO

Art. 9º Apresentado o pedido de registro de indicação geográfica, será o mesmo protocolizado e submetido a exame formal, durante o qual poderão ser formuladas exigências para sua regularização, que deverão ser cumpridas no prazo de 60 (sessenta) dias, sob pena de arquivamento definitivo do pedido de registro.

Art. 10 Concluído o exame formal do pedido de registro será o mesmo publicado, para apresentação de manifestação de terceiros no prazo de 60 (sessenta) dias. Parágrafo único. Da data da publicação da manifestação de terceiros passará a fluir o prazo de 60 (sessenta) dias para contestação do requerente.

Art. 11 Decorrido o prazo fixado no art. 10 sem que tenha sido apresentada manifestação de terceiros ou, se apresentada esta, findo o prazo para contestação do requerente, será proferida decisão reconhecendo ou negando reconhecimento à indicação geográfica.

Parágrafo único. A decisão que reconhecer a indicação geográfica encerra a instância administrativa.

V — DO PEDIDO DE RECONSIDERAÇÃO

Art. 12 Da decisão que negar reconhecimento à indicação geográfica cabe pedido de reconsideração no prazo de 60 (sessenta) dias.

§ 1º Para fins de complementação das razões oferecidas a título de pedido de reconsideração, poderão ser formuladas exigências, que deverão ser cumpridas no prazo de 60 (sessenta) dias.

§ 2º O pedido de reconsideração será decidido pelo Presidente do INPI, encerrando-se a instância administrativa.

VI — DAS DISPOSIÇÕES GERAIS

Art. 13 Os atos previstos nesta Resolução serão praticados pelas partes ou por seus procuradores, devidamente habilitados e qualificados.

§ 1º O instrumento de procuração, no original, traslado ou fotocópia autenticada, deverá ser apresentado em língua portuguesa, dispensados a legalização consular e o reconhecimento de firma.

§ 2º A procuração deverá ser apresentada em até 60 (sessenta) dias contados da prática do primeiro ato da parte no processo, independente de notificação ou exigência, sob pena de arquivamento definitivo do pedido de registro de indicação geográfica.

Art. 14 A pessoa domiciliada no exterior deverá constituir e manter procurador devidamente qualificado e domiciliado no País, com poderes para representá-la administrativa e judicialmente, inclusive para receber citações.

Art. 15 Os atos do INPI nos processos administrativos referentes ao registro de indicações geográficas só produzem efeitos a partir da sua publicação no respectivo órgão oficial, ressalvados:

II — as decisões administrativas, quando feita notificação por via postal ou por ciência dada ao interessado no processo; e

III — os pareceres e despachos internos que não necessitem ser do conhecimento das partes.

Art. 16 Não serão conhecidos a petição, a oposição e o pedido de reconsideração, quando:

I — apresentados fora do prazo previsto nesta Resolução;

II — não contiverem fundamentação legal; ou

III — desacompanhados do comprovante do pagamento da retribuição correspondente.

Art. 17 Os prazos estabelecidos nesta Resolução são contínuos, extinguindo-se automaticamente o direito de praticar o ato, após seu decurso, salvo se a parte provar que não o realizou por justa causa.

§ 1º Reputa-se justa causa o evento imprevisto, alheio à vontade da parte e que a impediu de praticar o ato.

§ 2º Reconhecida a justa causa, a parte praticará o ato no prazo que lhe for concedido pelo INPI.

Art. 18 No cômputo dos prazos, exclui-se o dia do começo e inclui-se o do vencimento.

Art. 19 Os prazos somente começam a correr a partir do primeiro dia útil após a publicação do ato no órgão oficial do INPI.

Art. 20 Não havendo expressa estipulação nesta Resolução, o prazo para a prática do ato será de 60 (sessenta) dias.

Art. 21 Para os serviços previstos nesta Resolução será cobrada retribuição, cujo valor e processo de recolhimento são estabelecidos por ato do titular do órgão da administração pública federal a que estiver vinculado o INPI.

VII — DISPOSIÇÕES FINAIS

Art. 22 Esta Resolução entra em vigor na data de sua publicação na Revista da Propriedade Industrial.

Art. 23 Esta Resolução revoga o Ato Normativo INPI n° 143, de 31/08/1998 e as demais disposições em contrário.

RESOLUÇÃO Nº 076/2000

MINISTÉRIO DO DESENVOLVIMENTO, INDÚSTRIA E COMÉRCIO
EXTERIOR
INSTITUTO NACIONAL DA PROPRIEDADE INDUSTRIAL
PRESIDÊNCIA
15/12/2000

Assunto: Dispõe sobre a adoção da Classificação Internacional de Desenhos Industriais e dá outras providências.

O PRESIDENTE DO INPI, no uso de suas atribuições legais,

CONSIDERANDO a necessidade de imprimir maior celeridade ao exame dos pedidos de registro de desenhos industriais, assim como de simplificar e modernizar os respectivos procedimentos do INPI, tornando-os mais eficientes,

CONSIDERANDO os mecanismos modernos, eficazes e atualizados, estabelecidos pela Classificação Internacional de Desenhos Industriais, enquanto instrumento de indexação e recuperação de informações,

CONSIDERANDO a necessidade de adequação da classificação de desenhos industriais adotada pelo INPI, com aquela praticada internacionalmente, em virtude do processo de globalização da economia, e

CONSIDERANDO, finalmente, a faculdade de o INPI adotar os termos desta Classificação Internacional, independentemente de o Brasil ter aderido ao respectivo tratado, a exemplo de inúmeras instituições congêneres de outros países membros da Convenção da União de Paris — CUP,

RESOLVE:
1. Adotar, a partir do dia 02 de janeiro de 2001, a Classificação Internacional de Desenhos Industriais, constante do Anexo I, desta Resolução.
2. Estabelecer que cada pedido de registro de desenho industrial deverá assinalar o símbolo de classificação que melhor represente a especificação do produtos identificado pela Classificação Internacional de Desenho Industrial.

MINISTÉRIO DO DESENVOLVIMENTO, INDÚSTRIA E COMÉRCIO
EXTERIOR INSTITUTO NACIONAL DA PROPRIEDADE INDUSTRIAL
NÚMERO 076/2000   DATA: 15/12/2000   2

3. A Diretoria de Patentes constituirá Comissão Permanente de Classificação, para acompanhar os trabalhos levados a efeito pelo Grupo de Trabalho e pelos Comitês de Peritos da Organização Mundial da Propriedade Intelectual — OMPI, devendo a Comissão de Classificação Internacional de Desenhos Industriais ser constituída de, no mínimo, 3 (três) servidores, todos integrantes do quadro permanente do INPI.

4. A composição, a organização e as incumbências da Comissão, serão objeto de normalização pela Diretoria de Patentes, no prazo máximo de 60 (sessenta) dias, contado da data de início da vigência da presente Resolução.

5. O INPI poderá proceder a revisões, quanto à adequação das terminologias técnicas na Classificação de que trata esta Resolução, sempre que houver a necessidade de adequá-la ao documento original.

6. Esta Resolução entrará em vigor no dia 02 de janeiro de 2001, revogado o Ato Normativo n.º 104/89 e quaisquer disposições em contrário.

José Graça Aranha
Presidente

RESOLUÇÃO Nº 077/2000

MINISTÉRIO DO DESENVOLVIMENTO, INDÚSTRIA E COMÉRCIO EXTERIOR
INSTITUTO NACIONAL DA PROPRIEDADE INDUSTRIAL
PRESIDÊNCIA
15/12/2000

Assunto: Dá nova redação ao item 2, da Resolução nº 076/2000.
O PRESIDENTE DO INSTITUTO NACIONAL DA PROPRIEDADE INDUSTRIAL, no uso de suas atribuições legais, e,
CONSIDERANDO a necessidade de um melhor entendimento do item 2, da Resolução nº 076/00,
RESOLVE:
1. Dar nova redação ao ítem 2, da resolução n. 076, de 15/12/2000, que passará a vigorar com o seguinte texto:
2. Estabelecer que, quando da publicação do pedido ou registro de desenho industrial, de que trata o art. 106, da lei 9.279/96, o INPI fará constar o símbolo de classificação que melhor represente a especificação do produto identificado pela classificação internacional de desenho industrial.
Esta Resolução entra em vigor nesta data, mantendo-se as demais disposições da Resolução nº 076, de 15/12/2000.
José Graça Aranha
Presidente

RESOLUÇÃO Nº 082/2001

MINISTÉRIO DO DESENVOLVIMENTO, INDÚSTRIA E COMÉRCIO EXTERIOR
INSTITUTO NACIONAL DA PROPRIEDADE INDUSTRIAL
PRESIDÊNCIA
22/11/2001

Assunto: Dispõe sobre as condições para a habilitação de instituições como centros depositários de material biológico para fins de procedimentos em matéria de patentes e dá outras providências.

O **PRESIDENTE DO INSTITUTO NACIONAL DA PROPRIEDADE INDUSTRIAL — INPI**, no uso da atribuição que lhe confere o art. 75, inciso III, do Regimento Interno, tendo em vista o disposto no art. 24, parágrafo único, da Lei nº 9.279, de 14 de maio de 1996, e CONSIDERANDO que a expansão da biotecnologia e os avanços tecnológicos conduziram ao crescimento de pedidos de patentes em relação a material biológico;

CONSIDERANDO que o material biológico sujeita-se ao mesmo prazo de sigilo do correspondente pedido de patente;

CONSIDERANDO que o INPI não dispõe de infra-estruturas física e logística adequadas para manipular material biológico; e

CONSIDERANDO a competência outorgada ao INPI no art. 24, parágrafo único, da Lei nº 9.279, de 1996, para autorizar instituições ao recebimento, armazenamento, guarda, preservação e salvaguarda da segurança de material biológico destinado a suplementar o relatório descritivo dos pedidos de patentes depositados no Brasil,

RESOLVE:

Art. 1º Estabelecer as condições para a habilitação de instituições como centros depositários de material biológico, para fins de procedimentos em matéria de patentes, na forma preceituada no art. 24, parágrafo único, da Lei nº 9.279, de 1996.

I — DAS DEFINIÇÕES

Art. 2º Para os fins desta Resolução, entende-se por:

I — material biológico — todo material que contenha informação genética, capaz de auto-reprodução ou de ser reproduzido em um sistema biológico, idêntica e ilimitadamente; e

II — centro depositário — instituição legalmente constituída no Brasil, dotada de instalações físicas e equipamentos adequados e quadro funcional capacitado tecnicamente e suficiente para o recebimento, armazenamento, guarda, preservação e salvaguarda da segurança do material biológico a ser depositado e da documentação a ele relativa, para os fins do art. 24, parágrafo único, da Lei n° 9.279, de 1996.

II — DAS CONDIÇÕES PRELIMINARES DE HABILITAÇÃO

Art. 3° Somente poderá habilitar-se a centro depositário a instituição regularmente cadastrada e habilitada parcialmente junto ao Sistema de Cadastramento Unificado de Fornecedores — SICAF, nos termos da Instrução Normativa n° 5, de 21 de julho de 1995, do extinto Ministério da Administração Federal e Reforma do Estado — MARE, alterada pela Instrução Normativa n° 7, de 16 de novembro de 1995, do MARE, e do Decreto n° 3.772, de 9 de janeiro de 2001, consoante previsto no § 6° do art. 3° da Instrução Normativa n° 1, de 15 de janeiro de 1997, da Secretaria do Tesouro Nacional do Ministério da Fazenda — STN/MF.

Parágrafo único. O cadastramento e a habilitação parcial no SICAF poderão ser realizados pela instituição em qualquer unidade de cadastramento dos órgãos e entidades da Presidência da República, dos Ministérios, das Autarquias e das Fundações que integram o Sistema de Serviços Gerais — SISG, localizados nas Unidades da Federação.

Art. 4° Não poderá habilitar-se a centro depositário a instituição que:

I — se encontre sob concurso de credores, em processo de extinção, dissolução, liquidação, fusão, cisão ou incorporação ou que tenha tido sua extinção, falência ou concordata declaradas;

II — esteja punida, por qualquer motivo, com suspensão do direito de licitar ou de contratar com o INPI ou que tenha sido declarada inidônea pela Administração Pública Federal, Direta ou Indireta, na forma da Lei n° 8.666/93, desde que o ato tenha sido publicado no Diário Oficial da União, pelo órgão que o praticou; e

III — se encontre em débito ou em situação de mora ou de inadimplência junto a qualquer órgão ou entidade da Administração Pública Federal, Direta ou Indireta.

II.1 — DA HABILITAÇÃO JURÍDICA

Art. 5° Para fins de comprovação da habilitação jurídica, a instituição deverá apresentar ao INPI os seguintes documentos:

I — ato constitutivo, contrato ou estatuto social em vigor, devidamente registrado no órgão competente;

a) em se tratando de sociedade por ações, a instituição deverá apresentar, ainda, os documentos de eleição de seus administradores; e

b) em se tratando de sociedade civil, associação ou fundação, a instituição deverá apresentar, ainda, prova da diretoria em exercício.

II — ato de registro ou de autorização para seu funcionamento no País, expedido pelo Poder Público competente, quando for o caso; e

III — ato de registro ou de autorização para manipulação do(s) material(is) biológico(s) a que se habilitar como centro depositário, expedido pelo Poder Público competente, quando for o caso.

Parágrafo único. Os documentos de que trata este artigo deverão ser apresentados em original, ou por cópia reprográfica, autenticada por cartório competente ou por servidor ou comissão de servidores do INPI formalmente designados pelo Presidente da Autarquia para o recebimento dos documentos, mediante a apresentação do respectivo original, ou, ainda, por publicação em órgão da Imprensa Oficial.

II.2 — DA REGULARIDADE FISCAL

Art. 6º Para fins de comprovação do cumprimento das suas obrigações fiscais e contribuições legais, a instituição deverá apresentar o INPI os seguintes documentos:

I — comprovação da sua inscrição no Cadastro Nacional de Pessoas Jurídicas (CNPJ/MF);

II — comprovação da sua regularidade perante o PIS/PASEP; e

III — declaração expressa do representante legal da instituição, sob as penas do art. 299 do Código Penal, de que não se encontra em mora e nem em débito junto a qualquer órgão ou entidade da Administração Pública Federal Direta e Indireta.

Parágrafo único. Quando a declaração de que trata o inciso III datar de mais de 30 (trinta) dias, a instituição deverá apresentar a sua ratificação.

Art. 7º A situação de regularidade fiscal da instituição, para os efeitos desta Resolução, será aferida, ainda, mediante:

I- a comprovação de que a instituição não está inscrita como inadimplente no Sistema Integrado de Administração Financeira do Governo Federal- SIAFI; e

II — a comprovação de que a instituição não está inscrita há mais de 30 (trinta) dias no Cadastro Informativo de Créditos Não Quitados — CADIN.

Parágrafo único. A comprovação das exigências contidas no artigo anterior será realizada pelo INPI, mediante consulta on-line ao SIAFI e ao CADIN, procedendo à juntada das declarações impressas demonstrativas da situação da instituição ao respectivo processo.

III — DAS CONDIÇÕES ESPECÍFICAS DE HABILITAÇÃO
III.1 — DA HABILITAÇÃO INSTITUCIONAL

Art. 8º A instituição deverá comprovar, por meios hábeis:

I — que mantém em atividade coleção de pesquisa e/ou de serviço de material biológico;

II — que está estruturada de forma a manter sua independência e imparcialidade, enquanto centro depositário, em relação à pessoas físicas ou jurídicas usuárias do sistema de patentes no campo técnico específico do(s) material(is) biológico(s) a que se habilitar como centro depositário;

III — sua autonomia e independência, enquanto centro depositário, em relação à pessoas jurídicas com as quais, eventualmente, mantenha ou venha a manter qualquer vínculo; e

IV — sua competência e capacitação técnico-científicas e administrativas para funcionar como centro depositário.

Art. 9º A instituição deverá apresentar ao INPI declaração, por escrito, quanto à(s) espécie(s) de coleção por ela mantida(s) em atividade e ao(s) tipo(s) de material biológico que está capacitada a receber, armazenar, guardar, preservar e salvaguardar a segurança, firmada pelo seu representante legal, na forma do seu ato constitutivo, estatuto ou contrato social em vigor e alterações posteriores, em conjunto com o responsável técnico da(s) coleção(ões) por ela mantida(s).

III.2 — DA HABILITAÇÃO TÉCNICA

Art. 10 Para fins de habilitação técnica, a instituição deverá atender às seguintes condições:

I — possuir instalações físicas e equipamentos disponíveis e adequados ao recebimento e ao armazenamento e guarda do material biológico e à preservá-lo puro, geneticamente inalterado e viável a longo prazo;

II — dispor de métodos adequados para o armazenamento e guarda do material biológico depositado e para preservá-lo puro, geneticamente inalterado e viável a longo prazo;

III — possuir instalações físicas e equipamentos disponíveis e adequados ao recebimento e ao armazenamento, guarda e preservação da documentação relativa ao material biológico e à gestão do centro depositário;

IV — dispor de métodos adequados para o armazenamento, guarda e preservação da documentação relativa ao material biológico depositado;

V — possuir instalações físicas e equipamentos disponíveis e adequados à execução das atribuições de cunho técnico e administrativo de um centro depositário;

VI — dispor de métodos adequados à execução das atribuições de cunho técnico e administrativo de um centro depositário;

VII — possuir, no seu quadro funcional, pessoa com qualificação e capacitação técnico-científica específicas para o exercício das atribuições de curador da coleção do material biológico a ser depositado para fins de procedimentos em matéria de patentes;

VIII — possuir, no seu quadro funcional, quantitativo de pessoal técnico e administrativo capacitado e suficiente para o exercício das atribuições de um centro depositário e para atender a demanda dos depósitos de material biológico para fins de procedimentos em matéria de patentes;

IX — estar capacitada a salvaguardar a segurança do material biológico e da documentação correspondente, tanto em matéria de instalações físicas e de equipamentos, quanto em termos de pessoal;

X — estar capacitada a garantir o necessário sigilo do material biológico depositado e da documentação correspondente, tanto em matéria de instalações físicas e de equipamentos, quanto em termos de pessoal;

XI — estar capacitada a fornecer treinamento a novos profissionais para o exercício das atribuições de cunho técnico e administrativo de um centro depositário;

XII — estar capacitada a fornecer ao depositante, no ato do depósito, Declaração de Recebimento e de Aceitação do material biológico para teste de viabilidade;

XIII — estar capacitada a testar a viabilidade do material biológico recebido, nas mesmas condições indicadas pelo depositante no ato do depósito, no prazo definido no Termo de Convênio de que trata o art. 24;

XIV — estar capacitada a emitir Declaração quanto à viabilidade do material biológico recebido imediatamente após a conclusão do teste de viabilidade e a disponibilizá-la ao depositante no prazo máximo de 5 (cinco) dias, contado da data da emissão da Declaração;

XV — estar capacitada a reproduzir e a renovar, sempre que necessário, para fins de estocagem, o material biológico recebido em subculturas, nas mesmas condições indicadas pelo depositante no ato do depósito, e a armazená-las, guardá-las e preservá-las, bem como a salvaguardar-lhes a segurança e a garantir-lhes o necessário sigilo;

XVI — estar capacitada a fornecer amostras do material biológico depositado ao INPI ou a terceiros, mediante prévia autorização do INPI, no prazo definido no Termo de Convênio de que trata o art. 24;

XVII — estar capacitada a notificar o depositante, por escrito, sobre o fornecimento, a terceiros, de amostras do material biológico por ele depositado, no prazo máximo de 5 (cinco) dias, contado da data do fornecimento, exceto quando as amostras se destinem ao INPI;

XVIII — dispor de medidas de segurança para minimizar o risco de perda do material biológico depositado e estocado; e

XIX — estar capacitada a executar as atribuições de um centro depositário com total eficiência, sigilo e segurança e com total imparcialidade e independência em relação aos depositantes do material biológico.

Parágrafo único. A instituição que se habilitar a centro depositário de material biológico transgênico deverá, ainda, apresentar ao INPI cópia da publicação, no Diário Oficial da União — DOU, do Certificado de Qualidade em Biossegurança (CQB) fornecido pelo órgão ou entidade competente à própria instituição e/ou à sua coleção de material biológico.

Art. 11 Para fins de verificação, em caráter provisório, da comprovação do atendimento das condições exigidas nos arts. 8º e 10, a instituição deverá apresentar ao INPI o formulário constante do Anexo I desta Resolução, devidamente preenchido e acompanhado dos documentos nele exigidos, quando for o caso, e rubricado em todas as suas folhas e assinado na última pelo representante legal da instituição, na forma do seu ato constitutivo, estatuto ou contrato social e alterações posteriores, em conjunto com o responsável técnico da(s) coleção(ões) por ela mantida(s).

Art. 12 Para fins de verificação, em caráter definitivo, da comprovação do atendimento das condições exigidas nos arts. 8º e 10, o INPI realizará inspeção in loco na instituição.

Art. 13 O Presidente do INPI designará, em ato próprio, uma comissão de servidores com a competência para proceder à verificação da comprovação do atendimento, pela instituição, das condições exigidas nas Partes II e III desta Resolução.

§ 1º A comissão de que trata o caput poderá ser integrada, ainda, por profissionais com capacidade e qualificação técnico-científicas compatíveis com o nível de conhecimento exigido para fins de verificação da comprovação, pela instituição, do atendimento das condições específicas exigidas para a habilitação, de que trata a Parte III desta Resolução.

§ 2º A comissão referida no caput poderá, a qualquer tempo, formular exigências e realizar as consultas e as diligências que se fizerem necessárias à verificação da comprovação do atendimento das condições exigidas nas Partes II e III desta Resolução.

IV — DO REQUERIMENTO

Art. 14 A instituição interessada em habilitar-se como centro depositário deverá protocolizar no INPI o requerimento constante do Anexo II desta Resolução, devidamente preenchido e instruído com documentos referidos nos arts. 5º, 6º, 9º e 11.

Parágrafo único. O requerimento de que trata o caput deverá ser entregue na Recepção do INPI, situada à Praça Mauá nº 7 — Térreo — Centro — Rio de Janeiro — RJ.

V — DO PROCESSAMENTO

Art. 15 Protocolizado o requerimento, será o mesmo autuado em processo administrativo próprio.

Art. 16 A comissão referida no art. 13 procederá à verificação da regularidade do cadastramento e da habilitação parcial da instituição requerente perante o SICAF, de que trata o art. 3º, por meio de consulta on line àquele Sistema, e procederá a juntada da declaração impressa demonstrativa da situação da instituição ao respectivo processo.

§ 1º Verificada a irregularidade da situação da instituição perante o SICAF, o requerimento terá seu prosseguimento negado liminarmente pela comissão, que notificará o fato e o seu fundamento à instituição requerente, por ato formal e escrito, com o ateste do seu recebimento pela instituição.

§ 2º Verificada a regularidade da situação da instituição perante o SICAF, a comissão prosseguirá no exame do requerimento.

Art. 17 Concluído o exame, a comissão referida no art. 13 opinará pelo deferimento ou indeferimento da habilitação da instituição, mediante parecer escrito e devidamente motivado e fundamentado, a ser encaminhado pela comissão, no prazo de 5 (cinco) dias, ao Presidente do INPI, para decisão definitiva quanto à habilitação, que deverá ser proferida no prazo de 10 (dez) dias.

VI — DA AUTORIZAÇÃO

Art. 18 Ao Presidente do INPI fica reservado o direito conceder, ou não, autorização à instituição habilitada nos termos desta Resolução para funcionar como centro depositário de material biológico para fins de procedimentos em matéria de patentes, por razões de conveniência e oportunidade administrativas, devidamente fundamentadas, em ato formal e escrito.

Parágrafo único. Na hipótese de não ser concedida a autorização de que trata o caput, o INPI notificará a instituição habilitada do ato e dos seus fundamentos, no prazo de 5 (cinco) dias úteis, contados da data da assinatura do ato.

Art. 19 A autorização para o funcionamento da instituição habilitada como centro depositário de material biológico para fins de procedimentos em matéria de patentes será concedida por Portaria do Presidente do INPI.

Parágrafo único. O INPI providenciará a publicação da Portaria referida no caput no DOU, no prazo de 5 (cinco) dias úteis, contados da data da assinatura do ato, para que possa produzir seus efeitos legais, sem prejuízo da sua publicação na Revista da Propriedade Industrial.

Art. 20 A autorização será concedida por um período de 5 (cinco) anos, contados da data da publicação do ato de autorização no DOU, nas condições estipuladas em instrumento próprio, referido no art. 24.

Art. 21 A autorização poderá, a critério exclusivo do INPI, ser renovada, sucessivamente, por período igual ou inferior, mediante Portaria do Presidente do INPI.

Parágrafo único. O INPI providenciará a publicação da Portaria referida no caput no DOU, no prazo de 5 (cinco) dias úteis, contados da data da assinatura do ato, para que possa produzir seus efeitos legais, sem prejuízo da sua publicação na Revista da Propriedade Industrial — RPI.

Art. 22 A autorização concedida nos termos desta Resolução, ou a sua renovação, não gera, para a instituição, qualquer direito subjetivo à continuidade da autorização.

Art. 23 A autorização concedida nos termos desta Resolução não tem caráter de exclusividade e não confere delegação de poder público à instituição autorizada como centro depositário.

VIII — DO TERMO DE CONVÊNIO

Art. 24 As atribuições da instituição autorizada, nos termos desta Resolução, como centro depositário de material biológico para fins de procedimentos em matéria de patentes, bem como as regras para a sua execução, serão definidos em Termo de Convênio a ser formalizado, o qual disciplinará, também, quanto às competências, direitos, obrigações e responsabilidades do INPI e da instituição autorizada e estabelecerá as demais disposições pertinentes a reger a relação entre as partes.

Parágrafo único. O Termo de Convênio a que se refere o caput será celebrado entre o INPI e a instituição por ele autorizada, no prazo de 60 (sessenta) dias, contados da data da publicação do ato de autorização no DOU.

VII — DA NORMATIVIDADE E FISCALIZAÇÃO

Art. 25 Fica assegurado ao Presidente do INPI a autoridade normativa sobre a execução das atribuições conferidas à instituição autorizada como centro depositário, na forma desta Resolução.

Art. 26 O INPI, por intermédio de representantes formalmente designados, exercerá o controle e a fiscalização efetiva e regular da execução das atribuições conferidas à instituição autorizada como centro depositário, nos termos desta Resolução, com vistas à verificar a adequação da sua execução para a Autarquia, bem como para os usuários do sistema de patentes.

VIII — DA CASSAÇÃO DA AUTORIZAÇÃO

Art. 27 A cassação da autorização concedida nos termos desta Resolução poderá ser determinada, a qualquer tempo, pelo Presidente do INPI, por razões de conveniência e oportunidade administrativas, devidamente fundamentadas, em ato formal e escrito, não cabendo qualquer indenização à instituição autorizada, ressalvados os casos previstos em lei.

Art. 28 A cassação da autorização poderá ser determinada, ainda, nos seguintes casos, sem prejuízo das consequências legais e das previstas no Termo de Convênio referido no art. 24:

I — por razões de interesse público;

II — pela inexecução, total ou parcial, por parte da instituição autorizada, das atribuições do centro depositário, conferidas na forma do Termo de Convênio; ou

III — pelo cumprimento irregular ou pelo descumprimento, total ou parcial, por parte da instituição autorizada, das disposições estipuladas no Termo de Convênio;

Parágrafo único. A cassação da autorização, motivada na forma deste artigo, será determinada pelo Presidente do INPI, por ato escrito e fundamentado, que demonstre a pertinência e a suficiência dos motivos que justificam tal conduta, assegurados à instituição o contraditório e a ampla defesa.

Art. 29 A cassação da autorização determinada na forma dos artigos precedentes será formalizada por Portaria do Presidente do INPI, a ser publicada no DOU, no prazo de 5 (cinco) dias úteis contados da data da assinatura do ato, como condição para a sua validade e eficácia, sem prejuízo de sua publicação na RPI.

IX — DA EXTINÇÃO DA AUTORIZAÇÃO

Art. 30 A autorização concedida nos termos desta Resolução extinguir-se-á:

I — pela expiração do prazo de vigência da autorização, sem que tenha havido a competente renovação;

II — pela cassação da autorização;

III — pela renúncia expressa da instituição autorizada, sem prejuízo das consequências legais e das previstas no Termo de Convênio referido no art. 24;

IV — pela extinção da instituição autorizada; ou

V — nos demais casos previstos em lei;

Parágrafo único. A extinção da autorização determinada na forma deste artigo será formalizada por Portaria do Presidente do INPI, a ser publicada no DOU, no prazo de 5 (cinco) dias úteis contados da data da assinatura do ato, sem prejuízo de sua publicação na RPI.

X — DAS DISPOSIÇÕES FINAIS

Art. 31 Os casos omissos serão resolvidos pelo Presidente do INPI.

Art. 32 Esta Resolução entra em vigor na data de sua publicação no Diário Oficial da União, sem prejuízo da sua publicação na Revista da Propriedade Industrial.

Art. 33 Revogam-se as disposições em contrário.

JOSÉ GRAÇA ARANHA
Presidente

RESOLUÇÃO Nº 083/2001

MINISTÉRIO DO DESENVOLVIMENTO, INDÚSTRIA E COMÉRCIO EXTERIOR
INSTITUTO NACIONAL DA PROPRIEDADE INDUSTRIAL
PRESIDÊNCIA 14/12/2001

Assunto: Normaliza o processamento dos depósitos de pedidos de registro de marca

O PRESIDENTE DO INPI, no uso de suas atribuições legais e **CONSIDERANDO** a necessidade contínua de adequar os procedimentos da área de marcas às disposições constantes da Lei nº 9.279/96, e **CONSIDERANDO** a necessidade de atualizar as orientações administrativas quanto ao processamento de pedidos e registros de marca, em face da atualização das Classificações Internacionais adotadas pelo INPI;
RESOLVE:

I. Normalizar os processamentos de depósito de registro de marcas, estabelecendo as seguintes regras:

1. Sobre o Pedido de Registro
2. Sobre o Exame do Pedido de Registro
3. Sobre a Classificação Internacional de Produtos e Serviços
4. Sobre a Classificação Internacional de Elementos Figurativos de Marcas
5. Sobre a Desistência de Pedido de Registro
6. Sobre Recursos
   6.1 Contra Indeferimento de Pedido de Registro
   6.2 Contra Indeferimento Parcial de Pedido de Registro
   6.3 Contra Declaração ou Denegação de Caducidade
   6.4 Contra Indeferimento ou Deferimento de Pedido de Prorrogação da Vigência de Registro
   6.5 Contra Indeferimento ou Deferimento de Pedido de Transferência de Titularidade
   6.6 Contra Cancelamento de Registro ou Arquivamento de Pedido, nos termos do art. 135 da Lei da Propriedade Industrial — LPI
7. Sobre Registros
   7.1 Processo Administrativo de Nulidade
   7.2 Prorrogação de Vigência

7.3 Extinção
7.3.1 Pela expiração do prazo de vigência
7.3.2 Pela inobservância do disposto no art. 217 da LPI
7.3.3 Pela renúncia
7.4 Caducidade
8. Sobre ação de Nulidade
9. Sobre Prioridade Unionista
10. Sobre Cessão de Direitos
11. Sobre Anotações
11.1 Alteração de nome, sede ou endereço
11.2 Limitação ou Ônus
12. Sobre Certidões
12.1 Certidão de Busca
12.2 Certidão de Andamento
13. Sobre Cópia Oficial e Fotocópias
14. Sobre Procuração
15. Sobre Prazos
15.1 Contagem de prazo
15.2 Devolução de prazo
16. Sobre Dados das Publicações
16.1 Dados que constarão de todas as publicações
16.2 Dados que constarão de publicações específicas
17. Sobre Devolução de Taxa
18. Sobre Restauração de Processos
19. Disposições Transitórias e Finais

1. Sobre o Pedido de Registro
1.1 Conforme estabelecido pelo art. 155 da LPI, o pedido de registro de marca deverá referir-se a um único sinal distintivo. O pedido será submetido a exame formal preliminar, nos termos do art. 156, observado ainda o disposto no artigo 157.
1.2 O tratamento administrativo, bem como os documentos necessários a instrução do pedido estão contidos no Manual Usuário.
2. Sobre o Exame do Pedido de Registro
2.1 Publicado o pedido de registro, passará a fluir o prazo de 60 (sessenta) dias para apresentação de eventual oposição, que será apresentada em petição, conforme instruções contidas no Manual do Usuário.
2.1.1 Não se conhecerá da oposição se:
a) apresentada fora do prazo legal de 60 (sessenta) dias, contados da data da publicação do pedido de registro;
b) desacompanhada do comprovante do pagamento da retribuição correspondente à oposição;
c) não contiver fundamentação legal;
d) fundamentada no inciso XXIII do art. 124 ou no art. 126 da LPI, o

oponente não comprovar o depósito do pedido de registro de sua marca no INPI, no prazo de 60 (sessenta) dias, contados do dia imediatamente subseqüente ao da apresentação da oposição, independente de notificação ou exigência por parte do INPI.

2.1.2 Estando a oposição conforme, o requerente do pedido de registro será intimado, mediante publicação, para se manifestar no prazo de 60 (sessenta) dias, contados da referida publicação.

2.1.3 Decorrido o prazo para apresentação de oposição ou, se interposta esta, findo o prazo para manifestação do requerente, o pedido de registro será objeto de exame pelo INPI.

2.1.4 Por ocasião do exame, verificar-se-á se os documentos anexados ao pedido de registro preenchem os requisitos formais exigidos e se estão de acordo com as prescrições legais, procedendo-se à busca de anterioridades e levando-se em conta eventual(ais) oposição(ões).

2.1.5 Quando necessário, serão formuladas as exigências julgadas cabíveis relativas ao enquadramento técnico do pedido de registro, inclusive aquelas introduzidas pelas classificações internacionais adotadas pelo INPI, que deverão ser respondidas no prazo de 60 (sessenta) dias, contados da data da respectiva publicação.

2.1.6 Não cumprida a exigência, o pedido de registro será definitivamente arquivado, encerrando-se a instância administrativa, nos termos do § 1º do art. 159 da LPI.

2.1.7 Cumprida a exigência, ainda que não satisfatoriamente, ou contestada a sua formulação, dar-se-á prosseguimento ao exame do pedido de registro.

2.1.8 Por ocasião do exame será verificada a existência de impedimento definitivo ou temporário à decisão do pedido de registro, decisão esta que, em se tratando de indeferimento, ou de sobrestamento do seu exame, será publicada, identificando-se o objeto do impedimento.

2.1.9 A partir da publicação da decisão de deferimento do pedido de registro, da qual não caberá recurso (art. 212, § 2º, da LPI), passará a fluir o prazo de 60 (sessenta) dias para que o requerente comprove o pagamento da retribuição correspondente à expedição do certificado de registro e ao primeiro decênio de proteção de sua vigência, mediante apresentação de requerimento com identificação do signatário, devidamente qualificado, conforme instruções previstas no Manual do Usuário.

2.1.10 A comprovação do pagamento das retribuições correspondentes à expedição do certificado de registro e ao primeiro decênio de proteção de sua vigência, se não efetuada no prazo de 60 (sessenta) dias, prazo ordinário, poderá ser feita no prazo extraordinário de 30 (trinta) dias, contados a partir do dia imediatamente subseqüente ao dia do término do prazo estabelecido no art. 152 da LPI, independentemente de notificação ou exigência por parte do INPI.

2.1.11 Comprovado o devido pagamento das retribuições referidas acima, será publicada a concessão do registro. A data desta publicação será a data do respectivo certificado de registro, a partir da qual passará a fluir o prazo decenal de proteção.

2.1.12 Não havendo a comprovação das retribuições correspondentes nos prazos referidos anteriormente, o pedido será definitivamente arquivado, encerrando-se a instância administrativa.

3. Sobre a Classificação Internacional de Produtos e Serviços

Com a adoção pelo INPI da Classificação Internacional de Produtos e Serviços, a partir de 03.01.2000, mudou-se basicamente o princípio até então estabelecido pela Classificação Nacional (Ato Normativo 051/81), já que na Classificação Internacional os produtos e os serviços assinalados pela marca pretendida têm de ser especificados. A Lei da Propriedade Industrial em vigor, ao instituir dentre outros, a caducidade parcial e a nulidade parcial, também privilegiou o princípio da especialidade da marca, como se pode depreender do art. 144 da LPI, pois que estabelece que o registro caducará parcialmente em relação aos produtos e serviços não compreendidos pelo uso da marca, desde que não semelhantes ou afins àqueles para os quais a marca foi comprovadamente usada.

Os instrumentos acima citados, aliados à Classificação Internacional, se afinam, corroborando a obrigatoriedade de que os pedidos de registros contenham a especificação de produtos ou de serviços.

Com a entrada em vigor, em 1º de janeiro de 2002, da oitava edição da Classificação de NICE, se verificará a reestruturação da classe 42, a criação das classes 43, 44 e 45, a supressão de indicações existentes e transferências de indicações para as classes 35, 40 e 41, e revisão da Lista Alfabética de Produtos e Serviços, dos Títulos das classes, Notas Explicativas e Observações Gerais.

A adoção da Classificação Internacional impôs a criação de novos procedimentos administrativos, que têm por finalidade adequar os processos em tramitação à nova realidade por meio da reclassificação, desdobramento e/ou agrupamento de processos, em face da metodologia de enquadramento dos produtos e serviços da Classificação Internacional de Produtos e Serviços, matéria essa detalhada no Manual do Usuário.

4. Sobre a Classificação Internacional de Elementos Figurativos de Marcas

A adoção da Classificação Internacional de Elementos Figurativos de Marcas propicia uma mudança no princípio da definição da proteção requerida e obtida em relação aos elementos figurativos da marca.

Fica estabelecida, através do Ato Normativo 151, de 09 de setembro de 1999, a responsabilidade do usuário na indicação da classificação que contemple o objeto do direito pretendido.

As disposições sobre a Classificação Internacional de Elementos Figurativos de Marcas estão contidas no em Ato Normativo próprio, e as instruções no Manual do Usuário.

5. Sobre a Desistência de Pedido de Registro

5.1 A desistência do pedido de registro poderá ser apresentada a qualquer momento antes da data de publicação da concessão e será instruída com os documentos discriminados no Manual do Usuário.

6. Sobre Recursos

A) A decisão proferida em primeira instância cabe recurso, nos termos do art. 212 da LPI, que serão decididos pelo Presidente do INPI, cuja decisão é final e irrecorrível na esfera administrativa.

B) Não se conhecerá do recurso se:

(i) interposto fora do prazo legal de 60 (sessenta) dias, contados da data da publicação do pedido de registro;

(ii) desacompanhado do comprovante do pagamento da retribuição correspondente; e

(iii) não contiver fundamentação legal;

6.1 Contra Indeferimento de Pedido de Registro

6.1.1 Da decisão que indeferir o pedido de registro caberá recurso, no prazo de 60 (sessenta) dias, contados da data da respectiva publicação.

6.1.2 Não sendo interposto recurso do ato que indeferir o pedido de registro, ou, se interposto este, não for o mesmo conhecido, o INPI publicará o arquivamento definitivo do pedido de registro, encerrando-se a instância administrativa.

6.1.3 Se o recurso estiver conforme, será publicado e, da data da publicação, passará a fluir, automaticamente, o prazo de 60 (sessenta) dias para apresentação de contra-razões pelos interessados. Findo esse prazo, o recurso será objeto de exame.

6.1.4 Por ocasião do exame do recurso, o INPI poderá formular as exigências necessárias ao exame, que deverão ser cumpridas no prazo de 60 (sessenta) dias, contados da respectiva publicação.

6.1.5 Verificada, no momento do exame, a existência de impedimentos temporários à decisão do recurso, será publicado o sobrestamento do seu exame, identificando-se o objeto do impedimento.

6.1.6 Concluído o exame do recurso, será publicada a decisão, mantendo-se o indeferimento ou reformando-o, para deferir o pedido de registro.

6.1.7 A partir da data da publicação da decisão que reformar o ato indeferitório de primeira instância, para deferir o pedido de registro, passará a fluir o prazo de 60 (sessenta) dias para que o requerente quando domiciliado no Brasil ou seu procurador comprove o pagamento da retribuição correspondente à expedição do certificado de registro e ao primeiro decênio de proteção de sua vigência, mediante apresentação de requerimento, em língua portuguesa, com a assinatura do requerente quando domiciliado no Brasil ou seu procurador, com identificação do signatário, devidamente qualificado, conforme instruções previstas no Manual do Usuário.

6.1.8 A comprovação do pagamento das retribuições correspondentes à expedição do certificado de registro e ao primeiro decênio de proteção de sua vigência, se não efetuada no prazo de 60 (sessenta) dias, prazo ordinário, poderá ser feita no prazo de 30 (trinta) dias, prazo extraordinário, contados a partir do dia imediatamente subseqüente ao dia do término do prazo estabelecido no art. 152 da LPI, independentemente de notificação ou exigência por parte do INPI.

6.1.9 Comprovado o devido pagamento das retribuições referidas acima, será publicada a concessão do registro. A data desta publicação será a data do respectivo certificado de registro, a partir da qual passará a fluir o prazo decenal de proteção.

6.1.10 Não havendo a comprovação das retribuições correspondentes nos prazos referidos anteriormente, o pedido será definitivamente arquivado, encerrando-se a instância administrativa.

6.2 Contra Indeferimento Parcial de Pedido de Registro

6.2.1 O deferimento com restrições será considerado pelo INPI como um indeferimento parcial, motivo pelo qual será admitida a interposição de recurso contra o indeferimento parcial, que deverá observar o prazo previsto em Lei, no caso do depositante discordar do mesmo.

6.2.2 O recurso contra o indeferimento parcial deverá ser apresentado simultaneamente com a comprovação do pagamento da retribuição correspondente à expedição do certificado de registro e ao primeiro decênio de proteção de sua vigência, nos termos do art. 152 da LPI.

6.2.3 Não sendo interposto recurso do ato que indeferir parcialmente o pedido de registro, ou, se interposto este, não for o mesmo conhecido, o INPI publicará a concessão do registro, consoante decisão de primeira instância.

6.2.4 Se o recurso estiver conforme, será publicado e, da data da publicação, passará a fluir, automaticamente, o prazo de 60 (sessenta) dias para apresentação de contra-razões pelos interessados. Findo esse prazo, o recurso será objeto de exame.

6.2.5 Por ocasião do exame do recurso, o INPI poderá formular as exigências necessárias ao exame, que deverão ser cumpridas no prazo de 60 (sessenta) dias, contados da respectiva publicação.

6.2.6 Concluído o exame do recurso, será publicada a decisão, mantendo-se a decisão recorrida, ou reformando-a, quando será publicada a concessão do registro, nos termos da decisão de segunda instância, caso o depositante tenha observado o item 6.2.2 deste ato. A data desta publicação será a data do respectivo certificado de registro, a partir da qual passará a fluir o prazo decenal de proteção.

6.2.7 Não havendo a comprovação das retribuições correspondentes nos prazos referidos nos itens anteriores, o recurso perderá o seu objeto e o pedido será definitivamente arquivado, encerrando-se a instância administrativa.

6.3 Contra Declaração ou Denegação de Caducidade

6.3.1 Da decisão que declarar ou denegar a caducidade do registro caberá recurso, no prazo de 60 (sessenta) dias, contados da data da respectiva publicação.

6.3.2 Se o recurso estiver conforme, o mesmo será publicado, e, da data da publicação, passará a fluir, automaticamente, o prazo de 60 (sessenta) dias para apresentação de contra-razões pelo(s) interessado(s). Findo esse prazo, o recurso será objeto de exame.

6.3.3 Por ocasião do exame de recurso, o INPI poderá formular as exigências necessárias, que deverão ser cumpridas no prazo de 60 (sessenta) dias, contados da respectiva publicação.

6.3.4 Concluído o exame do recurso, será publicada a decisão, encerrando-se a instância administrativa do processo de caducidade.

6.4 Contra Indeferimento ou Deferimento de Pedido de Prorrogação da Vigência de Registro.

6.4.1 Da decisão que indeferir ou deferir o pedido de prorrogação da vigência de registro caberá recurso, no prazo de 60 (sessenta) dias, contados da data da respectiva publicação.

6.4.2 Se o recurso estiver conforme, o mesmo será publicado, e, da data da publicação, passará a fluir, automaticamente, o prazo de 60 (sessenta) dias para apresentação de contra-razões pelo(s) interessado(s). Findo esse prazo, o recurso será objeto de exame.

6.4.3 Por ocasião do exame de recurso, o INPI poderá formular as exigências necessárias, que deverão ser cumpridas no prazo de 60 (sessenta) dias, contados da respectiva publicação.

6.4.4 Concluído o exame do recurso, será publicada a decisão.

6.5 Contra Indeferimento ou Deferimento de Pedido de Transferência de Titularidade

6.5.1 Da decisão que indeferir ou deferir o pedido de transferência de titularidade caberá recurso, no prazo de 60 (sessenta) dias, contados da data da respectiva publicação.

6.5.2 Se o recurso estiver conforme, o mesmo será publicado, e, da data da publicação, passará a fluir, automaticamente, o prazo de 60 (sessenta) dias para apresentação de contra-razões pelo(s) interessado(s). Findo esse prazo, o recurso será objeto de exame.

6.5.3 Por ocasião do exame de recurso, o INPI poderá formular as exigências necessárias, que deverão ser cumpridas no prazo de 60 (sessenta) dias, contados da respectiva publicação.

6.5.4 Concluído o exame do recurso, será publicada a decisão.

6.6 Contra Cancelamento de Registro ou Arquivamento de Pedido, nos termos do art. 135 da LPI

6.6.1 Da decisão que cancelar o registro ou que arquivar o pedido de registro por infringir o art.135 da LPI caberá recurso, no prazo de 60 (sessenta) dias, contados da data da respectiva publicação.

6.6.2 Se o recurso estiver conforme, o mesmo será publicado, e, da data da publicação, passará a fluir, automaticamente, o prazo de 60 (sessenta) dias para apresentação de contra-razões pelo(s) interessado(s). Findo esse prazo, o recurso será objeto de exame.

6.6.3 Por ocasião do exame de recurso, o INPI poderá formular as exigências necessárias, que deverão ser cumpridas no prazo de 60 (sessenta) dias, contados da respectiva publicação.

6.6.4 Concluído o exame do recurso, será publicada a decisão.

7. Sobre Registros

7.1 Processo Administrativo de Nulidade

7.1.1 O processo administrativo de nulidade poderá ser instaurado pelo

INPI ou a requerimento de pessoa com legítimo interesse, que será apresentado através de petição, conforme instruções previstas no Manual do Usuário.

7.1.2 Não se conhecerá do pedido de processo administrativo de nulidade de registro se:

a) instaurado ou apresentado fora do prazo legal de 180 (cento e oitenta) dias, contados da data da concessão do registro;

b) desacompanhado do comprovante da retribuição correspondente, quando não instaurado de ofício pelo INPI;

c) não contiver fundamentação legal;

d) requerido por pessoa sem legítimo interesse; quando fundamentado no inciso XXIII do art. 124 ou no art. 126, o requerente da nulidade não comprovar o depósito do pedido de registro de sua marca no INPI, no prazo de 60 (sessenta) dias, contados do dia imediatamente subseqüente ao da apresentação do requerimento da nulidade administrativa, independentemente de notificação ou exigência por parte do INPI.

7.1.3 Estando conforme o pedido de instauração de processo administrativo de nulidade, será o titular do registro intimado, mediante publicação, para se manifestar no prazo de 60 (sessenta) dias, contados da data da referida publicação.

7.1.4 Decorrido o prazo fixado acima, mesmo que não apresentada manifestação e ainda que extinto o registro, o processo administrativo de nulidade será objeto de exame e decisão.

7.1.5 Por ocasião do exame do processo administrativo de nulidade, o INPI poderá formular as exigências necessárias à sua instrução e decisão, que deverão ser cumpridas no prazo de 60 (sessenta) dias, contados da respectiva publicação.

7.1.6 Por ocasião do exame, verificada a existência de impedimento temporário à decisão do processo administrativo de nulidade, será publicado o sobrestamento do seu exame, identificando-se o objeto do impedimento.

7.1.7 Concluído o exame do processo administrativo de nulidade, será publicada a decisão, mantendo-se o registro ou declarando-se sua nulidade, total ou parcial.

7.1.8 A decisão proferida no processo administrativo de nulidade encerrará a instância administrativa do feito.

7.2 Prorrogação de Vigência

7.2.1 O pedido de prorrogação de vigência de registro deverá ser formulado durante o último ano de vigência do registro.

7.2.2 Se não efetuado no prazo mencionado no item anterior, o pedido de prorrogação de vigência de registro poderá, ainda, ser formulado no prazo de 06 (seis) meses, contados a partir do dia imediatamente subseqüente ao dia do término da vigência do registro, independentemente de qualquer notificação por parte do INPI.

7.2.3 A prorrogação não será concedida se não atendido o disposto no art. 128 da LPI, segundo estabelece o § 3° do art. 133 da LPI.

7.2.4 Quando não instruir o pedido de prorrogação, a procuração deverá ser apresentada no prazo de 60 (sessenta) dias, contados a partir do dia imediatamente subseqüente ao dia da apresentação do pedido de prorrogação, independentemente de notificação ou exigência por parte do INPI, sob pena de arquivamento do pedido de prorrogação.

7.2.5 Por ocasião do exame do pedido de prorrogação serão formuladas as exigências julgadas cabíveis, inclusive aquelas introduzidas pelas Classificações Internacionais adotadas pelo INPI, que deverão ser respondidas no prazo de 60 (sessenta) dias, contados da respectiva publicação.

7.2.6 Decorrido o prazo referido acima, o pedido de prorrogação será examinado. Concluído o exame, será publicada a decisão.

7.3 Extinção

7.3.1 Pela Expiração do Prazo de Vigência

Expirado o prazo de vigência do registro e observado o prazo extraordinário de 6 (seis) meses, previsto no parágrafo segundo do art. 133 da LPI, sem que tenha havido a competente prorrogação, será publicada a extinção do registro.

7.3.2 Pela Inobservância do Disposto no art. 217 da LPI

Constatada a ausência de procuração nos termos do art. 217 da LPI, será publicada a extinção do registro.

7.3.3 Pela Renúncia

7.3.3.1 A renúncia ao registro poderá ser apresentada a qualquer momento após a sua concessão, podendo ser total ou parcial em relação aos produtos ou serviços, especificados por classe, nos termos da Classificação Internacional de Produtos e Serviços vigente, assinalados pela marca, e deverá ser instruída com os documentos previstos no Manual do Usuário.

7.4 Caducidade

7.4.1 O pedido de Caducidade será indeferido se o requente não justificar o seu legítimo interesse.

7.4.2 Não se conhecerá do requerimento de declaração de caducidade de registro de marca se:

a) na data do requerimento, não tiverem decorrido, pelo menos 05 (cinco) anos da data da concessão do registro;

b) na data do requerimento, o uso da marca tiver sido comprovado ou justificado seu desuso por razões legítimas, em processo anterior, requerido há menos de 05 (cinco) anos;

c) desacompanhado do comprovante do pagamento da retribuição correspondente.

7.4.3 Estando conforme o requerimento de declaração de caducidade de registro, será o titular intimado, mediante publicação, para comprovar o uso da marca ou justificar seu desuso por razões legítimas, no prazo de 60 (sessenta) dias, contados da data da referida publicação.

7.4.4 Por ocasião do exame das provas de uso apresentadas, o INPI poderá formular as exigências necessárias, que deverão ser cumpridas no prazo de 60 (sessenta) dias, contados da respectiva publicação.

7.4.5 Concluído o exame, será publicada a decisão, declarando a caducidade do registro, que poderá ser parcial (art. 144 da LPI), em face dos produtos ou serviços especificados ou em face da classe reivindicada, ou denegando a caducidade do registro, se provado o uso para todos os produtos ou serviços especificados na classe em que a marca estiver registrada.

7.4.6 A desistência do pedido de caducidade será homologada pelo INPI, em qualquer fase processual.

8. Sobre Ação de Nulidade

A ação de nulidade, que prescreve em 5 (cinco) anos da prática do ato administrativo, poderá ser proposta pelo INPI ou qualquer pessoa com legítimo interesse, a contar da data da publicação na Revista da Propriedade Industrial — RPI, conforme estabelecem os arts. 173, 174, e 175 da LPI.

9. Sobre Prioridade Unionista

9.1 O direito de prioridade de depósito assegurado por acordos que o Brasil mantenha com países ou organizações internacionais está previsto no artigo 127 da LPI. No caso da Convenção da União de Paris (CUP), o direito deverá ser exercido no prazo de 06 (seis) meses, contados da data de depósito mais antiga.

9.2 A reivindicação de prioridade, deverá ser requerida obrigatoriamente no ato do depósito e comprovada por documento hábil da origem, contendo o número, a data e a reprodução do pedido ou do registro, acompanhado da tradução simples do documento, em até 04 (quatro) meses, contados da data do depósito.

9.3 Quando a prioridade tiver sido obtida por cessão, deverá ser apresentado juntamente com o documento da prioridade o respectivo instrumento de cessão ou a declaração de cessão, acompanhado da tradução simples e dispensada a legalização consular.

9.4 As formalidades do documento de cessão do direito de prioridade serão aquelas determinadas pela legislação do país onde houver sido firmado.

9.5 A reivindicação de prioridade não isenta o pedido da aplicação dos dispositivos legais constantes da LPI, no que couber.

10. Sobre Cessão de Direitos

10.1 A cessão poderá ser comprovada por qualquer documento hábil que demonstre a transferência da titularidade do pedido ou do registro da marca, tais como por incorporação, cisão, fusão, sucessão legítima ou testamentária ou determinação judicial.

10.2 O INPI fará a anotação da cessão, fazendo constar a qualificação completa do cessionário, e a publicará, para que produza efeitos em relação a terceiros.

10.3 No caso de cessão de registro de marca que se encontre em fase de exame de prorrogação ou concessão de registro, o certificado já será expedido em nome do cessionário.

10.4 Da decisão que indeferir a anotação de cessão ou que cancelar registro ou arquivar pedido, nos termos do art. 135 da LPI, caberá recurso, no prazo de 60 (sessenta) dias, contados da respectiva publicação, cuja decisão encerrará a instância administrativa.

10.5 O pedido de anotação da cessão será instruído com os documentos previstos no Manual do Usuário.

11. Sobre Anotações

11.1 Alteração de Nome, Sede ou Endereço

11.1.1 O INPI fará a anotação das alterações de nome, de sede ou de endereço e a publicará, para que produza efeitos em relação a terceiros.

11.1.2 No caso de alteração de nome, de sede ou de endereço em registro que se encontre em fase de exame de prorrogação ou concessão de registro, o certificado já será expedido com o nome e/ou sede ou endereço alterados.

11.1.3 O pedido de anotação de alteração de nome, de sede ou de endereço do requerente ou titular será instruído com os documentos previstos no Manual do Usuário.

11.2 Limitação ou Ônus

O INPI fará anotação de qualquer limitação ou ônus que recaia sobre pedido de registro ou registro, mediante comprovação específica, fazendo-a publicar, para que produza efeitos em relação a terceiros, na Revista da Propriedade Industrial — RPI.

12. Sobre Certidões

A Diretoria de Marcas expedirá as certidões demandadas pelos usuários, quais sejam:

12.1 Certidão de Busca

Procedida pelo Setor de Buscas, consistirá de pesquisa sobre pedidos e registros de marcas, por classe e por titular.

12.2 Certidão de Andamento

Procedida pelo Núcleo de Expedição de Certificados, consistirá de informações sobre a situação dos processos.

12.3 Os pedidos de Certidão de Busca e de Certidão de Andamento serão instruídos com os documentos previstos no Manual do Usuário.

13. Sobre Cópia Oficial e Fotocópias

A Diretoria de Marcas preparará Cópias Oficiais e extrairá Fotocópias de documentos relativos a processos, mediante requerimento de interessados, conforme instruções previstas no Manual do Usuário.

14. Sobre Procuração

14.1 Quando o ato não for praticado pelo interessado domiciliado no país pessoalmente, deverá ser apresentado o instrumento de procuração juntamente com o requerimento, ou no prazo de 60 (sessenta) dias, contados a partir do dia imediatamente subseqüente ao do primeiro ato da parte no processo, nos termos do art. 215 da LPI, independentemente de notificação ou exigência por parte do INPI.

14.2 Para a apresentação do respectivo instrumento, deverão ser observados a forma e o prazo estabelecidos no parágrafo 2º do art. 215 da LPI, independentemente de notificação ou exigência por parte do INPI, sob pena de arquivamento, conforme previsto nesse dispositivo legal.

14.3 Em se tratando de pessoa domiciliada no exterior, a procuração é obrigatória e deve atender ao disposto no art. 217 da LPI.

15. Sobre Prazos

15.1 Contagem de Prazo

15.1.1 A contagem de prazo é contínua, extinguindo-se automaticamente o direito de praticar o ato após seu decurso.

15.1.2 Este dispositivo, contemplado no art. 221 da LPI, ressalva o ato não realizado por justa causa.

15.1.3 Entende-se por justa causa o evento imprevisto, alheio à vontade da parte e que a impediu de praticar o ato. Sendo reconhecida a justa causa, a parte praticará o ato, no prazo que lhe for concedido pelo INPI.

15.1.4 Para fins de contagem dos prazos, devem ser observadas as regras previstas no Manual do Usuário.

15.2 Devolução de Prazo

15.2.1 O pedido para concessão de prazo adicional para a prática de ato não realizado por justa causa, deverá ser apresentado mediante requerimento, conforme modelo instituído, com a assinatura do requerente, com a identificação do signatário, devidamente qualificado, conforme instrução prevista no Manual do Usuário.

15.2.2 Reconhecida pelo INPI a justa causa que impediu a parte de praticar o ato no prazo legal, o INPI dará ciência ao interessado, na forma do art. 226 da LPI, sobre o prazo que lhe foi concedido, o qual não poderá ser menor que 15 (quinze) dias e maior do que 60 (sessenta) dias.

15.2.3 Na hipótese de o INPI não acolher o pedido de devolução de prazo, por não reconhecer como justa a causa argüida pela parte, o INPI publicará, na forma do art. 226 da LPI, o indeferimento deste pedido.

15.2.4 O INPI assegurará aos interessados o fornecimento de cópias oficiais, certidões ou fotocópias, regularmente requeridas, com relação às matérias de que trata a LPI, no prazo de 30 (trinta) dias, salvo por razões justificadas.

15.2.5 O não fornecimento pelo INPI, no prazo previsto no item anterior, de fotocópias de peças processuais, necessárias à fundamentação de quaisquer das medidas administrativas previstas na LPI, não desobriga o interessado de apresentar a respectiva petição dentro do prazo legal previsto, acompanhada do comprovante da retribuição correspondente.

15.2.6 Fornecidas as fotocópias a que se refere o item anterior, o interessado poderá apresentar, no prazo que lhe for concedido pelo INPI, argumentos suplementares, através de petição, isenta de recolhimento de retribuição, acompanhada de cópia do pedido de fotocópia, no qual conste a data do atendimento do pedido.

16. Sobre Dados das Publicações

A disponibilizarão de dados através da Internet, ou por qualquer outro meio eletrônico, se constitui em alternativa de consulta para o usuário, já que o órgão oficial de publicação dos atos praticados pela Diretoria de Marcas, é a REVISTA DA PROPRIEDADE INDUSTRIAL – RPI, conforme previsto no art. 226 da LPI.

16.1 Dados que constarão de todas as publicações:

a) número e data do pedido de registro ou do registro de marca;

b) código do despacho correspondente;
c) nome do depositante ou do titular;
d) Sigla do país, do organismo internacional ou, no caso do Brasil, sigla do País e
Unidade da Federação;
e) Procurador/Interessado.
16.2 Dados que constarão de publicações específicas
16.2.1 Pedidos comunicados, indeferimento e deferimento de pedido, concessão e prorrogação de registro e suas respectivas retificações:
a) marca;
b) natureza e forma de apresentação da marca;
c) Classificação Internacional de Elementos Figurativos;
d) Classificação Internacional de Produtos e Serviços;
e) especificação dos produtos ou serviços que a marca visa assinalar;
f) dados da prioridade, se for o caso, quando se tratar de pedido de registro.
16.2.2 Das publicações de intimação de oposição, interposição de recursos de terceiros, instauração de processo administrativo de nulidade e requerimento de declaração de caducidade, além dos dados constantes do item 16.1, também constará o nome do oponente, recorrente ou requerente.
16.2.3 Além dos dados referidos nos itens 16.1 e 16.2.1, das publicações de deferimento do pedido de registro, de concessão e de prorrogação de registro, constará a eventual anotação sobre a restrição da proteção conferida à marca.
16.2.4 Além dos dados do item 16.1, das publicações de decisões de sobrestamento, constará o objeto do impedimento.
16.2.5 Das publicações de decisões de indeferimento dos pedidos de registro, além dos dados referidos nos itens 16.1 e 16.2.1, constarão a base legal e eventuais complementos.
16.2.6 Das publicações de decisões de deferimento ou indeferimento de recursos, dos processos administrativos de nulidade e de declaração de caducidade, bem como das publicações de extinção de registros constarão a base legal e eventuais complementos, além dos dados do item 16.1.
16.2.7 Das publicações de instauração de processo administrativo de nulidade instaurada de ofício, além dos dados constantes do item 16.1, constarão a base legal e eventuais complementos.
16.2.8 Das publicações de intimação de requerimento de declaração de caducidade, além dos dados constantes do item 16.1, também constarão o nome do requerente, o nº da petição, a data em que foi protocolada e a sigla da Unidade do INPI que recebeu o documento.
16.2.9 Das publicações de anotação de cessão de direitos, além dos dados constantes do item 16.1, constará(ão) o(s) nome(s) do(s) cedente(s) e do (s)cessionário(s).
17. Sobre Devolução de Taxa
17.1 Não será restituída a retribuição devidamente recolhida.

17.2 O pedido de devolução de preço público deve ser dirigido à Diretoria de Administração Geral, conforme condições estabelecidas pela mesma.

17.3 As instruções sobre o formulário, retribuição devida e demais documentos necessários à aceitação desta solicitação são estabelecidas pela Diretoria de Administração Geral do INPI.

18. Sobre Restauração de Processos

18.1 O pedido de restauração de processos poderá ser apresentado ao INPI pelo requerente do pedido/titular do registro, ou seu representante legal, e deverá ser instruído com os documentos previstos no Manual do Usuário.

18.2 O pedido de restauração de processos é um serviço isento de retribuição.

18.3 Somente poderá ser solicitado este serviço para processos efetivamente protocolizado.

19. Disposições Transitórias e Finais

19.1 As instruções sobre o preenchimento, recebimento e aceitação do comprovante do pagamento da retribuição devida são estabelecidas pela Diretoria de Administração Geral do INPI.

19.2 As Petições somente serão protocolizadas, quando atendidas as formalidades legais.

19.3 O processamento do exame de marcas de alto renome, art. 125 da LPI, será objeto de ato específico.

19.4 As Papeletas de Reclamação, que devem ser protocolizadas, têm por finalidade solicitar consultas e/ou requerer retificações de publicações incorretas. As questões relativas ao exame de mérito devem ser apresentada através de petição própria, devidamente protocolizada.

19.5 Somente será permitido postular perante o INPI o próprio, quando domiciliado no Brasil, Advogado, devidamente inscrito na OAB, e Agente da Propriedade Industrial cadastrado no INPI.

Esta Resolução entrará em vigor no dia 02 de janeiro de 2002, revogado o Ato Normativo 154, de 21 de dezembro de 1999 e quaisquer disposições em contrário, no que se refere às marcas.

José Graça Aranha
Presidente

RESOLUÇÃO INPI Nº 094/2003

Assunto: Dispõe sobre o prazo de análise da Diretoria de Transferência de Tecnologia, consoante o disposto nos artigos 211 e 224 da Lei n° 9.279/96 e prazo para os efeitos legais, decorrentes do pedido de averbação de contrato.

O PRESIDENTE DO INPI, no uso de suas atribuições,

CONSIDERANDO a necessidade de uniformizar os procedimentos com o fim de unificar a numeração dos protocolos hoje existentes no INPI, tendo em vista a adoção do "Protocolo Automatizado" e,

CONSIDERANDO, ainda, estar a Diretoria de Transferência de Tecnologia – **DIRTEC**, por determinação do disposto no parágrafo único do artigo 211, da Lei nº 9.279, de 14 de maio de 1996, vinculada a proferir decisão no prazo de 30 (trinta) dias, contado da data do pedido de registro,

RESOLVE:

Art. 1º O início do prazo previsto no § único, do artigo 211, da Lei nº 9279/96, será contado a partir da data da aceitabilidade do efetivo pedido de registro, na Diretoria de Transferência de Tecnologia – DIRTEC, por intermédio da Seção de Apoio Técnico – SAATEC, quando receberá numeração sistêmica.

Art. 2º Caso haja exigência, essa deverá ser atendida pelo usuário no prazo máximo admitido no artigo 224, da Lei nº 9.279/96, ou seja, 60 (sessenta) dias a contar da data da ciência, sob pena do cancelamento do pedido.

Art. 3º Para fim de dedutibilidade fiscal de despesas com royalties e assistência técnica, científica, administrativa ou semelhantes, consoante o disposto na DECISÃO nº 9, de 28 de junho de 2000, da Coordenação Geral do Sistema de Tributação, o prazo de início da tramitação do processo de averbação, no INPI, do respectivo contrato, poderá retroagir à data do PROTOCOLO AUTOMATIZADO.

Esta Resolução entrará em vigor na data de sua publicação na Revista da Propriedade Industrial, revogando-se as disposições em contrário.

Luiz Otavio Beaklini
Presidente em exercício

RESOLUÇÃO Nº 110/04

Assunto: Normaliza os procedimentos para a aplicação do art. 125 da Lei nº 9.279, de 14 de maio de 1996.

O **PRESIDENTE DO INPI**, no uso das atribuições que lhe são conferidas pelo art. 68, inciso VII, do Regimento Interno, tendo em vista o disposto no art. 125 da Lei nº 9.279, de 14 de maio de 1996 (Lei de Propriedade Industrial - LPI), bem como os termos do PARECER/INPI/PROC/DICONS/Nº 054/2002, **resolve:**

DO REQUERIMENTO DA PROTEÇÃO

Art. 1º A proteção especial conferida pelo art. 125 da LPI, deverá ser requerida ao INPI, pela via incidental, como matéria de defesa, quando da oposição a pedido de registro de marca de terceiro ou do processo administrativo de nulidade de registro de marca de terceiro, em tramitação no INPI, nos termos e prazos previstos nos art. 158, caput, e 168 da LPI, respectivamente.

Art. 2º O INPI, previamente ao exame da oposição ou do processo administrativo de nulidade de que trata o art. 1º, apreciará e decidirá quanto à condição de alto renome da marca.

Art. 3º Reconhecido o alto renome da marca, o INPI acolherá a oposição ou o processo administrativo de nulidade e decidirá pelo indeferimento do pedido de registro ou pela nulidade do registro, independentemente de impedimentos outros oponíveis.

Art. 4º Não reconhecido o alto renome da marca, o INPI rejeitará a oposição ou o processo administrativo de nulidade e decidirá pelo deferimento do pedido de registro ou pela manutenção do registro, ressalvados impedimentos outros oponíveis.

DA COMPROVAÇÃO DO ALTO RENOME

Art. 5º O requerente da proteção especial de que trata o art. 125 da LPI deverá apresentar ao INPI, incidentalmente, no ato da oposição ou do processo administrativo de nulidade, as provas cabíveis à comprovação do alto renome da marca, podendo aportar, em caráter suplementar às provas ordinariamente por ele coligidas, os seguintes elementos informativos

1) data do início do uso da marca no Brasil;
2) público usuário ou potencial usuário dos produtos ou serviços a que a marca se aplica;
3) fração do público usuário ou potencial usuário dos produtos ou serviços a que a marca se aplica, essencialmente pela sua tradição e qualificação no mercado, mediante pesquisa de opinião ou de mercado ou por qualquer outro meio hábil;
4) fração do público usuário de outros segmentos de mercado que, imediata e espontaneamente, identifica a marca com os produtos ou serviços a que ela se aplica, mediante pesquisa de opinião ou de mercado ou por qualquer outro meio hábil;
5) fração do público usuário de outros segmentos de mercado que, imediata e espontaneamente, identifica a marca essencialmente pela sua tradição e qualificação no mercado, mediante pesquisa de opinião ou de mercado ou por qualquer outro meio hábil;
6) meios de comercialização da marca no Brasil;
7) amplitude geográfica da comercialização efetiva da marca no Brasil e, eventualmente, no exterior;
8) extensão temporal do uso efetivo da marca no mercado nacional e, eventualmente, no mercado internacional;
9) meios de divulgação da marca no Brasil e, eventualmente, no exterior;
10) extensão temporal da divulgação efetiva da marca no Brasil e, eventualmente, no exterior;
11) valor investido pelo titular em publicidade/propaganda da marca na mídia brasileira nos últimos 3 (três) anos;
12) volume de vendas do produto ou a receita do serviço nos últimos 3 (três) anos;
13) valor econômico da marca no ativo patrimonial da empresa.

DA IMPUGNAÇÃO DA PROTEÇÃO

Art. 6º A proteção especial conferida pelo art. 125 da LPI deverá ser impugnada pelo interessado, pela via incidental, como matéria de defesa, quando do recurso interposto contra a decisão de indeferimento do seu pedido de registro de marca ou da manifestação em processo administrativo de nulidade do seu registro de marca, nos termos e prazos previstos no art. 212, caput, e 170 da LPI, respectivamente.

Art. 7º O INPI, previamente ao exame do recurso ou do processo administrativo de nulidade de que trata o art. 6º, apreciará e decidirá quanto à condição de alto renome da marca.

Art. 8º Reconhecida a subsistência do alto renome da marca, o INPI rejeitará o recurso ou a manifestação em processo administrativo de nulidade e decidirá pela manutenção do indeferimento do pedido de registro ou pela declaração da nulidade do registro, independentemente de impedimentos outros oponíveis.

Art. 9º Reconhecida a insubsistência do alto renome da marca, o INPI acolherá o recurso ou a manifestação em processo administrativo de nulidade e decidirá pelo deferimento do pedido de registro ou pela manutenção do registro, ressalvados impedimentos outros oponíveis.

DA COMPROVAÇÃO DA INSUBSISTÊNCIA DO ALTO RENOME

Art. 10 O impugnante da proteção especial de que trata o art. 125 da LPI deverá apresentar ao INPI, por ocasião do recurso ou da manifestação em processo administrativo de nulidade, as provas cabíveis à demonstração da insubsistência do alto renome da marca.

DA COMISSÃO ESPECIAL

Art. 11 As oposições e os processos administrativos de nulidade referidos no art. 1º, fundamentados na proteção especial do art. 125 da LPI, serão apreciados e decididos por uma Comissão Especial, criada neste ato, composta de 3 (três) membros efetivos e 2 (dois) suplentes, todos servidores do INPI de elevada qualificação técnico-profissional no campo do Direito da Propriedade Industrial, a ser designada, em ato próprio, pelo Presidente do INPI.

Art. 12 À Comissão Especial competirá, também, apreciar e decidir os recursos contra indeferimento e os processos administrativos de nulidade referidos no art. 6º, impugnando a proteção especial do art. 125 da LPI.

Art. 13 Nas hipóteses de que tratam os arts. 11 e 12, à Comissão Especial competirá apreciar e decidir, previamente, quanto à condição de alto renome da marca, segundo as provas existentes nos autos, de ampla e livre produção, seja pelo requerente da proteção especial de que trata o art. 125 da LPI, seja pelo impugnante dessa proteção, sendo-lhe, contudo, assegurada a prerrogativa de determinar a produção de provas úteis e necessárias a sua convicção.

DA ANOTAÇÃO DO ALTO RENOME

Art. 14 O INPI promoverá a anotação do alto renome da marca no Sistema de Marcas, que será mantida pelo prazo de 5 (cinco) anos.

§ 1º Durante o prazo dessa anotação, o titular da marca de alto renome ficará dispensado da apresentação de novas provas dessa condição nas demandas eventuais em processos de outorga de direitos marcários, ressalvados os casos em que o INPI julgue necessário determinar a produção de novas provas.

RESOLUÇÃO Nº 110/04 Fls. 04

§ 2º A anotação referida no caput será automaticamente excluída do Sistema de Marcas na hipótese de extinção do registro da marca de alto renome no

Brasil, ou, então, do reconhecimento, pelo INPI, da insubsistência do alto renome da marca, nos termos do art. 9º.

DAS RETRIBUIÇÕES

Art. 15 Os atos referidos nesta Resolução, que objetivem requerer a proteção especial do art. 125 da LPI ou que visem à impugnação dessa proteção, estarão sujeitos ao pagamento de retribuição específica, fixada na Tabela de Retribuições do INPI.

DAS DISPOSIÇÕES GERAIS

Art. 16 Reconhecido o alto renome da marca ou a insubsistência dessa condição, nos termos desta Resolução, o INPI informará ao(s) órgão(s) ou entidade(s) competentes para o registro de nomes de domínio no Brasil, para os fins e efeitos do disposto na alínea "b" do inciso III do art. 2º da Resolução nº 001/98, do Comitê Gestor da Internet no Brasil.

DAS DISPOSIÇÕES TRANSITÓRIAS E FINAIS

Art. 17 As disposições desta Resolução se aplicam aos atos que objetivem requerer a proteção especial do art. 125 da LPI ou que visem à impugnação dessa proteção que estejam pendentes de decisão na data da publicação deste ato.
Parágrafo Único. As provas apresentadas por ocasião dos atos referidos no caput poderão ser complementadas no prazo de 60 (sessenta) dias, contados da data da publicação deste ato, com isenção do pagamento de retribuição.
Art. 18 Esta Resolução entra em vigor na data da sua publicação na Revista da Propriedade Industrial.
Maria Elizabeth Broxado
Diretora de Marcas e Indicação Geográfica
Luiz Otavio Beaklini
Presidente em exercício

CONSTITUIÇÃO DA REPÚBLICA FEDERATIVA DO BRASIL DE 1988

TÍTULO II
Dos Direitos e Garantias Fundamentais

CAPÍTULO I
DOS DIREITOS E DEVERES INDIVIDUAIS E COLETIVOS

Art. 5º Todos são iguais perante a lei, sem distinção de qualquer natureza, garantindo-se aos brasileiros e aos estrangeiros residentes no País a inviolabilidade do direito à vida, à liberdade, à igualdade, à segurança e à propriedade, nos termos seguintes:

....

XXVII — aos autores pertence o direito exclusivo de utilização, publicação ou reprodução de suas obras, transmissível aos herdeiros pelo tempo que a lei fixar;

XXVIII — são assegurados, nos termos da lei:

a) a proteção às participações individuais em obras coletivas e à reprodução da imagem e voz humanas, inclusive nas atividades desportivas;

b) o direito de fiscalização do aproveitamento econômico das obras que criarem ou de que participarem aos criadores, aos intérpretes e às respectivas representações sindicais e associativas;

XXIX — a lei assegurará aos autores de inventos industriais privilégio temporário para sua utilização, bem como proteção às criações industriais, à propriedade das marcas, aos nomes de empresas e a outros signos distintivos, tendo em vista o interesse social e o desenvolvimento tecnológico e econômico do País;

DECRETO-LEI Nº 2.848, DE 7 DE DEZEMBRO DE 1940.
Código Penal.

TÍTULO III
DOS CRIMES CONTRA A PROPRIEDADE IMATERIAL

CAPÍTULO I
DOS CRIMES CONTRA A PROPRIEDADE INTELECTUAL

Violação de direito autoral
Art. 184. Violar direitos de autor e os que lhe são conexos: (Redação dada pela Lei nº 10.695, de 1º.7.2003)
Pena — detenção, de 3 (três) meses a 1 (um) ano, ou multa. (Redação dada pela Lei nº 10.695, de 1º.7.2003)
§ 1º Se a violação consistir em reprodução total ou parcial, com intuito de lucro direto ou indireto, por qualquer meio ou processo, de obra intelectual, interpretação, execução ou fonograma, sem autorização expressa do autor, do artista intérprete ou executante, do produtor, conforme o caso, ou de quem os represente: (Redação dada pela Lei nº 10.695, de 1º.7.2003)
Pena — reclusão, de 2 (dois) a 4 (quatro) anos, e multa. (Redação dada pela Lei nº 10.695, de 1º.7.2003)
§ 2º Na mesma pena do § 1º incorre quem, com o intuito de lucro direto ou indireto, distribui, vende, expõe à venda, aluga, introduz no País, adquire, oculta, tem em depósito, original ou cópia de obra intelectual ou fonograma reproduzido com violação do direito de autor, do direito de artista intérprete ou executante ou do direito do produtor de fonograma, ou, ainda, aluga original ou cópia de obra intelectual ou fonograma, sem a expressa autorização dos titulares dos direitos ou de quem os represente. (Redação dada pela Lei nº 10.695, de 1º.7.2003)
§ 3º Se a violação consistir no oferecimento ao público, mediante cabo, fibra ótica, satélite, ondas ou qualquer outro sistema que permita ao usuário realizar a seleção da obra ou produção para recebê-la em um tempo e lugar previamente determinados por quem formula a demanda, com intuito de lucro, direto ou indireto, sem autorização expressa, conforme o caso, do autor, do artista intér-

prete ou executante, do produtor de fonograma, ou de quem os represente: (Redação dada pela Lei nº 10.695, de 1º.7.2003)

Pena — reclusão, de 2 (dois) a 4 (quatro) anos, e multa. (Incluído pela Lei nº 10.695, de 1º.7.2003)

§ 4º O disposto nos §§ 1º, 2º e 3º não se aplica quando se tratar de exceção ou limitação ao direito de autor ou os que lhe são conexos, em conformidade com o previsto na Lei nº 9.610, de 19 de fevereiro de 1998, nem a cópia de obra intelectual ou fonograma, em um só exemplar, para uso privado do copista, sem intuito de lucro direto ou indireto. (Incluído pela Lei nº 10.695, de 1º.7.2003)

Usurpação de nome ou pseudônimo alheio

Art. 186. Procede-se mediante: (Redação dada pela Lei nº 10.695, de 1º.7.2003)

I — queixa, nos crimes previstos no **caput** do art. 184; (Incluído pela Lei nº 10.695, de 1º.7.2003)

II — ação penal pública incondicionada, nos crimes previstos nos §§ 1º e 2º do art. 184; (Incluído pela Lei nº 10.695, de 1º.7.2003)

III — ação penal pública incondicionada, nos crimes cometidos em desfavor de entidades de direito público, autarquia, empresa pública, sociedade de economia mista ou fundação instituída pelo Poder Público; (Incluído pela Lei nº 10.695, de 1º.7.2003)

IV — ação penal pública condicionada à representação, nos crimes previstos no § 3º do art. 184. (Incluído pela Lei nº 10.695, de 1º.7.2003)

DECRETO-LEI Nº 3.689, DE 3 DE OUTUBRO DE 1941.
Código de Processo Penal.

CAPÍTULO IV
DO PROCESSO E DO JULGAMENTO DOS CRIMES
CONTRA A PROPRIEDADE IMATERIAL

Art.524. No processo e julgamento dos crimes contra a propriedade imaterial, observar-se-á o disposto nos Capítulos I e III do Título I deste Livro, com as modificações constantes dos artigos seguintes.

Art.525. No caso de haver o crime deixado vestígio, a queixa ou a denúncia não será recebida se não for instruída com o exame pericial dos objetos que constituam o corpo de delito.

Art.526. Sem a prova de direito à ação, não será recebida a queixa, nem ordenada qualquer diligência preliminarmente requerida pelo ofendido.

Art.527. A diligência de busca ou de apreensão será realizada por dois peritos nomeados pelo juiz, que verificarão a existência de fundamento para a apreensão, e quer esta se realize, quer não, o laudo pericial será apresentado dentro de 3 (três) dias após o encerramento da diligência.

Parágrafo único. O requerente da diligência poderá impugnar o laudo contrário à apreensão, e o juiz ordenará que esta se efetue, se reconhecer a improcedência das razões aduzidas pelos peritos.

Art.528. Encerradas as diligências, os autos serão conclusos ao juiz para homologação do laudo.

Art.529. Nos crimes de ação privativa do ofendido, não será admitida queixa com fundamento em apreensão e em perícia, se decorrido o prazo de 30 (trinta) dias, após a homologação do laudo.

Parágrafo único. Será dada vista ao Ministério Público dos autos de busca e apreensão requeridas pelo ofendido, se o crime for de ação pública e não tiver sido oferecida queixa no prazo fixado neste artigo.

Art.530. Se ocorrer prisão em flagrante e o réu não for posto em liberdade, o prazo a que se refere o artigo anterior será de 8 (oito) dias.

Art. 530-A. O disposto nos arts. 524 a 530 será aplicável aos crimes em que se proceda mediante queixa. (Incluído pela Lei nº 10.695, de 1º.7.2003)

Art. 530-B. Nos casos das infrações previstas nos §§ 1º, 2º e 3º do art. 184 do Código Penal, a autoridade policial procederá à apreensão dos bens ilicitamente produzidos ou reproduzidos, em sua totalidade, juntamente com os equipamentos, suportes e materiais que possibilitaram a sua existência, desde que estes se destinem precipuamente à prática do ilícito. (Incluído pela Lei nº 10.695, de 1º.7.2003)

Art. 530-C. Na ocasião da apreensão será lavrado termo, assinado por 2 (duas) ou mais testemunhas, com a descrição de todos os bens apreendidos e informações sobre suas origens, o qual deverá integrar o inquérito policial ou o processo. (Incluído pela Lei nº 10.695, de 1º.7.2003)

Art. 530-D. Subseqüente à apreensão, será realizada, por perito oficial, ou, na falta deste, por pessoa tecnicamente habilitada, perícia sobre todos os bens apreendidos e elaborado o laudo que deverá integrar o inquérito policial ou o processo. (Incluído pela Lei nº 10.695, de 1º.7.2003)

Art. 530-E. Os titulares de direito de autor e os que lhe são conexos serão os fiéis depositários de todos os bens apreendidos, devendo colocá-los à disposição do juiz quando do ajuizamento da ação. (Incluído pela Lei nº 10.695, de 1º.7.2003)

Art. 530-F. Ressalvada a possibilidade de se preservar o corpo de delito, o juiz poderá determinar, a requerimento da vítima, a destruição da produção ou reprodução apreendida quando não houver impugnação quanto à sua ilicitude ou quando a ação penal não puder ser iniciada por falta de determinação de quem seja o autor do ilícito. (Incluído pela Lei nº 10.695, de 1º.7.2003)

Art. 530-G. O juiz, ao prolatar a sentença condenatória, poderá determinar a destruição dos bens ilicitamente produzidos ou reproduzidos e o perdimento dos equipamentos apreendidos, desde que precipuamente destinados à produção e reprodução dos bens, em favor da Fazenda Nacional, que deverá destruí-los ou doá-los aos Estados, Municípios e Distrito Federal, a instituições públicas de ensino e pesquisa ou de assistência social, bem como incorporá-los, por economia ou interesse público, ao patrimônio da União, que não poderão retorná-los aos canais de comércio. (Incluído pela Lei nº 10.695, de 1º.7.2003)

Art. 530-H. As associações de titulares de direitos de autor e os que lhes são conexos poderão, em seu próprio nome, funcionar como assistente da acusação nos crimes previstos no art. 184 do Código Penal, quando praticado em detrimento de qualquer de seus associados. (Incluído pela Lei nº 10.695, de 1º.7.2003)

Art. 530-I. Nos crimes em que caiba ação penal pública incondicionada ou condicionada, observar-se-ão as normas constantes dos arts. 530-B, 530-C, 530-D, 530-E, 530-F, 530-G e 530-H. (Incluído pela Lei nº 10.695, de 1º.7.2003)

PORTARIA MF Nº 436

Estabelece coeficientes percentuais máximos para a dedução de Royalties, pela exploração de marcas e patentes, de assistência técnica, científica, administrativa ou semelhante, amortização, considerados os tipos de produção, segundo o grau de essencialidade.

O Ministro de Estado dos Negócios da Fazenda, no uso das suas atribuições legais e tendo em vista o disposto no art. 74 e §§ 1º e 2º da Lei n. 3.470, de 28 de novembro de 1958, relativamente à dedução de royalties, pela exploração de marcas e patentes, de despesas de assistência técnica, científica, administrativa ou semelhante, bem como de quotas para amortização do valor de patentes, na determinação do lucro real das pessoas jurídicas, resolve:

a) estabelecer os seguintes coeficientes percentuais máximos para as mencionadas deduções, considerados os tipos de produção ou atividade, segundo o grau de essencialidade:

I — royalties, pelo uso de patentes de Invenção, processos e fórmulas de fabricação, despesas de assistência técnica, científica, administrativa ou semelhante:

1º GRUPO — INDÚSTRIAS DE BASE
TIPOS DE PRODUÇÃO Percentagens
1 — ENERGIA ELÉTRICA
01 — Produção e Distribuição 5 %
2 — COMBUSTÍVEIS
01 — Petróleo e Derivados 5 %
3 — TRANSPORTES
01 — Transportes em Ferro-carris Urbanos 5 %
4 — COMUNICAÇÕES 5 %
5 — MATERIAL DE TRANSPORTES
01 — Automóveis, Caminhões e Veículos Congêneres 5 %
02 — Autopeças 5 %
03 — Pneumáticos e Câmaras de Ar 5 %
6 — FERTILIZANTES 5 %
7 — PRODUTOS QUÍMICOS BÁSICOS 5 %
8 — METALURGIA PESADA
01 — Ferro e Aço 5 %
02 — Alumínio 5 %

9 — MATERIAL ELÉTRICO
01 — Transformadores, Dínamos e Geradores de Energia 5 %
02 — Motores Elétricos para Fins Industriais 5 %
03 — Equipamentos e aparelhos de Telefones, Telegrafia e Sinalização 5 %
10 — MATERIAIS DIVERSOS
01 — Tratores e Combinados para Agricultura 5 %
02 — Equipamentos, Peças e Sobressalentes para a Construção de Estradas 5 %
03 — Equipamentos, Peças e Sobressalentes para as Indústrias Extrativas e De Transformação 5 %
11 — CONSTRUÇÃO NAVAL
01 — Navios 5 %
02 — Equipamentos de Navios 5 %
2º GRUPO — INDÚSTRIA DE TRANSFORMAÇÃO — ESSENCIAIS TIPOS DE PRODUÇÃO Percentagens
1 — MATERIAL DE ACONDICIONAMENTO E EMBALAGENS 4 %
2 — PRODUTOS ALIMENTARES 4 %
3 — PRODUTOS QUÍMICOS 4 %
4 — PRODUTOS FARMACÊUTICOS 4 %
5 — TECIDOS, FIOS E LINHAS 4 %
6 — CALÇADOS E SEMELHANTES 3,5 %
7 — ARTEFATOS DE METAIS 3,5 %
8 — ARTEFATOS DE CIMENTOS E AMIANTO 3,5%
9 — MATERIAL ELÉTRICO 3 %
10 — MÁQUINAS E APARELHOS
01 — Máquinas e aparelhos de Uso Doméstico Não Considerados Supérfluos 3 %
02 — Máquinas e Aparelhos de Escritório 3 %
03 — Aparelhos Destinados a Fins Científicos 3 %
11 — ARTEFATOS DE BORRACHA E MATÉRIA PLÁSTICA 2 %
12 — ARTIGOS DE HIGIENE E CUIDADOS PESSOAIS
01 — Artigos de Barbear 2 %
02 — Pastas Dentifrícias 2 %
03 — Sabonetes Populares 2 %
13 — OUTRAS INDÚSTRIAS DE TRANSFORMAÇÃO 1 %

II — royalties, pelo uso de marcas de indústria e comércio, ou nome comercial, em qualquer tipo de produção ou atividade, quando o uso da marca ou nome não seja decorrente da utilização de patente, processo ou fórmula de fabricação: 1% (um por cento);

b) as percentagens máximas estabelecidas incidirão sobre a renda bruta operativa, no caso das concessionárias de serviços públicos, ou sobre o valor da receita bruta dos produtos a que se referir o contrato de licença ou prestação de serviços de assistência;

c) nos casos de pagamento com base nos produtos fabricados, em cada ano, os coeficientes estabelecidos como limites para as deduções referidas nos itens I e II da letra "a" serão aplicados sobre o valor de venda dos produtos fabricados;

d) a receita bruta será reajustada, na hipótese da letra "c", incluindo-se o valor correspondente aos produtos fabricados e não vendidos, com base no último preço de fatura, e excluindo-se as quantias que tenham sido adicionadas à receita bruta do ano anterior por essa mesma forma;

e) serão adicionadas ao lucro real para os efeitos da tributação em cada exercício financeiro, a partir de 1959, as diferenças apuradas:

I — entre as importâncias dos royalties e demais despesas previstas no art. 74 da Lei citada, creditadas ou pagas no ano-base, e as percentagens máximas fixadas para a respectiva dedução, na conformidade das letras "b" e "d";

II — entre as quotas destinadas à constituição de fundos de depreciação de patentes industriais calculadas na conformidade do art. 68 da mesma Lei, e o limite máximo de dedução permitida, em relação ao valor da receita bruta dos produtos vendidos, a que se referir a patente incorporada ao patrimônio da empresa;

f) as pessoas jurídicas cujos tipos de produção não figurarem nos grupos indicados poderão solicitar a sua inclusão, mediante requerimento dirigido ao Diretor da Divisão do Imposto de Renda, aplicando-se, para os fins previstos, até que o façam, a percentagem mínima admitida.

Lucas Lopes

Comitê Gestor Internet do Brasil
Resolução Nº 001/98

O Coordenador do Comitê Gestor Internet do Brasil, no uso de suas atribuições, torna público que o referido Comitê, em reunião realizada no dia 15 de abril 1998, emitiu a seguinte Resolução:
"Resolução Nº 001/98

O Comitê Gestor Internet do Brasil — CG, no uso das atribuições que lhe confere a Portaria Interministerial MC/MCT nº 147, de 31 de maio de 1995, considerando que, para conectividade à Internet, com o objetivo de disponibilização de informações e serviços, é necessário o registro de nomes de domínio e a atribuição de endereços IP (Internet Protocol), bem como a manutenção de suas respectivas bases de dados na rede eletrônica; considerando que dentre as atribuições institucionais do Comitê insere-se a de 'coordenar a atribuição de endereços IP (Internet Protocol) e o registro de nomes de domínio'; e considerando, finalmente, ser necessário que se consolidem as decisões do Comitê Gestor acerca destas atividades, resolve:

Art. 1º O Registro de Nome de Domínio adotará como critério o princípio de que o direito ao nome do domínio será conferido ao primeiro requerente que satisfizer, quando do requerimento, as exigências para o registro do nome, conforme as condições descritas nesta Resolução e seus Anexos.

§ 1º Caso o requerente não satisfaça qualquer das condições para o registro do nome, na ocasião do requerimento, este será considerado sem efeito, permanecendo o nome liberado para registro por quem satisfaça as condições e o requeira.

§ 2º Constituem obrigações do requerente a escolha adequada e o uso regular do nome de domínio requerido, a observância das regras previstas nesta Resolução e seus Anexos, bem como das constantes do documento de Solicitação de Registro de Nome de Domínio.

§ 3º A escolha do nome de domínio requerido e a sua adequada utilização são da inteira responsabilidade do requerente, o qual, ao formular o requerimento do registro exime o CG e o executor do registro, se outro, de toda e qualquer responsabilidade por quaisquer danos decorrentes de seu uso indevido, passando a responder por quaisquer ações judiciais ou extra-judiciais que resultem de violação de direitos ou de prejuízos causados a outrem.

§ 4º O registro do nome de domínio poderá ser cancelado em qualquer das hipóteses previstas no art. 7º.

Art. 2º É permitido o registro de nome de domínio tão-somente para entidades que funcionem legalmente no País, profissionais liberais e pessoas físicas, conforme disposto no Anexo II desta Resolução.

Art. 3º As categorias sob as quais serão registrados os nomes de domínio são as descritas no Anexo II, sob o espaço .br reservado ao Brasil pelo InterNic/IANA.

Art. 4º É da inteira responsabilidade do titular do nome de domínio a eventual criação e o gerenciamento de novas divisões e subdomínios sob o nome de domínio por ele registrado.

Art. 5º Pelo registro de nome de domínio e por sua manutenção anual na rede eletrônica serão cobradas retribuições.

§ 1º A retribuição por cada registro de nome de domínio será cobrada uma única vez.

§ 2º A retribuição pela manutenção será cobrada por ano-calendário, no seu primeiro trimestre. No ano em que ocorrer o registro do nome de domínio, o valor da retribuição pela manutenção será cobrado proporcionalmente aos meses faltantes para o seu encerramento, juntamente com a retribuição devida pelo registro.

Art. 6º A retribuição a que se refere o artigo 5º será cobrada pela entidade responsável pela realização do registro de nomes de domínio e sua manutenção, devendo ser compatível com os valores praticados internacionalmente.

Art. 7º Extingue-se o direito de uso de um nome de domínio registrado na Internet sob o domínio .br, ensejando o seu cancelamento, nos seguintes casos:

I — pela renúncia expressa do respectivo titular, por meio de documentação hábil;

II — pelo não pagamento nos prazos estipulados da retribuição pelo registro e/ou sua manutenção;

III — pelo não uso regular do nome de domínio, por um período contínuo de 180 (cento e oitenta) dias;

IV — pela inobservância das regras estabelecidas nesta Resolução e seus Anexos.

V — por ordem judicial;

Parágrafo único. Nos casos previstos nos incisos II e IV, o titular será notificado para satisfazer à exigência no prazo de 30 (trinta) dias, decorridos os quais, sem atendimento, será cancelado o registro.

Art. 8º Constitui obrigação do requerente e do titular do nome de domínio manter atualizados seus dados junto à entidade incumbida do registro.

Parágrafo único. Se o titular do nome de domínio mudar de endereço sem atualizá-lo junto à entidade incumbida do registro, reputar-se-ão válidas as notificações comprovadamente enviadas para o endereço constante naquela entidade.

Art. 9º Em qualquer hipótese de cancelamento do registro do nome de domínio não assistirá ao titular direito a qualquer ressarcimento ou indenização.

Art. 10 Esta Resolução entra em vigor na data de sua publicação no Diário Oficial da União, devendo ser divulgada no endereço eletrônico do servidor web do CG na Internet: http://www.cg.org.br."

Roberto Pinto Martins
Coordenador do Comitê Gestor da Internet no Brasil

Anexo I
Do Registro de Domínio

Art. 1º São condições imprescindíveis para que o processo de registro de um nome de domínio possa prosseguir até sua efetivação, em adição às mencionadas na Resolução CG nº 001/98, as seguintes:

I — uma instituição poderá registrar no máximo 10 (dez) nomes de domínio utilizando um único CGC. Para esse efeito, será levada em conta a possível existência de filiais, o que eqüivale a dizer que a instituição terá direito, além dos dez registros correspondentes à matriz, a tantos grupos de até dez registros quantas sejam as filiais cujo CGC se apresente.

II — todos os nomes registrados sob um CGC deverão estar sob o mesmo Domínio de Primeiro Nível (DPN), salvo as seguintes exceções:

a) — temporariamente um CGC pode abrigar o mesmo conjunto de nomes em dois DPNs diferentes, quando se tratar da transição de um DPN para outro. Por exemplo, na transição do .com para o .ind, o requerente poderá manter funcionando o seu conjunto de domínios simultaneamente sob o .com e sob o .ind enquanto se processa a transição. O registro deverá prover um período de coexistência de 180 (cento e oitenta) dias até que a transição se efetue. Findo este período, volta a valer a unicidade de DPN por CGC.

b) — Para estimular os Provedores de Serviços Internet a se cadastrarem sob o domínio .psi sem perda de funcionalidade simultânea sob o DPN .com, a coexistência entre o DPN .com e o DPN .psi será inicialmente por prazo indeterminado. Esta exceção aplica-se exclusivamente à coexistência dos DPNs .com e .psi.

Art. 2º O nome escolhido para registro deve ter:

I — comprimento mínimo de 2 caracteres e máximo de 26 caracteres;

II — uma combinação de letras e números, não podendo ser exclusivamente numérico. Como letras entende-se exclusivamente o conjunto de caracteres de a a z. O único caracter especial permitido além de letras e números é o hífen (-);

III — o nome escolhido pelo requerente para registro, sob determinado DPN, deve estar disponível para registro neste DPN, o que subentende que:

a) — não tenha sido registrado ainda por nenhum requerente anterior neste DPN. Para esse critério é importante notar que o hífen (-) não é considerado parte distintiva do nome, ou seja, se "meu domínio" está registrado, não é possível registrar "meu-domínio" ou outras variações em que a única diferença seja a presença do hífen(-);

b) não pode tipificar nome não registrável. Entende-se por nome não registrável, entre outros, palavras de baixo calão, os que pertençam a nomes reservados mantidos pelo CG e pela FAPESP com essa condição, por representarem conceitos predefinidos na rede Internet, como é o caso do nome "internet" em si, os que possam induzir terceiros a erro, como no caso de nomes que representam marcas de alto renome ou notoriamente conhecidas, quando não requeridos pelo respectivo titular, siglas de Estados, de Ministérios, etc.

Art. 3º No ato do preenchimento do pedido de registro devem ser explicitados no mínimo dois e no máximo cinco servidores de Domain Name System (DNS) que respondam pelo nome de domínio solicitado. Caso pelo menos dois desses DNS não estejam ativos na rede no momento da verificação que precede o registro, o processamento do pedido será cancelado instantaneamente.

Parágrafo único. No preenchimento do requerimento por parte do interessado deverá ser observado que:

I — o Contato Administrativo seja, de fato e de direito, alguém ligado à instituição requerente do registro;

II — o Contato Técnico pode ou não pertencer à instituição requerente. Em muitos casos, o Contato Técnico pertencerá ao provedor do requerente;

III — a adequada identificação do Contato Contábil e o correto fornecimento dos endereços físico e eletrônico do requerente, bem como a atualização decorrente de sua eventual mudança são imprescindíveis para o recebimento de notificações e de cobranças, e, conseqüentemente, da manutenção do registro em atividade;

IV — os dados expressos no registro devem ser mantidos atualizados. O operador do registro brasileiro fará uso intensivo de correio eletrônico (e-mail) em suas comunicações com os titulares de domínios e, dessa forma, a manutenção do bom funcionamento do serviço de correio eletrônico é crítico e imprescindível para a disseminação de informações e realização de notificações sobre o registro e sua manutenção.

Anexo II
Domínios de Primeiro Nível (DPNs)

Artigo único. Este Anexo fixa os Domínios de Primeiro Nível (DPNs) sob o domínio *.br*, válidos para o registro de nomes de domínio na rede eletrônica Internet do Brasil.

§ 1º Constituem Domínios de Primeiro Nível (DPNs) sob o domínio *.br*:

I — Grupo Pessoa Jurídica:

a).*br*, destinado às instituições de ensino superior e às de pesquisa, que se inscrevem diretamente sob este domínio; este DPN "implícito" é equivalente ao ".*edu*" norte-americano. Exige-se a apresentação do comprovante de inscrição no Cadastro Geral de Contribuintes do Ministério da Fazenda (CGC/MF) e a comprovação da atividade específica;

b).*com*, destinado a instituições comerciais. Exige-se o CGC;

c).*org*, destinado a organizações não governamentais e sem fins lucrativos. Exige-se documentação que comprove a natureza da instituição e o CGC. Em casos especiais, a exigência do CGC para esse DPN poderá ser dispensada;

d).*g12*, destinado a instituições educacionais de primeiro e segundo grau. Exige-se o CGC;

e).*net*, destinado exclusivamente a provedores de meios físicos de comunicação, habilitados legalmente à prestação de serviços públicos de telecomunicações. Exige-se a comprovação desta atividade por documento específico e o CGC;

f).*mil*, destinado aos órgãos militares;

g).*gov*, destinado ao Governo brasileiro, isto é, aos Três Poderes da República (Executivo, Legislativo e Judiciário), ao Ministério Público Federal, aos Estados e ao Distrito Federal. Excetuados os órgãos da esfera federal, os demais deverão ser alojados sob a sigla do Estado correspondente (ex: *al.gov.br*, *am.gov.br*, etc). Exige-se o CGC. Poderá haver dispensa do CGC, se justificada;

h).*art*, destinado a instituições dedicadas às artes, artesanato e afins. Exige-se o CGC. Poderá haver dispensa do CGC, se justificada;

i).*esp*, destinado a entidades relacionadas a esportes em geral. Exige-se o CGC. Poderá haver dispensa do CGC, se justificada;

j).*ind,* destinado a instituições voltadas à atividade industrial. Exige-se o CGC;

l).*inf,* destinado aos fornecedores de informação. Exige-se o CGC;

m).*psi*, destinado a provedores de serviços Internet em geral. Exige-se o CGC;

n).*rec*, destinado a instituições voltadas às atividades de recreação e jogos, em geral. Exige-se o CGC;

o).*tmp*, destinado a eventos temporários, de curta duração, como feiras, seminários, etc. Há dispensa do CGC para esta categoria;

p).*etc*, destinado a instituições que não se enquadrem nas categorias anteriores. Exige-se o CGC.

II — Grupo Profissionais Liberais, para o qual exige-se a comprovação de inscrição no Cadastro de Pessoas Físicas do Ministério da Fazenda (CPF/MF):

a) .*adv*, destinado a advogados;
b).*arq*, destinado a arquitetos;
c).*eng*, destinado a engenheiros;
d).*eti*, destinado a especialistas em tecnologia de informação;
e).*jor*, destinado a jornalistas;
f).*lel*, destinado a leiloeiros;
g).*med*, destinado a médicos;
h).*odo*, destinado a odontólogos;
i).*psc*, destinado a psicólogos;
j).*vet*, destinado a veterinários.

III — Grupo Pessoas Físicas, cujo registro será efetuado sob o DPN .*nom*, exigindo-se para tanto a comprovação de inscrição no Cadastro de Pessoas Físicas do Ministério da Fazenda (CPF/MF) do titular ou do seu responsável.

§ 2º O DPN de que trata o inciso III (*.nom*) somente estará disponível para o registro a partir de julho de 1998.

Publicado no D.O.U no dia 15 de maio de 1998 — Seção 1 — Folhas 57 e 58

Comitê Gestor Internet do Brasil
Resolução Nº 002/98

O Coordenador do Comitê Gestor Internet do Brasil, no uso de suas atribuições, torna público que o referido Comitê, em reunião realizada no dia 15 de abril de 1998, emitiu a seguinte Resolução:
"Resolução Nº 002/98
O Comitê Gestor Internet do Brasil — CG, no uso das atribuições que lhe confere a Portaria Interministerial MC/MCT nº 147, de 31 de maio de 1995, tendo em vista o disposto na Resolução CG nº 001, de 15 de abril de 1998, e considerando que, para conectividade à Internet, com o objetivo de disponibilização de informações e serviços, é necessário o registro de nomes de domínio e a atribuição de endereços IP (Internet Protocol), bem como a manutenção de suas respectivas bases de dados na rede eletrônica; considerando que dentre as atribuições institucionais do CG insere-se a de 'coordenar a atribuição de endereços IP (Internet PROTOCOL) e o registro de nomes de domínio'; considerando que a execução das atividades relativas ao registro de nomes de domínios e atribuição de endereços IPs vem sendo realizada pela Fundação de Amparo à Pesquisa do Estado de São Paulo — FAPESP, no âmbito do Projeto Rede Nacional de Pesquisas — RNP, que têm suportado os respectivos custos; considerando que o CG aprovou, por unanimidade, que a FAPESP continue a realizar a execução destas atividades para todo o território nacional; considerando que o estágio já alcançado pelos serviços Internet no País não mais justifica a assunção pelo Poder Público dos custos incorridos com os registros de nomes de domínio, distribuição de endereços IPs e respectiva manutenção em atividade; considerando que devem os interessados em tais serviços arcar com os ônus decorrentes de sua utilização; e considerando, finalmente, as atividades já efetivamente realizadas relativamente ao registro de nomes de domínio, distribuição de endereços IPs e sua manutenção em atividade, os custos decorrentes e os preços praticados internacionalmente, resolve:
Art. 1º Delegar competência à FAPESP para realizar as atividades de registro de nomes de domínio, distribuição de endereços IPs e sua manutenção na rede eletrônica Internet.
§ 1º Ficam referendados os atos já praticados pela FAPESP relativos às atividades de que trata o *caput* deste artigo.
§ 2º As condições de registro e cancelamento de Nomes de Domínio a serem

seguidas pela FAPESP observarão as regras estabelecidas na Resolução CG nº 001, de 15 de abril de 1998.

Art. 2º Pela realização das atividades a que se refere o art. 1º a FAPESP cobrará valores compatíveis com os vigentes internacionalmente, previamente aprovados pelo CG.

Parágrafo único. A cobrança prevista neste artigo observará o disposto no art. 5º da Resolução CG nº 001, de 15 de abril de 1998, e abrangerá inclusive os registros existentes em 1997 que foram mantidos e a anuidade relativa àquele exercício, cujo valor deverá ser proporcional aos meses de manutenção na rede.

Art. 3º O produto da arrecadação decorrente das atividades de que trata esta Resolução deverá ser utilizado pela FAPESP para ressarcir-se dos custos incorridos com as mesmas e para promover atividades ligadas ao desenvolvimento da Internet no Brasil.

Parágrafo único. Deverão ser submetidos à aprovação prévia do CG os valores e o cronograma de dispêndios a serem realizados, bem como a correspondente prestação de contas dos valores recolhidos e gastos.

Art. 4º A FAPESP poderá baixar os atos necessários à implementação das atividades de que trata esta Resolução.

Art. 5º Esta Resolução entra em vigor na data de sua publicação no Diário Oficial da União, devendo ser divulgada no endereço eletrônico do servidor *web* do CG na Internet: http://www.cg.org.br."

Roberto Pinto Martins

Coordenador do Comitê Gestor da Internet no Brasil

Publicado no D.O.U no dia 15 de maio de 1998 — Seção 1 — Folhas 57 e 58

Portaria MCT nº 88, de 23.04.98

O MINISTRO DE ESTADO DA CIÊNCIA E TECNOLOGIA, no uso de suas atribuições legais, tendo em vista o disposto nos arts. 88 a 93 da **Lei nº 9.279, de 14 de maio de 1996**, no art. 5º, da **Lei nº 9.609, de 19 de fevereiro de 1998**, nos arts. 5º, § 3º, 38, §§ 1º e 2º, e 39, §§ 1º e 2º, da **Lei nº 9.456, de 25 de abril de 1997**, no art. 237 da Lei nº 8.112, de 11 de dezembro de 1990, e nos arts. 3º a 5º do **Decreto nº 2.553, de 16 de abril de 1998**, resolve:

Art. 1º Os ganhos econômicos resultantes da exploração de resultado de criação intelectual, protegida por direitos de propriedade intelectual, de servidor de órgão ou de entidade do Ministério da Ciência e Tecnologia, no exercício do cargo, serão compartilhados, a título de incentivo, em parcelas iguais entre:

I — o órgão ou a entidade do MCT, titular do direito de propriedade intelectual, responsável pelas atividades das quais resultou a criação intelectual protegida;

II — a unidade do órgão ou da entidade do MCT onde foram realizadas as atividades das quais resultou a criação intelectual protegida;

III — o servidor de órgão ou de entidade do MCT autor de criação intelectual protegida.

Parágrafo único. Sendo mais de um órgão ou entidade, unidade ou servidor, a parte que lhes couber será dividida igualmente entre todos, salvo ajuste em contrário.

Art. 2º A parcela a que se refere o inciso III do artigo 1º será paga ao servidor como premiação, em valores e periodicidade estabelecidos nos artigos 1º e 4º, respectivamente, durante toda vigência da proteção intelectual.

Art. 3º Para as finalidades desta Portaria, entende-se por:

I — criação intelectual: invenção, aperfeiçoamento, modelo de utilidade, desenho industrial, programa de computador e nova variedade vegetal;

II — premiação: participação do servidor, a título de incentivo, nos ganhos econômicos decorrentes da exploração econômica, por parte do órgão ou entidade do MCT, da criação intelectual do servidor;

III — ganhos econômicos: royalties, remunerações e quaisquer benefícios financeiros resultantes seja de exploração direta, seja de licença para exploração por terceiros da criação intelectual.

Art. 4º A premiação ao servidor será realizada com a mesma periodicidade da percepção dos respectivos ganhos econômicos por parte do órgão ou entidade do MCT.

§ 1º A premiação não se incorpora, a qualquer título, aos vencimentos do servidor.

§ 2º Os encargos e obrigações legais decorrentes dos ganhos referidos no *caput* deste artigo serão de responsabilidade dos respectivos beneficiários.

Art. 5º Os órgãos e entidades do MCT adotarão em seus orçamentos as medidas cabíveis para permitir o recebimento dos ganhos econômicos e o respectivo pagamento das parcelas referidas no art. 1º desta Portaria.

Art. 6º As despesas de depósito ou registro de pedido de proteção intelectual, os encargos periódicos de manutenção da proteção intelectual, bem como quaisquer encargos administrativos e judiciais serão deduzidos do valor total dos ganhos econômicos a serem compartilhados nos termos do art. 1º desta Portaria.

Art. 7º Esta Portaria aplica-se, no que couber, às relações entre o trabalhador autônomo, prestador de serviço, estagiário ou aluno e o órgão e entidade do MCT contratante.

Art. 8º Na celebração de quaisquer instrumentos contratuais relativos a atividades que possam resultar em criação intelectual protegida, os órgãos e entidades do MCT deverão estipular cláusulas de confidencialidade, a titularidade e a participação dos criadores na criação intelectual protegida.

Art. 9º Os financiamentos, auxílios financeiros e bolsas concedidos por órgãos e entidades do MCT estarão condicionados, no que couber, à observância desta Portaria por parte das pessoas físicas e jurídicas beneficiárias, sob pena de seu cancelamento.

Art. 10. Esta Portaria aplica-se às criações intelectuais protegidas a partir da data de vigência da Lei Nº 9.279, de 14 de maio de 1996.

Art. 11. Os órgãos e entidades do MCT promoverão dentro de 60 (sessenta) dias, a contar da data de publicação desta Portaria, as alterações dos respectivos regimentos internos ou estatutos para adequá-los aos termos desta Portaria, os quais deverão ser publicados no Diário Oficial da União.

JOSÉ ISRAEL VARGAS
Publicada no D.O.U. de 24.04.98, Seção I, pág. 15.

PROVIMENTO Nº 015 DE 18 DE SETEMBRO DE 2000

O Excelentíssimo Doutor FREDERICO GUEIROS, Corregedor-Geral da Justiça Federal da 2ª Região, no uso de suas atribuições legais e regimentais e:
CONSIDERANDO a decisão do Egrégio Plenário desta Corte, nos autos do Processo Administrativo nº 2000.02.01.047807-0, que acrescentou à competência das Varas Previdenciárias matérias relativas à propriedade industrial;
CONSIDERANDO que, consoante a referida decisão, compete à Corregedoria disciplinar a distribuição dos processos relativos à matéria RESOLVE:
I — A partir da publicação do presente Provimento, os processos relativos à propriedade industrial serão distribuídos exclusivamente às Varas Previdenciárias (31ª à 40ª Varas Federais);
II — Os feitos já distribuídos permanecerão vinculados às atuais Varas;
III — Ficam acrescentadas ao Provimento nº 091/96 as seguintes subclasses:
CLASSES 01000 — AÇÕES ORDINÁRIAS
01006 — ORDINÁRIA / PROPRIEDADE INDUSTRIAL
CLASSE 02000 — MANDADO DE SEGURANÇA
02005 — MANDADO DE SEGURANÇA / PROPRIEDADE INDUSTRIAL
CLASSE 10000 — AÇÕES CAUTELARES
10010 — AÇÃO CAUTELAR / PROPRIEDADE INDUSTRIAL
REGISTRE-SE. PUBLIQUE-SE. CUMPRA-SE.
FREDERICO GUEIROS
Corregedor-Geral da Justiça
Federal da 2ª Região

RESOLUÇÃO Nº 453, DE 15 DE DEZEMBRO DE 2000
Conselho Federal de Engenharia, Arquitetura e Agronomia — CONFEA

Estabelece normas para o registro de obras intelectuais no Conselho Federal de Engenharia, Arquitetura e Agronomia.

O Conselho Federal de Engenharia, Arquitetura e Agronomia — CONFEA, no uso das atribuições que lhe confere a alínea "f" do art. 27 da Lei nº 5.194, de 24 de dezembro de 1966, e

Considerando o que estabelecem os arts. 19 e 20 da Lei n.º 9.610, de 19 de fevereiro de 1998;

Considerando que a Lei n.º 9.610, de 1998, contempla o CONFEA como órgão incumbido do registro para segurança dos direitos do autor de obra intelectual;

Considerando a necessidade de serem expedidas normas para o registro de obra intelectual na sua área de competência;

Considerando a necessidade de valorização da produção intelectual dos profissionais da Engenharia, Arquitetura, Agronomia e afins;

Considerando que a Unidade Fiscal de referência — UFIR foi extinta em 26 de outubro de 2000, por meio da Medida Provisória nº 1973-67;

Considerando que o valor cobrado para registro e publicação de obras intelectuais não está cobrindo os gastos com publicação no DOU — Diário Oficial da União,

RESOLVE:

Art. 1º Os autores de projetos, esboços e obras plásticas concernentes à Engenharia, Arquitetura, Agronomia e demais profissões afins, poderão efetuar o seu registro no CONFEA, para efeito de segurança de seus direitos.

Art. 2º Quando o registro for requerido por pessoa jurídica, esta deverá juntar ao seu requerimento uma declaração de cessão de direitos patrimoniais, subscrita pelo autor ou pelos autores da obra, quando for o caso.

Parágrafo único. O registro de obra pode ser requerido pelo autor ou por meio de representante com poderes especiais.

Art. 3º O CONFEA poderá recusar o registro de obras intelectuais mencionadas no art. 1º da presente Resolução se, por sua natureza, comportarem registro em outro órgão com que mantenham maior afinidade.

Art. 4º A responsabilidade decorrente do registro é exclusiva dos profissionais ou pessoas jurídicas que o requererem.

Art. 5º O pedido de registro da obra deverá ser dirigido ao Conselho Federal de Engenharia, Arquitetura e Agronomia, por meio dos CREAs, mediante requerimento com indicação de:

I — nome completo ou razão social do requerente;
II — qualificação, residência e sede ou endereço do requerente;
III — número da patente e data da publicação, quando houver; e
IV — sistema de reprodução que houver sido empregado.

Parágrafo único. O requerimento, instruído com dois exemplares da obra ou das respectivas fotografias perfeitamente nítidas, conferidas com o original, com dimensões mínimas de 0,18m X 0,24m, deverá ser autuado e encaminhado pelo CREA ao CONFEA.

Art. 6º Deferido o registro, por decisão do Presidente do CONFEA, este será lavrado em livro próprio, aberto e encerrado por este ou por pessoa expressamente designada, contendo:

I — o número de ordem;
II — a descrição da obra com suas características;
III — os esclarecimentos necessários à identificação da obra;
IV — a data do registro; e
V — a assinatura da pessoa encarregada pelo registro.

Parágrafo único. Efetuado o registro, dele será extraído o respectivo translado, que será enviado ao CREA para entrega ao interessado, juntamente com a via do exemplar ou fotografia.

Art. 7º O registro de obra intelectual e seu respectivo translado serão gratuitos, com as seguintes ressalvas:

I — correrão por conta do requerente as despesas provenientes de publicação no DOU, extração de certidão de registro e outras que se fizerem necessárias;
II — o requerente deverá recolher, a título de registro e publicação, o valor de R$ 120,00 (cento e vinte reais), em nome do CONFEA, mediante depósito no Banco do Brasil S/A, Agência 0452-9, conta corrente 193.227-6, anexando o comprovante de recolhimento ao requerimento de registro da obra;
III — não serão acatados pelo CONFEA requerimentos sem o comprovante de depósito bancário referido no parágrafo anterior; e
IV — o CONFEA deverá manter os CREAs permanentemente informados sobre a agência bancária e o número da conta corrente em que o requerente deverá efetuar o respectivo depósito.

Art. 8º A certidão de registro da obra intelectual, assinada pelo encarregado do mesmo e autenticada pelo Presidente do CONFEA, conterá transcrição integral do termo, o número de ordem do registro, do livro e a data em que o registro foi efetuado e publicado.

Art. 9º O registro da obra intelectual será publicado no DOU.

Art. 10. Os registros efetuados nos CREAs, por força do art. 23 da Lei nº

5.194, de 1966, até a data da publicação da presente Resolução, ficam com validade assegurada.

Art. 11. Esta Resolução entra em vigor a partir de 1º de janeiro de 2001.

Art. 12. Ficam revogadas as disposições em contrário.

Brasília — DF, 15 de dezembro de 2000.

Eng. Wilson Lang
Presidente
Eng. Agr. Jaceguáy Barros
1º Vice-Presidente
Publicada no D.O.U. de 19 DEZ 2000 — Seção I — Pág. 93.

Instrução Normativa SRF nº 52, de 8 de Maio de 2001
DOU de 14.5.2001

Estabelece procedimentos especiais de controle de mercadoria importada sob fundada suspeita de irregularidade punível com a pena de perdimento.

O **SECRETÁRIO DA RECEITA FEDERAL**, no uso das atribuições que lhe são conferidas pelo art. 190, inciso III, do Regimento Interno da Secretaria da Receita Federal, aprovado pela Portaria MF nº 227, de 3 de setembro de 1998 e tendo em vista o disposto no art. 446 do Regulamento Aduaneiro aprovado pelo Decreto nº 91.030, de 5 de março de 1985, na Lei nº 8.078, de 11 de setembro de 1990 — Código de Defesa do Consumidor (CDC), na Lei nº 9.933, de 20 de dezembro de 1999, no art. 198 da Lei nº 9.279, de 14 de maio de 1996, e no art. 68 da Medida Provisória nº 2.113-30, de 26 de abril de 2001, resolve:

Art. 1º A mercadoria introduzida no País sob fundada suspeita de irregularidade punível com a pena de perdimento, será submetida a procedimentos especiais de controle, conforme estabelecido nesta Instrução Normativa.

Parágrafo único. A mercadoria importada, submetida aos procedimentos especiais a que se refere este artigo, ficará retida até a conclusão do correspondente procedimento de fiscalização, independentemente de encontrar-se em despacho aduaneiro de importação ou desembaraçada.

Art. 2º Revogado pela IN SRF nº206, de 25 de setembro de 2002. As situações de irregularidade mencionadas no artigo anterior compreendem, entre outras hipóteses, os casos de suspeita quanto:

I — à veracidade na declaração da classificação fiscal, do valor aduaneiro ou da origem da mercadoria, bem assim de qualquer documento instrutivo do despacho;

II — ao cometimento de infração à legislação de propriedade industrial ou de defesa do consumidor que impeça a entrega da mercadoria para consumo ou comercialização no País;

III — ao atendimento a norma técnica a que a mercadoria esteja submetida para sua comercialização ou consumo no País;

IV — a tratar-se de importação proibida, atentatória à moral, aos bons costumes e à saúde ou ordem públicas;

V — à falsidade na declaração da natureza da transação comercial ou da relação entre as partes envolvidas;

VI — à simulação na identificação do importador da mercadoria;

VII — ao funcionamento regular do estabelecimento importador ou de qualquer pessoa envolvida na transação comercial;

VIII — à idoneidade do importador.

§ 1o As suspeitas da fiscalização aduaneira quando ao valor aduaneiro devem estar baseados em elementos objetivos e, entre outras hipóteses, na diferença significativa entre o preço declarado e:

I.os valores usualmente praticados em importações de mercadorias idênticas ou similares;

II — os valores indicados em cotações de preços internacionais, publicações especializadas, faturas comerciais pro forma, ofertas de venda etc.;

III — os custos de produção da mercadoria;

IV — os valores de revenda no mercado interno, deduzidos os impostos e contribuições, as despesas administrativas e a margem de lucro usual para o ramo ou setor da atividade econômica.

§ 2o Nas hipóteses dos incisos II e III do caput deste artigo, a Coordenação-Geral do Sistema Aduaneiro (Coana) disciplinará os procedimentos a serem adotados conforme a legislação específica aplicável a cada caso.

§ 3o Nos casos dos incisos V a VIII do caput deste artigo, a autoridade aduaneira poderá considerar, entre outros, os seguintes fatos:

I — importação de mercadorias em volumes ou valores incompatíveis com as instalações físicas ou com o patrimônio do importador;

II — ausência de histórico de importações da empresa na unidade de despacho;

III — opção questionável por determinada unidade de despacho, em detrimento de outras que, teoricamente, apresentariam maiores vantagens ao importador, tendo em vista a localização do seu domicílio fiscal, o trajeto e o meio de transporte utilizados ou a logística da operação;

IV — existência de endosso no conhecimento de carga, ressalvada a hipótese de endosso bancário;

V — conhecimento de carga consignado ao portador;

VI — ausência de fatura comercial ou sua apresentação sem a devida assinatura, identificação do signatário e endereço completo do vendedor;

VII — reincidência de erros anteriormente apontados pela administração aduaneira na classificação fiscal da mercadoria, tanto na Nomenclatura Comum do Mercosul (NCM) como na Nomenclatura de Valor Aduaneiro e Estatística (NVE), na quantidade declarada na unidade de medida estatística, ou em qualquer outro campo da Declaração de Importação (DI) que evidencie a intenção de fuga aos controles informatizados, de natureza fiscal ou administrativa;

VIII — aquisição de mercadoria de fornecedor não fabricante:

a) sediado em país considerado paraíso fiscal ou zona franca internacional;

b) cujo endereço exclusivo seja do tipo caixa postal; ou

c) que apresente qualquer evidência de tratar-se de empresa de fachada.

Art. 3º Para apurar a regularidade da importação, da empresa importadora ou de terceiros envolvidos na operação comercial, o importador poderá ser intimado a apresentar:

I — cópia autenticada do contrato social da sociedade e de suas alterações subseqüentes;

II — documentação pertinente para justificar a propriedade da mercadoria na hipótese de endosso no conhecimento de carga ou de consignação ao portador;

III — contratação de câmbio relativa à operação selecionada e àquelas efetuadas nos últimos doze meses, com os correspondentes comprovantes de liquidação;

IV — laudo do órgão competente quando se tratar de suspeita quanto à adequação da mercadoria a normas técnicas ou à legislação de defesa do consumidor;

V — comprovação das capacidades econômica e financeira e dos recursos aplicados nas operações comerciais realizadas nos últimos doze meses;

VI — comprovação de que o recolhimento dos tributos internos são compatíveis com a movimentação comercial da empresa;

VII — identificação completa do fornecedor, inclusive da pessoa física responsável pela negociação na transação comercial, com a indicação dos respectivos endereços, telefones, faxes, e-mails e, se for o caso, sites na internet;

VIII — relação dos principais clientes e respectivas notas fiscais de venda, no País, das mercadorias importadas nos últimos doze meses; e

IX — planilhas de custos e despesas referente às importações e às revendas das mercadorias no mercado nacional.

Art. 4º O titular da unidade da Secretaria da Receita Federal (SRF) que der início aos procedimentos especiais de controle poderá determinar, conforme o caso:

I — a realização de diligência ou fiscalização no estabelecimento do importador, ou solicitar a sua realização, em caráter prioritário, pela unidade com competência regimental para realizar a fiscalização aduaneira;

II — o encaminhamento à Coana de requisição de informações à administração aduaneira do país do fornecedor ou ao adido aduaneiro e tributário nele localizado;

III — a elaboração de laudo técnico para identificar a mercadoria e obter cotações de preços no mercado internacional;

IV — a instauração de processo para apurar a autenticidade do certificado de origem das mercadorias; ou

V — a apuração, junto à pessoa interessada, da prática de infração à legislação de direito de propriedade industrial.

Parágrafo único. O procedimento de fiscalização aduaneira previsto no inciso I deste artigo poderá ter sua abrangência ampliada para a totalidade das mercadorias importadas pelo contribuinte, observado o prazo decadencial.

Art. 5º Tratando-se de procedimento de fiscalização previsto no inciso I do artigo anterior e na hipótese de investigação de subavaliação da operação de importação, poderá ser feita a intimação para apresentação da movimentação financeira do importador, e, se for o caso, a emissão da correspondente Requisição de Informação sobre a Movimentação Financeira — RMF, nos termos previstos nos arts. 3o, inciso I, e 4o do Decreto nº 3.724, de 10 de janeiro de 2001, e na Portaria SRF nº 180, de 1º de fevereiro de 2001.

Parágrafo único. Quando a autoridade competente para estabelecer os procedimentos previstos neste artigo não coincidir com a competente para a fiscalização dos tributos internos, aquela deverá encaminhar à última as informações obtidas sobre movimentação financeira.

Art. 6º Revogado pela IN SRF nº206, de 25 de setembro de 2002. A seleção das importações a serem submetidas aos procedimentos especiais de que trata esta Instrução Normativa poderá ocorrer por decisão:

I — da Coana, mediante direcionamento do importador para o canal vermelho ou cinza de conferência e correspondente informação às unidades aduaneiras;

II — do titular da unidade da SRF que tomar conhecimento de situação com suspeita de irregularidade, nos termos do art. 2o.

Parágrafo único. Na hipótese do inciso II deste artigo, o titular da unidade da SRF deverá relatar os motivos para a seleção e informá-los imediatamente à Coana, que avaliará a necessidade de estabelecer, no Sistema Integrado de Comércio Exterior (Siscomex), critério nacional de seleção para a mercadoria, o importador ou seu representante.

Art. 7º Revogado pela IN SRF nº206, de 25 de setembro de 2002 . O importador será cientificado da seleção para os procedimentos previstos nesta Instrução Normativa:

I — por meio do Siscomex, mediante interrupção do despacho aduaneiro para apresentação de documentos justificativos ou informações adicionais àquelas prestadas na declaração;

II — quando a mercadoria estiver desembaraçada, mediante ciência em termos de retenção e de início de ação fiscal, com intimação para apresentar documentos ou prestar informações adicionais.

Art. 8º Revogado pela IN SRF nº206, de 25 de setembro de 2002 . As mercadorias ficarão retidas pela fiscalização pelo prazo máximo de noventa dias, prorrogável por igual período, em situações devidamente justificadas.

Art. 9º Na hipótese de suspeita de conivência do despachante aduaneiro na prática da irregularidade, deverá ser instaurado inquérito administrativo para apuração e aplicação das sanções pertinentes, sem prejuízo, quando for o caso, da correspondente representação fiscal para fins penais.

Art. 10. No caso de constatação de indícios de irregularidades no recolhimento dos tributos internos, o titular da unidade da SRF deverá representar o contribuinte à Divisão de Fiscalização (Difis), da Superintendência Regional da Receita Federal (SRRF) com jurisdição sobre o seu domicílio fiscal, para as providências necessárias à instauração do devido processo de investigação e auditoria.

Art. 11. Esta Instrução Normativa entra em vigor na data de sua publicação.
EVERARDO MACIEL

Portaria MF nº 100, de 22 de abril de 2002
DOU de 24.4.2002

Estabelece normas para destinação dos bens apreendidos, abandonados ou disponíveis, administrados pela Secretaria da Receita Federal.

O **MINISTRO DE ESTADO DA FAZENDA**, Interino, no uso de suas atribuições, e tendo em vista o disposto na legislação tributária, em especial no Decreto-Lei nº 1.455, de 7 de abril de 1976, resolve:

Art. 1º A destinação dos bens apreendidos, abandonados ou disponíveis, administrados pela Secretaria da Receita Federal, quando não aplicável o disposto no art. 29, I, do Decreto-Lei nº 1.455, de 7 de abril de 1976, reger-se-á pelas normas estabelecidas nesta Portaria.

Art. 2º Aos bens de que trata esta Portaria poderá ser atribuída uma da seguintes destinações:

I — venda, mediante leilão, a pessoas jurídicas, para seu uso, consumo, industrialização ou comércio;

II — venda, mediante leilão, a pessoas físicas, para uso ou consumo;

III — incorporação a órgãos da administração pública direta ou indireta federal, estadual ou municipal, dotados de personalidade jurídica de direito público;

IV — incorporação a entidades sem fins lucrativos declaradas de utilidade pública federal, estadual ou municipal;

V — destruição ou inutilização nos seguintes casos:

a) cigarros e demais derivados do tabaco, nacionais ou estrangeiros, conforme previsto no art. 14 do Decreto-Lei nº 1.593, de 21 de dezembro de 1977, com a nova redação dada pela Lei nº 9.822, de 23 de agosto de 1999;

b) brinquedos réplicas e simulacros de armas de fogo, que com estas se possam confundir;

c) mercadorias deterioradas, danificadas, estragadas, com data de validade vencida e outras, as quais, de qualquer modo, forem imprestáveis para fins de incorporação ou venda por meio de leilão;

d) mercadorias sujeitas a análise técnica ou laboratorial para destinação, representadas por quantidades que não permitam ou valores que não justifiquem, técnica ou economicamente, a obtenção de laudo;

e) mercadorias apreendidas em decorrência de inobservância à Lei de Propriedade Industrial, esgotada a possibilidade de incorporação, observado o interesse público;

f) discos, fitas, cartuchos e outros suportes para gravação, contendo obras ou fonogramas, reproduzidos com fraude conforme legislação relativa a direitos autorais;

g) mercadorias colocadas em leilão por duas vezes e não alienadas, esgotadas outras possibilidades legais de destinação;

h) outras mercadorias, quando assim o recomendar o interesse da Administração ou da economia do País.

§ 1º Para os efeitos desta Portaria, entende-se por incorporação a transferência dos bens, destinados pela autoridade competente, para a administração da entidade ou órgão beneficiário, os quais passarão a constituir bem patrimonial da entidade ou órgão, ou bem de consumo a ser utilizado em suas atividades rotineiras, especiais ou de representação.

§ 2º A incorporação de que trata este artigo é decorrente da avaliação, pela autoridade competente, de sua oportunidade e conveniência, relativamente à escolha de outra forma de destinação, objetivando alcançar, mais rapidamente, benefícios administrativos, econômicos e sociais.

§ 3º A incorporação referida no inciso III dependerá de formalização do pedido por parte do órgão interessado ou de determinação de autoridade competente.

§ 4º A destinação aludida no inciso IV dependerá de pedido da entidade interessada, devendo o processo respectivo ser instruído com documentos comprobatórios da personalidade jurídica da entidade, investidura do representante legal da entidade que tenha assinado o pedido, entrega da última Declaração de Isenção do Imposto de Renda — Pessoa Jurídica devida, declaração de utilidade pública, bem assim outros elementos a critério da autoridade competente para efetuar a destinação.

§ 5º Cabe aos beneficiários das incorporações de que tratam os incisos III e IV a responsabilidade pela adequada utilização dos bens, na forma da legislação pertinente, de modo a atender ao interesse público ou social.

Art. 3º Na destinação de que trata esta Portaria será observada legislação que dê tratamento próprio a bens com características especiais, tais como armas e munições, substâncias entorpecentes e psicotrópicos.

Art. 4º Finda a lide administrativa, os bens poderão ser destinados pela autoridade competente, de acordo com esta Portaria, ainda que relativos a processos pendentes de apreciação judicial, inclusive os que estiverem à disposição da Justiça como corpo de delito, produto ou objeto de crime, salvo determinação expressa em contrário, em cada caso, de iniciativa de autoridade judiciária.

§ 1º Quando se tratar de semoventes, perecíveis, bens que exijam condições especiais de armazenamento, bem assim cigarros e demais derivados do tabaco em consonância com o disposto no art. 2°, V, a, a destinação poderá ocorrer imediatamente após a formalização do procedimento administrativo-fiscal pertinente, antes mesmo do término do prazo estabelecido no art. 27, § 1°, do Decreto-Lei n° 1.455, de 7 de abril de 1976.

§ 2° Na hipótese de decisão administrativa ou judicial que determine a restituição de bens que houverem sido destinados na forma desta Portaria, será feita a correspondente indenização ao prejudicado, com recursos do Fundo Especial de Desenvolvimento e Aperfeiçoamento das Atividades de Fiscalização (FUNDAF), instituído pelo Decreto-Lei n° 1.437, de 17 de dezembro de 1975, tendo por base de cálculo o valor:

I — constante do procedimento administrativo, quando o respectivo bem houver sido destinado por incorporação ou destruição, ou quando não for possível determinar o valor pelo qual foi leiloado;

II — pelo qual o bem foi leiloado.

§ 3° O valor da indenização de que trata o § 2° será acrescido de juros calculados com base nos mesmos critérios e percentuais utilizados para débitos fiscais.

Art. 5° A destruição ou inutilização de bens será efetivada por comissão própria, designada pelo dirigente da unidade administrativa jurisdicionante do recinto armazenador, integrada, no mínimo, por três servidores públicos em exercício na Secretaria da Receita Federal e sem vinculação com a área de controle físico ou contábil de bens apreendidos.

Art. 6° Os leilões para destinação de bens serão abertos à clientela indicada no ato de destinação e deverão observar, no que couber, as disposições da Lei n° 8.666, de 21 de junho de 1993, e demais normas pertinentes à matéria.

§ 1° O produto da venda por leilão terá a seguinte destinação:

I — 60% (sessenta por cento) ao FUNDAF;

II — 40% (quarenta por cento) constituirá receita da seguridade social, conforme estabelece o art. 213, VII, do Decreto n° 3.048, de 6 de maio de 1999.

Art. 7° Compete à Secretaria da Receita Federal a administração e alienação dos bens apreendidos.

Art. 8° Fica delegada ao Secretário da Receita Federal a competência para decidir sobre a destinação de bens de que trata esta Portaria.

Parágrafo único. O Secretário da Receita Federal poderá subdelegar a competência prevista neste artigo.

Art. 9° O Secretário da Receita Federal emitirá as instruções complementares que se fizerem necessárias à execução do disposto nesta Portaria.

Art. 10. Esta Portaria entra em vigor na data de sua publicação.

Art. 11. Ficam revogadas as Portarias MF n°s 76 e 77, de 5 de maio de 1989.

EVERARDO MACIEL

Portaria SRF nº 555, de 30 de abril de 2002
DOU de 6.5.2002

Estabelece procedimentos para destinação dos bens apreendidos, abandonados ou disponíveis, administrados pela Secretaria da Receita Federal.

O SECRETÁRIO DA RECEITA FEDERAL, no uso de suas atribuições, e tendo em vista o disposto no art. 29, § 4º, do Decreto-Lei nº 1.455, de 7 de abril de 1976, no art. 115 da Lei nº 8.666, de 21 de junho de 1993, e na Portaria MF nº 100, de 22 de abril de 2002, resolve:

Das Disposições Gerais

Art. 1º Para efeito do art. 1º da Portaria MF nº 100, de 22 de abril de 2002, consideram-se disponíveis para destinação as mercadorias apreendidas em decorrência das atividades de controle aduaneiro ou de fiscalização dos tributos administrados pela Secretaria da Receita Federal (SRF), que tenham sido objeto de aplicação de pena de perdimento, bem assim outras mercadorias que, por força da legislação vigente, possam ser destinadas, ressalvada determinação expressa em contrário, em cada caso, emanada de autoridade judiciária.

Parágrafo único. Consideram-se também disponíveis para destinação as mercadorias com guarda formalizada por meio de Termo de Guarda Especial, ou declaradas abandonadas nos termos da Portaria MF nº 90, de 8 de abril de 1981, observados os respectivos procedimentos administrativos.

Art. 2º Aos bens de que trata esta Portaria poderá ser atribuída uma da seguintes destinações:

I — venda, mediante leilão, a pessoas jurídicas, para seu uso, consumo, industrialização ou comércio;

II — venda, mediante leilão, a pessoas físicas, para uso ou consumo;

III — incorporação a órgãos da administração pública direta ou indireta federal, estadual ou municipal, dotados de personalidade jurídica de direito público;

IV — incorporação a entidades sem fins lucrativos declaradas de utilidade pública federal, estadual ou municipal;

V — destruição ou inutilização nos seguintes casos:

a) cigarros e demais derivados do tabaco, nacionais ou estrangeiros, conforme previsto no art. 14 do Decreto-lei nº 1.593, de 21 de dezembro de 1977, com a nova redação dada pela Lei nº 9.822, de 23 de agosto de 1999;

b) brinquedos réplicas e simulacros de armas de fogo, que com estas se possam confundir;

c) mercadorias deterioradas, danificadas, estragadas, com data de validade vencida e outras, as quais, de qualquer modo, forem imprestáveis para fins de incorporação ou venda por meio de leilão;

d) mercadorias sujeitas a análise técnica ou laboratorial para destinação, representadas por quantidades que não permitam ou valores que não justifiquem, técnica ou economicamente, a obtenção de laudo;

e) mercadorias apreendidas em decorrência de inobservância à Lei de Propriedade Industrial, esgotada a possibilidade de incorporação, observado o interesse público;

f) discos, fitas, cartuchos e outros suportes para gravação, contendo obras ou fonogramas, reproduzidos com fraude conforme legislação relativa a direitos autorais;

g) mercadorias colocadas em leilão por duas vezes e não alienadas, esgotadas outras possibilidades legais de destinação;

h) outras mercadorias, quando assim o recomendar o interesse da Administração ou da economia do País.

Da Venda Mediante Leilão

Art. 3º. Os leilões para destinação de bens serão abertos à clientela indicada no Ato de Destinação de Mercadorias Apreendidas (ADM) e deverão observar, no que couber, as disposições da Lei nº 8.666, de 21 de junho de 1993, e demais normas pertinentes à matéria.

Art. 4º No ato da arrematação deverão ser apresentados:

I — no caso de pessoas físicas, documento de identidade, comprovante de inscrição no Cadastro de Pessoas Físicas (CPF) e, se for o caso, documento de emancipação;

II — no caso de pessoa jurídica, comprovante de inscrição no Cadastro Nacional da Pessoa Jurídica (CNPJ) e de que o ofertante do lance é representante legal da empresa.

Art. 5º A preparação do Edital, a realização do leilão, bem assim as demais atividades relacionadas com o certame, inclusive a verificação de anuências junto a órgãos competentes, ficarão a cargo de Comissão de Licitação, permanente ou especial, designada pelo dirigente da unidade promotora do leilão, integrada, no mínimo, por três servidores públicos em exercício na Secretaria da Receita Federal.

Parágrafo único. A investidura dos membros da Comissão de Licitação não excederá o prazo de um ano, vedada a recondução da totalidade dos seus membros para a mesma comissão no período subseqüente.

Art. 6º Para fins de licitação, o valor da mercadoria constante do respectivo processo fiscal é indicativo do seu preço mínimo.

§ 1º Conforme o estado da mercadoria e as condições de mercado, visando a resguardar o caráter competitivo do leilão, o preço mínimo poderá ser inferior ou superior ao valor constante do processo fiscal, a partir de avaliação procedida pela Comissão de Licitação.

§ 2º Para subsidiar a avaliação de jóias, pedras preciosas, metais nobres e mercadorias similares, poderão ser utilizados os serviços de técnicos ou empresas especializados na matéria, preferencialmente pertencentes a órgãos da administração pública direta ou indireta, desde que justificados pela Comissão de Licitação.

Art. 7º As mercadorias poderão ser leiloadas em lotes, contendo uma ou mais unidades, cujo apregoamento será feito pelo Presidente da Comissão de Licitação, ou por servidor público formalmente designado para este fim, em exercício na Secretaria da Receita Federal, o qual considerará vencedor o maior lance oferecido.

§ 1º No ato da arrematação serão apresentados os documentos aludidos no art. 4º e pago o total do lance ou o sinal, este último, desde que estabelecido no edital e não inferior a 20 % (vinte por cento) do valor oferecido pelo lote arrematado.

§ 2º No caso de descumprimento do disposto no parágrafo anterior, o lote poderá ser novamente apregoado, a critério do Presidente da Comissão de Licitação, observado o seu preço mínimo.

Art. 8º Admitido o sinal, a complementação do pagamento será efetuada no prazo máximo de oito dias, contado da data da arrematação, sob pena de perda do sinal e do lote, sem prejuízo das sanções previstas na legislação pertinente.

Parágrafo único. Após a comprovação do efetivo pagamento do total do lance vencedor e dos tributos porventura devidos, as mercadorias serão entregues ao licitante, mediante recibo, acompanhadas de documento regularizador de sua situação fiscal, no qual constem suas características essenciais, discriminando, sempre que possível, marca, modelo e outros elementos que as identifiquem.

Art. 9º As mercadorias serão vendidas e entregues no estado em que se encontrarem, não cabendo à SRF responsabilidade por qualquer modificação ou alteração que venha a ser constatada na constituição, composição ou funcionamento dos produtos licitados, pressupondo, o oferecimento de lance, o conhecimento das características e situações dos bens, ou o risco consciente do arrematante, sem direito a reclamação posterior.

Art. 10. Antes da entrega das mercadorias ao arrematante, o dirigente da unidade promotora do leilão poderá, no interesse público, revogá-lo parcial ou totalmente, devendo, no caso de ilegalidade, anulá-lo, no todo ou em parte, em despacho fundamentado, quer de ofício, quer mediante provocação de terceiros.

Parágrafo único. Na hipótese de anulação, não terá o arrematante direito à restituição do valor pago, se houver, de qualquer forma, concorrido para a prática da ilegalidade.

Art. 11. Havendo motivo justificado, poderá o Presidente da Comissão de Licitação excluir do leilão qualquer lote, fazendo constar essa ocorrência na ata a que se refere o art. 15.

Art. 12. O edital do leilão será rubricado em todas as folhas e assinado pelo Presidente da Comissão de Licitação, devendo constar do preâmbulo:

I — o número de ordem em série anual;

II — o nome da unidade promotora do leilão;

III — modalidade, tipo e a finalidade da licitação;

IV — menção de que o leilão será regido pela Lei nº 8.666, de 1993, pela Portaria MF nº 100, de 2002, por esta Portaria e demais disposições pertinentes da legislação tributária;

V — local, dia e hora de realização do leilão;

VI — identificação das Portarias de designação da Comissão de Licitação e do Leiloeiro, conforme o caso, bem assim dos ADM, a que se refere o art. 3º.

Art. 13. Serão, ainda, indicados no Edital:

I — as mercadorias, por lote, em descrição sucinta e clara com registro dos seguintes dados:

a) número do lote;

b) especificação e quantidade das mercadorias;

c) preço mínimo do lote;

d) outras informações relativas a particularidades do lote;

II — destino que o arrematante poderá dar às mercadorias e restrições, se for o caso;

III — condições de pagamento;

IV — esclarecimento de que as mercadorias serão vendidas no "estado em que se encontrem";

V — clientela, condições para participação e prazo para retirada das mercadorias;

VI — critério para o lance vencedor;

VII — local e horário em que serão mostradas as mercadorias e fornecidas informações;

VIII — local de afixação do Edital;

IX — sanções;

X — instruções e normas para os recursos previstos;

XI — documentação exigida no ato da arrematação;

XII — outras indicações específicas ou peculiares da licitação.

Art. 14. Resumo do Edital será publicado, com antecedência mínima de quinze dias da data de realização do leilão, no Diário Oficial da União e em pelo menos um jornal diário de grande circulação no Estado e também, se houver, em jornal de circulação no Município ou na região onde será realizado o evento, contendo o seguinte:

I — número de ordem do Edital;

II — espécie das mercadorias;

III — data, local e horário de realização do leilão;

IV — clientela a que se destina e documentos a serem apresentados;
V — condições de pagamento;
VI — local e horário onde serão prestadas as informações, bem assim local da afixação ou distribuição do inteiro teor do edital.
Parágrafo único. Para ampliar a abrangência dos leilões, poderão ser utilizados, conforme o vulto da licitação, outros meios de divulgação.

Art. 15. Encerrado o leilão, será lavrada ata circunstanciada, a ser assinada pelos membros da Comissão de Licitação, pelo leiloeiro e arrematantes presentes que o desejarem, na qual constarão os lotes vendidos, a correspondente identificação dos arrematantes e os trabalhos de desenvolvimento do leilão, em especial os fatos relevantes.

Art. 16. O procedimento de licitação será iniciado com a abertura de processo administrativo, devidamente protocolizado, contendo a autorização respectiva e o original do ADM, e ao qual serão juntados oportunamente:
I — cópias das Portarias de designação da Comissão de Licitação e do Leiloeiro, conforme o caso;
II — aprovação da minuta de edital pela Procuradoria da Fazenda Nacional;
III — original do edital do leilão, assinado pelo Presidente da Comissão de Licitação;
IV — comprovante da publicação obrigatória e de outras publicações ou meios de divulgações, inclusive na Internet, porventura efetuadas;
V — comprovante de inscrição no CNPJ, se for o caso, e outros documentos exigíveis dos licitantes vencedores, conforme indicado no Edital;
VI — ata, relatórios e deliberações da Comissão de Licitação;
VII — despacho de anulação ou revogação da licitação, quando for o caso, fundamentado circunstanciadamente;
VIII — comprovante de pagamento dos lances vencedores, de despesas e tributos, quando exigíveis, e de entrega dos lotes;
IX — recursos ou representações eventualmente apresentados e respectivas manifestações e decisões;
X — despachos prolatados relativamente à licitação;
XI — deliberação do dirigente da unidade promotora do leilão homologando a licitação;
XII — demais documentos relativos à licitação.

Art. 17. Não poderão participar de leilões destinados a pessoas físicas os servidores em exercício na Secretaria da Receita Federal, os interessados no processo, os responsáveis pela infração, os despachantes aduaneiros e corretores de navios, bem assim seus ajudantes e prepostos.

Art. 18. As mercadorias adquiridas nos leilões por pessoas físicas destinar-se-ão ao uso e consumo do arrematante, vedada sua comercialização ou industrialização, devendo tal restrição constar do documento aludido no art. 8°, parágrafo único.
Parágrafo único. As mercadorias sujeitam-se a apreensão e aplicação da pena de perdimento, na hipótese da inobservância do disposto neste artigo.

Art. 19. As mercadorias não retiradas do recinto armazenador pelo arrematante no prazo de trinta dias, contado da data da arrematação, serão declaradas abandonadas, conforme estabelece o art. 462, III, b, do Decreto nº 91.030, de 5 de março de 1985, ficando disponíveis para nova destinação, salvo motivo de força maior, caso fortuito ou outro motivo relevante a critério da Administração.

Art. 20. Às licitações em andamento na data da publicação desta Portaria, continuam sendo aplicadas as normas constantes dos respectivos editais.

Da Incorporação

Art. 21. Para os efeitos desta Portaria, entende-se por incorporação a transferência dos bens, destinados pela autoridade competente, para a administração da entidade ou órgão beneficiário, os quais passarão a constituir bem patrimonial da entidade ou órgão, ou bem de consumo a ser utilizado em suas atividades rotineiras, especiais ou de representação.

Art. 22. A incorporação referida no art. 2º, III, dependerá de formalização do pedido por parte do órgão interessado ou de determinação de autoridade competente.

Art. 23. A incorporação aludida no art. 2º, IV, dependerá de pedido da entidade interessada, devendo o processo respectivo ser instruído com documentos comprobatórios da personalidade jurídica da entidade, da investidura do representante legal da entidade que tenha assinado o pedido, da entrega da última Declaração de Isenção do Imposto de Renda — Pessoa Jurídica, da declaração de utilidade pública, bem assim de outros elementos a critério da autoridade competente para efetuar a destinação.

Art. 24. Cabe aos beneficiários das incorporações a responsabilidade pela adequada utilização dos bens, na forma da legislação pertinente, de modo a atender ao interesse público ou social.

Art. 25. A não retirada da mercadoria incorporada, no prazo de trinta dias, contado da data de ciência do ADM, ensejará a revogação do ato, a critério da Administração, ficando a mercadoria disponível para nova destinação.

Art. 26. Deverá ser priorizada a destinação de semoventes, produtos perecíveis, bens que exijam condições especiais de armazenamento e outras mercadorias cuja constituição intrínseca possa torná-las, em virtude do prazo de validade ou de outros motivos, imprestáveis para a utilização original.

Parágrafo único. A destinação dos bens de que trata este artigo poderá ocorrer imediatamente após a formalização do procedimento administrativo-fiscal pertinente, desde que a observância dos prazos legais para a decisão administrativa do perdimento ou do abandono acarrete a inviabilidade de sua utilização ou consumo para o fim a que se destinam, ou na hipótese de riscos ao meio ambiente, à saúde e à integridade física dos servidores envolvidos com sua guarda e manipulação.

Art. 27. As Superintendências Regionais da Receita Federal (SRRF) deverão verificar se os órgãos ou entidades interessados atendem aos requisitos previstos na legislação vigente para beneficiar-se da incorporação.

Da Destruição ou Inutilização

Art. 28. A destruição ou inutilização de bens será efetivada por comissão própria, designada pelo dirigente da unidade administrativa jurisdicionante do recinto armazenador, integrada, no mínimo, por três servidores públicos em exercício na Secretaria da Receita Federal e sem vinculação com o setor de controle físico ou contábil de bens apreendidos.

Art. 29. O procedimento de destruição ou inutilização iniciar-se-á com proposta do setor competente, na qual constem o fundamento legal, a descrição dos bens, a justificativa do procedimento e a autorização do dirigente da unidade administrativa local, devendo ser formalizado processo ao qual serão juntados:

I — na hipótese do art. 2º, V, d, manifestação da Comissão de Destruição ou de servidor afeto ao controle físico ou contábil de mercadorias apreendidas, onde fique demonstrada, de forma conclusiva, a inviabilidade ou inconveniência da obtenção de laudo;

II — na hipótese do art. 2º, V, g, cópia dos dois editais de leilão que comprovem o fato de a mercadoria ter sido levada a leilão;

Art. 30. A inutilização ou destruição de cigarros e demais derivados do tabaco de que trata o art. 2º, V, a, deverá ser por incineração ou outro procedimento que descaracterize os produtos, tornando-os impróprios para os fins a que se destinavam originalmente.

§ 1º As SRRF e as unidades administrativas jurisdicionadas poderão contratar ou realizar convênios com empresas, instituições ou órgãos públicos, objetivando a destruição dos produtos mencionados neste artigo, observadas a Lei das Licitações e Contratos e a legislação ambiental.

§ 2º O resíduo resultante das referidas formas de destruição, quando existente, poderá ter o seguinte tratamento, observada a legislação ambiental:

I — disponibilizado ao serviço de coleta do órgão municipal de limpeza urbana;

II — depositado em locais indicados e autorizados pelo órgão de controle ambiental da jurisdição competente, quando for o caso;

III — doado a órgão ou entidade de que trata o art. 2º, III e IV, desde que haja manifesto comprometimento do beneficiário em destinar ou utilizar o resíduo com observância à legislação ambiental;

§ 3º Na hipótese do inciso III do parágrafo anterior, no processo de destruição deverá constar declaração simplificada do beneficiário aceitando o recebimento do resíduo, termo de compromisso quanto a sua destinação ou utilização e, se for o caso, a documentação de que trata o art. 23.

§ 4º A Comissão de Destruição adotará as cautelas de segurança necessárias, observará a legislação ambiental vigente e registrará em ata os procedimentos adotados, a quantidade, o local, a hora da destruição ou inutilização, a existência de resíduo e a sua destinação.

§ 5º As unidades administrativas locais deverão informar à SRRF jurisdicionante, até o 2º dia útil do mês subseqüente, a quantidade de maços de cigarros destruídos ou inutilizados no mês anterior, devendo as SRRF consolidar e remeter as informações à Coordenação-Geral de Programação e Logística (Copol) no prazo de dez dias.

Art. 31. O resíduo de destruição ou inutilização de outras mercadorias obedecerá ao disposto no artigo anterior, no que couber.

Das Disposições Finais

Art. 32. Na destinação de que trata esta Portaria será observada legislação que dê tratamento próprio a bens com características especiais, tais como armas e munições, substâncias entorpecentes e psicotrópicos.

Art. 33. Todas as despesas relativas à armazenagem ou quaisquer ônus incidentes sobre as mercadorias objeto de destinação, correrão por conta do interessado, a partir da data:

I — do pagamento integral ou complementação do sinal, na hipótese de venda mediante leilão, salvo outra previsão constante do edital de licitação;

II — da assinatura do termo de entrega no ADM, no caso de incorporação.

Art. 34. Ficam subdelegadas as seguintes competências:

I — ao Chefe de Gabinete do Secretário da Receita Federal, para destinação aos órgãos do Ministério da Fazenda, conforme previsto no art. 2º, III;

II — aos Superintendentes da Receita Federal para:

a) destinar as seguintes mercadorias, conforme previsto no art. 2º, III e IV:

1. medicamentos e aparelhos médico-hospitalares ou odontológicos a órgãos e entidades do Ministério da Saúde, das Secretarias Estaduais e Municipais de Saúde, bem assim a hospitais universitários de instituições públicas de ensino superior;

2. perecíveis e mercadorias de pequeno valor comercial a órgãos da administração pública direta ou indireta federal, estadual ou municipal, excluídas as sociedades de economia mista e empresas públicas, ou a entidades sem fins lucrativos declaradas de utilidade pública federal, estadual ou municipal;

3. borracha natural, madeiras e animais silvestres ao Instituto Brasileiro do Meio Ambiente e dos Recursos Naturais Renováveis (IBAMA) ou a outros órgãos ou entidades públicas responsáveis pela execução das políticas de preservação ambiental;

4. obras de arte, peças de arqueologia e museu, outros bens de valor artístico ou cultural ao Instituto do Patrimônio Histórico e Artístico Nacional (IPHAN);

5. materiais radioativos ou nucleares à Comissão Nacional de Energia Nuclear (CNEN) ou a órgãos e instituições de pesquisa indicados pelo órgão fiscalizador e controlador da atividade nuclear no Brasil, desde que atendam aos requisitos previstos nesta Portaria;

b) destinar mercadorias às seguintes instituições, conforme previsto no art. 2º, III:

1. órgãos da Presidência da República;
2. órgãos dos Ministérios da Fazenda ou da Defesa;

3. Estado-Maior das Forças Armadas;
4. órgãos do Poder Judiciário Federal;
5. órgãos do Poder Judiciário Estadual;
6. órgãos do Ministério Público da União;
7. órgãos do Ministério Público dos Estados;
8. Departamento de Polícia Federal;
9. Departamento de Polícia Rodoviária Federal;
10. instituições públicas federais de ensino e outros órgãos do Ministério da Educação;
11. Secretarias Estaduais de Fazenda, de Segurança Pública e de Educação, incluídos os órgãos de suas respectivas estruturas;
c) destinar mercadorias às unidades administrativas da SRF, conforme previsto no art. 2°, III;
d) retornar à disponibilidade mercadorias destinadas por meio de ADM de competência do Secretário da Receita Federal, do Chefe de Gabinete do Secretário da Receita Federal e os de sua competência, as quais não tenham sido entregues ao beneficiário em decorrência de ordem judicial ou necessidade administrativa;
e) destinação nos casos previstos no art. 2°, I, II e V;
III — aos dirigentes das unidades administrativas locais da SRF que administram mercadorias apreendidas, para destinação nos casos previstos no art. 2°, I, II e V.

§ 1° A destinação de que trata o inciso II, a, 2, deste artigo deverá contemplar, preferencialmente, os órgãos e entidades indicados pelos interlocutores estaduais do Programa Comunidade Solidária, as Associações de Pais e Amigos dos Excepcionais (APAE) e as Secretarias de Estado responsáveis pela implementação de ações de assistência social.

§ 2° A subdelegação de que trata o inciso II, b, deste artigo não abrange veículos e produtos de informática, ressalvados os artigos de informática obsoletos ou inaproveitáveis pela SRF, segundo manifestação expressa da Divisão de Tecnologia e Segurança da Informação (Ditec) ou da sua projeção local.

§ 3° O disposto neste artigo não poderá ser objeto de subdelegação, salvo as competências para destinar mercadorias perecíveis de que trata o inciso II, a, 2, e para destinar ao Exército armas, munições, explosivos e outros produtos controlados de que tratam os anexos 1 e 2 do Decreto n° 2.998, de 23 de março de 1999.

§ 4° As mercadorias perecíveis compreendidas na subdelegação de que trata o parágrafo anterior deverão restringir-se às de fácil deterioração, assim compreendidas as mercadorias comestíveis in natura e aquelas cuja constituição intrínseca possa torná-las, em decorrência de curto prazo de validade ou condições impróprias de armazenamento, imprestáveis para a utilização original.

§ 5° Na hipótese da subdelegação de que trata o § 3°, o Superintendente da Receita Federal deverá ser imediatamente informado da destinação, bem como encaminhada cópia do ADM para as SRRF.

§ 6º As SRRF deverão encaminhar à Copol, até o 5º dia útil de cada mês, o demonstrativo das destinações efetuadas, conforme previsto na Portaria SRF no 189, de 14 de fevereiro de 2000, bem como cópia dos Atos de Retorno de que trata o inciso II, d, deste artigo, tão logo estejam assinados e numerados.

§ 7º As subdelegações de competência de que trata esta Portaria não abrangem as mercadorias que se encontrem pendentes de apreciação judicial, quando houver determinação expressa, de iniciativa de autoridade judiciária, impeditiva da destinação.

Art. 35. A Copol providenciará a divulgação na página da Secretaria da Receita Federal na Internet do demonstrativo das incorporações e leilões realizados, bem assim poderá detalhar os procedimentos estabelecidos nesta Portaria.

Art. 36. Esta Portaria entra em vigor na data de sua publicação.

Art. 37. Ficam revogadas as Portarias SRF nº 674, de 15 de julho de 1999, nº 1.158, de 28 de outubro de 1999, nº 152, de 8 de fevereiro de 2000, e nº 3.229, de 31 de dezembro de 2001.

Art. 38. Declarar revogados os itens 15 a 18 e 20 a 29 da Instrução Normativa SRF nº 80, de 4 de novembro de 1981.

EVERARDO MACIEL

Instrução Normativa SRF nº 206, de 25 desetembro de 2002*
DOU de 26.9.2002

Disciplina o despacho aduaneiro de importação.

O **SECRETÁRIO DA RECEITA FEDERAL**, no uso de suas atribuições e considerando o disposto nos arts. 446, 452, 453 e 454 do Regulamento Aduaneiro aprovado pelo Decreto nº 91.030, de 5 de março de 1985, e tendo em vista o Decreto nº 1.765, de 28 de dezembro de 1995, resolve:

Art. 1º Toda mercadoria que ingresse no País, importada a título definitivo ou não, sujeita-se a despacho aduaneiro de importação, que será processado com base em declaração formulada no Sistema Integrado de Comércio Exterior (Siscomex), salvo exceções previstas nesta Instrução Normativa ou em normas específicas.

Parágrafo único. O disposto neste artigo aplica-se, inclusive, à mercadoria que, após ter sido submetida a despacho aduaneiro de exportação:

I — retorne ao País;

II — permaneça no País, em caráter definitivo ou temporário, nos termos da legislação específica.

Art. 2º Sujeitam-se, ainda, ao despacho aduaneiro de importação, independentemente do despacho a que foram submetidas por ocasião do seu ingresso no País, as mercadorias de origem estrangeira que venham a ser transferidas para outro regime aduaneiro, bem assim aquelas introduzidas no restante do território nacional, procedentes da Zona Franca de Manaus (ZFM), Amazônia Ocidental ou Área de Livre Comércio (ALC).

Art. 3º O despacho aduaneiro de importação compreende:

I — despacho para consumo, inclusive aquela:

a) ingressada no País com o benefício de drawback;

b) destinada à ZFM, à Amazônia Ocidental e a ALC;

c) contida em remessa postal internacional ou conduzida por viajante, se aplicado o regime de importação comum; e

d) antes admitida em regime aduaneiro especial ou atípico, na forma do disposto no inciso II, que venha a ser submetida ao regime comum de importação;

II — despacho para admissão em regime aduaneiro especial ou atípico, quando relativo a mercadoria que ingresse no País nessa condição;

III — despacho para internação, quando relativo à introdução, no restante do território nacional, de mercadoria procedente da ZFM, Amazônia Ocidental ou ALC.

DECLARAÇÃO DE IMPORTAÇÃO

Art. 4º A Declaração de Importação (DI) será formulada pelo importador no Siscomex e consistirá na prestação das informações constantes do <u>Anexo I</u>, de acordo com o tipo de declaração e a modalidade de despacho aduaneiro.

§ 1º Não será admitido agrupar, numa mesma declaração, mercadoria que proceda diretamente do exterior e mercadoria que se encontre no País submetida a regime aduaneiro especial ou atípico.

§ 2º Será admitida a formulação de uma única declaração para o despacho de mercadoria que, procedendo diretamente do exterior, tenha uma parte destinada ao consumo e outra à admissão no regime aduaneiro especial de admissão temporária.

§ 3º Não será permitido agrupar, numa mesma adição, mercadorias cujos preços efetivamente pagos ou a pagar devam ser ajustados de forma diversa, em decorrência das regras estabelecidas pelo Acordo de Valoração Aduaneira.

CONTROLES PRÉVIOS AO REGISTRO DA DI
Disponibilidade da Carga Importada?

Art. 5º O depositário de mercadoria sob controle aduaneiro, na importação, deverá informar à Secretaria da Receita Federal (SRF), de forma imediata, sobre a disponibilidade da carga recolhida sob sua custódia em local ou recinto alfandegado, de zona primária ou secundária, mediante indicação do correspondente número identificador.

§ 1º No caso de carga contendo volume recebido com ressalva, a informação a que se refere este artigo somente deverá ser prestada após a realização da vistoria aduaneira ou a dispensa desta em razão de desistência assumida pelo importador.

§ 2º Para os fins deste artigo deverá ser também informada a carga objeto de descarregamento direto para local não alfandegado.

§ 3º O número identificador da carga informado pelo depositário nos termos deste artigo deverá ser utilizado pelo importador para fins de preenchimento e registro da DI.

§ 4º O procedimento estabelecido neste artigo não se aplica à carga:

I — ingressada no País por unidade da SRF usuária do Sistema de Gerência do Manifesto, do Trânsito e do Armazenamento (Mantra), onde se processe o despacho aduaneiro de importação da mercadoria, hipótese em que deverá ser observada a norma específica; e

II — transportada, no percurso internacional por meio de ductos, pela via postal ou por meios próprios.

§ 5º A Coordenação-Geral de Tecnologia e de Segurança da Informação (Cotec) e a Coordenação-Geral de Administração Aduaneira (Coana) baixarão instruções complementares necessárias ao cumprimento do disposto neste artigo.

§ 6º A presença de carga em unidade da SRF localizada em ponto de fronteira alfandegado, onde inexiste depositário, será informada no Siscomex pela fiscalização aduaneira.

§ 7º A Coana poderá autorizar, em casos justificados pelo titular da unidade local da SRF, outras formas de o depositário atestar a chegada da mercadoria no País.

Controles de Outros Órgãos

Art. 6º A verificação do cumprimento das condições e exigências específicas a que se referem o art. 437 e o § 2º do art. 450 do Regulamento Aduaneiro aprovado pelo Decreto nº 91.030, de 5 de março de 1985, inclusive daquelas que exijam inspeção da mercadoria, conforme estabelecido pelos órgãos competentes, será realizada exclusivamente na fase do licenciamento da importação.

Art. 7º Compete ao titular da unidade da SRF responsável pelo despacho aduaneiro autorizar o acesso, ao recinto ou local de depósito da mercadoria importada, de servidor do órgão responsável pela inspeção a que se refere o artigo anterior.

§ 1º A autorização a que se refere este artigo será concedida a pedido do representante do órgão interessado.

§ 2º A inspeção pelo órgão interveniente será realizada na presença do importador ou de seu representante e, a critério da autoridade local, com acompanhamento fiscal.

Art. 8º A retirada de amostra para realização da inspeção referida no art. 6º será averbada em termo próprio com as assinaturas do importador ou de seu representante, do servidor responsável pela inspeção, do depositário e, havendo acompanhamento fiscal, do representante da SRF.

§ 1º O termo a que se refere este artigo será mantido em poder do depositário para apresentação à SRF quando solicitada.

§ 2º As mercadorias retiradas a título de amostra devem ser incluídas na declaração de importação.

Art. 9º Fica aprovado o modelo de formulário Autorização de Acesso para Inspeção Prévia, constante do Anexo II a esta Instrução Normativa.

Verificação de Mercadoria pelo Importador

Art. 10. O importador poderá requerer, previamente ao registro da DI, a verificação das mercadorias efetivamente recebidas do exterior, para dirimir dúvidas quanto ao tratamento tributário ou aduaneiro, inclusive no que se refere à sua perfeita identificação com vistas à classificação fiscal e à descrição detalhada.

§ 1º O requerimento deverá ser dirigido ao chefe do setor, seção ou serviço responsável pelo despacho aduaneiro, instruído com o conhecimento de carga e a fatura correspondente.

§ 2º A verificação deverá ser autorizada pelo chefe do setor, seção ou serviço responsável pelo despacho aduaneiro, que decidirá pela necessidade de acompanhamento da fiscalização aduaneira.

§ 3º Quando o recinto onde a mercadoria estiver depositada possuir registro permanente de filmagem da área de verificação física, à disposição da fiscalização aduaneira, inclusive com arquivamento da gravação da filmagem, o requerimento será imediatamente deferido e o depositário deverá acompanhar a verificação pelo importador, sendo dispensada a presença da autoridade aduaneira.

§ 4º A verificação da mercadoria pelo importador nos termos deste artigo, ainda que realizada sob acompanhamento da fiscalização aduaneira, não dispensa a verificação física pela autoridade aduaneira, por ocasião do despacho de importação.

Pagamento dos Tributos

Art. 11. O pagamento dos tributos federais devidos na importação de mercadorias, bem assim dos demais valores exigidos em decorrência da aplicação de direitos *antidumping*, compensatórios ou de salvaguarda, será efetuado no ato do registro da respectiva DI, por débito automático em conta-corrente bancária, em agência habilitada de banco integrante da rede arrecadadora de receitas federais, por meio de Documento de Arrecadação de Receitas Federais (Darf) eletrônico.

§ 1º Para a efetivação do débito, o declarante deverá informar, no ato da solicitação do registro da DI, os códigos do banco e da agência e o número da conta-corrente.

§ 2º Após o recebimento, via Siscomex, dos dados referidos no parágrafo anterior, e de outros necessários à efetivação do débito na conta-corrente indicada, o banco adotará os procedimentos necessários à operação, retornando ao Siscomex o diagnóstico da transação.

§ 3º Para efeito do disposto neste artigo, o banco integrante da rede arrecadadora interessado deverá apresentar carta de adesão e formalizar termo aditivo ao contrato de prestação de serviços de arrecadação de receitas federais mantido com a SRF.

§ 4º A Coordenação-Geral de Administração Tributária (Corat) e a Cotec expedirão normas necessárias à implementação do disposto neste artigo.

§ 5º O pagamento dos créditos tributários lançados pela autoridade aduaneira no curso do despacho de importação ou por ocasião de revisão da DI, bem assim daqueles decorrentes de denúncia espontânea, após o desembaraço aduaneiro da mercadoria, será efetuado por meio de Darf, a ser apresentado à autoridade aduaneira, e confirmado no Sistema de Informações da Arrecadação Federal (Sinal).

Art. 12. No ato do registro da DI será devida, também, a Taxa de Utilização do Siscomex, à razão de:

I — R$ 30,00 (trinta reais) por DI;
II — R$ 10,00 (dez reais) para cada adição de mercadoria à DI, observados os seguintes limites:
a) até a 2ª adição — R$ 10,00;
b) da 3ª à 5ª — R$ 8,00;
c) da 6ª à 10ª — R$ 6,00;
d) da 11ª à 20ª — R$ 4,00;
e) da 21ª à 50ª — R$ 2,00; e
f) a partir da 51ª — R$ 1,00.

Parágrafo único. A taxa a que se refere este artigo é devida independentemente da ocorrência de tributo a recolher, e será debitada na forma do artigo anterior.

REGISTRO DA DECLARAÇÃO

Art. 13. A DI será registrada no Siscomex, por solicitação do importador, mediante a sua numeração automática única, seqüencial e nacional, reiniciada a cada ano.

Art. 14. O registro da DI caracteriza o início do despacho aduaneiro de importação, e somente será efetivado:
   I — se verificada a regularidade cadastral do importador;
   II — após o licenciamento da operação de importação e a verificação do atendimento às normas cambiais, conforme estabelecido pelos órgãos competentes;
   III — após a chegada da carga, exceto na modalidade de registro antecipado da DI, previsto no art. 16;
   IV — após a confirmação pelo banco da aceitação do débito relativo aos tributos devidos, inclusive da Taxa de Utilização do Siscomex;
   V — se não for constatada qualquer irregularidade impeditiva do registro.

§ 1º Entende-se por irregularidade impeditiva do registro da declaração aquela decorrente da omissão de dado obrigatório ou o fornecimento com erro, bem assim a que decorra de impossibilidade legal absoluta.

§ 2º Considera-se não chegada a carga que, no Mantra, esteja em situação que impeça a vinculação da DI ao conhecimento de carga correspondente.

Art. 15. Efetivado o registro da DI, o Siscomex emitirá, a pedido do importador, o extrato correspondente.

Parágrafo único. O extrato será emitido em duas vias, sendo a primeira destinada à unidade da SRF de despacho e a segunda ao importador.

Registro Antecipado da DI

Art. 16. A DI relativa a mercadoria que proceda diretamente do exterior poderá ser registrada antes da sua chegada à unidade da SRF de despacho, quando se tratar de:

I — mercadoria transportada a granel, cuja descarga se realize diretamente para terminais de oleodutos, silos ou depósitos próprios, ou veículos apropriados;

II — mercadoria inflamável, corrosiva, radioativa ou que apresente características de periculosidade;

III — plantas e animais vivos, frutas frescas e outros produtos facilmente perecíveis ou suscetíveis de danos causados por agentes exteriores;

IV — papel para impressão de livros, jornais e periódicos;

V — órgão da administração pública, direta ou indireta, federal, estadual ou municipal, inclusive autarquias, empresas públicas, sociedades de economia mista e fundações públicas; e

VI — mercadoria transportada por via terrestre, fluvial ou lacustre.

Parágrafo único. O registro antecipado de que trata este artigo poderá ser realizado também em outras situações ou para outros produtos, conforme estabelecido em normas específicas, ou, em casos justificados, mediante prévia autorização do titular da unidade da SRF de despacho.

DOCUMENTOS DE INSTRUÇÃO DA DI

Art. 17. A DI será instruída com os seguintes documentos:

I — via original do conhecimento de carga ou documento equivalente;

II — via original da fatura comercial; e

III — outros, exigidos em decorrência de Acordos Internacionais ou de legislação específica.

Parágrafo único. Os documentos de instrução da DI devem ser entregues à SRF quando sua apresentação for solicitada, devendo ser mantidos em poder do importador pelo prazo previsto na legislação.

Art. 18. O extrato da DI e os documentos que a instruem serão entregues pelo importador na unidade da SRF de despacho, em envelope contendo a indicação do número atribuído à declaração, na hipótese de seleção para conferência aduaneira da mercadoria importada, informada por meio do Siscomex.

§ 1º É vedado o recebimento dos documentos quando:

I — o extrato da declaração estiver ilegível, incompleto ou rasurado;

II — a documentação estiver incompleta relativamente à indicada na DI; ou

III — o representante do importador não estiver credenciado junto à SRF, nos termos da norma específica.

§ 2º Na impossibilidade de apresentação de via original da fatura comercial por ocasião da entrega dos documentos que instruem a declaração, o importador poderá apresentar cópia do documento, obtida por qualquer meio, ficando o desembaraço da mercadoria condicionado à apresentação do respectivo original.

§ 3º Não será exigida a apresentação de conhecimento de carga original nos despachos para consumo de mercadoria estrangeira ou desnacionalizada, nas situações a que se referem o inciso II do art. 1º e o art. 2º.

§ 4º No caso de registro antecipado da DI, o conhecimento de carga original deverá ser entregue antes do desembaraço aduaneiro.

§ 5º Nas importações de produtos a granel ou perecíveis originários dos demais países integrantes do Mercado Comum do Sul (Mercosul), o Certificado de Origem poderá ser apresentado pelo importador à unidade da SRF de despacho até quinze dias após o registro DI no Siscomex, desde que o importador apresente Termo de Responsabilidade em que se constituam as obrigações fiscais decorrentes da falta de entrega do Certificado de Origem no prazo estabelecido.

§ 6º Após a conferência aduaneira, os documentos entregues serão devolvidos ao importador ou seu representante, mediante recibo no extrato da declaração, que deverá mantê-los sob sua guarda, para fins de apresentação à SRF, quando solicitada, pelo prazo previsto na legislação.

Art. 19. Não será aceita carta de correção de conhecimento de carga que produza efeitos fiscais apresentada após o registro da respectiva DI, ou depois de decorridos trinta dias da formalização da entrada do veículo transportador da mercadoria, cujo conhecimento se pretende corrigir.

Parágrafo O cumprimento do prazo estabelecido no parágrafo anterior não elide o exame de mérito do pleito, para fins de aceitação, pela autoridade aduaneira, da referida carta de correção.

SELEÇÃO PARA CONFERÊNCIA ADUANEIRA

Art. 20. Após o registro, a DI será submetida a análise fiscal e selecionada para um dos seguintes canais de conferência aduaneira:

I — verde, pelo qual o sistema registrará o desembaraço automático da mercadoria, dispensados o exame documental e a verificação da mercadoria;

II — amarelo, pelo qual será realizado o exame documental, e, não sendo constatada irregularidade, efetuado o desembaraço aduaneiro, dispensada a verificação da mercadoria;

III — vermelho, pelo qual a mercadoria somente será desembaraçada após a realização do exame documental e da verificação da mercadoria; e

IV — cinza, pelo qual será realizado o exame documental, a verificação da mercadoria e a aplicação de procedimento especial de controle aduaneiro, para verificar elementos indiciários de fraude, inclusive no que se refere ao preço declarado da mercadoria, conforme estabelecido nos arts. 65 a 69.

§ 1º A seleção de que trata este artigo será efetuada por intermédio do Siscomex, com base em análise fiscal que levará em consideração, entre outros, os seguintes elementos:

I — regularidade fiscal do importador;
II — habitualidade do importador;
III — natureza, volume ou valor da importação;
IV — valor dos impostos incidentes ou que incidiriam na importação;
V — origem, procedência e destinação da mercadoria;
VI — tratamento tributário;
VII — características da mercadoria;
VIII — capacidade operacional e econômico-financeira do importador; e

IX — ocorrências verificadas em outras operações realizadas pelo importador.

§ 2º As importações sujeitas a vistoria aduaneira serão obrigatoriamente objeto de exame documental e de verificação da mercadoria.

Art. 21. As declarações de importação selecionadas para conferência aduaneira serão distribuídas para os AFRF responsáveis, por meio de função própria do Siscomex.

Art. 22. Na hipótese de constatação de indícios de fraude na importação, independentemente de encontrar-se a mercadoria em curso de despacho aduaneiro ou do canal de conferência atribuído à DI, o servidor deverá encaminhar os elementos verificados ao setor competente, para avaliação da necessidade de aplicação dos procedimentos especiais de controle.

CONFERÊNCIA ADUANEIRA

Art. 23. A conferência aduaneira deverá ser iniciada imediatamente após o recebimento do extrato da declaração selecionada e dos documentos que a instruem.

Parágrafo único. Em cada etapa da conferência aduaneira o AFRF responsável deverá consultar o Ambiente de Registro e Rastreamento da Atuação dos Intervenientes Aduaneiros (Radar), bem assim nele registrar as ocorrências verificadas.

Exame documental

Art. 24. O exame documental das declarações selecionadas para conferência nos termos do art. 20, consiste no procedimento fiscal destinado a verificar:

I — a integridade dos documentos apresentados;

II — a exatidão e correspondência das informações prestadas na declaração em relação àquelas constantes dos documentos que a instruem, insclusive no que se refere à origem e ao valor aduaneiro da mercadoria;

III — o cumprimento dos requisitos de ordem legal ou regulamentar correspondentes aos regimes aduaneiro e de tributação solicitados;

IV — o mérito de benefício fiscal pleiteado;

V — a descrição da mercadoria na declaração, com vistas a verificar se estão presentes os elementos necessários à confirmação de sua correta classificação fiscal.

Parágrafo único. Na hipótese de descrição incompleta da mercadoria na DI, que exija verificação física para sua perfeita identificação, com vistas a confirmar a correção da classificação fiscal ou da origem declarada, o AFRF responsável pelo exame poderá condicionar a conclusão da etapa à verificação da mercadoria.

Agendamento da Verificação da Mercadoria

Art. 25. A verificação da mercadoria, no despacho de importação, será realizada mediante agendamento.

Art. 26. O agendamento para a verificação da mercadoria será realizado de conformidade com as regras gerais estabelecidas pelo titular da unidade da SRF com jurisdição sobre o recinto alfandegado em que esta se encontre.

§ 1º As regras gerais de agendamento serão estabelecidas de modo a permitir ao importador ou seu representante, tomar conhecimento, com até dois turnos de antecedência, da data, dos horários ou dos intervalos de tempo para a realização da verificação da mercadoria.

§ 2º Alternativamente ao estabelecimento de regras gerais de agendamento das verificações físicas poderá ser adotado o critério de escalonamento, por recinto alfandegado, ao final dos turnos matutino e vespertino, das DI cujas mercadorias serão objeto de conferência até o final do segundo turno seguinte.

§ 3º O depositário das mercadorias será informado sobre o agendamento das verificações, devendo providenciar, com até uma hora de antecedência, o posicionamento das correspondentes mercadorias para a realização da verificação física.

§ 4º A regra de agendamento para verificação física das mercadorias ou os escalonamentos, conforme o caso, deverão ser afixados em local de fácil acesso aos importadores, exportadores e seus representantes.

Art. 27. As verificações agendadas e que não forem realizadas na data prevista deverão ser informadas ao chefe do setor, seção ou serviço responsável pelo despacho aduaneiro e reagendadas para o primeiro dia útil seguinte.

Posicionamento da Mercadoria para Verificação

Art. 28. A mercadoria objeto de declaração selecionada para verificação deverá ser completamente retirada da unidade de carga ou descarregada do veículo de transporte.

Parágrafo único. No caso de mercadorias idênticas ou acondicionadas em volumes e embalagens semelhantes, a retirada total da unidade de carga ou a descarga completa do veículo poderá ser dispensada pelo servidor designado para a verificação física, desde que o procedimento não impeça a inspeção de mercadorias dispostas no fundo do contêiner, vagão, carroceria ou baú.

Art. 29. No caso de mercadorias acondicionadas em mais de um veículo ou unidade de carga, o servidor designado para a verificação física poderá escolher aleatoriamente apenas alguns veículos ou unidades de carga para descarga ou retirada da mercadoria, desde que:

I — os veículos ou unidades de carga contenham arranjos idênticos de mercadorias;

II — o conhecimento de transporte identifique completamente as mercadorias e o seu consignatário;

III — seja apresentado *packing-list* detalhado da carga, para cada unidade de carga relacionada no conhecimento;

IV — não haja discrepância superior a cinco por cento do peso informado no conhecimento e o apurado em cada unidade de carga ou veículo;

V — a relação peso/quantidade nas unidades de carga ou veículos seja compatível com a verificada nas unidades de carga desunitizadas ou veículos descarregados; e

VI — o trânsito aduaneiro não tenha sido concluído com atraso, quando for o caso.

Parágrafo único. Na hipótese deste artigo, o servidor poderá dispensar a descarga ou a retirada da mercadoria contida em até dois terços dos veículos ou das unidades de carga objeto da verificação.

Verificação da Mercadoria

Art. 30. A verificação física é o procedimento fiscal destinado a identificar e quantificar a mercadoria submetida a despacho aduaneiro, bem assim a obter elementos para confirmar sua origem e classificação fiscal.

§ 1º O importador prestará à fiscalização aduaneira as informações e a assistência necessárias à identificação da mercadoria.

§ 2º A fiscalização aduaneira, caso entenda necessário, poderá solicitar a assistência de técnico credenciado para proceder a identificação e quantificação da mercadoria.

Art. 31. A verificação física será realizada exclusivamente por AFRF ou por Técnico da Receita Federal (TRF), sob a supervisão do AFRF responsável pelo procedimento fiscal.

Parágrafo único. A manipulação e abertura de volumes e embalagens, a pesagem, a retirada de amostras e outros procedimentos similares, necessários à perfeita identificação e quantificação dos bens, poderão ser realizados por terceiro, sob comando ou orientação dos servidores indicados no *caput*.

Art. 32. A verificação da mercadoria deverá ser realizada na presença do importador ou de seu representante.

§ 1º O importador, ou seu representante, deverá comparecer ao recinto em que se encontre a mercadoria a ser verificada, na data e horário previstos, conforme a regra de agendamento ou escalonamento estabelecidos.

§ 2º Na ausência do importador ou de seu representante, a mercadoria depositada em recinto alfandegado poderá ser submetida a verificação física na presença do depositário ou de seu preposto que, nesse caso, representará o importador, inclusive para firmar termo que verse sobre a quantificação, a descrição e a identificação da mercadoria.

§ 3º Quando for necessária a extração de amostra, a fiscalização aduaneira emitirá termo descrevendo a quantidade e a qualidade da mercadoria retirada, do qual será fornecida uma via ao interessado ou ao seu representante.

Art. 33. Independentemente do agendamento ou escalonamento, a verificação da mercadoria poderá ocorrer:

I — na presença do importador ou de seu representante, sempre que:

a) a continuidade do despacho aduaneiro dependa unicamente de sua realização; e

b) a mercadoria a ser verificada se encontre devidamente posicionada; ou

II — por decisão do titular da unidade, na presença do depositário ou de seus prepostos, dispensada a exigência da presença do importador ou de seu representante, sempre que se tratar de mercadoria:

a) com indícios ou constatação de infração punível com a penalidade de perdimento;

b) objeto de ação judicial, cuja conferência fiscal seja necessária à prestação de informações à autoridade judiciária ou ao órgão do Ministério Público; ou

c) com indícios de se tratar de produtos inflamáveis, radioativos, explosivos, armas, munições, substâncias entorpecentes, agentes químicos ou biológicos, ou quaisquer outros nocivos à saúde pública, observado, quando couber, a presença do respectivo órgão público interveniente, competente para o feito.

Art. 34. As mercadorias retiradas a título de amostra não são dedutíveis da quantidade declarada.

§ 1º As amostras retiradas serão devolvidas ao declarante, salvo quando inutilizadas durante a análise ou quando sua retenção, pela autoridade aduaneira, resulte necessária.

§ 2º As amostras colocadas à disposição do declarante e não retiradas no prazo de sessenta dias da ciência serão consideradas abandonadas a favor do Erário.

Art. 35. As despesas decorrentes da aplicação do disposto no art. 34 serão de responsabilidade do importador.

Art. 36. A verificação de mercadoria poderá ser realizada, total ou parcialmente, no estabelecimento do importador ou em outro local adequado, por decisão do titular da unidade da SRF de despacho, de ofício ou a requerimento do interessado, quando:

I — o recinto ou instalação aduaneira não dispuser de condições técnicas, de segurança ou de capacidade de armazenagem e manipulação adequadas para a realização da conferência; ou

II — se tratar de bem cuja identificação dependa de sua montagem.

Amostragem de Volumes e Embalagens

Art. 37. A verificação física poderá, a critério do servidor responsável, ser realizada por amostragem, no Nível Geral II de Inspeção previsto na Norma NBR 5426, de 1985, da Associação Brasileira de Normas Técnicas (ABNT), cujos coeficientes são reproduzidos na tabela constante do <u>Anexo III</u> a esta Instrução Normativa.

§ 1º Para os efeitos deste artigo, compreende-se por:

I — volume, a unidade de acondicionamento para transporte ou a unidade de mercadoria, conforme o caso, cuja quantidade total conste do conhecimento de carga;

II — embalagem, a unidade de acondicionamento para comercialização ou a unidade de mercadoria, conforme o caso, cuja quantidade conste dos respectivos documentos comerciais.

§ 2º Na hipótese de escolha aleatória de apenas alguns veículos ou unidades de carga relacionados no conhecimento de transporte para descarga ou retirada da mercadoria, nos termos do art. 29, os coeficientes previstos neste artigo serão aplicados considerando apenas os volumes e embalagens efetivamente retirados ou descarregados.

§ 3º O servidor responsável pela verificação física deverá escolher, aleatoriamente, os volumes e embalagens da amostra a ser conferida.

§ 4º Os volumes e embalagens da amostra escolhida, bem assim as respectivas mercadorias, deverão ser expostos para verificação física.

Art. 38. No caso de mercadorias idênticas ou acondicionadas em volumes e embalagens semelhantes, a quantidade poderá ser determinada por métodos indiretos, a partir do peso ou do volume da carga, em substituição à contagem direta.

Art. 39. Quando, no curso da verificação física por amostragem, for constatada divergência suscetível de alterar o tratamento tarifário ou aduaneiro da mercadoria em relação ao indicado na declaração aduaneira, a verificação deverá ser estendida sobre todas as mercadorias objeto da ação fiscal.

Registro e Documentação da Verificação da Mercadoria

Art. 40. A verificação física deverá ser objeto de lavratura de Relatório de Verificação Física (RVF), quando realizada:

I — por servidor que não seja o AFRF responsável pela etapa de verificação da mercadoria; ou

II — por amostragem.

Parágrafo único. A inobservância do disposto no *caput*, na hipótese do inciso II, presume a verificação física total da mercadoria, inclusive para os efeitos de apuração de irregularidade em processo administrativo disciplinar.

Art. 41. A Coana estabelecerá o modelo do RVF, enquanto não for implementada função específica no Siscomex.

Parágrafo único. A Coana poderá disciplinar outras formas de registro e documentação da verificação física.

Art. 42. O titular da unidade da SRF responsável pelo despacho aduaneiro poderá:

I — expedir ato estabelecendo:

a) outros critérios para a aplicação do disposto no art. 30, considerando os riscos aduaneiros envolvidos, as condições logísticas e os recursos humanos disponíveis; ou

b) a amostragem, em qualquer outro Nível de Inspeção Geral ou Especial previsto na norma NBR 5426, de 1985, da ABNT, considerando a natureza, a quantidade e a freqüência das mercadorias objeto de conferência e os riscos existentes nas operações;

II — decidir por aplicação de tratamento diferenciado no que se refere à retirada de mercadoria de unidades de carga ou descarga de veículos, em situações ou casos devidamente justificados; e

III — estabelecer normas complementares às estabelecidas nesta Instrução Normativa para a verificação das mercadorias, inclusive para disciplinar tratamento de prioridade a ser conferido a:
a) órgão ou tecido para aplicação médica;
b) mercadoria perecível;
c) carga perigosa;
d) bens destinados a defesa civil ou a ajuda humanitária;
e) urna funerária;
f) mala postal;
g) mercadoria destinada ao consumo de bordo ou ao processamento de alimentos para consumo de bordo de aeronaves ou embarcações;
h) partes e peças para manutenção de aeronaves e embarcações;
i) partes e peça de reposição, instrumentos e equipamentos destinados a plataformas marítimas de exploração e produção de petróleo; e
j) bagagem desacompanhada.
Parágrafo único. Na hipótese do inciso I deste artigo, cópia do ato e correspondentes justificativas deverão ser enviadas à Coana por intermédio da respectiva Superintendência Regional.

Formalização de Exigências e Retificação da DI

Art. 43. As exigências formalizadas pela fiscalização aduaneira e o seu atendimento pelo importador, no curso do despacho aduaneiro, deverão ser registradas no Siscomex.

§ 1º Sem prejuízo do disposto neste artigo, a exigência do crédito tributário decorrente de infração à legislação vigente, da qual resulte falta ou insuficiência de recolhimento dos impostos incidentes ou imposição de penalidade, será formalizada em notificação de lançamento ou auto de infração.

§ 2º Enquanto não implantada no Siscomex a função de que trata o *caput* deste artigo, a exigência para cumprimento de formalidades legais ou regulamentares, que não implique na constituição de crédito tributário, bem assim a ciência do importador, serão formalizadas nas duas vias do extrato da declaração.

Art. 44. Cientificado o importador da exigência, inicia-se a contagem do prazo a que se refere o § 1º do art. 461 do Regulamento Aduaneiro, aprovado pelo Decreto nº 91.030, de 1985 para caracterização do abandono da mercadoria.

Art. 45. A retificação de informações prestadas na declaração, ou a inclusão de outras, no curso do despacho aduaneiro, ainda que por exigência da fiscalização aduaneira, será feita, pelo importador, no Siscomex.

§ 1º A retificação da declaração somente será efetivada após a sua aceitação, no Siscomex, pela fiscalização aduaneira, exceto no que se refere aos dados relativos à operação cambial.

§ 2º Quando da retificação resultar importação sujeita a licenciamento não automático, o despacho ficará interrompido até a sua obtenção, pelo importador.

§ 3º Em qualquer caso, a retificação da declaração não elide a aplicação das penalidades fiscais e sanções administrativas cabíveis.

§ 4º No caso de retificação de DI que implique recolhimento complementar dos impostos devidos, o desembaraço aduaneiro da mercadoria fica subordinado à comprovação, por intermédio de consulta ao Sistema de Informações da Arrecadação Federal (Sinal), do respectivo recolhimento.

Art. 46. A retificação da declaração após o desembaraço aduaneiro será realizada pela fiscalização mediante solicitação do importador, formalizada em processo, ou de ofício.

Autorização para Entrega Antecipada

Art. 47. A autoridade aduaneira poderá autorizar a entrega antecipada de mercadoria ao importador quando a conclusão da conferência aduaneira depender unicamente do resultado de análise laboratorial, mediante assinatura de Termo de Responsabilidade, nos termos da legislação específica.

Parágrafo único. O disposto neste artigo não se aplica quando houver indícios que permitam presumir tratar-se de mercadoria cuja importação está sujeita a restrição ou proibição de permanência ou consumo no País.

Art. 48. A entrega da mercadoria ao importador poderá ser autorizada pelo titular da unidade da SRF de despacho antes de totalmente realizada a conferência aduaneira, em situações de comprovada impossibilidade de sua armazenagem em local alfandegado ou, ainda, em outras situações justificadas, tendo em vista a natureza da mercadoria ou circunstâncias específicas da importação.

§ 1º A autorização para entrega antecipada da mercadoria poderá ser condicionada à sua verificação total ou parcial.

§ 2º Na hipótese de a entrega antecipada da mercadoria representar qualquer risco para o controle aduaneiro da operação, e ser inviável a sua verificação no local alfandegado, por razões de segurança ou outras, a entrega poderá ser condicionada à assinatura, pelo importador, de termo de fiel depositário, em que se comprometerá, ainda, a não utilizá-la até o desembaraço aduaneiro.

§ 3º A entrega antecipada da mercadoria não será autorizada a pessoa inadimplente em relação a casos anteriores

Desembaraço Aduaneiro

Art. 49. Concluída a conferência aduaneira a mercadoria será imediatamente desembaraçada.

§ 1º A mercadoria objeto de exigência fiscal de qualquer natureza, formulada no curso do despacho aduaneiro, somente será desembaraçada após o respectivo cumprimento ou, quando for o caso, mediante a apresentação de garantia, nos termos de legislação específica.

§ 2º O desembaraço da mercadoria será realizado pelo AFRF responsável pela última etapa da conferência aduaneira, no Siscomex.

§ 3º A mercadoria cuja declaração receba o canal verde será desembaraçada automaticamente pelo Siscomex.

Art. 50. A seleção da declaração para os canais verde, amarelo ou vermelho não impede que o titular da unidade da SRF de despacho, a qualquer tempo, determine que se proceda à ação fiscal pertinente, se tiver conhecimento de fato ou da existência de indícios que requeiram a necessidade de verificação da mercadoria, ou de aplicação de procedimento aduaneiro especial.

Art. 51. No caso de registro antecipado da DI, o desembaraço aduaneiro somente será realizado após a complementação ou retificação dos dados da declaração, no Siscomex, e o pagamento de eventual diferença de crédito tributário relativo à declaração, aplicando a legislação vigente na data da efetiva entrada da mercadoria no território nacional, em cumprimento ao disposto no art. 1º do Decreto-lei nº 37, de 18 de novembro de 1966, alterado pelo art. 1º do Decreto-lei nº 2.472, de 1º de setembro de 1988.

Parágrafo único. Para os fins do disposto neste artigo, a efetiva entrada da mercadoria no território nacional ocorre na data da formalização da entrada do veículo transportador no porto, aeroporto ou unidade da SRF com jurisdição sobre o ponto de fronteira alfandegado.

ENTREGA DA MERCADORIA AO IMPORTADOR
Verificação de Regularidade do AFRMM

Art. 52. A verificação da regularidade do pagamento ou exoneração do Adicional ao Frete para Renovação da Marinha Mercante (AFRMM), para fins de autorização de entrega ao importador, pela SRF, de mercadoria importada por via marítima, fluvial ou lacustre, será realizada mediante consulta eletrônica do Siscomex ao sistema Mercante, do Departamento de Marinha Mercante (DMM).

§ 1º A autorização de entrega da mercadoria, nos termos deste artigo, fica condicionada à vinculação no sistema Mercante, pelo importador, do Número Identificador da Carga (NIC) ao correspondente Conhecimento de Embarque (CE), e à respectiva liberação da carga naquele sistema.

§ 2º O disposto no § 1º não se aplica no caso de mercadorias ingressadas no País por portos em que o sistema Mercante ainda não esteja implantado, ficando a entrega, nesse caso, condicionada à apresentação de via original do conhecimento de carga, devidamente averbada pelo DMM, ou de documento de efeito equivalente emitido por aquele órgão.

Declaração de Pagamento ou de Exoneração do ICMS

Art. 53. O importador deverá apresentar, por meio de transação própria no Siscomex, declaração sobre o Imposto sobre Operações relativas à Circulação de Mercadorias e sobre Prestações de Serviços de Transporte Interestadual e Intermunicipal e de Comunicação (ICMS) devido no desembaraço da mercadoria submetida a despacho de importação.

§ 1º A declaração de que trata este artigo deverá ser efetivada após o registro da DI e constitui condição para a autorização de entrega da mercadoria desembaraçada ao importador.

§ 2º Na hipótese de exoneração do pagamento do ICMS, nos termos da legislação estadual, o importador deverá indicar essa condição na declaração.

§ 3º Entende-se por exoneração do pagamento do ICMS, referida no § 2º, qualquer hipótese de dispensa do recolhimento do imposto no momento do desembaraço da mercadoria, compreendendo os casos de exoneração, compensação, diferimento, sistema especial de pagamento, ou de qualquer outra situação estabelecida na legislação estadual.

§ 4º Os dados da declaração de que trata este artigo serão fornecidos pela SRF à Secretaria de Estado da Unidade da Federação indicada na declaração, pelo contribuinte, com base no respectivo convênio para intercâmbio de informações de interesse fiscal.

Art. 54. Em virtude de convênio específico firmado entre a SRF e a Secretaria de Estado da Unidade da Federação responsável pela administração do ICMS, o pagamento desse imposto poderá ser feito mediante débito automático em conta bancária indicada pelo importador, em conformidade com a declaração a que se refere o art. 53.

Condições e Requisitos para a Entrega

Art. 55. Para retirar as mercadorias do recinto alfandegado, o importador deverá apresentar ao depositário os seguintes documentos:

I — via original do conhecimento de carga, ou de documento equivalente, como prova de posse ou propriedade da mercadoria;

II — comprovante do recolhimento do ICMS e, se for o caso, do comprovante de exoneração do pagamento do imposto, exceto no caso de Unidade da Federação com a qual tenha sido celebrado o convênio referido no art. 54 para o pagamento mediante débito automático em conta bancária, por meio do Siscomex;

III — Nota Fiscal de Entrada emitida em seu nome ou documento equivalente, ressalvados os casos de dispensa previstos na legislação estadual; e

IV — documentos de identificação da pessoa responsável pela retirada das mercadorias.

Parágrafo único. Na hipótese de que trata o § 2º do art. 52, a via original do conhecimento de carga deverá estar averbada pelo DMM, ou deverá ser apresentado o documento de efeito equivalente.

Art. 56. O depositário do recinto alfandegado, para proceder à entrega da mercadoria, fica obrigado a:

I — confirmar, mediante consulta ao Siscomex, a autorização da SRF para a entrega da mercadoria;

II — verificar a apresentação pelo importador dos documentos referidos no art. 55; e

III — registrar as seguintes informações:
a) data e hora da entrega das mercadorias, por DI;
b) nome, número de inscrição no Cadastro de Pessoas Físicas (CPF) e respectivo documento de identificação, com dados do órgão emitente e data de emissão, do responsável pela retirada das mercadorias;
c) nome empresarial e respectivo número de inscrição no Cadastro Nacional de Pessoas Jurídicas (CNPJ) da pessoa jurídica que efetue o transporte das mercadorias em sua retirada do recinto alfandegado; e
d) placas dos veículos e número da Carteira Nacional de Habilitação (CNH) dos condutores dos veículos referidos na alínea "c".

§ 1º Será dispensada a apresentação, pelo importador, da averbação referida no parágrafo único do art. 55, e dos documentos de que trata o inciso II do mesmo artigo, sempre que a consulta ao Siscomex, prevista no inciso I deste artigo, não indicar a necessidade de atendimento desse requisito ou da retenção desses documentos.

§ 2º Fica vedada a exigência de apresentação do Comprovante de Importação ou de qualquer outro documento, diverso daqueles previstos no art. 55 ou necessário ao cumprimento dos requisitos estabelecidos neste artigo, como condição de entrega da mercadoria ao importador.

§ 3º Na eventual constatação de indícios de irregularidade, conforme hipóteses estabelecidas em ato da Coana, o depositário deverá comunicar o fato imediatamente à autoridade aduaneira.

§ 4º Na hipótese do § 3º e quando a entrega tiver sido autorizada pela SRF no Siscomex, esta ficará automaticamente suspensa, devendo a fiscalização aduaneira, nesse caso, no prazo de dois dias úteis, apurar a ocorrência e manifestar-se por escrito, confirmando, ao depositário, a autorização de entrega ou lavrando o termo de retenção da mercadoria, observado o disposto na legislação específica.

§ 5º A ausência da manifestação prevista no § 4º, no prazo estabelecido, equivale a confirmação da autorização para entrega da mercadoria pelo depositário.

Art. 57. Autorizada a entrega pela SRF e cumpridos os demais requisitos previstos no art. 56, o depositário não poderá obstar a retirada da mercadoria pelo importador.

Parágrafo único. O disposto neste artigo não prejudica:

I — a observância de controles específicos, de competência de outros órgãos; e

II — o cumprimento de eventuais obrigações contratuais relativas aos serviços de movimentação e armazenagem prestados.

Art. 58. O depositário deverá arquivar, em boa guarda e ordem, pelo prazo de cinco anos, contado do primeiro dia útil do ano seguinte àquele em que tenha sido realizada a entrega da mercadoria ao importador:

I — a via original do conhecimento de carga;

II — as cópias dos demais documentos referidos no art. 55, quando exigida sua retenção;

III — os registros de que trata o inciso III do art. 56; e

IV — a autorização expressa da autoridade aduaneira para entrega da mercadoria, nas hipóteses previstas nesta Instrução Normativa.

§ 1º A organização dos arquivos deverá permitir a localização dos documentos e a recuperação das informações mediante a indicação do número da declaração aduaneira ou do conhecimento de carga.

§ 2º As cópias dos documentos referidos nos incisos II e III do art. 55, quando exigida sua retenção, deverão ser firmadas pelo depositário e pelo importador ou seu representante, declarando igualdade em relação ao original apresentado.

Art. 59. Aplica-se ao depositário a multa prevista no inciso XVII, do art. 107 do Decreto-lei nº 37, de 1966, com a redação dada pelo art. 28 da Medida Provisória nº 38, de 14 de maio de 2002, na hipótese de descumprimento das obrigações estabelecidas nos arts. 56 a 58.

§ 1º O disposto neste artigo não elide o lançamento de tributos, outras multas e demais acréscimos cabíveis ou a aplicação de sanções administrativas, previstos na legislação tributária e aduaneira.

§ 2º As ações fiscais para a verificação do cumprimento, pelo depositário, das obrigações previstas nos arts. 56 a 58, deverão ser objeto de programação fiscal, nos termos da Portaria SRF nº 3.007, de 26 de novembro de 2001.

Art. 60. Aplica-se o disposto nos arts. 56 a 58 ainda que o importador e o depositário sejam a mesma pessoa.

Parágrafo único. Na hipótese deste artigo, a pessoa referida no *caput* fica submetida às obrigações acessórias estabelecidas tanto para o importador como para o depositário.

Art. 61. A entrega antecipada de mercadoria, conforme estabelecido nos arts. 47 e 48, será realizada pelo depositário com base em autorização expressa da autoridade aduaneira competente.

Parágrafo único. Na hipótese deste artigo, o desembaraço aduaneiro das mercadorias somente será realizado após a apresentação à autoridade aduaneira dos documentos referidos no art. 55, para que sejam verificados.

Art. 62. Nas importações realizadas por pontos de fronteira em que não exista depositário, a liberação da mercadoria será realizada pela autoridade aduaneira que, neste caso, deverá exigir os documentos previstos no art. 55 para as correspondentes verificações.

Parágrafo único. Na hipótese deste artigo, fica dispensado o arquivamento previsto no art. 58.

Entrega Fracionada

Art. 63. Nas importações por via terrestre será permitida a entrega fracionada da mercadoria que, em razão do seu volume ou peso, não possa ser transportada em apenas um veículo e quando for efetuado o registro de uma única declaração para o despacho aduaneiro, correspondente a uma só importação e a um único conhecimento de carga.

§ 1º O desembaraço aduaneiro e o controle da entrega fracionada, enquanto não houver função específica no Sistema, será realizado manualmente no extrato da declaração, pelo AFRF.

§ 2º A entrada no território aduaneiro de toda a mercadoria declarada deverá ocorrer dentro dos quinze dias úteis subseqüentes ao do registro da declaração.

§ 3º No caso de descumprimento do prazo a que se refere o parágrafo anterior será exigida a retificação da declaração no Siscomex, tendo por base a quantidade efetivamente entregue, devendo, o saldo remanescente, ser objeto de nova declaração.

§ 4º Por ocasião do despacho do último lote relativo à DI o desembaraço aduaneiro será registrado no Siscomex.

Art. 64. A entrega de lote de mercadoria desembaraçada mediante fracionamento, nos termos do art. 63, será realizada pelo depositário com base em autorização expressa da autoridade aduaneira competente.

§ 1º Na hipótese deste artigo, o importador deverá apresentar à autoridade aduaneira os documentos referidos no art. 55, relativos ao lote, para que sejam verificados.

§ 2º A declaração do ICMS no Siscomex deverá ser registrada conforme disciplinado pela Coana.

§ 3º Na hipótese do art. 63, o importador deverá efetuar o débito automático do ICMS relativo a cada lote de mercadoria a ser entregue.

PROCEDIMENTOS ESPECIAIS DE CONTROLE ADUANEIRO

Art. 65. A mercadoria introduzida no País sob fundada suspeita de irregularidade punível com a pena de perdimento ou que impeça seu consumo ou comercialização no País, será submetida aos procedimentos especiais de controle aduaneiro estabelecidos neste título.

Parágrafo único. A mercadoria submetida aos procedimentos especiais a que se refere este artigo ficará retida até a conclusão do correspondente procedimento de fiscalização, independentemente de encontrar-se em despacho aduaneiro de importação ou desembaraçada.

Art. 66. As situações de irregularidade mencionadas no artigo anterior compreendem, entre outras hipóteses, os casos de suspeita quanto:

I — à falsidade na declaração da classificação fiscal, do preço efetivamente pago ou a pagar ou da origem da mercadoria, bem assim de qualquer documento comprobatório apresentado;

II — ao cometimento de infração à legislação de propriedade industrial ou de defesa do consumidor que impeça a entrega da mercadoria para consumo ou comercialização no País;

III — ao atendimento a norma técnica a que a mercadoria esteja submetida para sua comercialização ou consumo no País;

IV — a tratar-se de importação proibida, atentatória à moral, aos bons costumes e à saúde ou ordem públicas;

V — à ocultação do sujeito passivo, do real vendedor, comprador ou de responsável pela operação, mediante fraude ou simulação, inclusive a interposição fraudulenta de terceiro; ou

VI — à existência de fato do estabelecimento importador ou de qualquer pessoa envolvida na transação comercial.

§ 1º As suspeitas da fiscalização aduaneira quanto ao preço efetivamente pago ou a pagar devem estar baseadas em elementos objetivos e, entre outras hipóteses, na diferença significativa entre o preço declarado e:

I — os valores usualmente praticados em importações de mercadorias idênticas ou similares;

II — os valores indicados em cotações de preços internacionais, publicações especializadas, faturas comerciais pro forma, ofertas de venda etc.;

III — os custos de produção da mercadoria;

IV — os valores de revenda no mercado interno, deduzidos os impostos e contribuições, as despesas administrativas e a margem de lucro usual para o ramo ou setor da atividade econômica.

§ 2º Nas hipóteses dos incisos II e III do *caput* deste artigo, a Coana disciplinará os procedimentos a serem adotados conforme a legislação específica aplicável a cada caso.

§ 3º Nos casos dos incisos V e VI do *caput* deste artigo, a autoridade aduaneira poderá considerar, entre outros, os seguintes fatos:

I — importação de mercadorias em volumes ou valores incompatíveis com as instalações físicas ou com o patrimônio do importador;

II — ausência de histórico de importações da empresa na unidade de despacho;

III — opção questionável por determinada unidade de despacho, em detrimento de outras que, teoricamente, apresentariam maiores vantagens ao importador, tendo em vista a localização do seu domicílio fiscal, o trajeto e o meio de transporte utilizados ou a logística da operação;

IV — existência de endosso no conhecimento de carga, ressalvada a hipótese de endosso bancário;

V — conhecimento de carga consignado ao portador;

VI — ausência de fatura comercial ou sua apresentação sem a devida assinatura, identificação do signatário e endereço completo do vendedor;

VII — aquisição de mercadoria de fornecedor não fabricante:

a) sediado em país considerado paraíso fiscal ou zona franca internacional;
b) cujo endereço exclusivo seja do tipo caixa postal; ou
c) que apresente qualquer evidência de tratar-se de empresa de fachada.

Art. 67. A seleção das importações a serem submetidas aos procedimentos especiais de que trata esta Instrução Normativa poderá ocorrer por decisão:

I — da Coana, mediante direcionamento do importador para o canal cinza de conferência e correspondente informação às unidades aduaneiras;

II — do titular da unidade da SRF ou de qualquer servidor por ele designado que tomar conhecimento de situação com suspeita de irregularidade que exija a

retenção da mercadoria como medida acautelatória de interesses da Fazenda Nacional.
Parágrafo único. Na hipótese do inciso II deste artigo, a ocorrência deverá ser registrada no Radar.
Art. 68. O importador será cientificado da seleção para os procedimentos especiais de controle:
I — durante o despacho aduaneiro, mediante interrupção para apresentação de documentos justificativos ou informações adicionais àquelas prestadas na declaração, registrada no Siscomex;
II — nas demais situações, como procedimento interno de revisão aduaneira, mediante ciência em termos de retenção, com intimação para apresentar documentos ou prestar informações adicionais.
Art. 69. As mercadorias ficarão retidas pela fiscalização pelo prazo máximo de noventa dias, prorrogável por igual período, em situações devidamente justificadas.
Parágrafo único. Afastada a hipótese de fraude e havendo dúvidas quanto à exatidão do valor aduaneiro declarado, a mercadoria poderá ser desembaraçada e entregue mediante a prestação de garantia, determinada pelo titular da unidade da SRF ou por servidor por ele designado, nos termos da norma específica.

CANCELAMENTO DA DECLARAÇÃO

Art. 70. O cancelamento de DI poderá ser autorizado pelo titular da unidade da SRF responsável pelo despacho aduaneiro com base em requerimento fundamentado do importador, ou de ofício, por meio de função própria, no Siscomex, quando:
I — ficar comprovado que a mercadoria declarada não ingressou no País;
II — no caso de despacho antecipado, a mercadoria não ingressou no País ou tenha sido descarregada em recinto alfandegado diverso daquele indicado na DI;
III — for autorizada a devolução da mercadoria ao exterior, por não ter sido atendido controle específico que impeça o seu desembaraço aduaneiro;
IV — a importação não atender aos requisitos para a utilização do tipo de declaração registrada e não for possível a sua retificação;
V — ficar comprovado erro de expedição;
VI — a declaração for registrada com erro relativamente:
a) ao número de inscrição do importador no Cadastro de Pessoas Físicas (CPF) ou no Cadastro Nacional de Pessoas Jurídicas (CNPJ), exceto quando se tratar de erro de identificação de estabelecimentos da mesma empresa, passível de retificação no sistema; ou
b) à unidade da SRF responsável pelo despacho aduaneiro.
§ 1º As hipóteses previstas nos incisos III a V aplicam-se somente aos casos em que a mercadoria não tenha sido entregue com base na declaração a ser cancelada.
§ 2º Quando a entrada da mercadoria no território nacional ocorrer após o

registro da declaração, exceto no caso de despacho antecipado, o cancelamento dar-se-á de ofício.

§ 3º Não será autorizado o cancelamento de declaração, quando:
I — houver indícios de infração aduaneira, enquanto não for concluída a respectiva apuração;
II — se tratar de mercadoria objeto de pena de perdimento.

§ 4º O cancelamento da declaração, nos termos deste artigo, não exime o importador da responsabilidade por eventuais delitos ou infrações que venham a ser apurados pela fiscalização, inclusive após a efetivação do cancelamento.

Art. 71. A competência de que trata o artigo anterior poderá ser delegada, quando se tratar de cancelamento a ser realizado no curso do despacho aduaneiro ou de DI desembaraçada em canal verde.

Art. 72. O cancelamento, no Siscomex, de declaração desembaraçada em canal amarelo, vermelho ou cinza de conferência aduaneira, somente será autorizado após a conclusão de procedimento administrativo destinado a apurar eventual responsabilidade funcional do servidor que tenha realizado a conferência.

Parágrafo único. O procedimento de que trata este artigo aplica-se também no caso de cancelamento de Declaração Simplificada de Importação (DSI) desembaraçada com conferência aduaneira, nos termos do inciso II do art. 13 da Instrução normativa nº 155/99, de 22 de dezembro de 1999.

Art. 73. No caso de registro antecipado da DI, será automaticamente cancelada a declaração quando decorridos sessenta dias, contados da data do seu registro no Siscomex, sem que o importador tenha realizado a complementação ou a retificação dos dados no sistema.

Parágrafo único. Na hipótese de ter ocorrido o cancelamento automático previsto no *caput*, o importador deverá registrar nova declaração para dar início ao despacho aduaneiro.

Art. 74. A Coana poderá autorizar o cancelamento de DI em hipótese não prevista nesta Instrução Normativa e de DSI em situação não previstas na Instrução Normativa nº 155/99.

Parágrafo único. A aplicação do disposto no *caput* deste artigo fica condicionada ao encaminhamento à Coana, pela respectiva SRRF da correspondente proposta, baseada em parecer conclusivo sobre a necessidade e conveniência do cancelamento.

DEVOLUÇÃO DE MERCADORIA AO EXTERIOR

Art. 75. A devolução ao exterior de mercadoria estrangeira importada poderá ser autorizada pelo titular da unidade da SRF com jurisdição sobre o recinto alfandegado em que esta se encontre, desde que o pedido seja apresentado antes do registro da DI e não tenha sido iniciado o processo de que trata o art. 27 do Decreto-lei nº 1.455, de 1976.

§ 1º O pedido de que trata este artigo deverá ser instruído com os documentos originais relativos à importação.

§ 2º A autorização poderá ser condicionada à verificação total ou parcial da mercadoria a ser devolvida.

§ 3º Não será autorizada a devolução de mercadoria chegada ao País com falsa declaração de conteúdo ou com qualquer outra irregularidade que a sujeite à aplicação da pena de perdimento.

COMPROVANTE DE IMPORTAÇÃO

Art. 76. O Comprovante de Importação será emitido pelo importador mediante transação específica do Siscomex.

Parágrafo único. Para efeito de circulação da mercadoria no território nacional, o Comprovante de Importação não substitui a documentação fiscal exigida nos termos da legislação específica.

UTILIZAÇÃO DO CONHECIMENTO DE CARGA NO DESPACHO ADUANEIRO

Art. 77. Na importação de petróleo bruto e seus derivados, a granel, poderá ser efetuado registro de mais de uma declaração para o mesmo conhecimento de carga.

Parágrafo único. A unidade local poderá, excepcionalmente, adotar o procedimento estabelecido neste artigo em outros casos, desde que previamente autorizado pelo Superintendente da Região Fiscal jurisdicionante.

Art. 78. Nas importações, por via fluvial ou lacustre, de mercadoria destinada a um único importador e correspondente a uma só operação comercial em que, em razão do seu volume ou peso, o transporte seja realizado por várias embarcações, cada qual com o seu próprio conhecimento de transporte, em decorrência de legislação própria, poderá ser autorizado o registro de uma única declaração para todos os conhecimentos de carga.

§ 1º O procedimento estabelecido neste artigo poderá ser autorizado, ainda, nos casos em que, por razões comerciais ou técnicas, o transporte, por via aérea ou marítima, de mercadoria destinada a um único importador e objeto de uma só operação comercial, não possa ser realizado num único embarque.

§ 2º Constitui requisito para a aplicação do disposto no parágrafo anterior, que as mercadorias correspondentes aos diversos conhecimentos de carga formem, em associação, um corpo único e completo, com classificação fiscal própria, equivalente a da mercadoria indicada na declaração e nos documentos comerciais que a instruem.

§ 3º O disposto neste artigo somente se aplica a empresa com situação fiscal regular e a casos em que se possam assegurar os controles aduaneiros.

Art. 79. Enquanto não estiver disponível função própria no Siscomex, a autorização para utilizar o procedimento de que trata o artigo anterior deverá ser requerida ao titular da Unidade da SRF onde será realizado o despacho aduaneiro da mercadoria, previamente ao registro da declaração.

Parágrafo único. Na hipótese deste artigo, ao formular a declaração o importador deverá indicar, nos campos próprios, os números dos conhecimentos de carga utilizados no despacho e os valores totais do frete e do seguro a eles correspondentes.

Art. 80. Ficam formalmente revogadas, sem interrupção de sua força normativa, as Instruções Normativas SRF n° 25/86, de 22 de janeiro de 1986; n° 41/95, de 3 de agosto de 1995; n° 60/95, de 19 de dezembro de 1995; n° 69/96, de 10 de dezembro de 1996; n° 5/97, de 16 de janeiro de 1997; n° 98/97, de 29 de dezembro de 1997; n° 8/98, de 29 de janeiro de 1998; n° 111/98, de 17 de setembro de 1998; n° 114/98, de 24 de setembro de 1998; n° 131/98, de 11 de novembro de 1998; n° 138/98, de 23 de novembro de 1998; n° 27/99, de 25 de fevereiro de 1999; n° 30/00, de 15 de março de 2000; n° 42/00, de 18 de abril de 2000; n° 74/00, de 12 de julho de 2000; n° 83/00, de 16 de agosto de 2000; n° 82/00, de 14 de agosto de 2000; n° 147, de 22 de março de 2002; n° 169, de 24 de junho de 2002; n° 191, de 16 de agosto de 2002 e n° 193, de 22 de agosto de 2002; os arts. 54 e 55 da Instrução Normativa SRF n° 16/98, de 16 de fevereiro de 1998; e os arts.2°, 6°, 7° e 8° da Instrução Normativa SRF n° 52, de 8 de maio de 2001.

Art. 81. Esta Instrução Normativa entra em vigor na data de sua publicação.
EVERARDO MACIEL

ANEXO I

INFORMAÇÕES A SEREM PRESTADAS PELO IMPORTADOR

1 — Tipo de declaração
Conjunto de informações que caracterizam a declaração a ser elaborada, de acordo com o tratamento aduaneiro a ser dado à mercadoria objeto do despacho, conforme a tabela "Tipos de Declaração", administrada pela SRF.

2 — Importador
Identificação da pessoa que promova a entrada de mercadoria estrangeira no território aduaneiro.

3 — Operação FUNDAP
Indicativo de operação de importação efetuada por empresa integrante do sistema FUNDAP — Fundo para Desenvolvimento das Atividades Portuárias.

4 — Representante legal
Número de inscrição no Cadastro de Pessoas Físicas do Ministério da Fazenda, da pessoa habilitada a representar o importador nas atividades relacionadas ao despacho aduaneiro.

5 — Processo
Tipo e identificação do processo formalizado na esfera administrativa ou judicial que trate de pendência, consulta ou autorização relacionada à importação objeto do despacho.

6 — Modalidade do despacho

Modalidade de despacho aduaneiro da mercadoria.

7 — URF de despacho
Unidade da Receita Federal responsável pela execução dos procedimentos necessários ao desembaraço aduaneiro da mercadoria importada, de acordo com a tabela "Órgãos da SRF", administrada pela SRF.

8 — URF de entrada no País
Unidade da Receita Federal que jurisdiciona o local de entrada da mercadoria no País, de acordo com a tabela "Órgãos da SRF" administrada pela SRF.

9 — Outros Documentos de Instrução da Declaração
Documentos necessários para o despacho aduaneiro, além daqueles informados em campo próprio da declaração.

10 — País de procedência
País onde a mercadoria se encontrava no momento de sua aquisição e de onde saiu para o Brasil, independentemente do país de origem ou do ponto de embarque final, de acordo com a tabela "Países" administrada pelo BACEN.

11 — Via de transporte
Via utilizada no transporte internacional da carga.

11.1 — Indicativo de multimodal
Indicativo da utilização de mais de uma via, de acordo com o conhecimento de transporte internacional.

12 — Veículo transportador
Identificação do veículo que realizou o transporte internacional da carga.

13 — Transportador
Razão Social da pessoa jurídica, nacional ou estrangeira, que realizou o transporte internacional e emitiu o conhecimento de transporte (único ou *master*).

13.1 — Bandeira
Identificação da nacionalidade do transportador, utilizando o código do país do transportador, conforme a tabela "Países", administrada pelo BACEN.

13.2 — Agente do Transportador
Número de inscrição no CNPJ/MF, da pessoa jurídica nacional que representa o transportador da carga.

14 — Documento da Chegada da Carga
Documento que comprova a chegada da carga no recinto alfandegado sob a jurisdição da URF de despacho, de acordo com a via de transporte internacional utilizada.

15 — Conhecimento de transporte
Documento emitido pelo transportador ou consolidador, constitutivo do contrato de transporte internacional e prova de propriedade da mercadoria para o importador.

15.1 — Identificação
Indicação do tipo e número de documento, conforme a via de transporte internacional.

15.2 — Indicativo de utilização do conhecimento
Indicativo de utilização do conhecimento no despacho aduaneiro.

15.3 — Identificação do conhecimento de transporte *master*
Identificação do documento de transporte da carga consolidada (*master*), que inclua conhecimento *house* informado.
16 — Embarque
Local e data do embarque da carga.
16.1 — Local de embarque
Denominação da localidade onde a carga foi embarcada, de acordo com o conhecimento de transporte. Local de postagem ou de partida da carga, nos demais casos.
16.2 — Data de embarque
Data de emissão do conhecimento de transporte, da postagem da mercadoria ou da partida da mercadoria do local de embarque.
17 — Volumes
Características dos volumes objeto do despacho.
17.1 — Tipo de embalagem
Espécie ou tipo de embalagem utilizada no transporte da mercadoria submetida a despacho, conforme a tabela "Embalagens", administrada pela SRF.
17.1.1 — Quantidade
Número de volumes objeto do despacho, exceto para mercadoria a granel.
18 — Peso bruto
Somatório dos pesos brutos dos volumes objeto do despacho, expresso em Kg (quilograma) e fração de cinco (5) casas decimais.
19 — Peso líquido
Somatório dos pesos líquidos das mercadorias objeto do despacho, expresso em Kg (quilograma) e fração de cinco (5) casas decimais.
20. Data da Chegada
Data da formalização da entrada do veículo transportador no porto, no aeroporto ou na Unidade da SRF que jurisdicione o ponto de fronteira alfandegado.
21 — Local de armazenamento
Local alfandegado, em zona primária ou secundária, onde se encontre a mercadoria, ou, no caso de despacho antecipado, onde a mesma deverá ficar à disposição da fiscalização aduaneira para verificação.
21.1 — Recinto alfandegado
Código do recinto alfandegado conforme a tabela "Recintos Alfandegados", administrada pela SRF.
21.2 — Setor
Código do setor que controla o local de armazenagem da mercadoria, conforme tabela administrada pela URF de despacho.
21.3 — Identificação do armazém
Código do armazém, quando a informação constar de tabela administrada pela URF de despacho.
22 — Custo do Transporte Internacional
Custo do transporte internacional das mercadorias objeto do despacho, na moeda negociada, de acordo com a tabela "Moedas", administrada pelo BACEN.

As despesas de carga, descarga e manuseio associadas a esse trecho devem ser incluídas no valor do frete.

22.1 — Valor *prepaid* na moeda negociada

Valor do frete constante do conhecimento de transporte, pago no exterior antecipadamente ao embarque, inclusive "valor em território nacional", se for o caso.

22.2 — Valor *collect* na moeda negociada

Valor do frete constante do conhecimento de transporte, a ser pago no Brasil, inclusive "valor em território nacional", se for o caso.

22.3 — Valor em território nacional na moeda negociada

Valor da parcela do frete destacada no conhecimento, correspondente ao transporte dentro do território nacional.

23 — Seguro Internacional

Valor do prêmio de seguro internacional relativo às mercadorias objeto do despacho, na moeda negociada, de acordo com a tabela "Moedas", administrada pelo BACEN.

24 — Valor total da mercadoria no local de embarque (VTMLE)

Valor total das mercadorias objeto do despacho no local de embarque, na moeda negociada, conforme a tabela "Moedas", administrada pelo BACEN. Quando as mercadorias objeto da declaração tiverem sido negociadas em moedas diversas, esse valor deve ser informado em real. Somatório das adições.

25 — Compensação de tributos

Valor reconhecido a título de crédito, correspondente a tributo recolhido a maior ou indevidamente, utilizado pelo importador para reduzir os tributos a recolher apurados na declaração. Preenchimento completo do quadro quando houver compensação de tributo na declaração.

25.1 — Código de receita

Código da receita tributária conforme a "Tabela Orçamentaria", administrada pela SRF.

25.2 — Valor a compensar

Valor do crédito a compensar.

25.3 — Referência

Tipo e número do documento comprobatório do crédito a ser considerado para compensação.

26 — DARF

Transcrição dos dados constantes do DARF — Documento de Arrecadação de Receitas Federais. Informação obrigatória nas declarações que apuraram imposto a recolher.

27.1 — Código de receita

Código de receita tributária conforme a "Tabela Orçamentaria", administrada pela SRF.

27.2 — Código do banco e da agência

Código do banco e da agência arrecadadora do tributo constantes da autenticação mecânica.

27.3 — Valor do pagamento
Valor do tributo pago constante da autenticação mecânica.
27.4 — Data do pagamento
Data do pagamento do tributo constante da autenticação mecânica.
28 — Informações complementares
Informações adicionais e esclarecimentos sobre a declaração ou sobre o despacho aduaneiro.
29 — Documento vinculado
Identificação do tipo e número do documento de despacho aduaneiro anterior (DI ou RE), que justifica o tratamento requerido no despacho atual.
30 — Licenciamento de Importação
Número de identificação da Licença de Importação — LI.
31 — Exportador
Identificação da pessoa que promoveu a venda da mercadoria e emitente da fatura comercial.
32 — Fabricante ou produtor
Identificação da pessoa que fabricou ou produziu a mercadoria e sua relação com o exportador.
33 — Classificação fiscal da mercadoria
Classificação da mercadoria, segundo a Nomenclatura Comum do MERCOSUL (NCM) e Nomenclatura Brasileira de Mercadorias (NBM), conforme tabelas administradas pela SRF.
33.1 — Destaque para anuência
Destaque da mercadoria dentro do código NCM para fins de licenciamento da importação, conforme tabela "Destaque para Anuência", administrada pela SECEX. Informação obrigatória quando NCM sujeita a anuência.
33.2 — "Ex" para o Imposto de Importação
Destaque da mercadoria dentro do código NCM, para o Imposto de Importação.
33.2.1 — Ato legal
Ato legal que instituiu o "ex" na NCM.
33.3 — "Ex" para o Imposto sobre Produtos Industrializados
Destaque da mercadoria dentro do código NBM, para o Imposto sobre Produtos Industrializados.
33.3.1- Ato legal
Ato legal que instituiu o "ex" na NBM.
34 — Classificação da mercadoria na NALADI/SH ou NALADI/NCCA
Classificação da mercadoria, segundo a Nomenclatura da Associação Latino-Americana de Integração (NALADI) com base no Sistema Harmonizado de Codificação e Designação de Mercadorias (SH) ou na Nomenclatura do Conselho de Cooperação Aduaneira (NCCA). Informação obrigatória quando o país de procedência for membro da ALADI.
35 — Peso líquido das mercadorias da adição
Peso líquido das mercadorias constantes da adição, expresso em quilograma e fração de cinco casas decimais.

36 — Aplicação da Mercadoria
Destino da mercadoria: consumo ou revenda.
37 — Indicativos da condição da mercadoria
Assinalar o(s) indicativo(s) abaixo, se adequado(s) à condição da mercadoria objeto da adição:
1 — Material usado
2 — Bem sob encomenda
38 — Condição de negócio da mercadoria
Cláusula contratual que define as obrigações e direitos do comprador e do vendedor, em um contrato internacional de compra e venda de mercadoria, de acordo com a tabela *INCOTERMS*, administrada pela SECEX.
38.1. — Local da condição
Ponto ou local até onde o vendedor é responsável pelos custos dos elementos próprios da condição.
39 — Descrição detalhada da mercadoria
Descrição completa da mercadoria de modo a permitir sua perfeita identificação e caracterização.
39.1 — Nomenclatura de valor e estatística (NVE)
Nomenclatura de classificação da mercadoria, para fins de valoração aduaneira e estatística, por marca comercial e código, conforme a tabela "NVE", administrada pela SRF.
39.2 — Especificação
Espécie, tipo, marca, número, série, referência, medida, nome científico e/ou comercial, etc. da mercadoria.
39.3 — Unidade comercializada
Unidade de medida utilizada na comercialização da mercadoria, conforme fatura comercial.
39.4 — Quantidade na unidade comercializada
Número de unidades da mercadoria, na unidade de medida comercializada.
39.5 — Valor unitário da mercadoria na condição de venda
Valor da mercadoria por unidade comercializada, na condição de venda (*INCOTERMS*) e na moeda negociada, de acordo com a fatura comercial.
40 — Informações estatísticas
Informações para fins estatísticos.
40.1 — Quantidade
Quantidade da mercadoria expressa na unidade estatística, exceto quando esta for quilograma.
40.2 — Valor unitário da mercadoria na condição de venda
Valor da mercadoria por unidade estatística, na condição de venda e na moeda negociada.
41 — Valoração aduaneira
Método, acréscimos, deduções e informações complementares para composição do valor aduaneiro, base de cálculo do imposto de importação.
41.1 — Método de valoração

Método utilizado para valoração da mercadoria, conforme a tabela "Método de Valoração", administrada pela SRF, e indicativo de vinculação entre o comprador e o vendedor.

41.2 — Acréscimos

Valores a serem adicionados ao preço efetivamente pago ou a pagar, para composição do valor aduaneiro, conforme a tabela "Acréscimos", administrada pela SRF.

41.3 — Deduções

Valores a serem excluídos do preço efetivamente pago ou a pagar, para composição do valor aduaneiro, conforme a tabela "Acréscimos", administrada pela SRF.

41.4 — Complemento

Informações complementares que justifiquem a composição do valor aduaneiro.

42 — Acordo tarifário

Tipo de Acordo que concede preferência tarifária para a mercadoria.

42.1 — Acordo ALADI

Preenchimento obrigatório do código do Acordo ALADI, conforme a tabela "Acordos ALADI", administrada pela SRF, quando a mercadoria for procedente de país membro da ALADI, mesmo quando não negociada.

42.1.2 — Ato legal

Ato do Executivo que deu vigência ao Acordo no País.

No caso de vigência administrativa, indicar o número do Protocolo.

42.1.2.1 — "Ex" ou "Observação"

Destaque da mercadoria negociada no Acordo, na NALADI (SH ou NCCA).

42.1.2.2 — Alíquota do Acordo

Alíquota estabelecida no Acordo para a mercadoria. No caso de margem de preferência, deverá ser informada alíquota residual.

42.2 — Acordo OMC/GATT

42.2.1- Ato legal

Ato que promulga o Acordo no País.

No caso de vigência administrativa, indicar o número do Protocolo.

42.2.1.1 — "Ex" OMC/GATT

Destaque de mercadoria negociada no Acordo.

42.2.1.2 — Alíquota do Acordo OMC

Alíquota estabelecida no Acordo para a mercadoria. No caso de margem de preferência, deverá ser informada alíquota residual.

42.3 — Acordo SGPC

42.3.1 — Ato legal

Ato que promulga o Acordo no País.

No caso de vigência administrativa, indicar o número do Protocolo.

42.3.1.1 — "Ex"

Destaque de mercadoria negociada no Acordo.

42.3.1.2 — Alíquota do Acordo
Alíquota estabelecida no Acordo para a mercadoria. No caso de margem de preferência, deverá ser informada alíquota residual.
43 — Regime de tributação para o Imposto de Importação
Regime de tributação pretendido, conforme a tabela "Regimes de Tributação do I.I.", administrada pela SRF.
43.1 — Enquadramento legal
Enquadramento legal que ampara o regime de tributação pretendido para o I.I., conforme a tabela "Fundamentação Legal", administrada pela SRF.
43.2 — Redução
Benefício aplicável ao I.I. quando o regime de tributação for "redução". Pode ser uma alíquota reduzida ou um percentual de redução do imposto, conforme previsto no texto legal. A aplicação de um tipo de redução exclui o outro.
43.2.1- Alíquota reduzida
Alíquota *ad valorem* reduzida incidente sobre a base de cálculo do imposto.
43.2.2 — Percentual de redução do imposto
Percentual de redução aplicável sobre o valor do imposto devido.
44 — Regime de tributação para o Imposto sobre Produtos Industrializados.
Regime de tributação pretendido, conforme a tabela "Regimes de Tributação do I.P.I.", administrada pela SRF.
44.1 — Fundamento legal
Fundamento legal que ampara o regime de tributação pretendido para o I.P.I., conforme a tabela "Fundamentação Legal", administrada pela SRF.
44.2 — Redução
Benefício aplicável ao I.P.I. quando o regime de tributação for "redução". Pode ser uma alíquota reduzida ou um percentual de redução do imposto, conforme previsto no texto legal. A aplicação de um tipo de redução exclui o outro.
44.2.1- Alíquota reduzida
Alíquota *ad valorem* reduzida incidente sobre a base de cálculo do imposto.
44.2.2 — Percentual de redução do imposto
Percentual de redução aplicável sobre o valor do imposto devido.
45 — Imposto de importação
Cálculo do imposto de importação em real.
45.1 — Tipo de alíquota
Tipo de alíquota aplicável: *ad valorem* ou unitária.
45.2 — Base de cálculo para alíquota unitária
Quantidade de mercadoria expressa na unidade de medida estabelecida em ato legal.
45.3 — Unidade de medida para alíquota unitária
Unidade de medida estabelecida em ato legal para a mercadoria.
45.4 — Alíquota *ad valorem*
Alíquota vigente, conforme a Tarifa Externa Comum (TEC).
45.5 — Alíquota unitária
Valor por unidade de medida a ser aplicado sobre a base de cálculo, expresso em real.

46 — Direitos "antidumping" e compensatórios
Cálculo do direito "antidumping" ou do direito compensatório, em real.
46.1- "Ex"
Destaque da mercadoria dentro do código NCM, se houver.
46.2 — Ato legal
Instrumento jurídico que ampara o direito exigível, conforme a tabela "Atos Legais", administrada pela SRF.
46.3 — Tipo de alíquota
Tipo de alíquota aplicável.
46.4 — Base de cálculo para aplicação da alíquota
Valor tributável ou quantidade da mercadoria na unidade de medida, conforme estabelecido em ato legal.
46.4 — Unidade de medida para aplicação da alíquota
Unidade de medida estabelecida no ato legal para a mercadoria.
46.5 — Alíquota aplicável
Alíquota aplicável sobre a base de cálculo.
47 — Imposto sobre Produtos Industrializados
Cálculo do IPI vinculado à importação, em real.
47.1 — Tipo de alíquota
Tipo de alíquota aplicável: *ad valorem* ou unitária.
47.2 — Nota complementar TIPI
Número da Nota Complementar (NC) prevista na Tabela de Incidência do Imposto sobre Produtos Industrializados (TIPI) relativa à alíquota *ad valorem* do IPI, quando houver.
47.3 — Base de cálculo para alíquota unitária
Quantidade de mercadoria expressa na unidade de medida estabelecida em ato legal.
47.4 — Unidade de medida para aplicação da alíquota unitária
Unidade de medida estabelecida em ato legal para a mercadoria.
47.5 — Alíquota *ad valorem*
Alíquota do imposto vigente, conforme previsto na TIPI.
47.6 — Alíquota unitária
Valor, em real, por unidade de medida a ser aplicado sobre a base de cálculo.
48 — Internação de ZFM-PI
Cálculo do imposto de importação relativo aos insumos/componentes importados para a ZFM e utilizados na industrialização de mercadoria destinada à internação no restante do País, conforme Demonstrativo do Coeficiente de Redução — Eletrônico (DCR-E).
48.1 — Identificação do Demonstrativo do Coeficiente de Redução — Eletrônico (DCR-E)
Número identificador constante do Demonstrativo do Coeficiente de Redução.

48.2 — Coeficiente de redução
Percentual de redução incidente sobre a alíquota *ad valorem*, conforme DCR-E.

48.3 — Imposto de importação calculado em dólar
Valor do imposto unitário devido na aquisição de insumos/componentes importados, conforme DCR-E, expresso em dólar dos EUA.

ANEXO II

MODELO DE AUTORIZAÇÃO DE ACESSO PARA INSPEÇÃO PRÉVIA

ANEXO III
TABELA DE AMOSTRAGEM

TAMANHO DO LOTE (Nº DE VOLUMES OU EMBALAGENS COM CARACTERÍSTICAS FÍSICAS SEMELHANTES)	TAMANHO DA AMOSTRA (Nº MÍNIMO DE VOLUMES OU EMBALAGENS A VERIFICAR)
2 a 8	2
9 a 15	3
16 a 25	5
26 a 50	8
51 a 90	13
91 a 150	20
151 a 280	32
281 a 500	50
501 a 1200	80
1201 a 3200	125
3201 a 10000	200
10001 a 35000	315
35001 a 150000	500
150001 a 500000	800
Acima de 500001	1250

(*) **Retificada no DOU de 30.9.2002 da seguinte forma:**

Na Instrução Normativa SRF nº 206, de 25 de setembro de 2002, publicada no DOU-E de 26 de setembro de 2002, seção 1, página 34:

1 — Inserir acima do título do formulário "AUTORIZAÇÃO DE ACESSO PARA INSPEÇÃO PRÉVIA" : ANEXO 2;

2 — No rodapé do referido formulário:
Onde se lê: "Aprovado pela IN SRF nº 114/98"
Leia-se: " Aprovado pela IN SRF nº 206/2002"

LEI Nº 4.131, DE 03 DE SETEMBRO DE 1962.

Disciplina a aplicação do capital estrangeiro e as remessas de valores para o exterior e dá outras providências.

Faço saber que o Congresso Nacional decretou, o Presidente da República sancionou, nos termos do § 2º do art. 70 da Constituição Federal, e eu, Auro Moura Andrade, Presidente do Senado Federal, promulgo, de acordo com o disposto no § 4º do mesmo artigo da Constituição, a seguinte Lei:

Art. 1º Consideram-se capitais estrangeiros, para os efeitos desta lei, os bens, máquinas e equipamentos entrados no Brasil sem dispêndio inicial de divisas, destinados à produção de bens ou serviços, bem como os recursos financeiros ou monetários, introduzidos no país para aplicação em atividades econômicas desde que, em ambas as hipóteses, pertençam a pessoas físicas ou jurídicas residentes, domiciliadas ou com sede no exterior.

Art. 2º Ao capital estrangeiro que se investir no País, será dispensado tratamento jurídico idêntico ao concedido ao capital nacional em igualdade de condições, sendo vedadas quaisquer discriminações não previstas na presente lei.

Do registro dos capitais, remessas e reinvestimentos

Art. 3º Fica instituído, na Superintendência da Moeda e do Crédito, um serviço especial de registro de capitais estrangeiros, qualquer que seja sua forma de ingresso no País, bem como de operações financeiras com o exterior, no qual serão registrados:

a — os capitais estrangeiros que ingressarem no País sob a forma de investimento direto ou de empréstimo, quer em moeda, quer em bens;

b — as remessas feitas para o exterior com o retorno de capitais ou como rendimentos desses capitais, lucros, dividendos, juros, amortizações, bem como as de "royalties", de pagamento de assistência técnica, ou por qualquer outro título que implique transferência de rendimentos para fora do país;

c — os reinvestimentos de lucros dos capitais estrangeiros;

d — as alterações do valor monetário do capital das empresas procedidas de acordo com a legislação em vigor.

Parágrafo único. O registro dos reinvestimentos a que se refere a letra "c" será devido, ainda que se trate de pessoa jurídica com sede no Brasil mas filiada a empresas estrangeiras ou controlada por maioria de ações pertencentes a pessoas físicas ou jurídicas com residência ou sede no estrangeiro.

Art. 4º O registro de capitais estrangeiros será efetuado na moeda do país de origem, e o de reinvestimento de lucros simultaneamente em moeda nacional e na moeda do país para o qual poderiam ter sido remetidos, realizada a conversão à taxa cambial do período durante o qual foi comprovadamente efetuado o reinvestimento.

Parágrafo único. Se o capital for representado por bens, o registro será feito pelo seu preço no país de origem ou, na falta de comprovantes satisfatórios, segundo os valores apurados na contabilidade da empresa receptora do capital ou ainda pelo critério de avaliação que for determinado em regulamento.

(* *Artigo 4º e Parágrafo, com redação dada pela Lei nº 4.390, de 29/08/1964)*

Art. 5º O registro do investimento estrangeiro será requerido dentro de trinta dias da data de seu ingresso no país e independente do pagamento de qualquer taxa ou emolumento. No mesmo prazo, a partir da data da aprovação do respectivo registro contábil, pelo órgão competente da empresa, proceder-se-á ao registro dos reinvestimentos de lucros.

§ 1º Os capitais estrangeiros e respectivos reinvestimentos de lucros já existentes no país, também estão sujeitos a registro, o qual será requerido por seus proprietários ou responsáveis pelas empresas em que estiverem aplicados dentro do prazo de 180 (cento e oitenta) dias, da data da publicação desta lei.

§ 2º O Conselho da Superintendência da Moeda e do Crédito determinará quais os comprovantes a serem exigidos para concessão do registro dos capitais de que trata o parágrafo anterior.

(* *Artigo 5º e Parágrafos, com redação dada pela Lei nº 4.390, de 29/08/1964)*

Art. 6º A Superintendência da Moeda e do Crédito tomará as providências necessárias para que o registro dos dados a que se referem os artigos anteriores seja mantido atualizado, ficando as empresas obrigadas a prestar as informações que ela lhes solicitar.

Art. 7º Consideram-se reinvestimentos, para os efeitos desta lei, os rendimentos auferidos por empresas estabelecidas no país e atribuídos a residentes e domiciliados no exterior, e que forem reaplicados nas mesmas empresas de que procedem ou em outro setor da economia nacional.

(* *Artigo 7º com redação dada pela Lei nº 4.390, de 29/08/1964)*

Das remessas de juros, "royalties", e por assistência técnica

Art. 8º As remessas de juros de empréstimos, créditos e financiamentos serão consideradas como amortização do capital na parte que excederem da taxa de juros constante ao contrato respectivo e de seu respectivo registro, cabendo à SUMOC impugnar e recusar a parte da taxa que exceder à taxa vigorante no mercado financeiro de onde procede o empréstimo, crédito ou financiamento, na data de sua realização, para operações do mesmo tipo e condições.

Art. 9º As pessoas físicas e jurídicas que desejarem fazer transferências para o exterior a título de lucros, dividendos, juros, amortizações, "royalties", assistência técnica, científica, administrativa e semelhantes, deverão submeter aos órgãos competentes da SUMOC e da Divisão de Imposto sobre a Renda, os contratos e documentos que forem considerados necessários para justificar a remessa.

§ 1º As remessas para o exterior dependem do registro da empresa na SUMOC e de prova de pagamento do imposto de renda que for devido.

§ 2º Em casos de registros requeridos e ainda não concedidos, nem denegados, a realização das transferências de que trata este artigo poderá ser feita dentro de 1 (um) ano, a partir da data desta lei, mediante termo de responsabilidade assinado pelas empresas interessadas, prazo este prorrogável 3 (três) vezes consecutivas, por ato do Presidente da República, em face de exposição do Ministro da Fazenda.

§ 3º No caso previsto pelo parágrafo anterior, as transferências sempre dependerão de prova de quitação do Imposto de Renda.

(* Artigo 9º e Parágrafos, com redação dada pela Lei nº 4.390, de 29/08/1964)

(* O prazo deste artigo foi prorrogado pelo Decreto nº 59.496, de 09/11/1966)

Art. 10. A Superintendência da Moeda e do Crédito poderá, quando considerar necessário, verificar a assistência técnica, administrativa ou semelhante, prestada a empresas estabelecidas no Brasil, que impliquem remessa de divisas para o exterior, tendo em vista apurar a efetividade dessa assistência.

(* Artigo 10 com redação dada pela Lei nº 4.390, de 29/08/1964)

Art. 11. Os pedidos de registro de contrato, para efeito de transferências financeiras para o pagamento de "royalties", devido pelo uso de patentes, marcas de indústria e de comércio ou outros títulos da mesma espécie, serão instruídos com certidão probatória da existência e vigência, no Brasil, dos respectivos privilégios concedidos pelo Departamento Nacional de Propriedade Industrial, bem como de documento hábil probatório de que eles não caducaram no país de origem.

(* Artigo 11 com redação dada pela Lei nº 4.390, de 29/08/1964)

Art. 12. As somas das quantias devidas a título de "royalties" pela exploração de patentes de invenção, ou uso de marcas de indústria e de comércio e por assistência técnica, científica, administrativa ou semelhante, poderão ser deduzidas, nas declarações de renda, para o efeito do art. 37 do Decreto nº 47.373 de 7 de dezembro de 1959, até o limite máximo de cinco por cento (5%) da receita bruta do produto fabricado ou vendido.

§ 1º Serão estabelecidos e revistos periodicamente, mediante ato do Ministro da Fazenda, os coeficientes percentuais admitidos para as deduções a que se refere este artigo, considerados os tipos de produção ou atividades reunidos em grupos, segundo o grau de essencialidade.

§ 2º As deduções de que este artigo trata serão admitidas quando comprovadas as despesas de assistência técnica, científica, administrativa ou semelhantes, desde que efetivamente prestados tais serviços, bem como mediante o contrato de cessão ou licença de uso de marcas e de patentes de invenção, regularmente registrados no País, de acordo com as prescrições do Código de Propriedade Industrial.

§ 3º As despesas de assistência técnica, científica, administrativa e semelhantes, somente poderão ser deduzidas nos cinco primeiros anos do funcionamento da empresa ou da introdução de processo especial de produção, quando demonstrada sua necessidade, podendo este prazo ser prorrogado até mais cinco anos, por autorização do Conselho da Superintendência da Moeda e do Crédito.

Art. 13. Serão consideradas, como lucros distribuídos e tributados, de acordo com os artigos 43 e 44, as quantias devidas a título de "royalties" pela exploração de patentes de invenção e por assistência técnica, científica, administrativa ou semelhante, que não satisfizerem as condições ou excederem os limites previstos no artigo anterior.

Parágrafo único. Também, serão tributados de acordo com os artigos 43 e 44 o total das quantias devidas a pessoas físicas ou jurídicas residentes ou sediadas no exterior, a título do uso de marcas de indústria e de comércio.

Art. 14. Não serão permitidas remessas para pagamentos de "royalties", pelo uso de patentes de invenção e de marcas de indústria ou de comércio, entre filial ou subsidiária de empresa estabelecida no Brasil e sua matriz com sede no exterior ou quando a maioria do capital da empresa no Brasil, pertença aos titulares do recebimento dos "royalties" no estrangeiro.

Parágrafo único. Nos casos de que trata este artigo não é permitida a dedução prevista no art. 12 (doze).

Art. 15.(* *Revogado pelo Decreto-Lei nº 37, de 18/11/1966*)

Art. 16. Fica o Governo autorizado a celebrar acordos de cooperação administrativa com países estrangeiros, visando ao intercâmbio de informações de interesse fiscal e cambial, tais como remessas de lucros e "royalties", pagamento de serviços de assistência técnica e semelhantes, valor de bens importados, alugueres de filmes cinematográficos, máquinas, etc., bem como de quaisquer outros elementos que sirvam de base à incidência de tributos.

Parágrafo único. O Governo procurará celebrar, com os Estados e Municípios, acordos ou convênios de cooperação fiscal, visando a uma ação coordenada dos controles fiscais exercidos pelas repartições federais, estaduais e municipais, a fim de alcançar maior eficiência na fiscalização e arrecadação de quaisquer tributos e na repressão à evasão e sonegação fiscais.

Dos bens e depósitos no exterior e das normas de contabilidade

Art. 17. (* *Revogado pelo Decreto-Lei nº 94, de 30/12/1966*)
Art. 18. (* *Revogado pelo Decreto-Lei nº 94, de 30/12/1966*)
Art. 19. (* *Revogado pelo Decreto-Lei nº 94, de 30/12/1966*)

Art. 20. Por ato regulamentar, o Poder Executivo estabelecerá planos de contas e normas gerais de contabilidade, padronizadas para grupos homogêneos de atividades adaptáveis às necessidades e possibilidades das empresas de diversas dimensões.

Parágrafo único. Aprovados, por ato regulamentar, o plano de contas e as normas gerais contábeis a elas aplicáveis, todas as pessoas jurídicas do respectivo grupo de atividades serão obrigados a observá-los em sua contabilidade, dentro dos prazos previstos em regulamento, que deverão permitir a adaptação ordenada dos sistemas em prática.

Art. 21. É obrigatória, nos balanços das empresas, inclusive sociedades anônimas, a discriminação da parcela de capital e dos créditos pertencentes a pessoas físicas ou jurídicas, residentes, domiciliadas ou com sede no exterior, registradas na Superintendência da Moeda e do Crédito.

Art. 22 .Igual discriminação será feita na conta de lucros e perdas, para evidenciar a parcela de lucros, dividendos, juros e outros quaisquer proventos atribuídos a pessoas físicas ou jurídicas, residentes, domiciliadas ou com sede no estrangeiro, cujos capitais estejam registrados na Superintendência da Moeda e do Crédito.

Dispositivos cambiais

Art. 23. As operações cambiais no mercado de taxa livre serão efetuadas através de estabelecimentos autorizados a operar em câmbio, com a intervenção de corretor oficial quando previsto em lei ou regulamento, respondendo ambos pela identidade do cliente, assim como pela correta classificação das informações por este prestadas, segundo normas fixadas pela Superintendência da Moeda e do Crédito.

§ 1º As operações que não se enquadrem claramente nos itens específicos do Código de Classificação adotado pela SUMOC, ou sejam classificáveis em rubricas residuais, como "Outros" e "Diversos", só poderão ser realizadas através do Banco do Brasil S.A.

§ 2º Constitui infração imputável ao estabelecimento bancário, ao corretor e ao cliente, punível com multa de 50 (cinqüenta) a 300% (trezentos por cento) do valor da operação para cada um dos infratores, a declaração de falsa identidade no formulário que, em número de vias e segundo o modelo determinado pelo Banco Central do Brasil, será exigido em cada operação, assinado pelo cliente e visado pelo estabelecimento bancário e pelo corretor que nela intervierem.

(* § 2º com redação dada pela Lei nº 9.069, de 29/06/1995 — DOU de 30/06/1995)

§ 3º Constitui infração, de responsabilidade exclusiva do cliente, punível com multa de 5 (cinco) a 100% (cem por cento) do valor da operação, a declaração de informações falsas no formulário a que se refere o § 2º.

(* § 3º com redação dada pela Lei nº 9.069, de 29/06/1995 — DOU de 30/06/1995)

§ 4º Constitui infração, imputável ao estabelecimento bancário e ao corretor que intervierem na operação, punível com multa equivalente de 5 (cinco) a 100% (cem por cento) do respectivo valor, para cada um dos infratores, a classificação incorreta, dentro das normas fixadas pelo Conselho da Superintendência da Moeda e do Crédito, das informações prestadas pelo cliente no formulário a que se refere o § 2º deste artigo.

§ 5º Em caso de reincidência, poderá o Conselho da Superintendência da Moeda e do Crédito cassar a autorização para operar em câmbio aos estabelecimentos bancários que negligenciarem o cumprimento do disposto no presente artigo e propor à autoridade competente igual medida em relação aos corretores.

§ 6º O texto do presente artigo constará obrigatoriamente do formulário a que se refere o § 2º.

Art. 24. Cumpre aos estabelecimentos bancários autorizados a operar em câmbio, transmitir à Superintendência da Moeda e do Crédito, diariamente, informações sobre o montante de compra e venda de câmbio, com a especificação de suas finalidades, segundo a classificação estabelecida.

Parágrafo único. Quando os compradores ou vendedores de câmbio forem pessoas jurídicas, as informações estatísticas devem corresponder exatamente aos lançamentos contábeis correspondentes, destas empresas.

Art. 25. Os estabelecimentos bancários, que deixarem de informar o montante exato das operações realizadas, ficarão sujeitos à multa até o máximo correspondente a 30 (trinta) vezes o maior salário mínimo anual vigorante no País, triplicada no caso de reincidência.

Parágrafo único. A multa será imposta pela Superintendência da Moeda e do Crédito, cabendo recurso de seu ato, sem efeito suspensivo, para o Conselho da Superintendência da Moeda e do Crédito, dentro do prazo de quinze dias da data da intimação.

(* Parágrafo com redação dada pela Lei nº 4.390, de 29/08/1964)

Art. 26. No caso de infrações repetidas, o Inspetor Geral de Bancos suscitará ao Diretor Executivo da Superintendência da Moeda e do Crédito o cancelamento da autorização para operar em câmbio, do estabelecimento bancário por elas responsável, cabendo a decisão final ao Conselho da Superintendência da Moeda e do Crédito.

Art. 27. O Conselho da Superintendência da Moeda e do Crédito poderá determinar que as operações cambiais referentes a movimentos de capital sejam efetuadas, no todo ou em parte, em mercado financeiro de câmbio, separado do mercado de exportação e importação, sempre que a situação cambial assim o recomendar.

Art. 28. Sempre que ocorrer grave desequilíbrio no balanço de pagamentos, ou houver sérias razões para prever a iminência de tal situação, poderá o Conselho da Superintendência da Moeda e do Crédito impor restrições, por prazo limitado à importação e às remessas de rendimentos dos capitais estrangeiros e, para este fim, outorgar ao Banco do Brasil monopólio total ou parcial das operações de câmbio.

§ 1º No caso previsto neste artigo, ficam vedadas as remessas a título de retorno de capitais e limitada a remessa de seus lucros, até 10% (dez por cento) ao ano, sobre o capital e reinvestimentos registrados na moeda do país de origem, nos termos dos artigos 3º e 4º desta lei.

§ 2º Os rendimentos que excederem a percentagem fixada pelo Conselho da Superintendência da Moeda e do Crédito, de acordo com o parágrafo anterior, deverão ser comunicados a essa Superintendência, a qual, na hipótese de se prolongar por mais de um exercício a restrição a que se refere este artigo poderá autorizar a remessa, no exercício seguinte, das quantias relativas ao excesso, quando os lucros nele auferidos não atingirem aquele limite.

§ 3º Nos mesmos casos deste artigo poderá o Conselho da Superintendência da Moeda e do Crédito limitar a remessa de quantias a título de pagamento de "royalties" e assistência técnica, administrativa ou semelhante até o limite máximo cumulativo anual de 5% (cinco por cento) da receita bruta da empresa.

§ 4º Ainda nos casos deste artigo, fica o Conselho da SUMOC autorizado a baixar instruções, limitando as despesas cambiais com "Viagens Internacionais".

§ 5º Não haverá, porém, restrições para as remessas de juros e quotas de amortização, constantes de contrato de empréstimo, devidamente registrados.

(* Artigo 28 e Parágrafos com redação dada pela Lei nº 4.390, de 29/08/1964)

Art. 29. Sempre que se tornar aconselhável economizar a utilização das reservas de câmbio, é o Poder Executivo autorizado a exigir temporariamente, mediante instrução do Conselho da Superintendência da Moeda e do Crédito, um encargo financeiro, de caráter estritamente monetário, que recairá sobre a importação de mercadorias e sobre as transferências financeiras, até o máximo de 10% (dez por cento) sobre o valor dos produtos importados e até 50% (cinqüenta por cento) sobre o valor de qualquer transferência financeira, inclusive para despesas com "Viagens Internacionais".

(* Art.29 Regulamentado pelo Decreto nº 60.838, de 08/06/1967)

Parágrafo único. *(* Revogado pela Lei nº 4.390, de 29/08/1964)*

Art. 30. As importâncias arrecadadas por meio do encargo financeiro, previsto no artigo anterior, constituirão reserva monetária em cruzeiros, mantida na Superintendência da Moeda e do Crédito, em caixa própria, e será utilizada, quando julgado oportuno, exclusivamente na compra de ouro e de divisas, para reforço das reservas e disponibilidades cambiais.

Art. 31. *(* Revogado pela Lei nº 4.390, de 29/08/1964)*

Art. 32. *(* Revogado pela Lei nº 4.390, de 29/08/1964)*

Art. 33. *(* Revogado pela Lei nº 4.390, de 29/08/1964)*

Art. 34. Em qualquer circunstância e qualquer que seja o regime cambial vigente não poderão ser concedidas às compras de câmbio para remessa de lucros, juros, "royalties", assistência técnica, retorno de capitais, condições mais favoráveis do que as que se aplicarem às remessas para pagamento de importações da categoria geral de que trata a lei nº 3.244, de 14/08/1957.

Art. 35. A nomeação dos titulares dos órgãos que integram o Conselho da

Superintendência da Moeda e do Crédito passa a depender de prévia aprovação do Senado Federal, excetuada a dos Ministros de Estado.

Art. 36. Os Membros do Conselho da Superintendência da Moeda e do Crédito ficam obrigados a fazer declaração de bens e rendas próprias e de suas esposas e dependentes, até 30 (trinta) de abril de cada ano, devendo estes documentos ser examinados e arquivados no Tribunal de Contas da União, que comunicará o fato ao Senado Federal.

Parágrafo único. Os servidores da Superintendência da Moeda e do Crédito que tiverem responsabilidade e encargos regulamentares nos trabalhos relativos ao registro de capitais estrangeiros ou de sua fiscalização nos termos desta lei, ficam igualmente obrigados à declaração de bens e rendas previstas neste artigo.

Disposições referentes ao crédito

Art. 37. O Tesouro Nacional e as entidades oficiais de crédito público da União e dos Estados, inclusive sociedades de economia mista por eles controladas, só poderão garantir empréstimos, créditos ou financiamentos obtidos no exterior, por empresas cuja maioria de capital com direito a voto pertença a pessoas não residentes no País, mediante autorização em decreto do Poder Executivo.

Art. 38. As empresas com maioria de capital estrangeiro, ou filiais de empresas sediadas no exterior, não terão acesso ao crédito das entidades e estabelecimentos mencionados no artigo anterior até o início comprovado de suas operações, excetuados projetos considerados de alto interesse para a economia nacional, mediante autorização especial do Conselho de Ministros.

Art. 39. As entidades, estabelecimentos de crédito a que se refere o artigo 37, só poderão conceder empréstimos, créditos ou financiamentos para novas inversões a serem realizadas no ativo fixo de empresa cuja maioria de capital, com direito a voto, pertença a pessoas não residentes no País, quando elas estiverem aplicadas em setores de atividades e regiões econômicas de alto interesse nacional, definidos e enumerados em decreto do Poder Executivo, mediante audiência do Conselho Nacional de Economia.

Parágrafo único. Também a aplicação de recursos provenientes de fundos públicos de investimentos, criados por lei, obedecerá à regra estabelecida neste artigo.

Art. 40. As sociedades de financiamento e de investimentos somente poderão colocar no mercado nacional de capitais, ações e títulos emitidos pelas empresas controladas por capital estrangeiro ou subordinadas a empresas com sede no estrangeiro, que tiverem assegurado o direito de voto.

Dispositivos fiscais

Art. 41. Estão sujeitos aos descontos de imposto de renda na fonte, nos termos da presente lei, os seguintes rendimentos:

a — os dividendos de ações ao portador e quaisquer bonificações a elas atribuídas;
b — os interesses e quaisquer outros rendimentos e proventos de títulos ao portador, denominados "Partes Beneficiárias" ou "Partes de Fundador";
c — os lucros, dividendos e quaisquer outros benefícios e interesse de ações nominativas ou de quaisquer títulos nominativos do capital de pessoas jurídicas, percebidos por pessoas físicas ou jurídicas residentes, domiciliadas ou com sede no exterior, ou por filiais ou subsidiárias de empresas estrangeiras.

Art. 42. As pessoas jurídicas que tenham predominância de capital estrangeiro, ou sejam filiais ou subsidiárias de empresas com sede no exterior ficam sujeitas às normas e às alíquotas do imposto de renda estabelecidas na legislação deste tributo.

Art. 43. O montante dos lucros e dividendos líquidos relativos a investimentos em moeda estrangeira, distribuídos a pessoas físicas e jurídicas, residentes ou com sede no exterior, fica sujeito a um imposto suplementar de renda, sempre que a média das distribuições em um triênio, encerrado a partir de 1984, exceder a 12% (doze por cento) do capital e reinvestimentos registrados nos termos dos artigos 3º e 4º desta Lei.

§ 1º O imposto suplementar de que trata este artigo será cobrado de acordo com a seguinte tabela:
- entre 12% e 15% de lucros sobre o capital e reinvestimentos — 40% (quarenta por cento);
- entre 15% e 25% de lucros — 50% (cinqüenta por cento);
- acima de 25% de lucros — 60% (sessenta por cento).

§ 2º O disposto neste artigo não se aplica aos dividendos e lucros reinvestidos no País nos termos do art. 7º desta Lei.

§ 3º O imposto suplementar será recolhido pela fonte pagadora e debitado ao beneficiário para desconto por ocasião das distribuições subseqüentes.

(Artigo 43 e Parágrafos com redação dada Decreto-Lei nº 2.073, de 20/12/1983)

Art. 44. *(* Revogado pela Lei nº 8.383, de 30/12/1991)*
Art. 45. *(* Revogado pela Lei nº 8.685, de 20/07/1993)*
Art. 46. Os lucros provenientes da venda de propriedades imóveis, inclusive da cessão de direitos, quando o proprietário for pessoa física ou jurídica residente ou com sede no exterior, ficam sujeitos a imposto às taxas previstas pelo art. 43.

Art. 47. Os critérios fixados para a importação de máquinas e equipamentos usados serão os mesmos, tanto para os investidores e empresas estrangeiras como para os nacionais.

Art. 48. Autorizada uma importação de máquinas e equipamentos usados, gozará de regime cambial idêntico ao vigorante para a importação de máquinas e equipamentos novos.

Art. 49. O Conselho de Política Aduaneira disporá da faculdade de reduzir ou de aumentar, até 30% (trinta por cento) as alíquotas do imposto que recaiam sobre máquinas e equipamentos, atendendo às peculiaridades das regiões a que se destinam, à concentração industrial em que venham a ser empregados e ao grau de utilização das máquinas e equipamentos antes de efetivar-se a importação.

Parágrafo único. Quando as máquinas e equipamentos forem transferidos da região a que inicialmente se destinavam, deverão os responsáveis pagar ao fisco a quantia correspondente à redução do imposto de que elas gozaram quando de sua importação, sempre que removidas para zonas em que a redução não seria concedida.

Outras disposições

Art. 50. Aos bancos estrangeiros, autorizados a funcionar no Brasil, serão aplicadas as mesmas vedações ou restrições equivalentes às que a legislação vigorante nas praças em que tiverem sede suas matrizes impõe aos bancos brasileiros que neles desejam estabelecer-se.

Parágrafo único. O Conselho da Superintendência da Moeda e do Crédito baixará as instruções necessárias para que o disposto no presente artigo seja cumprido, no prazo de dois anos em relação aos bancos estrangeiros já em funcionamento no país.

Art. 51. Aos bancos estrangeiros cujas matrizes tenham sede em praças em que a legislação imponha restrições ao funcionamento de bancos brasileiros, fica vedado adquirir mais de 30% (trinta por cento) das ações com direito a voto, de bancos nacionais.

Art. 52. Na execução de um programa de planejamento geral, ouvido o Conselho Nacional de Economia, o Conselho de Ministros estabelecerá uma classificação de atividades econômicas, segundo o seu grau de interesse para a economia nacional.

Parágrafo único. Essa classificação e suas eventuais alterações serão promulgadas mediante decreto e vigorarão por períodos não inferiores a três anos.

Art. 53. O Conselho de Ministros poderá estabelecer, mediante decreto, ouvido o Conselho Nacional de Economia:

I — que a inversão dos capitais estrangeiros, em determinadas atividades, se faça com observância de uma escala de prioridade, em benefício de regiões menos desenvolvidas do país;

II — que os capitais assim investidos sejam isentos, em maior ou menor grau, das restrições previstas no artigo 28;

III — que idêntico tratamento se aplique aos capitais investidos em atividades consideradas de maior interesse para a economia nacional.

Art. 54. Fica o Conselho de Ministros autorizado a promover entendimentos e convênios com as nações integrantes da Associação Latino-Americana de Livre Comércio tendentes à adoção por elas de uma legislação uniforme, em relação ao tratamento a ser dispensado aos capitais estrangeiros.

Art. 55. A SUMOC realizará, periodicamente, em colaboração com o Instituto Brasileiro de Geografia e Estatística, o censo dos capitais estrangeiros aplicados no País.

Art. 56. Os censos deverão realizar-se nas datas dos Recenseamentos Gerais do Brasil, registrando a situação das empresas e capitais estrangeiros, em 31 de dezembro do ano anterior.

Art. 57. Caberá à SUMOC elaborar o plano e os formulários do censo a que se referem os artigos anteriores, de modo a permitir uma análise completa da situação, movimentos e resultados dos capitais estrangeiros.

Parágrafo único. Com base nos censos realizados, a SUMOC elaborará relatório contendo ampla e pormenorizada exposição ao Conselho de Ministros e ao Congresso Nacional.

Art. 58. As infrações à presente Lei, ressalvadas as penalidades específicas constantes de seu texto, ficam sujeitas a multas de até R$ 100.000,00 (cem mil reais), a serem aplicadas pelo Banco Central do Brasil, na forma prescrita em regulamento a ser baixado pelo Conselho Monetário Nacional.

(* Artigo 58 com redação dada pela Lei nº 9.069, de 29/06/1995 — DOU de 30/06/1995)

Art. 59. Esta lei entrará em vigor na data de sua publicação, revogadas as disposições em contrário.

Brasília, 03 de setembro de 1962; 141º da Independência e 74º da República.

AURO MOURA ANDRADE

Publicada no D.O.U. de 27.09.62, Seção I, pág. 10.075.
Retificada no D.O.U. de 28.09.62, Seção I, pág. 10.135.

LEI Nº 6.360, DE 23 DE SETEMBRO DE 1976.

Dispõe sobre a Vigilância Sanitária a que ficam sujeitos os Medicamentos, as Drogas, os Insumos Farmacêuticos e Correlatos, Cosméticos, Saneantes e Outros Produtos, e dá outras Providências.

O PRESIDENTE DA REPÚBLICA: Faço saber que o Congresso Nacional decreta e eu sanciono a seguinte Lei:

TÍTULO I — Disposições Preliminares

Art. 1º — Ficam sujeitos às normas de vigilância sanitária instituídas por esta Lei os medicamentos, as drogas, os insumos farmacêuticos e correlatos, definidos na Lei nº 5.991, de 17 de dezembro de 1973, bem como os produtos de higiene, os cosméticos, perfumes, saneantes domissanitários, produtos destinados à correção estética e outros adiante definidos.

Art. 2º — Somente poderão extrair, produzir, fabricar, transformar, sintetizar, purificar, fracionar, embalar, reembalar, importar, exportar, armazenar ou expedir os produtos de que trata o Art. 1º as empresas para tal fim autorizadas pelo Ministério da Saúde e cujos estabelecimentos hajam sido licenciados pelo órgão sanitário das Unidades Federativas em que se localizem.

Art. 3º — Para os efeitos desta Lei, além das definições estabelecidas nos incisos I, II, III, IV, V e VII do Art. 4º da Lei nº 5.991, de 17 de dezembro de 1973, são adotadas as seguintes:

I — Produtos Dietéticos: produtos tecnicamente elaborados para atender às necessidades dietéticas de pessoas em condições fisiológicas especiais;

II — Nutrimentos: substâncias constituintes dos alimentos de valor nutricional, incluindo proteínas, gorduras, hidratos de carbono, água, elementos minerais e vitaminas;

III — Produtos de Higiene: produtos para uso externo, antissépticos ou não, destinados ao asseio ou à desinfecção corporal, compreendendo os sabonetes, xampus, dentifrícios, enxaguatórios bucais, antiperspirantes, desodorantes, produtos para barbear e após o barbear, estípticos e outros;

IV — Perfumes: produtos de composição aromática obtida à base de substâncias naturais ou sintéticas, que, em concentrações e veículos apropriados, tenham como principal finalidade a odorização de pessoas ou ambientes, incluídos os extratos, as águas perfumadas, os perfumes cremosos, preparados para banho e os odorizantes de ambientes, apresentados em forma líquida, geleificada, pastosa ou sólida;

V — Cosméticos: produtos para uso externo, destinados à proteção ou ao embelezamento das diferentes partes do corpo, tais como pós faciais, talcos, cremes de beleza, creme para as mãos e similares, máscaras faciais, loções de beleza, soluções leitosas, cremosas e adstringentes, loções para as mãos, bases de maquilagem e óleos cosméticos, ruges, "blushes", batons, lápis labiais, preparados anti- solares, bronzeadores e simulatórios, rímeis, sombras, delineadores, tinturas capilares, agentes clareadores de cabelos, preparados para ondular e para alisar cabelos, fixadores de cabelos, laquês, brilhantinas e similares, loções capilares, depilatórios e epilatórios, preparados para unhas e outros;

VI — Corantes: substâncias adicionais aos medicamentos, produtos dietéticos, cosméticos, perfumes, produtos de higiene e similares, saneantes domissanitários e similares, com o efeito de lhes conferir cor e, em determinados tipos de cosméticos, transferi-la para a superfície cutânea e anexos da pele;

VII — Saneantes Domissanitários: substâncias ou preparações destinadas à higienização, desinfecção ou desinfestação domiciliar, em ambientes coletivos e/ou públicos, em lugares de uso comum e no tratamento da água compreendendo:

a) inseticidas — destinados ao combate, à prevenção e ao controle dos insetos em habitações, recintos e lugares de uso público e suas cercanias;

b) raticidas — destinados ao combate a ratos, camundongos e outros roedores, em domicílios, embarcações, recintos e lugares de uso público, contendo substâncias ativas, isoladas ou em associação, que não ofereçam risco à vida ou à saúde do homem e dos animais úteis de sangue quente, quando aplicados em conformidade com as recomendações contidas em sua apresentação;

c) desinfetantes — destinados a destruir, indiscriminada ou seletivamente, microorganismos, quando aplicados em objetos inanimados ou ambientes;

d) detergentes — destinados a dissolver gorduras e à higiene de recipientes e vasilhas, e a aplicações de uso doméstico.

VIII — Rótulo: identificação impressa ou litografada, bem como os dizeres pintados ou gravados a fogo, pressão ou decalco, aplicados diretamente sobre recipientes, vasilhames, invólucros, envoltórios, cartuchos ou qualquer outro protetor de embalagem;

IX — Embalagem: invólucro, recipiente ou qualquer forma de acondicionamento, removível ou não, destinada a cobrir, empacotar, envasar, proteger ou manter, especificamente ou não, os produtos de que trata esta Lei;

X — Registro: inscrição, em livro próprio após o despacho concessivo do dirigente do órgão do Ministério da Saúde, sob número de ordem, dos produtos de que trata esta Lei, com a indicação do nome, fabricante, da procedência, finalidade e dos outros elementos que os caracterizem;

XI — Fabricação: todas as operações que se fazem necessárias para a obtenção dos produtos abrangidos por esta Lei;

XII — Matérias-primas: substâncias ativas ou inativas que se empregam na fabricação de medicamentos e de outros produtos abrangidos por esta Lei, tanto as que permanecem inalteradas quanto as passíveis de sofrer modificações;

XIII — Lote ou Partida: quantidade de um medicamento ou produto abrangido por esta Lei, que se produz em um ciclo de fabricação, e cuja característica essencial é a homogeneidade;

XIV — Número do Lote: designação impressa na etiqueta de um medicamento e de produtos abrangidos por esta Lei que permita identificar o lote ou a partida a que pertençam e, em caso de necessidade, localizar e rever todas as operações de fabricação e inspeção praticadas durante a produção;

XV — Controle de Qualidade: conjunto de medidas destinadas a garantir, a qualquer momento, a produção de lotes de medicamentos e demais produtos abrangidos por esta Lei, que satisfaçam às normas de atividade, pureza, eficácia e inocuidade;

XVI — Produto Semi-elaborado: toda a substância ou mistura de substâncias ainda sob o processo de fabricação;

XVII — Pureza: grau em que uma droga determinada contém outros materiais estranhos.

XVIII — Denominação Comum Brasileira (DCB) — denominação do fármaco ou princípio farmacologicamente ativo aprovada pelo órgão federal responsável pela vigilância sanitária; **(Inciso incluído pela Lei nº 9.787, de 10.2.1999)**

XIX — Denominação Comum Internacional (DCI) — denominação do fármaco ou princípio farmacologicamente ativo recomendada pela Organização Mundial de Saúde; **(Inciso incluído pela Lei nº 9.787, de 10.2.1999)**

XX — Medicamento Similar — aquele que contém o mesmo ou os mesmos princípios ativos, apresenta a mesma concentração, forma farmacêutica, via de administração, posologia e indicação terapêutica, preventiva ou diagnóstica, do medicamento de referência registrado no órgão federal responsável pela vigilância sanitária, podendo diferir somente em características relativas ao tamanho e forma do produto, prazo de validade, embalagem, rotulagem, excipientes e veículos, devendo sempre ser identificado por nome comercial ou marca; **(Inciso incluído pela Lei nº 9.787, de 10.2.1999)** (Vide Medida Provisória nº 2.190-34, de 23.8.2001)

XXI — Medicamento Genérico — medicamento similar a um produto de referência ou inovador, que se pretende ser com este intercambiável, geralmente produzido após a expiração ou renúncia da proteção patentária ou de outros direitos de exclusividade, comprovada a sua eficácia, segurança e qualidade, e designado pela DCB ou, na sua ausência, pela DCI; **(Inciso incluído pela Lei nº 9.787, de 10.2.1999)**

XXII — Medicamento de Referência — produto inovador registrado no órgão federal responsável pela vigilância sanitária e comercializado no País, cuja eficácia, segurança e qualidade foram comprovadas cientificamente junto ao órgão federal competente, por ocasião do registro; **(Inciso incluído pela Lei nº 9.787, de 10.2.1999)**

XXIII — Produto Farmacêutico Intercambiável — equivalente terapêutico de um medicamento de referência, comprovados, essencialmente, os mesmos efeitos de eficácia e segurança; **(Inciso incluído pela Lei nº 9.787, de 10.2.1999)**

XXIV — Bioequivalência — consiste na demonstração de equivalência farmacêutica entre produtos apresentados sob a mesma forma farmacêutica, contendo idêntica composição qualitativa e quantitativa de princípio(s) ativo(s), e que tenham comparável biodisponibilidade, quando estudados sob um mesmo desenho experimental; **(Inciso incluído pela Lei nº 9.787, de 10.2.1999)**

XXV — Biodisponibilidade — indica a velocidade e a extensão de absorção de um princípio ativo em uma forma de dosagem, a partir de sua curva concentração/tempo na circulação sistêmica ou sua excreção na urina. **(Inciso incluído pela Lei nº 9.787, de 10.2.1999)**

Parágrafo único. Até 30 de junho de 2003, no caso de medicamentos genéricos importados, cujos ensaios de bioequivalência foram realizados fora do País, devem ser apresentados os ensaios de dissolução comparativos entre o medicamento-teste, o medicamento de referência internacional utilizado no estudo de bioequivalência e o medicamento de referência nacional. (Redação dada pela Lei nº 10.669, de 14.5.2003)

Art. 4º — Os produtos destinados ao uso infantil não poderão conter substâncias cáusticas ou irritantes, terão embalagens isentas de partes contundentes e não poderão ser apresentados sob a forma de aerossol.

Art. 5º — Os produtos de que trata esta Lei não poderão ter nomes ou designações que induzam a erro.

§ 1º — É vedada a adoção de nome igual ou assemelhado para produtos de diferente composição, ainda que do mesmo fabricante, assegurando-se a prioridade do registro com a ordem cronológica da entrada dos pedidos na repartição competente do Ministério da Saúde, quando inexistir registro anterior.

§ 2º — Poderá ser aprovado nome de produto cujo registro for requerido posteriormente, desde que denegado pedido de registro anterior, por motivos de ordem técnica ou científica.

§ 3º — Comprovada a colidência de marcas, deverá ser requerida a modificação do nome ou designação do produto, no prazo de 90 (noventa) dias da data da publicação do despacho no "Diário Oficial" da União, sob pena de indeferimento do registro.

§ 4º — Sem prejuízo do disposto neste artigo, os medicamentos contendo uma única substância ativa sobejamente conhecida, a critério do Ministério da Saúde, e os imunoterápicos, drogas e insumos farmacêuticos deverão ser identificados pela denominação constante da Farmacopéia Brasileira, não podendo, em hipótese alguma, ter nomes ou designações de fantasia.

Art. 6º — A comprovação de que determinado produto, até então considerado útil, é nocivo à saúde ou não preenche requisitos estabelecidos em lei implica na sua imediata retirada do comércio e na exigência da modificação da fórmula de sua composição e nos dizeres dos rótulos, das bulas e embalagens, sob pena de cancelamento do registro e da apreensão do produto, em todo o território nacional.

Parágrafo único. É atribuição exclusiva do Ministério da Saúde o registro e a permissão do uso dos medicamentos, bem como a aprovação ou exigência de modificação dos seus componentes.

Art. 7º — Como medida de segurança sanitária e a vista de razões fundamentadas do órgão competente, poderá o Ministério da Saúde, a qualquer momento, suspender a fabricação e venda de qualquer dos produtos de que trata esta Lei, que, embora registrado, se torne suspeito de ter efeitos nocivos à saúde humana.

Art. 8º — Nenhum estabelecimento que fabrique ou industrialize produto abrangido por esta Lei poderá funcionar sem a assistência e responsabilidade efetivas de técnico legalmente habilitado.

Art. 9º — Independem de licença para funcionamento os estabelecimentos abrangidos por esta Lei integrantes da Administração Pública ou por ela instituídos, ficando sujeitos, porém às exigências pertinentes às instalações, aos equipamentos e à aparelhagem adequados e à assistência e responsabilidade técnicas.

Parágrafo único. Para fins de controle sanitário, previsto na legislação em vigor, é obrigatória a comunicação, pelos órgãos referidos neste artigo, ao Ministério da Saúde, da existência ou instalação de estabelecimentos de que trata a presente Lei.

Art. 10 — É vedada a importação de medicamentos, drogas, insumos farmacêuticos e demais produtos de que trata esta Lei, para fins industriais e comerciais, sem prévia e expressa manifestação favorável do Ministério da Saúde.

Parágrafo único. Compreendem-se nas exigências deste artigo as aquisições ou doações que envolvam pessoas de direito público e privado, cuja quantidade e qualidade possam comprometer a execução de programas nacionais de saúde.

Art. 11 — As drogas, os medicamentos e quaisquer insumos farmacêuticos correlatos, produtos de higiene, cosméticos e saneantes domissanitários, importados ou não, somente serão entregues ao consumo nas embalagens originais ou em outras previamente autorizadas pelo Ministério da Saúde.

§ 1º — Para atender ao desenvolvimento de planos e programas do Governo Federal, de produção e distribuição de medicamentos à população carente de recursos, poderá o Ministério da Saúde autorizar o emprego de embalagens ou reembalagens especiais, que, sem prejuízo da pureza e eficácia do produto, permitam a redução dos custos.

§ 2º — Os produtos importados, cuja comercialização no mercado interno independa de prescrição médica, terão acrescentados, na rotulagem, dizeres esclarecedores, no idioma português, sobre sua composição, suas indicações e seu modo de usar.

TÍTULO II — Do Registro

Art. 12 — Nenhum dos produtos de que trata esta Lei, inclusive os importados, poderá ser industrializado, exposto à venda ou entregue ao consumo antes de registrado no Ministério da Saúde.

§ 1º — O registro a que se refere este artigo terá validade por 5 (cinco) anos e poderá ser revalidado por períodos iguais e sucessivos, mantido o número do registro inicial.

§ 2º — Excetua-se do disposto no parágrafo anterior a validade do registro e da revalidação do registro dos produtos dietéticos, cujo prazo é de 2 (dois) anos.

§ 3º — O registro será concedido no prazo máximo de 90 (noventa) dias, a contar da data de entrega do requerimento, salvo nos casos de inobservância desta Lei ou de seus regulamentos.

§ 4º — Os atos referentes ao registro e à revalidação do registro somente produzirão efeitos a partir da data da publicação no "Diário Oficial" da União.

§ 5º — A concessão do registro e de sua revalidade, e as análises prévia e de controle, quando for o caso, ficam sujeitas ao pagamento de preços públicos, referido no Art. 82.

§ 6º — A revalidação do registro deverá ser requerida no primeiro semestre do último ano do qüinqüênio de validade, considerando-se automaticamente revalidado, independentemente de decisão, se não houver sido esta proferida até a data do término daquela.

§ 7º — Será declarada a caducidade do registro do produto cuja revalidação não tenha sido solicitada no prazo referido no § 6º deste artigo.

§ 8º — Não será revalidado o registro do produto que não for industrializado no primeiro período de validade.

§ 9º — Constará obrigatoriamente do registro de que trata este artigo a fórmula da composição do produto, com a indicação dos ingredientes utilizados e respectiva dosagem.

Art. 13 — Qualquer modificação de fórmula, alteração de elementos de composição ou de seus quantitativos, adição, subtração ou inovação introduzida na elaboração do produto, dependerá de autorização prévia e expressa do Ministério da Saúde e será desde logo averbada no registro.

Art. 14 — Ficam excluídos, das exigências previstas nesta Lei, os nomes ou designações de fantasia dos produtos licenciados e industrializados anteriormente à sua vigência.

Art. 15 — O registro dos produtos de que trata esta Lei será negado sempre que não atendidas as condições, as exigências e os procedimentos para tal fim previstos em Lei, regulamento ou instrução do órgão competente.

TÍTULO III — Do Registro de Drogas, Medicamentos e Insumos Farmacêuticos

Art. 16 — O registro de drogas, medicamentos e insumos farmacêuticos, dadas as suas características sanitárias, medicamentosas ou profiláticas, curativas, paliativas ou mesmo para fins de diagnóstico, fica sujeito, além do atendimento das exigências regulamentares próprias, aos seguintes requisitos específicos: (Vide Medida Provisória nº 123, de 26.6.2003)

I — que o produto obedeça ao disposto no Art. 5, e seus parágrafos;

II — que o produto, através de comprovação científica e de análise, seja reconhecido como seguro e eficaz para o uso a que se propõe, e possua a identidade, atividade, qualidade, pureza e inocuidade necessárias;

III — tratando-se de produto novo, que sejam oferecidas amplas informações sobre a sua composição e o seu uso, para avaliação de sua natureza e determinação do grau de segurança e eficácia necessários;

IV — apresentação, quando solicitada, de amostra para análises e experiências que sejam julgadas necessárias pelos órgãos competentes do Ministério da Saúde;

V — quando houver substância nova na composição do medicamento, entrega de amostra acompanhada dos dados químicos e físico-químicos que a identifiquem;

VI — quando se trate de droga ou medicamento cuja elaboração necessite de aparelhagem técnica e específica, prova de que o estabelecimento se acha devidamente equipado e mantém pessoal habilitado ao seu manuseio ou contrato com terceiros para essa finalidade.

VII — (Vide Medida Provisória nº 123, de 26.6.2003)

Parágrafo único. (Revogado pela Lei nº 6.480, de 1 de dezembro de 1977).

Art. 17 — O registro dos produtos de que trata este Título será negado sempre que não atendidas as condições, as exigências e os procedimentos para tal fim previstos em lei, regulamento ou instrução do órgão competente.

Art. 18 — O registro de drogas, medicamentos e insumos farmacêuticos de procedência estrangeira dependerá, além das condições, das exigências e dos procedimentos previstos nesta Lei e seu regulamento, da comprovação de que já é registrado no país de origem.

§ 1º (Vide Medida Provisória nº 2.190-34, de 23.8.2001)
§ 2º (Vide Medida Provisória nº 2.190-34, de 23.8.2001)

Art. 19 — Será cancelado o registro de drogas, medicamentos e insumos farmacêuticos, sempre que efetuada modificação não autorizada em sua fórmula, dosagem, condições de fabricação, indicação de aplicações e especificações anunciadas em bulas, rótulos ou publicidade.

Parágrafo único. Havendo necessidade de serem modificadas a composição, posologia ou as indicações terapêuticas de produto farmacêutico tecnicamente elaborado, a empresa solicitará a competente permissão ao Ministério da Saúde, instruindo o pedido conforme o previsto no regulamento desta Lei.

Art. 20 — Somente será registrado o medicamento cuja preparação necessite cuidados especiais de purificação, dosagem, esterilização ou conservação, quando:

I — tiver em sua composição substância nova;

II — tiver em sua composição substância conhecida, à qual seja dada aplicação nova ou vantajosa em terapêutica;

III — apresentar melhoramento de fórmula ou forma, sob o ponto de vista farmacêutico e/ou terapêutico.

Parágrafo único. Fica assegurado o direito de registro de medicamentos similares a outros já registrados, desde que satisfaçam às exigências estabelecidas nesta Lei.

Art. 21 — Não poderá ser registrado o medicamento que não tenha em sua composição substância reconhecidamente benéfica do ponto de vista clínico ou terapêutico.

Art. 22 — As drogas, os medicamentos e insumos farmacêuticos que contenham substâncias entorpecentes ou determinem dependência física ou psíquica, estando sujeitos ao controle especial previsto no Decreto-Lei n° 753, de 11 de agosto de 1969, bem como em outros diplomas legais, regulamentos e demais normas pertinentes, e os medicamentos em geral, só serão registrados se, além do atendimento das condições, das exigências e do procedimento estabelecidos nesta Lei e seu regulamento, suas embalagens e sua rotulagem se enquadrarem nos padrões aprovados pelo Ministério da Saúde.

Art. 23 — Estão isentos de registro:

I — os produtos cujas fórmulas estejam inscritas na Farmacopéia Brasileira, no códex ou nos formulários aceitos pelo Ministério da Saúde;

II — os preparados homeopáticos constituídos por simples associações de tinturas ou por incorporação a substâncias sólidas;

III — os solutos concentrados que sirvam para a obtenção extemporânea de preparações farmacêuticas e industriais, considerados produtos oficinais;

IV — os produtos equiparados aos oficinais, cujas fórmulas não se achem inscritas na Farmacopéia ou nos formulários, mas sejam aprovados e autorizados pelo Ministério da Saúde.

Parágrafo único. O disposto neste artigo não exclui a obrigatoriedade, para a comercialização dos produtos nele referidos, do encaminhamento, pela empresa, ao Ministério da Saúde, das informações e dos dados elucidativos sobre os solutos injetáveis.

Art. 24 — Estão igualmente isentos de registro os medicamentos novos, destinados exclusivamente a uso experimental, sob controle médico, podendo, inclusive, ser importados mediante expressa autorização do Ministério da Saúde.

Parágrafo único. A isenção prevista neste artigo só será válida pelo prazo de até 3 (três) anos, findo o qual o produto ficará obrigado ao registro, sob pena de apreensão determinada pelo Ministério da Saúde.

TÍTULO IV — Do Registro de Correlatos

Art. 25 — Os aparelhos, instrumentos e acessórios usados em medicina, odontologia e atividades afins, bem como nas de educação física, embelezamento ou correção estética, somente poderão ser fabricados, ou importados, para entrega ao consumo e exposição à venda, depois que o Ministério da Saúde se pronunciar sobre a obrigatoriedade ou não do registro.

§ 1º — Estarão dispensados do registro os aparelhos, instrumentos ou acessórios de que trata este artigo, que figurem em relações para tal fim elaboradas pelo Ministério da Saúde, ficando, porém, sujeitos, para os demais efeitos desta Lei e de seu Regulamento, a regime de vigilância sanitária.

§ 2º — O regulamento desta Lei prescreverá as condições, as exigências e os procedimentos concernentes ao registro dos aparelhos, instrumentos ou acessórios de que trata este artigo.

TÍTULO V — Do Registro de Cosméticos, Produtos de Higiene, Perfumes e outros

Art. 26 — Somente serão registrados como cosméticos produtos para higiene pessoal, perfumes e outros de natureza e finalidade semelhantes, os produtos que se destinem a uso externo ou no ambiente, consoante suas finalidades estética, protetora, higiênica ou odorífera, sem causar irritações à pele nem danos à saúde.

Art. 27 — Além de sujeito, às exigências regulamentares próprias, o registro dos cosméticos, dos produtos destinados à higiene pessoal, dos perfumes e demais, de finalidade congênere, dependerá da satisfação das seguintes exigências:

I — enquadrar-se na relação de substâncias declaradas inócuas, elaborada pelo órgão competente do Ministério da Saúde e publicada no "Diário Oficial" da União, a qual conterá as especificações pertinentes a cada categoria bem como às drogas, aos insumos, às matérias-primas, aos corantes, aos solventes e aos demais permitidos em sua fabricação;

II — não se enquadrando na relação referida no inciso anterior, terem reconhecida a inocuidade das respectivas fórmulas, em pareceres conclusivos, emitidos pelos órgãos competentes, de análise e técnico, do Ministério da Saúde.

Parágrafo único. A relação de substâncias a que se refere o inciso I deste artigo poderá ser alterada para exclusão de substâncias que venham a ser julgadas nocivas à saúde, ou para inclusão de outras, que venham a ser aprovadas.

Art. 28 — O registro dos cosméticos, produtos destinados à higiene pessoal, e outros de finalidades idênticas, que contenham substâncias medicamentosas, embora em dose infraterapêutica, obedecerá às normas constantes dos artigos 16 e suas alíneas, 17, 18 e 19 e seu parágrafo único, 20 e 21 e do Regulamento desta Lei.

Art. 29 — Somente será registrado produto referido no Art. 26 que contenha em sua composição matéria-prima, solvente, corante ou insumos farmacêuticos, constantes da relação elaborada pelo órgão competente do Ministério da Saúde, publicada no "Diário Oficial" da União, desde que ressalvadas expressamente nos rótulos e embalagens as restrições de uso, quando for o caso, em conformidade com a área do corpo em que deva ser aplicado.

Parágrafo único. Quando apresentados sob a forma de aerosol, os produtos referidos no Art. 26 só serão registrados se obedecerem aos padrões técnicos aprovados pelo Ministério da Saúde e às demais exigências e normas específicas.

Art. 30 — Os cosméticos, produtos de higiene pessoal de adultos e crianças, perfumes e congêneres poderão ter alteradas suas fórmulas de composição desde que as alterações sejam aprovadas pelo Ministério da Saúde, com base nos competentes laudos técnicos.

Art. 31 — As alterações de fórmula serão objeto de averbação no registro do produto, conforme se dispuser em regulamento.

Art. 32 — O Ministério da Saúde fará publicar no "Diário Oficial" da União a relação dos corantes naturais orgânicos, artificiais e sintéticos, incluindo seus sais e suas lacas, permitidos na fabricação dos produtos de que tratam os artigos 29, parágrafo único, e 30.

§ 1º — Será excluído da relação a que se refere este artigo todo e qualquer corante que apresente toxicidade ativa ou potencial.

§ 2º — A inclusão e exclusão de corantes e suas decorrências obedecerão a disposições constantes de regulamento.

TÍTULO VI — Do Registro dos Saneantes Domissanitários

Art. 33 — O registro dos saneantes domissanitários, dos desinfetantes e detergentes obedecerá ao disposto em regulamento e em normas complementares específicas.

Art. 34 — Somente poderão ser registrados os inseticidas que:

I — possam ser aplicados corretamente, em estrita observância às instruções dos rótulos e demais elementos explicativos;

II — não ofereçam qualquer possibilidade de risco à saúde humana e à dos animais domésticos de sangue quente, nas condições de uso previstas;

III — não sejam corrosivos ou prejudiciais às superfícies tratadas.

Art. 35 — Somente serão registrados os inseticidas:

I — apresentados segundo as formas previstas no Regulamento desta Lei;

II — em cuja composição a substância inseticida e a sinérgica, naturais ou sintéticas, observem os índices de concentração adequados, estabelecidos pelo Ministério da Saúde;

III — cuja fórmula de composição atenda às precauções necessárias, com vistas ao seu manuseio e às medidas terapêuticas em caso de acidente, para a indispensável preservação da vida humana, segundo as instruções do Ministério da Saúde.

Parágrafo único. O regulamento desta Lei fixará as exigências, as condições e os procedimentos referentes ao registro de inseticidas.

Art. 36 — Para fins de registros dos inseticidas as substâncias componentes das fórmulas respectivas serão consideradas:

I — solventes e diluentes, as empregadas como veículos nas preparações inseticidas;

II — propelentes, os agentes propulsores utilizados nas preparações premidas.

Art. 37 — O Ministério da Saúde elaborará e fará publicar no "Diário Oficial" da União a relação dos solventes, diluentes e propelentes permitidos, com as respectivas concentrações máximas.

Art. 38 — Será permitida a associação de inseticidas, que deverão ter, quando da mesma classe, as concentrações dos elementos ativos reduzidas proporcionalmente.

Art. 39 — As associações de inseticidas deverão satisfazer aos requisitos dispostos no Art. 35 e seu parágrafo único, quanto à toxicidade para animais submetidos à prova de eficiência.

Art. 40 — O registro dos inseticidas só será permitido quando se destine:

I — à pronta aplicação por qualquer pessoa, para fins domésticos;

II — à aplicação e manipulação por pessoa ou organização especializada para fins profissionais.

Art. 41 — Registrar-se-ão como raticidas as preparações cujas fórmulas de composição incluam substâncias ativas, isoladas ou em associação, em concentrações diversas e sob determinadas formas e tipos de apresentação.

Parágrafo único. As associações de substâncias raticidas da mesma classe deverão ser reduzidas proporcionalmente às concentrações de seus princípios ativos.

Art. 42 — Aplica-se ao registro das preparações e substâncias raticidas o disposto nesta Lei, fixando-se em regulamento e em instruções do Ministério da Saúde as demais exigências específicas atinentes a essa classe de produtos.

Art. 43 — O registro dos desinfetantes será efetuado segundo o disposto no Regulamento desta Lei e em instruções expedidas pelo Ministério da Saúde.

Art. 44 — Para os fins desta Lei, são equiparados aos produtos domissanitários os detergentes e desinfetantes e respectivos congêneres, destinados à aplicação em objetos inanimados e em ambientes, ficando sujeitos às mesmas exigências e condições no concernente ao registro, à industrialização, entrega ao consumo e fiscalização.

Art. 45 — A venda dos raticidas e sua entrega ao consumo ficarão restritas, exclusivamente, aos produtos classificados como de baixa e média toxicidade, sendo privativa das empresas especializadas ou de órgãos e entidades da Administração Pública Direta e Indireta o fornecimento e controle da aplicação dos classificados como de alta toxicidade.

TÍTULO VII — Do Registro dos Produtos Dietéticos

Art. 46 — Serão registrados como produtos dietéticos os destinados à ingestão oral, que, não enquadrados nas disposições do Decreto-Lei nº 986, de 21 de outubro de 1969, e respectivos regulamentos, tenham seu uso ou venda dependentes de prescrição médica e se destinem:

I — a suprir necessidades dietéticas especiais;

II — a suplementar e enriquecer a alimentação habitual com vitaminas, aminoácidos, minerais e outros elementos;

III — a iludir as sensações de fome, de apetite e de paladar, substituindo os alimentos habituais nas dietas de restrição.

Art. 47 — Só serão registrados como dietéticos os produtos constituídos por:

I — alimentos naturais modificados em sua composição ou características;

II — produtos naturais, ainda que não considerados alimentos habituais, contendo nutrimentos ou adicionados deles;

III — produtos minerais ou orgânicos, puros ou associados, em condições de contribuir para a elaboração de regimes especiais;

IV — substâncias isoladas ou associadas, sem valor nutritivo, destinadas a dietas de restrição;

V — complementos alimentares contendo vitaminas, minerais ou outros nutrimentos;

VI — outros produtos que, isoladamente ou em associação, possam ser caracterizados como dietéticos pelo Ministério da Saúde.

Art. 48 — Dos produtos dietéticos de que trata esta Lei poderão ser apresentados sob as formas usuais dos produtos farmacêuticos, observadas a nomenclatura e as características próprias aos mesmos.

Art. 49 — Para assegurar a eficiência dietética mínima necessária e evitar que sejam confundidos com os produtos terapêuticos, o teor dos componentes dos produtos dietéticos, que justifique sua indicação em dietas especiais, deverá obedecer aos padrões aceitos internacionalmente, conforme relações elaboradas pelo Ministério da Saúde.

§ 1º — Não havendo padrão estabelecido para os fins deste artigo, a taxa de nutrimentos dos produtos dietéticos dependerá de pronunciamento do Ministério da Saúde.

§ 2º — A proporção de vitaminas a adicionar aos produtos corresponderá aos padrões estabelecidos pelo Ministério da Saúde.

TÍTULO VIII — Da Autorização das Empresas e do Licenciamento dos Estabelecimentos

Art. 50 — O funcionamento das empresas de que trata esta Lei dependerá de autorização do Ministério da Saúde, à vista da indicação da atividade industrial respectiva, da natureza e espécie dos produtos e da comprovação da capacidade técnica, científica e operacional, e de outras exigências dispostas em regulamentos e atos administrativos pelo mesmo Ministério.

Parágrafo único. A autorização de que trata este artigo será válida para todo o território nacional e deverá ser renovada sempre que ocorrer alteração ou inclusão de atividade ou mudança do sócio ou diretor que tenha a seu cargo a representação legal da empresa.

Art. 51 — O licenciamento, pela autoridade local, dos estabelecimentos industriais ou comerciais que exerçam as atividades de que trata esta Lei, dependerá de haver sido autorizado o funcionamento da empresa pelo Ministério da Saúde e de serem atendidas, em cada estabelecimento, as exigências de caráter técnico e sanitário estabelecidas em regulamento e instruções do Ministério da

Saúde, inclusive no tocante à efetiva assistência de responsáveis técnicos habilitados aos diversos setores de atividade.

Parágrafo único. Cada estabelecimento terá licença específica e independente, ainda que exista mais de um na mesma localidade, pertencente à mesma empresa.

Art. 52 — A legislação local supletiva fixará as exigências e condições para o licenciamento dos estabelecimentos a que se refere esta Lei, observados os seguintes preceitos:

I — quando um só estabelecimento industrializar ou comercializar produtos de natureza ou finalidade diferentes, será obrigatória a existência de instalações separadas para a fabricação e o acondicionamento dos materiais, substâncias e produtos acabados;

II — localização adequada das dependências e proibição de residências ou moradia nos imóveis a elas destinados e nas áreas adjacentes;

III — aprovação prévia, pelo órgão de saúde estadual dos projetos e das plantas dos edifícios e fiscalização da respectiva observância.

TÍTULO IX — Da Responsabilidade Técnica

Art. 53 — As empresas que exerçam as atividades previstas nesta Lei ficam obrigadas a manter responsáveis técnicos legalmente habilitados suficientes, qualitativa e quantitativamente, para a adequada cobertura das diversas espécies de produção, em cada estabelecimento.

Art. 54 — Caberá ao responsável técnico elaborar o relatório a ser apresentado ao Ministério da Saúde, para fins de registro do produto, e dar assistência técnica efetiva ao setor sob sua responsabilidade profissional.

Art. 55 — Embora venha a cessar a prestação de assistência ao estabelecimento, ou este deixe de funcionar, perdurará por um ano, a contar da cessação, a responsabilidade do profissional técnico pelos atos até então praticados.

Art. 56 — Independentemente de outras cominações legais, inclusive penais, de que sejam passíveis os responsáveis técnicos e administrativos, a empresa responderá administrativa e civilmente por infração sanitária resultante da inobservância desta Lei e de seus regulamentos e demais normas complementares.

TÍTULO X — Da rotulagem e Publicidade

Art. 57. O Poder Executivo disporá, em regulamento, sobre a rotulagem, as bulas, os impressos, as etiquetas e os prospectos referentes aos produtos de que trata esta Lei.(Vide Medida Provisória nº 2.190-34, de 23.8.2001)

Art. 58. A propaganda, sob qualquer forma de divulgação e meio de comunicação, dos produtos sob o regime desta Lei somente poderá ser promovida após autorização do Ministério da Saúde, conforme se dispuser em regulamento.

§ 1º — Quando se tratar de droga, medicamento ou qualquer outro produto com a exigência de venda sujeita a prescrição médica ou odontológica, a propaganda ficará restrita a publicações que se destinem exclusivamente à distribuição a médicos, cirurgiões-dentistas e farmacêuticos.

§ 2º — A propaganda dos medicamentos de venda livre, dos produtos dietéticos, dos saneantes domissanitários, de cosméticos e de produtos de higiene, será objeto de normas específicas a serem dispostas em regulamento.

Art. 56. Não poderão constar de rotulagem ou de propaganda dos produtos de que trata esta Lei designações, nomes geográficos, símbolos, figuras, desenhos ou quaisquer indicações que possibilitem interpretação falsa, erro ou confusão quanto à origem, procedência, natureza, composição ou qualidade, que atribuam ao produto finalidades ou características diferentes daquelas que realmente possua.

TÍTULO XI — Das Embalagens

Art. 60. É obrigatória a aprovação, pelo Ministério da Saúde, conforme se dispuser em regulamento, das embalagens, dos equipamentos e utensílios elaborados ou revestidos internamente com substâncias que, em contato com o produto, possam alterar seus efeitos ou produzir dano à saúde.

§ 1º — Independerão de aprovação as embalagens destinadas ao acondicionamento de drogas, medicamentos, insumos farmacêuticos, produtos de higiene, cosméticos, perfumes e congêneres que não contenham internamente substância capaz de alterar as condições de pureza e eficácia do produto.

§ 2º — Não será autorizado o emprego de embalagem destinada a conter ou acondicionar droga, medicamento ou insumo farmacêutico, desde que capaz de causar direta ou indiretamente efeitos nocivos à saúde.

§ 3º — A aprovação do tipo de embalagem será procedida de análise prévia, quando for o caso.

TÍTULO XII — Dos Meios de Transporte

Art. 61. Quando se tratar de produtos que exijam condições especiais de armazenamento e guarda, os veículos utilizados no seu transporte deverão ser dotados de equipamento que possibilite acondicionamento e conservação capazes de assegurar as condições de pureza, segurança e eficácia do produto.

Parágrafo Único. Os veículos utilizados no transporte de drogas, medicamentos, insumos farmacêuticos e correlatos, produtos dietéticos, de higiene, perfumes e similares deverão Ter asseguradas as condições de desinfecção e higiene necessárias à preservação da saúde humana.

TÍTULO XIII — Das infrações e Penalidades

Art. 62. Considera-se alterado, adulterado ou impróprio para o uso o medicamento, a droga e o insumo farmacêutico:

I — que houver sido misturado ou acondicionado com substância que modifique seu valor terapêutico ou a finalidade a que se destine;

II — quando houver sido retirado ou falsificado, no todo ou em parte, elemento integrante de sua composição normal, ou substituído por outro de qualidade inferior, ou modificada a dosagem, ou lhe tiver sido acrescentada substância estranha à sua composição, de modo que esta se torne diferente da fórmula constante do registro;

III — cujo volume não corresponder à quantidade aprovada;

IV — quando suas condições de pureza, qualidade e autenticidade não satisfizerem às exigências da Farmacopéia Brasileira ou de outro Código adotado pelo Ministério da Saúde.

Parágrafo Único. Ocorrendo alteração pela ação do tempo, ou causa estranha à responsabilidade do técnico ou da empresa, fica esta obrigada a retirar imediatamente o produto do comércio, para correção ou substituição, sob pena de incorrer em infração sanitária.

Art. 63. Considera-se fraudado, falsificado ou adulterado o produto de higiene, cosmético, perfume ou similar, quando:

I — for apresentado com indicações que induzam a erro, engano ou confusão quanto à sua procedência, origem, composição ou finalidade;

II — não observar os padrões e paradigmas estabelecidos nesta Lei e em regulamento, ou as especificações contidas no registro;

III — tiver modificadas a natureza, composição, as propriedades ou características que constituírem as condições do seu registro, por efeito da adição, redução ou retirada de matérias-primas ou componentes.

Parágrafo Único. Incluem-se no que dispões este artigo os insumos constituídos por matéria-prima ativa, aditiva ou complementar, de natureza química, bioquímica ou biológica, de origem natural ou sintética, ou qualquer outro material destinado à fabricação, manipulação e ao beneficiamento dos produtos de higiene, cosméticos, perfumes e similares.

Art. 64. É proibido o reaproveitamento e a utilização de vasilhame tradicionalmente usado para alimentos, bebidas, refrigerantes, produtos dietéticos, medicamentos, drogas, produtos químicos, de higiene, cosméticos e perfumes no envasilhamento de saneantes e congêneres.

Art. 65. É proibida a colocação de novas datas ou o reacondicionamento em novas embalagens de produtos cujo prazo de validade haja expirado, excetuados os soros terapêuticos que puderem ser redosados e refiltrados.

Art. 66. A inobservância dos preceitos desta Lei, de seu regulamento e normas complementares configura infração de natureza sanitária, ficando sujeito o infrator ao processo e às penalidades previstos no Decreto-Lei n° 785, de 25 de agosto de 1969, sem prejuízo das demais cominações civis e penais cabíveis.

Parágrafo Único. O processo a que se refere este artigo poderá ser instaurado e julgado pelo Ministério da Saúde ou pelas autoridades sanitárias dos Estados, do Distrito Federal e dos Territórios, como couber.

Art. 67. Independentemente das previstas no Decreto-lei n° 785, de 25 de agosto de 1969, configuram infrações graves ou gravíssimas, nos termos desta Lei, as seguintes práticas puníveis com as sanções indicadas naquele diploma legal:

I — rotular os produtos sob o regime desta Lei ou deles fazer publicidade sem a observância do disposto nesta Lei e em seu regulamento ou contrariando os termos e as condições do registro ou de autorização respectivos;

II — alterar processo de fabricação de produtos, sem prévio assentimento do Ministério da Saúde;

III — vender ou expor à venda produto cujo prazo da validade esteja expirado;

IV — apor novas datas em produtos cujo prazo de validade haja expirado ou reacondicioná-los em novas embalagens, excetuados os soros terapêuticos que puderem ser redosados e refiltrados;

V — industrializar produtos sem assistência de responsável técnico legalmente habilitado;

VI — utilizar, na preparação de hormônios, órgãos de animais que não estiverem sãos, ou que apresentarem sinais de decomposição no momento de serem manipulados, ou que provenham de animais doentes, estafados ou emagrecidos;

VII — revender produto biológico não guardado em refrigerador, de acordo com as indicações determinadas pelo fabricante e aprovadas pelo Ministério da Saúde;

VIII — aplicar raticidas cuja ação se produza por gás ou vapor, em galerias, bueiros, porões, sótãos ou locais de possível comunicação com residências ou locais freqüentados por seres humanos ou animais úteis.

TÍTULO XIV — Da fiscalização

Art. 68. A ação de vigilância sanitária abrangerá todo e qualquer produto de que trata esta Lei, inclusive os dispensados de registro, os correlatos, os estabelecimentos de fabricação, distribuição, armazenamento e venda, e os veículos destinados ao transporte dos produtos.

Parágrafo Único. Ficam igualmente sujeitas à ação de vigilância a propaganda dos produtos e das marcas, por qualquer meio de comunicação, a publicidade, a rotulagem e etiquetagem.

Art. 69. A ação fiscalizadora é da competência:

I — do órgão federal de saúde:

quando o produto estiver em trânsito de uma para outra unidade federativa, em estrada via fluvial, lacustre, marítima ou aérea, sob controle de órgãos federais;

quando se tratar de produto importado ou exportado;

quando se tratar de colheitas de amostras para análise de controle prévia e fiscal;

II — do órgão de saúde estadual, dos Territórios ou do Distrito Federal:

quando se tratar de produto industrializado ou entregue ao consumo na área de jurisdição respectiva;

quanto aos estabelecimentos, instalações e equipamentos industriais ou de comércio;

quanto aos transportes nas estradas e vias fluviais ou lacustres, de sua área jurisdicional;

quando se tratar de colheita de amostras para análise fiscal.

Parágrafo Único. A competência de que trata este artigo poderá ser delegada, mediante convênio, reciprocamente, pela União, pelos Estados e pelo Distrito Federal, ressalvadas as hipóteses de poderes indelegáveis, expressamente previstas em lei.

Art. 70. A ação de vigilância sanitária se efetuará permanentemente, constituindo atividade rotineira dos órgãos da saúde.

Art. 71. As atribuições e prerrogativas dos agentes fiscalizadores serão estabelecidas no regulamento desta Lei.

Art. 72. A apuração das infrações, nos termos desta Lei, far-se-á mediante apreensão de amostras e interdição do produto ou do estabelecimento, conforme disposto em regulamento.

§ 1º — A comprovação da infração dará motivo, conforme o caso, à apreensão e inutilização do produto, em todo o território nacional, ao cancelamento do registro e à cassação da licença do estabelecimento, que só se tornarão efetivos após a publicação da decisão condenatória irrecorrível no Diário Oficial da União.

§ 2º — Darão igualmente motivo a apreensão, interdição e inutilização as alterações havidas em decorrência de causas, circunstâncias e eventos naturais ou imprevisíveis, que determinem avaria, deterioração ou contaminação dos produtos, tornando-os ineficazes ou nocivos à saúde.

Art. 73. Para efeito de fiscalização sanitária, os ensaios destinados à verificação da eficiência da fórmula serão realizados consoante as normas fixadas pelo Ministério da Saúde.

Art. 74. Não poderão Ter exercício em órgãos de fiscalização sanitária e laboratórios de controle servidores públicos que sejam sócios, acionistas ou interessados, por qualquer forma, de empresas que exerçam atividades sujeitas ao regime desta Lei, ou lhes prestem serviços com ou sem vínculo empregatício.

TÍTULO XV — Do Controle de Qualidade dos Medicamentos

Art. 75. O Ministério da Saúde baixará normas e aperfeiçoará mecanismos destinados a garantir ao consumidor a qualidade dos medicamentos, tendo em conta a identidade, atividade, pureza, eficácia e inocuidade dos produtos e abrangendo as especificações de qualidade a fiscalização da produção.

Parágrafo Único. As normas a que se refere este artigo determinarão as especificações de qualidade das matérias-primas e dos produtos semi-eleborados utilizados na fabricação dos medicamentos, bem como as especificações de qualidade destes, e descreverão com precisão os critérios para a respectiva aceitação.

Art. 76. Nenhuma matéria-prima ou nenhum produto semi-elaborado poderá ser empregado na fabricação de medicamento sem que haja sido verificado possuir qualidade aceitável, segundo provas que serão objeto de normas do Ministério da Saúde.

Art. 77. A inspeção da produção de medicamentos terá em vista, prioritariamente, os seguintes aspectos:

I — a fabricação, tendo em conta os fatores intrínsecos e extrínsecos desfavoráveis, inclusive a possibilidade de contaminação das matérias-primas, dos produtos semi-elaborados e do produto acabado;

II — o produto acabado, a fim de verificar o atendimento dos requisitos pertinentes aos responsáveis técnicos pela fabricação e inspeção dos produtos, aos locais e equipamentos, ao saneamento do meio, às matérias-primas e aos sistemas de inspeção e auto-inspeção e registro de medicamentos.

Art. 78. Sem prejuízo do controle e da fiscalização a cargo dos Poderes Públicos, todo estabelecimento destinado à produção de medicamentos deverá possuir departamento técnico de inspeção de qualidade, que funcione de forma autônoma em sua esfera de competência, com a finalidade de verificar a qualidade das matérias-primas ou substâncias, vigiar os aspectos qualitativos das operações dos medicamentos produzidos e realizar os demais testes necessários.

Parágrafo Único. É facultado aos laboratórios industriais farmacêuticos realizar os controles previstos neste artigo, em institutos ou laboratórios oficiais, mediante convênio ou contrato.

Art. 79. Todos os informes sobre acidentes ou reações nocivas causadas por medicamentos serão transmitidos à autoridade sanitária competente.

Parágrafo Único. As mudanças operadas na qualidade dos medicamentos e qualquer alteração de suas características físicas serão investigadas com todos os detalhes e, uma vez comprovadas, serão objeto das medidas corretivas cabíveis.

TÍTULO XVI — Dos Órgãos de Vigilância Sanitária

Art. 80. As atividades de vigilância sanitária de que trata esta Lei serão exercidas:

I — no plano federal, pelo Ministério da Saúde, na forma da legislação e dos regulamentos;

II — nos Estados, Territórios e no Distrito Federal, através de seus órgãos próprios, observadas as normas federais pertinentes e a legislação local supletiva.

TÍTULO XVII — Das disposições Finais e Transitórias

Art. 81. As empresas que já explorem as atividades de que trata esta Lei terão o prazo de 12 (doze) meses para as alterações e adaptações necessárias ao cumprimento do e que nela se dispõe.

Art. 82. Os serviços prestados pelo Ministério da Saúde, relacionados com esta Lei, serão retribuídos pelo regime de preços públicos, cabendo ao Ministro de Estado fixar os respectivos valores e disciplinar o seu recolhimento.(Vide Medida Provisória nº 2.190-34, de 23.8.2001)

Art. 83. As drogas, os produtos químicos e os oficinais serão vendidos em suas embalagens originais e somente poderão ser fracionados, para revenda, nos estabelecimentos comerciais, sob a responsabilidade direta do respectivo responsável técnico.

Art. 84. O disposto nesta Lei não exclui a aplicação das demais normas a que esteja sujeitas as atividades nela enquadradas, em relação a aspectos objeto de legislação específica.

Art. 85. Aos produtos mencionados no artigo 1º, regidos por normas especiais, aplicam-se, no que couber, as disposições desta Lei.

Art. 86. Excluem-se do regime desta Lei, visto se destinarem e se aplicarem a fins diversos dos nela estabelecidos, os produtos saneantes fitossanitários e zoossanitários, os de exclusivo uso veterinário e os destinados ao combate, na agricultura, a ratos e outros roedores.

Art. 87. O Poder Executivo baixará o regulamento e atos necessários ao exato cumprimento desta Lei.

Parágrafo Único — Enquanto não forem baixados o regulamento e atos previstos neste artigo, continuarão em vigor os atuais que não confiltrarem com as disposições desta Lei .

Art. 88 Esta Lei entrará em vigor 95 (noventa e cinco) dias depois de sua publicação, revogadas as disposições em contrário.

Brasília, 23 de setembro de 1976; 155º da Independência e 88º da República.

DECRETO Nº 79.094, DE 5 DE JANEIRO DE 1977.

Regulamenta a Lei nº 6.360, de 23 de setembro de 1976, que submete a sistema de vigilância sanitária os medicamentos, insumos farmacêuticos, drogas, correlatos, cosméticos, produtos de higiene, saneamento e outros.

O PRESIDENTE DA REPÚBLICA, usando da atribuição que lhe confere o artigo 81, item III da Constituição, e, tendo em vista o disposto no artigo 87, da Lei nº 6.360, de 23 de setembro de 1976,
DECRETA:

TÍTULO I
DISPOSIÇÕES PRELIMINARES

Art.1º Os medicamentos, insumos farmacêuticos, drogas, correlatos, cosméticos, produtos de higiene, perfumes e similares, saneantes domissanitários, produtos destinados à correção estética e os demais, submetidos ao sistema de vigilância sanitária, somente poderão ser extraídos, produzidos, fabricados, embalados ou reembalados, importados, exportados, armazenados, expedidos ou distribuídos, obedecido ao disposto na Lei nº 6.360, de 23 de setembro de 1976, e neste Regulamento.*(Redação dada pelo Decreto nº 3.961, de 10.10.2001)*

Art 2º Para o exercício de qualquer das atividades indicadas no artigo 1º, as empresas dependerão de autorização específica do Ministério da Saúde e de licenciamento dos estabelecimentos pelo órgão competente da Secretaria de Saúde dos Estados, do Distrito Federal e dos Territórios.

Art 3º Para os efeitos deste Regulamento são adotadas as seguintes definições:

I — Droga — Substância ou matéria-prima que tenha finalidade medicamentosa ou sanitária.

II — Medicamento — Produto farmacêutico, tecnicamente obtido ou elaborado, com finalidade profilática, curativa, paliativa ou para fins de diagnóstico.

III — Insumo Farmacêutico — Droga ou matéria-prima aditiva ou complementar de qualquer natureza, destinada a emprego em medicamentos, quando for o caso, ou em seus recipientes.

IV — Correlato — Substância, produto, aparelho ou acessório não enquadrado nos conceitos anteriores, cujo uso ou aplicação esteja ligado à defesa e proteção da saúde individual ou coletiva, à higiene pessoal ou de ambientes, ou a fins diagnósticos e analíticos, os cosméticos e perfumes e, ainda, os produtos dietéticos, óticos, de acústica médica, odontológicos e veterinários.

V — Produto Dietético — O tecnicamente elaborado para atender às necessidades dietéticas de pessoas em condições fisiológicas especiais.

VI — Nutrimento — Substância constituinte dos alimentos de valor nutricional, incluindo proteínas, gorduras, hidratos de carbono, água, elementos minerais e vitaminas.

VII — Produto de Higiene — O de uso externo, antissético ou não, destinado ao asseio ou a desinfecção corporal, compreendendo os sabonetes, xampus, dentrifícios, enxaguatórios bucais, antiperspirantes, desodorantes, produtos para barbear e após barbear, estípticos e outros.

VIII — Perfume — O de composição aromática à base de substâncias naturais ou sintéticas, que em concentração e veículos apropriados, tenha como principal finalidade a odorização de pessoas ou ambientes, incluídos os extratos, as águas perfumadas, os perfumes cremosos, preparados para banhos e os odorizantes de ambientes, apresentados em forma líquida, geleificada, pastosa ou sólida.

IX — Cosmético — O de uso externo, destinado à proteção ou ao embelezamento das diferentes partes do corpo, tais como pós faciais, talcos, cremes de beleza, cremes para as mãos e similares, máscaras faciais, loções de beleza, soluções leitosas, cremosas e adstringentes, loções para as mãos, bases de maquilagem e óleos cosméticos, rouges, blusches, batons, lápis labiais, preparados antisolares, bronzeadores e similatórios, rímeis, sombras, delineadores, tinturas capilares, agentes clareadores de cabelos, fixadores, laquês, brilhantinas e similares, tônicos capilares, depilatórios ou epilatórios, preparados para unhas e outros.

X — Saneante Domissanitário — Substância ou preparação destinada à higienização, desinfecção ou desinfestação domiciliar, em ambientes coletivos ou públicos, em lugares de uso comum e no tratamento da água, compreendendo:

a) inseticida — destinado ao combate, à prevenção e ao controle dos insetos em habitações, recintos e lugares de uso público e suas cercanias.

b) raticida — destinado ao combate a ratos, camundongos e outros roedores, em domicílios, embarcações, recintos e lugares de uso público, contendo substâncias ativas, isoladas ou em associação, que não ofereçam risco à vida ou à saúde do homem e dos animais úteis de sangue quente, quando aplicado em conformidade com as recomendações contidas em sua apresentação.

c) desinfetantes — destinado a destruir, indiscriminada ou seletivamente, microorganismos, quando aplicado em objetos inanimados ou ambientes.

d) detergentes — destinado a dissolver gorduras e à higiene de recipientes e vasilhas e à aplicação de uso doméstico.

XI — Aditivo — Substância adicionada aos medicamentos, produtos dietéticos, cosméticos, perfumes, produtos de higiene e similares, com a finalidade de impedir alterações, manter, conferir ou intensificar seu aroma, cor e sabor, modificar ou manter seu estado físico geral ou exercer qualquer ação exigida para a tecnologia de fabricação.

XII-Matéria-prima — Substâncias ativas ou inativas que se empregam para a fabricação de medicamentos e demais produtos abrangidos por este Regulamento, mesmo que permaneçam inalteradas, experimentem modificações ou sejam eliminadas durante o processo de fabricação;*(Redação dada pelo Decreto nº 3.961, de 10.10.2001)*

XIII-Produto Semi-elaborado — Substância ou mistura de substâncias que requeira posteriores processos de produção, a fim de converter-se em produtos a granel;*(Redação dada pelo Decreto nº 3.961, de 10.10.2001)*

XIV-Produto a granel — Material processado que se encontra em sua forma definitiva, e que só requeira ser acondicionado ou embalado antes de converter-se em produto terminado;*(Redação dada pelo Decreto nº 3.961, de 10.10.2001)*

XV-Produto acabado — Produto que tenha passado por todas as fases de produção e acondicionamento, pronto para a venda;*(Redação dada pelo Decreto nº 3.961, de 10.10.2001)*

XVI-Rótulo — Identificação impressa, litografada, pintada, gravada a fogo, a pressão ou autoadesiva, aplicada diretamente sobre recipientes, embalagens, invólucros ou qualquer protetor de embalagem externo ou interno, não podendo ser removida ou alterada durante o uso do produto e durante o seu transporte ou armazenamento;*(Redação dada pelo Decreto nº 3.961, de 10.10.2001)*

XVII-Embalagem — Invólucro, recipiente ou qualquer forma de acondicionamento, removível ou não, destinado a cobrir, empacotar, envasar, proteger ou manter, especificamente ou não, produtos de que trata este Regulamento;*(Redação dada pelo Decreto nº 3.961, de 10.10.2001)*

XVIII-Embalagem Primária — Acondicionamento que está em contato direto com o produto e que pode se constituir em recipiente, envoltório ou qualquer outra forma de proteção, removível ou não, destinado a envasar ou manter, cobrir ou empacotar matérias-primas, produtos semi-elaborados ou produtos acabados;*(Redação dada pelo Decreto nº 3.961, de 10.10.2001)*

XIX-Fabricação — Todas as operações que se fizerem necessárias à obtenção dos produtos abrangidos por este Regulamento;*(Redação dada pelo Decreto nº 3.961, de 10.10.2001)*

XX-Registro de Produto — Ato privativo do órgão ou da entidade competente do Ministério da Saúde, após avaliação e despacho concessivo de seu dirigente, destinado a comprovar o direito de fabricação e de importação de produto submetido ao regime da Lei nº 6.360, de 1976, com a indicação do nome, do fabricante, da procedência, da finalidade e dos outros elementos que o caracterize;*(Redação dada pelo Decreto nº 3.961, de 10.10.2001)*

XXI-Registro de Medicamento — Instrumento por meio do qual o Ministério da Saúde, no uso de sua atribuição específica, determina a inscrição prévia no órgão ou na entidade competente, pela avaliação do cumprimento de caráter jurídico-administrativo e técnico-científico relacionada com a eficácia, segurança e qualidade destes produtos, para sua introdução no mercado e sua comercialização ou consumo;*(Redação dada pelo Decreto nº 3.961, de 10.10.2001)*

XXII-Autorização — Ato privativo do órgão ou da entidade competente do Ministério da Saúde, incumbido da vigilância sanitária dos produtos de que trata este Regulamento, contendo permissão para que as empresas exerçam as atividades sob regime de vigilância sanitária, instituído pela Lei nº 6.360, de 1976, mediante comprovação de requisitos técnicos e administrativos específicos;*(Redação dada pelo Decreto nº 3.961, de 10.10.2001)*

XXIII-Licença-Ato privativo do órgão de saúde competente dos Estados, do Distrito Federal e dos Municípios, contendo permissão para o funcionamento dos estabelecimentos que desenvolvam qualquer das atividades sob regime de vigilância sanitária, instituído pela Lei nº 6.360, de 1976;*(Redação dada pelo Decreto nº 3.961, de 10.10.2001)*

XXIV-Relatório Técnico — Documento apresentado pela empresa, descrevendo os elementos que componham e caracterizem o produto, e esclareça as suas peculiaridades, finalidades, modo de usar, as indicações e contra-indicações, e tudo o mais que possibilite à autoridade sanitária proferir decisão sobre o pedido de registro;*(Redação dada pelo Decreto nº 3.961, de 10.10.2001)*

XXV-Nome Comercial — Designação do produto, para distingui-lo de outros, ainda que do mesmo fabricante ou da mesma espécie, qualidade ou natureza;*(Redação dada pelo Decreto nº 3.961, de 10.10.2001)*

XXVI-Marca — Elemento que identifica uma série de produtos de um mesmo fabricante ou que os distinga dos produtos de outros fabricantes, segundo a legislação de propriedade industrial; *(Redação dada pelo Decreto nº 3.961, de 10.10.2001)*

XXVII-Origem — Lugar de fabricação do produto;*(Redação dada pelo Decreto nº 3.961, de 10.10.2001)*

XXVIII-Lote — Quantidade de um produto obtido em um ciclo de produção, de etapas contínuas e que se caracteriza por sua homogeneidade;*(Redação dada pelo Decreto nº 3.961, de 10.10.2001)*

XXIX-Número do Lote — Qualquer combinação de números ou letras por intermédio da qual se pode rastrear a história completa da fabricação do lote e de sua movimentação no mercado, até o consumo;*(Redação dada pelo Decreto nº 3.961, de 10.10.2001)*

XXX-Controle de Qualidade — Conjunto de medidas destinadas a verificar a qualidade de cada lote de medicamentos e demais produtos abrangidos por este Regulamento, objetivando verificar se satisfazem as normas de atividade, pureza, eficácia e segurança;*(Redação dada pelo Decreto nº 3.961, de 10.10.2001)*

XXXI-Inspeção de Qualidade — Conjunto de medidas destinadas a verificar a qualquer momento, em qualquer etapa da cadeia de produção, desde a fabricação até o cumprimento das boas práticas específicas, incluindo a comprovação da qualidade, eficácia e segurança dos produtos;*(Redação dada pelo Decreto nº 3.961, de 10.10.2001)*

XXXII-Certificado de Cumprimento de Boas Práticas de Fabricação e Controle — Documento emitido pela autoridade sanitária federal declarando que o estabelecimento licenciado cumpre com os requisitos de boas práticas de fabricação e controle;*(Redação dada pelo Decreto nº 3.961, de 10.10.2001)*

XXXIII-Análise Prévia — Análise efetuada em determinados produtos sob o regime de vigilância sanitária, a fim de ser verificado se podem eles ser objeto de registro;*(Redação dada pelo Decreto nº 3.961, de 10.10.2001)*

XXXIV-Análise de Controle — Análise efetuada em produtos sob o regime de vigilância sanitária, após sua entrega ao consumo, e destinada a comprovar a conformidade do produto com a fórmula que deu origem ao registro;*(Redação dada pelo Decreto nº 3.961, de 10.10.2001)*

XXXV-Análise Fiscal-Análise efetuada sobre os produtos submetidos ao sistema instituído por este Regulamento, em caráter de rotina, para apuração de infração ou verificação de ocorrência de desvio quanto à qualidade, segurança e eficácia dos produtos ou matérias-primas;*(Redação dada pelo Decreto nº 3.961, de 10.10.2001)*

XXXVI-Órgão ou Entidade de Vigilância Sanitária Competente — Órgão ou entidade do Ministério da Saúde, dos Estados, do Distrito Federal ou dos Municípios, incumbido da vigilância sanitária dos produtos abrangidos por este Regulamento;*(Inciso incluído pelo Decreto nº 3.961, de 10.10.2001)*

XXXVII-Laboratório Oficial — Laboratório do Ministério da Saúde ou congênere da União, dos Estados, do Distrito Federal ou dos Municípios, com competência delegada por convênio, destinado à análise de drogas, medicamentos, insumos farmacêuticos e correlatos;*(Inciso incluído pelo Decreto nº 3.961, de 10.10.2001)*

XXXVIII-Empresa — Pessoa jurídica que, segundo as leis vigentes de comércio, explore atividade econômica ou industrialize produto abrangido por este Regulamento;*(Inciso incluído pelo Decreto nº 3.961, de 10.10.2001)*

XXXIX-Estabelecimento — Unidade da empresa onde se processe atividade enunciada no art. 1º deste Regulamento;*(Inciso incluído pelo Decreto nº 3.961, de 10.10.2001)*

XL-Medicamento Similar — aquele que contém o mesmo ou os mesmos princípios ativos, apresenta a mesma concentração, forma farmacêutica, via de administração, posologia e indicação terapêutica, e que é equivalente ao medicamento registrado no órgão federal responsável pela vigilância sanitária, podendo diferir somente em características relativas ao tamanho e forma do produto, prazo de validade, embalagem, rotulagem, excipientes e veículos, devendo sempre ser identificado por nome comercial ou marca;*(Inciso incluído pelo Decreto nº 3.961, de 10.10.2001)*

XLI-Equivalência — Produtos farmaceuticamente equivalentes que, depois de administrados na mesma dose, seus efeitos com respeito à eficácia e segurança são essencialmente os mesmos;*(Inciso incluído pelo Decreto nº 3.961, de 10.10.2001)*

XLII-Titular de Registro — Pessoa jurídica que possui o registro de um produto, detentora de direitos sobre ele, responsável pelo produto até o consumidor final;*(Inciso incluído pelo Decreto nº 3.961, de 10.10.2001)*

XLIII-Prazo de validade — Tempo durante o qual o produto poderá ser usado, caracterizado como período de vida útil e fundamentada nos estudos de estabilidade específicos; *(Inciso incluído pelo Decreto nº 3.961, de 10.10.2001)*

XLIV-Data de vencimento — Data indicada pelo fabricante de maneira expressa, que se baseia nos estudos de estabilidade do produto e depois da qual o produto não deve ser usado;*(Inciso incluído pelo Decreto nº 3.961, de 10.10.2001)*

XLV-Empresa produtora — Empresa que possui pessoal capacitado, instalações e equipamentos necessários para realizar todas as operações que conduzem à obtenção de produtos farmacêuticos em suas distintas formas farmacêuticas;*(Inciso incluído pelo Decreto nº 3.961, de 10.10.2001)*

XLVI- Responsável técnico — Profissional legalmente habilitado pela autoridade sanitária para a atividade que a empresa realiza na área de produtos abrangidos por este Regulamento;*(Inciso incluído pelo Decreto nº 3.961, de 10.10.2001)*

XLVII-Pureza — Grau em que uma droga determinada não contém outros materiais estranhos;*(Inciso incluído pelo Decreto nº 3.961, de 10.10.2001)*

XLVIII-Denominação Comum Brasileira (DCB) — Denominação do fármaco ou princípio farmacologicamente ativo aprovada pelo órgão federal responsável pela vigilância sanitária;*(Inciso incluído pelo Decreto nº 3.961, de 10.10.2001)*

XLIX-Denominação Comum Internacional (DCI) — Denominação do fármaco ou princípio farmacologicamente ativo recomendada pela Organização Mundial de Saúde;*(Inciso incluído pelo Decreto nº 3.961, de 10.10.2001)*

L-Medicamento Genérico —Medicamento similar a um produto de referência ou inovador, que se pretende ser com este intercambiável, geralmente produzido após a expiração ou renúncia da proteção patentária ou de outros direitos de exclusividade, comprovada a sua eficácia, segurança e qualidade, e designado pela DCB ou, na sua ausência, pela DCI;*(Inciso incluído pelo Decreto nº 3.961, de 10.10.2001)*

LI-Medicamento de Referência — Produto inovador registrado no órgão federal responsável pela vigilância sanitária e comercializado no País, cuja eficácia, segurança e qualidade foram comprovadas cientificamente junto ao órgão federal competente, por ocasião do registro;*(Inciso incluído pelo Decreto nº 3.961, de 10.10.2001)*

LII-Produto Farmacêutico Intercambiável — Equivalente terapêutico de um medicamento de referência, comprovados, essencialmente, os mesmos efeitos de eficácia e segurança;*(Inciso incluído pelo Decreto nº 3.961, de 10.10.2001)*

LIII-Bioequivalência — Demonstração de equivalência farmacêutica entre produtos apresentados sob a mesma forma farmacêutica, contendo idêntica composição qualitativa e quantitativa de princípio ativo ou de princípios ativos, e que tenham comparável biodisponibilidade, quando estudados sob um mesmo desenho experimental;*(Inciso incluído pelo Decreto nº 3.961, de 10.10.2001)*

LIV-Biodisponibilidade — Indica a velocidade e a extensão de absorção de um princípio ativo em uma forma de dosagem, a partir de sua curva concentração/tempo na circulação sistêmica ou sua excreção na urina.*(Inciso incluído pelo Decreto nº 3.961, de 10.10.2001)*

Art 4º Os produtos de que trata este Regulamento não poderão ter nome ou designação que induza a erro quanto à sua composição, finalidade, indicação, aplicação, modo de usar e procedência.

Art 5º Os medicamentos contendo uma única substância ativa e os imunoterápicos, drogas e insumos farmacêuticos não poderão ostentar nomes de fantasia.

Art 6º É vedada a adoção de nome igual ou assemelhado para produtos de composição diferente, ainda que do mesmo fabricante, ficando assegurada a prioridade do registro, pela ordem cronológica da entrada dos pedidos no órgão de vigilância sanitária competente do Ministério da Saúde.

§ 1º Poderá ser aprovado o nome do produto cujo registro for requerido posteriormente, desde que denegado pedido de registro anterior, por motivos de ordem técnica ou científica.

§ 2º Quando ficar comprovada pelo titular existência de marca, caracterizando colidência com o nome de produto anteriormente registrado no Ministério da Saúde, a empresa que haja obtido tal registro deverá efetuar a modificação do nome colidente, no prazo de 90 (noventa) dias, contado da publicação no *Diário Oficial* da União do respectivo despacho do Diretor do órgão de vigilância sanitária competente do Ministério da Saúde, sob pena de cancelamento do registro.

§ 3º É permitida a mudança de nome do produto registrado, antes da sua comercialização, quando solicitado pela empresa.

Art 7º Quando verificado que determinado produto, até então considerado útil, é nocivo à saúde ou não preenche os requisitos estabelecidos, o órgão de vigilância sanitária competente do Ministério da Saúde exigirá a modificação devida na fórmula de composição e nos dizeres dos rótulos, das bulas e embalagens, sob pena de cancelamento do registro e da apreensão do produto em todo o território nacional.

Art 8º Como medida de segurança sanitária e à vista de razões fundamentadas o órgão de vigilância sanitária competente do Ministério da Saúde, poderá, a qualquer momento, suspender a fabricação e venda de qualquer dos produtos de que trata este Regulamento, o qual embora registrado, se torne suspeito de ter efeitos nocivos à saúde humana.

Parágrafo único. O cancelamento do registro previsto neste artigo, pelo órgão de vigilância sanitária competente do Ministério da Saúde dependerá do pronunciamento da câmara técnica competente do Conselho Nacional de Saúde, sendo facultado à empresa o direito de produzir provas de caráter técnico-científico para demonstrar a improcedência da suspeição levantada.

Art 9º Nenhum estabelecimento que fabrique ou industrialize produto abrangido pela Lei nº 6.360, de 23 de setembro de 1976, e por este Regulamento, poderá funcionar sem assistência e responsabilidade efetivas de técnico legalmente habilitado.

Art 10 Independem de licença para funcionamento os órgãos integrantes da Administração Pública ou entidades por ela instituídas, que exerçam atividades abrangidas pela Lei nº 6.360, de 23 de setembro de 1976 e regulamentadas por este Decreto, ficando, porém, sujeitos à exigências pertinentes ás instalações, aos equipamentos e à aparelhagem adequados e à assistência e responsabilidade técnicas.

Art 11 É vedada a importação de qualquer dos produtos submetidos ao regime de vigilância sanitária, para fins industriais e comerciais, sem prévia e expressa manifestação favorável do Ministério da Saúde, através do órgão de vigilância sanitária competente.

§ 1º Compreendem-se nas exigências deste artigo as aquisições e doações destinadas a pessoas de direito público ou de direito privado, cuja quantidade e qualidade possam comprometer a execução de programas nacionais de saúde.

§ 2º Excluem-se da vedação deste artigo as importações de matérias-primas, desde que figurem em relações publicadas pelo órgão de vigilância sanitária competente do Ministério da Saúde, que, para esse fim, levará em conta a precariedade de sua existência no mercado nacional, e seu caráter prioritário para a indústria específica e o atendimento dos programas de saúde.

§ 3º Independe de autorização a importação, por pessoas físicas, dos produtos abrangidos por este Regulamento, não submetidos a regime especial de controle e em quantidade para uso individual, que não se destinem à revenda ou comércio.

Art 12 Os produtos abrangidos pelo regime de vigilância sanitária, inclusive os importados, somente serão entregues ao consumidor nas embalagens originais, a não ser quando o órgão de vigilância sanitária competente do Ministério da Saúde, autorize previamente a utilização de outras embalagens.

§ 1º Na hipótese prevista neste artigo *in fine*, a empresa deverá fundamentar o seu pedido com razões de ordem técnica, inclusive quando a finalidade vise a facilitar ao público, proporcionando-lhe maior acesso a produtos de imprescindível necessidade, com menor dispêndio, desde que garantidas, em qualquer caso, as características que eram asseguradas na forma original, quer através de fracionamento ou de acondicionamento mais simples.

§ 2º Os medicamentos importados, exceto aqueles cuja comercialização no mercado interno dependa de prescrição médica, e os demais produtos abrangidos por este Regulamento, terão acrescentados nas embalagens ou rótulos os esclarecimentos em idioma português, pertinentes à sua composição, indicações e modo de usar, e quando for o caso, as contra-indicações e advertências.

§ 3º É permitida a reembalagem no País de produtos importados a granel na embalagem original.

Art 13 As empresas que desejarem cessar a fabricação de determinada droga ou medicamento, deverão comunicar esse fato ao órgão de vigilância sanitária competente do Ministério da Saúde com antecedência mínima de 180 (cento e oitenta) dias.

Parágrafo único. O prazo a que se refere este artigo poderá ser reduzido em virtude de justificativa apresentada pela empresa, aceita pelo Ministério da Saúde.

TÍTULO II
DO REGISTRO

Art 14 Nenhum dos produtos submetidos ao regime de vigilância sanitária de que trata este Regulamento, poderá ser industrializado, exposto à venda ou entregue ao consumo, antes de registrado no órgão de vigilância sanitária competente do Ministério da Saúde.

§ 1º O registro a que se refere este artigo terá validade por 5 (cinco) anos e poderá ser revalidado por períodos iguais e sucessivos, mantido o número de registro inicial.

§ 2º Excetua-se do disposto no parágrafo anterior a validade do registro e a revalidação do registro dos produtos dietéticos, cujo prazo é de 2 (dois) anos.

§ 3º O registro será concedido no prazo máximo de 90 (noventa) dias, a contar da data da entrega do requerimento, salvo nos casos de inobservância da lei nº 6.360, de 23 de setembro de 1976, deste Regulamento ou de outras normas pertinentes.

§ 4º Os atos referentes ao registro e à sua revalidação somente produzirão efeitos a partir da data da publicação dos despachos concessivos no *Diário Oficial* da União.

§ 5º A concessão do registro e de sua revalidação, e as análises prévia e de controle, quando for o caso, ficam sujeitas ao pagamento de preços públicos, referidos no artigo 82 da Lei nº 6.360, de 23 de setembro de 1976.

§ 6º A revalidação do registro deverá ser requerida no primeiro semestre do último ano do quinquênio de validade, e no terceiro trimestre do biênio tratando-se de produtos dietéticos, considerando-se automaticamente revalidado o registro se não houver sido proferida decisão até a data do término do período respectivo.

§ 7º Será declarada a caducidade do registro do produto cuja revalidação não tenha sido solicitada no prazo referido no § 6º deste artigo.

§ 8º Não será revalidado o registro do produto sem que fique comprovada a sua industrialização no primeiro período de validade.

§ 9º Constará obrigatoriamente do registro de que trata este artigo a fórmula de composição do produto, com a indicação das substâncias utilizadas, suas dosagens, as respectivas formas de apresentação e o número de unidades farmacotécnicas.

§ 10 A concessão do registro e demais atos a ele pertinentes inclusive os de suspensão e cancelamento do registro, é de atribuição privativa do Diretor do órgão de vigilância sanitária competente do Ministério da Saúde.

Art 15 Dependerá de prévia e expressa autorização do órgão de vigilância sanitária competente do Ministério da Saúde, qualquer modificação de fórmula, alteração dos elementos de composição ou de seus quantitativos, adição, subtração ou inovação introduzida na elaboração do produto ou na embalagem, procedida em tal hipótese a imediata anotação do registro.

Art 16 Os produtos que, na data da vigência da lei nº 6.360, de 23 de setembro de 1976, se achavam registrados há menos de 10 (dez) anos, na forma das normas em vigor, terão assegurada a respectiva validade até que se complete aquele período, ficando porém obrigados a novo registro, podendo ser mantido o mesmo número, segundo o que dispõem a Lei referida, este Regulamento e demais normas pertinentes, para que possam continuar sendo industrializados, expostos à venda e entregues ao consumo.

Parágrafo único. O prazo assegurado neste artigo é correspondente a 2 (dois) anos, quando se tratar de produto dietético.

Art 17 O registro dos produtos submetidos ao sistema de vigilância sanitária fica sujeito à observância dos seguintes requisitos:

I — Que o produto seja designado por nome que o distinga dos demais do mesmo fabricante e dos da mesma espécie de outros fabricantes.

II — Que o produto seja elaborado consoante as normas da Lei nº 6.360, de 23 de setembro de 1976, deste ou de demais Regulamentos da mesma, ou atos complementares.

III — Que o pedido da empresa ao dirigente do órgão de vigilância sanitária competente do Ministério da Saúde, indique os endereços de sua sede e do estabelecimento de fabricação, e seja acompanhado de relatório, assinado pelo responsável técnico, contendo:

a) fórmula ou fórmulas de composição correspondendo às formas de apresentação do produto, com a especificação das quantidades das substâncias expressas de acordo com o sistema métrico decimal;

b) relação completa do nome, sinônimos e quantidades de cada substância, ativa ou não, que figure em cada unidade de dose;

c) indicação, finalidade ou uso a que se destine;

d) modo e quantidade a serem usadas, quando for o caso, restrições ou advertências;

e) descrição da técnica de controle da matéria-prima e do produto acabado, com as provas de sua execução;

f) contra-indicações, efeitos colaterais, quando for o caso;

g) as diversas formas de apresentação;

h) os demais elementos necessários, pertinentes ao produto de que se trata, inclusive os de causa e efeito, a fim de possibilitar a apreciação pela autoridade sanitária.

IV — Comprovação de que a empresa se acha autorizada a funcionar no País, na forma do artigo 50 da Lei nº 6.360, de 23 de setembro de 1976 e deste Regulamento.

V — Comprovação de que o estabelecimento de produção acha-se devidamente licenciado pelo órgão de vigilância sanitária competente dos Estados, do Distrito Federal ou dos Territórios.

VI — Comprovação de que o estabelecimento de fabricação tem assistência de técnico responsável, legalmente habilitado para aquele fim.

VII — Apresentação de modelos de rótulos, desenhados e com a indicação das dimensões a serem adotadas, e das bulas e embalagens, quando for o caso.

VIII — Comprovação, da existência de instalações e aparelhagem técnica de equipamentos necessários à linha de industrialização pretendidas.

IX — Quando o produto depender de análise prévia, que esta comprove as condições sanitárias indispensáveis à sua utilização.

X-Comprovação, por intermédio de inspeção sanitária, de que o estabelecimento de produção cumpre as boas práticas de fabricação e controle mediante a apresentação do certificado de que trata o art. 3º, inciso XXXII. *(Inciso incluído pelo Decreto nº 3.961, de 10.10.2001)*

Parágrafo único. O disposto no item I deste artigo não se aplica aos produtos imunoterápicos, drogas, insumos farmacêuticos, e medicamentos contendo uma única substância ativa.

TÍTULO III
DO REGISTRO DOS MEDICAMENTOS, DROGAS E INSUMOS FAMACÊUTICOS

Art 18 O registro dos medicamentos, drogas e insumos farmacêuticos dadas as suas características sanitárias, medicamentosas ou profiláticas, curativas, paliativas, ou para fins de diagnóstico, além do atendimento do disposto no artigo 17 e seus ítens, fica condicionado à satisfação dos seguintes requisitos específicos:

I — Que o produto, através de comprovação científica e de análise, seja reconhecido como seguro e eficaz para o uso a que se propõe, e possua a identidade, atividade, qualidade, pureza e inocuidade necessárias.

II — Tratando-se de produto novo, que sejam apresentadas amplas informações sobre a sua composição e o seu uso, para avaliação de sua natureza e determinação do grau de segurança e eficácia necessários.

III — Apresentação, quando solicitado, de amostras para análises e experiências que sejam consideradas necessárias pelos órgãos competentes do Ministério da Saúde.

IV — Quando houver o emprego de substância nova na composição do medicamento, entrega de amostra respectiva, acompanhada dos dados químicos e físico-químicos ou biológicos que a identifiquem.

V — Na hipótese referida no item IV, quando os métodos indicados exigirem padrões, reagentes especiais, meios de cultura, cepas microbiológicas, e outros materiais específico, a empresa ficará obrigada a fornecê-lo ao laboratório oficial de controle competente se julgado necessário.

VI — Quando se trate de droga ou medicamento cuja elaboração necessite de aparelhagem técnica específica, prova de que o estabelecimento se acha devidamente equipado e mantém pessoal habilitado ao seu manuseio ou tem contrato com terceiros para essa finalidade.

VII-Cópia autenticada do documento que credencia a importadora como representante legal no País.*(Inciso incluído pelo Decreto nº 3.961, de 10.10.2001)*

Art 19 Para a concessão do registro de drogas, medicamentos e insumos farmacêuticos, as informações contidas nos respectivos relatórios deverão ser reconhecidas como cientificamente válidas pelo órgão competente do Ministério da Saúde.

Art.20. As informações descritivas de drogas ou medicamentos serão avaliadas pelo órgão ou pela entidade competente do Ministério da Saúde ou analisadas pelo seu competente laboratório de controle, em cujas conclusões deverá basear-se a autoridade sanitária para conceder ou denegar o registro.*(Redação dada pelo Decreto nº 3.961, de 10.10.2001)*

§1º Somente poderá ser registrado o medicamento que contenha em sua composição substância reconhecidamente benéfica do ponto de vista clínico e terapêutico.*(Parágrafo incluído pelo Decreto nº 3.961, de 10.10.2001)*

§2º A comprovação do valor real do produto, sob o ponto de vista clínico e terapêutico do novo medicamento, será feita no momento do pedido de registro, por meio de documentação científica idônea que demonstre a qualidade, a segurança e a eficácia terapêutica.*(Parágrafo incluído pelo Decreto nº 3.961, de 10.10.2001)*

Art 21 O registro das drogas, medicamentos e insumos farmacêuticos de procedência estrangeira, além das condições, exigências e procedimentos previstos na Lei nº 6.360, de 23 de setembro de 1976, neste Regulamento e demais normas pertinentes, dependerá da comprovação de que já é registrado no país de origem.

Parágrafo único. Para fins do disposto neste artigo deverão ainda ser comprovadas as indicações, contra-indicações e advertências apresentadas para efeito de registro no país de origem, reservando-se ao Ministério da Saúde o direito de proceder as alterações que julgue convenientes.

Art 22 O registro de drogas, medicamentos e insumos farmacêuticos será cancelado sempre que efetuada qualquer modificação em sua fórmula, dosagem, condições de fabricação e indicação de aplicações e especificações enunciadas em bulas, rótulos ou publicidade não autorizada pelo Ministério da Saúde.

Art.23. A modificação da composição, das indicações terapêuticas ou da posologia, do processo e do local de fabricação de medicamentos, drogas e insumos farmacêuticos registrados e outras alterações consideradas pertinentes pela autoridade sanitária dependerá de autorização prévia do órgão ou da entidade competente do Ministério da Saúde, satisfeitas as seguintes exigências, dentre outras previstas em regulamentação específica:*(Redação dada pelo Decreto nº 3.961, de 10.10.2001)*

I — Justificativa da modificação pretendida.

II — Comprovação científica pertinente ou observações clínicas, publicadas em revista indexada ou de reconhecida idoneidade.

III — Literatura pertinente, acompanhada, quando de origem estrangeira, de tradução integral do trabalho original.

IV-comprovação, em se tratando de medicamento de origem estrangeira, das eventuais modificações de fórmula autorizada;*(Redação dada pelo Decreto nº 3.961, de 10.10.2001)*

V-demonstração de equivalência do medicamento similar, de acordo com a legislação vigente, nos casos de modificação de excipiente quantitativo ou qualitativo;*(Redação dada pelo Decreto nº 3.961, de 10.10.2001)*

VI-autorização de funcionamento do novo estabelecimento da empresa produtora e apresentação do Certificado de Cumprimento de Boas Práticas de Fabricação e Controle, mediante nova inspeção sanitária, no caso de mudança do local de fabricação; e*(Inciso incluído pelo Decreto nº 3.961, de 10.10.2001)*

VII-comprovação, em se tratando de solicitação de transferência de titularidade de registro, de enquadramento da empresa detentora do registro específico em um dos seguintes casos: cisão, fusão, incorporação, sucessão ou mudança de razão social.*(Inciso incluído pelo Decreto nº 3.961, de 10.10.2001)*

Art 24 Somente será registrado o medicamento cuja preparação necessite cuidados especiais de publicação, dosagem, esterilização ou conservação quando:

I — Tiver em sua composição substância nova.

II — Tiver em sua composição substância conhecida, à qual seja atribuída aplicação nova ou vantajosa em terapêutica.

III — Apresentar melhoramento de fórmula ou forma, sob o ponto de vista farmacotécnico e/ou terapêutico.

Parágrafo único. É assegurado o direito ao registro de medicamentos similares a outros já registrados na forma deste artigo e desde que satisfeitas as demais exigências deste Regulamento.

§1º É assegurado o direito ao registro de medicamentos similares a outros já registrados na forma deste artigo e desde que satisfeitas as demais exigências deste Regulamento.*(Parágrafo incluído pelo Decreto nº 3.961, de 10.10.2001)*

§2º Os medicamentos similares a serem fabricados no País e aqueles fabricados e registrados em Estado-Parte integrante do Mercado Comum do Sul — MERCOSUL, similares a nacional já registrado, consideram-se registrados se, após decorrido o prazo de cento e vinte dias contados da apresentação do respectivo requerimento, não houver qualquer manifestação por parte da autoridade sanitária, devendo os respectivos registros serem enviados para publicação oficial.*(Parágrafo incluído pelo Decreto nº 3.961, de 10.10.2001)*

§3º A contagem do prazo mencionado no § 2º será interrompida sempre que houver exigência formulada pela autoridade sanitária, que deverá ser cumprida pela empresa no prazo estabelecido por esta autoridade, sob pena de indeferimento do pedido.*(Parágrafo incluído pelo Decreto nº 3.961, de 10.10.2001)*

§4º Em qualquer situação, o prazo total de tramitação do processo não poderá exceder a cento e oitenta dias.*(Parágrafo incluído pelo Decreto nº 3.961, de 10.10.2001)*

§5º O registro concedido nas condições dos §§ 2º a 4º perderá a sua validade, independentemente de notificação ou interpelação, se o produto não for comercializado no prazo de um ano após a data de sua concessão, prorrogável por mais seis meses, a critério da autoridade sanitária, mediante justificação escrita de iniciativa da empresa interessada.*(Parágrafo incluído pelo Decreto nº 3.961, de 10.10.2001)*

§6º O pedido de novo registro do produto poderá ser formulado dois anos após a verificação do fato que deu causa à perda da validade do anteriormente concedido, salvo se não for imputável à empresa interessada.*(Parágrafo incluído pelo Decreto nº 3.961, de 10.10.2001)*

§7º O pedido de Registro de Produto Farmacêutico, registrado e fabricado em outro Estado-Parte do MERCOSUL, similar ao produto registrado no País, deve ser assinado pelo responsável legal e pelo farmacêutico responsável da Empresa "Representante MERCOSUL" designada no Brasil pela empresa produtora, e conterá todas as informações exigidas pela Lei nº 6.360, de 1976, por este Regulamento e pelas demais normas vigentes sobre o tema.*(Parágrafo incluído pelo Decreto nº 3.961, de 10.10.2001)*

§8º A demonstração de equivalência do produto similar ao medicamento registrado no País deverá observar o previsto neste Regulamento e nas demais normas vigentes sobre o tema.*(Parágrafo incluído pelo Decreto nº 3.961, de 10.10.2001)*

Art 25 Será negado o registro de medicamento que não contenha em sua composição, substância reconhecidamente benéfica do ponto de vista clínico e terapêutico.

§ 1º Aplica-se o disposto neste artigo ainda que a forma de apresentação do produto seja diferente da de outro anteriormente registrado.

§ 2º A comprovação do valor real do produto, sob o ponto de vista clínico e terapêutico do novo medicamento será feita no momento do pedido de registro, através de documentação científica idônea que demonstre a eficácia terapêutica decorrente das modificações qualitativas ou quantitativas das substâncias ativas, que impliquem em inovação na elaboração.

Art 26 O registro dos soros e vacinas ficará sujeito à comprovação:

I — Da eficácia, inocuidade e esterilidade do produto, bem como da sua finalidade imunoterápica, dessensibilizante e pirogênica.

II — Da concentração, identidade, estabilidade e condições de conservação e outras características inerentes ao produto.

Art 27 *(Revogado pelo Decreto nº 3.961, de 10.10.2001)*

Art 28 Estão isentos de registro:

I — Os produtos de fórmula e preparação fixas, cuja conservação seja boa e relativamente longa, cujas fórmulas estejam inscritas na Farmacopéia Brasileira, no Codex ou nos formulários aceitos pela Comissão de Revisão da Farmacopéia do Ministério da Saúde, bem como as matérias-primas e insumos inscritos nos respectivos formulários.

II — Os produtos equiparados aos de que trata o item anterior, que embora não tenham suas fórmulas inscritas na Farmacopéia Brasileira ou no Codex, sejam aprovados pelo órgão de vigilância sanitária competente do Ministério da Saúde.

III — Os solutos concentrados que servem para a obtenção extemporânea de preparações farmacêuticas e industriais.

IV — Os preparados homeopáticos constituídos por simples associações de tinturas ou por incorporação a substância sólidas.

Parágrafo único. O disposto neste artigo não exclui a obrigatoriedade para fins de comercialização dos produtos neles referidos, da remessa pela empresa ao Ministério da Saúde das informações e dos dados elucidativos sobre os produtos injetáveis.

Art 29 Não serão igualmente objeto de registro os produtos, cujas fórmulas sejam de fácil manipulação nos laboratórios das farmácias.

Art 30 Estão igualmente isentos de registro os medicamentos novos, destinados exclusivamente a uso experimental sob controle médico, os quais poderão ser importados mediante expressa autorização do órgão de vigilância sanitária competente do Ministério da Saúde.

§ 1º A autorização de que trata este artigo dependerá de prévia aprovação do plano de pesquisa, ficando a empresa obrigada a fornecer informações periódicas do seu desenvolvimento.

§ 2º A isenção prevista neste artigo só será válida pelo prazo de até 3 (três) anos, findo o qual o produto ficará sujeito a registro.

Art 31 É privativa da indústria farmacêutica homeopática a fabricação da tintura mãe (símbolos f, f, TM), bem como das altas dinamizações, não podendo os laboratórios das farmácias homeopáticas dinamizar senão a partir de 0 (Tintura Mãe), ou da dinamização inicial até 30C (trigésima centesimal) ou 60D (sexagésima decimal) para as substâncias de alta toxidade.

Art 32 *(Revogado pelo Decreto nº 3.961, de 10.10.2001)*

Art 33 Para a finalidade de registro do produto homeopático, deverão ser obedecidas as codificações homeopáticas, e a Farmacopéia Brasileira no que se refere à denominação, nomenclatura homeopática, sinonímia, escala e abreviatura, nome tradicional e símbolos.

Art 34 Será registrado como medicamento homeopático o produto cuja fórmula é constituída por substâncias de comprovada ação terapêutica.

TÍTULO IV
DO REGISTRO DE CORRELATOS

Art 35 Os aparelhos, instrumentos e acessórios usados em medicina, odontologia, enfermagem e atividades afins, bem como na educação física, embelezamento ou correção estética, somente poderão ser fabricados ou importados para exposição à venda e entrega ao consumo, depois que o órgão de vigilância competente do Ministério da Saúde se pronuncie sobre a obrigatoriedade, ou não, do registro.

Parágrafo único. Estão dispensados do registro os aparelhos, instrumentos ou acessórios de que trata este artigo, que figurem em relações elaboradas pelo órgão de vigilância sanitária competente do Ministério da Saúde, ficando, porém para os demais efeitos da Lei nº 6.360, de 23 de setembro de 1976, e deste Regulamento, sujeitos ao regime de vigilância sanitária.

Art 36 O registro dos aparelhos, instrumentos e acessórios de que trata o artigo anterior será obrigatório quando a sua utilização dependa de prescrição médica, de cuidados especiais de aplicação ou da observação de precauções, sem as quais possam produzir danos à saúde.

Art 37 A empresa interessada em fabricar ou importar os aparelhos, instrumentos e acessórios de que trata o artigo 35, deverá encaminhar junto ao seu requerimento dirigido ao órgão de vigilância sanitária competente do Ministério da Saúde, relatório descritivo contendo, além dos elementos indicados no artigo 17 e seus itens, mais os seguintes:

I — Finalidade a que se destina.
II — Apresentação ou forma de apresentação comercial do produto.
III — Voltagem, ciclagem e peso, recomendados, quando for o caso.
IV — Prazo de garantia.
V — Dispositivos de segurança, se houver necessidade.
VI — Indicações e contra-indicações.
VII — Efeitos colaterais e secundários.
VIII — Precauções e dados sobre toxidade, quando for o caso.
IX — Aplicação máxima mínima, quando for o caso.
X — Tempo de uso, de exposição ou aplicação.
XI — Indicação de uso exclusivo sob prescrição médica, quando for o caso.
XII — Comprovação e considerações sobre os resultados verificados.

Parágrafo único. Deverá ser aposto no aparelho, instrumento ou acessório de que trata este artigo, gravado ou em etiquetas, o número do registro no órgão de vigilância sanitária competente do Ministério da Saúde, seguido da sigla respectiva, ou os dizeres "Declarado isento de registro pelo Ministério da Saúde".

TÍTULO V
DO REGISTRO DOS COSMÉTICOS, PRODUTOS DE HIGIENE, PERFUMES E OUTROS

Art 38 Somente serão registrados como cosméticos, produtos para a higiene pessoal, perfumes e outros de natureza e finalidades idênticas, os produtos que se destinem a uso pessoal externo ou em ambientes, consoante suas finalidades estética, protetora, higiênica ou odorífica, sem causar irritações à pele, nem danos à saúde.

Art 39 Além de sujeito às exigências do artigo 17 e seus itens, o registro dos produtos referidos no artigo anterior, dependerá da satisfação das seguintes exigências:

I — Enquadrar-se na relação de substâncias inócuas, elaborada pela câmara técnica competente do Conselho Nacional de Saúde e publicada no Diário Oficial da União, a qual conterá as especificações pertinente a cada categoria, bem como os insumos, as matérias-primas, os corantes e os solventes permitidos em sua fabricação.

II — Não se enquadrando na relação referida no item I, ter sido reconhecida a inocuidade das respectivas fórmulas, em pareceres conclusivos emitidos pelos órgãos competentes de análise e técnico do Ministério da Saúde.

Art 40 Aplicar-se-á aos cosméticos, produtos destinados à higiene pessoal, estípticos, depilatórios e outros de finalidade idêntica, que contenham substâncias medicamentosas, embora em dose infraterapêutica, as disposições próprias ao registro dos medicamentos no que couber.

Art 41 Somente será registrado produto referido no artigo 38, que contendo matéria-prima, solvente, insumo farmacêutico, corante ou outro aditivo, este figure em relação elaborada pela câmara técnica competente do Conselho Nacional de Saúde, publicada no *Diário Oficial* da União e desde que ressalvadas expressamente nos rótulos e embalagens as restrições de uso em conformidade com a área do corpo em que deva ser aplicado.

Art 42 Os cosméticos e produtos de higiene destinados ao uso infantil não poderão ser apresentados sob a forma de aerosol, deverão estar isentos de substâncias cáusticas ou irritantes e suas embalagens não poderão apresentar partes contundentes.

Art 43 Os produtos mencionados no artigo 38, apresentados sob a forma de aerosol, somente serão registrados mediante o preenchimento dos seguintes requisitos:

I — Se o vasilhame for de vidro envolvido, por material plástico, deve apresentar orifícios que possibilitem a saída do conteúdo, no caso de quebrar-se o vidro.

II — Só poderão apresentar-se com premidos os vasilhames dos produtos cujo conteúdo não for superior a 500 (quinhentos) milímetros.

III — Se o propelente usado figurar em relação elaborada pela câmara técnica competente do Conselho Nacional de Saúde, publicada em *Diário Oficial* da União, destinada a divulgar aqueles cujo emprego possa ser permitido em aerosóis.

Art 44 Os cosméticos, produtos destinados à higiene pessoal, perfumes e seus congêneres, poderão ter alteradas as suas fórmulas de composição, desde que as alterações solicitadas pela empresa sejam aprovadas pelos setores técnicos encarregados, em cujos pronunciamentos se louvará o dirigente do órgão de vigilância sanitária competente do Ministério da Saúde, para proferir a sua decisão.

Parágrafo único. A alteração de fórmula será averbada junto ao registro respectivo no livro correspondente, após a publicação do despacho permissivo no *Diário Oficial* da União.

Art 45 A câmara técnica competente do Conselho Nacional de Saúde organizará e fará publicar no *Diário Oficial* da União, a relação dos aditivos, corantes, inorgânicos e orgânicos artificiais, incluindo seus sais e suas lacas, permitidos na fabricação dos produtos de que trata o artigo 38.

§ 1º Será excluído da relação de que trata este artigo, todo e qualquer corante ou outro aditivo que venha a revelar evidência de toxidade eminente ou em potencial.

§ 2º A exclusão do corante ou outro aditivo da relação mencionada neste artigo implicará na sua imediata exclusão da fórmula do produto, ficando a empresa obrigada a comunicar as substâncias que passará a adotar dentro do prazo de até 30 (trinta) dias, ao órgão de vigilância sanitária competente do Ministério da Saúde, contados da data da publicação do ato respectivo, no *Diário Oficial* da União.

§ 3º A inclusão ou exclusão de novos corantes ou de outros aditivos, inclusive os coadjuvantes da tecnologia de fabricação, na relação de que trata este artigo constitui ato privativo da câmara técnica competente do Conselho Nacional de Saúde.

§ 4º Para efeito de utilização de novos aditivos, a empresa deverá apresentar requerimento ao dirigente do órgão de vigilância sanitária competente do Ministério da Saúde, que ouvirá a câmara técnica competente do Conselho Nacional de Saúde, acompanhado da documentação científica, em idioma português, evidenciando a inocuidade dos mesmos e contendo:

I — A indicação dos produtos em cuja composição devam figurar.

II — A indicação da natureza química de cada qual e a respectiva quantidade.

§ 5º A relação de que trata este artigo incluirá os limites máximos de impurezas tolerados nos corantes e em outros aditivos destinados ao emprego nos cosméticos, perfumes, produtos de higiene pessoal e seus congêneres.

Art 46 Para os efeitos deste Regulamento, incluem-se entre os corantes, os intermediários de corantes que tenham esta propriedade manifestada ou desenvolvida por reações químicas ocorridas no local de aplicação.

Art 47 É permitido o emprego dos corantes em misturas ou diluentes apropriados.

Art 48 Aplicam-se aos produtos de ação exclusivamente repelente, as normas previstas no artigo 45.

Art 49 Para o fim de registro, os produtos definidos nos itens VII, VIII e IX do artigo 3º compreendem:

I — Produtos de higiene:

a) Sabonetes — destinados à limpeza corporal, com postos de sais alcalinos, ácidos graxos ou suas misturas ou de outros agentes tensoativos ou suas misturas, podendo ser coloridos e/ou perfumados e apresentados em formas e consistências adequadas ao seu uso.

b) Xampus — destinados à limpeza do cabelo e do couro cabeludo por ação tensoativa ou de absorção sobre as impurezas, apresentados em formas e veículos diversos, podendo ser coloridos e/ou perfumados, incluídos na mesma categoria dos produtos destinados ao embelezamento do cabelo por ação enxaguatória.

c) Dentifrícios — destinados à higiene e limpeza dos dentes, dentaduras postiças e da boca, apresentados em aspecto uniforme e livres de partículas palpáveis na boca, em formas e veículos condizentes, podendo ser coloridos e/ou aromatizados.

d) Enxaguatórios bucais — destinados à higiene momentânea da boca ou à sua aromatização.

e) Desodorantes — destinados a combater os odores da transpiração, podendo ser coloridos e perfumados, apresentados formas e veículos apropriados.

f) Antiperspirantes — destinados a inibir ou diminuir a transpiração, podendo ser coloridos e/ou perfumados, apresentados em formas e veículos apropriados, bem como, associados aos desodorantes.

g) Cremes para barbear — destinados a preparar os pelos do rosto para o corte, apresentados em formas e veículos apropriados, não irritantes à pele, de ação espumígena ou não, podendo ser coloridos e perfumados.

h) Produtos para após o barbear — destinados a refrescar, desinfetar e amaciar a pele depois de barbeada, podendo ser apresentados em formas e veículos apropriados.

II — Perfumes:

a) Extratos — constituídos pela solução ou dispersão de uma composição aromática em concentração mínima de 10% (dez por cento) e máxima de 30% (trinta por cento).

b) Águas perfumadas, águas de colônia, loções e similares — constituídas pela dissolução até 10% (dez por cento) de composição aromática em álcool de diversas graduações, não podendo ser nas formas sólidas nem na de bastão.

c) Perfumes cremosos — semi-sólidos ou pastosos, de composição aromática até a concentração de 30% (trinta por cento), destinados a odorizar o corpo humano.

d) Produtos para banho e similares — destinados a perfumar e colorir a água do banho e/ou modificar sua viscosidade ou dureza, apresentados em diferentes formas.

e) Odorizantes de ambientes — destinados a perfumar objetos de uso pessoal ou o ambiente por libertação de substâncias aromáticas absorvidas em material inerte ou por vaporização, mediante propelentes adequados.

III — Cosméticos:

a) Pós faciais — destinados a modificar temporariamente a tonalidade da pele e a uniformizar o seu aspecto, constituídos essencialmente por substâncias pulverulentas, em veículos ou formas apropriados, podendo ser coloridos e perfumados.

b) Talcos — constituídos de substâncias pulverulentas contendo essencialmente o mínimo de 80% (oitenta por cento) de talco, podendo ser coloridos e perfumados.

c) Cremes de beleza, cremes para as mãos e similares — destinados ao embelezamento da pele, com finalidade lubrificante, de limpeza, hidratante e de base evanescente, nutriente e de maquilagem, em forma semi-sólida ou pastosa, podendo ser coloridos e perfumados.

d) Máscaras faciais — destinadas a limpar, amaciar, estimular ou refrescar a pele, constituídas essencialmente de substâncias coloidais ou argilosas que aplicadas sobre o roto devem sofrer endurecimento para posterior remoção.

e) Loções de beleza — entre as quais se incluem as soluções leitosas, cremosas e adstringentes, loções para as mãos, bases de maquilagem, e outros destinados a limpar, proteger, estimular, refrescar ou embelezar a pele, apresentadas em solução, suspensão ou outra qualquer forma líquida ou semilíquida-cremosa, podendo ser colorida e perfumadas.

f) Rouges (blushes) — destinados a colorir as faces e constituídos de corantes que não sejam foto-sensibilizantes, não podendo conter mais do que 2 (dois) p.p.m. de arsênio (As2 03), nem mais do que 20 (vinte) p.p.m. de metais pesados (em Pb), e dispersos em veículo apropriado, perfumado ou não, apresentados em forma adequada.

g) Batons e lápis labiais — destinados a colorir e proteger os lábios e não podem conter mais do que 2 (dois) p.p.m. de arsênico (em As2 03) nem mais do que 20 (vinte) p.p.m de metais pesados (em Pb).

h) Produtos para a área dos olhos — destinados a colorir ou sombrear os anexos dos olhos, ou seja, a área abrangida pela circunferência formada pelas arcadas supra e infra-orbitárias, incluindo a sobrencelha, a pele abaixo das sobrancelhas, as pálpebras, os cílios, o saco conjuntival do olho e o tecido areolar situado imediatamente acima da arcada infra-orbitária, constituídos de pigmentos inorgânicos altamente purificados e corantes naturais não foto-sensibilizante, insolúveis em água e dispersos em veículo apropriado, apresentados em forma adequada e não podendo conter mais do que 2 (dois) p.p.m de arsênico (em As2 03) nem mais do que 20 (vinte) p.p.m de metais pesados em Pb.

i) Produtos anti-solares — destinados a proteger a pele contra queimaduras e endurecimento provocado pelas radiações, diretas ou refletidas, de origem solar ou não, dermatologicamente inócuos e isentos de substâncias irritantes ou foto-sensibilizantes, e nos quais as substâncias utilizadas como protetoras sejam estáveis e não se decomponham sob a ação direta das radiações ultravioletas, por tempo mínimo de duas horas.

j) Produtos para bronzear — destinados a proteger a pele contra queimaduras provocadas pelas radiações diretas ou refletidas, de origem solar ou não, sem contudo impedir a ação escurecedora das mesmas.

l) Produtos bronzeadores simulatórios — destinados a promover o escurecimento da pele por aplicação externa, independentemente da exposição a radiações solares e outras, dermatologicamente inócuos e isentos de substâncias irritantes ou foto-sensibilizante.

m) Tinturas capilares — incluídos os xampus e similares, que também apresentem propriedades modificadoras da cor ou tonalidade, destinadas a tingir o cabelo, de imediato ou progressivamente.

n) Agentes clareadores dos cabelos — destinados a clarear ou descolorar os cabelos.

o) Produtos para ondular os cabelos — destinados a ondular ou frisar os cabelos, de maneira mais ou menos duradoura, podendo ser coloridos ou perfumados, apresentados em forma e veículos apropriados cuja alcalinidade livre não exceda 2% (dois por cento) em NH3 e que quando preparados à base de ácido tioglicólico ou seus derivados, contenham no máximo 10% (dez por cento) de substância ativa em ácido tioglicólico, não podendo o seu pH exceder de 10,0 (dez vírgula zero).

p) Produtos para alisar ou cabelos — de maneira mais ou menos duradoura, podendo ser coloridos ou perfumados, apresentados em forma e veículos apropriados, com características iguais aos produtos para ondulação, e conter no máximo 15% (quinze por cento) de substância ativa em ácido tioglicólico, não podendo o seu pH exceder de 11,0 (onze vírgula zero).

q) Produtos para assentar os cabelos — incluídos as brilhantinas, fixadores, laquês e similares, apresentados sob diversas formas adequadas, destinados a fixar ou a lubrificar e amaciar os cabelos.

r) Tônicos capilares — destinados a estimular o couro cabeludo, apresentados em forma líquida com concentração variável de álcool, podendo ser coloridos e perfumados.

s) Depilatórios ou epilatórios — destinados a eliminar os pelos do corpo, quando aplicados sobre a pele, em tempo não superior ao declarado na embalagem, inócuos durante o tempo de aplicação e sem causar ação irritante à pele, apresentados em formas e veículos apropriados, hermeticamente fechados.

t) Esmalte, vernizes para unhas, removedores, clareadores, removedores de cutículas e de manchas de nicotina, polidores e outros — destinados ao cuidado e embelezamento das unhas, apresentados em formas e veículos apropriados, devendo ser inócuos às unhas e cutículas, sendo obrigatório para os esmaltes e vernizes ter a cor estável, não podendo o corante sedimentar-se de maneira irreversível pelo repouso ou reagir com outros constituintes da forma.

Art 50 Os produtos de higiene e cosméticos para uso infantil, além das restrições contidas no artigo 42, para obterem o registro deverão observar os seguintes requisitos:

I — Talcos — destinados a proteger a pele da criança, especialmente contra irritações e assaduras, podem ser levemente perfumados, mas não poderão conter corante ou partículas palpáveis, matérias estranhas ou sujidades.

II — Óleos — destinados à higiene e à proteção da superfície cutânea da criança, podem ser levemente perfumados, líquidos e à base de substâncias graxas de origem natural ou seus derivados, altamente refinados e sem indícios de acidez, serão obrigatoriamente transparentes, sem adição de corantes, isentos de partículas estranhas, sujidades em água, e sem apresentar turbidez a 20°C (vinte graus centígrados).

III — Loções — destinadas a limpar, proteger ou refrescar a pele das crianças, serão apresentadas em emulsão ou suspensão, podendo ser levemente perfumadas.

IV — Xampus — destinados à limpeza do cabelo e do couro cabeludo das crianças, por ação tensoativa ou de absorção sobre sujidades, podem ser apresentados em forma e veículos apropriados, mas sem ser irritantes ao couro cabeludo e aos olhos da criança, e devem ser facilmente removíveis após a sua aplicação e o pH deve estar compreendido entre os limites de 7,0 (sete vírgula zero) e 8,5 (oito vírgula cinco).

V — Dentifrícios — destinados à higiene dos dentes e da boca, apresentados em forma e veículos apropriados, com aspecto uniforme e livres de partículas sensíveis à boca, podendo ser coloridos e/ou aromatizados, mas sem irritar a mucosa bucal íntegra, nem prejudicar a constituição normal dos dentes da criança.

VI — Águas de colônia e similares — destinados a odorizar o corpo ou objetos de uso pessoal da criança, contendo composições aromáticas, podem ser apresentadas em diferentes formas segundo seu veículo ou excipiente, mas sua concentração alcoólica não poderá exceder de 60% (sessenta por cento), nem a composição aromática de 2% (dois por cento).

VII — Sabonetes — destinados a limpeza corporal das crianças, serão constituídos de sais de ácidos graxos ou suas misturas, ou de outros agentes tensoativos ou suas misturas, podendo ser levemente coloridos e perfumados, apresentados em formas e consistências adequadas e com alcalinidade livre até o máximo de 0,5% (cinco décimos por cento) em NaOH.

Art 51 A câmara técnica competente do Conselho Nacional de Saúde fará publicar no *Diário Oficial* da União a relação dos propelentes permitidos para uso em aerosóis, contendo os produtos de higiene, cosméticos, perfumes e similares.

Art 52 Não serão registrados os produtos que contenham substâncias cujo uso continuado possa causar dano à saúde.

Art 53 Os produtos destinados a ondular cabelos somente serão registrados se a sua entrega ao consumo for condicionada ao acompanhamento de substâncias neutralizantes indicadas e em quantidade suficiente para surtir efeito imediatamente após seu uso.

TÍTULO VI
DO REGISTRO DOS SANEANTES DOMISSANITÁRIOS

Art 54 O registro dos saneantes domissanitários definidos no artigo 3º, item X, alíneas *a*, *b*, *c* e *d*, obedecerá além do disposto no artigo 17 e seus itens, às normas específicas quanto à sua natureza e finalidade.

Art 55 Somente poderão ser registrados os inseticidas que:

I — Possam ser aplicados corretamente, em estrita observância às instruções dos rótulos e demais elementos explicativos.

II — Não ofereçam qualquer possibilidade de risco à saúde humana e dos animais domésticos de sangue quente.

III — Não sejam corrosivos ou prejudiciais às superfícies tratadas.

Art 56 Será negado registro aos inseticidas que não obedeçam às seguintes formas de apresentação:

I — Pó — preparações pulverulentas.

II — Líquido — preparações em forma de solução, emulsão ou suspensão, destinadas a serem aplicadas por aspersão.

III — Fumigação — preparações a serem aplicadas por volatização ou por combustão.

IV — Isca — preparações de forma variada contendo substâncias capazes de atrair insetos.

V — Premido — preparações autopropelentes em embalagem apropriada.

§ 1º Os produtos mencionados nos itens I, II, III, IV e V terão obrigatoriamente em sua composição:

a) substância inseticida natural sintética destinada a exercer a ação impediente ou letal para insetos;

b) substâncias sinérgica ou ativadora natural ou sintética destinada a reforçar a atividade dos inseticidas;

c) outras substâncias que venham a ser autorizadas pela câmara técnica competente do Conselho Nacional de Saúde.

§ 2º A concentração máxima para cada substância inseticida ou sinérgica será fixada em relação elaborada pela câmara técnica competente do Conselho Nacional de Saúde, e publicada no *Diário Oficial* da União.

Art 57 Para o registro dos inseticidas a fórmula de composição deve ser elaborada com vistas as precauções necessárias ao manuseio do produto e o relatório que acompanha o pedido deverá indicar:

I — Forma de preparação e modo de aplicação.

II — Toxicidade aguda e crônica pelas vias oral, cutânea e respiratória, em animais de laboratório.

III — Alterações metabólicas registradas em mamíferos.

IV — Observações de casos humanos de envenenamento, principalmente quanto à presença de sinais e sintomas precoces ou de alarme.

V — Indicações sobre o emprego de antídotos em caso de intoxicação, e as medidas a serem adotadas em caso de acidente.

Parágrafo único. Não será registrada inseticida cuja fórmula contenha substâncias em concentração superior a que for estabelecida pela câmara técnica competente do Conselho Nacional de Saúde, para segurança de seu emprego.

Art 58 Para fins de registro dos inseticidas as substâncias componentes das fórmulas respectivas serão consideradas:

I — Solventes e diluentes — quando empregadas como veículos nas preparações inseticidas.

II — Propelentes — quando atuem como agentes propulsores utilizados nas preparações premiadas.

Art 59 Será tolerada quando pertencentes à mesma classe, a associação de inseticidas desde que as concentrações dos elementos ativos sejam proporcionalmente reduzidas.

Art 60 As associações de inseticidas deverão satisfazer aos requisitos do artigo 57 e itens II a IV, quanto à toxicidade para animais submetidos a prova de eficiência.

Art 61 Somente será registrado inseticida quando se destine:

I — À pronta aplicação por qualquer pessoa, para fins domésticos.

II — À aplicação e manipulação por pessoa ou organização especializada, para fins profissionais.

Art 62 Registrar-se-ão como raticidas as preparações cujas fórmulas de composição incluam substâncias ativas, isoladas ou em associação, em concentrações diversas e sob determinadas formas e tipos de apresentação.

Art 63 Poderá ser registrado raticida em cuja fórmula figurem, além do elemento essencial representado por substâncias naturais ou sintéticas que exerçam ação letal nos roedores, outros elementos facultativos, a saber:

I — Sinérgico — representado por substâncias naturais ou sintéticas que ativem a ação dos raticidas.

II — Atraente — representado por substâncias que exerçam atração para ratos, camundongos e outros roedores.

Art 64 Para o registro dos raticidas o relatório que acompanha o pedido respectivo, deverá prever as precauções necessárias à sua aplicação, e as medidas terapêuticas a serem adotadas no caso de acidente tendo em conta:

I — A ação raticida propriamente dita.

II — A toxicidade aguda ou crônica, por absorção pelas vias respiratórias, para animais de laboratório.

III — Os caminhos metabólicos em mamíferos e a consequente capacidade de desintoxicação do organismo.

IV — As observações de casos de intoxicação no homem, principalmente quanto à presença de sinais e sintomas precoces de alarme.

V — As indicações sobre o emprego de antídoto no caso de intoxicação.

Art 65 Somente será permitida a venda dos raticidas a granel, para embalagem, às empresas habilitadas a exercer essa atividade, na forma prevista no artigo 2º deste Regulamento.

Art 66 A venda dos raticidas e sua entrega ao consumo ficarão restritas, exclusivamente, aos produtos classificados como de baixa e média toxicidade, sendo privativo das empresas especializadas ou de órgãos e entidades da administração pública direta e indireta, o fornecimento e controle da aplicação dos classificados como de alta toxicidade.

Art 67 Para os fins da Lei nº 6.360, de 23 de setembro de 1976 e deste Regulamento são equipados aos produtos saneantes domissanitários, os detergentes, desinfetantes e respectivos congêneres, destinados a aplicação em objetos inanimados e em ambientes, sujeitos às mesmas exigências e condições pertinentes a registro, industrialização e entrega ao consumo e fiscalização.

Art 68 Dentro do prazo de 4 (quatro) anos, contados da vigência deste Regulamento fica proibida a fabricação, comercialização ou importação de saneantes de qualquer natureza, contendo tensoativo aniônico, não-biodegradável.

§ 1º Não serão concedidos novos registros nem serão revalidados os atuais, além do prazo previsto neste artigo, dos produtos a que se referem.

§ 2º As fórmulas modificadas serão submetidas pelas empresas ao órgão de vigilância sanitária competente do Ministério da Saúde, acompanhadas do relatório e obedecidos os requisitos de ordem técnica, julgados necessários, mantido o mesmo número do registro inicial.

Art 69 Somente serão registrados desinfetantes de ação destrutiva ou inativa, de uso indiscriminado, que, satisfaçam as exigências peculiares que venham a ser fixadas para cada substância.

Parágrafo único. A câmara técnica competente do Conselho Nacional de Saúde elaborará listas de substâncias permitidas e proibidas, fixará as concentrações, formas de uso e promoverá outras medidas destinadas à proteção da saúde.

Art 70 Somente serão registrados detergentes contendo basicamente agente tensoativo e substância coadjuvante, tais como espessantes, sinérgicas, solventes, substâncias inertes e outras especialmente formuladas para a remoção de gorduras, óleos e outras sujidades ou de higienização de objetos e utensílios domésticos, inclusive pisos e paredes.

TÍTULO VII
DO REGISTRO DOS PRODUTOS DIETÉTICOS

Art 71 Serão registrados como produtos dietéticos os destinados à ingestão oral, desde que não enquadrados nas disposições do Decreto-lei nº 986, de 21 de outubro de 1969, e respectivos regulamentos, cujo uso e venda dependam de prescrição médica, tendo como finalidades principais:

I — Suprir necessidades dietéticas especiais.

II — Suplementar e enriquecer a alimentação habitual com vitaminas, aminoácidos, minerais e outros elementos.

III — Iludir as sensações de fome, de apetite e de paladar, substituindo os alimentos habituais nas dietas de restrição.

Art 72 Só serão registrados como dietéticos os produtos constituídos por:

I — Alimentos naturais modificados em sua composição ou características, quando destinados a finalidades dietoterápica.

II — Produtos naturais, ainda que não considerados alimentos habituais, contendo nutrientes ou adicionados deles.

III — Produtos minerais ou orgânicos, puros ou associados, em condições de contribuir para a elaboração de regimes especiais.

IV — Substâncias isoladas ou associadas, sem valor nutritivo, destinadas a dietas de restrição.

V — Complementos contendo vitaminas, minerais ou outros nutrientes em quantidades ou limites a serem estabelecidos pela câmara técnica competente do Conselho Nacional de Saúde.

VI — Outros produtos que, isoladamente ou em associação, possam ser caracterizados como dietéticos pela câmara técnica competente do Conselho Nacional de Saúde.

Art 73 Os produtos dietéticos serão apresentados sob as formas usuais dos medicamentos, observadas a nomenclatura e as características próprias aos mesmos, e, eventualmente, sob as formas de alimento.

Art 74 Para assegurar a eficiência dietética mínima e evitar que sejam confundidos com os produtos terapêuticos, o teor dos componentes dietéticos que justifique sua indicação em dietas especiais, deverá obedecer a padrões universalmente aceitos, e constantes de relação elaborada pela câmara técnica competente do Conselho Nacional de Saúde.

Parágrafo único. Não havendo padrão estabelecido para o fim de que trata este artigo, a concessão de registro ficará sujeita, em cada caso, ao prévio pronunciamento da câmara técnica competente do Conselho Nacional de Saúde.

TÍTULO VIII
DA AUTORIZAÇÃO DAS EMPRESAS E DO LICENCIAMENTO DOS ESTABELECIMENTOS

Art 75 O funcionamento das empresas que exerçam atividades enumeradas no artigo 1º dependerá de autorização do órgão de vigilância sanitária competente do Ministério da Saúde, à vista do preenchimento dos seguintes requisitos:

I — Indicação da atividade industrial respectiva.

II — Apresentação do ato constitutivo, do qual constem expressamente as atividades a serem exercidas e o representante legal da mesma.

III — Indicação dos endereços da sede dos estabelecimentos destinados à industrialização dos depósitos, dos distribuidores e dos representantes.

IV — Natureza e espécie dos produtos.

V — Comprovação da capacidade técnica e operacional.

VI — Indicação do responsável ou responsáveis técnicos, de suas respectivas categorias profissionais e dos números das inscrições nas respectivas autarquias profissionais a que se filiem.

Parágrafo único. A autorização de que trata este artigo habilitará a empresa a funcionar em todo o território nacional e necessitará ser renovada quando ocorrer alteração ou mudança de atividade compreendida no âmbito deste Regulamento ou mudança de sócio, diretor ou gerente que tenha a seu cargo a representação legal da empresa.

§ 1º A autorização de que trata este artigo habilitará a empresa a funcionar em todo o território nacional e necessitará ser renovada quando ocorrer alteração ou mudança de atividade compreendida no âmbito deste Regulamento ou mudança do sócio, diretor ou gerente que tenha a seu cargo a representação legal da empresa.*(Redação dada pelo Decreto nº 3.961, de 10.10.2001)*

§2º As empresas titulares de registro de produtos farmacêuticos fabricados em outro Estado-Parte do MERCOSUL, denominadas "Representante MERCOSUL", devem atender, no tocante a requisitos técnicos e administrativos para autorização de funcionamento e suas modificações, às exigências estabelecidas na Lei nº 6.360, de 1976, neste Regulamento e em regulamentação específica sobre o tema.*(Redação dada pelo Decreto nº 3.961, de 10.10.2001)*

§3º Só será permitida a realização de contrato de fabricação de produtos por terceiros quando a empresa contratante desenvolver atividades de fabricação de produtos farmacêuticos e desde que sejam respeitados os requisitos previstos em legislação específica sobre o tema.*(Redação dada pelo Decreto nº 3.961, de 10.10.2001)*

Art 76 As empresas que exerçam exclusivamente atividades de fracionamento, embalagem e reembalagem, importação, exportação, armazenamento, transporte ou expedição dos produtos sob o regime deste Regulamento, deverão dispor de instalações, materiais, equipamentos, e meios de transporte apropriados.

Art 77 O órgão de vigilância sanitária competente do Ministério da Saúde expedirá documento de autorização às empresas habilitadas na forma deste Regulamento para o exercício de atividade enumerada no artigo 1º.

Art 78 O licenciamento dos estabelecimentos que exerçam atividades de que trata este Regulamento pelas autoridades dos Estados, do Distrito Federal, e dos Territórios, dependerá do preenchimento dos seguintes requisitos:

I — Autorização de funcionamento da empresa pelo Ministério da Saúde.

II — Existência de instalações, equipamentos e aparelhagem técnica indispensáveis e em condições necessárias à finalidade a que se propõe.

III — Existência de meios para a inspeção e o controle de qualidade dos produtos que industrialize.

IV — Apresentarem condições de higiene, pertinentes a pessoal e material indispensáveis e próprias a garantir a pureza e eficácia do produto acabado para a sua entrega ao consumo.

V — Existência de recursos humanos capacitados ao desempenho das atividades de sua produção.

VI — Possuírem meios capazes de eliminar ou reduzir elementos de poluição decorrente da industrialização procedida, que causem efeitos nocivos à saúde.

VII — Contarem com responsáveis técnicos correspondentes aos diversos setores de atividade.

Parágrafo único. Poderá ser licenciado o estabelecimento que não satisfazendo o requisito do item III deste artigo, comprove ter realizado convênio com instituição oficial reconhecida pelo Ministério da Saúde para a realização de exames e testes especiais que requeiram técnicas e aparelhagem destinadas ao controle de qualidade.

Art 79 Os estabelecimentos terão licenças independentes, mesmo que se situem na mesma unidade da federação e pertençam a uma só empresa.

Art 80 Os Estados, o Distrito Federal e os Territórios poderão estabelecer em legislação supletiva condições para o licenciamento dos estabelecimentos a que se refere este Regulamento, observados os seguintes preceitos:

I — Quando um só estabelecimento industrializar ou comercializar produtos de natureza ou finalidade diferentes, será obrigatória a existência de instalações separadas, para a fabricação e o acondicionamento dos materiais, substâncias e produtos acabados.

II — Localização adequada, proibido que se situem em zonas urbanas os que fabriquem produtos biológicos e outros que possam produzir risco de contaminação aos habitantes.

III — Aproveitamento para residências ou moradias das suas dependências e áreas contínuas e contíguas aos locais de industrialização.

IV — Aprovação prévia pelo órgão de saúde local dos projetos e das plantas dos edifícios, para a verificação do atendimento dos requisitos estabelecidos pela Lei nº 6.360, de 23 de setembro de 1976, e por este Regulamento.

V — Instalações para o tratamento de água e esgoto nas indústrias que trabalhem com microorganismos patogênicos.

VI — Comprovação das medidas adequadas contra a poluição ambiental.

Art 81 Constará expressamente da licença do estabelecimento quais os produtos que constituirão a sua linha de fabricação.

Art 82 Os estabelecimentos que fabricarem ou manipularem produtos injetáveis ou outros que exijam preparo asséptico, serão obrigatoriamente dotados de câmara ou sala especialmente destinada a essa finalidade.

Art 83 Os estabelecimentos fabricantes de produtos biológicos, tais como soros, vacinas, bacteriófagos, hormônios e vitaminas naturais ou sintéticas, fermentos e outros, deverão possuir câmara frigorífica de funcionamento automático, com capacidade suficiente para assegurar a conservação dos produtos e da matéria-prima passíveis de se alterarem sem essas condições.

§ 1º A capacidade da câmara frigorífica será aferida em função da produção.

§ 2º As empresas revendedoras de produtos biológicos ficam obrigadas a conservá-los em refrigeradores, em conformidade com as indicações determinadas pelos fabricantes e aprovadas pelo órgão de vigilância sanitária competente do Ministério da Saúde.

Art 84 Os estabelecimentos fabricantes de hormônios naturais e produtos opoterápicos deverão proceder à colheita do material necessário, em condições técnicas adequadas, no próprio local e logo após o sacrifício dos animais.

§ 1º Os estabelecimentos somente poderão abastecer-se de órgãos dos animais colhidos e mantidos refrigerados, nas condições referidas neste artigo, em matadouros licenciados pelos órgãos sanitários locais.

§ 2º Somente poderão ser utilizados para a preparação de hormônios os órgãos que provenham de animais integralmente sãos, não estafados ou emagrecidos, e que não apresentem sinais de decomposição no momento de sua utilização.

Art 85 Os estabelecimentos produtores de hormônios artificiais, além da obrigatoriedade do fornecimento de equipamentos individuais de proteção — EIP — destinado ao uso dos empregados, e do cumprimento do disposto no item II do artigo 78, somente poderão ser licenciados se dispuserem de recinto próprio e separado para a manipulação dos hormônios, e para a lavagem diária dos trajes utilizados durante o trabalho.

Art 86 Os estabelecimentos de que trata o artigo 82, deverão, conforme o caso, possuir:

I — Aparelhos de extração.

II — Clorímetro ou fotômetro para dosagem de vitaminas.

III — Lâmpadas de luz ultravioleta ou fluorimetro.

IV — Recipientes próprios à conservação e acondicionamento das substâncias sensíveis à variação da concentração iônica.

Art 87 Os estabelecimentos que fabriquem produtos biológicos deverão, ser dotados das seguintes instalações:

I — Biotério para animais inoculados.

II — Sala destinada à montagem de material e ao preparo do meio de cultura.

III — Sala de esterilização e assética.

IV — Forno crematório.

V — Outras que a tecnologia e controle venham a exigir.

Art 88 Os estabelecimentos em que sejam produzidos soro antitetânico, vacina anticarbunculose ou vacina BCG, deverão ter, completamente isolados de outros serviços de laboratório, para cada, produto:

I — Compartimento especial dotado de utensílios, estufa e demais acessórios.

II — Tanque com desinfetantes para imersão dos vasilhames, depois de utilizados.

III — Forno e autoclave, exclusivos.

IV — Culturas conservadas em separado das demais culturas de laboratório.

V — Outros meios que a tecnologia e controle venham a exigir.

TÍTULO IX
DA RESPONSABILIDADE TÉCNICA

Art 89 As empresas que exerçam atividades previstas neste Regulamento ficam obrigadas a manter responsáveis técnicos legalmente habilitados, suficientes, qualitativa e quantitativamente para a correspondente cobertura das diversas espécies de produção, em cada estabelecimento.

Art 90 Caberá ao responsável técnico, além de suas atribuições específicas, e a assistência efetiva ao setor de sua responsabilidade, a elaboração do relatório a ser submetido ao órgão de vigilância sanitária competente do Ministério da Saúde, para fins de registro do produto.

Parágrafo único. O relatório será datado e assinado pelo responsável técnico, com a indicação do número de inscrição na autarquia profissional a que esteja vinculado.

Art 91 No caso de interrupção ou cessação da assistência ao estabelecimento, a responsabilidade do profissional perdurará por 1 (um) ano, a contar da cessação do vínculo, em relação aos lotes ou partidas fabricados sob sua direção técnica.

Art 92 Independentemente de outras cominações legais, inclusive penais, de que sejam passíveis os responsáveis técnicos e administrativos, a empresa poderá responder administrativa e civilmente por infração sanitária resultante da inobservância da Lei nº 6.360, de 23 de setembro de 1976, deste Regulamento, ou demais normas complementares.

TÍTULO X
DA ROTULAGEM E PUBLICIDADE

Art 93 Os rótulos, etiquetas, bulas e demais impressos dos medicamentos, cosméticos que contenham uma substância ativa cuja dosagem deva conformar-se com os limites estabelecidos e os desinfetantes cujo agente ativo deva ser citado pelo nome químico e sua concentração deverão ser escritos em vernáculo, conterão as indicações das substâncias da fórmula, com os componentes especificados pelos nomes técnicos correntes e as quantidades consignadas pelo sistema métrico decimal ou pelas unidades internacionais.

Parágrafo único. É proibida a apresentação de desenhos e enfeites de qualquer natureza nos cartuchos, rótulos e bulas, das drogas, medicamentos e insumos farmacêuticos, ressalvada a reprodução do símbolo da empresa.

Art 94 Os dizeres da rotulagem, das bulas, etiquetas, prospectos ou quaisquer modalidades de impressos referentes aos produtos de que trata este Regulamento, terão as dimensões necessárias a fácil leitura visual, observado o limite mínimo de um milímetro de altura e redigido de modo a facilitar o entendimento do consumidor.

§ 1º Os rótulos, as bulas, os impressos, as etiquetas, os dizeres e os prospectos mencionados neste artigo, conterão obrigatoriamente:

I — O nome do produto, do fabricante, do estabelecimento de produção e o endereço deste.

II — O número do registro precedido da sigla do órgão de vigilância sanitária competente do Ministério da Saúde.

III — O número do lote ou partida com a data de fabricação.

IV — o peso, volume líquido ou quantidade de unidade, conforme o caso.

V — finalidade, uso e aplicação.

VI — O modo de preparar, quando for o caso.

VII — As precauções, os cuidados especiais, e os esclarecimentos sobre o risco decorrente de seu manuseio, quando for o caso.

VIII — O nome do responsável técnico, número de inscrição e sigla da respectiva autarquia profissional.

IX — Em se tratando de medicamento importado observar o disposto no § 2º do artigo 12.

§ 2º O rótulo da embalagem dos medicamentos, produtos dietéticos e correlatos, que só podem ser vendidos sob prescrição médica, deverão ter uma faixa vermelha em toda a sua extensão, do terço médio do rótulo e com largura não inferior a um terço da largura total, contendo os dizeres: "VENDA SOB PRESCIÇÃO MÉDICA".

Art 95 Tratando-se de drogas e medicamentos, os rótulos, bulas e impressos, conterão ainda as indicações terapêuticas, as contra-indicações e efeitos colaterais, e precauções, quando for o caso, a posologia, o modo de usar ou via de administração, o término do prazo de validade, a exigência de receita médica para a venda, se houver as prescrições determinadas na legislação específica quando o produto estiver submetido a regime especial de controle, e as necessárias ao conhecimento dos médicos, dentistas e pacientes.

§ 1º As drogas e produtos químicos e oficinais, destinados ao uso farmacêutico, deverão ostentar nos rótulos, os dizeres "FARMACOPÉIA BRASILEIRA" ou a abreviatura oficial "FARM. BRAS."

§ 2º As contra-indicações, precauções e efeitos colaterais deverão ser impressos em tipos maiores dos que os utilizados nas demais indicações e em linguagem acessível ao público.

§ 3º As drogas e os produtos químicos e oficinais não enquadrados no § 1º, mas, que constem de farmacopéia estrangeira ou de formulários admitidos pela Comissão de Revisão da Farmacopéia do Ministério da Saúde, terão nos rótulos a indicação respectiva.

Art 96 As bulas dos medicamentos somente poderão fazer referência à ação dos seus componentes, devendo as indicações terapêuticas se limitarem estritamente a repetir as contidas nos termos do registro.

Art 97 Nos rótulos e bulas dos medicamentos biológicos vendidos sob receita médica constarão ainda o método de dosagem de sua potência ou atividade e das provas de eficiência, o número da série por partida da fabricação, e as condições de conservação, quando for indicado, de acordo com a natureza do produto.

Art 98 As bulas dos medicamentos destinados ao tratamento de doenças infecto-contagiosas, deverão conter conselhos sobre as medidas de higiene recomendadas em cada caso.

Art 99 Os medicamentos cuja composição contenha substância entorpecente, deverão ter nos rótulos e bulas, a indicação da denominação comum do mesmo e a respectiva dosagem.

Parágrafo único. Quando a substância entorpecente for o ópio ou a coca, deverá ser mencionada nos rótulos e bulas a correspondente dose de morfina ou cocaína.

Art 100 Os rótulos das embalagens dos medicamentos que contenham substância entorpecente ou que determine dependência física ou psíquica deverão ter uma faixa preta em toda a sua extensão com as dimensões estabelecidas no § 2º do artigo 94, com os dizeres "Venda sob prescrição médica", "Pode causar dependência física ou psíquica".

Parágrafo único. O órgão de vigilância sanitária competente do Ministério da Saúde baixará instruções acerca da aplicação do disposto neste artigo.

Art 101 Poderá ser dispensada nos rótulos dos medicamentos a fórmula integral ou de seus componentes ativos, desde que figurem nas bulas respectivas.

Art 102 Os rótulos dos medicamentos homeopáticos deverão ostentar os dizeres "FARMACOPÉIA HOMEOPÁTICA BRASILEIRA", e contar obrigatoriamente a escala e a dinamização pertinente, a via de administração e forma famacêutica.

Parágrafo único. As bulas dos produtos homeopáticos serão sucintas e restringir-se-ão aos termos das indicações terapêuticas aprovadas.

Art 103 Tratando-se de produtos de higiene, cosméticos e similares, os rótulos e demais impressos, explicativos, deverão conter, ainda:

I — A advertência e cuidados necessários, se o uso prolongado ou quantidade em excesso puderem acarretar danos à saúde.

II — Em destaque, o prazo de validade de uso, se sujeitos a possível perda de eficiência.

Art 104 Os produtos antiperspirantes quando associados aos desodorantes conterão obrigatoriamente nos rótulos a declaração da existência dessa associação.

Art 105 Os rótulos dos produtos anti-solares deverão declarar o período máximo de eficiência, e a necessidade de reaplicação se não forem de apreciável resistência à ação da água doce ou salgada.

Art 106 Os rótulos dos produtos destinados a simular o bronzeamento da pele deverão conter a advertência "Atenção: não protege contra a ação solar".

Art 107 Os rótulos das tinturas capilares e dos agentes clareadores de cabelos que contenham substâncias capazes de produzir intoxicações agudas ou crônicas deverão conter as advertências "CUIDADO. Contém substâncias passíveis de causar irritação na pele de determinadas pessoas. Antes de usar, faça a prova de toque. A aplicação direta em sobrancelhas ou cílios pode causar irritação nos olhos ou cegueira".

Parágrafo único. É obrigatório a inclusão de instruções de uso, prospectos ou bulas no acondicionamento dos produtos a que se refere este artigo, contendo explicitamente a prova de toque.

Art 108 Os cosméticos, perfumes e produtos de higiene cuja embalagem seja sob a forma de aerosol, deverão trazer em caracteres destacados e indeléveis, no rótulo respectivo, as advertências "CUIDADO. Conteúdo sob pressão. O vasilhame, mesmo vazio não deve ser perfurado. Não use ou guarde em lugar quente, próximo a chamas ou exposto ao sol. Nunca coloque esta embalagem no fogo ou incinerador. Guarde em ambiente fresco ou ventilado", ou outros dizeres esclarecedores.

Parágrafo único. Os produtos de que trata este artigo, apresentados sob a forma de aerosóis, premidos, incluirão nos rótulos, em caracteres destacados, as advertências "Evite a inalação deste produto" e "Proteja os olhos durante a aplicação".

Art 109 Os rótulos, bulas e demais impressos dos preparados para ondular cabelos deverão indicar os agentes ativos e a advertência "Este preparado somente deve ser usado para o fim a que se destina, sendo PERIGOSO para qualquer outro uso; não deve ser aplicado se houver feridas, escoriações ou irritações no couro cabeludo".

Art 110 Os rótulos, bulas e demais impressos instrutivos dos tônicos capilares que contenham substâncias exacerbantes conterão a advertência "Este produto pode eventualmente causar irritações ao couro cabeludo de determinadas pessoas, caso em que seu uso dever ser interrompido".

Art 111 Dos rótulos, bulas e demais impressos dos depilatórios ou epilatórios serão obrigatórias as advertências "Não deve ser aplicado sobre mucosas ou em regiões a ela circunvizinhas, sobre a pele ferida, inflamada ou irritada". "Imediatamente antes ou após sua aplicação não use desodorantes, perfumes ou outras soluções alcoólicas" "Não faça mais do que uma aplicação semanal na mesma região".

Art 112 Tratando-se de produtos dietéticos os rótulos e demais impressos conterão, ainda:

I — A composição qualitativa indicando os nomes dos componentes básicos, em ordem decrescente.

II — A análise aproximada percentual, especificando os teores dos componentes em que se baseia a utilização dietética especial e nos produtos para dieta de restrição, a taxa eventualmente presente do componente restrito.

III — Em destaque os dizeres "PRODUTO DIETÉTICO", impressos em área equivalente a utilizada para o nome do produto.

IV — O modo de preparar para o uso, quando for o caso.

Art 113 Tratando-se de aparelhos, instrumentos, acessórios ou outros correlatos, de utilização sujeita à prescrição médica, ou de cirurgião-dentista, os prospectos e impressos conterão essa advertência e, ainda, as destinadas a cuidados e advertências específicos.

Art 114 Tratando-se de saneantes domissanitários, desinfetantes, detergentes e similares, os rótulos, prospectos ou impressos conterão:

I — Instruções devidas para o caso do acidente.

II — Advertências para o não aproveitamento da embalagem vazia.

III — Recomendações para conservação, quando for o caso.

Parágrafo único. É proibido, nos rótulos, prospectos e demais impressos dos produtos referidos ao artigo o uso de expressões como "Não tóxico", "Inofensivo", "Inócuo", e outras no mesmo sentido.

Art 115 Os rótulos e demais impressos dos saneantes domissanitários, além da observância dos requisitos dos artigos 93, 94 e 114, parágrafo único, deverão conter, ainda:

I — O grupo químico a que pertençam os componentes ativos da fórmula e seus antídotos, quando houver medidas terapêuticas a serem adotadas, em caso de acidente.

II — A advertência, em destaque "CONSERVE FORA DO ALCANCE DAS CRIANÇAS E DOS ANIMAIS DOMÉSTICOS".

§ 1º Dos rótulos e impressos dos inseticidas deverão constar, obrigatoriamente, mais as seguintes frases de advertência:

a) Quando apresentados em aerosóis premidos, as advertências, em caracteres destacadas e indeléveis, impressos, gravados ou firmados diretamente no vasilhame continente, as expressões "Cuidado: evite a inalação deste produto e proteja os olhos durante a aplicação", "Inflamável: não perfure o vasilhame mesmo vazio", "Não jogue no fogo ou em incinerador, perigo de aplicação próximo a chamas ou em superfícies aquecida".

b) Quando apresentados como iscas, as advertências "Não coloque este produto em utensílio para uso alimentar".

c) Quando apresentados sob as formas sólidas, pastosa ou líquida, advertências, tais como "Não aplique sobre alimentos e utensílios de cozinha", "Em caso de contato direto com este produto, lave a parte atingida com água fria e sabão".

d) Quando apresentados sob a forma de fumigantes que atuem por volatização, provocada ou espontânea, as advertências "Não permita a presença de pessoas ou animais no local durante a aplicação, arejando-o, após até a eliminação dos odores emanados".

§ 2º Dos rótulos e impressos dos raticidas deverão constar obrigatoriamente, mais os seguintes dizeres:

a) Quando apresentados sob a forma de bombas compressoras, contendo gazes tóxicos e venenosos, em caracteres destacados e indeléveis, gravados ou firmados diretamente ou impressos nos rótulos, as advertências "Cuidado, conteúdo sob pressão, Guarde esta embalagem à sombra e em local seco e ventilado. Evite a inalação do produto e proteja os olhos durante sua aplicação".

b) Quando tratar-se de produto de alta toxicidade, impressa com destaque, a figura da caveira e duas tíbias, símbolo do perigo de vida, acrescentado nos últimos, o aviso "Venda exclusiva à organização especializada em desratização".

c) Quando apresentada sob a forma de iscas, deverão ser acompanhados de instruções relativas à sua colocação, de modo a evitar, por parte do consumidor, confusão com bebidas, produtos alimentícios, medicamentos, produtos de higiene e outros.

Art 116 As alterações na apresentação e dizeres da rotulagem e demais impressos dependerá de prévia e expressa autorização do órgão de vigilância sanitária competente do Ministério da Saúde, a ser anotada à margem do registro próprio.

Art 117 A propaganda dos medicamentos, drogas ou de qualquer outro produto submetido ao regime da Lei nº 6.360, de 23 de setembro de 1976, cuja venda dependa de prescrição por médico ou cirurgião-dentista, somente poderá ser feita junto a esses profissionais através de publicações específicas.

Art 118 A propaganda dos medicamentos, drogas ou de qualquer outro produto submetido ao regime da Lei nº 6.360, de 23 de setembro de 1976, e deste Regulamento, cuja venda independa de prescrição do médico ou cirurgião-dentista, prescindirá de autorização prévia do Ministério da Saúde, deste que sejam observadas as seguintes condições:

I — Registro do produto, quando este for obrigatório, no órgão de vigilância sanitária competente do Ministério da Saúde.

II — Que o texto, figura, imagem, ou projeções não ensejem interpretação falsa, erro ou confusão quanto à composição do produto, suas finalidades, modo de usar ou procedência, ou apregoem propriedades terapêuticas não comprovadas por ocasião do registro a que se refere o item anterior.

III — Que sejam declaradas obrigatoriamente as contra-indicações, indicações, cuidados e advertências sobre o uso do produto.

IV — Enquadrar-se nas demais exigências genéricas que venham a ser fixadas pelo Ministério da Saúde.

§ 1º A dispensa de exigência de autorização prévia nos termos deste artigo não exclui a fiscalização por parte do órgão de vigilância sanitária competente do Ministério da Saúde, dos Estados, do Distrito Federal e Territórios.

§ 2º No caso de infração, constatado a inobservância do disposto nos itens I, II e III deste artigo, independentemente da penalidade aplicável, a empresa ficará sujeita ao regime de prévia autorização previsto no artigo 58 da Lei nº 6.360, de 23 de setembro de 1976, em relação aos textos de futuras propagandas.

§ 3º O disposto neste artigo aplica-se a todos os meios de divulgação, comunicação, ou publicidade, tais como cartazes, anúncios luminosos ou não, placas, referências em programações radiotônicas, filmes de televisão ou cinema e outras modalidades.

Art 119 É proibido a inclusão ou menção de indicações ou expressões, mesmo subjetivas, de qualquer ação terapêutica, ou tratamento de distúrbios metabólicos, na propaganda ao público, dos produtos dietéticos, cuja desobediência sujeitará os infratores ao disposto no item I do artigo 147.

TÍTULO XI
DAS EMBALAGENS

Art 120 É obrigatório a aprovação, pelo órgão de vigilância sanitária competente do Ministério da Saúde, das embalagens, equipamentos e utensílios elaborados ou revestidos internamente com substâncias que, em contato com produto sob regime de vigilância sanitária deste Regulamento, possam alterar-lhe os efeitos ou produzir dano à saúde.

§ 1º Não será autorizado o emprego de embalagem destinada a conter ou acondicionar droga, medicamentos ou insumo farmacêutico, suscetível de causar direta ou indiretamente efeitos nocivos a saúde.

§ 2º A aprovação do tipo de embalagem será precedida de análise prévia, quando necessária.

Art 121 A câmara técnica competente do Conselho Nacional de Saúde elaborará e fará publicar no *Diário Oficial* da União as relações:

I — Das substâncias consideradas isentas de agentes patogênicos ou microorganismos que possam contaminar o produto ou produzir efeitos nocivos à saúde.

II — Das substâncias que empregadas no revestimento interno das embalagens, equipamentos e utensílios possam alterar os efeitos dos produtos ou produzir danos à saúde.

III — Das substâncias de emprego proibido nas embalagens ou acondicionamento dos medicamentos, especialmente os de via injetável, cuja presença possa tornar-se direta ou indiretamente, nociva à saúde.

Art 122 As embalagens dos produtos para ondular cabelos serão constituídas de recipientes hermeticamente fechados, para utilização única e individual, contendo a quantidade máxima do componente ativo.

Art 123 Os vasilhames dos produtos apresentado sob a forma de aerosol sendo de vidro envolvido por material plástico, deverão conter pequenos orifícios para a saída do conteúdo, se quebrar.

Art 124 Os vasilhames dos produtos sob a forma de premidos em aerosóis não poderão ter capacidade superior a 500 (quinhentos) mililítros.

Art 125 Não será permitida a embalagem sob a forma de aerosóis para os talcos.

Art 126 As embalagens dos medicamentos que contenham substância entorpecente ou que determine dependência física ou psíquica obedecerão à padronização que vier a ser aprovada pelo órgão competente do Ministério da Saúde.

Art 127 Os produtos de que trata este Regulamento, que exijam condições especiais de armazenamento e guarda para garantia de sua eficácia e pureza, somente poderão ser transportados em veículos devidamente equipados e munidos para esse fim.

Art 128 As empresas para realizarem o transporte de produtos sob regime de vigilância sanitária dependem de autorização específica, inclusive as autorizadas a industrializá-los.

Parágrafo único. A habilitação da empresa será produzida em processo próprio e independente, mediante a apresentação do documento comprobatório de sua instituição legal, da qual conste o ramo de transporte como de sua atividade, a indicação de seu representante legal, a sede e locais de destino.

Art 129 Os veículos utilizados no transporte de qualquer dos produtos de que trata este Regulamento, não sujeitos às exigências do artigo 127, ficam, entretanto, obrigados a ter asseguradas as condições de desinfecção e higiene necessárias à preservação da saúde humana.

TÍTULO XII
DO CONTROLE DE QUALIDADE E DA INSPEÇÃO DA PRODUÇÃO

Art.130. Sempre que se fizer necessário, inclusive para atender a atualização do processo tecnológico, serão determinadas, mediante regulamentação dos órgãos e entidades competentes do Ministério da Saúde, as medidas e os mecanismos destinados a garantir ao consumidor a qualidade dos produtos, tendo em vista a identidade, a atividade, a pureza, a eficácia e a segurança dos produtos.*(Redação dada pelo Decreto nº 3.961, de 10.10.2001)*

§1º As medidas e mecanismos a que se refere este artigo efetivar-se-ão essencialmente pelas especificações de qualidade do produto, do controle de qualidade e da inspeção de produção para a verificação do cumprimento das boas práticas de fabricação e controle.*(Parágrafo numerado pelo Decreto nº 3.961, de 10.10.2001)*

§2º Estão igualmente sujeitos a inspeção sanitária os estabelecimentos de dispensação, públicos ou privados, os transportadores, os armazenadores, os distribuidores e os demais agentes que atuam desde a produção até o consumo, para a verificação do cumprimento das boas práticas específicas e demais exigências da legislação vigente.*(Parágrafo incluído pelo Decreto nº 3.961, de 10.10.2001)*

Art 131 Nenhuma matéria-prima ou produto semi-elaborado poderá ser utilizado na produção de medicamentos, sem que seja verificado possuir qualidade aceitável, após submetido a provas adequadas, cujos resultados hão de ficar expressamente consignados.

Art 132 As especificações de qualidade visarão determinar, entre outros:

I — Os critérios para a aceitação das matérias-primas e dos produtos semi-elaborados a serem utilizados na fabricação dos medicamentos.

II — Os critérios para determinar se o produto acabado é dotado das qualidades que se lhe pretendeu atribuir.

Art 133 As especificações de qualidade das matérias-primas constarão de compêndios oficiais, tais como, farmacopéias, codex e formulários, baseando-se nas características dos métodos empregados para a produção dessas matérias, compreendendo:

I — Descrições das características físicas, físico-químicas e químicas.

II — Provas específicas de identificação.

III — Provas de Pureza.

IV — Métodos de ensaio e/ou análise.

V — Testes de contaminação microbiológica, quando for o caso.

Art 134 As especificações para os produtos semi-elaborados que interessam particularmente às empresas, terão em conta:

I — Determinar as reais adequações dos produtos semi-elaborados aos procedimentos complementares de fabricação.

II — A suficiência das qualidades dos produtos semi-elaborados, para orientar sua aquisição no mercado interno ou externo.

Art 135 As especificações para os produtos acabados visarão os resultados obtidos, através da descrição minuciosa e detalhada dos critérios a serem utilizados pelo serviço de inspeção para determinar a aceitação dos medicamentos.

Art 136 A inspeção da produção dos medicamentos, terá em vista, prioritariamente, o processo de fabricação levando em conta os fatores intrínsecos e extrínsecos desfavoráveis, tais como, a contaminação das matérias-primas, dos produtos semi-elaborados e do produto acabado.

Art 137 O controle de qualidade de medicamentos objetivará essencialmente o produto acabado, a fim de verificar-se o atendimento das especificações pertinentes pelos responsáveis técnicos pela fabricação, os locais e equipamentos, o saneamento do meio, as matérias-primas empregadas, e a eficácia dos sistemas de inspeção e auto-inspeção.

Art.138. Todo estabelecimento destinado à produção de medicamentos é obrigado a manter departamento técnico de inspeção de produção que funcione de forma autônoma em sua esfera de competência, com a finalidade de verificar a qualidade das matérias-primas ou substâncias, vigiar os aspectos qualitativos das operações de fabricação, a estabilidade dos medicamentos produzidos, e realizar os demais testes necessários, de forma a garantir o cumprimento das boas práticas de fabricação e controle.*(Redação dada pelo Decreto nº 3.961, de 10.10.2001)*

§ 1º Os laboratórios especiais destinados ao cumprimento do disposto neste artigo, constituirão unidades independentes e realizarão o controle dos produtos em todas as fases de elaboração.

§ 2º É facultado às empresas realizar o controle de qualidade dos produtos em institutos ou laboratórios oficiais, através de convênios ou contratos.

§3º A terceirização do controle de qualidade de matérias-primas e produtos terminados somente será facultada nos seguintes casos:*(Parágrafo incluído pelo Decreto nº 3.961, de 10.10.2001)*

I- quando a periculosidade ou o grau de complexidade da análise laboratorial tornar necessária a utilização de equipamentos ou recursos humanos altamente especializados;*(Inciso incluído pelo Decreto nº 3.961, de 10.10.2001)*

II-quando a freqüência com a qual se efetuam certas análises seja tão baixa que se faça injustificável a aquisição de equipamentos de alto custo.*(Inciso incluído pelo Decreto nº 3.961, de 10.10.2001)*" (NR)

Art 139 Todos os informes sobre acidentes ou reações nocivas causadas por medicamentos serão notificados ao órgão de vigilância sanitária competente do Ministério da Saúde, que os retransmitirá à câmara técnica competente do Conselho Nacional de Saúde, para avaliação como caso de agravos inusitados à saúde, em conformidade com a Lei nº 6.259, de 30 de outubro de 1975.

Parágrafo único. As mudanças operadas na qualidade dos medicamentos a qualquer alteração de suas características físicas serão investigadas com todos os detalhes, e uma vez comprovada, serão objeto das medidas corretivas cabíveis.

Art 140 As empresas adotarão normas adequadas para o controle em todos os compartimentos ou áreas de produção dos estabelecimentos e procederão ao lançamento dos pormenores operacionais em protocolos próprios, para que fiquem registrados.

Art 141 Todos os empregados em estabelecimentos de produção de medicamentos deverão ser submetidos a exames periódicos de saúde, incluindo exames microbiológicos, para que os acometidos de infecções inaparentes ou portadores de germes sejam afastados.

Art 142 Aplicam-se, no que couber, as disposições dos artigos 130 a 141 aos demais produtos submetidos ao regime da Lei nº 6.360, de 23 de setembro de 1976, e deste Regulamento.

TÍTULO XIII
DAS INFRAÇÕES E PENALIDADES

Art 143 A inobservância dos preceitos da Lei nº 6.360, de 23 de setembro de 1976, deste ou de seus demais Regulamentos e normas complementares, ou de outras pertinentes, configura infração de natureza sanitária, ficando os infratores, empresa ou pessoas naturais, sujeitos ao processo e penalidades do Decreto-lei nº 785, de 25 de agosto de 1969, sem prejuízo das cominações penais e civis cabíveis.

Parágrafo único. O processo a que se refere este artigo poderá ser instaurado e julgado pelo órgão de vigilância sanitária competente do Ministério da Saúde ou pelas autoridades sanitárias dos Estados, do Distrito Federal e dos Territórios, conforme couber, segundo competência estabelecida pela Lei nº 6.360, de 23 de setembro de 1976.

Art 144 Considera-se alterado, adulterado, ou impróprio para o uso o medicamento, a droga e o insumo farmacêutico:

I — Que houver sido misturado ou acondicionado com substância que modifique seu valor terapêutico ou a finalidade a que se destine.

II — Quando houver sido retirado ou falsificado no todo ou em parte, elemento integrante de sua composição normal, ou substituído por outro de qualidade inferior, ou modificada a dosagem, ou lhe tiver sido acrescentada substância estranha à sua composição, de modo que esta se torne diferente da fórmula constante do registro.

III — Cujo volume, peso ou unidade farmacêutica não corresponder à quantidade aprovada.

IV — Quando suas condições de pureza, qualidade e autenticidade não satisfizerem às exigências da Farmacopéia Brasileira ou de outro Código adotado pelo Ministério da Saúde.

Parágrafo único. Tendo a empresa ciência de alteração do produto, indesejável sob o aspecto de saúde pública, fica obrigada a proceder imediatamente à sua retirada do consumo, sob pena de configurar-se infração sanitária e penal.

Art 145 Considera-se fraudado, falsificado ou adulterado o produto de higiene, cosmético, perfume ou similar quando:

I — Contenha indicações que induzam a erros, engano ou confusão quanto à sua procedência, origem, composição ou finalidade.

II — Não observados os padrões e paradígmas estabelecidos na Lei nº 6.360, de 23 de setembro de 1976, neste Regulamento, ou às especificações contidas no registro.

III — Acondicionamento, subtraído ou omitido, de substâncias ou componentes que alterem a sua natureza, composição, propriedades ou características essenciais, que constituiram as condições do registro.

Parágrafo único. Sujeitam-se ao disposto neste artigo, os insumos constituídos por matéria-prima ativa, aditiva ou complementar, de natureza química, bioquímica ou biológica, de origem natural ou sintética, ou qualquer outro material destinado à fabricação, manipulação e ao beneficiamento dos produtos de higiene cosméticos perfumes e similares.

Art 146 É proibido o reaproveitamento e a utilização de vasilhames tradicionalmente usado para alimentos, bebidas e refrigerantes, produtos dietéticos, medicamentos, drogas, produtos químicos de higiene, cosméticos e perfumes, no envasilhamento dos saneantes e congêneres.

Art 147 Independentemente das previstas no Decreto-lei nº 785, de 25 de agosto de 1969, configuram infrações graves ou gravíssimas, segundo os termos da Lei n° 6.360, de 23 de setembro de 1976, as seguintes práticas, puníveis com as sanções indicadas naquele diploma legal:

I — A rotulagem e a propaganda dos produtos sob regime de vigilância sanitária sem observância do disposto na Lei n° 6.360, de 23 de setembro de 1976, neste Regulamento, e demais normas pertinentes ou contrariando as condições do registro ou autorização, respectivos.

II — A alteração do processo de fabricação sem prévio assentimento do órgão de vigilância sanitária competente do Ministério da Saúde.

III — A venda ou exposição e venda de produto cujo prazo de validade haja expirado.

IV — A aposição de novas datas em produtos cujo prazo de validade haja expirado ou recondicionamento em novas embalagens excetuados os soros terapêuticos que puderem ser redosados ou refiltrados.

V — A industrialização de produtos sem a assistência efetiva de técnico legalmente responsável.

VI — A utilização, na preparação de hormônios de órgãos de animais que estejam doentes, estafados ou emagrecidos ou que apresentarem sinais de decomposição no momento de serem manipulados.

VII — A revenda de produto biológico não guardado em refrigerador, de acordo com as indicações determinadas pelo fabricante aprovadas pelo órgão de vigilância sanitária competente do Ministério da Saúde.

VIII — A aplicação por empresas particulares de raticidas, cuja ação se produza por gás ou vapor, em galerias, bueiros, porões, sótãos ou locais de possível comunicação com residências ou frequentados por pessoas ou animais úteis.

IX — Sonegar ou procrastinar a entrega de informações ou documentos solicitados pelas autoridades sanitárias competentes nos prazos fixados.

TÍTULO XIV
DA FISCALIZAÇÃO

Art.148. A ação de vigilância sanitária implicará também na fiscalização de todo e qualquer produto de que trata este Regulamento, inclusive os dispensados de registro, os estabelecimentos de fabricação, distribuição, armazenamento e venda, e os veículos destinados ao transporte dos produtos, para garantir o cumprimento das respectivas boas práticas e demais exigências da legislação vigente.*(Redação dada pelo Decreto n° 3.961, de 10.10.2001)*

§1º As empresas titulares de registro, fabricantes ou importadores, têm a responsabilidade de garantir e zelar pela manutenção da qualidade, segurança e eficácia dos produtos até o consumidor final, a fim de evitar riscos e efeitos adversos à saúde.*(Parágrafo incluído pelo Decreto n° 3.961, de 10.10.2001)*

§2º A responsabilidade solidária de zelar pela qualidade, segurança e eficácia dos produtos, bem como pelo consumo racional, inclui os demais agentes que atuam desde a produção até o consumo.*(Parágrafo incluído pelo Decreto n° 3.961, de 10.10.2001)*

§3º Ficam igualmente sujeitos a ação de vigilância, a propaganda e a publicidade dos produtos e das marcas, por qualquer meio de comunicação, a rotulagem e a etiquetagem, de forma a impedir a veiculação de informações inadequadas, fraudulentas e práticas antiéticas de comercialização.*(Parágrafo númerado pelo Decreto nº 3.961, de 10.10.2001)*

§4º As ações de vigilância sanitária incluem, também, a vigilância toxicológica e a farmacovigilância como forma de investigar os efeitos que comprometem a segurança, a eficácia ou a relação risco-benefício de um produto, e, ainda, a fiscalização dos estudos realizados com medicamentos novos, principalmente na fase de estudos clínicos em seres humanos.*(Parágrafo incluído pelo Decreto nº 3.961, de 10.10.2001)*

Art 149 A ação fiscalizadora e da competência:

I — Do órgão de vigilância sanitária competente do Ministério da Saúde.

a) quando o produto estiver em trânsito de uma para outra unidade federativa em estrada, via fluvial, lacustre marítima ou área sob controle de órgãos e agentes federais;

b) quando se tratar de um produto importado ou exportado;

c) quando se tratar de colheitas para análise prévia, de controle, a fiscal nos casos de suspeita de fraude ou infarção sanitária, de que decorram cancelamento do registro ou interdição do produto em todo território nacional e outros de relevante interesse para a saúde pública.

II — Do órgão competente de saúde dos Estados, do Distrito Federal e dos Territórios.

a) quando se tratar de produto industrializado ou entregue ao consumo na área de jurisdição respectiva;

b) quanto aos estabelecimentos, instalações e equipamentos de indústria ou comércio;

c) quanto aos transportes nas estradas e vias fluviais ou lacrustes de suas áreas geográficas;

d) quando se tratar de colheita de amostras para análise fiscal.

Parágrafo único. A competência de que trata este artigo poderá ser delegada mediante convênio, reciprocamente, pela União, Estados e Distrito Federal, ressalvadas as hipóteses de poderes indelégáveis.

Art 150 A ação de vigilância sanitária se efetivará em caráter permanente e constituirá atividade de rotina dos órgãos de saúde.

Parágrafo único. Quando solicitados pelos órgãos de vigilância sanitária competente, deverão as empresas prestar as informações ou proceder a entrega de documentos, nos prazos fixados, a fim de não obstarem a ação de vigilância e as medidas que se fizerem necessárias.

Art 151 Os agentes a serviço de vigilância sanitária em suas atividades dentre outras, terão as atribuições e gozarão das prerrogativas, seguintes;

I — Livre acesso aos locais onde processe, em qualquer fase, a industrialização, o comércio, e o transporte dos produtos regidos pela Lei nº 6.360, de 23 de setembro de 1976, por este Regulamento e demais normas pertinentes.

II — Colher as amostras necessárias as análises de controle ou fiscal, lavrando os respectivos termo de apreensão.

III — Proceder as visitas nas inspenções de rotinas e as vistorias para apuração de infrações ou eventos que tornem os produtos passíveis de alteração, das quais lavrarão os respectivos termos.

IV — Verificar o atendimento das condições de saúde e higiene pessoal exigidas aos empregados que participem da elaboração dos medicamentos, produtos dietéticos e de higiene, cosméticos, perfumes e correlatos.

V — Verificar a procedência e condições dos produtos quando expostos a venda.

VI — Inderditar, lavrando o termo respectivo, parcial ou totalmente, os estabelecimentos industriais ou comerciais em que se realize atividade prevista neste Regulamento, bem como lotes ou partidas dos produtos, seja por inobservância ou desobediência aos termos da Lei nº 6.360, de 23 de setembro de 1976, do Decreto-lei nº 785 de 25 de agosto de 1969, da Lei nº 5.726, de 29 de outubro de 1971, de seus Regulamentos, e de demais normas pertinentes ou por força do evento natural ou sinistro que tenha modificado as condições organoléticas do produto ou as de sua pureza e eficácia.

VII — Proceder a imediata inutilização da unidadde do produto cuja a adulteração ou deterioração seja flagrante, e à apreensão e interditação do restanmte do lote ou partida, para análise fiscal.

VIII — Lavrar os autos de infração para início do processo administrativo previsto no Decreto-lei nº 785, de 25 de agosto de 1969, inclusive, no que se refere à publicidade proibida.

Art 152 Sendo os produtos sujeitos a análise de controle, e a empresa responsável obrigada a comunicar a data e local de sua entrega ao consumo dentro do prazo de até 30 (trinta) dias, indicando o número do registro respectivo.

§ 1º Descumprindo o prazo previsto neste artigo, será cancelado o registro.

§ 2º Recebida a comunicação a que se refere este artigo, o órgão competente de fiscalização do Ministério da Saúde processará a imediata colheita de amostras para realização de análise de controle.

§ 3º Sendo aprobatório o resultado da análise, serão expedidas três vias do laudo respectivo, uma para ser arquivada no laboratório de controle do Mistério da Saúde, outra para ser entregue à empresa e a terceira para integrar ao processo de registro e passar a constituir o elemento de identificação do produto.

§ 4º No caso de falhas ou irregularidades sanáveis a empresa será notificada para proceder em prazo necessário a correção que for determinada.

§ 5º Na hipótese de análise condenatória será cancelado o registro do produto e determinada a sua apreensão e inutilização em todo território nacional.

Art 153 A apuração das infrações far-se-á mediante apreensão de amostras e interdição do produto e/ou do estabelecimento, mediante lavratura do termo respectivo.

§ 1º Na hipótese de apreensão de amostras, será esta em quantidade suficiente do estoque existente, a qual, dividida em três partes, colocada em três invólucros, será tornada inviolável para que se assegurem as características de conservação e autenticidade, sendo uma delas entregue à empresa para servir de controle, e as outras duas encaminhadas ao laboratório de controle competente para análise.

§ 2º Se a quantidade ou natureza do produto não admitir a colheita de amostras, será o mesmo levado para laboratório de controle, onde, na presença do representante da empresa e do perito pela mesma indicado, ou na falta deste, por duas testemunhas capacitadas, será efetuada, de imediato, a análise fiscal.

§ 3º Havendo interdição, o prazo desta não excederá 60 (sessenta) dias, findo o qual cessará automaticamente, se não houver decisão da análise.

§ 4º A interdição tornar-se —á definitiva no caso de análise fiscal condenatória, mas se não for comprovada a infração cessará e será liberado o produto.

Art 154 Será lavrado laudo da análise fiscal, com as vias necessárias para entrega ao órgão competente de fiscalização sanitária e à empresa.

§ 1º Sendo análise condenatória, será notificada a empresa para que apresente defesa ou, em caso de discórdia, requeira a perícia de contraprova, no prazo de 10 (dez) dias.

§ 2º A perícia de contraprova será precedida sobre amostra em poder da empresa, e não será efetuada se houver indícios de violação.

§ 3º Silenciando a empresa no transcurso do prazo de que trata o § 1º o laudo de análise será considerado definitivo.

§ 4º Havendo divergência entre os peritos quanto ao resultado da análise condenatória ou entre o resultado desta com a da perícia de contraprova, caberá recurso ao dirigente do órgão competente de fiscalização, a ser interposto no prazo de 10 (dez) dias contados da conclusão da análise, a ser decidido em igual período.

Art 155 Tratando-se de partida de grande valor econômico, configurada a condenação em perícia de contraprova poderá a empresa solicitar nova apreensão, aplicando-se adequada técnica de amostragem estatística.

Art 156 O resultado da análise condenatória de produto de que trata este Regulamento realizada por órgão de saúde dos Estados, do Distrito Federal ou dos Territórios, será comunicado no prazo de 3 (três) dias ao órgão competente de fiscalização do Ministério da Saúde, para que proceda à sua apreensão e inutilização em todo o território nacional, ao cancelamento do registro e, conforme o caso, à cassação da licença do estabelecimento, pelo Estado, Distrito Federal ou Território, e a cassação da autorização para funcionar no País.

§ 1º As medidas de que trata este artigo somente se tornarão efetivas após a publicação da decisão condenatória irrecorrível no *Diário Oficial* da União.

§ 2º Os cancelamentos da licença do estabelecimento e da autorização da empresa pelo Ministério da Saúde decorrerão da evidência de fraude ou adulteração do produto, constatada em processo instaurado segundo o disposto pelo Decreto-lei nº 785, de 25 de agosto de 1969.

Art 157 Darão igualmente motivo a apreensão, interdição e inutilização, as auterações a vidas em decorrência de causas, circunstâncias e eventos naturais ou imprevisíveis que determinem avaria, deterioração ou contaminação dos produtos tornando-os ineficazes ou nocivos à saúde.

Art 158 Para efeito de fiscalização sanitária os ensaios e análises destinados à verificação de eficácia da fórmula, serão realizados consoante as normas fixadas pelo laboratório de controle do Ministério da Saúde.

Art 159 Não poderá ter exercício em órgãos de fiscalização sanitária e em laboratórios de controle, os servidores públicos que sejam sócios, acionistas ou interessados, por qualquer forma, de empresas que exerçam atividades sujeitas ao regime da Lei nº 6.360, de 23 de setembro de 1976 e deste Regulamento, ou lhes prestem serviços, com ou sem vínculo empregatício.

Art 160 A fiscalização dos órgão e entidades de que trata o artigo 10, obedecerá aos mesmos preceitos fixados para o controle sanitário dos demais estabelecimentos industriais, inclusive no que concerne às suas instalações, equipamentos, assistências e responsabilidade técnicas, e competirá ao órgão de saúde da respectiva alçada administrativa, civil ou militar, a que pertençam.

Parágrafo único. Na hipótese de ser apurada infração ao disposto na Lei nº 6.360, de 23 de setembro de 1976, neste Regulamento e nas demais normas sanitárias, inclusive, especiais, os responsáveis, além de incursos nas sanções prevista no Decreto-lei nº 785, de 25 de agosto de 1969, ou em outras dispostas em lei especial e na penal cabível, ficarão sujeitos à ação disciplinar própria ao regime jurídico a que estejam submetidos.

TÍTULO XV
DOS ÓRGÃOS DE VIGILÂNCIA

Art 161 As atividades de vigilância sanitária de que trata a Lei nº 6.360, de 23 de setembro de 1976 e este Regulamento serão exercidas:

I — No plano federal, pelo Ministério da Saúde, através dos seguintes órgãos:

a) De vigilância sanitária competente, com funções deliberativas, normativas e executivas.

b) Laboratório Central de Controle de Drogas, Medicamentos e Alimentos, com funções técnicas de controle e normativo.

c) Órgão de Fiscalização e Entorpecentes, com funções de caráter normativo, destinadas a aprovar o emprego ou utilização de substâncias entorpecentes ou psicotrópicos, e exercer as demais atribuições previstas em Lei.

d) Laboratórios de Universidades Federais em convênio com o Ministério da Saúde.

e) Câmaras técnicas do Conselho Nacional de Saúde:

1 — de Biofarmácia ou que lhe suceder com funções de caráter normativo destinadas a estabelecer as normas e especificações para a qualidade dos medicamentos e dos demais produtos abrangidos por este Regulamento, bem como a permissão e a proibição do emprego de aditivos, inclusive, coadjuvantes da tecnologia de fabricação, e funções consultivas quando solicitadas e se pronunciar

pala Secretaria de Vigilância Sanitária e órgãos de sua estrutura, com a finalidade de fundamentar seus atos, e por outras instituições da administração pública.

2 — de Revisão da Farmacopéia Brasileira ou a que lhe suceder, com funções de atualização da Farcopéia e do formulário nacional.

II — No plano estadual, no Distrito Federal e nos Territórios, através de seus órgãos sanitários competentes, e de outros orgãos ou entidades oficiais, observado o que dispuserem as normas federais e a legislação estadual.

TÍTULO XVI
DISPOSIÇÕES FINAIS

Art 162 As empresas que já explorem as atividades de que trata a Lei n° 6.360, de 23 de setembro de 1976, terão o prazo de 12 (doze) meses, contados de sua vigência, para as alterações e adaptações necessárias ao cumprimento do que nela se dispõe.

Art 163 Os serviços prestados pelos órgãos do Ministério da Saúde relacionados com o disposto neste Regulamento, serão remunerados pelo regime de preços públicos, a serem estabelecidos em Portaria do Ministro da Saúde, fixando-lhes os valores e determinado o seu recolhimento e destinação.

Art 164 As drogas, os produtos químicos e os produtos inscritos na Farmacopéia Brasileira, serão vendidos em suas embalagens originais, somente podendo ser fracionados, para revenda, nos estabelecimentos comerciais, quando sob a responsabilidade direta do respectivo responsável técnico.

Art 165 O disposto na Lei n° 6.360, de 23 de setembro de 1976, e neste Regulamento, não exclui a aplicação das demais normas a que estejam sujeitas as atividades nela enquadradas, em relação a aspectos objeto de legislação específicas.

Art 166 Aos produtos mencionados no artigo 1°, regidos por normas especiais, aplicam-se no que couber as disposições deste Regulamento.

Art 167 Excluem-se do regime deste Regulamento, os produtos saneantes fitossanitários e zoossanitários, os de exclusivo uso veterinário, e os destinados ao combate na agricultura, a ratos e outros roedores.

Art 168 O Ministério da Saúde, através do órgão de vigilância sanitária e da câmara técnica, competências, elaborar e fará publicar no *Diário Oficial* da União, as relações:

I — O primeiro:

a) Das matérias-primas cuja importação dependa de prévia autorização do Ministério da Saúde.

b) Da substância e medicamento sujeitos a controle especial de venda.

c) Dos aparelhos, instrumentos, acessórios ou outros produtos mencionados no parágrafo único do artigo 35.

II — A segunda:

a) Das substâncias inocuas que podem ser utilizadas para o emprego nos cosméticos, perfumes, produtos de higiene pessoal e similares, contendo as especificações pertinentes a cada categoria, os insumos, as matérias-primas, os corantes e os solventes permitidos.

b) Dos aditivos e coadjuvantes da tecnologia de fabricação dos produtos de que trata este Regulamento, e, em especial, dos aditivos, dos corantes inorgânicos e orgânicos, seus sais e suas lacas, permitidos na composição dos produtos referidos na alínea *a*, com a indicação dos limites máximos de impurezas tolerados.

c) Dos propelentes cujo uso seja permitido em aerosóis.

d) Das concentrações máximas permitidas para cada substância inseticida ou sinérgica.

e) Das substâncias consideradas isentas de agentes patogênicos ou microrganismos cujo emprego é permitido nas embalagens.

f) Das substâncias que utilizadas no revestimento interno das embalagens, equipamentos e utensílios possam alterar os efeitos dos produtos ou produzir danos à saúde.

g) Das substâncias proibidas no acondicionamento dos medicamentos, drogas e insumos farmacêuticos, por serem capazes, direta ou indiretamente, de causarem efeitos nocivos à saúde.

Art 169 Para exclusivo atendimento da Central de Medicamentos (CEME), fica ressalvado o disposto no artigo 2º, parágrafo único, e o artigo 4º do Decreto nº 72.343, de 8 de junho de 1973, quando aos rótulos e bulas, e à fabricação, destinação dos medicamentos, drogas e insumos farmacêuticos.

Art 170 É permitida a distribuição de amostras gratuitas de medicamentos, exclusivamente a médicos, cirurgiões-destinas, exetuadas aquelas de produtos que contenham substâncias entorpecentes ou que produzem dependência física ou psíquica.

Parágrafo único. As amostras de que trata este artigo deverão corresponder, sempre que possível, à quantidade de unidades farmacotécnicas, necessárias ao tratamento de um paciente.

Art 171 Este Regulamento entrará em vigor na data de sua publicação, revogadas as disposições em contrário, em especial de sua publicação, revogadas as disposições em contrário, em especial os Decretos nº 20.397, de 14 de janeiro de 1946, nº 27.763, de 8 de fevereiro de 1950, nº 33.932, de 28 de setembro de 1953, nº 43.702, de 9 de maio de 1958, nº 71.625, de 29 de dezembro de 1972, e os de nº 57.395, de 7 de dezembro de 1965, nº 61.149, de 9 de agosto de 1967, e nº 67.112, de 26 de agosto de 1970.

Brasília, 5 de janeiro de 1977; 156º da Independência e 89º da República.
ERNESTO GEISEL
Paulo de Almeida Machado

LEI Nº 8.078, DE 11 DE SETEMBRO DE 1990.

Dispõe sobre a proteção do consumidor e dá outras providências.

Legenda:
Texto em preto: Redação original (sem modificação)
Texto em azul: Redação dos dispositivos alterados
Texto em verde: Redação dos dispositivos revogados
Texto em vermelho: Redação dos dispositivos incluídos

O PRESIDENTE DA REPÚBLICA, faço saber que o Congresso Nacional decreta e eu sanciono a seguinte lei:

TÍTULO I
Dos Direitos do Consumidor

CAPÍTULO I
Disposições Gerais

Art. 1º O presente código estabelece normas de proteção e defesa do consumidor, de ordem pública e interesse social, nos termos dos arts. 5º, inciso XXXII, 170, inciso V, da Constituição Federal e art. 48 de suas Disposições Transitórias.

Art. 2º Consumidor é toda pessoa física ou jurídica que adquire ou utiliza produto ou serviço como destinatário final.

Parágrafo único. Equipara-se a consumidor a coletividade de pessoas, ainda que indetermináveis, que haja intervindo nas relações de consumo.

Art. 3º Fornecedor é toda pessoa física ou jurídica, pública ou privada, nacional ou estrangeira, bem como os entes despersonalizados, que desenvolvem atividade de produção, montagem, criação, construção, transformação, importação, exportação, distribuição ou comercialização de produtos ou prestação de serviços.

§ 1º Produto é qualquer bem, móvel ou imóvel, material ou imaterial.

§ 2º Serviço é qualquer atividade fornecida no mercado de consumo, mediante remuneração, inclusive as de natureza bancária, financeira, de crédito e securitária, salvo as decorrentes das relações de caráter trabalhista.

CAPÍTULO II
Da Política Nacional de Relações de Consumo

Art. 4º A Política Nacional das Relações de Consumo tem por objetivo o atendimento das necessidades dos consumidores, o respeito à sua dignidade, saúde e segurança, a proteção de seus interesses econômicos, a melhoria da sua qualidade de vida, bem como a transparência e harmonia das relações de consumo, atendidos os seguintes princípios: (Redação dada pela Lei nº 9.008, de 21.3.1995)

I — reconhecimento da vulnerabilidade do consumidor no mercado de consumo;

II — ação governamental no sentido de proteger efetivamente o consumidor:

a) por iniciativa direta;

b) por incentivos à criação e desenvolvimento de associações representativas;

c) pela presença do Estado no mercado de consumo;

d) pela garantia dos produtos e serviços com padrões adequados de qualidade, segurança, durabilidade e desempenho.

III — harmonização dos interesses dos participantes das relações de consumo e compatibilização da proteção do consumidor com a necessidade de desenvolvimento econômico e tecnológico, de modo a viabilizar os princípios nos quais se funda a ordem econômica (art. 170, da Constituição Federal), sempre com base na boa-fé e equilíbrio nas relações entre consumidores e fornecedores;

IV — educação e informação de fornecedores e consumidores, quanto aos seus direitos e deveres, com vistas à melhoria do mercado de consumo;

V — incentivo à criação pelos fornecedores de meios eficientes de controle de qualidade e segurança de produtos e serviços, assim como de mecanismos alternativos de solução de conflitos de consumo;

VI — coibição e repressão eficientes de todos os abusos praticados no mercado de consumo, inclusive a concorrência desleal e utilização indevida de inventos e criações industriais das marcas e nomes comerciais e signos distintivos, que possam causar prejuízos aos consumidores;

VII — racionalização e melhoria dos serviços públicos;

VIII — estudo constante das modificações do mercado de consumo.

Art. 5º Para a execução da Política Nacional das Relações de Consumo, contará o poder público com os seguintes instrumentos, entre outros:

I — manutenção de assistência jurídica, integral e gratuita para o consumidor carente;

II — instituição de Promotorias de Justiça de Defesa do Consumidor, no âmbito do Ministério Público;

III — criação de delegacias de polícia especializadas no atendimento de consumidores vítimas de infrações penais de consumo;
IV — criação de Juizados Especiais de Pequenas Causas e Varas Especializadas para a solução de litígios de consumo;
V — concessão de estímulos à criação e desenvolvimento das Associações de Defesa do Consumidor.
§ 1° (Vetado).
§ 2° (Vetado).

CAPÍTULO III
Dos Direitos Básicos do Consumidor

Art. 6° São direitos básicos do consumidor:
I — a proteção da vida, saúde e segurança contra os riscos provocados por práticas no fornecimento de produtos e serviços considerados perigosos ou nocivos;
II — a educação e divulgação sobre o consumo adequado dos produtos e serviços, asseguradas a liberdade de escolha e a igualdade nas contratações;
III — a informação adequada e clara sobre os diferentes produtos e serviços, com especificação correta de quantidade, características, composição, qualidade e preço, bem como sobre os riscos que apresentem;
IV — a proteção contra a publicidade enganosa e abusiva, métodos comerciais coercitivos ou desleais, bem como contra práticas e cláusulas abusivas ou impostas no fornecimento de produtos e serviços;
V — a modificação das cláusulas contratuais que estabeleçam prestações desproporcionais ou sua revisão em razão de fatos supervenientes que as tornem excessivamente onerosas;
VI — a efetiva prevenção e reparação de danos patrimoniais e morais, individuais, coletivos e difusos;
VII — o acesso aos órgãos judiciários e administrativos com vistas à prevenção ou reparação de danos patrimoniais e morais, individuais, coletivos ou difusos, assegurada a proteção Jurídica, administrativa e técnica aos necessitados;
VIII — a facilitação da defesa de seus direitos, inclusive com a inversão do ônus da prova, a seu favor, no processo civil, quando, a critério do juiz, for verossímil a alegação ou quando for ele hipossuficiente, segundo as regras ordinárias de experiências;
IX — (Vetado);
X — a adequada e eficaz prestação dos serviços públicos em geral.
Art. 7° Os direitos previstos neste código não excluem outros decorrentes de tratados ou convenções internacionais de que o Brasil seja signatário, da legislação interna ordinária, de regulamentos expedidos pelas autoridades administrativas competentes, bem como dos que derivem dos princípios gerais do direito, analogia, costumes e eqüidade.

Parágrafo único. Tendo mais de um autor a ofensa, todos responderão solidariamente pela reparação dos danos previstos nas normas de consumo.

CAPÍTULO IV
Da Qualidade de Produtos e Serviços, da Prevenção e da Reparação dos Danos

SEÇÃO I
Da Proteção à Saúde e Segurança

Art. 8º Os produtos e serviços colocados no mercado de consumo não acarretarão riscos à saúde ou segurança dos consumidores, exceto os considerados normais e previsíveis em decorrência de sua natureza e fruição, obrigando-se os fornecedores, em qualquer hipótese, a dar as informações necessárias e adequadas a seu respeito.

Parágrafo único. Em se tratando de produto industrial, ao fabricante cabe prestar as informações a que se refere este artigo, através de impressos apropriados que devam acompanhar o produto.

Art. 9º O fornecedor de produtos e serviços potencialmente nocivos ou perigosos à saúde ou segurança deverá informar, de maneira ostensiva e adequada, a respeito da sua nocividade ou periculosidade, sem prejuízo da adoção de outras medidas cabíveis em cada caso concreto.

Art. 10. O fornecedor não poderá colocar no mercado de consumo produto ou serviço que sabe ou deveria saber apresentar alto grau de nocividade ou periculosidade à saúde ou segurança.

§ 1º O fornecedor de produtos e serviços que, posteriormente à sua introdução no mercado de consumo, tiver conhecimento da periculosidade que apresentem, deverá comunicar o fato imediatamente às autoridades competentes e aos consumidores, mediante anúncios publicitários.

§ 2º Os anúncios publicitários a que se refere o parágrafo anterior serão veiculados na imprensa, rádio e televisão, às expensas do fornecedor do produto ou serviço.

§ 3º Sempre que tiverem conhecimento de periculosidade de produtos ou serviços à saúde ou segurança dos consumidores, a União, os Estados, o Distrito Federal e os Municípios deverão informá-los a respeito.

Art. 11. (Vetado).

SEÇÃO II
Da Responsabilidade pelo Fato do Produto e do Serviço

Art. 12. O fabricante, o produtor, o construtor, nacional ou estrangeiro, e o importador respondem, independentemente da existência de culpa, pela reparação dos danos causados aos consumidores por defeitos decorrentes de projeto, fabricação, construção, montagem, fórmulas, manipulação, apresentação ou acondicionamento de seus produtos, bem como por informações insuficientes ou inadequadas sobre sua utilização e riscos.

§ 1º O produto é defeituoso quando não oferece a segurança que dele legitimamente se espera, levando-se em consideração as circunstâncias relevantes, entre as quais:

I — sua apresentação;

II — o uso e os riscos que razoavelmente dele se esperam;

III — a época em que foi colocado em circulação.

§ 2º O produto não é considerado defeituoso pelo fato de outro de melhor qualidade ter sido colocado no mercado.

§ 3º O fabricante, o construtor, o produtor ou importador só não será responsabilizado quando provar:

I — que não colocou o produto no mercado;

II — que, embora haja colocado o produto no mercado, o defeito inexiste;

III — a culpa exclusiva do consumidor ou de terceiro.

Art. 13. O comerciante é igualmente responsável, nos termos do artigo anterior, quando:

I — o fabricante, o construtor, o produtor ou o importador não puderem ser identificados;

II — o produto for fornecido sem identificação clara do seu fabricante, produtor, construtor ou importador;

III — não conservar adequadamente os produtos perecíveis.

Parágrafo único. Aquele que efetivar o pagamento ao prejudicado poderá exercer o direito de regresso contra os demais responsáveis, segundo sua participação na causação do evento danoso.

Art. 14. O fornecedor de serviços responde, independentemente da existência de culpa, pela reparação dos danos causados aos consumidores por defeitos relativos à prestação dos serviços, bem como por informações insuficientes ou inadequadas sobre sua fruição e riscos.

§ 1º O serviço é defeituoso quando não fornece a segurança que o consumidor dele pode esperar, levando-se em consideração as circunstâncias relevantes, entre as quais:

I — o modo de seu fornecimento;

II — o resultado e os riscos que razoavelmente dele se esperam;

III — a época em que foi fornecido.

§ 2º O serviço não é considerado defeituoso pela adoção de novas técnicas.

§ 3º O fornecedor de serviços só não será responsabilizado quando provar:

I — que, tendo prestado o serviço, o defeito inexiste;

II — a culpa exclusiva do consumidor ou de terceiro.

§ 4º A responsabilidade pessoal dos profissionais liberais será apurada mediante a verificação de culpa.

Art. 15. (Vetado).

Art. 16. (Vetado).

Art. 17. Para os efeitos desta Seção, equiparam-se aos consumidores todas as vítimas do evento.

SEÇÃO III
Da Responsabilidade por Vício do Produto e do Serviço

Art. 18. Os fornecedores de produtos de consumo duráveis ou não duráveis respondem solidariamente pelos vícios de qualidade ou quantidade que os tornem impróprios ou inadequados ao consumo a que se destinam ou lhes diminuam o valor, assim como por aqueles decorrentes da disparidade, com a indicações constantes do recipiente, da embalagem, rotulagem ou mensagem publicitária, respeitadas as variações decorrentes de sua natureza, podendo o consumidor exigir a substituição das partes viciadas.

§ 1° Não sendo o vício sanado no prazo máximo de trinta dias, pode o consumidor exigir, alternativamente e à sua escolha:

I — a substituição do produto por outro da mesma espécie, em perfeitas condições de uso;

II — a restituição imediata da quantia paga, monetariamente atualizada, sem prejuízo de eventuais perdas e danos;

III — o abatimento proporcional do preço.

§ 2° Poderão as partes convencionar a redução ou ampliação do prazo previsto no parágrafo anterior, não podendo ser inferior a sete nem superior a cento e oitenta dias. Nos contratos de adesão, a cláusula de prazo deverá ser convencionada em separado, por meio de manifestação expressa do consumidor.

§ 3° O consumidor poderá fazer uso imediato das alternativas do § 1° deste artigo sempre que, em razão da extensão do vício, a substituição das partes viciadas puder comprometer a qualidade ou características do produto, diminuir-lhe o valor ou se tratar de produto essencial.

§ 4° Tendo o consumidor optado pela alternativa do inciso I do § 1° deste artigo, e não sendo possível a substituição do bem, poderá haver substituição por outro de espécie, marca ou modelo diversos, mediante complementação ou restituição de eventual diferença de preço, sem prejuízo do disposto nos incisos II e III do § 1° deste artigo.

§ 5° No caso de fornecimento de produtos in natura, será responsável perante o consumidor o fornecedor imediato, exceto quando identificado claramente seu produtor.

§ 6° São impróprios ao uso e consumo:

I — os produtos cujos prazos de validade estejam vencidos;

II — os produtos deteriorados, alterados, adulterados, avariados, falsificados, corrompidos, fraudados, nocivos à vida ou à saúde, perigosos ou, ainda, aqueles em desacordo com as normas regulamentares de fabricação, distribuição ou apresentação;

III — os produtos que, por qualquer motivo, se revelem inadequados ao fim a que se destinam.

Art. 19. Os fornecedores respondem solidariamente pelos vícios de quantidade do produto sempre que, respeitadas as variações decorrentes de sua natureza, seu conteúdo líquido for inferior às indicações constantes do recipiente, da embalagem, rotulagem ou de mensagem publicitária, podendo o consumidor exigir, alternativamente e à sua escolha:

I — o abatimento proporcional do preço;

II — complementação do peso ou medida;

III — a substituição do produto por outro da mesma espécie, marca ou modelo, sem os aludidos vícios;

IV — a restituição imediata da quantia paga, monetariamente atualizada, sem prejuízo de eventuais perdas e danos.

§ 1° Aplica-se a este artigo o disposto no § 4° do artigo anterior.

§ 2° O fornecedor imediato será responsável quando fizer a pesagem ou a medição e o instrumento utilizado não estiver aferido segundo os padrões oficiais.

Art. 20. O fornecedor de serviços responde pelos vícios de qualidade que os tornem impróprios ao consumo ou lhes diminuam o valor, assim como por aqueles decorrentes da disparidade com as indicações constantes da oferta ou mensagem publicitária, podendo o consumidor exigir, alternativamente e à sua escolha:

I — a reexecução dos serviços, sem custo adicional e quando cabível;

II — a restituição imediata da quantia paga, monetariamente atualizada, sem prejuízo de eventuais perdas e danos;

III — o abatimento proporcional do preço.

§ 1° A reexecução dos serviços poderá ser confiada a terceiros devidamente capacitados, por conta e risco do fornecedor.

§ 2° São impróprios os serviços que se mostrem inadequados para os fins que razoavelmente deles se esperam, bem como aqueles que não atendam as normas regulamentares de prestabilidade.

Art. 21. No fornecimento de serviços que tenham por objetivo a reparação de qualquer produto considerar-se-á implícita a obrigação do fornecedor de empregar componentes de reposição originais adequados e novos, ou que mantenham as especificações técnicas do fabricante, salvo, quanto a estes últimos, autorização em contrário do consumidor.

Art. 22. Os órgãos públicos, por si ou suas empresas, concessionárias, permissionárias ou sob qualquer outra forma de empreendimento, são obrigados a fornecer serviços adequados, eficientes, seguros e, quanto aos essenciais, contínuos.

Parágrafo único. Nos casos de descumprimento, total ou parcial, das obrigações referidas neste artigo, serão as pessoas jurídicas compelidas a cumpri-las e a reparar os danos causados, na forma prevista neste código.

Art. 23. A ignorância do fornecedor sobre os vícios de qualidade por inadequação dos produtos e serviços não o exime de responsabilidade.

Art. 24. A garantia legal de adequação do produto ou serviço independe de termo expresso, vedada a exoneração contratual do fornecedor.

Art. 25. É vedada a estipulação contratual de cláusula que impossibilite, exonere ou atenue a obrigação de indenizar prevista nesta e nas seções anteriores.

§ 1° Havendo mais de um responsável pela causação do dano, todos responderão solidariamente pela reparação prevista nesta e nas seções anteriores.

§ 2º Sendo o dano causado por componente ou peça incorporada ao produto ou serviço, são responsáveis solidários seu fabricante, construtor ou importador e o que realizou a incorporação.

SEÇÃO IV
Da Decadência e da Prescrição

Art. 26. O direito de reclamar pelos vícios aparentes ou de fácil constatação caduca em:
I — trinta dias, tratando-se de fornecimento de serviço e de produtos não duráveis;
II — noventa dias, tratando-se de fornecimento de serviço e de produtos duráveis.
§ 1º Inicia-se a contagem do prazo decadencial a partir da entrega efetiva do produto ou do término da execução dos serviços.
§ 2º Obstam a decadência:
I — a reclamação comprovadamente formulada pelo consumidor perante o fornecedor de produtos e serviços até a resposta negativa correspondente, que deve ser transmitida de forma inequívoca;
II — (Vetado).
III — a instauração de inquérito civil, até seu encerramento.
§ 3º Tratando-se de vício oculto, o prazo decadencial inicia-se no momento em que ficar evidenciado o defeito.
Art. 27. Prescreve em cinco anos a pretensão à reparação pelos danos causados por fato do produto ou do serviço prevista na Seção II deste Capítulo, iniciando-se a contagem do prazo a partir do conhecimento do dano e de sua autoria.
Parágrafo único. (Vetado).

SEÇÃO V
Da Desconsideração da Personalidade Jurídica

Art. 28. O juiz poderá desconsiderar a personalidade jurídica da sociedade quando, em detrimento do consumidor, houver abuso de direito, excesso de poder, infração da lei, fato ou ato ilícito ou violação dos estatutos ou contrato social. A desconsideração também será efetivada quando houver falência, estado de insolvência, encerramento ou inatividade da pessoa jurídica provocados por má administração.
§ 1º (Vetado).
§ 2º As sociedades integrantes dos grupos societários e as sociedades controladas, são subsidiariamente responsáveis pelas obrigações decorrentes deste código.
§ 3º As sociedades consorciadas são solidariamente responsáveis pelas obrigações decorrentes deste código.

§ 4° As sociedades coligadas só responderão por culpa.

§ 5° Também poderá ser desconsiderada a pessoa jurídica sempre que sua personalidade for, de alguma forma, obstáculo ao ressarcimento de prejuízos causados aos consumidores.

CAPÍTULO V
Das Práticas Comerciais

SEÇÃO I
Das Disposições Gerais

Art. 29. Para os fins deste Capítulo e do seguinte, equiparam-se aos consumidores todas as pessoas determináveis ou não, expostas às práticas nele previstas.

SEÇÃO II
Da Oferta

Art. 30. Toda informação ou publicidade, suficientemente precisa, veiculada por qualquer forma ou meio de comunicação com relação a produtos e serviços oferecidos ou apresentados, obriga o fornecedor que a fizer veicular ou dela se utilizar e integra o contrato que vier a ser celebrado.

Art. 31. A oferta e apresentação de produtos ou serviços devem assegurar informações corretas, claras, precisas, ostensivas e em língua portuguesa sobre suas características, qualidades, quantidade, composição, preço, garantia, prazos de validade e origem, entre outros dados, bem como sobre os riscos que apresentam à saúde e segurança dos consumidores.

Art. 32. Os fabricantes e importadores deverão assegurar a oferta de componentes e peças de reposição enquanto não cessar a fabricação ou importação do produto.

Parágrafo único. Cessadas a produção ou importação, a oferta deverá ser mantida por período razoável de tempo, na forma da lei.

Art. 33. Em caso de oferta ou venda por telefone ou reembolso postal, deve constar o nome do fabricante e endereço na embalagem, publicidade e em todos os impressos utilizados na transação comercial.

Art. 34. O fornecedor do produto ou serviço é solidariamente responsável pelos atos de seus prepostos ou representantes autônomos.

Art. 35. Se o fornecedor de produtos ou serviços recusar cumprimento à oferta, apresentação ou publicidade, o consumidor poderá, alternativamente e à sua livre escolha:

I — exigir o cumprimento forçado da obrigação, nos termos da oferta, apresentação ou publicidade;

II — aceitar outro produto ou prestação de serviço equivalente;

III — rescindir o contrato, com direito à restituição de quantia eventualmente antecipada, monetariamente atualizada, e a perdas e danos.

SEÇÃO III
Da Publicidade

Art. 36. A publicidade deve ser veiculada de tal forma que o consumidor, fácil e imediatamente, a identifique como tal.

Parágrafo único. O fornecedor, na publicidade de seus produtos ou serviços, manterá, em seu poder, para informação dos legítimos interessados, os dados fáticos, técnicos e científicos que dão sustentação à mensagem.

Art. 37. É proibida toda publicidade enganosa ou abusiva.

§ 1º É enganosa qualquer modalidade de informação ou comunicação de caráter publicitário, inteira ou parcialmente falsa, ou, por qualquer outro modo, mesmo por omissão, capaz de induzir em erro o consumidor a respeito da natureza, características, qualidade, quantidade, propriedades, origem, preço e quaisquer outros dados sobre produtos e serviços.

§ 2º É abusiva, dentre outras a publicidade discriminatória de qualquer natureza, a que incite à violência, explore o medo ou a superstição, se aproveite da deficiência de julgamento e experiência da criança, desrespeita valores ambientais, ou que seja capaz de induzir o consumidor a se comportar de forma prejudicial ou perigosa à sua saúde ou segurança.

§ 3º Para os efeitos deste código, a publicidade é enganosa por omissão quando deixar de informar sobre dado essencial do produto ou serviço.

§ 4º (Vetado).

Art. 38. O ônus da prova da veracidade e correção da informação ou comunicação publicitária cabe a quem as patrocina.

SEÇÃO IV
Das Práticas Abusivas

Art. 39. É vedado ao fornecedor de produtos ou serviços, dentre outras práticas abusivas: (Redação dada pela Lei nº 8.884, de 11.6.1994)

I — condicionar o fornecimento de produto ou de serviço ao fornecimento de outro produto ou serviço, bem como, sem justa causa, a limites quantitativos;

II — recusar atendimento às demandas dos consumidores, na exata medida de suas disponibilidades de estoque, e, ainda, de conformidade com os usos e costumes;

III — enviar ou entregar ao consumidor, sem solicitação prévia, qualquer produto, ou fornecer qualquer serviço;

IV — prevalecer-se da fraqueza ou ignorância do consumidor, tendo em vista sua idade, saúde, conhecimento ou condição social, para impingir-lhe seus produtos ou serviços;

V — exigir do consumidor vantagem manifestamente excessiva;

VI — executar serviços sem a prévia elaboração de orçamento e autorização expressa do consumidor, ressalvadas as decorrentes de práticas anteriores entre as partes;

VII — repassar informação depreciativa, referente a ato praticado pelo consumidor no exercício de seus direitos;

VIII — colocar, no mercado de consumo, qualquer produto ou serviço em desacordo com as normas expedidas pelos órgãos oficiais competentes ou, se normas específicas não existirem, pela Associação Brasileira de Normas Técnicas ou outra entidade credenciada pelo Conselho Nacional de Metrologia, Normalização e Qualidade Industrial (Conmetro);

IX — recusar a venda de bens ou a prestação de serviços, diretamente a quem se disponha a adquiri-los mediante pronto pagamento, ressalvados os casos de intermediação regulados em leis especiais; **(Redação dada pela Lei nº 8.884, de 11.6.1994)**

X — elevar sem justa causa o preço de produtos ou serviços. **(Inciso acrescentado pela Lei nº 8.884, de 11.6.1994)**

XI — Dispositivo incorporado pela MPV nº 1.890-67, de 22.10.1999, transformado em inciso XIII, quando da converão na Lei nº 9.870, de 23.11.1999

XII — deixar de estipular prazo para o cumprimento de sua obrigação ou deixar a fixação de seu termo inicial a seu exclusivo critério.**(Inciso acrescentado pela Lei nº 9.008, de 21.3.1995)**

XIII — aplicar fórmula ou índice de reajuste diverso do legal ou contratualmente estabelecido. **(Inciso acrescentado pela Lei nº 9.870, de 23.11.1999)**

Parágrafo único. Os serviços prestados e os produtos remetidos ou entregues ao consumidor, na hipótese prevista no inciso III, equiparam-se às amostras grátis, inexistindo obrigação de pagamento.

Art. 40. O fornecedor de serviço será obrigado a entregar ao consumidor orçamento prévio discriminando o valor da mão-de-obra, dos materiais e equipamentos a serem empregados, as condições de pagamento, bem como as datas de início e término dos serviços.

§ 1º Salvo estipulação em contrário, o valor orçado terá validade pelo prazo de dez dias, contado de seu recebimento pelo consumidor.

§ 2º Uma vez aprovado pelo consumidor, o orçamento obriga os contraentes e somente pode ser alterado mediante livre negociação das partes.

§ 3º O consumidor não responde por quaisquer ônus ou acréscimos decorrentes da contratação de serviços de terceiros não previstos no orçamento prévio.

Art. 41. No caso de fornecimento de produtos ou de serviços sujeitos ao regime de controle ou de tabelamento de preços, os fornecedores deverão respeitar os limites oficiais sob pena de não o fazendo, responderem pela restituição da quantia recebida em excesso, monetariamente atualizada, podendo o consumidor exigir à sua escolha, o desfazimento do negócio, sem prejuízo de outras sanções cabíveis.

SEÇÃO V
Da Cobrança de Dívidas

Art. 42. Na cobrança de débitos, o consumidor inadimplente não será exposto a ridículo, nem será submetido a qualquer tipo de constrangimento ou ameaça.

Parágrafo único. O consumidor cobrado em quantia indevida tem direito à repetição do indébito, por valor igual ao dobro do que pagou em excesso, acrescido de correção monetária e juros legais, salvo hipótese de engano justificável.

SEÇÃO VI
Dos Bancos de Dados e Cadastros de Consumidores

Art. 43. O consumidor, sem prejuízo do disposto no art. 86, terá acesso às informações existentes em cadastros, fichas, registros e dados pessoais e de consumo arquivados sobre ele, bem como sobre as suas respectivas fontes.

§ 1° Os cadastros e dados de consumidores devem ser objetivos, claros, verdadeiros e em linguagem de fácil compreensão, não podendo conter informações negativas referentes a período superior a cinco anos.

§ 2° A abertura de cadastro, ficha, registro e dados pessoais e de consumo deverá ser comunicada por escrito ao consumidor, quando não solicitada por ele.

§ 3° O consumidor, sempre que encontrar inexatidão nos seus dados e cadastros, poderá exigir sua imediata correção, devendo o arquivista, no prazo de cinco dias úteis, comunicar a alteração aos eventuais destinatários das informações incorretas.

§ 4° Os bancos de dados e cadastros relativos a consumidores, os serviços de proteção ao crédito e congêneres são considerados entidades de caráter público.

§ 5° Consumada a prescrição relativa à cobrança de débitos do consumidor, não serão fornecidas, pelos respectivos Sistemas de Proteção ao Crédito, quaisquer informações que possam impedir ou dificultar novo acesso ao crédito junto aos fornecedores.

Art. 44. Os órgãos públicos de defesa do consumidor manterão cadastros atualizados de reclamações fundamentadas contra fornecedores de produtos e serviços, devendo divulgá-lo pública e anualmente. A divulgação indicará se a reclamação foi atendida ou não pelo fornecedor.

§ 1° É facultado o acesso às informações lá constantes para orientação e consulta por qualquer interessado.

§ 2° Aplicam-se a este artigo, no que couber, as mesmas regras enunciadas no artigo anterior e as do parágrafo único do art. 22 deste código.

Art. 45. (Vetado).

CAPÍTULO VI
Da Proteção Contratual

SEÇÃO I
Disposições Gerais

Art. 46. Os contratos que regulam as relações de consumo não obrigarão os consumidores, se não lhes for dada a oportunidade de tomar conhecimento prévio de seu conteúdo, ou se os respectivos instrumentos forem redigidos de modo a dificultar a compreensão de seu sentido e alcance.

Art. 47. As cláusulas contratuais serão interpretadas de maneira mais favorável ao consumidor.

Art. 48. As declarações de vontade constantes de escritos particulares, recibos e pré-contratos relativos às relações de consumo vinculam o fornecedor, ensejando inclusive execução específica, nos termos do art. 84 e parágrafos.

Art. 49. O consumidor pode desistir do contrato, no prazo de 7 dias a contar de sua assinatura ou do ato de recebimento do produto ou serviço, sempre que a contratação de fornecimento de produtos e serviços ocorrer fora do estabelecimento comercial, especialmente por telefone ou a domicílio.

Parágrafo único. Se o consumidor exercitar o direito de arrependimento previsto neste artigo, os valores eventualmente pagos, a qualquer título, durante o prazo de reflexão, serão devolvidos, de imediato, monetariamente atualizados.

Art. 50. A garantia contratual é complementar à legal e será conferida mediante termo escrito.

Parágrafo único. O termo de garantia ou equivalente deve ser padronizado e esclarecer, de maneira adequada em que consiste a mesma garantia, bem como a forma, o prazo e o lugar em que pode ser exercitada e os ônus a cargo do consumidor, devendo ser-lhe entregue, devidamente preenchido pelo fornecedor, no ato do fornecimento, acompanhado de manual de instrução, de instalação e uso do produto em linguagem didática, com ilustrações.

SEÇÃO II
Das Cláusulas Abusivas

Art. 51. São nulas de pleno direito, entre outras, as cláusulas contratuais relativas ao fornecimento de produtos e serviços que:

I — impossibilitem, exonerem ou atenuem a responsabilidade do fornecedor por vícios de qualquer natureza dos produtos e serviços ou impliquem renúncia ou disposição de direitos. Nas relações de consumo entre o fornecedor e o consumidor pessoa jurídica, a indenização poderá ser limitada, em situações justificáveis;

II — subtraiam ao consumidor a opção de reembolso da quantia já paga, nos casos previstos neste código;

III — transfiram responsabilidades a terceiros;

IV — estabeleçam obrigações consideradas iníquas, abusivas, que coloquem o consumidor em desvantagem exagerada, ou sejam incompatíveis com a boa-fé ou a eqüidade;

V — (Vetado);

VI — estabeleçam inversão do ônus da prova em prejuízo do consumidor;

VII — determinem a utilização compulsória de arbitragem;

VIII — imponham representante para concluir ou realizar outro negócio jurídico pelo consumidor;

IX — deixem ao fornecedor a opção de concluir ou não o contrato, embora obrigando o consumidor;

X — permitam ao fornecedor, direta ou indiretamente, variação do preço de maneira unilateral;

XI — autorizem o fornecedor a cancelar o contrato unilateralmente, sem que igual direito seja conferido ao consumidor;

XII — obriguem o consumidor a ressarcir os custos de cobrança de sua obrigação, sem que igual direito lhe seja conferido contra o fornecedor;

XIII — autorizem o fornecedor a modificar unilateralmente o conteúdo ou a qualidade do contrato, após sua celebração;

XIV — infrinjam ou possibilitem a violação de normas ambientais;

XV — estejam em desacordo com o sistema de proteção ao consumidor;

XVI — possibilitem a renúncia do direito de indenização por benfeitorias necessárias.

§ 1º Presume-se exagerada, entre outros casos, a vontade que:

I — ofende os princípios fundamentais do sistema jurídico a que pertence;

II — restringe direitos ou obrigações fundamentais inerentes à natureza do contrato, de tal modo a ameaçar seu objeto ou equilíbrio contratual;

III — se mostra excessivamente onerosa para o consumidor, considerando-se a natureza e conteúdo do contrato, o interesse das partes e outras circunstâncias peculiares ao caso.

§ 2º A nulidade de uma cláusula contratual abusiva não invalida o contrato, exceto quando de sua ausência, apesar dos esforços de integração, decorrer ônus excessivo a qualquer das partes.

§ 3º (Vetado).

§ 4º É facultado a qualquer consumidor ou entidade que o represente requerer ao Ministério Público que ajuíze a competente ação para ser declarada a nulidade de cláusula contratual que contrarie o disposto neste código ou de qualquer forma não assegure o justo equilíbrio entre direitos e obrigações das partes.

Art. 52. No fornecimento de produtos ou serviços que envolva outorga de crédito ou concessão de financiamento ao consumidor, o fornecedor deverá, entre outros requisitos, informá-lo prévia e adequadamente sobre:

I — preço do produto ou serviço em moeda corrente nacional;

II — montante dos juros de mora e da taxa efetiva anual de juros;

III — acréscimos legalmente previstos;

IV — número e periodicidade das prestações;

V — soma total a pagar, com e sem financiamento.

§ 1º As multas de mora decorrentes do inadimplemento de obrigações no seu termo não poderão ser superiores a dois por cento do valor da prestação.(Redação dada pela Lei nº 9.298, de 1º.8.1996)

§ 2º É assegurado ao consumidor a liquidação antecipada do débito, total ou parcialmente, mediante redução proporcional dos juros e demais acréscimos.

§ 3º (Vetado).

Art. 53. Nos contratos de compra e venda de móveis ou imóveis mediante pagamento em prestações, bem como nas alienações fiduciárias em garantia, consideram-se nulas de pleno direito as cláusulas que estabeleçam a perda total das prestações pagas em benefício do credor que, em razão do inadimplemento, pleitear a resolução do contrato e a retomada do produto alienado.

§ 1° (Vetado).

§ 2° Nos contratos do sistema de consórcio de produtos duráveis, a compensação ou a restituição das parcelas quitadas, na forma deste artigo, terá descontada, além da vantagem econômica auferida com a fruição, os prejuízos que o desistente ou inadimplente causar ao grupo.

§ 3° Os contratos de que trata o caput deste artigo serão expressos em moeda corrente nacional.

SEÇÃO III
Dos Contratos de Adesão

Art. 54. Contrato de adesão é aquele cujas cláusulas tenham sido aprovadas pela autoridade competente ou estabelecidas unilateralmente pelo fornecedor de produtos ou serviços, sem que o consumidor possa discutir ou modificar substancialmente seu conteúdo.

§ 1° A inserção de cláusula no formulário não desfigura a natureza de adesão do contrato.

§ 2° Nos contratos de adesão admite-se cláusula resolutória, desde que a alternativa, cabendo a escolha ao consumidor, ressalvando-se o disposto no § 2° do artigo anterior.

§ 3° Os contratos de adesão escritos serão redigidos em termos claros e com caracteres ostensivos e legíveis, de modo a facilitar sua compreensão pelo consumidor.

§ 4° As cláusulas que implicarem limitação de direito do consumidor deverão ser redigidas com destaque, permitindo sua imediata e fácil compreensão.

§ 5° (Vetado).

CAPÍTULO VII
Das Sanções Administrativas

Art. 55. A União, os Estados e o Distrito Federal, em caráter concorrente e nas suas respectivas áreas de atuação administrativa, baixarão normas relativas à produção, industrialização, distribuição e consumo de produtos e serviços.

§ 1° A União, os Estados, o Distrito Federal e os Municípios fiscalizarão e controlarão a produção, industrialização, distribuição, a publicidade de produtos e serviços e o mercado de consumo, no interesse da preservação da vida, da saúde, da segurança, da informação e do bem-estar do consumidor, baixando as normas que se fizerem necessárias.

§ 2° (Vetado).

§ 3° Os órgãos federais, estaduais, do Distrito Federal e municipais com atribuições para fiscalizar e controlar o mercado de consumo manterão comissões permanentes para elaboração, revisão e atualização das normas referidas no § 1°, sendo obrigatória a participação dos consumidores e fornecedores.

§ 4° Os órgãos oficiais poderão expedir notificações aos fornecedores para que, sob pena de desobediência, prestem informações sobre questões de interesse do consumidor, resguardado o segredo industrial.

Art. 56. As infrações das normas de defesa do consumidor ficam sujeitas, conforme o caso, às seguintes sanções administrativas, sem prejuízo das de natureza civil, penal e das definidas em normas específicas:

I — multa;
II — apreensão do produto;
III — inutilização do produto;
IV — cassação do registro do produto junto ao órgão competente;
V — proibição de fabricação do produto;
VI — suspensão de fornecimento de produtos ou serviço;
VII — suspensão temporária de atividade;
VIII — revogação de concessão ou permissão de uso;
IX — cassação de licença do estabelecimento ou de atividade;
X — interdição, total ou parcial, de estabelecimento, de obra ou de atividade;
XI — intervenção administrativa;
XII — imposição de contrapropaganda.

Parágrafo único. As sanções previstas neste artigo serão aplicadas pela autoridade administrativa, no âmbito de sua atribuição, podendo ser aplicadas cumulativamente, inclusive por medida cautelar, antecedente ou incidente de procedimento administrativo.

Art. 57. A pena de multa, graduada de acordo com a gravidade da infração, a vantagem auferida e a condição econômica do fornecedor, será aplicada mediante procedimento administrativo, revertendo para o Fundo de que trata a Lei n° 7.347, de 24 de julho de 1985, os valores cabíveis à União, ou para os Fundos estaduais ou municipais de proteção ao consumidor nos demais casos. (Redação dada pela Lei n° 8.656, de 21.5.1993)

Parágrafo único. A multa será em montante não inferior a duzentas e não superior a três milhões de vezes o valor da Unidade Fiscal de Referência (Ufir), ou índice equivalente que venha a substituí-lo. (Parágrafo acrescentado pela Lei n° 8.703, de 6.9.1993)

Art. 58. As penas de apreensão, de inutilização de produtos, de proibição de fabricação de produtos, de suspensão do fornecimento de produto ou serviço, de cassação do registro do produto e revogação da concessão ou permissão de uso serão aplicadas pela administração, mediante procedimento administrativo, assegurada ampla defesa, quando forem constatados vícios de quantidade ou de qualidade por inadequação ou insegurança do produto ou serviço.

Art. 59. As penas de cassação de alvará de licença, de interdição e de suspensão temporária da atividade, bem como a de intervenção administrativa, serão aplicadas mediante procedimento administrativo, assegurada ampla defesa, quando o fornecedor reincidir na prática das infrações de maior gravidade previstas neste código e na legislação de consumo.

§ 1º A pena de cassação da concessão será aplicada à concessionária de serviço público, quando violar obrigação legal ou contratual.

§ 2º A pena de intervenção administrativa será aplicada sempre que as circunstâncias de fato desaconselharem a cassação de licença, a interdição ou suspensão da atividade.

§ 3º Pendendo ação judicial na qual se discuta a imposição de penalidade administrativa, não haverá reincidência até o trânsito em julgado da sentença.

Art. 60. A imposição de contrapropaganda será cominada quando o fornecedor incorrer na prática de publicidade enganosa ou abusiva, nos termos do art. 36 e seus parágrafos, sempre às expensas do infrator.

§ 1º A contrapropaganda será divulgada pelo responsável da mesma forma, freqüência e dimensão e, preferencialmente no mesmo veículo, local, espaço e horário, de forma capaz de desfazer o malefício da publicidade enganosa ou abusiva.

§ 2º (Vetado).

§ 3º (Vetado).

TÍTULO II
Das Infrações Penais

Art. 61. Constituem crimes contra as relações de consumo previstas neste código, sem prejuízo do disposto no Código Penal e leis especiais, as condutas tipificadas nos artigos seguintes.

Art. 62. (Vetado).

Art. 63. Omitir dizeres ou sinais ostensivos sobre a nocividade ou periculosidade de produtos, nas embalagens, nos invólucros, recipientes ou publicidade:

Pena — Detenção de seis meses a dois anos e multa.

§ 1º Incorrerá nas mesmas penas quem deixar de alertar, mediante recomendações escritas ostensivas, sobre a periculosidade do serviço a ser prestado.

§ 2º Se o crime é culposo:

Pena Detenção de um a seis meses ou multa.

Art. 64. Deixar de comunicar à autoridade competente e aos consumidores a nocividade ou periculosidade de produtos cujo conhecimento seja posterior à sua colocação no mercado:

Pena — Detenção de seis meses a dois anos e multa.

Parágrafo único. Incorrerá nas mesmas penas quem deixar de retirar do mercado, imediatamente quando determinado pela autoridade competente, os produtos nocivos ou perigosos, na forma deste artigo.

Art. 65. Executar serviço de alto grau de periculosidade, contrariando determinação de autoridade competente:

Pena Detenção de seis meses a dois anos e multa.

Parágrafo único. As penas deste artigo são aplicáveis sem prejuízo das correspondentes à lesão corporal e à morte.

Art. 66. Fazer afirmação falsa ou enganosa, ou omitir informação relevante sobre a natureza, característica, qualidade, quantidade, segurança, desempenho, durabilidade, preço ou garantia de produtos ou serviços:

Pena — Detenção de três meses a um ano e multa.

§ 1º Incorrerá nas mesmas penas quem patrocinar a oferta.

§ 2º Se o crime é culposo;

Pena Detenção de um a seis meses ou multa.

Art. 67. Fazer ou promover publicidade que sabe ou deveria saber ser enganosa ou abusiva:

Pena Detenção de três meses a um ano e multa.

Parágrafo único. (Vetado).

Art. 68. Fazer ou promover publicidade que sabe ou deveria saber ser capaz de induzir o consumidor a se comportar de forma prejudicial ou perigosa a sua saúde ou segurança:

Pena — Detenção de seis meses a dois anos e multa:

Parágrafo único. (Vetado).

Art. 69. Deixar de organizar dados fáticos, técnicos e científicos que dão base à publicidade:

Pena Detenção de um a seis meses ou multa.

Art. 70. Empregar na reparação de produtos, peça ou componentes de reposição usados, sem autorização do consumidor:

Pena Detenção de três meses a um ano e multa.

Art. 71. Utilizar, na cobrança de dívidas, de ameaça, coação, constrangimento físico ou moral, afirmações falsas incorretas ou enganosas ou de qualquer outro procedimento que exponha o consumidor, injustificadamente, a ridículo ou interfira com seu trabalho, descanso ou lazer:

Pena Detenção de três meses a um ano e multa.

Art. 72. Impedir ou dificultar o acesso do consumidor às informações que sobre ele constem em cadastros, banco de dados, fichas e registros:

Pena Detenção de seis meses a um ano ou multa.

Art. 73. Deixar de corrigir imediatamente informação sobre consumidor constante de cadastro, banco de dados, fichas ou registros que sabe ou deveria saber ser inexata:

Pena Detenção de um a seis meses ou multa.

Art. 74. Deixar de entregar ao consumidor o termo de garantia adequadamente preenchido e com especificação clara de seu conteúdo;

Pena Detenção de um a seis meses ou multa.

Art. 75. Quem, de qualquer forma, concorrer para os crimes referidos neste código, incide as penas a esses cominadas na medida de sua culpabilidade, bem como o diretor, administrador ou gerente da pessoa jurídica que promover, permitir ou por qualquer modo aprovar o fornecimento, oferta, exposição à venda ou manutenção em depósito de produtos ou a oferta e prestação de serviços nas condições por ele proibidas.

Art. 76. São circunstâncias agravantes dos crimes tipificados neste código:

I — serem cometidos em época de grave crise econômica ou por ocasião de calamidade;

II — ocasionarem grave dano individual ou coletivo;
III — dissimular-se a natureza ilícita do procedimento;
IV — quando cometidos:
a) por servidor público, ou por pessoa cuja condição econômico-social seja manifestamente superior à da vítima;
b) em detrimento de operário ou rurícola; de menor de dezoito ou maior de sessenta anos ou de pessoas portadoras de deficiência mental interditadas ou não;
V — serem praticados em operações que envolvam alimentos, medicamentos ou quaisquer outros produtos ou serviços essenciais .

Art. 77. A pena pecuniária prevista nesta Seção será fixada em dias-multa, correspondente ao mínimo e ao máximo de dias de duração da pena privativa da liberdade cominada ao crime. Na individualização desta multa, o juiz observará o disposto no art. 60, §1º do Código Penal.

Art. 78. Além das penas privativas de liberdade e de multa, podem ser impostas, cumulativa ou alternadamente, observado odisposto nos arts. 44 a 47, do Código Penal:
I — a interdição temporária de direitos;
II — a publicação em órgãos de comunicação de grande circulação ou audiência, às expensas do condenado, de notícia sobre os fatos e a condenação;
III — a prestação de serviços à comunidade.

Art. 79. O valor da fiança, nas infrações de que trata este código, será fixado pelo juiz, ou pela autoridade que presidir o inquérito, entre cem e duzentas mil vezes o valor do Bônus do Tesouro Nacional (BTN), ou índice equivalente que venha a substituí-lo.

Parágrafo único. Se assim recomendar a situação econômica do indiciado ou réu, a fiança poderá ser:
a) reduzida até a metade do seu valor mínimo;
b) aumentada pelo juiz até vinte vezes.

Art. 80. No processo penal atinente aos crimes previstos neste código, bem como a outros crimes e contravenções que envolvam relações de consumo, poderão intervir, como assistentes do Ministério Público, os legitimados indicados no art. 82, inciso III e IV, aos quais também é facultado propor ação penal subsidiária, se a denúncia não for oferecida no prazo legal.

TÍTULO III
Da Defesa do Consumidor em Juízo

CAPÍTULO I
Disposições Gerais

Art. 81. A defesa dos interesses e direitos dos consumidores e das vítimas poderá ser exercida em juízo individualmente, ou a título coletivo.

Parágrafo único. A defesa coletiva será exercida quando se tratar de:

I — interesses ou direitos difusos, assim entendidos, para efeitos deste código, os transindividuais, de natureza indivisível, de que sejam titulares pessoas indeterminadas e ligadas por circunstâncias de fato;

II — interesses ou direitos coletivos, assim entendidos, para efeitos deste código, os transindividuais, de natureza indivisível de que seja titular grupo, categoria ou classe de pessoas ligadas entre si ou com a parte contrária por uma relação jurídica base;

III — interesses ou direitos individuais homogêneos, assim entendidos os decorrentes de origem comum.

Art. 82. Para os fins do art. 81, parágrafo único, são legitimados concorrentemente: (Redação dada pela Lei n° 9.008, de 21.3.1995)

I — o Ministério Público,

II — a União, os Estados, os Municípios e o Distrito Federal;

III — as entidades e órgãos da Administração Pública, direta ou indireta, ainda que sem personalidade jurídica, especificamente destinados à defesa dos interesses e direitos protegidos por este código;

IV — as associações legalmente constituídas há pelo menos um ano e que incluam entre seus fins institucionais a defesa dos interesses e direitos protegidos por este código, dispensada a autorização assemblear.

§ 1° O requisito da pré-constituição pode ser dispensado pelo juiz, nas ações previstas nos arts. 91 e seguintes, quando haja manifesto interesse social evidenciado pela dimensão ou característica do dano, ou pela relevância do bem jurídico a ser protegido.

§ 2° (Vetado).

§ 3° (Vetado).

Art. 83. Para a defesa dos direitos e interesses protegidos por este código são admissíveis todas as espécies de ações capazes de propiciar sua adequada e efetiva tutela.

Parágrafo único. (Vetado).

Art. 84. Na ação que tenha por objeto o cumprimento da obrigação de fazer ou não fazer, o juiz concederá a tutela específica da obrigação ou determinará providências que assegurem o resultado prático equivalente ao do adimplemento.

§ 1° A conversão da obrigação em perdas e danos somente será admissível se por elas optar o autor ou se impossível a tutela específica ou a obtenção do resultado prático correspondente.

§ 2° A indenização por perdas e danos se fará sem prejuízo da multa (art. 287, do Código de Processo Civil).

§ 3° Sendo relevante o fundamento da demanda e havendo justificado receio de ineficácia do provimento final, é lícito ao juiz conceder a tutela liminarmente ou após justificação prévia, citado o réu.

§ 4° O juiz poderá, na hipótese do § 3° ou na sentença, impor multa diária ao réu, independentemente de pedido do autor, se for suficiente ou compatível com a obrigação, fixando prazo razoável para o cumprimento do preceito.

§ 5° Para a tutela específica ou para a obtenção do resultado prático equivalente, poderá o juiz determinar as medidas necessárias, tais como busca e apreensão, remoção de coisas e pessoas, desfazimento de obra, impedimento de atividade nociva, além de requisição de força policial.

Art. 85. (Vetado).

Art. 86. (Vetado).

Art. 87. Nas ações coletivas de que trata este código não haverá adiantamento de custas, emolumentos, honorários periciais e quaisquer outras despesas, nem condenação da associação autora, salvo comprovada má-fé, em honorários de advogados, custas e despesas processuais.

Parágrafo único. Em caso de litigância de má-fé, a associação autora e os diretores responsáveis pela propositura da ação serão solidariamente condenados em honorários advocatícios e ao décuplo das custas, sem prejuízo da responsabilidade por perdas e danos.

Art. 88. Na hipótese do art. 13, parágrafo único deste código, a ação de regresso poderá ser ajuizada em processo autônomo, facultada a possibilidade de prosseguir-se nos mesmos autos, vedada a denunciação da lide.

Art. 89. (Vetado).

Art. 90. Aplicam-se às ações previstas neste título as normas do Código de Processo Civil e da Lei nº 7.347, de 24 de julho de 1985, inclusive no que respeita ao inquérito civil, naquilo que não contrariar suas disposições. civil, naquilo que não contrariar suas disposições.

CAPÍTULO II
Das Ações Coletivas Para a Defesa de Interesses Individuais Homogêneos

Art. 91. Os legitimados de que trata o art. 82 poderão propor, em nome próprio e no interesse das vítimas ou seus sucessores, ação civil coletiva de responsabilidade pelos danos individualmente sofridos, de acordo com o disposto nos artigos seguintes. (Redação dada pela Lei nº 9.008, de 21.3.1995)

Art. 92. O Ministério Público, se não ajuizar a ação, atuará sempre como fiscal da lei.

Parágrafo único. (Vetado).

Art. 93. Ressalvada a competência da Justiça Federal, é competente para a causa a justiça local:

I — no foro do lugar onde ocorreu ou deva ocorrer o dano, quando de âmbito local;

II — no foro da Capital do Estado ou no do Distrito Federal, para os danos de âmbito nacional ou regional, aplicando-se as regras do Código de Processo Civil aos casos de competência concorrente.

Art. 94. Proposta a ação, será publicado edital no órgão oficial, a fim de que os interessados possam intervir no processo como litisconsortes, sem prejuízo de ampla divulgação pelos meios de comunicação social por parte dos órgãos de defesa do consumidor.

Art. 95. Em caso de procedência do pedido, a condenação será genérica, fixando a responsabilidade do réu pelos danos causados.

Art. 96. (Vetado).
Art. 97. A liquidação e a execução de sentença poderão ser promovidas pela vítima e seus sucessores, assim como pelos legitimados de que trata o art. 82.
Parágrafo único. (Vetado).
Art. 98. A execução poderá ser coletiva, sendo promovida pelos legitimados de que trata o art. 82, abrangendo as vítimas cujas indenizações já tiveram sido fixadas em sentença de liquidação, sem prejuízo do ajuizamento de outras execuções. (Redação dada pela Lei nº 9.008, de 21.3.1995)
§ 1º A execução coletiva far-se-á com base em certidão das sentenças de liquidação, da qual deverá constar a ocorrência ou não do trânsito em julgado.
§ 2º É competente para a execução o juízo:
I — da liquidação da sentença ou da ação condenatória, no caso de execução individual;
II — da ação condenatória, quando coletiva a execução.
Art. 99. Em caso de concurso de créditos decorrentes de condenação prevista na Lei n.º 7.347, de 24 de julho de 1985 e de indenizações pelos prejuízos individuais resultantes do mesmo evento danoso, estas terão preferência no pagamento.
Parágrafo único. Para efeito do disposto neste artigo, a destinação da importância recolhida ao fundo criado pela Lei nº7.347 de 24 de julho de 1985, ficará sustada enquanto pendentes de decisão de segundo grau as ações de indenização pelos danos individuais, salvo na hipótese de o patrimônio do devedor ser manifestamente suficiente para responder pela integralidade das dívidas.
Art. 100. Decorrido o prazo de um ano sem habilitação de interessados em número compatível com a gravidade do dano, poderão os legitimados do art. 82 promover a liquidação e execução da indenização devida.
Parágrafo único. O produto da indenização devida reverterá para o fundo criado pela Lei n.º 7.347, de 24 de julho de 1985.

CAPÍTULO III
Das Ações de Responsabilidade do Fornecedor de Produtos e Serviços

Art. 101. Na ação de responsabilidade civil do fornecedor de produtos e serviços, sem prejuízo do disposto nos Capítulos I e II deste título, serão observadas as seguintes normas:
I — a ação pode ser proposta no domicílio do autor;
II — o réu que houver contratado seguro de responsabilidade poderá chamar ao processo o segurador, vedada a integração do contraditório pelo Instituto de Resseguros do Brasil. Nesta hipótese, a sentença que julgar procedente o pedido condenará o réu nos termos do art. 80 do Código de Processo Civil. Se o réu houver sido declarado falido, o síndico será intimado a informar a existência de seguro de responsabilidade, facultando-se, em caso afirmativo, o ajuizamento de ação de indenização diretamente contra o segurador, vedada a denunciação da lide ao Instituto de Resseguros do Brasil e dispensado o litisconsórcio obrigatório com este.

Art. 102. Os legitimados a agir na forma deste código poderão propor ação visando compelir o Poder Público competente a proibir, em todo o território nacional, a produção, divulgação distribuição ou venda, ou a determinar a alteração na composição, estrutura, fórmula ou acondicionamento de produto, cujo uso ou consumo regular se revele nocivo ou perigoso à saúde pública e à incolumidade pessoal.

§ 1° (Vetado).

§ 2° (Vetado).

CAPÍTULO IV
Da Coisa Julgada

Art. 103. Nas ações coletivas de que trata este código, a sentença fará coisa julgada:

I — erga omnes, exceto se o pedido for julgado improcedente por insuficiência de provas, hipótese em que qualquer legitimado poderá intentar outra ação, com idêntico fundamento valendo-se de nova prova, na hipótese do inciso I do parágrafo único do art. 81;

II — ultra partes, mas limitadamente ao grupo, categoria ou classe, salvo improcedência por insuficiência de provas, nos termos do inciso anterior, quando se tratar da hipótese prevista no inciso II do parágrafo único do art. 81;

III — erga omnes, apenas no caso de procedência do pedido, para beneficiar todas as vítimas e seus sucessores, na hipótese do inciso III do parágrafo único do art. 81.

§ 1° Os efeitos da coisa julgada previstos nos incisos I e II não prejudicarão interesses e direitos individuais dos integrantes da coletividade, do grupo, categoria ou classe.

§ 2° Na hipótese prevista no inciso III, em caso de improcedência do pedido, os interessados que não tiverem intervindo no processo como litisconsortes poderão propor ação de indenização a título individual.

§ 3° Os efeitos da coisa julgada de que cuida o art. 16, combinado com o art. 13 da Lei n° 7.347, de 24 de julho de 1985, não prejudicarão as ações de indenização por danos pessoalmente sofridos, propostas individualmente ou na forma prevista neste código, mas, se procedente o pedido, beneficiarão as vítimas e seus sucessores, que poderão proceder à liquidação e à execução, nos termos dos arts. 96 a 99.

§ 4° Aplica-se o disposto no parágrafo anterior à sentença penal condenatória.

Art. 104. As ações coletivas, previstas nos incisos I e II e do parágrafo único do art. 81, não induzem litispendência para as ações individuais, mas os efeitos da coisa julgada erga omnes ou ultra partes a que aludem os incisos II e III do artigo anterior não beneficiarão os autores das ações individuais, se não for requerida sua suspensão no prazo de trinta dias, a contar da ciência nos autos do ajuizamento da ação coletiva.

TÍTULO IV
Do Sistema Nacional de Defesa do Consumidor

Art. 105. Integram o Sistema Nacional de Defesa do Consumidor (SNDC), os órgãos federais, estaduais, do Distrito Federal e municipais e as entidades privadas de defesa do consumidor.

Art. 106. O Departamento Nacional de Defesa do Consumidor, da Secretaria Nacional de Direito Econômico (MJ), ou órgão federal que venha substituí-lo, é organismo de coordenação da política do Sistema Nacional de Defesa do Consumidor, cabendo-lhe:

I — planejar, elaborar, propor, coordenar e executar a política nacional de proteção ao consumidor;

II — receber, analisar, avaliar e encaminhar consultas, denúncias ou sugestões apresentadas por entidades representativas ou pessoas jurídicas de direito público ou privado;

III — prestar aos consumidores orientação permanente sobre seus direitos e garantias;

IV — informar, conscientizar e motivar o consumidor através dos diferentes meios de comunicação;

V — solicitar à polícia judiciária a instauração de inquérito policial para a apreciação de delito contra os consumidores, nos termos da legislação vigente;

VI — representar ao Ministério Público competente para fins de adoção de medidas processuais no âmbito de suas atribuições;

VII — levar ao conhecimento dos órgãos competentes as infrações de ordem administrativa que violarem os interesses difusos, coletivos, ou individuais dos consumidores;

VIII — solicitar o concurso de órgãos e entidades da União, Estados, do Distrito Federal e Municípios, bem como auxiliar a fiscalização de preços, abastecimento, quantidade e segurança de bens e serviços;

IX — incentivar, inclusive com recursos financeiros e outros programas especiais, a formação de entidades de defesa do consumidor pela população e pelos órgãos públicos estaduais e municipais;

X — (Vetado).

XI — (Vetado).

XII — (Vetado).

XIII — desenvolver outras atividades compatíveis com suas finalidades.

Parágrafo único. Para a consecução de seus objetivos, o Departamento Nacional de Defesa do Consumidor poderá solicitar o concurso de órgãos e entidades de notória especialização técnico-científica.

TÍTULO V
Da Convenção Coletiva de Consumo

Art. 107. As entidades civis de consumidores e as associações de fornecedores ou sindicatos de categoria econômica podem regular, por convenção escrita, relações de consumo que tenham por objeto estabelecer condições relativas ao preço, à qualidade, à quantidade, à garantia e características de produtos e serviços, bem como à reclamação e composição do conflito de consumo.

§ 1º A convenção tornar-se-á obrigatória a partir do registro do instrumento no cartório de títulos e documentos.

§ 2º A convenção somente obrigará os filiados às entidades signatárias.

§ 3º Não se exime de cumprir a convenção o fornecedor que se desligar da entidade em data posterior ao registro do instrumento.

Art. 108. (Vetado).

TÍTULO VI
Disposições Finais

Art. 109. (Vetado).

Art. 110. Acrescente-se o seguinte inciso IV ao art. 1º da Lei nº 7.347, de 24 de julho de 1985:

"IV — a qualquer outro interesse difuso ou coletivo".

Art. 111. O inciso II do art. 5º da Lei nº 7.347, de 24 de julho de 1985, passa a ter a seguinte redação:

"II — inclua, entre suas finalidades institucionais, a proteção ao meio ambiente, ao consumidor, ao patrimônio artístico, estético, histórico, turístico e paisagístico, ou a qualquer outro interesse difuso ou coletivo".

Art. 112. O § 3º do art. 5º da Lei nº 7.347, de 24 de julho de 1985, passa a ter a seguinte redação:

"§ 3º Em caso de desistência infundada ou abandono da ação por associação legitimada, o Ministério Público ou outro legitimado assumirá a titularidade ativa".

Art. 113. Acrescente-se os seguintes §§ 4º, 5º e 6º ao art. 5º. da Lei n.º 7.347, de 24 de julho de 1985:

"§ 4.º O requisito da pré-constituição poderá ser dispensado pelo juiz, quando haja manifesto interesse social evidenciado pela dimensão ou característica do dano, ou pela relevância do bem jurídico a ser protegido.

§ 5.º Admitir-se-á o litisconsórcio facultativo entre os Ministérios Públicos da União, do Distrito Federal e dos Estados na defesa dos interesses e direitos de que cuida esta lei.

§ 6º Os órgãos públicos legitimados poderão tomar dos interessados compromisso de ajustamento de sua conduta às exigências legais, mediante combinações, que terá eficácia de título executivo extrajudicial".

Art. 114. O art. 15 da Lei nº 7.347, de 24 de julho de 1985, passa a ter a seguinte redação:

"Art. 15. Decorridos sessenta dias do trânsito em julgado da sentença condenatória, sem que a associação autora lhe promova a execução, deverá fazê-lo o Ministério Público, facultada igual iniciativa aos demais legitimados".

Art. 115. Suprima-se o caput do art. 17 da Lei nº 7.347, de 24 de julho de 1985, passando o parágrafo único a constituir o caput, com a seguinte redação:

"Art. 17. Em caso de litigância de má-fé, a danos".
Art. 116. Dê-se a seguinte redação ao art. 18 da Lei n° 7.347, de 24 de julho de 1985:
"Art. 18. Nas ações de que trata esta lei, não haverá adiantamento de custas, emolumentos, honorários periciais e quaisquer outras despesas, nem condenação da associação autora, salvo comprovada má-fé, em honorários de advogado, custas e despesas processuais".
Art. 117. Acrescente-se à Lei n° 7.347, de 24 de julho de 1985, o seguinte dispositivo, renumerando-se os seguintes:
"Art. 21. Aplicam-se à defesa dos direitos e interesses difusos, coletivos e individuais, no que for cabível, os dispositivos do Título III da lei que instituiu o Código de Defesa do Consumidor".
Art. 118. Este código entrará em vigor dentro de cento e oitenta dias a contar de sua publicação.
Art. 119. Revogam-se as disposições em contrário.
Brasília, 11 de setembro de 1990; 169° da Independência e 102° da República.
FERNANDO COLLOR
Bernardo Cabral
Zélia M. Cardoso de Mello
Ozires Silva
publicado no D.O.U. de 12.9.1990

LEI Nº 8.884, DE 11 DE JUNHO DE 1994.

Transforma o Conselho Administrativo de Defesa Econômica (Cade) em Autarquia, dispõe sobre a prevenção e a repressão às infrações contra a ordem econômica e dá outras providências.

O PRESIDENTE DA REPÚBLICA Faço saber que o Congresso Nacional decreta e eu sanciono a seguinte lei:

TÍTULO I
Das Disposições Gerais

CAPÍTULO I
Da Finalidade

Art. 1º Esta lei dispõe sobre a prevenção e a repressão às infrações contra a ordem econômica, orientada pelos ditames constitucionais de liberdade de iniciativa, livre concorrência, função social da propriedade, defesa dos consumidores e repressão ao abuso do poder econômico.

Parágrafo único. A coletividade é a titular dos bens jurídicos protegidos por esta lei.

CAPÍTULO II
Da Territorialidade

Art. 2º Aplica-se esta lei, sem prejuízo de convenções e tratados de que seja signatário o Brasil, às práticas cometidas no todo ou em parte no território nacional ou que nele produzam ou possam produzir efeitos.

§ 1º Reputa-se domiciliada no Território Nacional a empresa estrangeira que opere ou tenha no Brasil filial, agência, sucursal, escritório, estabelecimento, agente ou representante. *(Redação dada pela Lei nº 10.149, de 21.12.2000)*

§ 2º A empresa estrangeira será notificada e intimada de todos os atos processuais, independentemente de procuração ou de disposição contratual ou estatutária, na pessoa do responsável por sua filial, agência, sucursal, estabelecimento ou escritório instalado no Brasil. *(Redação dada pela Lei nº 10.149, de 21.12.2000)*

TÍTULO II
Do Conselho Administrativo de Defesa Econômica (Cade)

CAPÍTULO I
Da Autarquia

Art. 3º O Conselho Administrativo de Defesa Econômica (Cade), órgão judicante com jurisdição em todo o território nacional, criado pela Lei nº 4.137, de 10 de setembro de 1962, passa a se constituir em autarquia federal, vinculada ao Ministério da Justiça, com sede e foro no Distrito Federal, e atribuições previstas nesta lei.

CAPÍTULO II
Da Composição do Conselho

Art. 4º O Plenário do Cade é composto por um Presidente e seis Conselheiros escolhidos dentre cidadãos com mais de trinta anos de idade, de notório saber jurídico ou econômico e reputação ilibada, nomeados pelo Presidente da República, depois de aprovados pelo Senado Federal. *(Redação dada pela Lei nº 9.021, de 30.3.95)*

§ 1º O mandato do Presidente e dos Conselheiros é de dois anos, permitida uma recondução.

§ 2º Os cargos de Presidente e de Conselheiro são de dedicação exclusiva, não se admitindo qualquer acumulação, salvo as constitucionalmente permitidas.

§ 3º No caso de renúncia, morte ou perda de mandato do Presidente do Cade, assumirá o Conselheiro mais antigo ou o mais idoso, nessa ordem, até nova nomeação, sem prejuízo de suas atribuições.

§ 4º No caso de renúncia, morte ou perda de mandato de Conselheiro, proceder-se-á a nova nomeação, para completar o mandato do substituído.

§ 5º Se, nas hipóteses previstas no parágrafo anterior, ou no caso de encerramento de mandato dos Conselheiros, a composição do Conselho ficar refuzida a número inferior ao estabelecido no art. 49, considerar-se-ão automaticamente interrompidos os prazos previstos nos arts. 28, 31, 32, 33, 35, 37, 39, 42, 45, 46, parágrafo único, 52, § 2º, 54, §§ 4º, 6º, 7º e 10, e 59, § 1º, desta Lei, e suspensa a tramitação de processos, iniciando-se a nova contagem imediatamente após a recomposição do quorum. *(Incluído pela Lei nº 9.470, de 10.7.97)*

Art. 5º A perda de mandato do Presidente ou dos Conselheiros do Cade só poderá ocorrer em virtude de decisão do Senado Federal, por provocação do Presidente da República, ou em razão de condenação penal irrecorrível por crime doloso, ou de processo disciplinar de conformidade com o que prevê a Lei nº

8.112, de 11 de dezembro de 1990 e a Lei nº 8.429, de 2 de junho de 1992, e por infringência de quaisquer das vedações previstas no art. 6º.

Parágrafo único. Também perderá o mandato, automaticamente, o membro do Cade que faltar a três reuniões ordinárias consecutivas, ou vinte intercaladas, ressalvados os afastamentos temporários autorizados pelo Colegiado.

Art. 6º Ao Presidente e aos Conselheiros é vedado:

I — receber, a qualquer título, e sob qualquer pretexto, honorários, percentagens ou custas;

II — exercer profissão liberal;

III — participar, na forma de controlador, diretor, administrador, gerente, preposto ou mandatário, de sociedade civil, comercial ou empresas de qualquer espécie;

IV — emitir parecer sobre matéria de sua especialização, ainda que em tese, ou funcionar como consultor de qualquer tipo de empresa;

V — manifestar, por qualquer meio de comunicação, opinião sobre processo pendente de julgamento, ou juízo depreciativo sobre despachos, votos ou sentenças de órgãos judiciais, ressalvada a crítica nos autos, em obras técnicas ou no exercício do magistério;

VI — exercer atividade político-partidária.

CAPÍTULO III
Da Competência do Plenário do Cade

Art. 7º Compete ao Plenário do Cade:

I — zelar pela observância desta lei e seu regulamento e do Regimento Interno do Conselho;

II — decidir sobre a existência de infração à ordem econômica e aplicar as penalidades previstas em lei;

III — decidir os processos instaurados pela Secretaria de Direito Econômico do Ministério da Justiça;

IV — decidir os recursos de ofício do Secretário da SDE;

V — ordenar providências que conduzam à cessação de infração à ordem econômica, dentro do prazo que determinar;

VI — aprovar os termos do compromisso de cessação de prática e do compromisso de desempenho, bem como determinar à SDE que fiscalize seu cumprimento;

VII — apreciar em grau de recurso as medidas preventivas adotadas pela SDE ou pelo Conselheiro-Relator;

VIII — intimar os interessados de suas decisões;

IX — requisitar informações de quaisquer pessoas, órgãos, autoridades e entidades públicas ou privadas, respeitando e mantendo o sigilo legal quando for o caso, bem como determinar as diligências que se fizerem necessárias ao exercício das suas funções;

X — requisitar dos órgãos do Poder Executivo Federal e solicitar das autoridades dos Estados, Municípios, Distrito Federal e Territórios as medidas necessárias ao cumprimento desta lei;

XI — contratar a realização de exames, vistorias e estudos, aprovando, em cada caso, os respectivos honorários profissionais e demais despesas de processo, que deverão ser pagas pela empresa, se vier a ser punida nos termos desta lei;

XII — apreciar os atos ou condutas, sob qualquer forma manifestados, sujeitos à aprovação nos termos do art. 54, fixando compromisso de desempenho, quando for o caso;

XIII — requerer ao Poder Judiciário a execução de suas decisões, nos termos desta lei;

XIV — requisitar serviços e pessoal de quaisquer órgãos e entidades do Poder Público Federal;

XV — determinar à Procuradoria do Cade a adoção de providências administrativas e judiciais;

XVI — firmar contratos e convênios com órgãos ou entidades nacionais e submeter, previamente, ao Ministro de Estado da Justiça os que devam ser celebrados com organismos estrangeiros ou internacionais;

XVII — responder a consultas sobre matéria de sua competência;

XVIII — instruir o público sobre as formas de infração da ordem econômica;

XIX — elaborar e aprovar seu regimento interno dispondo sobre seu funcionamento, na forma das deliberações, normas de procedimento e organização de seus serviços internos, inclusive estabelecendo férias coletivas do Colegiado e do Procurador-Geral, durante o qual não correrão os prazos processuais nen aquele referido no § 6º do art. 54 desta lei. *(Redação dada pela Lei nº 9.069, de 29.6.95)*

XX — propor a estrutura do quadro de pessoal da autarquia, observado o disposto no inciso II do art. 37 da Constituição Federal;

XXI — elaborar proposta orçamentária nos termos desta lei.

XXII — indicar o substituto eventual do Procurador-Geral nos casos de faltas, afastamento ou impedimento. *(Incluído pela Lei nº 9.069, de 29.6.95)*

CAPÍTULO IV
Da Competência do Presidente do Cade

Art. 8º Compete ao Presidente do Cade:

I — representar legalmente a autarquia, em juízo e fora dele;

II — presidir, com direito a voto, inclusive o de qualidade, as reuniões do Plenário;

III — distribuir os processos, por sorteio, nas reuniões do Plenário;

IV — convocar as sessões e determinar a organização da respectiva pauta;

V — cumprir e fazer cumprir as decisões do Cade;

VI — determinar à Procuradoria as providências judiciais para execução das decisões e julgados da autarquia;

VII — assinar os compromissos de cessação de infração da ordem econômica e os compromissos de desempenho;

VIII — submeter à aprovação do Plenário a proposta orçamentária, e a lotação ideal do pessoal que prestará serviço à entidade;

IX — orientar, coordenar e supervisionar as atividades administrativas da entidade.

CAPÍTULO V
Da Competência dos Conselheiros do Cade

Art. 9º Compete aos Conselheiros do Cade:

I — emitir voto nos processos e questões submetidas ao Plenário;

II — proferir despachos e lavrar as decisões nos processos em que forem relatores;

III — submeter ao Plenário a requisição de informações e documentos de quaisquer pessoas, órgãos, autoridades e entidades públicas ou privadas, a serem mantidas sob sigilo legal, quando for o caso, bem como determinar as diligências que se fizerem necessárias ao exercício das suas funções;

IV — adotar medidas preventivas fixando o valor da multa diária pelo seu descumprimento;

V — desincumbir-se das demais tarefas que lhes forem cometidas pelo regimento.

CAPÍTULO VI
Da Procuradoria do Cade

Art. 10. Junto ao Cade funcionará uma Procuradoria, com as seguintes atribuições:

I — prestar assessoria jurídica à autarquia e defendê-la em juízo;

II — promover a execução judicial das decisões e julgados da autarquia;

III — requerer, com autorização do Plenário, medidas judiciais visando à cessação de infrações da ordem econômica;

IV — promover acordos judiciais nos processos relativos a infrações contra a ordem econômica, mediante autorização do Plenário do Cade, e ouvido o representante do Ministério Público Federal;

V — emitir parecer nos processos de competência do Cade;

VI — zelar pelo cumprimento desta lei;

VII — desincumbir-se das demais tarefas que lhe sejam atribuídas pelo Regimento Interno.

Art. 11. O Procurador-Geral será indicado pelo Ministro de Estado da Justiça e nomeado pelo Presidente da República, dentre brasileiros de ilibada reputação e notório conhecimento jurídico, depois de aprovado pelo Senado Federal.

§ 1º O Procurador-Geral participará das reuniões do Cade, sem direito a voto.

§ 2º Aplicam-se ao Procurador-Geral as mesmas normas de tempo de mandato, recondução, impedimentos, perda de mandato e substituição aplicáveis aos Conselheiros do Cade.

§ 3º Nos casos de faltas, afastamento temporário ou impedimento do Procurador-Geral, o Plenário indicará e o Presidente do Cade nomeará o substituto eventual, para atuar por prazo não superior a 90 (noventa) dias, dispensada a aprovação pelo Senado Federal, fazendo ele jus à remuneração do cargo enquanto durar a substituição. *(Redação dada pela Lei nº 9.069, de 29.6.95)*

TÍTULO III
Do Ministério Público Federal Perante o Cade

Art. 12. O Procurador-Geral da República, ouvido o Conselho Superior, designará membro do Ministério Público Federal para, nesta qualidade, oficiar nos processos sujeitos à apreciação do Cade.

Parágrafo único. O Cade poderá requerer ao Ministério Público Federal que promova a execução de seus julgados ou do compromisso de cessação, bem como a adoção de medidas judiciais, no exercício da atribuição estabelecida pela alínea b do inciso XIV do art. 6º da Lei Complementar nº 75, de 20 de maio de 1993.

TÍTULO IV
Da Secretaria de Direito Econômico

Art. 13. A Secretaria de Direito Econômico do Ministério da Justiça (SDE), com a estrutura que lhe confere a lei, será dirigida por um Secretário, indicado pelo Ministro de Estado de Justiça, dentre brasileiros de notório saber jurídico ou econômico e ilibada reputação, nomeado pelo Presidente da República.

Art. 14. Compete à SDE:

I — zelar pelo cumprimento desta lei, monitorando e acompanhando as práticas de mercado;

II — acompanhar, permanentemente, as atividades e práticas comerciais de pessoas físicas ou jurídicas que detiverem posição dominante em mercado relevante de bens ou serviços, para prevenir infrações da ordem econômica, podendo, para tanto, requisitar as informações e documentos necessários, mantendo o sigilo legal, quando for o caso;

III — proceder, em face de indícios de infração da ordem econômica, a averiguações preliminares para instauração de processo administrativo;

IV — decidir pela insubsistência dos indícios, arquivando os autos das averiguações preliminares;

V — requisitar informações de quaisquer pessoas, órgãos, autoridades e entidades públicas ou privadas, mantendo o sigilo legal quando for o caso, bem como determinar as diligências que se fizerem necessárias ao exercício das suas funções;

VI — instaurar processo administrativo para apuração e repressão de infrações da ordem econômica;

VII — recorrer de ofício ao Cade, quando decidir pelo arquivamento das averiguações preliminares ou do processo administrativo;

VIII — remeter ao Cade, para julgamento, os processos que instaurar, quando entender configurada infração da ordem econômica;

IX — celebrar, nas condições que estabelecer, compromisso de cessação, submetendo-o ao Cade, e fiscalizar o seu cumprimento;

X — sugerir ao Cade condições para a celebração de compromisso de desempenho, e fiscalizar o seu cumprimento;

XI — adotar medidas preventivas que conduzam à cessação de prática que constitua infração da ordem econômica, fixando prazo para seu cumprimento e o valor da multa diária a ser aplicada, no caso de descumprimento;

XII — receber e instruir os processos a serem julgados pelo Cade, inclusive consultas, e fiscalizar o cumprimento das decisões do Cade;

XIII — orientar os órgãos da administração pública quanto à adoção de medidas necessárias ao cumprimento desta lei;

XIV — desenvolver estudos e pesquisas objetivando orientar a política de prevenção de infrações da ordem econômica;

XV — instruir o público sobre as diversas formas de infração da ordem econômica, e os modos de sua prevenção e repressão;

XVI — exercer outras atribuições previstas em lei.

TÍTULO V
Das Infrações da Ordem Econômica

CAPÍTULO I
Das Disposições Gerais

Art. 15. Esta lei aplica-se às pessoas físicas ou jurídicas de direito público ou privado, bem como a quaisquer associações de entidades ou pessoas, constituídas de fato ou de direito, ainda que temporariamente, com ou sem personalidade jurídica, mesmo que exerçam atividade sob regime de monopólio legal.

Art. 16. As diversas formas de infração da ordem econômica implicam a responsabilidade da empresa e a responsabilidade individual de seus dirigentes ou administradores, solidariamente.

Art. 17. Serão solidariamente responsáveis as empresas ou entidades integrantes de grupo econômico, de fato ou de direito, que praticarem infração da ordem econômica.

Art. 18. A personalidade jurídica do responsável por infração da ordem econômica poderá ser desconsiderada quando houver da parte deste abuso de direito, excesso de poder, infração da lei, fato ou ato ilícito ou violação dos estatutos ou contrato social. A desconsideração também será efetivada quando houver falência, estado de insolvência, encerramento ou inatividade da pessoa jurídica provocados por má administração.

Art. 19. A repressão das infrações da ordem econômica não exclui a punição de outros ilícitos previstos em lei.

CAPÍTULO II
Das Infrações

Art. 20. Constituem infração da ordem econômica, independentemente de culpa, os atos sob qualquer forma manifestados, que tenham por objeto ou possam produzir os seguintes efeitos, ainda que não sejam alcançados:

I — limitar, falsear ou de qualquer forma prejudicar a livre concorrência ou a livre iniciativa;
II — dominar mercado relevante de bens ou serviços;
III — aumentar arbitrariamente os lucros;
IV — exercer de forma abusiva posição dominante.

§ 1º A conquista de mercado resultante de processo natural fundado na maior eficiência de agente econômico em relação a seus competidores não caracteriza o ilícito previsto no inciso II.

§ 2º Ocorre posição dominante quando uma empresa ou grupo de empresas controla parcela substancial de mercado relevante, como fornecedor, intermediário, adquirente ou financiador de um produto, serviço ou tecnologia a ele relativa.

§ 3º A posição dominante a que se refere o parágrafo anterior é presumida quando a empresa ou grupo de empresas controla 20% (vinte por cento) de mercado relevante, podendo este percentual ser alterado pelo Cade para setores específicos da economia.*(Redação dada pela Lei nº 9.069, de 29.6.95)*

Art. 21. As seguintes condutas, além de outras, na medida em que configurem hipótese prevista no art. 20 e seus incisos, caracterizam infração da ordem econômica;

I — fixar ou praticar, em acordo com concorrente, sob qualquer forma, preços e condições de venda de bens ou de prestação de serviços;
II — obter ou influenciar a adoção de conduta comercial uniforme ou concertada entre concorrentes;
III — dividir os mercados de serviços ou produtos, acabados ou semi-acabados, ou as fontes de abastecimento de matérias-primas ou produtos intermediários;
IV — limitar ou impedir o acesso de novas empresas ao mercado;
V — criar dificuldades à constituição, ao funcionamento ou ao desenvolvimento de empresa concorrente ou de fornecedor, adquirente ou financiador de bens ou serviços;
VI — impedir o acesso de concorrente às fontes de insumo, matérias-primas, equipamentos ou tecnologia, bem como aos canais de distribuição;
VII — exigir ou conceder exclusividade para divulgação de publicidade nos meios de comunicação de massa;
VIII — combinar previamente preços ou ajustar vantagens na concorrência pública ou administrativa;
IX — utilizar meios enganosos para provocar a oscilação de preços de terceiros;

X — regular mercados de bens ou serviços, estabelecendo acordos para limitar ou controlar a pesquisa e o desenvolvimento tecnológico, a produção de bens ou prestação de serviços, ou para dificultar investimentos destinados à produção de bens ou serviços ou à sua distribuição;

XI — impor, no comércio de bens ou serviços, a distribuidores, varejistas e representantes, preços de revenda, descontos, condições de pagamento, quantidades mínimas ou máximas, margem de lucro ou quaisquer outras condições de comercialização relativos a negócios destes com terceiros;

XII — discriminar adquirentes ou fornecedores de bens ou serviços por meio da fixação diferenciada de preços, ou de condições operacionais de venda ou prestação de serviços;

XIII — recusar a venda de bens ou a prestação de serviços, dentro das condições de pagamento normais aos usos e costumes comerciais;

XIV — dificultar ou romper a continuidade ou desenvolvimento de relações comerciais de prazo indeterminado em razão de recusa da outra parte em submeter-se a cláusulas e condições comerciais injustificáveis ou anticoncorrenciais;

XV — destruir, inutilizar ou açambarcar matérias-primas, produtos intermediários ou acabados, assim como destruir, inutilizar ou dificultar a operação de equipamentos destinados a produzi-los, distribuí-los ou transportá-los;

XVI — açambarcar ou impedir a exploração de direitos de propriedade industrial ou intelectual ou de tecnologia;

XVII — abandonar, fazer abandonar ou destruir lavouras ou plantações, sem justa causa comprovada;

XVIII — vender injustificadamente mercadoria abaixo do preço de custo;

XIX — importar quaisquer bens abaixo do custo no país exportador, que não seja signatário dos códigos Antidumping e de subsídios do Gatt;

XX — interromper ou reduzir em grande escala a produção, sem justa causa comprovada;

XXI — cessar parcial ou totalmente as atividades da empresa sem justa causa comprovada;

XXII — reter bens de produção ou de consumo, exceto para garantir a cobertura dos custos de produção;

XXIII — subordinar a venda de um bem à aquisição de outro ou à utilização de um serviço, ou subordinar a prestação de um serviço à utilização de outro ou à aquisição de um bem;

XXIV — impor preços excessivos, ou aumentar sem justa causa o preço de bem ou serviço.

Parágrafo único. Na caracterização da imposição de preços excessivos ou do aumento injustificado de preços, além de outras circunstâncias econômicas e mercadológicas relevantes, considerar-se-á:

I — o preço do produto ou serviço, ou sua elevação, não justificados pelo comportamento do custo dos respectivos insumos, ou pela introdução de melhorias de qualidade;

II — o preço de produto anteriormente produzido, quando se tratar de sucedâneo resultante de alterações não substanciais;

III — o preço de produtos e serviços similares, ou sua evolução, em mercados competitivos comparáveis;

IV — a existência de ajuste ou acordo, sob qualquer forma, que resulte em majoração do preço de bem ou serviço ou dos respectivos custos.

Art. 22. (Vetado).

Parágrafo único. (Vetado).

CAPÍTULO III
Das Penas

Art. 23. A prática de infração da ordem econômica sujeita os responsáveis às seguintes penas:

I — no caso de empresa, multa de um a trinta por cento do valor do faturamento bruto no seu último exercício, excluídos os impostos, a qual nunca será inferior à vantagem auferida, quando quantificável;

II — no caso de administrador, direta ou indiretamente responsável pela infração cometida por empresa, multa de dez a cinqüenta por cento do valor daquela aplicável à empresa, de responsabilidade pessoal e exclusiva ao administrador.

III — No caso das demais pessoas físicas ou jurídicas de direito público ou privado, bem como quaisquer associações de entidades ou pessoas constituídas de fato ou de direito, ainda que temporariamente, com ou sem personalidade jurídica, que não exerçam atividade empresarial, não sendo possível utilizar-se o critério do valor do faturamento bruto, a multa será de 6.000 (seis mil) a 6.000.000 (seis milhões) de Unidades Fiscais de Referência (Ufir), ou padrão superveniente.*(Incluído pela Lei nº 9.069, de 29.6.95)*

Parágrafo único. Em caso de reincidência, as multas cominadas serão aplicadas em dobro.

Art. 24. Sem prejuízo das penas cominadas no artigo anterior, quando assim o exigir a gravidade dos fatos ou o interesse público geral, poderão ser impostas as seguintes penas, isolada ou cumulativamente:

I — a publicação, em meia página e às expensas do infrator, em jornal indicado na decisão, de extrato da decisão condenatória, por dois dias seguidos, de uma a três semanas consecutivas;

II — a proibição de contratar com instituições financeiras oficiais e participar de licitação tendo por objeto aquisições, alienações, realização de obras e serviços, concessão de serviços públicos, junto à Administração Pública Federal, Estadual, Municipal e do Distrito Federal, bem como entidades da administração indireta, por prazo não inferior a cinco anos;

III — a inscrição do infrator no Cadastro Nacional de Defesa do Consumidor;

IV — a recomendação aos órgãos públicos competentes para que:

a) seja concedida licença compulsória de patentes de titularidade do infrator;

b) não seja concedido ao infrator parcelamento de tributos federais por ele devidos ou para que sejam cancelados, no todo ou em parte, incentivos fiscais ou subsídios públicos;

V — a cisão de sociedade, transferência de controle societário, venda de ativos, cessação parcial de atividade, ou qualquer outro ato ou providência necessários para a eliminação dos efeitos nocivos à ordem econômica.

Art. 25. Pela continuidade de atos ou situações que configurem infração da ordem econômica, após decisão do Plenário do Cade determinando sua cessação, ou pelo descumprimento de medida preventiva ou compromisso de cessação previstos nesta lei, o responsável fica sujeito a multa diária de valor não inferior a 5.000 (cinco mil) Unidades Fiscais de Referência (Ufir), ou padrão superveniente, podendo ser aumentada em até vinte vezes se assim o recomendar sua situação econômica e a gravidade da infração.

Art. 26. A recusa, omissão, enganosidade, ou retardamento injustificado de informação ou documentos solicitados pelo Cade, SDE, Seae, ou qualquer entidade pública atuando na aplicação desta lei, constitui infração punível com multa diária de 5.000 Ufirs, podendo ser aumentada em até vinte vezes se necessário para garantir sua eficácia em razão da situação econômica do infrator. *(Redação dada pela Lei nº 9.021, de 30.3.95)*

§ 1º O montante fixado para a multa diária de que trata o caput deste artigo constará do documento que contiver a requisição da autoridade competente. *(Parágrafo incluído pela Lei nº 10.149, de 21.12.2000)*

§ 2º A multa prevista neste artigo será computada diariamente até o limite de noventa dias contados a partir da data fixada no documento a que se refere o parágrafo anterior. *(Parágrafo incluído pela Lei nº 10.149, de 21.12.2000)*

§ 3º Compete à autoridade requisitante a aplicação da multa prevista no caput deste artigo. *(Parágrafo incluído pela Lei nº 10.149, de 21.12.2000)*

§ 4º Responde solidariamente pelo pagamento da multa de que trata este artigo, a filial, sucursal, escritório ou estabelecimento, no País, de empresa estrangeira. *(Parágrafo incluído pela Lei nº 10.149, de 21.12.2000)*

§ 5º A falta injustificada do representado ou de terceiros, quando intimados para prestar esclarecimentos orais, no curso de procedimento, de averiguações preliminares ou de processo administrativo, sujeitará o faltante à multa de R$ 500,00 (quinhentos reais) a R$ 10.700,00 (dez mil e setecentos reais), conforme sua situação econômica, que será aplicada mediante auto de infração pela autoridade requisitante. *(Parágrafo incluído pela Lei nº 10.149, de 21.12.2000)*

Art. 26-A. Impedir, obstruir ou de qualquer outra forma dificultar a realização de inspeção autorizada pela SDE ou SEAE no âmbito de averiguação preliminar, procedimento ou processo administrativo sujeitará o inspecionado ao pagamento de multa de R$ 21.200,00 (vinte e um mil e duzentos reais) a R$ 425.700,00 (quatrocentos e vinte e cinco mil e setecentos reais), conforme a situação econômica do infrator, mediante a lavratura de auto de infração pela Secretaria competente. *(Artigo incluído pela Lei nº 10.149, de 21.12.2000)*

Art. 27. Na aplicação das penas estabelecidas nesta lei serão levados em consideração:
I — a gravidade da infração;
II — a boa-fé do infrator;
III — a vantagem auferida ou pretendida pelo infrator;
IV — a consumação ou não da infração;
V — o grau de lesão, ou perigo de lesão, à livre concorrência, à economia nacional, aos consumidores, ou a terceiros;
VI — os efeitos econômicos negativos produzidos no mercado;
VII — a situação econômica do infrator;
VIII — a reincidência.

CAPÍTULO IV
Da Prescrição

Art. 28. Prescrevem em cinco anos as infrações da ordem econômica, contados da data da prática do ilícito ou, no caso de infração permanente ou continuada, do dia em que tiver cessado. *(Artigo revogado pela Lei nº 9.873, de 23.11.99)*
§ 1º Interrompe a prescrição qualquer ato administrativo ou judicial que tenha por objeto a apuração de infração contra a ordem econômica.
§ 2º Suspende-se a prescrição durante a vigência do compromisso de cessação ou de desempenho.

CAPÍTULO V
Do Direito de Ação

Art. 29. Os prejudicados, por si ou pelos legitimados do art. 82 da Lei nº 8.078, de 11 de setembro de 1990, poderão ingressar em juízo para, em defesa de seus interesses individuais ou individuais homogêneos, obter a cessação de práticas que constituam infração da ordem econômica, bem como o recebimento de indenização por perdas e danos sofridos, independentemente do processo administrativo, que não será suspenso em virtude do ajuizamento de ação.

TÍTULO VI
Do Processo Administrativo

CAPÍTULO I
Das Averiguações Preliminares

Art. 30. A SDE promoverá averiguações preliminares, de ofício ou à vista de representação escrita e fundamentada de qualquer interessado, quando os indícios de infração à ordem econômica não forem suficientes para a instauração de processo administrativo. *(Redação dada Pela Lei 10.149, de 21.12.2000)*
§ 1º Nas averiguações preliminares, o Secretário da SDE poderá adotar

quaisquer das providências previstas nos arts. 35, 35-A e 35-B, inclusive requerer esclarecimentos do representado ou de terceiros, por escrito ou pessoalmente. *(Redação dada Pela Lei nº 10.149, de 21.12.2000)*

§ 2º A representação de Comissão do Congresso Nacional, ou de qualquer de suas Casas, independe de averiguações preliminares, instaurando-se desde logo o processo administrativo.

§ 3º As averiguações preliminares poderão correr sob sigilo, no interesse das investigações, a critério do Secretário da SDE. *(Parágrafo incluído pela Lei nº 10.149, de 21.12.2000)*

Art. 31. Concluídas, dentro de sessenta dias, as averiguações preliminares, o Secretário da SDE determinará a instauração do processo administrativo ou o seu arquivamento, recorrendo de ofício ao Cade neste último caso.

CAPÍTULO II
Da Instauração e Instrução do Processo Administrativo

Art. 32. O processo administrativo será instaurado em prazo não superior a oito dias, contado do conhecimento do fato, da representação, ou do encerramento das averiguações preliminares, por despacho fundamentado do Secretário da SDE, que especificará os fatos a serem apurados.

Art. 33. O representado será notificado para apresentar defesa no prazo de quinze dias.

§ 1º A notificação inicial conterá inteiro teor do despacho de instauração do processo administrativo e da representação, se for o caso.

§ 2º A notificação inicial do representado será feita pelo correio, com aviso de recebimento em nome próprio, ou, não tendo êxito a notificação postal, por edital publicado no Diário Oficial da União e em jornal de grande circulação no Estado em que resida ou tenha sede, contando-se os prazos da juntada do Aviso de Recebimento, ou da publicação, conforme o caso.

§ 3º A intimação dos demais atos processuais será feita mediante publicação no Diário Oficial da União, da qual deverão constar o nome do representado e de seu advogado.

§ 4º O representado poderá acompanhar o processo administrativo por seu titular e seus diretores ou gerentes, ou por advogado legalmente habilitado, assegurando-se-lhes amplo acesso ao processo na SDE e no Cade.

Art. 34. Considerar-se-á revel o representado que, notificado, não apresentar defesa no prazo legal, incorrendo em confissão quanto à matéria de fato, contra ele correndo os demais prazos, independentemente de notificação. Qualquer que seja a fase em que se encontre o processo, nele poderá intervir o revel, sem direito à repetição de qualquer ato já praticado.

Art. 35. Decorrido o prazo de apresentação da defesa, a SDE determinará a realização de diligências e a produção de provas de interesse da Secretaria, a serem apresentadas no prazo de quinze dias, sendo-lhe facultado exercer os poderes de instrução previstos nesta Lei, mantendo-se o sigilo legal quando for o caso. *(Redação dada pela Lei nº 10.149, de 21.12.2000)*

§ 1º As diligências e provas determinadas pelo Secretário da SDE, inclusive inquirição de testemunhas, serão concluídas no prazo de quarenta e cinco dias, prorrogável por igual período em caso de justificada necessidade. *(Redação dada pela Lei nº 10.149, de 21.12.2000)*

§ 2º Respeitado o objeto de averiguação preliminar, de procedimento ou de processo administrativo, compete ao Secretário da SDE autorizar, mediante despacho fundamentado, a realização de inspeção na sede social, estabelecimento, escritório, filial ou sucursal de empresa investigada, notificando-se a inspecionada com pelo menos vinte e quatro horas de antecedência, não podendo a diligência ter início antes das seis ou após às dezoito horas. *(Redação dada pela Lei nº 10.149, de 21.12.2000)*

§ 3º Na hipótese do parágrafo anterior, poderão ser inspecionados estoques, objetos, papéis de qualquer natureza, assim como livros comerciais, computadores e arquivos magnéticos, podendo-se extrair ou requisitar cópias de quaisquer documentos ou dados eletrônicos .*(Redação dada pela Lei nº 10.149, de 21.12.2000)*

Art. 35-A. A Advocacia-Geral da União, por solicitação da SDE, poderá requerer ao Poder Judiciário mandado de busca e apreensão de objetos, papéis de qualquer natureza, assim como de livros comerciais, computadores e arquivos magnéticos de empresa ou pessoa física, no interesse da instrução do procedimento, das averiguações preliminares ou do processo administrativo, aplicando-se, no que couber, o disposto no art. 839 e seguintes do Código de Processo Civil, sendo inexigível a propositura de ação principal. *(Artigo incluído pela Lei nº 10.149, de 21.12.2000)*

§ 1º No curso de procedimento administrativo destinado a instruir representação a ser encaminhada à SDE, poderá a SEAE exercer, no que couber, as competências previstas no *caput* deste artigo e no art. 35 desta Lei. *(Parágrafo incluído pela Lei nº 10.149, de 21.12.2000)*

§ 2º O procedimento administrativo de que trata o parágrafo anterior poderá correr sob sigilo, no interesse das investigações, a critério da SEAE. *(Parágrafo incluído pela Lei nº 10.149, de 21.12.2000)*

Art. 35-B. A União, por intermédio da SDE, poderá celebrar acordo de leniência, com a extinção da ação punitiva da administração pública ou a redução de um a dois terços da penalidade aplicável, nos termos deste artigo, com pessoas físicas e jurídicas que forem autoras de infração à ordem econômica, desde que colaborem efetivamente com as investigações e o processo administrativo e que dessa colaboração resulte: *(Artigo incluído pela Lei nº 10.149, de 21.12.2000)*

I — a identificação dos demais co-autores da infração; e *(Incisio incluído pela Lei nº 10.149, de 21.12.2000)*

II — a obtenção de informações e documentos que comprovem a infração noticiada ou sob investigação. *(Incisio incluído pela Lei nº 10.149, de 21.12.2000)*

§ 1º O disposto neste artigo não se aplica às empresas ou pessoas físicas que tenham estado à frente da conduta tida como infracionária. *(Parágrafo incluído pela Lei nº 10.149, de 21.12.2000)*

§ 2º O acordo de que trata o *caput* deste artigo somente poderá ser celebrado se preenchidos, cumulativamente, os seguintes requisitos: *(Parágrafo incluído pela Lei nº 10.149, de 21.12.2000)*

I — a empresa ou pessoa física seja a primeira a se qualificar com respeito à infração noticiada ou sob investigação; *(Incisio incluído pela Lei nº 10.149, de 21.12.2000)*

II — a empresa ou pessoa física cesse completamente seu envolvimento na infração noticiada ou sob investigação a partir da data de propositura do acordo; *(Incisio incluído pela Lei nº 10.149, de 21.12.2000)*

III — a SDE não disponha de provas suficientes para assegurar a condenação da empresa ou pessoa física quando da propositura do acordo; e *(Incisio incluído pela Lei nº 10.149, de 21.12.2000)*

IV — a empresa ou pessoa física confesse sua participação no ilícito e coopere plena e permanentemente com as investigações e o processo administrativo, comparecendo, sob suas expensas, sempre que solicitada, a todos os atos processuais, até seu encerramento. *(Incisio incluído pela Lei nº 10.149, de 21.12.2000)*

§ 3º O acordo de leniência firmado com a União, por intermédio da SDE, estipulará as condições necessárias para assegurar a efetividade da colaboração e o resultado útil do processo. *(Parágrafo incluído pela Lei nº 10.149, de 21.12.2000)*

§ 4º A celebração de acordo de leniência não se sujeita à aprovação do CADE, competindo-lhe, no entanto, quando do julgamento do processo administrativo, verificado o cumprimento do acordo: *(Parágrafo incluído pela Lei nº 10.149, de 21.12.2000)*

I — decretar a extinção da ação punitiva da administração pública em favor do infrator, nas hipóteses em que a proposta de acordo tiver sido apresentada à SDE sem que essa tivesse conhecimento prévio da infração noticiada; ou *(Incisio incluído pela Lei nº 10.149, de 21.12.2000)*

II — nas demais hipóteses, reduzir de um a dois terços as penas aplicáveis, observado o disposto no art. 27 desta Lei, devendo ainda considerar na gradação da pena a efetividade da colaboração prestada e a boa-fé do infrator no cumprimento do acordo de leniência. *(Incisio incluído pela Lei nº 10.149, de 21.12.2000)*

§ 5º Na hipótese do inciso II do parágrafo anterior, a pena sobre a qual incidirá o fator redutor não será superior à menor das penas aplicadas aos demais co-autores da infração, relativamente aos percentuais fixados para a aplicação das multas de que trata o art. 23 desta Lei. *(Parágrafo incluído pela Lei nº 10.149, de 21.12.2000)*

§ 6º Serão estendidos os efeitos do acordo de leniência aos dirigentes e administradores da empresa habilitada, envolvidos na infração, desde que firmem o respectivo instrumento em conjunto com a empresa, respeitadas as condições impostas nos incisos II a IV do § 2º deste artigo. *(Parágrafo incluído pela Lei nº 10.149, de 21.12.2000)*

§ 7º A empresa ou pessoa física que não obtiver, no curso de investigação ou processo administrativo, habilitação para a celebração do acordo de que trata este artigo, poderá celebrar com a SDE, até a remessa do processo para julgamento, acordo de leniência relacionado a uma outra infração, da qual não tenha qualquer conhecimento prévio a Secretaria. *(Parágrafo incluído pela Lei nº 10.149, de 21.12.2000)*

§ 8º Na hipótese do parágrafo anterior, o infrator se beneficiará da redução de um terço da pena que lhe for aplicável naquele processo, sem prejuízo da obtenção dos benefícios de que trata o inciso I do § 4º deste artigo em relação à nova infração denunciada. *(Parágrafo incluído pela Lei nº 10.149, de 21.12.2000)*

§ 9º Considera-se sigilosa a proposta de acordo de que trata este artigo, salvo no interesse das investigações e do processo administrativo. *(Parágrafo incluído pela Lei nº 10.149, de 21.12.2000)*

§ 10. Não importará em confissão quanto à matéria de fato, nem reconhecimento de ilicitude da conduta analisada, a proposta de acordo de leniência rejeitada pelo Secretário da SDE, da qual não se fará qualquer divulgação. *(Parágrafo incluído pela Lei nº 10.149, de 21.12.2000)*

§ 11. A aplicação do disposto neste artigo observará a regulamentação a ser editada pelo Ministro de Estado da Justiça. *(Parágrafo incluído pela Lei nº 10.149, de 21.12.2000)*

Art. 35-C. Nos crimes contra a ordem econômica, tipificados na Lei nº 8.137, de 27 de novembro de 1990, a celebração de acordo de leniência, nos termos desta Lei, determina a suspensão do curso do prazo prescricional e impede o oferecimento da denúncia. *(Artigo incluído pela Lei nº 10.149, de 21.12.2000)*

Parágrafo único. Cumprido o acordo de leniência pelo agente, extingue-se automaticamente a punibilidade dos crimes a que se refere o *caput* deste artigo. *(Parágra único incluído pela Lei nº 10.149, de 21.12.2000)*

Art. 36. As autoridades federais, os direitos de autarquia, fundação, empresa pública e sociedade de economia mista e federais são obrigados a prestar, sob pena de responsabilidade, toda a assistência e colaboração que lhes for solicitada pelo Cade ou SDE, inclusive elaborando pareceres técnicos sobre as matérias de sua competência.

Art. 37. O representado apresentará as provas de seu interesse no prazo máximo de quarenta e cinco dias contado da apresentação da defesa, podendo apresentar novos documentos a qualquer momento, antes de encerrada a instrução processual.

Parágrafo único. O representado poderá requerer ao Secretário da SDE que designe dia, hora e local para oitiva de testemunhas, em número não superior a três.

Art. 38. A Secretaria de Acompanhamento Econômico do Ministério da Fazenda será informada por ofício da instauração do processo administrativo para, querendo, emitir parecer sobre as matérias de sua especialização, o qual deverá ser apresentado antes do encerramento da instrução processual. *(Redação dada pela Lei nº 9.021, de 30.3.95)*

Art. 39. Concluída a instrução processual, o representado será notificado para apresentar alegações finais, no prazo de cinco dias, após o que o Secretário de Direito Econômico, em relatório circunstanciado, decidirá pela remessa dos autos ao Cade para julgamento, ou pelo seu arquivamento, recorrendo de ofício ao Cade nesta última hipótese.

Art. 40. As averiguações preliminares e o processo administrativo devem ser conduzidos e concluídos com a maior brevidade compatível com o esclarecimento dos fatos, nisso se esmerando o Secretário da SDE, e os membros do Cade, assim como os servidores e funcionários desses órgãos, sob pena de promoção da respectiva responsabilidade.

Art. 41. Das decisões do Secretário da SDE não caberá recurso ao superior hierárquico.

CAPÍTULO III
Do Julgamento do Processo Administrativo pelo Cade

Art. 42. Recebido o processo, o Presidente do Cade o distribuirá, mediante sorteio, ao Conselheiro-Relator, que abrirá vistas à Procuradoria para manifestar-se no prazo de vinte dias. *(Redação dada pela Lei nº 9.069, de 29.6.95)*

Art. 43. O Conselheiro-Relator poderá determinar a realização de diligências complementares ou requerer novas informações, na forma do art. 35, bem como facultar à parte a produção de novas provas, quando entender insuficientes para a formação de sua convicção os elementos existentes nos autos.

Art. 44. A convite do Presidente, por indicação do Relator, qualquer pessoa poderá apresentar esclarecimento ao Cade, a propósito de assuntos que estejam em pauta.

Art. 45. No ato do julgamento em plenário, de cuja data serão intimadas as partes com antecedência mínima de cinco dias, o Procurador-Geral e o representado ou seu advogado terão, respectivamente, direito à palavra por quinze minutos cada um.

Art. 46. A decisão do Cade, que em qualquer hipótese será fundamentada, quando for pela existência de infração da ordem econômica, conterá:

I — especificação dos fatos que constituam a infração apurada e a indicação das providências a serem tomadas pelos responsáveis para fazê-la cessar;

II — prazo dentro do qual devam ser iniciadas e concluídas as providências referidas no inciso anterior;

III — multa estipulada;

IV — multa diária em caso de continuidade da infração.

Parágrafo único. A decisão do Cade será publicada dentro de cinco dias no Diário Oficial da União.

Art. 47. O Cade fiscalizará o cumprimento de suas decisões. *(Redação dada pela Lei nº 9.069, de 29.6.95)*

Art. 48. Descumprida a decisão, no todo ou em parte, será o fato comunicado ao Presidente do Cade, que determinará ao Procurador-Geral que providencie sua execução judicial.

Art. 49. As decisões do Cade serão tomadas por maioria absoluta, com a presença mínima de cinco membros.

Art. 50. As decisões do Cade não comportam revisão no âmbito do Poder Executivo, promovendo-se, de imediato, sua execução e comunicando-se, em seguida, ao Ministério Público, para as demais medidas legais cabíveis no âmbito de suas atribuições.

Art. 51. O Regulamento e o Regimento Interno do Cade disporão de forma complementar sobre o processo administrativo.

CAPÍTULO IV
Da Medida Preventiva e da Ordem de Cessação

Art. 52. Em qualquer fase do processo administrativo poderá o Secretário da SDE ou o Conselheiro-Relator, por iniciativa própria ou mediante provocação do Procurador-Geral do Cade, adotar medida preventiva, quando houver indício ou fundado receio de que o representado, direta ou indiretamente, cause ou possa causar ao mercado lesão irreparável ou de difícil reparação, ou torne ineficaz o resultado final do processo.

§ 1º Na medida preventiva, o Secretário da SDE ou o Conselheiro-Relator determinará a imediata cessação da prática e ordenará, quando materialmente possível, a reversão à situação anterior, fixando multa diária nos termos do art. 25.

§ 2º Da decisão do Secretário da SDE ou do Conselheiro-Relator do Cade que adotar medida preventiva caberá recurso voluntário, no prazo de cinco dias, ao Plenário do Cade, sem efeito suspensivo.

CAPÍTULO V
Do Compromisso de Cessação

Art. 53. Em qualquer fase do processo administrativo poderá ser celebrado, pelo Cade ou pela SDE ad referendum do Cade, compromisso de cessação de prática sob investigação, que não importará confissão quanto à matéria de fato, nem reconhecimento de ilicitude da conduta analisada. *(Vide Lei nº 9.873, de 23.11.99)*

§ 1º O termo de compromisso conterá, necessariamente, as seguintes cláusulas:

a) obrigações do representado, no sentido de fazer cessar a prática investigada no prazo estabelecido;

b) valor da multa diária a ser imposta no caso de descumprimento, nos termos do art. 25;

c) obrigação de apresentar relatórios periódicos sobre a sua atuação no mercado, mantendo as autoridades informadas sobre eventuais mudanças em sua estrutura societária, controle, atividades e localização.

§ 2º O processo ficará suspenso enquanto estiver sendo cumprido o compromisso de cessação e será arquivado ao término do prazo fixado, se atendidas todas as condições estabelecidas no termo respectivo.

§ 3º As condições do termo de compromisso poderão ser alteradas pelo Cade, se comprovada sua excessiva onerosidade para o representado e desde que não acarrete prejuízo para terceiros ou para a coletividade, e a nova situação não configure infração da ordem econômica.

§ 4º O compromisso de cessação constitui título executivo extrajudicial, ajuizando-se imediatamente sua execução em caso de descumprimento ou colocação de obstáculos à sua fiscalização, na forma prescrita no art. 60 e seguintes.

§ 5º O disposto neste artigo não se aplica às infrações à ordem econômica relacionadas ou decorrentes das condutas previstas nos incisos I, II, III e VIII do art. 21 desta Lei. (Parágrafo incluído pela Lei nº 10.149, de 21.12.2000)

TÍTULO VII
Das Formas de Controle

CAPÍTULO I
Do Controle de Atos e Contratos

Art. 54. Os atos, sob qualquer forma manifestados, que possam limitar ou de qualquer forma prejudicar a livre concorrência, ou resultar na dominação de mercados relevantes de bens ou serviços, deverão ser submetidos à apreciação do Cade.

§ 1º O Cade poderá autorizar os atos a que se refere o caput, desde que atendam as seguintes condições:

I — tenham por objetivo, cumulada ou alternativamente:
a) aumentar a produtividade;
b) melhorar a qualidade de bens ou serviço; ou
c) propiciar a eficiência e o desenvolvimento tecnológico ou econômico;

II — os benefícios decorrentes sejam distribuídos eqüitativamente entre os seus participantes, de um lado, e os consumidores ou usuários finais, de outro;

III — não impliquem eliminação da concorrência de parte substancial de mercado relevante de bens e serviços;

IV — sejam observados os limites estritamente necessários para atingir os objetivos visados.

§ 2º Também poderão ser considerados legítimos os atos previstos neste artigo, desde que atendidas pelo menos três das condições previstas nos incisos do parágrafo anterior, quando necessários por motivo preponderantes da economia nacional e do bem comum, e desde que não impliquem prejuízo ao consumidor ou usuário final.

§ 3º Incluem-se nos atos de que trata o *caput* aqueles que visem a qualquer forma de concentração econômica, seja através de fusão ou incorporação de empresas, constituição de sociedade para exercer o controle de empresas ou qualquer forma de agrupamento societário, que implique participação de empresa ou grupo de empresas resultante em vinte por cento de um mercado relevante, ou em que qualquer dos participantes tenha registrado faturamento bruto anual no último balanço equivalente a R$ 400.000.000,00 (quatrocentos milhões de reais). *(Redação dada pela Lei nº 10.149, de 21.12.2000)*

§ 4º Os atos de que trata o caput deverão ser apresentados para exame, previamente ou no prazo máximo de quinze dias úteis de sua realização, mediante encaminhamento da respectiva documentação em três vias à SDE, que imediatamente enviará uma via ao Cade e outra à Seae. *(Redação dada pela Lei nº 9.021, de 30.3.95)*

§ 5º A inobservância dos prazos de apresentação previstos no parágrafo anterior será punida com multa pecuniária, de valor não inferior a 60.000 (sessenta mil) Ufir nem superior a 6.000.000 (seis milhões) de Ufir a ser aplicada pelo Cade, sem prejuízo da abertura de processo administrativo, nos termos do art. 32.

§ 6º Após receber o parecer técnico da Seae, que será emitido em até trinta dias, a SDE manifestar-se-á em igual prazo, e em seguida encaminhará o processo devidamente instruído ao Plenário do Cade, que deliberará no prazo de sessenta dias. *(Redação dada pela Lei nº 9.021, de 30.3.95)*

§ 7º A eficácia dos atos de que trata este artigo condiciona-se à sua aprovação, caso em que retroagirá à data de sua realização; não tendo sido apreciados pelo Cade no prazo estabelecido no parágrafo anterior, serão automaticamente considerados aprovados. *(Redação dada pela Lei nº 9.021, de 30.3.95)*

§ 8º Os prazos estabelecidos nos §§ 6º e 7º ficarão suspensos enquanto não forem apresentados esclarecimentos e documentos imprescindíveis à análise do processo, solicitados pelo Cade, SDE ou SPE.

§ 9º Se os atos especificados neste artigo não forem realizados sob condição suspensiva ou deles já tiverem decorrido efeitos perante terceiros, inclusive de natureza fiscal, o Plenário do Cade, se concluir pela sua não aprovação, determinará as providências cabíveis no sentido de que sejam desconstituídos, total ou parcialmente, seja através de distrato, cisão desociedade, venda de ativos, cessação parcial de atividades ou qualquer outro ato ou providência que elimine os efeitos nocivos à ordem econômica, independentemente da responsabilidade civil por perdas e danos eventualmente causados a terceiros.

§ 10. As mudanças de controle acionário de companhias abertas e os registros de fusão, sem prejuízo da obrigação das partes envolvidas, devem ser comunicados à SDE, pela Comissão de Valores Mobiliários (CVM) e pelo Departamento Nacional de Registro Comercial do Ministério da Indústria, Comércio e Turismo (DNRC/MICT), respectivamente, no prazo de cinco dias úteis para, se for o caso, serem examinados.

Art. 55. A aprovação de que trata o artigo anterior poderá ser revista pelo Cade, de ofício ou mediante provocação da SDE, se a decisão for baseada em informações falsas ou enganosas prestadas pelo interessado, se ocorrer o descumprimento de quaisquer das obrigações assumidas ou não forem alcançados os benefícios visados.

Art. 56. As Juntas Comerciais ou órgãos correspondentes nos Estados não poderão arquivar quaisquer atos relativos à constituição, transformação, fusão, incorporação ou agrupamento de empresas, bem como quaisquer alterações, nos respectivos atos constitutivos, sem que dos mesmos conste:
I — a declaração precisa e detalhada do seu objeto;
II — o capital de cada sócio e a forma e prazo de sua realização;
III — o nome por extenso e qualificação de cada um dos sócios acionistas;
IV — o local da sede e respectivo endereço, inclusive das filiais declaradas;
V — os nomes dos diretores por extenso e respectiva qualificação;
VI — o prazo de duração da sociedade;
VII — o número, espécie e valor das ações.

Art. 57. Nos instrumentos de distrato, além da declaração da importância repartida entre os sócios e a referência à pessoa ou pessoas que assumirem o ativo e passivo da empresa, deverão ser indicados os motivos da dissolução.

CAPÍTULO II
Do Compromisso de Desempenho

Art. 58. O Plenário do Cade definirá compromissos de desempenho para os interessados que submetam atos a exame na forma do art. 54, de modo a assegurar o cumprimento das condições estabelecidas no § 1º do referido artigo. *(Vide Lei nº 9.873, de 23.11.99)*

§ 1º Na definição dos compromissos de desempenho será levado em consideração o grau de exposição do setor à competição internacional e as alterações no nível de emprego, dentre outras circunstâncias relevantes.

§ 2º Deverão constar dos compromissos de desempenho metas qualitativas ou quantitativas em prazos pré-definidos, cujo cumprimento será acompanhado pela SDE.

§ 3º O descumprimento injustificado do compromisso de desempenho implicará a revogação da aprovação do Cade, na forma do art. 55, e a abertura de processo administrativo para adoção das medidas cabíveis.

CAPÍTULO III
Da Consulta

Art. 59. *(Revogado pela Lei nº 9.069, de 29.6.95)*

TÍTULO VIII
Da Execução Judicial das Decisões do Cade

CAPÍTULO I
Do Processo

Art. 60. A decisão do Plenário do Cade, cominando multa ou impondo obrigação de fazer ou não fazer, constitui título executivo extrajudicial.

Art. 61. A execução que tenha por objeto exclusivamente a cobrança de multa pecuniárias será feita de acordo com o disposto na Lei nº 6.830, de 22 de setembro de 1980.

Art. 62. Na execução que tenha por objeto, além da cobrança de multa, o cumprimento de obrigação de fazer ou não fazer, o Juiz concederá a tutela específica da obrigação, ou determinará providências que assegurem o resultado prático equivalente ao do adimplemento.

§ 1º A conversão da obrigação de fazer ou não fazer em perdas e danos somente será admissível se impossível a tutela específica ou a obtenção do resultado prático correspondente.

§ 2º A indenização por perdas e danos far-se-á sem prejuízo das multas.

Art. 63. A execução será feita por todos os meios, inclusive mediante intervenção na empresa, quando necessária.

Art. 64. A execução das decisões do Cade será promovida na Justiça Federal do Distrito Federal ou da sede ou domicílio do executado, à escolha do Cade.

Art. 65. O oferecimento de embargos ou o ajuizamento de qualquer outra ação que vise a desconstituição do título executivo não suspenderá a execução, se não for garantido o juízo no valor das multas aplicadas, assim como de prestação de caução, a ser fixada pelo juízo, que garanta o cumprimento da decisão final proferida nos autos, inclusive no que tange a multas diárias.

Art. 66. Em razão da gravidade da infração da ordem econômica, e havendo fundado receio de dano irreparável ou de difícil reparação, ainda que tenha havido o depósito das multas e prestação de caução, poderá o Juiz determinar a adoção imediata, no todo ou em parte, das providências contidas no título executivo.

Art. 67. No cálculo do valor da multa diária pela continuidade da infração, tomar-se-á como termo inicial a data final fixada pelo Cade para a adoção voluntária das providências contidas em sua decisão, e como termo final o dia do seu efetivo cumprimento.

Art. 68. O processo de execução das decisões do Cade terá preferência sobre as demais espécies de ação, exceto habeas corpus e mandado de segurança.

CAPÍTULO II
Da Intervenção Judicial

Art. 69. O Juiz decretará a intervenção na empresa quando necessária para permitir a execução específica, nomeando o interventor.

Parágrafo único. A decisão que determinar a intervenção deverá ser fundamentada e indicará, clara e precisamente, as providências a serem tomadas pelo interventor nomeado.

Art. 70. Se, dentro de quarenta e oito horas, o executado impugnar o interventor por motivo de inaptidão ou inidoneidade, feita a prova da alegação em três dias, o Juiz decidirá em igual prazo.

Art. 71. Sendo a impugnação julgada procedente, o Juiz nomeará novo interventor no prazo de cinco dias.

Art. 72. A intervenção poderá ser revogada antes do prazo estabelecido, desde que comprovado o cumprimento integral da obrigação que a determinou.

Art. 73. A intervenção judicial deverá restringir-se aos atos necessários ao cumprimento da decisão judicial que a determinar, e terá duração máxima de cento e oitenta dias, ficando o interventor responsável por suas ações e omissões, especialmente em caso de abuso de poder e desvio de finalidade.

§ 1º Aplica-se ao interventor, no que couber, o disposto nos arts. 153 a 159 da Lei nº 6.404, de 15 de dezembro de 1976.

§ 2º A remuneração do interventor será arbitrada pelo Juiz, que poderá substituí-lo a qualquer tempo, sendo obrigatória a substituição quando incorrer em insolvência civil, quando for sujeito passivo ou ativo de qualquer forma de corrupção ou prevaricação, ou infringir quaisquer de seus deveres.

Art. 74. O Juiz poderá afastar de suas funções os responsáveis pela administração da empresa que, comprovadamente, obstarem o cumprimento de atos de competência do interventor. A substituição dar-se-á na forma estabelecida no contrato social da empresa.

§ 1º Se, apesar das providências previstas no caput, um ou mais responsáveis pela administração da empresa persistirem em obstar a ação do interventor, o Juiz procederá na forma do disposto no § 2º.

§ 2º Se a maioria dos responsáveis pela administração da empresa recusar colaboração ao interventor, o Juiz determinará que este assuma a administração total da empresa.

Art. 75. Compete ao interventor:

I — praticar ou ordenar que sejam praticados os atos necessários à execução;

II — denunciar ao Juiz quaisquer irregularidades praticadas pelos responsáveis pela empresa e das quais venha a ter conhecimento;

III — apresentar ao Juiz relatório mensal de suas atividades.

Art. 76. As despesas resultantes da intervenção correrão por conta do executado contra quem ela tiver sido decretada.

Art. 77. Decorrido o prazo da intervenção, o interventor apresentará ao Juiz Federal relatório circunstanciado de sua gestão, propondo a extinção e o arquivamento do processo ou pedindo a prorrogação do prazo na hipótese de não ter sido possível cumprir integralmente a decisão exeqüenda.

Art. 78. Todo aquele que se opuser ou obstacularizar a intervenção ou, cessada esta, praticar quaisquer atos que direta ou indiretamente anulem seus efeitos, no todo ou em parte, ou desobedecer a ordens legais do interventor será, conforme o caso, responsabilizado criminalmente por resistência, desobediência ou coação no curso do processo, na forma dos arts. 329, 330 e 344 do Código Penal.

TÍTULO IX
Das Disposições Finais e Transitórias

Art. 79. (Vetado).

Parágrafo único. (Vetado).

Art. 80. O cargo de Procurador do Cade é transformado em cargo de Procurador-Geral e transferido para a Autarquia ora criada juntamente com os cargos de Presidente e Conselheiro.

Art. 81. O Poder Executivo, no prazo de sessenta dias, enviará ao Congresso Nacional projeto de lei dispondo sobre o quadro de pessoal permanente da nova Autarquia, bem como sobre a natureza e a remuneração dos cargos de Presidente, Conselheiro e Procurador-Geral do Cade.

§ 1º Enquanto o Cade não contar com quadro próprio de pessoal, as cessões temporárias de servidores para a Autarquia serão feitas independentemente de cargos ou funções comissionados, e sem prejuízo dos vencimentos e demais vantagens asseguradas aos que se encontram na origem, inclusive para representar judicialmente a Autarquia.

§ 2º O Presidente do Cade elaborará e submeterá ao Plenário, para aprovação, a relação dos servidores a serem requisitados para servir à Autarquia, os quais poderão ser colocados à disposição da SDE.

Art. 82. (Vetado).

Art. 83. Aplicam-se subsidiariamente aos processos administrativo e judicial previstos nesta lei as disposições do Código de Processo Civil e das Leis nº 7.347, de 24 de julho de 1985 e nº 8.078, de 11 de setembro de 1990.

Art. 84. O valor das multas previstas nesta lei será convertido em moeda corrente na data do efetivo pagamento e recolhido ao Fundo de que trata a Lei nº 7.347, de 24 de julho de 1985.

Art. 85. O inciso VII do art. 4º da Lei nº 8.137, de 27 de dezembro de 1990, passa a vigorar com a seguinte redação:

"Art. 4º ....
....

VII — elevar sem justa causa o preço de bem ou serviço, valendo-se de posição dominante no mercado.
...."

Art. 86. O art. 312 do Código de Processo Penal passa a vigorar com a seguinte redação:

"Art. 312 — A prisão preventiva poderá ser decretada como garantia da ordem pública, da ordem econômica, por conveniência da instrução criminal, ou para assegurar a aplicação da lei penal, quando houver prova da existência do crime e indício suficiente de autoria."

Art. 87. O art. 39 da Lei nº 8.078, de 11 de setembro de 1990, passa a vigorar com a seguinte redação, acrescendo-se-lhe os seguintes incisos:

"Art. 39. É vedado ao fornecedor de produtos ou serviços, dentre outras práticas abusivas:
....

IX — recusar a venda de bens ou a prestação de serviços, diretamente a quem se disponha a adquiri-los mediante pronto pagamento, ressalvados os casos de intermediação regulados em leis especiais;

X — elevar sem justa causa o preço de produtos ou serviços."

Art. 88. O art. 1º da Lei nº 7.347, de 24 de julho de 1985, passa a vigorar com a seguinte redação e a inclusão de novo inciso:

"Art. 1º Regem-se pelas disposições desta lei, sem prejuízo da ação popular, as ações de responsabilidade por danos morais e patrimoniais causados:

....

V — por infração da ordem econômica."

Parágrafo único. O inciso II do art. 5º da Lei nº 7.347, de 24 de julho de 1985 passa a ter a seguinte redação:

"Art.5º ....

....

II — inclua entre suas finalidades institucionais a proteção ao meio ambiente ao consumidor, à ordem econômica, à livre concorrência, ou ao patrimônio artístico, estético, histórico, turístico e paisagístico;

....".

Art. 89. Nos processos judiciais em que se discuta a aplicação desta lei, o Cade deverá ser intimado para, querendo, intervir no feito na qualidade de assistente.

Art. 90. Ficam interrompidos os prazos relativos aos processos de consulta formulados com base no art. 74 da Lei nº 4.137, de 10 de setembro de 1962, com a redação dada pelo art. 13 da Lei nº 8.158, de 8 de janeiro de 1991, aplicando-se aos mesmos o disposto no Título VII, Capítulo I, desta lei.

Art. 91. O disposto nesta lei não se aplica aos casos de dumping e subsídios de que tratam os Acordos Relativos à Implementação do Artigo VI do Acordo Geral sobre Tarifas Aduaneiras e Comércio, promulgados pelos Decretos nº 93.941 e nº 93.962, de 16 e 22 de janeiro de 1987, respectivamente.

Art. 92. Revogam-se as disposições em contrário, assim como as Leis nºs 4.137, de 10 de setembro de 1962, 8.158, de 8 de janeiro de 1991, e 8.002, de 14 de março de 1990, mantido o disposto no art. 36 da Lei nº 8.880, de 27 de maio de 1994.

Art. 93. Esta lei entra em vigor na data de sua publicação.

Brasília, 11 de junho de 1994; 173º da Independência e 106º da República.

ITAMAR FRANCO
Alexandre de Paula Dupeyrat Martins
publicado no D.O.U. de 13.6.1994

LEI Nº 8.918, DE 14 DE JULHO DE 1994.

Dispõe sobre a padronização, a classificação, o registro, a inspeção, a produção e a fiscalização de bebidas, autoriza a criação da Comissão Intersetorial de Bebidas e dá outras providências.

O PRESIDENTE DA REPÚBLICA Faço saber que o Congresso Nacional decreta e eu sanciono a seguinte lei:

Art. 1º É estabelecida, em todo o território nacional, a obrigatoriedade do registro, da padronização, da classificação, da inspeção e da fiscalização da produção e do comércio de bebidas.

Parágrafo único. A inspeção e a fiscalização de que trata esta lei incidirão sobre:

I — Inspeção:

a) equipamentos e instalações, sob os aspectos higiênicos, sanitários e técnicos;

b) embalagens, matérias-primas e demais substâncias, sob os aspectos higiênicos, sanitários e qualitativos;

II — Fiscalização;

a) estabelecimentos que se dediquem à industrialização, à exportação e à importação dos produtos objeto desta lei;

b) portos, aeroportos e postos de fronteiras;

c) transporte, armazenagem, depósito, cooperativa e casa atacadista; e

d) quaisquer outros locais previstos na regulamentação desta lei.

Art. 2º O registro, a padronização, a classificação, e, ainda, a inspeção e a fiscalização da produção e do comércio de bebidas, em relação aos seus aspectos tecnológicos, competem ao Ministério da Agricultura, do Abastecimento e da Reforma Agrária.

Art. 3º A inspeção e a fiscalização de bebidas, nos seus aspectos bromatológicos e sanitários, são da competência do Sistema Único de Saúde (SUS), por intermédio de seus órgãos específicos.

Art. 4º Os estabelecimentos que industrializem ou importem bebidas ou que as comercializem a granel só poderão fazê-lo se obedecerem, em seus equipamentos e instalações, bem como em seus produtos, aos padrões de identidade e qualidade fixados para cada caso.

Parágrafo único. As bebidas de procedência estrangeira somente poderão ser objeto de comércio ou entregues ao consumo quando suas especificações atenderem aos padrões de identidade e qualidade previstos para os produtos nacionais, excetuados os produtos que tenham características peculiares e cuja comercialização seja autorizada no país de origem.

Art. 5º Suco ou sumo é bebida não fermentada, não concentrada e não diluída, obtida da fruta madura e sã, ou parte do vegetal de origem, por processamento tecnológico adequado, submetida a tratamento que assegure a sua apresentação e conservação até o momento do consumo.

§ 1º O suco não poderá conter substâncias estranhas à fruta ou parte do vegetal de sua origem, excetuadas as previstas na legislação específica.

§ 2º No rótulo da embalagem ou vasilhame do suco será mencionado o nome da fruta, ou parte do vegetal, de sua origem.

§ 3º O suco que for parcialmente desidratado deverá mencionar no rótulo o percentual de sua concentração, devendo ser denominado suco concentrado.

§ 4º Ao suco poderá ser adicionado açúcar na quantidade máxima de dez por cento em peso, devendo constar no rótulo a declaração suco adoçado.

§ 5º É proibida a adição, em sucos, de aromas e corantes artificiais.

Art. 6º A bebida conterá, obrigatoriamente, a matéria-prima natural responsável pelas suas características organolépticas, obedecendo aos padrões de identidade e qualidade previstos em regulamento próprio.

§ 1º As bebidas que não atenderem ao disposto no caput deste artigo serão denominadas artificiais e deverão observar as disposições regulamentares desta lei.

§ 2º As bebidas que apresentarem características organolépticas próprias de matéria-prima natural de sua origem, ou cujo nome ou marca se lhe assemelhe, conterão, obrigatoriamente, esta matéria-prima nas quantidades a serem estabelecidas na regulamentação desta lei.

Art. 7º As bebidas dietéticas e de baixa caloria poderão ser industrializadas observadas as disposições desta lei, do seu regulamento e legislação complementar, permitido o emprego de edulcorantes naturais e sintéticos na sua elaboração.

§ 1º Na industrialização de bebidas dietéticas e de baixa caloria, poderão ser feitas associações entre edulcorantes naturais e sintéticos, obedecido o disposto na regulamentação desta lei.

§ 2º Na rotulagem de bebida dietética e de baixa caloria, além dos dizeres a serem estabelecidos na regulamentação desta lei, deverá constar o nome genérico do edulcorante, ou edulcorantes, quando houver associação, sua classe e quantidade ou peso por unidade.

§ 3º É livre a comercialização, em todo o território nacional, das bebidas dietéticas e de baixa caloria, observadas as disposições desta lei.

Art. 8º É facultado o uso da denominação conhaque, seguida da especificação das ervas aromáticas ou componentes outros empregados como substância principal do produto destilado alcoólico que, na sua elaboração, não aproveite como matéria-prima o destilado ou aguardente vínica.

Art. 9º Sem prejuízo da responsabilidade civil e penal cabível, a infração das disposições desta lei acarretará, isolada ou cumulativamente, nos termos previstos em regulamento, além das medidas cautelares de fechamento do estabelecimento, apreensão e destinação da matéria-prima, produto ou equipamento, as seguintes sanções administrativas:
I — advertência;
II — (Vetado).
III — inutilização da matéria-prima, rótulo e/ou produto;
IV — interdição do estabelecimento ou equipamento;
V — suspensão da fabricação do produto; e
VI — cassação da autorização para funcionamento do estabelecimento cumulada ou não com a proibição de venda e publicidade do produto.

Art. 10. Na aplicação das medidas cautelares ou do auto de infração, haverá nomeação de um depositário idôneo.
Parágrafo único. (Vetado).

Art. 11. O Poder Executivo fixará em regulamento, além de outras providências, as disposições específicas referentes à classificação, padronização, rotulagem, análise de produtos, matérias-primas, inspeção e fiscalização de equipamentos, instalações e condições higiênico-sanitárias dos estabelecimentos industriais, artesanais e caseiros, assim como a inspeção da produção e a fiscalização do comércio de que trata esta lei.

Art. 12. (Vetado).

Art. 13. O Poder Executivo regulamentará esta lei no prazo de cento e oitenta dias, contados de sua publicação.

Art. 14. Esta lei entra em vigor na data de sua publicação.

Art. 15. Revogam-se as disposições em contrário, em especial a Lei nº 5.823, de 14 de novembro de 1972.

Brasília, 14 de julho de 1994; 173º da Independência e 106º da República.
ITAMAR FRANCO
Synva lGuazzelli
Henrique Santillo
publicado no D.O.U de 15.7.1994

LEI Nº 8.934, DE 18 DE NOVEMBRO DE 1994.

Dispõe sobre o Registro Público de Empresas Mercantis e Atividades Afins e dá outras providências.

O PRESIDENTE DA REPÚBLICA,
Faço saber que o Congresso Nacional decreta e eu sanciono a seguinte lei:

TÍTULO I
Do Registro Público de Empresas Mercantis e Atividades Afins

CAPÍTULO I
Das Finalidades e da Organização

SEÇÃO I
Das Finalidades

Art. 1º O Registro Público de Empresas Mercantis e Atividades Afins, subordinado às normas gerais prescritas nesta lei, será exercido em todo o território nacional, de forma sistêmica, por órgãos federais e estaduais, com as seguintes finalidades:

I — dar garantia, publicidade, autenticidade, segurança e eficácia aos atos jurídicos das empresas mercantis, submetidos a registro na forma desta lei;

II — cadastrar as empresas nacionais e estrangeiras em funcionamento no País e manter atualizadas as informações pertinentes;

III — proceder à matrícula dos agentes auxiliares do comércio, bem como ao seu cancelamento.

Art. 2º Os atos das firmas mercantis individuais e das sociedades mercantis serão arquivados no Registro Público de Empresas Mercantis e Atividades Afins, independentemente de seu objeto, salvo as exceções previstas em lei.

Parágrafo único. Fica instituído o Número de Identificação do Registro de Empresas (NIRE), o qual será atribuído a todo ato constitutivo de empresa, devendo ser compatibilizado com os números adotados pelos demais cadastros federais, na forma de regulamentação do Poder Executivo.

SEÇÃO II
Da Organização

Art. 3º Os serviços do Registro Público de Empresas Mercantis e Atividades Afins serão exercidos, em todo o território nacional, de maneira uniforme, harmônica e interdependente, pelo Sistema Nacional de Registro de Empresas Mercantis (Sinrem), composto pelos seguintes órgãos:

I — o Departamento Nacional de Registro do Comércio, órgão central Sinrem, com funções supervisora, orientadora, coordenadora e normativa, no plano técnico; e supletiva, no plano administrativo;

II — as Juntas Comerciais, como órgãos locais, com funções executora e administradora dos serviços de registro.

SUBSEÇÃO I
Do Departamento Nacional de Registro do Comércio

Art. 4º O Departamento Nacional de Registro do Comércio (DNRC), criado pelos arts. 17, II, e 20 da Lei nº 4.048, de 29 de dezembro de 1961, órgão integrante do Ministério da Indústria, do Comércio e do Turismo, tem por finalidade:

I — supervisionar e coordenar, no plano técnico, os órgãos incumbidos da execução dos serviços de Registro Público de Empresas Mercantis e Atividades Afins;

II — estabelecer e consolidar, com exclusividade, as normas e diretrizes gerais do Registro Público de Empresas Mercantis e Atividades Afins;

III — solucionar dúvidas ocorrentes na interpretação das leis, regulamentos e demais normas relacionadas com o registro de empresas mercantis, baixando instruções para esse fim;

IV — prestar orientação às Juntas Comerciais, com vistas à solução de consultas e à observância das normas legais e regulamentares do Registro Público de Empresas Mercantis e Atividades Afins;

V — exercer ampla fiscalização jurídica sobre os órgãos incumbidos do Registro Público de Empresas Mercantis e Atividades Afins, representando para os devidos fins às autoridades administrativas contra abusos e infrações das respectivas normas, e requerendo tudo o que se afigurar necessário ao cumprimento dessas normas;

VI — estabelecer normas procedimentais de arquivamento de atos de firmas mercantis individuais e sociedades mercantis de qualquer natureza;

VII promover ou providenciar, supletivamente, as medidas tendentes a suprir ou corrigir as ausências, falhas ou deficiências dos serviços de Registro Público de Empresas Mercantis e Atividades Afins;

VIII — prestar colaboração técnica e financeira às juntas comerciais para a melhoria dos serviços pertinentes ao Registro Público de Empresas Mercantis e Atividades Afins;

IX — organizar e manter atualizado o cadastro nacional das empresas mercantis em funcionamento no País, com a cooperação das juntas comerciais;

X — instruir, examinar e encaminhar os processos e recursos a serem decididos pelo Ministro de Estado da Indústria, do Comércio e do Turismo, inclusive os pedidos de autorização para nacionalização ou instalação de filial, agência, sucursal ou estabelecimento no País, por sociedade estrangeira, sem prejuízo da competência de outros órgãos federais;

XI — promover e efetuar estudos, reuniões e publicações sobre assuntos pertinentes ao Registro Público de Empresas Mercantis e Atividades Afins.

SUBSEÇÃO II
Das Juntas Comerciais

Art. 5º Haverá uma junta comercial em cada unidade federativa, com sede na capital e jurisdição na área da circunscrição territorial respectiva.

Art. 6º As juntas comerciais subordinam-se administrativamente ao governo da unidade federativa de sua jurisdição e, tecnicamente, ao DNRC, nos termos desta lei.

Parágrafo único. A Junta Comercial do Distrito Federal é subordinada administrativa e tecnicamente ao DNRC.

Art. 7º As juntas comerciais poderão desconcentrar os seus serviços, mediante convênios com órgãos públicos e entidades privadas sem fins lucrativos, preservada a competência das atuais delegacias.

Art. 8º Às Juntas Comerciais incumbe:

I — executar os serviços previstos no art. 32 desta lei;

II — elaborar a tabela de preços de seus serviços, observadas as normas legais pertinentes;

III — processar a habilitação e a nomeação dos tradutores públicos e intérpretes comerciais;

IV — elaborar os respectivos Regimentos Internos e suas alterações, bem como as resoluções de caráter administrativo necessárias ao fiel cumprimento das normas legais, regulamentares e regimentais;

V — expedir carteiras de exercício profissional de pessoas legalmente inscritas no Registro Público de Empresas Mercantis e Atividades Afins;

VI — o assentamento dos usos e práticas mercantis.

Art. 9º A estrutura básica das juntas comerciais será integrada pelos seguintes órgãos:

I — a Presidência, como órgão diretivo e representativo;

II — o Plenário, como órgão deliberativo superior;

III — as Turmas, como órgãos deliberativos inferiores;

IV — a Secretaria-Geral, como órgão administrativo;

V — a Procuradoria, como órgão de fiscalização e de consulta jurídica.

§ 1º As juntas comerciais poderão ter uma assessoria técnica, com a competência de preparar e relatar os documentos a serem submetidos à sua deliberação, cujos membros deverão ser bacharéis em Direito, Economistas, Contadores ou Administradores.

§ 2º As juntas comerciais, por seu plenário, poderão resolver pela criação de delegacias, órgãos locais do registro do comércio, nos termos da legislação estadual respectiva.

Art. 10. O Plenário, composto de Vogais e respectivos suplentes, será constituído pelo mínimo de onze e no máximo de vinte e três Vogais. (Redação dada pela Lei nº 10.194, de 14.2.2001)

Art. 11. Os Vogais e respectivos suplentes serão nomeados, no Distrito Federal, pelo Ministro de Estado do Desenvolvimento, Indústria e Comércio Exterior, e nos Estados, salvo disposição em contrário, pelos governos dessas circunscrições, dentre brasileiros que satisfaçam as seguintes condições: (Redação dada pela Lei nº 10.194, de 14.2.2001)

I — estejam em pleno gozo dos direitos civis e políticos;

II — não estejam condenados por crime cuja pena vede o acesso a cargo, emprego e funções públicas, ou por crime de prevaricação, falência fraudulenta, peita ou suborno, concussão, peculato, contra a propriedade, a fé pública e a economia popular;

III — sejam, ou tenham sido, por mais de cinco anos, titulares de firma mercantil individual, sócios ou administradores de sociedade mercantil, valendo como prova, para esse fim, certidão expedida pela junta comercial;

IV — estejam quites com o serviço militar e o serviço eleitoral.

Parágrafo único. Qualquer pessoa poderá representar fundadamente à autoridade competente contra a nomeação de vogal ou suplente, contrária aos preceitos desta lei, no prazo de quinze dias, contados da data da posse.

Art. 12. Os vogais e respectivos suplentes serão escolhidos da seguinte forma:

I — a metade do número de vogais e suplentes será designada mediante indicação de nomes, em listas tríplices, pelas entidades patronais de grau superior e pelas Associações Comerciais, com sede na jurisdição da junta;

II — um Vogal e respectivo suplente, representando a União, por nomeação do Ministro de Estado do Desenvolvimento, Indústria e Comércio Exterior; (Redação dada pela Lei nº 10.194, de 14.2.2001)

III — três vogais e respectivos suplentes, representando, respectivamente, a classe dos advogados, a dos economistas e a dos contadores, todos mediante indicação, em lista tríplice, do Conselho Seccional ou Regional do órgão corporativo destas categorias profissionais;

IV — os demais vogais e suplentes serão designados, no Distrito Federal, por livre escolha do Ministro de Estado da Indústria, do Comércio e do Turismo; e, nos Estados, pelos respectivos governadores.

§ 1º Os vogais e respectivos suplentes de que tratam os incisos II e III deste artigo ficam dispensados da prova do requisito previsto no inciso III do art. 11, mas exigir-se-á a prova de mais de 5 (cinco) anos de efetivo exercício da profissão em relação aos vogais e suplentes de que trata o inciso III.

§ 2º As listas referidas neste artigo devem ser remetidas até 60 (sessenta) dias antes do término do mandato, caso contrário será considerada, com relação a cada entidade que se omitir na remessa, a última lista que não inclua pessoa que exerça ou tenha exercido mandato de vogal.

Art. 13. Os vogais serão remunerados por presença, nos termos da legislação da unidade federativa a que pertencer a junta comercial.

Art. 14. O vogal será substituído por seu suplente durante os impedimentos e, no caso de vaga, até o final do mandato.

Art. 15. São incompatíveis para a participação no colégio de vogais da mesma junta comercial os parentes consangüíneos e afins até o segundo grau e os sócios da mesma empresa.

Parágrafo único. Em caso de incompatibilidade, serão seguidos, para a escolha dos membros, sucessivamente, os critérios da precedência na nomeação, da precedência na posse, ou do membro mais idoso.

Art. 16. O mandato de vogal e respectivo suplente será de 4 (quatro) anos, permitida apenas uma recondução.

Art. 17. O vogal ou seu suplente perderá o mandato nos seguintes casos:

I — mais de 3 (três) faltas consecutivas às sessões, ou 12 (doze) alternadas no mesmo ano, sem justo motivo;

II — por conduta incompatível com a dignidade do cargo.

Art. 18. Na sessão inaugural do plenário das juntas comerciais, que iniciará cada período de mandato, serão distribuídos os vogais por turmas de três membros cada uma, com exclusão do presidente e do vice-presidente.

Art. 19. Ao plenário compete o julgamento dos processos em grau de recurso, nos termos previstos no regulamento desta lei.

Art. 20. As sessões ordinárias do plenário e das turmas efetuar-se-ão com a periodicidade e do modo determinado no regimento da junta comercial; e as extraordinárias, sempre justificadas, por convocação do presidente ou de dois terços dos seus membros.

Art. 21. Compete às turmas julgar, originariamente, os pedidos relativos à execução dos atos de registro.

Art. 22. O presidente e o vice-presidente serão nomeados, em comissão, no Distrito Federal, pelo Ministro de Estado da Indústria, do Comércio e do Turismo e, nos Estados, pelos governadores dessas circunscrições, dentre os membros do colégio de vogais.

Art. 23. Compete ao presidente:

I — a direção e representação geral da junta;

II — dar posse aos vogais, convocar e dirigir as sessões do Plenário, superintender todos os serviços e velar pelo fiel cumprimento das normas legais e regulamentares.

Art. 24. Ao vice-presidente incumbe substituir o presidente em suas faltas ou impedimentos e efetuar a correição permanente dos serviços, na forma do regulamento desta lei.

Art. 25. O secretário-geral será nomeado, em comissão, no Distrito Federal, pelo Ministro de Estado da Indústria, do Comércio e do Turismo, e, nos Estados, pelos respectivos governadores, dentre brasileiros de notória idoneidade moral e especializados em direito comercial.

Art. 26. À secretaria-geral compete a execução dos serviços de registro e de administração da junta.

Art. 27. As procuradorias serão compostas de um ou mais procuradores e chefiadas pelo procurador que for designado pelo governador do Estado.

Art. 28. A procuradoria tem por atribuição fiscalizar e promover o fiel cumprimento das normas legais e executivas, oficiando, internamente, por sua iniciativa ou mediante solicitação da presidência, do plenário e das turmas; e, externamente, em atos ou feitos de natureza jurídica, inclusive os judiciais, que envolvam matéria do interesse da junta.

CAPÍTULO II
Da Publicidade do Registro Público de Empresas Mercantis e Atividades Afins

SEÇÃO I
Das Disposições Gerais

Art. 29. Qualquer pessoa, sem necessidade de provar interesse, poderá consultar os assentamentos existentes nas juntas comerciais e obter certidões, mediante pagamento do preço devido.

Art. 30. A forma, prazo e procedimento de expedição de certidões serão definidos no regulamento desta lei.

SEÇÃO II
Da Publicação dos Atos

Art. 31. Os atos decisórios da junta comercial serão publicados no órgão de divulgação determinado em portaria do presidente, publicada no Diário Oficial do Estado e, no caso da Junta Comercial do Distrito Federal, no Diário Oficial da União.

CAPÍTULO III
Dos Atos Pertinentes ao Registro Público de Empresas
Mercantis e Atividades Afins

SEÇÃO I
Da Compreensão dos Atos

Art. 32. O registro compreende:
I — a matrícula e seu cancelamento: dos leiloeiros, tradutores públicos e intérpretes comerciais, trapicheiros e administradores de armazéns-gerais;

II — O arquivamento:

a) dos documentos relativos à constituição, alteração, dissolução e extinção de firmas mercantis individuais, sociedades mercantis e cooperativas;

b) dos atos relativos a consórcio e grupo de sociedade de que trata a Lei nº 6.404, de 15 de dezembro de 1976;

c) dos atos concernentes a empresas mercantis estrangeiras autorizadas a funcionar no Brasil;

d) das declarações de microempresa;

e) de atos ou documentos que, por determinação legal, sejam atribuídos ao Registro Público de Empresas Mercantis e Atividades Afins ou daqueles que possam interessar ao empresário e às empresas mercantis;

III — a autenticação dos instrumentos de escrituração das empresas mercantis registradas e dos agentes auxiliares do comércio, na forma de lei própria.

Art. 33. A proteção ao nome empresarial decorre automaticamente do arquivamento dos atos constitutivos de firma individual e de sociedades, ou de suas alterações.

§ 1º (Vetado).

§ 2º (Vetado).

Art. 34. O nome empresarial obedecerá aos princípios da veracidade e da novidade.

SEÇÃO II
Das Proibições de Arquivamento

Art. 35. Não podem ser arquivados:

I — os documentos que não obedecerem às prescrições legais ou regulamentares ou que contiverem matéria contrária aos bons costumes ou à ordem pública, bem como os que colidirem com o respectivo estatuto ou contrato não modificado anteriormente;

II — os documentos de constituição ou alteração de empresas mercantis de qualquer espécie ou modalidade em que figure como titular ou administrador pessoa que esteja condenada pela prática de crime cuja pena vede o acesso à atividade mercantil;

III — os atos constitutivos de empresas mercantis que, além das cláusulas exigidas em lei, não designarem o respectivo capital, bem como a declaração precisa de seu objeto, cuja indicação no nome empresarial é facultativa;

IV — a prorrogação do contrato social, depois de findo o prazo nele fixado;

V — os atos de empresas mercantis com nome idêntico ou semelhante a outro já existente;

VI — a alteração contratual, por deliberação majoritária do capital social, quando houver cláusula restritiva;

VII — os contratos sociais ou suas alterações em que haja incorporação de imóveis à sociedade, por instrumento particular, quando do instrumento não constar:

a) a descrição e identificação do imóvel, sua área, dados relativos à sua titulação, bem como o número da matrícula no registro imobiliário;

b) a outorga uxória ou marital, quando necessária;

VIII — os contratos ou estatutos de sociedades mercantis, ainda não aprovados pelo Governo, nos casos em que for necessária essa aprovação, bem como as posteriores alterações, antes de igualmente aprovadas.

Parágrafo único. A junta não dará andamento a qualquer documento de alteração de firmas individuais ou sociedades, sem que dos respectivos requerimentos e instrumentos conste o Número de Identificação de Registro de Empresas (Nire).

SEÇÃO III
Da Ordem dos Serviços

SUBSEÇÃO I
Da Apresentação dos Atos e Arquivamento

Art. 36. Os documentos referidos no inciso II do art. 32 deverão ser apresentados a arquivamento na junta, dentro de 30 (trinta) dias contados de sua assinatura, a cuja data retroagirão os efeitos do arquivamento; fora desse prazo, o arquivamento só terá eficácia a partir do despacho que o conceder.

Art. 37. Instruirão obrigatoriamente os pedidos de arquivamento:

I — o instrumento original de constituição, modificação ou extinção de empresas mercantis, assinado pelo titular, pelos administradores, sócios ou seus procuradores;

II — declaração do titular ou administrador, firmada sob as penas da lei, de não estar impedido de exercer o comércio ou a administração de sociedade mercantil, em virtude de condenação criminal; (Redação dada pela Lei nº 10.194, de 14.2.2001)

III — a ficha cadastral segundo modelo aprovado pelo DNRC;

IV — os comprovantes de pagamento dos preços dos serviços correspondentes;

V — a prova de identidade dos titulares e dos administradores da empresa mercantil.

Parágrafo único. Além dos referidos neste artigo, nenhum outro documento será exigido das firmas individuais e sociedades referidas nas alíneas a, b e d do inciso II do art. 32.

Art. 38. Para cada empresa mercantil, a junta comercial organizará um prontuário com os respectivos documentos.

SUBSEÇÃO II
Das Autenticações

Art. 39. As juntas comerciais autenticarão:

I — os instrumentos de escrituração das empresas mercantis e dos agentes auxiliares do comércio;

II — as cópias dos documentos assentados.

Parágrafo único. Os instrumentos autenticados, não retirados no prazo de 30 (trinta) dias, contados da sua apresentação, poderão ser eliminados.

SUBSEÇÃO III
Do Exame das Formalidades

Art. 40. Todo ato, documento ou instrumento apresentado a arquivamento será objeto de exame do cumprimento das formalidades legais pela junta comercial.

§ 1º Verificada a existência de vício insanável, o requerimento será indeferido; quando for sanável, o processo será colocado em exigência.

§ 2º As exigências formuladas pela junta comercial deverão ser cumpridas em até 30 (trinta) dias, contados da data da ciência pelo interessado ou da publicação do despacho.

§ 3º O processo em exigência será entregue completo ao interessado; não devolvido no prazo previsto no parágrafo anterior, será considerado como novo pedido de arquivamento, sujeito ao pagamento dos preços dos serviços correspondentes.

SUBSEÇÃO IV
Do Processo Decisório

Art. 41. Estão sujeitos ao regime de decisão colegiada pelas juntas comerciais, na forma desta lei:

I — o arquivamento:

a) dos atos de constituição de sociedades anônimas, bem como das atas de assembléias gerais e demais atos, relativos a essas sociedades, sujeitos ao Registro Público de Empresas Mercantis e Atividades Afins;

b) dos atos referentes à transformação, incorporação, fusão e cisão de empresas mercantis;

c) dos atos de constituição e alterações de consórcio e de grupo de sociedades, conforme previsto na Lei nº 6.404, de 15 de dezembro de 1976;

II — o julgamento do recurso previsto nesta lei.

Art. 42. Os atos próprios do Registro Público de Empresas Mercantis e Atividades Afins, não previstos no artigo anterior, serão objeto de decisão singular proferida pelo presidente da junta comercial, por vogal ou servidor que possua comprovados conhecimentos de Direito Comercial e de Registro de Empresas Mercantis.

Parágrafo único. Os vogais e servidores habilitados a proferir decisões singulares serão designados pelo presidente da junta comercial.

Art. 43. Os pedidos de arquivamento constantes do art. 41 serão decididos no prazo máximo de 10 (dez) dias úteis, contados do seu recebimento; e os pedidos constantes do art. 42 serão decididos no prazo máximo de 3 (três) dias úteis, sob pena de ter-se como arquivados os atos respectivos, mediante provocação dos interessados, sem prejuízo do exame das formalidades legais pela procuradoria.

SUBSEÇÃO V
Do Processo Revisional

Art. 44. O processo revisional pertinente ao Registro Público de Empresas Mercantis e Atividades Afins dar-se-á mediante:
I — Pedido de Reconsideração;
II — Recurso ao Plenário;
III — Recurso ao Ministro de Estado da Indústria, do Comércio e do Turismo.

Art. 45. O Pedido de Reconsideração terá por objeto obter a revisão de despachos singulares ou de turmas que formulem exigências para o deferimento do arquivamento, e será apresentado no prazo para cumprimento da exigência, para apreciação pela autoridade recorrida em 5 (cinco) dias úteis.

Art. 46. Das decisões definitivas, singulares ou de turmas, cabe recurso ao plenário, que deverá ser decidido no prazo máximo de 30 (trinta) dias, a contar da data do recebimento da peça recursal, ouvida a procuradoria, no prazo de 10 (dez) dias, quando a mesma não for a recorrente.

Art. 47. Das decisões do plenário cabe recurso ao Ministro de Estado da Indústria, do Comércio e do Turismo, como última instância administrativa.

Parágrafo único. A capacidade decisória poderá ser delegada, no todo ou em parte.

Art. 48. Os recursos serão indeferidos liminarmente pelo presidente da junta quando assinados por procurador sem mandato ou, ainda, quando interpostos fora do prazo ou antes da decisão definitiva, devendo ser, em qualquer caso, anexados ao processo.

Art. 49. Os recursos de que trata esta lei não têm efeito suspensivo.

Art. 50. Todos os recursos previstos nesta lei deverão ser interpostos no prazo de 10 (dez) dias úteis, cuja fluência começa na data da intimação da parte ou da publicação do ato no órgão oficial de publicidade da junta comercial.

Art. 51. A procuradoria e as partes interessadas, quando for o caso, serão intimadas para, no mesmo prazo de 10 (dez) dias, oferecerem contra-razões.

TÍTULO II
Das Disposições Finais e Transitórias

CAPÍTULO I
Das Disposições Finais

Art. 52. (Vetado).

Art. 53. As alterações contratuais ou estatutárias poderão ser efetivadas por escritura pública ou particular, independentemente da forma adotada no ato constitutivo.

Art. 54. A prova da publicidade de atos societários, quando exigida em lei, será feita mediante anotação nos registros da junta comercial à vista da apresentação da folha do Diário Oficial, ou do jornal onde foi feita a publicação, dispensada a juntada da mencionada folha.

Art. 55. Compete ao DNRC propor a elaboração da tabela de preços dos serviços pertinentes ao Registro Público de Empresas Mercantis, na parte relativa aos atos de natureza federal, bem como especificar os atos a serem observados pelas juntas comerciais na elaboração de suas tabelas locais.

Parágrafo único. As isenções de preços de serviços restringem-se aos casos previstos em lei.

Art. 56. Os documentos arquivados pelas juntas comerciais não serão retirados, em qualquer hipótese, de suas dependências, ressalvado o previsto no art. 58 desta lei.

Art. 57. Os atos de empresas, após microfilmados ou preservada a sua imagem por meios tecnológicos mais avançados, poderão ser devolvidos pela juntas comerciais, conforme dispuser o regulamento.

Art. 58. Os processos em exigência e os documentos deferidos e com a imagem preservada postos à disposição dos interessados e não retirados em 60 (sessenta) dias da publicação do respectivo despacho poderão ser eliminados pelas juntas comerciais, exceto os contratos e suas alterações, que serão devolvidos aos interessados mediante recibo.

Art. 59. Expirado o prazo da sociedade celebrada por tempo determinado, esta perderá a proteção do seu nome empresarial.

Art. 60. A firma individual ou a sociedade que não proceder a qualquer arquivamento no período de dez anos consecutivos deverá comunicar à junta comercial que deseja manter-se em funcionamento.

§ 1º Na ausência dessa comunicação, a empresa mercantil será considerada inativa, promovendo a junta comercial o cancelamento do registro, com a perda automática da proteção ao nome empresarial.

§ 2º A empresa mercantil deverá ser notificada previamente pela junta comercial, mediante comunicação direta ou por edital, para os fins deste artigo.

§ 3º A junta comercial fará comunicação do cancelamento às autoridades arrecadadoras, no prazo de até dez dias.

§ 4º A reativação da empresa obedecerá aos mesmos procedimentos requeridos para sua constituição.

Art. 61. O fornecimento de informações cadastrais aos órgãos executores do Registro Público de Empresas Mercantis e Atividades Afins desobriga as firmas individuais e sociedades de prestarem idênticas informações a outros órgãos ou entidades das Administrações Federal, Estadual ou Municipal.

Parágrafo único. O Departamento Nacional de Registro do Comércio manterá à disposição dos órgãos ou entidades referidos neste artigo os seus serviços de cadastramento de empresas mercantis.

Art. 62. As atribuições conferidas às procuradorias pelo art. 28 desta lei serão exercidas, no caso da Junta Comercial do Distrito Federal, pelos assistentes jurídicos em exercício no Departamento Nacional de Registro do Comércio.

Art. 63. Os atos levados a arquivamento nas juntas comerciais são dispensados de reconhecimento de firma, exceto quando se tratar de procuração.

Parágrafo único. A cópia de documento, autenticada na forma da lei, dispensa nova conferência com o original; poderá, também, a autenticação ser feita pelo cotejo da cópia com o original por servidor a quem o documento seja apresentado.

Art. 64. A certidão dos atos de constituição e de alteração de sociedades mercantis, passada pelas juntas comerciais em que foram arquivados, será o documento hábil para a transferência, por transcrição no registro público competente, dos bens com que o subscritor tiver contribuído para a formação ou aumento do capital social.

CAPÍTULO II
Das Disposições Transitórias

Art. 65. As juntas comerciais adaptarão os respectivos regimentos ou regulamentos às disposições desta lei no prazo de 180 (cento e oitenta) dias.

Art. 66. (Vetado).

Art. 67. Esta lei será regulamentada pelo Poder Executivo no prazo de 90 (noventa) dias e entrará em vigor na data da sua publicação, revogadas as Leis n°s 4.726, de 13 de julho de 1965, 6.939, de 09 de setembro de 1981, 6.054, de 12 de junho de 1974, o § 4° do art. 71 da Lei n° 4.215, de 27 de abril de 1963, acrescentado pela Lei n° 6.884, de 09 de dezembro de 1980, e a Lei n° 8.209, de 18 de julho de 1991.

Brasília, 18 de novembro de 1994; 173° da Independência e 106° da República.

ITAMAR FRANCO

LEI Nº 8.955, DE 15 DE DEZEMBRO DE 1994.

Dispõe sobre o contrato de franquia empresarial (franchising) e dá outras providências.

O PRESIDENTE DA REPÚBLICA
Faço saber que o Congresso Nacional decreta e eu sanciono a seguinte lei:
Art. 1º Os contratos de franquia empresarial são disciplinados por esta lei.
Art. 2º Franquia empresarial é o sistema pelo qual um franqueador cede ao franqueado o direito de uso de marca ou patente, associado ao direito de distribuição exclusiva ou semi-exclusiva de produtos ou serviços e, eventualmente, também ao direito de uso de tecnologia de implantação e administração de negócio ou sistema operacional desenvolvidos ou detidos pelo franqueador, mediante remuneração direta ou indireta, sem que, no entanto, fique caracterizado vínculo empregatício.
Art. 3º Sempre que o franqueador tiver interesse na implantação de sistema de franquia empresarial, deverá fornecer ao interessado em tornar-se franqueado uma circular de oferta de franquia, por escrito e em linguagem clara e acessível, contendo obrigatoriamente as seguintes informações:
I — histórico resumido, forma societária e nome completo ou razão social do franqueador e de todas as empresas a que esteja diretamente ligado, bem como os respectivos nomes de fantasia e endereços;
II — balanços e demonstrações financeiras da empresa franqueadora relativos aos dois últimos exercícios;
III — indicação precisa de todas as pendências judiciais em que estejam envolvidos o franqueador, as empresas controladoras e titulares de marcas, patentes e direitos autorais relativos à operação, e seus subfranqueadores, questionando especificamente o sistema da franquia ou que possam diretamente vir a impossibilitar o funcionamento da franquia;
IV — descrição detalhada da franquia, descrição geral do negócio e das atividades que serão desempenhadas pelo franqueado;
V — perfil do franqueado ideal no que se refere a experiência anterior, nível de escolaridade e outras características que deve ter, obrigatória ou preferencialmente;

VI — requisitos quanto ao envolvimento direto do franqueado na operação e na administração do negócio;

VII — especificações quanto ao:

a) total estimado do investimento inicial necessário à aquisição, implantação e entrada em operação da franquia;

b) valor da taxa inicial de filiação ou taxa de franquia e de caução; e

c) valor estimado das instalações, equipamentos e do estoque inicial e suas condições de pagamento;

VIII — informações claras quanto a taxas periódicas e outros valores a serem pagos pelo franqueado ao franqueador ou a terceiros por este indicados, detalhando as respectivas bases de cálculo e o que as mesmas remuneram ou o fim a que se destinam, indicando, especificamente, o seguinte:

a) remuneração periódica pelo uso do sistema, da marca ou em troca dos serviços efetivamente prestados pelo franqueador ao franqueado (royalties);

b) aluguel de equipamentos ou ponto comercial;

c) taxa de publicidade ou semelhante;

d) seguro mínimo; e

e) outros valores devidos ao franqueador ou a terceiros que a ele sejam ligados;

IX — relação completa de todos os franqueados, subfranqueados e subfranqueadores da rede, bem como dos que se desligaram nos últimos doze meses, com nome, endereço e telefone;

X — em relação ao território, deve ser especificado o seguinte:

a) se é garantida ao franqueado exclusividade ou preferência sobre determinado território de atuação e, caso positivo, em que condições o faz; e

b) possibilidade de o franqueado realizar vendas ou prestar serviços fora de seu território ou realizar exportações;

XI — informações claras e detalhadas quanto à obrigação do franqueado de adquirir quaisquer bens, serviços ou insumos necessários à implantação, operação ou administração de sua franquia, apenas de fornecedores indicados e aprovados pelo franqueador, oferecendo ao franqueado relação completa desses fornecedores;

XII — indicação do que é efetivamente oferecido ao franqueado pelo franqueador, no que se refere a:

a) supervisão de rede;

b) serviços de orientação e outros prestados ao franqueado;

c) treinamento do franqueado, especificando duração, conteúdo e custos;

d) treinamento dos funcionários do franqueado;

e) manuais de franquia;

f) auxílio na análise e escolha do ponto onde será instalada a franquia; e

g) layout e padrões arquitetônicos nas instalações do franqueado;

XIII — situação perante o Instituto Nacional de Propriedade Industrial — (INPI) das marcas ou patentes cujo uso estará sendo autorizado pelo franqueador;

XIV — situação do franqueado, após a expiração do contrato de franquia, em relação a:
a) know how ou segredo de indústria a que venha a ter acesso em função da franquia; e
b) implantação de atividade concorrente da atividade do franqueador;
XV — modelo do contrato-padrão e, se for o caso, também do pré-contrato-padrão de franquia adotado pelo franqueador, com texto completo, inclusive dos respectivos anexos e prazo de validade.
Art. 4º A circular oferta de franquia deverá ser entregue ao candidato a franqueado no mínimo 10 (dez) dias antes da assinatura do contrato ou pré-contrato de franquia ou ainda do pagamento de qualquer tipo de taxa pelo franqueado ao franqueador ou a empresa ou pessoa ligada a este.
Parágrafo único. Na hipótese do não cumprimento do disposto no caput deste artigo, o franqueado poderá argüir a anulabilidade do contrato e exigir devolução de todas as quantias que já houver pago ao franqueador ou a terceiros por ele indicados, a título de taxa de filiação e royalties, devidamente corrigidas, pela variação da remuneração básica dos depósitos de poupança mais perdas e danos.
Art. 5º (VETADO).
Art. 6º O contrato de franquia deve ser sempre escrito e assinado na presença de 2 (duas) testemunhas e terá validade independentemente de ser levado a registro perante cartório ou órgão público.
Art. 7º A sanção prevista no parágrafo único do art. 4º desta lei aplica-se, também, ao franqueador que veicular informações falsas na sua circular de oferta de franquia, sem prejuízo das sanções penais cabíveis.
Art. 8º O disposto nesta lei aplica-se aos sistemas de franquia instalados e operados no território nacional.
Art. 9º Para os fins desta lei, o termo franqueador, quando utilizado em qualquer de seus dispositivos, serve também para designar o subfranqueador, da mesma forma que as disposições que se refiram ao franqueado aplicam-se ao subfranqueado.
Art. 10. Esta lei entra em vigor 60 (sessenta) dias após sua publicação.
Art. 11. Revogam-se as disposições em contrário.
Brasília, 15 de dezembro de 1994; 173º da Independência e 106º da República.
ITAMAR FRANCO
Ciro Ferreira Gomes

LEI Nº 8.974, DE 5 DE JANEIRO DE 1995.

Regulamenta os incisos II e V do § 1º do art. 225 da Constituição Federal, estabelece normas para o uso das técnicas de engenharia genética e liberação no meio ambiente de organismos geneticamente modificados, autoriza o Poder Executivo a criar, no âmbito da Presidência da República, a Comissão Técnica Nacional de Biossegurança, e dá outras providências.

O PRESIDENTE DA REPÚBLICA Faço saber que o Congresso Nacional decreta e eu sanciono a seguinte Lei:

Art. 1º Esta Lei estabelece normas de segurança e mecanismos de fiscalização no uso das técnicas de engenharia genética na construção, cultivo, manipulação, transporte, comercialização, consumo, liberação e descarte de organismo geneticamente modificado (OGM), visando a proteger a vida e a saúde do homem, dos animais e das plantas, bem como o meio ambiente.

Art 1º A — (Vide Medida Provisória nº 2.191-9, de 23.8.2001)
Art 1º B — (Vide Medida Provisória nº 2.191-9, de 23.8.2001)
Art 1º C — (Vide Medida Provisória nº 2.191-9, de 23.8.2001)
Art 1º D — (Vide Medida Provisória nº 2.191-9, de 23.8.2001)

Art. 2º As atividades e projetos, inclusive os de ensino, pesquisa científica, desenvolvimento tecnológico e de produção industrial que envolvam OGM no território brasileiro, ficam restritos ao âmbito de entidades de direito público ou privado, que serão tidas como responsáveis pela obediência aos preceitos desta Lei e de sua regulamentação, bem como pelos eventuais efeitos ou conseqüências advindas de seu descumprimento.

§ 1º Para os fins desta Lei consideram-se atividades e projetos no âmbito de entidades como sendo aqueles conduzidos em instalações próprias ou os desenvolvidos alhures sob a sua responsabilidade técnica ou científica.

§ 2º As atividades e projetos de que trata este artigo são vedados a pessoas físicas enquanto agentes autônomos independentes, mesmo que mantenham vínculo empregatício ou qualquer outro com pessoas jurídicas.

§ 3º As organizações públicas e privadas, nacionais, estrangeiras ou internacionais, financiadoras ou patrocinadoras de atividades ou de projetos referidos neste artigo, deverão certificar-se da idoneidade técnico-científica e da plena adesão dos entes financiados, patrocinados, conveniados ou contratados às normas e mecanismos de salvaguarda previstos nesta Lei, para o que deverão exigir a apresentação do Certificado de Qualidade em Biossegurança de que trata o art. 6º, inciso XIX, sob pena de se tornarem co-responsáveis pelos eventuais efeitos advindos de seu descumprimento.

Art. 3º Para os efeitos desta Lei, define-se:

I — **organismo** — toda entidade biológica capaz de reproduzir e/ou de transferir material genético, incluindo vírus, prions e outras classes que venham a ser conhecidas;

II — **ácido desoxirribonucléico (ADN), ácido ribonucléico (ARN)** — material genético que contém informações determinantes dos caracteres hereditários transmissíveis à descendência;

III — **moléculas de ADN/ARN recombinante** — aquelas manipuladas fora das células vivas, mediante a modificação de segmentos de ADN/ARN natural ou sintético que possam multiplicar-se em uma célula viva, ou ainda, as moléculas de ADN/ARN resultantes dessa multiplicação. Consideram-se, ainda, os segmentos de ADN/ARN sintéticos equivalentes aos de ADN/ARN natural;

IV — **organismo geneticamente modificado (OGM)** — organismo cujo material genético (ADN/ARN) tenha sido modificado por qualquer técnica de engenharia genética;

V — **engenharia genética** — atividade de manipulação de moléculas ADN/ARN recombinante.

Parágrafo único. Não são considerados como OGM aqueles resultantes de técnicas que impliquem a introdução direta, num organismo, de material hereditário, desde que não envolvam a utilização de moléculas de ADN/ARN recombinante ou OGM, tais como: fecundação **in vitro**, conjugação, transdução, transformação, indução poliplóide e qualquer outro processo natural.

Art. 4º Esta Lei não se aplica quando a modificação genética for obtida através das seguintes técnicas, desde que não impliquem a utilização de OGM como receptor ou doador:

I — mutagênese;

II — formação e utilização de células somáticas de hibridoma animal;

III — fusão celular, inclusive a de protoplasma, de células vegetais, que possa ser produzida mediante métodos tradicionais de cultivo;

IV — autoclonagem de organismos não-patogênicos que se processe de maneira natural.

Art. 5º (VETADO)

Art. 6º (VETADO)

Art. 7º Caberá, dentre outras atribuições, aos órgãos de fiscalização do Ministério da Saúde, do Ministério da Agricultura, do Abastecimento e da Reforma Agrária e do Ministério do Meio Ambiente e da Amazônia Legal, dentro do campo de suas competências, observado o parecer técnico conclusivo da CTNBio e os mecanismos estabelecidos na regulamentação desta Lei: (Vide Medida Provisória nº 2.191-9, de 23.8.2001)

I — (VETADO)

II — a fiscalização e a monitorização de todas as atividades e projetos relacionados a OGM do Grupo II; (Vide Medida Provisória n° 2.191-9, de 23.8.2001)

III — a emissão do registro de produtos contendo OGM ou derivados de OGM a serem comercializados para uso humano, animal ou em plantas, ou para a liberação no meio ambiente;

IV — a expedição de autorização para o funcionamento de laboratório, instituição ou empresa que desenvolverá atividades relacionadas a OGM;

V — a emissão de autorização para a entrada no País de qualquer produto contendo OGM ou derivado de OGM;

VI — manter cadastro de todas as instituições e profissionais que realizem atividades e projetos relacionados a OGM no território nacional;

VII — encaminhar à CTNBio, para emissão de parecer técnico, todos os processos relativos a projetos e atividades que envolvam OGM;

VIII — encaminhar para publicação no Diário Oficial da União resultado dos processos que lhe forem submetidos a julgamento, bem como a conclusão do parecer técnico;

IX — aplicar as penalidades de que trata esta Lei nos arts. 11 e 12.

X — (Vide Medida Provisória n° 2.191-9, de 23.8.2001)

Art. 8° É vedado, nas atividades relacionadas a OGM:

I — qualquer manipulação genética de organismos vivos ou o manejo **in vitro** de ADN/ARN natural ou recombinante, realizados em desacordo com as normas previstas nesta Lei;

II — a manipulação genética de células germinais humanas;

III — a intervenção em material genético humano **in vivo**, exceto para o tratamento de defeitos genéticos, respeitando-se princípios éticos, tais como o princípio de autonomia e o princípio de beneficência, e com a aprovação prévia da CTNBio;

IV — a produção, armazenamento ou manipulação de embriões humanos destinados a servir como material biológico disponível;

V — a intervenção **in vivo** em material genético de animais, excetuados os casos em que tais intervenções se constituam em avanços significativos na pesquisa científica e no desenvolvimento tecnológico, respeitando-se princípios éticos, tais como o princípio da responsabilidade e o princípio da prudência, e com aprovação prévia da CTNBio;

VI — a liberação ou o descarte no meio ambiente de OGM em desacordo com as normas estabelecidas pela CTNBio e constantes na regulamentação desta Lei.

§ 1° Os produtos contendo OGM, destinados à comercialização ou industrialização, provenientes de outros países, só poderão ser introduzidos no Brasil após o parecer prévio conclusivo da CTNBio e a autorização do órgão de fiscalização competente, levando-se em consideração pareceres técnicos de outros países, quando disponíveis.

§ 2º Os produtos contendo OGM, pertencentes ao Grupo II conforme definido no Anexo I desta Lei, só poderão ser introduzidos no Brasil após o parecer prévio conclusivo da CTNBio e a autorização do órgão de fiscalização competente.

§ 3º (VETADO)

Art. 9º Toda entidade que utilizar técnicas e métodos de engenharia genética deverá criar uma Comissão Interna de Biossegurança (CIBio), além de indicar um técnico principal responsável por cada projeto específico.

Art. 10. Compete à Comissão Interna de Biossegurança (CIBio) no âmbito de sua Instituição:

I — manter informados os trabalhadores, qualquer pessoa e a coletividade, quando suscetíveis de serem afetados pela atividade, sobre todas as questões relacionadas com a saúde e a segurança, bem como sobre os procedimentos em caso de acidentes;

II — estabelecer programas preventivos e de inspeção para garantir o funcionamento das instalações sob sua responsabilidade, dentro dos padrões e normas de biossegurança, definidos pela CTNBio na regulamentação desta Lei;

III — encaminhar à CTNBio os documentos cuja relação será estabelecida na regulamentação desta Lei, visando a sua análise e a autorização do órgão competente quando for o caso;

IV — manter registro do acompanhamento individual de cada atividade ou projeto em desenvolvimento envolvendo OGM;

V — notificar à CTNBio, às autoridades de Saúde Pública e às entidades de trabalhadores, o resultado de avaliações de risco a que estão submetidas as pessoas expostas, bem como qualquer acidente ou incidente que possa provocar a disseminação de agente biológico;

VI — investigar a ocorrência de acidentes e as enfermidades possivelmente relacionados a OGM, notificando suas conclusões e providências à CTNBio.

Art. 11. Constitui infração, para os efeitos desta Lei, toda ação ou omissão que importe na inobservância de preceitos nela estabelecidos, com exceção dos §§ 1º e 2º e dos incisos de II a VI do art. 8º, ou na desobediência às determinações de caráter normativo dos órgãos ou das autoridades administrativas competentes.

Art. 12. Fica a CTNBio autorizada a definir valores de multas a partir de 16.110,80 UFIR, a serem aplicadas pelos órgãos de fiscalização referidos no art. 7º, proporcionalmente ao dano direto ou indireto, nas seguintes infrações:

I — não obedecer às normas e aos padrões de biossegurança vigentes;

II — implementar projeto sem providenciar o prévio cadastramento da entidade dedicada à pesquisa e manipulação de OGM, e de seu responsável técnico, bem como da CTNBio;

III — liberar no meio ambiente qualquer OGM sem aguardar sua prévia aprovação, mediante publicação no Diário Oficial da União;

IV — operar os laboratórios que manipulam OGM sem observar as normas de biossegurança estabelecidas na regulamentação desta Lei;

V — não investigar, ou fazê-lo de forma incompleta, os acidentes ocorridos no curso de pesquisas e projetos na área de engenharia genética, ou não enviar relatório respectivo à autoridade competente no prazo máximo de 5 (cinco) dias a contar da data de transcorrido o evento;

VI — implementar projeto sem manter registro de seu acompanhamento individual;

VII — deixar de notificar, ou fazê-lo de forma não imediata, à CTNBio e às autoridades da Saúde Pública, sobre acidente que possa provocar a disseminação de OGM;

VIII — não adotar os meios necessários à plena informação da CTNBio, das autoridades da Saúde Pública, da coletividade, e dos demais empregados da instituição ou empresa, sobre os riscos a que estão submetidos, bem como os procedimentos a serem tomados, no caso de acidentes;

IX — qualquer manipulação genética de organismo vivo ou manejo **in vitro** de ADN/ARN natural ou recombinante, realizados em desacordo com as normas previstas nesta Lei e na sua regulamentação.

§ 1º No caso de reincidência, a multa será aplicada em dobro.

§ 2º No caso de infração continuada, caracterizada pela permanência da ação ou omissão inicialmente punida, será a respectiva penalidade aplicada diariamente até cessar sua causa, sem prejuízo da autoridade competente, podendo paralisar a atividade imediatamente e/ou interditar o laboratório ou a instituição ou empresa responsável.

Art. 13. Constituem crimes:

I — a manipulação genética de células germinais humanas;

II — a intervenção em material genético humano **in vivo**, exceto para o tratamento de defeitos genéticos, respeitando-se princípios éticos tais como o princípio de autonomia e o princípio de beneficência, e com a aprovação prévia da CTNBio;

Pena — detenção de três meses a um ano.

§ 1º Se resultar em:
a) incapacidade para as ocupações habituais por mais de trinta dias;
b) perigo de vida;
c) debilidade permanente de membro, sentido ou função;
d) aceleração de parto;

Pena — reclusão de um a cinco anos.

§ 2º Se resultar em:
a) incapacidade permanente para o trabalho;
b) enfermidade incurável;
c) perda ou inutilização de membro, sentido ou função;
d) deformidade permanente;
e) aborto;

Pena — reclusão de dois a oito anos.

§ 3º Se resultar em morte;

Pena — reclusão de seis a vinte anos.

III — a produção, armazenamento ou manipulação de embriões humanos destinados a servirem como material biológico disponível;
Pena — reclusão de seis a vinte anos.

IV — a intervenção **in vivo** em material genético de animais, excetuados os casos em que tais intervenções se constituam em avanços significativos na pesquisa científica e no desenvolvimento tecnológico, respeitando-se princípios éticos, tais como o princípio da responsabilidade e o princípio da prudência, e com aprovação prévia da CTNBio;
Pena — detenção de três meses a um ano;

V — a liberação ou o descarte no meio ambiente de OGM em desacordo com as normas estabelecidas pela CTNBio e constantes na regulamentação desta Lei.
Pena — reclusão de um a três anos;

§ 1º Se resultar em:
a) lesões corporais leves;
b) perigo de vida;
c) debilidade permanente de membro, sentido ou função;
d) aceleração de parto;
e) dano à propriedade alheia;
f) dano ao meio ambiente;
Pena — reclusão de dois a cinco anos.

§ 2º Se resultar em:
a) incapacidade permanente para o trabalho;
b) enfermidade incurável;
c) perda ou inutilização de membro, sentido ou função;
d) deformidade permanente;
e) aborto;
f) inutilização da propriedade alheia;
g) dano grave ao meio ambiente;
Pena — reclusão de dois a oito anos;

§ 3º Se resultar em morte;
Pena — reclusão de seis a vinte anos.

§ 4º Se a liberação, o descarte no meio ambiente ou a introdução no meio de OGM for culposo:
Pena — reclusão de um a dois anos.

§ 5º Se a liberação, o descarte no meio ambiente ou a introdução no País de OGM for culposa, a pena será aumentada de um terço se o crime resultar de inobservância de regra técnica de profissão.

§ 6º O Ministério Público da União e dos Estados terá legitimidade para propor ação de responsabilidade civil e criminal por danos causados ao homem, aos animais, às plantas e ao meio ambiente, em face do descumprimento desta Lei.

Art. 14. Sem obstar a aplicação das penas previstas nesta Lei, é o autor obrigado, independente da existência de culpa, a indenizar ou reparar os danos causados ao meio ambiente e a terceiros, afetados por sua atividade.

Disposições Gerais e Transitórias

Art. 15. Esta Lei será regulamentada no prazo de 90 (noventa) dias a contar da data de sua publicação.

Art. 16. As entidades que estiverem desenvolvendo atividades reguladas por esta Lei na data de sua publicação, deverão adequar-se às suas disposições no prazo de cento e vinte dias, contados da publicação do decreto que a regulamentar, bem como apresentar relatório circunstanciado dos produtos existentes, pesquisas ou projetos em andamento envolvendo OGM.

Parágrafo único. Verificada a existência de riscos graves para a saúde do homem ou dos animais, para as plantas ou para o meio ambiente, a CTNBio determinará a paralisação imediata da atividade.

Art. 17. Esta Lei entra em vigor na data de sua publicação.

Art. 18. Revogam-se as disposições em contrário.

Brasília, 5 de janeiro de 1995; 174º da Independência e 107º da República.
FERNANDO HENRIQUE CARDOSO
Nelson Jobim
José Eduardo De Andrade Vieira
Paulo Renato Souza
Adib Jatene
José Israel Vargas
Gustavo Krause
Este texto não substitui o publicado no D.O.U. de 6.1.1995

ANEXO I

Para efeitos desta Lei, os organismos geneticamente modificados classificam-se da seguinte maneira:

Grupo I: compreende os organismos que preenchem os seguintes critérios:

A. Organismo receptor ou parental:
- não-patogênico;
- isento de agentes adventícios;
- com amplo histórico documentado de utilização segura, ou a incorporação de barreiras biológicas que, sem interferir no crescimento ótimo em reator ou fermentador, permita uma sobrevivência e multiplicação limitadas, sem efeitos negativos para o meio ambiente.

B. Vetor/inserto:
- deve ser adequadamente caracterizado e desprovido de seqüências nocivas conhecidas;
- deve ser de tamanho limitado, no que for possível, às seqüências genéticas necessárias para realizar a função projetada;
- não deve incrementar a estabilidade do organismo modificado no meio ambiente;
- deve ser escassamente mobilizável;

- não deve transmitir nenhum marcador de resistência a organismos que, de acordo com os conhecimentos disponíveis, não o adquira de forma natural.

C. Organismos geneticamente modificados:

- não-patogênicos;
- que ofereçam a mesma segurança que o organismo receptor ou parental no reator ou fermentador, mas com sobrevivência e/ou multiplicação limitadas, sem efeitos negativos para o meio ambiente.

D. Outros organismos geneticamente modificados que poderiam incluir-se no Grupo I, desde que reúnam as condições estipuladas no item C anterior:

- microorganismos construídos inteiramente a partir de um único receptor procariótico (incluindo plasmídeos e vírus endógenos) ou de um único receptor eucariótico (incluindo seus cloroplastos, mitocôndrias e plasmídeos, mas excluindo os vírus) e organismos compostos inteiramente por seqüências genéticas de diferentes espécies que troquem tais seqüências mediante processos fisiológicos conhecidos.

Grupo II: todos aqueles não incluídos no Grupo I.

DECRETO Nº 1.752, DE 20 DE DEZEMBRO DE 1995.

Regulamenta a Lei nº 8.974, de 5 de janeiro de 1995, dispõe sobre a vinculação, competência e composição da Comissão Técnica Nacional de Biossegurança — CTNBio, e dá outras providências.

O VICE-PRESIDENTE DA REPÚBLICA, no exercício do cargo de Presidente da República, usando das atribuições que lhe confere o art. 84, incisos IV e VI, da Constituição, e tendo em vista o disposto na Lei nº 8.974, de 5 de janeiro de 1995,
DECRETA:

CAPÍTULO I
DA VINCULAÇÃO DA CTNBio

Art. 1º A Comissão Técnica Nacional de Biossegurança — CTNBio vincula-se à Secretaria Executiva do Ministério da Ciência e Tecnologia.

Parágrafo único. A CTNBio contará com uma Secretaria Executiva, que proverá o apoio técnico e administrativo à Comissão.

CAPÍTULO II
DA COMPETÊNCIA DA CTNBio

Art. 2º Compete à CTNBio:

I — propor a Política Nacional de Biossegurança;

II — acompanhar o desenvolvimento e o progresso técnico e científico na biossegurança e em áreas afins, objetivando a segurança dos consumidores e da população em geral, com permanente cuidado à proteção do meio ambiente;

III — relacionar-se com instituições voltadas para a engenharia genética e a biossegurança a nível nacional e internacional;

IV — propor o Código de Ética de Manipulações Genéticas;

V — estabelecer normas e regulamentos relativos às atividades e projetos que contemplem construção, cultivo, manipulação, uso, transporte, armazenamento, comercialização, consumo, liberação e descarte relacionados a organismos geneticamente modificados (OGM);

VI — classificar os OGM segundo o grau de risco, definindo os níveis de biossegurança a eles aplicados e às atividades consideradas insalubres e perigosas;

VII — estabelecer os mecanismos de funcionamento das Comissões Internas de Biossegurança — CIBio, no âmbito de cada instituição que se dedique a ensino, pesquisa, desenvolvimento e utilização das técnicas de engenharia genética;

VIII — emitir parecer técnico sobre os projetos relacionados a OGM pertencentes ao Grupo II, conforme definido no Anexo I da Lei n° 8.974, de 1995, encaminhando-o aos órgãos competentes;

IX — apoiar tecnicamente os órgãos competentes no processo de investigação de acidentes e de enfermidades verificadas no curso dos projetos e das atividades na área de engenharia genética, bem como na fiscalização e monitoramento desses projetos e atividades;

X — emitir parecer técnico prévio conclusivo sobre qualquer liberação de OGM no meio ambiente, encaminhando-o ao órgão competente;

XI — divulgar no Diário Oficial da União, previamente ao processo de análise, extrato dos pleitos que forem submetidos à sua aprovação, referentes à liberação de OGM no meio, ambiente, excluindo-se as informações sigilosas de interesse comercial, objeto de direito de propriedade intelectual, apontadas pelo proponente e assim por ela consideradas;

XII — emitir parecer técnico prévio conclusivo sobre registro, uso, transporte, armazenamento, comercialização, consumo, liberação e descarte de produto contendo OGM ou derivados, encaminhando-o ao órgão de fiscalização competente;

XIII — divulgar no Diário Oficial da União o resultado dos processos que lhe forem submetidos a julgamento, bem como a conclusão do parecer técnico;

XIV — exigir como documentação adicional, se entender necessário, Estudo de Impacto Ambiental (EIA) e respectivo Relatório de Impacto no Meio Ambiente (RIMA) de projetos e aplicação que envolvam a liberação de OGM no meio ambiente, além das exigências específicas para o nível de risco aplicável;

XV — emitir, por solicitação do proponente, Certificado de Qualidade em Biossegurança — CQB, referente às instalações destinadas a qualquer atividade ou projeto que envolva OGM ou derivados;

XVI — recrutar consultores ad hoc quando necessário;

XVII — propor modificações na regulamentação da Lei n° 8.974, de 1995;

XVIII — elaborar e aprovar seu regimento interno no prazo de trinta dias, após sua instalação.

CAPÍTULO III
DA COMPOSIÇÃO DA CTNBio

Art. 3° A CTNBio, composta de membros efetivos e suplentes, designados pelo Presidente da República, será constituída por:

I — oito especialistas de notório saber científico e técnico, em exercício no segmento de biotecnologia, sendo dois da área humana, dois da área animal, dois da área vegetal e dois da área ambiental;

II — um representante de cada um dos seguintes Ministérios, indicados pelos respectivos titulares:

a) da Ciência e Tecnologia;
b) da Saúde;
c) do Meio Ambiente, dos Recursos Hídricos e da Amazônia Legal;
d) da Educação e do Desporto;
e) das Relações Exteriores;

III — dois representantes do Ministério da Agricultura, do Abastecimento e da Reforma Agrária, sendo um da área vegetal e o outro da área animal, indicados pelo respectivo titular;

IV — um representante de órgão legalmente constituído de defesa do consumidor;

V — um representante de associações legalmente constituídas, representativas do setor empresarial de biotecnologia, a ser indicado pelo Ministro de Estado da Ciência e Tecnologia, a partir de listas tríplices encaminhadas pelas associações referidas;

VI — um representante de órgão legalmente constituído de proteção à saúde do trabalhador.

§ 1º Os candidatos indicados para a composição da CTNBio deverão apresentar qualificação adequada e experiência profissional no segmento de biotecnologia, que deverá ser comprovada pelos respectivos curriculum vitae.

§ 2º Os especialistas referidos no inciso I serão indicados pelo Ministro de Estado da Ciência e Tecnologia, a partir de nomes de cientistas com grau de Doutor, que lhe forem recomendados por instituições e associações científicas e tecnológicas relacionadas ao segmento de biotecnologia.

§ 3º A indicação de que trata o parágrafo anterior será feita no prazo de trinta dias, contado do recebimento da consulta formulada pela Secretaria Executiva da CTNBio, a ser feita no mesmo prazo, a partir da ocorrência da vaga.

§ 4º No caso de não-aprovação dos nomes propostos, o Ministro de Estado da Ciência e Tecnologia poderá solicitar indicação alternativa de outros nomes.

§ 5º O representante de que trata o inciso IV deste artigo será indicado pelo Ministro de Estado da Ciência e Tecnologia, a partir de sugestões, em lista tríplice, de instituições públicas ou não-governamentais de proteção e defesa do consumidor, observada a mesma sistemática de consulta e indicação prevista no § 3º.

§ 6º Consideram-se de defesa do consumidor as instituições públicas ou privadas cadastradas no Departamento de Proteção e Defesa do Consumidor da Secretaria de Direito Econômico do Ministério da Justiça.

§ 7º Cada uma das associações representativas do setor empresarial de biotecnologia, legalmente constituída e cadastrada na Secretaria Executiva da CTNBio, encaminhará lista tríplice para escolha do representante de que trata o inciso V, observada a mesma sistemática de consulta e indicação prevista no § 3º.

§ 8º O representante de que trata o inciso VI deste artigo será indicado pelo Ministro de Estado da Ciência e Tecnologia, a partir de sugestões dos Ministérios da Saúde e do Trabalho e de organizações não-governamentais de proteção à saúde do trabalhador, observada a mesma sistemática de consulta e indicação prevista no § 3º.

CAPÍTULO IV
DO MANDATO DOS MEMBROS DA CTNBio

Art. 4º O mandato dos membros da CTNBio será de três anos, permitida a recondução uma única vez.

Parágrafo único. A cada três anos, a composição da CTNBio será renovada na metade de seus membros, devendo necessariamente ser reconduzidos, no primeiro mandato, quatro dos oito especialistas de que trata o inciso I do art. 3º

Art. 5º O Ministro de Estado da Ciência e Tecnologia designará um dos membros da CTNBio para exercer a presidência da Comissão, a partir de lista tríplice elaborada pelo Colegiado durante a sessão de sua instalação.

Parágrafo único. O mandato do Presidente da CTNBio será de um ano, podendo ser renovado por até dois períodos consecutivos.

Art. 6º As funções e atividades desenvolvidas pelos membros da CTNBio serão consideradas de alta relevância e honoríficas, mas não ensejam qualquer remuneração, ressalvado o pagamento das despesas de locomoção e estada nos períodos das reuniões.

CAPÍTULO V
DAS NORMAS DA CTNBio E
DO CERTIFICADO DE QUALIDADE EM BIOSSEGURANÇA

Art. 7º As normas e disposições relativas às atividades e projetos relacionados a OGM e derivados, a serem expedidas pela CTNBio, abrangerão a construção, cultivo, manipulação, uso, transporte, armazenamento, comercialização, consumo, liberação e descarte dos mesmos, com vistas especialmente à segurança do material e à proteção dos seres vivos e do meio ambiente.

Art. 8º O Certificado de Qualidade em Biossegurança — CQB, a que se refere o § 3º do art. 2º da Lei nº 8.974, de 1995, é necessário às entidades nacionais, estrangeiras ou internacionais, para que possam desenvolver atividades relativas a OGM e derivados, devendo ser requerido pelo proponente e emitido pela CTNBio.

§ 1º Incluem-se entre as entidades a que se refere este artigo as que se dedicam ao ensino, à pesquisa científica, ao desenvolvimento tecnológico e à prestação de serviços que envolvam OGM e derivados, no território nacional.

§ 2º As organizações públicas e privadas, nacionais, estrangeiras ou internacionais para financiarem ou patrocinarem, ainda que mediante convênio ou contrato, atividades ou projetos previstos neste artigo, deverão exigir das instituições beneficiadas, que funcionem no território nacional, o CQB, sob pena de com elas se tornarem co-responsáveis pelos eventuais efeitos advindos do descumprimento dessa exigência.

§ 3º O requerimento para obtenção do CQB deverá estar acompanhado de documentos referentes à constituição da pessoa jurídica interessada, sua localização, idoneidade financeira, fim a que se propõe, descrição promenorizada de suas instalações e do pessoal, além de outros dados que serão especificados em formulário próprio, a ser definido pela CTNBio em instruções normativas.

§ 4º Será exigido novo CQB toda vez que houver alteração de qualquer componente que possa modificar as condições previamente aprovadas.

§ 5º Após o recebimento do pedido de CQB, a Secretaria Executiva da CTNBio terá prazo de trinta dias para manifestar-se sobre a documentação oferecida, formulando as exigências que considerar necessárias. Atendidas as exigências e realizada a vistoria, quando necessária, por membro da CTNBio ou por pessoa ou firma especializada, credenciada e contratada para tal fim, a CTNBio expedirá o CQB no prazo de trinta dias.

CAPÍTULO VI
DO FUNCIONAMENTO DA CTNBio

Art. 9º Os pleitos relativos às atividades com OGM ou derivados, incluindo o registro de produtos, deverão ser encaminhados á CTNBio em formulário próprio, a ser definido em instrução normativa.

Art. 10. A CTNBio constituirá, dentre seus membros efetivos e suplentes, Comissões Setoriais Específicas para apoiar tecnicamente os órgãos de fiscalização dos Ministérios da Saúde, da Agricultura, do Abastecimento e da Reforma Agrária e do Meio Ambiente, dos Recursos Hídricos e da Amazônia Legal, com relação às competências que lhes são atribuídas pela Lei nº 8.974, de 1995.

§ 1º As Comissões de que trata o *caput* deste artigo serão compostas, cada uma, pelo representante do respectivo Ministério, responsável pelo setor específico junto à CTNBio, que a presidirá, e por membros da CTNBio de áreas relacionadas ao setor.

§ 2º Os membros das Comissões Setoriais Específicas, efetivos e suplentes, exercerão o mandato pelo período de três anos, podendo ser renovado. O mandato nesta Comissão findará com o término do mandato que exercer na CTNBio.

§ 3º As Comissões Setoriais Específicas funcionarão como extensão da CTNBio e contarão, nos respectivos Ministérios, com estrutura adequada para o seu funcionamento.

§ 4º As Comissões Setoriais Específicas poderão recrutar consultores ad hoc, quando necessário.

Art. 11. Os seguintes órgãos serão responsáveis pelo registro, transporte, comercialização, manipulação e liberação de produtos contendo OGM ou derivados, de acordo com parecer emanado da CTNBio:

I — no Ministério da Saúde, a Secretaria de Vigilância Sanitária;

II — no Ministério do Meio Ambiente, dos Recursos Hídricos e da Amazônia Legal, a Secretaria de Coordenação de Assuntos do Meio Ambiente;

III — no Ministério da Agricultura, do Abastecimento e da Reforma Agrária, a Secretaria de Defesa Agropecuária.

Art. 12. A fiscalização e o monitoramento das atividades de que trata o artigo anterior serão conduzidas pelas Comissões Setoriais Específicas nos respectivos Ministérios, em consonância com os órgãos de fiscalização competentes.

Parágrafo único. As atividades relacionadas a pesquisa e desenvolvimento com OGM e derivados terão os mecanismos de fiscalização definidos pela CTNBio.

Art. 13. Caberá à CTNBio o encaminhamento dos pleitos às Comissões Setoriais Específicas incumbidas de elaborar parecer conclusivo, que os enviará ao órgão competente referido no art. 12 deste Decreto, para as providências cabíveis.

Parágrafo único. Procedido ao exame necessário, as Comissões Setoriais Específicas devolverão os processos à CTNBio, que informará ao interessado o resultado do pleito e providenciará sua divulgação.

Art. 14. A CTNBio se instalará e deliberará com a presença de, no mínimo, 2/3 de seus membros.

CAPÍTULO VII
DA DIVULGAÇÃO DOS PROJETOS

Art. 15. Ao promover a divulgação dos projetos referentes à liberação de OGM no meio ambiente, submetidos a sua aprovação, a CTNBio examinará os pontos que o proponente considerar sigilosos e que, por isso, devam ser excluídos da divulgação.

§ 1º Não concordando com a exclusão, a CTNBio, em expediente sigiloso, fará comunicação a respeito ao proponente, que, no prazo de dez dias, deverá manifestar-se a respeito.

§ 2º A CTNBio, se mantiver seu entendimento sobre a não exclusão, submeterá a matéria à deliberação do Conselho Nacional de Ciência e Tecnologia do Ministério da Ciência e Tecnologia, em expediente sigiloso, com parecer fundamentado, devendo a decisão final ser proferida em trinta dias.

§ 3º Os membros da CTNBio deverão manter sigilo no que se refere às matérias submetidas ao plenário da Comissão.

CAPÍTULO VIII
DAS DISPOSIÇÕES TRANSITÓRIAS

Art. 16. As instituições que estejam desenvolvendo atividades e projetos com OGM ou derivados na data da publicação deste Decreto terão prazo de noventa dias para requerer o CQB à CTNBio.

Parágrafo único. A CTNBio terá prazo de noventa dias para emissão do CQB, ficando facultada à Comissão a vistoria da instituição solicitante.

CAPÍTULO IX
DAS DISPOSIÇÕES FINAIS

Art. 17. O Ministério da Ciência e Tecnologia adotará as providências necessárias para inclusão em seu orçamento de recursos específicos para funcionamento da CTNBio, incluindo a remuneração dos consultores *ad hoc* que vier a contratar.

Art. 18. Os prazos de que trata este Decreto, que dependam de instruções normativas emanadas da CTNBio, terão vigência a partir da publicação respectiva.

Art. 19. Este Decreto entra em vigor na data de sua publicação.

Art. 20. Fica revogado o Decreto nº 1.520, de 12 de junho de 1995.

Brasília, 20 de dezembro de 1995; 174º da Independência e 107º da República.

DECRETO Nº 1.800, DE 30 DE JANEIRO DE 1996.

Regulamenta a Lei nº 8.934, de 18 de novembro de 1994, que dispõe sobre o Registro Público de Empresas Mercantis e Atividades Afins e dá outras providências.

O PRESIDENTE DA REPÚBLICA, no uso da atribuição que lhe confere o art. 84, inciso IV, da Constituição, e tendo em vista o disposto no art. 67 da Lei nº 8.934, de 18 de novembro de 1994,
DECRETA:

TÍTULO I
DAS FINALIDADES E DA ORGANIZAÇÃO DO REGISTRO PÚBLICO DE EMPRESAS MERCANTIS E ATIVIDADES AFINS

CAPÍTULO I
DAS FINALIDADES

Art. 1º O Registro Público de Empresas Mercantis e Atividades Afins será exercido em todo o território nacional, de forma sistêmica, por órgãos federais e estaduais, com as seguintes finalidades:

I — dar garantia, publicidade, autenticidade, segurança e eficácia aos atos jurídicos das empresas mercantis, submetidos a registro na forma da lei;

II — cadastrar as empresas mercantis nacionais e estrangeiras em funcionamento no País e manter atualizadas as informações pertinentes;

III — proceder à matrícula dos agentes auxiliares do comércio, bem como ao seu cancelamento.

Art. 2º Os atos das organizações destinadas à exploração de qualquer atividade econômica com fins lucrativos, compreendidas as firmas mercantis individuais e as sociedades mercantis, independentemente de seu objeto, serão arquivados no Registro Público de Empresas Mercantis e Atividades Afins, salvo as exceções previstas em lei.

CAPÍTULO II
DA ORGANIZAÇÃO

SEÇÃO I
Das Disposições Gerais

Art. 3º Os serviços do Registro Público de Empresas Mercantis e Atividades Afins serão exercidos, em todo o território nacional, de maneira uniforme, harmônica e interdependente, pelo Sistema Nacional de Registro de Empresas Mercantis — SINREM, composto pelos seguintes órgãos:
I — Departamento Nacional de Registro do Comércio — DNRC, órgão central do SINREM, com funções supervisora, orientadora, coordenadora e normativa, no plano técnico; e supletiva, no plano administrativo;
II — Juntas Comerciais, com funções executora e administradora dos serviços de Registro Público de Empresas Mercantis e Atividades Afins.

SEÇÃO II
Do Departamento Nacional de Registro do Comércio

Art. 4º O Departamento Nacional de Registro do Comércio — DNRC, criado pela Lei nº 4.048, de 29 de dezembro de 1961, órgão integrante do Ministério da Indústria, do Comércio e do Turismo, tem por finalidade:
I — supervisionar e coordenar, no plano técnico, os órgãos incumbidos da execução dos serviços do Registro Público de Empresas Mercantis e Atividades Afins;
II — estabelecer e consolidar, com exclusividade, as normas e diretrizes gerais do Registro Público de Empresas Mercantis e Atividades Afins;
III — solucionar dúvidas ocorrentes na interpretação das leis, regulamentos e demais normas relacionadas com os serviços do Registro Público de Empresas Mercantis e Atividades Afins, baixando instruções para esse fim;
IV — prestar orientações às Juntas Comerciais, com vistas à solução de consultas e à observância das normas legais e regulamentares do Registro Público de Empresas Mercantis e Atividades Afins;
V — exercer ampla fiscalização jurídica sobre os órgãos incumbidos do Registro Público de Empresas Mercantis e Atividades Afins, representando para os devidos fins às autoridades administrativas contra abusos e infrações das respectivas normas e requerendo o que for necessário ao seu cumprimento;
VI — estabelecer normas procedimentais de arquivamento de atos de firmas mercantis individuais e de sociedades mercantis de qualquer natureza;
VII — promover ou providenciar, supletivamente, no plano administrativo, medidas tendentes a suprir ou corrigir ausências, falhas ou deficiências dos serviços de Registro Público de Empresas Mercantis e Atividades Afins;
VIII — prestar apoio técnico e financeiro às Juntas Comerciais para a melhoria dos serviços de Registro Público de Empresas Mercantis e Atividades Afins;

IX — organizar e manter atualizado o Cadastro Nacional de Empresas Mercantis — CNE, mediante colaboração mútua com as Juntas Comerciais;

X — instruir, examinar e encaminhar os processos e recursos a serem decididos pelo Ministro de Estado da Indústria, do Comércio e do Turismo, inclusive os pedidos de autorização para nacionalização ou instalação de filial, agência, sucursal ou estabelecimento no País, por sociedade mercantil estrangeira, sem prejuízo da competência de outros órgãos federais;

XI — promover e efetuar estudos, reuniões e publicações sobre assuntos pertinentes ao Registro Público de Empresas Mercantis e Atividades Afins.

Parágrafo único. Para o cumprimento do disposto neste artigo, o Departamento Nacional de Registro do Comércio — DNRC, considerando as suas finalidades, poderá constituir comissões integradas por servidores dos órgãos que compõem o SINREM.

SEÇÃO III
Das Juntas Comerciais

Art. 5º A Junta Comercial de cada unidade federativa, com jurisdição na área da circunscrição territorial respectiva e sede na capital, subordina-se, administrativamente, ao governo de sua unidade federativa e, tecnicamente, ao Departamento Nacional de Registro do Comércio — DNRC.

Parágrafo único. A Junta Comercial do Distrito Federal é subordinada administrativa e tecnicamente ao Departamento Nacional de Registro do Comércio — DNRC.

Art. 6º As Juntas Comerciais poderão desconcentrar seus serviços mediante convênios com órgãos da Administração direta, autarquias e fundações públicas e entidades privadas sem fins lucrativos.

Parágrafo único. O Departamento Nacional de Registro do Comércio — DNRC expedirá instrução normativa necessária à execução do disposto neste artigo.

Art. 7º Compete às Juntas Comerciais:

I — executar os serviços de registro de empresas mercantis, neles compreendidos:

a) o arquivamento dos atos relativos à constituição, alteração, dissolução e extinção de empresas mercantis, de cooperativas, das declarações de microempresas e empresas de pequeno porte, bem como dos atos relativos a consórcios e grupo de sociedades de que trata a lei de sociedade por ações;

b) o arquivamento dos atos concernentes a sociedades mercantis estrangeiras autorizadas a funcionar no País;

c) o arquivamento de atos ou documentos que, por determinação legal, seja atribuído ao Registro Público de Empresas Mercantis e Atividades Afins e daqueles que possam interessar ao empresário ou às empresas mercantis;

d) a autenticação dos instrumentos de escrituração das empresas mercantis registradas e dos agentes auxiliares do comércio, nos termos de lei própria;

e) a emissão de certidões dos documentos arquivados;

II — elaborar a tabela de preços de seus serviços, observados os atos especificados em instrução normativa do Departamento Nacional de Registro do Comércio — DNRC;

III — processar, em relação aos agentes auxiliares do comércio:

a) a habilitação, nomeação, matrícula e seu cancelamento dos tradutores públicos e intérpretes comerciais;

b) a matrícula e seu cancelamento de leiloeiros, trapicheiros e administradores de armazéns-gerais;

IV — elaborar os respectivos Regimentos Internos e suas alterações, bem como as resoluções de caráter administrativo necessárias ao fiel cumprimento das normas legais, regulamentares e regimentais;

V — expedir carteiras de exercício profissional para agentes auxiliares do comércio, titular de firma mercantil individual e para administradores de sociedades mercantis e cooperativas, registradas no Registro Público de Empresas Mercantis e Atividades Afins, conforme instrução normativa do Departamento Nacional de Registro do Comércio — DNRC;

VI — proceder ao assentamento dos usos e práticas mercantis;

VII — prestar ao Departamento Nacional de Registro do Comércio — DNRC as informações necessárias:

a) à organização, formação e atualização do cadastro nacional das empresas mercantis em funcionamento no País;

b) à realização de estudos para o aperfeiçoamento dos serviços de Registro Público de Empresas Mercantis e Atividades Afins;

c) ao acompanhamento e à avaliação da execução dos serviços de Registro Público de Empresas Mercantis e Atividades Afins;

d) à catalogação dos assentamentos de usos e práticas mercantis procedidos;

VIII — organizar, formar, atualizar e auditar, observadas as instruções normativas do Departamento Nacional de Registro do Comércio — DNRC, o Cadastro Estadual de Empresas Mercantis — CEE, integrante do Cadastro Nacional de Empresas Mercantis — CNE.

Parágrafo único. As competências das Juntas Comerciais referentes aos agentes auxiliares do comércio, trapiches e armazéns-gerais serão exercidas com a observância deste Regulamento, da legislação própria e de instruções normativas do Departamento Nacional de Registro do Comércio — DNRC.

Art. 8º A estrutura básica das Juntas Comerciais será integrada pelos seguintes órgãos:

I — Presidência, como órgão diretivo e representativo;

II — Plenário, como órgão deliberativo superior;

III — Turmas, como órgãos deliberativos inferiores;

IV — Secretaria-Geral, como órgão administrativo;

V — Procuradoria, como órgão de fiscalização e de consulta jurídica.

§ 1º As Juntas Comerciais poderão ter uma Assessoria Técnica, com a competência de examinar e relatar os processos de Registro Público de Empresas

Mercantis e Atividades Afins a serem submetidos à sua deliberação, cujos membros deverão ser bacharéis em Direito, Economistas, Contadores ou Administradores.

§ 2º As Juntas Comerciais, por seu Plenário, nos termos da legislação estadual respectiva, poderão resolver pela criação de Delegacias, órgãos subordinados, para exercerem, nas zonas de suas respectivas jurisdições, as atribuições de autenticar instrumentos de escrituração das empresas mercantis e dos agentes auxiliares do comércio e de decidir sobre os atos submetidos ao regime de decisão singular, proferida por servidor que possua comprovados conhecimentos de Direito Comercial e dos serviços de Registro Público de Empresas Mercantis e Atividades Afins.

§ 3º Ficam preservadas as competências das atuais Delegacias.

Art. 9º O Plenário poderá ser constituído por oito, onze, quatorze, dezessete ou vinte Vogais e igual número de suplentes, conforme determinar a legislação da unidade federativa a que pertencer a Junta Comercial.

Parágrafo único. A proposta de alteração do número de Vogais e respectivos suplentes será devidamente fundamentada, ouvida a Junta Comercial.

Art. 10. Os Vogais e respectivos suplentes serão nomeados dentre brasileiros que satisfaçam as seguintes condições:

I — estejam em pleno gozo dos direitos civis e políticos;

II — não estejam condenados por crime cuja pena vede o acesso a cargo, emprego e funções públicas, ou por crime de prevaricação, falência fraudulenta, peita ou' suborno, concussão, peculato, contra a propriedade, a fé pública e a economia popular;

III — sejam, ou tenham sido, por mais de cinco anos, titulares de firma mercantil individual, sócios ou administradores de sociedade mercantil, valendo como prova, para esse fim, certidão expedida pela Junta Comercial, dispensados dessa condição os representantes da União e os das classes dos advogados, dos economistas e dos contadores;

IV — tenham mais de cinco anos de efetivo exercício da profissão, quando se tratar de representantes das classes dos advogados, dos economistas ou dos contadores:

V — estejam quites com o serviço militar e o serviço eleitoral.

Art. 11. Os Vogais e respectivos suplentes serão escolhidos da seguinte forma:

I — a metade, quando par, ou o primeiro número inteiro superior à metade, quando ímpar, dos Vogais e respectivos suplentes, dentre os nomes indicados, em listas tríplices, pelas entidades patronais de grau superior e pelas Associações Comerciais com sede na jurisdição da Junta Comercial;

II — um Vogal e respectivo suplente, representando a União;

III — três Vogais e respectivos suplentes, representando, respectivamente, a classe dos advogados, a dos economistas e a dos contadores, todos mediante indicação, em lista tríplice, do Conselho Seccional ou Regional do órgão corporativo destas categorias profissionais;

IV — os demais Vogais e seus suplentes, nos casos em que o Plenário for constituído por número superior a oito, por livre escolha, nos Estados, dos respectivos Governadores e, no Distrito Federal, do Ministro de Estado da Indústria, do Comércio e do Turismo.

Parágrafo único. As listas referidas neste artigo, contendo, cada uma, proposta de três nomes para Vogal e de três para suplente, deverão ser remetidas até sessenta dias antes do término do mandato, sendo considerada, com relação a cada entidade omissa, a última lista que inclua pessoa que não exerça ou tenha exercido mandato de Vogal.

Art. 12. Serão nomeados:

I — pelo Governador do Estado, salvo disposição em contrário, os Vogais e respectivos suplentes referidos nos incisos I e III do artigo anterior, e os de sua livre escolha referidos no inciso IV do mesmo artigo;

II — pelo Ministro de Estado da Justiça, os Vogais e respectivos suplentes referidos no inciso II do artigo anterior, assim como, no Distrito Federal, os mencionados nos incisos I, III e IV do mesmo artigo.

§ 1º Qualquer pessoa poderá representar fundamentadamente à autoridade competente contra a nomeação de Vogal ou de suplente contrária aos preceitos deste Regulamento, no prazo de quinze dias, contados da data da posse.

§ 2º Julgada procedente a representação:

a) fundamentada na falta de preenchimento de condições ou na incompatibilidade de Vogal ou suplente para a participação no Colégio de Vogais, ocorrerá a vaga da função respectiva;

b) fundamentada em ato contrário à forma de escolha da representatividade do Colégio de Vogais, será efetuada nova nomeação de Vogal e suplente, observadas as disposições deste Regulamento.

Art. 13. A posse dos Vogais e respectivos suplentes ocorrerá dentro de trinta dias, contados da publicação do ato de nomeação, prorrogável por mais trinta dias, a requerimento do interessado.

§ 1º A posse poderá se dar mediante procuração específica.

§ 2º Será tornado sem efeito o ato de nomeação se a posse não ocorrer nos prazos previstos no caput deste artigo.

Art. 14 Os Vogais serão remunerados por presença, nos termos da legislação da unidade federativa a que pertencer a Junta Comercial.

Art. 15. O Vogal será substituído por seu respectivo suplente durante os impedimentos e, no caso de vaga, até o final do mandato.

Parágrafo único. A vaga de suplente implica, necessariamente, nova nomeação, observadas as disposições deste Regulamento.

Art. 16. São incompatíveis para a participação no Colégio de Vogais da mesma Junta Comercial os parentes consangüíneos ou afins na linha ascendente ou descendente, e na colateral, até o segundo grau, bem como os sócios da mesma sociedade mercantil.

Parágrafo único. Em caso de incompatibilidade, serão seguidos, para a escolha dos membros, sucessivamente, os critérios da precedência na nomeação, da precedência na posse, ou do mais idoso.

Art. 17. O mandato dos Vogais e respectivos suplentes será de quatro anos, permitida apenas uma recondução.

Art. 18. O Vogal ou seu suplente perderá o exercício do mandato na forma deste artigo e do Regimento Interno da Junta Comercial, nos seguintes casos:

I — mais de três faltas consecutivas às sessões do Plenário ou das Turmas, ou doze alternadas no mesmo ano, sem justo motivo;

II — por conduta incompatível com a dignidade do cargo.

§ 1º A justificativa de falta deverá ser entregue à Junta Comercial até a primeira sessão plenária seguinte à sua ocorrência.

§ 2º Na hipótese do inciso I, à vista de representação fundamentada, ou de ofício pelo Presidente, o Plenário, se julgar insatisfatórias, por decisão tomada pelo primeiro número inteiro superior à metade dos membros presentes, as justificativas ou se estas não tiverem sido apresentadas, assegurados o contraditório e a ampla defesa, comunicará às autoridades ou entidades competentes a perda do mandato.

§ 3º Na hipótese do inciso II, à vista de representação fundamentada, ou de ofício pelo Presidente, o Plenário, assegurados o contraditório e a ampla defesa, se julgá-la procedente, por decisão tomada pelo primeiro número inteiro superior à metade dos membros do Colégio de Vogais, comunicará às autoridades ou entidades competentes a perda do mandato.

§ 4º A deliberação pela perda do mandato afasta o Vogal ou suplente do exercício de suas funções, de imediato, com perda da remuneração correspondente, tornando-se definitiva a perda do mandato, após a publicação da declaração de vacância no Diário Oficial do Estado ou da União, conforme o caso.

Art. 19. O Vogal ou suplente no exercício do mandato poderá, a qualquer tempo, ser substituído mediante nomeação de novo titular para a respectiva função.

Parágrafo único. No caso de entidade ou órgão corporativo, a decisão de nova indicação de nomes em lista tríplice deverá ser fundamentada por seu dirigente ou colegiado, conforme dispuser o respectivo estatuto.

Art. 20. Na sessão inaugural do Plenário das Juntas Comerciais, que iniciará cada período de mandato, serão distribuídos os Vogais por Turmas de três membros cada uma, com exclusão do Presidente e do Vice-Presidente.

Art. 21. Compete ao Plenário:

I — julgar os recursos interpostos das decisões definitivas, singulares ou colegiadas;

II — deliberar sobre a tabela de preços dos serviços da Junta Comercial, submetendo-a, quando for o caso, à autoridade superior;

III — deliberar sobre o assentamento dos usos e práticas mercantis;

IV — aprovar o Regimento Interno e suas alterações, submetendo-o, quando for o caso, à autoridade superior;

V — decidir sobre matérias de relevância, conforme previsto no Regimento Interno;

VI — deliberar, por proposta do Presidente, sobre a criação de Delegacias;

VII — deliberar sobre as proposições de perda de mandato de Vogal ou suplente;

VIII — manifestar-se sobre proposta de alteração do número de Vogais e respectivos suplentes;

IX — exercer as demais atribuições e praticar os atos que estiverem implícitos em sua competência, ou que vierem a ser atribuídos em leis ou em outras normas federais ou estaduais.

Art. 22. As sessões ordinárias do Plenário e das Turmas efetuar-se-ão com a periodicidade e do modo determinado no Regimento Interno, e as extraordinárias, sempre justificadas, por convocação do Presidente ou de dois terços dos seus membros.

Parágrafo único. A presidência de sessão plenária, ausentes o Presidente e o Vice-Presidente, será exercida pelo Vogal mais idoso.

Art. 23. Compete às Turmas:

I — julgar, originariamente, os pedidos de arquivamento dos atos sujeitos ao regime de decisão colegiada;

II — julgar os pedidos de reconsideração de seus despachos;

III — exercer as demais atribuições que forem fixadas pelo Regimento Interno da Junta Comercial.

Art. 24. O Presidente e o Vice-Presidente serão nomeados, em comissão, no Distrito Federal, pelo Ministro de Estado da Indústria, do Comércio e do Turismo e, nos Estados, pelos Governadores dessas circunscrições, dentre os membros do Colégio de Vogais.

Art. 25. Ao Presidente incumbe:

I — dirigir e representar extrajudicialmente a Junta Comercial e, judicialmente, quando for o caso;

II — dar posse aos Vogais e suplentes, convocando-os nas hipóteses previstas neste Regulamento e no Regimento Interno;

III — convocar e presidir as sessões plenárias;

IV — encaminhar à deliberação do Plenário, os casos de que trata o art. 18;

V — superintender os serviços da Junta Comercial;

VI — julgar, originariamente, os atos de Registro Público de Empresas Mercantis e Atividades Afins, sujeitos ao regime de decisão singular;

VII — determinar o arquivamento de atos, mediante provocação dos interessados, nos pedidos não decididos nos prazos previstos neste Regulamento;

VIII — assinar deliberações e resoluções aprovadas pelo Plenário;

IX — designar Vogal ou servidor habilitado para proferir decisões singulares;

X — velar pelo fiel cumprimento das normas legais e executivas;

XI — cumprir e fazer cumprir as deliberações do Plenário;

XII — orientar e coordenar os serviços da Junta Comercial através da Secretaria-Geral;

XIII — abrir vista à parte interessada e à Procuradoria e designar Vogal Relator nos processos de recurso ao Plenário;

XIV — propor ao Plenário a criação de Delegacias;

XV — submeter a tabela de preços dos serviços da Junta Comercial à deliberação do Plenário;

XVI — encaminhar à Procuradoria os processos e matérias que tiverem de ser submetidos ao seu exame e parecer;

XVII — baixar Portarias e exarar despachos, observada a legislação aplicável;

XVIII — apresentar, anualmente, à autoridade superior, relatório do exercício anterior, enviando cópia ao Departamento Nacional de Registro do Comércio — DNRC;

XIX — despachar os recursos, indeferindo-os liminarmente nos casos previstos neste Regulamento;

XX — submeter o Regimento Interno e suas alterações à deliberação do Plenário;

XXI — submeter o assentamento de usos e práticas mercantis à deliberação do Plenário;

XXII — assinar carteiras de exercício profissional;

XXIII — exercer as demais atribuições e praticar os atos que estiverem implícitos em sua competência, ou que vierem a ser atribuídos em leis ou em outras normas federais ou estaduais.

Art. 26. Ao Vice-Presidente da Junta Comercial incumbe:

I — auxiliar e substituir o Presidente em suas faltas ou impedimentos;

II — efetuar correição permanente dos serviços da Junta Comercial;

III — exercer as demais atribuições que forem fixadas pelo Regimento Interno.

Art. 27. O Secretário-Geral será nomeado, em comissão, no Distrito Federal, pelo Ministro de Estado da Indústria, do Comércio e do Turismo e, nos Estados, pelos respectivos Governadores, dentre brasileiros de notória idoneidade moral e especializados em Direito Comercial.

Art. 28. Ao Secretário-Geral incumbe:

I — supervisionar, coordenar e fiscalizar a execução dos serviços de registro e de administração da Junta Comercial;

II — exercer o controle sobre os prazos recursais e fazer incluir na pauta das sessões os processos de recursos a serem apreciados pelo Plenário, solicitando ao Presidente a convocação de sessão extraordinária, quando necessário;

III — despachar com o Presidente e participar das sessões do Plenário;

IV — baixar ordens de serviço, instruções e recomendações, bem como exarar despachos para execução e funcionamento dos serviços a cargo da Secretaria-Geral;

V — assinar as certidões expedidas ou designar servidor para esse fim;

VI — elaborar estudos de viabilidade de criação de Delegacias;

VII — elaborar estudos sobre a tabela de preços dos serviços da Junta Comercial;

VIII — visar e controlar os atos e documentos enviados para publicação no órgão de divulgação determinado em portaria do Presidente;

IX — colaborar na elaboração de trabalhos técnicos promovidos pelo Departamento Nacional de Registro do Comércio — DNRC;

X — exercer as demais atribuições e praticar os atos que estiverem implícitos em sua competência, ou que vierem a ser atribuídos em leis ou em outras normas federais ou estaduais.

Art. 29. A Procuradoria será composta de um ou mais Procuradores e chefiada pelo Procurador que for designado pelo Governador do Estado ou autoridade competente.

Art. 30. Ao Procurador incumbe:

I — internamente:

a) fiscalizar o fiel cumprimento das normas legais e executivas em matéria de Registro Público de Empresas Mercantis e Atividades Afins;

b) emitir parecer nos recursos dirigidos ao Plenário e nas demais matérias de sua competência;

c) promover estudos para assentamento de usos e práticas mercantis;

d) participar das sessões do Plenário e das Turmas, conforme disposto no Regimento Interno;

e) requerer diligências e promover responsabilidades perante os órgãos e poderes competentes;

f) recorrer ao Plenário de decisão singular ou de Turma, em matéria de Registro Público de Empresas Mercantis e Atividades Afins;

g) exercer as demais atribuições e praticar os atos que estiverem implícitos em sua competência ou que vierem a ser atribuídos em leis ou em outras normas federais ou estaduais;

II — externamente:

a) oficiar junto aos órgãos do Poder Judiciário, nas matérias e questões relacionadas com a prática dos atos de Registro Público de Empresas Mercantis e Atividades Afins;

b) recorrer ao Ministro de Estado da Indústria, do Comércio e do Turismo das decisões do Plenário, em matéria de Registro Público de Empresas Mercantis e Atividades Afins;

c) colaborar na elaboração de trabalhos técnicos promovidos pelo Departamento Nacional de Registro do Comércio — DNRC.

Art. 31. As atribuições conferidas à Procuradoria, no caso da Junta Comercial do Distrito Federal, serão exercidas pelos Assistentes Jurídicos em exercício no Departamento Nacional de Registro do Comércio — DNRC.

TÍTULO II
DOS ATOS E DA ORDEM DOS SERVIÇOS DE REGISTRO PÚBLICO DE EMPRESAS MERCANTIS E ATIVIDADES AFINS

CAPÍTULO I
DA COMPREENSÃO DOS ATOS

Art. 32. O Registro Público de Empresas Mercantis e Atividades Afins compreende:

I — a matrícula e seu cancelamento, de:
a) leiloeiros oficiais;
b) tradutores públicos e intérpretes comerciais;
c) administradores de armazéns-gerais;
d) trapicheiros;
II — o arquivamento:
a) dos atos constitutivos, alterações e extinções de firmas mercantis individuais;
b) das declarações de microempresas e de empresas de pequeno porte;
c) dos atos constitutivos e das atas das sociedades anônimas, bem como os de sua dissolução e extinção;
d) dos atos constitutivos e respectivas alterações das demais pessoas jurídicas organizadas sob a forma empresarial mercantil, bem como de sua dissolução e extinção;
e) dos documentos relativos à constituição, alteração, dissolução e extinção de cooperativas;
f) dos atos relativos a consórcios e grupos de sociedades;
g) dos atos relativos à incorporação, cisão, fusão e transformação de sociedades mercantis;
h) de comunicação, segundo modelos aprovados pelo Departamento Nacional de Registro do Comércio — DNRC, de paralisação temporária das atividades e de empresa mercantil que deseja manter-se em funcionamento, no caso de, nessa última hipótese, não ter procedido a qualquer arquivamento na Junta Comercial no período de dez anos consecutivos;
i) dos atos relativos a sociedades mercantis estrangeiras autorizadas a funcionar no País;
j) das decisões judiciais referentes a empresas mercantis registradas;
l) dos atos de nomeação de trapicheiros, administradores e fiéis de armazéns-gerais;
m) dos demais documentos que, por determinação legal, sejam atribuídos ao Registro Público de Empresas Mercantis e Atividades Afins ou daqueles que possam interessar ao empresário ou à empresa mercantil;
III — a autenticação dos instrumentos de escrituração das empresas mercantis registradas e dos agentes auxiliares do comércio, na forma da lei própria.

CAPÍTULO II
DA ORDEM DOS SERVIÇOS

SEÇÃO I
Da Apresentação dos Atos a Arquivamento

Art. 33. Os documentos referidos no inciso II do art. 32 deverão ser apresentados a arquivamento na Junta Comercial, mediante requerimento dirigido ao seu Presidente, dentro de trinta dias contados de sua assinatura, a cuja data retroagirão os efeitos do arquivamento.

Parágrafo único. Protocolados fora desse prazo, os efeitos a que se refere este artigo só se produzirão a partir da data do despacho que deferir o arquivamento.

Art. 34. Instruirão obrigatoriamente os pedidos de arquivamento:

I — instrumento original, particular, certidão ou publicação de autorização legal, de constituição, alteração, dissolução ou extinção de firma mercantil individual, e sociedade mercantil, de cooperativa, de ato de consórcio e de grupo de sociedades, bem como de declaração de microempresa e de empresa de pequeno porte, datado e assinado, quando for o caso, pelo titular, sócios, administradores, consorciados ou seus procuradores e testemunhas;

II — certidão negativa de condenação por crime cuja pena vede o acesso à atividade mercantil, para administradores, expedida pelo Distribuidor Judiciário da Comarca da jurisdição de sua residência, nos atos de constituição ou de alterações, que impliquem ingresso de administrador de sociedades mercantis, excluídas as anônimas;

III — ficha do Cadastro Nacional de Empresas Mercantis — CNE, segundo modelo aprovado pelo Departamento Nacional de Registro do Comércio — DNRC;

IV — comprovantes de pagamento dos preços dos serviços correspondentes;

V — prova de identidade do titular da firma mercantil individual e do administrador de sociedade mercantil e de cooperativa:

a) poderão servir como prova de identidade, mesmo por cópia regularmente autenticada, a cédula de identidade, o certificado de reservista, a carteira de identidade profissional e a carteira de identidade de estrangeiro;

b) para o estrangeiro residente no País, titular de firma mercantil individual ou administrador de sociedade mercantil ou cooperativa, a identidade deverá conter a prova de visto permanente;

c) o documento comprobatório de identidade, ou sua cópia autenticada, será devolvido ao interessado logo após exame, vedada a sua retenção;

d) fica dispensada nova apresentação de prova de identidade no caso de já constar anotada, em processo anteriormente arquivado, e desde que indicado o número do registro daquele processo.

Parágrafo único. Nenhum outro documento, além dos referidos neste Regulamento, será exigido das firmas mercantis individuais e sociedades mercantis, salvo expressa determinação legal, reputando-se como verdadeiras, até prova em contrário, as declarações feitas perante os órgãos do Registro Público de Empresas Mercantis e Atividades Afins.

Art. 35. O instrumento particular ou a certidão apresentada à Junta Comercial não poderá conter emendas, rasuras e entrelinhas, admitida a ressalva expressa no próprio instrumento ou certidão, com a assinatura das partes ou do tabelião, conforme o caso.

Art. 36. O ato constitutivo de sociedade mercantil e de cooperativa somente poderá ser arquivado se visado por advogado, com a indicação do nome e número de inscrição na respectiva Seccional da Ordem dos Advogados do Brasil.

Art. 37. O arquivamento de ato de empresa mercantil sujeita a controle de órgão de fiscalização de exercício profissional não dependerá de aprovação prévia desse órgão.

Art. 38. A cópia do documento apresentado a arquivamento, autenticada na forma da lei, dispensa nova conferência com o original, podendo, também, a autenticação ser feita pelo cotejo com o original por servidor a quem o documento seja apresentado.

Art. 39. Os atos levados a arquivamento são dispensados de reconhecimento de firma, exceto quando se tratar de procuração por instrumento particular ou de documentos oriundos do exterior, se, neste caso, tal formalidade não tiver sido cumprida no consulado brasileiro.

Art. 40. As assinaturas nos requerimentos, instrumentos ou documentos particulares serão lançadas com a indicação do nome do signatário, por extenso, datilografado ou em letra de forma e do número de identidade e órgão expedidor, quando se tratar de testemunha.

§ 1º Verificada, a qualquer tempo, a falsificação em instrumento ou documento público ou particular, o órgão do Registro Público de Empresas Mercantis e Atividades Afins dará conhecimento do fato à autoridade competente, para as providências legais cabíveis, sustando-se os efeitos do ato na esfera administrativa, até que seja resolvido o incidente de falsidade documental.

§ 2º Comprovada, a qualquer tempo, falsificação em instrumento ou documento arquivado na Junta Comercial, por iniciativa de parte ou de terceiro interessado, em petição instruída com a decisão judicial pertinente, o arquivamento do ato será cancelado administrativamente.

Art. 41. Os atos das firmas mercantis individuais, para fins de arquivamento, obedecerão a formulário próprio, aprovado pelo Departamento Nacional de Registro do Comércio — DNRC.

Art. 42. Os atos constitutivos de sociedades mercantis poderão ser efetivados por instrumento particular ou por escritura pública, podendo as respectivas alterações serem realizadas independentemente da forma adotada na constituição.

Art. 43. Qualquer modificação dos atos constitutivos arquivados na Junta omercial dependerá de instrumento específico de:

I — alteração de firma mercantil individual;

II — ata de assembléia, para as sociedades por ações e cooperativas;

III — alteração contratual, para as demais sociedades mercantis.

Art. 44. As alterações contratuais deverão, obrigatoriamente, conter a qualificação completa dos sócios e da sociedade mercantil no preâmbulo do instrumento.

Art. 45. Havendo alteração do objeto social, este deverá ser transcrito na sua totalidade.

Art. 46. Os documentos de interesse do empresário ou da empresa mercantil serão levados a arquivamento mediante requerimento do titular, sócio, administrador ou representante legal.

Art. 47. Nos casos de decisão judicial, a comunicação do juízo alusiva ao ato será, para conhecimento de terceiros, arquivada pela Junta Comercial, mas os interessados, quando a decisão alterar dados da empresa mercantil, deverão providenciar também o arquivamento de instrumento próprio, acompanhado de ertidão de inteiro teor da sentença que o motivou, transitada em julgado.

§ 1º Tratando-se de sentença dissolutória extintiva de empresa mercantil, é suficiente o arquivamento do inteiro teor da sentença transitada em julgado.

§ 2º Tratando-se de penhora, seqüestro ou arresto de quotas ou de ações à Junta Comercial competirá, tão-somente, para conhecimento de terceiros, proceder à anotação correspondente, não lhe cabendo a condição de depositária fiel.

Art. 48. A empresa mercantil que não proceder a qualquer arquivamento no período de dez anos, contados da data do último arquivamento, deverá comunicar à Junta Comercial que deseja manter-se em funcionamento, sob pena de ser considerada inativa, ter seu registro cancelado e perder, automaticamente, a proteção de seu nome empresarial.

§ 1º A empresa mercantil deverá ser notificada previamente pela Junta Comercial, mediante comunicação direta ou por edital, para os fins deste artigo.

§ 2º A comunicação de que trata o caput deste artigo, quando não tiver ocorrido modificação de dados no período, será efetuada em formulário próprio, assinada, conforme o caso, pelo titular, sócios ou representante legal, e, na hipótese de ter ocorrido modificação nos dados, a empresa deverá arquivar a competente alteração.

§ 3º A Junta Comercial fará comunicação do cancelamento às autoridades arrecadadoras no prazo de até dez dias.

§ 4º A reativação da empresa mercantil obedecerá aos mesmos procedimentos requeridos para sua constituição.

§ 5º O Departamento Nacional de Registro do Comércio — DNRC disciplinará, em instrução normativa, o disposto neste artigo.

SEÇÃO II
Do Processo Decisório

Art. 49. Os atos submetidos ao Registro Público de Empresas Mercantis e Atividades Afins estão sujeitos a dois regimes de julgamento:
I — decisão colegiada;
II — decisão singular.

Art. 50. Subordinam-se ao regime de decisão colegiada:
I — do Plenário, o julgamento dos recursos interpostos das decisões definitivas, singulares ou de Turmas;
II — das Turmas, o arquivamento dos atos de:
a) constituição de sociedades anônimas, bem como das atas de assembléias gerais e demais atos relativos a essas sociedades, sujeitos ao Registro Público de Empresas Mercantis e Atividades Afins;
b) transformação, incorporação, fusão e cisão de sociedades mercantis;

c) constituição e alterações de consórcio e de grupo de sociedades, conforme previsto na lei de sociedades por ações.

Art. 51. Os atos próprios do Registro Público de Empresas Mercantis e Atividades Afins não previstos no artigo anterior serão objeto de decisão singular proferida pelo Presidente, Vogal ou servidor que possua comprovados conhecimentos de Direito Comercial e do Registro Público de Empresas Mercantis e Atividades Afins.

Parágrafo único. Os Vogais e servidores habilitados a proferir decisões singulares serão designados pelo Presidente da Junta Comercial.

Art. 52. Os pedidos de arquivamento sujeitos ao regime de decisão colegiada serão decididos no prazo máximo de dez dias úteis contados do seu recebimento e, os submetidos à decisão singular, no prazo máximo de três dias úteis, sob pena de ter-se como arquivados os atos respectivos, mediante provocação dos interessados, sem prejuízo do exame das formalidades legais pela Procuradoria.

§ 1º Quando os pedidos forem apresentados em protocolo descentralizado, contar-se-á o prazo a partir do recebimento da documentação no local onde haja Vogal ou servidor habilitado para decisão do ato respectivo.

§ 2º Os pedidos não decididos nos prazos previstos no caput deste artigo e para os quais haja provocação pela parte interessada serão arquivados por determinação do Presidente da Junta Comercial, que dará ciência à Procuradoria para exame das formalidades legais, a qual, se for o caso, interporá o recurso ao Plenário.

SEÇÃO III
Das Proibições de Arquivamento

Art. 53. Não podem ser arquivados:

I — os documentos que não obedecerem às prescrições legais ou regulamentares ou que contiverem matéria contrária à lei, à ordem pública ou aos bons costumes, bem como os que colidirem com o respectivo estatuto ou contrato não modificado anteriormente;

II — os documentos de constituição ou alteração de empresas mercantis em que figure como titular ou administrador pessoa que esteja condenada pela prática de crime cuja pena vede o acesso à atividade mercantil;

III — os atos constitutivos e os de transformação de sociedades mercantis, se deles não constarem os seguintes requisitos, além de outros exigidos em lei:

a) o tipo de sociedade mercantil adotado;

b) a declaração precisa e detalhada do objeto social;

c) o capital da sociedade mercantil, a forma e o prazo de sua integralização, o quinhão de cada sócio, bem como a responsabilidade dos sócios;

d) o nome por extenso e qualificação dos sócios, procuradores, representantes e administradores, compreendendo para a pessoa física, a nacionalidade, estado civil, profissão, domicílio e residência, documento de identidade, seu número e órgão expedidor e número de inscrição no Cadastro de Pessoas Físicas

— CPF, dispensada a indicação desse último no caso de brasileiro ou estrangeiro domiciliado no exterior, e para a pessoa jurídica o nome empresarial, endereço completo e, se sediada no País, o Número de Identificação do Registro de Empresas — NIRE ou do Cartório competente e o número de inscrição no Cadastro Geral de Contribuintes — CGC;

e) o nome empresarial, o município da sede, com endereço completo, e foro, bem como os endereços completos das filiais declaradas;

f) o prazo de duração da sociedade mercantil e a data de encerramento de seu exercício social, quando não coincidente com o ano civil;

IV — os documentos de constituição de firmas mercantis individuais e os de constituição ou alteração de sociedades mercantis, para ingresso de administrador, se deles não constar, ou não for juntada a declaração, sob as penas da lei, datada e assinada pelo titular, administrador, exceto de sociedade anônima, ou por procurador de qualquer desses, com poderes específicos, de que não está condenado por nenhum crime cuja pena vede o acesso à atividade mercantil;

V — a prorrogação do contrato social, depois de findo o prazo nele fixado;

VI — os atos de empresas mercantis com nome idêntico ou semelhante a outro já existente ou que inclua ou reproduza em sua composição siglas ou denominações de órgãos públicos, da administração direta ou indireta, bem como de organismos internacionais;

VII — a alteração contratual produzida e assinada por sócios titulares de maioria do capital social, quando houver, em ato anterior, cláusula restritiva;

VIII — o contrato social, ou sua alteração, em que haja, por instrumento particular, incorporação de imóveis à sociedade, quando dele não constar:

a) a descrição e identificação do imóvel, sua área, dados relativos à sua titulação e seu número de matrícula no Registro Imobiliário;

b) a outorga uxória ou marital, quando necessária;

IX — os instrumentos, ainda não aprovados pelo Governo, nos casos em que for necessária essa prévia aprovação;

X — o distrato social sem a declaração da importância repartida entre os sócios, a referência à pessoa ou às pessoas que assumirem o ativo e passivo da sociedade mercantil, supervenientes ou não à liquidação, a guarda dos livros e os motivos da dissolução, se não for por mútuo consenso.

§ 1º A Junta Comercial não dará andamento a qualquer documento de alteração ou de extinção de firma individual ou sociedade mercantil sem que dos respectivos requerimentos e instrumentos conste o Número de Identificação do Registro de Empresas — NIRE.

§ 2º Entende-se como preciso e detalhadamente declarado o objeto da empresa mercantil quando indicado o seu gênero e espécie.

Art. 54. A deliberação majoritária, não havendo cláusula restritiva, abrange também as hipóteses de destituição da gerência, exclusão de sócio, dissolução e extinção de sociedade.

Parágrafo único. Os instrumentos de exclusão de sócio deverão indicar, obrigatoriamente, o motivo da exclusão e a destinação da respectiva participação no capital social.

Art. 55. O Departamento Nacional de Registro do Comércio — DNRC, através de instruções normativas, consolidará:

I — as hipóteses de restrição legal da participação de estrangeiros em empresas mercantis brasileiras;

II — os casos em que é necessária a aprovação prévia de órgão governamental para o arquivamento de atos de empresas mercantis, bem como as formas dessa aprovação;

III — os procedimentos para a autorização de funcionamento ou nacionalização de sociedade mercantil estrangeira no País.

Art. 56. Os órgãos e autoridades federais deverão coordenar-se com o Departamento Nacional de Registro do Comércio — DNRC, com a finalidade de harmonizar entendimentos e fixar normas destinadas a regular o arquivamento, no Registro Público de Empresas Mercantis e Atividades Afins, de atos, contratos e estatutos de empresas mercantis, que dependam, por força de lei, de previa aprovação governamental.

SEÇÃO IV
Do Exame das Formalidades

Art. 57. Todo ato, documento ou instrumento apresentado a arquivamento será objeto de exame, pela Junta Comercial, do cumprimento das formalidades legais.

§ 1º Verificada a existência de vício insanável, o requerimento será indeferido; quando for sanável, o processo será colocado em exigência.

§ 2º O indeferimento ou a formulação de exigência pela Junta Comercial deverá ser fundamentada com o respectivo dispositivo legal ou regulamentar.

§ 3º As exigências formuladas pela Junta Comercial deverão ser cumpridas em até trinta dias, contados do dia subseqüente à data da ciência pelo interessado ou da publicação do despacho.

§ 4º O processo em exigência será entregue completo ao interessado; devolvido após o prazo previsto no parágrafo anterior, será considerado como novo pedido de arquivamento, sujeito ao pagamento dos preços dos serviços correspondentes, salvo devolução do prazo, no curso do mesmo, em razão de ato dependente de órgão da administração pública.

§ 5º O processo em exigência não retirado no prazo para seu cumprimento e posto à disposição dos interessados por edital e não retirado em sessenta dias da data da publicação deste poderá ser eliminado pela Junta Comercial, exceto os contratos, alterações, atos constitutivos de sociedades por ações e de cooperativas, que serão devolvidos aos interessados mediante recibo, conforme dispuser instrução normativa do Departamento Nacional de Registro do Comércio — DNRC.

Art. 58. As assinaturas em despachos, decisões e outros atos relativos aos serviços de Registro Público de Empresas Mercantis e Atividades Afins deverão ser expressamente identificadas, com indicação dos nomes completos dos signatários, em letra de forma legível, ou com a aposição de carimbo.

SEÇÃO V
Do Arquivamento

SUBSEÇÃO I
Das Disposições Gerais

Art. 59. A todo ato constitutivo de empresa mercantil e de cooperativa será atribuído o Número de Identificação do Registro de Empresas — NIRE, o qual será regulamentado pelo Poder Executivo, compatibilizando-o com os números adotados pelos demais cadastros federais.

Art. 60. A Junta Comercial organizará um prontuário para cada empresa mercantil.

Parágrafo único. A organização do prontuário e os procedimentos em relação a esse, inclusive no caso de transferência de sede de empresa mercantil para outra unidade federativa, serão disciplinados em instrução normativa do Departamento Nacional de Registro do Comércio — DNRC.

SUBSEÇÃO II
Da Proteção ao Nome Empresarial

Art. 61. A proteção ao nome empresarial, a cargo das Juntas Comerciais, decorre, automaticamente, do arquivamento da declaração de firma mercantil individual, do ato constitutivo de sociedade mercantil ou de alterações desses atos que impliquem mudança de nome.

§ 1º A proteção ao nome empresarial circunscreve-se à unidade federativa de jurisdição da Junta Comercial que procedeu ao arquivamento de que trata o caput deste artigo.

§ 2º A proteção ao nome empresarial poderá ser estendida a outras unidades da federação, a requerimento da empresa interessada, observada instrução normativa do Departamento Nacional de Registro do Comércio — DNRC.

§ 3º Expirado o prazo da sociedade celebrada por tempo determinado, esta perderá a proteção do seu nome empresarial.

Art. 62. O nome empresarial atenderá aos princípios da veracidade e da novidade e identificará, quando assim o exigir a lei, o tipo jurídico da sociedade.

§ 1º Havendo indicação de atividades econômicas no nome empresarial, essas deverão estar contidas no objeto da firma mercantil individual ou sociedade mercantil.

§ 2º Não poderá haver colidência por identidade ou semelhança do nome empresarial com outro já protegido.

§ 3º O Departamento Nacional de Registro do Comércio — DNRC, através de instruções normativas, disciplinará a composição do nome empresarial e estabelecera critérios para verificação da existência de identidade ou semelhança entre nomes empresariais.

SEÇÃO VI
Da Matrícula e seu Cancelamento

Art. 63. A matrícula e seu cancelamento, de leiloeiros, tradutores e intérpretes comerciais, trapicheiros e administradores de amazéns-gerais, serão disciplinados através de instruções normativas do Departamento Nacional de Registro do Comércio — DNRC.

SEÇÃO VII
Do Processo Revisional

SUBSEÇÃO I
Das Disposições Gerais

Art. 64. O processo revisional pertinente ao Registro Público de Empresas Mercantis e Atividades Afins dar-se-á mediante:
I — pedido de reconsideração;
II — recurso ao Plenário;
III — recurso ao Ministro de Estado da Indústria, do Comércio e do Turismo.

SUBSEÇÃO II
Do Procedimento

Art. 65. O pedido de reconsideração terá por objeto obter a revisão de despachos singulares ou de Turmas que formulem exigências para o deferimento do arquivamento e o seu procedimento iniciar-se-á com a protocolização de petição dirigida ao Presidente da Junta Comercial dentro do prazo de trinta dias concedidos para cumprimento da exigência.

§ 1º O pedido de reconsideração será apreciado pela mesma autoridade que prolatou o despacho, no prazo de cinco dias úteis contados da data da sua protocolização, sendo indeferido de plano quando assinado por terceiro ou procurador sem instrumento de mandato ou interposto fora do prazo, devendo ser, em qualquer caso, anexado ao processo a que se referir.

§ 2º A protocolização do pedido de reconsideração suspende o prazo para cumprimento de exigências formuladas, recomeçando a contagem a partir do dia subseqüente à data da ciência, pelo interessado ou da publicação, do despacho que mantiver a exigência no todo ou em parte.

Art. 66. Das decisões definitivas, singulares ou de Turmas, cabe recurso ao Plenário da Junta Comercial, cujo procedimento compreenderá as fases de instrução e julgamento.

Art. 67. A fase de instrução iniciar-se-á com a protocolização da petição do recurso dirigida ao Presidente da Junta Comercial, a qual será enviada à Secretaria-Geral que, no prazo de três dias úteis, expedirá notificação às partes interessadas, na forma que dispuser o Regimento Interno, para se manifestarem, no prazo de dez dias úteis, contados a partir do dia subseqüente à data da ciência.

§ 1º Decorrido o prazo para contra-razões, a Secretaria-Geral dará vista do processo à Procuradoria, quando a mesma não for a recorrente, para manifestar-se e restituí-lo, no prazo de dez dias úteis, àquela unidade, que o fará concluso ao Presidente.

§ 2º No prazo de três dias úteis, o Presidente deverá manifestar-se quanto ao recebimento do recurso e designar, quando for o caso, Vogal Relator, notificando-o.

Art. 68. Admitido o recurso, pelo Presidente, iniciar-se-á a fase de julgamento, que deverá ser concluída no prazo de trinta dias úteis.

§ 1º O decurso do prazo de que trata o caput deste artigo fica suspenso da data da sua admissão até a data da ciência pelo Vogal Relator, reiniciando-se no dia subseqüente a esta ciência.

§ 2º O Vogal Relator, no prazo de dez dias úteis, elaborará o relatório e o depositará na Secretaria-Geral, para distribuição e conhecimento dos demais Vogais, nos cinco dias úteis subseqüentes, os quais poderão requerer cópia de peças do processo a que se referir.

§ 3º Nos dez dias úteis que se seguirem ao encerramento do prazo a que alude o parágrafo anterior, a Secretaria-Geral fará incluí-lo em pauta de sessão do Plenário para julgamento, solicitando ao Presidente a convocação de sessão extraordinária, quando necessário, observado, em qualquer caso, o prazo fixado no caput deste artigo.

§ 4º Na sessão plenária é admitida vista do processo aos Vogais, que será concedida por período fixado pelo Presidente e compatível com a conclusão do julgamento, no prazo previsto no caput deste artigo.

§ 5º No caso de inobservância do prazo previsto no caput deste artigo, a parte interessada poderá requerer ao Departamento Nacional de Registro do Comércio — DNRC tudo o que se afigurar necessário para a conclusão do julgamento do recurso.

Art. 69. Das decisões do Plenário cabe recurso ao Ministro de Estado da Indústria, do Comércio e do Turismo, como última instância administrativa.

§ 1º A petição do recurso, dirigida ao Presidente da Junta Comercial, após protocolizada, será enviada à Secretaria-Geral que, no prazo de três dias úteis, expedirá notificação às partes interessadas, na forma que dispuser o Regimento Interno, para se manifestarem no prazo de dez dias úteis, contados a partir do dia subseqüente à data da ciência.

§ 2º Decorrido o prazo para contra-razões, a Secretaria-Geral fará o processo concluso ao Presidente.

§ 3º No prazo de três dias úteis, o Presidente deverá manifestar-se quanto ao recebimento do recurso, encaminhando-o, quando for o caso, ao Departamento Nacional de Registro do Comércio — DNRC que, em dez dias úteis, deverá manifestar-se e submetê-lo à decisão final do Ministro de Estado da Indústria, do Comércio e do Turismo, a ser proferida em igual prazo.

§ 4º Os pedidos de diligência, após encaminhado o processo ao Departamento Nacional de Registro do Comércio — DNRC, suspenderão os prazos previstos no parágrafo anterior.

§ 5º A capacidade decisória poderá ser delegada, no todo ou em parte.

Art. 70. Os recursos previstos neste Regulamento serão indeferidos de plano pelo Presidente da Junta Comercial, se assinados por terceiros ou procurador sem instrumento de mandato, ou interpostos fora do prazo ou antes da decisão definitiva, devendo ser, em qualquer caso, anexados aos processos a que se referirem.

Art. 71. No pedido de reconsideração ou nos recursos previstos neste Regulamento, subscritos por advogado sem o devido instrumento de mandato, deverá o mesmo exibi-lo no prazo de cinco dias úteis.

Art. 72. A firma mercantil individual ou sociedade mercantil cujo ato tenha sido objeto de decisão de cancelamento do registro providenciará, no prazo de trinta dias, a sua retificação, se o vício for sanável, sob pena de desarquivamento do ato pela Junta Comercial no dia seguinte ao do vencimento do prazo.

Art. 73. Os recursos previstos neste Regulamento não suspendem os efeitos da decisão a que se referem.

Art. 74. O prazo para a interposição dos recursos é de dez dias úteis, cuja fluência se inicia no primeiro dia útil subseqüente ao da data da ciência pelo interessado ou da publicação do despacho.

Parágrafo único. A ciência poderá ser feita por via postal, com aviso de recebimento.

SEÇÃO VIII
Da Publicação dos Atos

Art. 75. Os atos decisórios da Junta Comercial serão publicados na forma e no órgão de divulgação determinados em Portaria de seu Presidente, publicada no Diário Oficial do Estado e, no caso da Junta Comercial do Distrito Federal, no Diário Oficial da União.

Art. 76. As publicações ordenadas na lei de sociedades por ações serão feitas no órgão oficial da União, do Estado ou do Distrito Federal, conforme o lugar em que esteja situada a sede da companhia, e em outro jornal de grande circulação editado regularmente na mesma localidade.

Parágrafo único. Se no lugar em que estiver situada a sede da companhia não for editado jornal, a publicação se fará em órgão de grande circulação local.

Art. 77. A prova da publicidade de atos societários, quando exigida em lei, será feita mediante anotação nos registros da Junta Comercial, à vista de apresentação da folha do órgão oficial e, quando for o caso, do jornal particular onde foi feita a publicação, dispensada a juntada da mencionada folha.

Parágrafo único. É facultado, ainda, às sociedades por ações mencionar, na ata apresentada a arquivamento, a data, o número da folha ou da página do órgão oficial e do jornal particular onde foram feitas as publicações preliminares à realização da assembléia a que se referem, dispensada a sua apresentação.

SEÇÃO IX
Das Autenticações

Art. 78. As Juntas Comerciais autenticarão, segundo instruções normativas do Departamento Nacional de Registro do Comércio — DNRC:

I — os instrumentos de escrituração das empresas mercantis e dos agentes auxiliares do comércio;
II — os documentos arquivados e suas cópias;
III — as certidões dos documentos arquivados.

Parágrafo único. Os instrumentos autenticados na forma deste artigo, referidos nos incisos I e III e as cópias dos documentos referidas no inciso II não retirados no prazo de trinta dias, contados do seu deferimento, poderão ser eliminados.

SEÇÃO X
Das Certidões

Art. 79. É público o registro de empresas mercantis e atividades afins a cargo das Juntas Comerciais.

Art. 80. Qualquer pessoa, sem necessidade de provar interesse, poderá consultar os documentos arquivados nas Juntas Comerciais e obter certidões, mediante pagamento do preço devido.

Art. 81. O pedido de certidão, assinado pelo interessado e acompanhado do comprovante de pagamento do preço devido, indicará uma das seguintes modalidades:

I — simplificada;
II — específica, consoante quesitos formulados no pedido;
III — inteiro teor, mediante reprografia.

Art. 82. Sempre que houver qualquer alteração posterior ao ato cuja certidão for requerida, deverá ela, obrigatoriamente, ser mencionada, não obstante as especificações do pedido.

Art. 83. A certidão deverá ser entregue no prazo de até quatro dias úteis da protocolização do pedido na sede da Junta Comercial e, no prazo de até oito dias úteis, se em protocolo descentralizado.

Parágrafo único. Em caso de recusa ou demora na expedição da certidão, o requerente poderá reclamar à autoridade competente, que deverá providenciar, com presteza, sua expedição.

Art. 84. Os modelos e a expedição de certidões serão disciplinados por instrução normativa do Departamento Nacional de Registro do Comércio — DNRC.

Art. 85. A certidão dos atos de constituição e de alteração de sociedades mercantis, passada pelas Juntas Comerciais em que foram arquivados, será o documento hábil para a transferência, no registro público competente, dos bens com que o subscritor tiver contribuído para a formação ou aumento do capital social.

Art. 86. Os documentos arquivados pelas Juntas Comerciais não serão, em qualquer hipótese, retirados de suas dependências, ressalvado o disposto no art. 90.

SEÇÃO XI
Do Assentamento dos Usos ou Práticas Mercantis

Art. 87. O assentamento de usos ou práticas mercantis é efetuado pela Junta Comercial.

§ 1º Os usos ou práticas mercantis devem ser devidamente coligidos e assentados em livro próprio, pela Junta Comercial, ex officio, por provocação da Procuradoria ou de entidade de classe interessada.

§ 2º Verificada, pela Procuradoria, a inexistência de disposição legal contrária ao uso ou prática mercantil a ser assentada, o Presidente da Junta Comercial solicitará o pronunciamento escrito das entidades diretamente interessadas, que deverão manifestar-se dentro do prazo de noventa dias, e fará publicar convite a todos os interessados para que se manifestem no mesmo prazo.

§ 3º Executadas as diligências previstas no parágrafo anterior, a Junta Comercial decidirá se é verdadeiro e registrável o uso ou prática mercantil, em sessão a que compareçam, no mínimo, dois terços dos respectivos vogais, dependendo a respectiva aprovação do voto de, pelo menos, metade mais um dos Vogais presentes.

§ 4º Proferida a decisão, anotar-se-á o uso ou prática mercantil em livro especial, com a devida justificação, efetuando-se a respectiva publicação no órgão oficial da União, do Estado ou do Distrito Federal, conforme a sede da Junta Comercial.

Art. 88. Quinqüenalmente, as Juntas Comerciais processarão a revisão e publicação da coleção dos usos ou práticas mercantis assentados na forma do artigo anterior.

SEÇÃO XII
Da Retribuição dos Serviços

Art. 89. Compete ao Departamento Nacional de Registro do Comércio — DNRC propor a elaboração da Tabela de Preços dos Serviços pertinentes ao Registro Público de Empresas Mercantis, na parte relativa aos atos de natureza federal, bem como especificar os atos a serem observados pelas Juntas Comerciais na elaboração de suas tabelas locais.

Parágrafo único. As isenções de preços de serviços restringem-se aos casos previstos em lei.

TÍTULO III
DAS DISPOSIÇÕES FINAIS E TRANSITÓRIAS

CAPÍTULO I
DAS DISPOSIÇÕES FINAIS

Art. 90. Os atos de empresas mercantis, após preservada a sua imagem através de microfilmagem ou por meios tecnológicos mais avançados, poderão ser devolvidos pelas Juntas Comerciais, conforme dispuser instrução normativa do Departamento Nacional de Registro do Comércio — DNRC.

Art. 91. O fornecimento de informações cadastrais ao Departamento Nacional de Registro do Comércio — DNRC, ou às Juntas Comerciais, conforme for o caso, desobriga as firmas mercantis individuais e sociedades mercantis de prestarem idênticas informações a outros órgãos ou entidades da Administração Federal, Estadual ou Municipal.

Parágrafo único. O Departamento Nacional de Registro do Comércio — DNRC estabelecerá as normas necessárias para a utilização dos cadastros sob jurisdição do Sistema Nacional de Registro de Empresas Mercantis — SINREM pelos órgãos ou entidades públicas a que se refere este artigo, mediante a celebração de acordos ou convênios de cooperação.

CAPÍTULO II
DAS DISPOSIÇÕES TRANSITÓRIAS

Art. 92. As Juntas Comerciais adaptarão seus regimentos internos ou regulamentos às disposições deste Regulamento no prazo de cento e oitenta dias, a contar da data da sua publicação.

Art. 93. Este Decreto entra em vigor na data de sua publicação.

Art. 94. Revogam-se os Decretos n° 57.651, de 19 de janeiro de 1966, 86.764, de 22 de dezembro de 1981, 93.410, de 14 de outubro de 1986 e o Decreto s/n° de 10 de maio de 1991, que dispõe sobre a autorização para microfilmagem de documentos levados a registro nas Juntas Comerciais.

Brasília, 30 de janeiro de 1996; 175° da Independência e 108° da República.
FERNANDO HENRIQUE CARDOSO
Dorothea Werneck

DECRETO Nº 2.181, DE 20 DE MARÇO DE 1997.

Dispõe sobre a organização do Sistema Nacional de Defesa do Consumidor — SNDC, estabelece as normas gerais de aplicação das sanções administrativas previstas na Lei nº 8.078, de 11 de setembro de 1990, revoga o Decreto Nº 861, de 9 julho de 1993, e dá outras providências.

O PRESIDENTE DA REPÚBLICA, no uso da atribuição que lhe confere o art. 84, inciso IV, da Constituição, e tendo em vista o disposto na Lei nº 8.078, de 11 de setembro de 1990,
DECRETA:
Art. 1º Fica organizado o Sistema Nacional de Defesa do Consumidor — SNDC e estabelecidas as normas gerais de aplicação das sanções administrativas, nos termos da Lei nº 8.078, de 11 de setembro de 1990.

CAPÍTULO I
DO SISTEMA NACIONAL DE DEFESA DO CONSUMIDOR

Art. 2º Integram o SNDC a Secretaria de Direito Econômico do Ministério da Justiça SDE, por meio do seu Departamento de Proteção e Defesa do Consumidor — DPDC, e os demais órgãos federais, estaduais, do Distrito Federal, municipais e as entidades civis de defesa do consumidor.

CAPÍTULO II
DA COMPETÊNCIA DOS ÓRGÃOS INTEGRANTES DO SNDC

Art. 3º Compete ao DPDC, a coordenação da política do Sistema Nacional de Defesa do Consumidor, cabendo-lhe:
I — planejar, elaborar, propor, coordenar e executar a política nacional de proteção e defesa do consumidor;
II — receber, analisar, avaliar e apurar consultas e denúncias apresentadas por entidades representativas ou pessoas jurídicas de direito público ou privado ou por consumidores individuais;

III — prestar aos consumidores orientação permanente sobre seus direitos e garantias;

IV — informar, conscientizar e motivar o consumidor, por intermédio dos diferentes meios de comunicação;

V — solicitar à polícia judiciária a instauração de inquérito para apuração de delito contra o consumidor, nos termos da legislação vigente;

VI — representar ao Ministério Público competente, para fins de adoção de medidas processuais, penais e civis, no âmbito de suas atribuições;

VII — levar ao conhecimento dos órgãos competentes as infrações de ordem administrativa que violarem os interesses difusos, coletivos ou individuais dos consumidores;

VIII — solicitar o concurso de órgãos e entidades da União, dos Estados, do Distrito Federal e dos Municípios, bem como auxiliar na fiscalização de preços, abastecimento, quantidade e segurança de produtos e serviços;

IX — incentivar, inclusive com recursos financeiros e outros programas especiais, a criação de órgãos públicos estaduais e municipais de defesa do consumidor e a formação, pelos cidadãos, de entidades com esse mesmo objetivo;

X — fiscalizar e aplicar as sanções administrativas previstas na Lei nº 8.078, de 1990, e em outras normas pertinentes à defesa do consumidor;

XI — solicitar o concurso de órgãos e entidades de notória especialização técnico-científica para a consecução de seus objetivos;

XII — provocar a Secretaria de Direito Econômico para celebrar convênios e termos de ajustamento de conduta, na forma do § 6º do art. 5º da Lei nº 7.347, de 24 de julho de 1985;

XIII — elaborar e divulgar o cadastro nacional de reclamações fundamentadas contra fornecedores de produtos e serviços, a que se refere o art. 44 da Lei nº 8.078, de 1990;

XIV — desenvolver outras atividades compatíveis com suas finalidades.

Art. 4º No âmbito de sua jurisdição e competência, caberá ao órgão estadual, do Distrito Federal e municipal de proteção e defesa do consumidor, criado, na forma da lei, especificamente para este fim, exercitar as atividades contidas nos incisos II a XII do art. 3º deste Decreto e, ainda:

I — planejar, elaborar, propor, coordenar e executar a política estadual, do Distrito Federal e municipal de proteção e defesa do consumidor, nas suas respectivas áreas de atuação;

II — dar atendimento aos consumidores, processando, regularmente, as reclamações fundamentadas;

III — fiscalizar as relações de consumo;

IV — funcionar, no processo administrativo, como instância de instrução e julgamento, no âmbito de sua competência, dentro das regras fixadas pela Lei nº 8.078, de 1990, pela legislação complementar e por este Decreto;

V — elaborar e divulgar anualmente, no âmbito de sua competência, o cadastro de reclamações fundamentadas contra fornecedores de produtos e serviços, de que trata o art. 44 da Lei nº 8.078, de 1990, e remeter cópia ao DPDC;

VI — desenvolver outras atividades compatíveis com suas finalidades.

Art. 5º Qualquer entidade ou órgão da Administração Pública, federal, estadual e municipal, destinado à defesa dos interesses e direitos do consumidor, tem, no âmbito de suas respectivas competências, atribuição para apurar e punir infrações a este Decreto e à legislação das relações de consumo.

Parágrafo único. Se instaurado mais de um processo administrativo por pessoas jurídicas de direito público distintas, para apuração de infração decorrente de um mesmo fato imputado ao mesmo fornecedor, eventual conflito de competência será dirimido pelo DPDC, que poderá ouvir a Comissão Nacional Permanente de Defesa do Consumidor — CNPDC, levando sempre em consideração a competência federativa para legislar sobre a respectiva atividade econômica.

Art. 6º As entidades e órgãos da Administração Pública destinados à defesa dos interesses e direitos protegidos pelo Código de Defesa do Consumidor poderão celebrar compromissos de ajustamento de conduta às exigências legais, nos termos do § 6º do art. 5º da Lei nº 7.347, de 1985, na órbita de suas respectivas competências.

§ 1º A celebração de termo de ajustamento de conduta não impede que outro, desde que mais vantajoso para o consumidor, seja lavrado por quaisquer das pessoas jurídicas de direito público integrantes do SNDC.

§ 2º A qualquer tempo, o órgão subscritor poderá, diante de novas informações ou se assim as circunstâncias o exigirem, retificar ou complementar o acordo firmado, determinando outras providências que se fizerem necessárias, sob pena de invalidade imediata do ato, dando-se seguimento ao procedimento administrativo eventualmente arquivado.

§ 3º O compromisso de ajustamento conterá, entre outras, cláusulas que estipulem condições sobre:

I — obrigação do fornecedor de adequar sua conduta às exigências legais, no prazo ajustado

II — pena pecuniária, diária, pelo descumprimento do ajustado, levando-se em conta os seguintes critérios:

a) o valor global da operação investigada;
b) o valor do produto ou serviço em questão;
c) os antecedentes do infrator;
d) a situação econômica do infrator;

III — ressarcimento das despesas de investigação da infração e instrução do procedimento administrativo.

§ 4º A celebração do compromisso de ajustamento suspenderá o curso do processo administrativo, se instaurado, que somente será arquivado após atendidas todas as condições estabelecidas no respectivo termo.

Art. 7º Compete aos demais órgãos públicos federais, estaduais, do Distrito Federal e municipais que passarem a integrar o SNDC fiscalizar as relações de consumo, no âmbito de sua competência, e autuar, na forma da legislação, os responsáveis por práticas que violem os direitos do consumidor.

Art. 8º As entidades civis de proteção e defesa do consumidor, legalmente constituídas, poderão:

I — encaminhar denúncias aos órgãos públicos de proteção e defesa do consumidor, para as providências legais cabíveis;

II — representar o consumidor em juízo, observado o disposto no inciso IV do art. 82 da Lei nº 8.078, de 1990;

III — exercer outras atividades correlatas.

CAPÍTULO III
DA FISCALIZAÇÃO, DAS PRÁTICAS INFRATIVAS E DAS PENALIDADES ADMINISTRATIVAS

SEÇÃO I
Da Fiscalização

Art. 9º A fiscalização das relações de consumo de que tratam a Lei nº 8.078, de 1990, este Decreto e as demais normas de defesa do consumidor será exercida em todo o território nacional pela Secretaria de Direito Econômico do Ministério da Justiça, por meio do DPDC, pelos órgãos federais integrantes do SNDC, pelos órgãos conveniados com a Secretaria e pelos órgãos de proteção e defesa do consumidor criados pelos Estados, Distrito Federal e Municípios, em suas respectivas áreas de atuação e competência.

Art. 10. A fiscalização de que trata este Decreto será efetuada por agentes fiscais, oficialmente designados, vinculados aos respectivos órgãos de proteção e defesa do consumidor, no âmbito federal, estadual, do Distrito Federal e municipal, devidamente credenciados mediante Cédula de Identificação Fiscal, admitida a delegação mediante convênio.

Art. 11. Sem exclusão da responsabilidade dos órgãos que compõem o SNDC, os agentes de que trata o artigo anterior responderão pelos atos que praticarem quando investidos da ação fiscalizadora.

SEÇÃO II
Das Práticas Infrativas

Art. 12. São consideradas práticas infrativa:

I — condicionar o fornecimento de produto ou serviço ao fornecimento de outro produto ou serviço, bem como, sem justa causa, a limites quantitativos;

II — recusar atendimento às demandas dos consumidores na exata medida de sua disponibilidade de estoque e, ainda, de conformidade com os usos e costumes;

III — recusar, sem motivo justificado, atendimento à demanda dos consumidores de serviços;

IV — enviar ou entregar ao consumidor qualquer produto ou fornecer qualquer serviço, sem solicitação prévia;

V — prevalecer-se da fraqueza ou ignorância do consumidor, tendo em vista sua idade, saúde, conhecimento ou condição social, para impingir-lhe seus produtos ou serviços;

VI — exigir do consumidor vantagem manifestamente excessiva;

VII — executar serviços sem a prévia elaboração de orçamento e auto consumidor. ressalvadas as decorrentes de práticas anteriores entre as partes;

VIII — repassar informação depreciativa referente a ato praticado pelo consumidor no exercício de seus direitos;

IX — colocar, no mercado de consumo, qualquer produto ou serviço:

a) em desacordo com as normas expedidas pelos órgãos oficiais competentes, ou, se normas específicas não existirem, pela Associação Brasileira de Normas Técnicas — ABNT ou outra entidade credenciada pelo Conselho Nacional de Metrologia, Normalização e Qualidade Industrial — CONMETRO;

b) que acarrete riscos à saúde ou à segurança dos consumidores e sem informações ostensivas e adequadas;

c) em desacordo com as indicações constantes do recipiente, da embalagem, da rotulagem ou mensagem publicitária, respeitadas as variações decorrentes de sua natureza;

d) impróprio ou inadequado ao consumo a que se destina ou que lhe diminua o valor;

X — deixar de reexecutar os serviços, quando cabível, sem custo adicional;

XI — deixar de estipular prazo para o cumprimento de sua obrigação ou deixar a fixação ou variação de seu termo inicial a seu exclusivo critério.

Art. 13. Serão consideradas, ainda, práticas infrativas, na forma dos dispositivos da Lei nº 8.078, de 1990:

I — ofertar produtos ou serviços sem as informações corretas, claras, precisa e ostensivas, em língua portuguesa, sobre suas características, qualidade, quantidade, composição, preço, condições de pagamento, juros, encargos, garantia, prazos de validade e origem, entre outros dados relevantes;

II — deixar de comunicar à autoridade competente a periculosidade do produto ou serviço, quando do lançamento dos mesmos no mercado de consumo, ou quando da verificação posterior da existência do risco;

III — deixar de comunicar aos consumidores, por meio de anúncios publicitários, a periculosidade do produto ou serviço, quando do lançamento dos mesmos no mercado de consumo, ou quando da verificação posterior da existência do risco;

IV — deixar de reparar os danos causados aos consumidores por defeitos decorrentes de projetos, fabricação, construção, montagem, manipulação, apresentação ou acondicionamento de seus produtos ou serviços, ou por informações insuficientes ou inadequadas sobre a sua utilização e risco;

V — deixar de empregar componentes de reposição originais, adequados e novos, ou que mantenham as especificações técnicas do fabricante, salvo se existir autorização em contrário do consumidor;

VI — deixar de cumprir a oferta, publicitária ou não, suficientemente precisa, ressalvada a incorreção retificada em tempo hábil ou exclusivamente atribuível ao veículo de comunicação, sem prejuízo, inclusive nessas duas hipóteses, do cumprimento forçado do anunciado ou do ressarcimento de perdas e danos sofridos pelo consumidor, assegurado o direito de regresso do anunciante contra seu segurador ou responsável direto;

VII — omitir, nas ofertas ou vendas eletrônicas, por telefone ou reembolso postal, o nome e endereço do fabricante ou do importador na embalagem, na publicidade e nos impressos utilizados na transação comercial;

VIII — deixar de cumprir, no caso de fornecimento de produtos e serviços, o regime de preços tabelados, congelados, administrados, fixados ou controlados pelo Poder Público;

IX — submeter o consumidor inadimplente a ridículo ou a qualquer tipo de constrangimento ou ameaça;

X — impedir ou dificultar o acesso gratuito do consumidor às informações xistentes em cadastros, fichas, registros de dados pessoais e de consumo, arquivados sobre ele, bem como sobre as respectivas fontes;

XI — elaborar cadastros de consumo com dados irreais ou imprecisos;

XII — manter cadastros e dados de consumidores com informações negativas, divergentes da proteção legal;

XIIII — deixar de comunicar, por escrito, ao consumidor a abertura de cadastro, ficha, registro de dados pessoais e de consumo, quando não solicitada por ele;

XIV — deixar de corrigir, imediata e gratuitamente, a inexatidão de dados e cadastros, quando solicitado pelo consumidor;

XV — deixar de comunicar ao consumidor, no prazo de cinco dias úteis, as correções cadastrais por ele solicitadas;

XVI — impedir, dificultar ou negar, sem justa causa, o cumprimento das declarações constantes de escritos particulares, recibos e pré-contratos concernentes às relações de consumo;

XVII — omitir em impressos, catálogos ou comunicações, impedir, dificultar ou negar a desistência contratual, no prazo de até sete dias a contar da assinatura do contrato ou do ato de recebimento do produto ou serviço, sempre que a contratação ocorrer fora do estabelecimento comercial, especialmente or telefone ou a domicílio;

XVIII — impedir, dificultar ou negar a devolução dos valores pagos, monetariamente atualizados, durante o prazo de reflexão, em caso de desistência do contrato pelo consumidor;

XIX — deixar de entregar o termo de garantia, devidamente preenchido com as informações previstas no parágrafo único do art. 50 da Lei n° 8.078, de 1990;

XX — deixar, em contratos que envolvam vendas a prazo ou com cartão de crédito, de informar por escrito ao consumidor, prévia e adequadamente, inclusive nas comunicações publicitárias, o preço do produto ou do serviço em moeda corrente nacional, o montante dos juros de mora e da taxa efetiva anual de juros, os acréscimos legal e contratualmente previstos, o número e a periodicidade das prestações e, com igual destaque, a soma total a pagar, com ou sem financiamento;

XXI — deixar de assegurar a oferta de componentes e peças de reposição, enquanto não cessar a fabricação ou importação do produto, e, caso cessadas, de manter a oferta de componentes e peças de reposição por período razoável de tempo, nunca inferior à vida útil do produto ou serviço;

XXII — propor ou aplicar índices ou formas de reajuste alternativos, bem como fazê-lo em desacordo com aquele que seja legal ou contratualmente permitido;

XXIII — recusar a venda de produto ou a prestação de serviços, publicamente ofertados, diretamente a quem se dispõe a adquiri-los mediante pronto pagamento, ressalvados os casos regulados em leis especiais;

XXIV — deixar de trocar o produto impróprio, inadequado, ou de valor diminuído, por outro da mesma espécie, em perfeitas condições de uso, ou de restituir imediatamente a quantia paga, devidamente corrigida, ou fazer abatimento proporcional do preço, a critério do consumidor.

Art. 14. É enganosa qualquer modalidade de informação ou comunicação de aráter publicitário inteira ou parcialmente falsa, ou, por qualquer outro modo, esmo por omissão, capaz de induzir a erro o consumidor a respeito da natureza, características, qualidade, quantidade, propriedade, origem, preço e de quaisquer outros dados sobre produtos ou serviços.

§ 1º É enganosa, por omissão, a publicidade que deixar de informar sobre dado essencial do produto ou serviço a ser colocado à disposição dos consumidores.

§ 2º É abusiva, entre outras, a publicidade discriminatória de qualquer natureza, que incite à violência, explore o medo ou a superstição, se aproveite da deficiência de julgamento e da inexperiência da criança, desrespeite valores ambientais, seja capaz de induzir o consumidor a se comportar de forma prejudicial ou perigosa à sua saúde ou segurança, ou que viole normas legais ou regulamentares de controle da publicidade.

§ 3º O ônus da prova da veracidade (não-enganosidade) e da correção (não-abusividade) da informação ou comunicação publicitária cabe a quem as patrocina.

Art. 15. Estando a mesma empresa sendo acionada em mais de um Estado federado pelo mesmo fato gerador de prática infrativa, a autoridade máxima do sistema estadual poderá remeter o processo ao órgão coordenador do SNDC, que apurará o fato e aplicará as sanções respectivas.

Art. 16. Nos casos de processos administrativos tramitando em mais de um Estado, que envolvam interesses difusos ou coletivos, o DPDC poderá avocá-los, ouvida a Comissão Nacional Permanente de Defesa do Consumidor, bem como as autoridades máximas dos sistemas estaduais.

Art. 17. As práticas infrativas classificam-se em:

I — leves: aquelas em que forem verificadas somente circunstâncias atenuantes;

II — graves: aquelas em que forem verificadas circunstâncias agravantes.

SEÇÃO III
Das Penalidades Administrativas

Art. 18. A inobservância das normas contidas na Lei n° 8.078, de 1990, e das demais normas de defesa do consumidor constituirá prática infrativa e sujeitará o fornecedor às seguintes penalidades, que poderão ser aplicadas isolada ou cumulativamente, inclusive de forma cautelar, antecedente ou incidente no processo administrativo, sem prejuízo das de natureza cível, penal e das definidas em normas específicas:

I — multa;
II — apreensão do produto;
III — inutilização do produto;
IV — cassação do registro do produto junto ao órgão competente;
V — proibição de fabricação do produto;
VI — suspensão de fornecimento de produtos ou serviços;
VII — suspensão temporária de atividade;
VIII — revogação de concessão ou permissão de uso;
IX — cassação de licença do estabelecimento ou de atividade;
X — interdição, total ou parcial, de estabelecimento, de obra ou de atividade;
XI — intervenção administrativa;
XII — imposição de contrapropaganda.

§ 1º Responderá pela prática infrativa, sujeitando-se às sanções administrativas previstas neste Decreto, quem por ação ou omissão lhe der causa, concorrer para sua prática ou dela se beneficiar.

§ 2º As penalidades previstas neste artigo serão aplicadas pelos órgãos oficiais integrantes do SNDC, sem prejuízo das atribuições do órgão normativo ou regulador da atividade, na forma da legislação vigente.

§ 3º As penalidades previstas nos incisos III a XI deste artigo sujeitam-se a posterior confirmação pelo órgão normativo ou regulador da atividade, nos limites de sua competência.

Art. 19. Toda pessoa física ou jurídica que fizer ou promover publicidade enganosa ou abusiva ficará sujeita à pena de multa, cumulada com aquelas previstas no artigo anterior, sem prejuízo da competência de outros órgãos administrativos.

Parágrafo único. Incide também nas penas deste artigo o fornecedor que:

a) deixar de organizar ou negar aos legítimos interessados os dados fáticos, técnicos e científicos que dão sustentação à mensagem publicitária;

b) veicular publicidade de forma que o consumidor não possa, fácil e imediatamente, identificá-la como tal.

Art. 20. Sujeitam-se à pena de multa os órgãos públicos que, por si ou suas empresas concessionárias, permissionárias ou sob qualquer outra forma de empreendimento, deixarem de fornecer serviços adequados, eficientes, seguros e, quanto aos essenciais, contínuos.

Art. 21. A aplicação da sanção prevista no inciso II do art. 18 terá lugar quando os produtos forem comercializados em desacordo com as especificações técnicas estabelecidas em legislação própria, na Lei nº 8.078, de 1990, e neste Decreto.

§ 1º Os bens apreendidos, a critério da autoridade, poderão ficar sob a guarda do proprietário, responsável, preposto ou empregado que responda pelo gerenciamento do negócio, nomeado fiel depositário, mediante termo próprio, proibida a venda, utilização, substituição, subtração ou remoção, total ou parcial, dos referidos bens.

§ 2º A retirada de produto por parte da autoridade fiscalizadora não poderá incidir sobre quantidade superior àquela necessária à realização da análise pericial.

Art. 22. Será aplicada multa ao fornecedor de produtos ou serviços que, direta ou indiretamente, inserir, fizer circular ou utilizar-se de cláusula abusiva, qualquer que seja a modalidade do contrato de consumo, inclusive nas operações securitárias, bancárias, de crédito direto ao consumidor, depósito, poupança, mútuo ou financiamento, e especialmente quando:

I — impossibilitar, exonerar ou atenuar a responsabilidade do fornecedor por vícios de qualquer natureza dos produtos e serviços ou implicar renúncia ou disposição de direito do consumidor;

II — deixar de reembolsar ao consumidor a quantia já paga, nos casos previstos na Lei nº 8.078, de 1990;

III — transferir responsabilidades a terceiros;

IV — estabelecer obrigações consideradas iníquas ou abusivas, que coloquem o consumidor em desvantagem exagerada, incompatíveis com a boa-fé ou a eqüidade;

V — estabelecer inversão do ônus da prova em prejuízo do consumidor;

VI — determinar a utilização compulsória de arbitragem;

VII — impuser representante para concluir ou realizar outro negócio jurídico pelo consumidor;

VIII — deixar ao fornecedor a opção de concluir ou não o contrato, embora obrigando o consumidor;

IX — permitir ao fornecedor, direta ou indiretamente, variação unilateral do preço, juros, encargos, forma de pagamento ou atualização monetária;

X — autorizar o fornecedor a cancelar o contrato unilateralmente, sem que igual direito seja conferido ao consumidor, ou permitir, nos contratos de longa duração ou de trato sucessivo, o cancelamento sem justa causa e motivação, mesmo que dada ao consumidor a mesma opção;

XI — obrigar o consumidor a ressarcir os custos de cobrança de sua obrigação, sem que igual direito lhe seja conferido contra o fornecedor;

XII — autorizar o fornecedor a modificar unilateralmente o conteúdo ou a qualidade do contrato após sua celebração;

XIII — infringir normas ambientais ou possibilitar sua violação;

XIV — possibilitar a renúncia ao direito de indenização por benfeitorias necessárias;

XV — restringir direitos ou obrigações fundamentais à natureza do contrato, de tal modo a ameaçar o seu objeto ou o equilíbrio contratual;

XVI — onerar excessivamente o consumidor, considerando-se a natureza e o conteúdo do contrato, o interesse das partes e outras circunstâncias peculiares à espécie;

XVII — determinar, nos contratos de compra e venda mediante pagamento em prestações, ou nas alienações fiduciárias em garantia, a perda total das prestações pagas, em benefício do credor que, em razão do inadimplemento, pleitear a resilição do contrato e a retomada do produto alienado, ressalvada a cobrança judicial de perdas e danos comprovadamente sofridos;

XVIII — anunciar, oferecer ou estipular pagamento em moeda estrangeira, salvo nos casos previstos em lei;

XIX — cobrar multas de mora superiores a dois por cento, decorrentes do inadimplemento de obrigação no seu termo, conforme o disposto no § 1º do art. 52 da Lei nº 8.078, de 1990, com a redação dada pela Lei nº 9.298, de 1º de agosto de 1996;

XX — impedir, dificultar ou negar ao consumidor a liquidação antecipada do débito, total ou parcialmente, mediante redução proporcional dos juros, encargos e demais acréscimos, inclusive seguro;

XXI — fizer constar do contrato alguma das cláusulas abusivas a que se refere o art. 56 deste Decreto;

XXII — elaborar contrato, inclusive o de adesão, sem utilizar termos claros, caracteres ostensivos e legíveis, que permitam sua imediata e fácil compreensão, destacando-se as cláusulas que impliquem obrigação ou limitação dos direitos contratuais do consumidor, inclusive com a utilização de tipos de letra e cores diferenciados, entre outros recursos gráficos e visuais;

XXIII — que impeça a troca de produto impróprio, inadequado, ou de valor diminuído, por outro da mesma espécie, em perfeitas condições de uso, ou a restituição imediata da quantia paga, devidamente corrigido, ou fazer abatimento proporcional do preço, a critério do consumidor.

Parágrafo único. Dependendo da gravidade da infração prevista nos incisos dos arts. 12, 13 e deste artigo, a pena de multa poderá ser cumulada com as demais previstas no art. 18, sem prejuízo da competência de outros órgãos administrativos.

Art. 23. Os serviços prestados e os produtos remetidos ou entregues ao consumidor, na hipótese prevista no inciso IV do art. 12 deste Decreto, equiparam-se às amostras grátis, inexistindo obrigação de pagamento.

Art. 24. Para a imposição da pena e sua gradação, serão considerados:

I — as circunstâncias atenuantes e agravantes;

II — os antecedentes do infrator, nos termos do art. 28 deste Decreto.

Art. 25. Consideram-se circunstâncias atenuantes:

I — a ação do infrator não ter sido fundamental para a consecução do fato;

II — ser o infrator primário;

III — ter o infrator adotado as providências pertinentes para minimizar ou de imediato reparar os efeitos do ato lesivo.

Art. 26. Consideram-se circunstâncias agravantes:

I — ser o infrator reincidente;

II — ter o infrator, comprovadamente, cometido a prática infrativa para obter vantagens indevidas;

III — trazer a prática infrativa conseqüências danosas à saúde ou à segurança do consumidor;

IV — deixar o infrator, tendo conhecimento do ato lesivo, de tomar as providências para evitar ou mitigar suas conseqüências;

V — ter o infrator agido com dolo;

VI — ocasionar a prática infrativa dano coletivo ou ter caráter repetitivo;

VII — ter a prática infrativa ocorrido em detrimento de menor de dezoito ou maior de sessenta anos ou de pessoas portadoras de deficiência física, mental ou sensorial, interditadas ou não;

VIII — dissimular-se a natureza ilícita do ato ou atividade;

IX — ser a conduta infrativa praticada aproveitando-se o infrator de grave crise econômica ou da condição cultural, social ou econômica da vítima, ou, ainda, por ocasião de calamidade.

Art. 27. Considera-se reincidência a repetição de prática infrativa, de qualquer natureza, às normas de defesa do consumidor, punida por decisão administrativa irrecorrível.

Parágrafo único. Para efeito de reincidência, não prevalece a sanção anterior, se entre a data da decisão administrativa definitiva e aquela da prática posterior houver decorrido período de tempo superior a cinco anos.

Art. 28. Observado o disposto no art. 24 deste Decreto pela autoridade competente, a pena de multa será fixada considerando-se a gravidade da prática infrativa, a extensão do dano causado aos consumidores, a vantagem auferida com o ato infrativo e a condição econômica do infrator, respeitados os parâmetros estabelecidos no parágrafo único do art. 57 da Lei n° 8.078, de 1990.

CAPÍTULO IV
DA DESTINAÇÃO DA MULTA E DA ADMINISTRAÇÃO DOS RECURSOS

Art. 29. A multa de que trata o inciso I do art. 56 e caput do art. 57 da Lei n° 8.078, de 1990, reverterá para o Fundo pertinente à pessoa jurídica de direito público que impuser a sanção, gerido pelo respectivo Conselho Gestor.

Parágrafo único. As multas arrecadadas pela União e órgãos federais reverterão para o Fundo de Direitos Difusos de que tratam a Lei n° 7.347, de 1985, e Lei n° 9.008, de 21 de março de 1995, gerido pelo Conselho Federal Gestor do Fundo de Defesa dos Direitos Difusos — CFDD.

Art. 30. As multas arrecadadas serão destinadas ao financiamento de projetos relacionados com os objetivos da Política Nacional de Relações de Consumo, com a defesa dos direitos básicos do consumidor e com a modernização administrativa dos órgãos públicos de defesa do consumidor, após aprovação pelo respectivo Conselho Gestor, em cada unidade federativa.

Art. 31. Na ausência de Fundos municipais, os recursos serão depositados no Fundo do respectivo Estado e, faltando este, no Fundo federal.

Parágrafo único. O Conselho Federal Gestor do Fundo de Defesa dos Direitos, Difusos poderá apreciar e autorizar recursos para projetos especiais de órgãos e entidades federais, estaduais e municipais de defesa do consumidor.

Art. 32. Na hipótese de multa aplicada pelo órgão coordenador do SNDC nos casos previstos pelo art. 15 deste Decreto, o Conselho Federal Gestor do FDD restituirá aos fundos dos Estados envolvidos o percentual de até oitenta por cento do valor arrecadado.

CAPÍTULO V
DO PROCESSO ADMINISTRATIVO

SEÇÃO I
Das Disposições Gerais

Art. 33. As práticas infrativas às normas de proteção e defesa do consumidor serão apuradas em processo administrativo, que terá início mediante:

I — ato, por escrito, da autoridade competente;

I — lavratura de auto de infração;

III — reclamação.

§ 1º Antecedendo à instauração do processo administrativo, poderá a autoridade competente abrir investigação preliminar, cabendo, para tanto, requisitar dos fornecedores informações sobre as questões investigados, resguardado o segredo industrial, na forma do disposto no § 4º do art. 55 da Lei nº 8.078, de 1990.

§ 2º A recusa à prestação das informações ou o desrespeito às determinações e convocações dos órgãos do SNDC caracterizam desobediência, na forma do art. 330 do Código Penal, ficando a autoridade administrativa com poderes para determinar a imediata cessação da prática, além da imposição das sanções administrativas e civis cabíveis.

SEÇÃO II
Da Reclamação

Art. 34. O consumidor poderá apresentar sua reclamação pessoalmente, ou por telegrama carta, telex, fac-símile ou qualquer outro meio de comunicação, a quaisquer dos órgãos oficiais de proteção e defesa do consumidor.

SEÇÃO III
Dos Autos de Infração, de Apreensão e do Termo de Depósito

Art. 35. Os Autos de infração, de Apreensão e o Termo de Depósito deverão ser impressos, numerados em série e preenchidos de forma clara e precisa, sem entrelinhas, rasuras ou emendas, mencionando:

I — o Auto de Infração:
a) o local, a data e a hora da lavratura;
b) o nome, o endereço e a qualificação do autuado;
c) a descrição do fato ou do ato constitutivo da infração;
d) o dispositivo legal infringido;
e) a determinação da exigência e a intimação para cumpri-la ou impugná-la no prazo de dez dias;
f) a identificação do agente autuante, sua assinatura, a indicação do seu cargo ou função e o número de sua matrícula;
g) a designação do órgão julgador e o respectivo endereço;
h) a assinatura do autuado;

II — o Auto de Apreensão e o Termo de Depósito:
a) o local, a data e a hora da lavratura;
b) o nome, o endereço e a qualificação do depositário;
c) a descrição e a quantidade dos produtos apreendidos;
d) as razões e os fundamentos da apreensão;
e) o local onde o produto ficará armazenado;
f) a quantidade de amostra colhida para análise;
g) a identificação do agente autuante, sua assinatura, a indicação do seu cargo ou função e o número de sua matrícula;
h) a assinatura do depositário;
i) as proibições contidas no § 1º do art. 21 deste Decreto.

Art. 36. Os Autos de Infração, de Apreensão e o Termo de Depósito serão lavrados pelo agente autuante que houver verificado a prática infrativa, preferencialmente no local onde foi comprovada a irregularidade.

Art. 37. Os Autos de Infração, de Apreensão e o Termo de Depósito serão lavrados em impresso próprio, composto de três vias, numeradas tipograficamente.

§ 1º Quando necessário, para comprovação de infração, os Autos serão acompanhados de laudo pericial.

§ 2º Quando a verificação do defeito ou vício relativo à qualidade, oferta e apresentação de produtos não depender de perícia, o agente competente consignará o fato no respectivo Auto.

Art. 38. A assinatura nos Autos de Infração, de Apreensão e no Termo de Depósito, por parte do autuado, ao receber cópias dos mesmos, constitui notificação, sem implicar confissão, para os fins do art. 44 do presente Decreto.

Parágrafo único. Em caso de recusa do autuado em assinar os Autos de Infração, de Apreensão e o Termo de Depósito, o Agente competente consignará o fato nos Autos e no Termo, remetendo-os ao autuado por via postal, com Aviso de Recebimento (AR) ou outro procedimento equivalente, tendo os mesmos efeitos do caput deste artigo.

SEÇÃO IV
Da Instauração do Processo Administrativo por Ato de Autoridade Competente

Art. 39. O processo administrativo de que trata o art. 33 deste Decreto poderá ser instaurado mediante reclamação do interessado ou por iniciativa da própria autoridade competente.

Parágrafo único. Na hipótese de a investigação preliminar não resultar em processo administrativo com base em reclamação apresentada por consumidor, deverá este ser informado sobre as razões do arquivamento pela autoridade competente.

Art. 40. O processo administrativo, na forma deste Decreto, deverá, obrigatoriamente, conter:

I — a identificação do infrator;
II — a descrição do fato ou ato constitutivo da infração;
III — os dispositivos legais infringidos;
IV — a assinatura da autoridade competente.

Art. 41. A autoridade administrativa poderá determinar, na forma de ato próprio, constatação preliminar da ocorrência de prática presumida.

SEÇÃO V
Da Notificação

Art. 42. A autoridade competente expedirá notificação ao infrator, fixando o prazo de dez dias, a contar da data de seu recebimento, para apresentar defesa, na forma do art. 44 deste Decreto.

§ 1º A notificação, acompanhada de cópia da inicial do processo administrativo a que se refere o art. 40, far-se-á:

I — pessoalmente ao infrator, seu mandatário ou preposto;
II — por carta registrada ao infrator, seu mandatário ou preposto, com Aviso de Recebimento (AR).

§ 2º Quando o infrator, seu mandatário ou preposto não puder ser notificado, pessoalmente ou por via postal, será feita a notificação por edital, a ser afixado nas dependências do órgão respectivo, em lugar público, pelo prazo de dez dias, ou divulgado, pelo menos uma vez, na imprensa oficial ou em jornal de circulação local.

SEÇÃO VI
Da Impugnação e do Julgamento do Processo Administrativo

Art. 43. O processo administrativo decorrente de Auto de Infração, de ato de ofício de autoridade competente, ou de reclamação será instruído e julgado na esfera de atribuição do órgão que o tiver instaurado.

Art. 44. O infrator poderá impugnar o processo administrativo, no prazo de dez dias, contados processualmente de sua notificação, indicando em sua defesa:

I — a autoridade julgadora a quem é dirigida;
II — a qualificação do impugnante;
Ill — as razões de fato e de direito que fundamentam a impugnação;
IV — as provas que lhe dão suporte.

Art. 45. Decorrido o prazo da impugnação, o órgão julgador determinará as diligências cabíveis, podendo dispensar as meramente protelatórias ou irrelevantes, sendo-lhe facultado requisitar do infrator, de quaisquer pessoas físicas ou jurídicas, órgãos ou entidades públicas as necessárias informações, esclarecimentos ou documentos, a serem apresentados no prazo estabelecido.

Art. 46. A decisão administrativa conterá relatório dos fatos, o respectivo enquadramento legal e, se condenatória, a natureza e gradação da pena.

§ 1º A autoridade administrativa competente, antes de julgar o feito, apreciará a defesa e as provas produzidas pelas partes, não estando vinculada ao relatório de sua consultoria jurídica ou órgão similar, se houver.

§ 2º Julgado o processo e fixada a multa, será o infrator notificado para efetuar seu recolhimento no prazo de dez dias ou apresentar recurso.

§ 3º Em caso de provimento do recurso, os valores recolhidos serão devolvidos ao recorrente na forma estabelecida pelo Conselho Gestor do Fundo.

Art. 47. Quando a cominação prevista for a contrapropaganda, o processo poderá ser instruído com indicações técnico-publicitárias, das quais se intimará o autuado, obedecidas, na execução da respectiva decisão, as condições constantes do § 1º do art. 60 da Lei nº 8.078, de 1990.

SEÇÃO VII
Das Nulidades

Art. 48. A inobservância de forma não acarretará a nulidade do ato, se não houver prejuízo para a defesa.

Parágrafo único. A nulidade prejudica somente os atos posteriores ao ato declarado nulo e dele diretamente dependentes ou de que sejam conseqüência, cabendo à autoridade que a declarar indicar tais atos e determinar o adequado procedimento saneador, se for o caso.

SEÇÃO VIII
Dos Recursos Administrativos

Art. 49. Das decisões da autoridade competente do órgão público que aplicou a sanção caberá recurso, sem efeito suspensivo, no prazo de dez dias, contados da data da intimação da decisão, a seu superior hierárquico, que proferirá decisão definitiva.

Parágrafo único. No caso de aplicação de multas, o recurso será recebido, com efeito suspensivo, pela autoridade superior.

Art. 50. Quando o processo tramitar no âmbito do DPDC, o julgamento do feito será de responsabilidade do Diretor daquele órgão, cabendo recurso ao titular da Secretaria de Direito Econômico, no prazo de dez dias, contados da data da intimação da decisão, como segunda e última instância recursal.

Art. 51. Não será conhecido o recurso interposto fora dos prazos e condições estabelecidos neste Decreto.

Art. 52. Sendo julgada insubsistente a infração, a autoridade julgadora recorrerá à autoridade imediatamente superior, nos termos fixados nesta Seção, mediante declaração na própria decisão.

Art. 53. A decisão é definitiva quando não mais couber recurso, seja de ordem formal ou material.

Art. 54. Todos os prazos referidos nesta Seção são preclusivos.

SEÇÃO IX
Da Inscrição na Dívida Ativa

Art. 55. Não sendo recolhido o valor da multa em trinta dias, será o débito inscrito em dívida ativa do órgão que houver aplicado a sanção, para subseqüente cobrança executiva.

CAPÍTULO VI
DO ELENCO DE CLÁUSULAS ABUSIVAS E DO CADASTRO DE FORNECEDORES

SEÇÃO I
Do Elenco de Cláusulas Abusivas

Art. 56. Na forma do art. 51 da Lei n° 8.078, de 1990, e com o objetivo de orientar o Sistema Nacional de Defesa do Consumidor, a Secretaria de Direito Econômico divulgará, anualmente, elenco complementar de cláusulas contratuais consideradas abusivas, notadamente para o fim de aplicação do disposto no inciso IV do art. 22 deste Decreto.

§ 1° Na elaboração do elenco referido no caput e posteriores inclusões, a consideração sobre a abusividade de cláusulas contratuais se dará de forma genérica e abstrata.

§ 2° O elenco de cláusulas consideradas abusivas tem natureza meramente exemplificativa, não impedindo que outras, também, possam vir a ser assim consideradas pelos órgãos da Administração Pública incumbidos da defesa dos interesses e direitos protegidos pelo Código de Defesa do Consumidor e legislação correlata.

§ 3° A apreciação sobre a abusividade de cláusulas contratuais, para fins de sua inclusão no elenco a que se refere o caput deste artigo, se dará de ofício ou por provocação dos legitimados referidos no art. 82 da Lei n° 8.078, de 1990.

SEÇÃO II
Do Cadastro de Fornecedores

Art. 57. Os cadastros de reclamações fundamentadas contra fornecedores constituem instrumento essencial de defesa e orientação dos consumidores, devendo os órgãos públicos competentes assegurar sua publicidade, contabilidade e continuidade, nos termos do art. 44 da Lei n° 8.078, de 1990.

Art. 58. Para os fins deste Decreto, considera-se:

I — cadastro: o resultado dos registros feitos pelos órgãos públicos de defesa do consumidor de todas as reclamações fundamentadas contra fornecedores;

II — reclamação fundamentada: a notícia de lesão ou ameaça a direito de consumidor analisada por órgão público de defesa do consumidor, a requerimento ou de ofício, considerada procedente, por decisão definitiva.

Art. 59. Os órgãos públicos de defesa do consumidor devem providenciar a divulgação periódica dos cadastros atualizados de reclamações fundamentadas contra fornecedores.

§ 1° O cadastro referido no caput deste artigo será publicado, obrigatoriamente, no órgão de imprensa oficial local, devendo a entidade responsável dar-lhe a maior publicidade possível por meio dos órgãos de comunicação, inclusive eletrônica.

§ 2° O cadastro será divulgado anualmente, podendo o órgão responsável fazê-lo em período menor, sempre que julgue necessário, e conterá informações objetivas, claras e verdadeiras sobre o objeto da reclamação, a identificação do fornecedor e o atendimento ou não da reclamação pelo fornecedor.

§ 3° Os cadastros deverão ser atualizados permanentemente, por meio das devidas anotações, não podendo conter informações negativas sobre fornecedores, referentes a período superior a cinco anos, contado da data da intimação da decisão definitiva.

Art. 60. Os cadastros de reclamações fundamentadas contra fornecedores são considerados arquivos públicos, sendo informações e fontes a todos acessíveis, gratuitamente, vedada a utilização abusiva ou, por qualquer outro modo, estranha à defesa e orientação dos consumidores, ressalvada a hipótese de publicidade comparativa.

Art. 61. O consumidor ou fornecedor poderá requerer em cinco dias a contar da divulgação do cadastro e mediante petição fundamentada, a retificação de informação inexata que nele conste, bem como a inclusão de informação omitida, devendo a autoridade competente, no prazo de dez dias úteis, pronunciar-se, motivadamente, pela procedência ou improcedência do pedido.

Parágrafo único: No caso de acolhimento do pedido, a autoridade competente providenciará, no prazo deste artigo, a retificação ou inclusão de informação e sua divulgação, nos termos do § 1° do art. 59 deste Decreto.

Art. 62. Os cadastros específicos de cada órgão público de defesa do consumidor serão consolidados em cadastros gerais, nos âmbitos federal e estadual, aos quais se aplica o disposto nos artigos desta Seção.

CAPÍTULO VII
Das Disposições Gerais

Art. 63. Com base na Lei nº 8.078, de 1990, e legislação complementar, a Secretaria de Direito Econômico poderá expedir atos administrativos, visando à fiel observância das normas de proteção e defesa do consumidor.

Art. 64. Poderão ser lavrados Autos de Comprovação ou Constatação, a fim de estabelecer a situação real de mercado, em determinado lugar e momento, obedecido o procedimento adequado.

Art. 65. Em caso de impedimento à aplicação do presente Decreto, ficam as autoridades competentes autorizadas a requisitar o emprego de força policial.

Art. 66. Este Decreto entra em vigor na data de sua publicação.

Art. 67. Fica revogado o Decreto nº 861, de 9 de julho de 1993.

Brasília, 20 de março de 1997; 176º da Independência e 109º da República.
FERNANDO HENRIQUE CARDOSO
Nelson A. Jobim

LEI Nº 9.456, DE 25 DE ABRIL DE 1997.

Institui a Lei de Proteção de Cultivares e dá outras providências.

O PRESIDENTE DA REPÚBLICA
Faço saber que o Congresso Nacional decreta e eu sanciono a seguinte Lei:

TÍTULO I
DAS DISPOSIÇÕES PRELIMINARES

Art. 1º Fica instituído o direito de Proteção de Cultivares, de acordo com o estabelecido nesta Lei.

Art. 2º A proteção dos direitos relativos à propriedade intelectual referente a cultivar se efetua mediante a concessão de Certificado de Proteção de Cultivar, considerado bem móvel para todos os efeitos legais e única forma de proteção de cultivares e de direito que poderá obstar a livre utilização de plantas ou de suas partes de reprodução ou de multiplicação vegetativa, no País.

Art. 3º Considera-se, para os efeitos desta Lei:

I — melhorista: a pessoa física que obtiver cultivar e estabelecer descritores que a diferenciem das demais;

II — descritor: a característica morfológica, fisiológica, bioquímica ou molecular que seja herdada geneticamente, utilizada na identificação de cultivar;

III — margem mínima: o conjunto mínimo de descritores, a critério do órgão competente, suficiente para diferenciar uma nova cultivar ou uma cultivar essencialmente derivada das demais cultivares conhecidas;

IV — cultivar: a variedade de qualquer gênero ou espécie vegetal superior que seja claramente distinguível de outras cultivares conhecidas por margem mínima de descritores, por sua denominação própria, que seja homogênea e estável quanto aos descritores através de gerações sucessivas e seja de espécie passível de uso pelo complexo agroflorestal, descrita em publicação especializada disponível e acessível ao público, bem como a linhagem componente de híbridos;

V — nova cultivar: a cultivar que não tenha sido oferecida à venda no Brasil há mais de doze meses em relação à data do pedido de proteção e que, observado o prazo de comercialização no Brasil, não tenha sido oferecida à venda em outros países, com o consentimento do obtentor, há mais de seis anos para espécies de árvores e videiras e há mais de quatro anos para as demais espécies;

VI — cultivar distinta: a cultivar que se distingue claramente de qualquer outra cuja existência na data do pedido de proteção seja reconhecida;

VII — cultivar homogênea: a cultivar que, utilizada em plantio, em escala comercial, apresente variabilidade mínima quanto aos descritores que a identifiquem, segundo critérios estabelecidos pelo órgão competente;

VIII — cultivar estável: a cultivar que, reproduzida em escala comercial, mantenha a sua homogeneidade através de gerações sucessivas;

IX — cultivar essencialmente derivada: a essencialmente derivada de outra cultivar se, cumulativamente, for:

a) predominantemente derivada da cultivar inicial ou de outra cultivar essencialmente derivada, sem perder a expressão das características essenciais que resultem do genótipo ou da combinação de genótipos da cultivar da qual derivou, exceto no que diz respeito às diferenças resultantes da derivação;

b) claramente distinta da cultivar da qual derivou, por margem mínima de descritores, de acordo com critérios estabelecidos pelo órgão competente;

c) não tenha sido oferecida à venda no Brasil há mais de doze meses em relação à data do pedido de proteção e que, observado o prazo de comercialização no Brasil, não tenha sido oferecida à venda em outros países, com o consentimento do obtentor, há mais de seis anos para espécies de árvores e videiras e há mais de quatro anos para as demais espécies;

X — linhagens: os materiais genéticos homogêneos, obtidos por algum processo autogâmico continuado;

XI — híbrido: o produto imediato do cruzamento entre linhagens geneticamente diferentes;

XII — teste de distinguibilidade, homogeneidade e estabilidade (DHE): o procedimento técnico de comprovação de que a nova cultivar ou a cultivar essencialmente derivada são distinguíveis de outra cujos descritores sejam conhecidos, homogêneas quanto às suas características em cada ciclo reprodutivo e estáveis quanto à repetição das mesmas características ao longo de gerações sucessivas;

XIII — amostra viva: a fornecida pelo requerente do direito de proteção que, se utilizada na propagação da cultivar, confirme os descritores apresentados;

XIV — semente: toda e qualquer estrutura vegetal utilizada na propagação de uma cultivar;

XV — propagação: a reprodução e a multiplicação de uma cultivar, ou a concomitância dessas ações;

XVI — material propagativo: toda e qualquer parte da planta ou estrutura vegetal utilizada na sua reprodução e multiplicação;

XVII — planta inteira: a planta com todas as suas partes passíveis de serem utilizadas na propagação de uma cultivar;

XVIII — complexo agroflorestal: o conjunto de atividades relativas ao cultivo de gêneros e espécies vegetais visando, entre outras, à alimentação humana ou animal, à produção de combustíveis, óleos, corantes, fibras e demais insumos para fins industrial, medicinal, florestal e ornamental.

TÍTULO II
DA PROPRIEDADE INTELECTUAL

CAPÍTULO I
DA PROTEÇÃO

Seção I
Da Cultivar Passível de Proteção

Art. 4º É passível de proteção a nova cultivar ou a cultivar essencialmente derivada, de qualquer gênero ou espécie vegetal.

§ 1º São também passíveis de proteção as cultivares não enquadráveis no disposto no *caput* e que já tenham sido oferecidas à venda até a data do pedido, obedecidas as seguintes condições cumulativas:

I — que o pedido de proteção seja apresentado até doze meses após cumprido o disposto no § 2º deste artigo, para cada espécie ou cultivar;

II — que a primeira comercialização da cultivar haja ocorrido há, no máximo, dez anos da data do pedido de proteção;

III — a proteção produzirá efeitos tão somente para fins de utilização da cultivar para obtenção de cultivares essencialmente derivadas;

IV — a proteção será concedida pelo período remanescente aos prazos previstos no art. 11, considerada, para tanto, a data da primeira comercialização.

§ 2º Cabe ao órgão responsável pela proteção de cultivares divulgar, progressivamente, as espécies vegetais e respectivos descritores mínimos necessários à abertura de pedidos de proteção, bem como as respectivas datas-limite para efeito do inciso I do parágrafo anterior.

§ 3º A divulgação de que trata o parágrafo anterior obedecerá a uma escala de espécies, observado o seguinte cronograma, expresso em total cumulativo de espécies protegidas:

I — na data de entrada em vigor da regulamentação desta Lei: pelo menos 5 espécies;

II — após 3 anos: pelo menos 10 espécies;

III — após 6 anos: pelo menos 18 espécies;

IV — após 8 anos: pelo menos 24 espécies.

Seção II
Dos Obtentores

Art. 5º À pessoa física ou jurídica que obtiver nova cultivar ou cultivar essencialmente derivada no País será assegurada a proteção que lhe garanta o direito de propriedade nas condições estabelecidas nesta Lei.

§ 1º A proteção poderá ser requerida por pessoa física ou jurídica que tiver obtido cultivar, por seus herdeiros ou sucessores ou por eventuais cessionários mediante apresentação de documento hábil.

§ 2º Quando o processo de obtenção for realizado por duas ou mais pessoas, em cooperação, a proteção poderá ser requerida em conjunto ou isoladamente, mediante nomeação e qualificação de cada uma, para garantia dos respectivos direitos.

§ 3º Quando se tratar de obtenção decorrente de contrato de trabalho, prestação de serviços ou outra atividade laboral, o pedido de proteção deverá indicar o nome de todos os melhoristas que, nas condições de empregados ou de prestadores de serviço, obtiveram a nova cultivar ou a cultivar essencialmente derivada.

Art. 6º Aplica-se, também, o disposto nesta Lei:

I — aos pedidos de proteção de cultivar proveniente do exterior e depositados no País por quem tenha proteção assegurada por Tratado em vigor no Brasil;

II — aos nacionais ou pessoas domiciliadas em país que assegure aos brasileiros ou pessoas domiciliadas no Brasil a reciprocidade de direitos iguais ou equivalentes.

Art. 7º Os dispositivos dos Tratados em vigor no Brasil são aplicáveis, em igualdade de condições, às pessoas físicas ou jurídicas nacionais ou domiciliadas no País.

Seção III
Do Direito de Proteção

Art. 8º A proteção da cultivar recairá sobre o material de reprodução ou de multiplicação vegetativa da planta inteira.

Art. 9º A proteção assegura a seu titular o direito à reprodução comercial no território brasileiro, ficando vedados a terceiros, durante o prazo de proteção, a produção com fins comerciais, o oferecimento à venda ou a comercialização, do material de propagação da cultivar, sem sua autorização.

Art. 10. Não fere o direito de propriedade sobre a cultivar protegida aquele que:

I — reserva e planta sementes para uso próprio, em seu estabelecimento ou em estabelecimento de terceiros cuja posse detenha;

II — usa ou vende como alimento ou matéria-prima o produto obtido do seu plantio, exceto para fins reprodutivos;

III — utiliza a cultivar como fonte de variação no melhoramento genético ou na pesquisa científica;

IV — sendo pequeno produtor rural, multiplica sementes, para doação ou troca, exclusivamente para outros pequenos produtores rurais, no âmbito de programas de financiamento ou de apoio a pequenos produtores rurais, conduzidos por órgãos públicos ou organizações não-governamentais, autorizados pelo Poder Público.

§ 1º Não se aplicam as disposições do *caput* especificamente para a cultura da cana-de-açúcar, hipótese em que serão observadas as seguintes disposições adicionais, relativamente ao direito de propriedade sobre a cultivar:

I — para multiplicar material vegetativo, mesmo que para uso próprio, o produtor obrigar-se-á a obter a autorização do titular do direito sobre a cultivar;

II — quando, para a concessão de autorização, for exigido pagamento, não poderá este ferir o equilíbrio econômico-financeiro da lavoura desenvolvida pelo produtor;

III — somente se aplica o disposto no inciso I às lavouras conduzidas por produtores que detenham a posse ou o domínio de propriedades rurais com área equivalente a, no mínimo, quatro módulos fiscais, calculados de acordo com o estabelecido na Lei nº 4.504, de 30 de novembro de 1964, quando destinadas à produção para fins de processamento industrial;

IV — as disposições deste parágrafo não se aplicam aos produtores que, comprovadamente, tenham iniciado, antes da data de promulgação desta Lei, processo de multiplicação, para uso próprio, de cultivar que venha a ser protegida.

§ 2º Para os efeitos do inciso III do *caput*, sempre que:

I — for indispensável a utilização repetida da cultivar protegida para produção comercial de outra cultivar ou de híbrido, fica o titular da segunda obrigado a obter a autorização do titular do direito de proteção da primeira;

II — uma cultivar venha a ser caracterizada como essencialmente derivada de uma cultivar protegida, sua exploração comercial estará condicionada à autorização do titular da proteção desta mesma cultivar protegida.

§ 3º Considera-se pequeno produtor rural, para fins do disposto no inciso IV do *caput*, aquele que, simultaneamente, atenda os seguintes requisitos:

I — explore parcela de terra na condição de proprietário, possuidor, arrendatário ou parceiro;

II — mantenha até dois empregados permanentes, sendo admitido ainda o recurso eventual à ajuda de terceiros, quando a natureza sazonal da atividade agropecuária o exigir;

III — não detenha, a qualquer título, área superior a quatro módulos fiscais, quantificados segundo a legislação em vigor;

IV — tenha, no mínimo, oitenta por cento de sua renda bruta anual proveniente da exploração agropecuária ou extrativa; e

V — resida na propriedade ou em aglomerado urbano ou rural próximo.

Seção IV
Da Duração da Proteção

Art. 11. A proteção da cultivar vigorará, a partir da data da concessão do Certificado Provisório de Proteção, pelo prazo de quinze anos, excetuadas as videiras, as árvores frutíferas, as árvores florestais e as árvores ornamentais, inclusive, em cada caso, o seu porta-enxerto, para as quais a duração será de dezoito anos.

Art. 12. Decorrido o prazo de vigência do direito de proteção, a cultivar cairá em domínio público e nenhum outro direito poderá obstar sua livre utilização.

Seção V
Do Pedido de Proteção

Art. 13. O pedido de proteção será formalizado mediante requerimento assinado pela pessoa física ou jurídica que obtiver cultivar, ou por seu procurador, e protocolado no órgão competente.

Parágrafo único. A proteção, no território nacional, de cultivar obtida por pessoa física ou jurídica domiciliada no exterior, nos termos dos incisos I e II do art. 6º, deverá ser solicitada diretamente por seu procurador, com domicílio no Brasil, nos termos do art. 50 desta Lei.

Art. 14. Além do requerimento, o pedido de proteção, que só poderá se referir a uma única cultivar, conterá:

I — a espécie botânica;
II — o nome da cultivar;
III — a origem genética;
IV — relatório descritivo mediante preenchimento de todos os descritores exigidos;
V — declaração garantindo a existência de amostra viva à disposição do órgão competente e sua localização para eventual exame;
VI — o nome e o endereço do requerente e dos melhoristas;
VII — comprovação das características de DHE, para as cultivares nacionais e estrangeiras;
VIII — relatório de outros descritores indicativos de sua distinguibilidade, homogeneidade e estabilidade, ou a comprovação da efetivação, pelo requerente, de ensaios com a cultivar junto com controles específicos ou designados pelo órgão competente;
IX — prova do pagamento da taxa de pedido de proteção;
X — declaração quanto à existência de comercialização da cultivar no País ou no exterior;
XI — declaração quanto à existência, em outro país, de proteção, ou de pedido de proteção, ou de qualquer requerimento de direito de prioridade, referente à cultivar cuja proteção esteja sendo requerida;
XII — extrato capaz de identificar o objeto do pedido.

§ 1º O requerimento, o preenchimento dos descritores definidos e a indicação dos novos descritores deverão satisfazer as condições estabelecidas pelo órgão competente.

§ 2º Os documentos a que se refere este artigo deverão ser apresentados em língua portuguesa.

Art. 15. Toda cultivar deverá possuir denominação que a identifique, destinada a ser sua denominação genérica, devendo para fins de proteção, obedecer aos seguintes critérios:

I — ser única, não podendo ser expressa apenas de forma numérica;

II — ter denominação diferente de cultivar preexistente;

III — não induzir a erro quanto às suas características intrínsecas ou quanto à sua procedência.

Art. 16. O pedido de proteção, em extrato capaz de identificar o objeto do pedido, será publicado, no prazo de até sessenta dias corridos, contados da sua apresentação.

Parágrafo único. Publicado o pedido de proteção, correrá o prazo de noventa dias para apresentação de eventuais impugnações, dando-se ciência ao requerente.

Art. 17. O relatório descritivo e os descritores indicativos de sua distinguibilidade, homogeneidade e estabilidade não poderão ser modificados pelo requerente, exceto:

I — para retificar erros de impressão ou datilográficos;

II — se imprescindível para esclarecer ou precisar o pedido e somente até a data da publicação do mesmo;

III — se cair em exigência por não atender o disposto no § 2º do art. 18.

Art. 18. No ato de apresentação do pedido de proteção, proceder-se-á à verificação formal preliminar quanto à existência de sinonímia e, se inexistente, será protocolado, desde que devidamente instruído.

§ 1º Do protocolo de pedido de proteção de cultivar constarão hora, dia, mês, ano e número de apresentação do pedido, nome e endereço completo do interessado e de seu procurador, se houver.

§ 2º O exame, que não ficará condicionado a eventuais impugnações oferecidas, verificará se o pedido de proteção está de acordo com as prescrições legais, se está tecnicamente bem definido e se não há anterioridade, ainda que com denominação diferente.

§ 3º O pedido será indeferido se a cultivar contrariar as disposições do art. 4º.

§ 4º Se necessário, serão formuladas exigências adicionais julgadas convenientes, inclusive no que se refere à apresentação do novo relatório descritivo, sua complementação e outras informações consideradas relevantes para conclusão do exame do pedido.

§ 5º A exigência não cumprida ou não contestada no prazo de sessenta dias, contados da ciência da notificação acarretará o arquivamento do pedido, encerrando-se a instância administrativa.

§ 6º O pedido será arquivado se for considerada improcedente a contestação oferecida à exigência.

§ 7º Salvo o disposto no § 5º deste artigo, da decisão que denegar ou deferir o pedido de proteção caberá recurso no prazo de sessenta dias a contar da data de sua publicação.

§ 8º Interposto o recurso, o órgão competente terá o prazo de até sessenta dias para decidir sobre o mesmo.

Art. 19. Publicado o pedido de proteção, será concedido, a título precário, Certificado Provisório de Proteção, assegurando, ao titular, o direito de exploração comercial da cultivar, nos termos desta Lei.

Seção VI
Da Concessão do Certificado de Proteção de Cultivar

Art. 20. O Certificado de Proteção de Cultivar será imediatamente expedido depois de decorrido o prazo para recurso ou, se este interposto, após a publicação oficial de sua decisão.

§ 1º Deferido o pedido e não havendo recurso tempestivo, na forma do § 7º do art. 18, a publicação será efetuada no prazo de até quinze dias.

§ 2º Do Certificado de Proteção de Cultivar deverão constar o número respectivo, nome e nacionalidade do titular ou, se for o caso, de seu herdeiro, sucessor ou cessionário, bem como o prazo de duração da proteção.

§ 3º Além dos dados indicados no parágrafo anterior, constarão do Certificado de Proteção de Cultivar o nome do melhorista e, se for o caso, a circunstância de que a obtenção resultou de contrato de trabalho ou de prestação de serviços ou outra atividade laboral, fato que deverá ser esclarecido no respectivo pedido de proteção.

Art. 21. A proteção concedida terá divulgação, mediante publicação oficial, no prazo de até quinze dias a partir da data de sua concessão.

Art. 22. Obtido o Certificado Provisório de Proteção ou o Certificado de Proteção de Cultivar, o titular fica obrigado a manter, durante o período de proteção, amostra viva da cultivar protegida à disposição do órgão competente, sob pena de cancelamento do respectivo Certificado se, notificado, não a apresentar no prazo de sessenta dias.

Parágrafo único. Sem prejuízo do disposto no *caput* deste artigo, quando da obtenção do Certificado Provisório de Proteção ou do Certificado de Proteção de Cultivar, o titular fica obrigado a enviar ao órgão competente duas amostras vivas da cultivar protegida, uma para manipulação e exame, outra para integrar a coleção de germoplasma.

Seção VII
Das Alterações no Certificado de Proteção de Cultivar

Art. 23. A titularidade da proteção de cultivar poderá ser transferida por ato *inter vivos* ou em virtude de sucessão legítima ou testamentária.

Art. 24. A transferência, por ato *inter vivos* ou sucessão legítima ou testamentária de Certificado de Proteção de Cultivar, a alteração de nome, domicílio ou sede de seu titular, as condições de licenciamento compulsório ou de uso público restrito, suspensão transitória ou cancelamento da proteção, após anotação no respectivo processo, deverão ser averbados no Certificado de Proteção.

§ 1º Sem prejuízo de outras exigências cabíveis, o documento original de transferência conterá a qualificação completa do cedente e do cessionário, bem como das testemunhas e a indicação precisa da cultivar protegida.

§ 2º Serão igualmente anotados e publicados os atos que se refiram, entre outros, à declaração de licenciamento compulsório ou de uso público restrito, suspensão transitória, extinção da proteção ou cancelamento do certificado, por decisão de autoridade administrativa ou judiciária.

§ 3º A averbação não produzirá qualquer efeito quanto à remuneração devida por terceiros ao titular, pela exploração da cultivar protegida, quando se referir a cultivar cujo direito de proteção esteja extinto ou em processo de nulidade ou cancelamento.

§ 4º A transferência só produzirá efeito em relação a terceiros, depois de publicado o ato de deferimento.

§ 5º Da denegação da anotação ou averbação caberá recurso, no prazo de sessenta dias, contados da ciência do respectivo despacho.

Art. 25. A requerimento de qualquer pessoa, com legítimo interesse, que tenha ajuizado ação judicial relativa à ineficácia dos atos referentes a pedido de proteção, de transferência de titularidade ou alteração de nome, endereço ou sede de titular, poderá o juiz ordenar a suspensão do processo de proteção, de anotação ou averbação, até decisão final.

Art. 26. O pagamento das anuidades pela proteção da cultivar, a serem definidas em regulamento, deverá ser feito a partir do exercício seguinte ao da data da concessão do Certificado de Proteção.

Seção VIII
Do Direito de Prioridade

Art. 27. Às pessoas físicas ou jurídicas que tiverem requerido um pedido de proteção em país que mantenha acordo com o Brasil ou em organização internacional da qual o Brasil faça parte e que produza efeito de depósito nacional, será assegurado direito de prioridade durante um prazo de até doze meses.

§ 1º Os fatos ocorridos no prazo previsto no *caput*, tais como a apresentação de outro pedido de proteção, a publicação ou a utilização da cultivar objeto do primeiro pedido de proteção, não constituem motivo de rejeição do pedido posterior e não darão origem a direito a favor de terceiros.

§ 2º O prazo previsto no *caput* será contado a partir da data de apresentação do primeiro pedido, excluído o dia de apresentação.

§ 3º Para beneficiar-se das disposições do *caput*, o requerente deverá:

I — mencionar, expressamente, no requerimento posterior de proteção, a reivindicação de prioridade do primeiro pedido;

II — apresentar, no prazo de até três meses, cópias dos documentos que instruíram o primeiro pedido, devidamente certificadas pelo órgão ou autoridade ante a qual tenham sido apresentados, assim como a prova suficiente de que a cultivar objeto dos dois pedidos é a mesma.

§ 4º As pessoas físicas ou jurídicas mencionadas no *caput* deste artigo terão um prazo de até dois anos após a expiração do prazo de prioridade para fornecer informações, documentos complementares ou amostra viva, caso sejam exigidos.

CAPÍTULO II
DA LICENÇA COMPULSÓRIA

Art. 28. A cultivar protegida nos termos desta Lei poderá ser objeto de licença compulsória, que assegurará:

I — a disponibilidade da cultivar no mercado, a preços razoáveis, quando a manutenção de fornecimento regular esteja sendo injustificadamente impedida pelo titular do direito de proteção sobre a cultivar;

II — a regular distribuição da cultivar e manutenção de sua qualidade;

III — remuneração razoável ao titular do direito de proteção da cultivar.

Parágrafo único. Na apuração da restrição injustificada à concorrência, a autoridade observará, no que couber, o disposto no art. 21 da Lei nº 8.884, de 11 de junho de 1994.

Art. 29. Entende-se por licença compulsória o ato da autoridade competente que, a requerimento de legítimo interessado, autorizar a exploração da cultivar independentemente da autorização de seu titular, por prazo de três anos prorrogável por iguais períodos, sem exclusividade e mediante remuneração na forma a ser definida em regulamento.

Art. 30. O requerimento de licença compulsória conterá, dentre outros:

I — qualificação do requerente;

II — qualificação do titular do direito sobre a cultivar;

III — descrição suficiente da cultivar;

IV — os motivos do requerimento, observado o disposto no art. 28 desta Lei;

V — prova de que o requerente diligenciou, sem sucesso, junto ao titular da cultivar no sentido de obter licença voluntária;

VI — prova de que o requerente goza de capacidade financeira e técnica para explorar a cultivar.

Art. 31. O requerimento de licença será dirigido ao Ministério da Agricultura e do Abastecimento e decidido pelo Conselho Administrativo de Defesa Econômica — CADE, criado pela Lei nº 8.884, de 11 de junho de 1994.

§ 1º Recebido o requerimento, o Ministério intimará o titular do direito de proteção a se manifestar, querendo, no prazo de dez dias.

§ 2º Com ou sem a manifestação de que trata o parágrafo anterior, o Ministério encaminhará o processo ao CADE, com parecer técnico do órgão competente e no prazo máximo de quinze dias, recomendando ou não a concessão da licença compulsória.

§ 3º Se não houver necessidade de diligências complementares, o CADE apreciará o requerimento no prazo máximo de trinta dias.

Art. 32. O Ministério da Agricultura e do Abastecimento e o Ministério da

Justiça, no âmbito das respectivas atribuições, disporão de forma complementar sobre o procedimento e as condições para apreciação e concessão da licença compulsória, observadas as exigências procedimentais inerentes à ampla defesa e à proteção ao direito de propriedade instituído por esta Lei.

Art. 33. Da decisão do CADE que conceder licença requerida não caberá recurso no âmbito da Administração nem medida liminar judicial, salvo, quanto à última, ofensa ao devido processo legal.

Art. 34. Aplica-se à licença compulsória, no que couber, as disposições previstas na Lei nº 9.279, de 14 de maio de 1996.

Art. 35. A licença compulsória somente poderá ser requerida após decorridos três anos da concessão do Certificado Provisório de Proteção, exceto na hipótese de abuso do poder econômico.

CAPÍTULO III
DO USO PÚBLICO RESTRITO

Art. 36. A cultivar protegida será declarada de uso público restrito, *ex officio* pelo Ministro da Agricultura e do Abastecimento, com base em parecer técnico dos respectivos órgãos competentes, no exclusivo interesse público, para atender às necessidades da política agrícola, nos casos de emergência nacional, abuso do poder econômico, ou outras circunstâncias de extrema urgência e em casos de uso público não comercial.

Parágrafo único Considera-se de uso público restrito a cultivar que, por ato do Ministro da Agricultura e do Abastecimento, puder ser explorada diretamente pela União Federal ou por terceiros por ela designados, sem exclusividade, sem autorização de seu titular, pelo prazo de três anos, prorrogável por iguais períodos, desde que notificado e remunerado o titular na forma a ser definida em regulamento.

CAPÍTULO IV
DAS SANÇÕES

Art. 37. Aquele que vender, oferecer à venda, reproduzir, importar, exportar, bem como embalar ou armazenar para esses fins, ou ceder a qualquer título, material de propagação de cultivar protegida, com denominação correta ou com outra, sem autorização do titular, fica obrigado a indenizá-lo, em valores a serem determinados em regulamento, além de ter o material apreendido, assim como pagará multa equivalente a vinte por cento do valor comercial do material apreendido, incorrendo, ainda, em crime de violação dos direitos do melhorista, sem prejuízo das demais sanções penais cabíveis.

§ 1º Havendo reincidência quanto ao mesmo ou outro material, será duplicado o percentual da multa em relação à aplicada na última punição, sem prejuízo das demais sanções cabíveis.

§ 2º O órgão competente destinará gratuitamente o material apreendido — se de adequada qualidade — para distribuição, como semente para plantio, a agricultores assentados em programas de Reforma Agrária ou em áreas onde se desenvolvam programas públicos de apoio à agricultura familiar, vedada sua comercialização.

§ 3º O disposto no *caput* e no § 1º deste artigo não se aplica aos casos previstos no art. 10.

CAPÍTULO V
Da Obtenção Ocorrida na Vigência do Contrato de Trabalho ou de Prestação de Serviços ou Outra Atividade Laboral

Art. 38. Pertencerão exclusivamente ao empregador ou ao tomador dos serviços os direitos sobre as novas cultivares, bem como as cultivares essencialmente derivadas, desenvolvidas ou obtidas pelo empregado ou prestador de serviços durante a vigência do Contrato de Trabalho ou de Prestação de Serviços ou outra atividade laboral, resultantes de cumprimento de dever funcional ou de execução de contrato, cujo objeto seja a atividade de pesquisa no Brasil, devendo constar obrigatoriamente do pedido e do Certificado de Proteção o nome do melhorista.

§ 1º Salvo expressa disposição contratual em contrário, a contraprestação do empregado ou do prestador de serviço ou outra atividade laboral, na hipótese prevista neste artigo, será limitada ao salário ou remuneração ajustada.

§ 2º Salvo convenção em contrário, será considerada obtida durante a vigência do Contrato de Trabalho ou de Prestação de Serviços ou outra atividade laboral, a nova cultivar ou a cultivar essencialmente derivada, cujo Certificado de Proteção seja requerido pelo empregado ou prestador de serviços até trinta e seis meses após a extinção do respectivo contrato.

Art. 39. Pertencerão a ambas as partes, salvo expressa estipulação em contrário, as novas cultivares, bem como as cultivares essencialmente derivadas, obtidas pelo empregado ou prestador de serviços ou outra atividade laboral, não compreendidas no disposto no art. 38, quando decorrentes de contribuição pessoal e mediante a utilização de recursos, dados, meios, materiais, instalações ou equipamentos do empregador ou do tomador dos serviços.

§ 1º Para os fins deste artigo, fica assegurado ao empregador ou tomador dos serviços ou outra atividade laboral, o direito exclusivo de exploração da nova cultivar ou da cultivar essencialmente derivada e garantida ao empregado ou prestador de serviços ou outra atividade laboral a remuneração que for acordada entre as partes, sem prejuízo do pagamento do salário ou da remuneração ajustada.

§ 2º Sendo mais de um empregado ou prestador de serviços ou outra atividade laboral, a parte que lhes couber será dividida igualmente entre todos, salvo ajuste em contrário.

CAPÍTULO VI
Da Extinção do Direito de Proteção

Art. 40. A proteção da cultivar extingue-se:

I — pela expiração do prazo de proteção estabelecido nesta Lei;
II — pela renúncia do respectivo titular ou de seus sucessores;
III — pelo cancelamento do Certificado de Proteção nos termos do art. 42.
Parágrafo único. A renúncia à proteção somente será admitida se não prejudicar direitos de terceiros.

Art. 41. Extinta a proteção, seu objeto cai em domínio público.

Art. 42. O Certificado de Proteção será cancelado administrativamente *ex officio* ou a requerimento de qualquer pessoa com legítimo interesse, em qualquer das seguintes hipóteses:
I — pela perda de homogeneidade ou estabilidade;
II — na ausência de pagamento da respectiva anuidade;
III — quando não forem cumpridas as exigências do art. 50;
IV — pela não apresentação da amostra viva, conforme estabelece o art. 22;
V — pela comprovação de que a cultivar tenha causado, após a sua comercialização, impacto desfavorável ao meio ambiente ou à saúde humana.

§ 1º O titular será notificado da abertura do processo de cancelamento, sendo-lhe assegurado o prazo de sessenta dias para contestação, a contar da data da notificação.

§ 2º Da decisão que conceder ou denegar o cancelamento, caberá recurso no prazo de sessenta dias corridos, contados de sua publicação.

§ 3º A decisão pelo cancelamento produzirá efeitos a partir da data do requerimento ou da publicação de instauração *ex officio* do processo.

CAPÍTULO VII
Da Nulidade da Proteção

Art. 43. É nula a proteção quando:
I — não tenham sido observadas as condições de novidade e distinguibilidade da cultivar, de acordo com os incisos V e VI do art. 3º desta Lei;
II — tiver sido concedida contrariando direitos de terceiros;
III — o título não corresponder a seu verdadeiro objeto;
IV — no seu processamento tiver sido omitida qualquer das providências determinadas por esta Lei, necessárias à apreciação do pedido e expedição do Certificado de Proteção.

Parágrafo único. A nulidade do Certificado produzirá efeitos a partir da data do pedido.

Art. 44. O processo de nulidade poderá ser instaurado *ex officio* ou a pedido de qualquer pessoa com legítimo interesse.

TÍTULO III
Do Serviço Nacional de Proteção de Cultivares

CAPÍTULO I
DA CRIAÇÃO

Art. 45. Fica criado, no âmbito do Ministério da Agricultura e do Abastecimento, o Serviço Nacional de Proteção de Cultivares — SNPC, a quem compete a proteção de cultivares.

§ 1º A estrutura, as atribuições e as finalidades do SNPC serão definidas em regulamento.

§ 2º O Serviço Nacional de Proteção de Cultivares — SNPC manterá o Cadastro Nacional de Cultivares Protegidas.

TÍTULO IV
DAS DISPOSIÇÕES GERAIS

CAPÍTULO I
Dos Atos, dos Despachos e dos Prazos

Art. 46. Os atos, despachos e decisões nos processos administrativos referentes à proteção de cultivares só produzirão efeito após sua publicação no Diário Oficial da União, exceto:

I — despachos interlocutórios que não necessitam ser do conhecimento das partes;

II — pareceres técnicos, a cuja vista, no entanto, terão acesso as partes, caso requeiram;

III — outros que o Decreto de regulamentação indicar.

Art. 47. O Serviço Nacional de Proteção de Cultivares — SNPC editará publicação periódica especializada para divulgação do Cadastro Nacional de Cultivares Protegidas, previsto no § 2º do art. 45 e no disposto no *caput*, e seus incisos I, II, e III, do art. 46.

Art. 48. Os prazos referidos nesta Lei contam-se a partir da data de sua publicação.

CAPÍTULO II
Das Certidões

Art. 49. Será assegurado, no prazo de trinta dias a contar da data da protocolização do requerimento, o fornecimento de certidões relativas às matérias de que trata esta Lei, desde que regularmente requeridas e comprovado o recolhimento das taxas respectivas.

CAPÍTULO III
Da Procuração de Domiciliado no Exterior

Art. 50. A pessoa física ou jurídica domiciliada no exterior deverá constituir e manter procurador, devidamente qualificado e domiciliado no Brasil, com poderes para representá-la e receber notificações administrativas e citações judiciais referentes à matéria desta Lei, desde a data do pedido da proteção e durante a vigência do mesmo, sob pena de extinção do direito de proteção.

§ 1º A procuração deverá outorgar poderes para efetuar pedido de proteção e sua manutenção junto ao SNPC e ser específica para cada caso.

§ 2º Quando o pedido de proteção não for efetuado pessoalmente, deverá ser instruído com procuração, contendo os poderes necessários, devidamente traduzida por tradutor público juramentado, caso lavrada no exterior.

CAPÍTULO IV
Das Disposições Finais

Art. 51. O pedido de proteção de cultivar essencialmente derivada de cultivar passível de ser protegida nos termos do § 1º do art. 4º somente será apreciado e, se for o caso, concedidos os respectivos Certificados, após decorrido o prazo previsto no inciso I do mesmo parágrafo, respeitando-se a ordem cronológica de apresentação dos pedidos.

Parágrafo único. Poderá o SNPC dispensar o cumprimento do prazo mencionado no *caput* nas hipóteses em que, em relação à cultivar passível de proteção nos termos do § 1º do art. 4º:

I — houver sido concedido Certificado de Proteção; ou

II — houver expressa autorização de seu obtentor.

Art. 52. As cultivares já comercializadas no Brasil cujo pedido de proteção, devidamente instruído, não for protocolizado no prazo previsto no Inciso I do § 1º do art. 4º serão consideradas automaticamente de domínio público.

Art. 53. Os serviços de que trata esta Lei, serão remunerados pelo regime de preços de serviços públicos específicos, cabendo ao Ministério da Agricultura e do Abastecimento fixar os respectivos valores e forma de arrecadação.

Art. 54. O Poder Executivo regulamentará esta Lei no prazo de noventa dias após sua publicação.

Art. 55. Esta Lei entra em vigor na data de sua publicação.

Art. 56. Revogam-se as disposições em contrário.

Brasília, 25 de abril de 1997; 176º da Independência e 109º da República.

FERNANDO HENRIQUE CARDOSO

DECRETO Nº 2.314, DE 4 DE SETEMBRO DE 1997.

Regulamenta a Lei nº 8.918, de 14 de julho de 1994, que dispõe sobre a padronização, a classificação, o registro, a inspeção, a produção e a fiscalização de bebidas.

O PRESIDENTE DA REPÚBLICA, no uso da atribuição que lhe confere o art. 84, inciso IV, da Constituição, e tendo em vista o disposto na Lei nº 8.918, de 14 de julho de 1994,
DECRETA:
Art. 1º Fica aprovado o Regulamento da Lei nº 8.918, de 14 de julho de 1994, que dispõe sobre a padronização, a classificação, o registro, a inspeção, a produção e a fiscalização de bebidas, que com este baixa.
Art. 2º Este Decreto entra em vigor na data de sua publicação.
Art. 3º Ficam revogados os Decretos nº 73.267, de 6 de dezembro de 1973, 96.354, de 18 de julho de 1988, e 1.230, de 24 de agosto de 1994.
Brasília, 4 de setembro 1997; 176º da Independência e 109º da República.
FERNANDO HENRIQUE CARDOSO
Arlindo Porto
publicado no D.O.U. de 5.9.1997

REGULAMENTO DA LEI Nº 8.918, DE 14 DE JULHO DE 1994

TÍTULO I
DAS DISPOSIÇÕES GERAIS

CAPÍTULO I
DAS DISPOSIÇÕES PRELIMINARES

SEÇÃO I
Dos Princípios

Art. 1º Este Regulamento estabelece as normas gerais sobre registro, padronização, classificação e,
ainda, inspeção e fiscalização da produção e do comércio de bebidas.

SEÇÃO II
Das Definições

Art. 2º Para os fins deste Regulamento, considera-se:

I — bebidas: todo produto industrializado, destinado à ingestão humana, em estado liquido, sem finalidade medicamentosa ou terapêutica;

II — matéria-prima: toda substância que para ser utilizada como bebida necessita sofrer, em conjunto ou separadamente, tratamento e formação;

III — ingrediente: toda substância, incluídos os aditivos, empregada na fabricação ou preparação de bebidas, e que esteja presente no produto final, em sua forma original ou modificada;

IV — lote ou partida: a quantidade de um produto em um ciclo de fabricação, identificado por número, letra ou combinação dos dois, cuja característica principal é a homogeneidade;

V — prazo de validade: o tempo em que o produto mantém suas propriedades, quando conservado na embalagem original e sem avarias, em condições adequadas de armazenagem e utilização.

SEÇÃO III
Das Atividades Administrativas

Art. 3º As atividades, administrativas relacionadas com produção de bebida e suas matérias-primas são entendidas como:
I — controle;
II — inspeção;
III — fiscalização;
IV — padronização;
V — classificação;
VI — análise fiscal;
VII — análise de registro;
VIII — análise de orientação;
IX — análise de controle;
X — análise pericial ou perícia de contraprova;
XI — análise ou perícia de desempate;
XII — registro de estabelecimentos e de produtos.

§ 1º Controle é a verificação administrativa da produção, industrialização, manipulação, circulação e comercialização da bebida e suas matérias-primas.

§ 2º Inspeção é o acompanhamento das fases de produção e manipulação, sob os aspectos tecnológicos e sanitários da bebida e suas matérias-primas.

§ 3º Fiscalização é a ação direta do poder público para verificação do cumprimento da lei.

§ 4º Padronização é a especificação quantitativa e qualitativa da composição, apresentação e estado sanitário da bebida.

§ 5º Classificação é o ato de identificar a bebida e o estabelecimento, com base em padrões oficiais.

§ 6º Análise fiscal é o procedimento laboratorial para identificar ocorrências de alterações, adulterações, falsificações e fraudes desde a produção até a comercialização da bebida.

§ 7º Análise de registro é o procedimento laboratorial para confirmar os parâmetros que dizem respeito à veracidade da composição apresentada por ocasião do pedido de registro da bebida.

§ 8º Análise de orientação é o procedimento laboratorial para orientar a industrialização da bebida, quando solicitada.

§ 9º Análise de controle é o procedimento laboratorial com a finalidade de controlar a industrialização, exportação e importação da bebida.

§ 10. Análise pericial ou perícia de contraprova é a determinação analítica realizada por peritos, em amostra de bebida, quando da contestação da análise fiscal condenatória.

§ 11. Análise ou perícia de desempate é a determinação analítica realizada por perito escolhido de comum acordo, ou em caso negativo, designado pela autoridade competente, com a finalidade de dirimir divergências apuradas na análise pericial ou perícia de contraprova.

CAPÍTULO II
DOS REGISTROS, DA CLASSIFICAÇÃO, DA PADRONIZAÇÃO E DA ROTULAGEM

SEÇÃO I
Dos Registros de Estabelecimentos e de Bebidas

Art. 4º Os estabelecimentos previstos neste Regulamento deverão ser obrigatoriamente registrados no Ministério da Agricultura e do Abastecimento.

Parágrafo único. O registro será válido em todo território nacional e deverá ser renovado a cada dez anos.

Art. 5º As bebidas definidas neste Regulamento deverão ser obrigatoriamente registradas no Ministério da Agricultura e do Abastecimento.

§ 1º As bebidas fabricadas e engarrafadas sob concessão, permissão, autorização, ou por empresa filial, poderá utilizar o mesmo número do registro da bebida elaborada pela unidade central concedente, permissiva, autorizados ou matriz, conforme vier a ser disciplinado em ato administrativo.

§ 2º O registro será válido em todo território nacional e deverá ser renovado a cada dez anos.

Art. 6º Os requisitos, os critérios e os procedimentos para o registro de estabelecimento e de bebida serão disciplinados em ato administrativo complementar que definirá a documentação necessária, local e forma de apresentação, prazos e meios para o cumprimento de diligências.

SEÇÃO II
Da Classificação dos Estabelecimentos e das Bebidas

Art. 7º A classificação geral dos estabelecimentos, de acordo com sua atividade, é a seguinte:
I — produtor ou fabricante;
II — estandardizador ou padronizador;
III — envasador ou engarrafador;
IV — acondicionador;
V- exportador;
VI — importador.

§ 1º Produtor ou fabricante é o estabelecimento que transforma produtos primários, semi-industrializados ou industrializados da agricultura, em bebida.

§ 2º Estandardizador ou padronizador é o estabelecimento que elabora um tipo de bebida padrão usando outros produtos já industrializados.

§ 3º Envasador ou engarrafador é o estabelecimento que se destina ao envasamento de bebida em recipientes destinados ao consumo, podendo efetuar as práticas tecnológicas previstas em ato administrativo complementar.

§ 4º Acondicionador é o estabelecimento que se destina ao acondicionamento e comercialização, a granel, de bebida e produtos industrializados, destinados à elaboração de bebida.

§ 5º Exportador é o estabelecimento que se destina a exportar bebida.
§ 6º Importador é o estabelecimento que se destina a importar bebida.

SEÇÃO III
Da Padronização de Bebidas

Art. 8º A bebida deverá conter, obrigatoriamente, a matéria-prima natural, vegetal ou animal, responsável por sua característica organoléptica.

§ 1º A bebida que apresentar característica organoléptica própria da matéria-prima natural de sua origem, ou cujo nome ou marca se lhe assemelhe, conterá, obrigatoriamente, esta matéria-prima, nas quantidades mínimas estabelecidas neste Regulamento ou ato administrativo complementar.

§2º O xarope e o preparado sólido para refresco, que não atender ao **caput** deste artigo, será denominado "artificial". (Redação dada pelo Decreto nº 3.510, de 16.6.2000)

§3º A bebida a que se refere o parágrafo anterior terá sua denominação seguida da palavra "artificial" e da expressão "sabor de ...", acrescida do nome da matéria-prima substituída, declarada de forma legível e visível e em dimensões gráficas mínimas correspondendo à metade da maior letra do maior termo gráfico usado para os demais dizeres, excetuando-se a marca. (Redação dada pelo Decreto nº 3.510, de 16.6.2000)

§ 4º A bebida que contiver corante e aromatizante artificiais, em conjunto ou separadamente, será considerada colorida ou aromatizada artificialmente.

Art. 9º A bebida observará os padrões de identidade e qualidade estabelecidos neste Regulamento, complementados por ato administrativo do Ministério da Agricultura e do Abastecimento, quando for o caso.

Art.10. As bebidas serão classificadas em bebida não alcoólica e bebida alcoólica. (Redação dada pelo Decreto nº 3.510, de 16.6.2000)

§1º Bebida não alcoólica é a bebida com graduação alcoólica até meio por cento em volume, a vinte graus Celsius. (Parágrafo incluído pelo Decreto nº 3.510, de 16.6.2000)

§2º Bebida alcoólica é a bebida com graduação alcoólica acima de meio e até cinqüenta e quatro por cento em volume, a vinte graus Celsius. (Parágrafo incluído pelo Decreto nº 3.510, de 16.6.2000)

§3º Para efeito deste Regulamento a graduação alcoólica de uma bebida será expressa em porcentagem de volume de álcool etílico, à temperatura de vinte graus Celsius. (Parágrafo incluído pelo Decreto nº 3.510, de 16.6.2000)

Art. 11. Na bebida que contiver gás carbônico, a medida da pressão gasosa será expressa em atmosfera, à temperatura de vinte graus celsius.

Art. 12. A bebida não-alcoólica poderá ser adicionada de vitaminas, de sais minerais e de outros nutrientes, de conformidade com o estabelecido em ato administrativo do Ministério da Agricultura e do Abastecimento ou do Ministério da Saúde.

Art. 13. A bebida não prevista neste Regulamento poderá ser disciplinada pelo Ministério da Agricultura e do Abastecimento, observadas as disposições concernentes à sua classificação e atendida a característica peculiar do produto.

SUBSEÇÃO I
Dos Requisitos de Qualidade

Art. 14. A bebida deverá atender aos seguintes requisitos:

I — normalidade dos caracteres organolépticos próprios da sua natureza;

II — qualidade e quantidade dos componentes próprios da sua natureza;

III — ausência de elementos estranhos, de indícios de alterações e de microorganismos patogênicos;

IV — ausência de substâncias nocivas, observado o disposto neste Regulamento e legislação sobre aditivos.

Parágrafo único. Será considerada imprópria para o consumo a bebida que não atender o disposto nos incisos III e IV deste artigo.

Art. 15. A água destinada à produção de bebida deverá ser limpa, inodora, incolor, não conter germes patogênicos e observar o padrão de potabilidade.

SUBSEÇÃO II
Das Alterações de Produto

Art. 16. Entende-se como propositalmente alterada a bebida ou a matéria-prima que:

I — tiver sido adicionada de substância modificativa de sua composição, natureza e qualidade, ou que provoque a sua deterioração;
II — contiver aditivo não previsto na legislação específica;
III — tiver seus componentes, total ou parcialmente substituídos;
IV — tenha sido aromatizada, colorida ou adicionada de substância estranha, destinada a ocultar defeito ou aparentar qualidade superior a real;
V — induzir a erro quanto à sua origem, natureza, qualidade, composição e característica própria;
VI — apresentar a composição e demais especificações diferentes das mencionadas no registro e no rótulo, observadas as tolerâncias previstas nos padrões de identidade e qualidade;
VII — tiver sido modificada na sua composição sem a prévia autorização do Ministério da Agricultura e do Abastecimento.
Art. 17. Entende-se como acidentalmente alterada a bebida que tiver seus caracteres organolépticos, físicos, químicos ou biológicos modificados por causas naturais.

SEÇÃO IV
Da Rotulagem de Bebidas

Art. 18. Rótulo será qualquer identificação afixada ou gravada sobre o recipiente da bebida, de forma unitária ou desmembrada, ou na respectiva parte plana da cápsula ou outro material empregado na vedação do recipiente.
Art. 19. O rótulo da bebida deve ser previamente aprovado pelo Ministério da Agricultura e do Abastecimento, e constar em cada unidade, sem prejuízo de outras disposições de lei, em caracteres visíveis e legíveis, os seguintes dizeres:
I — o nome do produtor ou fabricante, do estandardizador ou padronizador, do envasador ou engarrafador do importador;
II — o endereço do estabelecimento de industrialização ou de importação;
III — o número do registro do produto no Ministério da Agricultura e do Abastecimento ou o número do registro do estabelecimento importador, quando bebida importada;
IV — a denominação do produto;
V — a marca comercial;
VI — os ingredientes;
VII — a expressão "Indústria Brasileira", por extenso ou abreviada;
VIII — o conteúdo, expresso na unidade correspondente de acordo com normas específicas;
IX — a graduação alcoólica, por extenso ou abreviada, expressa em porcentagem de volume alcoólico;
X — o grau de concentração e forma de diluição, quando se tratar de produto concentrado;
XI — a forma de diluição, quando se tratar de xarope, preparado líquido ou sólido para refresco ou refrigerante;

XII — a identificação do lote ou da partida;
XIII — o prazo de validade;
XIV — frase de advertência, quando bebida alcoólica, conforme estabelecido por Lei específica.

§ 1º Na declaração dos aditivos deverão ser indicados a sua função principal e seu nome completo ou seu número no INS (Sistema Internacional de Numeração — Codex Alimentarius FAO/OMS).

§ 2º Excetuada a cápsula de vedação, no rótulo sobre o recipiente da bebida deverão constar os dizeres obrigatórios a que se referem os incisos IV, V, VI, VII, VIII, IX, X, XI e XIV, deste artigo.

§ 3º Nas embalagens retornáveis litografadas fica permitida a indicação dos aditivos na parte plana da cápsula de vedação, e, quando destinadas a uso múltiplo, permitir-se-á, também, a denominação do produto.

§ 4º Ressalvados a marca e os nomes consagrados pelo domínio público, o rótulo do produto nacional que contiver texto em idioma estrangeiro deverá apresentar a respectiva tradução em português, com idêntica dimensão gráfica.

§ 5º O rótulo da bebida destinada à exportação poderá ser escrito, no todo ou em parte, no idioma do país de destino, sendo vedada a comercialização dessa bebida, com esse rótulo, no mercado interno.

§ 6º A declaração superlativa de qualidade do produto deverá observar a classificação prevista no padrão de identidade e qualidade.

§7º O lote ou partida e o prazo de validade poderão ser informados, de forma legível e visível, em qualquer parte externa do recipiente da bebida, inclusive na parte plana da cápsula ou outro material empregado na vedação do recipiente, exceto na parte rugosa da cápsula de vedação. (Redação dada pelo Decreto nº 3.510, de 16.6.2000)

§ 8º A marca comercial do produto também poderá constar na parte plana da cápsula de vedação, desde que nesta não conste outros dizeres além dos previstos nos incisos I, II e III, deste artigo.

§ 9º A inclusão na rotulagem de dizeres não obrigatórios, ou ilustrações gráficas alusivas a eventos ou comemorações, só poderá ser efetuada mediante autorização do Ministério da Agricultura e do Abastecimento, com antecedência mínima de dez dias, da data prevista para início da comercialização do produto com essa rotulagem.

§ 10. O rótulo de aguardente composta poderá mencionar a expressão "conhaque", acrescida do nome da principal substância de origem vegetal ou animal empregada, de forma visível, e constará no rótulo principal, em caracteres gráficos de mesma dimensão e cor da expressão "conhaque".

§ 11. Quando o rótulo apresentar a expressão "conhaque", acrescida do nome da principal substância de origem vegetal ou animal empregada, a denominação "aguardente composta" deverá ser declarada em dimensão gráfica não inferior a um terço dessa expressão.

§ 12. Quando o rótulo apresentar a expressão "Brandy", que não utilize como matéria-prima o vinho, deverá acrescentar o nome da fruta empregada e constará no rótulo principal, em caracteres gráficos da mesma cor da expressão "Brandy".

§ 13. Nos rótulos das bebidas fabricadas e engarrafadas sob concessão, permissão, autorização, ou por empresa filial, poderão constar, além da razão social e o endereço do fabricante e engarrafador, o de suas unidades centrais concedente, permissiva, autorizadora ou matriz, desde que seja identificada, de forma clara, a unidade produtora e envasadora.

Art. 20. A bebida que contiver matéria-prima natural e for adicionada de corante e aromatizante artificiais, em conjunto ou separadamente, deverá conter em seu rótulo as expressões "colorida artificialmente" ou "aromatizada artificialmente", de forma legível e contrastante, com caracteres gráficos em dimensão mínima correspondendo a um terço da maior letra do maior termo gráfico usado para os demais dizeres, excetuando-se a marca.

§ 1º A dimensão mínima, referida no caput deste artigo, não poderá ser inferior a dois milímetros.

§ 2º Nos casos previstos neste Regulamento, quando as expressões referidas no caput deste artigo forem impressas na cápsula de vedação, os dizeres deverão apresentar dimensões mínimas de um milímetro.

Art.21. Na rotulagem de bebida dietética, deverá constar a expressão "Bebida Dietética" e na rotulagem de bebida de baixa caloria, a expressão "Bebida de Baixa Caloria", em tipos não inferiores a um quinto do tipo de letra de maior tamanho e da mesma cor da marca, além dos dizeres obrigatórios estabelecidos neste Regulamento. (Redação dada pelo Decreto nº 3.510, de 16.6.2000)

§ 1º Deverá constar na rotulagem o nome do edulcorante, por extenso, sua respectiva lasse e quantidade, em miligramas por cem mililitros de produto.

§2º Quando houver adição de aspartame, deverá constar na rotulagem a expressão "contém fenilalanina". (Redação dada pelo Decreto nº 3.510, de 16.6.2000)

§ 3º Poderá ser utilizado o termo "diet" na rotulagem da bebida dietética.

§ 4º No rótulo da bebida dietética deve constar a declaração do seu valor calórico por unidade de embalagem.

§ 5º As informações contidas neste artigo deverão ser expostas ao consumidor quando a bebida dietética for comercializada de forma fracionada.

§ 6º Outras informações ou denominações específicas estabelecidas pelo Ministério da Saúde deverão constar da rotulagem da bebida dietética.

Art. 22. Deve ser mencionado no rótulo do suco concentrado o percentual de sua concentração e, no rótulo do suco que for adicionado de açúcares, a expressão "suco adoçado", observadas as disposições contidas nos padrões de identidade e qualidade a serem estabelecidos para cada tipo de suco.

Art. 23. O refrigerante, o refresco, o xarope e os preparados sólidos ou líquidos para frescos ou para refrigerantes artificiais deverão mencionar nos seus rótulos sua denominação, de forma visível e legível, da mesma cor e dimensão mínima correspondendo a metade da maior letra do maior o gráfico usado para os demais dizeres, excetuando-se a marca, sendo vedada declaração, designação, figura ou desenho que induza a erro de interpretação ou possa provocar dúvida sobre sua origem, natureza ou composição.

Art. 24. O disposto nos incisos I, II, III, IV, V, VI, VIII, IX, X, XI, XII, XIII, e XIV do art. 19, deste Regulamento, aplica-se aos produtos importados, podendo ser atendidos mediante aposição de rótulo complementar, sem prejuízo da visibilidade da informação original.

Parágrafo único. Quanto ao disposto nos incisos IV, VI, IX, X, XI e XIII, do art. 19, deverá constar em idioma português, de conformidade com o presente Regulamento.

Art. 25. A bebida elaborada, exclusivamente, com matéria-prima importada a granel e engarrafada no território nacional poderá usar a rotulagem do país de origem, desde que, em contra-rótulo afixado em cada unidade da bebida seja mencionada a expressão "cortado e engarrafado no Brasil" ou "elaborado e engarrafado no Brasil", conforme for o caso, e constem os dizeres obrigatórios a que se ferem os arts. 19 e 24, deste Regulamento.

Art. 26. O rótulo não poderá conter denominação, símbolo, figura, desenho ou qualquer indicação que induza a erro ou equívoco quanto à origem, natureza ou composição do produto, nem atribuir-lhe qualidade ou característica que não possua, bem como, finalidade terapêutica ou medicamentosa.

Art. 27. Na rotulagem do preparado sólido para refresco que contiver associação de açúcares e edulcorantes hipocalóricos e não-calóricos, além dos dizeres obrigatórios estabelecidos neste Regulamento, deverá constar o nome do edulcorante, por extenso, sua respectiva função e quantidade, em miligramas por cem mililitros do produto pronto para o consumo.

Parágrafoúnico. Quando houver adição de aspartame, deverá constar na rotulagem a expressão "contém fenilalanina". (Redação dada pelo Decreto nº 3.510, de 16.6.2000)

CAPÍTULO III
DO CONTROLE DE MATÉRIAS-PRIMAS, DE BEBIDAS E DE ESTABELECIMENTOS

SEÇÃO I
Do Controle de Matérias-Primas

Art. 28. O controle da produção e circulação da matéria-prima será realizado de conformidade com as normas estabelecidas neste Regulamento, e em ato administrativo complementar.

§ 1º O controle da matéria-prima será efetuado de acordo com a quantidade e suas características físicas e químicas; e, no caso do destilado alcoólico, em função do teor alcoólico, expresso em álcool anidro, e pela quantidade da matéria-prima empregada.

§ 2º A destilaria e o acondicionador de destilado alcoólico apresentarão anualmente, ao Ministério da Agricultura e do Abastecimento, declaração das matérias-primas adquiridas e da produção de destilado alcoólico.

§ 3º O destilado alcoólico deverá ser estocado em recipiente apropriado, com numeração seqüencial e respectiva capacidade, ficando sua eventual alteração sujeita a imediata comunicação ao órgão fiscalizador.

§ 4º A destilaria e o acondicionador de destilado alcoólico serão obrigados a declarar, mensalmente, em relação a cada estabelecimento, as quantidades de produção, saída e estoque do mês, de destilado alcoólico.

§ 5º A Liberação do destilado alcoólico importado somente poderá ser efetuada mediante prévia autorização do Ministério da Agricultura e do Abastecimento, após análise de controle.

§ 6º Para efeito deste Regulamento considera-se destilado alcoólico o álcool etílico potável de origem agrícola, o destilado alcoólico simples e suas variedades, a bebida destilada e a retificada.

§ 7º Os critérios e normas para o controle de envelhecimento dos destilados alcoólicos serão estabelecidos em ato administrativo complementar, que conterão prazos mínimos, capacidade, tipo e forma do recipiente, e local de envelhecimento.

§8º O veículo e o recipiente a serem usados no transporte de matéria-prima a granel deverão atender aos requisitos técnicos destinados a impedir a alteração e a contaminação do produto. (Parágrafo incluído pelo Decreto nº 3.510, de 16.6.2000)

SEÇÃO II
Do Controle de Bebidas

Art. 29. É proibido produzir, preparar, beneficiar, acondicionar, transportar, ter em depósito ou comercializar bebida em desacordo com as disposições deste Regulamento.

Art. 30. O material e os equipamentos empregados na produção, preparação, manipulação, beneficiamento, acondicionamento e transporte de bebida deverão observar as exigências sanitárias e de higiene.

Parágrafo único. O veículo e o recipiente a serem usados no transporte de bebida a granel deverão atender aos requisitos técnicos destinados a impedir a alteração e a contaminação do produto. (Redação dada pelo Decreto nº 3.510, de 16.6.2000)

Art. 31. No acondicionamento e fechamento de bebida, somente poderão ser usados materiais que atendam aos requisitos sanitários e de higiene, e que não alterem os caracteres organolépticos, nem transmitam substâncias nocivas ao produto.

Parágrafo único. O vasilhame utilizado no acondicionamento de detergentes e outros produtos químicos não poderá ser empregado no envasamento de bebida.

Art. 32. A bebida destinada à exportação poderá ser elaborada de acordo com a legislação, usos e costumes do país a que se destina, vedada a sua comercialização no mercado interno.

Art. 33. A bebida estrangeira deverá observar os padrões de identidade e qualidade adotados para a bebida fabricada no território nacional.

§1º Para os efeitos deste artigo, será obrigatória a apresentação dos Certificados de Origem e de Análise, expedidos por organismo oficial ou credenciado por órgão governamental do país de origem da bebida estrangeira, além da análise de controle, por amostragem, pelo Ministério da Agricultura e do Abastecimento. (Redação dada pelo Decreto nº 3.510, de 16.6.2000)

§2º A análise de controle referida no parágrafo anterior não se aplica às bebidas oriundas de países nos quais o Brasil mantém reconhecimento de equivalência dos serviços de inspeção, ressalvados os casos que possam comprometer a integridade e a qualidade do produto e a saúde do consumidor. (Redação dada pelo Decreto nº 3.510, de 16.6.2000)

Art. 34. A bebida alcoólica de procedência estrangeira, que não atender aos padrões de identidade e qualidade nacionais, somente poderá ser objeto de comércio no território nacional mediante a apresentação de certificado expedido pelo órgão oficial do país de origem ou entidade por ele reconhecido para tal fim, atestando:

I — possuir característica típica, regional e peculiar daquele país;

II — ser produto enquadrado na legislação daquele país;

III — ser de consumo normal e corrente e possuir nome e composição consagrados na região ou país de origem.

Parágrafo único. A importação de bebida de que trata o caput deste artigo deverá ser previamente autorizada pelo Ministério da Agricultura e do Abastecimento.

Art. 35. A bebida envasada no estrangeiro somente poderá ser comercializada no território nacional em seu recipiente original, vedada qualquer alteração nos respectivos dizeres, observado o disposto no § 4º do art. 19, deste Regulamento.

SEÇÃO III
Do Controle de Estabelecimentos

Art. 36. Os estabelecimentos de bebidas, de acordo com suas atividades, previstas neste Regulamento, deverão dispor da infra-estrutura básica seguinte:

I — localização e áreas específicas adequadas à natureza das atividades;

II — edificação com iluminação e aeração; pisos revestidos de material cerâmico ou equivalente, paredes revestidas de material liso, impermeável e resistente;

III — máquinas e equipamentos mínimos previstos para cada tipo de estabelecimento, conforme a linha de produção industrial;

IV — água em quantidade e qualidade correspondente às necessidades tecnológicas e operacionais;

V — técnico responsável pela produção, com qualificação e registro no respectivo Conselho Profissional.

§ 1º As exigências previstas neste artigo poderão ser acrescidas de outras específicas, de conformidade com a natureza da atividade de cada estabelecimento.

§ 2º Os estabelecimentos referidos neste artigo observarão, ainda, no que couber, os preceitos relativos aos gêneros alimentícios, em geral, constantes da respectiva legislação e área de competência.

§ 3º Os estabelecimentos abrangidos por este Regulamento que industrializem bebidas dietética deverão dispor de área própria para guarda dos edulcorantes, que deverão ser mantidos sob controle.

§ 4º O Ministério da Agricultura e do Abastecimento fixará em ato administrativo normas complementares para instalações e equipamentos mínimos ao funcionamento dos estabelecimentos previstos neste artigo, inclusive os estabelecimentos artesanais e caseiros.

Art. 37. Nos estabelecimentos e instalações das empresas abrangidas por este Regulamento, será proibido manter substâncias que possam ser empregadas na alteração proposital de produto, ressalvados aqueles componentes necessários a atividade industrial normal, que deverão ser mantidos em local apropriados e sob controle.

Art. 38. As substâncias tóxicas necessárias ou indispensáveis às atividades do estabelecimento deverão ser mantidas sob rigoroso controle, em local isolado e apropriado.

Art. 39. Todos os estabelecimentos previstos neste Regulamento ficam obrigados a apresentar, para efeito de controle, quando solicitado, declaração do volume de sua produção, da quantidade de matéria-prima e dos seus estoques.

TÍTULO II
DOS PADRÕES DE IDENTIDADE E QUALIDADE DE BEBIDAS

CAPÍTULO I
DAS BEBIDAS NÃO-ALCOÓLICAS E DAS DIETÉTICAS

SEÇÃO I
Das Bebidas Não-Alcoólicas

Art. 40. Suco ou sumo é a bebida não fermentada, não concentrada e não diluída, destinada ao consumo, obtida da fruta madura e sã, ou parte do vegetal de origem, por processamento tecnológico adequado, submetida a tratamento que assegure a sua apresentação e conservação até o momento do consumo, onde:

I — o suco não poderá conter substâncias estranhas à fruta ou parte do vegetal de sua origem, excetuadas as previstas na legislação específica.

II — o suco que for parcialmente desidratado deverá ser denominado de "suco concentrado".

III-ao suco poderá ser adicionado açúcar na quantidade máxima fixada para cada tipo de suco, através de ato administrativo, observado o percentual máximo de dez por cento, calculado em gramas de açúcar por cem gramas de suco. (Redação dada pelo Decreto nº 3.510, de 16.6.2000)

VI — é proibida a adição, em sucos, de aromas e corantes artificiais;

V — os sucos concentrado e desidratado adoçados, quando reconstituídos, deverão conservar os teores de sólidos solúveis originais do suco integral, ou o teor de sólidos solúveis mínimo estabelecido nos respectivos padrões de identidade e qualidade para cada tipo de suco, excetuado o percentual de açúcares adicionados, observado o disposto no inciso III deste artigo.

§ 1º Suco desidratado é o suco sob o estado sólido, obtido pela desidratação do suco integral, devendo conter a expressão "suco desidratado".

§ 2º A designação "integral" será privativa do suco sem adição de açúcar e na sua concentração natural, sendo vedada o uso de tal designação para o suco reconstituído.

§ 3º Suco misto é o suco obtido pela mistura de duas ou mais frutas e das partes comestíveis de dois ou mais vegetais, ou dos seus respectivos sucos, sendo a denominação constituída da palavra suco, seguida da relação de frutas e vegetais utilizados, em ordem decrescente das quantidades presentes na mistura.

§ 4º Suco reconstituído é o suco obtido pela diluição de suco concentrado ou desidratado, até a concentração original do suco integral ou ao teor de sólidos solúveis mínimo estabelecido nos respectivos padrões de identidade e qualidade para cada tipo de suco integral, sendo obrigatório constar de sua rotulagem a origem do suco utilizado para sua elaboração, se concentrado ou desidratado, sendo opcional o uso da expressão "reconstituído".

§ 5º Não será permitida a associação de açúcares e edulcorantes hipocalóricos e não-calóricos na fabricação de suco.

§6º Suco tropical é o produto obtido pela dissolução, em água potável, da polpa de fruta polposa de origem tropical, não fermentado, de cor, aroma e sabor característicos da fruta, através de processo tecnológico adequado, submetido a tratamento que assegure a sua apresentação e conservação até o momento de consumo. (Parágrafo incluído pelo Decreto nº 3.510, de 16.6.2000)

§7º Os teores de polpa e as frutas utilizadas na elaboração do suco tropical serão fixados em ato administrativo do Ministério da Agricultura e do Abastecimento, devendo ser superiores aos estabelecidos para o néctar da respectiva fruta. (Parágrafo incluído pelo Decreto nº 3.510, de 16.6.2000)

§8º Poderá ser declarado no rótulo a expressão "suco pronto para beber", ou expressões semelhantes, quando ao suco tropical for adicionado açucar. (Parágrafo incluído pelo Decreto nº 3.510, de 16.6.2000)

Art. 41. Polpa de fruta é o produto não fermentado, não concentrado, obtido de frutas, por processos tecnológicos adequados com teor de sólidos em suspensão mínimo, a ser estabelecido em ato administrativo do Ministério da Agricultura e do Abastecimento.

Art. 42. Água de côco é a parte líquida do fruto do coqueiro (Cocus nucífera), excluído o endosperma, não diluído, não fermentado, não concentrado e obtido por processo tecnológico adequado.

Art. 43. Néctar é a bebida não fermentada, obtida da diluição em água potável da parte comestível do vegetal e açúcares ou de extrato vegetais e açúcares, podendo ser adicionada de ácidos, e destinada ao consumo direto.

Parágrafo único. Não será permitida a associação de açúcares e edulcorantes hipocalóricos e não-calóricos na fabricação de néctar.

Art.44. Refresco ou bebida de fruta ou de vegetal é a bebida não gaseificada, não fermentada, obtida pela diluição, em água potável, do suco de fruta, polpa ou extrato vegetal de sua origem, com ou sem açúcar. (Redação dada pelo Decreto nº 3.510, de 16.6.2000)

§ 1º Os refrescos de laranja ou laranjada, de tangerina e de uva deverão conter no mínimo trinta por cento em volume de suco natural.

§ 2º O refresco de limão ou limonada deverá conter no mínimo cinco por cento volume de suco de limão.

§ 3º O refresco de maracujá deverá conter no mínimo seis por cento em volume de suco de maracujá.

§ 4º O refresco de guaraná deverá conter no mínimo dois centésimos por cento da semente de guaraná (gênero Paullinia), ou seu equivalente em extrato, por cem mililitros de bebida.

§ 5º O refresco de maçã deverá conter no mínimo vinte por cento em volume de suco de maçã.

§ 6º Refresco misto ou bebida mista de frutas ou de extratos vegetais é a bebida obtida pela diluição em água potável da mistura de dois ou mais sucos de frutas ou de extratos vegetais, devendo o somatório do teor de sucos e extratos vegetais ser estabelecido em ato administrativo.

§ 7º Não será permitida a associação de açúcares e edulcorantes hipocalóricos e não-calóricos na fabricarão de refresco ou bebida de fruta ou de extrato vegetal.

§ 8º O refresco ou a bebida de fruta que não contiver açúcar deverá mencionar no rótulo, em caracteres visíveis e legíveis, a expressão "sem açúcar". (Parágrafo incluído pelo Decreto nº 3.510, de 16.6.2000)

Art. 45. Refrigerante é a bebida gaseificada, obtida pela dissolução, em água potável, de suco ou extrato vegetal de sua origem, adicionada de açúcares.

§ 1º O refrigerante deverá ser obrigatoriamente saturado de dióxido de carbono, industrialmente puro.

§ 2º Os refrigerantes de laranja, tangerina e uva deverão conter no mínimo dez por cento em volume do respectivo suco na sua concentração natural.

§ 3º Soda limonada ou refrigerante de limão deverá conter, obrigatoriamente, no mínimo dois e meio por cento em volume de suco de limão.

§ 4º O refrigerante de guaraná deverá conter, obrigatoriamente, uma quantidade mínima de dois centésimos de grama de semente de guaraná (gênero Paullinia), ou seu equivalente em extrato, por cem mililitros de bebida.

§ 5º O refrigerante de cola deverá conter semente de noz de cola ou extrato de noz de cola.

§ 6º O refrigerante de maçã deverá conter no mínimo cinco por cento em volume em suco de maçã.

§ 7º Não será permitida a associação de açúcares e edulcorantes hipocalóricos e não-calóricos na fabricação de refrigerante.

Art. 46. Soda é a água potável gaseificada com dióxido de carbono, com uma pressão superior a duas atmosferas, a vinte graus celsius, podendo ser adicionada de sais.

Parágrafo único. Soda aromatizada é a água potável gaseificada com dióxido de carbono, com pressão superior a duas atmosferas, a vinte graus Celsius, devendo ser adicionada de aromatizantes naturais e podendo ser adicionada de sais. (Redação dada pelo Decreto nº 3.510, de 16.6.2000)

Art. 47. Água tônica de quinino é o refrigerante que contiver obrigatoriamente de três a cinco miligramas de quinino ou seus sais, expresso em quinino anidro, por cem mililitros de bebida.

Art. 48. Xarope é o produto não gaseificado, obtido pela dissolução, em água potável, de suco de fruta, polpa ou parte do vegetal e açúcar, numa concentração mínima de cinqüenta e dois por cento de açúcares, em peso, a vinte graus celsius.

§ 1º Xarope de suco ou "squash" é o produto que contiver no mínimo quarenta por cento do suco de fruta ou polpa, em peso.

§ 2º Xarope de avenca ou capilé é o produto que contiver suco de avenca, aromatizado com essência natural de frutas, podendo, ser colorido com caramelo.

§ 3º Xarope de amêndoa ou orchata é o produto que contiver amêndoa, adicionado de extrato de flores de laranjeira.

§ 4º Xarope de guaraná é a produto que contiver no mínimo dois décimos de grama de semente de guaraná (gênero Paullinia), ou seu equivalente em extrato, por cem mililitros do produto.

§ 5º Não será permitida a associação de açucares e edulcorantes hipocalóricos e não-calóricos na fabricação de xarope.

Art. 49. Preparado líquido ou concentrado líquido para refresco é o produto que contiver suco, polpa ou extrato vegetal de sua origem, com ou sem açúcar, adicionado de água potável para o seu consumo. (Redação dada pelo Decreto nº 3.510, de 16.6.2000)

§ 1º O preparado líquido ou concentrado líquido para refresco, quando diluído, deverá apresentar as mesmas características fixadas nos padrões de identidade e qualidade para o respectivo refresco.

§ 2º Não será permitida a associação de açúcares e edulcorantes hipocalóricos e não-calóricos na fabricação de preparado líquido ou concentrado líquido para refresco.

§ 3º A designação concentrado líquido não poderá ser utilizada para produto artificial.

§ 4º O preparado líquido ou concentrado líquido para refresco que não contiver açúcar deverá mencionar no rótulo, em caracteres visíveis e legíveis, a expressão "sem açúcar". (Parágrafo incluído pelo Decreto nº 3.510, de 16.6.2000)

Art. 50. O preparado líquido ou concentrado líquido para refrigerante é o produto que contiver suco ou extrato vegetal de sua origem, com ou sem açúcar, adicionado de água potável gaseificada para o seu consumo. (Redação dada pelo Decreto n° 3.510, de 16.6.2000)

§ 1° O preparado líquido ou concentrado líquido para refrigerante, quando diluído, deverá apresentar as mesmas características fixadas nos padrões de identidade e qualidade para o respectivo refrigerante.

§ 2° Não será permitida a associação de açúcares e edulcorantes hipocalóricos e não-calóricos na fabricação de preparado líquido ou concentrado líquido para refrigerante.

§3º O preparado líquido ou concentrado líquido para refrigerante que não contiver açúcar deverá mencionar no rótulo, em caracteres visíveis e legíveis, a expressão "sem açúcar". (Parágrafo incluído pelo Decreto n° 3.510, de 16.6.2000)

Art.51. Preparado líquido para mistura em bebidas é o produto à base de sucos, extratos vegetais ou aromas, isolados ou em conjunto, e água potável, podendo ser adicionado de açúcares e aditivos previstos em atos administrativos. (Redação dada pelo Decreto n° 3.510, de 16.6.2000)

Art.52. Preparado sólido para mistura em bebidas é o produto à base de sucos, extratos vegetais ou aromas, isolados ou em conjunto, podendo ser adicionado de açúcares e aditivos previstos em atos administrativos. (Redação dada pelo Decreto n° 3.510, de 16.6.2000)

Art. 53. Preparado sólido para refresco é o produto à base de suco ou extrato vegetal de sua origem e açúcares, podendo ser adicionado de edulcorantes hipocalóricos e não-calóricos, destinado à elaboração de bebida, para o consumo imediato, pela adição de água potável.

Art. 54. Ao refresco, preparado sólido ou líquido para refresco artificiais é vedado o uso da denominação "bebida de fruta ou de extrato vegetal", em substituição à denominação "refresco".

Art. 55. Chá pronto para consumo é a bebida obtida pela maceração, infusão ou percolação de folhas e brotos de várias espécies de chá do gênero "Thea" (Thea sinensis e outras), ou de folhas, hastes, pecíolos e pedúnculos de erva-mate da espécie "llex paraguariensis", ou de outros vegetais previstos nos padrões de identidade e qualidade, podendo ser adicionado de outras substâncias de origem vegetal e de açúcares.

Parágrafo único. O produto obtido de folhas, hastes, pecíolos e pedúnculos de erva-mate da espécie "llex paraguariensis" poderá ser denominado de mate ou chá mate.

Art. 56. Preparado líquido para chá é a bebida obtida pela maceração, infusão ou percolação de folhas e brotos de várias espécies de chá do gênero "Thea" (Thea sinensis e outras), ou de folhas, hastes,pecíolos e pedúnculos de erva-mate da espécie "Ilex paraguariensis", ou de outros vegetais previstos nos padrões de identidade e qualidade, podendo ser acrescentado de outras substâncias de origem vegetal e de açúcares, adicionado unicamente de água potável para seu consumo.

Art. 57. Bebida composta de fruta, polpa ou de extratos vegetais é a bebida obtida pela mistura de sucos ou extratos vegetais com produto de origem animal, tendo predominância, em sua composição, de produtos de origem vegetal, adicionada ou não de açúcares.

§ 1º A bebida referida no caput deste artigo poderá ser comercializada na forma de preparado sólido, sendo denominada de preparado sólido para bebida composta de frutas ou preparado sólido para bebida composta de extratos vegetais.

§ 2º Não será permitida a associação de açúcares e edulcorantes hipocalóricos e não-calóricos na fabricação de bebida composta de fruta ou extratos vegetais.

Art. 58. A bebida não-alcoólica, cujo percentual mínimo de suco ou substância vegetal não tenha sido previsto neste Regulamento, terá este percentual estabelecido em ato administrativo complementar.

Parágrafo único. As bebidas não-alcoólicas, cujo percentual de matéria-prima natural tenha sido previsto neste Regulamento, poderão ter o seu percentual mínimo de suco, ou substâncias de origem vegetal exigidas, aumentado a critério do órgão técnico competente do Ministério da Agricultura e do Abastecimento.

Art. 59. A bebida não-alcoólica que contiver semente de guaraná (gênero Paullinia), ou seu equivalente em extrato, deverá apresentar os quantitativos dos componentes secundários do guaraná, proibida a adição de cafeína sintética ou da obtida de outro vegetal.

Art. 60. Extrato de guaraná é o produto resultante da extração dos princípios ativos da semente de guaraná (gênero Paullinia), com ou sem casca, observados os limites de sua concentração previstos em ato administrativo próprio.

Art. 61. A bebida não-alcoólica que contiver ou for adicionada em sua composição cafeína (trimetilxantina) natural, ou sintética, não deverá ter o limite de cafeína superior a vinte miligramas por cem mililitros do produto a ser consumido.

SEÇÃO II
Das Bebidas Dietéticas e de Baixas Calorias

Art.62. Para fins deste Regulamento, entende-se como bebida dietética e bebida de baixa caloria a bebida não alcoólica e hipocalórica, devendo ter o conteúdo de açúcares, adicionado normalmente na bebida convencional, inteiramente substituído por edulcorante hipocalórico ou não calórico, naturais ou artificiais. (Redação dada pelo Decreto nº 3.510, de 16.6.2000)

Parágrafoúnico. Os padrões de identidade e qualidade para as bebidas dietéticas e para as bebidas de baixa caloria serão fixados pelo Ministério da Agricultura e do Abastecimento, em consonância com as normas de competência do Ministério da Saúde. (Redação dada pelo Decreto nº 3.510, de 16.6.2000)

Art. 63. Excluem-se deste Regulamento a bebida especialmente formulada para reposição energética, vitamínica, hidroeletrolítica e outras destinadas a fins dietéticos específicos.

CAPÍTULO II
DAS BEBIDAS ALCOÓLICAS FERMENTADAS

SEÇÃO I
Das cervejas

Art. 64. Cerveja é a bebida obtida pela fermentação alcoólica do mosto cervejeiro oriundo do malte de cevada e água potável, por ação da levedura, com adição de lúpulo.

§ 1º O malte de cevada usado na elaboração de cerveja e o lúpulo poderão ser substituídos por seus respectivos extratos.

§ 2º Parte do malte de cevada poderá ser substituído por cereais maltados ou não, e por carboidratos de origem vegetal transformados ou não, ficando estabelecido que:

a) os cereais referidos neste artigo são a cevada, o arroz, o trigo, o centeio, o milho, a aveia e o sorgo, todos integrais, em flocos ou a sua parte amilácea;

b) a quantidade de carboidrato (açúcar) empregado na elaboração de cerveja, em relação ao extrato primitivo, não poderá ser superior a quinze por cento na cerveja clara;

c) na cerveja escura, a quantidade de carboidrato (açúcar), poderá ser adicionada até cinqüenta por cento, em relação ao extrato primitivo, podendo conferir ao produto acabado as características de adoçante;

d) na cerveja extra o teor de carboidrato (açúcar) não poderá exceder a dez por cento do extrato primitivo;

e) os cereais ou seus derivados serão usados de acordo com a classificação da cerveja quanto a proporção de malte e cevada, em peso, sobre o extrato primitivo, estabelecido neste Regulamento;

f) carboidratos transformados são os derivados da parte amilácea dos cereais obtidos através de transformações enzimáticas;

g) os carboidratos (açúcares) de que tratam os itens "b", "c" e "d", deste parágrafo, são a sacarose (açúcar refinado ou cristal), açúcar invertido, glicose, frutose, maltose.

§ 3º Malte é o produto obtido pela germinação e secagem da cevada, devendo o malte de outros cereais ter a designação acrescida do nome do cereal de sua origem.

§ 4º Extrato de malte é o resultante da desidratação do mosto de malte até o estado sólido, ou pastoso, devendo, quando reconstituído, apresentar as propriedades do mosto de malte.

§ 5º Mosto cervejeiro é a solução, em água potável, de carboidratos, proteínas, glicídeos e sais minerais, resultantes da degradação enzimática dos componentes da matéria-prima que compõem o mosto.

§ 6º Mosto lupulado é o mosto fervido com lúpulo ou seu extrato, e dele apresentando os princípios aromáticos e amargos, ficando estabelecido que:

a) lúpulo são cones de "Humulus lupulus", de forma natural ou industrializada, que permite melhor conservação da cerveja e apura o gosto e o aroma característico da bebida;

b) extrato de lúpulo é o resultante da extração, por solvente adequado, dos princípios aromáticos e amargos do lúpulo, isomerizados ou não, reduzidos ou não, devendo o produto final estar isento de solvente.

§ 7º Extrato primitivo ou original é o extrato do mosto de malte de origem da cerveja.

Art. 65. Das características de identidade da cerveja deverá ser observado o seguinte:

I — a cor da cerveja deverá ser proveniente das substâncias corantes do malte da cevada, sendo que:

a) para corrigir ou intensificar a cor da cerveja será permitido o uso de outros corantes naturais previstos na legislação específica;

b) na cerveja escura será permitido o uso de corante natural caramelo.

II — para fermentação do mosto será usada a levedura cervejeira como coadjuvante de tecnologia.

III — a cerveja deverá ser estabilizada biologicamente por processo físico apropriado, podendo ser denominado de Chope a cerveja não pasteurizada no envase.

IV — a água potável empregada na elaboração da cerveja poderá ser tratada com substâncias químicas, por processo físico ou outro que lhe assegure as características desejadas para boa qualidade do produto, em conjunto ou separadamente.

V — a cerveja deverá apresentar, a vinte graus Celsius, uma pressão mínima de urna atmosfera de gás carbônico proveniente da fermentação, sendo permitida a correção por dióxido de carbono ou nitrogênio, industrialmente puros.

Art. 66. As cervejas são classificadas:

I — quanto ao extrato primitivo em:

a) cerveja leve, a que apresentar extrato primitivo igual ou superior a cinco e inferior a dez e meio por cento, em peso;

b) cerveja comum, a que apresentar extrato primitivo igual ou superior a dez e meio e inferior a doze e meio por cento, em peso;

c) cerveja extra, a que apresentar extrato primitivo igual ou superior a doze e meio e inferior a quatorze por cento, em peso;

d) cerveja forte, a que apresentar extrato primitivo igual ou superior a quatorze por centro, em peso.

II — quanto à cor:

a) cerveja clara, a que tiver cor correspondente a menos de vinte unidades EBC (European Brewery Convention);

b) cerveja escura, a que tiver cor correspondente a vinte ou mais unidades EBC (European Brewery Convention).

III — quanto ao teor alcoólico em:

a) cerveja sem álcool, quando seu conteúdo em álcool for menor que meio por cento em volume, não sendo obrigatória a declaração no rótulo do conteúdo alcoólico;

b) cerveja com álcool, quando seu conteúdo em álcool for igual ou superior a meio por cento em volume, devendo obrigatoriamente constar no rótulo o percentual de álcool em volume;

IV — quanto à proporção de malte de cevada em:

a) cerveja puro malte, aquela que possuir cem por cento de malte de cevada, em peso, sobre o extrato primitivo, como fonte de açúcares;

b) cerveja, aquela que possuir proporção de malte de cevada maior ou igual a cinqüenta por cento, em peso, sobre o extrato primitivo, como fonte de açúcares;

c) cerveja com o nome do vegetal predominante, aquela que possuir proporção de malte de cevada maior do que vinte e menor do que cinqüenta por cento, em peso, sobre o extrato primitivo, como fonte de açúcares.

V — quanto à fermentação;

a) de baixa fermentação; e

b) de alta fermentação.

Art. 67. De acordo com o seu tipo, a cerveja poderá ser denominada: "Pilsen", "Export", "Lager", "Dortmunder", "München", "Bock", "Malzbier", "Ale", "Stout", "Porter", "Weissbier", "Alt" e outras denominações internacionalmente reconhecidas que vierem a ser criadas, observadas as características do produto original.

Art. 68. A cerveja poderá ser adicionada de suco e extrato de vegetal, ou ambos, que poderão ser substituídos, total ou parcialmente, por óleo essencial, essência natural ou destilado vegetal de sua origem.

Art. 69. A cerveja que for adicionada de suco de vegetal, deverá ser designada de "cerveja com...", acrescido do nome do vegetal.

Art. 70. Quando o suco natural for substituído total ou parcialmente pelo óleo essencial, essência natural ou destilado do vegetal de sua origem, será designada de "cerveja sabor de ..." acrescida, do nome do vegetal.

Parágrafo único. Fica proibido o uso de aromatizantes, flavorizantes e corantes artificiais na elaboração da cerveja.

Art. 71. A complementação dos Padrões de Identidade e Qualidade dos produtos de que trata esta Seção será disciplinada por atos administrativos.

SEÇÃO II
Das Outras Bebidas Fermentadas

SUBSEÇÃO I
Das Obtidas por Fermentação

Art. 72. Fermentado de fruta é a bebida com graduação alcoólica de quatro a quatorze por cento em volume, a vinte graus Celsius, obtida da fermentação alcoólica do mosto de fruta sã, fresca e madura.

§ 1º O fermentado de fruta pode ser adicionado de açúcares, água e outras substâncias previstas em ato administrativo complementar, para cada tipo de fruta.

§ 2º Quando adicionado de dióxido de carbono, o fermentado de fruta será denominado fermentado de fruta gaseificado.

Art. 73. Sidra é a bebida com graduação alcoólica de quatro a oito por cento em volume, a vinte graus Celsius, obtida pela fermentação alcoólica do mosto de maçã, podendo ser adicionada de suco de pêra, em proporção máxima de trinta por cento, e sacarose não superior aos açúcares da fruta.

§1º A sidra poderá ser gaseificada, sendo proibida a denominação sidra-champanha ou expressão semelhante. (Redação dada pelo Decreto nº 3.510, de 16.6.2000)

§2º A sidra poderá ser desalcoolizada através de processo tecnológico físico adequado. (Parágrafo incluído pelo Decreto nº 3.510, de 16.6.2000)

Art. 74. Hidromel é a bebida com graduação alcoólica de quatro a quatorze por cento em volume, a vinte graus Celsius, obtida pela fermentação alcoólica de uma solução de mel de abelha, sais nutrientes e água potável.

Art. 75. Fermentado de cana é a bebida com graduação alcoólica de quatro a quatorze por cento em volume, a vinte graus Celsius, obtida do mosto de caldo de cana-de-açúcar fermentado.

Art. 76. As bebidas previstas nesta Subseção poderão ser classificadas, quanto a sua graduação alcoólica, em: (Revogado pelo decreto nº 3.510, de 16.6.2000)

I — de baixo teor alcoólico, quando contiverem de meio a sete por cento em volume de álcool;

II — de médio teor alcoólico, quando contiverem acima de sete até quatorze por cento em volume de álcool.

SUBSEÇÃO II
Das Obtidas com Adição de Destilado Alcoólico

Art. 77. Fermentado de fruta licoroso é o fermentado de fruta, doce ou seco, com graduação alcoólica de quatorze a dezoito por cento em volume, a vinte graus Celsius, adicionado ou não e álcool etílico potável de origem agrícola, caramelo e sacarose.

Art. 78. Fermentado de fruta composto é a bebida com graduação alcoólica de quinze a vinte por cento em volume, a vinte graus Celsius, obtido pela adição ao fermentado de fruta, de macerados ou extratos de plantas amargas ou aromáticas, adicionado ou não de álcool etílico potável de origem agrícola, caramelo e sacarose.

Art. 79. Saquê (Sake) é a bebida com graduação alcoólica de quatorze a vinte e seis por cento em volume, a vinte graus Celsius, obtida pela fermentação alcoólica do mosto de arroz, sacarificado pelo "Aspergillus oryzae", ou por suas enzimas, podendo ser adicionada de álcool etílico potável de origem agrícola e aromas naturais.

Parágrafo único. Denomina-se saquê seco aquele que contiver menos de trinta gramas de açúcares, por litro, e saquê licoroso aquele que contiver no mínimo trinta gramas de açúcares, por litro.

CAPÍTULO III
DAS BEBIDAS ALCOÓLICAS POR MISTURA

SEÇÃO I
Dos Licores

Art. 80. Licor é a bebida com graduação alcoólica de quinze a cinqüenta e quatro por cento em volume, a vinte graus Celsius, e um percentual de açúcar superior a trinta gramas por litro, elaborado com álcool etílico potável de origem agrícola, ou destilado alcoólico simples de origem agrícola ou bebidas alcoólicas, adicionada de extrato ou substâncias de origem vegetal ou animal, substâncias aromatizantes, saborizantes, corantes e outros aditivos permitidos em ato administrativo complementar.

§ 1º O licor que tiver o nome da substância de origem animal ou vegetal, deverá conter em substância, obrigatoriamente, proibida a sua substituição.

§ 2º O licor será denominado de seco, fino ou doce, creme, escarchado ou cristalizado, com as seguintes definições:

a) licor seco é a bebida que contém mais de trinta e no máximo cem gramas de açúcares por litro;

b) licor fino ou doce é a bebida que contém mais de cem e no máximo trezentos e cinqüenta gramas de açúcares, por litro;

c) licor creme é a bebida que contém mais de trezentos e cinqüenta gramas de açúcares, por litro;

d) licor escarchado ou cristalizado é a bebida saturada de açúcares parcialmente cristalizados.

§ 3º As denominações licor de café, cacau, chocolate, laranja, ovo, doce de leite e outras, só serão permitidas aos licores que, em suas preparações, predomine a matéria-prima que justifique essas denominações.

§ 4º Serão permitidas, ainda, as denominações Cherry, Apricot, Peach, Curaçau, Prunelle, Maraschino, Peppermint, Kummel, Noix, Cassis, Ratafia, Anis e as demais de uso corrente, aos licores elaborados principalmente com as frutas, plantas ou partes delas, desde que justifiquem essas denominações.

§ 5º O licor que contiver por base mais de uma substância vegetal e, não havendo predominância de alguma delas, poderá ser denominado genericamente de licor de ervas, licor de frutas ou outras denominações que caracterizem o produto.

§ 6º Poderá denominar-se Advocat, Avocat, Advokat, Advocaat, ao licor à base de ovo, admitindo-se para essa bebida uma graduação alcoólica mínima de quatorze por cento em volume, a vinte graus Celsius.

§ 7º O licor que contiver lâminas de ouro puro poderá ser denominado licor de ouro.

§ 8º O licor de anis que contiver no mínimo trezentos e cinqüenta gramas de açúcares, por litro, poderá ser denominado Anisete.

§ 9º O licor preparado por destilação de cascas de frutas cítricas, adicionado ou não de substâncias aromatizantes ou saborizantes, ou ambas, permitidas em ato administrativo próprio, poderá denominar-se " triple sec " ou extra seco, independentemente de seu conteúdo de açúcares.

§ 10. O licor que contiver em sua composição no mínimo cinqüenta por cento em volume de conhaque, uísque, rum ou outras bebidas alcoólicas destiladas poderá conter a expressão "licor de...", acrescida do nome da bebida utilizada.

§ 11. O licor com denominação específica de café, chocolate e outras que caracterizem o produto, que contiver em sua composição conhaque, uísque, rum ou outras bebidas alcoólicas poderá conter a expressão "licor de...", seguida da denominação especifica do licor e da bebida alcoólica utilizada, neste caso, deverá declarar no rótulo principal a porcentagem da bebida utilizada.

SEÇÃO II
Das Bebidas Alcoólicas Mistas ou Coquetel (Cocktail)

Art.81. Bebida alcoólica mista ou coquetel (**cocktail**) é a bebida com graduação alcoólica de meio a cinqüenta e quatro por cento em volume, a vinte graus Celsius, obtida pela mistura de uma ou mais bebidas alcoólicas, ou álcool etílico potável de origem agrícola, ou destilados alcoólicos simples com outras bebidas não alcoólicas, ou sucos de frutas, ou frutas maceradas, ou xarope de frutas, ou outras substâncias de origem vegetal ou animal, ou de ambas, permitidas em ato administrativo próprio. (Redação dada pelo Decreto nº 3.510, de 16.6.2000)

§ 1º Esta bebida poderá ser adicionada de açúcares e aditivos permitidos em ato administrativo próprio.

§ 2º A bebida alcoólica mista ou coquetel (cocktail) poderá ser gaseificada e, neste caso, a graduação alcoólica não poderá ser superior a quinze por cento em volume, a vinte graus Celsius.

§ 3º Poderá ser denominada de batida a bebida alcoólica mista com graduação alcoólica de quinze a trinta e seis por cento em volume, a vinte graus Celsius, obtido pela mistura de aguardente de cana, outras bebidas destiladas, destilado alcoólico simples de cana, álcool etílico potável de origem agrícola com sucos, polpas de frutas, ou outras substâncias de origem vegetal ou animal, permitidas em ato administrativo próprio, com no mínimo cinqüenta gramas de açúcares, por litro.

§4º **Caipirinha** é a bebida típica brasileira, exclusivamente elaborada com **Cachaça**, limão e açúcar. (Redação dada pelo Decreto nº 4.072, de 3.1.2002)

§5º Preparado líquido alcoólico para mistura em bebidas é o produto obtido de sucos, extratos vegetais ou aromas, isolados ou em conjunto, e água potável, podendo ser adicionado de açúcares e aditivos previstos em atos administrativos. (Redação dada pelo Decreto nº 3.510, de 16.6.2000)

SEÇÃO III
Das Bebidas Alcoólicas Compostas

Art. 82. Bebida alcoólica composta é a bebida alcoólica por mistura, com graduação alcoólica de treze a dezoito por cento em volume, a vinte graus Celsius, obtida da maceração ou infusão de substâncias vegetais, adicionada de álcool etílico potável de origem agrícola, com adição ou não de açúcares.

§ 1º Bebida alcoólica de jurubeba é a bebida alcoólica composta obtida pela mistura de um alcoólico de jurubeba (Solanum paniculatum), com álcool etílico potável de origem agrícola, oromatizantes naturais e demais aditivos permitidos em ato administrativo próprio, podendo ser adicionada de açúcares, caso em que será denominada suave ou doce quando contiver mais de seis gramas por litro.

§ 2º Bebida alcoólica de gengibre é a bebida alcoólica composta obtida pela mistura de um macerado alcoólico de gengibre (Zingiber officinalis), com álcool etílico potável de origem agrícola, aromatizantes naturais e demais aditivos permitidos em ato administrativo próprio, podendo ser adicionada de açúcares, caso em que será denominada suave ou doce, quando contiver mais de seis gramas por litro, devendo apresentar sabor e aroma das substâncias naturais do rizoma.

§ 3º As demais Bebidas Alcoólicas Compostas serão disciplinadas em ato administrativo, observadas as disposições contidas no caput deste artigo.

SEÇÃO IV
Dos Aperitivos

Art. 83. Aperitivo é a bebida com graduação alcoólica de meio a cinqüenta e quatro por cento em volume, a vinte graus Celsius, que contiver princípios amargos ou aromáticos, com características aperitivas ou estimulantes do apetite, obtidas a partir de extratos de um ou mais vegetais, ou parte dos mesmos, permitidos em ato administrativo próprio.

§ 1º O produto deverá estar de acordo com o limite estabelecido para os princípios ativos definidos em ato administrativo próprio, provenientes das substâncias vegetais utilizadas em sua elaboração.

§ 2º O aperitivo poderá ser adicionado de açúcares, bem como de substâncias saborizantes, aromatizantes, corantes e outros aditivos permitidos em ato administrativo próprio.

§ 3º O aperitivo cujo sabor seja predominantemente amargo se denominará de " Fernet", "Bitter ", amargo ou amaro.

§ 4º O aperitivo em cuja composição predomine um princípio, uma substância aromática ou uma matéria-prima determinada, poderá ter sua denominação acrescida do nome da matéria-prima principal.

Quando não existir predominância de uma matéria-prima, poderá denominar-se os vegetais de forma genérica.

§ 5º Será denominada ferroquina ou ferro quina o aperitivo que possuir teor mínimo de cento e vinte miligramas de citrato de ferro amoniacal e cinco miligramas de quinino, expresso em sulfato de quinino, por cem mililitros da bebida.

§ 6º O aperitivo poderá ser adicionado de água e gás carbônico (CO_2), mantendo sua denominação seguida da palavra "soda", tendo graduação alcoólica máxima de quinze por cento em volume, a vinte graus Celsius.

§ 7º Quando a graduação alcoólica do aperitivo for inferior a meio por cento em volume, a vinte graus Celsius, denominar-se-á "aperitivo sem álcool" ou "aperitivo não-alcoólico".

§ 8º Com exceção do teor alcoólico, será exigido para o aperitivo não-alcoólico todas as especificações atribuídas aos aperitivos em geral.

SEÇÃO V
Da Aguardente Composta

Art. 84. Aguardente composta é a bebida com graduação alcoólica de trinta e oito a cinqüenta e quatro por cento em volume, a vinte graus Celsius, resultante da adição na aguardente ou no destilado alcoólico simples de substâncias de origem vegetal ou animal, previstas em ato administrativo próprio.

Parágrafo único. A aguardente composta poderá ser colorida por caramelo e adicionada de açúcares, na quantidade inferior a trinta gramas por litro.

CAPÍTULO IV
DOS DESTILADOS ALCOÓLICOS E DAS BEBIDAS
ALCOÓLICAS DESTILADAS

SEÇÃO I
Dos Destilados Alcoólicos

Art. 85. Os coeficientes de congêneres dos destilados, bebidas destiladas e retificadas, não previstos neste Regulamento, quando necessário, serão estabelecidos em ato administrativo complementar.

Parágrafo único. Entende-se como coeficiente de congêneres, ou componentes voláteis não-álcool, ou substâncias voláteis não-álcool, ou componentes secundários não-álcool, ou impurezas voláteis não-álcool, a soma de acidez volátil, expressa em ácido acético, aldeídos, expresso em acetaldeído, ésteres, expresso em acetato de etila, álcoois superiores, expressos pelo somatório dos mesmos, e furfural, todos expressos em miligramas por cem mililitros de álcool anidro.

Art. 86. Álcool etílico potável de origem agrícola é o produto com graduação alcoólica mínima de noventa e cinco por cento em volume, a vinte graus Celsius, obtido pela destilo-retificação de mostos provenientes unicamente de matéria-prima de origem agrícola, de natureza açucarada ou amilácea, resultante da fermentação alcoólica, como também o produto da retificação de aguardente ou de destilado alcoólico simples.

§ 1º Na denominação do álcool etílico potável de origem agrícola, quando houver referência à matéria-prima utilizada, o álcool deverá ser obtido exclusivamente dessa matéria-prima.

§ 2º O álcool etílico potável de origem agrícola poderá ser hidratado para o envelhecimento.

Art. 87. "Grain Whisky" é o destilado alcoólico de cereais com graduação alcoólica superior a cinqüenta e quatro e inferior a noventa e cinco por cento em volume, a vinte graus Celsius, envelhecido em tonéis de carvalho com capacidade máxima de setecentos litros, por um período mínimo de dois anos.

Art. 88. Destilado alcoólico simples de origem agrícola é o produto com graduação alcoólica superior a cinqüenta e quatro e inferior a noventa e cinco por cento em volume, a vinte graus Celsius, destinado à elaboração de bebidas alcoólicas, e obtido pela destilação simples ou por destiloretificação parcial seletiva de mosto, ou subprodutos provenientes unicamente de matéria-prima de origem agrícola, de natureza açucarada ou amilácea, resultante da fermentação alcoólica.

§ 1º A destilação deverá ser efetuada de forma que o destilado apresente aroma e sabor provenientes da matéria-prima utilizada, dos derivados do processo fermentativo e dos formados durante a destilação.

§ 2º Mosto é a substância de origem vegetal ou animal que contém elemento amiláceo ou açucarado, susceptível de transformar-se principalmente em álcool etílico, por fermentação alcoólica.

§ 3º Ao mosto fermentável poderão ser adicionadas substâncias destinadas a favorecer o processo de fermentação desde que ausentes no destilado, sendo proibido o emprego de álcool de qualquer natureza.

§ 4º No destilado alcoólico simples de origem agrícola o teor de furfural não deverá ser superior a cinco miligramas; o álcool metílico não deverá ser superior a duzentos miligramas, com exceção do proveniente de mosto com polpa de frutas fermentadas ou bagaço de uva, cujo limite máximo será setecentos miligramas, sendo todos considerados por cem mililitros do destilado, expressos em álcool anidro.

§ 5º O destilado alcoólico simples terá a denominação da matéria-prima de sua origem, observada a classificação do artigo seguinte, e não deverá conter aditivo em desacordo com a legislação específica.

Art. 89. O destilado alcoólico simples classifica-se em:

I — de cana-de-açúcar;
II — de melaço;
III — de cereal;
IV — de fruta;
V — de tubérculo;
VI — de outros vegetais.

§ 1º Destilado alcoólico simples de cana-de-açúcar é o produto obtido pelo processo de destilação do mosto fermentado de cana-de-açúcar.

§ 2º Destilado alcoólico simples de melaço é o produto obtido da destilação do mosto fermentado do melaço, resultante da produção de açúcar de cana.

§ 3º Destilado alcoólico simples de cereal é o produto obtido pela destilação do mosto fermentado de cereais, maltados ou não, e denomina-se de:

a) destilado alcoólico simples de cereal envelhecido o produto obtido pelo envelhecimento do destilado alcoólico simples de cereal, em tonéis de carvalho ou de madeira apropriada, com capacidade máxima de setecentos litros, por um período não inferior a um ano;

b) destilado alcoólico simples de malte o produto proveniente unicamente do mosto da cevada maltada, turfada ou não, obtido pelo processo de destilação em alambique "pot stills";

c) destilado alcoólico simples de malte envelhecido (Malt Whisky) o destilado alcoólico simples de malte quando envelhecido em tonéis de carvalho, com capacidade máxima de setecentos litros, por um período não inferior a dois anos.

§ 4º Destilado alcoólico simples de fruta é o produto obtido da destilação do mosto fermentado de frutas.

§ 5º Destilado alcoólico simples de tubérculo é o produto obtido da destilação do mosto fermentado de batata e outros tubérculos, bem como de mandioca ou de beterraba.

§ 6º Destilado alcoólico simples de vegetal é o produto obtido pela destilação do mosto fermentado de uma mistura de duas ou mais matérias-primas de origem vegetal.

SEÇÃO II
Das Aguardentes

Art. 90. A aguardente é a bebida com graduação alcoólica de trinta e oito a cinqüenta e quatro por cento em volume, a vinte graus Celsius, obtida do rebaixamento do teor alcoólico do destilado alcoólico simples, ou pela destilação do mosto fermentado.

Parágrafo único. Será denominada de aguardente de cereal ou de vegetal a bebida obtida dessas matérias-primas, podendo ser adoçada e envelhecida, que terá o seu coeficiente de congêneres definido em ato administrativo complementar.

Art.91.**Aguardente de Cana** é a bebida com graduação alcoólica de trinta e oito a cinqüenta e quatro por cento em volume, a vinte graus Celsius, obtida de destilado alcoólico simples de cana-de-açúcar ou pela destilação do mosto fermentado de cana-de-açúcar, podendo ser adicionada de açúcares até seis gramas por litro. (Redação dada pelo Decreto nº 4.072, de 3.1.2002)

§1º **Cachaça** é a denominação típica e exclusiva da aguardente de cana produzida no Brasil, com graduação alcoólica de trinta e oito a quarenta e oito por cento em volume, a vinte graus Celsius e com características sensoriais peculiares. (Redação dada pelo Decreto nº 4.072, de 3.1.2002)

§ 2º Será denominada aguardente de cana envelhecida, caninha envelhecido ou cachaça envelhecida a bebida que contiver no mínimo cinqüenta por cento de aguardente de cana envelhecida, por um período não inferior a um ano, podendo ser adicionada de caramelo para a correção da cor.

§ 3º O coeficiente de congêneres não poderá ser inferior a duzentos miligramas por cem mililitros de álcool anidro.

Art. 92. Aguardente de melaço é a bebida com graduação alcoólica de trinta e oito a cinqüenta e quatro por cento em volume, a vinte graus Celsius, obtida do destilado alcoólico simples de melaço ou, ainda, pela destilação do mosto fermentado de melaço, podendo ser adicionada de açúcares até seis gramas por litro.

Parágrafo único. O coeficiente de congêneres da aguardente de melaço não poderá ser inferior a duzentos miligramas por cem mililitros de álcool anidro.

SEÇÃO III
Do Rum

Art.93. **Rum**, *Rhum* ou **Ron** é a bebida com a graduação alcoólica de trinta e cinco a cinqüenta e quatro por cento em volume, a vinte graus Celsius, obtida do destilado alcoólico simples de melaço, envelhecido ou da mistura dos destilados de caldo de cana-de-açúcar e de melaço, envelhecidos total ou parcialmente, em recipiente de carvalho ou madeira, conservando suas características sensoriais peculiares. (Redação dada pelo Decreto nº 4.072, de 3.1.2002)

§1º O rum deverá conter no mínimo trinta por cento de destilados alcoólicos envelhecidos empregados na sua elaboração, por um período não-inferior a um ano, expressos em álcool anidro. (Redação dada pelo Decreto nº 4.072, de 3.1.2002)

§2º O produto poderá ser adicionado de açúcares até uma quantidade máxima de seis gramas por litro. (Redação dada pelo Decreto nº 4.072, de 3.1.2002)

§3º Será permitido o uso de caramelo para correção da cor e de carvão ativado para a descoloração. (Redação dada pelo Decreto nº 4.072, de 3.1.2002)

§4º O coeficiente de congêneres não poderá ser inferior a quarenta miligramas e nem superior a quinhentos miligramas por cem mililitros em álcool anidro. (Redação dada pelo Decreto nº 4.072, de 3.1.2002)

§5º O rum poderá denominar-se: (Parágrafo incluído pelo Decreto nº 4.072, de 3.1.2002)

I-rum leve (**light rum**), quando o coeficiente de congêneres da bebida for inferior a duzentos miligramas por cem mililitros em álcool anidro; (Inciso incluído pelo Decreto nº 4.072, de 3.1.2002)

II-rum pesado (**heavy rum**), quando o coeficiente de congêneres da bebida for de duzentos a quinhentos miligramas por cem mililitros em álcool anidro, obtido exclusivamente do melaço; (Inciso incluído pelo Decreto nº 4.072, de 3.1.2002)

III-rum envelhecido ou rum velho, que é a bebida que tenha sido envelhecida, em sua totalidade, por um período mínimo de dois anos. (Inciso incluído pelo Decreto nº 4.072, de 3.1.2002)

SEÇÃO IV
Dos Uísques

Art. 94. Uísque, "whisky ou whiskey " é a bebida com graduação alcoólica de trinta e oito a cinqüenta e quatro por cento em volume, a vinte graus Celsius, obtida do destilado alcoólico simples de cereais envelhecido, parcial ou totalmente maltados, podendo ser adicionado de álcool etílico potável de origem agrícola, ou destilado alcoólico simples de cereais, bem como de água para redução da graduação alcoólica e caramelo para correção da cor.

§ 1º O uísque será denominado de:

a) uísque malte puro ou "whisky" puro de malte ou "pure malt whisky", quando a bebida for elaborada exclusivamente com destilado alcoólico simples de malte envelhecido (Malt Whisky), com o coeficiente de congêneres não inferior a trezentos e cinqüenta miligramas por cem mililitros em álcool anidro;

b) uísque cortado ou "blended whisky", quando a bebida for obtida pela mistura de no mínimo trinta por cento de destilado alcoólico simples de malte envelhecido (Malt Whisky), com destilados alcoólicos simples de cereais ou álcool etílico potável de origem agrícola ou ambos, envelhecidos ou não, com o coeficiente de congêneres não inferior a cem miligramas por cem mililitros, em álcool anidro;

c) uísque de cereais ou "whisky" de cereais (Grain Whisky), quando a bebida for obtida a partir de cereais reconhecidos internacionalmente na produção de uísque, sacarificados, total ou parcialmente, por diastases da cevada maltada, adicionada ou não de outras enzimas naturais e destilada em alambique ou coluna, envelhecido por um período mínimo de dois anos, com o coeficiente de congêneres não inferior a cem miligramas por cem mililitros, em álcool anidro;

d) " bourbon whisky " ou "bourbon whiskey ", quando a bebida for elaborada com no mínimo cinqüenta por cento de destilado alcoólico simples de milho, sacarificado com cevada maltada, envelhecido por um período mínimo de dois anos, adicionado ou não de álcool etílico potável de origem agrícola, podendo ser envelhecido ou não, com o coeficiente de congêneres não inferior a cento e cinqüenta miligramas por cem mililitros, em álcool anidro.

§ 2º O uísque engarrafado no território nacional somente poderá fazer uso das denominações de origem, ou seja "scotch whisky ", "canadian whisky", " irish whisky ", e outras reconhecidas internacionalmente, quando elaborado, exclusivamente, com matérias-primas importadas a granel, cujos destilados sejam produzidos e envelhecidos em seus respectivos países de origem e que mantenham as características determinadas por suas legislações, podendo apenas ser adicionado de água para redução da graduação alcoólica e de caramelo para correção da cor.

§ 3º A porcentagem do destilado alcoólico simples de malte envelhecido, de milho ou de outros cereais empregados na elaboração do uísque será calculada em função do teor alcoólico expresso em volume, em álcool anidro.

§ 4º É facultativo o uso das denominações "whisky" ou "whiskey" .

SEÇÃO V
Do Arac

Art. 95. Arac é a bebida com graduação alcoólica de trinta e seis a cinqüenta e quatro por cento em volume, a vinte graus Celsius, obtida pela adição ao destilado alcoólico simples, ou ao álcool etílico potável de origem agrícola, de extrato de substâncias vegetais aromáticas.

§ 1º A bebida poderá ser adicionada de açúcares até trinta gramas por litro, e quando a quantidade adicionada for superior a seis gramas por litro, sua denominação será seguida da palavra "adoçada".

§ 2º O coeficiente de congêneres não poderá ser inferior a duzentos e nem superior a seiscentos e cinqüenta miligramas por cem mililitros, em álcool anidro.

SEÇÃO VI
Do "Brandy" de Fruta ou Aguardente de Fruta

Art. 96. "Brandy" de fruta ou aguardente de fruta é a bebida com graduação alcoólica de trinta e seis a cinqüenta e quatro por cento em volume, a vinte graus Celsius, obtida de destilado alcoólico simples de fruta, ou pela destilação de mosto fermentado de fruta.

§ 1º A destilação deverá ser efetuada de forma que o destilado tenha o aroma e o sabor dos elementos naturais voláteis contidos no mosto fermentado, derivados dos processos de fermentação ou formados durante a destilação.

§ 2º A bebida deverá ser elaborada com a matéria-prima que corresponda ao nome do produto.

§ 3º O "Brandy" de fruta ou aguardente de fruta poderá ter as seguintes denominações:

a) "Cherry Brandy", "Kirchs", "Dirchwassee" ou aguardente de cereja;
b) "Estch Brandy", "Katzch Brandy", "Slivowicz", "Slibowika", "Mirabella" ou aguardente de ameixa;
c) "Peach Brandy" ou aguardente de pêssego;
d) Calvados, "Apple Brandy" ou aguardente de maçã;
e) "Pear Brandy" ou aguardente de pêra.

§ 4º O coeficiente de congêneres não poderá ser inferior a duzentos miligramas por cem mililitros e nem superior a seiscentos e cinqüenta miligramas por cem mililitros em álcool anidro.

SEÇÃO VII
Da Tequila

Art. 97. Tequila é a bebida com graduação alcoólica de trinta e seis a cinqüenta e quatro por cento em volume, a vinte graus Celsius, obtida de destilado alcoólico simples de agave, ou pela destilação do mosto fermentado de agave.

§ 1º A destilação deverá ser efetuada de forma que o destilado tenha o aroma e o sabor dos elementos naturais voláteis contidos no mosto fermentado, derivados do processo fermentativo ou formados durante a destilação.

§ 2º A bebida poderá ser adicionada de álcool etílico potável de origem agrícola, sempre que o conteúdo de destilado alcoólico simples de agave não for inferior a cinqüenta e um por cento em volume, em álcool anidro.

§ 3º O coeficiente de congêneres não poderá ser inferior a duzentos e nem superior a seiscentos e cinqüenta miligramas por cem mililitros, em álcool anidro.
§ 4º A bebida poderá ser adicionada de açúcares até trinta gramas por litro. Quando a quantidade adicionada for superior a seis gramas por litro, a denominação deverá ser seguida da palavra "adoçada", podendo ser envelhecida.

SEÇÃO VIII
Da Tiquira

Art. 98. Tiquira é a bebida com graduação alcoólica de trinta e seis a cinqüenta e quatro por cento em volume, a vinte graus Celsius, obtida de destilado alcoólico simples de mandioca, ou pela destilação de seu mosto fermentado.
§ 1º A destilação deverá ser efetuada de forma que o destilado tenha o aroma e o sabor dos elementos naturais voláteis contidos no mosto fermentado, derivados do processo fermentativo ou formados durante a destilação.
§ 2º A bebida poderá ser adicionada de açúcares até trinta gramas por litro, e quando a quantidade adicionada for superior a seis gramas por litro a denominação, deverá ser seguida da palavra "adoçada".
§ 3º O coeficiente de congêneres não poderá ser inferior a duzentos e nem superior a seiscentos e cinqüenta miligramas por cem mililitros, em álcool anidro.

SEÇÃO IX
Do Sochu

Art. 99. "Sochu" ou "shochu" é a bebida com graduação alcoólica de quinze a trinta e cinco por cento em volume, a vinte graus Celsius, obtida da destilação do mosto fermentado de arroz, podendo ser adicionada de açúcares.

CAPÍTULO V
DAS BEBIDAS ALCOÓLICAS RETIFICADAS

SEÇÃO I
Da Vodca

Art. 100. Vodca, "vodka" ou "wodka" é a bebida com graduação alcoólica de trinta e seis a cinqüenta e quatro por cento em volume, a vinte graus Celsius, obtida de álcool etílico potável de origem agrícola, ou destilados alcoólicos simples de origem agrícola retificados, seguidos ou não de filtração através de carvão ativo, como forma de atenuar os caracteres organolépticos da matéria-prima original, podendo ser aromatizada com substâncias naturais de origem vegetal, e adicionada de açúcares até dois gramas por litro.
Parágrafo único. O coeficiente de congêneres não poderá ser superior a cinqüenta miligramas por cem mililitros, em álcool anidro.

SEÇÃO II
Da Genebra

Art. 101. Genebra é a bebida com graduação alcoólica de trinta e cinco a cinqüenta e quatro por cento em volume, a vinte graus Celsius, obtida de destilados alcoólicos simples de cereais, redestilados, total ou parcialmente, na presença de bagas de zimbro (Juniperus communis), misturado ou não com álcool etílico potável de origem agrícola, podendo ser adicionada de outras substâncias aromáticas naturais, e de açúcares na proporção de até quinze gramas por litro.

§ 1º As características organolépticas do zimbro deverão ser perceptíveis, mesmo quando atenuadas.

§ 2º O coeficiente de congêneres não poderá ser superior a cento e cinqüenta miligramas por cem mililitros, em álcool anidro.

SEÇÃO III
Do Gim

Art. 102. Gim ou "gin" é a bebida com graduação alcoólica de trinta e cinco a cinqüenta e quatro por cento em volume, a vinte graus Celsius, obtida pela redestilação de álcool etílico potável de origem agrícola, na presença de bagas de zimbro (Juniperus communis), com adição ou não de outras substâncias vegetais aromáticas, ou pela adição de extrato de bagas de zimbro, com ou sem outras substâncias vegetais aromáticas, ao álcool etílico potável de origem agrícola, e, em ambos os casos, o sabor do zimbro deverá ser preponderante, podendo ser adicionada de açúcares até quinze gramas por litro.

§ 1º O gim será denominado de:

a) gim destilado, quando a bebida for obtida exclusivamente por redestilação;

b) "London dry gin", quando gin destilado seco. (Redação dada pelo Decreto nº 3.510, de 16.6.2000)

c) gim seco ou "dry gin", quando a bebida contiver até seis gramas de açúcares por litro;

d) gim doce, "old ton gin" ou gim cordial, quando a bebida contiver acima de seis e até quinze gramas de açúcares por litro.

§ 2º O uso das expressões gim destilado ou "london dry gin" é facultativo.

§ 3º O coeficiente de congêneres não poderá ser superior a cinqüenta miligramas por cem mililitros, em álcool anidro.

SEÇÃO IV
Do Steinhaeger

Art. 103. "Steinhaeger" é a bebida com graduação alcoólica de trinta e cinco a cinqüenta e quatro por cento em volume, a vinte graus Celsius, obtida pela retificação de destilados alcoólicos simples e cereais, ou pela retificação do álcool etílico potável, adicionado de substâncias aromáticas naturais, em ambos os casos provenientes de um mosto fermentado contendo bagas de zimbro.

Parágrafo único. O coeficiente de congêneres não poderá ser superior a cento e cinqüenta miligramas por cem mililitros, em álcool anidro.

SEÇÃO V
Do Aquavit

Art. 104. "Aquavit", "akuavit" ou "acquavitae" é a bebida com graduação alcoólica de trinta e cinco a cinqüenta e quatro por cento em volume, a vinte graus Celsius, obtida pela destilação ou redestilação de álcool etílico potável de origem agrícola, na presença de sementes de alcarávia (Carun carvi), ou pela aromatização do álcool etílico potável de origem agrícola, retificado com extratos de sementes de alcarávia, podendo em ambos os casos ser adicionadas outras substâncias vegetais aromáticas, e açúcares na proporção de até trinta gramas por litro.

Parágrafo único. O coeficiente de congêneres não poderá ser superior a cento e cinqüenta miligramas por cem mililitros, em álcool anidro.

SEÇÃO VI
Do Corn

Art. 105. Corn ou "korn" é a bebida com graduação alcoólica de trinta e cinco a cinqüenta quatro por cento em volume, a vinte graus Celsius, obtida pela retificação do destilado alcoólico simples e cereais, ou pela retificação de uma mistura mínima de trinta por cento de destilado alcoólico simples e cereais com álcool etílico potável de origem agrícola, podendo ser aromatizada com substâncias naturais de origem vegetal.

Parágrafo único. O coeficiente de congêneres não poderá ser superior a cento e cinqüenta miligramas por cem mililitros, em álcool anidro.

CAPÍTULO VI
DAS SUBSTÂNCIAS

SEÇÃO ÚNICA
Do Aditivo e do Coadjuvante

Art. 106. Aditivo é a substância propositalmente adicionada à bebida, inclusive durante sua elaboração, com o objetivo de conservar, intensificar ou aprimorar suas características.

Art. 107. Coadjuvante de tecnologia de fabricação é a substância ou mistura de substâncias empregadas com a finalidade de exercer ação transitória, em qualquer fase de elaboração da bebida, e dela retirada, inativada, ou transformada, em decorrência do processo tecnológico utilizado, antes da obtenção do produto final.

Art. 108. A classificação, o emprego e os limites do aditivo e coadjuvante de tecnologia de fabricação utilizados na elaboração de bebida serão definidos em ato administrativo complementar.

Art. 109. A quantidade máxima do aditivo empregado com funções diferentes não poderá exceder o limite fixado para cada uma de suas finalidades.

TÍTULO III
DO PROCESSO ADMINISTRATIVO

CAPÍTULO I
DA INSPEÇÃO E FISCALIZAÇÃO

SEÇÃO I
Das Atividades de Inspeção e Fiscalização

Art. 110. As ações de inspeção e de fiscalização se efetivarão em caráter permanente e constituirão atividade de rotina.

Parágrafo único. Quando solicitadas pelos órgãos de fiscalização, os estabelecimentos deverão prestar informações, apresentar ou entregar documentos, nos prazos fixados, a fim de não obstarem as ações de inspeção e de fiscalização.

Art. 111. Constituem-se, também, em ações de inspeção e fiscalização as auditorias necessárias à verificação de conformidade levadas a efeito nos estabelecimentos abrangidos por este Regulamento, que venham a optar pela adoção de sistema de identificação de perigos para a segurança da saúde, perda de qualidade e integridade econômica do produto, através da implantação de Programa de Análise de Perigos e Pontos Críticos de Controle.

Parágrafo único. As definições, conceitos, objetivos, campo de aplicação e condições gerais para a adoção do sistema previsto no caput deste artigo, bem como para a implantação do Programa de Análise de Perigos e Pontos Críticos de Controle, serão fixados em ato administrativo do Ministério da Agricultura e do Abastecimento.

Art.112. A inspeção e a fiscalização serão exercidas por Fiscal de Defesa Agropecuária, credenciado pelo órgão central da atividade do Ministério da Agricultura e do Abastecimento: (Redação dada pelo Decreto nº 3.510, de 16.6.2000)

I-nos estabelecimentos de produção, importação, exportação, preparação, manipulação, beneficiamento, acondicionamento, depósito, distribuição de bebidas, comércio, cooperativas, atacadistas, bem como portos, aeroportos e postos de fronteiras; (Redação dada pelo Decreto nº 3.510, de 16.6.2000)

II — sobre matéria-prima, produto, equipamento, instalações, áreas industriais, depósitos, recipientes e veículos das respectivas empresas.

Art. 113. As atribuições de inspetor serão exercidas por servidor público federal de nível superior, com formação em Agronomia, Química ou Farmácia, oficialmente respaldado por deliberação do respectivo Conselho Profissional.

Art. 114. As prerrogativas e as atribuições específicas do inspetor no exercício de suas funções são as seguintes:

I — dispor de livre acesso nos estabelecimentos abrangidos por este Regulamento;

II — colher amostras necessárias às análises de controle ou fiscal, lavrando o respectivo termo;

III — realizar visitas rotineiras de inspeção e vistoria para apuração da prática de infrações, ou de eventos que tornem os produtos passíveis de alteração, e verificar a adequação de instalações e equipamentos, lavrando os respectivos termos;

IV — verificar o atendimento das condições de preservação da qualidade ambiental, notificando ao órgão de controle ambiental, quando for o caso;

V — verificar a procedência e condições do produto, quando exposto à venda;

VI — promover, na forma disciplinada neste Regulamento, o fechamento de estabelecimento, bem como dar destinação a matéria-prima, produto ou equipamento, lavrando o respectivo termo;

VII — proceder a apreensão de produto, matéria-prima, ou de qualquer substância encontrados no estabelecimento em inobservância a este Regulamento, principalmente nos casos de indício de fraude, falsificação, alteração, deterioração ou de perigo à saúde humana, lavrando o respectivo termo;

VIII — executar as sanções de interdição parcial ou total e a de inutilização, nos termos do julgamento;

IX — lavrar auto de infração para início do processo administrativo previsto neste Regulamento;

X — solicitar, por intimação, no âmbito de sua competência funcional, a adoção de providências corretivas e apresentação de documentos necessários à complementação dos processos de registros de estabelecimentos ou produtos ou, ainda, quaisquer documentos que se façam necessários à complementação do processo de investigação ou apuração de adulteração, fraude ou falsificação;

XI — solicitar o auxílio da autoridade policial no caso de recusa ou embaraço ao desempenho de suas ações.

SEÇÃO II
Dos Documentos de Inspeção e Fiscalização

Art. 115. São documentos de fiscalização:
I — o termo de inspeção;
II — a intimação;
III — o termo de fechamento de estabelecimento;
IV — o termo de apreensão;
V — o termo de destinação de matéria-prima, produto ou equipamento;
VI — o auto de infração;
VII — o termo de colheita de amostras;

VIII — a notificação de julgamento;
IX — o termo de inutilização;
X — o termo de liberação;
XI — o termo de interdição;
XII — o termo de reaproveitamento;
XIII — o termo aditivo;
XIV — o termo de revelia.

§ 1º O termo de inspeção será lavrado sempre que for realizada visita de inspeção ou fiscalização a estabelecimento previsto neste Regulamento.

§ 2º Nos casos que não constituam infração, relacionados com adequação de equipamento, instalação, bem como, a solicitação de documentos e outras providências, o instrumento hábil para tais reparações é a intimação, que deverá:

a) mencionar expressamente a providência exigida, no caso de obras, a indicação do serviço a ser realizado;

b) fixar o prazo máximo de noventa dias para cumprimento da determinação, prorrogável por igual período, mediante pedido fundamentado, por escrito, do interessado. Decorrido o prazo estipulado na intimação, sem que haja o cumprimento da exigência, lavrar-se-á o auto de infração.

§ 3º O termo de fechamento de estabelecimento é o documento hábil para, nas hipóteses e na forma prevista neste Regulamento, promover o fechamento de estabelecimento ou de sua seção. Será lavrado em quatro vias, onde, a primeira será anexada ao auto de infração; a segunda será afixada na porta do estabelecimento ou da seção que lhe deu causa; a terceira será entregue ao responsável legal do estabelecimento infrator; e a quarta será arquivada no órgão fiscalizador, devendo conter:

a) nome, endereço, número do documento de identificação e assinatura do infrator;

b) número do registro do estabelecimento, se houver;

c) número da inscrição no cadastro geral de contribuinte;

d) data e local de sua lavratura;

e) remissão ao auto de infração ao qual será anexado;

f) nome, endereço e assinatura de duas testemunhas, no caso de ausência do titular ou seu representante legal, ou ainda, no caso de recusa deste, em assinar o termo;

g) descrição sucinta do motivo que levou ao fechamento do estabelecimento ou da seção;

h) identificação e assinatura do inspetor responsável pela sua lavratura.

§ 4º O termo de apreensão será lavrado em quatro vias e deverá conter:

a) nome e endereço do estabelecimento;

b) número do registro do estabelecimento no Ministério da Agricultura e do Abastecimento ou do cadastro geral de contribuinte, caso o estabelecimento não esteja registrado;

c) local e data da apreensão;

d) quantidade e identificação do produto apreendido;

e) fundamento legal para a medida adotada;
f) nomeação e identificação do fiel depositário;
g) assinatura do responsável legal pelo bem, ou em caso de recusa ou ausência, de duas testemunhas com endereços e identificações;
h) identificação e assinatura do inspetor responsável pela lavratura.

§ 5º O termo de destinação de matéria-prima, produto ou equipamento será lavrado em três vias, sendo que a primeira e a última ficarão com a fiscalização e a segunda entregue ao detentor da matéria-prima do produto ou do equipamento, e deverá conter:

a) nome do estabelecimento;
b) número do registro no Ministério da Agricultura e do Abastecimento, se houver;
c) descrição da providência a ser adotada e destino a ser dado à matéria-prima, produto ou equipamento;
d) prazo para adoção da providência;
e) data e local de sua lavratura;
f) nome, documento de identificação e assinatura do responsável legal pelo estabelecimento;
g) identificação e assinatura do inspetor responsável pela sua lavratura.

§ 6º O auto de infração é o documento hábil para inicio do processo administrativo de apuração de infrações previstas neste Regulamento, que será lavrado em três vias, onde a primeira e a última ficarão com o órgão fiscalizador e a segunda será entregue ao autuado ou remetido, por via postal, com aviso de recebimento, ou por outros meios, sempre com recibo pessoal, ou de preposto, no caso de sua ausência ou recusa em assiná-lo, ser preenchido com clareza e precisão, sem entrelinhas, rasuras, borrões, ressalvas ou emendas, devendo conter:

a) local e data da sua lavratura;
b) nome do infrator e o local onde é estabelecido;
c) atividade do infrator;
d) fato ou ato constitutivo da infração;
e) disposição legal infringida;
f) prazo de defesa;
g) número do registro do estabelecimento no Ministério da Agricultura e do Abastecimento, ou quando da sua inexistência o número do cadastro geral de contribuinte;
h) quando se tratar de pessoa física, o número do documento de identificação;
i) assinatura do autuado, ou de duas testemunhas, no caso de sua ausência ou recusa, e descrição da ocorrência no corpo do auto de infração;
j) os fatos individualmente discriminados, no caso de duas ou mais infrações;
l) assinatura do autuante e carimbo de identificação.

§ 7º O termo de colheita de amostras será lavrado em três vias, sendo que a primeira e a última ficarão com a fiscalização e a segunda será entregue ao detentor da mercadoria, da qual a amostra foi colhida, e deverá conter:

a) nome e endereço do estabelecimento;

b) número do registro no Ministério da Agricultura e do Abastecimento ou do cadastro geral de contribuinte, caso não esteja registrado;

c) quantidade colhida e a identificação do produto;

d) nome e assinatura do responsável legal pelo estabelecimento, na sua ausência ou recusa, o de duas testemunhas, com indicação de seus domicílios e números dos documentos de identificação;

e) nome e assinatura do inspetor responsável por sua lavratura.

§ 8º A notificação de julgamento é o documento hábil para cientificar o infrator dos julgamentos proferidos em todas as instâncias administrativas, devendo conter, quando for o caso, transcrição das sanções aplicadas, além da indicação da forma e meios para apresentação de recurso e pagamento de multa, quando for o caso. A notificação será entregue ao infrator pessoalmente, ou enviada por via postal, com aviso de recebimento, sempre encaminhada através de ofício.

§ 9º Os termos de inutilização, liberação, interdição e de reaproveitamento configuram os atos de execução de sanções e deverão guardar rígida obediência à decisão proferida no julgamento.

§ 10. Os termos referenciados no parágrafo anterior deverão conter a descrição da forma de execução da decisão, além da ciência do infrator.

§ 11. O termo aditivo é o documento legal destinado a corrigir eventuais impropriedades na emissão de auto de infração, assim como, para acrescentar informação nele omitida.

§ 12. O termo de revelia é o documento que comprova a não apresentação da defesa, dentro do prazo legal.

SEÇÃO III
Do Controle de Qualidade

Art. 116. Independentemente do controle e da fiscalização do Poder Público, todos os estabelecimentos previstos neste Regulamento, destinados à produção, estandardização, preparação, manipulação ou beneficiamento, deverão estar aptos a verificar a qualidade da matéria-prima ou substâncias, bem como, das operações de fabricação e a estabilidade dos produtos elaborados ou manipulados.

§ 1º É facultado aos estabelecimentos, mencionados no caput deste artigo, realizarem seus controles através de entidades ou laboratórios privados, contratados para este fim, sem prejuízo da responsabilidade da empresa pela qualidade dos seus produtos.

§ 2º O Controle de Qualidade poderá ser levado a efeito por meio da utilização de sistema de identificação de perigos para a segurança da saúde, perda de qualidade e para a integridade econômica dos produtos, pela implantação de Programa de Análise de Perigos e Pontos Críticos de Controle.

SEÇÃO IV
Das Análises Fiscal e de Controle

Art. 117. Para efeito de análise fiscal do produto o inspetor procederá a colheita de três unidades de amostras representativas do lote, e de uma unidade quando se tratar de análise de controle.

§ 1º Os volumes máximos e mínimos, bem como os critérios de amostragens para cada tipo de produto, serão estabelecidos pelo órgão competente do Ministério da Agricultura e do Abastecimento.

§ 2º As amostras deverão ser autenticadas e tomadas invioláveis na presença do responsável legal e, na sua ausência ou recusa, de duas testemunhas idôneas devidamente identificadas.

§ 3º Uma unidade de amostra será utilizada pelo laboratório oficial, outra permanecerá no órgão fiscalizador, conservada em condições adequadas, e a última ficará sob a guarda do responsável legal, para realização da perícia de contraprova, quando for o caso.

Art. 118. O resultado da análise fiscal deverá ser informado ao fiscalizado, ao produtor e ao importador da bebida, quando distintos ou não.

Parágrafo único. No caso de amostra oriunda de lote apreendido, o resultado da análise fiscal deverá ser comunicado aos interessados no prazo máximo de trinta dias, contados da data da colheita.

Art.119. Para efeito de desembaraço aduaneiro de bebida estrangeira, proceder-se-á à análise de controle no produto por amostragem, adotando-se, em caso de descumprimento das normas nacionais, os procedimentos de que trata o art. 117 deste Regulamento. (Redação dada pelo Decreto nº 3.510, de 16.6.2000)

Art. 120. O interessado que não concordar com o resultado da análise fiscal poderá requerer perícia de contraprova.

§1º A perícia de contraprova deverá ser requerida ao órgão fiscalizador no prazo máximo de vinte dias, contados da data do recebimento do resultado da análise condenatória. (Redação dada pelo Decreto nº 3.510, de 16.6.2000)

§ 2º No requerimento da perícia de contraprova o interessado indicará o nome de seu perito, devendo este satisfazer aos requisitos legais pertinentes à perícia, sob pena de recusa prévia, permitida a sua substituição no prazo de dez dias.

§ 3º A perícia de contraprova será efetuada sobre a unidade da amostra em poder do interessado ou responsável legal, em laboratório oficial, pelos peritos do interessado e do Ministério da Agricultura e do Abastecimento.

§ 4º O interessado deverá ser notificado por escrito da data, local e bom da perícia, com antecedência mínima de dez dias úteis da sua realização.

§5º A perícia de contraprova não excederá o prazo de trinta dias, contados da data do recebimento do requerimento pelo órgão competente, salvo quando condições técnicas supervenientes exigirem a sua prorrogação. (Redação dada pelo Decreto nº 3.510, de 16.6.2000)

Art. 121. Não será realizada perícia de contraprova se a amostra em poder do interessado ou responsável legal apresentar indícios de violação.

Parágrafo único. Na hipótese de haver violação da amostra será lavrado auto de infração.

Art. 122. Ao perito do interessado será dado conhecimento do resultado da análise fiscal, prestadas as informações solicitadas e exibidos os documentos necessários ao desempenho de sua tarefa, no ato da realização da perícia.

Art. 123. Da perícia de contraprova serão lavrados laudo e ata, assinados pelos peritos e arquivados os originais no laboratório oficial, após a entrega de cópias à autoridade fiscalizadora e ao interessado.

Art. 124. Na perícia de contraprova, a divergência entre os peritos quanto ao resultado da análise de contraprova, ou a discordância entre o resultado da análise fiscal com o da perícia de contraprova, ensejará recurso à autoridade superior do órgão central de inspeção de produtos vegetais, no prazo de dez dias, a qual poderá determinar a perícia de desempate, realizada por um terceiro perito, escolhido de comum acordo ou, em caso negativo, designado por ela.

§ 1º A nova análise será sobre a amostra em poder do órgão fiscalizador, facultada a assistência dos peritos anteriormente nomeados.

§ 2º Qualquer que seja o resultado da perícia de desempate não será permitida a sua repetição.

Art. 125. Quando não confirmado o resultado condenatória da análise fiscal, após a realização da perícia de desempate, o requerente poderá solicitar a devolução de eventual taxa recolhida para este fim.

Art. 126. A análise de controle será realizada sempre que se fizer necessária e a pedido do interessado.

SEÇÃO V
Das Análises Laboratoriais

Art. 127. Nas análises laboratoriais prevista neste Regulamento serão aplicados os métodos oficiais e as tolerâncias analíticas reconhecidos pelo Ministério da Agricultura e do Abastecimento.

Art. 128. Outros métodos de análise poderão ser utilizados na fiscalização de bebida e sua matéria-prima, desde que reconhecidos pelo Ministério da Agricultura e do Abastecimento.

CAPÍTULO II
DAS INFRAÇÕES E DAS SANÇÕES ADMINISTRATIVAS

SEÇÃO I
Das Infrações e de sua Classificação

Art. 129. Constituem-se infrações:

I — adulterar, falsificar ou fraudar bebida e sua matéria-prima;

II — produzir, preparar, beneficiar, envasar, acondicionar, rotular, transportar, ter em depósito ou comercializar bebida em desacordo com as disposições deste Regulamento e atos complementares do Ministério da Agricultura e do Abastecimento;

III — instalar ou fazer funcionar estabelecimento industrial de bebida, em qualquer parte do território nacional, sem o prévio registro no Ministério da Agricultura e do Abastecimento;

IV — ampliar, reduzir ou remodelar a área de instalação industrial registrada, sem a prévia comunicação ao Ministério da Agricultura e do Abastecimento;

V — modificar a composição ou a rotulagem de produto registrado, sem a prévia autorização do Ministério da Agricultura e do Abastecimento;

VI — manter, no estabelecimento de produção de bebida, substância que possa ser empregada na alteração proposital do produto, observado o disposto no art. 38, deste Regulamento;

VII — deixar de atender notificação ou intimação em tempo hábil;

VIII — empregar qualquer processo de manipulação para aumentar, imitar ou produzir artificialmente bebida natural;

IX — impedir ou dificultar por qualquer meio a ação fiscalizadora;

X — substituir, subtrair ou remover, total ou parcialmente, bebida ou matéria-prima apreendida pelo órgão fiscalizador;

XI-deixar de cumprir o disposto nos §§ 2º e 4º do art. 28 deste Regulamento; (Redação dada pelo Decreto nº 3.510, de 16.6.2000)

XII — utilizar aditivos não autorizados pela legislação específica;

XIII — alterar propositalmente bebida ou matéria-prima;

XIV — utilizar-se de falsa declaração perante o órgão fiscalizador.

Art. 130. Constitui-se ainda, infração, para os efeitos deste Regulamento, toda ação ou omissão que importe em inobservância ou em desobediência ao disposto nas normas legais, destinadas a preservar a integridade e qualidade dos produtos e a saúde do consumidor.

Art. 131. As responsabilidades administrativa, civil e penal, pela prática de infrações neste Regulamento, recairão, também, isolada ou cumulativamente, sobre:

I — o requerente do registro que, por dolo ou culpa, omitir informações ou fornecê-las incorretamente;

II — o técnico responsável quanto à formulação ou composição do produto, do processo produtivo e das condições de estocagem ou armazenamento, caso em que a autoridade competente notificar ao Conselho Profissional;

Ill — todo aquele que concorrer para a prática de infração ou dela obtiver vantagem;

IV — o transportador, o comerciante ou armazenador, pelo produto que estiver sob sua guarda ou responsabilidade, quando desconhecida sua procedência.

Parágrafo único. A responsabilidade do produtor, estandardizador, envasador, acondicionador, exportador e importador, prevalecerá quando a bebida permanecer em vasilhame fechado e inviolado.

Art. 132. Quando a infração constituir crime ou contravenção, o Ministério da Agricultura e do Abastecimento representará junto ao órgão competente para a apuração da responsabilidade penal.

Art. 133. As infrações classificam-se em:

I — leve;

II — grave;

III — gravíssima.

§ 1º Leve é aquela em que o infrator tenha sido beneficiado por circunstância atenuante.

§ 2º Grave é aquela em que for verificada uma circunstância agravante.

§ 3º Gravíssima é aquela em que for verificada a ocorrência de duas ou mais circunstâncias agravantes, ou o uso de ardil, simulação ou emprego de qualquer artifício visando encobrir a infração ou causar embaraço à ação fiscalizadora, ou, ainda, nos casos de adulteração, falsificação ou fraude.

SEÇÃO II
Das Sanções Administrativas e sua Aplicação

Art. 134. Sem prejuízo das responsabilidades civil e penal, a infringência a este Regulamento, sujeita o infrator, isolada ou cumulativamente, às seguintes sanções administrativas:

I — advertência;

II — multa no valor de até 110.000 Unidades Fiscais de Referência — UFIR, ou unidade padrão superveniente;

III — inutilização de bebida, matéria-prima ou rótulo;

IV — interdição de estabelecimento ou equipamento;

V — suspensão da fabricação de produto;

VI — suspensão do registro de produto ou de estabelecimento;

VII — cassação do registro de estabelecimento, ou do registro de produto, cumulada, ou não, com a proibição de venda e publicidade de produto.

§ 1º A advertência será aplicada na infração de natureza leve, nos casos em que o infrator for primário, não tiver agido com dolo e ainda, o dano puder ser reparado e a infração não constituir fraude.

§ 2º A multa será aplicada nos casos não compreendidos no parágrafo anterior, obedecendo a seguinte gradação:

a) até vinte mil UFIR, na infração de natureza leve;

b) de vinte mil e um a sessenta mil UFIR, na infração de natureza grave;

c) de sessenta mil e um a cento e dez mil UFIR, na infração de natureza gravíssima.

§ 3º A falta de registro de estabelecimento ou de produto será punida como infração de natureza leve ou grave, conforme as circunstâncias, atenuante ou agravante, verificadas.

§ 4º A inutilização de bebida, de matéria-prima ou de rótulo ocorrerá nos casos de adulteração, falsificação, fraude, ou quando por decisão do julgador o produto apreendido não puder ser reaproveitado, e obedecerá às disposições do órgão competente, ficando as despesas e os meios de execução, decorrentes, sob a responsabilidade do autuado.

§ 5º Ocorrerá a interdição de estabelecimento ou de equipamento quando o estabelecimento produtor, padronizador, envasador, acondicionador ou importador estiver operando sem o prévio registro no Ministério da Agricultura e do Abastecimento, ou, ainda, quando for o equipamento ou instalação inadequados, e o responsável legal quando intimado, não suprir a deficiência em tempo hábil.

§ 6º Poderá ocorrer a suspensão de registro de produto ou de estabelecimento, pelo período de até dois anos, quando o infrator for reincidente na ocorrência do disposto no art. 133, deste Regulamento.

§ 7º Quando se tratar de produto com registro único para mais de uma unidade industrial ou produtora a penalidade se aplicará somente à unidade produtora responsável pela infração.

§ 8º Ocorrerá a cassação de registro de estabelecimento ou de bebida quando o infrator for reincidente e não cumprir as exigências legais, ou, ainda, quando comprovadamente o estabelecimento não possuir condições de funcionamento.

Art. 135. Serão consideradas, para efeito de fixação da sanção, a gravidade do fato, em vista de suas conseqüências para a saúde humana, ao meio ambiente e à defesa do consumidor, os antecedentes do infrator e as circunstâncias atenuantes e agravantes.

§ 1º São circunstâncias atenuantes:

a) quando a ação do infrator não tiver sido fundamental para a consecução da infração;

b) quando o infrator, por espontânea vontade, procurar minorar ou reparar as conseqüências do ato lesivo que lhe for imputado;

c) ser o infrator primário, ou a infração cometida acidentalmente.

§ 2º São circunstâncias agravantes:

a) ser o infrator reincidente;

b) ter o infrator cometido a infração visando a obtenção de qualquer tipo de vantagem;

c) ter o infrator conhecimento do ato lesivo e deixar de adotar as providências necessárias com o fim de evitá-lo;

d) ter o infrator coagido a outrem para a execução material da infração;

e) ter a infração conseqüência danosa para a saúde pública, meio ambiente ou para o consumidor;

f) ter o infrator colocado obstáculo ou embaraço à ação da fiscalização ou inspeção;

g) ter o infrator agido com dolo ou fraude.

§ 3º No concurso de circunstâncias, atenuante e agravante, a aplicação da sanção será considerada em razão da que seja preponderante.

§ 4º Verifica-se a reincidência quando o infrator cometer outra infração, depois do trânsito em julgado da decisão que o tenha condenado pela infração anterior, podendo ser genérica ou específica.

§ 5º A reincidência genérica acarretará a duplicação da multa que vier ser aplicada, e a específica caracterizada por repetição de idêntica infração acarretará o agravamento de sua classificação e na aplicação da multa no grau máximo desta nova classe, sendo que:
a) a infração de natureza leve passa a ser classificada como grave;
b) a infração de natureza grave passa a ser classificada como gravíssima;
c) na infração de natureza gravíssima o valor da multa em seu grau máximo será aplicado em dobro.

Art. 136. Quando a mesma infração for objeto de enquadramento em mais de um dispositivo deste Regulamento, prevalecerá, para efeito de punição, o enquadramento mais específico em relação ao mais genérico.

Parágrafo único. Apurando-se no mesmo processo a prática de duas ou mais infrações, aplicar-se-ão multas cumulativas.

CAPÍTULO III
DAS MEDIDAS CAUTELARES

SEÇÃO I
Da Apreensão

Art. 137. Caberá a apreensão de bebida, matéria-prima, substância, aditivo, vasilhame ou rótulo, quando ocorrerem indícios de adulteração, falsificação, fraude ou inobservância do disposto neste Regulamento e nos atos complementares do Ministério da Agricultura e do Abastecimento.

Art. 138. Proceder-se-á, ainda, a apreensão de bebida, quando estiver sendo produzida, padronizada, engarrafada ou comercializada em desacordo com as normas previstas neste Regulamento e nos atos administrativos do Ministério da Agricultura e do Abastecimento.

Art. 139. O produto apreendido ficará sob a guarda do responsável legal, nomeado fiel depositário, sendo proibida a sua substituição, subtração ou remoção, total ou parcialmente.

§ 1º Em caso de comprovada necessidade, o produto poderá ser removido para ou local, a critério da autoridade fiscalizadora.

§ 2º Do produto apreendido será colhida a amostra para análise, cujo resultado será dado conhecimento ao responsável legal.

Art. 140. A apreensão de que trata os artigos anteriores não poderá exceder a quarenta e cinco dias, a contar da data da lavratura do termo de apreensão.

Art. 141. Procedente a apreensão, a autoridade fiscalizadora lavrará o auto de infração, iniciando o processo administrativo, ficando o produto apreendido até sua conclusão.

Art. 142. Não procedente a apreensão, após apuração administrativa, far-se-á a imediata liberação do produto.

Art. 143. A recusa injustificada de responsável legal de estabelecimento, detentor de produto objeto de apreensão, ao encargo de fiel depositário, caracteriza embaraço à ação da fiscalização, sujeitando-o as sanções legalmente estabelecidas, devendo neste caso ser lavrado auto de infração.

SEÇÃO II
Do Fechamento de Estabelecimento

Art. 144. Sempre que se verificar a inadequação total ou parcial do estabelecimento aos seus fins, e que importe em risco iminente à saúde pública, ou, ainda, nos casos inequívocos da prática de adulteração, falsificação ou fraude, em que a apreensão dos produtos não seja suficiente para impedir sua continuidade, poderá ser determinado o fechamento do estabelecimento ou seção com a lavratura do respectivo termo e do auto de infração.

Art. 145. No caso de inadequação de estabelecimento, a medida cautelar de fechamento poderá ser levantada, após compromisso escrito do autuado, de que suprirá a irregularidade apontada, ficando impedido de exercer qualquer atividade industrial relacionada aos produtos previstos neste Regulamento, antes de receber liberação do órgão de fiscalização, após vistoria; e nos demais casos, a critério da autoridade que julgará o auto de infração, mediante pedido fundamentado do interessado.

SEÇÃO III
Da Destinação de Matéria-Prima, Produto ou Equipamento

Art. 146. Sempre que houver necessidade de remoção, modificação, adequação, substituição, ou qualquer outra providência relacionada à matéria-prima, produto ou equipamento que tenham sido objeto da adoção das medidas cautelares previstas neste Regulamento, será lavrado o respectivo termo.

CAPÍTULO IV
DO PROCEDIMENTO ADMINISTRATIVO

SEÇÃO I
Das Disposições Gerais

Art. 147. A autoridade competente que tomar conhecimento por qualquer meio da ocorrência de infração é obrigada a promover a sua imediata apuração, através de processo administrativo próprio, sob pena de responsabilidade.

Art. 148. A infringência às disposições deste Regulamento e dos atos complementares será apurada em regular processo administrativo, iniciado com a lavratura do auto de infração, observados os ritos e prazos aqui fixados.

Parágrafo único. Lavrado o auto de infração, a primeira via será protocolizada no serviço de comunicação administrativa da Delegacia Federal do Ministério da Agricultura e do Abastecimento na unidade da federação onde se deu a infração, para a sua devida autuação.

SEÇÃO II
Da Defesa e da Revelia

Art. 149. A defesa deverá ser apresentada, por escrito, no prazo de vinte dias, contados da data, do recebimento do auto de infração, à autoridade fiscalizadora da unidade da federação onde foi constatada a infração, devendo ser juntada ao processo administrativo.

Art. 150. Decorrido o prazo sem que haja a defesa, o autuado será considerado revel, procedendo-se ajuntada ao processo do termo de revelia, assinado pelo chefe do serviço de inspeção ou órgão equivalente.

SEÇÃO III
Da Instrução e Julgamento

Art.151. Juntada a defesa ou o termo de revelia ao processo, o Chefe do Serviço de Inspeção Vegetal ou do Serviço de Inspeção Vegetal ou Animal, da Unidade da Federação de jurisdição da ocorrência da infração, terá o prazo máximo de trinta dias para instruí-lo com relatório e proceder ao julgamento. (Redação dada pelo Decreto nº 3.510, de 16.6.2000)

Art. 152. Proferida a decisão, será lavrado o termo de notificação de julgamento e encaminhado ao autuado por ofício, fixando, no caso de multa, o prazo de trinta dias para recolhimento, a cortar da data do recebimento da notificação.

Art. 153. O auto de infração julgado improcedente em primeira instância será encaminhado de ofício ao órgão central de inspeção de produtos vegetais, para apreciação, que poderá modificar a decisão anterior.

SEÇÃO IV
Dos Recursos Administrativos

Art. 154. Da decisão de primeira instância, cabe recurso para o órgão central de inspeção de produtos vegetais, interponível no prazo de vinte dias, a contar do recebimento da notificação.

Art. 155. O recurso previsto no artigo anterior será dirigido à autoridade superior, por intermédio da que praticou o ato recorrido, a qual, juntando-o aos autos do processo, fará subir, no prazo de trinta dias, devidamente informado.

§ 1º Ao receber o recurso a autoridade julgadora deverá indicar em qual de seus efeitos o mesmo esta sendo recebido, se suspensivo, devolutivo ou ambos.

§2º A decisão de Segunda Instância será proferida dentro de trinta dias, contados do recebimento do recurso pela autoridade julgadora, sob pena de responsabilidade. (Redação dada pelo Decreto nº 3.510, de 16.6.2000)

SEÇÃO V
Da Contagem dos Prazos e da Prescrição

Art. 156. Na contagem dos prazos estabelecidos neste Regulamento excluirse-á o dia do início e incluir-se-á o do vencimento, e considerar-se-ão os dias consecutivos.

Parágrafo único. Só se iniciam e vencem os prazos referidos neste Regulamento em dia de expediente no órgão de fiscalização.

Art. 157. Prescrevem em cinco anos as infrações previstas neste Regulamento.

Parágrafo único. A prescrição interrompe-se pela intimarão notificação ou outro ato da autoridade competente que objetive a sua apuração e conseqüente imposição de sanção.

SEÇÃO VI
Da Execução das Sanções

Art. 158. As sanções decorrentes da aplicação deste Regulamento serão executadas na forma seguinte:

I — advertência, através de notificação enviada ao infrator e pela sua inscrição no registro cadastral;

II — multa, através de notificação para pagamento;

III — inutilização de bebida, de matéria-prima ou rótulo, através da lavratura do respectivo termo;

IV — interdição temporária ou definitiva, através de notificação determinando a suspensão imediata da atividade, com a lavratura do respectivo termo e sua afixação no local;

V — suspensão do registro, através de notificação do infrator e a conseqüente anotação na ficha cadastral;

VI — cassação do registro, através de notificação do infrator e a anotação de baixa na ficha cadastral;

§ 1º Não atendida a notificação, ou no caso de embaraço à sua execução, a autoridade fiscalizadora poderá requisitar o auxílio de força policial, além de lavrar auto de infração por embaraço à ação da fiscalização.

§ 2º A inutilização de produto ou matéria-prima deverá ser executada pela fiscalização, após a remessa da notificação ao autuado, informando dia, hora e local para o seu acompanhamento.

§ 3º A multa que não for paga no prazo previsto na notificação será cobrada judicialmente, após sua inscrição na dívida ativa da União.

TÍTULO IV
DAS DISPOSIÇÕES FINAIS E TRANSITÓRIAS

Art. 159. O Ministério da Agricultura e do Abastecimento poderá, ainda, em atos administrativos complementares, fixar:

I — as exigências, os critérios e os procedimentos a serem utilizados:
a) na padronização, na classificação e no registro de bebida;
b) na classificação e registro de estabelecimento de bebida;
c) na inspeção, fiscalização e controle de produção, industrialização e manipulação da bebida;

d) na análise laboratorial;

e) no credenciamento na origem dos estabelecimentos exportadores de bebidas e matérias-primas para o mercado nacional;

II — a complementação dos padrões de identidade e qualidade de bebida;

III — os meios de conservação de bebida;

IV — o coeficiente de congêneres dos destilados alcoólicos, bebidas destiladas e bebidas retificadas, quando for o caso;

V — os requisitos para o envelhecimento dos destilados alcoólicos;

VI — a destinação, aproveitamento ou reaproveitamento de matéria-prima e bebida;

VII — a criação de Marcas de Conformidade, que poderão ser utilizadas pelos estabelecimentos que tenham optado pela adoção do sistema de identificação de perigos para a saúde, perda de qualidade e a integridade econômica dos produtos, através da implantação de Programa de Análise de Perigos e Pontos Críticos de Controle;

VIII — as definições, conceitos, objetivos, campo de aplicação e condições gerais para a adoção do sistema previsto no inciso anterior, bem como para a implantação de Programa de Análise de Perigos e Pontos Críticos de Controle;

IX — prazo para:

a) alteração de rótulo de bebida;

b) adaptação de estabelecimentos às exigências tecnológicas e sanitárias prevista neste Regulamento;

c) adequação de bebida aos seus padrões de identidade e qualidade.

Art. 160. Aplica-se o disposto neste Regulamento ao fermentado acético, que terá sua regulamentação em ato administrativo próprio.

Art. 161. Os casos omissos serão disciplinados em ato administrativo do Ministério da Agricultura e do Abastecimento.

DECRETO Nº 2.366, DE 5 DE NOVEMBRO DE 1997

Regulamenta a Lei nº 9.456, de 25 de abril de 1997, que institui a Proteção de Cultivares, dispõe sobre o Serviço Nacional de Proteção de Cultivares — SNPC, e dá outras providências.

O PRESIDENTE DA REPÚBLICA, no uso da atribuição que lhe confere o art. 84, inciso IV, da Constituição, e tendo em vista o disposto na Lei nº 9.456, de 25 de abril de 1997,
DECRETA:

CAPÍTULO I
DAS DISPOSIÇÕES GERAIS

SEÇÃO I
Das Disposições Preliminares

Art 1º A proteção de cultivares, nos termos da Lei nº 9.456, de 25 de abril de 1997, dar-se-á em conformidade com as normas previstas neste Decreto.

Art 2º A proteção dos direitos relativos à propriedade intelectual referente a cultivar se efetua mediante a concessão de Certificado de Proteção de Cultivar, considerado bem móvel para todos os efeitos legais e única forma de proteção de cultivares e de direito que poderá obstar a livre utilização de plantas ou de suas partes de reprodução ou de multiplicação vegetativa, no País.

SEÇÃO II
Do órgão de Proteção de Cultivar

Art 3º O Serviço Nacional de Proteção de Cultivares — SNPC, criado pela Lei nº 9.456, de 1997, no âmbito do Ministério da Agricultura e do Abastecimento, é o órgão competente para a proteção de cultivares no País, cabendo-lhe especialmente:

I — proteger as novas cultivares e as cultivares essencialmente derivadas, outorgando-lhes os certificados de proteção correspondentes;

II — divulgar, progressivamente, as espécies vegetais e respectivos descritores mínimos, necessários à abertura de pedidos de proteção, bem como a data-limite, na hipótese da alínea *"a"* do § 1º do art. 6º deste Decreto, para apresentação dos pedidos;

III — elaborar e submeter à aprovação do Ministro de Estado da Agricultura e do Abastecimento normas complementares, no âmbito de sua competência, sobre a proteção de novas cultivares e de cultivares essencialmente derivadas, bem assim de cultivares passíveis de proteção na forma do art. 4º, § 1º, da Lei nº 9.456, de 1997, de qualquer gênero ou espécie vegetal, e estabelecer os formulários necessários à tramitação do pedido de proteção;

IV — receber, protocolizar, deferir e indeferir pedidos de proteção, formalizados mediante requerimento assinado pela pessoa física ou jurídica que obtiver cultivar, ou por seu procurador devidamente habilitado;

V — receber, protocolizar, julgar, deferir e indeferir pedidos de impugnação apresentados por terceiros ou pelo requerente do direito de proteção;

VI — receber, protocolizar, instruir e encaminhar ao Ministro de Estado da Agricultura e do Abastecimento recursos apresentados por terceiros ou pelo requerente do pedido de proteção;

VII — divulgar, mediante publicação no *Diário Oficial* da União e em publicação periódica especializada, os extratos dos pedidos de proteção, a proteção concedida, as transferências de titularidade, a declaração de licenciamento compulsório ou de uso público restrito, a suspensão transitória, a extinção da proteção e a nulidade ou o cancelamento dos certificados de proteção e outros atos, despachos e decisões administrativas decorrentes da proteção de cultivares;

VIII — conceder, manter, transferir, cancelar e anular Certificado Provisório de Proteção e Certificado de Proteção de Cultivar;

IX — estruturar ou credenciar bancos destinados à conservação de amostras vivas que integrarão a coleção de germoplasma de cultivares protegidas;

X — determinar a realização de ensaios de campo e testes em laboratório para diferenciação da cultivar, quando julgar necessários;

XI — fiscalizar o cumprimento das normas legais pertinentes à proteção e ao direito de proteção;

XII — fornecer certidões relativas às matérias de que trata a Lei nº 9.456, de 1997;

XIII — estabelecer os modelos de certificados de proteção;

XIV — emitir parecer técnico conclusivo em processos de requerimento de licença compulsória da cultivar protegida, bem como adotar as medidas complementares, referentes à comunicação às partes interessadas e acompanhamento da implementação da licença concedida;

XV — emitir parecer técnico conclusivo com vistas a subsidiar declaração de uso público restrito de cultivar protegida;

XVI — criar grupo de trabalho composto de especialistas para prestar assessoramento em matérias específicas;

XVII — opinar sobre a conveniência de assinatura, ratificação ou denúncia de convenções, tratados, convênios e acordos sobre proteção de cultivares;

XVIII — averbar, no cadastro de cultivar protegida, as decisões relativas a processos de licença compulsória e de declaração de uso público restrito;

XIX — indicar a participação de servidores em reuniões técnicas, comitês e grupos de trabalho de âmbito nacional e internacional sobre proteção de cultivares;

XX — relacionar-se com instituições públicas e privadas, de âmbito nacional, internacional e estrangeira, com o objetivo de manter banco de dados de denominações e de descritores de cultivares, bem como para intercâmbio técnico-científico na área de proteção de cultivares;

XXI — implantar e manter atualizado o Cadastro Nacional de Cultivares Protegidas — CNCP;

Parágrafo único — Os serviços técnicos de que tratam os incisos IX e X deste artigo poderão ser realizados por convênios ou contratos, ou pelo sistema de credenciamento, com instituições públicas ou privadas.

Art 4º O SNPC, sempre que necessário, consultará o Instituto Nacional de Propriedade Industrial — INPI, para verificar se a denominação proposta para a cultivar consta como marca de produto ou serviço vinculado à área vegetal ou de aplicação da cultivar, depositada ou já registrada naquele Instituto.

Parágrafo único — O SNPC se articulará com o INPI visando a troca de informações pertinentes à proteção de cultivares com as marcas depositadas e registradas naquele Instituto.

SEÇÃO III
Da Proteção de Cultivar em Geral

Art 5º Considera-se, para os efeitos deste Decreto:

I — melhorista: a pessoa física que obtiver cultivar e estabelecer descritores que a diferenciem das demais;

II — descritor: a característica morfológica, fisiológica, bioquímica ou molecular que seja herdada geneticamente, utilizada na identificação de cultivar;

III — margem mínima: o conjunto mínimo de descritores, a critério do SNPC, suficiente para diferenciar uma nova cultivar ou uma cultivar essencialmente derivada das demais cultivares conhecidas;

IV — cultivar: a variedade de qualquer gênero ou espécie vegetal superior que seja claramente distinguível de outras cultivares conhecidas por margem mínima de descritores, por sua denominação própria, que seja homogênea e estável quanto aos descritores através de gerações sucessivas e seja de espécie passível de uso pelo complexo agroflorestal, descrita em publicação especializada disponível e acessível ao público, bem como a linhagem componente de híbridos;

V — nova cultivar: a cultivar que não tenha sido oferecida à venda no Brasil há mais de doze meses em relação à data do pedido de proteção e que, observado o prazo de comercialização no Brasil não tenha sido oferecida à venda em outros países, com o consentimento do obtentor, há mais de seis anos para espécies de árvores e videiras e há mais de quatro anos para as demais espécies;

VI — cultivar distinta: a cultivar que se distingue claramente de qualquer outra cuja existência na data do pedido de proteção seja reconhecida;

VII — cultivar homogênea: a cultivar que, utilizada em plantio, em escala comercial, apresente variabilidade mínima quanto aos descritores que a identifiquem, segundo critérios estabelecidos pelo SNPC;

VIII — cultivar estável: a cultivar que, reproduzia em escala comercial, mantenha a sua homogeneidade através de gerações sucessivas;

IX — cultivar essencialmente derivada: a essencialmente derivada de outra cultivar se, cumulativamente, for:

a) predominantemente derivada da cultivar inicial ou de outra cultivar essencialmente derivada, sem perder a expressão das características essenciais que resultem do genótipo ou da combinação de genótipos da cultivar da qual derivou, exceto no que diz respeito às diferenças resultantes da derivação;

b) claramente distinta da cultivar da qual derivou, por margem mínima de descritores, de acordo com critérios estabelecidos pelo SNPC;

c) não tenha sido oferecida à venda no País há mais de doze meses em relação à data do pedido de proteção e que, observado o prazo de comercialização no Brasil, não tenha sido oferecida à venda em outros países, com o consentimento do obtentor, há mais de seis anos para espécies de árvores e videiras e há mais de quatro anos para as demais espécies;

X — linhagens: os materiais genéticos homogêneos, obtidos por algum processo autogâmico continuado;

XI — híbrido: o produto imediato do cruzamento entre linhagens geneticamente diferentes;

XII — teste de distinguibilidade, homogeneidade e estabilidade (DHE): o procedimento técnico de comprovação de que a nova cultivar ou a cultivar essencialmente derivada são distinguíveis de outra cujos descritores sejam conhecidos, homogêneas quanto às suas características em cada ciclo reprodutivo e estáveis quanto à repetição das mesmas características ao longo de gerações sucessivas;

XIII — amostra viva: a fornecida pelo requerente do direito de proteção que, se utilizada na propagação da cultivar, confirme os descritores apresentados;

XIV — semente: toda e qualquer estrutura vegetal utilizada na propagação de uma cultivar;

XV — propagação: a reprodução e a multiplicação de uma cultivar, ou a concomitância dessas ações;

XVI — material propagativo: toda e qualquer parte da planta ou estrutura vegetal utilizada na sua reprodução e multiplicação;

XVII — planta inteira: a planta com todas as suas partes passíveis de serem utilizadas na propagação de uma cultivar;

XVIII — complexo agroflorestal: o conjunto de atividades relativas ao cultivo de gêneros e espécies vegetais visando, entre outras, à alimentação humana ou animal, à produção de combustíveis, óleos, corantes, fibras e demais insumos para fins industrial, medicinal, florestal e ornamental.

Art 6º É passível de proteção a nova cultivar ou a cultivar essencialmente derivada, de qualquer gênero ou espécie vegetal.

§ 1º São também passíveis de proteção as cultivares não enquadráveis no disposto no *caput* e que já tenham sido oferecidas à venda até a data do pedido, obedecidas as seguintes condições cumulativas:

a) que o pedido de proteção seja apresentado até doze meses após cumprido o disposto no § 2º deste artigo, para cada espécie ou cultivar;

b) que a primeira comercialização da cultivar haja ocorrido há, no máximo, dez anos da data do pedido de proteção;

c) a proteção produzirá efeitos tão somente para fins de utilização da cultivar para obtenção de cultivares essencialmente derivadas;

d) a proteção será concedida pelo período remanescente aos prazos previstos no art. 11 da Lei nº 9.456, de 1997, considerada, para tanto, a data da primeira comercialização.

§ 2º Cabe ao SNPC divulgar, progressivamente, as espécies vegetais e respectivos descritores mínimos necessários à abertura de pedidos de proteção, bem como as respectivas datas-limite para efeito da alínea *"a"* do parágrafo anterior.

§ 3º A divulgação de que trata o parágrafo anterior obedecerá a uma escala de espécies, observado o seguinte cronograma, expresso em total cumulativo de espécies protegidas:

a) na data de entrada em vigor deste Decreto: pelo menos cinco espécies;

b) após três anos: pelo menos dez espécies;

c) após seis anos: pelo menos dezoito espécies;

d) após oito anos: pelo menos 24 espécies.

Art 7º Da denominação de cultivar a ser protegida, deverá constar no mínimo uma palavra e, no máximo, três, uma combinação alfanumérica, uma combinação de palavras e letras, ou uma combinação de palavras e números.

§ 1º O titular do direito de proteção não poderá utilizar, como denominação da cultivar, uma designação que:

a) não permita a identificação da cultivar;

b) seja suscetível de indução a erro ou a confusão quanto à origem, à procedência, às características, ao valor ou à identidade da cultivar, ou quanto à identidade do obtentor;

c) seja idêntica ou possa confundir-se com outra denominação que designe uma cultivar preexistente de uma mesma espécie botânica ou de uma espécie semelhante;

d) seja idêntica ou possa confundir-se com outra designação sobre a qual um terceiro possua direito de proteção anterior;

e) seja contrária à moral e aos bons costumes;

f) se refira unicamente a atributos comuns de outras cultivares da mesma espécie;

g) conste de um nome botânico ou comum de um gênero ou espécie;

h) sugira que a cultivar derive de outra cultivar ou com essa esteja relacionada, quando este fato não corresponder à realidade;

i) inclua termos como: variedade, cultivar, forma, híbrido, cruzamento ou traduções dos mesmos;

j) por motivos distintos, não resulte como denominação genérica da cultivar;

l) reproduza, no todo ou em parte, marca de produto ou serviço vinculado à área vegetal, ou de aplicação da cultivar, ou marca notória.

§ 2º Quando a cultivar já se encontrar protegida ou em processo de proteção em outro país deverá ser mantida a mesma denominação, salvo quando esta for inadequada em face de razões lingüísticas ou por algum dos motivos enumerados no parágrafo anterior, cabendo, neste caso, ao requerente propor outra denominação, sob pena de arquivamento do processo do pedido de proteção.

Art 9º A pessoa física ou jurídica que produzir para fins comerciais, vender, oferecer à venda, reproduzir, importar, exportar, bem como embalar ou armazenar para esses fins material de propagação de cultivar protegida ficará obrigada a utilizar a denominação aprovada por ocasião da proteção da mesma.

Parágrafo único. Para os efeitos do *caput* deste artigo, a denominação da cultivar protegida poderá ser associada a uma marca industrial ou comercial ou a um nome comercial ou ainda a uma denominação simular, desde que seja facilmente reconhecida e devidamente autorizada pelo titular da referida cultivar.

Art 9º Durante o prazo de proteção da cultivar o titular deve garantir que a cultivar protegida permaneça conforme sua descrição, após reproduções ou multiplicações sucessivas ou, quando o mesmo haja definido um ciclo particular de reproduções ou multiplicações, ao final de cada ciclo.

Art 10. O documento original de transferência *inter vivos* da titularidade da proteção de cultivar conterá a qualificação completa do cedente e do cessionário, bem como das testemunhas e a indicação precisa da cultivar protegida.

CAPÍTULO II
DAS DISPOSIÇÕES ESPECÍFICAS

SEÇÃO I
Do Pedido de Proteção de Cultivar

Art 11. Somente será aceito pedido de proteção para nova cultivar ou para cultivar essencialmente derivada na hipótese de o SNPC ter, previamente, divulgado as espécies vegetais e seus respectivos descritores mínimos.

Parágrafo único. Aplica-se, também, o disposto no *caput* às cultivares passíveis de proteção, de que trata o art. 4º, § 1º, da Lei nº 9.456, de 1997.

Art 12. O pedido de proteção de cultivar deverá ser apresentado em formulário próprio, ser estabelecido pelo SNPC.

Parágrafo único. Quando se tratar de pedido de proteção de cultivar essencialmente derivada, o interessado deverá, sem prejuízo das exigências previstas no art. 14 da Lei nº 9.456, de 1997, indicar, além da origem genética prevista no seu inciso III, a condição de essencialmente derivada.

Art 13. O pedido de proteção de cultivar será apresentado ao SNPC, que fará a verificação formal preliminar quanto à existência de sinonímia e, se inexistente, o protocolizará, desde que devidamente instruído.

Art 14. Do protocolo do pedido de proteção de cultivar constarão a data e a hora do registro, o número de apresentação do pedido, o nome e endereço completo do interessado e de seu procurador, se houver, para fins de prevalência da proteção solicitada.

Art 15. Protocolizado o pedido de proteção de cultivar, proceder-se-á a analise para verificação das exigências legais e técnicas, notadamente quanto aos descritores indicativos das características de DHE, comprovação da efetivação de testes e ensaios com a cultivar, dentre outros.

§ 1º Caso seja detectada a similaridade entre duas ou mais cultivares da mesma espécie, no decorrer da análise do processo, prevalecerá a prioridade do pedido de proteção na forma estabelecida no artigo anterior.

§ 2º Quando o pedido de proteção não oferecer os elementos suficientes para a completa análise processual, o SNPC solicitará ao requerente que, no prazo de sessenta dias, a contar da data do recebimento da notificação, apresente novo relatório técnico descritivo, bem como outras informações complementares.

§ 3º Cumprida a exigência prevista no parágrafo anterior e persistindo dúvidas relativas à diferenciação da cultivar, o SNPC poderá realizar os testes ou ensaios comparativos de campo às expensas do requerente, caso este concorde, ou determinar o arquivamento do pedido.

§ 4º No caso de diligência, o prazo para publicação do pedido de proteção de cultivar, de até sessenta dias, previsto no art. 16 da Lei nº 9.456, de 1997, passará a ser contado a partir da data do pleno atendimento da citada diligência.

§ 5º Publicado o pedido, correrá o prazo de noventa dias para apresentação de eventuais impugnações.

§ 6º Recebida a impugnação, a SNPC, no prazo de até trinta dias, cientificará o requerente da proteção, encaminhando-lhe cópia do inteiro teor da impugnação, para manifestar-se no prazo de trinta dias, a contar da data do recebimento da notificação.

§ 7º Recebida a defesa do requerente em relação à impugnação, ou decorrido o prazo de trinta dias de que trata o parágrafo anterior, sem manifestação, o SNPC decidirá pelo deferimento ou não do pedido de proteção.

§ 8º Da decisão que deferir ou denegar o pedido de proteção, caberá recurso no prazo de sessenta dias a contar da data de sua publicação, conforme o disposto no § 7º do art. 18 da Lei nº 9.456, de 1997.

§ 9º Recebido e protocolizado o recurso, o SNPC instruirá o processo, submetendo-o ao Ministro de Estado da Agricultura e do Abastecimento, que decidirá no prazo de sessenta dias, a partir daquele registro.

Art 16. Cabe ao SNPC fazer exigência, após publicado o pedido de proteção, para alteração do nome da cultivar quando for:

I — constatado algum fato que teria impedido a aceitação da denominação, se identificado por ocasião da análise do pedido de proteção;

II — solicitado pelo titular do direito ou seu representante legal, devidamente justificado;

III — solicitado por terceiro, caso seja constatada a existência de um direito anterior em relação à denominação.

§ 1º Deferido o pedido de alteração da denominação, de que tratam os incisos II e III deste artigo, o SNPC solicitará ao detentor do direito a indicação de nova denominação, no prazo de sessenta dias, a contar da data do recebimento da notificação.

§ 2º Caso a solicitação não seja atendida no prazo estipulado no parágrafo anterior, o pedido será arquivado e cancelado o Certificado Provisório de Proteção, se expedido.

§ 3º Indicada nova denominação para a cultivar, o pedido de proteção será republicado, restabelecendo-se, em decorrência, o prazo de noventa dias para eventuais impugnações, dando-se ciência ao requerente.

Art 17. O titular o direito de proteção de cultivar prestará ao SNPC todas as informações e esclarecimentos que lhe forem solicitados, inclusive quanto à inspeção dos meios adotados para a conservação da amostra viva da cultivar em seu poder.

§ 1º As amostras fornecidas para integrar a coleção de germoplasma de cultivares, a que se refere o inciso IX do art. 3º deste Decreto, só poderão ser utilizadas para fins de comprovação de questões afetas à proteção de cultivares.

§ 2º A manipulação e o exame das amostras vivas a que se refere o parágrafo único do art. 22 da Lei nº 9.456, de 1997, restringir-se-ão à comprovação do teste de DHE da cultivar.

Art 18. No pedido de proteção de cultivar, o prazo de oferecimento à venda ou comercialização a ser observado, para os fins previstos no art. 6º deste Decreto, será o da primeira operação comercial da cultivar em referência, como semente básica, registrada, certificada ou fiscalizada.

Art 19. Serão válidas, para instruir processo administrativo de pedido de proteção de cultivares, e acompanhamento de sua tramitação, as certidões dos originais das procurações públicas, expedidas pelos órgãos competentes.

SEÇÃO II
Do Cadastro Nacional de Cultivares Protegidas — CNCP

Art 20. O Cadastro Nacional de Cultivares Protegidas — CNCP conterá, no mínimo:

I — o número do protocolo do pedido de proteção;

II — o número do Certificado Provisório de Proteção;

III — o número do Certificado de Proteção de Cultivar;

IV — o nome da espécie (nome botânico e nome comum);
V — a denominação da cultivar;
VI — a data do início da proteção;
VII — a data do término da proteção;
VllI — o nome e endereço do titular da proteção;
IX — o(s) nome(s) do(s) melhorista(s);
X — o nome e endereço do representante legal;
XI — o nome e endereço do responsável técnico;
XII — a indicação do país de origem da cultivar;
XIII — as alterações no certificado de proteção;
XIV — as averbações.

SEÇÃO III
Da Licença Compulsória

Art 21. A licença compulsória é o instrumento utilizado pelo Poder Público para autorizar, a requerimento de legítimo interessado, a exploração de cultivar protegida, independentemente da autorização do seu titular, por prazo de três anos, prorrogável por iguais períodos, sem exclusividade, e mediante remuneração, na forma deste Decreto.

§ 1º Considera-se legítimo interessado, para fins de requerer licença compulsória, o produtor de sementes como definido em lei, desde que contra ele não exista representação por infração à ordem econômica, nos termos da Lei nº 8.884, de 11 de junho de 1994.

§ 2º A remuneração a que se refere o *caput* será arbitrada pelo SNPC na falta de acordo entre o titular de cultivar protegida e o requerente da licença compulsória, tomando por base percentuais livremente negociados segundo as práticas correntes de mercado para a espécie.

Art 22. O requerimento de licença compulsória deverá ser instruído com:
I — a qualificação do requerente;
II — a qualificação do titular do direito sobre a cultivar;
III — a denominação e a descrição suficiente da cultivar;
IV — os motivos do requerimento, observado o disposto no art. 28 da Lei nº 9.456, de 1997;
V — prova escrita de que o requerente esgotou todas as providências ao seu alcance, no sentido de negociar proposta de licença voluntária apresentada ao titular da cultivar ou ao seu procurador;
VI — prova de que o requerente goza de capacidade financeira e técnica para a exploração da cultivar, consubstanciada em:
a) área de sua propriedade ou cooperada;
b) capacidade de beneficiamento de sementes;
c) capacidade de armazenamento;
d) responsável técnico;
e) laboratório próprio ou de terceiros para análise de sementes;

f) rede de distribuição de sementes;

g) relação de clientes;

h) relação descritiva das cultivares por ele produzidas e comercializadas, por gênero ou espécie vegetal;

i) prova do seu registro, como produtor de sementes, no Ministério da Agricultura e do Abastecimento;

j) capital compatível com os custos da operação;

VII — outras provas exigidas em ato específico do Conselho Administrativo de Defesa Econômica — CADE, observado, se for o caso, o disposto no art. 35 deste Decreto.

§ 1º O requerente indicará, ainda, a existência de licença voluntária sobre a cultivar, concedida a terceiros, e de ação judicial pendente, pertinente ao mesmo assunto, se delas tiver conhecimento.

§ 2º É dever do SNPC e do CADE guardar sigilo, na forma da lei, sobre as informações prestadas pelo requerente.

Art 23. Recebido o requerimento de licença compulsória, o Ministério da Agricultura e do Abastecimento, se entender satisfatoriamente cumpridos os requisitos do artigo anterior, determinará:

I — a autuação do requerimento com os anexos;

II — a elaboração de parecer técnico pelo SNPC;

III — a intimação do titular da cultivar e, quando couber, do titular de licença voluntária, para que se manifestem, querendo, no prazo de dez dias, a contar da data do recebimento da intimação;

IV — a publicação do extrato do pedido de licença compulsória, para conhecimento e impugnação de terceiros interessados, no prazo de dez dias.

§ 1º Expirado o prazo de dez dias concedido ao titular da cultivar protegida e ao titular de licença voluntária, se houver, de que trata o inciso III deste artigo, o processo, com ou sem manifestação, será encaminhado ao CADE, instruído com o parecer técnico, na forma do artigo seguinte, no prazo máximo de quinze dias.

§ 2º Se o requerimento não estiver suficientemente instruído com os documentos que comprovem as exigências previstas no artigo anterior, o Ministério da Agricultura e do Abastecimento poderá determinar que o requerente complemento a documentação especificada, no prazo de quinze dias, a contar da data do recebimento da notificação, sob pena de arquivamento do pedido.

Art 24. O parecer técnico do SNPC sobre o requerimento da licença compulsória conterá:

I — relatório sobre o requerimento que, além de observar o disposto no art. 22 deste Decreto, indicará a existência, se for o caso, de pedidos anteriores de licença compulsória;

II — avaliação objetiva das conseqüências adversas ao comércio que a licença deseja reparar;

III — proposta de deferimento ou indeferimento da licença compulsória, com indicação objetiva dos motivos da recomendação.

Parágrafo único. O SNPC, quando solicitado, prestará ao CADE as informações adicionais necessárias à instrução do processo de licença compulsória.

Art 25. Se não houver necessidade de diligências complementares, o CADE apreciará o requerimento da licença compulsória no prazo máximo de trinta dias.

Art 26. Salvo por motivos legítimos, a juízo do CADE, com base no parecer técnico do SNPC, a licença compulsória caducará, independentemente de notificação se, no prazo de seis meses, contado da publicação da concessão, o requerente não adotar as providências necessárias à sua implementação.

Parágrafo único. O prazo para implementação do disposto neste artigo poderá ser prorrogado uma vez, a pedido do interessado, devidamente justificado.

Art 27. Aplica-se à licença compulsória, no que couber, as disposições previstas na Lei nº 9.279, de 14 de maio de 1996.

SEÇÃO IV
Do Uso Público Restrito

Art 28. A cultivar protegida será declarada de uso público restrito, *ex officio*, pelo Ministro de Estado da Agricultura e do Abastecimento, com base em parecer técnico dos respectivos órgãos competentes, no exclusivo interesse público, para atender às necessidades da política agrícola, nos casos de emergência nacional, abuso do poder econômico, ou outras circunstâncias de extrema urgência e em casos de uso público não comercial.

§ 1º Considera-se de uso público restrito a cultivar que, por ato do Ministro de Estado da Agricultura e do Abastecimento, puder ser explorada diretamente pela União Federal ou por terceiros por ela designados, sem exclusividade, sem autorização de seu titular, pelo prazo de três anos, prorrogável por iguais períodos, desde que notificado e remunerado o titular na forma deste Decreto.

§ 2º A notificação de que trata o parágrafo anterior será expedida imediatamente após a publicação da declaração de uso público restrito e conterá no mínimo:

a) razões da declaração;

b) relação de pessoas físicas ou jurídicas autorizadas a explorar a cultivar, contendo o nome, o endereço e o número do CPF-Cadastro de Pessoa Física ou CGC-Cadastro Geral de Contribuinte junto ao Ministério da Fazenda;

c) remuneração pertinente;

d) volume mínimo anual de material de reprodução ou multiplicação vegetativa da cultivar, necessário à sua exploração.

§ 3º A remuneração pela exploração de cultivar protegida, declarada de uso público restrito, será calculada tomando-se por base os preços de mercado para a espécie, praticados na data da declaração, levando-se em consideração os fatores que a determinaram.

SEÇÃO V
Dos Serviços Públicos

Art 29. Os serviços de que trata o art. 53 da Lei nº 9.456, de 1997, sujeitos à remuneração pelo regime de preços de serviços públicos específicos, compreendem:

I — pedido de proteção;
II — anuidade;
III — transferência de titularidade;
IV — outras alterações no certificado de proteção;
V — testes de laboratório;
VI — ensaios comparativos de campo sobre a DHE da cultivar;
VII — certidões.

Art 30. Compete ao Ministério da Agricultura e do Abastecimento fixar, arrecadar e aplicar os valores decorrentes da prestação dos serviços de que trata o artigo anterior, bem como promover as suas atualizações.

Parágrafo único. O produto da arrecadação, a que se refere o *caput*, será aplicado na capacitação de pessoal e na implantação, aparelhamento, aperfeiçoamento e execução dos serviços de que trata este Decreto.

SEÇÃO VI
Da Comissão Nacional de Proteção de Cultivares — CNPC

Art 31. Fica criada, no Ministério da Agricultura e do Abastecimento, de caráter consultivo e de assessoramento ao SNPC, a Comissão Nacional de Proteção de Cultivares — CNPC, sob a presidência do Titular do SNPC, composta de um representante de cada órgão e entidade a seguir discriminados:

I — Secretaria de Defesa Agropecuária, do Ministério da Agricultura e do Abastecimento;
II — Ministério das Relações Exteriores;
III — Ministério da Indústria, do Comércio e do Turismo;
IV — Ministério da Ciência e Tecnologia;
V — Ministério do Meio Ambiente, dos Recursos Hídricos e da Amazônia Legal;
VI — entidade nacional que congregue os Obtentores Vegetais;
VII — Associação Brasileira dos Produtores de Sementes;
VIII — Organização das Cooperativas Brasileiras;
IX — Confederação Nacional da Agricultura;
X — Confederação Nacional dos Trabalhadores na Agricultura;
XI — Conselho Federal de Engenharia, Arquitetura e Agronomia.

§ 1º Os membros da CNPC serão designados pelo Ministro de Estado da Agricultura e do Abastecimento, para mandato de dois anos, permitida uma recondução.

§ 2º No prazo de trinta dias, após a publicação deste Decreto, os órgãos e entidades relacionados no *caput* deste artigo indicarão os representantes, com seus respectivos suplentes, para compor a CNPC.

§ 3º A comissão se reunirá com a presença da maioria simples de seus integrantes.

§ 4º As decisões da comissão serão tomadas pela maioria dos membros presentes, cabendo ao Presidente o voto de qualidade.

§ 5º Os membros da CNPC não serão remunerados, sendo os serviços por eles prestados considerados, para todos os efeitos, como relevantes em prol do desenvolvimento do País.

§ 6º Os custos de deslocamento e hospedagem decorrentes da participação dos membros nas reuniões da CNPC correrão à conta dos respectivos órgãos e entidades representadas.

§ 7º O SNPC prestará apoio administrativo e operacional à CNPC.

§ 8º A CNPC terá prazo de sessenta dias, a contar da sua constituição, para elaborar o seu regimento interno, que será aprovado mediante portaria do Ministro de Estado da Agricultura e do Abastecimento.

Art 32. À CNPC compete:

I — manifestar-se sobre as matérias submetidas à sua apreciação pelo SNPC;

II — sugerir normas e regulamentos sobre proteção de cultivares;

III — assessorar o SNPC nas matérias relacionadas à proteção de cultivares e, em especial, sobre convênios e acordos nacionais e internacionais.

CAPÍTULO III
DAS DISPOSIÇÕES FINAIS

Art 33. Para os efeitos da indenização prevista no art. 37 da Lei nº 9.456, de 1997, a remuneração do titular será calculada com base nos preços de mercado para a espécie, praticados à época da constatação da infração, sem prejuízo dos acréscimos legais cabíveis.

Art 34. Para fins de abertura de pedido de proteção de cultivares, ficam divulgados as seguintes espécies vegetais: algodão, arroz, batata, feijão, milho, soja, sorgo e trigo, cujos descritores mínimos estão definidos na forma dos Anexos I a VIII deste Decreto.

Parágrafo único. A divulgação das demais espécies vegetais, seus descritores mínimos e alterações, se necessárias, serão feitas pelo SNPC.

Art 35. Os Ministros de Estado da Agricultura e do Abastecimento e da Justiça, no âmbito das respectivas atribuições, disporão, de forma complementar, sobre o procedimento e as condições para apreciação e concessão da licença compulsória, observadas as exigências procedimentais inerentes à ampla defesa e a proteção ao direito de propriedade instituído pela Lei nº 9.456, de 1997.

Art 36. A estrutura do SNPC será definida na estrutura regimental do Ministério da Agricultura e do Abastecimento.

Parágrafo único. O Ministro de Estado da Agricultura e do Abastecimento, no prazo de sessenta dias, a contar da data de publicação deste Decreto, aprovará o regimento interno do SNPC, bem como promoverá a reorganização dos setores incumbidos das atividades de sementes e mudas, inclusive os inerentes aos laboratórios de análise de sementes, de forma a compatibilizá-los com a estrutura do SNPC.

Art 37. Fica o Ministro de Estado da Agricultura e do Abastecimento autorizado, observado, se for o caso, o disposto no art. 35, a editar normas complementares necessárias à execução deste Decreto.
Art 38. Este Decreto entra em vigor na data de sua publicação.
Brasília, 5 de novembro 1997; 176º da Independência e 109º da República.
FERNANDO HENRIQUE CARDOSO
Arlindo Porto

LEI Nº 9.615, DE 24 DEMARÇO DE 1998.

Institui normas gerais sobre desporto e dá outras providências.

O PRESIDENTE DA REPÚBLICA Faço saber que o Congresso Nacional decreta e eu sanciono a seguinte Lei:

CAPÍTULO I
DISPOSIÇÕES INICIAIS

Art. 1º O desporto brasileiro abrange práticas formais e não-formais e obedece às normas gerais desta Lei, inspirado nos fundamentos constitucionais do Estado Democrático de Direito.

§ 1º A prática desportiva formal é regulada por normas nacionais e internacionais e pelas regras de prática desportiva de cada modalidade, aceitas pelas respectivas entidades nacionais de administração do desporto.

§ 2º A prática desportiva não-formal é caracterizada pela liberdade lúdica de seus praticantes.

CAPÍTULO II
DOS PRINCÍPIOS FUNDAMENTAIS

Art. 2º O desporto, como direito individual, tem como base os princípios:

I — da soberania, caracterizado pela supremacia nacional na organização da prática desportiva;

II — da autonomia, definido pela faculdade e liberdade de pessoas físicas e jurídicas organizarem-se para a prática desportiva;

III — da democratização, garantido em condições de acesso às atividades desportivas sem quaisquer distinções ou formas de discriminação;

IV — da liberdade, expresso pela livre prática do desporto, de acordo com a capacidade e interesse de cada um, associando-se ou não a entidade do setor;

V — do direito social, caracterizado pelo dever do Estado em fomentar as práticas desportivas formais e não-formais;

VI — da diferenciação, consubstanciado no tratamento específico dado ao desporto profissional e não-profissional;

VII — da identidade nacional, refletido na proteção e incentivo às manifestações desportivas de criação nacional;

VIII — da educação, voltado para o desenvolvimento integral do homem como ser autônomo e participante, e fomentado por meio da prioridade dos recursos públicos ao desporto educacional;

IX — da qualidade, assegurado pela valorização dos resultados desportivos, educativos e dos relacionados à cidadania e ao desenvolvimento físico e moral;

X — da descentralização, consubstanciado na organização e funcionamento harmônicos de sistemas desportivos diferenciados e autônomos para os níveis federal, estadual, distrital e municipal;

XI — da segurança, propiciado ao praticante de qualquer modalidade desportiva, quanto a sua integridade física, mental ou sensorial;

XII — da eficiência, obtido por meio do estímulo à competência desportiva e administrativa.

(XIII) (Vide Medida Provisória nº 39, de 14.6.2002)

Parágrafo único. A exploração e a gestão do desporto profissional constituem exercício de atividade econômica sujeitando-se, especificamente, à observância dos princípios: (Incluído pela Lei nº 10.672, de 15.5.2003)

I — da transparência financeira e administrativa; (Incluído pela Lei nº 10.672, de 15.5.2003)

II — da moralidade na gestão desportiva; (Incluído pela Lei nº 10.672, de 15.5.2003)

III — da responsabilidade social de seus dirigentes; (Incluído pela Lei nº 10.672, de 15.5.2003)

IV — do tratamento diferenciado em relação ao desporto não profissional; e (Incluído pela Lei nº 10.672, de 15.5.2003)

V — da participação na organização desportiva do País. (Incluído pela Lei nº 10.672, de 15.5.2003)

CAPÍTULO III
DA NATUREZA E DAS FINALIDADES DO DESPORTO

Art. 3º O desporto pode ser reconhecido em qualquer das seguintes manifestações:

I — desporto educacional, praticado nos sistemas de ensino e em formas assistemáticas de educação, evitando-se a seletividade, a hipercompetitividade de seus praticantes, com a finalidade de alcançar o desenvolvimento integral do indivíduo e a sua formação para o exercício da cidadania e a prática do lazer;

II — desporto de participação, de modo voluntário, compreendendo as modalidades desportivas praticadas com a finalidade de contribuir para a integração dos praticantes na plenitude da vida social, na promoção da saúde e educação e na preservação do meio ambiente;

III — desporto de rendimento, praticado segundo normas gerais desta Lei e regras de prática desportiva, nacionais e internacionais, com a finalidade de obter resultados e integrar pessoas e comunidades do País e estas com as de outras nações.
Parágrafo único. O desporto de rendimento pode ser organizado e praticado:
I — de modo profissional, caracterizado pela remuneração pactuada em contrato formal de trabalho entre o atleta e a entidade de prática desportiva;
II — de modo não-profissional, identificado pela liberdade de prática e pela inexistência de contrato de trabalho, sendo permitido o recebimento de incentivos materiais e de patrocínio. (Redação dada pela Lei n° 9.981, de 14.7.2000)
a) (Revogada dada pela Lei n° 9.981, de 14.7.2000)
b) (Revogada dada pela Lei n° 9.981, de 14.7.2000)

CAPÍTULO IV
DO SISTEMA BRASILEIRO DO DESPORTO

Seção I
Da composição e dos objetivos

Art. 4º O Sistema Brasileiro do Desporto compreende:
I — o Ministério do Esporte; (Redação dada pela Lei n° 10.672, de 15.5.2003)
II — (Revogado). (Revogado pela Lei n° 10.672, de 15.5.2003)
III — o Conselho Nacional do Esporte — CNE; (Redação dada pela Lei n° 10.672, de 15.5.2003)
IV — o sistema nacional do desporto e os sistemas de desporto dos Estados, do Distrito Federal e dos Municípios, organizados de forma autônoma e em regime de colaboração, integrados por vínculos de natureza técnica específicos de cada modalidade desportiva.
§ 1º O Sistema Brasileiro do Desporto tem por objetivo garantir a prática desportiva regular e melhorar-lhe o padrão de qualidade.
§ 2º A organização desportiva do País, fundada na liberdade de associação, integra o patrimônio cultural brasileiro e é considerada de elevado interesse social, inclusive para os fins do disposto nos incisos I e III do art. 5º da Lei Complementar nº 75, de 20 de maio de 1993. (Redação dada pela Lei n° 10.672, de 15.5.2003)
§ 3º Poderão ser incluídas no Sistema Brasileiro de Desporto as pessoas jurídicas que desenvolvam práticas não-formais, promovam a cultura e as ciências do desporto e formem e aprimorem especialistas.

Seção II
Do Instituto Nacional do Desenvolvimento do Desporto — INDESP
(Vide extinção MPV 2.216-37)

Art. 5º O Instituto Nacional do Desenvolvimento do Desporto — INDESP é uma autarquia federal com a finalidade de promover, desenvolver a prática do desporto e exercer outras competências específicas que lhe são atribuídas nesta Lei.

§ 1º. (Revogado pela Lei nº 10.672, de 15.5.2003)

§ 2º (Revogado pela Lei nº 10.672, de 15.5.2003)

§ 3º Caberá ao INDESP, ouvido o Conselho de Desenvolvimento do Desporto Brasileiro — CDDB, propor o Plano Nacional de Desporto, observado o disposto no art. 217 da Constituição Federal.

§ 4º O INDESP expedirá instruções e desenvolverá ações para o cumprimento do disposto no inciso IV do art. 217 da Constituição Federal e elaborará o projeto de fomento da prática desportiva para pessoas portadoras de deficiência.

Art. 6º Constituem recursos do Ministério do Esporte: (Redação dada pela Lei nº 10.672, de 15.5.2003)

I — receitas oriundas de concursos de prognósticos previstos em lei;

II — adicional de quatro e meio por cento incidente sobre cada bilhete, permitido o arredondamento do seu valor feito nos concursos de prognósticos a que se refere o Decreto-Lei nº 594, de 27 de maio de 1969, e a Lei nº 6.717, de 12 de novembro de 1979, destinado ao cumprimento do disposto no art. 7º;

III — doações, legados e patrocínios;

IV — prêmios de concursos de prognósticos da Loteria Esportiva Federal, não reclamados;

V — outras fontes.

§ 1º O valor do adicional previsto no inciso II deste artigo não será computado no montante da arrecadação das apostas para fins de cálculo de prêmios, rateios, tributos de qualquer natureza ou taxas de administração.

§ 2º Do adicional de quatro e meio por cento de que trata o inciso II deste artigo, um terço será repassado às Secretarias de Esportes dos Estados e do Distrito Federal, ou, na inexistência destas, a órgãos que tenham atribuições semelhantes na área do desporto, proporcionalmente ao montante das apostas efetuadas em cada unidade da Federação para aplicação segundo o disposto no art. 7º.

§ 3º Do montante arrecadado nos termos do § 2º, cinqüenta por cento caberão às Secretarias Estaduais e/ou aos órgãos que as substituam, e cinqüenta por cento serão divididos entre os Municípios de cada Estado, na proporção de sua população.

§ 4º Trimestralmente, a Caixa Econômica Federal-CEF apresentará balancete ao INDESP, com o resultado da receita proveniente do adicional mencionado neste artigo.

Art. 7º Os recursos do Ministério do Esporte terão a seguinte destinação: (Redação dada pela Lei nº 10.672, de 15.5.2003)

I — desporto educacional;

II — desporto de rendimento, nos casos de participação de entidades nacionais de administração do desporto em competições internacionais, bem como as competições brasileiras dos desportos de criação nacional;

III — desporto de criação nacional;

IV — capacitação de recursos humanos:
a) cientistas desportivos;
b) professores de educação física; e
c) técnicos de desporto;
V — apoio a projeto de pesquisa, documentação e informação;
VI — construção, ampliação e recuperação de instalações esportivas;
VII — apoio supletivo ao sistema de assistência ao atleta profissional com a finalidade de promover sua adaptação ao mercado de trabalho quando deixar a atividade;
VIII — apoio ao desporto para pessoas portadoras de deficiência.

Art. 8º A arrecadação obtida em cada teste da Loteria Esportiva terá a seguinte destinação:

I — quarenta e cinco por cento para pagamento dos prêmios, incluindo o valor correspondente ao imposto sobre a renda;

II — vinte por cento para a Caixa Econômica Federal — CEF, destinados ao custeio total da administração dos recursos e prognósticos desportivos;

III — dez por cento para pagamento, em parcelas iguais, às entidades de práticas desportivas constantes do teste, pelo uso de suas denominações, marcas e símbolos;

IV — quinze por cento para o Ministério do Esporte. (Redação dada pela Lei nº 10.672, de 15.5.2003)

Parágrafo único. Os dez por cento restantes do total da arrecadação serão destinados à seguridade social.

Art. 9º Anualmente, a renda líquida total de um dos testes da Loteria Esportiva Federal será destinada ao Comitê Olímpico Brasileiro-COB, para treinamento e competições preparatórias das equipes olímpicas nacionais.

§ 1º Nos anos de realização dos Jogos Olímpicos e dos Jogos Pan-Americanos, a renda líquida de um segundo teste da Loteria Esportiva Federal será destinada ao Comitê Olímpico Brasileiro-COB, para o atendimento da participação de delegações nacionais nesses eventos.

§ 2º Ao Comitê Paraolímpico Brasileiro serão concedidas as rendas líquidas de testes da Loteria Esportiva Federal nas mesmas condições estabelecidas neste artigo para o Comitê Olímpico Brasileiro-COB.

Art. 10. Os recursos financeiros correspondentes às destinações previstas no inciso III do art. 8º e no art. 9º, constituem receitas próprias dos beneficiários que lhes serão entregues diretamente pela Caixa Econômica Federal — CEF, até o décimo dia útil do mês subseqüente ao da ocorrência do fato gerador.

Seção III
Do Conselho de Desenvolvimento do Desporto Brasileiro — CDDB

Art. 11. O CNE é órgão colegiado de normatização, deliberação e assessoramento, diretamente vinculado ao Ministro de Estado do Esporte, cabendo-lhe: (Redação dada pela Lei nº 10.672, de 15.5.2003)

I — zelar pela aplicação dos princípios e preceitos desta Lei;
II — oferecer subsídios técnicos à elaboração do Plano Nacional do Desporto;
III — emitir pareceres e recomendações sobre questões desportivas nacionais;
IV — propor prioridades para o plano de aplicação de recursos do Ministério do Esporte; (Redação dada pela Lei nº 10.672, de 15.5.2003)
V-exercer outras atribuições previstas na legislação em vigor, relativas a questões de natureza desportiva;
VI-aprovar os Códigos de Justiça Desportiva e suas alterações; (Redação dada pela Lei nº 9.981, de 14.7.2000)
VII — expedir diretrizes para o controle de substâncias e métodos proibidos na prática desportiva.
Parágrafo único. O Ministério do Esporte dará apoio técnico e administrativo ao CNE. (Redação dada pela Lei nº 10.672, de 15.5.2003)
Art. 12. (VETADO)
Art. 12-A. O CNE será composto por vinte e dois membros indicados pelo Ministro do Esporte, que o presidirá. (Redação dada pela Lei nº 10.672, de 15.5.2003)
I — o Ministro do Esporte e Turismo; (Inciso incluído pela Lei nº 9.981, de 14.7.2000)
II — o Presidente do INDESP; (Inciso incluído pela Lei nº 9.981, de 14.7.2000)
III — um representante de entidades de administração do desporto; (Inciso incluído pela Lei nº 9.981, de 14.7.2000)
IV — dois representantes de entidades de prática desportiva; (Inciso incluído pela Lei nº 9.981, de 14.7.2000)
V — um representante de atletas; (Inciso incluído pela Lei nº 9.981, de 14.7.2000)
VI — um representante do Comitê Olímpico Brasileiro — COB; (Inciso incluído pela Lei nº 9.981, de 14.7.2000)
VII — um representante do Comitê Paraolímpico Brasileiro — CPOB; (Inciso incluído pela Lei nº 9.981, de 14.7.2000)
VIII — quatro representantes do desporto educacional e de participação indicados pelo Presidente da República; (Inciso incluído pela Lei nº 9.981, de 14.7.2000)
IX — um representante dos secretários estaduais de esporte; (Inciso incluído pela Lei nº 9.981, de 14.7.2000)
X — três representantes indicados pelo Congresso Nacional, sendo dois deles da maioria e um da minoria. (Inciso incluído pela Lei nº 9.981, de 14.7.2000)
Parágrafo único. Os membros do Conselho e seus suplentes serão indicados na forma da regulamentação desta Lei, para um mandato de dois anos, permitida uma recondução. (Parágrafo incluído pela Lei nº 9.981, de 14.7.2000)

Seção IV
Do Sistema Nacional do Desporto

Art. 13. O Sistema Nacional do Desporto tem por finalidade promover e aprimorar as práticas desportivas de rendimento.

Parágrafo único. O Sistema Nacional do Desporto congrega as pessoas físicas e jurídicas de direito privado, com ou sem fins lucrativos, encarregadas da coordenação, administração, normalização, apoio e prática do desporto, bem como as incumbidas da Justiça Desportiva e, especialmente:

I — o Comitê Olímpico Brasileiro-COB;
II — o Comitê Paraolímpico Brasileiro;
III — as entidades nacionais de administração do desporto;
IV — as entidades regionais de administração do desporto;
V — as ligas regionais e nacionais;
VI — as entidades de prática desportiva filiadas ou não àquelas referidas nos incisos anteriores.

Art. 14. O Comitê Olímpico Brasileiro-COB e o Comitê Paraolímpico Brasileiro, e as entidades nacionais de administração do desporto que lhes são filiadas ou vinculadas, constituem subsistema específico do Sistema Nacional do Desporto, ao qual se aplicará a prioridade prevista no inciso II do art. 217 da Constituição Federal, desde que seus estatutos obedeçam integralmente à Constituição Federal e às leis vigentes no País.

Art. 15. Ao Comitê Olímpico Brasileiro-COB, entidade jurídica de direito privado, compete representar o País nos eventos olímpicos, pan-americanos e outros de igual natureza, no Comitê Olímpico Internacional e nos movimentos olímpicos internacionais, e fomentar o movimento olímpico no território nacional, em conformidade com as disposições da Constituição Federal, bem como com as disposições estatutárias e regulamentares do Comitê Olímpico Internacional e da Carta Olímpica.

§ 1º Caberá ao Comitê Olímpico Brasileiro-COB representar o olimpismo brasileiro junto aos poderes públicos.

§ 2º É privativo do Comitê Olímpico Brasileiro — COB e do Comitê Paraolímpico Brasileiro — CPOB o uso das bandeiras, lemas, hinos e símbolos olímpicos e paraolímpicos, assim como das denominações "jogos olímpicos", "olimpíadas", "jogos paraolímpicos" e "paraolimpíadas", permitida a utilização destas últimas quando se tratar de eventos vinculados ao desporto educacional e de participação. (Redação dada pela Lei nº 9.981, de 14.7.2000)

§ 3º Ao Comitê Olímpico Brasileiro-COB são concedidos os direitos e benefícios conferidos em lei às entidades nacionais de administração do desporto.

§ 4º São vedados o registro e uso para qualquer fim de sinal que integre o símbolo olímpico ou que o contenha, bem como do hino e dos lemas olímpicos, exceto mediante prévia autorização do Comitê Olímpico Brasileiro-COB.

§ 5º Aplicam-se ao Comitê Paraolímpico Brasileiro, no que couber, as disposições previstas neste artigo.

Art. 16. As entidades de prática desportiva e as entidades nacionais de administração do desporto, bem como as ligas de que trata o art. 20, são pessoas jurídicas de direito privado, com organização e funcionamento autônomo, e terão as competências definidas em seus estatutos.

§ 1º As entidades nacionais de administração do desporto poderão filiar, nos termos de seus estatutos, entidades regionais de administração e entidades de prática desportiva.

§ 2º As ligas poderão, a seu critério, filiar-se ou vincular-se a entidades nacionais de administração do desporto, vedado a estas, sob qualquer pretexto, exigir tal filiação ou vinculação.

§ 3º É facultada a filiação direta de atletas nos termos previstos nos estatutos das respectivas entidades de administração do desporto.

Art. 17. (VETADO)

Art. 18. Somente serão beneficiadas com isenções fiscais e repasses de recursos públicos federais da administração direta e indireta, nos termos do inciso II do art. 217 da Constituição Federal, as entidades do Sistema Nacional do Desporto que:

I — possuírem viabilidade e autonomia financeiras;

II — apresentarem manifestação favorável do Comitê Olímpico Brasileiro-COB ou do Comitê Paraolímpico Brasileiro, nos casos de suas filiadas e vinculadas;

III — atendam aos demais requisitos estabelecidos em lei;

IV — estiverem quites com suas obrigações fiscais e trabalhistas.

Parágrafo único. A verificação do cumprimento das exigências contidas nos incisos I a IV deste artigo será de responsabilidade do INDESP. (Redação dada pela Lei nº 9.981, de 14.7.2000)

Art. 19. (VETADO)

Art. 20. As entidades de prática desportiva participantes de competições do Sistema Nacional do Desporto poderão organizar ligas regionais ou nacionais. (Regulamento)

§ 1º (VETADO)

§ 2º As entidades de prática desportiva que organizarem ligas, na forma do *caput* deste artigo, comunicarão a criação destas às entidades nacionais de administração do desporto das respectivas modalidades.

§ 3º As ligas integrarão os sistemas das entidades nacionais de administração do desporto que incluírem suas competições nos respectivos calendários anuais de eventos oficiais.

§ 4º Na hipótese prevista no *caput* deste artigo, é facultado às entidades de prática desportiva participarem, também, de campeonatos nas entidades de administração do desporto a que estiverem filiadas.

§ 5º É vedada qualquer intervenção das entidades de administração do desporto nas ligas que se mantiverem independentes.

§ 6º As ligas formadas por entidades de prática desportiva envolvidas em competições de atletas profissionais equiparam-se, para fins do cumprimento do disposto nesta Lei, às entidades de administração do desporto. (Incluído pela Lei nº 10.672, de 15.5.2003)

§ 7º As entidades nacionais de administração de desporto serão responsáveis pela organização dos calendários anuais de eventos oficiais das respectivas modalidades. (Incluído pela Lei nº 10.672, de 15.5.2003)

Art. 21. As entidades de prática desportiva poderão filiar-se, em cada modalidade, à entidade de administração do desporto do Sistema Nacional do Desporto, bem como à correspondente entidade de administração do desporto de um dos sistemas regionais.

Art. 22. Os processos eleitorais assegurarão:

I — colégio eleitoral constituído de todos os filiados no gozo de seus direitos, admitida a diferenciação de valor dos seus votos;

II — defesa prévia, em caso de impugnação, do direito de participar da eleição;

III — eleição convocada mediante edital publicado em órgão da imprensa de grande circulação, por três vezes;

IV — sistema de recolhimento dos votos imune a fraude;

V — acompanhamento da apuração pelos candidatos e meios de comunicação.

Parágrafo único. Na hipótese da adoção de critério diferenciado de valoração dos votos, este não poderá exceder à proporção de um para seis entre o de menor e o de maior valor.

Art. 23. Os estatutos das entidades de administração do desporto, elaborados de conformidade com esta Lei, deverão obrigatoriamente regulamentar, no mínimo:

I — instituição do Tribunal de Justiça Desportiva, nos termos desta Lei;

II — inelegibilidade de seus dirigentes para desempenho de cargos e funções eletivas ou de livre nomeação de:

a) condenados por crime doloso em sentença definitiva;

b) inadimplentes na prestação de contas de recursos públicos em decisão administrativa definitiva;

c) inadimplentes na prestação de contas da própria entidade;

d) afastados de cargos eletivos ou de confiança de entidade desportiva ou em virtude de gestão patrimonial ou financeira irregular ou temerária da entidade;

e) inadimplentes das contribuições previdenciárias e trabalhistas;

f) falidos.

Parágrafo único. Independentemente de previsão estatutária é obrigatório o afastamento preventivo e imediato dos dirigentes, eleitos ou nomeados, caso incorram em qualquer das hipóteses do inciso II, assegurado o processo regular e a ampla defesa para a destituição. (Incluído pela Lei nº 10.672, de 15.5.2003)

Art. 24. As prestações de contas anuais de todas as entidades de administração integrantes do Sistema Nacional do Desporto serão obrigatoriamente submetidas, com parecer dos Conselhos Fiscais, às respectivas assembléias-gerais, para a aprovação final.

Parágrafo único. Todos os integrantes das assembléias-gerais terão acesso irrestrito aos documentos, informações e comprovantes de despesas de contas de que trata este artigo.

Seção V
Dos Sistemas dos Estados, Distrito Federal e Municípios

Art. 25. Os Estados e o Distrito Federal constituirão seus próprios sistemas, respeitadas as normas estabelecidas nesta Lei e a observância do processo eleitoral.

Parágrafo único. Aos Municípios é facultado constituir sistemas próprios, observadas as disposições desta Lei e as contidas na legislação do respectivo Estado.

CAPÍTULO V
DA PRÁTICA DESPORTIVA PROFISSIONAL

Art. 26. Atletas e entidades de prática desportiva são livres para organizar a atividade profissional, qualquer que seja sua modalidade, respeitados os termos desta Lei.

Parágrafo único. Considera-se competição profissional para os efeitos desta Lei aquela promovida para obter renda e disputada por atletas profissionais cuja remuneração decorra de contrato de trabalho desportivo. (Incluído pela Lei nº 10.672, de 15.5.2003)

Art. 27. As entidades de prática desportiva participantes de competições profissionais e as entidades de administração de desporto ou ligas em que se organizarem, independentemente da forma jurídica adotada, sujeitam os bens particulares de seus dirigentes ao disposto no art. 50 da Lei nº 10.406, de 10 de janeiro de 2002, além das sanções e responsabilidades previstas no **caput** do art. 1.017 da Lei nº 10.406, de 10 de janeiro de 2002, na hipótese de aplicarem créditos ou bens sociais da entidade desportiva em proveito próprio ou de terceiros. (Redação dada pela Lei nº 10.672, de 15.5.2003)

§ 1º (parágrafo único original) (Revogado). (Revogado pela Lei nº 9.981, de 14.7.2000)

§ 2º A entidade a que se refere este artigo não poderá utilizar seus bens patrimoniais, desportivos ou sociais para integralizar sua parcela de capital ou oferecê-los como garantia, salvo com a concordância da maioria absoluta da assembléia-geral dos associados e na conformidade do respectivo estatuto. (Parágrafo incluído pela Lei nº 9.981, de 14.7.2000)

§ 3º. (Parágrafo incluído pela Lei nº 9.981, de 14.7.2000) (Revogado pela Lei nº 10.672, de 15.5.2003)

§ 4º. (Parágrafo incluído pela Lei nº 9.981, de 14.7.2000)(Revogado pela Lei nº 10.672, de 15.5.2003)

§ 5º O disposto no art. 23 aplica-se, no que couber, às entidades a que se refere o **caput** deste artigo. (Incluído pela Lei nº 10.672, de 15.5.2003)

§ 6º Sem prejuízo de outros requisitos previstos em lei, as entidades de administração do desporto, as ligas e as entidades de prática desportiva, para obter financiamento com recursos públicos deverão: (Incluído pela Lei nº 10.672, de 15.5.2003)

I — realizar todos os atos necessários para permitir a identificação exata de sua situação financeira; (Incluído pela Lei nº 10.672, de 15.5.2003)

II — apresentar plano de resgate e plano de investimento; (Incluído pela Lei nº 10.672, de 15.5.2003)

III — garantir a independência de seus conselhos de fiscalização e administração, quando houver; (Incluído pela Lei nº 10.672, de 15.5.2003)

IV — adotar modelo profissional e transparente; e (Incluído pela Lei nº 10.672, de 15.5.2003)

V — elaborar e publicar suas demonstrações financeiras na forma definida pela Lei nº 6.404, de 15 de dezembro de 1976, após terem sido auditadas por auditores independentes. (Incluído pela Lei nº 10.672, de 15.5.2003)

§ 7º Os recursos do financiamento voltados à implementação do plano de resgate serão utilizados: (Incluído pela Lei nº 10.672, de 15.5.2003)

I — prioritariamente, para quitação de débitos fiscais, previdenciários e trabalhistas; e (Incluído pela Lei nº 10.672, de 15.5.2003)

II — subsidiariamente, para construção ou melhoria de estádio próprio ou de que se utilizam para mando de seus jogos, com a finalidade de atender a critérios de segurança, saúde e bem estar do torcedor. (Incluído pela Lei nº 10.672, de 15.5.2003)

§ 8º Na hipótese do inciso II do § 7º, a entidade de prática desportiva deverá apresentar à instituição financiadora o orçamento das obras pretendidas. (Incluído pela Lei nº 10.672, de 15.5.2003)

§ 9º É facultado às entidades desportivas profissionais constituírem-se regularmente em sociedade empresária, segundo um dos tipos regulados nos arts. 1.039 a 1.092 da Lei nº 10.406, de 10 de janeiro de 2002 — Código Civil. (Incluído pela Lei nº 10.672, de 15.5.2003)

§ 10. Considera-se entidade desportiva profissional, para fins desta Lei, as entidades de prática desportiva envolvidas em competições de atletas profissionais, as ligas em que se organizarem e as entidades de administração de desporto profissional. (Incluído pela Lei nº 10.672, de 15.5.2003)

§ 11. Apenas as entidades desportivas profissionais que se constituírem regularmente em sociedade empresária na forma do § 9º não ficam sujeitas ao regime da sociedade em comum e, em especial, ao disposto no art. 990 da Lei nº 10.406, de 10 de janeiro de 2002 — Código Civil. (Incluído pela Lei nº 10.672, de 15.5.2003)

§ 12. (VETADO) (Incluído pela Lei nº 10.672, de 15.5.2003)

§ 13. Para os fins de fiscalização e controle do disposto nesta Lei, as atividades profissionais das entidades de prática desportiva, das entidades de administração de desporto e das ligas desportivas, independentemente da forma jurídica como estas estejam constituídas, equiparam-se às das sociedades empresárias, notadamente para efeitos tributários, fiscais, previdenciários, financeiros, contábeis e administrativos. (Incluído pela Lei nº 10.672, de 15.5.2003)

Art. 27-A. Nenhuma pessoa física ou jurídica que, direta ou indiretamente, seja detentora de parcela do capital com direito a voto ou, de qualquer forma, participe da administração de qualquer entidade de prática desportiva poderá ter participação simultânea no capital social ou na gestão de outra entidade de prática desportiva disputante da mesma competição profissional. (Artigo incluído pela Lei nº 9.981, de 14.7.2000)

§ 1º É vedado que duas ou mais entidades de prática desportiva disputem a mesma competição profissional das primeiras séries ou divisões das diversas modalidades desportivas quando: (Parágrafo incluído pela Lei nº 9.981, de 14.7.2000)

a) uma mesma pessoa física ou jurídica, direta ou indiretamente, através de relação contratual, explore, controle ou administre direitos que integrem seus patrimônios; ou, (Alínea incluído pela Lei nº 9.981, de 14.7.2000)

b) uma mesma pessoa física ou jurídica, direta ou indiretamente, seja detentora de parcela do capital com direito a voto ou, de qualquer forma, participe da administração de mais de uma sociedade ou associação que explore, controle ou administre direitos que integrem os seus patrimônios. (Alínea incluído pela Lei nº 9.981, de 14.7.2000)

§ 2º A vedação de que trata este artigo aplica-se: (Parágrafo incluído pela Lei nº 9.981, de 14.7.2000)

a) ao cônjuge e aos parentes até o segundo grau das pessoas físicas; e (Alínea incluído pela Lei nº 9.981, de 14.7.2000)

b) às sociedades controladoras, controladas e coligadas das mencionadas pessoas jurídicas, bem como a fundo de investimento, condomínio de investidores ou outra forma assemelhada que resulte na participação concomitante vedada neste artigo. (Alínea incluído pela Lei nº 9.981, de 14.7.2000)

§ 3º Excluem-se da vedação de que trata este artigo os contratos de administração e investimentos em estádios, ginásios e praças desportivas, de patrocínio, de licenciamento de uso de marcas e símbolos, de publicidade e de propaganda, desde que não importem na administração direta ou na co-gestão das atividades desportivas profissionais das entidades de prática desportiva, assim como os contratos individuais ou coletivos que sejam celebrados entre as detentoras de concessão, permissão ou autorização para exploração de serviços de radiodifusão sonora e de sons e imagens, bem como de televisão por assinatura, e entidades de prática desportiva para fins de transmissão de eventos desportivos. (Parágrafo incluído pela Lei nº 9.981, de 14.7.2000)

§ 4º A infringência a este artigo implicará a inabilitação da entidade de prática desportiva para percepção dos benefícios de que trata o art. 18 desta Lei.(Redaçãoa dada pela Lei nº 10.672, de 15.5.2003)

§ 5º As empresas detentoras de concessão, permissão ou autorização para exploração de serviço de radiodifusão sonora e de sons e imagens, bem como de televisão por assinatura, ficam impedidas de patrocinar ou veicular sua própria marca, bem como a de seus canais e dos títulos de seus programas, nos uniformes de competições das entidades desportivas. (Redaçãoa dada pela Lei nº 10.672, de 15.5.2003)

§ 6º A violação do disposto no § 5º implicará a eliminação da entidade de prática desportiva que lhe deu causa da competição ou do torneio em que aquela se verificou, sem prejuízo das penalidades que venham a ser aplicadas pela Justiça Desportiva. (Incluído pela Lei nº 10.672, de 15.5.2003)

Art. 28. A atividade do atleta profissional, de todas as modalidades desportivas, é caracterizada por remuneração pactuada em contrato formal de trabalho firmado com entidade de prática desportiva, pessoa jurídica de direito privado, que deverá conter, obrigatoriamente, cláusula penal para as hipóteses de descumprimento, rompimento ou rescisão unilateral.

§ 1º Aplicam-se ao atleta profissional as normas gerais da legislação trabalhista e da seguridade social, ressalvadas as peculiaridades expressas nesta Lei ou integrantes do respectivo contrato de trabalho.

§ 2º O vínculo desportivo do atleta com a entidade desportiva contratante tem natureza acessória ao respectivo vínculo trabalhista, dissolvendo-se, para todos os efeitos legais: (Redaçãoa dada pela Lei nº 10.672, de 15.5.2003)

I — com o término da vigência do contrato de trabalho desportivo; ou (Inlcuído pela Lei nº 10.672, de 15.5.2003)

II — com o pagamento da cláusula penal nos termos do **caput** deste artigo; ou ainda (Inlcuído pela Lei nº 10.672, de 15.5.2003)

III — com a rescisão decorrente do inadimplemento salarial de responsabilidade da entidade desportiva empregadora prevista nesta Lei. (Inlcuído pela Lei nº 10.672, de 15.5.2003)

§ 3º O valor da cláusula penal a que se refere o *caput* deste artigo será livremente estabelecido pelos contratantes até o limite máximo de cem vezes o montante da remuneração anual pactuada. (Parágrafo incluído pela Lei nº 9.981, de 14.7.2000)

§ 4º Far-se-á redução automática do valor da cláusula penal prevista no **caput** deste artigo, aplicando-se, para cada ano integralizado do vigente contrato de trabalho desportivo, os seguintes percentuais progressivos e não-cumulativos: (Redação dada pela Lei nº 10.672, de 15.5.2003)

I — dez por cento após o primeiro ano; (Redação dada pela Lei nº 10.672, de 15.5.2003)

II — vinte por cento após o segundo ano; (Redação dada pela Lei nº 10.672, de 15.5.2003)

III — quarenta por cento após o terceiro ano; (Redação dada pela Lei nº 10.672, de 15.5.2003)

IV — oitenta por cento após o quarto ano. (Redação dada pela Lei nº 10.672, de 15.5.2003)

§ 5º Quando se tratar de transferência internacional, a cláusula penal não será objeto de qualquer limitação, desde que esteja expresso no respectivo contrato de trabalho desportivo. (Parágrafo incluído pela Lei nº 9.981, de 14.7.2000)

§ 6º (Parágrafo incluído pela Lei nº 9.981, de 14.7.2000) (Revogado pela Lei nº 10.672, de 15.5.2003)

§ 7º É vedada a outorga de poderes mediante instrumento procuratório público ou particular relacionados a vínculo desportivo e uso de imagem de atletas profissionais em prazo superior a um ano. (Inlcuído pela Lei nº 10.672, de 15.5.2003)

Art. 29. A entidade de prática desportiva formadora do atleta terá o direito de assinar com esse, a partir de dezesseis anos de idade, o primeiro contrato de trabalho profissional, cujo prazo não poderá ser superior a cinco anos. (Redação dada pela Lei nº 10.672, de 15.5.2003)

Parágrafo único. (VETADO)

§ 2º Para os efeitos do *caput* deste artigo, exige-se da entidade de prática desportiva formadora que comprove estar o atleta por ela registrado como não-profissional há, pelo menos, dois anos, sendo facultada a cessão deste direito a entidade de prática desportiva, de forma remunerada. (Parágrafo Incluído pela Lei nº 9.981, de 14.7.2000)

§ 3º A entidade de prática desportiva formadora detentora do primeiro contrato de trabalho com o atleta por ela profissionalizado terá o direito de preferência para a primeira renovação deste contrato, cujo prazo não poderá ser superior a dois anos. (Redação dada pela Lei nº 10.672, de 15.5.2003)

§ 4º O atleta não profissional em formação, maior de quatorze e menor de vinte anos de idade, poderá receber auxílio financeiro da entidade de prática desportiva formadora, sob a forma de bolsa de aprendizagem livremente pactuada mediante contrato formal, sem que seja gerado vínculo empregatício entre as partes. (Incluído pela Lei nº 10.672, de 15.5.2003)

§ 5º É assegurado o direito ao ressarcimento dos custos de formação de atleta não profissional menor de vinte anos de idade à entidade de prática de desporto formadora sempre que, sem a expressa anuência dessa, aquele participar de competição desportiva representando outra entidade de prática desportiva. (Incluído pela Lei nº 10.672, de 15.5.2003)

§ 6º Os custos de formação serão ressarcidos pela entidade de prática desportiva usufruidora de atleta por ela não formado pelos seguintes valores: (Incluído pela Lei nº 10.672, de 15.5.2003)

I — quinze vezes o valor anual da bolsa de aprendizagem comprovadamente paga na hipótese de o atleta não profissional ser maior de dezesseis e menor de dezessete anos de idade; (Incluído pela Lei nº 10.672, de 15.5.2003)

II — vinte vezes o valor anual da bolsa de aprendizagem comprovadamente paga na hipótese de o atleta não profissional ser maior de dezessete e menor de dezoito anos de idade; (Incluído pela Lei nº 10.672, de 15.5.2003)

III — vinte e cinco vezes o valor anual da bolsa de aprendizagem comprovadamente paga na hipótese de o atleta não profissional ser maior de dezoito e menor de dezenove anos de idade; (Incluído pela Lei nº 10.672, de 15.5.2003)

IV — trinta vezes o valor anual da bolsa de aprendizagem comprovadamente paga na hipótese de o atleta não profissional ser maior de dezenove e menor de vinte anos de idade. (Incluído pela Lei nº 10.672, de 15.5.2003)

§ 7º A entidade de prática desportiva formadora para fazer jus ao ressarcimento previsto neste artigo deverá preencher os seguintes requisitos: (Incluído pela Lei nº 10.672, de 15.5.2003)

I — cumprir a exigência constante do § 2º deste artigo; (Incluído pela Lei nº 10.672, de 15.5.2003)

II — comprovar que efetivamente utilizou o atleta em formação em competições oficiais não profissionais; (Incluído pela Lei nº 10.672, de 15.5.2003)

III — propiciar assistência médica, odontológica e psicológica, bem como contratação de seguro de vida e ajuda de custo para transporte; (Incluído pela Lei nº 10.672, de 15.5.2003)

IV — manter instalações desportivas adequadas, sobretudo em matéria de alimentação, higiene, segurança e salubridade, além de corpo de profissionais especializados em formação técnico-desportiva; (Incluído pela Lei nº 10.672, de 15.5.2003)

V — ajustar o tempo destinado à formação dos atletas aos horários do currículo escolar ou de curso profissionalizante, exigindo o satisfatório aproveitamento escolar. (Incluído pela Lei nº 10.672, de 15.5.2003)

Art. 30. O contrato de trabalho do atleta profissional terá prazo determinado, com vigência nunca inferior a três meses nem superior a cinco anos. (Redação dada pela Lei nº 9.981, de 14.7.2000)

Parágrafo único. Não se aplica ao contrato de trabalho do atleta profissional o disposto no art. 445 da Consolidação das Leis do Trabalho — CLT. (Parágrafo Incluído pela Lei nº 9.981, de 14.7.2000)

Art. 31. A entidade de prática desportiva empregadora que estiver com pagamento de salário de atleta profissional em atraso, no todo ou em parte, por período igual ou superior a três meses, terá o contrato de trabalho daquele atleta rescindido, ficando o atleta livre para se transferir para qualquer outra agremiação de mesma modalidade, nacional ou internacional, e exigir a multa rescisória e os haveres devidos.

§ 1º São entendidos como salário, para efeitos do previsto no *caput*, o abono de férias, o décimo terceiro salário, as gratificações, os prêmios e demais verbas inclusas no contrato de trabalho.

§ 2º A mora contumaz será considerada também pelo não recolhimento do FGTS e das contribuições previdenciárias.

§ 3º Sempre que a rescisão se operar pela aplicação do disposto no **caput** deste artigo, a multa rescisória a favor do atleta será conhecida pela aplicação do disposto no art. 479 da CLT. (Redação dada pela Lei nº 10.672, de 15.5.2003)

§ 4º (Incluído pela Lei nº 10.672, de 15.5.2003 e vetado)

Art. 32. É lícito ao atleta profissional recusar competir por entidade de prática desportiva quando seus salários, no todo ou em parte, estiverem atrasados em dois ou mais meses;

Art. 33. Cabe à entidade nacional de administração do desporto que registrar o contrato de trabalho profissional fornecer a condição de jogo para as entidades de prática desportiva, mediante a prova de notificação do pedido de rescisão unilateral firmado pelo atleta ou documento do empregador no mesmo sentido, desde que acompanhado da prova de pagamento da cláusula penal nos termos do art. 28 desta Lei. (Redação dada pela Lei nº 9.981, de 14.7.2000)

Art. 34. São deveres da entidade de prática desportiva empregadora, em especial: (Redação dada pela Lei nº 9.981, de 14.7.2000)

I — registrar o contrato de trabalho do atleta profissional na entidade de administração nacional da respectiva modalidade desportiva; (Inciso Incluído pela Lei nº 9.981, de 14.7.2000)

II — proporcionar aos atletas profissionais as condições necessárias à participação nas competições desportivas, treinos e outras atividades preparatórias ou instrumentais; (Inciso Incluído pela Lei nº 9.981, de 14.7.2000)

III — submeter os atletas profissionais aos exames médicos e clínicos necessários à prática desportiva. (Inciso Incluído pela Lei nº 9.981, de 14.7.2000)

Art. 35. São deveres do atleta profissional, em especial: (Redação dada pela Lei nº 9.981, de 14.7.2000)

I — participar dos jogos, treinos, estágios e outras sessões preparatórias de competições com a aplicação e dedicação correspondentes às suas condições psicofísicas e técnicas; (Inciso Incluído pela Lei nº 9.981, de 14.7.2000)

II — preservar as condições físicas que lhes permitam participar das competições desportivas, submetendo-se aos exames médicos e tratamentos clínicos necessários à prática desportiva; (Inciso Incluído pela Lei nº 9.981, de 14.7.2000)

III — exercitar a atividade desportiva profissional de acordo com as regras da respectiva modalidade desportiva e as normas que regem a disciplina e a ética desportivas. (Inciso Incluído pela Lei nº 9.981, de 14.7.2000)

Art. 36 (Revogado pela Lei nº 9.981, de 14.7.2000)

Art. 37. (Revogado pela Lei nº 9.981, de 14.7.2000)

Art. 38. Qualquer cessão ou transferência de atleta profissional ou não-profissional depende de sua formal e expressa anuência. (Redação dada pela Lei nº 9.981, de 14.7.2000)

Art. 39. A transferência do atleta profissional de uma entidade de prática desportiva para outra do mesmo gênero poderá ser temporária (contrato de empréstimo) e o novo contrato celebrado deverá ser por período igual ou menor que o anterior, ficando o atleta sujeito à cláusula de retorno à entidade de prática desportiva cedente, vigorando no retorno o antigo contrato, quando for o caso.

Art. 40. Na cessão ou transferência de atleta profissional para entidade de prática desportiva estrangeira observar-se-ão as instruções expedidas pela entidade nacional de título.

§ 1º As condições para transferência do atleta profissional para o exterior deverão integrar obrigatoriamente os contratos de trabalho entre o atleta e a entidade de prática desportiva brasileira que o contratou. (Renumerado pela Lei nº 10.672, de 15.5.2003)

§ 2º Se a entidade de prática desportiva cedente de atleta profissional para entidade de prática desportiva estrangeira tiver sido cessionária do atleta, no prazo inferior a doze meses, em transferência definitiva ou empréstimo, oneroso ou gratuito, para qualquer outra entidade de prática desportiva, será caracterizada como entidade repassadora, fazendo jus a vinte e cinco por cento do valor pactuado para a cessão ou transferência internacional, ficando a entidade formadora com direito de receber setenta e cinco por cento do valor pago pela entidade estrangeira, desde que a entidade formadora do atleta não tenha sido previamente indenizada. (Incluído pela Lei nº 10.672, de 15.5.2003)

Art. 41. A participação de atletas profissionais em seleções será estabelecida na forma como acordarem a entidade de administração convocante e a entidade de prática desportiva cedente.

§ 1º A entidade convocadora indenizará a cedente dos encargos previstos no contrato de trabalho, pelo período em que durar a convocação do atleta, sem prejuízo de eventuais ajustes celebrados entre este e a entidade convocadora.

§ 2º O período de convocação estender-se-á até a reintegração do atleta à entidade que o cedeu, apto a exercer sua atividade.

Art. 42. Às entidades de prática desportiva pertence o direito de negociar, autorizar e proibir a fixação, a transmissão ou retransmissão de imagem de espetáculo ou eventos desportivos de que participem.

§ 1º Salvo convenção em contrário, vinte por cento do preço total da autorização, como mínimo, será distribuído, em partes iguais, aos atletas profissionais participantes do espetáculo ou evento.

§ 2º O disposto neste artigo não se aplica a flagrantes de espetáculo ou evento desportivo para fins, exclusivamente, jornalísticos ou educativos, cuja duração, no conjunto, não exceda de três por cento do total do tempo previsto para o espetáculo.

§ 3º O espectador pagante, por qualquer meio, de espetáculo ou evento desportivo equipara-se, para todos os efeitos legais, ao consumidor, nos termos do art. 2º da Lei nº 8.078, de 11 de setembro de 1990.

Art. 43. É vedada a participação em competições desportivas profissionais de atletas não-profissionais com idade superior a vinte anos. (Redação dada pela Lei nº 9.981, de 14.7.2000)

Art. 44. É vedada a prática do profissionalismo, em qualquer modalidade, quando se tratar de:

I — desporto educacional, seja nos estabelecimentos escolares de 1º e 2º graus ou superiores;

II — desporto militar;

III — menores até a idade de dezesseis anos completos.

Art. 45. As entidades de prática desportiva são obrigadas a contratar seguro de acidentes de trabalho para atletas profissionais a ela vinculados, com o objetivo de cobrir os riscos a que eles estão sujeitos. (Redação dada pela Lei nº 9.981, de 14.7.2000)

Parágrafo único. A importância segurada deve garantir direito a uma indenização mínima correspondente ao valor total anual da remuneração ajustada no caso dos atletas profissionais. (Redação dada pela Lei nº 9.981, de 14.7.2000)

Art. 46. A presença de atleta de nacionalidade estrangeira, com visto temporário de trabalho previsto no inciso V do art. 13 da Lei nº 6.815, de 19 de agosto de 1980, como integrante da equipe de competição da entidade de prática desportiva, caracteriza para os termos desta Lei, a prática desportiva profissional, tornando obrigatório o enquadramento previsto no caput do art. 27.

§ 1º É vedada a participação de atleta de nacionalidade estrangeira como integrante de equipe de competição de entidade de prática desportiva nacional nos campeonatos oficiais, quando o visto de trabalho temporário expedido pelo Ministério do Trabalho recair no inciso III do art. 13 da Lei 6.815, de 19 de agosto de 1980.

§ 2º A entidade de administração do desporto será obrigada a exigir da entidade de prática desportiva o comprovante do visto de trabalho do atleta de nacionalidade estrangeira fornecido pelo Ministério do Trabalho, sob pena de cancelamento da inscrição desportiva.

Art. 46-A. As ligas desportivas, as entidades de administração de desporto e as de prática desportiva envolvidas em qualquer competição de atletas profissionais, independentemente da forma jurídica adotada, ficam obrigadas a: (Incluído pela Lei nº 10.672, de 15.5.2003)

I — elaborar e publicar, até o último dia útil do mês de abril, suas demonstrações financeiras na forma definida pela Lei nº 6.404, de 15 de dezembro de 1976, após terem sido auditadas por auditores independentes; (Incluído pela Lei nº 10.672, de 15.5.2003)

II — apresentar suas contas juntamente com os relatórios da auditoria de que trata o inciso I ao Conselho Nacional do Esporte — CNE, sempre que forem beneficiárias de recursos públicos, na forma do regulamento. (Incluído pela Lei nº 10.672, de 15.5.2003)

§ 1º Sem prejuízo da aplicação das penalidades previstas na legislação tributária, trabalhista, previdenciária, cambial, e das conseqüentes responsabilidades civil e penal, a infringência a este artigo implicará: (Incluído pela Lei nº 10.672, de 15.5.2003)

I — para as entidades de administração do desporto e ligas desportivas, a inelegibilidade, por dez anos, de seus dirigentes para o desempenho de cargos ou funções eletivas ou de livre nomeação, em quaisquer das entidades ou órgãos referidos no parágrafo único do art. 13 desta Lei; (Incluído pela Lei nº 10.672, de 15.5.2003)

II — para as entidades de prática desportiva, a inelegibilidade, por cinco anos, de seus dirigentes para cargos ou funções eletivas ou de livre nomeação em qualquer entidade ou empresa direta ou indiretamente vinculada às competições profissionais da respectiva modalidade desportiva. (Incluído pela Lei nº 10.672, de 15.5.2003)

§ 2º As entidades que violarem o disposto neste artigo ficam ainda sujeitas: (Incluído pela Lei nº 10.672, de 15.5.2003)

I — ao afastamento de seus dirigentes; e (Incluído pela Lei nº 10.672, de 15.5.2003)
II — à nulidade de todos os atos praticados por seus dirigentes em nome da entidade após a prática da infração. (Incluído pela Lei nº 10.672, de 15.5.2003)
§ 3º Os dirigentes de que trata o § 2º serão sempre: (Incluído pela Lei nº 10.672, de 15.5.2003)
I — o presidente da entidade, ou aquele que lhe faça as vezes; e (Incluído pela Lei nº 10.672, de 15.5.2003)
II — o dirigente que praticou a infração ainda que por omissão. (Incluído pela Lei nº 10.672, de 15.5.2003)
§ 4º (VETADO) (Incluído pela Lei nº 10.672, de 15.5.2003)

CAPÍTULO VI
DA ORDEM DESPORTIVA

Art. 47. No âmbito de suas atribuições, os Comitês Olímpico e Paraolímpico Brasileiros e as entidades nacionais de administração do desporto têm competência para decidir, de ofício ou quando lhes forem submetidas pelos seus filiados, as questões relativas ao cumprimento das normas e regras de prática desportiva.

Art. 48. Com o objetivo de manter a ordem desportiva, o respeito aos atos emanados de seus poderes internos, poderão ser aplicadas, pelas entidades de administração do desporto e de prática desportiva, as seguintes sanções:
I — advertência;
II — censura escrita;
III — multa;
IV — suspensão;
V — desfiliação ou desvinculação.

§ 1º A aplicação das sanções previstas neste artigo não prescinde do processo administrativo no qual sejam assegurados o contraditório e a ampla defesa.

§ 2º As penalidades de que tratam os incisos IV e V deste artigo somente poderão ser aplicadas após decisão definitiva da Justiça Desportiva.

CAPÍTULO VII
DA JUSTIÇA DESPORTIVA

Art. 49. A Justiça Desportiva a que se referem os §§ 1º e 2º do art. 217 da Constituição Federal e o art. 33 da Lei nº 8.028, de 12 de abril de 1990, regula-se pelas disposições deste Capítulo.

Art. 50. A organização, o funcionamento e as atribuições da Justiça Desportiva, limitadas ao processo e julgamento das infrações disciplinares e às competições desportivas, serão definidas em códigos desportivos, facultando-se às ligas constituir seus próprios órgãos judicantes desportivos, com atuação restrita às suas competições. (Redação dada pela Lei nº 10.672, de 15.5.2003)

§ 1º As transgressões relativas à disciplina e às competições desportivas sujeitam o infrator a:
I — advertência;
II — eliminação;
III — exclusão de campeonato ou torneio;
IV — indenização;
V — interdição de praça de desportos;
VI — multa;
VII — perda do mando do campo;
VIII — perda de pontos;
IX — perda de renda;
X — suspensão por partida;
XI — suspensão por prazo.
§ 2º As penas disciplinares não serão aplicadas aos menores de quatorze anos.
§ 3º As penas pecuniárias não serão aplicadas a atletas não-profissionais.
§ 4º Compete às entidades de administração do desporto promover o custeio do funcionamento dos órgãos da Justiça Desportiva que funcionem junto a si. (Parágrafo incluído pela Lei nº 9.981, de 14.7.2000)

Art. 51. O disposto nesta Lei sobre Justiça Desportiva não se aplica aos Comitês Olímpico e Paraolímpico Brasileiros.

Art. 52. Os órgãos integrantes da Justiça Desportiva são autônomos e independentes das entidades de administração do desporto de cada sistema, compondo-se do Superior Tribunal de Justiça Desportiva, funcionando junto às entidades nacionais de administração do desporto; dos Tribunais de Justiça Desportiva, funcionando junto às entidades regionais da administração do desporto, e das Comissões Disciplinares, com competência para processar e julgar as questões previstas nos Códigos de Justiça Desportiva, sempre assegurados a ampla defesa e o contraditório. (Redação dada pela Lei nº 9.981, de 14.7.2000)

§ 1º Sem prejuízo do disposto neste artigo, as decisões finais dos Tribunais de Justiça Desportiva são impugnáveis nos termos gerais do direito, respeitados os pressupostos processuais estabelecidos nos §§ 1º e 2º do art. 217 da Constituição Federal.

§ 2º O recurso ao Poder Judiciário não prejudicará os efeitos desportivos validamente produzidos em conseqüência da decisão proferida pelos Tribunais de Justiça Desportiva.

Art. 53. Junto ao Superior Tribunal de Justiça Desportiva, para julgamento envolvendo competições interestaduais ou nacionais, e aos Tribunais de Justiça Desportiva, funcionarão tantas Comissões Disciplinares quantas se fizerem necessárias, compostas cada qual de cinco membros que não pertençam aos referidos órgãos judicantes e que por estes serão indicados. (Redação dada pela Lei nº 9.981, de 14.7.2000)

§ 1º (VETADO)

§ 2º A Comissão Disciplinar aplicará sanções em procedimento sumário, assegurados a ampla defesa e o contraditório.

§ 3º Das decisões da Comissão Disciplinar caberá recurso ao Tribunal de Justiça Desportiva e deste ao Superior Tribunal de Justiça Desportiva, nas hipóteses previstas nos respectivos Códigos de Justiça Desportiva. (Redação dada pela Lei nº 9.981, de 14.7.2000)

§ 4º O recurso ao qual se refere o parágrafo anterior será recebido e processado com efeito suspensivo quando a penalidade exceder de duas partidas consecutivas ou quinze dias.

Art. 54. O membro do Tribunal de Justiça Desportiva exerce função considerada de relevante interesse público e, sendo servidor público, terá abonadas suas faltas, computando-se como de efetivo exercício a participação nas respectivas sessões.

Art. 55. O Superior Tribunal de Justiça Desportiva e os Tribunais de Justiça Desportiva serão compostos por nove membros, sendo: (Redação dada pela Lei nº 9.981, de 14.7.2000)

I — dois indicados pela entidade de administração do desporto; (Redação dada pela Lei nº 9.981, de 14.7.2000)

II — dois indicados pelas entidades de prática desportiva que participem de competições oficiais da divisão principal; (Redação dada pela Lei nº 9.981, de 14.7.2000)

III — dois advogados com notório saber jurídico desportivo, indicados pela Ordem dos Advogados do Brasil; (Redação dada pela Lei nº 9.981, de 14.7.2000)

IV — um representante dos árbitros, por estes indicado; (Redação dada pela Lei nº 9.981, de 14.7.2000)

V — dois representantes dos atletas, por estes indicados. (Redação dada pela Lei nº 9.981, de 14.7.2000)

§ 1º (Revogado). (Revogado pela Lei nº 9.981, de 14.7.2000)

§ 2º O mandato dos membros dos Tribunais de Justiça Desportiva terá duração máxima de quatro anos, permitida apenas uma recondução. (Redação dada pela Lei nº 9.981, de 14.7.2000)

§ 3º É vedado aos dirigentes desportivos das entidades de administração e das entidades de prática o exercício de cargo ou função na Justiça Desportiva, exceção feita aos membros dos conselhos deliberativos das entidades de prática desportiva. (Redação dada pela Lei nº 9.981, de 14.7.2000)

§ 4º Os membros dos Tribunais de Justiça Desportiva poderão ser bacharéis em Direito ou pessoas de notório saber jurídico, e de conduta ilibada. (Redação dada pela Lei nº 9.981, de 14.7.2000)

CAPÍTULO VIII
DOS RECURSOS PARA O DESPORTO

Art. 56. Os recursos necessários ao fomento das práticas desportivas formais e não-formais a que se refere o art. 217 da Constituição Federal serão assegurados em programas de trabalho específicos constantes dos orçamentos da União, dos Estados, do Distrito Federal e dos Municípios, além dos provenientes de:

I — fundos desportivos;
II — receitas oriundas de concursos de prognósticos;
III — doações, patrocínios e legados;
IV — prêmios de concursos de prognósticos da Loteria Esportiva Federal não reclamados nos prazos regulamentares;
V — incentivos fiscais previstos em lei;
VI — dois por cento da arrecadação bruta dos concursos de prognósticos e loterias federais e similares cuja realização estiver sujeita a autorização federal, deduzindo-se este valor do montante destinado aos prêmios.(Inciso incluído pela Lai nº 10.264, de 16.7.2001)
VII — outras fontes. (Inciso renumerado pela Lai nº 10.264, de 16.7.2001)

§ 1º Do total de recursos financeiros resultantes do percentual de que trata o inciso VI do caput, oitenta e cinco por cento serão destinados ao Comitê Olímpico Brasileiro e quinze por cento ao Comitê Paraolímpico Brasileiro, devendo ser observado, em ambos os casos, o conjunto de normas aplicáveis à celebração de convênios pela União.(Parágrafo incluído pela Lei nº 10.264, de 16.7.2001)

§ 2º Dos totais de recursos correspondentes aos percentuais referidos no § 1º, dez por cento deverão ser investidos em desporto escolar e cinco por cento, em desporto universitário.(Parágrafo incluído pela Lei nº 10.264, de 16.7.2001)

§ 3º Os recursos a que se refere o inciso VI do caput:(Parágrafo incluído pela Lei nº 10.264, de 16.7.2001)

I — constituem receitas próprias dos beneficiários, que os receberão diretamente da Caixa Econômica Federal, no prazo de dez dias úteis a contar da data de ocorrência de cada sorteio;(Inciso incluído pela Lei nº 10.264, de 16.7.2001)

II — serão exclusiva e integralmente aplicados em programas e projetos de fomento, desenvolvimento e manutenção do desporto, de formação de recursos humanos, de preparação técnica, manutenção e locomoção de atletas, bem como sua participação em eventos desportivos.(Inciso incluído pela Lei nº 10.264, de 16.7.2001)

§ 4º Dos programas e projetos referidos no inciso II do § 3º será dada ciência aos Ministérios da Educação e do Esporte e Turismo.(Parágrafo incluído pela Lei nº 10.264, de 16.7.2001)

§ 5º Cabe ao Tribunal de Contas da União fiscalizar a aplicação dos recursos repassados ao Comitê Olímpico Brasileiro e ao Comitê Paraolímpico Brasileiro em decorrência desta Lei.(Parágrafo incluído pela Lei nº 10.264, de 16.7.2001)

Art. 57. Constituirão recursos para a assistência social e educacional aos atletas profissionais, ex-atletas e aos em formação, recolhidos diretamente para a Federação das Associações de Atletas Profissionais — FAAP: (Redação dada pela Lei nº 9.981, de 14.7.2000)

I — um por cento do contrato do atleta profissional pertencente ao Sistema Brasileiro do Desporto, devido e recolhido pela entidade contratante; (Redação dada pela Lei nº 9.981, de 14.7.2000)

II — um por cento do valor da cláusula penal, nos casos de transferências nacionais e internacionais, a ser pago pelo atleta; (Redação dada pela Lei nº 9.981, de 14.7.2000)

III — um por cento da arrecadação proveniente das competições organizadas pelas entidades nacionais de administração do desporto profissional; (Redação dada pela Lei nº 9.981, de 14.7.2000)

IV — penalidades disciplinares pecuniárias aplicadas aos atletas profissionais pelas entidades de prática desportiva, pelas de administração do desporto ou pelos órgãos da Justiça Desportiva. (Redação dada pela Lei nº 9.981, de 14.7.2000)

(Parágrafo único) (Vide Medida Provisória nº 39, de 14.6.2002)

Art. 58. (VETADO)

CAPÍTULO IX
DO BINGO

Art. 59. a Art. 81 (Artigos revogados pela Lei Lei 9.981, de 14.7.2000)

CAPÍTULO X
DISPOSIÇÕES GERAIS

Art. 82. Os dirigentes, unidades ou órgãos de entidades de administração do desporto, inscritas ou não no registro de comércio, não exercem função delegada pelo Poder Público, nem são consideradas autoridades públicas para os efeitos desta Lei.

Art. 83. As entidades desportivas internacionais com sede permanente ou temporária no País receberão dos poderes públicos o mesmo tratamento dispensado às entidades nacionais de administração do desporto.

Art. 84. Será considerado como efetivo exercício, para todos os efeitos legais, o período em que o atleta servidor público civil ou militar, da Administração Pública direta, indireta, autárquica ou fundacional, estiver convocado para integrar representação nacional em treinamento ou competição desportiva no País ou no exterior. (Redação dada pela Lei nº 9.981, de 14.7.2000)

§ 1º O período de convocação será definido pela entidade nacional da administração da respectiva modalidade desportiva, cabendo a esta ou aos Comitês Olímpico ou Paraolímpico Brasileiros fazer a devida comunicação e solicitar ao INDESP a competente liberação do afastamento do atleta ou dirigente. (Redação dada pela Lei nº 9.981, de 14.7.2000)

§ 2º O disposto neste artigo aplica-se, também, aos profissionais especializados e dirigentes, quando indispensáveis à composição da delegação.

Art. 84-A. Todos os jogos das seleções brasileiras de futebol, em competições oficiais, deverão ser exibidos, pelo menos, em uma rede nacional de televisão aberta, com transmissão ao vivo, inclusive para as cidades brasileiras nas quais os mesmos estejam sendo realizados. (Artigo incluído pela Lei nº 9.981, de 14.7.2000)

Parágrafo único. As empresas de televisão de comum acordo, ou por rodízio, ou por arbitramento, resolverão como cumprir o disposto neste artigo, caso nenhuma delas se interesse pela transmissão. O órgão competente fará o arbitramento. (Parágrafo incluído pela Lei nº 9.981, de 14.7.2000)

Art. 85. Os sistemas de ensino da União, dos Estados, do Distrito Federal e dos Municípios, bem como as instituições de ensino superior, definirão normas específicas para verificação do rendimento e o controle de freqüência dos estudantes que integrarem representação desportiva nacional, de forma a harmonizar a atividade desportiva com os interesses relacionados ao aproveitamento e à promoção escolar.

Art. 86. É instituído o Dia do Desporto, a ser comemorado no dia 23 de junho, Dia Mundial do Desporto Olímpico.

Art. 87. A denominação e os símbolos de entidade de administração do desporto ou prática desportiva, bem como o nome ou apelido desportivo do atleta profissional, são de propriedade exclusiva dos mesmos, contando com a proteção legal, válida para todo o território nacional, por tempo indeterminado, sem necessidade de registro ou averbação no órgão competente.

Parágrafo único. A garantia legal outorgada às entidades e aos atletas referidos neste artigo permite-lhes o uso comercial de sua denominação, símbolos, nomes e apelidos.

Art. 88. Os árbitros e auxiliares de arbitragem poderão constituir entidades nacionais e estaduais, por modalidade desportiva ou grupo de modalidades, objetivando o recrutamento, a formação e a prestação de serviços às entidades de administração do desporto.

Parágrafo único. Independentemente da constituição de sociedade ou entidades, os árbitros e seus auxiliares não terão qualquer vínculo empregatício com as entidades desportivas diretivas onde atuarem, e sua remuneração como autônomos exonera tais entidades de quaisquer outras responsabilidades trabalhistas, securitárias e previdenciárias.

Art. 89. Em campeonatos ou torneios regulares com mais de uma divisão, as entidades de administração do desporto determinarão em seus regulamentos o princípio do acesso e do descenso, observado sempre o critério técnico.

Art. 90. É vedado aos administradores e membros de conselho fiscal de entidade de prática desportiva o exercício de cargo ou função em entidade de administração do desporto.

Art. 90-A. (Incluído pela Lei nº 10.672, de 15.5.2003 e vetado)
Art. 90-B. (Incluído pela Lei nº 10.672, de 15.5.2003 e vetado)

CAPÍTULO XI
DISPOSIÇÕES TRANSITÓRIAS

Art. 91. Até a edição dos Códigos da Justiça dos Desportos Profissionais e Não-Profissionais continuam em vigor os atuais Códigos, com as alterações constantes desta Lei.

Art. 92. Os atuais atletas profissionais de futebol, de qualquer idade, que, na data de entrada em vigor desta Lei, estiverem com passe livre, permanecerão nesta situação, e a rescisão de seus contratos de trabalho dar-se-á nos termos dos arts. 479 e 480 da C.L.T.

Art. 93. O disposto no art. 28, § 2º, desta Lei somente produzirá efeitos jurídicos a partir de 26 de março de 2001, respeitados os direitos adquiridos decorrentes dos contratos de trabalho e vínculos desportivos de atletas profissionais pactuados com base na legislação anterior. (Redação dada pela Lei nº 9.981, de 14.7.2000)

Parágrafo único. (VETADO) (Parágrafo incluído e vetado pela Lei nº 9.981, de 14.7.2000)

Art. 94. Os artigos 27, 27-A, 28, 29, 30, 39, 43, 45 e o § 1º do art. 41 desta Lei serão obrigatórios exclusivamente para atletas e entidades de prática profissional da modalidade de futebol. (Redação dada pela Lei nº 9.981, de 14.7.2000)

Parágrafo único. É facultado às demais modalidades desportivas adotar os preceitos constantes dos dispositivos referidos no *caput* deste artigo. (Parágrafo incluído pela Lei nº 9.981, de 14.7.2000)

Art. 94-A. O Poder Executivo regulamentará o disposto nesta Lei, inclusive a distribuição dos recursos, gradação das multas e os procedimentos de sua aplicação. (Artigo incluído pela Lei nº 9.981, de 14.7.2000)

Art. 95. Esta Lei entra em vigor na data de sua publicação.

Art. 96. São revogados, a partir da vigência do disposto no § 2º do art. 28 desta Lei, os incisos II e V e os §§ 1º e 3º do art. 3º, os arts. 4º, 6º, 11 e 13, o § 2º do art. 15, o parágrafo único do art. 16 e os arts. 23 e 26 da Lei nº 6.354, de 2 de setembro de 1976; são revogadas, a partir da data de publicação desta Lei, as Leis nºs 8.672, de 6 de julho de 1993, e 8.946, de 5 de dezembro de 1994.

Brasília, 24 de março de 1998; 177º da Independência e 110º da República.
FERNANDO HENRIQUE CARDOSO
Iris Rezende
Pedro Malan
Paulo Renato Souza
Paulo Paiva
Reinhold Stephanes
Edson Arantes do Nascimento
publicado no D.O.U. de 25.3.1998

LEI Nº 9.787, DE 10 DE FEVEREIRO DE 1999.

Regulamento:
Altera a Lei nº 6.360, de 23 de setembro de 1976, que dispõe sobre a vigilância sanitária, estabelece o medicamento genérico, dispõe sobre a utilização de nomes genéricos em produtos farmacêuticos e dá outras providências.

O PRESIDENTE DA REPÚBLICA Faço saber que o Congresso Nacional decreta e eu sanciono a seguinte Lei:
Art. 1º A Lei nº 6.360, de 23 de setembro de 1976, passa a vigorar com as seguintes alterações:
"Art. 3º ....
...."
"XVIII — Denominação Comum Brasileira (DCB) — denominação do fármaco ou princípio farmacologicamente ativo aprovada pelo órgão federal responsável pela vigilância sanitária;
XIX — Denominação Comum Internacional (DCI) — denominação do fármaco ou princípio farmacologicamente ativo recomendada pela Organização Mundial de Saúde;
XX — Medicamento Similar — aquele que contém o mesmo ou os mesmos princípios ativos, apresenta a mesma concentração, forma farmacêutica, via de administração, posologia e indicação terapêutica, preventiva ou diagnóstica, do medicamento de referência registrado no órgão federal responsável pela vigilância sanitária, podendo diferir somente em características relativas ao tamanho e forma do produto, prazo de validade, embalagem, rotulagem, excipientes e veículos, devendo sempre ser identificado por nome comercial ou marca;
XXI — Medicamento Genérico — medicamento similar a um produto de referência ou inovador, que se pretende ser com este intercambiável, geralmente produzido após a expiração ou renúncia da proteção patentária ou de outros direitos de exclusividade, comprovada a sua eficácia, segurança e qualidade, e designado pela DCB ou, na sua ausência, pela DCI;
XXII — Medicamento de Referência — produto inovador registrado no órgão federal responsável pela vigilância sanitária e comercializado no País, cuja

eficácia, segurança e qualidade foram comprovadas cientificamente junto ao órgão federal competente, por ocasião do registro;

XXIII — Produto Farmacêutico Intercambiável — equivalente terapêutico de um medicamento de referência, comprovados, essencialmente, os mesmos efeitos de eficácia e segurança;

XXIV — Bioequivalência — consiste na demonstração de equivalência farmacêutica entre produtos apresentados sob a mesma forma farmacêutica, contendo idêntica composição qualitativa e quantitativa de princípio(s) ativo(s), e que tenham comparável biodisponibilidade, quando estudados sob um mesmo desenho experimental;

XXV — Biodisponibilidade — indica a velocidade e a extensão de absorção de um princípio ativo em uma forma de dosagem, a partir de sua curva concentração/tempo na circulação sistêmica ou sua excreção na urina."

"Art. 57 ...."

"Parágrafo único. Os medicamentos que ostentam nome comercial ou marca ostentarão também, obrigatoriamente com o mesmo destaque e de forma legível, nas peças referidas no *caput* deste artigo, nas embalagens e materiais promocionais, a Denominação Comum Brasileira ou, na sua falta, a Denominação Comum Internacional em letras e caracteres cujo tamanho não será inferior a um meio do tamanho das letras e caracteres do nome comercial ou marca."

Art. 2º O órgão federal responsável pela vigilância sanitária regulamentará, em até noventa dias:(Vide Medida Provisória nº 2.190-34, de 23.8.2001)

I — os critérios e condições para o registro e o controle de qualidade dos medicamentos genéricos;

II — os critérios para as provas de biodisponibilidade de produtos farmacêuticos em geral;

III — os critérios para a aferição da equivalência terapêutica, mediante as provas de bioequivalência de medicamentos genéricos, para a caracterização de sua intercambialidade;

IV — os critérios para a dispensação de medicamentos genéricos nos serviços farmacêuticos governamentais e privados, respeitada a decisão expressa de não intercambialidade do profissional prescritor.

Art. 3º As aquisições de medicamentos, sob qualquer modalidade de compra, e as prescrições médicas e odontológicas de medicamentos, no âmbito do Sistema Único de Saúde — SUS, adotarão obrigatoriamente a Denominação Comum Brasileira (DCB) ou, na sua falta, a Denominação Comum Internacional (DCI).

§ 1º O órgão federal responsável pela vigilância sanitária editará, periodicamente, a relação de medicamentos registrados no País, de acordo com a classificação farmacológica da Relação Nacional de Medicamentos Essenciais — Rename vigente e segundo a Denominação Comum Brasileira ou, na sua falta, a Denominação Comum Internacional, seguindo-se os nomes comerciais e as correspondentes empresas fabricantes.

§ 2º Nas aquisições de medicamentos a que se refere o *caput* deste artigo, o medicamento genérico, quando houver, terá preferência sobre os demais em condições de igualdade de preço.

§ 3º Nos editais, propostas licitatórias e contratos de aquisição de medicamentos, no âmbito do SUS, serão exigidas, no que couber, as especificações técnicas dos produtos, os respectivos métodos de controle de qualidade e a sistemática de certificação de conformidade.

§ 4º A entrega dos medicamentos adquiridos será acompanhada dos respectivos laudos de qualidade.

Art. 4º É o Poder Executivo Federal autorizado a promover medidas especiais relacionadas com o registro, a fabricação, o regime econômico-fiscal, a distribuição e a dispensação de medicamentos genéricos, de que trata esta Lei, com vistas a estimular sua adoção e uso no País.

Parágrafo único. O Ministério da Saúde promoverá mecanismos que assegurem ampla comunicação, informação e educação sobre os medicamentos genéricos.

Art. 5º O Ministério da Saúde promoverá programas de apoio ao desenvolvimento técnico-científico aplicado à melhoria da qualidade dos medicamentos.

Parágrafo único. Será buscada a cooperação de instituições nacionais e internacionais relacionadas com a aferição da qualidade de medicamentos.

Art. 6º Os laboratórios que produzem e comercializam medicamentos com ou sem marca ou nome comercial terão o prazo de seis meses para as alterações e adaptações necessárias ao cumprimento do que dispõe esta Lei.

Art. 7º Esta Lei entra em vigor na data de sua publicação.

Brasília, 10 de fevereiro de 1999; 178º da Independência e 111º da República.
FERNANDO HENRIQUE CARDOSO
José Serra
Este texto não substitui o publicado no D.O.U. de 11.2.1999

DECRETO Nº 3.181, DE 23 DE SETEMBRO DE 1999.

Regulamenta a Lei nº 9.787, de 10 de fevereiro de 1999, que dispõe sobre a Vigilância Sanitária, estabelece o medicamento genérico, dispõe sobre a utilização de nomes genéricos em produtos farmacêuticos e dá outras providências.

O **PRESIDENTE DA REPÚBLICA,** usando da atribuição que lhe confere o art. 84, inciso IV, da Constituição, e, tendo em vista o disposto no art. 57, da Lei nº 6.360, de 23 de setembro de 1976 e no art. 4º, da Lei nº 9.787, de 10 de fevereiro de 1999,

DECRETA:

Art. 1º Constarão, obrigatoriamente, das embalagens, rótulos, bulas, prospectos, textos, ou qualquer outro tipo de material de divulgação e informação médica, referentes a medicamentos, a terminologia da Denominação Comum Brasileira — DCB ou, na sua falta, a Denominação Comum Internacional — DCI.

Art. 2º A denominação genérica dos medicamentos deverá estar situada no mesmo campo de impressão e abaixo do nome comercial ou marca.

Art. 3º As letras deverão guardar entre si as devidas proporções de distância, indispensáveis à sua fácil leitura e destaque, principalmente, no que diz respeito à denominação genérica para a substância base, que deverá corresponder à metade do tamanho das letras e caracteres do nome comercial ou marca.

Art. 4º O cartucho da embalagem dos medicamentos, produtos dietéticos e correlatos, que só podem ser vendidos sob prescrição médica, deverão ter uma faixa vermelha em toda sua extensão, no seu terço médio inferior, vedada a sua colocação no rodapé do cartucho, com largura não inferior a um quinto da maior face total, contendo os dizeres: "Venda sob prescrição médica".

Art. 5º Quando se tratar de medicamento que contenha uma associação ou combinação de princípios ativos, em dose fixa, a Agência Nacional de Vigilância Sanitária, por ato administrativo, determinará as correspondências com a denominação genérica.

Art. 6º É obrigatório o uso da denominação genérica nos formulários ou pedidos de registro e autorizações relativas à produção, comercialização e importação de medicamentos.

Art. 7º Os laboratórios que atualmente produzem e comercializam medicamentos com ou sem marca ou nome comercial terão o prazo de quatro meses para as alterações e adaptações necessárias ao cumprimento do disposto na <u>Lei nº 9.787, de 10 de fevereiro de 1999</u>, e neste Decreto.

Parágrafo único. O medicamento similar só poderá ser comercializado e identificado por nome comercial ou marca.

Art. 8º A Agência de Vigilância Sanitária, regulamentará os critérios de rotulagem referentes à Denominação Comum Brasileira — DCB em todos os medicamentos, observado o disposto nos arts. 3º e 5º deste Decreto.

Art. 9º Este Decreto entra em vigor na data de sua publicação.

Art. 10. Fica revogado o Decreto nº 793, de 5 de abril de 1993.

Brasília, 23 de setembro de 1999; 178º da Independência e 111º da República.

FERNANDO HENRIQUE CARDOSO
José Serra

DECRETO Nº 3.344 DE 26 DE JANEIRO DE 2000.

Dispõe sobre a utilização de siglas em nomes comerciais, alterando o inciso VI do art. 53 do Decreto nº 1.800, de 30 de janeiro de 1996.

O **PRESIDENTE DA REPÚBLICA**, no uso da atribuição que lhe confere o art. 84, inciso IV, da Constituição,
DECRETA :
Art. 1º O inciso VI do art. 53 do Decreto nº 1.800, de 30 de janeiro de 1996, passa a vigorar com a seguinte redação:
"VI — os atos de empresas mercantis com nome idêntico ou semelhante a outro já existente ou que inclua ou reproduza em sua composição siglas ou denominações de órgãos públicos, da Administração direta ou indireta, bem como de organismos internacionais e aquelas consagradas em lei e atos regulamentares emanados do Poder Público;" (NR)
Art. 2º Este Decreto entra em vigor na data de sua publicação.
Brasília, 26 de janeiro de 2000; 179º da Independência e 112º da República.
FERNANDO HENRIQUE CARDOSO
Alcides Lopes Tápias
Publicado no D.O. de 27.1.2000

DECRETO Nº 3.551, DE 4 DE AGOSTO DE 2000.

Institui o Registro de Bens Culturais de Natureza Imaterial que constituem patrimônio cultural brasileiro, cria o Programa Nacional do Patrimônio Imaterial e dá outras providências.

O PRESIDENTE DA REPÚBLICA, no uso da atribuição que lhe confere o art. 84, inciso IV, e tendo em vista o disposto no art. 14 da Lei nº 9.649, de 27 de maio de 1998,
DECRETA:
Art.1º Fica instituído o Registro de Bens Culturais de Natureza Imaterial que constituem patrimônio cultural brasileiro.
§1º Esse registro se fará em um dos seguintes livros:
I- Livro de Registro dos Saberes, onde serão inscritos conhecimentos e modos de fazer enraizados no cotidiano das comunidades;
II- Livro de Registro das Celebrações, onde serão inscritos rituais e festas que marcam a vivência coletiva do trabalho, da religiosidade, do entretenimento e de outras práticas da vida social;
III- Livro de Registro das Formas de Expressão, onde serão inscritas manifestações literárias, musicais, plásticas, cênicas e lúdicas;
IV- Livro de Registro dos Lugares, onde serão inscritos mercados, feiras, santuários, praças e demais espaços onde se concentram e reproduzem práticas culturais coletivas.
§2º A inscrição num dos livros de registro terá sempre como referência a continuidade histórica do bem e sua relevância nacional para a memória, a identidade e a formação da sociedade brasileira.
§3º Outros livros de registro poderão ser abertos para a inscrição de bens culturais de natureza imaterial que constituam patrimônio cultural brasileiro e não se enquadrem nos livros definidos no parágrafo primeiro deste artigo.
Art.2º São partes legítimas para provocar a instauração do processo de registro:
I- o Ministro de Estado da Cultura;
II- instituições vinculadas ao Ministério da Cultura;
III- Secretarias de Estado, de Município e do Distrito Federal;

IV- sociedades ou associações civis.

Art.3º As propostas para registro, acompanhadas de sua documentação técnica, serão dirigidas ao Presidente do Instituto do Patrimônio Histórico e Artístico Nacional — IPHAN, que as submeterá ao Conselho Consultivo do Patrimônio Cultural.

§1º A instrução dos processos de registro será supervisionada pelo IPHAN.

§2º A instrução constará de descrição pormenorizada do bem a ser registrado, acompanhada da documentação correspondente, e deverá mencionar todos os elementos que lhe sejam culturalmente relevantes.

§3º A instrução dos processos poderá ser feita por outros órgãos do Ministério da Cultura, pelas unidades do IPHAN ou por entidade, pública ou privada, que detenha conhecimentos específicos sobre a matéria, nos termos do regulamento a ser expedido pelo Conselho Consultivo do Patrimônio Cultural.

§4º Ultimada a instrução, o IPHAN emitirá parecer acerca da proposta de registro e enviará o processo ao Conselho Consultivo do Patrimônio Cultural, para deliberação.

§5º O parecer de que trata o parágrafo anterior será publicado no Diário Oficial da União, para eventuais manifestações sobre o registro, que deverão ser apresentadas ao Conselho Consultivo do Patrimônio Cultural no prazo de até trinta dias, contados da data de publicação do parecer.

Art.4º O processo de registro, já instruído com as eventuais manifestações apresentadas, será levado à decisão do Conselho Consultivo do Patrimônio Cultural.

Art.5º Em caso de decisão favorável do Conselho Consultivo do Patrimônio Cultural, o bem será inscrito no livro correspondente e receberá o título de "Patrimônio Cultural do Brasil".

Parágrafo único. Caberá ao Conselho Consultivo do Patrimônio Cultural determinar a abertura, quando for o caso, de novo Livro de Registro, em atendimento ao disposto nos termos do § 3º do art. 1º deste Decreto.

Art.6º Ao Ministério da Cultura cabe assegurar ao bem registrado:

I- documentação por todos os meios técnicos admitidos, cabendo ao IPHAN manter banco de dados com o material produzido durante a instrução do processo.

II- ampla divulgação e promoção.

Art.7º O IPHAN fará a reavaliação dos bens culturais registrados, pelo menos a cada dez anos, e a encaminhará ao Conselho Consultivo do Patrimônio Cultural para decidir sobre a revalidação do título de "Patrimônio Cultural do Brasil".

Parágrafo único. Negada a revalidação, será mantido apenas o registro, como referência cultural de seu tempo.

Art.8º Fica instituído, no âmbito do Ministério da Cultura, o "Programa Nacional do Patrimônio Imaterial", visando à implementação de política específica de inventário, referenciamento e valorização desse patrimônio.

Parágrafo único. O Ministério da Cultura estabelecerá, no prazo de noventa dias, as bases para o desenvolvimento do Programa de que trata este artigo.

Art. 9º Este Decreto entra em vigor na data de sua publicação.

Brasília, 4 de agosto de 2000; 179º da Independência e 112º da República.

FERNANDO HENRIQUE CARDOSO
Francisco Weffort

DECRETO Nº 3.675, DE 28 DE NOVEMBRO DE 2000.

Dispõe sobre medidas especiais relacionadas com o registro de medicamentos genéricos, de que trata o art. 4º da Lei nº 9.787, de 10 de fevereiro de 1999.

O PRESIDENTE DA REPÚBLICA, no uso da atribuição que lhe confere o art. 84, inciso IV, da Constituição, e tendo em vista o disposto no art. 4º da Lei nº 9.787, de 10 de fevereiro de 1999,
DECRETA :
Art.1º Até 28 de novembro de 2002, a Agência Nacional de Vigilância Sanitária poderá conceder registro especial a medicamentos genéricos inéditos quanto ao fármaco, forma farmacêutica e concentração, com o fim de estimular a adoção e o uso de novos medicamentos genéricos no País.(Redação dada pelo Decreto nº 4.204, de 23.4.2002)
§1º O registro especial terá validade de um ano, contado da data de publicação da concessão do registro. (Redação dada pelo Decreto nº 4.204, de 23.4.2002)
§2º Para efeito deste artigo, entende-se por medicamento genérico inédito aquele medicamento que nunca obteve registro como medicamento genérico no Brasil. (Redação dada pelo Decreto nº 4.204, de 23.4.2002)
Art.1º-A. Até 28 de novembro de 2002, a Agência Nacional de Vigilância Sanitária poderá conceder, na forma estabelecida neste Decreto, registro especial a medicamentos genéricos inéditos quanto ao fármaco, à forma farmacêutica e à concentração, com o fim de estimular a adoção e o uso de novos medicamentos genéricos no País. (Artigo incluído pelo Decreto nº 4.173, de 21.3.2002)
§1º O registro especial terá validade de um ano, contado da data de publicação da concessão do registro.
§2º Para efeito deste artigo, entende-se por medicamento genérico inédito aquele que nunca obteve registro como medicamento genérico no Brasil.
Art.2º O registro especial será concedido a medicamentos genéricos registrados, destinados a consumo público, em uma das seguintes autoridades sanitárias: (Redação dada pelo Decreto nº 3.841, de 11.6.2001)
I- Administração Federal de Alimentos e Medicamentos dos Estados Unidos da América (Food and Drug Administration — FDA);

II- Saúde Canadá — Direção de Produtos Farmacêuticos do Canadá (Health Canada — Therapeutical Products Directorate); ou

III- Agência Européia de Avaliação de Produtos Medicinais da Comunidade Européia (The European Agency for the Evaluation of Medicinal Products).

Parágrafoúnico. O registro especial também será concedido a medicamentos registrados como genéricos na Bélgica, Dinamarca, Alemanha, Espanha, França, Irlanda, Itália, Holanda, Áustria, Finlândia, Suécia, Noruega, Reino Unido e em Portugal. (Parágrafo incluído pelo Decreto nº 3.841, de 11.6.2001)

Art.3º Para obtenção do registro especial, o medicamento genérico deverá ser acompanhado da comprovação:

I- da realização de ensaios de equivalência farmacêutica e de bioequivalência com medicamento de referência, da mesma indústria do medicamento de referência nacional, ou sua licenciada; e

II- da utilização, nos referidos ensaios, de medicamento de referência que apresente a mesma forma farmacêutica e dosagem que o produto de referência nacional. (Redação dada pelo Decreto nº 3.841, de 11.6.2001)

Parágrafoúnico. Nos casos em que o medicamento de referência utilizado nos ensaios mencionados neste artigo não seja da mesma indústria do medicamento de referência nacional, ou de empresa licenciada desta, o medicamento genérico deverá ser equivalente farmacêutico ao medicamento de referência nacional, contendo o mesmo fármaco, na mesma dosagem, e a mesma forma farmacêutica.

Art.4º O registro especial de medicamentos genéricos fabricados fora do País será convertido em registro mediante a apresentação de estudos de bioequivalência, realizados de acordo com a regulamentação aprovada pela Agência Nacional de Vigilância Sanitária — ANVISA, atendidas as disposições técnicas expedidas pela Diretoria Colegiada da Agência Nacional de Vigilância Sanitária e de acordo com o disposto no art. 2º da Lei nº 9.787, de 10 de fevereiro de 1999. (Redação dada pelo Decreto nº 3.841, de 11.6.2001)

Art.5º O registro especial, concedido nos termos deste Decreto, será cancelado quando:

I- a empresa detentora do registro não apresentar comprovação de disponibilização do produto para consumo em todo o território nacional no prazo de quarenta e cinco dias úteis após a concessão do registro especial; (Redação dada pelo Decreto nº 3.841, de 11.6.2001)

II- decorrido o prazo de oito meses, contado da data de publicação do registro especial, a empresa detentora do registro não comprovar que foram tomadas as providências necessárias para a internalização da produção. (Redação dada pelo Decreto nº 3.841, de 11.6.2001)

§1º A comprovação da disponibilidade prevista no inciso I do **caput** deste artigo consiste na declaração mensal de vendas, firmada pela empresa, de que conste: (Parágrafo incluído pelo Decreto nº 3.841, de 11.6.2001)

I- nome do medicamento, forma farmacêutica, concentração, apresentação, classe terapêutica e quantidade vendida;

II- razão social do cliente a quem foram vendidos os produtos, endereço, bairro, cidade, Unidade da Federação, Código de Endereçamento Postal — CEP e Cadastro Nacional de Pessoas Jurídicas — CNPJ.

§2º Os ensaios de equivalência farmacêutica e bioequivalência, realizados com o medicamento de referência nacional conforme regulamentação aprovada pela ANVISA, deverão ser apresentados pelas empresas fabricantes ao iniciar-se o processo de fabricação. (Parágrafo incluído pelo Decreto nº 3.841, de 11.6.2001)

Art.6º A documentação, legal e técnica, necessária à instrução da solicitação do registro especial, é a constante do Anexo ao presente Decreto.

Art. 7º Este Decreto entra em vigor no dia 2 de janeiro de 2001.

Brasília, 28 novembro de 2000; 179º da Independência e 112º da República.

FERNANDO HENRIQUE CARDOSO
José Serra
publicado no D.O.U. de 29.11.2000

ANEXO
DOCUMENTOS EXIGIDOS PARA REGISTRO ESPECIAL DE MEDICAMENTOS GENÉRICOS IMPORTADOS.

I- Aspectos Legais
a) Empresa Responsável pela Importação

1. Comprovante de depósito bancário da taxa de registro, em duas vias (original e cópia), devidamente autenticadas;

2. Cópia da Licença de Funcionamento da empresa ou Alvará Sanitário atualizado;

3. Cópia da Autorização de Funcionamento da empresa, publicada no Diário Oficial da União;

4. Certificado de Responsabilidade Técnica emitido pelo Conselho Regional de Farmácia; e

5. Certificado de Boas Práticas de Fabricação e Controle, emitido pela Agência Nacional de Vigilância Sanitária, caso a empresa importadora venha a executar qualquer etapa do processo produtivo.

b) Empresa Produtora

1- Certificado de Boas Práticas de Fabricação e Controle (BPFC/GMP) emitido pelo Canadá (Health Canada-Therapeutic Products Directorate), EUA (FDA-Food and Drug Administration), por países constantes do parágrafo único do art. 2º ou emitido por autoridades sanitárias dos países em que estão instaladas as plantas produtivas. (Redação dada pelo Decreto nº 3.841, de 11.6.2001)

"2- Certificado de Registro ou Autorização de Comercialização do Medicamento (genérico), emitido por um ou mais órgãos sanitários do Canadá (Health Canada-Therapeutic Products Directorate), EUA (FDA-Food and Drug Administration) ou países constantes do parágrafo único do art. 2º. (Redação dada pelo Decreto nº 3.841, de 11.6.2001)

3. Os certificados referidos nas alíneas a e b deverão ser apresentados em língua portuguesa, com tradução juramentada.

II- Aspectos Técnicos

Formulários FP1 e FP2.

III- Relatório Técnico

a) Aspectos da Produção

1. Fórmula completa do medicamento com suas apresentações, indicando a função de cada componente da fórmula;

2. Se o produto for embalado no Brasil, identificar os materiais de embalagem primária, com suas especificações, em comparação aos materiais utilizados no país de fabricação, de acordo com os estudos do teste de estabilidade para Zona IV.

b) Aspectos do Controle de Qualidade

1. Especificação completa do medicamento, indicando a monografia utilizada, para realização de estudos pós-comercialização;

2. Métodos analíticos empregados, indicando a monografia utilizada, para realização de estudos pós-comercialização;

3. Comprovação da origem do medicamento de referência que foi utilizado para realização dos ensaios de equivalência farmacêutica e de bioequivalência;

4. Caso o medicamento de referência utilizado nos ensaios não seja da mesma empresa do medicamento de referência nacional, ou de empresa licenciada desta, a empresa interessada no registro deverá apresentar, além do certificado de equivalência farmacêutica, o estudo comparativo dos perfis de dissolução, empregando os fatores f1 e f2 entre o medicamento genérico e a referência nacional, e os ensaios de correlação **in vitro/in vivo**, quando couber, ou justificativa de sua realização. (Redação dada pelo Decreto nº 3.718, de 03.01.2001)

IV- Aspectos de Rotulagem e Bula

Os dizeres de rotulagem e bula devem ser equivalentes aos do medicamento de referência nacional, devem estar de acordo com a legislação vigente e devem ser enviados em disquetes e em duas vias impressas, em português.

LEI Nº 10.168, DE 29 DE DEZEMBRO DE 2000.

Institui contribuição de intervenção de domínio econômico destinada a financiar o Programa de Estímulo à Interação Universidade-Empresa para o Apoio à Inovação e dá outras providências.

O PRESIDENTE DA REPÚBLICA Faço saber que o Congresso Nacional decreta e eu sanciono a seguinte Lei:

Art. 1º Fica instituído o Programa de Estímulo à Interação Universidade-Empresa para o Apoio à Inovação, cujo objetivo principal é estimular o desenvolvimento tecnológico brasileiro, mediante programas de pesquisa científica e tecnológica cooperativa entre universidades, centros de pesquisa e o setor produtivo.

Art. 2º Para fins de atendimento ao Programa de que trata o artigo anterior, fica instituída contribuição de intervenção no domínio econômico, devida pela pessoa jurídica detentora de licença de uso ou adquirente de conhecimentos tecnológicos, bem como aquela signatária de contratos que impliquem transferência de tecnologia, firmados com residentes ou domiciliados no exterior.

§ 1º Consideram-se, para fins desta Lei, contratos de transferência de tecnologia os relativos à exploração de patentes ou de uso de marcas e os de fornecimento de tecnologia e prestação de assistência técnica.

§ 2º A partir de 1º de janeiro de 2002, a contribuição de que trata o *caput* deste artigo passa a ser devida também pelas pessoas jurídicas signatárias de contratos que tenham por objeto serviços técnicos e de assistência administrativa e semelhantes a serem prestados por residentes ou domiciliados no exterior, bem assim pelas pessoas jurídicas que pagarem, creditarem, entregarem, empregarem ou remeterem *royalties*, a qualquer título, a beneficiários residentes ou domiciliados no exterior.(Redação da pela Lei nº 10.332, de 19.12.2001)

§ 3º A contribuição incidirá sobre os valores pagos, creditados, entregues, empregados ou remetidos, a cada mês, a residentes ou domiciliados no exterior, a título de remuneração decorrente das obrigações indicadas no *caput* e no § 2º deste artigo.(Redação da pela Lei nº 10.332, de 19.12.2001)

§ 4º A alíquota da contribuição será de 10% (dez por cento).(Redação da pela Lei nº 10.332, de 19.12.2001)

§ 5º O pagamento da contribuição será efetuado até o último dia útil da quinzena subseqüente ao mês de ocorrência do fato gerador.(Parágrafo incluído pela Lei nº 10.332, de 19.12.2001)

Art. 2º-A. Fica reduzida para 15% (quinze por cento), a partir de 1º de janeiro de 2002, a alíquota do imposto de renda na fonte incidente sobre as importâncias pagas, creditadas, entregues, empregadas ou remetidas ao exterior a título de remuneração de serviços de assistência administrativa e semelhantes.(Artigo incluído pela Lei nº 10.332, de 19.12.2001)

Art. 3º Compete à Secretaria da Receita Federal a administração e a fiscalização da contribuição de que trata esta Lei.

Parágrafo único. A contribuição de que trata esta Lei sujeita-se às normas relativas ao processo administrativo fiscal de determinação e exigência de créditos tributários federais, previstas no Decreto nº 70.235, de 6 de março de 1972, e alterações posteriores, bem como, subsidiariamente e no que couber, às disposições da legislação do imposto de renda, especialmente quanto a penalidades e demais acréscimos aplicáveis.

Art. 4º A contribuição de que trata o art. 2º será recolhida ao Tesouro Nacional e destinada ao Fundo Nacional de Desenvolvimento Científico e Tecnológico — FNDCT, criado pelo Decreto-Lei nº 719, de 31 de julho de 1969, e restabelecido pela Lei nº 8.172, de 18 de janeiro de 1991.

§ 1º Os recursos destinados ao FNDCT serão alocados em categoria de programação específica e administrados conforme o disposto no regulamento.

§ 2º Para fins do disposto no § 5º do art. 165 da Constituição Federal, o Poder Executivo incluirá na proposta de lei orçamentária anual os recursos de que trata o *caput* deste artigo.

Art. 5º Será constituído, no âmbito do Ministério da Ciência e Tecnologia, um Comitê Gestor com a finalidade de coordenar as atividades do Programa de Estímulo à Interação Universidade-Empresa para o Apoio à Inovação, cabendo-lhe definir as diretrizes gerais e o plano anual de investimentos, acompanhar a implementação das ações e avaliar anualmente os resultados alcançados.

§ 1º (VETADO)

§ 2º A participação no Comitê Gestor não será remunerada.

§ 3º O Ministério da Ciência e Tecnologia prestará ao Comitê Gestor apoio técnico, administrativo e financeiro necessários ao seu funcionamento.

Art. 6º Do total dos recursos a que se refere o art. 2º, trinta por cento, no mínimo, serão aplicados em programas de fomento à capacitação tecnológica e ao amparo à pesquisa científica e ao desenvolvimento tecnológico nas regiões Norte, Nordeste e Centro-Oeste.

Art. 7º Não se aplica a este Fundo o disposto na Lei nº 9.530, de 10 de dezembro de 1997.

Art. 8º Esta Lei entra em vigor na data de sua publicação, aplicando-se aos fatos geradores ocorridos a partir de 1º de janeiro de 2001.

Brasília, 29 de dezembro de 2000; 179º da Independência e 112º da República.

FERNANDO HENRIQUE CARDOSO
José Gregori
Amaury Guilherme Bier
Luciano Oliva Patrício
Banjamin Benzaquen Sicsú
Guilherme Gomes Dias
Ronaldo Mota Sardenberg
publicado no D.O.U. de 30.12.2000 (Edição Extra)

MEDIDA PROVISÓRIA Nº 2.186-16, DE 23 DE AGOSTO DE 2001.

Regulamenta o inciso II do § 1º e o § 4º do art. 225 da Constituição, os arts. 1º, 8º, alínea "j", 10, alínea "c", 15 e 16, alíneas 3 e 4 da Convenção sobre Diversidade Biológica, dispõe sobre o acesso ao patrimônio genético, a proteção e o acesso ao conhecimento tradicional associado, a repartição de benefícios e o acesso à tecnologia e transferência de tecnologia para sua conservação e utilização, e dá outras providências.

O PRESIDENTE DA REPÚBLICA, no uso da atribuição que lhe confere o art. 62 da Constituição, adota a seguinte Medida Provisória, com força de lei:

CAPÍTULO I
DAS DISPOSIÇÕES GERAIS

Art. 1º Esta Medida Provisória dispõe sobre os bens, os direitos e as obrigações relativos:

I — ao acesso a componente do patrimônio genético existente no território nacional, na plataforma continental e na zona econômica exclusiva para fins de pesquisa científica, desenvolvimento tecnológico ou bioprospecção;

II — ao acesso ao conhecimento tradicional associado ao patrimônio genético, relevante à conservação da diversidade biológica, à integridade do patrimônio genético do País e à utilização de seus componentes;

III — à repartição justa e eqüitativa dos benefícios derivados da exploração de componente do patrimônio genético e do conhecimento tradicional associado; e

IV — ao acesso à tecnologia e transferência de tecnologia para a conservação e a utilização da diversidade biológica.

§ 1º O acesso a componente do patrimônio genético para fins de pesquisa científica, desenvolvimento tecnológico ou bioprospecção far-se-á na forma desta Medida Provisória, sem prejuízo dos direitos de propriedade material ou imaterial que incidam sobre o componente do patrimônio genético acessado ou sobre o local de sua ocorrência.

§ 2º O acesso a componente do patrimônio genético existente na plataforma continental observará o disposto na Lei nº 8.617, de 4 de janeiro de 1993.

Art. 2º O acesso ao patrimônio genético existente no País somente será feito mediante autorização da União e terá o seu uso, comercialização e aproveitamento para quaisquer fins submetidos à fiscalização, restrições e repartição de benefícios nos termos e nas condições estabelecidos nesta Medida Provisória e no seu regulamento.

Art. 3º Esta Medida Provisória não se aplica ao patrimônio genético humano.

Art. 4º É preservado o intercâmbio e a difusão de componente do patrimônio genético e do conhecimento tradicional associado praticado entre si por comunidades indígenas e comunidades locais para seu próprio benefício e baseados em prática costumeira.

Art. 5º É vedado o acesso ao patrimônio genético para práticas nocivas ao meio ambiente e à saúde humana e para o desenvolvimento de armas biológicas e químicas.

Art. 6º A qualquer tempo, existindo evidência científica consistente de perigo de dano grave e irreversível à diversidade biológica, decorrente de atividades praticadas na forma desta Medida Provisória, o Poder Público, por intermédio do Conselho de Gestão do Patrimônio Genético, previsto no art. 10, com base em critérios e parecer técnico, determinará medidas destinadas a impedir o dano, podendo, inclusive, sustar a atividade, respeitada a competência do órgão responsável pela biossegurança de organismos geneticamente modificados.

CAPÍTULO II
DAS DEFINIÇÕES

Art. 7º Além dos conceitos e das definições constantes da Convenção sobre Diversidade Biológica, considera-se para os fins desta Medida Provisória:

I — patrimônio genético: informação de origem genética, contida em amostras do todo ou de parte de espécime vegetal, fúngico, microbiano ou animal, na forma de moléculas e substâncias provenientes do metabolismo destes seres vivos e de extratos obtidos destes organismos vivos ou mortos, encontrados em condições **in situ**, inclusive domesticados, ou mantidos em coleções **ex situ**, desde que coletados em condições **in situ** no território nacional, na plataforma continental ou na zona econômica exclusiva;

II — conhecimento tradicional associado: informação ou prática individual ou coletiva de comunidade indígena ou de comunidade local, com valor real ou potencial, associada ao patrimônio genético;

III — comunidade local: grupo humano, incluindo remanescentes de comunidades de quilombos, distinto por suas condições culturais, que se organiza, tradicionalmente, por gerações sucessivas e costumes próprios, e que conserva suas instituições sociais e econômicas;

IV — acesso ao patrimônio genético: obtenção de amostra de componente do patrimônio genético para fins de pesquisa científica, desenvolvimento tecnológico ou bioprospecção, visando a sua aplicação industrial ou de outra natureza;

V — acesso ao conhecimento tradicional associado: obtenção de informação sobre conhecimento ou prática individual ou coletiva, associada ao patrimônio genético, de comunidade indígena ou de comunidade local, para fins de pesquisa científica, desenvolvimento tecnológico ou bioprospecção, visando sua aplicação industrial ou de outra natureza;

VI — acesso à tecnologia e transferência de tecnologia: ação que tenha por objetivo o acesso, o desenvolvimento e a transferência de tecnologia para a conservação e a utilização da diversidade biológica ou tecnologia desenvolvida a partir de amostra de componente do patrimônio genético ou do conhecimento tradicional associado;

VII — bioprospecção: atividade exploratória que visa identificar componente do patrimônio genético e informação sobre conhecimento tradicional associado, com potencial de uso comercial;

VIII — espécie ameaçada de extinção: espécie com alto risco de desaparecimento na natureza em futuro próximo, assim reconhecida pela autoridade competente;

IX — espécie domesticada: aquela em cujo processo de evolução influiu o ser humano para atender às suas necessidades;

X — Autorização de Acesso e de Remessa: documento que permite, sob condições específicas, o acesso a amostra de componente do patrimônio genético e sua remessa à instituição destinatária e o acesso a conhecimento tradicional associado;

XI — Autorização Especial de Acesso e de Remessa: documento que permite, sob condições específicas, o acesso a amostra de componente do patrimônio genético e sua remessa à instituição destinatária e o acesso a conhecimento tradicional associado, com prazo de duração de até dois anos, renovável por iguais períodos;

XII — Termo de Transferência de Material: instrumento de adesão a ser firmado pela instituição destinatária antes da remessa de qualquer amostra de componente do patrimônio genético, indicando, quando for o caso, se houve acesso a conhecimento tradicional associado;

XIII — Contrato de Utilização do Patrimônio Genético e de Repartição de Benefícios: instrumento jurídico multilateral, que qualifica as partes, o objeto e as condições de acesso e de remessa de componente do patrimônio genético e de conhecimento tradicional associado, bem como as condições para repartição de benefícios;

XIV — condição **ex situ**: manutenção de amostra de componente do patrimônio genético fora de seu habitat natural, em coleções vivas ou mortas.

CAPÍTULO III
DA PROTEÇÃO AO CONHECIMENTO TRADICIONAL ASSOCIADO

Art. 8º Fica protegido por esta Medida Provisória o conhecimento tradicional das comunidades indígenas e das comunidades locais, associado ao patrimônio genético, contra a utilização e exploração ilícita e outras ações lesivas ou não autorizadas pelo Conselho de Gestão de que trata o art. 10, ou por instituição credenciada.

§ 1º O Estado reconhece o direito das comunidades indígenas e das comunidades locais para decidir sobre o uso de seus conhecimentos tradicionais associados ao patrimônio genético do País, nos termos desta Medida Provisória e do seu regulamento.

§ 2º O conhecimento tradicional associado ao patrimônio genético de que trata esta Medida Provisória integra o patrimônio cultural brasileiro e poderá ser objeto de cadastro, conforme dispuser o Conselho de Gestão ou legislação específica.

§ 3º A proteção outorgada por esta Medida Provisória não poderá ser interpretada de modo a obstar a preservação, a utilização e o desenvolvimento de conhecimento tradicional de comunidade indígena ou comunidade local.

§ 4º A proteção ora instituída não afetará, prejudicará ou limitará direitos relativos à propriedade intelectual.

Art. 9º À comunidade indígena e à comunidade local que criam, desenvolvem, detêm ou conservam conhecimento tradicional associado ao patrimônio genético, é garantido o direito de:

I — ter indicada a origem do acesso ao conhecimento tradicional em todas as publicações, utilizações, explorações e divulgações;

II — impedir terceiros não autorizados de:

a) utilizar, realizar testes, pesquisas ou exploração, relacionados ao conhecimento tradicional associado;

b) divulgar, transmitir ou retransmitir dados ou informações que integram ou constituem conhecimento tradicional associado;

III — perceber benefícios pela exploração econômica por terceiros, direta ou indiretamente, de conhecimento tradicional associado, cujos direitos são de sua titularidade, nos termos desta Medida Provisória.

Parágrafo único. Para efeito desta Medida Provisória, qualquer conhecimento tradicional associado ao patrimônio genético poderá ser de titularidade da comunidade, ainda que apenas um indivíduo, membro dessa comunidade, detenha esse conhecimento.

CAPÍTULO IV
DAS COMPETÊNCIAS E ATRIBUIÇÕES INSTITUCIONAIS

Art. 10. Fica criado, no âmbito do Ministério do Meio Ambiente, o Conselho de Gestão do Patrimônio Genético, de caráter deliberativo e normativo, composto de representantes de órgãos e de entidades da Administração Pública Federal que detêm competência sobre as diversas ações de que trata esta Medida Provisória.

§ 1º O Conselho de Gestão será presidido pelo representante do Ministério do Meio Ambiente.

§ 2º O Conselho de Gestão terá sua composição e seu funcionamento dispostos no regulamento.

Art. 11. Compete ao Conselho de Gestão:

I — coordenar a implementação de políticas para a gestão do patrimônio genético;

II — estabelecer:

a) normas técnicas;

b) critérios para as autorizações de acesso e de remessa;

c) diretrizes para elaboração do Contrato de Utilização do Patrimônio Genético e de Repartição de Benefícios;

d) critérios para a criação de base de dados para o registro de informação sobre conhecimento tradicional associado;

III — acompanhar, em articulação com órgãos federais, ou mediante convênio com outras instituições, as atividades de acesso e de remessa de amostra de componente do patrimônio genético e de acesso a conhecimento tradicional associado;

IV — deliberar sobre:

a) autorização de acesso e de remessa de amostra de componente do patrimônio genético, mediante anuência prévia de seu titular;

b) autorização de acesso a conhecimento tradicional associado, mediante anuência prévia de seu titular;

c) autorização especial de acesso e de remessa de amostra de componente do patrimônio genético à instituição nacional, pública ou privada, que exerça atividade de pesquisa e desenvolvimento nas áreas biológicas e afins, e à universidade nacional, pública ou privada, com prazo de duração de até dois anos, renovável por iguais períodos, nos termos do regulamento;

d) autorização especial de acesso a conhecimento tradicional associado à instituição nacional, pública ou privada, que exerça atividade de pesquisa e desenvolvimento nas áreas biológicas e afins, e à universidade nacional, pública ou privada, com prazo de duração de até dois anos, renovável por iguais períodos, nos termos do regulamento;

e) credenciamento de instituição pública nacional de pesquisa e desenvolvimento ou de instituição pública federal de gestão para autorizar outra instituição nacional, pública ou privada, que exerça atividade de pesquisa e desenvolvimento nas áreas biológicas e afins:

1. a acessar amostra de componente do patrimônio genético e de conhecimento tradicional associado;

2. a remeter amostra de componente do patrimônio genético para instituição nacional, pública ou privada, ou para instituição sediada no exterior;

f) credenciamento de instituição pública nacional para ser fiel depositária de amostra de componente do patrimônio genético;

V — dar anuência aos Contratos de Utilização do Patrimônio Genético e de Repartição de Benefícios quanto ao atendimento dos requisitos previstos nesta Medida Provisória e no seu regulamento;

VI — promover debates e consultas públicas sobre os temas de que trata esta Medida Provisória;

VII — funcionar como instância superior de recurso em relação a decisão de instituição credenciada e dos atos decorrentes da aplicação desta Medida Provisória;

VIII — aprovar seu regimento interno.

§ 1º Das decisões do Conselho de Gestão caberá recurso ao plenário, na forma do regulamento.

§ 2º O Conselho de Gestão poderá organizar-se em câmaras temáticas, para subsidiar decisões do plenário.

Art. 12. A atividade de coleta de componente do patrimônio genético e de acesso a conhecimento tradicional associado, que contribua para o avanço do conhecimento e que não esteja associada à bioprospecção, quando envolver a participação de pessoa jurídica estrangeira, será autorizada pelo órgão responsável pela política nacional de pesquisa científica e tecnológica, observadas as determinações desta Medida Provisória e a legislação vigente.

Parágrafo único. A autorização prevista no **caput** deste artigo observará as normas técnicas definidas pelo Conselho de Gestão, o qual exercerá supervisão dessas atividades.

Art. 13. Compete ao Presidente do Conselho de Gestão firmar, em nome da União, Contrato de Utilização do Patrimônio Genético e de Repartição de Benefícios.

§ 1º Mantida a competência de que trata o **caput** deste artigo, o Presidente do Conselho de Gestão subdelegará ao titular de instituição pública federal de pesquisa e desenvolvimento ou instituição pública federal de gestão a competência prevista no **caput** deste artigo, conforme sua respectiva área de atuação.

§ 2º Quando a instituição prevista no parágrafo anterior for parte interessada no contrato, este será firmado pelo Presidente do Conselho de Gestão.

Art. 14. Caberá à instituição credenciada de que tratam os números 1 e 2 da alínea "e" do inciso IV do art. 11 desta Medida Provisória uma ou mais das seguintes atribuições, observadas as diretrizes do Conselho de Gestão:

I — analisar requerimento e emitir, a terceiros, autorização:

a) de acesso a amostra de componente do patrimônio genético existente em condições *in situ* no território nacional, na plataforma continental e na zona econômica exclusiva, mediante anuência prévia de seus titulares;

b) de acesso a conhecimento tradicional associado, mediante anuência prévia dos titulares da área;

c) de remessa de amostra de componente do patrimônio genético para instituição nacional, pública ou privada, ou para instituição sediada no exterior;

II — acompanhar, em articulação com órgãos federais, ou mediante convênio com outras instituições, as atividades de acesso e de remessa de amostra de componente do patrimônio genético e de acesso a conhecimento tradicional associado;

III — criar e manter:

a) cadastro de coleções **ex situ**, conforme previsto no art. 18 desta Medida Provisória;

b) base de dados para registro de informações obtidas durante a coleta de amostra de componente do patrimônio genético;

c) base de dados relativos às Autorizações de Acesso e de Remessa, aos Termos de Transferência de Material e aos Contratos de Utilização do Patrimônio Genético e de Repartição de Benefícios, na forma do regulamento;

IV — divulgar, periodicamente, lista das Autorizações de Acesso e de Remessa, dos Termos de Transferência de Material e dos Contratos de Utilização do Patrimônio Genético e de Repartição de Benefícios;

V — acompanhar a implementação dos Termos de Transferência de Material e dos Contratos de Utilização do Patrimônio Genético e de Repartição de Benefícios referente aos processos por ela autorizados.

§ 1º A instituição credenciada deverá, anualmente, mediante relatório, dar conhecimento pleno ao Conselho de Gestão sobre a atividade realizada e repassar cópia das bases de dados à unidade executora prevista no art. 15.

§ 2º A instituição credenciada, na forma do art. 11, deverá observar o cumprimento das disposições desta Medida Provisória, do seu regulamento e das decisões do Conselho de Gestão, sob pena de seu descredenciamento, ficando, ainda, sujeita à aplicação, no que couber, das penalidades previstas no art. 30 e na legislação vigente.

Art. 15. Fica autorizada a criação, no âmbito do Ministério do Meio Ambiente, de unidade executora que exercerá a função de secretaria executiva do Conselho de Gestão, de que trata o art. 10 desta Medida Provisória, com as seguintes atribuições, dentre outras:

I — implementar as deliberações do Conselho de Gestão;

II — dar suporte às instituições credenciadas;

III — emitir, de acordo com deliberação do Conselho de Gestão e em seu nome:

a) Autorização de Acesso e de Remessa;

b) Autorização Especial de Acesso e de Remessa;

IV — acompanhar, em articulação com os demais órgãos federais, as atividades de acesso e de remessa de amostra de componente do patrimônio genético e de acesso a conhecimento tradicional associado;

V — credenciar, de acordo com deliberação do Conselho de Gestão e em seu nome, instituição pública nacional de pesquisa e desenvolvimento ou instituição pública federal de gestão para autorizar instituição nacional, pública ou privada:

a) a acessar amostra de componente do patrimônio genético e de conhecimento tradicional associado;

b) a enviar amostra de componente do patrimônio genético para instituição nacional, pública ou privada, ou para instituição sediada no exterior, respeitadas as exigências do art. 19 desta Medida Provisória;

VI — credenciar, de acordo com deliberação do Conselho de Gestão e em seu nome, instituição pública nacional para ser fiel depositária de amostra de componente do patrimônio genético;

VII — registrar os Contratos de Utilização do Patrimônio Genético e de Repartição de Benefícios, após anuência do Conselho de Gestão;

VIII — divulgar lista de espécies de intercâmbio facilitado constantes de acordos internacionais, inclusive sobre segurança alimentar, dos quais o País seja signatário, de acordo com o § 2° do art. 19 desta Medida Provisória;

IX — criar e manter:

a) cadastro de coleções *ex situ*, conforme previsto no art. 18;

b) base de dados para registro de informações obtidas durante a coleta de amostra de componente do patrimônio genético;

c) base de dados relativos às Autorizações de Acesso e de Remessa, aos Termos de Transferência de Material e aos Contratos de Utilização do Patrimônio Genético e de Repartição de Benefícios;

X — divulgar, periodicamente, lista das Autorizações de Acesso e de Remessa, dos Termos de Transferência de Material e dos Contratos de Utilização do Patrimônio Genético e de Repartição de Benefícios.

CAPÍTULO V
DO ACESSO E DA REMESSA

Art. 16. O acesso a componente do patrimônio genético existente em condições **in situ** no território nacional, na plataforma continental e na zona econômica exclusiva, e ao conhecimento tradicional associado far-se-á mediante a coleta de amostra e de informação, respectivamente, e somente será autorizado a instituição nacional, pública ou privada, que exerça atividades de pesquisa e desenvolvimento nas áreas biológicas e afins, mediante prévia autorização, na forma desta Medida Provisória.

§ 1° O responsável pela expedição de coleta deverá, ao término de suas atividades em cada área acessada, assinar com o seu titular ou representante declaração contendo listagem do material acessado, na forma do regulamento.

§ 2° Excepcionalmente, nos casos em que o titular da área ou seu representante não for identificado ou localizado por ocasião da expedição de coleta, a declaração contendo listagem do material acessado deverá ser assinada pelo responsável pela expedição e encaminhada ao Conselho de Gestão.

§ 3° Sub-amostra representativa de cada população componente do patrimônio genético acessada deve ser depositada em condição **ex situ** em instituição credenciada como fiel depositária, de que trata a alínea "f" do inciso IV do art. 11 desta Medida Provisória, na forma do regulamento.

§ 4° Quando houver perspectiva de uso comercial, o acesso a amostra de componente do patrimônio genético, em condições **in situ**, e ao conhecimento tradicional associado só poderá ocorrer após assinatura de Contrato de Utilização do Patrimônio Genético e de Repartição de Benefícios.

§ 5º Caso seja identificado potencial de uso econômico, de produto ou processo, passível ou não de proteção intelectual, originado de amostra de componente do patrimônio genético e de informação oriunda de conhecimento tradicional associado, acessado com base em autorização que não estabeleceu esta hipótese, a instituição beneficiária obriga-se a comunicar ao Conselho de Gestão ou a instituição onde se originou o processo de acesso e de remessa, para a formalização de Contrato de Utilização do Patrimônio Genético e de Repartição de Benefícios.

§ 6º A participação de pessoa jurídica estrangeira em expedição para coleta de amostra de componente do patrimônio genético **in situ** e para acesso de conhecimento tradicional associado somente será autorizada quando em conjunto com instituição pública nacional, ficando a coordenação das atividades obrigatoriamente a cargo desta última e desde que todas as instituições envolvidas exerçam atividades de pesquisa e desenvolvimento nas áreas biológicas e afins.

§ 7º A pesquisa sobre componentes do patrimônio genético deve ser realizada preferencialmente no território nacional.

§ 8º A Autorização de Acesso e de Remessa de amostra de componente do patrimônio genético de espécie de endemismo estrito ou ameaçada de extinção dependerá da anuência prévia do órgão competente.

§ 9º A Autorização de Acesso e de Remessa dar-se-á após a anuência prévia:

I — da comunidade indígena envolvida, ouvido o órgão indigenista oficial, quando o acesso ocorrer em terra indígena;

II — do órgão competente, quando o acesso ocorrer em área protegida;

III — do titular de área privada, quando o acesso nela ocorrer;

IV — do Conselho de Defesa Nacional, quando o acesso se der em área indispensável à segurança nacional;

V — da autoridade marítima, quando o acesso se der em águas jurisdicionais brasileiras, na plataforma continental e na zona econômica exclusiva.

§ 10. O detentor de Autorização de Acesso e de Remessa de que tratam os incisos I a V do § 9º deste artigo fica responsável a ressarcir o titular da área por eventuais danos ou prejuízos, desde que devidamente comprovados.

§ 11. A instituição detentora de Autorização Especial de Acesso e de Remessa encaminhará ao Conselho de Gestão as anuências de que tratam os §§ 8º e 9º deste artigo antes ou por ocasião das expedições de coleta a serem efetuadas durante o período de vigência da Autorização, cujo descumprimento acarretará o seu cancelamento.

Art. 17. Em caso de relevante interesse público, assim caracterizado pelo Conselho de Gestão, o ingresso em área pública ou privada para acesso a amostra de componente do patrimônio genético dispensará anuência prévia dos seus titulares, garantido a estes o disposto nos arts. 24 e 25 desta Medida Provisória.

§ 1º No caso previsto no **caput** deste artigo, a comunidade indígena, a comunidade local ou o proprietário deverá ser previamente informado.

§ 2º Em se tratando de terra indígena, observar-se-á o disposto no § 6º do art. 231 da Constituição Federal.

Art. 18. A conservação **ex situ** de amostra de componente do patrimônio genético deve ser realizada no território nacional, podendo, suplementarmente, a critério do Conselho de Gestão, ser realizada no exterior.

§ 1º As coleções **ex situ** de amostra de componente do patrimônio genético deverão ser cadastradas junto à unidade executora do Conselho de Gestão, conforme dispuser o regulamento.

§ 2º O Conselho de Gestão poderá delegar o cadastramento de que trata o § 1º deste artigo a uma ou mais instituições credenciadas na forma das alíneas "d" e "e" do inciso IV do art. 11 desta Medida Provisória.

Art. 19. A remessa de amostra de componente do patrimônio genético de instituição nacional, pública ou privada, para outra instituição nacional, pública ou privada, será efetuada a partir de material em condições **ex situ**, mediante a informação do uso pretendido, observado o cumprimento cumulativo das seguintes condições, além de outras que o Conselho de Gestão venha a estabelecer:

I — depósito de sub-amostra representativa de componente do patrimônio genético em coleção mantida por instituição credenciada, caso ainda não tenha sido cumprido o disposto no § 3º do art. 16 desta Medida Provisória;

II — nos casos de amostra de componente do patrimônio genético acessado em condições **in situ**, antes da edição desta Medida Provisória, o depósito de que trata o inciso anterior será feito na forma acessada, se ainda disponível, nos termos do regulamento;

III — fornecimento de informação obtida durante a coleta de amostra de componente do patrimônio genético para registro em base de dados mencionada na alínea "b" do inciso III do art. 14 e alínea "b" do inciso IX do art. 15 desta Medida Provisória;

IV — prévia assinatura de Termo de Transferência de Material.

§ 1º Sempre que houver perspectiva de uso comercial de produto ou processo resultante da utilização de componente do patrimônio genético será necessária a prévia assinatura de Contrato de Utilização do Patrimônio Genético e de Repartição de Benefícios.

§ 2º A remessa de amostra de componente do patrimônio genético de espécies consideradas de intercâmbio facilitado em acordos internacionais, inclusive sobre segurança alimentar, dos quais o País seja signatário, deverá ser efetuada em conformidade com as condições neles definidas, mantidas as exigências deles constantes.

§ 3º A remessa de qualquer amostra de componente do patrimônio genético de instituição nacional, pública ou privada, para instituição sediada no exterior, será efetuada a partir de material em condições *ex situ*, mediante a informação do uso pretendido e a prévia autorização do Conselho de Gestão ou de instituição credenciada, observado o cumprimento cumulativo das condições estabelecidas nos incisos I a IV e §§ 1º e 2º deste artigo.

Art. 20. O Termo de Transferência de Material terá seu modelo aprovado pelo Conselho de Gestão.

CAPÍTULO VI
DO ACESSO À TECNOLOGIA E TRANSFERÊNCIA DE TECNOLOGIA

Art. 21. A instituição que receber amostra de componente do patrimônio genético ou conhecimento tradicional associado facilitará o acesso à tecnologia e transferência de tecnologia para a conservação e utilização desse patrimônio ou desse conhecimento à instituição nacional responsável pelo acesso e remessa da amostra e da informação sobre o conhecimento, ou instituição por ela indicada.

Art. 22. O acesso à tecnologia e transferência de tecnologia entre instituição nacional de pesquisa e desenvolvimento, pública ou privada, e instituição sediada no exterior, poderá realizar-se, dentre outras atividades, mediante:

I — pesquisa científica e desenvolvimento tecnológico;
II — formação e capacitação de recursos humanos;
III — intercâmbio de informações;
IV — intercâmbio entre instituição nacional de pesquisa e instituição de pesquisa sediada no exterior;
V — consolidação de infra-estrutura de pesquisa científica e de desenvolvimento tecnológico;
VI — exploração econômica, em parceria, de processo e produto derivado do uso de componente do patrimônio genético; e
VII — estabelecimento de empreendimento conjunto de base tecnológica.

Art. 23. A empresa que, no processo de garantir o acesso à tecnologia e transferência de tecnologia à instituição nacional, pública ou privada, responsável pelo acesso e remessa de amostra de componente do patrimônio genético e pelo acesso à informação sobre conhecimento tradicional associado, investir em atividade de pesquisa e desenvolvimento no País, fará jus a incentivo fiscal para a capacitação tecnológica da indústria e da agropecuária, e a outros instrumentos de estímulo, na forma da legislação pertinente.

CAPÍTULO VII
DA REPARTIÇÃO DE BENEFÍCIOS

Art. 24. Os benefícios resultantes da exploração econômica de produto ou processo desenvolvido a partir de amostra de componente do patrimônio genético e de conhecimento tradicional associado, obtidos por instituição nacional ou instituição sediada no exterior, serão repartidos, de forma justa e eqüitativa, entre as partes contratantes, conforme dispuser o regulamento e a legislação pertinente.

Parágrafo único. À União, quando não for parte no Contrato de Utilização do Patrimônio Genético e de Repartição de Benefícios, será assegurada, no que couber, a participação nos benefícios a que se refere o **caput** deste artigo, na forma do regulamento.

Art. 25. Os benefícios decorrentes da exploração econômica de produto ou processo, desenvolvido a partir de amostra do patrimônio genético ou de conhecimento tradicional associado, poderão constituir-se, dentre outros, de:

I — divisão de lucros;
II — pagamento de *royalties;*
III — acesso e transferência de tecnologias;
IV — licenciamento, livre de ônus, de produtos e processos; e
V — capacitação de recursos humanos.

Art. 26. A exploração econômica de produto ou processo desenvolvido a partir de amostra de componente do patrimônio genético ou de conhecimento tradicional associado, acessada em desacordo com as disposições desta Medida Provisória, sujeitará o infrator ao pagamento de indenização correspondente a, no mínimo, vinte por cento do faturamento bruto obtido na comercialização de produto ou de *royalties* obtidos de terceiros pelo infrator, em decorrência de licenciamento de produto ou processo ou do uso da tecnologia, protegidos ou não por propriedade intelectual, sem prejuízo das sanções administrativas e penais cabíveis.

Art. 27. O Contrato de Utilização do Patrimônio Genético e de Repartição de Benefícios deverá indicar e qualificar com clareza as partes contratantes, sendo, de um lado, o proprietário da área pública ou privada, ou o representante da comunidade indígena e do órgão indigenista oficial, ou o representante da comunidade local e, de outro, a instituição nacional autorizada a efetuar o acesso e a instituição destinatária.

Art. 28. São cláusulas essenciais do Contrato de Utilização do Patrimônio Genético e de Repartição de Benefícios, na forma do regulamento, sem prejuízo de outras, as que disponham sobre:

I — objeto, seus elementos, quantificação da amostra e uso pretendido;
II — prazo de duração;
III — forma de repartição justa e eqüitativa de benefícios e, quando for o caso, acesso à tecnologia e transferência de tecnologia;
IV — direitos e responsabilidades das partes;
V — direito de propriedade intelectual;
VI — rescisão;
VII — penalidades;
VIII — foro no Brasil.

Parágrafo único. Quando a União for parte, o contrato referido no **caput** deste artigo reger-se-á pelo regime jurídico de direito público.

Art. 29. Os Contratos de Utilização do Patrimônio Genético e de Repartição de Benefícios serão submetidos para registro no Conselho de Gestão e só terão eficácia após sua anuência.

Parágrafo único. Serão nulos, não gerando qualquer efeito jurídico, os Contratos de Utilização do Patrimônio Genético e de Repartição de Benefícios firmados em desacordo com os dispositivos desta Medida Provisória e de seu regulamento.

CAPÍTULO VIII
DAS SANÇÕES ADMINISTRATIVAS

Art. 30. Considera-se infração administrativa contra o patrimônio genético ou ao conhecimento tradicional associado toda ação ou omissão que viole as normas desta Medida Provisória e demais disposições legais pertinentes.

§ 1º As infrações administrativas serão punidas na forma estabelecida no regulamento desta Medida Provisória, com as seguintes sanções:

I — advertência;

II — multa;

III — apreensão das amostras de componentes do patrimônio genético e dos instrumentos utilizados na coleta ou no processamento ou dos produtos obtidos a partir de informação sobre conhecimento tradicional associado;

IV — apreensão dos produtos derivados de amostra de componente do patrimônio genético ou do conhecimento tradicional associado;

V — suspensão da venda do produto derivado de amostra de componente do patrimônio genético ou do conhecimento tradicional associado e sua apreensão;

VI — embargo da atividade;

VII — interdição parcial ou total do estabelecimento, atividade ou empreendimento;

VIII — suspensão de registro, patente, licença ou autorização;

IX — cancelamento de registro, patente, licença ou autorização;

X — perda ou restrição de incentivo e benefício fiscal concedidos pelo governo;

XI — perda ou suspensão da participação em linha de financiamento em estabelecimento oficial de crédito;

XII — intervenção no estabelecimento;

XIII — proibição de contratar com a Administração Pública, por período de até cinco anos.

§ 2º As amostras, os produtos e os instrumentos de que tratam os incisos III, IV e V do § 1º deste artigo, terão sua destinação definida pelo Conselho de Gestão.

§ 3º As sanções estabelecidas neste artigo serão aplicadas na forma processual estabelecida no regulamento desta Medida Provisória, sem prejuízo das sanções civis ou penais cabíveis.

§ 4º A multa de que trata o inciso II do § 1º deste artigo será arbitrada pela autoridade competente, de acordo com a gravidade da infração e na forma do regulamento, podendo variar de R$ 200,00 (duzentos reais) a R$ 100.000,00 (cem mil reais), quando se tratar de pessoa física.

§ 5º Se a infração for cometida por pessoa jurídica, ou com seu concurso, a multa será de R$ 10.000,00 (dez mil reais) a R$ 50.000.000,00 (cinqüenta milhões de reais), arbitrada pela autoridade competente, de acordo com a gravidade da infração, na forma do regulamento.

§ 6º Em caso de reincidência, a multa será aplicada em dobro.

CAPÍTULO IX
DAS DISPOSIÇÕES FINAIS

Art. 31. A concessão de direito de propriedade industrial pelos órgãos competentes, sobre processo ou produto obtido a partir de amostra de componente do patrimônio genético, fica condicionada à observância desta Medida Provisória, devendo o requerente informar a origem do material genético e do conhecimento tradicional associado, quando for o caso.

Art. 32. Os órgãos federais competentes exercerão a fiscalização, a interceptação e a apreensão de amostra de componente do patrimônio genético ou de produto obtido a partir de informação sobre conhecimento tradicional associado, acessados em desacordo com as disposições desta Medida Provisória, podendo, ainda, tais atividades serem descentralizadas, mediante convênios, de acordo com o regulamento.

Art. 33. A parcela dos lucros e dos *royalties* devidos à União, resultantes da exploração econômica de processo ou produto desenvolvido a partir de amostra de componente do patrimônio genético, bem como o valor das multas e indenizações de que trata esta Medida Provisória serão destinados ao Fundo Nacional do Meio Ambiente, criado pela Lei n$^{\underline{o}}$ 7.797, de 10 de julho de 1989, ao Fundo Naval, criado pelo Decreto n$^{\underline{o}}$ 20.923, de 8 de janeiro de 1932, e ao Fundo Nacional de Desenvolvimento Científico e Tecnológico, criado pelo Decreto-Lei n$^{\underline{o}}$ 719, de 31 de julho de 1969, e restabelecido pela Lei n$^{\underline{o}}$ 8.172, de 18 de janeiro de 1991, na forma do regulamento.

Parágrafo único. Os recursos de que trata este artigo serão utilizados exclusivamente na conservação da diversidade biológica, incluindo a recuperação, criação e manutenção de bancos depositários, no fomento à pesquisa científica, no desenvolvimento tecnológico associado ao patrimônio genético e na capacitação de recursos humanos associados ao desenvolvimento das atividades relacionadas ao uso e à conservação do patrimônio genético.

Art. 34. A pessoa que utiliza ou explora economicamente componentes do patrimônio genético e conhecimento tradicional associado deverá adequar suas atividades às normas desta Medida Provisória e do seu regulamento.

Art. 35. O Poder Executivo regulamentará esta Medida Provisória até 30 de dezembro de 2001.

Art. 36. As disposições desta Medida Provisória não se aplicam à matéria regulada pela

Art. 37. Ficam convalidados os atos praticados com base na Medida Provisória n$^{\underline{o}}$ 2.186-15, de 26 de julho de 2001.

Art. 38. Esta Medida Provisória entra em vigor na data de sua publicação.
Brasília, 23 de agosto de 2001; 180$^{\underline{o}}$ da Independência e 113$^{\underline{o}}$ da República.
FERNANDO HENRIQUE CARDOSO
José Gregori
José Serra
Ronaldo Mota Sardenberg
José Sarney Filho
Este texto não substitui o publicado no D.O.U. de 24.8.2001

LEI Nº 10.332, DE 19 DE DEZEMBRO DE 2001.

Institui mecanismo de financiamento para o Programa de Ciência e Tecnologia para o Agronegócio, para o Programa de Fomento à Pesquisa em Saúde, para o Programa Biotecnologia e Recursos Genéticos — Genoma, para o Programa de Ciência e Tecnologia para o Setor Aeronáutico e para o Programa de Inovação para Competitividade, e dá outras providências.

O PRESIDENTE DA REPÚBLICA Faço saber que o Congresso Nacional decreta e eu sanciono a seguinte Lei:

Art. 1º Do total da arrecadação da Contribuição de Intervenção no Domínio Econômico, instituída pela Lei nº 10.168, de 29 de dezembro de 2000, serão destinados, a partir de 1º de janeiro de 2002:

I — 17,5% (dezessete inteiros e cinco décimos por cento) ao Programa de Ciência e Tecnologia para o Agronegócio;

II — 17,5% (dezessete inteiros e cinco décimos por cento) ao Programa de Fomento à Pesquisa em Saúde;

III — 7,5% (sete inteiros e cinco décimos por cento) ao Programa Biotecnologia e Recursos Genéticos — Genoma;

IV — 7,5% (sete inteiros e cinco décimos por cento) ao Programa de Ciência e Tecnologia para o Setor Aeronáutico;

V — 10% (dez por cento) ao Programa de Inovação para Competitividade.

Art. 2º Os Programas referidos no art. 1º desta Lei, previstos na Lei nº 9.989, de 21 de julho de 2000, objetivam incentivar o desenvolvimento científico e tecnológico brasileiro, por meio de financiamento de atividades de pesquisa e desenvolvimento científico-tecnológico de interesse das áreas do agronegócio, da saúde, da biotecnologia e recursos genéticos, do setor aeronáutico e da inovação para a competitividade.

§ 1º As parcelas de recursos destinadas ao financiamento dos Programas referidos no *caput* do art. 1º serão alocadas ao Fundo Nacional de Desenvolvimento Científico e Tecnológico — FNDCT, criado pelo Decreto-Lei nº 719, de 31 de julho de 1969, e restabelecido pela Lei nº 8.172, de 18 de janeiro de 1991, em categorias de programação específicas.

§ 2º No mínimo 30% (trinta por cento) dos recursos de cada Programa serão destinados a projetos desenvolvidos por empresas e instituições de ensino e pesquisa sediadas nas regiões Norte, Nordeste e Centro-Oeste, incluindo as respectivas áreas de abrangência das Agências de Desenvolvimento Regionais.

Art. 3º Os recursos destinados ao Programa de Inovação para Competitividade, previstos no inciso V do art. 1º e no art. 5º desta Lei, serão utilizados para:

I — estímulo ao desenvolvimento tecnológico empresarial, por meio de programas de pesquisa científica e tecnológica cooperativa entre universidades, centros de pesquisas e o setor produtivo;

II — a equalização dos encargos financeiros incidentes nas operações de financiamento à inovação tecnológica, com recursos da Financiadora de Estudos e Projetos — Finep;

III — a participação minoritária no capital de microempresas e pequenas empresas de base tecnológica e fundos de investimento, através da Finep;

IV — a concessão de subvenção econômica a empresas que estejam executando Programas de Desenvolvimento Tecnológico Industrial — PDTI ou Programas de Desenvolvimento Tecnológico Agropecuário — PDTA, aprovados em conformidade com a Lei nº 8.661, de 2 de junho de 1993; e

V — a constituição de uma reserva técnica para viabilizar a liquidez dos investimentos privados em fundos de investimento em empresas de base tecnológica, por intermédio da Finep, conforme disposto em regulamento.

§ 1º O Poder Executivo regulamentará a subvenção econômica de que trata o inciso IV deste artigo, observado o limite de até 50% (cinqüenta por cento) do total dos investimentos de custeio realizados na execução dos PDTI ou PDTA, e fixará os limites máximos admissíveis para fins da equalização, da participação no capital e da constituição da reserva técnica, previstos nos incisos II, III e V deste artigo.

§ 2º A regulamentação da subvenção econômica de que trata o inciso IV e dos demais instrumentos do Programa de Inovação para Competitividade dará prioridade aos processos de inovação, agregação de valor e aumento da competitividade do setor empresarial.

Art. 4º Serão constituídos, no âmbito do Ministério da Ciência e Tecnologia, comitês gestores com a finalidade de estabelecer as diretrizes gerais e definir os planos anuais de investimentos, acompanhar a implementação das ações e avaliar os resultados alcançados, relativamente aos Programas de que trata esta Lei.

§ 1º Os comitês gestores serão compostos por representantes do Governo Federal, do setor industrial e do segmento acadêmico-científico.

§ 2º A participação nos comitês gestores não será remunerada.

§ 3º As despesas operacionais, de planejamento, prospecção, acompanhamento, avaliação e divulgação de resultados, relativas à manutenção dos Programas previstos no art. 1º desta Lei, não poderão ultrapassar o montante correspondente a 5% (cinco por cento) dos respectivos orçamentos anuais.

Art. 5º A proposta orçamentária anual da União destinará ao Programa de Estímulo à Interação Universidade-Empresa para o Apoio à Inovação, instituído pela Lei nº 10.168, de 2000, recursos não inferiores ao equivalente a 43% (quarenta e três por cento) da receita estimada da arrecadação do Imposto sobre Produtos Industrializados — IPI incidente sobre os bens e produtos beneficiados com os incentivos fiscais previstos na Lei nº 10.176, de 11 de janeiro de 2001.

Parágrafo único. Os recursos de que trata o *caput* deste artigo serão adicionais àqueles previstos no art. 2º da Lei nº 10.168, de 2000, devendo ser alocados ao FNDCT, na forma prevista em regulamento.

Art. 6º O art. 2º da Lei nº 10.168, de 2000, passa a vigorar com a seguinte redação:

"Art. 2º ....
....

§ 2º A partir de 1º de janeiro de 2002, a contribuição de que trata o *caput* deste artigo passa a ser devida também pelas pessoas jurídicas signatárias de contratos que tenham por objeto serviços técnicos e de assistência administrativa e semelhantes a serem prestados por residentes ou domiciliados no exterior, bem assim pelas pessoas jurídicas que pagarem, creditarem, entregarem, empregarem ou remeterem *royalties*, a qualquer título, a beneficiários residentes ou domiciliados no exterior.

§ 3º A contribuição incidirá sobre os valores pagos, creditados, entregues, empregados ou remetidos, a cada mês, a residentes ou domiciliados no exterior, a título de remuneração decorrente das obrigações indicadas no *caput* e no § 2º deste artigo.

§ 4º A alíquota da contribuição será de 10% (dez por cento).

§ 5º O pagamento da contribuição será efetuado até o último dia útil da quinzena subseqüente ao mês de ocorrência do fato gerador." (NR)

Art. 7º A Lei nº 10.168, de 2000, passa a vigorar acrescida do seguinte art. 2º-A:

"Art. 2º-A. Fica reduzida para 15% (quinze por cento), a partir de 1º de janeiro de 2002, a alíquota do imposto de renda na fonte incidente sobre as importâncias pagas, creditadas, entregues, empregadas ou remetidas ao exterior a título de remuneração de serviços de assistência administrativa e semelhantes."

Art. 8º O art. 2º da Lei nº 10.052, de 28 de novembro de 2000, passa a vigorar acrescido do seguinte parágrafo:

"Art. 2º ....
....

§ 9º As despesas operacionais de planejamento, prospecção, análise e estruturação de operações, contratação, aplicação de recursos, acompanhamento de operações contratadas, avaliação de operações e divulgação de resultados, necessárias à implantação e manutenção das atividades do Funttel, não poderão ultrapassar o montante correspondente a 5% (cinco por cento) dos recursos arrecadados anualmente." (NR)

Art. 9º (VETADO)

Art. 10. Esta Lei entra em vigor na data de sua publicação.

Brasília, 19 de dezembro de 2001; 180º da Independência e 113º da República.
FERNANDO HENRIQUE CARDOSO
Pedro Malan
Ronaldo Mota Sardenberg
publicado no D.O.U. de 20.12.2001

DECRETO Nº 4.072, DE 3 DE JANEIRO DE 2002.

Dá nova redação aos arts. 81, 91 e 93 do Regulamento aprovado pelo Decreto nº 2.314, de 4 de setembro de 1997, que dispõe sobre a padronização, a classificação, o registro, a inspeção, a produção e a fiscalização de bebidas.

O PRESIDENTE DA REPÚBLICA, no uso da atribuição que lhe confere o art. 84, inciso VI, da Constituição, e tendo em vista o disposto na Lei nº 8.918, de 14 de julho de 1994,
DECRETA:
Art.1º Os arts. 81, 91 e 93 do Regulamento aprovado pelo Decreto nº 2.314, de 4 de setembro de 1997, passam a vigorar com a seguinte redação:
"Art. 81. ....
§4º **Caipirinha** é a bebida típica brasileira, exclusivamente elaborada com **Cachaça**, limão e açúcar.
§5º O limão de que trata o § 4º poderá ser adicionado na forma desidratada." (NR)
"Art.91.**Aguardente de Cana** é a bebida com graduação alcoólica de trinta e oito a cinqüenta e quatro por cento em volume, a vinte graus Celsius, obtida de destilado alcoólico simples de cana-de-açúcar ou pela destilação do mosto fermentado de cana-de-açúcar, podendo ser adicionada de açúcares até seis gramas por litro.
§1º **Cachaça** é a denominação típica e exclusiva da aguardente de cana produzida no Brasil, com graduação alcoólica de trinta e oito a quarenta e oito por cento em volume, a vinte graus Celsius e com características sensoriais peculiares." (NR)
"Art.93. **Rum**, ***Rhum*** ou **Ron** é a bebida com a graduação alcoólica de trinta e cinco a cinqüenta e quatro por cento em volume, a vinte graus Celsius, obtida do destilado alcoólico simples de melaço, envelhecido ou da mistura dos destilados de caldo de cana-de-açúcar e de melaço, envelhecidos total ou parcialmente, em recipiente de carvalho ou madeira, conservando suas características sensoriais peculiares.
§1º O rum deverá conter no mínimo trinta por cento de destilados alcoólicos envelhecidos empregados na sua elaboração, por um período não-inferior a um ano, expressos em álcool anidro.

§2º O produto poderá ser adicionado de açúcares até uma quantidade máxima de seis gramas por litro.

§3º Será permitido o uso de caramelo para correção da cor e de carvão ativado para a descoloração.

§4º O coeficiente de congêneres não poderá ser inferior a quarenta miligramas e nem superior a quinhentos miligramas por cem mililitros em álcool anidro.

§5º O rum poderá denominar-se:

I-rum leve (**light rum**), quando o coeficiente de congêneres da bebida for inferior a duzentos miligramas por cem mililitros em álcool anidro;

II-rum pesado (**heavy rum**), quando o coeficiente de congêneres da bebida for de duzentos a quinhentos miligramas por cem mililitros em álcool anidro, obtido exclusivamente do melaço;

III-rum envelhecido ou rum velho, que é a bebida que tenha sido envelhecida, em sua totalidade, por um período mínimo de dois anos." (NR)

Art.2º Este Decreto entra em vigor na data de sua publicação.

Brasília, 3 de janeiro de 2002; 181º da Independência e 114º da República.

FERNANDO HENRIQUE CARDOSO

Márcus Vinicius Pratini de Moraes

Este texto não substitui o publicado no D.O.U.4.1.2002

DECRETO Nº 4.154, DE 7 DE MARÇO DE 2002.

Regulamenta a Lei nº 10.332, de 19 de dezembro de 2001, na parte que institui mecanismo de financiamento para o Programa de Biotecnologia e Recursos Genéticos — Genoma, e dá outras providências.

O PRESIDENTE DA REPÚBLICA, no uso das atribuições que lhe confere o art. 84, incisos IV e VI, alínea "a", da Constituição, e tendo em vista o disposto na Lei nº 10.332, de 19 de dezembro de 2001,
DECRETA:
Art.1º Os recursos para pesquisa e desenvolvimento de que trata o inciso III do art. 1º da Lei nº 10.332, de 19 de dezembro de 2001, serão depositados no Fundo Nacional de Desenvolvimento Científico e Tecnológico — FNDCT, em categoria de programação específica denominada "CT-BIOTECNOLOGIA", e utilizados no financiamento de atividades de pesquisa científica e desenvolvimento tecnológico do setor de Biotecnologia.
Art.2º Para efeito do disposto neste Decreto, entende-se como atividades de pesquisa científica e desenvolvimento tecnológico:
I-os projetos de pesquisa científica e tecnológica;
II-o desenvolvimento tecnológico experimental;
III-o desenvolvimento de tecnologia industrial básica;
IV-a implantação de infra-estrutura para atividades de pesquisa;
V-a formação e a capacitação de recursos humanos;
VI-a documentação e a difusão do conhecimento científico e tecnológico.
Art.3º Dos recursos a que se refere o art. 1º deste Decreto, no mínimo trinta por cento serão destinados a projetos desenvolvidos por empresas e instituições de ensino e pesquisa sediadas nas regiões Norte, Nordeste e Centro-Oeste, incluindo as respectivas áreas de atuação das agências de desenvolvimento regional.
Art.4º Cabe ao Ministro de Estado da Ciência e Tecnologia, após receber as indicações pertinentes, designar os membros do Comitê Gestor a que se refere o art. 4º da Lei nº 10.332, de 2001, que terá a seguinte composição:
I-um representante do Ministério da Ciência e Tecnologia, que o presidirá;
II-um representante do Ministério da Agricultura, Pecuária e Abastecimento;

III-um representante do Ministério da Saúde;
IV-um representante da Financiadora de Estudos e Projetos — FINEP;
V-um representante do Conselho Nacional de Desenvolvimento Científico e Tecnológico — CNPq;
VI-dois representantes do segmento acadêmico-científico;
VII-dois representantes do setor industrial.

§1º O mandato dos membros a que se referem os incisos VI e VII será de dois anos, permitida uma recondução.

§ 2º A participação no Comitê Gestor não será remunerada.

Art.5º O Comitê Gestor terá as seguintes atribuições:
I-elaborar e aprovar o seu regimento interno;
II-identificar e selecionar as áreas prioritárias para a aplicação dos recursos nas atividades de pesquisa científica e desenvolvimento tecnológico do setor de Biotecnologia;
III-elaborar plano anual de investimentos;
IV-estabelecer as atividades de pesquisa científica e desenvolvimento tecnológico a serem apoiadas com recursos do CT-BIOTECNOLOGIA;
V-estabelecer os critérios para a apresentação das propostas de projetos, os parâmetros de julgamento e os limites de valor do apoio financeiro aplicável a cada caso;
VI-acompanhar a implementação das atividades de pesquisa científica e desenvolvimento tecnológico e avaliar anualmente os seus resultados.

Parágrafo único. O Comitê Gestor encaminhará ao Ministro de Estado da Ciência e Tecnologia os resultados do desempenho das atribuições previstas nos incisos II, III e IV deste artigo.

Art.6º No desempenho de suas atribuições, o Comitê Gestor poderá convidar especialistas e representantes de outros Ministérios para participar de suas reuniões, sem direito a voto ou remuneração, bem como utilizar subsídios técnicos apresentados por grupos consultivos, especialistas do setor produtivo, integrantes da comunidade acadêmica e de áreas técnicas ligadas, direta ou indiretamente, às atividades de pesquisa científica e desenvolvimento tecnológico.

Art.7º O Comitê Gestor promoverá ampla divulgação de seus atos e da avaliação de resultados das atividades financiadas com recursos do CT-BIOTECNOLOGIA.

Art.8º As ações com vistas ao atendimento de demandas que envolvam bolsas de formação e capacitação de recursos humanos, bem como financiamento de projetos individuais de pesquisa serão executadas, preferencialmente, pelo Conselho Nacional de Desenvolvimento Científico e Tecnológico — CNPq, mediante repasse de recursos do CT-BIOTECNOLOGIA.

Art.9º As despesas operacionais, de planejamento, prospecção, acompanhamento, avaliação e divulgação de resultados, relativas ao financiamento de atividades de pesquisa científica e desenvolvimento tecnológico do setor de Biotecnologia não poderão ultrapassar o montante correspondente a cinco por cento dos recursos arrecadados anualmente.

Art. 10. Este Decreto entra em vigor na data de sua publicação.
Brasília, 7 de março de 2002; 181º da Independência e 114º da República.
FERNANDO HENRIQUE CARDOSO
Marcus Vinicius Pratini de Moraes
Barjas Negri
Ronaldo Mota Sardenberg
publicado no D.O.U. 8.3.2002

DECRETO Nº 4.195, DE 11 DE ABRIL DE 2002.

Regulamenta a Lei nº 10.168, de 29 de dezembro de 2000, que institui contribuição de intervenção no domínio econômico destinada a financiar o Programa de Estímulo à Interação Universidade-Empresa para Apoio à Inovação, e a Lei nº 10.332, de 19 de dezembro de 2001, que institui mecanismos de financiamento para programas de ciência e tecnologia, e dá outras providências.

O PRESIDENTE DA REPÚBLICA, no uso das atribuições que lhe confere o art. 84, incisos IV e VI, alínea "a", da Constituição, e tendo em vista o disposto na Lei nº 10.168, de 29 de dezembro de 2000,
DECRETA:

Art.1º Quarenta por cento dos recursos provenientes da contribuição de que trata o art. 2º da Lei nº 10.168, de 29 de dezembro de 2000, serão alocados ao Fundo Nacional de Desenvolvimento Científico e Tecnológico-FNDCT, em categoria de programação específica denominada CT-VERDE AMARELO, e utilizados para atender ao Programa de Estímulo à Interação Universidade-Empresa para o Apoio à Inovação.

§1º Do total dos recursos a que se refere o caput deste artigo, trinta por cento, no mínimo, serão aplicados em programas de fomento à capacitação tecnológica e ao amparo à pesquisa científica e ao desenvolvimento tecnológico nas regiões Norte, Nordeste e Centro-Oeste.

§2º No mínimo trinta por cento dos recursos a que se refere o inciso V do art. 1º da Lei nº 10.332, de 19 de dezembro de 2001, serão destinados a projetos desenvolvidos por empresas e instituições de ensino e pesquisa sediadas nas regiões Norte, Nordeste e Centro-Oeste, incluindo as respectivas áreas de abrangência das agências de desenvolvimento regionais.

Art.2º Os recursos previstos nos arts. 1º, inciso V, e 5º da Lei nº 10.332, de 2001, serão alocados ao Fundo Nacional de Desenvolvimento Científico e Tecnológico-FNDCT, destinados ao Programa de Inovação para Competitividade, na categoria de programação específica referida no art. 1º, e utilizados nas seguintes finalidades:

I-estímulo ao desenvolvimento tecnológico empresarial, por meio de programas de pesquisa científica e tecnológica cooperativa entre universidades, centros de pesquisas e o setor produtivo;

II-equalização dos encargos financeiros incidentes nas operações de financiamento à inovação tecnológica, com recursos da Financiadora de Estudos e Projetos-FINEP;

III-participação minoritária no capital de microempresas e pequenas empresas de base tecnológica e fundos de investimento, por intermédio da FINEP;

IV-concessão de subvenção econômica a empresas que estejam executando Programas de Desenvolvimento Tecnológico Industrial-PDTI ou Programas de Desenvolvimento Tecnológico Agropecuário-PDTA, aprovados de conformidade com a Lei nº 8.661, de 2 de junho de 1993; e

V-constituição de reserva técnica para viabilizar a liquidez dos investimentos privados em fundos de investimento em empresas de base tecnológica, por intermédio da FINEP.

Art.3º Para efeito do disposto neste Decreto, o Programa de Estímulo à Interação Universidade-Empresa para o Apoio à Inovação compreenderá as seguintes atividades:

I-projetos de pesquisa científica e tecnológica;
II-desenvolvimento tecnológico experimental;
III-desenvolvimento de tecnologia industrial básica;
IV-implantação de infra-estrutura para atividades de pesquisa e inovação;
V-capacitação de recursos humanos para a pesquisa e inovação;
VI-difusão do conhecimento científico e tecnológico;
VII-educação para a inovação;
VIII-capacitação em gestão tecnológica e em propriedade intelectual;
IX-ações de estímulo a novas iniciativas;
X-ações de estímulo ao desenvolvimento de empresas de base tecnológica;
XI-promoção da inovação tecnológica nas micro e pequenas empresas;
XII-apoio ao surgimento e consolidação de incubadoras e parques tecnológicos;
XIII-apoio à organização e consolidação de aglomerados produtivos locais; e
XIV-processos de inovação, agregação de valor e aumento da competitividade do setor empresarial.

Art.4º Cabe ao Ministro de Estado da Ciência e Tecnologia, após receber as indicações pertinentes, designar os membros do Comitê Gestor de que trata o art. 5º da Lei nº 10.168, de 2000, que terá a seguinte composição:

I-um representante do Ministério da Ciência e Tecnologia, que o presidirá;
II-um representante do Ministério do Desenvolvimento, Indústria e Comércio Exterior;
III-um representante da FINEP;
IV-um representante do Banco Nacional de Desenvolvimento Econômico e Social-BNDES;
V-um representante do Conselho Nacional de Desenvolvimento Científico e Tecnológico-CNPq;

VI-um representante do Serviço Brasileiro de Apoio à Pequena e Média Empresa-SEBRAE;
VII-dois representantes do setor industrial; e
VIII-dois representantes do segmento acadêmico-científico.
§1º O mandato dos membros a que se referem os incisos VII e VIII será de dois anos, permitida uma recondução.
§2º A participação no Comitê Gestor não será remunerada.
Art.5º O Comitê Gestor terá as seguintes atribuições:
I-elaborar e aprovar o seu regimento interno;
II-identificar e selecionar as áreas prioritárias para a aplicação dos recursos em programas de pesquisa científica e tecnológica cooperativos entre universidades, centros de pesquisa e o setor produtivo;
III-elaborar o plano anual de investimentos;
IV-estabelecer as atividades de pesquisa científica e tecnológica a serem apoiadas com recursos destinados ao Programa de Estímulo à Interação Universidade-Empresa para o Apoio à Inovação;
V-estabelecer os critérios para a apresentação das propostas de projetos, os parâmetros de julgamento e os limites de valor do apoio financeiro aplicável a cada caso;
VI-acompanhar a implementação das ações do Programa de Estímulo à Interação Universidade-Empresa para o Apoio à Inovação e avaliar anualmente os seus resultados; e
VII-definir as diretrizes que orientarão as propostas a serem elaboradas pela Câmara Técnica de Políticas de Incentivos à Inovação, de que trata o art. 11 deste Decreto.
Parágrafo único. O Comitê Gestor encaminhará ao Ministro de Estado da Ciência e Tecnologia os resultados do desempenho das atribuições previstas nos incisos II, III e IV deste artigo.
Art.6º No desempenho de suas atribuições, o Comitê Gestor poderá convidar especialistas e representantes de outros Ministérios para participarem de suas reuniões, sem direito a voto ou remuneração, bem como utilizar subsídios técnicos apresentados por grupos consultivos, especialistas do setor produtivo, integrantes da comunidade acadêmica e de áreas técnicas ligadas direta ou indiretamente às atividades de pesquisa científica e desenvolvimento tecnológico.
Art.7º O Comitê Gestor promoverá ampla divulgação de seus atos e da avaliação de resultados das atividades financiadas com recursos do Programa de Estímulo à Interação Universidade-Empresa para o Apoio à Inovação.
Art.8º As ações visando ao atendimento de demandas que envolvam bolsas de formação e capacitação de recursos humanos e o financiamento de projetos individuais de pesquisa serão executadas, preferencialmente, pelo CNPq, mediante repasse de recursos do CT-VERDE AMARELO.
Art.9º As despesas operacionais, de planejamento, prospecção, acompanhamento, avaliação e divulgação de resultados, relativas ao financiamento de atividades de pesquisa científica e desenvolvimento tecnológico do Programa de que

trata este Decreto, não poderão ultrapassar o montante correspondente a cinco por cento dos recursos arrecadados anualmente.

Art.10. A contribuição de que trata o art. 2º da Lei nº 10.168, de 2000, incidirá sobre as importâncias pagas, creditadas, entregues, empregadas ou remetidas, a cada mês, a residentes ou domiciliados no exterior, a título de *royalties* ou remuneração, previstos nos respectivos contratos, que tenham por objeto:

I-fornecimento de tecnologia;
II-prestação de assistência técnica:
a) serviços de assistência técnica;
b) serviços técnicos especializados;
III-serviços técnicos e de assistência administrativa e semelhantes;
IV-cessão e licença de uso de marcas; e
V-cessão e licença de exploração de patentes.

Art.11. Fica criada, no âmbito do Ministério da Ciência e Tecnologia, a Câmara Técnica de Políticas de Incentivo à Inovação, com a atribuição de encaminhar ao Ministro de Estado da Ciência e Tecnologia proposta de parâmetros para a aplicação dos recursos de que trata o art. 2º deste Decreto, com vistas ao estabelecimento:

I-dos limites máximos anuais de que tratam os incisos II, III e V do art. 2º deste Decreto;

II-de critérios e prazos para a apresentação das propostas e parâmetros de julgamento para a concessão da subvenção econômica de que trata o inciso IV do art. 2º deste Decreto.

Art.12. A Câmara Técnica de Políticas de Incentivo à Inovação tem a seguinte composição:

I-Presidente da FINEP;
II-Secretário de Política Tecnológica Empresarial do Ministério da Ciência e Tecnologia; e
III-Secretário de Política de Informática do Ministério da Ciência e Tecnologia.

Parágrafo único. O Presidente da Câmara Técnica será escolhido pelo Ministro de Estado da Ciência e Tecnologia entre os membros de que trata o **caput** deste artigo, de forma rotativa, para mandato de um ano, permitida uma única recondução.

Art.13. Compete ao Ministro de Estado da Ciência e Tecnologia, por proposta da Câmara Técnica de Políticas de Incentivo à Inovação, aprovar os parâmetros de aplicação dos recursos e fixar os limites máximos anuais de recursos destinados à equalização, à participação no capital, à subvenção econômica e à constituição de reserva técnica, previstos nos incisos II, III, IV e V do art. 2º deste Decreto.

Parágrafo único. Caberá à FINEP propor à Câmara Técnica de Políticas de Incentivo à Inovação os procedimentos operacionais necessários à implementação do estipulado no caput deste artigo.

Art.14. Para fins do disposto no inciso II do art. 2º deste Decreto, define-se como equalização dos encargos financeiros a cobertura da diferença entre os encargos compensatórios dos custos de captação e operação e do risco de crédito, incorridos pela FINEP, e os encargos compatíveis com o desenvolvimento de projetos de inovação tecnológica.

Art.15. Para fins do disposto no inciso V do art. 2º deste Decreto, define-se como reserva técnica de liquidez o montante de recursos que poderá ser utilizado para conferir maior liquidez às participações no capital social de empresas de base tecnológica, adquiridas por fundos de investimentos, assim como às cotas de participação em fundos voltados exclusivamente para investimentos em empresas de base tecnológica, adquiridas por pessoas físicas ou jurídicas.

Parágrafo único. As condições e os procedimentos operacionais para utilização da reserva técnica de liquidez serão propostas pela FINEP à Câmara Técnica de Políticas de Incentivo à Inovação e aprovadas pelo Ministro de Estado da Ciência e Tecnologia.

Art.16. A proposta orçamentária anual do FNDCT destinará recursos para fins de equalização, participação em capital, concessão de subvenção econômica e constituição de reserva técnica, a que se referem os incisos II, III, IV e V do art. 2º deste Decreto.

Art.17. Para fins do disposto nos incisos III e V do art. 2º deste Decreto, define-se como:

I-empresas de base tecnológica: aquelas de qualquer porte ou setor, constituídas sob as leis brasileiras, com sede e administração no País, cuja atividade mais importante seja a industrialização ou a utilização de criação;

II-fundos de investimentos: aqueles de participação societária em empresas brasileiras regulamentados em atos legais ou em atos normativos expedidos pela Comissão de Valores Mobiliários-CVM.

Art.18. Para efeitos do disposto no inciso IV do art. 2º deste Decreto, a subvenção econômica a ser concedida às empresas, referente ao total dos investimentos de custeio realizados no ano anterior na execução de PDTI ou PDTA, será de:

I-até cinqüenta por cento, para as micro e pequenas empresas;

II-até cinqüenta por cento para as demais empresas, limitada a até quinze por cento do valor do imposto de renda devido no exercício imediatamente anterior.

§1º Para fins do disposto no inciso I, serão consideradas as definições de micro e pequena empresa constantes do art. 2º da Lei nº 9.841, de 5 de outubro de 1999, ou por legislação superveniente.

§2º Para as empresas que comprovarem incremento nos investimentos de custeio durante a execução de PDTI ou PDTA de pelo menos vinte por cento sobre a média dos dois exercícios anteriores, o limite a que se refere o inciso II será de vinte e cinco por cento.

§3º As empresas que comprovarem incremento anual de, pelo menos, vinte por cento no total das suas exportações, durante a execução do PDTI ou PDTA, terão prioridade na obtenção do benefício de que trata o caput.

§4º Os limites fixados no inciso II e no §2º serão apurados, para as empresas sediadas nas áreas de atuação da Agência de Desenvolvimento da Amazônia-ADA e da Agência de Desenvolvimento do Nordeste-ADENE, antes da aplicação dos benefícios fiscais previstos no art. 3º da Lei nº 9.532, de 10 de dezembro de 1997, ou legislação superveniente.

Art.19. A comprovação dos investimentos de custeio, do imposto de renda devido e dos incrementos de investimentos de custeio ou das exportações, a que se refere o art. 18, deverá ser encaminhada à FINEP, juntamente com o pleito da subvenção econômica.

Art.20. Para dar cumprimento ao que estabelece o art. 5º da Lei nº 10.332, de 2001, a Secretaria da Receita Federal informará, nos prazos estabelecidos para a elaboração da proposta orçamentária, aos Ministérios da Ciência e Tecnologia e do Planejamento, Orçamento e Gestão, a receita estimada da arrecadação do Imposto sobre Produtos Industrializados-IPI incidente sobre os bens e produtos beneficiados com os incentivos fiscais previstos na Lei nº 10.176, de 11 de janeiro de 2001.

Art.21. Este Decreto entra em vigor na data de sua publicação.

Art.22. Ficam revogados o Decreto nº 3.949, de 3 de outubro de 2001, e os Decretos de 3 de abril de 2000, que criam os Grupos de Trabalho com a finalidade de propor programas de desenvolvimento científico e tecnológico para os setores de agronegócio, de saúde e do setor aeronáutico e os respectivos modelos de financiamento.

Brasília, 11 de abril de 2002; 181º da Independência e 114º da República.
FERNANDO HENRIQUE CARDOSO
Pedro Malan
Ronaldo Mota Sardenberg
publicado no D.O.U. de 12.4.2002

DECRETO Nº 4.204, DE 23 DE ABRIL DE 2002.

Dá nova redação ao art. 1º do Decreto nº 3.675, de 28 de novembro de 2000, que dispõe sobre medidas especiais relacionadas com o registro de medicamentos genéricos, de que trata o art. 4º da Lei nº 9.787, de 10 de fevereiro de 1999.

O PRESIDENTE DA REPÚBLICA, no uso da atribuição que lhe confere o art. 84, inciso IV, da Constituição, e tendo em vista o disposto no art. 4º da Lei nº 9.787, de 10 de fevereiro de 1999,
DECRETA:
Art.1º O art. 1º do Decreto nº 3.675, de 28 de novembro de 2000, passa a vigorar com a seguinte redação:
"Art.1º Até 28 de novembro de 2002, a Agência Nacional de Vigilância Sanitária poderá conceder registro especial a medicamentos genéricos inéditos quanto ao fármaco, forma farmacêutica e concentração, com o fim de estimular a adoção e o uso de novos medicamentos genéricos no País.
§1º O registro especial terá validade de um ano, contado da data de publicação da concessão do registro.
§2º Para efeito deste artigo, entende-se por medicamento genérico inédito aquele medicamento que nunca obteve registro como medicamento genérico no Brasil." (NR)
Art.2º Este Decreto entra em vigor na data de sua publicação.
Art.3º Revogam-se os Decretos nºs 3.960, de 10 de outubro de 2001, e 4.173, de 21 de março de 2002.
Brasília, 23 de abril de 2002; 181º da Independência e 114º da República.
FERNANDO HENRIQUE CARDOSO
Barjas Negri
Este texto não substitui o publicado no D.O.U. de 24.4.2002

DECRETO Nº 4.339, DE 22 DE AGOSTO DE 2002

Institui princípios e diretrizes para a implementação da Política Nacional da Biodiversidade.

O PRESIDENTE DA REPÚBLICA, no uso das atribuições que lhe confere o art. 84, inciso IV, da Constituição, e

Considerando os compromissos assumidos pelo Brasil ao assinar a Convenção sobre Diversidade Biológica, durante a Conferência das Nações Unidas sobre Meio Ambiente e Desenvolvimento — CNUMAD, em 1992, a qual foi aprovada pelo Decreto Legislativo nº 2, de 3 de fevereiro de 1994, e promulgada pelo Decreto nº 2.519, de 16 de março de 1998;

Considerando o disposto no art. 225 da Constituição, na Lei nº 6.938, de 31 de agosto de 1981, que dispõe sobre a Política Nacional do Meio Ambiente, na Declaração do Rio e na Agenda 21, ambas assinadas pelo Brasil em 1992, durante a CNUMAD, e nas demais normas vigentes relativas à biodiversidade; e

Considerando que o desenvolvimento de estratégias, políticas, planos e programas nacionais de biodiversidade é um dos principais compromissos assumidos pelos países membros da Convenção sobre Diversidade Biológica;

DECRETA:

Art.1º Ficam instituídos, conforme o disposto no Anexo a este Decreto, princípios e diretrizes para a implementação, na forma da lei, da Política Nacional da Biodiversidade, com a participação dos governos federal, distrital, estaduais e municipais, e da sociedade civil.

Art.2º Este Decreto entra em vigor na data da sua publicação.

Brasília, 22 de agosto de 2002; 181º da Independência e 114º da República.

FERNANDO HENRIQUE CARDOSO
José Carlos Carvalho
Este texto não substitui o publicado no D.O.U. de 23.8.2002

ANEXO
Da Política Nacional da Biodiversidade
Dos Princípios e Diretrizes Gerais da Política Nacional da Biodiversidade

1.Os princípios estabelecidos neste Anexo derivam, basicamente, daqueles estabelecidos na Convenção sobre Diversidade Biológica e na Declaração do Rio, ambas de 1992, na Constituição e na legislação nacional vigente sobre a matéria.

2.A Política Nacional da Biodiversidade reger-se-á pelos seguintes princípios:

I-a diversidade biológica tem valor intrínseco, merecendo respeito independentemente de seu valor para o homem ou potencial para uso humano;

II-as nações têm o direito soberano de explorar seus próprios recursos biológicos, segundo suas políticas de meio ambiente e desenvolvimento;

III-as nações são responsáveis pela conservação de sua biodiversidade e por assegurar que atividades sob sua jurisdição ou controle não causem dano ao meio ambiente e à biodiversidade de outras nações ou de áreas além dos limites da jurisdição nacional;

IV-a conservação e a utilização sustentável da biodiversidade são uma preocupação comum à humanidade, mas com responsabilidades diferenciadas, cabendo aos países desenvolvidos o aporte de recursos financeiros novos e adicionais e a facilitação do acesso adequado às tecnologias pertinentes para atender às necessidades dos países em desenvolvimento;

V-todos têm direito ao meio ambiente ecologicamente equilibrado, bem de uso comum do povo e essencial à sadia qualidade de vida, impondo-se, ao Poder Público e à coletividade, o dever de defendê-lo e de preservá-lo para as presentes e as futuras gerações;

VI-os objetivos de manejo de solos, águas e recursos biológicos são uma questão de escolha da sociedade, devendo envolver todos os setores relevantes da sociedade e todas as disciplinas científicas e considerar todas as formas de informação relevantes, incluindo os conhecimentos científicos, tradicionais e locais, inovações e costumes;

VII-a manutenção da biodiversidade é essencial para a evolução e para a manutenção dos sistemas necessários à vida da biosfera e, para tanto, é necessário garantir e promover a capacidade de reprodução sexuada e cruzada dos organismos;

VIII-onde exista evidência científica consistente de risco sério e irreversível à diversidade biológica, o Poder Público determinará medidas eficazes em termos de custo para evitar a degradação ambiental;

IX-a internalização dos custos ambientais e a utilização de instrumentos econômicos será promovida tendo em conta o princípio de que o poluidor deverá, em princípio, suportar o custo da poluição, com o devido respeito pelo interesse público e sem distorcer o comércio e os investimentos internacionais;

X-a instalação de obra ou atividade potencialmente causadora de significativa degradação do meio ambiente deverá ser precedida de estudo prévio de impacto ambiental, a que se dará publicidade;

XI-o homem faz parte da natureza e está presente nos diferentes ecossistemas brasileiros há mais de dez mil anos, e todos estes ecossistemas foram e estão sendo alterados por ele em maior ou menor escala;

XII-a manutenção da diversidade cultural nacional é importante para pluralidade de valores na sociedade em relação à biodiversidade, sendo que os povos indígenas, os quilombolas e as outras comunidades locais desempenham um papel importante na conservação e na utilização sustentável da biodiversidade brasileira;

XIII-as ações relacionadas ao acesso ao conhecimento tradicional associado à biodiversidade deverão transcorrer com consentimento prévio informado dos povos indígenas, dos quilombolas e das outras comunidades locais;

XIV-o valor de uso da biodiversidade é determinado pelos valores culturais e inclui valor de uso direto e indireto, de opção de uso futuro e, ainda, valor intrínseco, incluindo os valores ecológico, genético, social, econômico, científico, educacional, cultural, recreativo e estético;

XV-a conservação e a utilização sustentável da biodiversidade devem contribuir para o desenvolvimento econômico e social e para a erradicação da pobreza;

XVI-a gestão dos ecossistemas deve buscar o equilíbrio apropriado entre a conservação e a utilização sustentável da biodiversidade, e os ecossistemas devem ser administrados dentro dos limites de seu funcionamento;

XVII-os ecossistemas devem ser entendidos e manejados em um contexto econômico, objetivando:

a) reduzir distorções de mercado que afetam negativamente a biodiversidade;

b) promover incentivos para a conservação da biodiversidade e sua utilização sustentável; e

c) internalizar custos e benefícios em um dado ecossistema o tanto quanto possível;

XVIII-a pesquisa, a conservação *ex situ* e a agregação de valor sobre componentes da biodiversidade brasileira devem ser realizadas preferencialmente no país, sendo bem vindas as iniciativas de cooperação internacional, respeitados os interesses e a coordenação nacional;

XIX-as ações nacionais de gestão da biodiversidade devem estabelecer sinergias e ações integradas com convenções, tratados e acordos internacionais relacionados ao tema da gestão da biodiversidade; e

XX-as ações de gestão da biodiversidade terão caráter integrado, descentralizado e participativo, permitindo que todos os setores da sociedade brasileira tenham, efetivamente, acesso aos benefícios gerados por sua utilização.

3.A Política Nacional da Biodiversidade aplica-se aos componentes da diversidade biológica localizados nas áreas sob jurisdição nacional, incluindo o território nacional, a plataforma continental e a zona econômica exclusiva; e aos processos e atividades realizados sob sua jurisdição ou controle, independentemente de onde ocorram seus efeitos, dentro da área sob jurisdição nacional ou além dos limites desta.

4.A Política Nacional da Biodiversidade reger-se-á pelas seguintes diretrizes:

I-estabelecer-se-á cooperação com outras nações, diretamente ou, quando necessário, mediante acordos e organizações internacionais competentes, no que respeita a áreas além da jurisdição nacional, em particular nas áreas de fronteira, na Antártida, no alto-mar e nos grandes fundos marinhos e em relação a espécies migratórias, e em outros assuntos de mútuo interesse, para a conservação e a utilização sustentável da diversidade biológica;

II-o esforço nacional de conservação e a utilização sustentável da diversidade biológica deve ser integrado em planos, programas e políticas setoriais ou intersetoriais pertinentes de forma complementar e harmônica;

III-investimentos substanciais são necessários para conservar a diversidade biológica, dos quais resultarão, conseqüentemente, benefícios ambientais, econômicos e sociais;

IV-é vital prever, prevenir e combater na origem as causas da sensível redução ou perda da diversidade biológica;

V-a sustentabilidade da utilização de componentes da biodiversidade deve ser determinada do ponto de vista econômico, social e ambiental, especialmente quanto à manutenção da biodiversidade;

VI-a gestão dos ecossistemas deve ser descentralizada ao nível apropriado e os gestores de ecossistemas devem considerar os efeitos atuais e potenciais de suas atividades sobre os ecossistemas vizinhos e outros;

VII-a gestão dos ecossistemas deve ser implementada nas escalas espaciais e temporais apropriadas e os objetivos para o gerenciamento de ecossistemas devem ser estabelecidos a longo prazo, reconhecendo que mudanças são inevitáveis.

VIII-a gestão dos ecossistemas deve se concentrar nas estruturas, nos processos e nos relacionamentos funcionais dentro dos ecossistemas, usar práticas gerenciais adaptativas e assegurar a cooperação intersetorial;

IX-criar-se-ão condições para permitir o acesso aos recursos genéticos e para a utilização ambientalmente saudável destes por outros países que sejam Partes Contratantes da Convenção sobre Diversidade Biológica, evitando-se a imposição de restrições contrárias aos objetivos da Convenção.

Do Objetivo Geral da Política Nacional da Biodiversidade

5.A Política Nacional da Biodiversidade tem como objetivo geral a promoção, de forma integrada, da conservação da biodiversidade e da utilização sustentável de seus componentes, com a repartição justa e eqüitativa dos benefícios derivados da utilização dos recursos genéticos, de componentes do patrimônio genético e dos conhecimentos tradicionais associados a esses recursos.

Dos Componentes da Política Nacional da Biodiversidade

6.Os Componentes da Política Nacional da Biodiversidade e respectivos objetivos específicos, abaixo relacionados e estabelecidos com base na Convenção sobre Diversidade Biológica, devem ser considerados como os eixos temáticos que orientarão as etapas de implementação desta Política.

7.As diretrizes estabelecidas para os Componentes devem ser consideradas para todos os biomas brasileiros, quando couber.

8. Diretrizes específicas por bioma poderão ser estabelecidas nos Planos de Ação, quando da implementação da Política.

9. A Política Nacional da Biodiversidade abrange os seguintes Componentes:

I-Componente1-Conhecimento da Biodiversidade: congrega diretrizes voltadas à geração, sistematização e disponibilização de informações que permitam conhecer os componentes da biodiversidade do país e que apóiem a gestão da biodiversidade, bem como diretrizes relacionadas à produção de inventários, à realização de pesquisas ecológicas e à realização de pesquisas sobre conhecimentos tradicionais;

II-Componente2-Conservação da Biodiversidade: engloba diretrizes destinadas à conservação *in situ* e *ex situ* de variabilidade genética, de ecossistemas, incluindo os serviços ambientais, e de espécies, particularmente daquelas ameaçadas ou com potencial econômico, bem como diretrizes para implementação de instrumentos econômicos e tecnológicos em prol da conservação da biodiversidade;

III-Componente3-Utilização Sustentável dos Componentes da Biodiversidade: reúne diretrizes para a utilização sustentável da biodiversidade e da biotecnologia, incluindo o fortalecimento da gestão pública, o estabelecimento de mecanismos e instrumentos econômicos, e o apoio a práticas e negócios sustentáveis que garantam a manutenção da biodiversidade e da funcionalidade dos ecossistemas, considerando não apenas o valor econômico, mas também os valores sociais e culturais da biodiversidade;

IV-Componente4-Monitoramento, Avaliação, Prevenção e Mitigação de Impactos sobre a Biodiversidade: engloba diretrizes para fortalecer os sistemas de monitoramento, de avaliação, de prevenção e de mitigação de impactos sobre a biodiversidade, bem como para promover a recuperação de ecossistemas degradados e de componentes da biodiversidade sobreexplotados;

V-Componente5-Acesso aos Recursos Genéticos e aos Conhecimentos Tradicionais Associados e Repartição de Benefícios: alinha diretrizes que promovam o acesso controlado, com vistas à agregação de valor mediante pesquisa científica e desenvolvimento tecnológico, e a distribuição dos benefícios gerados pela utilização dos recursos genéticos, dos componentes do patrimônio genético e dos conhecimentos tradicionais associados, de modo que sejam compartilhados, de forma justa e eqüitativa, com a sociedade brasileira e, inclusive, com os povos indígenas, com os quilombolas e com outras comunidades locais;

VI-Componente6-Educação, Sensibilização Pública, Informação e Divulgação sobre Biodiversidade: define diretrizes para a educação e sensibilização pública e para a gestão e divulgação de informações sobre biodiversidade, com a promoção da participação da sociedade, inclusive dos povos indígenas, quilombolas e outras comunidades locais, no respeito à conservação da biodiversidade, à utilização sustentável de seus componentes e à repartição justa e eqüitativa dos benefícios derivados da utilização de recursos genéticos, de componentes do patrimônio genético e de conhecimento tradicional associado à biodiversidade;

VII-Componente7-Fortalecimento Jurídico e Institucional para a Gestão da Biodiversidade: sintetiza os meios de implementação da Política; apresenta diretrizes para o fortalecimento da infra-estrutura, para a formação e fixação de recursos humanos, para o acesso à tecnologia e transferência de tecnologia, para o estímulo à criação de mecanismos de financiamento, para o fortalecimento do marco-legal, para a integração de políticas públicas e para a cooperação internacional.

Do Componente 1 da Política Nacional da Biodiversidade-Conhecimento da Biodiversidade

10.Objetivos Gerais: gerar, sistematizar e disponibilizar informações para a gestão da biodiversidade nos biomas e seu papel no funcionamento e na manutenção dos ecossistemas terrestres e aquáticos, incluindo as águas jurisdicionais.Promover o conhecimento da biodiversidade brasileira, sua distribuição, seus determinantes, seus valores, suas funções ecológicas e seu potencial de uso econômico.

10.1.Primeira diretriz: Inventário e caracterização da biodiversidade.Levantamento, identificação, catalogação e caracterização dos componentes da biodiversidade (ecossistemas, espécies e diversidade genética intra-específica), para gerar informações que possibilitem a proposição de medidas para a gestão desta.

Objetivos Específicos:

10.1.1.Instituir e implementar programa nacional de inventários biológicos integrados a estudos do meio físico, com ênfase em grupos taxonômicos megadiversos abrangendo os diferentes *habitats* e regiões geográficas do país, preferencialmente realizados em áreas prioritárias para conservação, estabelecendo-se protocolos mínimos padronizados para coleta, com obrigatoriedade do uso de coordenadas geográficas (georreferenciamento).

10.1.2.Promover e apoiar pesquisas voltadas a estudos taxonômicos de todas as espécies que ocorrem no Brasil e para a caracterização e classificação da biodiversidade brasileira.

10.1.3.Instituir um sistema nacional, coordenado e compartilhado, de registro de espécies descritas em território brasileiro e nas demais áreas sob jurisdição nacional, criando, apoiando, consolidando e integrando coleções científicas e centros de referência nacionais e regionais.

10.1.4.Elaborar e manter atualizadas listas de espécies endêmicas e ameaçadas no país, de modo articulado com as listas estaduais e regionais.

10.1.5.Promover pesquisas para identificar as características ecológicas, a diversidade genética e a viabilidade populacional das espécies de plantas, animais, fungos e microrganismos endêmicas e ameaçadas no Brasil, a fim de subsidiar ações de recuperação, regeneração, utilização sustentável e conservação destas.

10.1.6.Promover pesquisas para determinar propriedades e características ecológicas, biológicas e genéticas das espécies de maior interesse para conservação e utilização socioeconômica sustentável, principalmente espécies nativas utilizadas para fins econômicos ou que possuam grande valor para povos indígenas, quilombolas e outras comunidades locais.

10.1.7.Mapear a diversidade e a distribuição das variedades locais de espécies domesticadas e seus parentes silvestres.

10.1.8.Inventariar e mapear as espécies exóticas invasoras e as espécies-problema, bem como os ecossistemas em que foram introduzidas para nortear estudos dos impactos gerados e ações de controle.

10.1.9.Promover a avaliação sistemática das metodologias empregadas na realização de inventários.

10.1.10.Estabelecer mecanismos para exigir, por parte do empreendedor, de realização de inventário da biodiversidade daqueles ambientes especiais (por exemplo canga ferrífera, platôs residuais)altamente ameaçados pela atividade de exploração econômica, inclusive a mineral.

10.1.11.Apoiar a formação de recursos humanos nas áreas de taxonomia, incluindo taxônomos e auxiliares (parataxônomos).

10.1.12.Promover a recuperação e a síntese das informações existentes no acervo científico brasileiro, principalmente teses e dissertações.

10.1.13.Promover o mapeamento da biodiversidade em todo o território nacional, gerar e distribuir amplamente mapas da biodiversidade brasileira, resguardando-se o devido sigilo de informações de interesse nacional.

10.1.14.Promover a repatriação das informações sobre a biodiversidade brasileira existentes no exterior.

10.2.Segunda diretriz: Promoção de pesquisas ecológicas e estudos sobre o papel desempenhado pelos seres vivos na funcionalidade dos ecossistemas e sobre os impactos das mudanças globais na biodiversidade.

Objetivos Específicos:

10.2.1.Promover pesquisas para determinar as propriedades ecológicas das espécies e as formas de sinergia entre estas, visando a compreender sua importância nos ecossistemas.

10.2.2.Promover estudos, preferencialmente nas áreas prioritárias para conservação da biodiversidade e nas unidades de conservação, sobre o funcionamento de comunidades e ecossistemas, sobre dinâmica e situação das populações e sobre avaliação de estoques e manejo dos componentes da biodiversidade.

10.2.3.Fortalecer e expandir pesquisas ecológicas de longa duração, preferencialmente em unidades de conservação.

10.2.4.Promover pesquisas para determinar o efeito da dinâmica das mudanças globais sobre a biodiversidade e a participação das espécies nos processos de fluxo de matéria e energia e de homeostase nos ecossistemas.

10.2.5.Promover pesquisas sobre os efeitos das alterações ambientais causadas pela fragmentação de *habitats* na perda da biodiversidade, com ênfase nas áreas com maiores níveis de desconhecimento, de degradação e de perda de recursos genéticos.

10.2.6.Promover o desenvolvimento e o aperfeiçoamento de ferramentas de modelagem de ecossistemas.

10.2.7.Promover e apoiar a pesquisa sobre impacto das alterações ambientais na produção agropecuária e na saúde humana, com ênfase em dados para as análises de risco promovidas pelos órgãos competentes das áreas ambiental, sanitária e fitossanitária.

10.3.Terceira diretriz: Promoção de pesquisas para a gestão da biodiversidade.Apoio à produção de informação e de conhecimento sobre os componentes da biodiversidade nos diferentes biomas para subsidiar a gestão da biodiversidade.

Objetivos Específicos:

10.3.1.Promover e apoiar pesquisa sobre biologia da conservação para os diferentes ecossistemas do país e particularmente para os componentes da biodiversidade ameaçados.

10.3.2.Promover e apoiar desenvolvimento de pesquisa e tecnologia sobre conservação e utilização sustentável da biodiversidade, especialmente sobre a propagação e o desenvolvimento de espécies nativas com potencial medicinal, agrícola e industrial.

10.3.3.Desenvolver estudos para o manejo da conservação e utilização sustentável da biodiversidade nas reservas legais das propriedades rurais, conforme previsto no Código Florestal.

10.3.4.Fomentar a pesquisa em técnicas de prevenção, recuperação e restauração de áreas em processo de desertificação, fragmentação ou degradação ambiental, que utilizem a biodiversidade.

10.3.5.Promover e apoiar pesquisas sobre sanidade da vida silvestre e estabelecer mecanismos para que seus dados sejam incorporados na gestão da biodiversidade.

10.3.6.Promover e apoiar pesquisas para subsidiar a prevenção, erradicação e controle de espécies exóticas invasoras e espécies-problema que ameacem a biodiversidade, atividades da agricultura, pecuária, silvicultura e aqüicultura e a saúde humana.

10.3.7.Apoiar estudos sobre o valor dos componentes da biodiversidade e dos serviços ambientais associados.

10.3.8.Apoiar estudos que promovam a utilização sustentável da biodiversidade em benefício de povos indígenas, quilombolas e outras comunidades locais, assegurando sua participação direta.

10.3.9.Atualizar as avaliações de áreas e ações prioritárias para conservação, utilização sustentável e repartição dos benefícios da biodiversidade.

10.3.10.Definir estratégias de pesquisa multidisciplinar em biodiversidade.

10.4.Quarta diretriz: Promoção de pesquisas sobre o conhecimento tradicional de povos indígenas, quilombolas e outras comunidades locais.Apoio a estudos para organização e sistematização de informações e procedimentos relacionados ao conhecimento tradicional associado à biodiversidade, com consentimento prévio informado das populações envolvidas e em conformidade com a legislação vigente e com os objetivos específicos estabelecidos na segunda diretriz do Componente5, prevista no item 14.2.

Objetivos Específicos:

10.4.1.Desenvolver estudos e metodologias para a elaboração e implementação de instrumentos econômicos e regime jurídico específico que possibilitem a repartição justa e eqüitativa de benefícios, compensação econômica e outros tipos de compensação para os detentores dos conhecimentos tradicionais associados, segundo as demandas por eles definidas.

10.4.2.Desenvolver estudos acerca do conhecimento, inovações e práticas dos povos indígenas, quilombolas e outras comunidades locais, respeitando, resgatando, mantendo e preservando os valores culturais agregados a estes conhecimentos, inovações e práticas, e assegurando a confidencialidade das informações obtidas, sempre que solicitado pelas partes detentoras destes ou quando a sua divulgação possa ocasionar dano à integridade social, ambiental ou cultural destas comunidades ou povos detentores destes conhecimentos.

10.4.3.Apoiar estudos e iniciativas de povos indígenas, quilombos e outras comunidades locais de sistematização de seus conhecimentos, inovações e práticas, com ênfase nos temas de valoração, valorização, conservação e utilização sustentável dos recursos da biodiversidade.

10.4.4.Promover estudos e iniciativas de diferentes setores da sociedade voltados para a valoração, valorização, conhecimento, conservação e utilização sustentável dos saberes tradicionais de povos indígenas, quilombolas e outras comunidades locais, assegurando a participação direta dos detentores desse conhecimento tradicional.

10.4.5.Promover iniciativas que agreguem povos indígenas, quilombolas, outras comunidades locais e comunidades científicas para informar e fazer intercâmbio dos aspectos legais e científicos sobre a pesquisa da biodiversidade e sobre as atividades de bioprospecção.

10.4.6.Promover a divulgação junto a povos indígenas, quilombolas e outras comunidades locais dos resultados das pesquisas que envolvam seus conhecimentos e dos institutos jurídicos relativos aos seus direitos.

10.4.7.Apoiar e estimular a pesquisa sobre o saber tradicional (conhecimentos, práticas e inovações)de povos indígenas, quilombolas e outras comunidades locais, assegurando a sua integridade sociocultural, a posse e o usufruto de suas terras.

Do Componente 2 da Política Nacional da Biodiversidade-Conservação da Biodiversidade

11.Objetivo Geral: Promover a conservação, *in situ* e *ex situ*, dos componentes da biodiversidade, incluindo variabilidade genética, de espécies e de ecossistemas, bem como dos serviços ambientais mantidos pela biodiversidade.

11.1.Primeira diretriz: Conservação de ecossistemas.Promoção de ações de conservação *in situ* da biodiversidade e dos ecossistemas em áreas não estabelecidas como unidades de conservação, mantendo os processos ecológicos e evolutivos e a oferta sustentável dos serviços ambientais.

Objetivos Específicos:

11.1.1.Fortalecer a fiscalização para controle de atividades degradadoras e ilegais: desmatamento, destruição de *habitats*, caça, aprisionamento e comercialização de animais silvestres e coleta de plantas silvestres.

11.1.2.Desenvolver estudos e metodologias participativas que contribuam para a definição da abrangência e do uso de zonas de amortecimento para as unidades de conservação.

11.1.3.Planejar, promover, implantar e consolidar corredores ecológicos e outras formas de conectividade de paisagens, como forma de planejamento e gerenciamento regional da biodiversidade, incluindo compatibilização e integração das reservas legais, áreas de preservação permanentes e outras áreas protegidas.

11.1.4.Apoiar ações para elaboração dos zoneamentos ecológico-econômicos, de abrangência nacional, regional, estadual, municipal ou em bacias hidrográficas, com enfoque para o estabelecimento de unidades de conservação, e adotando suas conclusões, com diretrizes e roteiro metodológico mínimos comuns e com transparência, rigor científico e controle social.

11.1.5.Promover e apoiar estudos de melhoria dos sistemas de uso e de ocupação da terra, assegurando a conservação da biodiversidade e sua utilização sustentável, em áreas fora de unidades de conservação de proteção integral e inclusive em terras indígenas, quilombolas e de outras comunidades locais, com especial atenção às zonas de amortecimento de unidades de conservação.

11.1.6.Propor uma agenda de implementação de áreas e ações prioritárias para conservação da biodiversidade em cada estado e bioma brasileiro.

11.1.7.Promover e apoiar a conservação da biodiversidade no interior e no entorno de terras indígenas, de quilombolas e de outras comunidades locais, respeitando o uso etnoambiental do ecossistema pelos seus ocupantes.

11.1.8.Fortalecer mecanismos de incentivos para o setor privado e para comunidades locais com adoção de iniciativas voltadas à conservação da biodiversidade.

11.1.9.Criar mecanismos de incentivos à recuperação e à proteção de áreas de preservação permanente e de reservas legais previstas em Lei.

11.1.10.Criar estratégias para a conservação de ecossistemas pioneiros, garantindo sua representatividade e função.

11.1.11.Estabelecer uma iniciativa nacional para conservação e recuperação da biodiversidade de águas interiores, da zona costeira e da zona marinha.

11.1.12.Articular ações com o órgão responsável pelo controle sanitário e fitossanitário com vistas à troca de informações para impedir a entrada no país de espécies exóticas invasoras que possam afetar a biodiversidade.

11.1.13.Promover a prevenção, a erradicação e o controle de espécies exóticas invasoras que possam afetar a biodiversidade.

11.1.14.Promover ações de conservação visando a manutenção da estrutura e dos processos ecológicos e evolutivos e a oferta sustentável dos serviços ambientais.

11.1.15.Conservar a biodiversidade dos ecossistemas, inclusive naqueles sob sistemas intensivos de produção econômica, como seguro contra mudanças climáticas e alterações ambientais e econômicas imprevistas, preservando a capacidade dos componentes da biodiversidade se adaptarem a mudanças, inclusive as climáticas.

11.2.Segunda diretriz: Conservação de ecossistemas em unidades de conservação.Promoção de ações de conservação *in situ* da biodiversidade dos ecossistemas nas unidades de conservação, mantendo os processos ecológicos e evolutivos, a oferta sustentável dos serviços ambientais e a integridade dos ecossistemas.
Objetivos Específicos:
11.2.1.Apoiar e promover a consolidação e a expansão do Sistema Nacional de Unidades de Conservação da Natureza-SNUC, com atenção particular para as unidades de proteção integral, garantindo a representatividade dos ecossistemas e das ecorregiões e a oferta sustentável dos serviços ambientais e a integridade dos ecossistemas.
11.2.2.Promover e apoiar o desenvolvimento de mecanismos técnicos e econômicos para a implementação efetiva de unidades de conservação.
11.2.3.Apoiar as ações do órgão oficial de controle fitossanitário com vistas a evitar a introdução de pragas e espécies exóticas invasoras em áreas no entorno e no interior de unidades de conservação.
11.2.4.Incentivar o estabelecimento de processos de gestão participativa, propiciando a tomada de decisões com participação da esfera federal, da estadual e da municipal do Poder Público e dos setores organizados da sociedade civil, em conformidade com a Lei do Sistema Nacional de Unidades de Conservação da Natureza-SNUC.
11.2.5.Incentivar a participação do setor privado na conservação *in situ*, com ênfase na criação de Reservas Particulares do Patrimônio Natural-RPPN, e no patrocínio de unidade de conservação pública.
11.2.6.Promover a criação de unidades de conservação de proteção integral e de uso sustentável, levando-se em consideração a representatividade, conectividade e complementaridade da unidade para o Sistema Nacional de Unidades de Conservação.
11.2.7.Desenvolver mecanismos adicionais de apoio às unidades de conservação de proteção integral e de uso sustentável, inclusive pela remuneração dos serviços ambientais prestados.
11.2.8.Promover o desenvolvimento e a implementação de um plano de ação para solucionar os conflitos devidos à sobreposição de unidades de conservação, terras indígenas e de quilombolas.
11.2.9.Incentivar e apoiar a criação de unidades de conservação marinhas com diversos graus de restrição e de exploração.
11.2.10.Conservar amostras representativas e suficientes da totalidade da biodiversidade, do patrimônio genético nacional (inclusive de espécies domesticadas), da diversidade de ecossistemas e da flora e fauna brasileira (inclusive de espécies ameaçadas), como reserva estratégica para usufruto futuro.
11.3.Terceira diretriz: Conservação *in situ* de espécies.Consolidação de ações de conservação *in situ* das espécies que compõem a biodiversidade, com o objetivo de reduzir a erosão genética, de promover sua conservação e utilização sustentável, particularmente das espécies ameaçadas, bem como dos processos ecológicos e evolutivos a elas associados e de manter os serviços ambientais.

Objetivos Específicos:

11.3.1. Criar, identificar e estabelecer iniciativas, programas e projetos de conservação e recuperação de espécies ameaçadas, endêmicas ou insuficientemente conhecidas.

11.3.2. Identificar áreas para criação de novas unidades de conservação, baseando-se nas necessidades das espécies ameaçadas.

11.3.3. Fortalecer e disseminar mecanismos de incentivo para empresas privadas e comunidades que desenvolvem projetos de conservação de espécies ameaçadas.

11.3.4. Implementar e aperfeiçoar o sistema de autorização, vigilância e acompanhamento de coleta de material biológico e de componentes do patrimônio genético.

11.3.5. Promover a regulamentação e a implementação de reservas genéticas para proteger variedades locais de espécies silvestres usadas no extrativismo, na agricultura e na aqüicultura.

11.3.6. Implementar ações para maior proteção de espécies ameaçadas dentro e fora de unidades de conservação.

11.3.7. Promover e aperfeiçoar as ações de manejo de espécies-problema em situação de descontrole populacional.

11.3.8. Estabelecer mecanismos para tornar obrigatória a inclusão, em parte ou no todo, de ambientes especiais que apresentam alto grau de endemismo ou contenham espécies ameaçadas nas Zonas Intangíveis das Unidades de Conservação de Uso Sustentável.

11.3.9. Estabelecer medidas de proteção das espécies ameaçadas nas terras indígenas e nas terras de quilombolas.

11.4. Quarta diretriz: Conservação *ex situ* de espécies. Consolidação de ações de conservação *ex situ* de espécies e de sua variabilidade genética, com ênfase nas espécies ameaçadas e nas espécies com potencial de uso econômico, em conformidade com os objetivos específicos estabelecidos nas diretrizes do Componente 5.

Objetivos Específicos:

11.4.1. Desenvolver estudos para a conservação *ex situ* de espécies, com ênfase nas espécies ameaçadas e nas espécies com potencial de uso econômico.

11.4.2. Desenvolver, promover e apoiar estudos e estabelecer metodologias para conservação e manutenção dos bancos de germoplasma das espécies nativas e exóticas de interesse científico e comercial.

11.4.3. Promover a manutenção, a caracterização e a documentação do germoplasma de plantas, animais, fungos e microrganismos contido nas instituições científicas e nos centros nacionais e regionais, de maneira a estabelecer coleções nucleares para fomentar programas de melhoramento genético.

11.4.4. Integrar iniciativas, planos e programas de conservação *ex situ* de espécies, com ênfase nas espécies ameaçadas e nas espécies com potencial de uso econômico.

11.4.5.Promover a conservação *ex situ* visando à obtenção de matrizes animais e vegetais, inclusive microrganismos, de espécies ameaçadas ou com potencial de uso econômico para formação de coleções vivas representativas.

11.4.6.Ampliar, fortalecer e integrar o sistema de herbários, museus zoológicos, coleções etnobotânicas, criadouros de vida silvestre, jardins botânicos, arboretos, hortos florestais, coleções zoológicas, coleções botânicas, viveiros de plantas nativas, coleções de cultura de microrganismos, bancos de germoplasma vegetal, núcleos de criação animal, zoológicos, aquários e oceanários.

11.4.7.Integrar jardins botânicos, zoológicos e criadouros de vida silvestre aos planos nacionais de conservação de recursos genéticos animais e vegetais e de pesquisa ambiental, especialmente em áreas de alto endemismo.

11.4.8.Criar e fortalecer centros de triagem de animais e plantas silvestres, integrando-os ao sistema de zoológicos e jardins botânicos, para serem transformados em centros de conservação de fauna e de flora.

11.4.9.Criar centros e promover iniciativas para a reprodução de espécies ameaçadas, utilizando técnicas como inseminação artificial, fertilização *in vitro*, entre outras.

11.4.10.Incentivar a participação do setor privado na estratégia de conservação *ex situ* da biodiversidade.

11.4.11.Promover medidas e iniciativas para o enriquecimento da variabilidade genética disponível nos bancos de germoplasma, estabelecendo coleções representativas do patrimônio genético (animal, vegetal e de microrganismos).

11.4.12.Estabelecer e apoiar iniciativas de coleta para aumentar a representatividade geográfica dos bancos de germoplasma.

11.4.13.Criar e manter bancos de germoplasma regionais e coleções de base para a conservação da variabilidade genética, promovendo principalmente a conservação de espécies nativas sub-representadas em coleções, variedades locais, parentes silvestres, espécies raras, endêmicas, ameaçadas ou com potencial econômico.

11.4.14.Estabelecer iniciativas de coleta, reintrodução e intercâmbio de espécies nativas de importância socioeconômica, incluindo variedades locais de espécies domesticadas e de espécies ameaçadas, para manutenção de sua variabilidade genética.

11.4.15.Apoiar e subsidiar a conservação e a ampliação de bancos de germoplasma de espécies introduzidas, com fins econômicos ou ornamentais, mantidas por entidades de pesquisa, jardins botânicos, zoológicos e pela iniciativa privada.

11.4.16.Ampliar os programas nacionais de coleta e conservação de microrganismos do solo de interesse econômico.

11.4.17.Integrar as ações de conservação *ex situ* com as ações de gestão do acesso a recursos genéticos e repartição de benefícios derivados da utilização do conhecimento tradicional.

11.4.18.Apoiar as ações de órgão oficial de controle sanitário e fitossanitário no que diz respeito ao controle de espécies invasoras ou pragas.

11.5.Quinta diretriz: Instrumentos econômicos e tecnológicos de conserva-

ção da biodiversidade.Desenvolvimento de instrumentos econômicos e tecnológicos para a conservação da biodiversidade.
Objetivos Específicos:
11.5.1.Promover estudos para a avaliação da efetividade dos instrumentos econômicos para a conservação da biodiversidade.
11.5.2.Criar e consolidar legislação específica relativa ao uso de instrumentos econômicos que visem ao estímulo à conservação da biodiversidade, associado ao processo de reforma tributária.
11.5.3.Desenvolver instrumentos econômicos e legais para reduzir as pressões antrópicas sobre a biodiversidade, associado ao processo de reforma tributária.
11.5.4.Desenvolver instrumentos econômicos e instrumentos legais para cobrança pública, quando couber, pelo uso de serviços ambientais, associado ao processo de reforma tributária.
11.5.5.Promover a internalização de custos e benefícios da conservação da biodiversidade (bens e serviços)na contabilidade pública e privada.
11.5.6.Estimular mecanismos para reversão dos benefícios da cobrança pública pelo uso de serviços ambientais da biodiversidade para a sua conservação.
11.5.7.Criar e implantar mecanismos tributários, creditícios e de facilitação administrativa específicos para proprietários rurais que mantêm reservas legais e áreas de preservação permanente protegidas.
11.5.8.Aprimorar os instrumentos legais existentes de estímulo à conservação da biodiversidade por meio do imposto sobre circulação de mercadoria (ICMS Ecológico)e incentivar sua adoção em todos os estados da federação, incentivando a aplicação dos recursos na gestão da biodiversidade.

Do Componente 3 da Política Nacional da Biodiversidade-Utilização Sustentável dos Componentes da Biodiversidade

12.Objetivo Geral: Promover mecanismos e instrumentos que envolvam todos os setores governamentais e não-governamentais, públicos e privados, que atuam na utilização de componentes da biodiversidade, visando que toda utilização de componentes da biodiversidade seja sustentável e considerando não apenas seu valor econômico, mas também os valores ambientais, sociais e culturais da biodiversidade.
12.1.Primeira diretriz: Gestão da biotecnologia e da biossegurança.Elaboração e implementação de instrumentos e mecanismos jurídicos e econômicos que incentivem o desenvolvimento de um setor nacional de biotecnologia competitivo e de excelência, com biossegurança e com atenção para as oportunidades de utilização sustentável de componentes do patrimônio genético, em conformidade com a legislação vigente e com as diretrizes e objetivos específicos estabelecidos no Componente5.
Objetivos Específicos:
12.1.1.Elaborar e implementar códigos de ética para a biotecnologia e a bioprospecção, de forma participativa, envolvendo os diferentes segmentos da sociedade brasileira, com base na legislação vigente.

12.1.2.Consolidar a regulamentação dos usos de produtos geneticamente modificados, com base na legislação vigente, em conformidade com o princípio da precaução e com análise de risco dos potenciais impactos sobre a biodiversidade, a saúde e o meio ambiente, envolvendo os diferentes segmentos da sociedade brasileira, garantindo a transparência e o controle social destes e com a responsabilização civil, criminal e administrativa para introdução ou difusão não autorizada de organismos geneticamente modificados que ofereçam riscos ao meio ambiente e à saúde humana.

12.1.3.Consolidar a estruturação, tanto na composição quanto os procedimentos de operação, dos órgãos colegiados que tratam da utilização da biodiversidade, especialmente a Comissão Técnica Nacional de Biossegurança-CTNBio e o Conselho de Gestão do Patrimônio Genético-CGEN.

12.1.4.Fomentar a criação e o fortalecimento de instituições nacionais e de grupos de pesquisa nacionais, públicos e privados, especializados em bioprospecção, biotecnologia e biossegurança, inclusive apoiando estudos e projetos para a melhoria dos conhecimentos sobre a biossegurança e avaliação de conformidade de organismos geneticamente modificados e produtos derivados.

12.1.6.Apoiar e fomentar a formação de empresas nacionais dedicadas à pesquisa científica e tecnológica, à agregação de valor, à conservação e à utilização sustentável dos recursos biológicos e genéticos.

12.1.7.Apoiar e fomentar a formação de parcerias entre instituições científicas públicas e privadas, inclusive empresas nacionais de tecnologia, com suas congêneres estrangeiras, objetivando estabelecer e consolidar as cadeias de agregação de valor, comercialização e retorno de benefícios relativos a negócios da biodiversidade.

12.1.8.Apoiar e fomentar a formação de pessoal pós-graduado especializado em administração de negócios sustentáveis com biodiversidade, com o objetivo de seu aproveitamento pelos sistemas públicos e privados ativos no setor, conferindo ao país condições adequadas de interlocução com seus parceiros estrangeiros.

12.1.9.Exigir licenciamento ambiental de atividades e empreendimentos que façam uso de Organismos Geneticamente Modificados-OGM e derivados, efetiva ou potencialmente poluidores, nos termos da legislação vigente.

12.1.10.Apoiar a implementação da infra-estrutura e capacitação de recursos humanos dos órgãos públicos e instituições privadas para avaliação de conformidade de material biológico, certificação e rotulagem de produtos, licenciamento ambiental e estudo de impacto ambiental.

12.2.Segunda diretriz: Gestão da utilização sustentável dos recursos biológicos.Estruturação de sistemas reguladores da utilização dos recursos da biodiversidade.

Objetivos Específicos:

12.2.1.Criar e consolidar programas de manejo e regulamentação de atividades relacionadas à utilização sustentável da biodiversidade.

12.2.2.Promover o ordenamento e a gestão territorial das áreas de exploração dos recursos ambientais, de acordo com a capacidade de suporte destes e de forma integrada com os esforços de conservação *in situ* da biodiversidade.

12.2.3.Implementar ações que atendam às demandas de povos indígenas, de quilombolas e de outras comunidades locais, quanto às prioridades relacionadas à conservação e à utilização sustentável dos recursos biológicos existentes em seus territórios, salvaguardando os princípios e a legislação inerentes à matéria e assegurando a sua sustentabilidade nos seus locais de origem.

12.2.4.Desenvolver e apoiar programas, ações e medidas que promovam a conservação e a utilização sustentável da agrobiodiversidade.

12.2.5.Promover políticas e programas visando à agregação de valor e à utilização sustentável dos recursos biológicos.

12.2.6.Promover programas de apoio a pequenas e médias empresas, que utilizem recursos da biodiversidade de forma sustentável.

12.2.7.Promover instrumentos para assegurar que atividades turísticas sejam compatíveis com a conservação e a utilização sustentável da biodiversidade.

12.2.8.Promover, de forma integrada, e quando legalmente permitido, a utilização sustentável de recursos florestais, madeireiros e não-madeireiros, pesqueiros e faunísticos, privilegiando o manejo certificado, a reposição, o uso múltiplo e a manutenção dos estoques.

12.2.9.Adaptar para as condições brasileiras e aplicar os princípios da Abordagem Ecossistêmica no manejo da biodiversidade.

12.3.Terceira diretriz: Instrumentos econômicos, tecnológicos e incentivo às práticas e aos negócios sustentáveis para a utilização da biodiversidade.Implantação de mecanismos, inclusive fiscais e financeiros, para incentivar empreendimentos e iniciativas produtivas de utilização sustentável da biodiversidade.

Objetivos Específicos:

12.3.1.Criar e consolidar legislação específica, relativa ao uso de instrumentos econômicos que visem ao estímulo à utilização sustentável da biodiversidade.

12.3.2.Criar e fortalecer mecanismos de incentivos fiscais e de crédito, para criação e aplicação de tecnologias, empreendimentos e programas relacionados com a utilização sustentável da biodiversidade.

12.3.3.Promover incentivos econômicos para o desenvolvimento e a consolidação de práticas e negócios realizados em unidades de conservação de proteção integral e de uso sustentável, em territórios quilombolas, terras indígenas e demais espaços territoriais sob proteção formal do Poder Público.

12.3.4.Promover a internalização de custos e benefícios da utilização da biodiversidade (bens e serviços)na contabilidade pública e privada.

12.3.5.Identificar, avaliar e promover experiências, práticas, tecnologias, negócios e mercados para produtos oriundos da utilização sustentável da biodiversidade, incentivando a certificação voluntária de processos e produtos, de forma participativa e integrada.

12.3.6.Estimular o uso de instrumentos voluntários de certificação de produtos, processos, empresas, órgãos do governo e outras formas de organizações produtivas relacionadas com a utilização sustentável da biodiversidade, inclusive nas compras do governo.

12.3.7.Promover a inserção de espécies nativas com valor comercial no mercado interno e externo, bem como a diversificação da utilização sustentável destas espécies.

12.3.8.Estimular a interação e a articulação dos agentes da Política Nacional da Biodiversidade com o setor empresarial para identificar oportunidades de negócios com a utilização sustentável dos componentes da biodiversidade.

12.3.9.Apoiar as comunidades locais na identificação e no desenvolvimento de práticas e negócios sustentáveis.

12.3.10.Apoiar, de forma integrada, a domesticação e a utilização sustentável de espécies nativas da flora, da fauna e dos microrganismos com potencial econômico.

12.3.11.Estimular a implantação de criadouros de animais silvestres e viveiros de plantas nativas para consumo e comercialização.

12.3.12.Estimular a utilização sustentável de produtos não madeireiros e as atividades de extrativismo sustentável, com agregação de valor local por intermédio de protocolos para produção e comercialização destes produtos.

12.3.13.Estimular a implantação de projetos baseados no Mecanismo de Desenvolvimento Limpo do Protocolo de Quioto que estejam de acordo com a conservação e utilização sustentável da biodiversidade.

12.3.14.Incentivar políticas de apoio a novas empresas, visando à agregação de valor, à conservação, à utilização sustentável dos recursos biológicos e genéticos.

12.4.Quarta diretriz: Utilização da biodiversidade nas unidades de conservação de uso sustentável.Desenvolvimento de métodos para a utilização sustentável da biodiversidade e indicadores para medir sua efetividade nas unidades de conservação de uso sustentável.

Objetivos Específicos:

12.4.1.Aprimorar métodos e criar novas tecnologias para a utilização de recursos biológicos, eliminando ou minimizando os impactos causados à biodiversidade.

12.4.2.Desenvolver estudos de sustentabilidade ambiental, econômica, social e cultural da utilização dos recursos biológicos.

12.4.3.Fomentar o desenvolvimento de projetos de utilização sustentável de recursos biológicos oriundos de associações e comunidades em unidades de conservação de uso sustentável, de forma a integrar com a conservação da biodiversidade.

12.4.4.Estabelecer critérios para que os planos de manejo de exploração de qualquer recurso biológico incluam o monitoramento dos processos de recuperação destes recursos.

Do Componente4 da Política Nacional da Biodiversidade-Monitoramento, Avaliação, Prevenção e Mitigação de Impactos sobre a Biodiversidade.

13.Objetivo Geral: estabelecer formas para o desenvolvimento de sistemas e procedimentos de monitoramento e de avaliação do estado da biodiversidade brasileira e das pressões antrópicas sobre a biodiversidade, para a prevenção e a mitigação de impactos sobre a biodiversidade.

13.1.Primeira diretriz: Monitoramento da biodiversidade.Monitoramento do estado das pressões e das respostas dos componentes da biodiversidade.

Objetivos Específicos:

13.1.1.Apoiar o desenvolvimento de metodologias e de indicadores para o monitoramento dos componentes da biodiversidade dos ecossistemas e dos impactos ambientais responsáveis pela sua degradação, inclusive aqueles causados pela introdução de espécies exóticas invasoras e de espécies-problema.

13.1.2.Implantar e fortalecer sistema de indicadores para monitoramento permanente da biodiversidade, especialmente de espécies ameaçadas e nas unidades de conservação, terras indígenas, terras de quilombolas, áreas de manejo de recursos biológicos, reservas legais e nas áreas indicadas como prioritárias para conservação.

13.1.3.Integrar o sistema de monitoramento da biodiversidade com os sistemas de monitoramento de outros recursos naturais existentes.

13.1.4.Expandir, consolidar e atualizar um sistema de vigilância e proteção para todos os biomas, incluindo o Sistema de Vigilância da Amazônia, com transparência e controle social e com o acesso permitido às informações obtidas pelo sistema por parte das comunidades envolvidas, incluindo as populações localmente inseridas e as instituições de pesquisa ou ensino.

13.1.5.Instituir sistema de monitoramento do impacto das mudanças globais sobre distribuição, abundância e extinção de espécies.

13.1.6.Implantar sistema de identificação, monitoramento e controle das áreas de reserva legal e de preservação permanente.

13.1.7.Estimular o desenvolvimento de programa de capacitação da população local, visando à sua participação no monitoramento da biodiversidade.

13.1.8.Apoiar as ações do órgão oficial responsável pela sanidade e pela fitossanidade com vistas em monitorar espécies exóticas invasoras para prevenir e mitigar os impactos de pragas e doenças na biodiversidade.

13.1.9.Realizar o mapeamento periódico de áreas naturais remanescentes em todos os biomas.

13.1.10.Promover o automonitoramento e sua publicidade.

13.2.Segunda diretriz: Avaliação, prevenção e mitigação de impactos sobre os componentes da biodiversidade.Estabelecimento de procedimentos de avaliação, prevenção e mitigação de impactos sobre os componentes da biodiversidade.

Objetivos Específicos:

13.2.1.Criar capacidade nos órgãos responsáveis pelo licenciamento ambiental no país para avaliação de impacto sobre a biodiversidade.

13.2.2.Identificar e avaliar as políticas públicas e não-governamentais que afetam negativamente a biodiversidade.

13.2.3.Fortalecer os sistemas de licenciamento, fiscalização e monitoramento de atividades relacionadas com a biodiversidade.

13.2.4.Promover a integração entre o Zoneamento Ecológico-Econômico e as ações de licenciamento ambiental, especialmente por intermédio da realização de Avaliações Ambientais Estratégicas feitas com uma escala regional.

13.2.5.Apoiar políticas, programas e projetos de avaliação, prevenção e mitigação de impactos sobre a biodiversidade, inclusive aqueles relacionados com programas e planos de desenvolvimento nacional, regional e local.

13.2.6.Apoiar a realização de análises de risco e estudos dos impactos da introdução de espécies exóticas potencialmente invasoras, espécies potencialmente problema e outras que ameacem a biodiversidade, as atividades econômicas e a saúde da população, e a criação e implementação de mecanismos de controle.

13.2.7.Promover e aperfeiçoar ações de prevenção, controle e erradicação de espécies exóticas invasoras e de espécies-problema.

13.2.8.Apoiar estudos de impacto da fragmentação de *habitats* sobre a manutenção da biodiversidade.

13.2.9.Desenvolver estudos de impacto ambiental e implementar medidas de controle dos riscos associados ao desenvolvimento biotecnológico sobre a biodiversidade, especialmente quanto à utilização de organismos geneticamente modificados, quando potencialmente causador de significativa degradação do meio ambiente.

13.2.10.Aperfeiçoar procedimentos e normas de coleta de espécies nativas com fins técnico-científicos com vistas na mitigação de seu potencial impacto sobre a biodiversidade.

13.2.11.Desenvolver iniciativas de sensibilização e capacitação de entidades da sociedade civil em práticas de monitoramento e fiscalização da utilização dos recursos biológicos.

13.2.12.Promover, juntamente com os diversos atores envolvidos, o planejamento da gestão da biodiversidade nas zonas de fronteiras agrícolas, visando a minimizar os impactos ambientais sobre a biodiversidade.

13.2.13.Intensificar e garantir a eficiência do combate à caça ilegal e ao comércio ilegal de espécies e de variedades agrícolas.

13.2.14.Desenvolver instrumentos de cobrança e aplicação de recursos auferidos pelo uso de serviços ambientais para reduzir as pressões antrópicas sobre a biodiversidade.

13.2.15.Apoiar a realização de inventário das fontes de poluição da biodiversidade e de seus níveis de risco nos biomas.

13.2.16.Apoiar ações de zoneamento e identificação de áreas críticas, por bacias hidrográficas, para conservação da biodiversidade e dos recursos hídricos.

13.2.18.Apoiar estudos de impacto sobre a biodiversidade nas diferentes bacias hidrográficas, sobretudo nas matas ribeirinhas, cabeceiras, olhos dágua e outras áreas de preservação permanente e em áreas críticas para a conservação de recursos hídricos.

13.2.19.Estabelecer mecanismos para determinar a realização de estudos de impacto ambiental, inclusive Avaliação Ambiental Estratégica, em projetos e empreendimentos de larga escala, inclusive os que possam gerar impactos agregados, que envolvam recursos biológicos, inclusive aqueles que utilizem espécies exóticas e organismos geneticamente modificados, quando potencialmente causadores de significativa degradação do meio ambiente.

13.3.Terceira diretriz: Recuperação de ecossistemas degradados e dos componentes da biodiversidade sobreexplotados.Estabelecimento de instrumentos que promovam a recuperação de ecossistemas degradados e de componentes da biodiversidade sobreexplotados.

Objetivos Específicos:

13.3.1.Promover estudos e programas adaptados para conservação e recuperação de espécies ameaçadas ou sobreexplotadas e de ecossistemas sob pressão antrópica, de acordo com o Princípio do Poluidor-Pagador.

13.3.2.Promover a recuperação, a regeneração e o controle da cobertura vegetal e dos serviços ambientais a ela relacionados em áreas alteradas, degradadas e em processo de desertificação e arenização, inclusive para a captura de carbono, de acordo com o Princípio do Poluidor-Pagador.

13.3.3.Promover a recuperação de estoques pesqueiros sobreexplotados, inclusive pela identificação de espécies alternativas para o redirecionamento do esforço de pesca.

13.3.4.Estimular as pesquisas paleoecológicas como estratégicas para a recuperação de ecossistemas naturais.

13.3.5.Apoiar povos indígenas, quilombolas e outras comunidades locais na elaboração e na aplicação de medidas corretivas em áreas degradadas, onde a biodiversidade tenha sido reduzida.

13.3.6.Identificar e apoiar iniciativas, programas, tecnologias e projetos de obtenção de germoplasma, reintrodução e translocação de espécies nativas, especialmente as ameaçadas, observando estudos e indicações referentes à sanidade dos ecossistemas.

13.3.7.Apoiar iniciativas nacionais e estaduais de promoção do estudo e de difusão de tecnologias de restauração ambiental e recuperação de áreas degradadas com espécies nativas autóctones.

13.3.8.Apoiar criação e consolidação de bancos de germoplasma como instrumento adicional de recuperação de áreas degradadas.

13.3.9.Criar unidades florestais nos estados brasileiros, para produção e fornecimento de sementes e mudas para a execução de projetos de restauração ambiental e recuperação de áreas degradadas, apoiados por universidades e centros de pesquisa no país.

13.3.10.Promover mecanismos de coordenação das iniciativas governamentais e de apoio às iniciativas não-governamentais de proteção das áreas em recuperação natural.

13.3.11.Promover recuperação, revitalização e conservação da biodiversidade nas diferentes bacias hidrográficas, sobretudo nas matas ribeirinhas, nas cabeceiras, nos olhos d'água, em outras áreas de preservação permanente e em áreas críticas para a conservação de recursos hídricos.

13.3.12.Promover ações de recuperação e restauração dos ecossistemas degradados e dos componentes da biodiversidade marinha sobreexplotados.

Do Componente 5 da Política Nacional da Biodiversidade-Acesso aos Recursos Genéticos e aos Conhecimentos Tradicionais Associados e Repartição de Benefícios.

14.Objetivo Geral: Permitir o acesso controlado aos recursos genéticos, aos componentes do patrimônio genético e aos conhecimentos tradicionais associados com vistas à agregação de valor mediante pesquisa científica e desenvolvimento tecnológico e de forma que a sociedade brasileira, em particular os povos indígenas, quilombolas e outras comunidades locais, possam compartilhar, justa e eqüitativamente, dos benefícios derivados do acesso aos recursos genéticos, aos componentes do patrimônio genético e aos conhecimentos tradicionais associados à biodiversidade.

14.1.Primeira diretriz: Acesso aos recursos genéticos e repartição de benefícios derivados da utilização dos recursos genéticos.Estabelecimento de um sistema controlado de acesso e de repartição justa e eqüitativa de benefícios oriundos da utilização de recursos genéticos e de componentes do patrimônio genético, que promova a agregação de valor mediante pesquisa científica e desenvolvimento tecnológico e que contribua para a conservação e para a utilização sustentável da biodiversidade.

Objetivos Específicos:

14.1.1.Regulamentar e aplicar lei específica, e demais legislações necessárias, elaboradas com ampla participação da sociedade brasileira, em particular da comunidade acadêmica, do setor empresarial, dos povos indígenas, quilombolas e outras comunidades locais, para normalizar a relação entre provedor e usuário de recursos genéticos, de componentes do patrimônio genético e de conhecimentos tradicionais associados, e para estabelecer as bases legais para repartição justa e eqüitativa de benefícios derivados da utilização destes.

14.1.2.Estabelecer mecanismos legais e institucionais para maior publicidade e para viabilizar a participação da sociedade civil (organizações não-governamentais, povos indígenas, quilombolas e outras comunidades locais, setor acadêmico e setor privado)nos conselhos, comitês e órgãos colegiados que tratam do tema de gestão dos recursos genéticos e dos componentes do patrimônio genético.

14.1.3.Identificar as necessidades e os interesses de povos indígenas, quilombolas, outras comunidades locais, proprietários de terras, empresas tecnológicas nacionais e de agentes econômicos, órgãos governamentais, instituições de pesquisa e de desenvolvimento na regulamentação de sistema de acesso e de repartição justa e eqüitativa de benefícios oriundos da utilização de recursos genéticos e dos componentes do patrimônio genético.

14.1.4.Definir as normas e os procedimentos para a coleta, o armazenamento e para a remessa de recursos genéticos e de componentes do patrimônio genético para pesquisa e bioprospecção.

14.1.5.Implantar e aperfeiçoar mecanismos de acompanhamento, de controle social e de negociação governamental nos resultados da comercialização de produtos e processos oriundos da bioprospecção, associados à reversão de parte dos benefícios para fundos públicos destinados à pesquisa, à conservação e à utilização sustentável da biodiversidade.

14.1.6.Estabelecer contratos de exploração econômica da biodiversidade, cadastrados e homologados pelo governo federal, com cláusulas claras e objetivas, e com cláusulas de repartição de benefícios aos detentores dos recursos genéticos, dos componentes do patrimônio genético e dos conhecimentos tradicionais associados acessados.

14.1.7.Apoiar ações para implementação de infra-estrutura, de recursos humanos e recursos materiais em conselhos e órgãos colegiados que tratam da gestão de patrimônio genético, inclusive o Conselho de Gestão do Patrimônio Genético.

14.2.Segunda diretriz: Proteção de conhecimentos, inovações e práticas de povos indígenas, de quilombolas e de outras comunidades locais e repartição dos benefícios decorrentes do uso dos conhecimentos tradicionais associados à biodiversidade.Desenvolvimento de mecanismos que assegurem a proteção e a repartição justa e eqüitativa dos benefícios derivados do uso de conhecimentos, inovações e práticas de povos indígenas, quilombolas e outras comunidades locais, relevantes à conservação e à utilização sustentável da biodiversidade.

Objetivos Específicos:

14.2.1.Estabelecer e implementar um regime legal *sui generis* de proteção a direitos intelectuais coletivos relativos à biodiversidade de povos indígenas, quilombolas e outras comunidades locais, com a ampla participação destas comunidades e povos.

14.2.2.Estabelecer e implementar instrumentos econômicos e regime jurídico específico que possibilitem a repartição justa e eqüitativa de benefícios derivados do acesso aos conhecimentos tradicionais associados, com a compensação econômica e de outros tipos para os detentores dos conhecimentos tradicionais associados à biodiversidade, segundo as demandas por estes definidas e resguardando seus valores culturais.

14.2.3.Estabelecer e implementar mecanismos para respeitar, preservar, resgatar, proteger a confidencialidade e manter o conhecimento, as inovações e as práticas de povos indígenas, quilombolas e outras comunidades locais.

14.2.4.Regulamentar e implementar mecanismos e instrumentos jurídicos que garantam aos povos indígenas, aos quilombolas e às outras comunidades locais a participação nos processos de negociação e definição de protocolos para acesso aos conhecimentos, inovações e práticas associados à biodiversidade e repartição dos benefícios derivados do seu uso.

14.2.5.Desenvolver e implementar mecanismos *sui generis* de proteção do conhecimento tradicional e de repartição justa e eqüitativa de benefícios para os povos indígenas, quilombolas, outras comunidades locais detentores de conhecimentos associados à biodiversidade, com a participação destes e resguardados seus interesses e valores.

14.2.6.Estabelecer iniciativas visando à gestão e ao controle participativos de povos indígenas, quilombolas e outras comunidades locais na identificação e no cadastramento, quando couber, de conhecimentos tradicionais, inovações e práticas associados à utilização dos componentes da biodiversidade.

14.2.7.Estabelecer, quando couber e com a participação direta dos detentores do conhecimento tradicional, mecanismo de cadastramento de conhecimentos tradicionais, inovações e práticas, associados à biodiversidade, de povos indígenas, quilombolas e outras comunidades locais, e de seu potencial para uso comercial, como uma das formas de prova quanto à origem destes conhecimentos.

14.2.8.Promover o reconhecimento e valorizar os direitos de povos indígenas, quilombolas e outras comunidades locais, quanto aos conhecimentos tradicionais associados à biodiversidade e da relação de mútua dependência entre diversidade etnocultural e biodiversidade.

14.2.9.Elaborar e implementar código de ética para trabalho com povos indígenas, quilombolas e outras comunidades locais, com a participação destes.

14.2.10.Assegurar o reconhecimento dos direitos intelectuais coletivos de povos indígenas, quilombolas e outras comunidades locais, e a necessária repartição de benefícios pelo uso de conhecimento tradicional associado à biodiversidade em seus territórios.

Do Componente 6 da Política Nacional da Biodiversidade-Educação, Sensibilização Pública, Informação e Divulgação sobre Biodiversidade.

15.Objetivo Geral: Sistematizar, integrar e difundir informações sobre a biodiversidade, seu potencial para desenvolvimento e a necessidade de sua conservação e de sua utilização sustentável, bem como da repartição dos benefícios derivados da utilização de recursos genéticos, de componentes do patrimônio genético e do conhecimento tradicional associado, nos diversos níveis de educação, bem como junto à população e aos tomadores de decisão.

15.1.Primeira diretriz: Sistemas de informação e divulgação.Desenvolvimento de sistema nacional de informação e divulgação de informações sobre biodiversidade.

Objetivos Específicos:

15.1.1.Difundir informações para todos os setores da sociedade sobre biodiversidade brasileira.

15.1.2.Facilitar o acesso à informação e promover a divulgação da informação para a tomada de decisões por parte dos diferentes produtores e usuários de bens e serviços advindos da biodiversidade.

15.1.3.Instituir e manter permanentemente atualizada uma rede de informação sobre gestão da biodiversidade, promovendo e facilitando o acesso a uma base de dados disponível em meio eletrônico, integrando-a com iniciativas já existentes.

15.1.4.Identificar e catalogar as coleções biológicas (herbários, coleções zoológicas, de microrganismos e de germoplasma)existentes no país, seguida de padronização e integração das informações sobre as mesmas.

15.1.5. Mapear e manter bancos de dados sobre variedade locais, parentes silvestres das plantas nacionais cultivadas e de cultivares de uso atual ou potencial.

15.1.6. Instituir e implementar mecanismos para facilitar o acesso às informações sobre coleções de componentes da biodiversidade brasileira existentes no exterior e, quando couber, a repatriação do material associado à informação.

15.1.7. Apoiar e divulgar experiências de conservação e utilização sustentável da biodiversidade, inclusive por povos indígenas, quilombolas e outras comunidades locais, quando houver consentimento destes e desde que sejam resguardados os direitos sobre a propriedade intelectual e o interesse nacional.

15.1.8. Divulgar os instrumentos econômicos, financeiros e jurídicos voltados para a gestão da biodiversidade.

15.1.9. Organizar, promover a produção, distribuir e facilitar o acesso a materiais institucionais e educativos sobre biodiversidade e sobre aspectos étnicos e culturais relacionados à biodiversidade.

15.1.10. Promover a elaboração e a sistematização de estudos de casos e lições aprendidas quanto à gestão sustentável da biodiversidade.

15.1.11. Criar mecanismos de monitoramento da utilização de dados, do acesso às redes de bancos de dados e dos usuários dessas redes, visando à repartição dos benefícios oriundos do uso das informações disponíveis na rede.

15.1.12. Promover e apoiar programas nacionais de publicações científicas sobre temas referentes à biodiversidade, e incentivar a valorização das publicações nacionais relativas à diversidade biológica das instituições ligadas à pesquisa e ao ensino.

15.2. Segunda diretriz: Sensibilização pública. Realização de programas e campanhas de sensibilização sobre a biodiversidade.

Objetivos Específicos:

15.2.1. Promover e apoiar campanhas nacionais, regionais e locais para valorização e difusão de conhecimentos sobre a biodiversidade, ressaltando a importância e o valor da heterogeneidade dos diferentes biomas para a conservação e para a utilização sustentável da biodiversidade.

15.2.2. Promover campanhas nacionais de valorização da diversidade cultural e dos conhecimentos tradicionais sobre a biodiversidade.

15.2.3. Promover campanhas junto aos setores produtivos, especialmente os setores agropecuário, pesqueiro e de exploração mineral, e ao de pesquisas sobre a importância das reservas legais e áreas de preservação permanentes no processo de conservação da biodiversidade.

15.2.4. Criar novos estímulos, tais como prêmios e concursos, que promovam o envolvimento das populações na defesa das espécies ameaçadas e dos biomas submetidos a pressão antrópica, levando-se em consideração as especificidades regionais.

15.2.5. Promover e apoiar a sensibilização e a capacitação de tomadores de decisão, formadores de opinião e do setor empresarial quanto à importância da biodiversidade.

15.2.6.Estimular a atuação da sociedade civil organizada para a condução de iniciativas em educação ambiental relacionadas à biodiversidade.

15.2.7.Divulgar informações sobre conhecimentos tradicionais, inovações e práticas de povos indígenas, quilombolas e outras de comunidades locais e sua importância na conservação da biodiversidade, quando houver consentimento destes.

15.2.8.Sensibilizar povos indígenas, quilombolas e outras comunidades locais sobre a importância do conhecimento que detêm sobre a biodiversidade, possibilitando ações de conservação, de utilização sustentável da biodiversidade e de repartição dos benefícios decorrentes do uso dos conhecimentos tradicionais associados à biodiversidade.

15.2.9.Divulgar a importância da interação entre a gestão da biodiversidade e a saúde pública.

15.2.10.Promover sensibilização para a gestão da biodiversidade em áreas de uso público.

15.2.11.Desenvolver, implementar e divulgar indicadores que permitam avaliar e acompanhar a evolução do grau de sensibilização da sociedade quanto à biodiversidade.

15.2.12.Promover a integração das ações de fiscalização do meio ambiente com programas de educação ambiental, no que se refere à biodiversidade.

15.2.13.Promover cursos e treinamentos para jornalistas sobre conceitos de gestão da biodiversidade.

15.3.Terceira diretriz: Incorporação de temas relativos à conservação e à utilização sustentável da biodiversidade na educação.Integração de temas relativos à gestão da biodiversidade nos processos de educação.

Objetivos Específicos:

15.3.1.Fortalecer o uso do tema biodiversidade como conteúdo do tema transversal meio ambiente proposto por parâmetros e diretrizes curriculares nas políticas de formação continuada de professores.

15.3.2.Promover articulação entre os órgãos ambientais e as instituições educacionais, para atualização contínua das informações sobre a biodiversidade.

15.3.3.Introduzir o tema "biodiversidade" nas atividades de extensão comunitária.

15.3.4.Incorporar na educação formal os princípios da Convenção sobre Diversidade Biológica e da etnobiodiversidade, atendendo ao princípio da educação diferenciada para povos indígenas, quilombolas e outras comunidades locais.

15.3.5.Estimular parcerias, pesquisas e demais atividades entre universidades, organizações não-governamentais, órgãos profissionais e iniciativa privada para o aprimoramento contínuo dos profissionais de educação.

15.3.6.Promover a formação inicial e continuada dos profissionais de educação ambiental, no que se refere à biodiversidade.

15.3.7.Promover a capacitação dos técnicos de extensão rural e dos agentes de saúde sobre o tema "biodiversidade".

15.3.8.Promover iniciativas para articulação das instituições envolvidas com educação ambiental (instituições de ensino, de pesquisa, de conservação e da sociedade civil)em uma rede de centros de educação ambiental, para tratar do tema "biodiversidade".

15.3.9.Estabelecer a integração entre os ministérios e os demais órgãos de governo para a articulação das políticas educacionais de gestão da biodiversidade.

15.3.10.Fortalecer a Política Nacional de Educação Ambiental.

Do Componente7 da Política Nacional da Biodiversidade-Fortalecimento Jurídico e Institucional para a Gestão da Biodiversidade.

16.Objetivo Geral: Promover meios e condições para o fortalecimento da infra-estrutura de pesquisa e gestão, para o acesso à tecnologia e transferência de tecnologia, para a formação e fixação de recursos humanos, para mecanismos de financiamento, para a cooperação internacional e para a adequação jurídica visando à gestão da biodiversidade e à integração e à harmonização de políticas setoriais pertinentes à biodiversidade.

16.1.Primeira diretriz: Fortalecimento da infra-estrutura de pesquisa e gestão da biodiversidade.Fortalecimento e ampliação da infra-estrutura das instituições brasileiras, públicas e privadas, envolvidas com o conhecimento e com a gestão da biodiversidade.

Objetivos Específicos:

16.1.1.Recuperar a capacidade dos órgãos do Sistema Nacional do Meio Ambiente- SISNAMA para executar sua missão em relação ao licenciamento e à fiscalização da biodiversidade.

16.1.2.Aprimorar a definição das competências dos diversos órgãos de governo de forma a prevenir eventuais conflitos de competência quando da aplicação da legislação ambiental pertinente à biodiversidade.

16.1.3.Fortalecer o conjunto de unidades de conservação e sua integração no SISNAMA.

16.1.4.Estimular iniciativas para a criação de bases de pesquisa de campo permanente em unidades de conservação de proteção integral em cada um dos biomas brasileiros.

16.1.5.Promover o fortalecimento da infra-estrutura e a modernização das instituições brasileiras envolvidas com o inventário e a caracterização da biodiversidade, tais como coleções zoológicas, botânicas e de microrganismos, bancos de germoplasma e núcleos de criação animal.

16.1.6.Fortalecer instituições científicas com programas de pesquisa, criando, quando necessário, centros específicos em cada um dos biomas visando a fortalecer a pesquisa sobre recursos biológicos e suas aplicações.

16.1.7.Adequar a infra-estrutura das instituições que trabalham com recursos genéticos, componentes do patrimônio genético e conhecimentos tradicionais para conservar de forma segura, a curto, a médio e em longo prazo, espécies de interesse socioeconômico e as culturas de povos indígenas, quilombolas e outras comunidades locais do país.

16.1.8.Apoiar programas de pesquisa e de infra-estrutura voltados para o conhecimento tradicional de povos indígenas, quilombolas e outras comunidades locais, com a participação destes.

16.1.9.Apoiar a participação efetiva de especialistas das diferentes regiões do país em programas de seqüenciamento genético e outros programas para o desenvolvimento de tecnologias a partir da utilização de recursos biológicos.

16.1.10.Formalizar e fortalecer centros de referência depositários de organismos associados a produtos e processos patenteados no Brasil.

16.1.11.Promover a integração de programas e ações da esfera federal, das estaduais e das municipais e da sociedade civil organizada, relacionados à pesquisa, à formação de recursos humanos, a programas e projetos em áreas relacionadas à biodiversidade.

16.1.12.Incentivar a formação e consolidação de redes nacionais de pesquisa, desenvolvimento tecnológico e gestão da biodiversidade, como forma de promover e facilitar o intercâmbio sobre biodiversidade entre diferentes setores da sociedade.

16.1.13.Criar estímulos à gestão da biodiversidade, tais como prêmios a pesquisas e projetos de conservação e utilização sustentável.

16.1.14.Criar estímulos para organizações não-governamentais que atuam na proteção da biodiversidade.

16.1.15.Apoiar a criação de centros de documentação especializados para cada um dos biomas brasileiros para facilitar a cooperação científica dentro e fora do país.

16.1.16.Estimular o desenvolvimento de programa de apoio a publicações científicas sobre a biodiversidade brasileira, particularmente guias de campo, chaves taxonômicas, catalogação eletrônica de floras e faunas, revisões sistemáticas, monografias e estudos etnobiológicos.

16.2.Segunda diretriz: Formação e fixação de recursos humanos.Promoção de programas de formação, atualização e fixação de recursos humanos, inclusive a capacitação de povos indígenas, quilombolas e outras comunidades locais, para a ampliação e o domínio dos conhecimentos e das tecnologias necessárias à gestão da biodiversidade.

Objetivos Específicos:

16.2.1.Instituir programas de formação, atualização e fixação de recursos humanos em instituições voltadas para o inventário, a caracterização, a classificação e a gestão da biodiversidade dos diversos biomas do país.

16.2.2.Reduzir as disparidades regionais, estimulando a capacitação humana e institucional em gestão da biodiversidade, inclusive em biotecnologia, promovendo a criação de mecanismos diferenciados para a contratação imediata nas instituições de ensino e pesquisa em regiões carentes e realizando a fixação de profissionais envolvidos com a capacitação em pesquisa e gestão da biodiversidade.

16.2.3.Fortalecer a pós-graduação ou os programas de doutorado em instituições de pesquisa nos temas relacionados aos objetivos da Convenção sobre Diversidade Biológica.

16.2.4.Apoiar a capacitação e a atualização de povos indígenas, quilombolas e outras comunidades locais quanto à gestão da biodiversidade, especialmente para agregação de valor e comercialização de produtos da biodiversidade derivados de técnicas tradicionais sustentáveis.

16.2.5.Apoiar formação ou aperfeiçoamento em gestão da biodiversidade de técnicos que atuem em projetos ou empreendimentos com potencial impacto ambiental.

16.2.6.Apoiar iniciativas de ensino a distância em áreas relacionadas à biodiversidade.

16.2.7.Promover a ampla divulgação dos termos da legislação de acesso aos recursos genéticos, aos componentes do patrimônio genético e aos conhecimentos tradicionais associados junto aos setores relacionados a esta temática.

16.2.8.Promover cursos e treinamentos para servidores públicos, inclusive juízes, membros do Ministério Público, polícia federal, civil e militar nos campos de gestão e proteção da biodiversidade.

16.2.9.Promover e apoiar a formação de recursos humanos voltados para o desenvolvimento e a disseminação de redes de informação sobre biodiversidade.

16.2.10.Capacitar pessoal para a gestão da biodiversidade em unidades de conservação.

16.2.11.Promover eventos regionais para os povos indígenas, quilombolas e outras comunidades locais com o objetivo de divulgar e esclarecer os termos da legislação de acesso a recursos genéticos, e capacitar agentes locais.

16.2.12.Estimular a cooperação entre governo, universidades, centros de pesquisa, setor privado e organizações da sociedade civil na elaboração de modelos de gestão da biodiversidade.

16.2.13.Apoiar a cooperação entre o setor público e o privado para formação e fixação de recursos humanos voltados para o desempenho de atividades de pesquisa em gestão da biodiversidade, especialmente no que tange à utilização de recursos biológicos, manutenção e utilização dos bancos de germoplasma.

16.3.Terceira diretriz: Acesso à tecnologia e transferência de tecnologia.Promoção do acesso à tecnologia e da transferência de tecnologia científica nacional e internacional sobre a gestão da biodiversidade brasileira.

Objetivos Específicos:

16.3.1.Criar e apoiar programas que promovam a transferência e a difusão de tecnologias em gestão da biodiversidade.

16.3.2.Apoiar o intercâmbio de conhecimentos e tecnologias em temas selecionados e em áreas definidas como prioritárias para a gestão da biodiversidade, inclusive com centros de referência internacionais e estrangeiros.

16.3.3.Estabelecer mecanismos facilitadores do processo de intercâmbio e geração de conhecimento biotecnológico com seus potenciais usuários, resguardados os direitos sobre a propriedade intelectual.

16.3.4.Promover o aperfeiçoamento do arcabouço legal brasileiro no que diz respeito ao acesso à tecnologia e à transferência de tecnologias.

16.3.5.Estabelecer iniciativa nacional para disseminar o uso de tecnologias de domínio público úteis à gestão da biodiversidade.

16.3.6.Implantar unidades demonstrativas de utilização de tecnologias para conservação e utilização sustentável da biodiversidade.
16.3.7.Promover a cooperação para a certificação de tecnologias transferidas dos países desenvolvidos para o país.
16.3.8.Definir e implementar normas e procedimentos para o intercâmbio de tecnologias de utilização de recursos genéticos e biológicos, com transparência e assegurando os interesses nacionais, da comunidade acadêmica e dos povos indígenas, quilombolas e outras das comunidades locais.
16.4.Quarta diretriz: Mecanismos de financiamento.Integração, desenvolvimento e fortalecimento de mecanismos de financiamento da gestão da biodiversidade.
Objetivos Específicos:
16.4.1.Fortalecer os fundos existentes de financiamento para a gestão da biodiversidade.
16.4.2.Estimular a criação de fundos de investimentos para a gestão da biodiversidade, incentivando inclusive a participação do setor empresarial.
16.4.3.Apoiar estudo para a criação de um fundo fiduciário ou outros mecanismos equivalentes, capazes de garantir a estabilidade financeira para implementação e manutenção de unidades de conservação, inclusive para regularização fundiária.
16.4.4.Estimular a criação de fundos ou outros mecanismos, geridos de forma participativa por povos indígenas, quilombolas e outras comunidades locais, que promovam a repartição justa e eqüitativa de benefícios, monetários ou não, decorrentes do acesso aos recursos genéticos, aos componentes do patrimônio genético e aos conhecimentos tradicionais associados.
16.4.5.Fortalecer a atuação em prol da biodiversidade dos órgãos estaduais de fomento à pesquisa em todos os estados.
16.4.6.Promover mecanismos que visem a assegurar a previsão e a aplicação de recursos orçamentários bem como de outras fontes para a gestão da biodiversidade.
16.4.7.Estimular a criação de linhas de financiamento por parte dos órgãos de fomento à pesquisa, direcionadas à implementação dos planos de pesquisa e à gestão da biodiversidade em unidades de conservação e em seu entorno.
16.4.8.Estimular a criação de linhas de financiamento para empreendimentos cooperativos e para pequenos e médios produtores rurais que usem os recursos da biodiversidade de forma sustentável.
16.4.9.Estimular a participação do setor privado em investimentos na gestão da biodiversidade do país.
16.4.10.Estimular a criação de mecanismos econômicos e fiscais que incentivem o setor empresarial a investir no inventário e na pesquisa sobre conservação e utilização sustentável da biodiversidade do país, em parceria com instituições de pesquisa e setor público.
16.4.11.Fomentar mediante incentivos econômicos, a conservação e a utilização sustentável da biodiversidade nas áreas sob domínio privado.

16.5.Quinta diretriz: Cooperação internacional.Promoção da cooperação internacional relativa à gestão da biodiversidade, com o fortalecimento de atos jurídicos internacionais.
Objetivos Específicos:
16.5.1.Fortalecer a preparação e a participação de delegações brasileiras em negociações internacionais relacionadas aos temas da biodiversidade.
16.5.2.Promover a implementação de acordos e convenções internacionais relacionados com a gestão da biodiversidade, com atenção especial para a Convenção sobre Diversidade Biológica e seus programas e iniciativas.
16.5.3.Estabelecer sinergias visando à implementação das convenções ambientais assinadas pelo país.
16.5.4.Apoiar a negociação de acordos e convênios, justos e com benefícios para o país, para o intercâmbio de conhecimentos e transferências de tecnologia com centros de pesquisa internacionais e estrangeiros.
16.5.5.Fortalecer a cooperação internacional em pesquisas, programas e projetos relacionados com o conhecimento e com a gestão da biodiversidade, e agregação de valor aos seus componentes, em conformidade com as diretrizes do Componente5.
16.5.6.Apoiar a participação dos centros de pesquisa nacionais em redes internacionais de pesquisa, desenvolvimento de tecnologias e programas relacionados ao conhecimento e à gestão da biodiversidade.
16.5.7.Identificar e estimular a utilização de mecanismos constantes de acordos internacionais que possam beneficiar a conservação e a utilização sustentável da biodiversidade, incluindo a utilização do Mecanismo de Desenvolvimento Limpo.
16.6.Sexta diretriz: Fortalecimento do marco-legal e integração de políticas setoriais.Promoção de ações visando ao fortalecimento da legislação brasileira sobre a biodiversidade e da articulação, da integração e da harmonização de políticas setoriais.
Objetivos Específicos:
16.6.1.Promover o levantamento e a avaliação de todo o quadro normativo relativo à biodiversidade no Brasil, com vistas em propor a adequação para a gestão da biodiversidade.
16.6.2.Consolidar a legislação brasileira sobre a biodiversidade.
16.6.3.Promover a articulação, a integração e a harmonização de políticas setoriais relevantes para a conservação da biodiversidade, a utilização sustentável de seus componentes e a repartição de benefícios derivados da utilização de recursos genéticos, de componentes do patrimônio genético e de conhecimento tradicional associado.
17.ARCABOUÇO JURÍDICO INSTITUCIONAL
17.1.Muitas iniciativas institucionais em andamento no Brasil têm relação com os propósitos da Convenção sobre Diversidade Biológica-CDB e com as diretrizes e objetivos desta Política Nacional da Biodiversidade.Planos, políticas e programas setoriais necessitam de ser integrados, de forma a evitar-se a dupli-

cação ou o conflito entre ações. A Política Nacional da Biodiversidade requer que mecanismos participativos sejam fortalecidos ou criados para que se articule a ação da sociedade em prol dos objetivos da CDB. A implementação desta política depende da atuação de diversos setores e ministérios do Governo Federal, segundo suas competências legais, bem como dos Governos Estaduais, do Distrito Federal, dos Governos Municipais e da sociedade civil.

17.2. Tendo em vista o conjunto de atores e políticas públicas que, direta ou indiretamente, guardam interesse com a gestão da biodiversidade e, portanto, com os compromissos assumidos pelo Brasil na implementação da CDB, é necessário que a implementação da Política propicie a criação ou o fortalecimento de arranjos institucionais que assegurem legitimidade e sustentabilidade no cumprimento dos objetivos da CDB, no que se refere à conservação e à utilização sustentável da biodiversidade e à repartição justa e eqüitativa dos benefícios decorrentes de sua utilização.

17.3. Na implementação da Política Nacional da Biodiversidade, caberá ao Ministério do Meio Ambiente:

a) articular as ações da Política Nacional da Biodiversidade no âmbito do SISNAMA e junto aos demais setores do governo e da sociedade;

b) acompanhar e avaliar a execução dos componentes da Política Nacional da Biodiversidade e elaborar relatórios nacionais sobre biodiversidade;

c) monitorar, inclusive com indicadores, a execução das ações previstas na Política Nacional da Biodiversidade;

d) formular e implementar programas e projetos em apoio à execução das ações previstas na Política Nacional da Biodiversidade e propor e negociar recursos financeiros;

e) articular-se com os demais ministérios afetos aos temas tratados para a elaboração e encaminhamento de propostas de criação ou modificação de instrumentos legais necessários à boa execução da Política Nacional da Biodiversidade;

f) promover a integração de políticas setoriais para aumentar a sinergia na implementação de ações direcionadas à gestão sustentável da biodiversidade (conservação, utilização sustentável e repartição de benefícios), evitando que estas sejam conflituosas; e

g) estimular a cooperação interinstitucional e internacional para a melhoria da implementação das ações de gestão da biodiversidade.

17.4. A implementação da Política Nacional da Biodiversidade requer instância colegiada que busque o cumprimento dos interesses dessa Política Nacional da Biodiversidade junto ao governo federal, zele pela descentralização da execução das ações e vise assegurar a participação dos setores interessados.

17.5. Buscará, igualmente, essa instância colegiada cuidar para que os princípios e os objetivos da Política Nacional da Biodiversidade sejam cumpridos, prestando assistência técnica em apoio aos agentes públicos e privados responsáveis pela execução de seus componentes no território nacional.

17.6. O Ministério do Meio Ambiente, por intermédio do Programa Nacional da Diversidade Biológica-Pronabio, instituído pelo Decreto nº 1.354, de 29 de dezembro de 1994, coordenará a implementação da Política Nacional da Biodiversidade, mediante a promoção da parceria entre o Poder Público e a sociedade civil para o conhecimento, a conservação da biodiversidade, a utilização sustentável de seus componentes e a repartição justa e eqüitativa dos benefícios derivados de sua utilização.

DECRETO Nº 4.543, DE 26 DE DEZEMBRO DE 2002.

Regulamenta a administração das atividades aduaneiras, e a fiscalização, o controle e a tributação das operações de comércio exterior

....

Seção III
Dos Produtos com Marca Falsificada

Art. 544. Poderão ser apreendidos, de ofício ou a requerimento do interessado, pela autoridade aduaneira, no curso da conferência aduaneira, os produtos assinalados com marcas falsificadas, alteradas ou imitadas, ou que apresentem falsa indicação de procedência (Lei n° 9.279, de 14 de maio de 1996, art. 198).

Art.545. Após a apreensão de que trata o art. 544, a autoridade aduaneira notificará o titular dos direitos da marca para que, no prazo de dez dias úteis da ciência, promova, se for o caso, a correspondente queixa, e solicite a apreensão judicial das mercadorias (Lei nº 9.279, de 1996, art. 199, e Acordo sobre Aspectos dos Direitos de Propriedade Intelectual Relacionados ao Comércio, Artigo 55, aprovado pelo Decreto Legislativo nº 30, de 1994, e promulgado pelo Decreto nº 1.355, de 1994). (Redação dada pelo Decreto nº 4.765, de 24.6.2003)

§1º O titular dos direitos da marca poderá, em casos justificados, solicitar seja prorrogado o prazo estabelecido no **caput** uma única vez, por igual período (Acordo sobre Aspectos dos Direitos de Propriedade Intelectual Relacionados ao Comércio, Artigo 55, aprovado pelo Decreto Legislativo nº 30, de 1994, e promulgado pelo Decreto nº 1.355, de 1994). (Redação dada pelo Decreto nº 4.765, de 24.6.2003)

§ 2º No caso de falsificação, alteração ou imitação de armas, brasões ou distintivos oficiais nacionais, estrangeiros ou internacionais, sem a necessária autorização, a autoridade aduaneira promoverá a devida representação fiscal para fins penais, conforme modelo estabelecido pela Secretaria da Receita Federal (Lei n° 9.279, de 1996, art. 191).

Art.546. Se a autoridade aduaneira não tiver sido informada, no prazo a que se refere o art. 545, de que foram tomadas pelo titular da marca as medidas cabíveis para apreensão judicial das mercadorias, o despacho aduaneiro destas poderá ter prosseguimento, desde que cumpridas as demais condições para a importação ou exportação (Acordo sobre Aspectos dos Direitos de Propriedade Intelectual Relacionados ao Comércio, Artigo 55, aprovado pelo Decreto Legislativo nº 30, de 1994, e promulgado pelo Decreto nº 1.355, de 1994). (Redação dada pelo Decreto nº 4.765, de 24.6.2003)

Art.547. O titular da marca, tendo elementos suficientes para suspeitar que a importação ou a exportação de mercadorias com marca contrafeita venha a ocorrer, poderá requerer sua apreensão à autoridade aduaneira, apresentando os elementos que apontem para a suspeita (Acordo sobre Aspectos dos Direitos de Propriedade Intelectual Relacionados ao Comércio, Artigos 51 e 52, aprovado pelo Decreto Legislativo nº 30, de 1994, e promulgado pelo Decreto nº 1.355, de 1994). (Redação dada pelo Decreto nº 4.765, de 24.6.2003)

Parágrafo único. A autoridade aduaneira poderá exigir que o requerente apresente garantia, em valor suficiente para proteger o requerido e evitar abuso (Acordo sobre Aspectos dos Direitos de Propriedade Intelectual Relacionados ao Comércio, Artigo 53, parágrafo 1, aprovado pelo Decreto Legislativo nº 30, de 1994, e promulgado pelo Decreto nº 1.355, de 1994). (Redação dada pelo Decreto nº 4.765, de 24.6.2003)

Seção IV
Dos Fonogramas, dos Livros e das Obras Audiovisuais

Art.548. Os fonogramas, os livros e as obras audiovisuais, importados ou a exportar, deverão conter selos ou sinais de identificação, emitidos e fornecidos na forma da legislação específica, para atestar o cumprimento das normas legais referentes ao direito autoral (Lei nº 9.610, de 19 de fevereiro de 1998, art. 113). (Redação dada pelo Decreto nº 4.765, de 24.6.2003)

Art.549. Aplica-se, no que couber, às importações ou às exportações de mercadorias onde haja indício de violação ao direito autoral, o disposto nos arts. 545 a 547 (Acordo sobre Aspectos dos Direitos de Propriedade Intelectual Relacionados ao Comércio, Artigos 51, 52, 53, parágrafo 1, e 55, aprovado pelo Decreto Legislativo nº 30, de 1994, e promulgado pelo Decreto nº 1.355, de 1994). (Redação dada pelo Decreto nº 4.765, de 24.6.2003)

LEI Nº 10.669, DE 14 DE MAIO DE 2003.

Altera a Lei nº 6.360, de 23 de setembro de 1976, que dispõe sobre a vigilância sanitária a que ficam sujeitos os medicamentos, as drogas, os insumos farmacêuticos e correlatos, cosméticos, saneantes e outros produtos.

O PRESIDENTE DA REPÚBLICA Faço saber que o Congresso Nacional decreta e eu sanciono a seguinte Lei:

Art. 1º O parágrafo único do art. 3º da Lei nº 6.360, de 23 de setembro de 1976, introduzido pelo art. 9º da Medida Provisória nº 2.190-34, de 23 de agosto de 2001, passa a vigorar com a seguinte redação:

"Art. 3º ....

Parágrafo único. Até 30 de junho de 2003, no caso de medicamentos genéricos importados, cujos ensaios de bioequivalência foram realizados fora do País, devem ser apresentados os ensaios de dissolução comparativos entre o medicamento-teste, o medicamento de referência internacional utilizado no estudo de bioequivalência e o medicamento de referência nacional." (NR)

Art. 2º Esta Lei entrará em vigor na data de sua publicação.

Brasília, 14 de maio de 2003; 182º da Independência e 115º da República.

LUIZ INÁCIO LULA DA SILVA
Humberto Sérgio Costa Lima
Este texto não substitui o publicado no D.O.U. de 15.5.2003

RR Donnelley
IMPRESSÃO E ACABAMENTO
Unidade Livros
Av Tucunaré 299 - Tamboré
Cep. 06460.020 - Barueri - SP - Brasil
Tel.: (55-11) **4166 3500** (55-21) **2286 8644**
Fax: (55-11) **4166 3701** (55-21) **2286 8844**
IMPRESSO EM SISTEMA CTP